W0011091

DÖRNER/PLOG   IRREN IST MENSCHLICH

Irren ist menschlich

KLAUS DÖRNER / URSULA PLOG

ODER
LEHRBUCH
DER PSYCHIATRIE/PSYCHOTHERAPIE

für alle, die sich in der Ausbildung
befinden:
zum Arzt / zur Krankenschwester/
Pfleger / zum Sozialarbeiter / zum
Psychologen / zum Arbeits- und
Beschäftigungstherapeuten / zum
Krankengymnasten

für alle, die in der Psychiatrie arbeiten

für alle, die sich betroffen fühlen

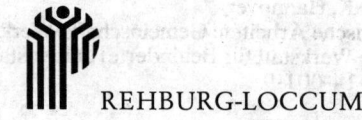

PSYCHIATRIE-VERLAG   REHBURG-LOCCUM

Gebrauchsnamen, Handelsnamen, Warenbezeichnungen und dergleichen, die in diesem Buch ohne besondere Kennzeichnung aufgeführt sind, berechtigen nicht zu der Annahme, daß solche Namen ohne weiteres von jedem benutzt werden dürfen. Vielmehr kann es sich auch dann um gesetzlich geschützte Warenzeichen handeln.

CIP-Kurztitelaufnahme der Deutschen Bibliothek

Dörner, Klaus:
Irren ist menschlich oder Lehrbuch der Psychiatrie,
Psychotherapie: für alle, d. sich in d. Ausbildung
befinden: zum Arzt, zur Krankenschwester, Pfleger, zum
Sozialarbeiter, zum Psychologen, zum Arbeits- u.
Beschäftigungstherapeuten, zum Krankengymnasten; für
alle, d. in d. Psychiatrie arbeiten; für alle, d. sich betroffen
fühlen/Klaus Dörner; Ursula Plog. — 8. Aufl. —
Rehburg-Loccum: Psychiatrie-Verlag, 1984.
    ISBN 3-88414-001-9

NE: Plog, Ursula

8. Auflage

© 1978 Psychiatrie-Verlag GmbH, Wunstorf/Hannover
© 1984 Psychiatrie-Verlag GmbH, Rehburg-Loccum
Satzherstellung: Fotosatz Habeck, Herford
Druck: SOAK, Hannover
Buchbinderische Arbeiten: Gemeinschafts-Werkstätten
(anerkannte Werkstatt für Behinderte) der Anstalt Bethel, Bielefeld
ISBN 3-88414-001-9

INHALT

Gebrauchsanweisung 9
Abkürzungen 17

Kapitel

1. Der psychiatrisch tätige Mensch 19
2. Der depressive Mensch (Depression, Manie, Zyklothymie) 49
3. Der gespaltene Mensch (Schizophrenie) 97
4. Der beziehungskranke Mensch (Neurose, „Psychopathie",
   Psychosomatik) 125
5. Der suizidale Mensch (Krise, Krisenintervention) 161
6. Der abhängige Mensch (Sucht) 175
7. Der liebende Mensch (Schwierigkeiten der Sexualität) 217
8. Der körperkranke Mensch (Körperbedingte Psychosyndrome) . . . 235
9. Der geistig behinderte Mensch (Schwachsinn) 285
10. Der alte Mensch (Geronto-Psychiatrie) 307
11. Der junge Mensch (Kinder- und Jugendpsychiatrie) 327
12. Soziotherapeutische Techniken 349
13. Körpertherapeutische Techniken 361
14. Psychotherapeutische Techniken 385
15. Versorgungssystem (Arbeits- und Therapieplätze) 411
16. Geschichte der Psychiatrie (als Einrichtung und Wissenschaft) . . . 427
17. Recht und Gerechtigkeit 443

Grundlegende Literatur 459
Sach- und Personenverzeichnis 463

GEBRAUCHSANWEISUNG

„Die Lektüre dieses Buches wird sich für diejenigen als leicht erweisen, die, mit einer scheinbar schwierigen Passage konfrontiert, nach innen schauen, um herauszufinden, was ihr Verständnis hemmt – so wie ich selbst beim Schreiben dieses Buches ständig nach innen schauen mußte, um herauszufinden, was mein Verständnis hemmte."
(G. Devereux: Angst und Methode in den Verhaltenswissenschaften, S. 14).

I. WELCHE ABSICHTEN HAT DIESES BUCH?

1. Es soll den *lernenden Leser* befähigen, das Examen in Psychatrie/Psychotherapie zu bestehen, egal, ob er sich in der Ausbildung zur Krankenpflege, zum Arzt, Sozialarbeiter, Psychologen oder Arbeits- und Beschäftigungstherapeuten befindet.

Deshalb haben wir den Gegenstandskatalog zur Approbationsordnung für Ärzte sowie Prüfungsrichtlinien für die anderen Berufe berücksichtigt. Deshalb haben wir Wissen und Fähigkeiten dargestellt, soweit sie zum gesicherten Bestand der Psychiatrie/Psychotherapie gehören. Und deshalb haben wir uns um eine Sprache bemüht, die den Lernenden all dieser Berufe Verständnismöglichkeiten bietet. – Einer der kritischen Leser des Manuskripts meinte: „Mit dem Buch kann man bei einem konservativen und bei einem fortschrittlichen Prüfer bestehen". Genau das ist unsere Absicht. Denn wir sind der Meinung, daß die Psychiatrie bewahrende und verändernde Impulse gleichermaßen braucht.

2. Es soll den *psychiatrisch tätigen Leser,* egal, ob als Arzt, Sozialarbeiter, Krankenschwester/Pfleger, Psychologe, Werktherapeut oder Bewegungstherapeut/Krankengymnast befähigen, seine Alltagsarbeit nachdenklicher, mit mehr Verständnis für sich und Andere, vollständiger, wahrhaftiger, leichter und mit mehr Freude zu tun. Es soll auch für Laien, Angehörige und Patienten lesbar sein.

Deshalb haben wir eine Sprache zu finden versucht, die allgemein verständlich ist, die sich also auch als Team-Sprache eignet, in der jeder sich und den Kollegen anderer Berufszugehörigkeit verstehen kann. Zugleich ist es die Sprache, die auch zwischen psychiatrisch Tätigen und Patienten zu sprechen ist. Psychiatrisches Tun ist immer ein Austausch zwischen zwei handelnden Menschen. Es ist unsere Absicht, den psychiatrisch Tätigen zu diesem Austausch zu befähigen. Wir wollen eine therapeutische Grundhaltung vermitteln, die den immer schon unsinnigen Unterschied zwischen Psychiatrie und Psychotherapie hinfällig macht. Wir wollen allen psychiatrisch Tätigen, gleich welchen Berufes, eine gemeinsame therapeutische Grundausbildung ermöglichen, soweit ein Buch das kann. Da psychiatrisches Arbeiten immer auch Therapieren ist, können alle psychiatrisch Tätigen sich auch Therapeuten nennen. Mit dieser therapeutischen Grundausbildung kann der eine darauf verzichten, eine weitere therapeutische Technik zu erlernen. Er kann sich kompetent genug fühlen. Der andere kann eine weitere spezielle therapeutische Technik erlernen, ohne fürchten zu müssen, daß die Technik ihn korrumpiert, indem sie ihn zu weit von der psychiatrischen Grunderfahrung entfernt.

3. Es soll den *Leser auch privat* befähigen, mit sich und seinem Leben besser umzugehen.

Das ist unvermeidlich. Denn wir gehen davon aus, daß wir als Person letztlich das einzige Mittel sind, das im psychiatrischen Arbeiten einzusetzen ist. Deshalb lerne ich in jeder Begegnung mit einem Anderen auch etwas über mich – oder es ist keine Begegnung. Das hat den Nachteil, daß man das Buch nicht so schnell lesen kann. Vielmehr muß man beim Lesen immer mal wieder die Aufmerksamkeit auf das eigene Innere richten, sich die Frage stellen: „Wie ist das bei mir?" Wir denken aber, daß dieser etwas zeitaufwendige Umweg sich lohnt.

II. WAS SOLL DER TITEL: IRREN IST MENSCHLICH?

Er soll uns ständig daran erinnern, daß die Psychiatrie ein Ort ist, wo der Mensch besonders menschlich ist; d. h. wo die Widersprüchlichkeit des Menschen nicht ohne weiteres auflösbar ist, so das Banale und Einmalige, Oberfläche und Abgrund, das Kranke und Böse, Weinen und Lachen, Leben und Tod, Schmerz und Glück, das Sich-Verstellen und Sich-Wahrmachen, das Sich-Verirren und Sich-Finden.

Der Titel rät zu Bescheidenheit. Er zeigt, daß wir versuchen, die Psychiatrie wieder von ihrem Anlaß her zu verstehen: vom Menschlich-Allzu-Menschlichen des Menschen.

III. WIE IST DER AUFBAU DES BUCHES?

Psychiatrie ist die *Begegnung* zweier Menschen, dem *psychisch Kranken* und dem *psychiatrisch Tätigen*.

Ein *psychisch Kranker* ist ein Mensch, der bei der Lösung seiner Lebensprobleme in eine Sackgasse geraten ist. Diese Sackgassen nennen wir Krankheit, Kränkung, Störung, Leiden oder Abweichung. Sie sind grundsätzlich allgemein-menschliche Möglichkeiten; d. h. sie sind für uns alle unter bestimmten Bedingungen Ausdrucksformen der Situation „so geht es nicht mehr weiter". Daher sind sie grundsätzlich uns allen innerlich zugänglich und bekannt.

Ein *psychiatrisch Tätiger* ist ein Mensch, der so zu handeln hat, daß psychisch Kranke einen angemesseneren Umgang mit ihren Schwierigkeiten finden und befriedigender leben können.

Eine *Begegnung* zwischen Menschen findet immer auf zwei Ebenen statt. Zunächst ist sie ein Austausch zweier handelnder Menschen (Subjekte) – sprachlich und nicht sprachlich. Das ist die Subjekt-Subjekt-Ebene, auf der Selbst- und Fremdwahrnehmung eine Einheit sind. Innerhalb dieses Rahmens macht aber auch jeder den Anderen zum Objekt, grenzt sich ab von ihm, macht ihn zum Gegenstand der Beobachtung, der Fremd-Wahrnehmung, beschreibt, erforscht und beeinflußt ihn, bildet Theorien über ihn. Das ist die Subjekt-Objekt-Ebene. Erst beides zusammen – also etwa Nähe und Distanz – macht die vollständige Ich-Du-Begegnung aus. Weil das so ist, sprechen wir lieber davon, daß Menschen *handeln*. Daß sie *sich verhalten*, ist nur ein Teilaspekt davon.

Deshalb handelt das 1. Kap. des Buches auch von den *psychiatrisch Tätigen*. Denn wenn Psychiatrie Begegnung von Menschen ist, muß ein Lehrbuch der Psychiatrie gleichermaßen Patienten und Therapeuten sowie die Art ihres Umgangs miteinander behandeln.

Wir zeigen den Weg eines Menschen mit „sozialem Beruf" ins psychiatrische Arbeiten. Dies ist gerade für Lernende auch dann wichtig, wenn sie ein anderes Berufsfeld als die Psychiatrie anstreben. Dies Kapitel ist genauso gegliedert wie die Patienten-Kapitel. Das soll zeigen, daß der „Weg in die Psychiatrie" für werdende Patienten und für werdende psychiatrisch Tätige – neben Unterschieden – auch Gemeinsames hat. Es zeigt ferner, daß die Begegnung des psychiatrisch Tätigen mit Kollegen gleicher oder anderer Berufszugehörigkeit und mit Patienten sich im Grundsatz nicht unterscheidet. Dies stellt schon ein Stück Normalisierung der Begegnung mit Patienten dar. Genauso wird auch auf die Unterschiede der Beiträge der einzelnen Berufsgruppen für die psychiatrische Arbeit aufmerksam gemacht.

Kap. 2 bis 11 sind die *Patienten-Kapitel.* Sie stellen die psychischen Krankheiten dar. Das 2. Kap., „Der depressive Mensch", ist in einigen Aspekten vollständiger. Sie sind – exemplarisch – auf die anderen Patienten-Kap. übertragbar. „Krank" wird von uns sehr weit gefaßt, etwa orientiert an der Wirklichkeit des Patienten, der „krankgeschrieben" und dessen Therapie von der „Krankenkasse" getragen wird. Da „krank" in der Psychiatrie aber meist nicht „körperkrank" bedeutet, sprechen wir gern von *Kränkung.* Das kann man körperlich und seelisch auffassen. Vielseitig genug ist auch das Wort „Störung". Man kann sagen: jemand hat eine Störung, wird gestört, stört sich selbst, stört Andere, kann eine „Betriebsstörung" sein; auch eine Beziehung kann gestört sein.

Hier wollen wir uns der bis heute unbeantworteten Frage nach der *Krankheitssystematik (Nosologie)* stellen. Die klassische Psychiatrie sagte, daß eine Störung organisch, endogen oder reaktiv bedingt sein kann. Das Wort „endogen" (= von innen entstehend) mag man heute nicht mehr, da man gern alles auf möglichst eindeutige Bedingungen zurückführen möchte. Auch hat „endogen" als diagnostisches Etikett manchem geschadet, da es von ihm oder seiner Umwelt mit „hoffnungslos" übersetzt wird. So werden psychische Störungen z. T. auf organische, z. T. auf psychosoziale Bedingungen zurückgeführt. An den „endogenen" schizophrenen und zyklothymen Patienten zerren die Vertreter beider Bedingungs-Lager mit mehr oder weniger Gewalt.

Wir möchten bei dieser unbefriedigenden Sachlage einen bescheideneren Einteilungsvorschlag machen. Wir gehen von der (pathogenetisch-ätiologischen) Bedingungsebene auf die (phäno-menologische) Erlebens-Ebene zurück. Wenn psychische Krankheiten allgemein-menschliche Ausdrucksmöglichkeiten sind, dann besteht Kränkbarkeit nicht nach 2, sondern nach 3 Richtungen: als Kränkung des Körpers, der Beziehungen (zu sich und Anderen) und des Selbst. Diese 3 Typen der Kränkbarkeit können wir aus dem Erleben des Patienten und aus unserem eigenen Erleben gewinnen. Wichtig ist: alle 3 Richtungen sind bei jedem einzelnen Patienten beteiligt, nur mit unterschiedlichen Schwerpunkten. Allen 3 Typen kann man dann – als Erklärungsversuch – bestimmte Bedingungen zuordnen. So kommt folgende Einteilung zustande:

A. *Selbstkränkung* (Kap. 2 und 3): Zyklothyme und schizophrene Menschen, die im Umgang mit ihren Schwierigkeiten sich selbst, ihr Selbst, verloren oder verlassen haben. Damit hätte für diese Patienten der Begriff „endogene Psychosen" einen Sinn. Vergleichbar mit dem endogenen Epileptiker, der kaum äußere Bedingungen braucht, um in Selbstreizung/Selbstregulierung einen Anfall herzustellen.
Bedingungen: überwiegend innere, temperamentmäßige (was jemand mitbekommen hat, was er *ist,* was seine *Natur* ist), aber auch körperliche und psychosoziale.

B. *Beziehungskränkung* (Kap. 4–7): Neurotische, psychosomatische, abhängige, suizidale, sexuell- oder persönlichkeitsgestörte Menschen, die bei der Lösung ihrer Lebensprobleme ihre Beziehungen zu sich und Anderen lebensunfähig gemacht haben.
Bedingungen: psychosoziale als Schwerpunkt, aber durchaus auch endogene und körperliche.

C. *Körperkränkung* (Kap. 8 und 9): Hirnorganisch kranke, aber auch ohne Hirnbeteiligung an ihrem Körper leidende sowie geistig behinderte Menschen, denen der angemessene Umgang mit ihren Schwierigkeiten mißlingt.
Bedingungen: überwiegend körperliche, aber zweifellos auch endogene und psychosoziale.

D. *Lebensalterskränkung* (Kap. 10 und 11): Alte bzw. junge Menschen, deren Umgang mit lebens-alters-gemäßen Schwierigkeiten zu einer der 3 Kränkungen A, B oder C führt.

Für schema-liebende Leser: Wenn Sie sich A, B und C als die Ecken eines Dreiecks vorstellen, können Sie auf dem Schenkel AB Persönlichkeitsstörungen, auf AC geistige Behinderung und auf BC psychosomatische Störungen lokalisieren.

Und noch ein Schema, aber, bitte, nur als Verständniskrücke gemeint: Erlebnismäßig könnte der beziehungskranke Mensch sagen: „Ich bin zwar ich selbst (habe mein Selbst), aber ich habe meine Beziehungen zu mir und Anderen eingeengt." Der depressive Mensch könnte ausdrücken: „Ich bin nicht ich selbst, sondern der unter mir". Der Manische: „Ich bin nicht ich selbst, sondern der über mir". Der schizophrene Mensch: „Ich bin nicht ich selbst, sondern der neben mir (schräg zu mir)". Der persönlichkeitsgestörte Mensch: „Ich bin nicht ich selbst, sondern nur ich." Der körperkranke Mensch: „Ich ringe um den Erhalt meines gefährdeten Selbst."

Während es in den Kap. 2–11 auf Seiten der psychiatrisch Tätigen um die jeweils angemessene Grundhaltung (s. u.) geht, werden in den Kap. 12–14 die *Techniken* dargestellt, die die verschiedenen Berufsangehörigen des psychiatrischen Teams zusätzlich zur Grundhaltung einzubringen haben. Dabei ist Soziotherapie zugleich die Basis für die anderen Techniken. Und zwar in dem Maße, wie die Pflegeberufe das therapeutische Milieu gestalten, durch ihre Ausbildung spezialisiert für die Wahrnehmung menschlicher, besonders hautnaher Bedürfnisse sowie für die Herstellung privater und öffentlicher Bereiche. Für die weitere Ausformulierung der Soziotherapie sind Sozialarbeiter und Arbeits- und Beschäftigungstherapeuten vorgebildet. Für die körpertherapeutischen Techniken sind die ärztlichen Team-Angehörigen zuständig. Die psychotherapeutischen Techniken und ihre Anpassung an die jeweilige Grundhaltung sind Sache der Psychologen bzw. all der Team-Mitglieder, die sich entsprechend weiter- und fortgebildet haben. Hier ist auch der systematische Ort der Psychotherapie im Rahmen der Gesamtpsychiatrie. Wie die Pflegeberufe Sozio- und Körpertherapie verklammern, so die Bewegungstherapeuten/Krankengymnasten Körper- und Psychotherapie.

Psychiatrie ist heute als *Gemeindepsychiatrie* zu betreiben. Wie das zu geschehen hat, stellt Kap. 15 dar. Dabei legen wir die Ergebnisse der Psychiatrie-Enquête zugrunde, ergänzt durch weiterführende Ansätze, die unserem Selbsthilfe-Konzept entsprechen. Kap. 16 schildert die *Entwicklung der Psychiatrie* als Einrichtung und Wissenschaft, soweit dies heute von Nutzen ist. Hier findet der Leser auch einen Verständnisrahmen für die Entfaltung der verschiedenen wissenschaftlichen Richtungen in der Psychiatrie sowie den Bezug zur philosophischen Selbstbesinnung. Kap. 17 beleuchtet noch einmal – unter dem Leitgedanken *Recht und Gerechtigkeit* – den sozialen Ort, den wir dem psychisch Kranken einräumen bzw. einräumen sollten. Das Buch endet mit einem Verzeichnis grundlegender Literatur, die allgemeiner ist als das, was nach jedem Kap. zur weiterführenden Lektüre empfohlen wird, sowie mit einem Sach- und Personenverzeichnis.

IV. WIE GLIEDERN SICH DIE PATIENTEN-KAPITEL?
Die Kap. 2–11 beginnen in der Regel mit einigen Hinweisen darauf, in welchem allgemein-menschlichen Rahmen die jeweilige Art psychischen Krankseins gesehen werden kann. Im Abschnitt I, „*Diagnose des kranken Anteils*", wird beschrieben,

was zu beobachten sein muß, damit ein Mensch die Diagnose des jeweiligen Kapitels bekommen kann. Es ist der Abschnitt der Beobachtung und Fremd-Wahrnehmung, der Subjekt-Objekt-Ebene, der *beschreibenden Psychopathologie* der klassischen Lehrbücher, der Symptomsammlung, der Syndrom- und Diagnosenkonstruktion.

Erst danach kommt mit Abschnitt II die *„Gesamt-Diagnose"*. Hier sind wir auf der Subjekt-Subjekt-Ebene, womit eigentlich die Begegnung zwischen Patient und psychiatrisch Tätigen beginnt. Wenn man so will, haben wir hier eine *Begegnungs-Psychopathologie* entworfen. Ziel des Handelns ist, daß der Patient über die Selbst-Wahrnehmung zur Selbst-Diagnose kommt und daß eine der Besonderheit der Kränkung entsprechende normale therapeutische Beziehung zustande kommt. Insofern beginnt die Therapie zugleich mit der diagnostischen Bemühung.

Kernstück dieses Abschnitts ist die Erarbeitung der dem jeweiligen Kranksein angemessenen *Grundhaltung.* Hierfür hat sich in unserer Erfahrung die Beachtung dreier Aspekte bewährt:
1. *Selbst-Wahrnehmung:* hier geht es um das erste Erfordernis überhaupt: daß der Patient sich von mir verstanden fühlt und sich selbst zu verstehen lernt. Vorleistung meinerseits ist die Suchhaltung bei mir, die sich – im Rahmen des Verstehens – auf den Patienten überträgt.

2. *Vollständigkeit der Wahrnehmung:* d. h. Wahrnehmung, daß ein psychisch Kranker immer kranke und gesunde Anteile hat, daß er stets Opfer und Täter seines Krankseins ist (selbst beim Delir), daß er sein Kranksein immer auch in Beziehung zu Anderen lebt, daß er die Bedingungen des Krankseins – innere und äußere – zu unterscheiden hat und daß seine Symptome stets von seinen Lebensproblemen ihren Sinn bekommen: als ihr Ausdruck, als Abwehr und Vermeidung, aber auch als – wenn auch mißlingender – Problemlösungsversuch.

3. *Normalisierung der Beziehung:* mit der Rückmeldung aller Gefühle, die der Patient in mir auslöst, als meiner Vorleistung beginnt die Aufhebung der immer auch vorhandenen Isolation des Patienten und damit die Herstellung von Offenheit, wechselseitigem Austausch, Achtung der grundsätzlichen Begrenztheit allen Verstehens, d. h. die Herstellung einer normalen Beziehung, in der ich die Symptome des Patienten weder ausblenden noch angreifen noch auf sie hereinfallen muß, einer Beziehung, in der wir gemeinsam daran arbeiten, daß sie sich erübrigen.

Es folgen Hinweise auf die Selbstkontroll-Möglichkeiten meines Handelns, die Situation der Angehörigen bzw. die Bedingungen, soweit nicht in Abschnitt IV behandelt.

Abschnitt III, *„Therapie und Selbst-Therapie"*, beginnt meist mit der Vereinbarung der therapeutischen Zusammenarbeit zwischen mir und dem Patienten.

Wenn wir in der Begegnung mit dem Patienten so weit sind, kann der *Untersuchungsbericht* oder Aufnahmebericht geschrieben werden.
1. Schilderung der Beschwerden im Rahmen der gegenwärtigen Lebensprobleme in körperlich-seelisch-sozialer Hinsicht. Je mehr Beispiele für das Handeln des Patienten und für Ansätze der Beziehungsnormalisierung aus dem aktuellen Gespräche zwischen ihm und mir, desto besser.

2. Schilderung des Lebenslaufs (Anamnese), ebenfalls körperlich-seelisch-sozial, mit Schwerpunkten nach dem aktuellen Problem. Es ist wichtiger, die Fähigkeiten des Patienten kennenzulernen als seine Unfähigkeiten!

3. Darstellung der Bedeutung bzw. Position der Angehörigen.

4. Schilderung des Eindrucks (psychischer Befund): Beschreibung des sprachlichen und nicht-sprachlichen Austauschs, mit der Unterscheidung zwischen seinen und meinen Gefühlen. Der Anfänger geht dann systematisch weiter: äußere Erscheinung, Mimik, Gestik, Beziehungsgestaltung; Aufmerksamkeit und Wahrnehmung/Selbst-Wahrnehmung; Bewußtsein und Orientierung; Merkfähigkeit und Gedächtnis; Antrieb und Bedürfnisse; Stimmung und Gefühlsäußerungen; Denken, inhaltlich und formal; Umgang mit Angst und Symptomen; Ich-Erleben und Beziehung zum Selbst.

5. Testpsychologischer Befund, falls erforderlich.

6. Befunde der körperlichen Untersuchung (klinisch und technisch)

7. Diagnose: vorläufige Zusammenfassung des Problems – körperlich-seelisch-sozial.

8. Vorläufige Zielsetzung der Therapie, wie zwischen mir und dem Patienten vereinbart, mit Angabe der ersten Schritte. Dies ist am wichtigsten, wird bisher fast stets unterschlagen!

Ziel der Therapie ist Selbst-Therapie. Wir als Therapeuten können nur günstige Bedingungen dafür schaffen. Mit dieser Aussage knüpfen wir wieder an Hippokrates an: „Der Patient selbst ist der Arzt. Der Arzt ist nur Helfer." Wie es bei der Diagnose um das Sich-Wahr*nehmen* ging, so bei der Therapie um das Sich-Wahr-*machen* des Patienten, ein Begriff, den wir der italienischen Psychiatrie verdanken (verifica). Ziel-Vereinbarung kann sein, daß jemand etwas ändern will, aber auch, daß jemand lernen will, sich so anzunehmen, wie er ist. Denn bei jedem Menschen ist der eine Teil seiner äußeren und inneren Bedingungen änderbar, der andere Teil aber steht fest, kann nur angenommen werden. Es folgen Hinweise für den Therapie-Verlauf, für anzuwendende sozio-, körper- und psychotherapeutische Techniken, z. T. auch für Schwerpunktaufgaben der einzelnen Berufsgruppen.

Der Abschnitt „*Epidemiologie – Prävention*" beschließt jedes Patienten-Kapitel, meist als IV. Manche Leser mögen den Begriff „Sozialpsychiatrie" in diesem Buch vermissen. Wir halten ihn für überflüssig: Psychiatrie ist soziale Psychiatrie oder sie ist keine Psychiatrie. Was Sozialpsychiatrie sein könnte, glauben wir in unserem Konzept von Psychiatrie verwirklicht zu haben. Ein Teil davon ist in diesem Abschnitt IV. Epidemiologie ist die Erforschung seelischer Krankheiten, a) nach ihrer Verbreitung, b) nach den körperlichen, endogenen und psychosozialen Bedingungen, unter denen sie auftreten oder *nicht* auftreten, und c) nach ihrer kulturellen, sozialen, historischen und anthropologischen Bedeutung. Es ist kein Wunder, daß wir hier auch auf gesellschaftliche Probleme unserer Zeit zu sprechen kommen müssen: z. B. strukturelle Arbeitslosigkeit, Automatisierung, Umweltschutz, Isolation, Wachstumsorientierung der Wirtschaft, die Macht einiger Industrien. – Was beim einzelnen Patienten die Diagnose für die Therapie ist, ist auf der allgemeinen Ebene die Epidemiologie für die Prävention: jene liefert dieser die Daten für Maßnahmen, die das Auftreten einer Krankheit seltener machen, es bei gefährdeten Personen verhindern oder einem Rückfall vorbeugen.. Es ist ein besonderes Anliegen dieses Buches, möglichst viele psychiatrisch Tätige und andere Bürger zu einer präventiven Ausrichtung ihrer Arbeit zu ermutigen. Das fängt schon bei der Arbeit mit dem einzelnen Patienten an, wo „Hilfe zur Selbsthilfe" unsere oberste Leitidee ist. Ein Teil der Arbeitszeit oder freien Zeit sollte aber zudem der Teilnahme an einer der vielen direkt präventiven Aktivitäten vorbehalten sein. Das macht auch die oft entmutigende Alltagsarbeit erträglicher und ist langfristig wirksamer!

V. PRODUKTION UND PROFIT DES BUCHES!

Das Buch wurde von Patienten der Gemeinschaftswerkstätten der Anstalt Bethel bei Bielefeld gedruckt. Es wurde verpackt und versandt von Patienten der Sucht-Abteilung Bad Rehburg des PKH Wunstorf. Die Produktionskosten kommen also der Rehabilitation geistig behinderter, abhängiger und anderer psychisch Kranker zugute.

Der Verkaufserlös des Buches fließt ausschließlich gemeinnützigen Zwecken der „Deutschen Gesellschaft für Soziale Psychiatrie" (DGSP), dem „Dachverband psychosozialer Hilfsvereine" sowie zwei weiteren Hilfsvereinen zu. Also auch dieses Geld wird sich zugunsten psychisch Kranker auswirken, z. B. über die Fortbildung psychiatrisch Tätiger, über Trägerschaften für psychiatrische Einrichtungen oder über direkte Hilfen.

VI. WIE KOMMT DIESES BUCH ZUSTANDE?

Die beiden Autoren – Psychologin und Psychiater – hatten das Glück, 8 Jahre lang – fast ohne personelle Veränderung – in einem beruflich gemischten Tagesklinik-Team zu arbeiten, 5 Jahre mit Langzeitpatienten, 3 Jahre mit Akutpatienten aller Diagnosen. Außerdem haben sie seit 7 Jahren an den grundsätzlich beruflich gemischten Arbeitsgruppen von DGSP-Tagungen bzw. „Mannheimer-Kreis-Tagungen" teilgenommen und die Erfahrung gemacht, daß dabei die Psychiatrie viel vollständiger und normaler zu erfahren ist, als sie das von Diskussionen mit berufsgleichen Kollegen gewohnt waren. Durch beides entstand im Laufe der Zeit eine intensive Erfahrung vom Wert der Selbst-Wahrnehmung bei uns selbst wie bei Anderen. Zugleich entstand allmählich eine Sprache, die sich zwischen Team-Kollegen sowie zwischen psychiatrisch Tätigen und Patienten bewährte. Damit wuchs die Lust, diese Selbst-Wahrnehmung und diese Sprache auch in Schrift-Worte zu übertragen.

Nun haben beide Autoren – zusammengenommen – noch etliche andere praktische Erfahrungen in der Psychiatrie: Arbeit auf geschlossenen und offenen Stationen jeden Typs, in der Poliklinik, ambulante Einzel- und Gruppentherapien (mit und ohne Psychotherapie-Ausbildung!), Konsiliardienst in anderen Kliniken, Arbeit im Sozialpsychiatrischen Dienst des Gesundheitsamtes, in Gemeinde-Clubs, im Übergangsheim, Jugend- und Altenarbeit, Aus-, Weiter- und Fortbildungstätigkeit mit allen psychiatrischen Berufsgruppen. – Weiter bestehen Forschungserfahrungen von der psychiatrischen Pharmakotherapie und der vergleichenden Psychotherapieforschung bis zu epidemiologischen, soziologischen und historischen Untersuchungen. – Auch haben wir die Selbst-Wahrnehmung in einem jahrelang laufenden Seminar zu vertiefen versucht.

Da unsere Erfahrungen sich in solchen anderen Tätigkeitsbereichen bewährten, haben wir auch unseren Anspruch ausgedehnt und in den letzten 2 Jahren dieses auf der Begegnung von Menschen aufbauende Lehrbuch der Psychiatrie/Psychotherapie zu Papier gebracht. Es wendet sich nicht gegen andere Psychiatrie-Lehrbücher, enthält vielmehr all das, was dort auch steht, möchte aber die Wahrnehmung der Psychiatrie vollständiger, normaler und persönlicher machen. Wir konnten dabei auf den gleichsinnigen Ansätzen der Lehrbücher: M. Rave-Schwank/C. Winter – v. Lersner „Psychiatrische Krankenpflege" und M. Bauer/G. Bosch u. a. „Psychiatrie – Psychosomatik – Psychotherapie" aufbauen.

Hauptproblem war und ist es, Vorgänge der Selbst-Wahrnehmung und die ja nur gesprochene Sprache beruflich gemischter Teams in Schriftsprache zu übersetzen. Um das überhaupt zu ermöglichen, haben wir uns folgender Stil-Mittel bedient: Der Leser wird oft ganz persönlich angesprochen. Viele Passagen sind in Ich-Form geschrieben. Es gibt seitenlange Gesprächsverläufe, viele Gesprächs- und Dialogfragmente; ferner viele ganze oder fragmentarische Fall- und Situationsbeispiele; endlich Übungen, die den Leser mit sich und Anderen ins Gespräch bringen sollen, z. T. mit Anleitung zu einem Rollenspiel.

Weitere Selbstkontrollen: Wir haben die einzelnen Kapitel von einem jeweils zuständigen Fachmann, z. T. auch von einem jeweils zuständigen Patienten kritisch lesen lassen, vor allem auch von Angehörigen der verschiedenen psychiatrischen Berufe.

Wieviel all das genützt hat, hoffen wir durch das Echo der Leser zu erfahren. Wir wären glücklich, wenn dieses Buch durch Zusammenarbeit und Diskussion mit den Lesern seine sicher noch zahlreichen Fehler und vor allem Unverständlichkeiten allmählich verlieren könnte.

Unsere theoretischen Gewährsleute sind: P. WATZLAWICK *Kommunikationstheorie;* E. GOFFMAN *Phänomenologie;* M. MERLEAU-PONTY *Wahrnehmungs-Philosophie;* G. DEVEREUX und J. DOUGLAS *Ethnomethodologie;* C. R. ROGERS *Psychotherapie;* J. HABERMAS und TH. W. ADORNO *kritische Theorie;* A. GEHLEN und H. PLESSNER *Anthropologie;* A. PIRELLA und F. BASAGLIA *italienische Psychiatrie;* M. BUBER *Philosophie der Begegnung;* N. PÖRKSEN und M. BAUER *Gemeindepsychiatrie;* A. FINZEN *Psychiatrie als Lebensschule.*

Besonders viel an praktischen und theoretischen Erfahrungen verdanken wir den beiden Direktoren der Psychiatrischen Universitätsklinik Hamburg: H. Bürger-Prinz und J. Gross.

Da das Buch aber — wie eingangs erwähnt — nach Selbst-Wahrnehmung und gemeinsamer Sprache eine Gemeinschaftsarbeit des Tagesklinik-Teams dieser Klinik ist, sei es eben diesen unseren Team-Kollegen gewidmet: W. BERTRAM *Psychologe,* H. J. BOHNHOFF *Arzt,* G. BUCHHOLZ *Arbeits- und Beschäftigungstherapeut,* R. GROTH *Sozialarbeiterin,* M. KNOP *Krankenschwester,* K. POHL *Krankenschwester,* M. SANDER-BERTRAM *Krankenschwester,* I. SCHULZE *Krankenschwester,* O. TEEGEN *Pfleger.*

ABKÜRZUNGEN

A	Alkohol
AA	Anonyme Alkoholiker
Ad	Antidepressiva
AOP	akut-organisches Psychosyndrom
AT	Arbeitstherapie
BGB	Bürgerliches Gesetzbuch
BSHG	Bundessozialhilfegesetz
BT	Beschäftigungstherapie
CCT	Craniale Computer-Tomographie
COP	chronisch-organisches Psychosyndrom
DGSP	Deutsche Gesellschaft für Soziale Psychiatrie
EEG	Elektroenzephalographie
EKT	Elektrokrampftherapie
Enquête	Bericht der Sachverständigenkommission über die Lage der Psychiatrie in der BRD (im Auftrag des Bundestages)
GPZ	Gemeinde-Psychiatrisches Zentrum
GT	Gesprächspsychotherapie
ICD	Internationale Diagnosen-Klassifikation der WHO
IQ	Intelligenz-Quotient
JGG	Jugendgerichtsgesetz
KI	Krisenintervention
KID	Kriseninterventionsdienst
M	Medikament
Nl	Neuroleptika
PEG	Pneumenzephalographie
PKH	Psychiatrisches Krankenhaus
PsychKG	Gesetz über Hilfen und Schutzmaßnahmen für psychisch Kranke
R	Rauschmittel
Reha	Rehabilitation
RVO	Reichsversicherungsordnung
SchwBG	Schwerbehindertengesetz
SpD	Sozialpsychiatrischer Dienst (meist am Gesundheitsamt)
StGB	Strafgesetzbuch
StPO	Strafprozeßordnung
SVG	Standardversorgungsgebiet
TK	Tagesklinik
Tq	Tranquilizer
VT	Verhaltenstherapie
WfB	Werkstatt für Behinderte
WHO	World Health Organization (Weltgesundheitsorganisation)
ZNS	Zentralnervensystem

1. Kapitel

DER PSYCHIATRISCH TÄTIGE MENSCH

I. *Der Weg in die Psychiatrie*
   (Diagnose des kranken Anteils)
   1. krank, abweichend, verrückt, irre
   2. helfen, Gutes tun, therapieren, versorgen, heilen
   3. zwingen, drängen, manipulieren, erziehen, unterjochen, drohen
   4. gut sein, menschlich sein, würdig, tolerant, Kontrolle

II. *Das Arbeitsfeld und seine Anforderungen*
   (Diagnose der Gesamtsituation)
   1. Arbeiten im Team
      a) Wissens- und Erfahrungsaustausch
      b) Modellwirkung der Beziehungsvielfalt
      c) Selbstverwirklichung und Gesundheit der Teammitglieder
   2. Arbeitshaltung in der Psychiatrie
      (Grundhaltung)
      a) Selbstwahrnehmung: Suchen bei mir selbst
      b) Wahrnehmungsvollständigkeit: berufliche und private Anteile
      c) Normalisierung der Beziehung
   3. Möglichkeiten der Selbstkontrolle
      a) Familie und Freunde
      b) Freizeit
      c) Fortbildung
      d) Team

III. *Wie mache ich die Grundhaltung wahr?*
   (Therapie und Selbst-Therapie)
   1. Versuchte Annäherung – die Angst der ersten Schritte
   2. Die Berufsrollen im psychiatrischen Team
      (Therapeutische Techniken)
      a) Pflegeberufe
      b) Arzt
      c) Sozialarbeiter
      d) Bewegungstherapeut *(Krankengymnast)*
      e) Arbeits- und Beschäftigungstherapeut
      f) Psychologe
   3. Der Rahmen psychiatrischen Arbeitens
      (Der therapeutische Rahmen)
      a) Ort der Teamarbeit
      b) Zeit der Teamarbeit
      c) Ziele der Teamarbeit
   4. Verlauf psychiatrischen Arbeitens
      (Therapieverlauf)

Wir wollen das Buch mit der Frage beginnen: „Wie kann ich eigentlich in der Psychiatrie arbeiten – egal ob als Schwester, Arzt, Psychologe, Pfleger, Sozialarbeiter usw. – und zwar so arbeiten, daß es für mich einigermaßen erträglich ist, einen Sinn hat und daß nicht nur andere, sondern auch ich persönlich etwas davon habe?"

Zur Beantwortung der Frage wollen wir in diesem Kapitel einen psychiatrisch Tätigen (bzw. uns selbst) auf dem Weg in die Psychiatrie begleiten – und zwar speziell im Umgang mit Kollegen und mit sich selbst. Der Witz dabei ist, daß das genau so geschieht, wie wir in den „klinischen Kapiteln" den Weg der jeweiligen psychisch Kranken als Patienten durch die Psychiatrie begleiten – speziell in ihrem Umgang mit uns (und unserem Umgang mit ihnen). Deshalb ist dieses erste Kapitel fast so gegliedert wie die klinischen Kapitel 2–11. Die Untertitel geben das je entsprechende Element an. D. h. für uns: Wer sein Geld mit psychiatrischer Arbeit verdient, ist in seinem Umgang mit Kollegen und sich selbst ähnlich zu beschreiben wie im Umgang mit Patienten. Wir denken, daß Psychiatrie nur dann erträglich, sinnvoll, „erfolgreich" und menschlich sein kann, wenn nicht nur die Unterschiede, sondern auch die Gemeinsamkeiten in der Begegnung *aller* Menschen, die zusammen Psychiatrie ausmachen, wahrgenommen und wahrgemacht werden. Gleichzeitig kommt es uns darauf an, für vielfältige in der Psychiatrie auftauchende Handlungsmuster Begegnungsmöglichkeiten zu beschreiben, d. h. das therapeutische Instrument „Mensch" besser zu befähigen, die Spannung von „gleich" und „anders", von „vertraut" und „fremd", von „normal" und „verrückt", von „vernünftig" und „irre", von „gesund" und „krank" besser auszuhalten. Dem liegt zu Grunde die Annahme, daß wir keineswegs alle gleich sind, daß aber gerade die Unterschiedlichkeit zu in gleichem Maße würdiger Begegnung verpflichtet.

I. *Der Weg in die Psychiatrie*
    (Diagnose des kranken Anteils)

Wer in der Psychiatrie arbeiten möchte, begegnet den gleichen Vorurteilen wie jemand, der in der Psychiatrie Hilfe sucht: „Du spinnst ja, ausgerechnet bei den Verrückten, da wirste ja selbst bekloppt". Es gibt auch so was wie mahnende Bewunderung: „Warum ausgerechnet da, kannst Du Dir nicht etwas Leichteres aussuchen, wie willst Du das bloß durchhalten, da muß man aber sehr gesund sein".

Meistens schüttelt man diese Fragen ab, fühlt sich eher belästigt als richtig gefragt. Dennoch enthalten sie einen ernsthaften Kern. Denn es ist angesprochen, was *ich* eigentlich in der Psychiatrie will, wie weit ich die Psychiatrie in mich hineinlasse, ihr offen begegne und inwieweit sie mir fremd bleibt bzw. ich ihr fremd bleibe, ich mich verschließe. Und noch: Wie schütze ich mich, wie bleibe ich als in der Psychiatrie Geld Verdienender so unabhängig von der Psychiatrie, daß die berufliche Anstrengung nicht zur Überanstrengung wird, sondern daß mir meine Arbeit sinnvoll erscheint, mich weiterbringt, mir Spaß macht? Und damit gleichzeitig: Wie trenne ich Beruf und Freizeit, öffentlich und privat; wie kann ich mit meiner Arbeit zufrieden sein und nicht unter dem Vorwurf leiden, ich spiele ja nur eine Rolle? Das heißt auch die Frage stellen: Wie weit prägt meine Arbeit mich, ohne mich zu verzerren?

Diese Frage zu beantworten heißt, auch zu wollen, daß ich während meiner Berufs-tätigkeit nicht nur „stofflich" etwas hinzulerne, sondern daß mir mein Beruf *(wie jeder Beruf)* auch die Möglichkeit gibt, über mich selbst und über Menschen etwas zu erfahren.

Als Beispiel: ein Einstellungsgespräch:

(Der Leser wird aufgefordert, die Gedanken des Beispiels für sich selbst zu klären: wie sieht es bei mir und anderen damit aus?
Die Unterhaltung findet zwischen zwei Teammitgliedern und einem Bewerber statt.)

T1: Ist es Ihre erste Stelle in der Psychiatrie?

B: Ja, eigentlich schon. Ich habe schon einmal ein Praktikum gemacht, aber ich interessiere mich schon lange für dieses Gebiet.

T1: Und was interessiert Sie?

B: Zum einen glaube ich, daß man in der Psychiatrie besonders gut helfen kann. Ursprünglich wollte ich mit Kindern arbeiten, aber dann hat mich mal jemand drauf gebracht, daß es auch notwendig ist, Erwachsenen zu helfen, daß denen eigentlich niemand hilft. Bei Kindern ist das etwas anderes. Und dann finde ich das Thema spannend: Psychiatrie. Ich habe viele Filme gesehen und auch viel gelesen. Das muß schön sein, diesen Kranken zu helfen.

T2: Kennen Sie das bei sich, was „hilfreich" ist?

B: Was meinen Sie damit?

T2: Sie sagten, Sie möchten helfen. Was heißt das für Sie, helfen?

B: Ich weiß ja nicht genau, aber ich kann geduldig sein, ich kann auch andere ermuntern, ich bin auch verständnisvoll. Sie machen doch Therapie, oder? Ich möchte gerne Therapie lernen.

T1: Wenn ich Sie recht verstehe, geben Sie gern?

B: Ja.

T1: Ist es Ihnen auch schon mal gekommen, daß es wichtiger sein kann, jemandem etwas wegzu-nehmen als ihm etwas zu geben?

B: Nein, eigentlich nicht, denn Wegnehmen ist ja meist etwas Unangenehmes und ich denke, es kommt darauf an, den Kranken zu zeigen, daß sie auch wer sind, es kommt darauf an, ihnen etwas zu geben.

T1: Und wenn ich sage, daß es häufig genug auch darauf ankommt, etwas wegzunehmen, was löst das in Ihnen aus?

B: Das habe ich noch nie gehört, können Sie mir ein Beispiel geben?

T2: Symptome zum Beispiel, oder Beschwerden, wir sind doch dazu da, diese Beschwerden weg-zunehmen. Das ist vielleicht ein bißchen zu theoretisch. Aber jemand, der zwanghaft etwas sammelt, lauter Zeug, Dosen, Glasscherben, nichts liegen lassen kann, alles aufheben und bewahren muß, so einem Menschen müssen wir doch beibringen, daß er auch leben kann, ohne diesem Zwang nachzugehen.

Hier wird das Gespräch abgebrochen, um die sich abzeichnenden Probleme herauszuarbeiten. Es kommt erstmals darauf an: welche Wunsch-, Meinungs- und Motiv-*Anteile (Symptome)* eines Menschen sind günstiger für die Arbeit in der Psychiatrie?

1. krank, abweichend, verrückt, irre

Wer in der Psychiatrie arbeiten will, muß sich mit dem auseinandersetzen, was dort unter krank, abweichend, verrückt und irre verstanden wird. Ursprünglich hat die

Bezeichnung der Menschen mit psychischen Problemen als „krank" geholfen, sie besser zu verstehen (s. Kap. 16): So wurde auch in der Psychiatrie etwa nach dem folgenden Krankheitsbegriff gearbeitet:

> Krankheiten sind Störungen im Ablauf der Lebensvorgänge, die mit einer Herabsetzung der Leistungsfähigkeit einhergehen und meist mit wahrnehmbaren Veränderungen des Körpers verbunden sind. Die Krankheitsursachen sind äußere wie Hitze, Kälte, Nässe, krankheitserregende Lebewesen, mechanische und chemische Schädlichkeiten oder innere, wie ererbte Krankheitsanlagen oder im Laufe des Lebens erworbene Bereitschaft zu bestimmten Krankheiten. Es werden akute *(rasch ablaufende)* und chronische *(schleichend verlaufende)* Erkrankungen unterschieden. Befragung und Untersuchung des Kranken dienen der Feststellung der Krankheit *(Diagnose)*, die sich aus den verschiedenen Krankheitszeichen *(Symptomen)* ergibt. Sie ermöglicht eine wirksame Behandlung *(Therapie)* und eine einigermaßen sichere Voraussage des Krankheitsausganges *(Prognose)*.

Dies führte zu einer feineren Einteilung psychischer Krankheitseinheiten *(Nosologie)*, zu einem Umgang mit psychisch Kranken wie mit körperlich Kranken und zu der Sicht, daß der einzelne Mensch der Träger einer Krankheit ist, die ihn packt, von der er sich befreit, von der er geheilt werden muß. Im Laufe der letzten Jahrzehnte haben wir gelernt, einen anderen Aspekt psychischer Erkrankung zu sehen: daß ein Mensch, der krank, abweichend, irre, verrückt ist, in Beziehung zu Anderen, zu sich selbst, zu seinem Körper, den Anforderungen am Arbeitsplatz, zu seinen Gefühlen verfehlt handelt. Bei der Berücksichtigung der Beziehung ist es nicht mehr möglich, von einzelnen Krankheitsträgern auszugehen und nur diesen wahrzunehmen, vielmehr sind auch die anderen Teile des Geflechtes mitzusehen. Die Bedingungen des Handelns bzw. des gestörten Handelns sind dann zu erspüren und evtl. zu ändern. Eine solche Sichtweise ermöglicht, dem Begriff „krank" eine breitere Bedeutung zu geben: *Die Suche nach den kranken Anteilen in einem Menschen wird zur Suche nach den derzeitigen Möglichkeiten und Unmöglichkeiten seiner Beziehungsaufnahme.* Eine solche Sichtweise erübrigt auch die leidige Diskussion darüber, wer krank, irre oder verrückt ist, der einzelne Mensch, die Gesellschaft, die Familie.

Ein Beispiel: Jemand kommt in die Praxis, weil er verzweifelt darüber ist, am Arbeitsplatz zu versagen. Das Versagen besteht vor allen Dingen darin, daß er zu langsam ist, da er häufig in Konflikt mit Kollegen und Vorgesetzten gerät, das Gefühl entwickelt, nicht zu genügen. Er bittet um Hilfe. Nehmen wir an, die Frage, was hindert den Menschen, mit dem Tempo zurechtzukommen, ließe drei Antworten zu: 1. Eine Analyse kann ergeben, daß dieser Mensch langsamer geworden ist, daß diese Verlangsamung nicht alterungsbedingt ist, auch in anderen Bereichen seines Handelns auftritt und daß Medikamente helfen können, sein Tempo zu beschleunigen *(die Verlangsamung wäre Symptom einer Krankheit)*. 2. kann sich ergeben, daß dieser Mensch ein langsamer Typ ist. Für ihn wäre es wichtig, sich und sein Tempo kennenzulernen und einen Ausbildungsplatz zu suchen, der weniger Tempo, sondern andere *(günstigere)* Eigenschaften von ihm fordert *(die Beziehung zu sich selbst und der eigenen körperlichen Ausstattung herstellen)*. 3. ist denkbar, daß die Anforderungen an dem Arbeitsplatz für alle zu hoch sind, daß wir aber nur diesen Menschen zu sehen bekommen, weil seine Kollegen andere Lösungen für die Überforderung suchen und nicht verzweifelt mit selbstkritischen Minderwertigkeitsgefühlen reagieren. In diesem Fall wäre es unverantwortlich, dem Betreffenden Medikamente zu geben oder das Tempo zu seinem individuellen Problem allein zu machen *(Beziehung zu anderen Menschen und zu sozialen Normen)*.

Übung: Suchen Sie ähnliche Fälle aus Ihrer eigenen Erfahrung, damit Sie das Beispiel *für sich* verallgemeinern können.

Wonach wir also bei Patienten zu suchen haben und auch für uns selbst, wenn z. B. unsere Arbeit ins Stocken gerät, sind die *Bedingungen,* die Handeln in bestimmten Beziehungen hindern oder verunmöglichen. So können wir den Begriff „krank" *(abweichend, irre, verrückt)* für die Psychiatrie neu überdenken, auch kritische Fragestellungen in andere Fachrichtungen *(z. B. Psychologie, Soziologie, Physiologie)* hineintragen.

Wenn wir immer wieder zu sortieren haben, welches ist unveränderliches Wissen und welches zu verändern, gehen wir von unserer eigenen Erfahrung aus. Deswegen empfehlen wir hier, nicht nur inhaltlich das Gesagte zu bedenken, sondern auch die Gefühle mit Anderen auszutauschen, die auftauchen, wenn ich „krank", „abweichend", „verrückt", „irre" höre. Wie unterscheiden sich bei meiner derzeitigen Erfahrung psychisch Kranke von anderen Kranken und welche Gefühle habe ich, wenn ich darüber nachdenke *(Unsicherheit, Gewißheit, Ängstlichkeit, Entschlossenheit . . .)?*

2. helfen, Gutes tun, therapieren, versorgen, heilen

Aus dem „Einstellungsgespräch" ergibt sich ein zweites Problem, das psychiatrisch Tätige wie Lernende immer wieder für sich klären müssen, das *Problem des Helfens.* Auch hier sind die allgemeinen und die individuellen Aspekte getrennt zu bearbeiten. Zum einen habe ich für mich zu klären, *(dies ist eine Aufforderung):* Was verstehe ich unter Hilfe? Wie fühle ich mich, kurz bevor ich helfe – also: was in mir stiftet mich zum Helfen an? Wie fühle ich mich, wenn mir geholfen wird. Unter welchen Bedingungen mag ich Hilfe gern, unter welchen nicht? Tut mir Hilfe immer gut . . .? *(Auch hier ist es einfacher, sich mit Anderen auszutauschen, um Unterschiede und Gemeinsamkeiten festzustellen, um auch zu erfahren, wie sehen die Anderen mich).*

Beispiel: Jemand, der schon eine ganze Weile in der Psychiatrie tätig war, wurde gefragt, welche emotionale Eigenschaft er an sich gut findet. Nach einigem Nachdenken kam: „schützend", als ein Aspekt von helfend, als die Eigenschaft in Frage, die die Person selbst, aber auch die Primärgruppe *(Familie),* besonders akzeptierte und unterstützte. In der Team-Besprechung, für die das eine Aufgabe gewesen war, sagte der Leiter unmittelbar: „Das kann man ändern!" Nach der ersten Betroffenheit kam die Nachdenklichkeit und dann das Lernen und dann die Einsicht: Daß Schützen in manchen Situationen für manche Menschen angemessen, in anderen Situationen bei anderen Menschen aber fatal sein kann. Also die Erkenntnis, daß nicht eine Eigenschaft auf jeden Fall gut ist, sondern daß es darauf ankommt, im Einzelfall zu erfahren, wann ist sie gut, und für wen ist sie schlecht eingesetzt oder untauglich.

Diese Art der Unterscheidung wollen wir anregen, wenn wir zum Nachdenken und Differenzieren auffordern. Dabei ist es hilfreich, die Bedingungen der eigenen Erziehung und der momentanen Bezugsgruppe und deren Werte mit zu bedenken.

Nun zum allgemeinen Aspekt: Nenne ich jemanden „krank", gilt er auch als „hilfsbedürftig" und darf Hilfe fordern, ist dafür aber auch verpflichtet, Hilfe zu akzeptieren und den Helfer zu unterstützen. Es gibt aber auch Situationen, in denen ich hilfsbedürftig bin und nicht krank, z. B. wenn ich das erste Mal in der Psychiatrie arbeiten will, nicht recht weiß, was von mir erwartet wird, ob ich auch genug kann, mich unsicher und gehemmt fühle und recht orientierungslos bin. Es gibt zwei mögliche Wege aus dieser Unsicherheit heraus. Entweder ich lasse mich führen, bitte um Rat und Anweisung, profitiere davon, daß ich denke, die Anderen wüßten das alles schon besser als ich. Oder ich mache selbst Erfahrungen über die ich nachdenken und mit Anderen sprechen kann: z. B. „Welchen Sinn sehen Sie in dieser oder jener Aktivität? Mir ist aufgefallen, daß ich allmählich sicherer werde, wenn ich dieses oder jenes tue . . . usw. . . ." Es gilt also den Unterschied von „krank" und „hilfsbedürftig" wahrzunehmen. Die übliche Art, wie man aus Krankheit und Hilfsbedürftigkeit heraushilft, ist die erwähnte Führung, die mit Anweisung, Aufmunterung, Beratung einhergeht *(hierzu gehört das Reichen von Tabletten, das Reichen von „Strohhalmen" z. B.).* Diese Art der Begegnung verhindert etwas, was auch Ziel einer Begegnung in der Psychiatrie sein kann: daß jemand gerade unabhängig wird von Ratschlägen und Geführtwerden, vielmehr zu sich selbst findet und seine eigenen Möglichkeiten und Fähigkeiten kennenlernt. Die Art Hilfe, die dem letzteren Ziel dient, muß auf Ratschläge und Führung verzichten. Es ist „Hilfe zur Selbsthilfe". Welche Art der Hilfe „besser" oder „effizienter" sei, darauf wurde bisher keine endgültige Antwort gefunden. Das liegt z. T. daran, daß nicht mitgesehen wurde, daß es auch vom Menschenbild des Handelnden und der Gesellschaft abhängt, nicht nur *daß,* sondern auch *wie* man hilft. Die Diskussion darüber ist erst jetzt möglich, wo Helfen etwas Öffentliches und nicht mehr nur auf den privaten *(heimlichen)* Bereich der Familie beschränkt ist, oder auf die Kirche, die zwischen „öffentlich" und „privat" angesiedelt und zwar jedem zugänglich ist, wo aber Hilfe uneinsehbar mit der Gnade Gottes verknüpft ist. Die Notwendigkeit, Helfen zum öffentlichen Interesse zu machen, unterwirft auch die „helfenden Berufe" und die Art ihres Handelns der öffentlichen Kontrolle und Diskussion wie dies auch für andere Bereiche der Öffenlichkeit gilt. Schwierig bleibt, und das drückt sich auch im Ziel der Hilfe zur Selbsthilfe aus, daß das Helfen zwar öffentlich wurde, das Ziel der Hilfe aber der private Bereich bleiben sollte. Dieser Widerspruch führt sicher zu Spannungen und Mißverständnissen. Eines davon z. B. besagt, daß die Zweier-Situation der Arzt-Patient-Beziehung das Private mehr schützt als die Öffentlichkeit eines Teams. Deswegen sind die Aspekte dieses Widerspruchs und seiner Lösungsversuche nicht nur von Fall zu Fall, sondern auch von Zeit zu Zeit neu zu diskutieren.

3. zwingen, drängen, manipulieren, erziehen, unterjochen, drohen

Ein drittes Problem, das jeder auf seinem Weg in die psychiatrische Arbeit für sich zu überlegen hat, ist die Anwendung von Zwang. Wieder sind individuelle und allgemeine Aspekte zu berücksichtigen. Es hilft nicht, den Zwang zu leugnen. Man muß auch zwingen und drängen können. Eine einfache Frage, um sich der individuellen Seite zu nähern, ist die, ob man das, was man in der Psychiatrie tut und wie man es tut, auch mit sich selbst geschehen lassen möchte. Wir werden eine ganze

Reihe von Handlungen entdecken, bei denen wir genau den Zwang ausüben, den wir für uns nicht gern hätten. Wir würden uns wehren, widersprechen, ärgerlich davongehen, was jedoch dem Patienten schwer möglich ist. Erst recht, wenn er *(was in welchen Gruppen und Schichten dieser Gesellschaft leichter passiert?)* wenig Übung im Umgang mit öffentlichen Institutionen, mit der akademischen Sprache oder mit Kranksein hat. Wenn ich Zwang ausübe, gegen den der Patient sich nicht wehren kann, besteht die Gefahr, daß unsere Beziehung sich verschlechtert, die Zusammenarbeit erschwert wird, so daß am Ende mehr Zwangsmaßnahmen nötig werden. Zudem wird der Patient sich leicht verschließen, so daß wir beide immer schwerer entscheiden können, welche Anteile unserer Beziehung durch die Situation des Zwangs bedingt sind und welche „kranke" und „gesunde" Anteile sind. Die umgekehrte Gefahr: Wenn ich keinen Zwang ausübe, können notwendige Grenzen und Strukturen nicht eindeutig werden. Wenn wir hier von Zwang sprechen, ist persönlicher Zwang gemeint, der sowohl sanft wie grob, laut wie leise, freundlich wie unwirsch daherkommen kann. Es ist schwer, bei mir selbst zu entdecken, wie ich Leute zwinge. Hier brauche ich *immer* einen Partner, der mir mitteilt, wann er sich gezwungen fühlt. Auch hier werden sich manche Menschen durch einen meiner Züge gezwungen fühlen, andere gerade nicht. Bin ich z. B. bemüht, immer freundlich und heiter zu sein, kann ich jemanden, der eine Mordswut hat, zwingen, diese zu unterdrücken und auch freundlich zu sein, was die Begegnung verzerrt und den Menschen von sich selbst entfremdet. Ich habe mich selbst also als zwängend kennen- und annehmen zu lernen, sowie auszuprobieren, wo ich mehr Rücksicht nehmen kann, ohne mir Schaden zu tun, und auch, wo ich auf keinen Fall Rücksicht nehmen kann, sondern zum Äußersten entschlossen bin.

Übung: Überlegen Sie, was Sie tun können, wenn nachts auf der geschlossenen Station zwei Patienten sich mit Messern bewaffnet haben und den Schlüssel von Ihnen verlangen.

Neben dem persönlichen Zwang steht der, der unmittelbar durch die Psychiatrie als Einrichtung gegeben ist. Dieser ergibt sich schon aus den Absätzen 1 und 2. Einmal ist der, der als „krank" oder „verrückt" mit der Psychiatrie zu tun bekommt, verpflichtet, die Hilfe in Anspruch zu nehmen, damit er wieder gesund wird. Er ist der Verpflichtung totaler ausgeliefert, kann sich weniger entziehen, und sich weniger in seinem Privatbereich bewahren als ein Körperkranker. Zum anderen entsteht Zwang daraus, daß der psychiatrisch Tätige zugleich für die Gesellschaft arbeitet und für das Individuum. Er muß immer wieder neu bestimmen, in wessen Namen er handelt. Er muß sich dem Kranken im Namen der Gesellschaft aufdrängen, ebenso muß er sich der Gesellschaft im Namen des Kranken aufdrängen. So muß er sich stets mit seinen eigenen Normen und Erwartungen, dem, was er für normal oder sinnvoll hält, auseinandersetzen, um jeweils zu einem handlungsfähigen Standpunkt zu kommen. Er kann nicht einfach die Kranken von der Gesellschaft aufnehmen und verwahren, denn das führt dazu, daß psychisch Kranke sozial unsichtbar werden. Er kann auch nicht unbefragt Normen übernehmen, an die er die Kranken anpaßt, denn das könnte ihre Verkrüppelung bewirken, da gerade die Wirklichkeit, an die ich anpasse, zur Aufrechterhaltung des Leidens beitragen kann.

Es ist also die Illusion aufzugeben, die Psychiatrie habe gute Gefühle zu verbreiten: vielmehr bringen Zwang sowie die Härte ständiger Auseinandersetzung ebenso notwendig Spannungen mit sich.

4. gut sein, menschlich sein, würdig, tolerant, Kontrolle

Wenn Psychiatrie schon unvermeidlich mit Zwang zu tun hat, kommt es entscheidend auf die Kontrolle seiner Ausübung an. Die eigenen Anteile, die es hier kennenzulernen gilt, sind Aspekte des eigenen Menschenbildes, der eigenen Moral: Was halte ich für gut? Welche Aspekte meiner Erziehung haben mir gefallen? Was halte ich für gerecht – und worin bin ich mit anderen einig? Wie tolerant kann ich sein, und wie groß ist der Spielraum, den ich anderen lassen kann, ohne mich beengt zu fühlen? Zum allgemeinen Aspekt: Die Gerechtigkeit einer Gesellschaft läßt sich u. a. daran ablesen, welche Chancen sie ihren Randgruppen einräumt. Hier wieder spielt die Psychiatrie eine besondere Rolle: jede Gesellschaft produziert dadurch, daß sie Werte und Normen setzt, solche Menschen, die von den Normen nicht erfaßt werden, die darunter leiden und unter denen möglicherweise andere leiden. Daraus begründet sich eindeutig die Pflicht der Gesellschaft, auch diesen Menschen ein menschenwürdiges Leben zu ermöglichen.

Bisher haben wir die Bedingungen aufgeführt, die jeder schon auf dem Weg zur psychiatrischen Arbeit sehen und mit seinen Wunsch- und Motiv-Anteilen vergleichen muß. Auch darin besteht ein Zwang. Die Art der Auseinandersetzung ist vielfältig. Sicher aber werden in mir neue Fragen auftauchen, auch Unsicherheiten, die ich zu verstecken versuche. Ich werde mich zu meinen Gunsten verstellen. Es wird eine Weile dauern, bis ich bei mir das zulassen kann, was für die Psychiatrie insgesamt eine Bedingung ist: Offenheit. Darum geht es im folgenden:

II. *Das Arbeitsfeld und seine Anforderungen*
(Diagnose der Gesamtsituation)

Es genügt nicht, mir die Psychiatrie nur zum Objekt meiner Wahrnehmung zu machen. Denn gleichzeitig löst die Begegnung mit der Psychiatrie in mir etwas aus, nimmt mich gefangen. Wie jede Begegnung hat auch diese zwei Anteile: Einmal mache ich mir als Subjekt den anderen zum Gegenstand, zum Objekt, zum anderen trete ich als Subjekt mit dem Anderen als Subjekt in eine Wechselbeziehung, in einen Austausch. Im ersteren Fall lasse ich die Begegnungsangst nicht an mich heran, lasse mich innerlich nicht davon berühren, wehre ab. Im zweiten Fall lasse ich die Begegnungsangst in mich hinein, lasse mich vom Anderen anrühren, in Frage stellen, schwinge mit, lasse den Anderen mit mir etwas machen. Also habe ich nicht nur meine neue Umgebung wahrzunehmen, sondern auch mich in ihr. Zur Wahrnehmung kommt die *Selbstwahrnehmung*. In dem Maße, in dem ich das für mich und mein Handeln gelten lasse, kann ich es von den Patienten auch fordern: ich kann für sie Modell sein. Da jedes psychiatrische Handeln modellhaft wirkt, muß in ihm das sichtbar werden, was erreicht werden soll.

1. Arbeiten im Team.

Teamarbeit ist nicht die einzige Möglichkeit psychiatrischen Arbeitens. Der niedergelassene Nervenarzt oder Psychotherapeut z. B. ist im Denken und Handeln überwiegend auf sich allein gestellt. Allerdings besteht auch für diesen Typ der Einzelkämpfer-Praxis in letzter Zeit eindeutig die Tendenz des Ausbaus zur Teamarbeit. Andererseits gibt es auch im Team immer Situationen, in denen besser einer allein denkt oder entscheidet. Teamarbeit soll dies auch nicht verhindern, sondern gerade verantwortlich absichern. Wir wollen den weiteren Ausbau der Möglichkeiten der Teamarbeit in der Psychiatrie begründen.

a) *Wissens- und Erfahrungsaustausch:* Weder der Arzt noch der Sozialarbeiter, die Krankenschwester, der Psychologe, der Beschäftigungstherapeut, der Bewegungstherapeut noch sonstwer kann heute als Einzelner die Wirklichkeit angemessen wahrnehmen oder verstehen. Das erschwert für jeden einzelnen von uns die Abgrenzung seiner Individualität. Denn in dem, wie ich mich verstehe, ist enthalten, wie ich die umgebende soziale und physische Welt und ihre Spannungen in mich aufgenommen habe, zu Teilen von mir gemacht habe. Das führt dazu, daß Konflikte als *meine* Konflikte wieder auftauchen, wo neben meiner Färbung Anteile enthalten sind, die außerhalb von mir sind. Diese wahrzunehmen, ist für mich allein schwer. Ich kann mehr Zugang dazu bekommen, wenn ich mit Anderen darüber spreche, versuche mich zu öffnen und herauszufinden, wie ich mich und die Welt heute verstehen kann. Was für mich gilt, gilt auch für den Patienten. Therapeutischer und diagnostischer Alleingang auf einer Station schließt andere „Wissende" aus. Dies kann fahrlässig sein, weil dem Patienten das Wissen, das er braucht, um sich besser zu verstehen, nicht vollständig zur Verfügung gestellt wird. Ein ausschließliches Vorgehen verzerrt für den Patienten die Welt: Er sieht einige als Handlanger, andere als die, für die sich die richtige Information aufzubewahren lohnt. Nehmen die Patienten ihre Handlungspartner in dieser Weise wahr, entsteht die typische tödlich-passive Stationsatmosphäre: die meisten Patienten sitzen relativ schweigsam wartend herum, treten mit den Schwestern höchstens über Zureichungen in Kontakt, profitieren nicht von den Erfahrungen der Mitpatienten, sondern erleben jeder für sich seine Krankheit als absolut. Entsprechend ist die Krankenschwester für den Arzt kein Gesprächspartner, bestenfalls Zureicher von Information. Bewegungs-, Beschäftigungs- und Arbeitstherapie sind nicht anerkannt, sondern dienen der Ablenkung. Alle starren auf die „kranken Anteile" eines Menschen, alles andere wird diesen untergeordnet. Teamarbeit macht es möglich, daß die unterschiedlichen Sichtweisen gleichberechtigt zusammengesehen werden. So ist ein abgerundeteres und differenzierteres Wahrnehmen und Handeln möglich.

Beispiel 1: In den letzten Jahren haben wir gelernt, wie sehr die Kenntnis der ökonomischen Situation für das Verständnis eines Menschen erforderlich ist. Nun kann man zwar als Akademiker viel über solche Zusammenhänge wissen, nichts ersetzt einem aber die *Erfahrung* der Sozialarbeit und die direkte Auseinandersetzung im Team. Als es einmal darum ging, ob die Arbeitsbelastung in der Klinik noch zumutbar sei, zunächst eine von Akademikern im Vergleich zu anderen Berufskollegen gestellte Frage, konnte zum einen die Sozialarbeiterin aus ihrer Praxis von anderen Berufen erzählen. Entscheidend war jedoch der Wutausbruch einer Krankenschwester, die unsere Arbeitssituation mit der ihres Mannes und seiner Kollegen verglich und uns vorwarf, daß wir keine Ahnung hätten von den Arbeitsbedingungen durchschnittlicher Arbeitnehmer. Die emotionale Beteiligung machte nicht nur die Klagen überflüssig, sondern trug auch dazu bei, daß wir auf die Arbeitssituation der Patienten besser eingehen konnten.

Übung: Tauschen Sie sich mit Anderen aus, wieviel *Erfahrung* Sie von unserem Land haben und wie Sie Wissen und Erfahrung vergrößern können.

Beispiel 2: Wir wissen auch, daß es in Abhängigkeit von der sozialen Schichtzugehörigkeit unterschiedliche aggressive Ausdrucksweisen gibt. Als einmal ein Patient angetrunken Mitpatienten und Teammitglieder mit einem Hammer bedrohte und gerade akademisch geschulte Kollegen schon angstvoll überlegten, wie er auf die geschlossene Station zu bringen sei, konnte wieder die Krankenschwester den richtigen Ton für den Patienten finden und die Lage durch Gespräche entspannen, während die Sozialarbeiterin aus iher Erfahrung bei der Einordnung des Geschehens half: diese Aggressivität nicht als den Ausdruck von Krankheit zu sehen, sondern als Ausdruck dieses Menschen, der sprachlich seine Wut und Spannung nicht äußern konnte.

Wir haben wenig geübt, unsere Erfahrungen so zu bewerten, daß sie einem Anderen auch helfen können, freier zu entscheiden: Eine Schwester sagt: „Der Herr X ist wieder so gespannt, der guckt mich immer so an, ich glaub', der will was. Vielleicht muß er nur sediert werden, der Blick macht mich richtig fertig." Die Psychologin: „Mich guckt er genauso an, aber eigentlich macht mir das nichts; fürchtest Du Dich leicht, wenn Du so angeguckt wirst?" Die Schwester: „Ja schon, ich hab auch schon ziemlich viel schlechte Erfahrung gemacht." Die Psychologin: „Da Du Angst hast und ich nicht, sollten wir uns vielleicht erst überlegen, ob der Patient vielleicht nicht so gefährlich ist wie Du denkst, oder ob ich nur leichtfertig bin. Ich kann mir vorstellen, gerade, weil Du schon schlechte Erfahrungen gemacht hast, daß Du vielleicht auch zu schnell Angst bekommst, so daß wir Herrn X auch etwas Schlechtes antun könnten, wenn er jetzt die doppelte Dosis bekäme." – Auf diese Weise können die beiden klären, möglicherweise auch noch andere Kollegen und deren Eindrücke hinzuziehen, wie sie gerade mit Hilfe ihrer unterschiedlichen Gefühle zu einer Entscheidung kommen. D. h. wir können nicht nur soziales, sondern auch persönliches Wissen dem Kollegen hilfreich zur Verfügung stellen.

Übung: Mit Anderen Gespräche führen, in denen man nicht nur unterschiedlicher *Meinung* ist, sondern zum gleichen Sachverhalt unterschiedliche *Gefühle* hat. Die Gespräche sollten zunehmend so werden, daß einer die Gefühle des Anderen als andere annehmen kann, merken kann, daß es gleichberechtigte Gefühle sind, daß nicht der eine Recht und der andere Unrecht hat, und daß Gespräche über solche Themen nicht zu Ringkämpfen ausarten müssen.

b) *Modellwirkung der Beziehungsvielfalt und -Offenheit:* Neben dem fachlich-inhaltlichen Argument der besseren Informationsverarbeitung, des Erfahrungsaustausches und damit der besseren Nutzung der Kapazität ist etwas wichtig, was das Ziel des Handelns in der Psychiatrie betrifft. Wenn der Patient am eigenen Leibe spürt, wie gut Beziehungen zwischen Menschen sein können, kann er daran für sich profitieren. Das heißt aber, daß möglichst viel Bewegung in einer Behandlungseinheit gegeben sein muß, daß Begegnungen auf ihre Vielfalt hin überprüft sein müssen, daß der Patient nicht nur sehen, sondern auch teilnehmen kann, um die Erfahrungen, die für ihn nützlich sind, machen zu können. Also kann ein Team nicht nur dazu genutzt werden, den Patienten vielfältiger wahrzunehmen, sondern der Patient kann auch das Team nutzen, Begegnungsmöglichkeiten, Umgehensweisen besser wahrzunehmen. Somit wird nicht nur die Diagnostik von kranken Anteilen und deren Trägern, sondern umgekehrt auch die Diagnostik von Gesundheit und deren Trägern – nämlich für den Patienten – möglich.

Beispiel 1: Viele haben es schwer, ihre Meinung zu sagen, ohne Beklemmung, daß gleich ein Streit oder Schlimmeres daraus wird. Sie haben zu lernen, ärgerliche, wütende, zornige Impulse zu zeigen und nach außen zu richten, nicht alles runterzuschlucken oder gegen sich zu richten. Unterstützen kann man solches Lernen, indem die eigenen Gefühle offen gezeigt werden: In einer Praxis ruft der Arzt die Schwester oder Arzthelferin herein und sagt: „Wir müssen dringend den Bericht über Frau X von der Klinik haben. Rufen Sie bitte gleich mal an!" Darauf die Schwester: „Jetzt bin ich ärgerlich. Ich hatte mir gerade in aller Ruhe die Kartei vorgenommen und jetzt bin ich gestört. Es reicht doch auch, daß ich heute mittag in der Klinik anrufe, denn heute bekommen wir den Bericht ja doch nicht mehr."

Eine solche Offenheit dient dem Patienten als Modell und hilft zugleich, die Arbeitssituation der Schwester selbstbestimmter und zufriedener zu gestalten.

Beispiel 2: Nicht nur das Widersprechen, auch das Loben oder Anerkennen ist etwas, was Patienten, deren Beziehung zu Mitmenschen gestört ist, nicht mehr können, ohne zu befürchten, sie könnten sich was vergeben, der andere könnte sich auf sie stürzen oder Schlimmeres: Eine Schwester begegnet in einer Behandlungseinheit dem Sozialarbeiter und einer Patientin. Sie sagt: „Das freut mich, daß Sie noch Zeit gefunden haben, mit Frau X zu sprechen. Sie hatten es ihr für heute früh versprochen, und sie hatte schon Zweifel. Ich hatte sie getröstet. Jetzt sind wir beide wieder glaubwürdiger geworden, und Frau X wird möglicherweise ruhiger."

Auch hier wieder ist die Offenheit *nach zwei Seiten* wirksam: Zum einen ist sie ein gutes Modell für die Patientin, zum anderen festigt sie die Arbeitsbeziehung zwischen Sozialarbeiter und Schwester.

Übung: Beispiele ausdenken und im Rollenspiel durcharbeiten, die Handlungen umfassen, die gleichzeitig meiner Selbstbestimmung am Arbeitsplatz gerecht werden und Modell sein können.

c) *Selbstverwirklichung und Gesundheit der Teammitglieder:* Ein drittes Argument für Teamarbeit *(es könnte auch das erste sein):* Da sie gleichzeitig Originalität des Einzelnen und gemeinsames Entscheiden und Handeln fördert, macht sie Arbeit zu dem, was sie bestenfalls im Leben eines Menschen sein kann: Sie trägt entscheidend zur Selbstverwirklichung und damit Gesundheit der einzelnen Teammitglieder bei. Nur insofern dies gelingt, ist Teamarbeit berechtigt. Dann ist zugleich gewährleistet, daß auch der Patient ein sinnvolles Modell davon erhält, wie Teamarbeit Selbstverwirklichung sein kann. Teamarbeit kann nicht nur zur Verbesserung von Psychiatrie beitragen, sondern auch zum Wachstum der in der Psychiatrie Tätigen. Dann können von der Psychiatrie Impulse ausgehen, auch andere Arbeitsplätze menschenwürdiger zu gestalten.

Beispiel 1: Es taucht auf einer Station die Frage auf, wie man eigentlich das Körperbewußtsein von Menschen schulen könnte, ihnen ein Gefühl von Entspannung und Anspannung, Kraft und Schwäche geben könnte, ohne Gymnastik oder eine gezielte Art von Schulung haben zu müssen, sondern mit der Möglichkeit, spielerisch in Gruppen Bewegung und das Bewußtsein von Bewegung zu fördern. Eine der Schwestern sagt: „Das möchte ich machen. Ich find' das ganz toll, und da fällt mir jetzt schon viel zu ein. Ob ich das wohl lernen kann?" Durch Fortbildungskurse in Bewegungstherapie und durch die Möglichkeit, im Team ihre Erfahrungen kontrollieren zu lassen *(denn wir haben alle einen Körper!)* bildet sie ihre Fähigkeiten aus und übernimmt die Bewegungstherapie auf der Station.

Beispiel 2: Ein Beschäftigungstherapeut, der erst seit einem halben Jahr in der Psychiatrie arbeitet, hatte anfangs nicht die Möglichkeit, an der Gruppentherapie teilzunehmen. Während der Urlaubszeit war er als Ko-Therapeut eingesetzt. Gegen Ende sagte er, die Vorstellung, nun nicht mehr mitmachen zu können bei der Gruppentherapie, würde ihm die Arbeit sinnlos machen. Das sei genau der Lernschritt gewesen, den er sich vorgestellt habe. Jetzt habe er Lunte gerochen und dieses Lernen zu unterbrechen käme ihm wie eine Strafe vor. In einem solchen Fall muß im Team besprochen werden, wie der begonnene Lernschritt beendet werden kann. Z. B. müßte ein in Gruppentherapie erfahrener Kollege eine Zeitlang verzichten und stattdessen die Schreibarbeit auf der Station übernehmen.

2. Arbeitshaltung in der Psychiatrie
(Grundhaltung)

Bei der Frage, „was ist die richtige Arbeitshaltung in der Psychiatrie?", werden wir trotz der „Einzelkämpfer" meist vom Team sprechen, weil dies der Regelfall ist. Es können sich nicht einfach ein paar Leute zusammensetzen und beschließen: wir *sind* jetzt ein Team. Man kann sich vornehmen, ein Team zu *werden*. Jedoch ist außer dem Vorsatz die Bereitschaft erforderlich, eine lange Zeit geduldig an mir und den Anderen zu arbeiten – im Sinne des gemeinsamen Ziels. Wer weiß, wieviel Hemmungen, Eifersucht, Neid, Konkurrenzgefühle, auch Gefühle des Besser-Seins, der Überlegenheit erlitten werden und immer wieder auftauchen, der ist gegen jede Vorsätzlichkeit mißtrauisch. Ich kann erreichen, daß über all diese Gefühle besser gesprochen wird, daß ich meinem Partner mitteile, was ich ihm gegenüber fühle, aber verhindern kann ich diese Gefühle nicht. Die Absicht, ein Team zu werden, kann nur als der Beginn eines fortwährenden Prozesses gewertet werden, in dem allmählich alle leichter Gefühle ansprechen können, sonst nicht viel. Dasselbe gilt für Ihren persönlichen Entwicklungsprozeß in der psychiatrischen Arbeit. Wir werden jetzt drei Aspekte einer für psychiatrisches Arbeiten angemessenen Grundhaltung vorschlagen, die Sie im Umgang mit sich und Ihren Kollegen *(dem Team)* erarbeiten und dann – in den klinischen Kapiteln – in Ihren Begegnungen mit Patienten verwirklichen können.

a) *Selbstwahrnehmung: Suchen bei mir selbst:* Beim Team in der Psychiatrie ist die Leistung und das Produkt anders als beim Team einer Marketing-Firma. Das Produkt in der Psychiatrie ist der Mensch, der – wie auch das Team-Mitlied selbst – besseren Kontakt zu sich, seinem Körper und seinen Sinnen, zu seinen Mitmenschen und zu seiner Umwelt gewinnen soll. Diesem Produkt kann man sich sicher annähern. Aber dies gelingt besser, wenn das Team ein gutes Modell nicht nur für Wissen, sondern vor allem für Gefühle ist. Bei solcher Zielsetzung sind Patienten gewissermaßen als Team-Mitglieder gegenwärtig: Denn jedes Gefühl, das in Patienten auftaucht, ist auch in jedem Teammitglied möglich, und so ist die Sensibilisierung für mich selbst gleich Sensibilisierung für den Patienten. Selbstwahrnehmung wird nicht durch eine Haltung erreicht, in der ich Erlebnisweisen beobachtend kategorisiere, also aus mir heraushalte, von mir weg, als Sache behandele. Vielmehr ist die Frage zu stellen: Kenne ich und kennen die Kollegen auch solche Gefühle, wie erleben die sie, wie bewerten die sie, was machen die damit, was hindert uns, solche Gefühle zu haben? Am besten fangen Sie bei einfachen Gefühlen an, z. B.: „Ich fürchte mich, zu versagen"; – denn es fällt Ihnen leicht, zu vermuten, daß auch andere diese Befürchtung haben. Also können Sie fragen, sich über Gemeinsamkeiten freuen und von Unterschieden lernen. Aber schon bei Fragen der Zuneigung, der Wut, der Selbstdarstellung, des Ekels, der Kritik wird die Schranke größer *(das Tabu stabiler)*; die körperlichen Reaktionen erschweren das Sprechen, und Sie brauchen mehr Zeit und Geduld mit sich, um sich äußern zu können.

Wenn ich – als nächsten Lernschritt – verstehen lerne, daß der Satz: „Du bist blöd, nett, schwachsinnig, schizophren, kooperativ", weniger über mich und meine Einstellung zum Anderen aussagt als der Satz: *„Ich* lehne dich ab, fühle mich angezogen usw.", wird die Wendung zur *Selbstwahrnehmung* leichter. Häufig läßt sich nur im Gespräch klären, welche Anteile einer Aussage „zu mir gehören" und welche zum Anderen. Jedoch läßt sich die Fähigkeit zur Unterscheidung schärfen und damit auch die Möglichkeit meines Verstehens.

Übung: Davon ausgehend, daß die meisten Menschen mit sogenannten Du-Äußerungen aufgewachsen sind: „Du bist artig, ungezogen, böse, leichtsinnig, schlampig, ein guter Schüler", was *fühlen* Erziehungsberechtigte, wenn sie solche Äußerungen machen? Und weiterführend: Alle möglichen Du-Sätze, wie ich sie selber benutze, darauf überprüfen, was ich dabei fühle und in Ich-Sätze übersetzen.

Kann ich so besser mich selbst sehen, so wird es mir auch leichter gelingen, den Zugang zu den Quellen, Auslösern, Zusammenhängen meines Fühlens und Empfindens in mir zu suchen. Damit gewinne ich an Freiheit, den Anderen nicht nur als Objekt meines Handelns zu sehen, als jemanden, den ich betrachte: sondern bei allen Vorbehalten und aller Scheu werde ich den Anderen leichter als Partner sehen können, ihn nicht mehr nur z. B. als merkwürdiges Wesen, das nicht ganz normal ist, behandeln, sondern mich mit ihm auf eine Begegnung einlassen. Das hört sich, so gesagt, weit harmonischer und freundlicher an, als es ist.

Denn die eigene Scheu, Wut, Ermüdung, Gereiztheit, aber auch die des Anderen, bringen immer neue Spannungen, so daß ich immer neu herausgefordert werde. Ich kann mich nicht darauf verlassen, daß „irgendetwas gelaufen" ist, weder bei mir, noch beim Anderen, noch in unserer Begegnung. Das gilt für die Beziehung zum Kollegen wie zum Patienten. Ich muß wissen, daß ich immer neu befremdet sein kann, gleichzeitig auch, daß ich immer neu verschrecken kann.

Übung: Was erschreckt? Wenn andere wirr reden, wenn sie im Temperament ungezügelt sind, wenn ich sie nicht verstehe, weil sie mir klarzumachen versuchen, daß wir eigentlich alle grün sind *(darüber lachen kann ein Teil von „befremdet" sein)*, wenn sie mit dem Kopf wackeln oder die einfachsten Sachen nicht wissen, von denen ich gelernt habe: das weiß doch jedes Kind *(Empörung kann ein Teil von „befremdet" sein)*. – Herausfinden, womit ich erschrecken kann: Wenn jemand leidet und ich sage: das wird schon wieder, wenn jemand von einer Invasion durch die Marsmenschen erzählt und deutlich Angst hat, ich aber darüber lachen muß . . .
– Und: Warum ist das Modewort „etwas ist gelaufen" so verräterisch dumm?

Sowohl im Team als auch in der Begegnung mit dem Patienten ist es fahrlässig und verlogen, eine heile, sanfte, vor Schmerzen und Unbill schützende Welt herstellen zu wollen. Das wäre an allen Wirklichkeiten vorbei. Ich würde nicht nur für mich Teile der Wirklichkeit leugnen, sondern damit auch dem Anderen weismachen wollen, das es nur sein Fehler ist, wenn es in seinem Leben immer wieder Spannungen, Ängste, Zerwürfnisse gibt. Beschönigung gilt nicht. Daher gehört die Auseinandersetzung mit Kritik, mit Selbstzweifel, mit der Fähigkeit oder Unfähigkeit, den Anderen zu attackieren, ihm zu sagen, was er in mir auslöst, ihn herauszufordern, mich zur Verfügung zu stellen, in der Aufmerksamkeit nicht nachzulassen, zum Alltag. In einem Team sind diese Haltung, diese Aufmerksamkeit und dieses Suchen von jedem anzustreben. Keine Chance sollte verpaßt werden, die einer für sich haben kann. Natürlich ist eine solche Anstrengung nur möglich, wenn jeder auch Pause machen kann: „Ich schalte ab, mir ist jetzt alles egal, die ganze Station, auch das Team kann mich mal!" Ein gutes Team zwingt auch mal jemanden dazu, Pause zu machen, wenn der das noch nicht so gut kann; es schickt auch mal jemanden, der sich im Team oder privat schwer tut, für einen oder ein paar Tage nach Hause *(auch ohne offiziellen Urlaub)*, achtet nur darauf, daß auch solche Entspannungsmöglichkeiten einigermaßen gleich verteilt sind. Auch zur Pflege gehört Selbstpflege! Genauso ist dafür zu sorgen, daß „Schuld" und „Verantwortung" nicht die Bürde des einzelnen bleiben. Es wird qualvoll, wenn ich mich für alles verantwortlich fühle oder wenn ich mich allein fragen muß: Habe ich die Schuld, wenn sich jemand tötet, trage ich die Verantwortung für eine Scheidung? Diese Fragen tauchen als Vorwürfe, Zweifel, Selbstzweifel immer wieder auf. Ich kann aber nur überprüfen, welchen Anteil der Schuld oder Verantwortung ich habe, wenn das Team mir die Sicherheit gibt, daß ich nicht von vornherein alle habe. Und wenn ich mich fragen lasse oder mich frage, ob ich Verantwortung für das Scheitern habe, sollte ich auch meine Verantwortung annehmen, wenn eine von anderen und mir positiv befundene Änderung erfolgt. Beunruhigung und Zweifel garantieren mir aber auch, daß ich für bestimmte Ereignisse nicht gleichgültig werde, sondern meine Aufmerksamkeit am Leben halten kann.

Übung: Gespräche mit Anderen, Selbsterfahrung, Suche bei sich: Wie gehe ich mit Schuldgefühlen um? Wie handele ich, wenn ich mich verantwortlich fühle, führe ich, gebe ich dem Anderen die Schuld? Wenn ich enttäuscht bin, was kann der Andere noch von meiner Enttäuschung haben? Wo sind die Grenzen meiner Verantwortung, was traue ich mir zu?

Es gilt also zu lernen, die eigenen Anteile an einer Handlung besser wahrzunehmen, lernen, „bei mir zu suchen", eine Suchhaltung zu entwickeln.

Beispiel: Wenn ich jemanden frage: „Könnten auch Sie Fehler gemacht haben?" erhalte ich oft die Antwort: „Natürlich, wir machen alle Fehler. Ich habe auch meine Fehler, das gebe ich zu". Meist ist der Sinn solcher Antworten, daß ich mich bitte nicht weiter für die Fehler interessieren soll. Ich kann jedoch erst Zugang zu mir finden oder der Andere zu seinen Fehlern, wenn ich nicht nur weiß, daß ich Fehler mache, sondern wenn ich mich für sie interessiere, sie zu schätzen beginne, weil ich daraus lernen kann.

Ich habe ferner zu lernen, daß die Anwendung der Suchhaltung mich auch für den Anderen offener macht, mich das suchen läßt, was von dem Anderen in mir anklingt, so daß ein Gespräch möglich wird und der Andere offener zu sich werden kann. Wichtig daran ist, daß ich mich nicht nur um mich bemühe, sondern mit dem Anderen so umgehe, daß er von meiner Suchhaltung als von einem Bemühen um ihn erfährt. Ich habe also so zu handeln, daß der Andere *(Kollege, Patient)* etwa folgendes — auch in dieser Reihenfolge — erlebt:

1. Ich fühle mich besser *verstanden.*
2. Ich fühle mich *anders* wahrgenommen als bisher,
3. das ermöglicht mir, *mich selbst* besser zu verstehen und auch anders wahrzunehmen als bisher.
4. Ich kann daher sehen, daß meine Unzufriedenheit *(Beschwerden, Symptome)* mit meinen *wirklichen Lebensproblemen* in Beziehung stehen und zwar so, daß darin die bisherigen ungeeigneten Versuche stecken, meine Lebensprobleme zu lösen.
5. Ich möchte *mich ändern,* d. h. die Lösung auf einem anderen Weg versuchen.
6. Ich möchte die Änderung *selbst* zustande bringen. So wie ich unter Mühen allein laufen gelernt habe, will ich die Fähigkeit, die ich da auch unter Mühen allein gelernt habe, weiterentwickeln.
7. Ich sehe, daß ich so weiterkomme und *besser leben* kann.

Bei jedem dieser Schritte kann es Schwierigkeiten geben, die das Handeln und damit die Beziehung unterbrechen, stören, verhindern, so daß es zum nächsten Schritt nicht kommt.

Übung 1: Machen Sie mit einem Partner ein Rollenspiel, in dem Sie jede der sieben Stufen erreichen möchten. Sie können entweder das Gespräch aus dem letzten Beispiel oder vom Anfang des Kapitels aufgreifen oder sich selbst eins ausdenken. Achtung: Im Rollenspiel muß auf jeden Fall ein Rollenwechsel vorgenommen werden.

Übung 2: Gesprächsverläufe ausdenken für jeden einzelnen Stufenübergang, dabei sich Zeit lassen, nicht alle Stufen auf einmal nehmen wollen, keine überspringen, d. h. technisch: in kleinen Rollenspieleinheiten herausfinden, wie ein möglicher Partner die Äußerungen machen könnte, wie sie von 1 bis 7 aufgeführt sind.

Für die Übung und allgemein gilt: *Verstehen* heißt nicht, sich erdrücken zu lassen, sondern auch den eigenen Druck wahrnehmen, Widerstand leisten, nicht freundlich sein bis zur Unterwürfigkeit, auch Grenzen setzen. *Verstehen* heißt auch nicht, daß der Andere so werden soll wie ich, sondern beinhaltet das Bemühen, ihn anders sein zu lassen; noch im vollsten Verständnis muß etwas von seinem Anderssein, seinem Druck spürbar sein.

Es ist zu lernen: Das hier beschriebene Vorgehen trennt nicht zwischen diagnostischem und therapeutischem Handeln. Vielmehr versuchen wir eine einheitliche Grundhaltung zu erarbeiten. Daß gelegentlich doch wieder über jemanden gesprochen wird und weniger Beziehungen bedacht werden, hindert uns nicht, uns zu bemühen, aus den Rollenvorstellungen, die den Patienten zum Objekt machen, herauszukommen.

Das ist zu lernen: Selbstwahrnehmung und Suchhaltung ermöglichen mir auch noch auf andere Weise die Arbeit in der Psychiatrie — etwa so:

a) Die Suchhaltung macht mich freier, anzuerkennen, daß der Andere ein anderer Mensch ist, d. h. sie hilft mir, im Rahmen der Nähe der Begegnung Distanz zu bewahren.

b) Suchhaltung schützt gegen die Gefahr „weggeschwemmt" zu werden, z. B. in Mitgefühl, in Hilflosigkeit und Verzweiflung oder in Ablehnung und Verachtung.

c) Suchen bei mir selbst wirkt als Modell auf den Anderen, „steckt an": ich bestärke nicht die Abhängigkeit und die Hilfserwartung des Anderen, indem ich für ihn suche, sondern ich vermittle die Haltung: „Ich weiß selbst, wie schwer es ist, allein zu suchen, jedoch ich kann es dir nicht abnehmen, ich kann es nicht für dich tun. Ich kann dich bei deinen Bemühungen unterstützen, indem ich bei dir bin, dich nicht aufgebe und dich durch mein Beispiel ermutige, selbst weiter zu suchen *(Übung und Selbsterfahrung: was ist Solidarität?).*

d) Suchen bei mir selbst schützt auch den Anderen vor mir, etwa daß ich ihm mein Bild überstülpe. Ich weiß, daß ich nichts *für ihn* tun kann. Dies Prinzip der *Hilfe zur Selbsthilfe* hilft mir, den Anderen nicht zu bevormunden, zu beherrschen, abhängig zu machen.

b) *Wahrnehmungsvollständigkeit: berufliche und private Anteile: (Vollständigkeit der Wahrnehmung: kranke und gesunde Anteile)*

Wir haben uns oft gefragt, was der Unterschied zwischen therapeutischen und „normalen" Begegnungen vom Therapeuten her ist. Abgesehen davon, daß letztlich jeder dies für sich selbst klärt und abgesehen davon, daß wir mit den Überlegungen nicht am Ende sind, läßt sich sagen: Lernende kichern anfangs oft und sagen, man solle mit ihnen nicht so therapeutisch umgehen. Aber klar ist, daß die Grundhaltung dann keine Rolle ist, sondern echt, nämlich ständiges Bemühen um Verständnis, wenn gilt: Menschen, denen ich außerhalb meiner Arbeit begegne, werde ich genauso begegnen, wenn ich sie verstehen will. In der psychiatrischen Arbeit kann ich weniger frei entscheiden, ob ich jemanden verstehen will oder nicht. Ich werde dafür bezahlt, meine Fähigkeit, zu verstehen, zu fördern. Das ist der Teil Zwang, dem der Berufstätige in der Psychiatrie ausgeliefert ist. Man soll nicht denken „es ist doch immer schön, einen anderen Menschen verstehen zu können". Manchmal ist es verflucht strapaziös, und manchmal tut es verflucht weh. Die Aussage, ich will nicht mehr verstehen, gehört in den außerpsychiatrischen Bereich meines Lebens: in der Psychiatrie kann sie nur eine Bank zum Ausruhen sein. Wenn ich „draußen" bin, kann ich entscheiden, wie weit ich noch etwas verstehen will. Sicher ist jedoch, daß mit der Zunahme der beruflichen Verstehensfähigkeit auch meine Bereitschaft außerhalb größer wird.

> *Beispiel:* Wieweit will ich über die Arbeitszeit hinaus mich mit Psychiatrie beschäftigen? Will ich noch Gruppen betreuen? Freizeitclubs? Wohngemeinschaften? Ferienreisen organisieren? Familienbesuche? Lasse ich mich abends bzw. außerhalb der Dienstzeit zu Hause anrufen? Gehe ich mit Patienten aus? Verbringe ich das Wochenende mit ihnen, lebe ich mit ihnen zusammen? Diese Fragen müssen individuell entschieden werden, individuell vom psychiatrisch Tätigen und individuell vom Patienten. Insofern ist eine Überprüfung der eigenen Wohn-, Freizeit- und Bindungswünsche wichtig auch auf dem Hintergrund des eigenen Gesamt-Lebensplans.

c) *Normalisierung der Beziehung:* Jede Begegnung zwischen Menschen ist gekennzeichnet dadurch, daß der Partner bei mir Gefühle auslöst und daß ich bei ihm Gefühle auslöse. Diese Gefühle und gefühlsmäßigen Stellungnahmen sind nicht nur mit mir, sondern er behandelt mich auch wie andere *(Übertragung)*. Mit dem, wie er mir begegnet, löst er bei mir Gefühle aus, die dazu führen, daß ich ihn behandle wie andere Personen aus meinem Leben *(Gegenübertragung)*. – Unsere Absicht ist, beide Seiten zu verstehen und in unser Handeln einzubeziehen. Indem wir das tun, denken wir nicht nur über den Anderen nach und geraten in eine Beziehung zu ihm, sondern der Versuch der Wahrnehmung der eigenen subjektiven Anteile und der Gefühle, die durch den Anderen in mir ausgelöst sind, verändern zwangsläufig auch mich. In dem bisher Gesagten ist viel Platz gelassen für die Überlegung, was ich von dem Anderen *(auch „der Psychiatrie")* wahrnehme und wie ich damit umgehe. Der Versuch geht dahin, die durch den Anderen ausgelösten Gefühle wahrzunehmen und ihm als durch ihn ausgelöste Gefühle mitzuteilen, so daß er versuchen kann, etwas damit anzufangen. Jedoch nur, wenn er mich zurückweisen kann, wenn ich zulasse, daß er mir auch über mich etwas sagen kann, wenn Äußerungen zu ihm teilbar sind in einen für ihn und einen für mich gültigen Anteil. Dann wird die Begegnung vollständig und hat die Möglichkeit zur Normalisierung. Wenn eine Handlungsweise eines Menschen *(oder ein Aspekt der Psychiatrie)* mich fasziniert oder wütend macht, so ist die Feststellung und die Mitteilung des Gefühls allein zwar bedeutungsvoll, jedoch wird die Begegnung nur dann normal sein, wenn nicht nur von dem Anderen erwartet wird, daß er mit meiner Wahrnehmung etwas macht, sondern wenn ich auch für mich etwas machen kann.

> *Beispiel:* Wenn jemand zu mir sagt: „Du paßt gut in die Psychiatrie, du bist ganz schön autoritär", so wird mich diese Bemerkung verletzen. Das Gefühl der Verletztheit kann ich zu „seinem Problem" machen: Was ist sein Umgang mit Autorität, wie greift er an? Schon wenn ich denke, er wollte mich angreifen, muß ich erkennen, daß ich mit meiner Verletzung umgehen muß. Was an der Äußerung kränkt mich? Trifft sie etwa zu? Möchte ich das nicht wahrhaben? Akzeptiere ich mich so, wie ich bin, oder möchte ich mich ändern?

In der Art, wie ich mit solchen Einsichten umgehe, lerne ich nicht nur mich besser kennen, sondern ich erfahre auch eine ganze Menge über alle Menschen. Indem ich mich in Frage stellen lasse, kann ich lernen, mich zu behaupten, nicht ängstlich, verteidigend, trotzig oder auch gierig mich unterwerfend, sondern nachdenklich und offen. Dabei wird es mir auch gelingen, meine Grenzen und die Grenzen meiner Änderungsfähigkeit zu sehen und zu akzeptieren. Ich werde deutlich spüren, wenn ich mich z. B. zu schwach fühle und ich werde mit mir wie mit jemandem umgehen lernen, der zu schwach ist für eine Anforderung. Dabei kann ich sehr wohl in Erfahrung bringen, welches kranke, normale, abweichende, irre, gesunde, für mich und andere akzeptable, fördernde Lösungsmöglichkeiten sind. Die von uns vorgeschlagene Art der Betrachtungsweise ermöglicht nicht nur zu sehen, was der Andere mit mir macht, sondern auch, was ich mit ihm mache. Wenn man sich in die daraus folgende Art des Handelns einläßt und konsequent bleibt, so wird man sich nicht nur gut fühlen, sondern sich auch mit den eigenen Versagensgefühlen rumschlagen müssen. Diese entstehen immer dann, wenn ich mich fragen muß, ob die Grenzen des Machbaren oder des Verstehbaren erreicht sind oder ob es wiederum nur meine Grenzen sind, die ich erreicht habe. Wie dem auch sei, ich kann und muß von dem Anderen verlangen, daß er mich als begrenzt wahrnimmt, im besten Fall als jemand, der versucht, mit seinen Grenzen offen umzugehen. Der von uns geschilderte Umgang mit Begegnungen ermöglicht dem Anderen, mehr als Partner zu handeln. Wenn dieser Anspruch weitgehend erfüllt ist, ist die Beziehung normalisiert: gleichberechtigt und gleichwertig.

3. Möglichkeiten der Selbstkontrolle

Wenn ich anfange mit der Grundhaltung und mir meiner Beziehungen bewußter werde, brauche ich Gelegenheit für Korrekturen und Bestätigungen. Statt Selbstkontrolle können wir auch Selbstüberprüfung sagen.

a) *Familie und Freunde:* Wenn ich meine Wahrnehmung ändere, spielen sie eine besondere Rolle. Viele meiner Anteile haben damit zu tun, wie ich mit meiner Familie zusammengelebt habe. Daher wird diese auch sehr sensibel meine Veränderungen registrieren und mich wissen lassen, was sie davon hält. Bei meinem Suchen werde ich auf Punkte stoßen, die mich in Widerspruch zur Familie bringen. Das macht es schwer zu entscheiden, ob ihre Äußerungen zu meinen Änderungen mehr dem entsprechen, wie sie mich haben möchten oder dem, wie ich mich entwickeln möchte. In der Familie liegt viel gutes Wissen für mich, jedoch bin ich erst frei, wenn ich ohne Furcht vor Strafe oder Zurückweisung Äußerungen der Familie *annehmen* kann, ohne mich davon *abhängig* zu machen. Neben meiner Familie merken am ehesten meine Freunde, wann es mir gut und schlecht geht. Sie geraten weniger in das Spannungsfeld meines Lernens, so daß ich an den Aussagen: „Du solltest mal Urlaub machen" oder „Für uns hast du gar keine Zeit mehr" oder „Liest du eigentlich noch irgendetwas anderes" oder „Mit dir kann man nur noch über Psychiatrie sprechen" überprüfen kann, wo ich mich vernachlässige.

b) *Freizeit:* Jeden Patienten fragt man: „Was machen Sie in der Freizeit?" Die Antwort: „Ach wissen Sie, dazu komme ich gar nicht mehr" veranlaßt uns zu Stirnrunzeln. Denn wir wissen, daß der Mensch auch außerhalb seiner Arbeit Selbstverwirklichung braucht. Auch präventiv: Menschen, die gute Freizeitaktivitäten haben, altern gesünder. Mit uns selbst sind wir häufig nachlässiger. Die Arbeit stellt uns zufrieden, danach muß man entspannen, um der Anstrengung des nächsten Tages gewachsen zu sein; – nur, daß währenddessen die Ehe oder die Freundschaft kaputtgeht. Wir ignorieren für uns das Wissen, das wir für andere anwenden. Wenn mir die Arbeit mehr bedeutet als die Freizeit, ist vielleicht die Arbeit gut, dennoch bin ich nicht gesund.

c) *Fortbildung:* Sie ist wichtig, weil ich mein Wissen erweitern kann, vor allem aber, weil ich andere psychiatrisch Tätige aus meinem und aus anderen Berufen und Einrichtungen treffe, mit denen ich über gemeinsame Probleme aus der Arbeit sprechen kann. Ich kann erfahren, wie sie ihre Arbeit tun, welche Spannungen und Zufriedenheiten sie erfahren. Ich kann praktisch und theoretisch überprüfen, ob mein Tun mich und die Patienten weiterbringt.

d) *Team:* Es ist mein ertragreichster Kritiker und Bestärker. Dort machen sich kleine Änderungen am schnellsten bemerkbar. Die Kollegen wissen auch – denn schließlich machen sie die gleichen Erfahrungen – wie schwierig es ist, auch schon kleine Erfolge zu feiern, ohne sie für den ganz großen Sieg zu halten. Vor ihnen kann ich mich am schlechtesten verstecken, so daß sie mich aufmerksam machen können, wenn ein Punkt bei mir unklar ist.

Beispiel 1: So berichtet eine Kollegin nach der Gruppentherapie, daß sie deutlich spüre, wie angestrengt und bemüht sie ist. Das Team verweist sie auf ihre Strenge, und sie kann die Strenge als Teil ihre Bemühens verstehen. Während einer Vollversammlung, bei der die Patienten überlegen, ob sie nicht einen anderen Tageslauf entwerfen können, unterbricht diese Kollegin nach einer Weile die Diskussion und sagt: So ginge es nicht, schließlich sei der Tageslauf festgelegt, die Patienten hätten an sich zu arbeiten, nicht den Tageslauf zu ändern. Die Zusammenschau der in dieser Äußerung enthaltenen Strenge und der vorher gemachten Selbstbeobachtung brachte sie dann im Team zu der

Überlegung, daß in Wirklichkeit die Vorstellung einer Änderung sie ängstigte. Obwohl sie wußte, wie wichtig die Erfahrung von Änderung ist, wollte sie sie den Patienten nicht zubilligen, weil das Unordnung gebracht hätte. Am Beispiel von Bürgerinitiativen bekam sie Zugang zu dem Thema und konnte beweglicher mit Wünschen nach Änderung umgehen, Diskussionen anregen und nicht autoritär, sondern sachlich begründen, wenn sie den Tageslauf für sinnvoll hielt.

Das Team arbeitet auch daran, Mißgunst, Mißtrauen, Hohn und Schadenfreude, Hemmung und Feindseligkeit abzubauen und *Solidarität* herzustellen. Auch dies geht nicht vorsätzlich. Da das Kapitel hier nicht wieder von vorn anfangen kann,

Beispiel 2: Im Team ist der freie Austausch von Informationen und die Folge davon, nämlich die geringere soziale Distanz unter den Mitarbeitern und zu den Patienten, noch ungeübt. Die Mitarbeiter kommen z. T. frisch von Stationen, wo Rauchwaren unter Verschluß der Stationsschwester sind, die Patienten dienstags und donnerstags „durchrasiert" werden und auch die Socken von der Stationsschwester ausgegeben werden. Eine „neue" Schwester nun, die aus einer solchen Station kam, hatte sich bei den Patienten dieser neueingerichteten „modernen" Suchtstation schnell unbeliebt gemacht. Die Patientinnen, z. T. anspruchsvoll, beschwerten sich bei der Stationsärztin vor allen Dingen über die „Arroganz" der neuen Schwester, die sich so verhalte, als ob die Patientinnen „Deppen" seien. Die Stationsärztin gab zwar die Beschwerden der Patienten an die neue Schwester weiter, aber bei der daraufhin einberufenen Stationsversammlung war sie nicht dabei. Sie meinte, das sei nicht nötig. Die beschuldigte Schwester fühlte sich allerdings dort wie vor Gericht und hatte den Eindruck, daß sie von ihrer Stationsärztin „im Stich gelassen" wurde und keine „Rückendeckung" hatte. Im Gespräch wurde deutlich, daß die neue Schwester durchaus bereit war, ihre Umgangsformen mit den Patienten zu überdenken und sich der Kritik zu stellen. Sie hatte selbst gemerkt, daß sie sich dem Stil ihrer bisherigen Station sehr angepaßt hatte und nur schwer in einen neuen Umgangsstil fand. So weit das Beispiel. Nun zur Lösung: Wie hätte man in diesem Fall Solidarität herstellen können? Zur

Übung: schlagen wir wieder ein Rollenspiel vor. Dabei soll es nicht darauf ankommen, zu klären wer „Recht hat", oder daß die Ärztin sich „hinter die Schwester stellt". Sondern es soll gewährleistet sein, daß a) die Schwester eine Möglichkeit bekommt, das zu lernen, was sie lernen möchte, nämlich ihren Umgangsstil ändern, daß b) die Patienten sehen, wie auf gute Weise Konflikte gelöst werden können und das c) gleichzeitig deutlich wird, daß Ärztin und Schwester gemeinsam an der Lösung des Konfliktes interessiert sind, wobei die Lösung so aussehen kann, daß die Schwester ihre Scheu vor der Autorität abbauen kann, nicht aber ihre Angst vor Autorität bestätigt finden muß. Dies Rollenspiel kann mehrere Stufen haben: Es kann von der beschriebenen Situation ausgehen und alle Beteiligten können sich darüber unterhalten, wie sie sich in der Situation fühlen, was sie übereinander denken und was sie empfinden. Die angestrebte Lösung wird langsam erprobt, wobei ein Austausch der Meinungen nach jeder Erprobung erfolgt und mit der Übung erst aufgehört wird, wenn alle „Parteien" mit ihrer Art des Handelns zufrieden sind.

d 1: Die schwierigsten aber auch lebensnahesten Gelegenheiten für Selbstkontrolle bestehen darin, daß ich entweder mit einem Patienten und einem Kollegen gemeinsam handele (z. B. Aufnahmegespräch zu Dritt) oder daß ich mit allen Patienten und Kollegen handele, also in vollständiger *Öffentlichkeit* (z. B. Vollversammlung). Endlich auch die Angehörigengruppe. Dafür gibt es Beispiele in unterschiedlichen Kapiteln.

d 2: Schließlich ist es ein Zeichen für die Bereitschaft eines Teams, sich immer neu zu überprüfen, wenn das Auftauchen eines „Neuen" oder „Fremden" nicht nur als Bedrohung, sondern auch als *Chance* gesehen wird. Denn jeder Neue sieht anders und macht alles Eingefahrene fraglich. Solche

Chancen sind: Jeder neue Kollege, jeder Schüler, Praktikant, Student (stellt „dumme" Fragen); evtl. ein Supervisor; jeder interessierte Besucher aus einer anderen Einrichtung; jeder, der mit einem Forschungsinteresse „eindringt", stellt auf seine Weise nützliche „dumme" Fragen.

III. *Wie mache ich die Grundhaltung wahr?*
   (Therapie und Selbsttherapie)

1. Versuchte Annäherung oder: die Angst der ersten Schritte

Der Schlüssel zum Verstehen liegt in mir. Nur indem ich versuche, mich selbst zu entschlüsseln, kann ich verstehen lernen. Um anderen Menschen zu helfen, ihre Identität zu finden, also auch ihren Platz in der Gesellschaft zu bestimmen, muß ich meinen Platz im gesellschaftlichen Leben bestimmen, muß entschlüsseln, wie die widersprüchlichen Erscheinungen der modernen Gesellschaft sich in meiner Persönlichkeit widerspiegeln. Entschlüsseln heißt: Ich muß mich selbst, meinen Körper, die Dinge und Menschen um mich herum kennenlernen, um herausfinden zu können, wie ich Beziehungen aufnehme. Nur so kann ich lernen, dem Anderen die richtigen Fragen zu stellen. Es gibt eine große Spannbreite von Fragen, die ich mir und anderen zu beantworten habe: Was macht mein Körper, wenn ich traurig bin oder mich freue? Was bedeutet mir Herzklopfen? Was stelle ich mir gern vor, was träume ich gern, wie grüble ich? Was bedeutet mir Freundschaft, was bedeutet mir städtische Umgebung mit Hochhäusern, was bedeutet mir die kapitalistische Gesellschaft, was die sozialistische? Dabei ändern sich mit meinen Erfahrungen auch die Antworten. Aber die Bereitschaft, mich wie andere immer neu zu fragen, ist die Voraussetzung dafür, daß mir manche Dinge, Gedanken, Gefühle, Gespinste anderer weniger „verrückt" erscheinen, oder umgekehrt, daß ich etwas, was eben noch „normal" war, überdenken und anders sehen kann. Dabei muß ich wissen, daß ich mit mir zugleich bewahrend und verändernd, konservativ und revolutionär umgehen kann, um mir und meiner Eigenart gerecht zu werden. Was jetzt für mich schlecht ist, kann früher einmal gut gewesen sein. D. h., ich muß auch für mein Leben geschichtliches, perspektivisches Denken lernen. Alle diese Forderungen im Handeln wahrnehmen hat mit dem Erleben von Unsicherheit zu tun. Sich die Frage zu stellen: „Wovor fürchte ich mich im Team, bei den Patienten, auf der Station oder in der Psychiatrie?" ist ein guter Anfang. Versagen, Konkurrenz, Anerkennung, Ehrgeiz, Neugier, Brutalität sind Begriffe, denen ich bei der Beantwortung begegne: „Was denke ich, wo mich die Anderen fürchten, was befürchte ich bei den Anderen, wovor muß ich mich bei mir selbst fürchten? Kann ich mich darüber mit den Anderen unterhalten?" – Die Schwierigkeit, die Gehemmtheit anzugehen, ist für den Anfänger größer als für den Geübten. Der Außenseiter wird schwerfälliger sein als jemand, der auf soziale Integration angelegt ist, aber nicht schwerfälliger als die „Betriebsnudel". Besonders schwer wird der erste noch so kleine Schritt, wenn man denkt, die Anderen wollten einen ändern und nicht die Chance geben, die eigene Wirkungsweise kennenzulernen. Das Ändern kann immer erst dem Erkennen nachstehen, weil auch Anerkennung, Bewahren die Folge von Erkennen sein kann. Und der zweite Schritt, und sei er noch so klein, wird erschwert, wenn der erste nicht wahrgenommen und offen anerkannt wird.

Wenn jemand beginnt zu suchen, ist die *Art des Suchens* wichtig. Jemand, der sagt: „Ich gebe das und das zu", fühlt sich noch in einer Atmosphäre, in der er nicht angstfrei suchen kann. Jemand, der zupacken, festhalten, nicht locker lassen will oder jemand, der einhaken, bohren, nachstoßen will, hat einen anderen Zugang zu sich selbst und anderen als jemand, der begreifen, erfassen, behandelt wissen will oder jemand, der anrühren, anstoßen, anregen möchte.

Übung: Welche Möglichkeiten der Abwehr, des Suchens und der Beziehungsaufnahme können einem noch einfallen? Entdecke ich sie bei mir wieder? In welchen Beziehungen sind welche Arten der Beziehungsaufnahme für mich günstig?

Die Art des Zugangs zum eigenen Körper, zu sich selbst, zu den anderen Menschen und zu Sachen mit in die Wahrnehmung zu bekommen, ist auch Aufgabe des Teams. Vielleicht erfahre ich, wie sich das Zupacken bei anderen auswirkt und vielleicht wirkt es sich bei mir ähnlich aus, ohne daß ich bisher darüber nachgedacht hatte.

Wichtig ist auch die Selbstwahrnehmung des eigenen Tempos. Daß ich jemanden, der langsamer ist, ständig mitreißen möchte oder jemanden, der schneller ist, bremsen, besagt über mich soviel wie über den anderen. Auch die Fragen: „Kann ich mein mir gegebenes Tempo annehmen und das Beste daraus machen?" „Zu welchen Zeiten bin ich selbst langsamer oder schneller?" oder „Wie lerne ich meine eigenen Grundstimmungen kennen?" Und dann die sozialen Auswirkungen z. B. meines Tempos: Wenn ich jemanden mitreißen will und mich schwungvoll fühle, findet der Andere das angenehm oder fühlt er sich überrollt und überfahren? (ich kann nicht Bewegungstherapie machen, ohne meinen eigenen Körper erfahren zu haben).

Die Übersetzung lautet: Sowohl mein Körper als auch mein Temperament (meine Natur, mein Endogenes), mein Psychisches und mein Soziales sind von mir wahrzunehmen und anzunehmen; denn sonst kann ich dem anderen Menschen schwerlich so begegnen, daß er glauben kann, ich möchte ihn verstehen.

All dies gilt für alle gleich. Es gilt nicht für den Arzt mehr und für die Sozialarbeiterin weniger. Es gibt bei der Grundhaltung kein irgendwie geartetes Gefälle, auch in den Begegnungen mit den Patienten nicht. Dies garantiert Solidarität und demokratisches Handeln.

2. Die Berufsrollen im psychiatrischen Team
(Therapeutische Techniken)

Zwar haben im Team alle gemeinsam die gleiche Grundhaltung, doch erstens macht jeder je nach seiner persönlichen Einmaligkeit etwas anderes daraus und zweitens ergänzt jeder die gemeinsame Grundhaltung durch die speziellen Erfahrungen und Techniken seiner jeweiligen Berufsausbildung. Ein Team ist erst dann therapeutisch wirksam, wenn alle Mitglieder über eine halbwegs vergleichbare gemeinsame Basiserfahrung mit Patienten und mit sich selbst verfügen. Erst dann kann sowohl die individuelle Besonderheit jedes einzelnen Teammitgliedes als auch die seiner beruflichen Spezialerfahrung voll zum Tragen kommen. Welche Berufsgruppen gehören zu einem psychiatrischen Team? Dies ist je nach der Art (und den Mitteln) der Einrichtung unterschiedlich. Auch wenn dies vielerorts noch nicht so ist, gehen wir davon aus, daß jemand in einem psychiatrischen Team auf folgende Berufsangehörige trifft: Schwestern/Pfleger, Arzt, Sozialarbeiter, Beschäftigungstherapeut, Psychologe und Bewegungstherapeut. Dies kann – wie gesagt – unvollkommen oder indirekt (Psychologe nur auf derselben Abteilung) sein. Gleichwohl machen diese Berufe das Kernteam aus. Dann können je nach Einrichtung Soziologen, Pädagogen, Pfarrer, Laien, Musiker zu einem Team dazugehören oder Biochemiker, Laborantinnen, Werkmeister oder Erzieher.

Übung: Ein Organisationsspiel, in dem die Teilnehmer sich darauf zu einigen versuchen, welche Berufsangehörige in welcher Zahl in welchen Einheiten oder Institutionen ein Team bilden.

Wir stellen nun die Erwartungen dar, die in einem Team an die Vertreter dieser Berufe gerichtet werden:

a) *Pflegeberufe:* Von ihrer Ausbildung her sind sie zuständig für Körperpflege, Durchführung und Überwachung der therapeutischen Techniken (oft genug auch Anleitung der Ärzte darin – und zwar so, daß diese es nicht mal merken!), sowie für Verwaltungsarbeiten. Aber: *Pflege in der Psychiatrie heißt viel mehr,* nämlich auch Pflege der *Beziehungsaufnahme* zu sich selbst und zu Anderen sowie Pflege der *Atmosphäre,* d. h. daß Schwestern/Pfleger die wichtigsten Vermittler der *Grundhaltung* sind, zumal sie meist die längste Zeit den Tag über und am hautnahesten im unmittelbaren Austausch mit den Patienten sind, also die Gefahren und Chancen des Zusammenlebens mit den Patienten am meisten zu tragen haben. Wie sie den Stil des Handelns – zumindest in Krankenhäusern – auch immer schon geprägt haben, so auch jetzt den Stil der Selbstwahrnehmung. So stellen sie die Basis der therapeutischen Atmosphäre her (damit die Ansatzpunkte für andere Berufe) und sind zugleich die *Spezialisten für die Wahrnehmung aller menschlichen Bedürfnisse und Notwendigkeiten* (s. Kapitel Soziotherapie). Therapie heißt übrigens in seinem griechischen Ursprung „Pflegen und Heilen" zugleich! In der Regel sind die Patienten anzuregen, eigenverantwortlich für sich und ihre Milieu zu sorgen, denn vielleicht besteht ihre „Krankheit" gerade in der Abhängigkeit von ihrer Umwelt. Die Pflege der Art und Weise, wie jemand Beziehungen aufnimmt, Vernachlässigungen abbaut, wird zum wesentlichen Inhalt der Pflege in der Psychiatrie – Es gibt zudem viele spezielle Handlungsmöglichkeiten, in denen sich diese Pflege auch äußern kann: Teilnahme an Psychotherapie, mit den Patienten schwimmen gehen, Fußball spielen, Rollenspiele machen, Teilnahme an der Arbeits- oder Bewegungstherapie.

b) *Arzt:* Traditionell war der Arzt der verantwortliche Leiter einer Station oder einer Einheit. Er führte, ordnete an, verantwortete. Das sind primär sicher keine ärztlichen Qualifikationen. Und in einem Team sollte so wenig wie möglich von diesen Anteilen am Arzt hängen bleiben. Bleiben sie trotzdem hängen, kann es daran liegen, daß der Arzt sie gern hat oder daß die anderen sie (meist uneingestanden) gern haben und sie ihm immer wieder zuschieben. Oft verquickt sich beides. Es gehört für den Arzt eine Portion Durchstehvermögen dazu, sich hier (auch gegen Widerstand!) zu ändern, da außerdem auch und gerade der Arzt berufspolitisch in einer hierarchisch geordneten Umwelt steht, in der „nach oben" gestrebt wird. Gleichwohl kann der Arzt, nachdem solche von ihm ausgehenden „*Berufsgefahren*" gebannt sind, für andere im Team ein gutes Modell sein für den „Blick fürs Ganze" und für selbständig-verantwortliches Handeln in Ausnahmesituationen. Weiter ist im Team der Arzt der, der am besten mit den körperlich-kranken Anteilen eines Menschen umgehen kann. Dazu gehören nicht nur Diagnostik sowie die körpertherapeutischen Techniken (s. Kap. 13). Das, was der Arzt aus seiner Ausbildung am wichtigsten einbringt, betrifft die Reaktionen des Körpers auf bestimmte Einflüsse, die aus dem Körper selbst kommen (z. B. endogene Schwankungen), die in Form von Krafteinwirkung (z. B. Hirnverletzung) oder Gifteinwirkung von außen kommen, die auf Grund gestörter Beziehungen zum Selbst oder zur Umwelt entstehen (z. B. psychosomatische Erkrankungen oder Isolationsfolgen). Er ist damit *Experte für die Natur* sowie für Krankheit und Gesundheit (!) des Körpers des Menschen.

c) *Sozialarbeiter:* Heute hat die Verwirklichung der Forderung: „Ein Sozialarbeiter auf jede Station und in jedes Praxis-Team eines Nervenarztes!" bereits an manchen Stellen begonnen. Wie auch immer. Das Team erwartet vom Sozialarbeiter einerseits die optimale Anwendung der Sozialgesetze (Sozialhilfe, Rentenanträge usw.) sowie Beziehungsaufnahme zu dem Anteil unserer Wirklichkeit, den die verschiedenen Verwaltungen darstellen. Aber darüber hinaus hilft er dem Team und den Patienten, den sozialen Anteil der Welt überhaupt zu verstehen. Wenn der Arzt mit den kranken und gesunden Anteilen zu tun hat, dann der Sozialarbeiter mit normalen und abweichenden Anteilen. Er kennt sich darin aus, welche Rand- und Problemgruppen es in der Gesellschaft gibt, welche Anpassungs- und Eingliederungsstörungen bestehen und welche sozialen Bedingungen Kränkung und Gesundung bewirken können. Damit kann er „Hilfe zur Selbsthilfe" erst sinnvoll machen. Denn diese kann ja nicht nur darin bestehen, daß jemand seinen Rentenantrag allein ausfüllt, sondern mehr noch, daß er wissen kann, mit welchen Normen in seiner Gruppe er in Konflikt geraten ist und wie er – für sich stimmig – den Konflikt lösen kann. Um jemandem zu helfen, aus Konflikten herauszukommen, sich „anzupassen" oder „wieder einzugliedern", genügt freilich Einzelfallhilfe oft nicht, vielmehr ist es entscheidender Anteil meines Tuns als Sozialarbeiter, auch alle seine „Mitspieler" mit wahrzunehmen und ihn mit anderen zusammenzuführen und gemeinsame Konfliktlösung möglich zu machen, und zwar so, daß die unterschiedlichen Gruppenmitglieder sich ihr unterschiedliches Wissen auch selbst zur Verfügung stellen lernen. Seine „*Berufsgefahr*" besteht sicher darin, als Sozialtechniker allem und jedem eine soziale Erklärung aufzupressen. Für das Team ist er *Experte sowohl für den Bezug zu den Verwaltungen als auch für die sozialen „gemeinsamen" und „gemeinsinnigen" Anteile, also die Gruppen-Anteile von Menschen,* wobei er oft genug die Interessenspannung zwischen beidem auszutragen hat.

d) *Bewegungstherapeut* oder vielerorts auch noch Krankengymnast: Uns allen geht es so, daß wir zu bestimmten Zeiten verspannt, verkrampft sind, auch nicht mehr sagen können, wie sich unser Körper eigentlich fühlt, wie groß oder klein, stark oder schwach, wie es – körperlich – ist, sich fallen zu lassen oder abzuspringen, *was Begegnung körperlich heißt: hierfür ist der Bewegungstherapeut Experte.* Die besondere „*Berufsgefahr*" liegt darin, zu schnell zu sein, mit der eigenen Begeisterung (auch Leistungsehrgeiz) den Anderen in Angst und Überforderung hineinzutreiben. Eigentlich sollte er nicht Therapeut heißen, sondern vielleicht Fachmann oder eben auch Arbeiter, weil es nicht um Heilen geht, sondern um Kennenlernen, die Chance zur Veränderung geben, Bewußtwerden der eigenen Gliedmaßen, der eigenen Ausdehnung, des Wunsches nach Distanz und Nähe, auch der Möglichkeit von Distanz und Nähe: wann fühle ich mich allein (fern), wann fühle ich mich erdrückt, wie trete ich auf, wie große Schritte kann ich machen, aber auch, wie erlebe ich Raum – mit geschlossenen Augen z. B. – oder Zeit? Viel Spielerisches kommt in diese Tätigkeit, wenig Systematisches, denn es wird entscheidend von der Gruppe abhängen, was erfahren wird, ob Gesichtspunkte des Tempos oder der Verzerrung und Entstellung, Verkrüppelung oder Entspannung vorrangig zum Tragen kommen.

e) *Arbeits- und Beschäftigungstherapeut:* Es war schon gesagt, daß Arbeiten, Sich-beschäftigen wesentliche Bestandteile der Selbstverwirklichung sind, so daß das häufige Mißverständnis, die BT diene der Ablenkung, die eine „*Berufsgefahr*" der AT/BT darstellt. Die andere ist: *jemanden zu aktivieren*, statt ihn *sich* aktivieren zu lassen. Wenn die BT mich schon nicht ablenkt: wo lenkt sie mich dann hin? Was habe ich davon, wenn ich mit Ton, Bast, Holz und anderem Material arbeite, was macht es in mir für Gefühle? Sicher kann es nicht darauf ankommen, das „schöne Körbchen" zu basteln, sondern: die Selbstwahrnehmung auf das Tun, auf die Aktivität zu lenken, auf das, was ich kann, was ich nicht kann, wie ich mich anstrenge, konzentriere, durchhalte, wie ich mit Fehlern umgehe, wie ich allein arbeite oder in der Gruppe. BT und AT: wie unterscheiden sie sich? Mit Arbeit verdient man Geld, verschafft sich die Möglichkeit zur Teilnahme an den Konsumgütern und an wesentlichen Bereichen der Gemeinschaftlichkeit (von Kneipe bis Golf-Club). Zugleich werden die meisten bei der Arbeit kontrolliert, bekommen gesagt, was sie arbeiten sollen, fürchten, nicht zu genügen. Beschäftigung ist freier, kreativer, teilweise auch individueller im Sinne von privater. Der Arbeits- und Beschäftigungstherapeut hat Ahnung von der Arbeitswelt und kann entsprechend anregen, arbeitendes (das ist auch beschäftigendes) Handeln auszuprobieren: in Gruppen zu arbeiten, den Arbeitsplatz zu organisieren, Druck auszuhalten, Pausen zu machen, die Qualität der Arbeit einschätzen zu lernen, nicht so hektisch zu arbeiten. Wesentlich ist der ständige Bezug zur alltäglichen Arbeit. *Der Arbeits- und Beschäftigungstherapeut ist im Team also der Experte für das Alltagshandeln (Arbeit und Freizeit) der Menschen:* Arbeitstherapie darf nicht als Ersatz verstanden werden, sondern als Möglichkeit, sein arbeitendes Handeln auszuprobieren.

f) *Psychologe:* Psychodiagnostik und Psychotherapie bestimmen die Tätigkeit des Psychologen in der Klinik. Gleichzeitig bringt der Psychologe auf Grund seiner Ausbildung eine Menge Wissen von Grundlagen und Allgemeinem über den Menschen mit. Dies ist ein Vorteil, da Diskussionen über ein Menschenbild, das für ein Team bestimmend ist, entscheidend vom Psychologen ausgehen können. Kenntnisse psychotherapeutischer wie psychodiagnostischer Techniken sind ihm nützlich. Denn auch sie entsprechen einem bestimmten Menschenbild, über das er sich Rechenschaft ablegen muß. Auf diese Weise wird der *Expertenbeitrag eines Psychologen im Team* darin bestehen, das Nachdenken *darüber anzuregen und mit seinem Spezialwissen zu unterstützen, nach welchem Menschenbild man eigentlich sich und die Patienten ändern will.* Der Psychologe kann auf Grund seiner Ausbildung eine große Menge von Themen einbringen, die für die Arbeit in der Psychiatrie von Bedeutung sind: Gefühl, Leistung, Intelligenz, Fähigkeit, Eigenschaft, Kleingruppe, Ich-Identität, Denken, Selbst usw. Auch für ihn ist es wichtig, sich der Änderung seiner Wissenschaft bewußt zu sein, damit er dem Team wichtige von der Psychologie schon bearbeitete, aber zur Zeit nicht aktuelle Themen nicht vorenthält. Je nach Ausbildung besteht eine „*Berufsgefahr*" darin, daß der Psychologe der Vielfalt menschlichen Handelns nicht gerecht werden kann, weil er bemüht ist, sie auf operationalisierbare Dimensionen zu reduzieren und darin, daß er in jedem Tun psychotherapeutisches Tun erblickt und somit unsystemischem Handeln, das der Grundhaltung entspricht, nicht die Qualität des von ihm höher geschätzten psychotherapeutischen Handelns zubilligt.

Hier ist der Versuch unternommen worden zu beschreiben, welche Spezialleistungen von einzelnen Berufsvertretern zu erwarten sind. Es ist deutlich geworden, daß die Spezialanteile eines Team-Mitgliedes gleichzeitig auch anteilig in jedem anderen Team-Mitglied enthalten sind, so daß man miteinander reden, sich gegenseitig fragen, anregen, überprüfen kann. Auch so, daß es nicht nötig ist, aus Wissern Besserwisser zu machen.

3. Der Rahmen psychiatrischer Arbeit
(Der therapeutische Rahmen)

Wenn ich psychiatrisch arbeiten will, werden mich die unterschiedlichen Einrichtungen (s. Kap. 15) mehr oder weniger erschrecken, befremden, fordern. Deswegen sollte ich – am besten schon während der Ausbildung – alle möglichen Institutionen besuchen und überprüfen, wie meine gefühlsmäßigen Einstellungen zu der Institution sind, damit ich meine Aktivitäten gleich sinnvoll einsetzen, auch meine Widerstände, Ängste, Ekel wahrnehmen kann, weil sie die Grundlage zu guten Änderungsvorschlägen sein können.

Zur Beschreibung des Rahmens der Begegnung gehören Vereinbarungen über die Zusammenarbeit, den Ort und die Zeit der Handlung sowie die Ziele. Es ist anzunehmen, daß zukünftige Teams mit anderen Problemen der Aufgabenverteilung und des Rollenverständnisses zu tun haben als jetzige Teams: schon weil es mehr Wissen über Teams gibt und weil entsprechend die Einstellungsänderung in den einzelnen Berufsgruppen nicht mehr so grundsätzlich sein muß, sondern eine Frage der persönlichen Ausgestaltung werden kann. Das Team ist verpflichtet, die Spanne der beruflichen Spezialisierung und der Rollendiffusion (alle können alles) immer neu zu vereinbaren. Diese beiden Aspekte, die Arbeit des Einzelnen und die Notwendigkeit der Integration in die Grundhaltung sind am ehesten in regelmäßigen (wöchentlichen) Team-Besprechungen zu kontrollieren. Dabei wird es immer auch um Verantwortung gehen. Sie wird bisher meist als Privileg des Arztes gesehen, aber auch als seine Pflicht. Und Verantwortung wird oft gleichgesetzt mit Führung. Wenn wir uns selbst ernst nehmen, gilt, daß jeder für sich seine Arbeit, die Arbeit des Teams verantwortlich ist, daß die sogenannte „letzte" Verantwortung dem Teamprinzip widerspricht. Die Spannungen, die aus der noch vorgegebenen Verantwortungshierarchie und den im Team erarbeiteten und von allen verantwortlich vertretenen Entscheidungen entstehen, sind durchzusprechen. Verantwortung ist nicht nur Last. Vielmehr werden meine beruflichen Handlungen erst dadurch sinnvoll, daß ich sie mit verantworte. So geschah es einer Stationsschwester, die neu in ein Team kam und sich für alles verantwortlich fühlte, also die bereits gut geteilte Verantwortung wieder in Frage stellte, daß die anderen ankündigten: „Dann solle sie mal verantworten!" Sie täten dann gar nichts mehr und sie solle mal sehen, wenn sie sich die Verantwortung zuziehe, wie sie sich dann auch ganz schnell überfordert fühlen werde. Die anderen sahen also den Sinn ihres Handelns bedroht. Ein Zeichen dafür, wie unmittelbar die Beziehung zu ihrer Arbeit war und wie sehr damit die Arbeit Teil ihrer Selbstverwirklichung ist.

Die „Team-Gefahr" ist die Verantwortungsdiffusion: Keiner weiß so recht, was seine Aufgabe ist, wofür er sich verantwortlich fühlen muß und wofür er zur Verantwortung gezogen werden kann. Jeder Mensch braucht einen überschaubaren Aufgabenbereich und es ist äußerst überfordernd, sich immer für alles verantwortlich zu fühlen, eine Gefahr, die gerade für gewissenhafte und in ihrer Arbeit kontrollierte Menschen gilt. Andererseits verläßt man sich dann und wann ganz gern auf die Verantwortung von anderen und entlastet sich dadurch, wodurch die Gefahr von größerer Abhängigkeit und verstärkten Leistungsansprüchen gegeben ist. Diese Gefahr ist immer dann besonders groß, wenn Wechsel im Team stattfinden oder wenn Krisen, z. B. erhöhte Suizidraten, auftreten, die an die Angst und die Schuldgefühle des Einzelnen rühren. Hier hilft es nicht, Schuldgefühle dadurch zu vermeiden, daß die Verantwortung abgeschoben und einem „letztlich Verantwortlichen" zugedacht wird. Vielmehr ist die Frage hilfreich: „Was ängstigt mich und was kann ich für die Zukunft daraus lernen?"

a) *Ort der Team-Arbeit:* Da mein Arbeitsplatz gleichzeitig der Ort der Patienten ist, kann ich ständig überprüfen, ob die Bedingungen, unter denen sie gesund werden sollen, wirklich die Bedingungen sind, unter denen ich gesund bleiben (arbeiten) kann. Lärm, Licht, Platz, Eingeschlossen-Sein, Auslauf, Blumen, andere anregende Reize, Möglichkeiten, Privates unterzubringen, können Kriterien meiner Bewertung sein. Aus der kinderpsychologischen Forschung weiß man, daß Kinder, die nicht genügend Außenweltreize erhalten, wahrscheinlicher sterben, auch wenn sie hinreichend ernährt sind. Auf jeden Fall machen sich später im intellektuellen und im Gefühlsbereich Störungen bemerkbar. Auch die Kargheit von Gefängniszellen führt bekanntermaßen zu Ausfällen. Entsprechend führt Reizdeprivation (Wegnahme von gewohnten Umweltreizen) bei Menschen zu Veränderungen, die zwar gern ihrer „Krankheit" angelastet werden, jedoch Auswirkungen des Milieus sind. Also werde auch ich in einer Atmosphäre leiden, die zu reizarm ist, wird auch meine Wahrnehmung zumindest irritiert.

Übung: Was brauche ich an Reizen? Was ist zuviel (Reizüberflutung)?

Aber Menschen sind in dem, was sie als Reize brauchen (angenehm empfinden) auch unterschiedlich. Schon ein Blick in die Wohnung der einzelnen Team-Mitglieder zeigt, wie groß die Unterschiede sind. Auch hierin wirken sich soziale Unterschiede aus (Wohnraumgröße, auch Geschmack). Ich habe also bei der Gestaltung meines Arbeitsplatzes die Bedürfnisse und Wünsche der Patienten zu berücksichtigen: sie mitbestimmen zu lassen, wie ein Zimmer einzurichten ist. Das Argument, daß Zimmer, besonders „Krankenzimmer" funktional eingerichtet sein sollen, kann sich nur der leisten, der nicht 24 Stunden am Tag und das wochen- oder monatelang, in dem Zimmer zu leben hat. Umgekehrt ist auch Reizüberflutung zu vermeiden. Manche meinen es besonders gut und überfrachten bestimmte Ecken (gemütliche) mit Anregung, als solle sich der Patient hier auf lebenslängliches Wohnen einrichten. Ganz wichtig ist die Frage, wieviel *privaten Raum* ich zur Verfügung stelle: einen Nachtschrank, eine Nachttischlampe, einen großen Schrank, eine Zimmerecke. Viele von uns können sich schwer vorstellen, wie es ist, völlig entblößt zu sein oder völlig *öffentlich* zu leben, sich nicht zurückziehen zu können, immer kontrolliert zu sein. Dabei sind wir selbst schon viel früher verletzt: Wenn jemand unsere Intimsphäre antastet, unser psychisches „Territorium" betritt, sich in unsere Dinge einmischt. Hier steht Raum auch für eine psychische Dimension.

Übung: Wieviel Raum brauche ich? Wie möchte ich am liebsten wohnen? Wie soll meine Höhle aussehen? Wieviel Weite kann ich ertragen? Oder: Welche Gefühle habe ich mit anderen im Fahrstuhl?

b) *Zeit der Team-Arbeit:* Hiermit ist nicht nur an die tägliche oder wöchentliche Arbeitszeit gedacht, vielmehr hat die „Zeit" noch andere Bedeutungen:

– Meine Tätigkeit in der Psychiatrie geschieht zu einer bestimmten historischen und politischen Zeit. Änderung von Psychiatrie und Gesellschaft stehen in engem Zusammenhang. Das wirkt sich auf mein Handeln aus. Kenntnis über Fragen und Probleme in einer Zeit, über Moden und Zeitgenossen, geben nicht nur zusätzliche Auskunft über mögliche Konflikte von Patienten, sondern helfen mir meine Arbeit sinnvoll zu bestimmen.

– Meine Arbeit geschieht innerhalb der Psychiatrie an einem Ort, an dem Zeit eine Rolle spielt. Hier steht die Zeit still, dort läuft sie weg. Es geschieht leicht, daß man sich dem wahrgenommenen Zeitempfinden anpaßt und sich dann selber wundert, wie anders die Zeiten anderer psychiatrischer Einrichtungen sind.

Beispiel 1: In Übergangsheimen ist die Arbeitweise langsamer und ruhiger. Die Patienten, mit denen man zu tun hat, sind lange da oder werden lange bleiben. Was heute nicht geschieht, geschieht morgen. Es ist leicht, sich an das langsame, schlurfende Tempo zu gewöhnen. Wir wissen inzwischen, wie diese Gewöhnung für Patienten zu Angst vor der Umwelt, zur Hospitalisierung, zu Anstaltsartefakten, zur Isolation führt, da sie von Angehörigen oft vergessen und schließlich von der Gesellschaft ausgeschlossen werden. Es ist aber bisher wenig auf die Auswirkung dieser „Zeitlosigkeit" auf die Arbeitenden geachtet worden. Wenn ich mich in eine solche Endlosigkeit hineinbegebe, hat das Auswirkungen auf mein eigenes Erleben, auf die Wahrnehmung meines Alterns, meiner Sozialkontakte, meines Schwunges, auch auf die Wahrnehmung von Änderungen: „Das war schon immer so!" ist eine wahrscheinlichere Aussage, wo „immer" zum Zeiterleben der dort Handelnden dazugehört. – Wenn ich mich für die Tätigkeit in einer Langzeit-Einrichtung entscheide, sollte ich wissen, wie trügerisch und gefährlich der Verlust des alltäglichen Zeitempfindens sein kann, wenn auch die Getriebenheit und die damit verbundene Verlangsamung zunächst angenehme Attribute meines Tuns sein mögen.

Beispiel 2: In einer Tagesklinik für Krisenintervention, in der die Patienten vier Wochen höchstens bleiben können, entspricht dies der Dauer eines Jahresurlaubes. Damit wird die Zeit vergleichbar, es wird auch deutlicher, daß Zeit zu nutzen ist. Für Team-Mitglieder besteht die Möglichkeit eines überschaubaren, konzentrierten Arbeitens, aber auch die Gefahr größeren Leistungsdrucks: in vier Wochen dem und dem Anspruch zu genügen. Dem Zeitlupen-Effekt der Langzeitbehandlung entspricht hier der Zeitraffer-Effekt. Das führt leicht dazu, daß Handlungen unterlassen werden, weil es einem über wird, immer wieder dieselben Dinge zu diskutieren, sich immer wieder von Patienten in Frage stellen zu lassen, die notwendige Wiederholung als sinnvoll anzuerkennen, weil sie einem zum Halse raushängt. Hier kommt es darauf an, die für Patienten sinnvolle Dynamik in Einklang zu bringen mit dem eigenen Tempo und gleichzeitig der Gefahr entgegenzuarbeiten, das eigene Leben in Vier-Wochen-Abschnitten wahrzunehmen.

Beide Beispiele dienen als Hinweis auf die Bedeutung des Zeitablaufes in den psychiatrischen Institutionen für meine eigene Erlebensweise und damit auch für die des Patienten.

– Ein dritter Aspekt der Zeit zeigt: ich beginne zu einem bestimmten Zeitpunkt meines Lebens die Arbeit in der Psychiatrie, was für mein Leben und für meinen Aufenthalt in der Psychiatrie eine Rolle spielt.

Unterschiede wirken sich auch auf die Zusammenarbeit im Team aus, da sie beschleunigend oder verzögernd, anregend oder störend sein können. Es wird auf diese Weise „Traditionsträger" geben und solche, die mehr die Veränderung im Auge haben. Der Vorteil ist, daß die Diskussion über zu viel „Aktion" oder zu viel Beständigkeit auf dem laufenden bleibt. Jedoch ist es für Zeitgefühl und Planung im Team wichtig, daß ungefähres Wissen über die Dauer des Engagements vorliegt.

Wenn die Bedeutung der Zeit für das eigene Leben deutlich wird, kann auch bewußter werden, welche Rolle Zeit für einen Patienten spielt: Aufenthaltsdauer, Krankheitsdauer usw.

c) *Ziele der Teamarbeit:* Bei jeder Begegnung verspreche ich mir etwas: Bei einem neuen Arbeitsanfang erwarte ich etwas, es soll anders werden, ich will Freude haben, ich will etwas Neues kennenlernen. Dies sind Ziele, über die meistens diffus gesprochen wird. Genausowenig erfahre ich meist über die Ziele der anderen und über die der Institution, in der ich arbeite. Wie oft klaffen die Ziele des Patienten, wieder gesund zu werden, und die der Institution, „gebessert" zu entlassen, auseinander, was zu Enttäuschungen führt. Über die meisten Ziele kann man sich aber sehr wohl austauschen. Wir haben in diesem Kapitel eine Reihe von Zielen aufgezählt: Offenheit, Suchhaltung, Selbstwahrnehmung. Auch diese Ziele sollten nicht nur diffus im Raum stehen, sondern besprochen sein, denn nur dann bekommt Kritik einen Sinn, da jeder weiß, womit sie zu tun hat. Nicht nur wird ein

Ziel bestimmt, sondern nach Möglichkeit auch gleich der Anfang und die ersten Schritte: Am besten auch gleich eine Vereinbarung über die Möglichkeiten der Überprüfung. Kombiniert mit der Vereinbarung über die Zeit kann man abschätzen, ob die Zielsetzung realistisch oder aus der Luft gegriffen ist. Es gibt bei der Arbeit im Team individuelle und kollektive Ziele, also solche, die nur ich verfolge, und solche, die von allen verfolgt werden. Das Team kann an einem Ziel arbeiten: z. B. mehr Öffentlichkeit herstellen. Auch Ziele der Gruppe sind zu vereinbaren. Es hilft nicht, wenn einer einsam beschließt, jetzt solle Öffentlichkeit verbessert werden, sich bemüht, das Team darauf hinzuweisen, wenn er sich abkapselt und unzufrieden ist, wenn es nicht klappt. Wenn ein Ziel im Team vereinbart wird, müssen genauso die ersten Schritte und die Kontrollen ihrer Einhaltung besprochen werden, wie es im Einzelgespräch geschieht. Sonst bleibt es bei Absichtserklärungen. Zu häufig nehmen Teams sich entsetzlich viel vor, ohne zu überprüfen, wie die Vorsätze in die Tat umzusetzen sind, gleichzeitig auch, ohne zu prüfen, ob die Ziele realistisch sind.

4. Verlauf psychiatrischer Arbeit
(Therapieverlauf)

Auf was ist im Verlauf des Arbeitens im Team zu achten? Das Team muß ein Gefühl für seine eigene Geschichte entwickeln. Gespräche über „weißt Du noch?" sind nicht nur sentimentales Geschwätz und zeitraubend, sie erleichtern es – und das kann ihre Funktion werden – daß in neuerlichen Krisensituationen auf gemeinsam erworbenes, in der Gruppe vorhandenes Wissen zurückgegriffen werden kann. Sie halten auch wach für das individuell und im Team Erreichte. Jedoch ist nicht nur dieser Leistungsaspekt wichtig. Vielmehr wird durch das Bewußtsein für die eigene Geschichte auch der Gruppenzusammenhalt (Kohäsion) gefördert. Gelegentliche Feste helfen: für die ganze Station, nur für das Team, für die Abteilung oder das ganze Krankehaus. Auch die gemeinsame Teilnahme an Kongressen, Fortbildungsveranstaltungen (z. B. DGSP), Teambesuche anderer Einrichtungen oder gemeinsame Herstellung von Veröffentlichungen sowie Darstellung der Teamarbeit in einer größeren Öffentlichkeit können das Bewußtsein für die eigene Geschichte fördern. Dasselbe gilt für neue Aufgaben, die das Team sich stellt: z. B. die Organisation eines Patienten- bzw. Gemeinde-Clubs, einer Angehörigengruppe, einer Nachsorgeambulanz oder einer Veränderung, die sich auf die ganze Einrichtung auswirkt. Überhaupt hat es sich als gesund erwiesen, wenn die Team-Mitglieder noch eine Aktivität (nicht mehrere) außerhalb der Arbeit im Team haben. Daß ein Team – genauso wie ein Individuum – eine bestimmte Menge Außenreizzufuhr braucht, um lebendig zu bleiben und nicht zu erstarren, ist schon beschrieben worden, auch wer und was diese Außenreize sein können. Es ist nicht zu vermuten, daß es an meinem Arbeitsplatz immer schön ist. Das Wissen, das wir den Patienten zu vermitteln verpflichtet sind: daß weder das Leben, noch die Gesellschaft, noch die Psychiatrie einen Anspruch auf Glück eingebaut haben, daß es nicht immmer „schön" sein kann, dürfen wir auch für uns nicht verleugnen. Immerhin gibt mir die Arbeit in der Psychiatrie die Möglichkeit zu lernen, daß meine Arbeit etwas mit mir selbst zu tun hat. Damit erhalte ich auch die Chance, ändernd einzugreifen. Aber auch darin ist nicht die Gewähr enthalten, daß Arbeit schön ist. Genauso wie im Gesundwerden für den Patienten nicht die Gewähr

46

enthalten ist, daß Gesundsein „schön" ist. Obwohl die ständige gedankenlos-böse Aufforderung: „nun werd mal schön gesund", sicher zu der Fehleinschätzung beiträgt. In manchen Fällen ist sicher Kranksein schöner. Das kritische Nachdenken über diese verbreitete und werbungsgesteuerte Heilserwartung erleichtert auch meine Arbeit. Denn ich brauche nicht mehr enttäuscht zu sein, wenn der Patient, den ich „schön gesund" glaubte, wieder ins Heim oder Krankenhaus kommt. Ich habe gelernt, daß die Fortschrittlichkeit meiner Arbeit in der Psychiatrie nicht darin liegen kann, daß alles immer schöner wird, sondern darin, daß ich Möglichkeiten auswerte. Dies kann die Aufmerksamkeit noch mal auf eine der größten Gefahren für die Beständigkeit psychiatrischer Teamarbeit richten: Vor allem Teams aus jungen Kollegen gehen gern nach dem Motto vor: Je mehr Nähe zueinander, desto schöner! Solche Teams fallen in der Regel nach einer Begeisterungsphase schnell auseinander. Daher hier eine herzliche Warnung davor! Es ist viel gesünder, daß die Teammitglieder zwar ein hochempfindliches Interesse für das private Wohlergehen untereinander haben und sich jede Unterstützung geben, daß sie aber ihre Arbeitsbeziehungen und ihre Privatbeziehungen weitgehend auseinanderhalten, also ein Gleichgewicht zwischen Nähe und Distanz aushalten. Das gibt dem Team jede Stabilität. Auch für Patienten ist es entscheidend, das sie das Leben in der Einrichtung nicht mit ihrem Privatleben verwechseln. Auch von daher ist es günstig, wenn das Team nicht nur beruflich, sondern auch nach Alter, Lebenserfahrung, Geschlecht, persönlicher Eigenart und Temperament gemischt ist. Denn in einem personell gleichbleibenden Team sich über möglichst lange Zeit auf sich und Andere einzulassen, ist immer noch die beste Art, psychiatrisch arbeiten zu lernen.

LITERATUR

BROCHER, T.: *Gruppendynamik und Erwachsenenbildung.* Braunschweig 1967
DEVEREUX, G.: *Angst und Methode in den Verhaltenswissenschaften.* Frankfurt: Ullstein 1976
GROTH, R.: *Sozialarbeit in der Tagesklinik.* Sozialpsychiat. Inf. 1978
KRÜGER, H.: *Therapeutische Strategien in der Sozialpsychiatrie.* Sozialpsychiat. Inf. Nr. 6: 48–77, 1971
KRÜGER, H.: *Therapeutische Gemeinschaft, in: Psychiatrie der Gegenwart,* Bd. III, Berlin: Springer 1975, S. 711–36
PERLE, U.: *Arbeiten im Team.* Tübingen 1969
RAVE-SCHWANK, M. u. C. WINTER-V. LERSNER: *Psychiatrische Krankenpflege.* Stuttgart: G. Fischer 1976
RICHTER, H. E.: *Lernziel Solidarität.* Reinbek: Rowohlt 1974
ROGERS, C. R.: *Entwicklung der Persönlichkeit.* Stuttgart 1973
WULFF, E.: *Über den Aufbau einer therapeutischen Gemeinschaft,* in: E. Wulff: *Psychiatrie und Klassengesellschaft.* Frankfurt: Athenäum 1972

2. Kapitel

DER DEPRESSIVE MENSCH
(Depression, Manie, Zyclothymie)

A. *Der depressive Mensch*
   I. *Diagnose des kranken Anteils*
   II. *Diagnose der Gesamtsituation*
      1. Grundhaltung
         a) Selbstwahrnehmung der eigenen depressiven Anteile
         b) Vollständigkeit der Wahrnehmung (Unterscheidungs-Lernen)
         c) Normalisierung der Beziehung zwischen mir und dem Patienten
      2. Möglichkeiten meiner Selbstkontrolle
         a) Gespräch zu Dritt
         b) Angehörigengruppe
         c) Vollversammlung
      3. Übung: Aufnahmegespräch zu Dritt
   III. *Therapie und Selbst-Therapie*
      1. Therapeutischer Rahmen
      2. Vereinbarung der Zusammenarbeit. Noch einmal: Aufnahmegespräch
      3. Therapie-Verlauf
      4. Therapie-Ende
      5. Therapeutische Techniken
         a) Arzt
         b) Krankenpflegeberufe
         c) Psychologe
         d) Arbeits- und Beschäftigungstherapeut
         e) Sozialarbeiter
         f) Bewegungstherapeut (Krankengymnast)
B. *Der manische Mensch*
   I. *Diagnose des kranken Anteils*
   II. *Gesamt-Diagnose*
      a) Selbstwahrnehmung
      b) Vollständigkeit der Wahrnehmung
      c) Normalisierung der Beziehung
   III. *Therapie und Selbsttherapie*
C. *Der zyklothyme Mensch*
D. *Mischzustände und -verläufe*
E. *Epidemiologie und Prävention*
   1. Verbreitung
   2. Bedingungen
   3. Bedeutung
   4. Prävention
Literatur

Depressiv sein ist eine der Möglichkeiten des Menschen, Unerträgliches sich erträglich zu machen. Wahrscheinlich die häufigste. Manisch sein ist eine andere, aber seltenere, deshalb von uns kürzer behandelte. Zyklothymie beschreibt Lebensläufe, die von beiden Möglichkeiten geprägt sind.

Unerträgliches nicht tragen, sondern sich erträglich machen? Das tun wir täglich – am ehesten depressiv. Im Alltag gehen wir mit dem Elend der großen Welt und mit unserem eigenen Elend, Unglück, Trauer, Verzweiflung, Angst, Sinn- und Wertlosigkeit tröstend, beschönigend, entschuldigend um. Oft auch mit dem Gefühl, sich Traurigkeit und Verzweiflung nicht leisten zu können, darüber wegkommen zu müssen. Mitscherlich hat uns „die Unfähigkeit zu trauern" bescheinigt. Auch wegen unserer Funktionstüchtigkeit unterdrücken wir diesen Teil unserer Gefühle. Und weil wir denken, die Anderen mögen uns lieber, wenn wir heiter, munter, beschwingt sind. Wer mag schon jemanden, der durchhängt, sich hängen läßt?

Es ist diese Art, Unerträgliches sich erträglich machen: sich darüber weg trösten, beschönigen, entschuldigen, Trauer und andere Gefühle sich nicht leisten wollen, unterdrücken, sich verbieten, sich einengen, vermeiden, dagegen ankämpfen, sich zusammenreißen – was das Depressivsein ausmacht, und was es für einen Menschen zu einem Gefängnis macht, in dem er – Opfer und Täter zugleich – umkommen kann.

A. *Der depressive Mensch*

I. *Diagnose des kranken Anteils*

Frau A., 41 Jahre, Mutter zweier Töchter (20 und 18 J.) und eines Sohnes (13 J.), Ehemann Facharbeiter, sitzt vor uns. Gesichtsausdruck (Mimik) ernst, von der Umgebung unberührt, leer, zugleich angespannt. Ausdrucksbewegungen (Gestik) finden kaum statt, drücken Entscheidungsunfähigkeit, Resignation und innere Unruhe aus. Während des langen Gesprächs sitzt sie auf der Stuhlkante, lehnt sich nicht an. Sie wirkt in allem gehemmt und gebunden. Stockend und mühsam berichtet sie:

Stimmungsmäßig fühle sie sich leer, wie versteinert, hoffnungslos. Sie könne nichts, nicht mal Traurigkeit empfinden; auch nichts mehr wollen: es fehle Kraft und Antrieb, auch nur das Nötigste im Haushalt zu tun, obwohl sie ständig dagegen anzukämpfern versuche. Auch das Denken trete auf der Stelle, verliere sich ins Grübeln, kenne keine Zukunft. Sie müsse sich pausenlos sagen, daß alles zu Ende sei: sie sei überflüssig, Ballast für ihre Familie, sollte lieber aus dem Leben gehen. Die Besorgtheit der Familie mache alles noch schlimmer, weil sie sich deshalb immer mehr Schuldgefühle wegen ihres Versagens machen müsse. Wenn sie im Radio von einem Unglück höre, müsse sie denken, daß sie daran auch Schuld sei. Sowieso sei sie unheilbar krank. Sie habe ständig Unterleibsschmerzen, könne nicht essen, habe in 4 Wochen 15 Pfund abgenommen, habe seit Wochen nicht mehr durchgeschlafen, obwohl sie unendlich müde sei, fühle sich auch allgemein-körperlich unter einem unerträglichen Druck.

Von ihr und dem erschöpften Ehemann erfahren wir, daß dies nun in 4 Jahren die 3. Depression sei. Jedesmal 3–4 Monate Krankenhaus, Behandlung mit antidepressiven Medikamenten, einmal mit Elektroschocks. In den Zwischenzeiten war es gut. Vor Beginn der 1. Depression starb die Großmutter von Frau A. Zugleich zog die Familie in das eigene, selbstgebaute Haus. Die anderen depressiven Phasen kamen ohne jeden Anlaß, von einem Tag zum anderen. Im letzten Jahr trat keine Depression auf. Dafür kamen die Unterleibsschmerzen. Frau A. konsultierte mehrere Ärzte, bis man eine Senkung der Gebärmutter operativ behob – ohne Erfolg. Sie bat nun die Ärzte so lange um eine weitere Operation, bis an sich zur Total-Operation entschloß. Die Schmerzen blieben dieselben. Von der Mutter sind ebenfalls depressive Zeiten bekannt.

Zuspitzung: In den letzten Tagen verließ Frau A. mehrfach abrupt das Haus, vermutlich mit Selbstmordabsichten. Sie konnte zum Glück zufällig von Nachbarn wieder zurückgeholt werden. Heute saß Frau A. nur noch unbeweglich auf ihrem Stuhl. Der Ehemann fügt noch hinzu, sonst sei seine Frau tatkräftig, pflichtbewußt und fröhlich. Die Ehe sei gut. Es lägen auch sonst keine Konflikte und Belastungen vor. Im Gegenteil: Die Familie habe seine Frau nicht nur getröstet, sondern auch zunehmend geschont und entlastet, ihr fast alles abgenommen.

Der Psychiater nennt einen Zustand depressiv (depressives Syndrom), wenn er *als Beobachter* folgende Symptome wahrnimmt:

1. *Stimmung* depressiv, d. h. leer, tot, ausgebrannt, gleichgültig, hoffnungslos, Gefühl des *Nichtfühlenkönnens;* während viele Patienten sich anfangs traurig fühlen, gilt die Depression als um so tiefer und kompletter, je mehr sie darüber klagen, selbst keinen Schmerz, keine Angst, keine Trauer empfinden zu können.

2. *Antrieb* gehemmt, d. h. keine Initiative, keinen Schwung, gelähmt, gebunden, kraftlos, entscheidungsunfähig, *Nichtwollenkönnen.* Dies kann sich zu teilnahmsloser Bewegungslosigkeit steigern: depressiver Stupor. Auch das Denken tritt – als Grübeln – auf der Stelle, kann sich vor allem auf keine Zukunft richten. Da die Gehemmtheit nie einer Antriebslosigkeit, sondern einer Selbstblockierung des Antriebs entspricht, resultiert quälende innere Unruhe und Angestrengtheit, die sich nicht äußern kann oder nur als hektisches und sinnloses Hin-und-Her (agitierte Depression) oder als end- und auswegloses Klagen (Jammerdepression).

3. *Denken und Fühlen* sind von bestimmten Inhalten besetzt. Nach K. Schneider sind es „die Urängste des Menschen", die jeder Mensch an seinem Grunde ständig hat: die Angst vor a) Schuld, b) Erkrankung, c) Verarmung und d) Versagen und Wertlosigkeit. Nennt man dies *Wahn,* sagt man damit, daß jeder Mensch an seinem Grunde wahnhaft ist. Zu a): Schuld- oder Versündigungsvorstellungen, die an einem aktuellen Anlaß oder an einem früheren, vielleicht bisher verheimlichten, jedenfalls im Alltag vergessenen, wirklichen oder vermeintlichen Vergehen (z. B. Unterschlagung, Abtreibung) festmachen und jetzt überstark erlebt werden: „Ich bin der schlechteste Mensch der Welt". Zu b): Die Gesundheit, der ganze Körper oder ein Körperteil gilt als völlig ruiniert (z. B. innerlich verfault, zerfressen, totkrank), was man hypochondrisch nennt: „Ich bin der kränkste Mensch der Welt". Zu c): Angst vor Verarmung (Verarmungswahn): Man könne sich oder die Familie nicht mehr ernähren, werde bald am Hunger sterben müssen oder zumindest erwerbsunfähig: „Ich bin der ärmste Mensch der Welt". Zu d): das Gefühl absoluter Wertlosigkeit, Überflüssigkeit, Unbrauchbarkeit (Ballastexistenz, den Anderen ein Klotz am Bein), verdichtet als Gefühl, nicht mehr zu existieren, sowie das Gefühl, total versagt zu haben, in jeder Beziehung, vor allem bezüglich der Leistung: „Ich bin der wertloseste Mensch der Welt, der größte Versager aller Zeiten".

4. *Vitalgefühle* und *vegetative Funktionen* sind das, was früher als Gemeingefühl, Gemeinsinn (sensus communis) bezeichnet wurde: nämlich die Art und Weise, wie man sich und seinen Körper nicht durch die einzelnen Sinnesorgane (Augen, Ohren usw.), sondern *allgemein* empfindet. So fühlt man sich im depressiven Zustand ganz allgemein kaputt, zerschlagen, matt, schlaff, eingeengt; unter einem zermürbenden Druck (ganz oder Brust, Bauch, Kopf); ständig müde, dabei schlaflos (Tiefe und Dauer des Schlafes sind herabgesetzt); appetitlos (Gewichtsverlust), verstopft. Die erotische Ansprechbarkeit, Erlebnisfähigkeit und Potenz sind ganz oder z. T. verschwunden. Bei der Frau kann die Periode ausbleiben. Kreislauf-Meßwerte, wie Blutdruck oder Puls-Atmungs-Quotient, können verändert sein. Für verschiedene vegetative Funktionen hat man eine Störung des biologischen 24-Std.-Rhythmus gefunden. Dem entspricht im Erleben bei der Hälfte der Patienten die Tagesschwankung: Die depressiven Symptome sind morgens ausgeprägter („Der Tag liegt wie ein Berg vor mir"), während nachmittags und abends der Druck sich ermäßigt.

Dies ist die vollständige Beschreibung des typischen depressiven Zustandes oder Syndroms. Wir nennen es *„endogene Depression"*, wenn wir den Eindruck haben, daß neben psychogenen (neurotischen oder reaktiven) Anteilen und/oder durch Körperkrankheit bedingten Anteilen ein von innen her kommender (= endogener) Anteil maßgeblich beteiligt ist.

Viele kommen heute ohne der oft mißbrauchten Begriff „endogen" aus. Wir meinen aber, nicht leugnen zu müssen, daß *jeder* seelische Leidenszustand eine Mischung ist aus Kränkung der Beziehung zu Anderen, des Körpers und eben des *Selbst*. Zum Selbst gehört auch, was wir die Natur des Menschen nennen, Anlage, Konstitution, Temperament, also das, was er mitbringt oder ist, wenn sich dies auch nie positiv berechnen läßt. Immerhin finden wir es „natürlich", wenn Verstimmungen den Monatszyklus von Frauen begleiten. Freilich zahlen wir dies den Frauen kollektiv in der Lohntüte heim, da solche natürlichen Verstimmungen gegen die (männlich-unnatürliche?) Norm *gleichbleibender* Leistungsfähigkeit verstößt.

Wir können also *sinnvoll* von „endogen" sprechen, wenn wir das Leiden „von innen" unterhalten glauben, wenn der in *jedem* (auch neurotischen) Leidenszustand zu spürende unfaßbare, zutiefst private Rest, also die Kränkung des Selbst bzw. *des Umgangs mit dem Selbst,* mit dem *Eigenanteil,* uns besonders tief beeindruckt. Dies ist eine Frage unserer Offenheit. Damit nennen wir ein Depressivsein endogen, wenn nach Tiefgang und Umfang Selbstkränkung erheblich beteiligt ist, wenn sie *wie* eine Krankheit schicksalhaft zu kommen und zu gehen scheint, der Pat. vielleicht eine hypomanische Nachschwankung und depressive Verwandte hat und wenn die depressiven (und/oder manischen) Zeiten wie „Phasen" verlaufen *(phasische Depression),* während in den anderen Zeiten der Pat. lebt, *als ob* nichts wäre. Weitbrecht hat den Begriff „endoreaktive Dysthymie bzw. Depression" geprägt. Das stimmt natürlich immer: denn mal ist der eine Anteil stärker, mal der andere. „Endogen" ist und bleibt also ein Problem, eine Provokation für wissenschaftliches Denken. Wir werden es später von einer noch anderen Seite angehen.

Daraus wird auch klar: die Wirklichkeit ist eine unendliche Vielfalt wirklich erlebter depressiver Zustände, bei jedem Menschen anders. Unsere Begriffe sind immer nur Kunstprodukte, Konstruktionen, Typen, Modelle, um damit einen Teil der Wirklichkeit einzufangen: *Begriffe sind nie die Wirklichkeit selbst!*

52

So trifft auch die obige „typische" Beschreibung der Depression nur für die wenigsten depressiven Menschen zu. Sie ist gleichsam viel zu vollständig, gilt nur ausnahmsweise. Frau A. ist einigermaßen ein „Lehrbuchfall". Es gibt Mischungen mit allen anderen psychischen Symptomen oder Persönlichkeitsanteilen (s. Seite 89). Ist die depressive Symptomatik nur schwach und undeutlich, hilft man sich mit dem Begriff „depressiver Verstimmungszustand"; wird sie körpernah erlebt, sagt man „Vitalverstimmung".

Gleichwohl ist eine solche typische Beschreibung, eine Definition, eine Übereinkunft darüber, was wir unter „depressiv" verstehen wollen, hilfreich. Vor allem braucht unsere Aufmerksamkeit, unsere Wahrnehmung bei der Suche danach, was mit einem Menschen ist, *Leitideen*. Das typisch „Depressive" ist eine solche Leitidee. Sie hilft uns, beim Vorliegen von einem Symptom daran zu denken, daß die übrigen dazugehörigen Symptome bei vermehrter Aufmerksamkeit sich im Verborgenen vielleicht doch finden lassen könnten. Hätte jemand die Leitidee „depressiv" gehabt, wären Frau A. womöglich zwei Operationen erspart geblieben. Gerade das depressive Symptom „Störung der Vitalgefühle und vegetativen Funktion" steht häufig scheinbar allein im Vordergrund, weshalb man auch von „vegetativer Depression" oder „larvierter Depression" spricht. In einem solchen Fall kommt es nach wie vor aufgrund mangelhafter diagnostischer Wahrnehmung in erschreckender Häufigkeit zu ebenso unsinnigen wie folgenschweren körperlichen Behandlungen oder Operationen.

Merke: Eine Diagnose erfaßt nie die Wirklichkeit eines Menschen; sie ist eine Leitidee und liefert ein Modell für die Beschreibung seiner kranken Anteile.

Dem depressiven Menschen als Ganzem mit seiner Art zu leben, mit seinen Beziehungen und dem Sinn, den er sich und seinen Symptomen gibt, können wir uns nicht von außen, durch *Beobachtung*, nähern. Dies ist vielmehr nur durch eine vollständige *Begegnung* zwischen ihm und mir möglich. Darum geht es im folgenden:

II. *Diagnose der Gesamtsituation*

1. Grundhaltung

Jede Begegnung macht Angst; man weiß nicht, was kommt. Sie erinnern sich an Kap. 1: Auch wenn ich als Subjekt den Anderen nur als Objekt beobachten will, so findet auch dies im Rahmen einer *Begegnung* zwischen zwei Subjekten statt, die sich wechselseitig beeinflussen. Das ist unvermeidlich. Und auf diesen Subjekt-Subjekt-Austausch wollen wir uns jetzt konzentrieren.

Wehre ich die Begegnungsangst nicht durch Beobachtung ab, sondern lasse ich sie in mich hinein, dann lasse ich mich von dem Anderen anrühren, in Frage stellen, schwinge mit, lasse den Anderen mit mir etwas machen. Zur Beobachtung und Wahrnehmung tritt die *Selbstwahrnehmung* hinzu. Man sagt: Die Begegnung geht unter die Haut. Das ist eine Binsenweisheit, gilt für jede beliebige Begegnung, wie der Leser leicht bei sich überprüfen kann. Zugleich ist diese Binsenweisheit aber der psychiatrische Alltag, die Basis allen psychiatrischen Handelns. Denn die psychiatrisch Tätigen – gleich welcher Berufszugehörigkeit – sind in der Art ihres Begegnens selbst das einzige Instrument und Mittel psychiatrischen Handelns. Auch die Wirkung der technischen Hilfsmittel hängt davon ab. Das wird in den Lehrbüchern meist ausgelassen, ist zugegebenermaßen auch schwer zu beschreiben. Wir wollen dennoch versuchen, diese Basis des Handelns – sicher holprig und von unserer eigenen Selbsterfahrung geprägt – darzustellen.

Wenn wir hier von „Grundhaltung" sprechen, ist damit mehr gemeint, als mein bloßes Verhalten. Vielmehr bedeutet Haltung meinen Stil, d. h. die Art und Weise, wie ich mich als Person in die Begegnung einbringe, die gefühlsmäßige Atmosphäre, das Klima, die Moral, die ich in der Begegnung mit Worten und besonders auch ohne Worte ausdrücke, und endlich auch die Art meiner Aufmerksamkeit dafür, wie ich die im Kap. 1 (s. Seite 33) aufgelisteten Ziele psychiatrischen Handelns erreichen will.

Wenn wir jetzt 3 Aspekte dieser Haltung in den Vordergrund stellen, denken Sie bitte daran, daß dies nur ein Vorschlag ist, wie er sich uns aus unserer Erfahrung bewährt hat, daß Sie diesen jedoch für Ihren eigenen Erfahrungsbereich übersetzen müssen. Denken Sie auch daran, daß Sie das folgende im Grunde aus vielen alltäglichen Begegnungen längst kennen, z. B. wenn Ihr Freund Ihnen ein Problem erzählt.

a) *Selbstwahrnehmung der eigenen depressiven Anteile*
Wenn ich mich in einen depressiven Patienten einfühle (Empathie), kann ich mich leicht darin verlieren. Die Sache endet banal: „Schrecklich, wie schlecht es Ihnen geht". Vollständiges Sicheinfühlen heißt jedoch, daß ich mich nicht nur in den Anderen, sondern zugleich auch in mich selbst einfühle. Ich suche die depressiven Anteile und Möglichkeiten in mir selbst.

Übung, dringend zu empfehlen: Fordern Sie eine Gruppe von Freunden oder das Team Ihrer Mitarbeiter auf, jeder solle berichten, wie er sich fühlt, wenn er depressiv ist. Sie werden verblüfft sein, wie all die scheinbar so unverständlichen Züge des depressiven Syndroms als bekannt und erlebt auftauchen und vor allem in ihrer Bedeutung durchsichtiger werden.

Beispiele hierzu aus einer Arbeitsgruppe: „Ich kann mich nicht gegen das Gefühl wehren, daß in meinem Leben alles, was ich anfange, mißlingt; diese Stimmung besetzt mich nur manchmal, aber ich weiß, daß sie tief in meinem Inneren mein Leben begleitet und jeder Zeit wieder hochkommen kann." – „Ich fühle mich gelähmt, leer (aber bei großer innerer Unruhe), wenn ich etwas stark möchte (z. B. Selbständigkeit), es mir aber von außen verboten wird; viel quälender ist aber der Zustand, wenn ich mir meinen Wunsch selbst verbiete, sei es aus Angst, sei es, weil mein entgegengesetzter Wunsch nach Unselbständigkeit, Geborgenheit gleich stark ist." – „Solange ich Angst habe, bin ich noch in offener Auseinandersetzung; gebe ich diese Offenheit auf, vermeide ich sie, ziehe ich mich (z. B. ins Bett) zurück, fühle ich mich gehemmt, gelähmt, depressiv; aber dafür ist meine Angst weg oder geringer geworden." – „Ich fühle mich grundlos schlecht, auch körperlich leidend und bedrückt. Erst wenn es mir wieder besser geht, kann ich den Grund für den Zustand wahrnehmen." – „Ich stehe unter Leistungserwartungen und merke, daß ich nicht mehr kann. Wenn ich mich nun entsprechend fallenlassen will, werden die Leistungserwartungen immer fordernder („das darfst Du nicht!") und treiben mich in immer größere Unfähigkeit und Ausweglosigkeit hinein." – „In der Auseinandersetzung mit jemandem kann ich auch durch Schwäche, Hilflosigkeit oder auch durch Langsamkeit Sieger bleiben." – „Ich kann jemanden auch so kontrollieren: Ich sitze für jeden sichtbar deprimiert, lustlos, kummervoll herum. Der Andere fragt: „Was ist mit Dir?" Ich antworte: „Nichts!" – Je tiefer und auf je mehr Wegen jemand in sich sucht, desto mehr von seinen eigenen depressiven Anteilen oder Möglichkeiten nimmt er wahr.

Um diese „Suchhaltung bei mir selbst", Selbstwahrnehmung, Selbsterfahrung geht es entscheidend. Sie vermehrt und erweitert die Chancen jeder Begegnung mit einem depressiven und mit jedem anderen Patienten in mehrfacher Hinsicht:

1. kann sich der Patient *besser verstanden fühlen*. Dabei ist wesentlich, daß ich in *mir* suche, nicht in *ihm;* d. h. ich teile ihm mit und ohne Worte mit: „Ich habe nicht den Anspruch, *Dich* zu verstehen, denn ich kann nicht so tun, als könnte ich an Deine Stelle treten. Du bleibst für Dich, mir fremd. Darin besteht meine Achtung für Dich. Aber Deine depressive Erfahrung finde ich bei mir wieder, kenne ich, nicht im Ausmaß, aber in der Qualität. Ich kann Deine Erfahrung mit Dir teilen. Daher mußt Du nicht mehr das Gefühl haben, mit Deiner Erfahrung total isoliert zu sein. Es gibt Gemeinsames zwischen uns." Ich muß dem Patienten durchaus nicht eine eigene depressive Erfahrung mitteilen. (Man kann es, wenn man auf die Gefahr achtet, nicht plötzlich selbst im Zentrum der Begegnung zu stehen.) Viel besser ist es, *Bilder* zu finden und auszuprobieren, die der Andere als zutreffend für seinen eigenen gefühlsmäßigen Zustand annehmen oder ablehnen kann und die zugleich die zwischen ihm und mir *geteilte Erfahrung* plastisch machen.

Beispiel: Ein Patient sagt: „Ich bin so depressiv, es ist alles sinnlos." Ich: „Sie haben Angst, Ihre tiefe Traurigkeit und Verzweiflung ist *uferlos* und Sie haben keinen Strohhalm, an den Sie sich *klammern* können."

2. Wenn ich die depressive Erfahrung des Anderen in mich hineinlasse, bin ich in Gefahr, ihr ausgeliefert zu sein, von ihr weggeschwemmt zu werden. Wer ist angesichts der totalen Hoffnungslosigkeit einer depressiven Situation noch nicht über die Grenzen seines Fassungsvermögens hinweg erschüttert und gelähmt worden! Hiervor schützt mich die „Suchhaltung bei mir selbst". *Sie erhält mir meine Handlungsfähigkeit.*

3. Diese Suchhaltung, von mir offen dargestellt, ist *Modell* für den Patienten. Sie überträgt sich auf ihn, steckt gleichsam an, und zwar unmerklich, von selbst. Der Patient beginnt allmählich, auch bei sich selbst zu suchen, sich selbst zu fragen, zu erfahren, wahrzunehmen, sich selbst zu diagnostizieren. Das ist das auch therapeutisch Aufregende; denn indem der Patient das tut, tut er gerade das, was er seit langem vermieden hatte, was unvereinbar mit seinem Depressivsein ist: Er ist nicht mehr hoffnungslos, hofft auch nicht mehr auf Hilfe von Anderen, sondern beginnt, auf Hilfe von sich selbst zu hoffen. Man spürt das daran, daß die Atmosphäre zwischen den 3 Teilnehmern z. B. eines Aufnahmegesprächs sich ändert: Aus der Hilfserwartung des einen an die zwei anderen wird eine Art gemeinsamer Arbeitsatmosphäre, in der jeder bei sich selbst sucht.

4. Die „Suchhaltung bei mir selbst" schützt auch den Patienten vor mir, nämlich vor meinem Aktivismus in Worten und Werken. *Sie läßt ihm seine Handlungsfreiheit.* Denn mit der Suchhaltung drücke ich aus: „Trotz des Gemeinsamen bleibst Du ein Anderer für mich, daher kann ich nicht etwas *für Dich* tun oder Dich *für Dich* verstehen. So kann ich Dir auch nicht meine Erklärung, theoretische Konstruktion oder Interpretation über Deinen Kopf stülpen; denn die gilt für mich und nicht für Dich. Sondern genau wie ich kannst Du Dich nur selbst verstehen, kannst Du die Bedeutung Deines Depressivseins nur in Dir selbst suchen und finden. Es mag für Dich enttäuschend sein. Aber zugleich kann die Solidarität meiner Suchhaltung die Deine ermutigen. Sie kann Dir dazu helfen, daß Du tiefer in Dir suchst, als Du Dich bisher allein getraut hast, daß Du nicht stehenbleibst, Dich nach dem Sinn Deines Depressivseins fragst, daß Du, wo Du nicht weiterkommst, es zuläßt, Dich von anderen und neuen Seiten wahrzunehmen, Dich z. B. fragst, welches Problem Du mit Deinem Depressivsein lösen wolltest, was Du damit abwehren, vermeiden wolltest." Diesen Prozeß bei den Patienten kann ich durch Äußerungen wie die folgenden fördern: „Wie kommt es, daß das, was Sie gerade sagen, mir Angst macht?" – „Das Gefühl, das Sie gerade äußern, möchte

ich gern noch tiefer verstehen; können Sie es noch genauer (oder: mal anders) ausdrücken?" – „Ich frage *mich* (nicht: ich frage *Sie)*, was Ihnen das Gefühl X bedeutet." – „Ich frage mich, wie stark Ihr Wunsch nach Unabhängigkeit eigentlich ist; ist er wie . . . ", und dann biete ich immer umfassendere Bilder an, bis der Patient selbst zu einer Selbsteinschätzung kommt und mich korrigiert und etwa sagt: „Das eine Bild trifft zu, das andere ist übertrieben." Das Gemeinsame an diesen Äußerungen ist das Bemühen, die Suchhaltung, die Selbstwahrnehmung immer wieder auf die Seite des Patienten hinüberzuspielen.

b) *Vollständigkeit der Wahrnehmung (Unterscheidungs-Lernen)*
Es bestimmt meine Grundhaltung dem Patienten gegenüber, ob ich nur seine depressiven Anteile (Symptome) oder *alle* Anteile, die zu ihm und seiner Lebenssituation gehören, wahrnehme und in den Austausch der Begegnung einbeziehe. Nun zeigt die Erfahrung jedes Einzelfalls ganz offenkundig: Ein Patient kann so depressiv sein, wie er will: er ist nie ganz, nie gleich stark und nicht immer von seinem Depressivsein besetzt. Dies gilt selbst für den Extremfall des reglosen und stummen (mutistischen) depressiven Stupor: es sprechen fast immer noch die Augen, und zwar in verschiedenen Situationen verschieden. Umsomehr gilt es für den Durchschnittsfall. Wieder eine Binsenweisheit. Sie wird freilich eher die Ärzte unter den Lesern überraschen, die den Patienten jeden Tag nur kurz (z. B. bei der Visite) sehen, weniger der Krankenschwester, die den Patienten 8 Stunden am Tag um sich hat. Mal ist der Patient mehr depressiv, mal mehr so, wie es für ihn normal ist. Das wechselt je nach der Situation: bei der Visite, im Bett, beim Essen, bei einer Tätigkeit (Arbeitstherapie), beim Lachen über einen Dritten, beim Ärger über die Therapeuten; oder zu Hause, z. B. ob der der Ehemann da ist oder nicht. Dasselbe gilt natürlich auch für andere kranke (neurotische, manische usw.) Anteile. Diese Erfahrung hat für meine Grundhaltung wichtige Konsequenzen.

1. Der Patient soll sich nicht nur die Suchhaltung zu eigen machen, sondern auch überhaupt das Gefühl bekommen, daß er das, was er tut, *selbst tut,* verbunden mit der Möglichkeit, auch anders handeln zu können. Zunächst hat der Patient das Gefühl, Spielball seiner Depression zu sein. von seiner Depression *gelebt* zu werden. Es geht aber darum, daß er bei sich selbst wahrnimmt, daß er es ist, der sein Depressivsein *lebt,* es herstellt, nicht nur Opfer, sondern auch Täter ist. Das bedeutet für mein therapeutisches (und diagnostisches) Handeln, daß in jedem Kontakt schon die Betonung meiner Worte wichtig ist.
Beispiel: Der Patient klagt: „Ich empfinde nichts". Ich kann darauf antworten: „Sie leiden darunter, daß Sie nichts empfinden." Damit habe ich aber nur den Symptom-Anteil des Patienten wahrgenommen. Ich nehme die Situation vollständiger wahr, wenn ich sage und betone: „*Sie leiden* darunter, daß *Sie* nichts empfinden." Das führt dazu, daß der Patient bei seiner Antwort darauf näher bei sich selbst als dem Handelnden sein wird.

2. Je besser der Patient bei sich wahrnimmt, daß er je nach der Situation mal mehr depressiv, mal mehr normal fühlt und handelt, desto weniger wird er sich hoffnungslos seiner Depression ausgeliefert fühlen. Es kommt also darauf an, daß Sie ihm beim Lernen dieser Unterscheidungsfähigkeit (differentielle Wahrnehmung) helfen.
Das gelingt bei jeder noch so tiefen Depression, jedenfalls in einem bescheidenen, aber wichtigen Ansatz. Etwa mit Äußerungen wie: „Ich frage mich, was es macht, daß Sie sich im Krankenhaus freier fühlen als zu Hause?" Oder Sie geben dem Patienten mehrere Situationen vor und lassen ihn entscheiden, in welchen er sich mehr oder weniger depressiv fühlt, etwa während des Schlafs, auf dem Klo, auf dem Arbeitsplatz, in Anwesenheit der Familie oder allein, morgens oder abends, in der Gemeinschaft der Patienten oder bestimmter Personen oder einsam, während einer Tätigkeit oder ohne eine solche, bei welchen Tätigkeiten. Wenn dem Patient diese Selbstwahrnehmung nicht gelingt (oder sie ihm in seiner Alltagswelt ungewohnt ist), geben Sie ihm einen Selbstbeobachtungsbogen und bitten ihn, über einen Tag oder mehrere Tage genau Stunde für Stunde seine verschie-

denen Tätigkeiten und sein jeweiliges Befinden einzutragen. Dies hat fast immer Erfolg, d. h. bringt eine Annäherung an das Ziel, daß der Patient sich mehr als Handelnder fühlt.

3. Es ist wichtig, daß Sie sich an die Sprache des Patienten anpassen: Ob dabei von „depressiv" und „normal", „krank" und „gesund", „unerträglich" und „erträglich" die Rede ist, ist weniger wichtig. Vielmehr ist der *Vergleich* zwischen den normalen Alltagssituationen und dem jeweiligen gefühlsmäßigen Befinden zur Sprache zu bringen. Der Patient bekommt am ehesten wieder das Gefühl, selbst Handelnder zu sein und über sich selbst zu verfügen, wenn Sie sich jeglicher eigenen Deutung und Interpretation der Symptome des Patienten enthalten, sich solchen Wünschen des Patienten verweigern (was schwer ist!) und ihn stattdessen *mit aller Beharrlichkeit* ermuntern, den Sinn und die Bedeutung seiner Beschwerden und Symptome aus sich selbst zu suchen. Den meisten Patienten scheint das am leichtesten zu gelingen, wenn sie einerseits ihre in Alltagssituationen enthaltenen wirklichen *Lebensprobleme* (Probleme im Umgang mit sich und mit Anderen, mit eigenen Eigentümlichkeiten, Wünschen und Ängsten) sehen können; und wenn sie andererseits ihre depressiven Symptome sehen können als eigene *Lösungsversuche* für eben diese Lebensprobleme. Nur daß es sich dabei um ungünstige Lösungsversuche handelt, weil sie mehr Vermeidung und Leugnung des Lebensproblems darstellen als offene Auseinandersetzung mit ihm. Z. B. statt sich mit seinem Wunsch, der Beste zu sein, auseinanderzusetzen, kann man depressiv über seine extreme Bedeutungslosigkeit jammern. Wenn der Patient seine depressiven Symptome als einen solchen zwar bequemen, aber mißlungenen Lösungsversuch wahrnehmen kann und nachvollziehen kann, daß *er sich selbst dahingelebt hat,* erkennt er auch, daß er selbst es ist, der depressiv gehandelt hat, der dadurch Möglichkeiten sich selbst verboten und seinen Lebensraum nicht erweitert, sondern zunehmend *eingeengt* hat.

c) *Normalisierung der Beziehung zwischen mir und dem Patienten*
Depressiv sein wird also nur im Umgang einer Person mit ihrem Selbst und mit Anderen hergestellt. Niemand kann dauerhaft depressiv sein, ohne daß „die Anderen" mitspielen. Zu diesen Mitspielern gehören auch alle therapeutischen Personen, egal ob ich mit ihm zum EEG gehe, ihm seine Medikamente reiche, mit ihm das Aufnahmegespräch mache, mich mit ihm beim Kaffee oder auf dem Flur unterhalte, Gruppentherapie mache, ihn körperlich untersuche oder ihn arbeitstherapeutisch in eine Gruppe vermittle. In jedem Fall gehöre ich zum Umgang, zu den Beziehungen des Patienten und damit zu seiner Depression dazu, bin ein Teil davon, wie zuvor seine Familienmitglieder oder Arbeitskollegen, sein Hauswirt oder Passanten auf der Straße. Das wirft die schwere Frage auf: Wie gestalte ich die Begegnung mit dem Patienten so, daß er sich nicht von mir und ich mich nicht von ihm abhängig mache, sondern daß sowohl ich als auch er ein *normales* Maß an Unabhängigkeit des Handelns haben? Wir wollen uns der Antwort in 2 Stufen nähern.

1. Ohne daß ich mir das immer ausdrücklich klar mache, stelle ich mir bei jeder beliebigen Begegnung die Frage: „Wie wirkt der Andere auf mich, welche Gefühle löst er bei mir aus?" Ausdrücklich haben wir uns diese Frage in jeder Begegnung mit jedem Patienten zu stellen. Im Fall des depressiven Patienten ergibt sich erfahrungsgemäß etwa folgende Antwort: Sein Ausdruck und die Schilderung seines Elends stimmen mich mitleidig; spontan möchte ich ihm helfen, ihn entlasten, ihn schonen, ihm Aufgaben abnehmen, fürsorglich sein; ihn gegen Andere, die ihn bös überfordern, in Schutz nehmen; und ich möchte ihn in seiner Trost-losigkeit trösten, ihm Mut zusprechen, ihm sagen, es wird schon wieder. Kaum ein anderer Patient appelliert so wie der depressive an unsere Hilfsbereitschaft, bringt uns dazu, daß wir uns in ihn hineinversetzen (uns mit ihm identifizieren), seine Partei ergreifen – wir, die wir doch alle einen „sozialen Beruf" haben. Wir denken, der depressive Patient in seiner Hilflosigkeit und Hilfsbedürftigkeit sei der ideale Patient für unsere berufsmäßig (professionelle) Hilfslust und Fürsorglichkeit. Das ist jedoch ein folgenschwerer Irrtum. Allenfalls ist der depressive Patient „ideal", uns den Unterschied zwischen richtigem und falschem Helfen zu

lehren. Denn sobald wir beginnen, nach unseren Hilfs- und Trostgefühlen zu handeln, haben wir uns von unseren *eigenen* Bedürfnissen verführen lassen, sitzen wir in der Falle, haben wir uns von der depressiven Beziehung abhängig gemacht, sind „Mitspieler", einmontiert in die Depression, sind handlungsunfähig. Woran können wir das merken? Am besten daran, daß wir nach einiger Zeit (manchmal zur eigenen Verblüffung) bei uns wahrnehmen, daß der depressive Patient jetzt negative Gefühle in uns auslöst, daß er uns aggressiv und sauer macht.

Wie ist das zu verstehen? Wenn wir mitleidig, hilfreich, entlastend, fürsorglich, tröstend sind, dann sind wir gewohnt, daß diese unsere Aktivität wenigstens ein bißchen belohnt wird (unser Mitleid ist halt auch nicht so ganz uneigennützig!), d. h. daß es dem Anderen etwas besser geht, daß er etwas dankbar ist. Im Falle des Depressiven ist es jedoch umgekehrt: das Mitleid steigert eher den Appell ans Mitleid, die Hilfe steigert die Hilflosigkeit, die Entlastung das Gefühl der Belastung, die Fürsorge die Sorgen und der Trost die Trostlosigkeit – ein Kreislauf, den man immer mehr ins Unersättliche steigern kann. Allmählich dämmert uns das Gefühl, daß wir uns hier in einen Machtkampf haben verwickeln lassen, in dem wir garantiert verlieren müssen, solange wir unsere Mitleidshaltung beibehalten. Und weiter dämmert uns die Vermutung, daß die Schwäche (die Symptomatik) des Patienten von einer sich nicht offen zeigenden Aggressivität gesteuert wird, wodurch der Patient in die Lage kommt, mein Handeln zu kontrollieren, zu blockieren und zu lähmen. Das zeigt uns etwas sehr Wichtiges: Solange wir nicht *alle* Anteile des Patienten wahrnehmen, also auch solche, die sich nicht so offen in den Symptomen zeigen, wie hier die Aggressivität, solange nehmen wir den Patienten nur unvollständig wahr, werden wir seiner Gesamtsituation nicht gerecht und so lange geht unser Handeln in die Irre, wie hier unser Mitleid und unsere Fürsorge. Außerdem: Wenn ich *für* jemanden Mitleid empfinde oder *für* jemanden sorge, bin ich in Gefahr, ihn als Person nicht mehr ernst zu nehmen, ihn mir zum Objekt zu machen, *für* ihn, d. h. an seiner Stelle etwas zu tun. (Hat Ihr Ehepartner bzw. Freund Ihnen nicht auch schon einmal diesen Vorwurf gemacht?)

Beispiel: Schwester: „Frau X geht mir auf den Wecker mit ihrer ewigen Jammerei. Wenn man der was gibt, will sie nur immer noch mehr haben. Manchmal denke ich, die macht das absichtlich. Die macht mich sauer." – Arzt/Psychologe: „Es kommt aber darauf an, daß Frau X sich in ihrem Kummer verstanden fühlt." Schwester, wenn sie sich nicht anpaßt: „Sie macht mich trotzdem aggressiv." Wer hat Recht? Wenn diese Frage nicht nach Autorität entschieden wird, kann man nur sagen: Beide! Denn Frau X muß in ihrem Kummer wie in ihrer Aggressivität wahrgenommen werden. Arzt/Psychologe und Schwester nehmen Unterschiedliches, Widersprüchliches wahr; denn sie arbeiten unterschiedlich und leben unterschiedlich dicht mit der Patient zusammen. Wir brauchen also *beide* Wahrnehmungen für eine angemessene Grundhaltung. Damit wäre die Frage „Wer hat Recht" überflüssig!

Die Erfahrung mit der Frage „Welche Gefühle löst der Patient in mir aus?" verrät mir also: Mitleid und Trost führen zu Enttäuschung und Aggressivität, macht mich vom Patienten abhängig und verstärkt bzw. verlängert sein Depressivsein. Darüberhinaus kann ich sicher sein, daß der Patient dieses Handeln auch schon zur Genüge kennt: er hat dieselben Gefühle auch bei seiner Familie, bei seinen Arbeitskollegen usw. ausgelöst, also denselben Kreislauf von „Wir trösten, schonen und entlasten Dich" bis „Wir können nicht mehr, haben die Nase voll von Dir". Alle Bezugspartner sind bisher Mitspieler des u. U. tödlichen „Spiels" Depression geworden, haben es nur verstärkt. Ich kann mir also aufgrund der Befragung meiner eigenen Gefühle lebhaft das Zusammenspiel zwischen dem depressiven Patienten und seinen Angehörigen vorstellen, ohne sie lange befragen zu müssen.

2. Wenn der eben beschriebene Weg in die Abhängigkeit führt, wie komme ich dann zu einer *normalen* Beziehung, die mir und ihm die Unabhängigkeit des Handelns läßt? Dies ist nur möglich, wenn ich zu der *Offenheit* bereit bin, ihm *alle* Gefühle, die er in mir auslöst, mitzuteilen, die positiven wie die negativen, die mitleidsheischenden wie die aggressiven. Und zwar, sobald sie auftauchen, also „jetzt

und hier". Dies ist selbst im diagnostischen Aufnahmegespräch ergiebiger als die ganze Anamnese. Das ist hart. Solche Schonungslosigkeit fällt uns schwer. Ich kann sie auch erst dann aufbringen, wenn der Patient sich verstanden fühlt, wenn er sich nicht mit Trost abgespeist fühlt und wenn er dem Schutz der gemeinsam solidarischen Suchhaltung vertrauen kann. Dies muß stets *zunächst* erreicht sein, bevor unter ihrem Schutz die u. U. auch harte Offenheit der Rückmeldung aller Gefühle möglich ist. Denn sonst bestünde die Gefahr, daß die Beziehung zerbricht und Isolation für beide bleibt.

Es ist diese Offenheit und Schonungslosigkeit, die die Beziehung *normalisiert;* denn sie stellt den wechselseitigen Austausch her. Dabei garantiert sie einmal mir meine Unabhängigkeit: Ich muß nicht so tun, als ob, muß kein Spiel mitspielen, muß weder schonen noch gefühlsmäßig ablehnen, ich kann direkt darüber sprechen. Zum anderen garantiert sie dem Patienten seine Unabhängigkeit: er fühlt sich nicht nur als Symptomträger ernstgenommen, sondern auch als Person. Das macht es ihm leichter, nun auch seinerseits offen seine Gefühle die Begegnung einzubringen, auch seine verborgenen Gefühle, seinen Haß gegen sich und Andere; auch die Gefühle, die er sich selbst verbietet, seine Wünsche, oder seine Trauer.

Diese Grundhaltung, mein Verstehen einerseits und meine Weigerung, auf seine Symptome hereinzufallen, andererseits, schafft eine normale unabhängige Beziehung, eine Arbeitsatmosphäre zwischen uns, ein Klima, das dazu auffordert, die Auseinandersetzung mit den Lebensproblemen des Patienten statt über die depressiven Symptome auf einem anderen Weg auszuprobieren. Sollte im Laufe der Zeit ein solcher anderer Weg sich als erfolgreich erweisen, so würde der alte und selbsteinengende Weg über das Depressivsein überflüssig und sinnlos und könnte – aber erst dann – aufgegeben werden.

2. Möglichkeiten meiner Selbstkontrolle

Es gibt bei der Gesamtdiagnose wie bei der Diagnose des kranken Anteils zahllose Fehlermöglichkeiten. Meine Wahrnehmung ist abhängig von meinen Ängsten und Wünschen, Temperament, soziale Schichtzugehörigkeit, meinen bisherigen Lebenserfahrungen, Sympathie und Antipathie. Ich kann zu sehr die Partei des Patienten ergreifen oder ihn nur noch durch die Brille meiner theoretischen Erklärung seines Handelns sehen, nicht mehr ihn selbst, ohne es überhaupt zu merken, da er sich in der Regel nicht wehren wird. Grund genug, drüber nachzudenken, wie ich meine Gefühle und mein Handeln möglichst gut kontrollieren kann. Zusätzlich zu den Möglichkeiten der Selbstkontrolle in Kapitel 1 gilt folgendes.

a) *Gespräch zu Dritt*

In jedem wichtigen Gespräch, besonders im Aufnahmegespräch, sollten 2 Team-Mitglieder (möglichst unterschiedlich nach Beruf, Alter, Geschlecht) mit dem Patienten. Das ist in jeder Einrichtung möglich, da der Aufwand sich auszahlt. Wo diese Regelung selbstverständlich ist, wird sie von jedem noch so empfindlichen Patienten nicht als Belastung, sondern bald als Erleichterung empfunden. Der Patient erfährt damit von vornherein, daß nicht ein einzelner Arzt oder Therapeut für ihn allein da ist, mit dem er – wie bisher heimlich – Informationen austauscht, sondern daß er sich mit einem Team auseinandersetzen kann, wozu noch die Mitpatienten kommen. Auch das entspricht der Normalisierung: sein Alltagsproblem zu Hause wird meist auch nicht nur aus einer Vertrauensperson, sondern aus einer Gruppe unterschiedlicher Personen bestehen. Wer die Erfahrung selbst gemacht hat, weiß, wie künstlich die Atmosphäre der Zweierbeziehung ist und wieviel lebendiger und verbindlicher die Begegnung zu Dritt sich entwickelt.

Sie schützt mich davor, über eine Abwehr des Patienten oder über einen heiklen Punkt bei mir selbst schnell hinwegzugehen, mich mit einem „Ich weiß nicht" des Patienten abzufinden oder ihm die mühsame Suche bei sich selbst abzunehmen, weil „Ich doch alles schon viel klarer sehe". Schon die bloße Anwesenheit meines Partners kontrolliert mich, wo Angst, Mitleid, Aggression, meine Begeisterung, das Gefühl meines großen Wissens (alles durchschauen zu können!) und meiner Macht oder mein schnelleres Tempo mit mir durchzugehen drohen. Etwa ein Satz des Partners: „Das ist mir zu schnell" oder „Herr X, Sie machen ein Gesicht, als ob Sie jetzt überfordert sind". Oder ich kann mutiger sein, meine eigenen Gefühle in das Gespräch einzubringen. Wo ich mich verhake, kann der Partner helfen, etwa so: „Ich glaube, dieser Punkt ist wichtig, aber unser Gespräch ist da in eine Sackgasse geraten; wie ist das, (zum Partner) kannst Du *uns* da helfen, wie siehst Du das?" (Dem Patienten mitzuteilen, wie *hilflos* er mich macht, ist besonders schwer, aber – so paradox es klingt – besonders heilsam!) Ebenso wird es möglich, zum selben Problem unterschiedliche Wahrnehmungen zu äußern; etwa: „Ich sehe das Problem so" – „Ich sehe es gerade umgekehrt, wie kommt das?" Es kann dann erlaubt sein, daß die beiden Team-Mitglieder für eine begrenzte Zeit ihre unterschiedlichen Sichtweisen im Dialog miteinander vertiefen, während der Patient zuhört, und – fast in einer Art Rollenspiel – z. B. herausarbeiten, daß die eine Sichtweise den Wünschen des Patienten, die andere seinem Gewissen entspricht. Der Patient kann dabei erstmals erfahren, daß es nichts Schlimmes und Abzuwehrendes ist, daß zwei sich widersprechende Sichtweisen oder Strebungen gleichzeitig in ihm existieren, eine Erkenntnis, die er allein oder im Zweiergespräch sich nicht so leicht gestattet hätte.

Endlich ist das Gespräch zu Dritt die beste Ausbildungsmöglichkeit. So kann im Laufe der Zeit eine Team-Sprache und eine einheitliche therapeutische Haltung im Team entstehen, wodurch das Team erst zu einem therapeutischen Instrument wird.

b) *Angehörigengruppe*

Früher nannte man die Befragung des Patienten die „subjektive" und die der Angehörigen die „objektive Anamnese", als ob der Patient alles verfälsche und der Angehörige die Wahrheit sage. Dann neigte man auf Grund von Erkenntnissen der Psychoanalyse und Sozialpsychiatrie dazu, den Patienten zu entschuldigen und die Angehörigen (Eltern, Ehegatten) als Schuldige an der Krankheit anzusehen. Damit entstand die umgekehrte Einseitigkeit: Aus dem „bösen" Patienten der klassischen Psychiatrie wurde der „gute" Patient (Basaglia). Es sind aber beide, der Patient, wie der Angehörige, *gleichermaßen* betroffen. Dies wird in der üblichen Angehörigen-Befragung kaum sichtbar, weil dann über den Patienten gesprochen wird.

Wie kann die wirkliche Verteilung des Leidens deutlich werden? Einige Einrichtungen können sich nach Stellenplan oder Ausbildungsstand Familientherapie leisten. Die SpDs der Gesundheitsämter, Erziehungsberatungsstellen, frei-tätige Psychologen und Ambulanzen/Polikliniken gehen dazu über, familientherapeutisch „vor Ort", d. h. dort, wo der Patient lebt, tätig zu werden. Auch Ehepaartherapien werden häufiger. Eine durchschnittliche psychiatrische oder nervenärztliche Praxis wird dazu nicht so leicht in der Lage sein. Für diese bietet sich aber die „Angehörigengruppe" an: 6–10 Angehörige, die besonders stark in die Problematik der jeweiligen Patienten einbezogen sind, treffen sich einmal pro Woche (etwa 18.00 Uhr) in einer Gruppe, und zwar so lange, wie die Therapie des Patienten dauert; in Ausnahmefällen auch länger, z. B. wenn der Patient wenig therapie-motiviert ist oder wenn das Problem des Angehörigen sich als tiefgreifender erweist als das des Patienten. Es kann sich dabei um Ehegatten, Eltern, Kinder, Freund, den Verlobten oder auch um den betreuenden Sozialarbeiter eines alleinstehenden Patienten handeln. Dieser Aufwand (1–2 Team-Kollegen, z. B. ein Pfleger und ein Arzt leiten die Gruppe) ist für jede Gruppe möglich, zumal er sich mehr lohnt als manche andere Aktivität.

Sie können die anfangs ungewohnte Gruppensituation etwa so einleiten: „Von Ihnen allen ist im Augenblick ein Angehöriger Patient. Er hat die Chance, seine Schwierigkeiten zu bearbeiten. Aber auch Sie sind von den Schwierigkeiten betroffen, sind vielleicht mit eigenen Anteilen daran beteiligt. Unsere Erfahrung hat gezeigt, daß es ebenso gerecht wie hilfreich ist, wenn Sie auch wenigstens einmal in der Woche die Gelegenheit haben, gemeinsam mit Anderen, die in derselben Lage sind wie Sie, Ihre eigene Betroffenheit oder Ihre eigenen Anteile besser zu erkennen und damit umgehen zu lernen." Zu Anfang schütten die Angehörigen sich meist gegenseitig ihr Herz aus, fühlen sich unter Gleichgesinnten, dürfen endlich reden, während sie sonst zum Schweigen und Leiden verurteilt sind, durch Ärzte, Freunde oder ihr eigenes Gewissen zusätzlich mit Schuldgefühlen bezüglich des jeweiligen Patienten belastet. Sie werden als Therapeut beschämt sein, hinsichtlich des Ausmaßes des Leidens der Angehörigen, das sonst nie so offen zum Ausdruck gekommen wäre.

Beispiel: „Machen Sie das mal mit; seit einem Jahr werde ich jeden Morgen durch das Stöhnen meiner Frau geweckt, es gehe ihr so schlecht, am liebsten möchte sie sich heute umbringen. Und dann muß ich trotzdem zur Arbeit, kann aber nie ruhig sein. Wenn ich im Betrieb gerufen werde, denke ich jedesmal, zu Hause ist was passiert. ist ja auch schon 3 mal vorgekommen. Und abends komme ich kaputt nach Hause, da ist nichts gemacht, dann mache ich den ganzen Haushalt. Ich kann nicht mehr. Heimlich denke ich, daß ich mehr fertig bin als meine Frau mit ihrer Depression. Aber das darf man ja nicht laut sagen." Da die Angehörigen meist in ähnlicher Lage sind, entsteht allmählich eine Atmosphäre, in der sie sich verstanden fühlen, wenn auch überwiegend auf Kosten der Patienten. –

Haben Sie bis dahin dieses Verstehen gefördert, haben Sie nach dieser Entlastungsphase jetzt das Gespräch auf die eigenen Anteile der Angehörigen zu lenken, entsprechend der Grundhaltung. Sprechen über den Patienten gilt als Vermeiden. Jeder hat bei sich selbst zu suchen, wo er sich gekränkt, angegriffen, geängstigt, gehemmt, beeinträchtigt oder gefördert fühlt. Sie werden überrascht sein, wie scharf die Angehörigen sich gegenseitig wahrnehmen, auch angreifen, Unterschiede feststellen, etwa so: „Sie wirken auf mich wie eine Maschine, ganz tot; ich kann mir nicht vorstellen, daß Sie Ihrem Mann auch mal sagen, daß Sie ihn lieben." Oder „Sie geben sich wie ein richtiger Supermann, alles können Sie alleine; da muß Ihre Frau sich ja überflüssig vorkommen; haben Sie überhaupt schon mal an *Ihren* Sorgen und Ängsten teilnehmen lassen?" oder „Sie tun alles für Ihren Sohn; der muß sich ja schämen, wenn er es wagt, mal eine Sache anders zu sehen als Sie; so kann der gar nicht selbständig werden." Aus solchen Beiträgen können Sie die Frage entwickeln: „Bisher haben sie es so gemacht; dadurch wurde es immer schlimmer; ich frage mich, wie Sie es mal anders versuchen können?" z. B. mehr auf die gefühlsmäßigen Bedürfnisse des Patienten eingehen, ihm weniger abnehmen, ihm mehr zumuten, ihn ernster nehmen oder sich mehr um die eigenen Probleme, Wünsche kümmern, als um die des Patienten.

Es hat sich gezeigt, daß bei dieser getrennten Therapie für Patient und Bezugspartner mehr Selbständigkeit für beide herauskommt. Das ist wichtig, weil in den Beziehungen depressiver (und anderer) Patienten meist zu viel Nähe, Bewegungslosigkeit, „clinch" besteht. Wenn beide sich mehr um sich selbst kümmern als um die Anderen, können sie wieder den Abstand zueinander finden, der es ihnen ermöglicht, den jeweils Anderen mit seinen eigenen Bedürfnissen als selbständigen Menschen wahrzunehmen und zu schätzen. Angehörigen-Gruppen können als Selbsthilfegruppe allein ohne Sie weitermachen, vor allem bei Langzeitpatienten.

Als Selbstkontrolle macht die Angehörigengruppe mich u. a. auf drei Mängel aufmerksam:

1. Ich muß mich viel häufiger fragen, ob ein Individuum krank ist oder ob nicht vielmehr eine Beziehung zwischen zwei oder mehreren Menschen , die Konstellation zwischen ihnen krank ist, was die Therapie ändern würde.

2. Ich lerne neben der Opfer- auch die Täterseite des Patienten besser kennen. Oft ist das Leiden zwar gemeinsam, aber dem Angehörigen geht es schlechter, weil der Patient einen Teil des Leidens als „Krankheit" in eine auch öffentlich anerkannte Form bringen, dem Leiden ein Ventil schaffen kann, der Angehörige aber nicht. In anderen Fällen wird die Krankheit eindeutig zur Waffe: Vielleicht als Rache für frühere Kränkungen können unentwegtes Schweigen, Untätigsein, Jammern oder Drohen mit Suizid die Umgebung total hilflos machen, sie zu Gegenaggressionen verleiten, wodurch sie sich wieder ins Unrecht setzt. Dem Angehörigen nützt es im Alltag nichts, daß man den Zustand „Krankheit" nennt. Schwäche kann ein wirksameres Machtmittel sein als Stärke. Oder – in Abwandlung eines Wortes von Adorno: Krankheit macht nicht besser.

3. Kontrolliert die Angehörigengruppe meine gefährliche Neigung, die angstmachende Abgründigkeit des Leidens des (depressiven) Patienten zu verharmlosen; denn die neutral-freundliche Atmosphäre einer psychiatrischen Einrichtung verleitet den Patienten und mich leicht, die Problematik abgeschwächt darzustellen und das wahrhaft Ausweglose an der Situation im stillschweigenden Einverständnis draußen vorzulassen, was sich oft erst zeigt, wenn die Katastrophe da ist.

In ähnlicher Weise dient der Hausbesuch, den immer mehr Einrichtungen sich zur Gewohnheit machen, der Selbstkontrolle, auch der Besuch am Arbeitsplatz.

c. *Vollversammlung*
Sie stellt das größtmögliche Maß an Öffentlichkeit dar und macht mir die größte Angst, weil ich hier in meinen Äußerungen von allen Patienten und allen Kollegen kontrolliert werde. Hier nur ein

Beispiel: Ein Patient beschwert sich in der Vollversammlung: „Ich finde es nicht gut, daß die Therapeuten immer Fremdwörter gebrauchen, die ich nicht verstehe. Sie sprechen von Aggression und wollen dahinter nur ihre wirklichen Gefühle verstecken, z. B. daß sie sich besser fühlen als wir." Darauf einer der Therapeuten: „Ich glaube, da ist was dran. Ich will versuchen, auf Fremdwörter mehr zu verzichten. Wir sollten alle gemeinsam darauf achten." Darauf ein anderer Therapeut: „Ich sehe das auch so. Aber das sollte für *alle*, auch für die Patienten gelten. Mir fällt auf, daß viele

Patienten von „ihrer Depression" sprechen. „Depression" ist auch ein Fremdwort. Alle sollten sich dann auch fragen, welche wirklichen Gefühle sie hinter dem Wort „Depression" verstecken." – Wie die Herstellung von Öffentlichkeit zu nutzen ist, können wir gegenwärtig am besten von der italienischen Psychiatrie lernen.

3. Übung: Aufnahmegespräch zu Dritt

Wir wollen jetzt – zur Kontrolle des Gelernten – ein Aufnahmegespräch darstellen. Außer der uns schon bekannten Frau A nehmen an dem Gespräch ein Psychiater P und eine Krankenschwester K teil. Dies ist als Übung zu nehmen. Überlegen Sie nach jedem Beitrag von Frau A, was Sie im Sinne der erarbeiteten Ziele gesagt hätten:

P: Frau A, erzählen Sie uns bitte, warum Sie heute zu uns kommen!

A: Ich habe wieder eine Depression, und da meinte mein Mann, es wär besser, daß ich wieder ins Krankenhaus gehe.

P: Und Sie, was meinen Sie?

A: Mir ist das egal, mir ist alles egal.

P: Sie sagen Depression. Das bedeutet für jeden etwas anderes. Können Sie beschreiben, was das für Sie heißt?

A: Na, ich bin eben wieder depressiv, fertig...
Ich kann nicht mehr. Es ist alles aus. Sie sehen doch selbst.

P: Hm, wenn Sie so sagen, daß alles vorbei ist, daß Sie nichts mehr erwarten, frage ich mich, was Sie von uns erwarten?

A: Nichts, es hat doch alles keinen Zweck.

P: Wenn Sie von uns auch nichts mehr erwarten, ist das für uns schwierig; wir wissen dann gar nicht, was wir für Sie ...

K: (unterbricht P und sagt zu ihm): Ich glaube, Du verlangst zu viel von Frau A. Sie kann sich nicht für das interessieren, was für uns schwierig ist. (Und dann zu Frau A gewandt) Sie sagten eben, daß Ihnen alles egal ist, daß für Sie alles aus ist und daß Sie keine Hilfe für sich mehr erwarten können. Verstehe ich Sie richtig, daß Sie damit ausdrücken wollen, daß Sie sich innerlich ganz hoffnungslos fühlen, so als ob das Leben keinen Hoffnungsschimmer für Sie hätte?

A: (hebt zum ersten Mal den Kopf, wirkt eine Spur beteiligt): Ja, genau.

K: ... daß in Ihrem Inneren alles ganz leer und gleichgültig ist, daß Sie sich fragen, was das ganze noch soll, daß Sie auch gleich Schluß machen könnten?

A: Ja, so ist das, und das quält mich ganz entsetzlich.

Von diesem Zeitpunkt an ist Frau A mehr im Gespräch „drin". Das Sprechen fällt ihr etwas leichter. Sie beschreibt ihren gefühlsmäßigen inneren Zustand. K und P beschränken sich darauf, die Erfahrung von A zu einer *geteilten Erfahrung* zu machen, alle Gefühle aufzugreifen, die A äußert, und das Verstehen zu vertiefen, etwa in den letzten Beiträgen von K. A gibt zu verstehen, daß sie sich verstanden fühlt: Vor allem durch ihre zunehmende Beteiligung. – Im folgenden geht es u. a. um die Suchhaltung, die Beziehung zwischen Symptomen und Lebensproblem und die offene Rückmeldung ausgelöster Gefühle.

K: Ich frage mich: was ist das eigentlich, was Sie so hoffnungslos macht?

A: Ach, es ist alles, das ganze Leben. Ich sagte ja schon, ich fühle mich ganz und gar sinnlos.

K: Wenn Sie an dem Punkt weiter bei sich nachsuchen, gibt es da Unterschiede? Ich meine, Dinge oder Menschen, wo Sie sich mehr hoffnungslos und sinnlos finden, und solche, wo das nicht so stark ist?

A: (denkt indertat sichtlich eine kurze Zeit bei sich nach): Nein, ich kann keine Unterschiede sehen, können Sie denn so etwas sehen?

K: Ich kann das nicht für Sie tun. Das würde vielleicht mir, aber nicht Ihnen nützen. Nun, wenn Sie da keinen Unterschied sehen können, dann sollten wir ...

P: (unterbricht K): Einen Augenblick bitte. Ich möchte doch noch bei diesem Punkt bleiben. Ich habe da so einen verrückten Einfall, weiß auch nicht, ob das was ist: Mich wurmt immer noch der Anfang unseres Gesprächs. Da fühlte ich mich irgendwie abgewiesen von Ihnen, so als ärgerten Sie sich über mich, ohne daß Sie das gesagt hätten. Ich weiß nicht, ob ich mich über mich ärgern sollte, weil ich vielleicht zu schnell war, wie meine Kollegin meinte, oder ob ich mich über Sie ärgern sollte. Dagegen haben Sie sich von meiner Kollegin besser verstanden gefühlt. Da war doch ein Unterschied. Da haben Sie einen Unterschied gemacht zwischen mir und meiner Kollegin. Ich frage mich, womit das zusammenhängt? Vielleicht, daß Sie mit Frauen besser sprechen können als mit Männern, oder was ist es?

A: (wieder nachdenklich): Darüber habe ich noch nicht nachgedacht, aber etwas ist da doch ...
Sie müssen mich wohl an meinen Mann erinnert haben. Der ist auch immer schneller als ich.

P: Das ärgert Sie; so wie Sie sich über mich geärgert haben.

A: Ja – Nein – d. h. ich habe gedacht, daß das längst vorbei wäre. Früher habe ich mich bis zur Weißglut geärgert, habe immer versucht, genauso schnell und genauso gut zu sein wie mein Mann. Da war ständig Streit. Ich habe gekämpft mit ihm um meine Unabhängigkeit, habe zeigen wollen, daß ich genauso viel kann, genauso viel wert bin wie er, habe neben dem Haushalt und den Kindern noch gearbeitet, habe alles mögliche gemacht ... und ich glaube, er hat das nicht mal gemerkt. Irgendwie war ich gar nicht da für ihn. Zeit für einander gab es nicht.
Für ihn gab es nur: Sich hocharbeiten, hat er ja auch geschafft, hat eine gute Stellung, ist im Betriebsrat, noch in 2 Sportklubs, hat nebenbei noch unser Haus gebaut und jetzt will er noch den Ingenieur machen.

P: Sie wundern sich, daß Sie selbst jetzt noch, wo Ihnen alles gleichgültig geworden ist, diese Wut bei sich spüren?

A: Schon.

K: Mir ist da noch was anderes wichtig. Ich versuche, mir aus Ihren Worten ein Bild von Ihrem Leben damals zu machen. War das so, daß alles, was für Ihren Mann Erfolg bedeutete, für Sie eine Niederlage war? War das so eine Konkurrenz zwischen Ihnen?

A: Es muß wohl so was gewesen sein.

K: Ich stelle mir so ein Leben als maßlos anstrengend und aufreibend für Sie vor.

A: Deshalb bin ich ja dann auch zusammengeklappt, damals, als ich zum ersten Mal wegen der Depression ins Krankenhaus kam.

P: Damals fühlten Sie sich zum ersten Mal so hoffnungslos und wertlos wie jetzt?

A: Ja. Das war, als wir gerade in das neue Haus eingezogen waren. Da saß ich in all der Pracht, war jetzt endgültig festgenagelt, was ich doch gerade nicht gewollt hatte. Außerdem war gerade Großmutter gestorben, der einzige Mensch, der mich immer verstanden hat, bei dem ich mich geborgen fühlte. Nun war ich ganz allein – trotz meiner Familie.

P: Aber nach den Krankenhausaufenthalten ging es Ihnen doch wieder gut.

A: Ich habe dann wieder ganz gut funktioniert, so daß die Familie zufrieden war. Aber innen drin war das nicht ganz richtig. Den Kummer – und ja wohl auch den Ärger – habe ich behalten, in mich hineingefressen, ohne es zu zeigen. Bis ich dann wieder nicht mehr konnte und die Depression wieder kam.

64

P: Wenn ich Sie richtig verstehe, vermeiden Sie es, Ihren Kummer und Ihren Ärger offen zu zeigen. So war das ja auch hier zu Anfang des Gesprächs; und vielleicht ist das ja auch immer dann so, wenn Ihnen alles gleichgültig ist, so wie jetzt. Vielleicht ist deshalb die Gleichgültigkeit so quälend für Sie?

A: Ich weiß nicht. Darüber müßte ich nachdenken.

P: Das interessiert Sie; das möchten Sie gern genauer bei sich herausfinden. Nun, ich versuche, mich in Ihren Mann zu versetzen. Wenn Sie Ihre Gefühle so sehr bei sich behalten, machen Sie es ihm schwer, Sie zu verstehen.

A: Ich glaube nicht, denn seit ich depressiv bin, kümmert mein Mann sich mehr um mich. Er ist mehr zu Hause, nimmt mir das ab, was ich nicht kann, bringt mir sogar Blumen mit, was früher nie vorkam.

P: Das hieße: dadurch, daß Sie depressiv, daß Sie schwach sind, haben Sie Ihren Kampf mit Ihrem Mann mehr zu Ihren Gunsten entschieden als durch Ihre früheren Versuche, ihn an Stärke zu übertreffen. Wenn schon nicht die Stärkste, dann möchten Sie die Schwächste sein. Sie lösen Ihr Problem jetzt durch Ihre Schwäche.

A: Aber das ist ja eben keine Lösung! Ich kann nicht froh darüber sein. Im Gegenteil: Jetzt ist alles noch viel schlimmer, denn jetzt zeigt mein Mann mir auch noch, daß er neben allem anderen auch den Haushalt „mal eben mit links schmeißen" kann, Kochen, Putzen; auch mit den Kindern kann er viel besser umgehen als ich. Jetzt bin ich restlos überflüssig, nur noch ein lästiger Ballast für die Anderen.

P: Daher auch, daß Sie sich so wertlos und hoffnungslos fühlen.

A: Ja, sicher.

P: Ich versuche, mir das vorzustellen: Sie lassen die Anderen Ihre Aufgaben erledigen und beweisen damit sich und den Anderen noch stärker Ihre Wertlosigkeit.

A: Aber ich will doch meine Arbeit tun; ich kann doch bloß nicht.

P: Ich sehe, daß Sie das jetzt nicht können, ich sehe da aber auch Unterschiede: In unserem Gespräch haben Sie uns ein paar Mal auf aufgefordert, für Sie nachzudenken; vorhin haben Sie jedoch zum ersten Mal geäußert, daß Sie selbst nachdenken wollen. Da hatte ich das Gefühl, daß Sie da ganz nah bei sich selbst waren.

A: Möglich. Das war auch neu für mich . . . (nachdenkliche Pause) . . . es kann schon stimmen: Ich habe manchmal den Wunsch, die Anderen machen zu lassen, keine Verantwortung zu haben, einfach nichts zu tun.

P: Sich so richtig gehen zu lassen.

A: Ja; aber das geht ja nicht: Wenn ich dann meinen Mann sehe, wie der sich abrackert, mache ich mir gleich Vorwürfe und versuche wieder, mich zusammenzureißen.

P: Sie verbieten sich dann gleich wieder diesen Wunsch und leben weiter so angestrengt und verkrampft wie zuvor . . .

K: . . . und wie hier in diesem Raum.

A und P: Wieso?

K: Ich frage mich schon die ganze Zeit, wie Sie das aushalten: Seit Gesprächsbeginn sitzen sie immer noch auf der Stuhlkante, ohne sich anzulehnen; ich könnte das keine 5 Minuten. Und da niemand Ihnen das vorschreibt, quälen Sie sich und verbieten sich das selbst.

A: (lehnt sich an, empfindet die Lösung der verkrampften Muskeln sichtlich als angenehm, lächelt leicht): Auf meinen Körper habe ich gar nicht geachtet.

K: Wenn ich Sie richtig verstehe, achten Sie überhaupt wenig auf sich selbst, z. B. auf Ihre Wünsche.

A: Wie meinen Sie das?

K: Was sind Ihre Wünsche?

A: Meine Wünsche? Oh Gott, darüber habe ich lange nicht . . . Jedenfalls freut sich meine Familie immer, wenn ich alles in Ordnung habe.

K: Es fällt Ihnen schwer, sich darauf einzustellen, aber ich meine nicht die Wünsche Ihrer Familie an Sie, sondern *Ihre* eigenen Wünsche.

Wir unterbrechen hier das Gespräch. Es sollte gezeigt haben, wie Frau A ansatzweise zur Suche bei sich selbst, d. h. von der Diagnose zur *Selbst-Diagnose* gekommen ist.

Übung: Klären Sie mit derselben Grundhaltung im Rollenspiel zwischen A, K und P (und evtl. zusätzlich dem Ehemann) andere Aspekte des Problems von Frau A:

1. daß die Unterleibsbeschwerden für Frau A die Bedeutung hatten, daß sie sich auch ihre Rolle als Frau und ihre Sexualität selbst verboten hat (auch als Rache an ihren Mann, von dem sie sich auch da vernachlässigt fühlte);

2. daß sie neidisch ist auf die Selbständigkeit ihrer schon fast erwachsenen Töchter, während sie sich an ihren Sohn so klammert, daß sie schon überlegt hatte, ihn in den Tod mitzunehmen; und

3. daß sie bei ihren Eltern wenig Geborgenheit hatte, sich aber von deren Leistungserwarten bisher nicht freimachen konnte.

Für die Übung noch folgende Hinweise: Die Selbstwahrnehmung der Teilnehmer nimmt sprunghaft zu, wenn K und P etwas, ein Gefühl, eine Handlung, aufgreifen, das aus dem Gespräch selbst, aus dem „jetzt und hier" stammt, nicht aus irgendeiner Information über A's Leben. „Verrückte Einfälle" sind meist nützlich, weil – egal ob der Andere zustimmt oder ablehnt – eine neue, unerwartete Sichtweise möglich wird. Beiträge, die mit „aber" anfangen, sind meist schlecht, weil sie zur Abwehr, Verteidigung auffordern.

III. *Therapie und Selbst-Therapie*

Es steht also neben der Diagnose („ich diagnostiziere jemanden") die Selbst-Diagnose. Entsprechend steht neben (nicht statt!) der Therapie („ich therapiere jemanden") die Selbst-Therapie. Nun *beginnt* psychiatrisches Handeln immer mit dem Austausch zwischen Menschen. Also beginnt sie auch mit dem Vorgang der Selbst-Diagnose bzw. Selbst-Therapie, während Diagnose und Therapie innerhalb dieses Rahmens stattfinden. Dies möge der Leser, bitte, jedesmal beherzigen, bevor er das Wort „Therapie" in den Mund nimmt. Die Psychiatrie wäre schon weiter, wenn sie ihr Selbstbild nicht mit der Illusion aufpolieren würde, sie könne „jemanden therapieren". Egal, ob wir körperlich, psycho- oder sozio-therapieren: psychiatrisches Handeln beschränkt sich darauf, die Bedingungen und den Rahmen wirksam zu machen, die die Selbst-Therapie des Patienten fördern. Wie für die Sozialarbeiter „Hilfe zur Selbsthilfe", so gilt für die psychiatrisch Tätigen: Therapie ist „Beihilfe zur Selbst-Therapie". Wo die Psychiatrie darauf aufbaut, arbeitet sie nicht mehr nur für die Gegenwart (kurativ) mit der Erwartung der späteren Wiederkehr des Patienten, sondern auch für seine Zukunft (präventiv) mit der Erwartung, daß er sich in künftigen Krisen besser „selbst-therapieren" kann. In diesem Sinne muß in jedem einzelnen Akt psychiatrischen Handelns auch das Bestreben sichtbar sein, sich selbst überflüssig zu machen, so schlecht wir das auch bisher gelernt haben.

66

1. Therapeutischer Rahmen

Diagnose und Selbst-Diagnose des Depressiven müssen uns ein Bild von den wichtigsten Aspekten des Problems liefern. Das wäre:

- das Ausmaß der Suizidgefahr (s. Kap. 5): Sie ist erhöht, wenn die depressive Symptomatik (Angstabwehr!) noch nicht oder nicht mehr so „stabil" gelebt wird, weshalb jede Therapie (psychotherapeutisch ebenso wie medikamentös) das Suizidrisiko erhöht; wenn die Ausdruckshemmung für aggressive Gefühle sich kaum bewegen läßt; oder wenn ein Patient besonders anpassungsfähig ist, d. h. die Therapeuten dadurch erfreut, daß er im Gespräch besonders leicht auf Angebote eingeht, „blendend" versteht und in der Selbstwahrnehmung „reibungslos schnell" weiterkommt, weil es nämlich dann sein kann, daß ein Austausch mit den wirklichen Gefühlen des Patienten gar nicht stattfindet. – Die Möglichkeit einer Problemlösung durch Suizid ist *immer* zum Thema zu machen, gerade auch dann, wenn dies so unwahrscheinlich erscheint, daß schon die Frage danach peinlich ist: Das wäre nämlich eine Vermeidung und Angstabwehr des Therapeuten und nicht des Patienten!
- Das Ausmaß, wie sehr jemand auf Grund seiner Vitalsymptome und seines körperlichen Mangelzustandes zunächst mal auch als körperlich kranker Patient anzusehen ist;
- wie sehr jemand im Erstgespräch zur Selbstwahrnehmung gelangen kann oder wie sehr das mißlingt, sei es, daß er die Gesprächssituation vermeidet, sei es, daß er durch die Zuspitzung bis zur Verselbständigung seiner Symptome (z. B. depressiver Stupor) im Augenblick daran gehindert ist, was nicht dasselbe ist! (Im Gegensatz zur Einsicht in sich selbst ist „Krankheitseinsicht" häufig nur die Einsicht in das, was die Therapeuten denken).
- ob jemand mehr durch einen akuten Verlust und Unterdrückung seiner Trauer depressiv geworden ist oder mehr durch kindliche Abhängigkeit von den Erwartungen der Eltern oder ob mehr schon sein Charakter, sein Temperament ihm das Depressivsein nahelegt. Häufig findet man hohes moralisches Verantwortungs- und Pflichtbewußtsein, totalen Anspruch, Ideales, Hundertprozentiges zu leisten, der Größte zu sein, in der Stärke oder Schwäche.
- wie gut jemand Andere zum Helfen verführen kann, z. B. als Beweis für die eigene Schwäche, Hilfs- und Wertlosigkeit.
- wie sehr ein Konflikt zwischen gleichstarken, widersprüchlichen Wünschen lähmend wirkt, besonders oft zwischen Unabhängigkeit, Selbstüber- und Selbstunterschätzung, Herrschaft und Unterwerfung.
- wie stark der „Clinch" mit den Angehörigen ist.
- wie stark die Tendenzen der Selbstbestrafung und Selbstvernichtung ausgeprägt sind, und ob sie sich mehr gegen die Anderen oder gegen sich selbst richten, d. h. ob der Patient mehr am Umgang mit den Anderen oder am Umgang mit sich selbst leidet.
- schließlich, wie tiefgreifend bei dem Patienten das Mißverhältnis der Orientierung an Maßstäben, die gar nicht für ihn gelten können und dem Sich-Selbst-Verbieten aller seiner Möglichkeiten. Dies letztere ist vielleicht der allgemeinste Ausdruck für den Sinn des Depressivseins!

Depressive Handlungsweisen werden in aller Regel ambulant behandelt. Das hat den Vorteil, daß der Patient während der Therapie seinem Problemfeld ausgesetzt bleibt, während Krankenhaus gerade für depressive Patienten die Abhängigkeitsgefahr noch erhöht. An der ambulanten Therapie beteiligen sich Nervenärzte, mehr noch praktische Ärzte, ferner Psychologen sowie alle Beratungsstellen und sozialen Dienste. Der SpD spielt in der ambulanten Therapie oft die Rolle der letzten Instanz: z. B. für die, die keine Hilfe wollen oder bekommen (Vereinsamte oder Alte).

Das psychiatrische Krankenhaus ist der Ort der Therapie, wenn in der Begegnung kein hinreichender Schritt in Richtung auf Selbstwahrnehmung gelingt, a) weil der Patient in seiner gegenwärtigen hoffnungslosen Verfassung nur noch den Suizid als Weg sehen kann, b) weil Vernachlässigung und Schwäche des Körpers zu weit fortgeschritten sind, c) weil die Symptome sich derart verselbständigt haben, daß sie den Patienten gleichsam besetzt haben oder d) weil Verflechtung (Clinch) mit den Angehörigen so heftig ist, daß wenigstens eine kurze Trennung sinnvoll ist. – Gleichwohl werden depressive Patienten zu schnell und zu häufig stationär aufgenommen, zumal es auch am Therapeuten liegen kann, daß dem Patienten der Schritt zur Selbstwahrnehmung mißlingt. (Erfahrene Diensthabende nehmen weniger Patienten stationär auf als nicht so erfahrene. Einweisungsgrund ist oft nicht die Schwere des Zustandes, sondern die Information, daß der Patient früher schon mal stationär behandelt wurde.)

Die Tagesklinik vereinigt gerade auch für depressive Patienten die Vorteile des ambulanten und stationären Aufenthaltes, u. U. nach einigen Tagen stationären Schutzes.

Depressive Langzeitpatienten – meist mit Hospitalisationsschäden – benötigen Rehabilitationseinrichtungen: Übergangsheim, Wohnheim oder WfB.

2. Vereinbarung der Zusammenarbeit
Ihre Herstellung ist schwer, weil Patienten in der Regel – wenn überhaupt etwas – von einer medizinischen Einrichtung erwarten, daß sie wieder gesund gemacht werden und allenfalls zusichern, ärztlichen Anordnungen Folge zu leisten. Sehr depressive Patienten werden zudem anfangs kaum sich als Handelnde, als „Vertragspartner" erleben können. Dann muß die Vereinbarung in einem späteren Gespräch nachgeholt werden – wenn man daran denkt und es will!

Warum ist die Vereinbarung der Zusammenarbeit so außerordentlich wichtig? Der Patient muß wissen, daß er nicht abzuwarten hat, bis geheimnisvolle Maßnahmen dazu führen, daß „es ihm wieder besser geht", sondern daß er als Partner ernstgenommen wird, daß er das gibt, was er kann, und die Therapeuten das geben, was sie können, und daß die vor ihm liegende Therapiezeit für ihn einen Sinn hat, weil er in dieser Zeit etwas für sich erarbeitet, was ihm hilft in der Gegenwart und Zukunft anders und vielleicht besser mit sich und den Anderen zurecht zu kommen.

Was gehört zu dieser Vereinbarung der Zusammenarbeit: Was der Patient sich vorstellen kann als Wünsche und Ziele seiner Selbstveränderung (Selbst-Therapie), wird von den Therapeuten mit der Wirklichkeit der jeweils beschränkten Möglichkeiten konfrontiert, also einerseits auf das vermutlich Machbare eingeengt, andererseits aber auch umso verbindlicher gemacht. Denn es ist entscheidend, daß die Vereinbarung von beiden Seiten gleich gut eingehalten werden kann. Nichts ist schädlicher als eine (noch so gutwillige) Versprechung von der einen Seite, die dann nicht eingehalten werden kann und zur Quelle der Enttäuschung auf der anderen Seite wird. Diese Selbstbeschränkung auf das Machbare ist dreifach:

– *des Ortes:* Der suizidale Patient z. B. muß wissen und glauben können, daß er nur so lange in einer geschlossenen Station bleiben muß, bis er und andere nicht mehr um sein Leben bangen. Der antriebsgehemmte Patient, der in die Praxis geht, wird einen vollen Warteraum auch fürchten. Der Mensch, der einen Club besucht, muß wissen, auf welche Aktivitäten er sich einstellen kann und muß. Gleichzeitig ist auch an die Wahrnehmung der Umgebung zu denken, die zusätzlich deprimieren kann.

– *der Zeit:* Depressive Patienten, denen die Zeit sowieso entgleitet, die sich vor der Endlosigkeit ihrer Depression fürchten, die sich im Moment ihres Schlechtgehens nicht vorstellen können, daß in 2 Monaten eine Änderung eingetreten sein kann, brauchen eine besonders aufmerksame Strukturierung des zeitlichen Horizontes. Jeder Zeitabschnitt, der vereinbart wird, ist mit einem auswertenden bzw. vorausschauenden Gespräch abzuschließen bzw. einzuleiten.

– *der Ziele:* Je beschränkter und konkreter in der Vereinbarung die Ziele definiert werden, desto besser sind die Chancen der Verwirklichung. Es ist z. B. wenig sinnvoll, wenn ein Patient die Veränderung seines Temperamentes wünscht. Stattdessen könnte sehr wohl als Ziel vereinbart werden, mit seinem Temperament *anders* umzugehen, z. B. nicht immer seine Nachteile, sondern seine Vorteile zu entdecken. Weiter ist zu beachten, daß ein Erfolg in einem (auch kleinen) Teilbereich sich oft auch auf andere Bereiche verallgemeinert. Wenn z. B. der Patient, der sich rundum wertlos fühlt, in der Bewegungstherapie seinen Körper neu und positiv erlebt, kann sich das auf seine Rolle als Mann auswirken und darauf, sich von Frauen akzeptiert zu fühlen.

Übung: Denken Sie sich weitere Zielsetzungen aus, die gerade für depressive Patienten in Frage kommen.

Das Wichtigste an der Vereinbarung besteht aber in der Frage, *auf welchem Weg* die Annäherung an die gesetzten Ziele erfolgen soll. Dazu ist es 1. unverzichtbar, daß schon im Erstgespräch der Patient ein paar *eigene Stärken* oder Eigenschaften, die er an sich mag, nennt. Es ist verblüffend, daß selbst sehr depressive Patienten dies fast immer können, wenn die Therapeuten sich mit Vermeidungsversuchen hier nicht zufriedengeben, auf diese Frage nicht verzichten, aber schon die Nennung scheinbar unbedeutender, aber im Alltag brauchbarer positiver Züge gelten lassen und bestärken: z. B. „ich verstehe etwas von Blumen" oder „ich kann gut zuhören". Allein schon der Vorgang dieser Nennung, d. h. daß der Patient sich diese Züge selbst zuschreibt, ist mit einem totalen depressiven Selbstgefühl nicht vereinbar. 2. kann das Gegenteil des bisherigen Handelns vereinbart werden: wer z. B. sich darin aufzureiben pflegt, es den Anderen immer recht zu machen, probiert aus, dieses weniger zu tun und beobachtet die gefühlsmäßige Veränderung, die dabei in ihm vor sich geht.

3. sollten solche Vereinbarungen über die Wege zum Ziel die *Lebensprobleme* des Patienten betreffen, nicht seine depressiven Symptome. So hat der Patient das Gefühl, während er an sich arbeitet, in Ruhe weiter depressiv sein zu können, bis die Symptome überflüssig werden, d. h. eine lebensfähige Problemlösung (Symptome) ersetzen kann. Daher darf der depressive Patient *nie* aufgefordert werden, weniger depressiv zu sein; denn diese Aufforderung kennt er bis zum Lebensüberdruß von Anderen und von sich selbst und steigert unweigerlich die Verkrampfung („reiß' Dich zusammen!") und damit die Depression. Eher ist das Gegenteil, die bewußte Symptomverschreibung wirksam. So z. B. die Verordnung des Schlafent-

zuges: Schlaflos-depressive Patienten werden für eine Nacht oder mehrere Nächte mit Hilfe der Stationsnachtwache vom Schlaf abgehalten. Das Ergebnis ist eine Abnahme der Schlaflosigkeit und des Depressivseins, mal vorübergehend, mal dauerhafter. Im Sinne unserer Psychiatrieauffassung ist das Ergebnis dadurch noch zu verbessern, daß nicht die Nachtwache, sondern der Patient der Handelnde ist, nämlich selbst versucht, bewußt schlaflos zu sein. Wer bewußt und absichtlich schlaflos oder depressiv ist, kann der Schlaflosigkeit oder dem Depressivsein nicht mehr als hilfloses Opfer ausgeliefert sein.

4. ist die Aufteilung des Weges in *Einzelschritte* zu vereinbaren: Was wie ein unübersteigbarer Berg vor mir liegt, wird erreichbar, wenn ich mir die Strecke in Schritte zerlege, die ich einzeln und – durch den Erfolg bestärkt – in der Reihenfolge zunehmender Schwierigkeiten gehen kann. Nicht anders handelt jeder von uns, der sich an etwas Neues wagt.

5. muß ein Ziel der Selbsttherapie auf *konkrete Situationen* bezogen sein: Das Ziel, Ärger und Wut offener auszudrücken, kann sich z. B. zunächst auf den Umgang mit Mitpatienten als Übungsfeld beziehen, dann auf die Gruppentherapie und dann erst auf den „Ernstfall" der Angehörigen.

6. ist es günstig, *Zeichen oder Signale* zu vereinbaren, an denen der Patient für sich selbst ebenso wie das Team erkennen können, daß der Patient sich auf dem richtigen Weg befindet. Solche Signale sollten möglichst sowohl für das Handeln als auch für die Gefühle vereinbart werden. So vereinbart z. B. der von der Mutter abhängige junge Mann, der seine Hemmungen gegenüber gleichaltrigen Frauen verlieren möchte, als Signal für sein *Handeln:* er hält sich häufiger in der Nähe von Frauen auf und führt belanglose Gespräche mit ihnen; und als Signal für seine Gefühle: Er achtet dabei darauf, sich nicht zu verspannen und sich angstfrei zu fühlen.

7. endlich ist es entscheidend, daß alle Vereinbarungen möglichst *vom Patienten erarbeitet* werden, jedenfalls aber so, daß beide Seiten – Patient und Therapeuten – sich die Einhaltung zutrauen, wobei der anfängliche Anspruch meist drastisch herabgeschraubt werden muß. Beide Seiten müssen das Gefühl haben, eine Sprache gefunden zu haben, in der sie sich gegenseitig verstehen können.

Auf diese Weise kommt gewissermaßen ein *Arbeitsvertrag auf Zeit mit Ausführungsbestimmungen* zustande. Manche Einrichtungen handeln dies mündlich aus, andere fixieren die Ziele und die einzelnen Schritte und Signale schriftlich. Entscheidend dabei ist nicht die Vertragstechnik, sondern der Umstand, daß überhaupt eine gemeinsame Arbeitsatmosphäre entsteht. Bisweilen drücken Patienten das aus, indem sie eine solche Therapiezeit als „*Lebensschule*" bezeichnen. Ein Mißverständnis muß noch ausgeräumt werden: Wenn hier viel von „Arbeit" die Rede ist, dann hat das nichts mit Leistung zu tun. Das wäre auch gerade für den überzogenen Leistungsanspruch depressiver Patienten schlimm, die sich häufig in einen

Leistungszwang ausweglos hineinverbohrt haben. Vielmehr ist Ziel der therapeutischen Zusammenarbeit oft ja gerade der Abbau des Leistungszwangs bzw. die Befähigung zum Ausruhen, Entspannen und zum Rückzug, nur eben so, daß der Patient nicht mehr dem depressiven Rückzug hoffnungslos ausgeliefert ist, sondern selbst darüber verfügen kann, wann er sich wo und wielange zurückziehen möchte.

Noch einmal: Aufnahmegespräch

Wir setzen hier das Gespräch mit Frau A fort, um zu zeigen, wie man bis an den Punkt der Vereinbarung der Zusammenarbeit kommt:

K: ... ich meine nicht die Wünsche Ihrer Familie, sondern Ihre eigenen Wünsche.

A: Ich kann darauf nicht antworten, ich glaube, ich habe keine Wünsche mehr. Für meinen Mann ist das einfach: Wenn der sich was wünscht, dann tut er was dafür und kriegt es auch. Der ist so, wie er ist.

K: Und Sie? Sind Sie auch, wie Sie sind?

A: Wie ich bin? Ich weiß nicht, es ist alles so durcheinander in mir; erst habe ich mit aller Kraft darum gekämpft, unabhängig zu sein, jetzt sitze ich nur noch herum, tue nichts mehr, und alles ist immer noch schlimmer geworden.

K: Mir macht das Angst, wie böse Sie mit sich umgehen; ich möchte nur wissen, warum ... Ich versuche es mal so: Was bedeutet eigentlich für Sie „unabhängig" und was für Ihren Mann? Ist das dasselbe oder ist da ein Unterschied?

A: Für meinen Mann, das ist einfach: es bedeutet, mehr leisten als Andere, besser sein, schneller sein.

K: Und für Sie? Ich habe das Gefühl, Sie können sich besser in Ihren Mann als in sich selbst versetzen.

A: Komisch, das habe ich auch schon mal gedacht. (Nachdenken) Warten Sie mal, glauben Sie etwa, daß ich da auf meinen Mann hereingefallen bin?

K: Wie meinen Sie das? Können Sie es anders sagen?

A: Na ja, daß – wie soll ich sagen – daß ich mich mit der Unabhängigkeit und überhaupt nach ihm gerichtet habe.

K: Sie glauben, es könnte so sein?

A: Ich kann es kaum glauben, so habe ich das noch nicht gesehen. Das hieße ja ...

K: ... daß Sie Ihren Mann für sich zum Maßstab gemacht haben, statt Ihren Maßstab in sich selbst zu finden?

A: Ja, dann hätte ich seine Art der Unabhängigkeit, seinen Leistungsfimmel, mir zum Maßstab gemacht, obwohl Unabhängigkeit für mich vielleicht was ganz anderes ist.

P: Wenn ich Sie richtig verstehe, meinen Sie mit dem „was ganz anderes" noch mehr, etwa so: Für Sie galt, solange ich nicht bin wie mein Mann, bin ich schlechter und wertloser als er (z. B. langsamer, also wertloser); und jetzt überlegen Sie, daß sie vielleicht nicht wertloser, sondern nur *anders* sind als Ihr Mann und daß Sie vielleicht sich selbst, Ihre eigene Natur bisher vergewaltigt, sich verboten, vergessen haben?

A: Kann sein; aber das geht mir wieder zu schnell, ich kann das alles so schnell nicht fassen.

K: Es gelingt Ihnen *schon* zu sagen, daß Ihnen etwas zu schnell geht – im Gegensatz zum Anfang unseres Gesprächs.

A: Tatsächlich. Mir fällt gerade ein, daß mich mein Mann so ja auch gar nicht verstehen konnte ... Aber jetzt läuft alles für mich auf die Frage zu: Wie bin ich denn wirklich? Ach, ich habe schon begriffen: Ich bekomme auf solche Frage von Ihnen ja doch keine Antwort. Ich muß es wohl schon selbst herausfinden. Aber wie?

K: Wenn Sie so fragen, verstehe ich Sie da richtig: daß Sie jetzt – bei all Ihrer Hoffnungslosigkeit – eine für Sie zentrale Frage gefunden haben, die dazu führen kann, daß Sie in Zukunft vielleicht anders und leichter leben können, und daß Sie daran, so wie in diesem Gespräch, auch weiter arbeiten wollen?

A: Hoffen kann ich noch nicht; aber ich sehe, daß da vielleicht ein Weg ist.

K: Dann sollten wir jetzt gemeinsam Vereinbarungen für diesen Weg finden, damit Ihr Aufenthalt bei uns dafür sinnvoll wird, daß Sie Ihrem Ziel näherkommen, nämlich besser sich selbst kennen und mit sich umgehen zu lernen.

Nach dieser Definition des Ziels der Selbst-Therapie folgt die Beschreibung des Sinns des therapeutischen Angebots der Einrichtung. Die Aufenthaltsdauer wird auf 6 Wochen vereinbart. Da die Zieldefinition in diesem Gespräch nur bis zu einer noch ziemlich allgemeinen Formulierung gediehen ist, werden konkrete Situationsbezüge des Handelns bzw. einzelne Schritte zur Annäherung an das Ziel vereinbart: Frau A wird darauf achten, sich in ihrem täglichen Tun auf der Station unabhängig von der Bewertung durch Andere zu halten und sich statt dessen selbst zu bewerten. Zur Erleichterung und als Signal für sich und das Team wird sie anfangs jeden Abend eine Situation des Tages aufschreiben, in der sie mit ihrem Handeln zufrieden war. Sie wird weiter nicht so sehr auf Ähnlichkeiten, sondern auf Unterschiede zwischen sich und Anderen achten: zwischen dem, was zu ihr gehört. Beides – Selbstbewertung wie Achten auf die Unterschiede – wird zunächst im Umgang mit den Menschen auf der Station geübt, bevor dasselbe auf die Beziehung zu ihrem Mann und ihrer Familie übertragen wird. Ferner wird sie versuchen, ihre Gefühle offener und vollständiger wahrzunehmen und auszudrücken, vor allem Unzufriedenheit, Ärger und Wut. Darüberhinaus ist sie besonders aufmerksam für das Auftauchen eigener Wünsche. (2 Ansätze ergaben sich schon im Aufnahmegespräch: Geborgenheit und Sich-gehen-lassen.) Dabei geht es darum, wie weit die Wünsche wirklich ihr eigen oder von Anderen übernommen sind und wieweit sie die Wünsche sich verbietet oder zuläßt und sich erfüllt. Besonders auf diesen Umgang mit eigenen Wünschen wird sie öfter von Team-Mitgliedern angesprochen werden. Das Team wird Hilfe verweigern, wo sie die Erledigung eigener Angelegenheiten zu vermeiden sucht. Schließlich ist sie damit einverstanden, daß ihr Mann die Angehörigengruppe mitmacht.

3. Therapieverlauf

Es ist nicht das Problem, *daß* das Depressivsein plötzlich oder allmählich wieder nachläßt. Das ist praktisch immer der Fall. Offenbar ist es dem Menschen nicht möglich, schweres Depressivsein endlos zu leben. Auch das kennt jeder von sich selbst. Bei Ausnahmen sind entweder außergewöhnliche soziale bzw. organische Umstände beteiligt: dauerhaftes Depressivsein z. B. nach rassischer Verfolgung bzw. bei hirnorganischem Abbauprozeß. Oder aber die Behandelnden haben während einer zu langen oder zu eintönigen Behandlungszeit einen Hospitalisierungs-Dauerschaden gesetzt. Aber selbst in diesen Fällen wird kein schweres Depressivsein dauerhaft gelebt, sondern depressives und normales Leben haben sich zu einem kaum noch unterscheidbaren, neuen, fatalen, aber stabilen Gleichgewicht verbunden, wenn die Betroffenen es nicht vorgezogen haben, die Qual zu beenden und sich selbst zu töten. Es ist also eher lächerlich, das Aufhören einer Depression als therapeutischen Erfolg zu feiern. Vielmehr geht es darum, *wie* das Depressivsein aufhört, d. h. ob und wie der Patient mit Beendigung der Therapiezeit einen anderen Umgang mit sich und den Anderen gefunden hat, der es ihm womöglich unnötig macht, später noch einmal depressiv zu werden. Therapie, Prävention und Rehabilitation sind also in jedem Einzelfall unteilbar und beginnen gemeinsam am ersten Tag des Kennenlernens.

Die Grundhaltung durchzuhalten, ist im wochenlangen alltäglichen Umgang schwerer als im Erstgespräch. So mögen Sie sich wundern, daß jemand nach einer positiven Anfangszeit wieder depressiver wird. Wenn Sie sich dann selbst befragen, stellen Sie fest, daß Sie (oder Ihr Team) ungefähr seit demselben Zeitpunkt nachgelassen haben, den Patienten aus seiner Hoffnungslosigkeit heraus zu verstehen und dieses Verstehen ihm auszudrücken.

Gründe:
1. Der Patient ist still und aus Ihrer Aufmerksamkeit einfach verschwunden.
2. Routine und Arbeitsüberlastung.
3. Der Patient fällt Ihnen auf den Wecker. Oder
4. Sie sind zufrieden mit den Fortschritten des Patienten bei der Bearbeitung seines Lebensproblems, haben gedacht, er brauche Ihr Verstehen jetzt nicht mehr so sehr; d. h. Sie haben verharmlost und vergessen, daß der Patient *gleichzeitig* immer noch sein Depressivsein erleidet und es noch lange nicht ersetzen kann. Damit haben *Sie selbst* den Patienten dazu getrieben, sein Depressivsein gesteigert auszudrücken, egal, ob aus Not oder um Ihre Aufmerksamkeit wiederzugewinnen. Die Arbeit des Patienten an sich selbst verlangt den Schutz, sich verstanden zu fühlen, so langwierig und hart das für Sie sein mag.

Entweder von Anfang an oder häufiger nach einer tastenden Anlaufzeit lebt der Patient sein Depressivsein mit Ihnen (einzeln oder als Team) als Bezugspartnern. Denn genausowenig wie Sie kann der Patient auf die Dauer sein Depressivsein alleine leben. (Ein Depressiver lebt praktisch immer mit einem *nicht-depressiven* Partner; oder: In einer Beziehung sind nie *beide* depressiv (J. Gross). Wehe, Sie passen nicht auf. Dann stehen Sie für den Patienten wirklich anstelle des Ehepartners oder der Mutter, spielen genauso mit wie bisher diese (im Kreislauf von Mitleid und Aggression), verstärken damit die depressive Abhängigkeit. Und die Unabhängigkeit Ihres Handelns ist weg.

Beispiel für das Verführerische solcher Beziehungen: Nehmen wir an, Sie teilen als Beschäftigungstherapeutin einer depressiven Patientin Ihre Beobachtungen mit, daß sie bei der Arbeit immer lustloser wird. Patientin: „Sie wollen immer nur, daß ich hier mitmache. Was soll die Arbeiterei. Überhaupt bringt mir die ganze Station nichts, und keiner versteht mich und hat Zeit für mich. Aber Herr Dr. X ist da ganz anders, der kümmert sich um mich, hat Zeit für mich, obwohl der doch soviel zu tun hat, der hilft mir wirklich." Am gleichen Tag ist Stationsbesprechung. Dr. X, jung und in psychotherapeutischer Ausbildung, berichtet, er habe mit dieser Patientin ein „paar gute Gespräche gehabt"; er habe jetzt ein Bild davon, wie sehr sie schon in der Kindheit vernachlässigt worden sei. Da haben Sie Ihr Fett: Dr. X ist für die Patientin der „gute" und Sie (und die Station) sind der „böse" Elternteil! – Stationsbesprechung eine Woche später, Dr. X: „Allmählich wird mir die Patientin unheimlich, überall lauert sie mir auf und will mit mir sprechen, ich kann mich kaum noch retten. Ich glaube, ich habe da einen Fehler gemacht. Was soll ich jetzt machen?" Jetzt sind Sie dran mit Ihrer Beobachtung. Das Team kann z. B. beschließen, daß Sie, Dr. X und die Patientin sich zusammensetzen, um sie wahrnehmen zu lassen, daß sie sich – auch wie sonst in ihrem Leben – von jemandem abhängig gemacht hat und zugleich aufgehört hat, an sich zu arbeiten, daß sie Erwartungen nur noch an einen anderen, nicht mehr an sich selbst gerichtet hat. Also: Wer vom Patienten zum „Bösen" gemacht wird, kann therapeutisch durchaus der Wirksamere und Hilfreichere sein, wenn die Auseinandersetzung darüber nicht vermieden, sondern offen geführt wird.

Ungünstig ist es also, wenn Sie die Rolle des Bezugspartners einfach mitspielen; denn dann hätte der Patient auch zu Hause bleiben können. Jedoch günstig, ja sogar notwendig ist es, daß der Patient Sie überhaupt zum Bezugspartner macht; denn wenn er sich von Ihnen abhängig macht, ist das besser zu bearbeiten, als wenn er nur von der Abhängigkeit von seinem Ehepartner *erzählt*.

Auch die ständige Anpassung von Zielen und Einzelschritten aneinander wird Ihnen schwerfallen, da man Ziele genauso ungern aufgibt wie Diagnosen. Immerhin hat das den unschätzbaren Vorteil, daß Sie den Patienten nicht immer mit der blödsinnigen Frage: „Wie geht *es* Ihnen?" begrüßen müssen, wenn Sie ihn auf dem Flur, beim Kaffee oder sonstwo treffen, sondern Sie können Ihn etwa fragen: „Sind *Sie* weitergekommen?"

Wenn Sie mit der Vereinbarung zur Selbst-Therapie warten, bis es dem Patienten bessergeht, brauchen Sie gar nicht erst anzufangen; denn dann hat er seine alte, wenn auch schlechte (aber immerhin) Abwehr wieder aufgebaut und mag nicht mehr an Ziele denken (s. auch Kap. 5).

Weiter haben Sie darauf zu achten, daß der Patient noch während der Therapie das Gelernte auf seine Alltagswelt überträgt. Das kann vor allem aus zwei Gründen scheitern, die sich hinter einem zunächst unverständlichen Anklammern an die (ambulante oder stationäre) Therapie verbergen können. Sie lauten etwa: „Mein Partner hat immer gesagt: Du wirst schon sehen, wird schon wieder! Ich habe es bestritten. Wenn ich mich jetzt wirklich wohler fühle, gebe ich damit meinem Partner schon wieder Recht, wogegen ich doch kämpfe, erlebe ich das als erneute Niederlage und das kann/will ich nicht." Und der andere Grund: „Wenn ich jetzt besser leben kann, habe ich Angst vor der Rache meiner Angehörigen. Die werden sagen: Da sieht man ja, jetzt geht es. Warum denn nicht früher? Du hast uns monate- oder jahrelang an der Nase herumgeführt, Schonung und andere Vorteile eingestrichen und uns maßlos schikaniert, so bösartig bist Du!" Dies zeigt: der Patient ändert sich noch nicht *sich selbst zuliebe*, ohne Rücksicht auf Andere. Er ist noch abhängig. Sie haben noch Arbeit vor sich, auch in der Angehörigengruppe.

Schließlich hat uns vor allem die italienische Psychiatrie gezeigt, daß das Ausmaß des Teams an Offenheit bzw. Öffentlichkeit Modell ist auch für die Beziehungen der Patienten zu sich und untereinander. Dies ist vielleicht die wichtigste Bedingung zur Selbst-Therapie, d. h. für den Weg vom Sich-Wahr*nehmen* zum Sich-Wahr*machen*. Da fast alle, auch depressive Patienten Öffentlichkeit vermeiden (genauso wie wirkliche Privatheit), kommen immer mehr Einrichtungen dazu, Begegnungen vorwiegend zu dritt, in einer Gruppe oder in einer anderen Art der Öffentlichkeit zuzulassen. (Ausnahmen: technische Beziehungen wie Versicherungs- und

Rechtsfragen, medizinische Maßnahmen wie Blutabnehmen und Körper-Untersuchung sowie Einübung wirklicher Privatheit.) Auf die Frage „Ich möchte Sie sprechen" vereinbaren Sie dann etwa: „Wir setzen uns heute beim Kaffeetrinken oder bei der Arbeitstherapie zusammen". Oder Sie schlagen vor: „Diese Frage gehört in Ihre Gruppentherapie" oder „Sagen Sie das in der Vollversammlung, das ist für alle wichtig."

In dieser Hinsicht der Herstellung von Öffentlichkeit sind meist der Arzt und/oder die Stationsschwester die Sorgenkinder des Teams. Dies kann der Arzt auch nicht durch Theorie oder durch eine von seiner Alltagspraxis losgelöste Selbsterfahrungsgruppe ersetzen!

Beispiel: Der Arzt verabschiedet sich nachmittags, um nach Hause zu gehen, oder vormittags, weil er Unterrichts- oder Forschungsaufgaben hat oder zu seiner Psychotherapieausbildung muß. Anschließend sagt jemand von der zurückbleibenden Pflegegruppe, nicht ohne vorher den überlasteten Arzt bemitleidet zu haben: „So, jetzt machen wir Psychiatrie ohne Ärzte". Mit einem Mal wird die Sprache des Rest-Teams offener und praktischer. Undurchführbare, abstrakte Vorschläge des Arztes werden vergessen oder in lebens-nähere „umgedeutet".

Übung: Schlagen Sie Ihrem Stationsarzt vor, mit einigen der folgenden Regelungen spare er eine Menge Zeit, um mehr an der Öffentlichkeit des Zusammenlebens auf der Station teilnehmen zu können: 1. Gespräche muß er nicht mehr allein und später auch nicht mehr alle führen. 2. Aufnahmeberichte werden auch von anderen Team-Mitgliedern geschrieben. 3. Einzelgespräche hinter geschlossener Tür finden fast nicht mehr statt. 4. Visiten fallen weg, da die Aufmerksamkeit sich auf alle Team-Kollegen verteilt. 5. Verlaufs-Eintragungen werden bei der Dienstübergabe reihum gemacht. 6. Abschlußberichte werden (außer dem ärztlichen Anteil) von den Bezugstherapeuten des jeweiligen Patienten geschrieben.

Überlegen Sie ähnliche Vorschläge für die Stationsschwester: z. B. die Erledigung der Verwaltungsarbeit rotiert zwischen allen Pflegekräften.

4. Therapie-Ende

Ende der depressiven Symptome und Ende der Therapie sind nur dann dasselbe, wenn es sich um eine aktuelle Kränkung handelt. Anders ist es in den Fällen, in denen der Patient ein Lebensproblem a) schon lange hat (z. B. seit der Beziehung zum Ehepartner), b) seit noch längerer Zeit (z. B. noch keine Lösung von den Eltern), oder c) schon immer lebt (z. B. wenn der Patient keinen angemessenen Umgang zur Basis seiner selbst, zu seinem Temperament gefunden hat). Im gleichen Maße ist längere Therapie-Zeit erforderlich, da die Selbstwahrnehmung mit entsprechend mehr Angst-Vermeidung und Abwehr zu kämpfen hat.

Nun werden in jedem Fall eines Tages die depressiven Symptome verschwunden sein. Haben die Therapeuten nur auf sie geachtet, nicht auch auf das Lebensproblem, dann sind zwar alle zufrieden und die Therapie hört auf. Oft hören die Therapeuten dann nach einiger Zeit, der Patient sei wieder depressiv oder manisch. Oder er habe sich umgebracht. Letzteres ist die größte Angst bei der Entlassung depressiver Patienten. Denn in diesem Fall ist der Patient zwar des Abwehr-Schutzes seiner depressiven Symptome beraubt, aber sein nicht-wahrgenommenes Lebensproblem nach wie vor so drängend, daß scheinbar grundlose und scheinbar freisteigende Verzweiflung ihn in den Tod treiben.

Merke zudem: Es ist verboten, jemanden zu drängen, seine depressiven Symptome aufzugeben. Schon übliche Äußerungen sind manchmal folgenschwer: „Na, Sie sehen ja heute schon etwas munterer aus", „Ich glaube, es geht Ihnen schon besser", „Jetzt wird es aber mal ein bißchen Zeit mit Ihnen" oder „Wie Sie da eben gelacht haben, da sehen Sie, daß Sie gar nicht mehr so depressiv sind". Die letzte Äußerung muß den Patienten besonders kränken, weil er sich ertappt, ironisiert und beschämt fühlt. Alle „Besserungs"-Signale müssen vom Patienten kommen. Der Patient braucht den Schutz seiner depressiven Symptome so lange, bis er bessere Lösungen für sein Problem gefunden hat.

Daraus ergibt sich, daß auch bei Verschwinden der depressiven Symptome Therapie noch erforderlich ist, wenn die Wahrnehmung und Bearbeitung der Lebensprobleme noch nicht hinreichend gelungen ist. Nur so werden die Folge-Gefahren der Depression weniger wahrscheinlich: die Wiederholung der Depression, der Umschlag in die Manie, das Chronischwerden der Depression und der Suizid. Je nach dem Einzelfall kann die weitere Therapie in einer Tagesklinik oder Reha-Einrichtung erfolgen, meist aber ambulant. Dies jedoch in besonders gefährdeten Fällen wegen der Kontinuität der Beziehung zu einem Therapeuten in der Ambulanz derselben Einrichtung.

5. Therapeutische Techniken

Wie läßt sich die gemeinsame Grundhaltung des Teams durch die besonderen Techniken der verschiedenen Berufsangehörigen ergänzen? Während für die allgemeinen Aspekte auf Kap. 1 verwiesen wird, geht es hier nur um die Therapie depressiver Patienten.

a) *Arzt:* Ihm obliegt die körperliche Untersuchung zum Ausschluß einer organischen Krankheit und Behandlung des Grundleidens bei organisch ausgelösten Depressionen. (Übrigens ersetzen zwischenzeitlich auftretende Krankheiten häufig die depressiven Symptome vorübergehend oder dauerhaft!)

Heute heißt es oft noch, daß die Therapie der endogenen, selbstkränkenden Depression durch Psychopharmaka, nämlich durch Antidepressiva, erfolgt, u. U. durch Psychotherapie ergänzt. Dies ist im Grundsatz falsch, weil eine Verharmlosung des Depressivseins. Vielmehr gilt das Umgekehrte: Am Anfang steht die therapeutische Haltung des Arztes bzw. des Teams. Bei Bedarf gibt es ergänzend folgende Indikationen für Antidepressiva: 1. wenn eine schnelle Ermäßigung der Symptomatik einen Patienten aus sozialen (beruflichen) Gründen in der ambulanten Therapie halten soll. 2. wenn durch Minderung der Suizidgefahr z. B. eine Tagesklinik-Therapie ausreichen soll. 3. wenn bei stationärer Aufnahme die Verselbständigung der Symptome die Selbst-Wahrnehmung fast ganz blockiert bzw. die Qual an sich selbst unerträglich macht und dies sich auch nach einigen Tagen nicht ändern läßt. 4. wenn bei weniger schweren, selten auch eher neurotischen, Depressionen die Selbstwahrnehmung auch nach längerer Zeit mißlingt. 5. wenn ein Patient so stark an den „medizinischen Weg" gewöhnt ist, daß er zu einem anderen Weg gar nicht bereit sein kann. 6. leider oft die „ökonomische Indikation", wenn Arzt/Team aus Zeit- bzw. Ausbildungsgründen zu einem anderen Weg nicht in der Lage sind. – Je besser Arzt bzw. Team die Grundhaltung leben, desto mehr engt sich der Indikationsbereich für Antidepressiva ein, ohne daß eine Einrichtung „so gut" wäre, ganz ohne auszukommen. Die Erfolgsrate der Antidepressiva wird nur mit 25 bis 80% angegeben. Die Unterschiede sind nicht verwunderlich, so lange jeder Untersucher von anderen Patienten spricht mit anderen Diagnosen in anderen Einrichtungen bei anderen Weltanschauungen und Erfolgserwartungen der Forscher, die anders von der Hersteller-Firma bezahlt werden. Erst wenn wir auch hier eine gemeinsame Sprache haben, sind Ergebnisse vergleichbar.

Nur bei sehr unruhigen (agitierten) Patienten sind Neuroleptika indiziert. Auf Schlafmittel ist meist zu verzichten. Besser ist der beschriebene Schlafentzug. Schädlich ist die endlos verbreitete Gewohnheit von Ärzten, Tranquilizer zu verordnen: diese wirken nicht auf die wirklich depressiven Anteile und mindern die Wahrnehmung der Angst, die doch dasjenige gefühlsmäßige Signal ist, mit dem selbst-therapeutisch bzw. psychotherapeutisch zu arbeiten wäre. Viele kommen heute ohne Elektrokrampftherapie aus. Andere wenden sie an, wenn Antidepressiva über längere Zeit erfolglos bleiben und Chronifizierung droht. Gelegentlich zieht ein Patient die EKT der „chemischen Zwangsjacke" vor. Während es für die große Insulinkur keine Indikation mehr gibt, führen einige Einrichtungen die ungefährliche kleine Insulinkur durch, z. B. bei den sich vegetativ quälenden Depressiven und zum körperlichen Wiederaufbau (Gewichtszunahme).

Zu allen praktischen Einzelheiten der körpertherapeutischen Techniken s. Kap. 13.

b) *Krankenpflegeberufe:* In der schlimmsten depressiven Krise ist Anwesenheit statt Aktivität, Verstehen statt Trost auszudrücken. Denn: Trost in der Trostlosigkeit ist Spott, Verstehen ist Ernstnehmen. Und als Zeichen der Anwesenheit, aber nur dafür, kann auch körperliche Berührung angemessen sein. Bei Patienten, die zunächst auch als Körperkranke wahrzunehmen sind, geht es um Aufmerksamkeit für ausreichende Nahrungs- und Flüssigkeitsaufnahme, für Waschen und Kleidung, für das wirkliche Ausmaß der Schlaflosigkeit und für Medikamenteneinnahme sowie für geregelte Blasen- und Darmentleerung.

Schwestern und Pfleger sind aufgrund ihrer Ausbildung besonders trainiert auf die Aufmerksamkeit für menschliche Bedürfnisse überhaupt, für körperliche Ausdrucksmöglichkeiten und für die Gestaltung der Atmosphäre einer Einrichtung. Da gerade depressive Patienten ihre Symptome über den Körper ausdrücken, das Körpergefühl aber die wichtigste Voraussetzung für Selbstachtung ist, sind hier die therapeutischen Fähigkeiten der Pflegeberufe besonders wichtig. Das fängt bei der Frage an, wie ein Patient überhaupt sein Bett verläßt, und hört bei der Aufgabe, wie ein Patientin sich zum ersten Mal ein wenig zurecht macht, „etwas aus sich macht", noch lange nicht auf. Dies muß jedoch indirekt erreicht werden, da die direkte Aktivierung („Sie müssen aber . . .", „Jetzt aber mal los") Depressivität und Abhängigkeit fördert. Am besten ist die Pflegegruppe, die diese Ziele nur über die Gestaltung der Atmosphäre erreicht: dann hat das Klima auf der Station und unter den Patienten so viel Aufforderungscharakter für Teilnahme, gegenseitige Achtung und Selbst-Achtung, daß sich dies auch dem Bettlägerigen gewissermaßen „von selbst" mitteilt.

Nun haben gerade depressive Patienten einen hohen moralischen Anspruch, für Andere da zu sein, es allen recht zu machen, sich – auch auf der Station – für Andere aufzuopfern, was diese sich natürlich gern gefallen lassen. Garantiert kommen aber danach die Vorwürfe: „Nun habe ich mich so aufgeopfert; was ist der Dank dafür? Ich werde alleingelassen, die Anderen sind undankbar, dann ziehe ich mich eben wieder zurück" – der depressive Kreislauf. Schwestern und Pfleger sind aber durch ihre Ausbildung oft auf Opferbereitschaft angelegt. Deshalb finden sie leicht das opferbereite „anständige" Handeln sympathisch (weil sie darin etwas von sich selbst entdecken), fördern es und fördern damit zugleich den depressiven Kreislauf. Für sie sind also depressive Patienten eine Gefahr und Chance zugleich: sie lernen am Beispiel des Depressiven etwas über ihren eigenen Anteil am Zustandekommen des Kreislaufs von Opferbereitschaft und anschließender Vorwurfshaltung, ein Kreislauf der auch heute noch in den Pflegeberufen verbreitet ist.

c) *Psychologe:* Er hat in seiner Ausbildung am meisten über das Normale der Wahrnehmung, Selbst-Wahrnehmung und der zwischenmenschlichen Beziehungen gelernt. Daher kann er am besten helfen, die Symptome des depressiven Patienten auf sein Lebensproblem zu beziehen, also z. B. auf Abhängigkeit, Leistungsehrgeiz, Opferbereitschaft, Unfähigkeit zu trauern oder zu hassen bzw. die Neigung, sich Gefühle überhaupt zu verbieten. Zudem befähigt ihn seine psychotherapeutische Ausbildung, die Grundhaltung des Teams im Sinne einer gesprächs- oder verhaltenstherapeutischen oder psychoanalytischen Technik zu ergänzen. Die Grundhaltung läßt sich in jede dieser 3 Richtungen ausformulieren, da sie alle in ihr schon angelegt sind. Die Therapie depressiven Handelns läßt sich – soweit wir bisher wissen – mit diesen 3 Verfahren gleichgut fördern.

d) *Arbeits- und Beschäftigungstherapeut:* Mit seiner Hilfe werden vielerorts – wenn man nicht auf sich aufpaßt – depressive Patienten „aktiviert", bekommen das beigebracht, was sie nicht zu *können* angeben. Was kommt dabei heraus? Wir wissen es bereits: vermehrtes Depressivsein, mehr Versagensgefühle oder mehr Leistungsanpassung und Bravsein, in jedem Fall mehr Abhängigkeit. Das Ganze wird dann noch gern als „Sozialpsychiatrie" verkauft, weil es ja um Aktivierung und Sozialtraining gehe. Es geht aber um etwas anderes. Etwa in der BT: dem Depressiven wird es erlebnisfähig, einfach „dabeizusein", während Andere etwas tun, ohne selbst irgendetwas zu „müssen". Gerade an den einfachsten Handgriffen kann er erfahren, daß es bei ihm kein Nicht-Können ist, sondern daß er selbst es ist, der sich das eigene Tun verbietet; daß es nicht nur einen Leistungs-, sondern auch einen gefühlsmäßigen Wert gibt für das Bearbeiten eines Gegenstandes (vergleiche Frau A); oder daß Geben und Nehmen in einer Gruppe auch ein Austausch ohne Zwang sein kann, wo ihm bisher gerade das Nehmen Schuldgefühle gemacht hat. Und in der AT: hier erlebt der depressive Patient, wie er sich allmählich – auch bei ganz einfachen Tätigkeiten – in einen endlosen Leistungszwang hineinsteigert, wie die Angst vor einer Autorität wächst, die er sich erst selbst aufbaut, oder wie er sich selbst immer neue Verantwortlichkeiten auflädt. Er erlebt also, wie er sich selbst die Umstände schafft, mit denen er sich auf seinem Arbeitsplatz (Betrieb oder Haushalt) in die Überforderung, Erschöpfung und Depression hineingetrieben hat. Da aber auch AT Üben von Selbstwahrnehmung ist, kann er hier lernen, dies besser zu verstehen, kann Andere beobachten, die dasselbe entspannter und lässiger tun, und dann einen anderen Umgang mit der Arbeit und mit Arbeitskollegen ausprobieren, der sich auf Dauer besser leben läßt.

e) *Sozialarbeiter:* Er wird besonders aufmerksam sein auf die jeweils Anderen, d. h. auf die Mitspieler des depressiven Patienten, also auf Angehörige, aber auch auf die Team-Kollegen, insofern sie zum Mitspielen neigen. Er wird achten auf die sozialen Bedingungen, die Depressivsein auslösen oder unterhalten, auch auf die therapeutische Atmosphäre, damit der Patient nie den Aufenthalt mit seinem eigenen Lebensraum verwechselt. Endlich kann sich aus der Selbst-Therapie des Patienten ergeben, daß eine *äußere* Veränderung sinnvoll ist, z. B. ein Wechsel des Arbeitsplatzes oder die Scheidung und Arbeitsaufnahme einer depressiven Hausfrau. Wenn dabei der (endogene) *Eigen*anteil an der Depression hinreichend überprüft ist (!), ist dann wieder das technische Wissen des Sozialarbeiters über Institutionen und Gesetze von großer Wichtigkeit.

f) *Bewegungstherapeut* (Krankengymnast): Depressive Menschen drücken nicht nur ihre Symptome besonders körpernah aus. Sie neigen auch dazu, gerade ihre körperlichen Möglichkeiten einzufrieren, zu vergewaltigen und sich zu verbieten. Gleichzeitig sind ihre Wünsche, Ansprüche und Phantasien bezüglich körperlicher Selbstwert-Vorstellungen (Schönheit, Stärke oder Leistungsfähigkeit) oft hochfliegend, so daß die Wirklichkeit als kränkend erlebt wird. Hier wirken bewegungstherapeutische Begegnungen, Situationen, Übungen und Spiele (wenn schonend!) als Befreiung, ermöglichen die Wahrnehmung z. B. des Unterschiedes von Verkrampfung und Entspannung, den Ausdruck von Angst, Zuneigung und Haß und machen das Verhältnis von Geben und Nehmen, Gewinn und Verlust, Kommen und Gehen erlebnisfähig. Sie zeigen, was dem Patienten aus sich selbst heraus an Selbstverwirklichung möglich und was ihm nicht möglich ist.

B. DER MANISCHE MENSCH

Im Unterschied zum depressiven Patienten ist hier die Diagnose des kranken Anteils meist leicht, die Gesamtdiagnose und Selbst-Therapie dagegen schwer.

I. *Diagnose des kranken Anteils*

Schon äußere Erscheinung, Gestik und Mimik lassen das Manischsein eines Menschen erkennen, nichts selten bereits in der allgemeinen Öffentlichkeit: es sprengt praktisch jeden auch nur denkbaren Rahmen, setzt jede soziale Übereinkunft für sich außer Kraft; Takt, Geschmack und alle sonstigen Erwartungen, auf die die Menschen im Verkehr untereinander sich üblicherweise verlassen können. Jede sonst verläßliche Distanz wird aufgehoben. Das geht von der nachlässigen oder einzigartig-abenteuerlichen Kleidung über ein ebenso rastloses wie unerwartetes Tätigsein und Außer-sich-sein bis zur Einmischung in alles und jedes, was in Sicht- und Reichweite kommt, als Bewitzeln, Lächerlichmachen, Besser-Können oder Attackieren.

Der öffentlich bekannten Wahrnehmung der Bevölkerung entspricht die klinisch-psychiatrische Beschreibung. Als *Beobachter* eines Menschen muß ich folgende Merkmale für die Diagnose „Manie" verlangen, wobei nicht in allen Aspekten ein Gegenbild des Depressivseins entsteht:

1. *Stimmung gehoben:* kann sich a) heiter, ausgelassen, ansteckend und mitreißend witzig, menschheitsumarmend äußern; oder b) gereizt, angriffslustig, aggressiv, arrogant; oder c) nur gehoben im Sinne von leer, gefühlsleer, also vergleichbar der depressiven Stimmungsleere, nur gleichsam auf einer anderen Etage (Bürger-Prinz). Genauere Wahrnehmung zeigt, daß die Stimmung oft unstabil zwischen diesen drei Lagen wechselt und häufig von kurzen depressiven Stimmungsmomenten unterbrochen ist.

2. *Antrieb gesteigert und beschleunigt:* ablesbar am schwindelnden Ausmaß aller körperlichen, seelischen und sozialen Aktivitäten, bei kaum nachvollziehbarem Tempo. Bei nur leichter (hypomanischer) Ausprägung kann auch lediglich das für einen Menschen normale Handeln in seiner Produktivität gehoben sein. Ist der Antrieb stark (manische Krise) oder extrem (Tobsucht) gesteigert, ist kein geordneter Handlungsvollzug mehr möglich. Ein Handlungsimpuls jagt den anderen. Der Patient, der sich gleichsam alles erlaubt, kommt eben dadurch in den Zwang, auf jeden Umweltreiz sofort und total reagieren zu müssen, was gar nicht geht. Auch sich ausschließende Impulse werden gleichzeitig befolgt. So ist nur noch ein chaotischer Wirbel von Handlungsfragmenten möglich (verworrene Manie). Die Unfähigkeit zu einer Distanz oder einer Pause ergibt Enthemmtheit. Wie der depressive Patient in seinem Innenfeld verliert, so der manische im Außenfeld.

3. *Denken mißlingt durch Ideenflucht:* die Impuls-Folgsamkeit oder schutzlose Reiz-offenheit bewirkt Ablenkbarkeit durch alles und jedes. Ein roter Faden im Denken, Sprechen und Handeln entsteht nicht. Der Patient kommt „vom Hundertsten ins Tausendste". Jedes Fragment hat in sich einen Sinn, der aber nicht durchzuhalten ist. Entsprechend mißlingt Selbst-Wahrnehmung. Inhaltlich *wird* Manischsein als grandiose und unkritische Selbstüberschätzung *gelebt:* „Ich kann alles, und alle anderen können nichts". So entstehen phantastische Pläne oder wirkliche Unter-nehmungen: Firmen werden gegründet, Erfindungen angemeldet, Kredite aufge-nommen, Schulden gemacht, unsinnige Käufe (3 Autos) getätigt, wahllose Liebes-beziehungen geknüpft. Andere werden lächerlich gemacht, öffentlich bloßgestellt, angegriffen. Die eigene Existenz oder die Existenz Anderer wird ruiniert. Physisch kann dazu auch ein manischer Erregungszustand beitragen. All dies wird durch Aufhebung des Scham- und Schuldgefühls erleichtert. Alle Umstände werden in den Dienst der Selbsterhöhung gestellt. Der Patient steht über den Dingen. Man-che sprechen von manischem Größenwahn. Aber auch für echten Wahn fehlt die Ausdauer.

4. *Vegetative Funktionen und Vitalgefühle verändert:* Manische Patienten stehen gewissermaßen auch über diesen Dingen. Vegetative Signale oder körperliche Bedürfnisse werden nicht wahrgenommen oder berücksichtigt. Das gilt z. B. für Hunger- und Sättigungsgefühle: Es wird entweder unmäßig gefressen oder das Essen bis zur Abmagerung „vergessen". Der Patient kann lange Zeit locker, gelöst und entspannt sein, genauso lange sich aber auch extrem anspannen. Unbehandelt kann er sich in einen tödlichen Erschöpfungszustand hineinsteigern. Im mani-schen Hochgefühl werden auch Schmerzsignale unwirksam; so werden ernsthafte Krankheiten übersehen. Sexualität als Funktion und Gefühl kann kurz, total und schmalos jemandem aufgedrängt oder ebenfalls der Wahrnehmung unzugänglich werden. Der manische Patient kann länger schlaflos sein als der depressive. Hier unterscheidet sich dasselbe Symptom nur in der subjektiven Bewertung: depressiv empfinde ich schon leichte Schlaflosigkeit als quälend, während ich manisch selbst eine schwere Schlaflosigkeit nur als Beweis für meine Überlegenheit über Andere bewerte und lache: „Ich brauche keinen Schlaf mehr!"

Auch dies ist wieder die Beschreibung eines Typus, der so vollständig nur im Lehrbuch vorkommt, aber wichtig als diagnostische Leitidee. Dies besonders beim abgeschwächten Zustand: „Hypo-manie". Denn während der larviert, vegetativ oder sub-depressive Mensch oft vom Allgemeinarzt verkannt wird, wird der hypomanische Mensch von seiner gesamten Umgebung oft eher ausgenutzt als erkannt. Gelegentlich ist das für ihn nur eine besonders glückliche Zeit. Jürgen Fehling z. B. produzierte in solchen Phasen seine besten Inszenierungen. Aber es kann auch anders kommen.

Beispiel: Ein hypomanischer millionenschwerer Unternehmer, „übergesund" und entsprechend unsinnig spekulierend, war vom zuständigen Gesundheitsamt-SpD begutachtet worden. Trotzdem verweigerte der Richter Zwangseinweisung bzw. Entmündigung unter dem Hinweis auf die „stadt-bekannte Persönlichkeit". Erst als der Psychiater unter Mühen den Steuerberater als Zeugen laden konnte, mochte der Richter seine Angst überwinden: Nur so waren Betrieb und damit Arbeitsplätze für über 300 Arbeitnehmer zu retten.

Differentialdiagnostisch kann man den manischen Zustand verwechseln mit der expansiv-euphorischen Form der progressiven Paralyse, mit der manischen Episode einer Schizophrenie, mit der Reaktion auf eine Körperkrankheit oder einen seelischen Ausnahmezustand oder mit dem dauerhaften (hyperthymen) Zug einer besonderen Persönlichkeitsstruktur.

Daß manche Manien mit einer depressiven Zeit beginnen oder in paranoid-halluzinatorische Zustände übergehen, hat etliche Beobachter zur Konstruktion einer „Einheitspsychose" angeregt, die bei regelrechtem Verlauf sich vom depressiven über den manischen bis zum schizophrenen Zustand steigert, bloß daß meistens eben kein regelrechter Verlauf vorliegt, die Psychose entweder Stufen überspringt oder auf einer Stufe stehenbleibt. Damit wird also ein Nacheinander vermutet, während heute meist von einem getrennten Nebeneinander der endogenen psychosen ausgegangen wird. Da beides nur Modelle sind, ausgewählt aus der Wirklichkeit der unendlich verschiedenen Möglichkeiten der lebenden Menschen, kann man natürlich für beide Vermutungen Belege finden. Interessant ist das eher für das Ordnungsbedürfnis der Wissenschaft, weniger für die Praxis der Begegnung zwischen Menschen.

II. Gesamt-Diagnose

So weit die psychiatrische Beobachtung. Wie sieht jetzt die vollständige Subjekt-Subjekt-Begegnung zwischen mir und dem manischen Menschen aus? Und wie kann ich daraus die angemessene *Grundhaltung entwickeln?*

a) *Selbstwahrnehmung:*

Die erste Frage ist natürlich: ist Verstehen überhaupt möglich, das Gefühl, sich verstanden zu fühlen? Vorweg ist zu betonen, daß es hier vor allem auf die Aufmerksamkeit für jeden 2-Minuten-Kontakt ankommt, da dem manischen Patienten ein längerer „roter Faden" nicht möglich ist, also ein Gespräch sich für ihn aus lauter Kurz-Kontakten zusammensetzt. Sodann geht es um meine Selbst-Wahrnehmung. Was sind die manischen Anteile, die manischen Möglichkeiten in mir? Jeder hat sie, wenn auch jeder anders.

Eine Auswahl: „Wenn ich an einem neuen Arbeitsplatz anfange, habe ich Angst und bin sehr unsicher. Ich spiele aber den absolut Sicheren: ich frage nicht, wenn ich was nicht weiß, damit ich niemandem meine (doch an sich natürliche) Unsicherheit verrate; ich tue so, als ob alles ein Kinderspiel wäre, als ob ich „darüber stehe", als ob alles „lächerlich" wäre. Damit wirke ich dann wohl auf andere „lächerlich" oder arrogant. Das ist wie ein Zwang: es muß so aussehen, als ob ich alles am 1. Tag kapieren kann. Noch mehr: ich gehe gleich zum Gegenangriff über: ich komme denen von oben, mache gleich in den ersten Tagen Vorschläge, wie man alles besser machen kann, „weiß alles besser". So steigere ich mich in einen unmöglichen Zustand hinein, aus dem ich selbst nicht mehr herausfinde. Die Anderen sind hilflos, können nichts mit mir anfangen, so daß ich ein paarmal gleich wieder entlassen worden bin". – „Die Angst im Examen läßt mich nicht nur ganz albern über alles lachen, womit ich die Anderen anstecke. Ich „überspiele" die Angst. Ich gebe mich auch, wenn die Prüfungsfrage kommt, ganz überlegen, rede so viel und so schnell, bloß damit der Prüfer nicht mehr zu Worte kommt. Wenn ich dabei nicht die Kontrolle verliere, komme ich auf ein Gebiet, auf dem ich sicher bin; dann habe ich gewonnen." – „Es gibt Zeiten, da gelingt mir einfach alles, da fühle ich mich gelöst und heiter, scheinen sich alle meine Wünsche zu erfüllen, sozusagen von selbst, ohne Anstrengung. Dann werde ich übermütig, wische Anderen auch gern mal eins aus, ohne daß ich mir Vorwürfe mache. Mir ist dann alles egal. Nicht ich scheine das alles zu tun, sondern etwas in mir. Meist weiß ich nicht, woher das kommt, weiß nur, daß das unnatürlich, ja übernatürlich für mich ist und daß es wieder aufhört". – „Wenn ich begeistert bin, fühle ich mich von etwas getragen, weggerissen, fühle ich den Körper und seine Bedürfnisse nicht mehr, bin ich selbstvergessen, sind alle Hemmungen weg, halte ich den Mund nicht mehr, rutscht mir alles raus, behalte ich nichts bei mir, mache alles öffentlich. Erst hinterher merke ich, daß ich dabei viel Mist gemacht habe, taktlos Leute gekränkt und bloßgestellt habe. Ich weiß dann nicht, ob ich mich darüber ärgern und schämen oder mich über mein Befreiungsgefühl freuen soll." – „Einmal wurde mir ein unerträglicher seelischer Schmerz zugefügt. Ich geriet in einen kaum beschreibbaren Zustand: tagelang habe ich mich um jeden Preis daran gehindert, zur (schmerzhaften) Besinnung zu kommen, war dauernd in Bewegung, überaktiv, überaufmerksam. Ich reagierte sofort und massiv auf jeden Reiz. Jemand brauchte nur 2 Worte zu sagen: sofort nahm ich ihm das Wort weg, offenbar aus Angst, er könnte auf den schmerzlichen Punkt zu sprechen kommen. Ich redete und redete, pausenlos und über alle beliebigen Dinge gleichzeitig. So gelang es mir über mehrere Tage, in mir einen Zustand der inneren Leere aufrechtzuerhalten, mir und Anderen meinen Schmerz wegzureden. Erst mit zunehmender Erschöpfung konnte ich, von dem Baum wieder herunterkommen', spürte ich meine Isolation und die Hilflosigkeit der Anderen, konnte ich allmählich meinen Schmerz wahrnehmen." – Bleibt noch hinzuzufügen, daß jeder von uns das Bild des lustigen, aber eigentlich traurigen Clowns nachvollziehen kann, oder den „Galgenhumor" dessen, der von seinem Partner laufend betrogen und gekränkt wird, oder dem Zwang zum Lachen bei einem schweren Verlust oder während der Trauer.

In dem Maße, in dem ich mich als einziger oder als Team in meinen manischen Möglichkeiten wahrnehme, bei mir suche, kann sich zumindest kurzfristig auch der manische Patient verstanden fühlen und bei sich suchen, obwohl man das auf Anhieb nicht für möglich hält. Ich muß seine „kranken Anteile", also seine Symptome nicht als unsinnig abtun. Vielmehr kann ich ihn aus seinen Gefühlen heraus verstehen, aus der Heiterkeit, der Wut oder aber der Angst, die dem immer unterliegt. Das ist die Basis meiner Grundhaltung. Anstrengend daran ist jedoch, daß dies ständige und gleichbleibende Gegenwärtigkeit (Präsenz) erfordert. Ein verläßliches Ausmaß solcher Präsenz kann nur ein gut eingearbeitetes und sich gegenseitig kontrollierendes Team gewähren und mithalten. Dies gibt dem manischen Patienten wenigstens einen gewissen Halt, während er sich sonst bis zur Erschöpfung zum Spielball beliebiger Reize machen würde.

b) *Vollständigkeit der Wahrnehmung*

Im Schutz der verläßlichen Verstehensbemühung zeigt sich überraschend, daß der Patient, von kurzen Zeiten extremer Erregung abgesehen, nie das Gefühl für sich als Person vollständig verliert. Während einer gemeinsamen Tätigkeit kommt der Patient noch am leichtesten dazu, sich als Handelnder zu empfinden; etwa: „Auch wenn es so aussieht, als ob ich keine Kontrolle über mich habe, weiß ich, daß ich ein großes Spiel mit mir und den Anderen spiele". Es gelingt ihm auch, den Unterschied wahrzunehmen zwischen den Symptomen und seinen anderen Lebensgefühlen. Dabei ist eins besonders wichtig: Je vollständiger meine Grundhaltung, desto eher nimmt praktisch jeder Patient wahr, daß sein Manischsein, so heiter es auch aussehen mag, für ihn zugleich eine entsetzliche Qual ist, daß nur wenig wirklich Freies daran ist, daß seinem Handeln quälende Angst, Unsicherheit, Gehemmtheit, Gebundeheit, Kränkung, Verletzung, Schmerz zugrunde liegt. Hier hat das psychoanalytische Wort sein Recht, daß das Manischsein die „manische Abwehr" des Depressivseins ist. Aber es ist zugleich auch ein Lösungsversuch für die Angst und den Schmerz, freilich ein gewaltsamer und daher mißlungener. Von hier aus kann es mir und dem Team glücken, daß der Patient allmählich zur Selbst-Diagnose kommt, den Zusammenhang zwischen seinem manischen Handeln und seinem Lebensproblem sieht. Etwa: was er sich manisch alles erlaubt, hat eine Beziehung zu dem, was er sich in seiner Lebenswirklichkeit alles verbietet; seine manischen expansiven Wünsche und Pläne, sein Größenwahn, haben zu tun mit den heimlichen Wünschen und Größenphantasien, die er sich „in life" weder erlauben noch als unrealistisch aufgeben kann; sein Zorn, seine brutale Wut und sein takt- und schamloses Bloßstellen Anderer (Familie, Kollegen) haben ihre Bedeutung als Protest gegen wirkliche oder vermeintliche Unterdrückung durch die Anderen, ein Protest, den er „normalerweise" selbst unterdrückt und nicht zu äußern wagt; sein Machtgefühl hat zu tun mit seinem Ohnmachtsgefühl. An dieser Stelle zur Verdeutlichung ein

Beispiel: Herr F., 33 Jahre, ledig, ältester Sohn von insgesamt 4 Kindern, Schlosser-Meister, wohnt im Haus der Eltern und hat jetzt das väterliche Geschäft übernommen. Bisher kam er 5-mal zur stationären Behandlung, z. T. mit Zwangseinweisung. Diagnose jedesmal „Manie", einmal auch „Angst-Glück-Psychose". Symptome jeweils ziemlich gleichbleibend: Erregungszustände und Aggressionen vor allem zu Hause, vermehrter Alkoholkonsum, verschleudert Geld, verärgert Kunden, in der Öffentlichkeit aber auch heiter, fühlt sich zu menschheitsbeglückenden, auch religiösen Taten berufen, in der akuten Krise für einige Tage auch paranoid-halluzinierend. Von der Umgebung wurde er in den Zwischenzeiten als unauffällig beurteilt, erfolgreich in der Lehre und im Geschäft, harmonisch mit den Eltern. Während er bisher die Krankheitszeiten als Schicksal erlebt und jeweils mit Erfolg schnell wieder „vergessen" hatte, kam er während der jetzigen Therapiezeit in einer therapeutischen Atmosphäre zu folgender Selbst-Wahrnehmung, die im Gespräch auch für die Schwester nachvollziehbar war:

„Vater ist ein ebenso tüchtiger wie tyrannischer Schwabe, der zweimal die Selbständigkeit aus dem Nichts erkämpfte, Mutter überaus liebevoll-fürsorglich. Als ältester Sohn war ich für Vater der natürliche Geschäftserbe. Auf mir lag deshalb seine ganze Aufmerksamkeit und Strenge, zumal ich als einziges Kind zurückblieb, während die anderen sich möglichst schnell selbständig machten, teils akademische Wunschberufe lernten. (Schwester: Wir haben uns auf seine Kosten davongemacht). In meiner Jugend hatte ich stets künstlerische Neigungen. Mit 17 Jahren fand ich eine gleich veranlagte Freundin. Die Eltern lehnten sie total ab, Mutter: Eifersucht, Vater: ist keine Geschäftsfrau. Zur gleichen Zeit mußte ich die verhaßte Schlosserlehre beginnen und verlobte mich mit der Freundin heimlich hinter dem Rücken der Eltern. Das war für mich ein Zustand höchsten Glücks und zugleich höchster Angst, da ich irgendwie wußte, daß ich mich gegen die Eltern doch nicht durchsetzen könnte. Das Ergebnis war die erste Psychose und mein Verzicht auf die Verlobte. Mit 25 Jahren hatte ich die Lehre beendet und trat ins väterliche Geschäft ein. Folge: tägliche Niederlagen gegen den Vater. Denn was immer ich aufgrund meiner technischen Ausbildung besser wußte, ich steckte gegenüber Vaters Entscheidungen zurück. Das tat weh. Nur in der Phantasie fühlte ich mich besser und stärker als Vater. Bloß das entgleiste mir: zweimal kurz hintereinander „Manie". (Schwester: nur in diesem Zustand konnte er den Vater brutal niederbrüllen.) Danach war ich wieder „brav". Mit 29 Jahren übernahm ich offiziell das Geschäft, hatte jetzt also auch die kaufmännische Verantwortung. Doch was änderte das: Vater traf doch die Entscheidungen, und ich

hatte dem nichts entgegenzusetzen. ~~Ich war zu schwach, denn gefühlsmäßig~~ war meine Bewunderung der Tüchtigkeit meines Vaters stärker. Ich hielt den Widerspruch nicht aus und flippte in die
4. Manie weg. Danach dachte ich, jetzt hätte ich es geschafft. Vater zog sich zurück, und ich machte
erste schüchterne Versuche, mir meinen Wunsch zu erfüllen, eine Familie zu gründen. Aber ich
habe mir wieder etwas vorgemacht: der erste Versuch scheiterte wieder an der Eifersucht meiner
Mutter, war wieder eine Niederlage und ich bin jetzt mit der 5. Manie hier. Jetzt erst ahne ich das
Ausmaß meiner Abhängigkeit. Denn einmal habe ich nicht meinen Vater besiegt, sondern er ist
senil geworden. Zum anderen bin ich gegenüber meiner Mutter noch so abhängig wie ein Kind: sie
macht mir die Wäsche, kocht für mich, erledigt auch noch den schriftlichen Kram im Geschäft und
kontrolliert meine Ausgänge und meinen Umgang. (Schwester: sie ist ja auch erst 53 Jahre!) Ja, sie
ist fast wie eine Ehefrau für mich, ich mag ihr auch nicht wehtun; außerdem ist das Verhältnis so
schön bequem. Ich glaube, es liegt noch einiges vor mir!"

c) *Normalisierung der Beziehung*

Die letzte Frage, die ich mir für die Grundhaltung zu stellen habe, ist wieder: „Was
löst der manische Patient in mir aus?" Spontan werde ich oft dazu neigen, mich von
der Heiterkeit und dem schlagfertigen Witz anstecken zu lassen. Mir mag auch die
überscharfe Aufmerksamkeit des Patienten gerade für meine Schwächen gefallen.
Nicht selten kann in der Tat ein therapeutisches Team von einem manischen
Patienten profitieren, wenn es ihm mit traumhafter Sicherheit gelingt, die
betriebsblinden Flecken bloßzulegen. Das beginnt schon damit, daß ich ihn etwa
mit der Floskel begrüße: „Wie geht es Ihnen?" und er gleich mit dem Gegenangriff
kontert: „Und wie geht es Ihnen?" Bald merke ich jedoch, daß ich verloren bin,
wenn ich mitspiele. Ich gehe auf Gegenkurs, verbiete ihm jede Besonderheit und
erkenne bald, daß das genauso unmöglich ist. Ich kann mir vorstellen, daß es den
Angehörigen ähnlich ergangen ist: durch beide Handlungsmöglichkeiten kompro-
mittieren sie sich, machen sich öffentlich lächerlich. Schließlich weiß ich auch aus
meiner manischen Selbsterfahrung: Egal, ob jemand sich mitreißen läßt und mit
mir mitspielt oder ob jemand um jeden Preis gegen mich angeht und mich einzu-
engen versucht, in jedem Fall fällt er dabei herein und verstärkt und verlängert
dadurch mein Manischsein. Bleibt mir als Therapeut nichts anderes übrig, als mich
zwar zum Bezugspartner des Patienten zu machen, ohne mich aber ihm auszu-
liefern. Das bedeutet einmal, daß der Patient möglichst großzügig seine manischen
Freiheiten ausleben kann, dafür aber auch mit größter Eindeutigkeit die Grenzen
des Möglichen markiert sind. Das bedeutet zum anderen, daß ich den Austausch so
offen mache, daß ich dem Patienten alle Gefühle mitteile, die er in mir auslöst:
seine Heiterkeit ebenso wie die damit immer auch signalisierte Angst, Qual, depressive Verletztheit seiner Selbstachtung sowie seine Wünsche und Proteste, die er
nicht anders äußern kann als eben manisch. So wird die therapeutische Haltung
angemessen und damit „normal". Das ist für mich und das Team ebenso anstrengend wie für die Mitpatienten, kann andererseits auch die Frage der Toleranz für
Besonderheiten und der Notwendigkeit des Gruppenzusammenhalts fördern. Die
Anwesenheit mehrerer manischer Patienten auf einer Station kann freilich die
Kräfte aller übersteigen.

84

III. *Therapie und Selbst-Therapie*

Für den Verlauf der Therapie ist entscheidend, wie sehr ein manischer Patient zur Selbst-Therapie kommt, d. h. wie sehr ihm seine Wünsche und Proteste auch nach Abklingen der akuten Krise wahrnehmbar und wahrmachbar bleiben, welchen Teil davon er in seiner Wirklichkeit durchsetzen kann und auf welchen Teil er – gemessen an seinen Möglichkeiten – zu verzichten hat. (Herr F. z. B. hat Unabhängigkeit von der Mutter sowie Partnerwahl zu lernen – als Manie-Prävention.) Da kein Mensch ewig manisch sein kann, kommt es wieder darauf an, nicht *daß*, sondern *wie* jemand die Therapiezeit beendet. Obwohl eine Vereinbarung über Zusammenarbeit wenigstens anfangs kaum möglich ist, weil der Patient noch nicht vertragsfähig ist, muß das Team vom 1. Tag an im beschriebenen Sinne handeln, um die Gefahr eines ungünstigen Ausgangs der Manie zu verringern. Ungünstig ist 1. der Übergang in eine paranoide Psychose oder in eine Art chronisch-hypomanischer Haltung (über Hospitalisierung), 2. der Ausgang, in dem die manische Zeit wie ein Schicksalsschlag hingenommen und ohne innere Änderung sofort „vergessen" wird, was geradezu die Wiederholung vorbereitet, und 3. der Umschlag ins Depressivsein mit Suizidgefahr in Verbindung mit einer Überflutung durch Schuld- und Schamgefühle, wenn nämlich die manischen Handlungen und Gefühle vom Patienten *nur* als un-sinnig, verantwortungslos und böse wahrgenommen werden und – gefördert durch die Vorwürfe der Angehörigen – zur Selbstbestrafung führen. Genau dagegen richtet sich das Bemühen des Teams, dem Patienten von Anfang an das Gefühl zu vermitteln: Gerade weil die Therapeuten sich von dem Theater meiner Symptome unabhängig halten, fühle ich mich als Person akzeptiert und auf die Dauer ermutigt, auf das Theater zugunsten normalen Handelns zu verzichten, aber zugleich das *Befreiende* an dem manischen Lösungsversuch meiner Probleme, die freie Äußerung meiner Wünsche und Proteste ohne Schuldgefühl, *festzuhalten*. Ich muß sie nicht schnell „vergessen", sondern kann sie erst gegenüber dem Team, dann in der Übertragung auf meine neuen Bezugspartner ausprobieren. So kann ich erfahren, welche anderen Ausdrucksformen ich für meine Wünsche und Proteste finde, Ausdrucksformen, die meine Selbstachtung nicht allzusehr kränken, gleichzeitig aber für mich besser lebensfähig sind. Ähnlich wie das am Beispiel des Herrn F. zumindest für den Vorgang der Erweiterung der Selbstwahrnehmung gezeigt wurde.

Die Grundhaltung ist hier vor allem durch folgende Fähigkeiten der verschiedenen Berufsangehörigen des Teams zu ergänzen: Werktherapeuten (AT und BT) sowie Bewegungstherapeuten kommen dem Aktivitäts- und Bewegungsbedürfnis des manischen Patienten besonders entgegen. Oft gelingen eher über das gemeinsame Tun als über das Sprechen die ersten Schritte in Richtung Selbst-Wahrnehmung. Da den Pflegeberufen die Gestaltung der Atmosphäre besonders obliegt, tragen sie auch am stärksten die Last der ständigen Gegenwärtigkeit, der Einheitlichkeit des Team-Handelns, der öffentlichen Diskussion mit den Mit-Patienten angesichts des manischen Problems, der Garantie des möglichst großzügigen Bewegungsraums für den manischen Patienten und der Eindeutigkeit der Grenzziehung. Sie sind am meisten den Provokationen ausgesetzt und haben daher auch die größte Chance, dem Patienten das zu signalisieren, was er in ihnen auslöst. Zudem haben sie auf die körperliche Erschöpfung des Patienten zu achten. Immer dann, wenn sie mit diesen Aufgaben allein gelassen werden, kommt keine therapeutische Haltung und daher kein befriedigendes Ergebnis zustande.

Je schwerer die Manie und je weniger gut die Grundhaltung, desto eher und stärker wird der Arzt die medikamentöse Hilfe einsetzen müssen. Es kommen praktisch nur Neuroleptika in Betracht (s. Kap. 13). Ferner sind durch körperliche Untersuchungen auslösende oder aufgrund der Manie nicht registrierte Körperkrankheiten auszuschließen.

Der Psychologe wird das Team vor allem auf die unterschwelligen Angstsignale manischer Patienten aufmerksam machen, die Beziehung zu den Lebensproblemen herstellen sowie die Übernahme der manisch ausgedrückten Wünsche und Proteste in das Alltagsleben des Patienten fördern.

Der Sozialarbeiter hat die Ruinierung der sozialen Existenz des Patienten zu verhindern oder schon eingetretene Schäden durch Kontakte mit den betreffenden Instanzen, z. B. unter Hinweis auf den Mangel der Geschäftsfähigkeit wieder auszubügeln. Er hat zudem die Bezugspartner zu einer angemessenen Selbstwahrnehmung zu bringen, etwa in der Angehörigengruppe.

C. DER ZYKLOTHYME MENSCH

Jeder von uns fühlt sich mal bedrückt und lahm, mal heiter und leicht und mal so, daß er für sich sagt: ausgeglichen. Wenn wir diese Selbstwahrnehmung täglich und stündlich aufzeichnen würden, kämen wir auf eine Kurve, deren Verlauf für jeden von uns unterschiedlich ist. Mal wissen wir den Grund dafür, mal nicht, und mal machen wir uns einen Grund vor. Leute, die sich bezüglich der Antriebs- und Stimmungslage überwiegend unter bzw. über einer ausgeglichenen (syntonen) Normallage befinden, nennt man depressive bzw. hypomanische Temperamente oder Charaktere. Schwankt dieses Selbstgefühl und das von dort gesteuerte Handeln beständig hin und her, kann man das Temperament oder den Charakter zyklothym nennen, auch wenn man bisher keine mathematisch exakten „Zyklen" berechnen kann.

Von hier aus gibt es nun alle Stufen der Steigerung bezüglich des Leidens, der Symptom-Intensität und der zeitlichen Abgrenzbarkeit bis zu dem Punkt, an dem jemand als zyklothymer Patient mit krankheitswertigen depressiven oder manischen Phasen therapiebedürftig zu uns kommt. (E. Kretschmer hat das „Endogene" ganz aus der Konstitution heraus verstanden und daher „endogene Psychosen" als „Konstitutionspsychosen" bezeichnet.) Wir schlagen für Zyklothymie folgende Definition vor: Zyklothym nennen wir das Schicksal des Menschen, der in seinem bisherigen Leben so oft und schwer depressiv und/oder manisch gewesen ist, daß seine seelische oder zumindest soziale Entwicklung dadurch erheblich beeinträchtigt ist. Wir haben dabei also nicht einen Zustand, sondern einen Lebenslauf im Auge. Wir unterscheiden *unipolare* Zyklothymien (nur depressive oder manische Zeiten) und *bipolare* Zyklothymien (depressive und manische Zeiten im Wechsel mit oder ohne einem freien = ausgeglichenen Intervall).

Man kann ohne Übertreibung sagen, daß von allen Schicksalen, für die die psychiatrisch Tätigen zuständig sind, das jahre- und jahrzehntelange zyklothyme Fallen von einem Extrem ins andere, oft mit nur ganz kurzer Erholung in „Normallage" mit das schlimmste Leiden ist. Kaum etwas macht auch die therapeutische Ohnmacht gegenüber einem gleichsam naturgesetzlich-automatisch abrollenden Geschehen deutlicher. Hierzu ein

Beispiel: Herr S., 34 Jahre, geschieden, kaufm. Angestellter, z. Z. seit einem halben Jahr depressiv, war in den letzten 12 Jahren 7 mal manisch, dazwischen meist depressiv, hat in dieser Zeit 9 stationäre Aufenthalte, meist wegen manischer Zustände, absolviert. Zum ersten Mal manisch wurde er kurz nach der Hochzeit. Nach 5 Jahren gab die Frau erschöpft auf und ließ sich scheiden. Wie die Verlobung, so fanden die meisten der insgesamt 10 Arbeitsversuche in einer Zeit gesteigerten Selbstgefühls statt. Fast regelmäßig verwirrte Herr S. den Betrieb nach kurzer Zeit manisch derart, daß die Entlassung die Folge war. Zweimal erlosch die Arbeitsfähigkeit erst depressiv. Längstes Arbeitsverhältnis 1 1/2 Jahre. Jetzt Berentung empfohlen.

Bezugspartner: Trotz eigener Wohnung läßt Herr S. sich seit der Scheidung von der alleinlebenden Mutter (und Großmutter) total mit Waschen, Kochen, Putzen usw. versorgen. Dabei ist die Mutter von der Großmutter ebenso abhängig wie Herr S. von ihr. Großmutter bestimmt, wird aber noch übertroffen von der Ex-Frau. Diese, obwohl wiederverheiratet und 800 km entfernt, regelt fürsorglich per Fernsteuerung jetzt noch die wichtigen Entscheidungen, z. B. Einweisungen. Alle 3 Frauen lassen sich von Herrn S. in Atem halten. Er alarmiert sie in manischen, vor allem aber in depressiven Zeiten. Sie reagieren regelmäßig erwartungsgemäß und „helfen". Am wenigsten kann sich die Mutter wehren. Sie dient Herrn S. auch als Aggressionsobjekt: Jedesmal, wenn er sie herbeitelefoniert, damit sie ihn versorge, läßt sie sich von ihm beschimpfen, weil er doch selbständig sein wolle.
Selbstwahrnehmung gelingt Herrn S. kaum. Nicht nur, daß er einen Maßstab in einem ausgeglichenen „Normalsein" kaum kennt, er lehnt ihn auch aktiv ab, orientiert sich mehr an seinen Phantasien: „Im Augenblick (depressiv) fühle ich mich nutzlos, nichtswürdig, leide darunter, was ich den Anderen antue, weiß, daß ich der größte Versager bin. Wenn ich manisch bin, halte ich mich schadlos dafür: Dann fühle ich mich zu den größten Dingen berufen, leiste auch so viel, daß alle staunen, kriege jedes Mädchen rum, fange überall ganz groß an. Bloß wenn dann der Alltag, die Routine kommt, dann ist es gleich wieder aus. Von allen Vorstellungen ist mir die schlimmste: normal, durchschnittlich, unauffällig zu sein; dann schon lieber Schluß machen. So schwanke ich ständig zwischen den Extremen hin und her: bin der Größte – in der Leistung wie im Versagen." – Seit die Mutter in einer Gruppe lernt, sich gegen ihre Mutter und ihren Sohn zu widersetzen, hat dieser seit 1 Jahr die bisher stabilste Zeit.

Wie finde ich für den zyklothymen Patienten eine ihm angemessene Grundhaltung? Einerseits bedeutet er nichts Neues. Denn jetzt und hier habe ich es ja entweder mit einem depressiven oder mit einem manischen Patienten zu tun. Andererseits macht er mir ständig das Gefühl totaler Ohnmacht, Vergeblichkeit und Beliebigkeit meines therapeutischen Tuns. Er fällt ja doch nur aus einem Zustand in den anderen: Kehrt er aus der Manie zu sich zurück, so bereiten seine Schuldgefühle über die begangenen „manischen Untaten" schon sein Depressivwerden vor; kann er seine Depression ermäßigen, weil er seine Aggression besser wahrnimmt, so schickt er sich auch schon an, sie manisch auszuleben.

Gerade die letztere Sichtweise, die ich aus meiner Selbstwahrnehmung nachvollziehen ziehen kann, erlaubt für eine Grundhaltung einige Ansätze, die sich um so besser bewähren, je einheitlicher sie von einem Team gelebt werden.

1. ist zu jedem Zeitpunkt wahrnehmbar zu machen, daß dem Manischsein bzw. dem Depressivsein dasselbe Lebensproblem (oft Abhängigkeit) zugrunde liegt und daß beide Handlungsweisen nur verschiedene Methoden sind („sich alles erlauben" bzw. „sich alles verbieten"), die Auseinandersetzung mit dem Problem zu vermeiden.

Übung: Stellen Sie im Rollenspiel die Situation „Prüfung" dar. Spielen Sie, wie man die Prüfungs*angst* depressiv = „unten herum" (ich bin klein und schwach) vermeiden kann oder manisch = „oben herum" (ich bin groß und stark) vermeiden kann.
Versuchen Sie auch noch, die Prüfungsangst schizophren zu vermeiden, etwa: ich mache ein „Verwirrspiel", rede im Verhältnis zu den Anderen „schräg", mache mich unverfügbar.

2. ergibt sich daraus, daß zu jedem Zeitpunkt ausgleichende Selbstwahrnehmung zu verwirklichen ist, da der zyklothyme Patient von sich aus ja immer nur einen Teil wahrnehmen möchte. So handeln Sie gleichsam „antizyklisch"; d. h. Sie bemühen sich darum, daß dem Patienten in der Manie seine Angst und in der Depression seine Wünsche erlebnisfähig werden. Damit zielen Sie an, es dem Patienten zu ermöglichen, aus dem Manischsein sein Streben nach Selbstbefreiung ohne Schuldgefühle mitzunehmen und festzuhalten, aus dem Depressivsein umgekehrt sein Streben nach Selbstbegrenzung ohne Verletzung des Selbstwertgefühls.

3. sind daher alle Ansätze eines für den Patienten durchschnittlichen und ausgeglichenen Handelns zu verstärken und ihm wertvoll zu machen, d. h. vom Depressivsein aus seinem Mut zur, vom Manischsein aus seine Beschränkung auf Durchschnittlichkeit – im Sinne der Normalisierung.

4. damit der Patient seine unterschiedlichen Zeiten und damit auch sich als Person akzeptieren kann, ist es günstig, wenn er an diesen Zeiten auch das jeweils für ihn Positive wahrnehmen kann: z. B. könnte er die depressiven als nachdenkliche Zeiten und die manischen als aktiv-befreiende Zeiten für sich definieren.

Dies ist am ehesten zu erreichen, wenn der Patient in manischen wie in depressiven Zeiten in dieselbe therapeutische Einrichtung und Atmosphäre kommt, d. h. an demselben Maßstab sich messen kann. Bei der Schwierigkeit des Problems, ist es schon ein großer Erfolg, wenn ein Patient – wie etwa Herr S. – nicht jedes Jahr über längere Zeit ins Krankenhaus muß, sondern nur noch für die kritischsten Tage die ihm seit langem vertraute Atmosphäre einer Station oder einer Tagesklinik aufsucht, im übrigen aber die ambulante Betreuung durch einen Arzt, eine Gruppe bzw. einen Patientenclub genügt. Wirksam scheint hier auch die jahrelange, zyklusüberdauernde, stabile Beziehung zu *einem* Patienten als Halt, Maßstab und Modell zu sein. Mit diesem Vorgehen kann in vielen Fällen die berufliche, soziale und familiäre Kontinuität der Existenz aufrechterhalten werden.

Zusätzlich ist seit einigen Jahren die medikamentöse Therapie durch Lithium eine wesentliche Hilfe bei uni- und bipolaren Zyklothymien, besonders wenn „lehrbuchhaft" häufige Phasen schnell aufeinanderfolgen und manische Anteile überwiegen. Bei noch nicht endgültig geklärter Erfolgsrate treten dann entweder keine weiteren Phasen mehr auf oder sie werden kürzer, seltener und weniger intensiv. Lithium ist also das erste präventive Mittel in der Psychiatrie und damit einer der größten Erfolge der Pharmakopsychiatrie. Alle praktischen Einzelheiten s. Kap. 13. Die chemische Wirkungsweise ist unbekannt. Neben ihr sind aber auch psychische Wirkungen anzunehmen: a) Regelmäßiger Kontakt mit einem Therapeuten anläßlich der laufenden Kontrollen. b) Das Gefühl, daß man jahrelang gewissenhaft „durchschnittlich" und nachprüfbar immer dasselbe „für sich tut", sich keine „Extreme" leistet, auch nicht in der Ernährung, sogar noch unangenehme Nebenwirkungen in Kauf nimmt. c) Man weicht der Kontrolle durch die Realität nicht aus. d) Man bekommt seine Therapie selbst in die Hand, indem man je nach dem objektiven Serumbefund 1 Tablette mehr oder weniger nimmt (ähnlich wie Hochdruckkranke lernen, ihren Blutdruck selbst zu messen und medikamentös zu regulieren). Der Therapeut, der mit Lithium arbeitet, hat also auch diese Wirkungsweisen zu nutzen.

D. MISCHZUSTÄNDE UND -VERLÄUFE

Wie wir wissen, ist es nicht möglich, die unendliche Vielfalt menschlicher Gefühle und Handlungen unter eine endliche Zahl von Begriffen zu zwängen. Aus dieser Verlegenheit erklären sich einige Hilfsbegriffe, die Mischungsmöglichkeiten zwischen den als typisch angesehenen Zuständen und Verläufen bezeichnen. Sie spiegeln u. a. den wissenschaftlichen Streit zwischen denen, die alle Verschiedenheiten auf eine „Einheitspsychose" zurückführen wollen, und denen, die immer noch mehr „Krankheitseinheiten" erfinden und gegeneinander abgrenzen wollen.

Grundsätzlich gibt es 4 Mischungsmöglichkeiten:

1. *Borderline-Zustand:* Handlungsweisen mit Anteilen einer neurotischen Beziehungskränkung und einer schizophrenen Selbstkränkung (s. Kap. 3 u. 4).

2. *Entwicklung:* Lebensläufe, die überwiegend von der temperamentcharakterlichen Eigenart eines Menschen, von seinem Eigenteil, geprägt sind, die aber in kritischen Zuspitzungen auch zu „Krankheiten", psychotischen Selbstkränkungen führen können (z. B. depressive oder paranoide Entwicklung).

3. *Mischbild:* Depressive und manische Anteile drücken sich entweder gleichzeitig oder in sehr raschem Wechsel nacheinander aus, da die Systeme „Stimmung" und „Antrieb" z. T. auch unabhängig voneinander gekränkt sein können; z. B. manischer Stupor, ängstliche oder hypochondrische Manie.

4. *Mischpsychose:* Mischung zyklothymer und schizophrener Anteile, auch schizoaffektive Psychosen, Emotionspsychosen, atypische endogene Psychosen, zykloide Psychosen genannt. Diesen wird überwiegend ein phasischer Verlauf mit Ausgang in Gesundheit zugeschrieben. Unterformen sind im Gegensatz zu Kraepelin, der es bei der Gegenüberstellung von manisch-depressiv und schizophren bewenden ließ) vor allem von Wernicke, Kleist und Leonhard abgegrenzt wurden. Letzterer kennzeichnet den gegenwärtigen Stand dieser Bemühungen. Er unterscheidet 3 Unterformen seiner zykloiden Psychose, die alle polar (wie manisch-depressiv) konstruiert sind: 1. Angst-Glück-Psychosen mit dem Leitsymptom der Gefühlsstörung (vgl. Fall F), 2. Erregt-gehemmte Verwirrtheit mit dem Leitsymptom der Denkstörung und 3. hyperkinetisch-akinetische Motilitätspsychosen mit dem Leitsymptom der motorischen Störung.

E. EPIDEMIOLOGIE UND PRÄVENTION

Epidemiologie nennen wir die Wahrnehmung einer Krankheit oder Kränkung bezüglich ihrer Verbreitung sowie der Bedingungen und der Bedeutung ihres Auftretens. Hier geht es also nicht um ein Individuum sondern um das Depressive, Manische oder Zyklothyme im allgemeinen. Die Methoden bestehen in Beobachtung, Vergleich, Zuordnung, statistischer Berechnung sowie im Aufstellen von Theorien oder Hypothesen (Vermutungen) über den Zusammenhang einer Störung mit anderen Erscheinungen, die z. B. Bedingungen ihres Auftretens sein könnten. Da wie in der Diagnostik auch in der epidemiologischen Forschung bisher meist vergessen wird, daß schon der Gewinn von Daten auf einer Begegnung zwischen Menschen gründet und daß deren jeweilige Selbstwahrnehmung die Ergebnisse beeinflußt, sind die meisten epidemiologischen Forschungsresultate bis heute nicht besonders befriedigend. Was für die Diagnose die Therapie, ist für die Epidemiologie die Prävention. Sie will die epidemiologisch wahrgenommenen Daten wahr*machen*, d. h. Beeinflussung der Bedingungen das Auftreten einer Störung verhindern oder erschweren.

1. *Verbreitung*
Häufigkeitszahlen liegen nur für endogene zyklothyme = manisch-depressive = phasische = affektive Psychosen vor. Hierzu gehört ein Fall, wenn 1. die depressive/manische Symptomatik stark ausgeprägt ist, 2. die Phasen zeitlich begrenzt sind und 3. nach den Phasen wieder volle Gesundheit erreicht wird. Aber jedes Kriterium unterliegt der subjektiven Bewertung des Untersuchers. So wird die Verbreitung der phasischen Psychosen in Europa mit 0,4 bis 1% der Bevölkerung angegeben, während die USA nur auf 0,3 bis 0,4% kommen. Schlimmer noch: um 1960 war an der Psychiatrischen Universitätsklinik Hamburg das Verhältnis zwischen phasischen und schizophrenen Psychosen wie 80 : 20, in Heidelberg jedoch wie 30 : 70. Die Ergebnisse sagen also weniger über die Wirklichkeit aus und mehr über die jeweiligen Psychiatrien. Wollte man die Wirklichkeit erfassen, müßte man erst die Psychiatrie (Selbst-Wahrnehmung, Menschenbild, Handlungsweise) eines Untersuchers, einer Stadt bzw. eines Landes untersuchen. Diese Forderung ist bisher nirgends verwirklicht. Fast sämtliche folgenden Zahlen des Abschnitts E gelten also nur unter diesem schwerwiegenden Vorbehalt.
Phasenhäufigkeit: Es kommen 66% monopolar depressive, 8% monopolar manische und 26% bipolare Lebensläufe mit depressiven und manischen Phasen vor.
Geschlecht: Beim Depressivsein verhalten sich Frauen zu Männer wie 7 : 3; beim Manischsein ist das Verhältnis eher ausgeglichen.
Sozialschicht: In Europa findet man meist keinen Unterschied; eventuell werden körpernahe Symptome mehr in unteren, wahnhafte Symptome mehr in höheren Schichten gelebt. In den USA, wo – wie wir gesehen haben – die Diagnose strenger gefaßt ist, findet man dagegen ein Überwiegen der höheren Schichten. Unterschiede in der Verteilung der zugrunde liegenden Lebensprobleme sind bisher nicht systematisch untersucht worden.
Alter: Nach dem Lebensalter wird man am frühesten schizophren, dann manisch, während man in der Regel das 3. bis 4. Lebensjahrzehnt erreicht haben muß, um „depressionsreif" zu werden. Wie man schon als Laie vermuten wird, findet man in der Kindheit selten ein ausgeprägtes Depressivsein, um so häufiger jedoch mit dem Älterwerden, und zwar unabhängig von hormonellen Vorgängen, während man früher die *„Involutionspsychose"* als eigene Krankheitseinheit ansah, macht man jetzt keinen Unterschied und spricht einfach von „Spätdepression". Sie ist allerdings weniger typisch, mehr von Persönlichkeitszügen (zwanghaft, hypochondrisch, hysterisch, paranoid) und von der aktuellen (deprimierenden) Lebenssituation geprägt, was bei der Therapie zu berücksichtigen ist.

Dauer der Phasen: Als Mittelwert wurden früher 6 Monate angenommen. Freilich reicht das Spektrum von einigen Stunden bis zu mehreren Jahrzehnten. Heute ist die Dauer kürzer, fraglich, ob mehr aufgrund der medikamentösen Behandlung, der therapeutischen Haltung oder abnehmender Resonanz der psychiatrischen und sozialen Umwelt? Der Phasenbeginn fällt überzufällig oft in den Frühling und den Herbst.

2. Bedingungen

Sie finden an dieser Stelle in den meisten Lehrbüchern den Begriff „Ätiologie" (Ursachenlehre). Da wir aber in den modernen Natur- und Sozialwissenschaften mit dem Gebrauch des Begriffs „Ursache" vorsichtig geworden sind (er verleitet zum unoffenen Weltanschauungsstreit; und wirkliche Ursachen gibt es kaum), sprechen wir lieber von Bedingungen. Durch Bestätigung einer Hypothese an einer größeren Zahl von Patienten (gegenüber einer Kontrollgruppe) versucht man, Faktoren zu finden, die ein Leiden bedingen oder zumindest seine Entstehung (Pathogenese) fördern. Merkwürdigerweise hat man sich bisher viel weniger systematisch angestrengt, die Bedingungen zu suchen, die einem Leiden *abträglich* sind oder es *überflüssig* machen.

Erblichkeit (Heredität): Die genetische Forschung, speziell die Zwillingsforschung, hat herausgefunden, daß im Gegensatz zur Erkrankungswahrscheinlichkeit (Morbidität) der Durchschnittsbevölkerung von 0,3 bis 1% bei einem manisch-depressiven Patienten folgende Risiken für ein ähnliches Leiden bei seinen Verwandten bestehen: für seine Eltern, Kinder und Geschwister 10 bis 15%, für seinen zweieiigen Zwilling 20%, für seinen eineiigen Zwilling 50 bis 80%. Sind beide Eltern depressiv/manisch, haben die Kinder ein Risiko von 30 bis 40%. In derselben Familie findet man auch mehr andere Psychosen und Persönlichkeitsstörungen, als zu erwarten wäre. Blutsverwandte scheinen auch überdurchschnittlich oft auf Antidepressiva gleichartig zu reagieren. Der Erbgang ist unbekannt. Man vermutet, daß ein oder mehrere dominante Gene, jedoch mit unvollständiger Durchsetzungsfähigkeit (Penetranz), beteiligt sind. Auch ist unklar, *was* vererbt wird: eine „Krankheit", eine Disposition (Neigung) und wenn, zu was? Natürlich ist gegen diese Befunde eingewandt worden, daß in einer Familie bewußte und nicht-bewußte Handlungsmuster nicht nur genetisch, sondern psychosozial übertragen, „vererbt" werden. Beides zu trennen und zu bewerten, hängt wieder stark von der Wahrnehmung der Forscher ab. Um zu zeigen, wie schwer die Erforschung dieser Frage ist, wollen wir uns einen „idealen" Forschungsansatz ausmalen: ein Team, gleichstark aus genetisch und psychosozial orientierten Forschern bestehend, entwickelt eine Gesamthypothese, deren genetische und psychosoziale Anteile gleichgroße Chancen der Bestätigung haben, und sie beschäftigen sich mit einer Gruppe eineiiger Zwillinge, die von Geburt an in unterschiedlicher Umgebung aufwachsen (was man kaum findet).

Konstituation: Damit ist die Gesamtheit der vererbbaren körperlichen und seelischen Eigenschaften, insbes. Körperbau und Temperament, gemeint; im einzelnen ebenfalls schwer von Lebens- und Umweltbedingtheiten abgrenzbar, wenn auch im Kern unbestreitbar. Nach Kretschmers Hypothese wäre Zyklothymsein nur die extreme Steigerung der Besonderheiten eines normalen Persönlichkeitstyps mit zyklothymem Temperament und pyknischem Körperbau, wobei letzterer weniger oft, als von ihm angenommen, vorliegt. Zyklothymsein wäre dann keine „Krankheit". In der Tat findet man diesen Persönlichkeitstyp (Psychomotorik: flüssig, reizadäquat; Stimmung: heiter-traurig; sozial: extravertiert, gesellig) zu 40 bis 50% bei zyklothymen Patienten. Es gibt viele solche Typologie-Versuche. Zuletzt hat Tellenbach den starr auf Ordnung fixierten „Typus melancholicus" konstruiert und ihn besonders oft bei zyklothymen Patienten gefunden. Freilich ist auch die Konstruktion von Persönlichkeitstypen abhängig von der Selbstwahrnehmung des Konstrukteurs.

Biochemie: In der letzten Zeit fand man Beziehungen zum Serotonin und Noradrenalin, vor allem Erniedrigung des Umsatzes des letzteren bei depressiven, Erhöhung bei manischen Patienten. Hier fand man auch Unterschiede zwischen neurotischen und psychotischen Depressionen, was bei den Unterschieden der Körpernähe und der vegetativen Beteiligung auch zu erwarten ist.

Körperliche Bedingungen: Depressiv- bzw. seltener Manischsein findet man zu 10 bis 25% bzw. 7% während und vor allem nach Körperkrankheiten, besonders bei Hirngefäßleiden, Enzephalitis, Viruserkrankungen, Mononukleose, infektiöse Hepatitis, Hormonstörungen, Zuständen nach Operationen, nach längerer hormoneller oder neuroleptischer Behandlung oder nach Hungerdystrophie. Im Wochenbett sind Psychosen (vor allem periodische Depressionen) 10mal häufiger als in der Schwangerschaft. Depressivsein im Klimakterium wird mehr im Zusammenhang mit seelischen Vorgängen gesehen. – Die Bewertung dieser Befunde richtet sich nach der Selbstwahrnehmung des Untersuchers: So kann er einmal das Zusammentreffen für zufällig halten. Bei „symptomatischer Depression" macht er sie zum Symptom des Grundzustandes. Bei somatischer „Auslösung" glaubt er, daß eine endogene Depression innerlich immer schon bereitlag und durch das körperliche Ereignis nur „ausgeklinkt" wurde. Er kann sich endlich vorstellen, daß ein Patient die krankheitsbedingte normale Schwächung und Einengung seiner Fähigkeiten sich verbietet wahrzunehmen, weiter so handelt, als ob nichts wäre, und die daraus resultierende Überforderung und Erschöpfung als eigenes Versagen und eigene Schuld bewertet, sich so selbst in die Depression treibt. Was zutrifft, läßt sich nur aus der Selbstwahrnehmung des Patienten, nicht des Untersuchers klären. Doch dieser Forschungsweg wird bisher kaum benutzt.

Psychosoziale Bedingungen: Vor Depressionen findet man ferner zu 10 bis 40% und vor Manien zu 7 bis 30% typische psychosoziale Situationen oder Ereignisse meist belastender Art, wieder häufiger bei Frauen, sowie mit zunehmendem Alter. Die ungeklärte Frage ist: welche psychosozialen Bedingungen haben welche Bedeutung? Kriege und ähnliche vitale Handlungsanforderungen wirken eher depressionsentlastend. Dagegen findet man häufig jahre- oder jahrzehntelange verdeckt-widersprüchliche zwischenmenschliche Beziehungen („clinch") oder Serien menschlicher oder beruflicher Enttäuschungen; ferner den Verlust bedeutsamer Bezugspartner oder den Verlust von Möglichkeiten, Chancen und Wunschträumen. Endlich gibt es Situationen, die mit dem Aufgebenkönnen von alten und der Ausrichtung auf neue Handlungsweisen zu tun haben, für die man Diagnosen erfunden hat wie: *Entwurzelungs-, Umzugs-, Berentungs-* und *Entlastungsdepression.* Letzterer kann man die *Belastungsmanie* gegenüberstellen. Man kann also das Erreichen seiner Ziele auch depressiv, das Gegenteil davon jedoch manisch verarbeiten. Lange Zeiten extremer Hoffnungslosigkeit (KZ-Aufenthalt, Kriegsgefangenschaft) können ebenfalls ein nicht selten lebenslanges, quälendes und therapeutisch schwer beeinflußbares Depressivsein zur Folge haben.

Zur Erklärung dieser Zusammenhänge haben verschiedene Theorien ihre Hypothesen angeboten. So von der *Soziologie* her die *Rollentheorie:* Ein bisher gewohntes Rollenmuster des Handelns ist (z. B. durch Umzug) verlorengegangen. Der zukünftige Patient hatte sich aber soweit in die alten Rollen hineinformuliert, daß er mit ihnen auch viel von sich selbst verloren hat, auch seine „Rollendistanz", da er die alten Rollen nicht nur spielte, sondern auch lebte, mit ihnen identisch war. Eben das macht ihn unfähig/unwillig, mögliche neue Rollen überhaupt wahrzunehmen; es läßt ihn depressiv werden. Dies besonders beim Alterwerden: Über 50% der Spätdepressionen werden mit psychosozialen Ereignissen zusammengesehen. Das Überwiegen depressiver Frauen erklärt die Rollentherapie damit, daß Frauen allgemein weniger befriedigende und durch erreichte Ziele belohnte Rollen leben; daher ist es für sie eher notwendig, ins Depressivsein auszuweichen. In der Tat ist die depressive 35 bis 50jährige Hausfrau, die ihre Tätigkeit ziel- und sinnlos findet, während die Kinder sich selbständig machen und der Ehemann größeres soziales und erotisches Prestige als sie in der Öffentlichkeit hat, ein sehr häufiger Typ – eben die *„Hausfrauendepression".*

Für die *Verhaltenstherapeuten* tritt Depressivsein dann auf, wenn ein bisher hinreichend belohntes Verhaltensmuster für einen Menschen seinen Belohnungs- und Bestätigungswert verliert.

92

Die *Psychoanalytiker* schließlich brauchen für ihre Erklärung kein besonderes Ereignis, weil jedes Element der Gegenwart Symbol einer krankmachenden Konstellation der Kindheit sein kann. Freud selbst zählte Depressionen zu den „narzistischen Neurosen", wegen des übersteigerten Anspruchs des Selbstwertgefühls, das daher an der Wirklichkeit ständig enttäuscht wird. In den meisten psychoanalytischen Hypothesen findet sich die Kombination aus Unersättlichkeit der Liebesbedürfnisse (orale Impulse) und Hemmung der aggressiven Impulse. Beim Verlust eines geliebten, aber nie genug liebenden, daher *auch* gehaßten Menschen (Objekts) kann dann der bisher gehemmte Haß Schuldgefühle machen und dadurch zu Selbsthaß und depressiver Selbstbestrafung und -zerstörung führen. Da stets die subjektive Bewertung durch den Untersucher problematisch ist, haben in den letzten Jahren die englischen *„life event"-Forscher* (Brown, Wing) begonnen, *sämtliche* Ereignisse (events) bei einem Menschen wertfrei zu zählen. Sie fanden in den letzten Monaten vor einer Depression wesentlich mehr Ereignisse bei Depressiven als bei einer sonst gleichen nicht-depressiven Vergleichsgruppe.

Zusammenfassung der Ergebnisse

Man kann heute drei Richtungen der Erforschung der Bedingungen unterscheiden, ohne daß eine dieser Richtungen zu großer Zufriedenheit Anlaß gäbe.

1. die mehr körperlich wahrnehmenden Untersucher können sagen: Der Erbfaktor überträgt eine Störung des Hirn-Aminstoffwechsels, die sich über eine Veränderung der zentralen vegetativen Regulation als depressive, manische bzw. zyklothyme Krankheit auswirkt – wenn auch bei zu schwacher Erb-Penetranz körperliche oder psychosoziale Bedingungen zur Krankheitsauslösung erforderlich sind.

2. Die mehr psychosozial wahrnehmenden Untersucher können sagen: Depressionen usw. sind Ergebnis einer Störung der Kindheitsentwicklung und/oder Reaktion auf schwere, konflikthafte Belastungen oder auf den Verlust bisher gewohnter und belohnter Verhaltensweisen bzw. Rollen – wenn auch der Boden vorbereitet sein mag durch eine geeignete ererbte Konstitution oder Stoffwechselstörung, wie Freud dies selbst für Neurosen vermutet hatte.

3. Während die ersteren Untersucher die Antidepressiva-Wirkung und die letzteren Psychotherapie-Erfolge als Beweis für ihre Theorie nahmen, gehen wir von unserem Therapieansatz aus. Wir schlagen daher vor: Den untersuchten Patienten werden nicht nach der theoretischen Vorliebe der Untersucher bestimmte Bedingungen zudiktiert. Vielmehr entwickelt zunächst jeder Patient in der therapeutischen Begegnung mit einem anderen Subjekt über die Selbstwahrnehmung die *Bedeutung* seines Handelns *selbst*. So beantwortet er auch selbst die Frage, in welcher sich-selbst-verbietenden oder sich-selbst-erlaubenden Weise er welches Lebensproblem zu lösen versucht bzw. vermieden hat. Erst in diesem Sinn-Rahmen zwischenmenschlichen Handelns läßt sich dann ausmachen, welcher der – an sich alle gleich möglichen – körperlichen oder psychosozialen Bedingungen in welchem Ausmaß für jeden Einzelfall zutreffen. Durch Verallgemeinerung dieser Ergebnisse der Einzelfälle kann man dann zu fundierten Aussagen über die Gültigkeit der einzelnen Bedingungen und damit über die möglichen Wege des Depressiv-, Manisch- oder Zyklothymwerdens kommen.

Auf dieselbe Weise können wir aus der traditionellen, aber bisher zu starren Unterscheidung von reaktiver, neurotischer und endogener Depression einen praktisch brauchbaren Sinn machen, womit wir die Überlegungen von Seite 11 fortsetzen. In der offenen Begegnung zwischen mir und dem Patienten zeigen sich bei mir wie bei ihm – nur in unterschiedlicher Verteilung – Möglichkeiten zu reaktiver, neurotischer und endogener Wahrnehmungsverzerrung, Abwehr, Leugnung oder Vermeidung. Im Falle des Reaktiven überwiegt die Wahrnehmungsverzerrung oder Vermeidung, die auf ein aktuelles Ereignis (Verlust, Trauer) beschränkt ist. Im neurotischen Fall überwiegt die Vermeidung, die das Handeln während eines kleineren oder größeren Teils des bisherigen Lebens betrifft. Je endogener aber der Fall, desto mehr umfaßt die Wahrnehmungsvermeidung des Patienten sein Inneres, seine „Natur" und seinen Umgang mit ihr; d. h. seine ihm vererbt mitgegebene Konstitution, also seine Körperlichkeit (incl. schön/häßlich, jung/alt, dick/dünn) wie sein Temperament (Antriebs-struktur, Tempo, Stimmungslage), wie am Beispiel von Frau A. zu sehen. Der Patient hat Angst vor dem, was ihn von allen Anderen unterscheidet, vor seiner Besonderheit, seiner Individualität; er mag sich nicht so wahrnehmen und annehmen, wie er zutiefst er selbst ist, er mag nicht aus sich selbst sich den Maßstab seines Handelns entwickeln, sich wahrmachen.

3. *Bedeutung*

Wenn die Epidemiologie des Depressiven sich nicht mit dem Individuum beschäftigt, sondern mit Verbreitung und Bedingungen des Depressiven im allgemeinen, dann gehört dazu auch die Frage nach der Bedeutung des Depressiven im allgemeinen. Sie gehörte eigentlich an den Anfang, weil ihre Beantwortung den Rahmen für die Frage nach Verbreitung und Bedingung darstellt. Genauso wie unser therapeutischer Ansatz für das Individuum zeigt, daß die Frage nach der Bedeutung der Rahmen ist für Diagnose, Therapie und Anwendung spezieller Techniken. Da aber über die all-gemeine Bedeutung des Depressiven bisher nur wenig nachgedacht worden ist, hier nur einige Anregungen:

Bedeutung des Depressiven und des Manischen im allgemeinen kann sich beziehen auf das Wesen des Menschen und der Beziehungen zwischen den Menschen, also auf Anthropologie und auf den soziokulturellen Haushalt einer Gesellschaft. Hilfreich können hier z. B. sein die Psychiatrie-Geschichte, die transkulturelle Psychiatrie (= Vergleich der Unterschiede des Depressiven und anderer Kränkungen zwischen verschiedenen Kulturen), aber auch der phänomenologische Ansatz von Goffman. Solange und wo immer es Menschen gibt, gehört Depressivsein und Manischsein zu ihren Ausdrucksmöglichkeiten. Ausdruck für die Unerträglichkeit bestimmter allgemein-mensch-licher Situationen. Welche das sind, wissen wir aus unserer Selbsterfahrung und aus der des depressiven Patienten, aus der Geschichte und aus anderen Kulturen: Trennung und Verlassensein, Verlust – Gewinn, Leisten – Versagen, Selbstwert – Wertlosigkeit, Macht – Ohnmacht, Selbst-erhöhung – Selbsterniedrigung, Einengung – Ausweitung, Trauer – Glück, Hoffnungs-, Hilfs- und Trostlosigkeit. Diese allgemein-menschlichen Ausdrucksmöglichkeiten abschaffen, ausrotten zu wollen, so wie man Infektionskrankheiten ausrottet, konnten bisher nur die Nationalsozialisten mit ihren Vernichtungsaktionen zum Ziel erklären. Es liegt Wahrheit in der Äußerung, daß ein Mensch sein Depressivsein oder sein Manischsein *lebt*. Dieser Wahrheit kommt Kraepelin mit seiner diagnostischen Definition „manisch-depressives Irre*sein*" näher als diejenigen, die heute das Ganze auf eine „Krankheit" zurückführen wollen. Das „Krankhafte" ist nur ein – wenn auch wichtiger – Anteil, ein Teilaspekt.

Was unterschiedlich ist und was sich ständig wandelt, ist die Resonanz, die Bewertung des Manischen und Depressiven durch die jeweilige Umgebung. In früheren Zeiten, in nicht-industriellen Kulturen und auch bei uns heute z. B. auf dem Lande ist Depressivsein praktisch nie ein Grund, jemanden aus dem Familienverband zu entlassen: Depressivsein wird zugelassen, als Möglichkeit akzeptiert, wird mitgetragen. Transkulturelle Epidemiologien können es daher auch in manchen Kulturen nicht oder nur selten „finden". Das Manischsein macht sich dagegen selbst sichtbar. Es wird daher eher bewertet, sei es religiös, sei es durch Bestrafung, wird auch eher in den verschiedenen Kulturen gleich häufig gefunden. Vor allem für das Manischsein wurde auch zum ersten Mal eine öffentliche Einrichtung geschaffen: die Entmündigung. Und dies zu einem Zeitpunkt (17./18. Jh.), als besonders zwei Werte wichtig wurden: die taktvolle Einhaltung der Grenze zwischen Privatbereich und Öffentlichkeit sowie das für die Wirtschaftsentwicklung notwendige Wachsenlassen und Festhalten von Besitz und Kapital. Die Entmündigungseinrichtung richtete sich gegen Taktlosigkeit und Verschwendungs-sucht. Manischsein aber bedeutet geradezu die taktlose und bloßstellende Vermischung von Priva-tem und Öffentlichem (Goffman) sowie die Freude an der Verschwendung. Auch als die ersten speziell psychiatrischen Einrichtungen geschaffen wurden (etwa 1800), stand zunächst das expansiv störende Manischsein im Vordergrund des Interesses. (Dazu wurden freilich auch alle expansiven Formen der späteren Schizophrenie gerechnet.) Das ganze 19. Jahrhundert hindurch wuchs vor allem die Zahl der „gefundenen" und in die Anstalten gebrachten depressiven Patienten. Depressivsein konnte immer weniger zugelassen und mitgetragen werden von der Familie, wurde immer häufiger der Anstaltsversorgung zugeführt. Diese schwerwiegende Wandlung der Wahrnehmung und Bewertung war nur möglich, weil 1. im Zuge der Industrialisierung die Familienverbände zu Kleinfamilien zerschlagen wurden, 2. eine neue Norm durchgesetzt worden war, wonach alle Bürger zu arbeiten hatten und Untätigkeit moralisch unzulässig wurde, was 3. dazu führte, daß pflichtbewußtes und im Prinzip unbegrenztes Leistungsstreben von immer mehr Menschen zur obersten Gewissensinstanz verinnerlicht wurde, ein Anspruch, von dem gerade ohnehin depressiv strukturierte Menschen sich willig überfordern ließen. Dies entspricht dem Typ der innen-geleiteten Persönlichkeit des 19. Jh. von Riesman. Nun nimmt im 20. Jh. z. T. in Europa, aber durchgehend in den USA, die Diagnose „Depression" zugunsten der Diagnose „Schizophrenie" ab. Anlaß dafür, sich wieder die Frage zu stellen: ändern sich die Ausdrucksmöglichkeiten der Menschen oder ändert sich die Wahrnehmung und Bewertung des Handelns der Menschen, jetzt etwa entsprechend den neuen Werten des außen-geleiteten (fremd-gesteuerten) Persönlichkeitstyps des 20. Jh. nach Riesman?

Nachdenklich macht schließlich auch die Bedeutung des Zyklothymseins. Obwohl es dies auch früher schon gegeben hat, wurde es erst 1845 von Falret „entdeckt". Warum, so fragt man sich, konnten Psychiater es erst wahrnehmen, als die zyklische Betrachtung des Ablaufs der Geschichte üblich geworden und die Konjunkturzyklen in der Wirtschaft entdeckt und ins Interesse der Öffentlichkeit gerückt waren? Von welchen Wertvorstellungen also wird meine Wahrnehmung als psychiatrisch Tätiger gesteuert? Und noch eine auch für die Praxis wichtige Frage drängt sich auf: Wenn die zyklische Wiederholung manischer oder depressiver Phasen erst gesehen werden konnte, als es schon seit Generationen psychiatrische Einrichtungen gab, könnte es dann nicht sein, daß wir durch unsere Einrichtungen in der bisherigen Form nicht nur das Chronischwerden fördern, sondern auch die „ewige Wiederkehr" der Patienten, d. h. die Neigung zur Wiederholung der depressiven oder manischen Phasen, weil wir zu wenig von diesen menschlichen Ausdrucksmöglichkeiten zulassen und zuviel davon technisch wegorganisieren wollen? Immerhin schreibt die Bevölkerung laut Meinungsumfragen den psychiatrischen Patienten an 1. oder 2. Stelle die Eigenschaft zu, daß sie immer wieder in psychiatrische Einrichtungen zurückkehren. Und Patienten sind auch ein Teil der Bevölkerung und haben dieselben Meinungen. Auch diese Frage wartet noch auf ihre Beantwortung.

4. *Prävention*

Sie ist — wie schon gesagt — angewandte, wahrgemachte Epidemiologie. Die Möglichkeit, depressiv oder manisch zu sein, ist nicht abzuschaffen. Sie gehört zum Menschen. Was kann Prävention dann tun? Sie kann versuchen, dafür zu sorgen, daß diese Möglichkeit weniger oft verwirklicht werden muß: in der Gesellschaft allgemein (primäre Prävention) ebenso wie bei gefährdeten Individuen (sekundäre Prävention).

Zunächst zu den Gefährdeten: Egal, ob jemand schon mal depressiv war oder noch nicht, es gibt eine Menge Bedingungen, aus denen man geradezu eine „Risikogruppe" (wie z. B. bei Infarkt-Gefährdeten) konstruieren könnte. Dazu würde jemand gehören, der selbst-verbietend mit sich umgeht, sich in Schwierigkeiten kleiner macht als er ist, der leistungsehrgeiz und Unabhängigkeitskampf mit Versagensangst und Neigung, sich abhängig zu machen, kombiniert, der alles sehr genau nimmt, und der die Abhängigkeitsneigung wie die Unfähigkeit, Trauer, Schmerz, Trennung und Aggression zu leben, in seinen Beziehungen zu Anderen sich auswirken läßt. Wenn dieser Mensch ferner depressive Verwandte hätte und eine unzufriedene Hausfrau wäre (mit sich verselbständigenden Kindern und einem vitalen Ehemann, der „alles kann") oder sich mit dem eigenen Älterwerden nicht anfreunden könnte, wäre er hochgradig depressiv gefährdet. Präventive Maßnahmen ergeben sich aus der Beschreibung. Wäre er schon mehrfach kurz hintereinander depressiv/manisch geworden, käme die Lithium-Prävention hinzu.

Entsprechend ist alles primär-präventiv wirksam, was gesamtgesellschaftlich depressive (manische) Handlungsweisen weniger wahrscheinlich und nötig macht. Dazu gehören alle Bemühungen, die das pflichtbewußt-selbstüberfordernde Leistungsstreben (mit Richtung auf grenzenloses wirtschaftliches Wachstum) als Wert in Frage stellen und Untätigkeit moralisch wieder erlaubt sein lassen – eine Aufgabe, die wir wegen der zukünftig, ständigen Arbeitslosigkeit sowieso zu lösen haben. Damit hängt zusammen, daß Unabhängigkeit und Abhängigkeit in ein heute lebensfähiges Gleichgewicht zu bringen sind, d. h. Entwertung des heute verlogenen absoluten Unabhängigkeits-Ideals und Aufwertung der Abhängigkeit, für die mehr Möglichkeiten solidarischen Handelns zu finden sind. Ferner sind alle Lebensformen wirksam, die den Typ der kleinfamilien-frustrierten Hausfrau, der sich selbst isolierenden Zweierbeziehung und des abgeschobenen alten Menschen verhindern. Schließlich haben wir alle zu lernen, daß Trauer, Schmerz, Verlust, auch Bösartigkeit, nicht (depressiv) zu vermeiden und zu unterdrücken sind, sondern unabänderlich zum Menschen gehören und daher zu leben sind.

LITERATUR

GOFFMAN, E.: *Das Induviduum im öffentlichen Austausch.* Frankfurt, Suhrkamp 1974

KIELHOLZ, P.: *Diagnose und Therapie der Depression für den Praktiker.* München, Lehmanns 1971

KRANZ, H.: *Depressionen.* München, Banaschewski 1972

MITSCHERLICH, A.: *Die Unfähigkeit zu trauern.* München, Piper 1977

TELLENBACH, H.: *Melancholie.* Berlin, Springer 1974

WEITBRECHT, H.-J.: *Depressive und manische Psychosen in: Psychiatrie der Gegenwart II/2.* Berlin, Springer 1972.

3. Kapitel

DER GESPALTENE MENSCH (Schizophrenie)
Spaltung des Selbst

I. *Diagnose des kranken Anteils*
II. *Diagnose der Gesamtsituation*
  1. Selbstwahrnehmung
  2. Vollständigkeit der Wahrnehmung
  3. Normalisierung der Beziehung
  4. Möglichkeiten meiner Selbstkontrolle
III. *Therapie und Selbsttherapie*
  1. Therapeutische Einrichtung
  2. Therapeutischer Rahmen
  3. Verlauf der Begegnung – Umgang mit Langzeitpatienten
IV. *Epidemiologie und Prävention*
  1. Verbreitung
  2. Bedingung
  3. Bedeutung
  4. Prävention

Literatur

I. *Diagnose des kranken Anteils*

Der Mensch hat viel erfunden, um Spaltungen zu überbrücken und zu kitten, Fremdes auszuhalten und Konflikte zu leben. In der Architektur wird das Maß der Spannung und der Belastung bestimmt, denen Konstruktionen ausgesetzt sind. Schizophrenes Handeln ist eine allgemeinmenschliche Möglichkeit, so daß ich grundsätzlich mich und den Anderen in einer Zerrissenheit, einer Teilung verstehen kann. Gleichzeitig kann ich bestehende Möglichkeiten der Überbrückung zwischen mir und dem Anderen wahrnehmen, obgleich er mir fremd ist, und auch bestehende Möglichkeiten der Überbrückung in ihm, obgleich er sich fremd ist. Wieviel Erschrecken muß in ihm sein, wenn ich schon vor ihm erschrecke.
Häufig wird z. B. ein Arzt oder ein Sozialarbeiter vom Gesundheitsamt aufgefordert, „nach dem Rechten zu sehen", wenn Menschen den Eindruck haben: der spinnt, der ist verrückt, dem ist nicht mehr zu helfen, der hat sich alles bloß ausgedacht und will uns zum Narren halten. Gelegentlich fühlen sich Nachbarn und Angehörige bedroht, weil sie jemanden unberechenbar finden. Man weiß vom einen auf den anderen Moment nicht, was er tut. Mal spricht er mit jemandem, obwohl gar keiner da ist. Oder er lacht, obwohl es keinen Anlaß gibt. Gefragt, warum er sich so benimmt, redet er „wirres Zeug". Es ist kaum an ihn heranzukommen. Er ist abgekapselt und verschlossen. Und er tut gelegentlich ungewöhn-

liche und bizarre Dinge, die in der Umgebung nicht erwartet werden. Für so etwas hat sich auch in der Bevölkerung seit ca. 70 Jahren das Wort „schizophren" eingebürgert.

Es gibt keinen Ausdruck und keine Haltung, die als „typisch" schizophren bezeichnet werden kann. Es muß eine Begegnung, ein Gespräch stattfinden, um die kranken Anteile begrenzen zu können.

Ein Beispiel: Herr E., 32 Jahre alt, unverheiratet, lebt bei der Mutter; die verheiratete ältere Schwester lebt in einer anderen Stadt. Herr E. wird von der Mutter, die sich fürchtet, von ihm angegriffen zu werden, begleitet. Er habe sich wiederholt eingeschlossen und unverständliche Sätze gemurmelt, abends vor dem Schlafengehen verbarrikadiere er sich. Wenn er dabei gestört werde, reagiere er sehr gereizt. Bisher sei es ja noch gegangen, da er nur in seinem Zimmer geblieben sei, jetzt aber wurden Mitbewohner aufmerksam. Herr E. ist gespannt, gleichzeitig freundlich. Er habe auf der Urlaubsreise, die 3 Wochen zurückliegt, die Spionagestruktur Ost-West kennengelernt. Er habe schon vor der Reise Kontakt mit der Abwehr gehabt, aber seit der Reise sei er ein Faktor; er ist ganz sicher, daß er verfolgt wird. Am Tage geht es, abends nehmen Unruhe und Spannungsgefühle zu. Er trifft Sicherheitsvorkehrungen, indem er sein Zimmer verbarrikadiert. Jetzt habe er auf dem Flur jedoch eigentümliche Geräusche gehört, so daß sein Zimmer auch nicht mehr sicher sei. Er findet kaum Ruhe zum Schlafen, er hat stark abgenommen, was zum Teil darauf zurückgeführt werden kann, daß er auch fürchtet, vergiftet zu werden, zum anderen Teil auf den starken Spannungen und Anstrengungen von Herrn E. beruht, sich zu sichern. Bisher fühlte er sich auf dem Arbeitsplatz in Ruhe gelassen, fürchtet jedoch, daß er aufgespürt wird, so daß sein Arbeitsplatz auch nicht mehr sicher ist. Er ist wegen seines Verfolgungswahns mehrfach vorbehandelt, insgesamt 6 mal. Bevor die Krankheit ausbrach, als er 22 war, hat er studiert. Er hat dann jedoch nie eine Berufsausbildung abgeschlossen, arbeitet jetzt als Hilfsarbeiter. Er ist mit der Stelle und dem Einkommen zufrieden, weil er in Ruhe gelassen wird und weil die Kollegen nett zu ihm sind. Die Mutter macht ihm häufig Vorhaltungen. Kontakt zu Frauen habe er nie gehabt. Er habe eine Freundin, die wohne in ihm. Mit der könne er alles besprechen, die wolle er auch heiraten. Er wisse jedoch nicht, wann, da nicht sicher sei, ob sie von der Abwehr freigegeben werde. Für die Zukunft hat er keine weiteren Vorstellungen. Während Herr E. von seinen Kontakten zur Abwehr spricht, wird er unruhiger und gespannter, er guckt häufig zur Tür, spricht leiser.

Beim Anhören dieser Geschichte kann der „Verdacht" der Schizophrenie aufkommen. Die Psychiatrie hat sich etwa seit 1900 weltweit darauf geeinigt, daß folgende *Beobachtungen* möglich sein müssen, um diesen Verdacht (Hypothese) zu erhärten:

1. Die Grenzen innerhalb der eigenen Person (dem Ich) zwischen mir und anderen Personen und der Umwelt sind *entzwei*. Ein Mensch kann nicht mehr sicher sagen, wer er eigentlich ist (ich werde beeinflußt, in mir ist noch ein anderer). Gleichzeitig ist es schwer, die eigenen Gedanken und Gefühle abzugrenzen. Häufig entsteht der Eindruck, die Gedanken werden abgezogen, oder die Gefühle, so daß nur Gefühle der Leere und Kälte übrig bleiben. Die Gefühle und Gedanken bedrohen den Menschen von außen, andere Personen oder übernatürliche Kräfte beeinflussen sein Tun und er fühlt sich ihnen ohnmächtig ausgeliefert. Wenn Menschen solche Gedanken aussprechen, wird auf eine *Ich-Störung* geschlossen und auf eine zugrundeliegende Persönlichkeitsstörung. Damit ist gemeint, daß das Individuum sich nicht mehr als Person wahrnehmen kann, sich nicht mehr „identifizieren" kann. Häufig wird die Störung des sozialen Kontaktes (zwischen Sender und Empfänger können Nachrichten nicht mehr eindeutig hin und herfließen) als „Kontaktstörung" bezeichnet.

2. Die *Wahrnehmung* ist *gestört*. Dinge werden zusammengehörig gesehen oder als zur eigenen Person gehörig gesehen, die nicht zusammengehören oder nicht zur Person gehören. Häufig fällt es schwer, wesentliches von unwesentlichem zu trennen. Unwesentliche Aspekte erhalten eine subjektiv so starke Bedeutung, daß sie für die Person zentral werden für die Wahrnehmungsstrukturierung (z. B. bestimmte Geräusche, bestimmte Bilder). Gewisse Teile der Umwelt – Gesichter, Pflanzen Straßenzüge z. B. – werden in einer Weise bedeutungsvoll, daß der Mensch meint, er werde von ihnen gemeint, beobachtet, bedroht. Häufig wird von dem Gefühl, im Mittelpunkt der Wahrnehmung Anderer zu stehen, berichtet.

Manchmal wird nicht von dem Gefühl aktueller Bedrohung oder von dem Gefühl, beobachtet zu sein, berichtet, sondern davon, daß alles, die Umwelt und die anderen Menschen, aber auch die Zeit und die Luft, fremd, verändert, verzerrt, schemenhaft oder schematisch wahrgenommen werden. Gleichzeitig oder auch unabhängig davon, haben solche Patienten den Eindruck, der eigene Körper werde ihm fremd, bestimmte Gliedmaßen seien entweder größer oder kleiner, weiter weg oder näher dran, die Körperbewegung sei nicht so wie sonst, auch das Gesicht sei zu einer Maske erstarrt. Diese Gefühle der Verfremdung werdem entweder als *Derealisation* (Verfremdung der Umwelt) oder als *Depersonalisation* (Verfremdung der eigenen Person) bezeichnet. Wenn es sich vor allem um merkwürdige, fremdartige, oft kaum beschreibbare Wahrnehmungs- und Gefühlsstörungen des Körpers handelt (70% der Patienten klagen darüber), spricht man von Störungen der Koinästhesie, das heißt des *Gemein*sinns, dies im Unterschied zu den *Einzel*sinnen, an denen sich die einzelnen *Wahrwahrnehmungen* festmachen. Damit sind solche Wahrnehmungen gemeint, für die es in der Umwelt keine entsprechenden Reize gibt: z. B: ich höre Stimmen, obwohl keiner da ist, der mit mir spricht (akustische Halluzinationen). Ich fühle mich berührt, obwohl keiner mich anfaßt (haptische Halluzination); es gibt ferner Geruchshalluzinationen und optische Halluzinationen.

3. *Störungen der Denkabläufe:* Ähnlich wie bei der Wahrnehmungsstörung ist auch beim Denken zu beobachten, daß Wichtiges und Unwichtiges nicht auseinandergehalten werden kann. Das Denken erscheint dem Beobachter zusammenhanglos und unlogisch, wobei häufig Sperrung des Denkens (der Gedanke ist weg), Gedankenreißen oder Gedankensprünge (die Gedanken sind *inkohärent)* zu beobachter sind. Es kann geschehen, daß der Mensch sich gewissermaßen nicht entscheiden kann, welche Gedanken er zuerst aussprechen will *(Ambivalenz)*, so daß es zu verschrobenen und verschachtelten Gedankenabläufen und Sätzen kommt. Diese Unsicherheit kann sich bis ins einzelne Wort fortsetzen. Es kann sein, daß Worte in einem bestimmten zweideutigen Sinn benutzt werden, daß zwei Gedanken in einem Wort enthalten sind *(Kontaminationen)*, daß so Wortneuschöpfungen auftreten *(Neologismen)*. Damit sind die *formalen* Denkstörungen beschrieben. Zu den *inhaltlichen* Denkstörungen gehören Wahnvorstellungen, -ideen, -bildungen. Gewisse Teile des Wahns entsprechen oft allgemein anerkannten Vorstellungen oder übernommenen Vorstellungen aus der Familientradition, der eigenen kindlichen Welt und so fort. Mittels zwanghafter Konstruktionen Erklärungen wird dem Patient möglich, eine Orientierung in der Außenwelt zu finden, häufig auch die zugleich inneren Bedürfnisse zu befriedigen. Mittels Wahnbildungen werden häufig Anforderungen der Außenwelt abgewehrt, oft auch eigene aggressive oder liebende Wunschvorstellungen. Der Wahn hat somit die Funktion der Abwehr und des Ausdrucks. Gleichzeitig dient der Wahn der Regulierung und der Steuerung des Handelns von Menschen. Bestimmte Handlungen werden aus dem Wahn heraus verständlich, und wenn man bei sich überprüft, wie stark von einem geglaubte Ideen einen leiten können, so wird die Festigkeit des Handelns von Leuten mit Wahnbildungen nachvollziehbar. Über Wahnvorstellungen ist es dem Patienten sicher eine Zeitlang möglich, seine Zerspaltung zu überbrücken und einen Rest von Identität und Kontakt zur Umwelt aufrecht zu erhalten. Wird der Wahn angezweifelt, entsteht daher ungeheure Angst; meist sind wahnhafte Überzeugungen dem Einspruch und der Vernunft unzugänglich. Häufig geschieht es

auch so, daß derjenige, der am Wahngebilde zweifelt, als Feind mit in den Wahn aufgenommen wird, womit die Abwehrfunktion des Wahns noch einmal deutlich gemacht ist. Häufig unterstützen Halluzinationen die subjektive Bestätigung des Wahns. Häufigste Erscheinungsformen sind Verfolgungswahn, Beeinflussungs- und Beziehungswahn, wobei die Patienten sich beobachtet fühlen, oder unter dem Eindruck unheimlicher Kräfte zu stehen glauben, die sie zu asozialen oder unmoralischen Handlungen nötigen. Bei dem Bemühen, jedes wahnhafte Geschehen verstehen zu wollen, wird man sich die Frage stellen müssen, inwieweit Kontrolle über das Erleben verloren gegangen ist, diesen Verlust zu kompensieren (auszugleichen).

Hauptsächlich wegen der in der Wahrnehmung und im Denken und Sprechen auftretenden Störungen wurde das Konzept der Geistes-Krankheit entwickelt. Damit wurde ein Gegensatz zu den Gemütskrankheiten (affektiven Psychosen) konstruiert.

4. *Die Gefühle und die gefühlsmäßigen Beziehungen zur Umwelt:* Die Gefühle wirken flach, wobei häufig nicht nur die Intensität des Ausdrucks beeinträchtigt ist, sondern die Menschen auch an Gefühlen *verarmt* erscheinen. Sie wirken spröde, kühl und gläsern. Gelegentlich stimmen die Gefühlsäußerungen in Mimik und Gestik auch nicht mit dem überein, was gesagt wird, oder sie passen nicht zur Situation.

Oft haben schizophrene Menschen nur wenige Beziehungen zu anderen Menschen. Sie scheinen bindungsunfähig, oft jedoch zu einer Person (Mutter oder Ehepartner) zwiespältig: gleichzeitig übergebunden, gleichzeitig interesselos. In manchen Situationen und manchen Beziehungen zeigt sich, daß die Gefühle häufig nur auf einen abgespaltenen Bereich beschränkt sind. Eine extreme Form der Weltlosigkeit, d. h. der Zurückgenommenheit aus Kontakten zeigt sich im *Autismus*.

Auswirkungen zeigen sich im Handeln. Die Gleichzeitigkeit von Wollen- und Nicht-Wollen führt nicht selten zur Handlungsunfähigkeit *(Stupor)*, die Zwiespältigkeit in den Einstellungen zu Unterbrechungen, Abbrüchen, zu mutlosen Neuanfängen. Die Unentschlossenheit kann ausgesprochen apathisch wirken.

In Situationen, in denen Patienten sich bedroht fühlen, überwiegen Erregung, Spannung, Angst, die sich oft auch in Handlungen umsetzen, was die Partner, die den Grund der subjektiven Bedrohung nicht sehen können, häufig nicht verstehen und ihrerseits ängstigt. Besonders schwierig ist, wenn die gesamte Dynamik bis hin zur Motorik gesperrt ist *(Katatonie)*, so daß der Mensch sich überhaupt nicht mehr äußern kann, jedoch innerlich bis zum Siedepunkt gespannt ist.

In den 4 angegebenen Bereichen ist beschrieben, was der *augenblicklichen* Beobachtung im Handeln eines Menschen zugänglich sein muß, um zu denken, daß schizophrene Anteile vorliegen. Dieser *Querschnittsbeschreibung* ist jedoch auf jeden Fall die *Längsschnittbeschreibung* zuzuordnen.

KRAEPELIN, der 1896 für eine Reihe von psychiatrischen Erkrankungen den Sammelnamen „Dementia praecox" prägte, beschrieb den aunaufhaltbaren Verlauf in „Schüben" und die frühzeitige im Bereich der Persönlichkeits sich zeigende „Verblödung" (Defekt) als hervorstechendes Merkmal dieser Krankheitsgruppe. Das heißt, daß nach diesem Konzept nur nach der Beobachtung einer langfristigen schubhaft erfolgenden Veränderung der Persönlichkeit von schizophrenen Anteilen – oder dann auch von „der Schizophrenie" gesprochen werden kann. Wegen der Unbeeinflußbarkeit des Verlaufs spricht man auch von Prozeßpsychose. Dies im Gegensatz dazu, daß viele Zustände (besonders *jugendliche Reifungskrisen*) querschnittmäßig wie Schizophrenie aussehen können, es aber nach der Verlaufsbeobachtung nicht sind. Der Begriff „Schizophrenie" wurde 1911 von BLEULER eingeführt. Für ihn stand nicht das Kriterium der frühzeitigen geistigen und gefühlsmäßigen „Verblödung" im Vordergrund, sondern vielmehr die Beobachtung, daß Menschen zunehmend *zersplittern* und *zerfahren* können. Er sprach daher von „*Spaltungsirresein*", was die Übersetzung von „Schizophrenie" ist. Seit BLEULER ist es bis heute immer deutlicher geworden: schizophrene Erkrankungen können entweder völlig verschwinden, oder mit einem Residualsyndrom (mit einem Rest dynamischer Schwäche) ausheilen, oder mit einem mehr oder weniger deutlichen Defekt enden. Von „Endzustand" zu sprechen, ist heute unzulässig, da auch „Defekte" selbst nach Jahrzehnten je nach den Umständen sich in erstaunlichem Ausmaß ändern können.

Es wird deutlich, daß die Notwendigkeit von Querschnitt- und Längsschnittsbeobachtungen über einen langen Zeitraum das Moment des Verdachtes, des Wägens, des Mißtrauens nötig macht. Gleichzeitig bewirkt diese Art der Beobachtung eines Objektes, daß der Beobachter sich nur sehr schwer nach dem Gespaltenen, nach den zerklüfteten oder zerrissenen Anteilen fragen kann. Selten genug wird er auch nach den gerade reißenden oder sich spaltenden Anteilen gucken. Es liegt nahe, daß das, was Prozeßpsychose genannt wird, schon deswegen von Sprung zu Sprung wahrgenommen wird, weil nur in Zeitabständen danach gefragt wird. Gleichzeitig bewirkt diese Art des Hinguckens, daß man den Teil für das Ganze nimmt, d. h. daß nur auf die Sprünge und Spaltungen geachtet wird, weniger jedoch auf die verbleibenden oder wiederkehrenden gesunden Anteile eines Menschen.

Im Diagnosenschlüssel der WHO sind 10 Untergruppen von Schizophrenie aufgeführt, diese sind: die Schizophrenia simplex, hebephrene Form, katatone Form, paranoide Form, akute schizophrene Episoden, latente Schizophrenie, schizophrene Rest- und Defektzustände, schizoaffektive Psychosen, andere Schizophrenieformen, nicht näher bezeichnete Schizophrenieformen). Sicher könnte man noch mehr Untergruppen finden. Man kann die Wirklichkeit beliebig aufspalten!

a) Wesentlich im klinischen Alltag ist das Wort „hebephren": damit sind Störungen gemeint, die vorwiegend zwischen dem 15. und 25. Lebensjahr auftreten und die sich vor allem darin äußern, daß Gefühle flach (versandet) und unangemessen werden. Ferner sind Kontaktaufnahme und Bindungsfähigkeit deswegen gestört, weil jemand dazu neigt, sich abzusondern, sich selbstgenügsam, oft auch stolz und überlegen darstellt, gleichzeitig aber von Anderen hohl und wenig warmherzig wahrgenommen wird. Häufig werden hebephrene Handlungen dann gelebt, wenn Jugendliche und Heranwachsende in Krisen mit der Familie und mit den eigenen und gesellschaftlichen Wertvorstellungen kommen. Vor allem, was die Äußerung von Gefühlen betrifft. Dabei bleibt offen, ob solche jungen Leute das von ihnen geforderte emotionale Handeln nicht lernen *können* oder ob die abweisende Art des Umgangs, die sie entwickeln, ihre Abwehr von konfliktauslösenden Anforderungen ist. Die Zeit des Heranwachsens stellt besondere Anforderungen an die Ausformung von Gefühlen und Bindungsfähigkeit, so daß – egal ob endogen oder reaktiv – manche Menschen in dieser Auseinandersetzung mit ihren hebephrenen Problemlösungsversuchen stecken bleiben.

b) Besonders symptomarm und schwer zu fassen sind Zustände der *Schizophrenie simplex*, die von vielen oft nur im nachhinein, also nach einer Längsschnittbeobachtung so genannt wird. Sie ist gekennzeichnet durch ein über lange Zeit gehendes Anlaufen, wobei diffuse Kontakt- und Leistungsstörungen – ein Nicht-Können oder Nicht-Wollen – im Vordergrund stehen.

c) *Katatonie:* Es gibt schwere Störungen der Willkürbewegungen eines Menschen, wobei jemand zur Bewegungslosigkeit erstarren, zur Statue werden kann; oder jemand ist nicht zu bremsen, schlägt wild um sich. In beiden Fällen ist der Mensch äußerst gespannt, verkrampft, innerlich erregt *(katatoner Sperrungs- oder Erregungszustand).* Die – heute selten gewordene – extreme Steigerung der Bewegungsstörung *(akute perniziöse Katatonie)* kann tödlich enden, ist nur durch hohe Dosen Neuroleptika, Infusionen bzw. Elektrokrampftherapie zu durchbrechen. Bei dieser Störung kommt es neben der Handlungsunfähigkeit über extrem hohe Temperaturen und Austrocknung zu Kreislaufkrisen.

d) *Paranoid-halluzinatorische Form:* Bei den bisherigen Beschreibungen waren Störungen der Gefühle, des Willens und der Motorik wichtig. Treten Wahrnehmungsstörungen, Halluzinationen und Wahnbildungen in den Vordergrund der Handlungen, so ist vor allem die paranoide Abwehr eines Menschen beschrieben. Sie kann sich ganz akut zeigen, einhergehend mit großer Erregung, Zerfahrenheit, wobei es dem Kranken unmöglich ist, zwischen Wirklichem und Unwirklichem, Gedachtem und Vorhandenem zu unterscheiden. Bei der Diagnose der Halluzination ist der Unterschied zur Illusion zu bedenken. Bei der Illusion wird ein in der Wirklichkeit vorgegebener Reiz, sei es ein Strauch, ein Lichtstrahl, ein Geruch, meist angstvoll umgedeutet. D. h. der Strauch wird zum bedrohenden Menschen, der Lichtstrahl zu einem sich nähernden Fahrzeug. Bei der Halluzination sind für Andere wahrnehmbare Außenreize nicht gegeben, der Patient handelt aber so, als wären sie vorhanden.

Zu Zeiten weniger akuter Störungen können Zweifel auftauchen, jedoch wird immer das Gefühl vorherrschen, daß man beeinflußt wird, daß neben dieser Welt noch eine andere ist, der man auch zugehört. Die Entwicklung solcher paranoider Handlungsweisen kann so sein, daß der Kranke gleichzeitig nicht mehr hier und dort ist, d. h. sowohl die Wahnideen nur noch bruchstückhaft da sind, als auch die gefühlsmäßigen Äußerungen.

Es kann aber auch die Entwicklung zu einem „Wahnsystem" das Resultat paranoider Handlungsweisen sein.

Schizophrene Anteile können auch nicht als Symptome einer sich langhinziehenden Krankheit aufgefaßt werden, sondern als Anteile einer Reaktion auf eine stresshafte Situation. Dabei wird davon ausgegangen, daß der Zerfall akut ist, aber nicht fortdauernd. Darüber hinaus setzt das Konzept des „Zerfalls" – logisch – auch voraus, daß es Zerfallprozesse gibt, die nicht als solche erkannt oder als etwas anderes verkannt werden *(pseudoneurotische* und *borderline:* das meint Handlungsweisen, die auf der Grenze von neurotischem und psychotischem Handeln liegen). Wenn wir von „kranken" und in· diesem Fall „schizophrenen" Anteilen eines Menschen sprechen, so widersprechen wir damit der Ansicht, daß jemand die Schizophrenie haben kann, wie z. B. die Syphillis, wobei dann häufig so gedacht wird, daß Schizophrenie den Geist des Menschen zerfrißt, wie Syphillis den Körper zerfrißt. Wir sehen den schizophrenen Menschen als Handelnden in einem Handlungszusammenhang, für den seine schizophrene Lebensweise eine Möglichkeit der Problembewältigung oder Lebensgestaltung ist.

II. *Diagnose der Gesamtsituation*

Der Patient ist nicht nur Reiz (Stimulus) für meine psychiatrischen Augen, sondern ich bin auch Reiz für ihn. Von meiner Art, ihm zu begegnen, wird der Verlauf unseres Gespräches beeinflußt. Von meiner Geduld und meinem Bemühen wird es abhängen, wie schnell unser Handeln blockiert wird und dann die Klappe runter geht. Üblicherweise erfolgt die Benennung „schizophren" nicht so schnell, sehr schnell jedoch wird sich eine Atmosphäre des „Schizophrenieverdachtes", der Mutmaßungen einschleichen, wobei dann die Frage ist, wie jemand frei handeln soll, wenn über ihn gemutmaßt wird, wenn er verdächtigt wird. So wird der Verdacht immer mit der Frage aufrechterhalten: läßt sich der Zerfall nachweisen oder ist der Zerfall fortgeschritten? Wenn ich dabei vom Einteilungs-Denken ausgehe, bleibt mir fast keine Freiheit, anders zu handeln. Gleichzeitig mit meiner Freiheit schränke ich jedoch auch meine Angst ein. Jede Begegnung ist zunächst auch eine Quelle für eigene Beruhigung. Wenn ich jedoch der Beobachter bin, brauche ich mich nicht zu beunruhigen. Will ich der Gesamtsituation des schizophrenen Menschen gerecht werden, ihn als Handelnden aus ihm selbst heraus verstehen, reicht meine Rolle des Beobachters nicht hin, muß ich mich auf die Begegnung einlassen, mir die angemessene *Grundhaltung* erarbeiten.

1. Selbstwahrnehmung

Um ein freies Handeln auch für mich zu ermöglichen, ist es unerläßlich, gerade in Bezug auf das „Schizophrene" meine Ängste und meine Abwehr kennenzulernen. Ich löse ja nicht nur in dem Patienten Gefühle aus, sondern er auch welche in mir. Ich stelle die Frage: was spricht das Wort „schizophren" in mir an? Ich beziehe mich ein: Ich stelle mir vor: schroffe Abgründe, Kernkraftspaltung, zerbrochene Teller, Brücken, die die Spannung nicht aufhalten und bersten, explodierende Vulkane. All das macht Angst und ich bemühe mich, Sanftes und Heiles entgegenzusetzen. Was, wenn einer die innere Spannung nicht halten kann? Was, wenn einer aus der Bahn geworfen wird und aus der Anziehungskraft der Menschen gerät, was wenn es an einer Stelle wuchert? Gibt es in mir auch so etwas wie den „Sprung in der Tasse" (Bürger-Prinz)? Es gibt, aber ich kann es begrenzen, – und ich kann den Gedanken nicht ausstehen, einmal die Grenzen nicht halten zu können. Ich fürchte mich vor Zerbrochenem, Zersplittertem, es macht mich traurig, macht mir Schuldgefühle. Alles was zerbricht, verliert seinen Wert. Wenn man es kleben kann, „hat man noch einmal Glück gehabt". Es gibt Scherbensammler, aber freuen die sich nicht auch mehr, wenn sie das heile, das erhaltene Stück finden?

Übung: Um uns dem anzunähern, was wir meinen, schlagen wir vor, daß Sie in einer Lerngruppe mal nicht diskutieren, was versteht dieser oder jener unter „schizophren", sondern daß Sie versuchen, Erlebnisse im eigenen Leben zu finden, die Sie als schizophren bezeichnen würden. Dabei ist es nicht wichtig, ob die Gruppe einen gemeinsamen Begriff von „schizophren" hat, sondern es kommt darauf an, ein Erlebnis und die dazugehörigen Gefühle, die man bei sich findet, zu erzählen.

Zunächst finde ich Abwehr und Unwille, auch zögernd geäußerte Ängstlichkeit. Ich bin doch nicht schizophren, das gibt es sowieso nicht, so was habe ich noch nie gehabt. Gelingt es, die Abwehr zu hintergehen, findet dieser oder jener etwas wie: Ich habe auch schon mal eine Stimme gehört, das hat mich sehr erschreckt. Ich war auch schon mal ganz sicher, mein Tun ist von Anderen beeinflußt oder gemacht. Ich habe mal eine Phase gehabt, da hatte ich immer den Eindruck, mir wird die Haut abgezogen. Ich kenne das, wenn ich etwas tun soll, was ich nicht tun kann, dann bin ich krampfhaft geladen, das ist, wie wenn man genau weiß, der nächste Schritt den du tust, egal welchen, ist bestimmt falsch, aber ich muß ihn tun. Sicher ist es schwer, sich dem zu nähern, was in einem zerrissen oder gespalten ist. Am ehesten finden wir es in unserem Leben noch dort, wo man einmal jemanden gemocht hat, den man plötzlich nicht mehr mag und kalt stehen lassen kann. Noch Beispiele für eigenes schizophrenes *Handeln:* wenn ich Angst habe, unsicher bin, dann kann ich mir gut die Leute von der Pelle halten, indem ich „quer" oder „schräg" rede, etwas was in keiner Weise in den Zusammenhang hineinpaßt. Oder: wenn ich in einer Prüfung nicht weiter weiß, mache ich mich unberechenbar für den Prüfer, sage was Unpassendes (nicht richtig und nicht falsch) und verwirre ihn, so daß ich aktiv bin und er sich auf mich einstellen muß (Verwirrspiel). Oder: wo ich etwas wegtue, wegpacke, spalte, umdrehe (z. B.: das „Machen" in etwas „Gemachtes"). Ganz oft auch dort, wo man bestimmte Anteile seiner Gefühle wegpackt, sie nicht zur Verfügung stellt, sich abzieht mit der Begründung „die Situation habe es erfordert".

Offensichtlich ist die Vorstellung, gespalten zu sein, so wenig zugelassen, und die Anstrengung, die wir aufbringen, immer in Kontinuität und in Ordnung, passend und verfügbar zu sein, so groß, daß es für unseren Alltag wichtig ist, Erfahrungen von Zerrissenheit, Gespaltenheit und Irresein einigermaßen zu überdecken.

Es muß an dieser Stelle dem Mißverständnis vorgebeugt werden, daß schon das teilweise Kennenlernen der eigenen schizophrenen Möglichkeiten mir den Anderen vertrauter macht. Im Gegenteil, die Kluft kann auch größer werden, nämlich so groß, wie sie wirklich ist! Ich werde jedoch mutiger hinzugucken, das Andere als Anderes stehen zu lassen, ohne in eigener Angst unterzugehen. Ich finde nicht einen Weg, wie ich Andere ändern kann. Das einzige, was ich habe, ist die Entdeckung und die Gewähr, daß ich mich mit dem Anderen offener einlassen kann, offener handeln kann, weil auch ich mir vorzustellen erlaube, wovon wir reden.

2. Vorstellung der Wahrnehmung

Die Suchhaltung, die ich eben auf mich angewendet habe, ist eine Haltung, mit der ich auch dem Patienten begegnen kann. Ich kann ihn ermuntern, sie auch auf sich selbst anzuwenden, damit er frei wird, tiefer zu empfinden, welches seine kranken und welches seine normalen oder gesunden, oder wie immer man es nennen will, Anteile sind, wozu er meist schon lange nicht mehr den Mut gehabt hat. Das erfordert nicht nur, daß ich mich bemühe, einen Eindruck von der Gesamtsituation des Patienten zu bekommen, auch Wissen darüber, wo er sich wohlfühlt, was er macht, was er kann. Möglicherweise wird momentan das Gefühl, zerrissen zu sein, noch größer. Dennoch ist es von Bedeutung, daß der Patient sich auch da beobachten lernt, wo er sich freut, wo er versagt, wo er sich frei fühlt, wo er einfach nur ängstlich ist, wo er sich ekelt, wo er mißmutig ist, wo er Zuneigung empfindet. Oft ist gerade diese Forderung für den Patienten zu groß. Er ist leicht zu irritieren mit einer solchen Forderung. Deshalb wird es um so wichtiger, ihn an der Suchhaltung teilnehmen zu lassen. Es kommt vor, daß ein abgekapselter, gespannter Mensch, der sich mißtrauisch von allem abwendet und z. B. bei der Visite mit dem Arzt (entweder weil er so gefragt wird oder weil der Arzt nur darauf hört oder weil er über-

empfindsam für das ist, worauf der Verdacht des Arztes aus ist) von seinen Spannungen spricht, daß er aber beim Genuß einer Mahlzeit lächelt und zufrieden aussieht. Das scheint wenig. Wenn ich jedoch dieses Lächeln zur Bedeutungslosigkeit herabmindere, ist es für den Partner auch nicht spürbar, bzw. er bleibt sehr einsam damit. Egal, ob ich den Patienten „guten Tag" sage, ihm eine Tasse Kaffee anbiete, ihn um Feuer bitte, ich bin handelnder Partner für ihn und ich löse genauso Gefühle in ihm aus, wie er welche in mir auslöst. Daß auch seine normalen Anteile in unser Handeln einfließen können, ist ganz entscheidend für unsere Begegnung.
– Ziel ist, daß der Patient beginnt, sich als den wahrzunehmen, der wahrnimmt und fühlt und handelt, der nicht nur Opfer seiner Spaltung ist, sondern auch als Täter seine eigene Spaltung herstellt. Dies ist ein großes Ziel, jedoch wirkt es sich in der Haltung schon in kleinen Quanten auf das Handeln aus.

Es beeinflußt den Patienten, der fürchtet, daß sein Essen vergiftet sei, ob ich ihm sage: „Sie wissen, daß das Unsinn ist, die Anderen essen das schließlich auch" (Konfrontation) oder ob ich sage: „Es beunruhigt Sie zu denken, das Essen könnte vergiftet sein; ich überlege, was können Sie tun, um sich zu beruhigen, damit Sie zu ihrem Essen kommen?" So gesprochen, ist der Patient ermutigt, seine Vorsichtshaltung zu überprüfen und zu überlegen, was er tun kann, um sich zu beruhigen (Realitätskontrolle). Auf diese Weise kommt er sich als Handelndem näher.
Ein anderes *Beispiel:* Ein Patient sagt: „Immer wenn ich in den Spiegel gucke, sehe ich mein zerfranstes, entstelltes Gesicht". Die Antwort: „Es macht Sie verzweifelt, Ihr Gesicht zur Zeit nicht als gute Gestalt wahrzunehmen, und Sie wünschen sich, mal wieder Ihr richtiges Gesicht zu sehen, so wie Sie es vertraut sind. Gibt es Momente, in denen Sie Ihr Gesicht so fühlen können, wie Sie es kennen?" In diesem Beispiel ist enthalten, daß ich die Aussage eines Patienten als Aussage über sein momentanes Empfinden wahrnehme, und daß ich anrege, er kann seine Empfindungen über die Zeit hin und über mehrere Gelegenheiten hin überprüfen. Auf diese Weise erweitern sich für den Patienten die Möglichkeiten, sich als Handelnden zu erleben. Es kommt auch darauf an, daß der Patient in seinem alltäglichen Tun Situationen erfährt, in denen er auch anders, vielleicht sogar überwiegend anders als krank handelt. Wenn solche Situationen der Selbstbeobachtung kaum noch zugänglich sind (z. B. bei der Arbeit oder beim Spazierengehen), dann ist mit ihm zu versuchen, z. B. mit Hilfe von Selbstbeobachtungskurven, die Tätigkeiten und Stimmungen erfassen, mit ihm in seinem Alltag solche Situationen zu erarbeiten.

– Auch habe ich ihm seinen Wahn oder seine Stimmen oder seine Spannungen als „*seins*" zu lassen. Wenn ich sage: „Das mit dem Wahn, das werden wir schon kriegen", so spalte ich den Patienten. Die kranken Anteile gehören vielmehr zum Patienten, und er lernt um so besser, damit umzugehen und evtl. sich davon zu distanzieren, je mehr er zunächst die Möglichkeit hat, sie als *zu ihm gehörig* anzunehmen, sie sich anzueignen: So kann er etwas von der Spaltung schließen oder überbrücken. Das ist die Aufforderung zu möglichst konkretem Handeln mit dem Patienten. *Seine* Lebensweise, *seine* Umgebung, *seine* bisherigen Lösungsversuche im Umgang mit Schwierigkeiten stehen zur Debatte. Es ist ein Mensch, für den wichtig ist zu erfahren, was zu ihm gehört, und wie er selbst handeln kann. Jedes „das ist typisch für" fördert die Spaltung und führt weg von einem unmittelbaren Handeln.

3. Normalisierung der Beziehung zwischen mir und dem Patienten

Wir haben also anderes von uns zu verlangen, als helfend zu sein in einem Sinne, daß der Patient gut versorgt und gut gepflegt ist. Gerade bei zurückgenommenen und abgekapselten Menschen, bei denen es schwierig ist, mich ihnen zu nähern, gebe ich leicht auf. Wenn ich die Wand spüre, mich davon kontrollieren lasse, nicht scharf aufpasse und mich nicht konzentriere, so lasse ich mich sehr schnell auf das Handeln des Patienten ein. Wenn seine Sprünge mich unwillig machen, seine Distanz in mir Versagensgefühle aufsteigen läßt, seine Gefühlskälte meine Warmherzigkeit idiotisch erscheinen läßt, so werde ich weniger leicht die Selbstwahrnehmung zulassen; „ich bin mir in dieser Situation fremd", als die Fremdwahrnehmung „der Patient ist schizophren", und schon wieder bin ich in seiner Art des Handelns gefangen. Ich kann die Beziehung nur normalisieren, wenn ich mich nicht fangen lasse, und wenn ich mich bemühe, mich auf die veränderte Situation in der Weise einzustellen, daß ich alle Zurückweisungsversuche bei mir beobachte und frage, ob sie wirklich erforderlich sind. Eine Gefahr ist meine Möglichkeit zu professioneller Hilfe, sei es in Form von Medikamenten oder sei es in Form von Pflege, die ich immer dann als Schutz einsetzen kann, wenn ich deutlich spüre, ich kann den anderen nicht verstehen, oder er kränkt oder beleidigt mich. Egal, was der Patient auf der Station oder in der Praxis macht, immer läuft er Gefahr oder will mich verführen, mit mir in ein Handeln zu kommen, wo im Vordergrund das „typisch Schizo" steht: denn das ist für beide Partner weniger anstrengend, für beide bedeutet es mehr Sicherheit.

Wie aber kann es gelingen, anders, also „*normal*" ins Handeln zu kommen, d. h. so, daß ich die kranken *und* die gesunden Anteile, die Symptome *und* die Person des Patienten gleichzeitig ernstnehme. Wir wollen versuchen, an mehreren Beispielen aufzuzeigen, wie es mit kleinen Schritten möglich scheint:

Beispiel 1: Ein Patient ist im Tagesraum mit den anderen und schweigt. Der Pfleger kann nur dieses Schweigen beobachten und als Symptom am nächsten Tag dem Arzt mitteilen. Das bedeutet, Fortbestehen der Krankheit, die Änderung hat vom Patienten auszugehen (schließlich *hat* er ja die Krankheit).

Alternative: Der Pfleger geht hin und sagt: „Mir ist aufgefallen, ich habe Sie noch nie gefragt, worüber Sie sich gerne unterhalten. Ich möchte gerne mit Ihnen sprechen, weiß aber nicht worüber". Das bedeutet: Ich bemühe mich, die Art unserer Begegnung zu ändern, und viele haben gespürt, wie froh es macht, sagen zu können: „Ich habe mich mit ihm unterhalten" oder: „Er hat sich auch gefreut, daß unser Verein gewonnen hat".

Beispiel 2: Ein Patient ist im Tagesraum und schreit: „Ihr blöden Huren, ihr widerwärtigen Weiber, euch sollte man alle vergasen. Ich bin schließlich General, ihr habt mir alle zu gehorchen!" – Die anwesenden Frauen ängstigen sich und sind empört. Die Schwester kann nun den Arzt holen, der müsse dringend etwas Beruhigendes geben, der Patient sei wieder paranoid. Oder sie kann sagen: „Im Moment hassen Sie alle Frauen, das macht mir richtig Angst, wenn Sie so rumbrüllen." – Im letzten Lösungsversuch wieder das Bemühen um unmittelbares Handeln. Alle, die es je versucht haben, wissen, wie schwer es ist, aber auch wie lohnend, wenn derselbe Patient in seiner Wut sich verstanden fühlt und dann entdeckt, daß er jahrelang nicht mit Frauen gesprochen hat, sie „in seinen Wahn eingebaut hat", indem er erlebte, von Frauen gingen Strahlen aus, die ihm ans Leben gingen.

Beispiel 3: Ein Patient erzählt gerade über seine Arbeitsstelle, auf der er sich lange Zeit nicht wohlgefühlt hat. Plötzlich kichert er unvermittelt, ich kann darüber hinweggehen und einen „Symptomvermerk" machen, ich kann ihn darauf hinweisen, daß wir gerade über seine *ernsten* Probleme sprechen. Ich kann ihn aber auch auf sein Lachen ansprechen: „Obwohl wir gerade von dem gesprochen haben, was Sie belastet, müssen Sie kichern; ich frage mich, was das Kichern für Sie bedeutet?!" Der Patient kann dann berichten, er fühle sich durch Stimmen so provoziert, die würden ihm immer unanständige Wörter sagen. Er kann es nicht kontrollieren, aber es sei furchtbar für ihn, in dieser Weise hin und hergerissen zu sein.

In den Beispielen wird deutlich, daß wir uns bemühen müssen, den Patienten nicht nur in seinen Gefühlen zu verstehen, sondern in dem, was bestimmte Handlungsweisen subjektiv für ihn bedeuten, wie er sie selbst herstellt; d. h. aber häufig, nicht nur Gefühle, sondern auch sein Handeln und Denken zu berücksichtigen. Dabei ist es wichtig, – wenn auch schwierig – die eigenen gefühlmäßigen Reaktionen und die eigenen subjektiven Bedeutungen wahrzunehmen und zu spalten. Nämlich in einen Teil, der *mir* gehört und in einen Teil, der *in das Gespräch mit ihm* gehört. der Patient muß spüren, daß ich mich bemühe, *mich* im Gespräch mit ihm (daher auch: „*Ich* frage *mich, . . .* ") zu verstehen; dann kann er sich ebenfalls bemühen, *sich* zu verstehen.

Dies zu verwirklichen, ist nicht auf Anhieb und nicht anhaltend möglich, jedoch gibt es Möglichkeiten für mich, meine Wahrnehmungen und meine gefühlsmäßigen Stellungnahmen zu kontrollieren. Dies ist nötig, damit in der Begegnung sowohl der Patient als auch ich hinreichend unabhängig und frei (= normal Handelnde) bleiben.

4. Möglichkeiten meiner Selbstkontrolle

a) *Teamgespräche:* Der schweigende Patient von Beispiel 1 oder der aggressive von Beispiel 2 können bei den Handelnden ängstliche oder verteidigende Gefühle auslösen. Die Schwester kann ihre Empörung und ihren Unmut über die Zumutung kaum zurückhalten. In der Besprechung können die Team-Mitglieder versuchen herauszufinden, was diese Äußerungen für den Patienten und die Schwester bedeuten. Damit wird die Schwester erfahren, daß einige ihr zustimmen, sie wird sich aufgehoben fühlen. Sie wird dann andererseits die Möglichkeit haben zu überprüfen, daß sie als Frau sich von dem Patienten nicht angegriffen zu fühlen braucht, daß vielmehr für die Frausein ihm helfen kann, sich besser kennenzulernen. Sie kann verstehen, daß wenn sie sich fragt: „Welche Bedeutung gebe *ich* der Äußeung des Patienten?" sie hingehen und fragen kann: „Welche Bedeutung gibt er der Äußerung?" (Wenn man sich solche Fragen stellt, ist es wichtig, daß Antworten wie „bedeutet mir nichts" oder „messe ich keine Bedeutung bei" *quantitative* Antworten sind, daß aber in der Frage, die wir stellen, nach *qualitativen* Aspekten gefragt ist). Im Team kann darüberhinaus besprochen werden, ob es sinnvoll ist, dem Patienten auch Medikamente zu geben. Möglicherweise ist es zuviel für ihn, plötzlich so viel mit Frauen zu tun zu haben, so daß eine zeitweilige medikamentös herbeigeführte Beruhigung es erleichtern kann, im Umgang mit Frauen anders zu handeln. Dann ist Medikamentengabe nicht etwas, was im Moment der eigenen Hilflosigkeit angewendet wird (gleichsam „als Rache") sondern etwas, was man mit dem Patienten besprechen kann.

b) *Voll- oder Stationsversammlung:* Während das Gespräch im Team und die Möglichkeiten der Selbstkontrolle dort die beschützenden Bedingungen für Teammitglieder sind, geschieht die Korrektur durch die Stationsversammlung in grellem Scheinwerferlicht der Patienten und Kollegen

(= Öffentlichkeit)! Beim gleichen Beispiel bleibend: eine Patientin reagiert: „Ach du, immer mit deinen Weibergeschichten, hast du nicht etwas anderes?" Oder eine andere: „Jawohl, Herr General!" Eine Dritte kann sich empört gegen die vorgebrachten Anschuldigungen wehren: „Du bist blöde, halte die Schnauze!" In diesem Moment wird für die Schwester deutlich, daß andere Ironie oder Spott, Abfälligkeit und Wut äußern, so daß ihr geholfen ist, zu sehen, daß *ihre* Gefühle *ihre* Gefühle sind. Es entsteht eine Möglichkeit, ihre Nachdenklichkeit mitzuteilen: „Erst wollte ich auch eine zornige Bemerkung machen, jetzt fällt mir aber auf, daß Sie sich vielleicht dann gar nicht richtig verstanden fühlen". Es ist schwer, in der Gruppe der Patienten und Kollegen offen zu sein, nicht die Geduld zu verlieren, immer einen neuen Anlauf zu nehmen; jedoch bedeutet das auch, daß ich mich immer besser kennen und verstehen lerne, (und das Team im „öffentlichen Handeln" sich als Instrument kennenlernt: Verifica!)

c) *Angehörigengruppe:* Wenn wir nochmal bei dem gleichen Beispiel bleiben, so kann mein Eindruck auch durch die Angehörigen korrigiert werden. So kann die Mutter dieses Patienten berichten, daß sie immer darauf geachtet habe, daß ihr Sohn sauber bleibe. Sie sei jedoch erstaunt, daß er nach wie vor keine Freundin habe. Andere Angehörige können sie fragen, wie sie sich das denkt, daß ihr Sohn gleichzeitig sich vor Frauen hüten soll und sich ihnen nähern soll. Ich hingegen habe die Möglichkeit aufzuatmen, daß ich nicht nur die Paranoia, den Wahn des Patienten sehe, sondern jetzt auch seine ganze Lebenssituation besser sehen kann. Nach dieser Äußerung der Mutter bleibt die Art und Weise, wie der Patient sich zu Frauen äußert, sicher paranoid, gleichzeitig weist sie jedoch auf das Lebensproblem seiner Sexualität.

d) *Aufnahmegespräch zu Dritt:* Der Erstkontakt, egal ob in der Praxis oder im psychiatrischen Krankenhaus, stellt die Weichen für den Stil des weiteren Umgangs miteinander. Partnerschaftlichkeit wird gefördert, wenn der Erstkontakt zu Dritt stattfindet, wo dann der Patient nicht meiner Willkür ausgesetzt ist und nicht seiner ausgesetzt bin. Dabei beobachten ihn nicht 2 professionelle Leute; sondern jeder der beiden Leute hat die Möglichkeit, sich und seine Gefühle und Eindrücke mit einzubringen, so daß ein Gespräch zwischen 3 Leuten entsteht und weder ein Interview noch ein Verhör noch eine Exploration.

Anhand von Herrn E. möchten wir ein Beispiel machen, wie ein solches Gespräch verlaufen könnte (auch hier wieder die Empfehlung, das Gespräch als Übung zu nehmen und zu überlegen, was Sie im Sinne des Ziels größerer Offenheit gesagt hätten). Das Gespräch wird von einem Psychologen, einer Sozialarbeiterin und dem Patienten geführt.

P: Können Sie sagen, was Sie zu uns bringt?
E: Die verfolgen mich wieder, die lassen mich nicht in Ruhe.
P: Sie fühlen sich gehetzt, können Sie uns mehr darüber erzählen?
E: Wir waren gerade im Urlaub in Prag, und da habe ich gewisse Einblicke bekommen. In dem Hotel – Ost-West-Kontakte – und dann habe ich sie immer wieder gesehen. Ich habe Dinge überhört, Geheimnisse.
S: Wenn Sie jetzt darüber erzählen, ergreift die gleiche Erregung Sie wieder.
E: Ja, die haben mich ja entdeckt, und jetzt wollen die mich fertig machen.
P: Sie fühlen sich ausgesprochen bedroht?
E: Ja, ich weiß nicht, alles ist so verworren.
S: Im Moment wissen Sie nicht ein noch aus?
Kurze Pause im Gespräch, während der die Spannung von Herrn E. steigt, was deutlich an seiner Gestik und Mimik zu sehen ist.

P: Das ist auch jetzt so, wenn hier über das Ganze gesprochen wird, dann werden Sie ängstlicher und gespannter.

E: Ja.

S: Wenn wir sprechen, statt zu schweigen, ist es dann leichter für Sie?

E: Nickt.

S: Vielleicht erzählen Sie noch von ihrem Urlaub, und wie es dann weitergegangen ist.

E: Ach, ich habe alles verdorben, wir mußten früher nach Hause fahren.

P: Sie machen sich jetzt noch Vorwürfe.

E: Nicht nur ich, auch meine Mutter, sie wollte eine schöne Urlaubsreise haben.

S: Ist es, daß Sie sich von ihr nicht richtig verstanden fühlen in Ihrer Angst?

E: Genau das ist es, dabei habe ich es ihr noch gezeigt, in der einen Kneipe und bei der Burg. Da war eine Versammlung, wir kamen da rein, und plötzlich habe ich alles ganz deutlich gesehen, die ganze weltweite Verstrickung. Ich war entsetzt, denn ich wußte, das ist das Ende. Ich hab es zu meiner Mutter gesagt, sie hat nichts gemerkt. Wir haben gezankt, denn sie sagt immer, daß das doch nette Leute seien. Aber ich habe es gewußt. Die ganze Nacht konnte ich nicht schlafen, und dann mußten wir abreisen.

S: Sie waren ganz erleichtert, als Ihnen die Flucht gelungen war?

E: Ja, aber jetzt haben die mich hier aufgetan, und meine Mutter widerspricht mir immer.

P: Das zerreißt Sie förmlich, dieses Gefühl, ich bin so bedroht und verfolgt, und meine Mutter kann mich nicht verstehen.

E: Und da sind auch noch die anderen.

S: Ist es, daß Sie sich so richtig zwischen zwei Systemen gefangen fühlen? Einmal den internationalen Spionagering und Ihren Leuten zu Hause, die immer mit Ihnen argumentieren.

E: Lächelt.

S: Ich kann mir vorstellen, daß es zu Hause ganz schön chaotisch ist. Was bedeutet Ihnen das, so eingeklemmt zu sein?

E: Ich weiß mir nicht mehr zu helfen. Wenn ich nachgebe, werde ich gekillt und wenn ich nicht nachgebe, passiert auch etwas.

P: Sie sagen, so oder so passiert etwas Aggressives. Sie sind da sicher?

E: Die sind mir auf den Fersen. Die gefährlichste Zeit ist abends und nachts. Deswegen rammele ich alle Türen zu. Und dann habe ich auch ein Messer. Ich setze mich der Tür gegenüber mit dem Messer in der Hand.

S: Nur wenn Sie sich so abgesichert haben, fühlen Sie sich sicher.

E: Jetzt hat meine Mutter gesagt, ich soll das lassen, und das alles sei doch Spinnerei.

S: Das hat Sie manchmal richtig zornig und wütend gemacht.

E: Naja, jetzt sagt sie, ich bedrohe sie und nun will sie mir das Messer wegnehmen.

S: Ich kann mir vorstellen, daß es in Ihnen turbulent aussieht. Einerseits sind Sie wütend, gleichzeitig fühlen Sie sich bedroht und dann auch noch die irre Angst, daß *Sie* aggressiv werden.

E: Ja, so geht das nicht weiter.

P: Ich überlege gerade, ob es Zeiten und Situationen gibt, wo Sie sich sicher fühlen.

E: Bei der Arbeit ist es besser, da gibt es so wenig Berührungspunkte.

S zu P: Ist es, daß Sie jetzt die Hilflosigkeit von Herrn E. nicht ertragen können? Mir fällt auf, daß wir gerade über seine Hilflosigkeit gesprochen haben und Sie jetzt danach fragen, wo es ihm besser geht. Ich kann mir vorstellen, daß er sich in seiner Hilflosigkeit noch nicht umfassend verstanden fühlt.

E: Ich weiß nicht, ein paarmal haben sie mich ins Krankenhaus gebracht. Sie hat dann solche Angst vor mir, ich weiß auch nicht.

S: In der Situation gibt es für Sie keine Möglichkeit mehr, Ihre Hilflosigkeit zu ertragen oder zu meistern.

E: Ich weiß nicht.

P: Und die Krankenhäuser, wie ist es da?

E: Lächelt. Ach, ich war schon viel in Krankenhäusern, 6mal. Es ist ein bißchen besser, aber die Medikamente.

S: Da haben Sie was gegen.

E: Das muß ich Ihnen gleich sagen, Tabletten nehme ich nicht.

P: Was nimmt Sie so ein gegen Tabletten?

E: Ich will keine, auch nicht ins Essen.

P: Sie sind da schon ganz mißtrauisch, was macht Tabletten so gefährlich für Sie?

E: Lächelt: Ach, wissen Sie . . .

P: Das ist etwas, was Sie ganz versonnen und träumerisch macht.

E: Ja.

S: Sie sprechen nicht gerne darüber, so als ob das Verrat ist.

E: Ja, das ist es, meine Freundin wohnt nämlich in meinem Herzen.

P: Ist es, daß Sie uns trauen und ganz offen sind?

S: Ich kann mir vorstellen, daß Sie sich gegen Tabletten wehren, weil die auch ihre guten Gefühle beeinflussen.

E: Ja.

P: Das macht es wahrscheinlich sehr schwer für Sie, einerseits wissen Sie, daß Tabletten Ihnen helfen, die Spannungen zu vermindern, auf der anderen Seite fürchten Sie um Ihre guten Gefühle.

E: Ja, sie ist ein so guter Mensch, ich möchte sie nicht verlieren.

S: Immer, wenn Sie an sie denken, fühlen Sie sich rundherum wohl.

E: Es ist nur schwer, zueinander zu kommen.

P: Immer, wenn Sie sich statt der Idee, eine gelebte und tägliche Verbindung vorstellen, wird alles unsicher und unscharf.

E: Es muß geistig bleiben.

P: Ist es so, daß Sie sich vor körperlichen Kontakten fürchten?

E: Anfassen darf mich keiner.

S: Auch wenn jemand Sie streicheln will?

E: Das darf nur meine Freundin.

S: Ich frage mich, was das für Sie bedeutet, angefaßt zu werden.

E: Ist es gut, ist es böse. Es gibt gute und böse Berührung.

Und als Übung: Wie häufig haben Sie gedacht, Du liebe Zeit, wie jetzt weiter?

Das Gespräch wird hier unterbrochen. Es ging darum, daß ich mich selbst bei irrealen wahnhaften Inhalten bemühen kann, den Patienten zu verstehen, ihm das Gefühl zu geben, daß er akzeptiert wird, daß seine Meinung genauso viel zählt wie meine. Das geschieht in dem Versuch, mich in mich *und* in seine Situation einzufühlen (Beispiel für falsche Kumpanei: das kann ich gut verstehen, daß sie Ihrem Spion weglaufen wollen oder: na, in Prag kann einem das aber leicht passieren).

Übung: Rollenspiele, wo jeder der Teilnehmer auf die Äußerungen des Patienten seine erste Äußerung bringt (sogenannte spontane Äußerungen) und unmittelbar Rückmeldung von den spielenden Patienten gegeben wird, ob er sich bei dieser Äußerung verstanden, geblockt, verletzt, alleingelassen, durchbohrt usw. fühlt.

Wichtig für mich ist, klar zu trennen, was ich verstehen kann und was nicht. Ich kann verstehen, daß jemand der sich bedroht fühlt, sich verteidigen will. Manchmal kann ich die Art der Verteidigung nicht verstehen. Ich verstehe nicht, daß der Patient einen Wahn hat, obwohl ich sehr wohl verstehe, daß Prag im Jahre 1975 für jemanden, der in dieser Weise sich bedroht fühlt, eine extreme Belastungsprobe darstellt. Ich kann nicht verstehen, wie der Patient es *macht*, daß er seine Freundin nur in seinem Herzen ansiedelt; verstehen kann ich, daß er bangt, mit der Verabreichung von Tabletten die Freundin zu verlieren. So wäre z. B. die Reaktion, „Sie haben Ihre Freundin in Ihr Herz geschlossen", sinnlos, da ich in dem Moment witzig zu sein versuche, der Patient mich aber wörtlich nimmt und das Verständnis wird auf meine Kosten verstellt. Wir haben mit dem Patienten bisher nur von der — für ihn unverständlichen — Angst der Mutter gesprochen, nicht über seinen Argwohn, seinen Rückzug. Auffallend ist es, daß die Mutter offensichtlich die Art ihrer Äußerungen geändert hat. Vormals hat sie ihrem Sohn gesagt, er solle das lassen, das sei Spinnerei, jetzt sagt sie: „ich fühle mich bedroht". Inwieweit der Sohn dafür Verständnis hat, ist noch nicht angesprochen.

III. *Therapie und Selbsttherapie*

Ich habe nicht für den Patienten zu entscheiden, was für ihn gut ist, sondern die Vorteile und Nachteile möglicher Therapie mit ihm zu besprechen. Dabei sollte ich mit meiner Meinung und den Gründen dafür nicht hinter dem Berg halten. Weder die Erwartung, daß der Patient meine Meinung letztlich doch übernimmt, noch die Erwartung, daß in jedem Fall der Patient schon weiß, was für ihn richtig ist, führt zu einem sinnvollen Gespräch (in Analogie: manchmal hat der Verkäufer recht, wenn er mich berät; oft ist es jedoch wichtig, daß ich meine Wünsche durchsetze. Das geht am besten, wenn wir über die unterschiedlichsten Gesichtspunkte sprechen können). In diesem Sinne könnte das vorhin unterbrochene Gespräch etwa so zu Ende gehen:

P: Ich frage *mich*, wie das weitergehen soll, wie Sie aus der verzwickten Situation wieder herauskommen.

E: Achselzucken, so als würde er auf eine Entscheidung warten.

P: Ihnen selbst fällt momentan nicht ein, wie Sie sich helfen können?

E: Tabletten will ich nicht.

S: Da sind Sie sich absolut sicher, Tabletten kommen nicht in Frage. Und ohne Tabletten?

E: Ja, ich weiß nicht.

S: Sehen Sie irgendeinen Ansatz, daß sich zu Hause etwas ändern läßt, so daß Sie und Ihre Mutter etwas angstfreier und entspannter leben können?

E: Meine Mutter müßte mich in Ruhe lassen, mich nicht dauernd bewachen.

P: Da haben Sie gar kein Verständnis für, daß Ihre Mutter sich vor Ihnen fürchtet?

E: Sie sagt, ich bedrohe sie; aber ich muß mich doch schützen.

P: Das steht für Sie im Vordergrund: Ich muß mich schützen.

E: Ja.

P: Sie haben einen Vorschlag, was Ihre Mutter tun könnte, damit Sie ruhiger werden. Gibt es auch irgendetwas, was Sie selbst tun können?

E: Ich könnte zu Hause ausziehen, aber wenn die das mitkriegen.

111

S: Sie haben vorhin gesagt, daß Tabletten Ihnen schon geholfen haben, dieses Gefühl, ich werde verfolgt, loszuwerden. Können Sie sich irgendetwas vorstellen, was *Sie* ändern können, damit das Gefühl weniger wird.

E: Alles in die Luft sprengen. Die Mauer hinter mir abreißen.

S: Etwas weniger Gewaltsames, was Sie bei sich ändern können, fällt Ihnen nicht ein?

E: Wie meinen Sie das?

S: Ich überlege gerade, wie wohl eine Situation aussieht, in der Sie der Gedanke: ich werde verfolgt, nicht so sehr belästigt.

E: Wenn ich in Ruhe gelassen werde.

P: Und ist das im Krankenhaus so?

S: Schade, daß wir keine Nachtklinik haben, denn Sie sagen, bei der Arbeit geht es Ihnen ganz gut. Und wenn ich das richtig sehe, spitzt sich die Situation zu Hause immer mehr zu.

E: Hier fühle ich mich sicher, manchmal ist das in Krankenhäusern auch nicht so.

P: Meinen Sie, daß Sie zur Ruhe kommen können, wenn Sie im Krankenhaus bleiben?

E: Ja.

P: Welche Erfahrungen haben Sie, wie lange dauert es, bis Sie ruhiger werden. Es ist sehr wichtig, daß Sie nicht zu lange im Krankenhaus bleiben.

E: Das letzte Mal hat es 8 Monate gedauert, aber das war wohl ein bißchen lang.

P: Sind Sie mit folgender Vereinbarung einverstanden, daß Sie jetzt aufgenommen werden im Krankenhaus und daß wir jede Woche darüber sprechen, ob Sie sich die Entlassung oder eine teilstationäre Weiterführung der Therapie zutrauen?

1. Therapeutische Einrichtungen

Um herauszufinden, was wann die günstigste Einrichtung für einen gespaltenen Menschen ist, sind folgende Gesichtspunkte zu berücksichtigen:

– wie stark ist das Ausmaß der inneren Spannungen? In welchen Situationen kann der Patient entspannt sein?

– wie kann der Patient mit seinen Spannungen umgehen, wie schnell kann die Spannung auf den Siedepunkt steigen?

– welche Umweltreize tun dem Patienten wohl?

– ist der Clinch mit Angehörigen und/oder Kollegen so groß, daß nur eine zeitweise oder dauerhafte Trennung die akute Entspannung herbeiführen kann?

– wie groß ist das eingeschätzte Maß der Aggressivität, die sich gegen sich selbst, gegen Andere oder gegen Sachen richten kann?

– ist es möglich, der Umwelt die störenden Handlungen des Patienten zuzumuten, so daß ein Verbleiben in der Situation möglich ist?

– wie gut gelingt es dem Patienten, Beziehungen aufzunehmen, bzw. wie groß ist seine Beziehungslosigkeit? Dabei ist es wichtig, nicht nur das wirkliche Alleinsein zu sehen, sondern auch das Alleinsein mit Anderen.

– wie groß sind Ausmaß des körperlichen Verfalls (z. B. Abmagerung) oder Probleme der hygienischen Selbstversorgung (z. B. sich nicht waschen können, weil durch die Leitung Strahlen geschickt werden)?

– wie gut kann der Patient seine eigenen Sachen noch zusammenhalten und in welchen Bereichen (Ausmaß der sozialen Spaltung)?

112

Bei akuten Zuspitzungen ist das Krankenhaus der Ort für die Therapie. Jedoch sollte der Aufenthalt zeitlich begrenzt sein. Tages- und Nachtklinik kommen dann in Frage:

– wenn Patienten nach Krankenhausaufenthalt wieder zunehmend belastet werden können,

– wenn Patienten z. B. gerade im Bereich ihrer Arbeit nicht beeinträchtigt sind (Nachtklinik), oder vorwiegend dort beeinträchtigt sind (Tagesklinik),

– wenn Patienten nach langwieriger Zeit der Arbeitsunfähigkeit das Arbeiten und Handeln in offenen, sozialen Situationen trainieren können (Rehabilitation; dann aber auch Wohnheim oder Übergangsheim möglich, s. Kap. 15),

– bei akuten Krisen, in denen eigentlich Krankenhausaufnahme notwendig ist, aber die Zusammenarbeit der Beteiligten noch möglich ist.

Noch ein Verweis auf Kap. 15: Dort wird unter dem Gesichtspunkt der Gemeindenähe und der Hilfe zur Selbsthilfe über die Bedeutung der ambulanten Therapie gesprochen, die Vorrang hat, und über die Betreuung zu Hause, z. B. mit Hilfe des Gesundheitsamts und eines Gemeinde-Clubs. Gesichtspunkt der Selbsttherapie ist dieser Weg – statt Langzeitaufenthalt im PKH – zu wählen.

2. Therapeutischer Rahmen

Wie gestalte ich das „Milieu", den Aufenthalt? Ich will mit dem Patienten über seine Ziele und Wünsche sprechen. Dabei stehen zwei Fragen im Vordergrund:
– was kann der Patient ändern bzw. was kann er annehmen?
– was kann er nicht ändern bzw. was kann er nicht annehmen?

Und dann ist auszuhandeln, inwieweit die Institution tauglich ist. Das Besprechen dessen, was geändert werden kann und was nicht, sollte gründlich und ohne Aufschub erfolgen. Erst dann ist auch die Entscheidung zu fällen, welche Medikamente zu verabreichen sind. Häufig erwirbt man für sich mit der sofortigen Medikamentengabe Aufschub, dann jedoch kann man auf die volle Mitarbeit des Patienten schon nicht mehr rechnen, hat ihn zusätzlich passiv gemacht. Häufig läßt man sich von den Wünschen nach Rückzug, nach Abhängigkeit, nach Führung, nach Strukturierung auch einlullen, ohne rechtzeitig zu merken, daß hier der Ansatz für die Zusammenarbeit ist. In anderen Fällen sind Medikamente die Voraussetzung dafür, den Patienten zum Mitarbeiter zu machen. Im Handeln mit dem Zerfallenen und Zerspaltenen eines Menschen ist es von großer Bedeutung, ihm zu zeigen (d. h. nicht zu sagen), daß man ihm traut, und daß er auch trauen kann und zwar primär sich selbst, und daß er es ist, der handelt. Diese Erfahrungen sind leichter in Gruppen und Krankenhäusern zu machen, in denen Arbeits- und Bewegungstherapie möglich sind: Seltener und schwerer sind diese Erfahrungen in der Zweiersituation zu machen. Damit die Erfahrung möglich wird, muß ich in meinem Handeln eindeutig sein, auch in der Sprache. Jeder weiß, wie schwer es ist, nicht mir würde, könnte und sollte zu sprechen (beobachten Sie das mal bei sich selbst!) Aber auch im Handeln: Jeder weiß, wie wichtig es für ihn ist, daß Absprachen eingehalten werden (z. B. Rendezvous). Wie häufig jedoch geschieht es, daß jemand sein entstehendes Vertrauen dadurch äußert, daß er sich mit einer Frage an uns wendet und das zu einem Zeitpunkt, zu dem man nur sagen kann „Moment" – und dann hat man vergessen, sich dem Frager zuzuwenden. In solchen Situationen in der Lage zu sein, sich zu entschuldigen und die Aufmerksamkeit wieder herzustellen, kann von elementarer Bedeutung sein. In dem Moment, in dem ich mit dem Patienten einen „Arbeitsvertrag" eingehe, muß ich mir sicher sein, welches Handeln meine Bedingungen zulassen. Dabei gelten vor allem Beschränkungen, die durch Ort, Zeit und Ziele gegeben sind; vgl. Kap. 12 mit den Gesichtspunkten des normalen und regelhaften Handelns, die für mich und Andere gelten.

Neuroleptika haben eine wichtige Funktion innerhalb des Gesamttherapieplanes. Sie können Gespanntheit vermindern und den Patienten fähig machen, auch seine bewahrenden Fähigkeiten zu sehen. Oder Angst zu ermäßigen und den Patienten fähig machen, über seinen Wahn hinaus anderen Menschen zu begegnen, Mitarbeiter an seiner Therapie zu werden. Neuroleptika (andere Medikamente kommen heute kaum noch in Frage) verlangsamen freilich den Patienten auch (Senkung des zentralnervösen Grundtonus bzw. des psychoenergetischen Niveaus), vermindern psychomotorische Aktivität und die gefühlsmäßige Spannbarkeit (Dämpfung von Trieb und Antrieb). Sie sind syndrom-gerichtet einzusetzen. Langzeitpräparate helfen, daß Patienten nicht wieder so leicht zusammenbrechen, wenn sie den Anforderungen ihrer alltäglichen Umgebung, sei es ihrer familiären oder ihrer Arbeitsumgebung, begegnen müssen. Sie verschieben also das Schwergewicht der Therapie auf die Ambulanz, was mehr Distanzierung des Patienten vom Krankenhaus und Loslösung aus der Abhängigkeit bedeutet. Dadurch wird die Therapie schizophrener Patienten gemeindenah, wird psychotherapeutische und soziotherapeutische Arbeit besser möglich. Wir haben noch zu lernen, die durch Neuroleptika gewonne Lernfähigkeit schizophrener Patienten besser zu nutzen: Sowohl für die Rehabilitation der schon lange Zeit schwer gestörten Patienten, als auch für die Prävention von „großen psychiatrischen Karrieren" bei eben beginnendem Krankheitsprozeß. – Indikation für Elektrokrampftherapie: lebensbedrohliche Katatonie und nicht anders zu beeinflussende Chronifizierungsgefahr. Alle Einzelheiten zu körpertherapeutischen Techniken (s. Kap. 13).

Will man an ihrem Selbst erkrankte Patienten über die beschriebene Alltagstherapie (Grundhaltung) hinaus mit systematischen oder speziellen psychotherapeutischen Verfahren erreichen, ist zu berücksichtigen, daß sie sich meist in einem oder mehreren Bereichen von der Umwelt zurückgezogen haben, in ihrer Phantasie anders wuchern als die, die in ihren Beziehungen krank sind, die eher übersozial sind und emotional und sprachlich besser äußerungsfähig sind. Es wird mehr Ausdauer, mehr Geduld verlangt, auch mehr Bemühen, den Sinn der Äußerungen zu verstehen: was haben sie mit dem Selbst zu tun, wo ist die Anbindung an die Normalität gegeben, wo habe ich es mit Überwucherungen des Selbst zu tun. Die Anwendung psychotherapeutischer Verfahren ist dennoch sinnvoll, denn sicher sind psychotische Äußerungsweisen nicht sinnlos und motivlos, vielmehr liegt ihnen eine innere Auseinandersetzung zugrunde, deren Verständnis jedoch durch äußerst individuelle Überwucherung erschwert ist (das *Subjekt handelt* eben *äußerst!). Psychotherapeutische Hilfe kann als Möglichkeit verstanden werden, mißlungene*

Abwehr gegen das innere (psychotische) Chaos zu korrigieren, oder – bei einem noch bescheideneren Ansatz – als Anfachung und Förderung einer Begegnung mit den gesunden Anteilen und ihrer Stärkung (s. Kap. 14).

3. Verlauf der Begegnung – Umgang mit Langzeit-Patienten

Die Begegnung mit einem gespaltenen Menschen kann nie einmalig sein. Vielmehr geht es darum, mit dem Patienten den Prozeß, den Verlauf des Spaltens wahrzunehmen und mitzuerleben: darum zu kämpfen, ihn aufzuhalten, auf einer Stufe anhalten zu lassen, für das Leben des Patienten weniger bedeutsam werden zu lassen, ihm zu helfen, mit den verfügbaren Anteilen seiner Persönlichkeit sich ein Leben aufzubauen. Nur selten erfolgt die Spaltung so, wie ein Blitz einen Baum zerteilt. Vielmehr ist meistens das Zerreißen ein langsamer und wechselhafter Vorgang, so daß es immer wieder zu Begegnungen zwischen dem Patienten und den Therapeuten kommt. Obwohl für viele psychiatrisch Tätige die Vorstellung, immer wieder den gleichen Menschen zu begegnen, grauenvoll ist, ist an dieser Stelle zu vermerken, daß es gerade den Patienten mit verstärkt schizophrenen Anteilen gut tut, weitgehend die gleichen Bezugspersonen (aus demselben Versorgungsgebiet) zu haben. Von daher gewinnt auch der Begriff der Drehtürpsychiatrie im Umgang mit den zerbrochenen und gespaltenen Zügen eines Menschen einen positiven Akzent: Sie müssen immer wieder die Möglichkeit der Begegnung mit denselben in der Psychiatrie tätigen Menschen haben. Ganz sicher muß man dabei aufpassen, daß man ihre Hospitalisierungstendenzen (die Neigung eines Menschen an einem sicheren Ort zu verharren) nicht bestärkt. Auf der anderen Seite wird jede „spaltende" Verweisung („Verschubung") an wieder neue Bezugspersonen und neue Institutionen auch die Zunahme innerer Zerrissenheit und Gespaltenheit des Patienten fördern, auch seine Vermeidungs-Neigung, sich auf zwischenmenschliche Begegnungen wirklich einzulassen. Viele Patienten, die lange im Krankenhaus sind, ähnlich wie Gefangene oder andere Internierte, passen sich mit ihren Gewohnheiten der Umgebung an, d. h. vieles, was für sie ehedem normal war, wird durch die reizarme und weniger anregende Umgebung überformt. Von daher ist gerade in psychiatrischen Krankenhäusern (und Heimen) oft nicht bestimmbar, welche bizarren Erscheinungsweisen von der kranken Person kommen, und welche dadurch bedingt sind, daß die Institution mit den Menschen nicht pfleglich umgeht. Bei der Arbeit im „Langzeitbereich" ist darauf zu achten, welchen Spielraum, d. h. Handlungsraum, d. h. „Territorium" dem einzelnen belassen wird. Es trägt zur Entindividualisierung bei, daß einem alles, was eine Person kennzeichnet, weggenommen wird. So bleibt ihm häufig nichts anderes übrig, als aus seiner Phantasie Gestaltungsmöglichkeiten hervorzubringen, die ihm zeigen, daß er er selbst ist. In den besten Fällen ist dieses bizarre oder naive Malerei, in den schlimmsten Fällen sind es stumpfe *Stereotypien* (ständiges Wiederholen ein und derselben Körperbewegung). Wie schnell, in welchem Umfang und in Abhängigkeit von welchen reduzierten Bedingungen Institutionen diese Wirkung haben, ist für Individuen sicher unterschiedlich, jedoch ist dieser Gedanke nicht tröstlich. Man weiß, daß unter total reizarmen Bedingungen Menschen auf diese Reizlosigkeit dadurch reagieren, daß sie anfangen, etwas mit sich selbst zu machen (das kann Gesang, Gelalle, Onanieren, Angst, Schreien, sich Kneifen, u. ä. sein). Wenn hier von Institutionen gesprochen wird, so sind alle möglichen Institutionen gemeint, und es sind alle Aspekte gemeint, die zu einer Institution dazugehören, also nicht nur die Gebäude, sondern auch die Menschen, die dort arbeiten, und denen die Arbeit auch zur Gewohnheit geworden ist. Keiner, der es mit der Psychiatrie zu tun hat, sollte so naiv sein zu glauben, daß man nur die Umgebung freundlicher gestalten müßte, um bei den Patienten normale Handlungsweisen zu fördern. Die Gefahr, daß sich auch die in Langzeitinstitutionen Tätigen von der Umgebung fangen lassen, also auch hospitalisieren, kann nicht unterschätzt werden; und so ist es gerade für sie wichtig, z. B. in berufsbegleitender Fortbildung ihre gesunden Anteile wieder zu entdecken. Oft haben Langzeitkranke nicht nur ihre Bedürfnisse verlernt, vergessen, „draußengelassen"; sondern auch Vorstellungen von Pflichten und Notwendigkeiten sind ihnen abhanden gekommen. In Institutionen wird immer wieder für sie gesorgt, und in totalen Institutionen wird eben total für sie gesorgt, so daß Aussagen wie: „Du mußt, es geht nicht anders, man ist verpflichtet", den Patienten inhaltlich gar nicht mehr erreichen können. *Bei der Umgestaltung von Institutionen ist es daher notwendig, nicht nur die Angebote im Sinne größerer Gestaltungsvielfalt zu erweitern, sondern gleichzeitig einen Kanon von Notwendigkeiten und Verpflichtungen mitzugestalten, da nur durch die Anbindung an Normales die „Normalisierung" möglich wird.*

Bei allen Bemühungen darf nicht vergessen werden, daß Risse in einer Persönlichkeit, Spaltungen sicher gut *vernarben* können, aber oft nicht in dem Sinne zu therapieren sind, daß ein Zustand erreicht wird, wie er vor Beginn der Spaltung bestanden hat. Auch ist zu betonen, daß es „ein Ende" der Begegnung mit schizophrenen Patienten häufig nicht gibt: oft genug ist es ein lebenslängliches Miteinander Handeln. Uns scheint es wichtig, daß jeder von uns sich auf solche Begegnungen einstellt, wenn er beginnt, in der Psychiatrie zu arbeiten. Nur so kann es gelingen, den notwendig wiederkehrenden Begegnungen nicht mit Enttäuschung und Hoffnungslosigkeit, mit Versagensängsten und Unsicherheit über die Leistungsfähigkeit des Systems Psychiatrie zu begegnen, sondern mit dem Gefühl einer echten Teihabe an dem Schicksal eines anderen Menschen, dem Gefühl von – mühevoller – Zusammenarbeit, dem Gefühl, – wenn auch anstrengend – gerecht geworden zu sein, und dem Gefühl, nicht abgeschoben zu haben.

IV. *Epidemiologie und Prävention*

1. Verbreitung

In psychiatrischen Krankenhäusern stehen die Patienten mit der Diagnose Schizophrenie an zweiter Stelle der Erstaufnahmen mit 20 – 25%. Gleichzeitig sind mehr als die Hälfte der chronisch hospitalisierten Patienten solche, die ursprünglich die Diagnose Schizophrenie erhalten haben. In den letzten Jahren ist eine Änderung insofern eingetreten, als Patienten mit der Diagnose Schizophrenie kürzere Verweildauer in den Krankenhäusern haben, und häufig wieder aufgenommen werden.

Zur Häufigkeit des Auftretens der Schizophrenie: Unter den Erwachsenen erkranken etwa 0,25% der Bevölkerung pro Jahr. Das heißt, bei diesem Prozentsatz von Menschen ist die Gespaltenheit so deutlich, daß Hilfe notwendig wird. Im Durchschnitt sind jeweils 0,3% der Bevölkerung mit dieser Diagnose in Behandlung. Bei etwa 1 – 2% der Bevölkerung verdichten sich Spaltendes und Zerrissenes einmal im Leben so, daß sie deswegen mit der Psychiatrie in Berührung kommen. Diese vor allem im Alter von 20 – 45, wo ja auch die größten Turbulenzen und Brüche im Leben eines Menschen sind, Frauen und Männer erkranken etwa gleich oft. Vergleiche über Jahre hinweg und interkulturelle Vergleiche ergeben bei den schizophrenen Erkrankungen immer das gleiche Bild. Zwar werden in sich ändernden oder in unterschiedlichen Kulturen andere Erscheinungsformen schizophren genannt (z. B. unterschiedliche Wahninhalte in Abhängigkeit von der jeweiligen Mythologie einer Kultur), jedoch sind Erkrankungshäufigkeit und Erkrankungsalter im Vergleich nicht unterschiedlich, soweit man den Methoden der transkulturellen Psychiatrie vertrauen kann.

2. Bedingungen

Über die Entstehungs- und Verlaufsbedingungen schizophrener Erkrankungen ist vergleichsweise viel geforscht worden. Wir können aber keine verbindlichen Aussagen machen, weder über den psychosomatischen Zusammenhang, noch über biochemische Zusammenhänge. Von „Ursachen" kann schon gar nicht gesprochen werden.

– Es ist gefunden worden, daß bis zu 80% der als schizophren bezeichneten Patienten ein gering pathologisches *Luftenzephalogramm* haben (Erweiterung der stammgangliennahen Abschnitte des Ventrikelsystems, besonders des dritten Ventrikels), woraus man auf eine Hirnatrophie besonders des limbischen Systems geschlossen hat.

– *Elektroenzephalographische* Untersuchungen an Patienten mit der Diagnose Schizophrenie haben bedeutsame Abweichungen ergeben, jedoch so unterschiedlich, daß sich keine sinnvollen Hypothesen formulieren lassen.

– *Biochemische* Untersuchungen haben sich vor allen Dingen mit der für Schizophrenie vermuteten spezifischen Störung des Serotonin- oder des Adrenalinstoffwechsels befaßt. Jedoch haben alle Untersuchungen bisher nicht zu systematischen Ergebnissen geführt, wohl zur Hypothese eines Enzymdefektes.

– Forschung im Bereich der *Endokrinologie* hat dem gegenüber an Interesse verloren.

– *Vererbung:* Der kurzen Darstellung ist vorauszuschicken, daß der langjährige Streit, ob Vererbung oder soziale und psychische Faktoren zur Genese der Schizophrenie beitragen, offensichtlich überwunden ist. In einem Fall anerkennen diejenigen, die die sozialen und psychischen Faktoren vorrangig wahrnehmen, daß diese nur deswegen wirken können, weil sie auf eine entsprechende ererbte Struktur treffen, d. h. daß der Mensch mit dem, wie er auf die Welt kommt, mit seiner

„Ausstattung", etwas macht. andererseits anerkennen diejenigen, die vorrangig auf die biologische, somatische Seite gucken und dort forschen, daß es zusätzlicher sozialer und psychischer Faktoren bedarf, um ein Individuum zu schizophrenem Handeln zu zwingen. Allerdings besteht zwischen den Forschern der unterschiedlichen Richtungen immer noch die Neigung, sich gegenseitig die Wahrheitssuche anzuzweifeln.

– Es gilt als erwiesen, daß bei 2 schizophrenen Eltern die Kinder mit 40 – 68% Wahrscheinlichkeit auch wegen ihrer Zerbrochenheit mit der Psychiatrie in Kontakt kommen. Vergleicht man die Erkrankungshäufigkeit von ein- und zweieiigen Zwillingen, so zeigt sich bei eineiigen eine Übereinstimmung von 20 – 75%, bei zweieiigen von 5 – 16% (Zahlen nach Zerbin-Rüdin). Allerdings ist das *kein Beweis* für Vererbung, sondern lediglich ein Beleg, weil auch andere „ansteckende" Faktoren, z. B. das Erziehungsmilieu, eine Rolle spielen können.

– *Konstitution.* Mit Konstitution ist die Gesamtheit aller körperlichen Erbanlagen gemeint, wobei Schizophrene häufiger dem Körperbautyp der Leptosomen zuzuordnen sind. Dieser Typ zeigt schmale, hochaufgeschossene Menschen, mit dünnen Muskeln, das Dickenwachstum ist gegenüber dem Längenwachstum vermindert. Die Haut ist dünn. Bei Frauen ist das Längenwachstum nicht ein so sicheres Symptom des leptosomen Körperbaus wie bei Männern. Die Konstitutionsforschung beschreibt den Zusammenhang von Körperlichem und Psychischem, nicht nur im Extrembereich der psychisch Kranken, sondern auch bei gesunden Menschen, die einen leptosomen Körperbau haben. Auch diese sind in ihren Gefühlsäußerungen eher spröde, zeigen nicht so viel Geselligkeit wie andere Menschen, nehmen für ihr Denken innere Impulse mehr auf als äußere Reize. Sie sind im persönlichen Tempo rasch, in der Arbeitsweise gleichmäßig, beachten und reagieren mehr auf Formen als auf Farben und konzentrieren sich mehr auf das Einzelne. Sie können sich schwer umstellen, d. h. sie verharren. Aus der Beobachtung der normalen Zusammenhänge läßt sich bereits erschließen, wie eine Verdichtung für Menschen aussehen muß, die in besondere Krisen geraten, oder die das Gesamt ihrer Person einsetzen, um mit auftretenden Anforderungen nach innen oder außen fertig zu werden.

Soweit die körperliche Seite. Auf der seelischen Seite haben die psychodynamisch orientierten Therapeuten versucht, Hypothesen für Entstehung des Spaltungsirreseins zu formulieren, wobei sie mit den Fragen, warum gerade jetzt und warum gerade dies, näher an das Verständnis herankommen wollten. Mögliche Hypothesen sind:

– Der Rückzug des Ichs von Bewußtseinsinhalten, die gewissermaßen nicht zu verdauen sind, wobei die Inhalte in vollem Umfang und in unverminderter Stärke im Bewußtsein bleiben, daß Individium sie aber abspaltet, d. h. es kann nicht „Ich" dazu sagen. So erscheinen Gedanken und Gefühle als nicht von einem selbst gemacht, sondern in magischer Fernwirkung.

– *Subjekt-Objekt-Umkehr:* aus einem nicht-tolerierbaren: „Ich hasse den anderen" wird wahnhaft (paranoid = projektiv) „er haßt mich". Diese Umkehr garantiert die Verminderung von Schuldgefühlen, denn die Gefühlsregungen, die man bei sich nicht ertragen kann, kommen jetzt scheinbar von außen und können dort bekämpft werden.

– *Ich-Mythisierung:* Um von Schuld frei zu sein, identifiziert sich das schwache Ich mit Figuren, die über jegliche Schuld erhaben sind. Dabei kann der Mensch nur noch sehr schwer sich selbst leben, entzieht sich auch der persönlichen Verantwortlichkeit, sondern wird, indem er zu Jesus oder zu einem anderen Heilsbringer wird, unangreifbar; er macht sich unverfügbar.

Diese Hypothesen sind im wesentlichen Interpretationen von beobachteten Krankheitsverläufen in Therapien. Bedeutsam ist hier, daß sie helfen können, das Wesen des einzelnen Kranken zu verstehen, daß sie aber nicht eigentlich zum Verständnis der Genese des Spaltungsirreseins beitragen. Ein wichtiger Beitrag zur Aufklärung der Entstehung und Entwicklung von schizophrenen Verdichtungen kommt aus der

– *Familienforschung:* Ein wesentlicher Beitrag zur Aufklärung desssen, wie schizophrene Erlebnisweisen sich so verdichten können, daß sie in die Psychiatrie führen, wurde durch das Studium der Familienumwelt als schizophren diagnostizierter Patienten gewonnen. Es konnte festgestellt werden, daß Mütter solcher Patienten in einheitlich beschreibbarer Weise mit ihren Kindern umgehen: es fehlt eine herzliche Wir-Beziehung zwischen Mutter und Kind. Die Mutter ist unzugänglich für das, was das Kind ausdrücken möchte. Sie drängt sich auf und mischt sich ein, (spaltet, treibt einen Keil dazwischen). Es besteht ein Zwiespalt zwischen sprachlich und gefühlsmäßig Vermitteltem, die Mutter liebt ihr Kind gleichzeitig und haßt es gleichzeitig, d. h., das Kind, das beides wahrnimmt, nämlich: „Ich werde abgelehnt und ich werde geliebt", weiß nicht (reagiert gespalten), wie es auf die Mutter eingehen soll *(Double-Bind-Theorie).* Ein weiteres Ergebnis aus der Familienforschung ist dies, daß in den Familien schizophrener Patienten keine eindeutige Rollenstruktur besteht, so daß die Kinder und die Heranwachsenden oft nicht wissen, mit was sie sich an wen wenden können; meist sind die Familien in zwei Teile mit wechselseitiger Abwertung und Beschimpfung gespalten, so daß die Kinder keine Identifikationsmöglichkeit haben.

Es ist anzunehmen, daß fundamentale Störungen des familiären Zusammenlebens die Voraussetzung für eine langsame oder explosionsartige Spaltung sind. Ein anderes wesentliches Ergebnis ist dieses, daß die Mutter „schizophrenogen" geworden ist, *nachdem* das Kind schon gestört war, d. h. sich auf das kranke Spiel des Kindes einläßt.

– *Beiträge der soziologischen Forschung:* Spalten, Zerbrechen, Zerreißen des Erlebens stehen schon lange im Interesse derer, die über die Gesellschaft nachdenken: Philosophen, Künstler, Theologen, Kulturkritiker aller Berufe.
Wesentliche Erkenntnisse und deren Deutung sind:
1. Schizophrene Erkrankungen kommen in der untersten Sozialschicht häufiger vor als in den übrigen Sozialschichten.

Mögliche Erklärungen sind:
a) Da die Diagnose von Ärzten, d. h. Angehörigen der oberen Mittelschicht gegeben wird und da der, der die Diagnose trägt, mehr soziale Nachteile erfährt als andere Kranke, vermeiden die Diagnostiker die Diagnose bei denen, die ihnen ähnlich sind.
Ein Aspekt ist dann auch, daß die Diagnostiker als Angehörige der oberen Mittelschicht das, was sie am meisten fürchten, nämlich das Zerbrechen in ihrer Umgebung nicht wahrnehmen, diese Wahrnehmungssperre aber weniger dort haben, wo es ferner von ihnen auftritt.

b) Materielles und geistiges Unterpreviligiert- und Belastetsein, ständige Perspektivelosigkeit, mangelnde Möglichkeiten sozialer Teilhabe, damit Einhergehen sozialer Isolierung, führen schneller und eindeutiger zur Spaltung (Streß- and Strain-Hypothese); d. h., es handelt sich weniger um eine Frage der Wahrnehmung und um Fragen der psychischen und biologischen Ungleichheit, sondern um die Auswirkung der sozialen Ungleichheit. Dann würde folgen, daß die Handlungsweisen und Lebensstile der Mittelschicht dazu beitrügen, Erkrankung zu verhindern. Es ist gesagt worden, daß schizophrenes Erleben zur „Kultur der Armut" wird. Dies mag insofern richtig sein, als Arme weniger Möglichkeiten der Bindung haben an ihr Leben, an die Zeit, an die Zukunft, an andere Menschen, aber auch an Interessen.

c) Eine weitere Hypothese besagt, daß schizophren Erkrankte „an den Boden der Gesellschaft" gespült werden und absacken (Drift-Hypothese).

d) Ähnliches beinhaltet die Hypothese, daß das Ausbrechen und die Verdichtung schizophrener Anteile durch Versagen in Schule, Ausbildung und Beruf das Erreichen eines höheren Status verhindert. (Non-starter-Hypothese). Dazu gehört der Gedanke, daß die erlebten Zurückweisungen bei der Partnerwahl und in der Verwandtschaft die Motivation zur Anstrengung vermindern. (Wozu soll ich noch gesund werden, lohnt es sich überhaupt noch?)

2. Bei Menschen, die in Stadtkernen leben, treten schizophrene Anteile offener hervor als bei Menschen in Vorstädten. Umwelt beeinflußt die Wahrnehmung enorm, und es ist auch zu vermuten, daß dort, wo in der Umwelt das Gemüt nicht mehr angesprochen wird, die Widersprüche einer Industriegesellschaft besonders klaffend nebeneinanderstehen, der Wahrnehmende ein Teil dessen wird, was er wahrnimmt, das wahrmacht, was er wahrnimmt, zumal, wenn er nicht geschult ist, auf kritische Distanz zur Umwelt zu gehen.

3. Bei schizophren diagnostizierten Menschen kommen mehr Ledige vor als in der vergleichbaren Durchschnittsbevölkerung. Das trifft für schizophren diagnostizierte Männer eindeutiger zu als für Frauen. Entweder führt soziale Isolierung, wie sie Ledige erleben, zur Spaltung, oder die Persönlichkeit ist so kontaktarm, daß von daher wenig Bindungen vorkommen.

Die Auswertung dieser Befunde hilft bei der Planung von rehabilitativen und präventiven Maßnahmen, obwohl es sich nur um Hypothesen handelt.

3. Bedeutung:

Wenn auch bei der Begegnung mit zerrissenen und zerklüfteten Menschen möglicherweise nicht herausgefunden werden kann, welche Inhalte eine Gesellschaft abspaltet, für fremd erklärt, nicht wahrnehmen möchte, so ist ganz sicher, daß die schizophrenen Patienten selbst zum Fremdkörper und zum Abgespaltenen werden. Darin ist enthalten, daß die wenigsten Menschen, auch die wenigsten Therapeuten, gelernt oder geübt haben, mit Gespaltenem, Verzerrtem, Zerrissenem umzugehen. Sie gucken wie gebannt auf den Riß, bestärken damit die Angst des schizophrenen Patienten und halten bei keiner anderen psychischen Erkrankung die medikamentöse Therapie für so notwendig. Dennoch hat sich gezeigt, daß Menschen, die versuchen, dem Zerrissenen zu begegnen und das Bizarre, das Andere, das Fremde zu verstehen, erfolgreich darin waren, Kontakte zu den jeweils abgespaltenen Anteilen in den schizophrenen Patienten aufzunehmen bzw. zu der irren Anstrengung dieser Menschen, sich zusammenzuhalten und Brücken zu bauen. Zerreißen, Spalten oder Trennen werden in unserer Gesellschaft als bedrohliche und möglichst zu vermeidende Erfahrungen hingestellt. So sind Parteien, Familien, Länder, Ehen von der Spaltung oder der Trennung oder der Teilung bedroht; oder Gruppen werden auf eine Zerreißprobe gestellt. Für sich dennoch teilende Einheiten ist die Wahrscheinlichkeit groß, daß im Laufe der Zeit zwei neue Identitäten entstehen. Dies aber ist für das gespaltene Individuum nicht möglich, zumal wesentliche abgespaltene Teile nicht als Identität wahrgenommen werden, sondern als nicht zu ihm gehörend erlebt werden. Wenn das Wort schizophren auch schon in der Alltagssprache auf Widersprüchliches angewendet wird, was nicht zusammenzufügen ist, so zeigt sich, unter welchem Zwang wir stehen, eine Einheitlichkeit der Wahrnehmung herzustellen, und wie wenig Toleranz wir für Widersprüche haben (vermutlich gibt es eben nicht nur die mangelnde Toleranz für kognitive sondern noch mehr für emotionale Dissonanz oder Dissonanzen im Umgang mit Menschen und Dingen). Oder noch anders ausgedrückt: wer sich den Anderen unverfügbar macht und zwar so, daß die anderen weder Ja noch Nein zu ihm sagen können, der verwirrt die Anderen so, daß sie sich bedroht und gelähmt fühlen.

Übung: Denken Sie gemeinsam darüber nach, was in unserer Gesellschaft um 1900 passiert sein muß, daß man plötzlich Spalten, Zerreißen, Trennen, Sich-unverfügbar-Machen so scharf wahrnahm (so bedrohlich fand), daß man die Krankheitseinheit „Schizophrenie" erfand, obwohl es vorher genauso viele „schizophrene" Menschen gab, für die man sich bis dahin mit den Diagnosen „Manie" oder „Depression" begnügte?

Noch ein Wort zur Bedeutung des Wahns. Es ist wahrscheinlich für jemanden, ins Krankenhaus zu kommen, der sich bedroht und verfolgt fühlt, und es ist unwahrscheinlich für jemanden, der allen Menschen traut oder der immer alles in Ordnung findet. Dabei läßt sich sicher für jeden einzelnen von uns nur sehr schwer ausmachen, ob wir in unserem Leben ständiger oder häufiger und intensiver bedroht oder verfolgt sind, oder ob wir allen vertrauen können und ob alles in Ordnung ist. Der Unterschied zwischen dem „naiven" Wahn und dem paranoiden Wahn besteht lediglich darin, daß wir die Naiven gerne mögen, und daß sie uns nichts tun. Im Gegenteil, ihr Wahn tut uns gut. Und selbst, wenn sie extrem werden, sind sie für uns die harmlosen Spinner, während bei paranoidem Wahn es häufig gar nicht der Wahn ist, der uns so unverständlich ist, sondern die Abwehrmaßnahmen, die das Individuum gegen seine Bedrohtheitsgefühle trifft, die wir nicht ertragen können. Hierin steckt, daß es viele Dinge gibt, Denkinhalte, Wahrnehmungsinhalte, Erlebnismöglichkeiten, die wir nicht für möglich halten, und die wir in dem Moment, wo andere Leute sie für sich wahrmachen, weil sie das Normale nicht wahrnehmen können oder nur unvollständig, für irre erklären, für unnormal. Damit spalten wir etwas von uns ab, als nicht zu uns gehörig, als unserem Wesen fremd. Jedoch anders als den schizophrenen Patienten gelingt es uns, mit dieser Abspaltung fertig zu werden, unter ihr nicht zu leiden. Das mag vor allem daher kommen, daß bei uns die Abspaltung ziemlich vollständig ist: denn wenn wir zulassen, zu denken und zu fühlen, wie bedroht, wie zerrissen, wie kaputt, wie verfolgt wir tatsächlich sind: „Da kann man verrückt werden!" Wenn uns die Zerrissenheit in Form von schizophrenen Patienten begegnet, fällt es uns entsprechend schwer zu zeigen, daß die Zerrissenheit auch ein Teil von uns ist, daß wir in fürchterliche Spannungszustände geraten, derer wir kaum Herr werden können, wenn wir alle möglichen oder auch nur die wesentlichen Bedrohungen in uns zulassen, und daß auch wir alles, was wir *in* uns nicht mögen, und Widersprüche, die wir *in* uns nicht dulden können, *außen* bekämpfen, also umdrehen. Daß auch wir dann, wenn man uns zwei *gleichwertige*

Informationen gibt, völlig aus den Fugen geraten und nicht handeln können. Wir lassen es nicht zu, daß auch wir wahnhaft unsere Wirklichkeit zusammenhalten, und deswegen können wir dem schizophrenen Patienten keinen Raum lassen, sondern müssen ihn in Räume abschieben, wo er unser mühsam aufrecht erhaltenes Gleichgewicht nicht stört.

4. Prävention:

Wichtig zu wissen, ist: Jeder kann schizophren werden, es ist eine allgemein-menschliche Möglichkeit. Es gibt Menschen, die weniger anfällig sind, weniger Anlagen haben, andere wiederum sind von vornherein so brüchig (und das scheinen konstant 1% zu sein), daß geringfügige innere oder äußere Anlässe genügen, um das Brüchige sichtbar werden zu lassen. Selbst wenn man versuchte, eine total harmonische Welt herzustellen, in der nur eindeutig kommuniziert wird, wo innere (auch biologische) und Umweltbedingungen in Balance zu halten sind (das nächste Erdbeben kommt bestimmt), wird es brüchige und zerbrochene Menschen geben. D. h., daß eine „primäre Prävention" (die Verhinderung des Krankheitsausbruches) schwer möglich ist. Eins allerdings ist zun Thema primäre Prävention wichtig: Wenn wir lernen können, Gespaltenes, Brüchiges, Zerreißendes wahrzu-*nehmen* als in uns und in unsere Welt enthaltene Möglichkeit des Lebens, und es „wahrzu*machen*", es zu tolerieren, da wo es so ist, so brauchen wir nicht mehr so zu tun, als sei das etwas uns Fremdes; wir brauchen nicht mehr nur von außen draufzugucken, sondern wir können näher rangehen, können zu verstehen versuchen. Wir können zu empfinden versuchen, an welchen Stellen der Wirklichkeitsbezug noch besteht, wo der Erkrankte sich angstvoll klammert und wo der verlorengegangene Wirklichkeitsbezug in Verzweiflung wieder herzustellen oder aufrecht zu erhalten versucht wird. Wenn man genau aufpaßt, wo schizophrene Erkrankungen sich häufen bzw. hindriften, dann kann man zweierlei tun:

1. Dies als Signal für brüchige Stellen der Gesellschaft nehmen und entsprechend an den Stellen verhindern, daß noch mehr Brüchigkeit entsteht. Es ist zu vermuten, daß die Stellen, an denen sich Brüchiges häuft, variieren können.

2. Die bereits als schizophren diagnostizierten Menschen mit den Möglichkeiten der „sekundären Prävention" (Versuch der Vermeidung der Wiedererkrankung) so in Kontakt zu bringen, daß sie nicht von ihrer Krankheit und der Psychiatrie abhängig werden, sondern sich selbst zu helfen lernen, also Hilfe zur Selbsthilfe erhalten.

Zur sekundären und auch zur tertiären Prävention gehören der Aufbau eines therapeutischen oder schützenden Milieus zu Hause, in Krankenhäusern und in Heimen sowie der Aufbau von Werkstätten und Rehabilitationseinrichtungen (Tageskliniken, Gemeinde-Clubs, Wohngruppen). Auch schizophren Erkrankten tut es gut, wenn man versucht, sie in ihrer Einsamkeit und Losgelöstheit anzusprechen und sie zu verstehen. Allerdings ist es schwer, die Äußerungen, die Signale, die Sprache zu verstehen, und wenn man versucht, sie zu verstehen und zu sprechen, bekommt man Angst, stößt an die Grenzen der eigenen Normalität und fürchtet auch, sich lächerlich zu machen, als wenn man im Ausland zum ersten Mal versucht, die fremde Sprache zu sprechen. Von daher läßt man es oft sein, bleibt amtlich und in der Rolle, in der man üblich ist. Zu dem Erscheinungsbild des Gespaltenen gehören Arbeitsstörungen (auch Konzentrationsstörungen), die häufig zum Verlust des Arbeitsplatzes führen. Der Verlust des Arbeitsplatzes und langdauernde Krankenhausaufenthalt vertiefen die Arbeitsstörung, so daß jede Form der Arbeits- und Werktherapie nicht nur der Rehabilitation (auch Wiedergutmachung), sondern auch der Prävention dient. Je nach dem, wie weit die Gespaltenheit schon fortgeschritten ist, ob sich die Familie nicht nur innerlich getrennt hat, sondern auch äußerlich, was oft eben auch zusammengeht mit langen Aufenthalten im Krankenhaus – zumal wenn diese mehr als 50 km vom Wohnort entfernt sind – müssen Kontaktmöglichkeiten, Wohnmöglichkeiten, Geborgenheiten und Vertrautheiten verschiedener Stufen geschaffen werden. Jemand, der nicht nur in sich gebrochen ist, sondern der als Folge auch noch all die Abbrüche, Verluste tragen muß, die schon einen Nichtkranken verrückt machen würden, braucht zunächst sehr viel Vertrauen, um sich überhaupt auszukennen. Er braucht jemanden, dem er unbedingt vertrauen kann, und das ist aus ganz menschlichen Gründen oft nicht erfüllbar. Es ist aber auch erwiesen, daß Spaltungsgefährdete im Durchschnitt weniger Kontakte brauchen als andere Menschen; das bedeutet für unsere präventive Arbeit: Wichtig sind wenige verläßliche und eindeutige Beziehungen, aber auch Schutz gegen zu viel Nähe! Oft können Vertrauenskrisen durch die vorübergehende Gabe von Medikamenten abgefangen werden. Sie abzulehnen, hieße, die Gefahr des Abgleitens herbeizuführen, und das muß mit aller Anstrengung vermieden werden. Allerdings ist auch bei präventivem Handeln notwendig, sich jeweils nach dem Stellenwert der Medikamentengabe zu fragen. Es kann sein, daß ich mich dahinter verstecke und damit für den Patienten verhindere, daß er die Erfahrung macht, zwar im Schutze von Medikamenten Lernschritte zu machen, das Gelernte aber ohne Medikamente auszuprobieren (dies zum Problem, in welchem Umfang ich Depot-Präparate gebe). In dem Maße, in dem es gelingt, das für uns Ungeheuerliche an schizophrenen Erkrankungen zum einen nicht an die erkrankten Personen zu binden, sie zum Ungeheuer zu machen, zum anderen nicht als das Ungeheuerliche schlechthin wahrzunehmen – es gibt noch viel Ungeheuerlicheres – in dem Maße kann es gelingen, für die schizophrenen Anteile in uns und in den anderen Verständnis zu entwickeln. Von daher kann es uns gelingen, nicht nur *für* den schizophrenen Erkrankten Schutzräume zu organisieren, sondern ihn an der Wirklichkeit der menschlichen Gemeinschaft *teilnehmen zu lassen*. Dieser Gedanke beinhaltet, daß alle präventiven Maßnahmen gemeindenah (d. h. bürgernah) eingerichtet werden müssen, und dies nicht aus ideologischen oder humanitären Gründen, sondern weil die Gemeindenähe die einzige Möglichkeit der Bindung ans Normale, ans Alltägliche, an das, was wir Wirklichkeit nennen, ist (Normalisierung).

LITERATUR

BATESON, G. – D. D. JACKSON u. a.: *Schizophrenie und Familie.* Frankfurt, Suhrkamp 1970

BERZE, J., H. W. GRUHLE: *Psychologie der Schizophrenie.* Berlin 1929

BLEULER, E.: *Dementia praecox oder Gruppe der Schizophrenien.* Leipzig, Deuticke 1911

BLEULER, M., J. ANGST: *Die Entstehung der Schizophrenie.* Bern, Huber 1971

CONRAD, K.: *Die beginnende Schizophrenie.* Stuttgart, Thieme 1971

GASTAGER, H.: *Die Rehabilitation des Schizophrenen.* Bern 1965

GREEN, H.: *Ich hab dir nie einen Rosengarten versprochen.* Stuttgart, Radius 1973

KATSCHNIG, H. (ed.): *Die andere Seite der Schizophrenie.* München, Urban + Schwarzenberg 1977

MÜLLER, C.: *Psychotherapie und Soziotherapie der endogenen Psychosen,* in: *Psychiatrie der Gegenwart,* Bd. II/1. Berlin, Springer 1972

WATZLAWICK, P.: *Wie wirklich ist die Wirklichkeit.* München, Piper 1976

ZERBIN-RÜDIN, E.: *Hereditäre Beziehungen der endogenen Psychosen.* Therapiewoche 2: 127–31, 1975

4. Kapitel

DER BEZIEHUNGSKRANKE MENSCH
(Neurose, Psychopathie, Psychosomatik)

I. *Diagnose des kranken Anteils*
 1. Umgang mit Begriffen
 2. Ein Entwicklungsmodell
 3. Was machen wir mit Angst?
 4. Typen des Auslebens (neurotische Syndrome)
 5. Abwehr- oder Panzermethoden
II. *Diagnose der Gesamtsituation*
 1. Suchhaltung bei mir (Selbstwahrnehmung)
 2. Unterscheidung neurotischer und normaler Anteile
 3. Normalisierung der Beziehung
 4. Möglichkeiten der Selbstkontrolle
    a) Team
    b) Patientengruppe
    c) Aufnahmegespräch zu dritt
    d) Angehörigengruppe
III. *Therapie und Selbst-Therapie*
 1. Wer hat mit Beziehungskranken zu tun?
 2. Der Beziehungsaspekt: die Verstellung
 3. Die „Härte" der therapeutischen Haltung
 4. Der therapeutische Rahmen: Ort, Zeit, Ziele
IV. *Epidemiologie und Prävention*
 1. Verbreitung
 2. Bedingungen
 3. Bedeutung
 4. Prävention

Literatur

Was ist neurotisch? Darüber nachzudenken, ist schon deswegen schwer, weil einige Pessimisten meinen, eines Tages werde die eine Hälfte der Bevölkerung als neurotisch von der anderen Hälfte behandelt. Bei „neurotisch" fällt es jedem viel leichter, sich vorzustellen, er könnte das auch sein, als z. B. bei „schizophren". Nicht selten hört man, daß wir ja schließlich alle ein bißchen neurotisch sind. Neurotisch – das kann man beschwichtigen, das muß nicht so viel Angst machen: das ist schließlich nicht geisteskrank, das ist nur neurotisch. Egal, ob Freud über die Entwicklung der Libido nachgedacht hat, Adler über Minderwertigkeitskomplexe, oder ob über narzistische Kränkungen gesprochen wird: immer wird eine Aussage über jeden einzelnen von uns gemacht. Denn bei jedem von uns entwickelt sich die Libido, jeder von uns erleidet narzistische

125

Kränkungen, so wie jeder von uns sich minderwertig fühlen kann. Im Umgang mit Neurotischem wird nicht das Kranke, das Pathologische fein säuberlich von Gesunden getrennt; sondern es wird für den Einzelfall überlegt, warum dieser Mensch nicht mit einer Anforderung fertig wird, mit der fertig zu werden nun mal „normal" ist, und warum in seinem Fall so viel Leid ausgelöst wird.

I. *Diagnose des kranken Anteils*

Beispiel: Zum Aufnahmegespräch kommt Herr F.: 29 Jahre alt, Angestellter, seit einem halben Jahr verlobt, lebt bei der Mutter, die sehr herzkrank ist. Herr F. ist seit einigen Tagen krank geschrieben, da er unter massiven Schlafstörungen leidet. Er war in den letzten Tagen zu Hause, machte sich dort noch mehr kaputt, konnte nichts tun, grübelte·sich fest, machte sich auch Vorwürfe, daß er die Mutter so belaste, mochte auch nicht mehr essen. Zuspitzung am Tag zuvor, als er so sehr weinen mußte, daß der Notarzt geholt werden mußte, der Valium spritzte und den Einweisungsschein ausschrieb. Herr F. ist eingefallen, nach vornübergebeugt, „er läßt den Kopf hängen", hat tiefe Ringe unter den Augen, die Hände zittern, er spricht ganz leise (in dem folgenden Gesprächbeispiel spricht Herr F. mit 2 Therapeuten).

F: Ich leide an Schlafstörungen.

Th 1: Das steht so ganz im Vordergrund für Sie.

F: Jetzt kann ich gar nicht mehr schlafen, Sie müssen mir doch helfen, es muß doch auch alles mal untersucht werden, ob es in Ordnung ist.

Th 1: Sie suchen nach den Zusammenhängen: Womit hängt das zusammen, daß ich nicht schlafen kann?

F: Ja, es muß doch etwas im Kopf sein, im Schlafzentrum. –

Th 1: Andere Zusammenhänge mit Ihren Lebensbedingungen können Sie nicht sehen?

F: Nein, alles ist in Ordnung.

Th 1: Was sagen denn die anderen zu Ihren Schlafstörungen?

F: Die sind natürlich furchtbar bekümmert. Meine Mutter macht sich große Sorgen. Sie spricht abend immer ganz lange mit mir, damit ich mich nicht so quäle, dabei ist sie doch selbst ganz krank, sie hat es mit dem Herzen.

Th 1: Sie sind gleichzeitig dankbar und schuldbewußt?

F: Ich wüßte nicht, was ich ohne sie machen soll.

Th 1: Sie fühlen sich ganz stark gebunden?

F: Ja, meine Mutter und meine Verlobte, das sind die wichtigsten Personen in meinem Leben. Meine Mutter 50% und meine Verlobte 50%.

Th 2: Und wo sind Sie?

F: Guckt erstaunt und versteht die Frage nicht.

Th 1: Das verblüfft Sie richtig, daß wir nach Ihnen fragen, wenn Sie sagen, daß Ihre Verlobte und Ihre Mutter je 50% in Ihrem Leben ausmachen.

Th 2: Da ist noch etwas. Ich fragte mich gerade, ob nicht manchmal einer von denen versucht, die Überhand zu gewinnen?

F: Nein, die verstehen mich sehr gut. Sonntags gehen wir auch zu dritt aus, meine Verlobte kann mich sehr gut verstehen. Meine Mutter möchte auch gern, daß ich heirate.

Th 1: Wann wollen Sie heiraten?

F: Eigentlich wollten wir schon diesen Monat heiraten, aber diese verfluchte Krankheit. Jetzt haben wir es verschoben, erstmal um ein halbes Jahr.

Th 2: Waren Sie und Ihre Verlobte traurig?

126

F: Meine Verlobte hat viel Verständnis für mich. Ich kann ja auch nichts dafür. Warum fragen Sie mich das alles, das ist ganz in Ordnung. Ich muß wieder schlafen, verstehen Sie das nicht?

Th 1: Es fällt Ihnen leichter, von Ihren Schlafstörungen zu sprechen und Sie fühlen sich nicht angenommen, wenn wir nach Ihren Beziehungen fragen. Das macht Sie ungeduldig.

F: Nein, Sie wissen sicher, was Sie tun müssen.

Th 1: Vielleicht ist es besser für unsere Beziehung, wenn Sie uns noch von den Schlafstörungen erzählen.

F: Ich leide nämlich schon lange darunter, seit meinem 17. Lebensjahr, aber es war nie so schlimm wie jetzt. Damals bin ich schon mit meiner Omi zum Arzt gegangen, das war ganz kurz vor ihrem Tod, als die Lehre anfing. Ich habe damals Valium bekommen, das hat eine Weile auch geholfen, dann brauchte ich andere Schlafmittel und jetzt hilft einfach gar nichts mehr. Sie müssen mir doch helfen können.

Th 2: Sie haben während der ganzen Zeit nicht das Schlafen ohne Mittel kennengelernt?

F: Praktisch nicht, nein. Manchmal habe ich auf Rat des Arztes versucht, ohne Mittel auszukommen, aber dann ging es gleich wieder schlechter und dann brauchte ich wieder was.

Th 1: Haben sie je etwas anderes versucht als Medikamente, ich meine irgendwie auf natürliche Weise müde zu werden. Wie ist es im Urlaub?

F: Im Urlaub, wenn ich von zu Hause weg bin, ist es noch schlimmer. Wenn ich dann den ganzen Tag an der frischen Luft war und immer noch nicht schlafen kann, das ist furchtbar.

Th 1: Sie haben sich doch sicher schon oft gefragt, was das ist, was Sie vom Schlafen abhält. Zu welchen Antworten sind Sie gekommen?

F: Wenn ich das nur wüßte. Ich glaube in meinem Gehirn ist etwas nicht in Ordnung, so daß man mit Medikamenten kontrollieren muß.

Th 1: Damals als die Schlafstörungen das erste Mal auftraten, gab es da einen Grund?

F: Nein, eigentlich nicht. Vielleicht war ich ein bißchen überfordert mit der Lehre. Schwaches Nervenkostüm (lacht).

Th 2: So ganz ernst mögen Sie das nicht nehmen.

F: Doch, doch, das wird's schon sein. Wenigstens hat der Arzt das damals gesagt. Das paßt ja auch, daß irgendetwas in meinem Gehirn eben schwächer ist.

Th 1: Mir ist noch im Gedächtnis, daß Ihre Großmutter damals eine große Rolle für sie gespielt hat.

F: Sie war alles für mich. Ich bin quasi bei ihr groß geworden. Sie hat immer für mich gesorgt. Ich habe sehr an ihr gehangen. Als sie starb, brach für mich eine Welt zusammen.

Th 1: Sie fühlten sich furchtbar verlassen.

F: Ja, genau. Sie war immer für mich da gewesen. Es gab gar nichts anderes. Das war, als wenn man in die Kälte geht.

Th 1: Sie plötzlich dachten: Ich muß erfrieren!

F: Ja, genau. Erst allmählich ist das Gefühl wieder verschwunden, als ich merkte, daß mich meine Mutter doch verstand, da ging es mir ein bißchen besser.

Th 2: Was war vorher mit Ihrer Mutter?

F: Ach, wissen sie, meine Eltern, ich habe meinen Vater nie gekannt, und meine Mutter mußte immer arbeiten. Sie wollte mich wohl haben, aber sie hatte nicht die Zeit für mich, sagt sie.

Th 2: Wenn Sie an Ihre Kindheit denken, das macht Sie jetzt noch bitter.

F: Ja.

Th 1: Wollen Sie selbst Kinder haben?

F: Meine Verlobte möchte eins oder zwei.

Th 1: Und Sie?

F: Ich kann darüber gar nicht nachdenken. Solange ich nicht gesund bin, kann ich keine Kinder
        haben.
Th 2:   Sie fühlen sich da auch unter Druck gesetzt?
F: Nein, nein, meine Verlobte ist sehr geduldig.
Th 2:   Das ist kein Thema für Spannungen? An was für Punkten gibt es Spannungen?
F: Es gibt keine Spannungen. Wir verstehen uns ausgezeichnet.
Th 1:   Mir fällt auf, daß wir schon die ganze Zeit so ein Frage- und Antwortspiel spielen. Fast wie
        ein Verhör. Irgendwie habe ich den Eindruck, als setzten wir Sie erheblich unter Druck.
F: Sie müssen ja wissen, was Sie tun.
Th 1:   Irgendetwas ist an uns, was Sie ärgert.
F: Ärgert, nein! Ich ärgere mich nicht. Ich möchte, daß Sie mir helfen, meine Schlafstörungen
        loszuwerden.
Th 1:   Mir ist in dem gleichen Zusammenhang aufgefallen, daß es Sie irritiert, über Ihre Beziehun-
        gen zu sprechen. Ist es auch, daß Sie befürchten, wir können Ihnen nachweisen, daß da ...
F: Da ist nichts, Sie können mich ruhig fragen.

Hier wird das Gespräch für einige allgemeine Überlegungen unterbrochen. Es wird
deutlich, daß die Gesprächspartner unterschiedliche Vermutungen haben über
das, was den Patienten kränkt. Er sieht vorrangig seine Schlafstörungen und
begründet sie mit einer Unsicherheit der Funktionen des Gehirns. Die Therapeuten sehen die Schlafstörung als Symptom; sie sehen die *Kränkung* in der Art, wie
der Patient *Beziehungen aufnimmt*. Und zwar sich *selbst* und zu *Anderen*. Dabei ist die
Zahl der Anderen in dem Gesprächsausschnitt beschränkt auf drei weibliche Personen seines Lebens. Natürlich ist die Vermutung des Patienten zu prüfen, evtl. mit
einem EEG. Aber selbst bei einem Hirnbefund wäre nicht auszuschließen, daß er
„benutzt" wird, um die kranken Beziehungen zu verstecken, also: die Benennung
eines Handelns als „neurotisch" ist nicht das Ergebnis von Ausschlüssen (da nicht
hirnorganisch, muß es ja neurotisch sein): *sondern für „neurotisch" muß stets eine positive Bestimmung gefunden werden!*

1. Umgang mit Begriffen

Neurotisch ist ein Handeln, das aufgrund eines *frühkindlichen Traumas* (Verletzung)
eingeschränkt ist, unfrei ist, so daß der Mensch in bestimmten Situationen nicht
handeln kann, ohne erhebliche Angst zu bekommen. Solche Störungen sind die,
die „eigentlich" psychotherapeutisch angegangen werden. *Psychogene Reaktionen*
(oder auch neurotische Reaktionen) sind im Unterschied dazu solche Störungen
des Handelns, *die bei akuten Belastungen* (Streß) auftreten (bei Arbeitsplatzverlust,
Verlust eines Partners, Versagen in Prüfungssituationen z. B.), die im Aussehen den
neurotischen Störungen ähnlich sind, aus der Entwicklung sich die Diagnose einer
Neurose aber nicht rechtfertigen läßt. Der Bereich diffuser körperlicher Mißempfindungen bis hin zu nachweisbaren organischen Befunden mit psychogener
Beteiligung oder Verursachung wird unter dem Begriff *psychosomatische Medizin*
zusammengefaßt.

In manchen Lehrbüchern wird eine strikte Trennung von neurotisch und psychosomatisch empfohlen. Uns scheint diese Trennung künstlich. *Kränkungen der Beziehungen zu sich selbst oder zur Umwelt sind nicht nur eine Sache der Seele, sondern in jedem Fall auch eine des Körpers.* Nur wird beim einen – der seelisch makellos sein muß – mehr der Körper sprechen, während beim anderen – der körperlich nicht krank sein kann oder darf – mehr die Seele sprechen wird. Wenn neurotisch gelegentlich nur der genannt wird, der die Kränkung seiner Beziehung nur mit der Seele ausdrücken kann, so sollte das nicht als positives Zeichen für eine Diagnose genommen werden, sondern als Einengung, als Mangel, als Zeichen dafür, daß dem Betroffenen möglicherweise das Gesamt seiner Ausdrucksformen nicht zur Verfügung steht. Ein Therapieziel muß dann sein, ihm auch seinen Körper wieder erfahrbar zu machen. Wenn wir hier einerseits davon sprechen, daß es nicht nur eine Überbewertung des Körperlichen gibt, sondern auch eine Überbewertung des Seelischen, so möchten wir auch die strenge Unterscheidung von „neurotisch" einerseits und „neurotische Reaktion" andererseits anfechten. Sicher ist bei dem als neurotisch zu bezeichnenden Menschen die Panzerung älter und fester; und die Chancen, daß sich die Einengungen, die jemand erfährt, der (nur) „neurotisch" reagiert, von allein wieder geben, sind größer. Die Typen neurotischen Reagierens auf einen akuten schweren Konflikt sind ähnlich wie die neurotischen Typen. Jeder Mensch löst ihm unlösbar erscheinende Situationen auf ihn charakterisierende Weise.

Während bei den Begriffen neurotisch, psychosomatisch und psychogene (neurotische) Reaktion die lang hingezogene, aber auf jeden Fall *erworbene* Einschränkung des Handelns eine Rolle spielt, so werden noch einmal davon abgesetzt solche Einschränkungen des Handelns, die mit einer *angeborenen* Eigenart des Individuums *(abnorme Persönlichkeit, Psychopathie)* begründet werden.

Wir machen bei unserer Arbeit zwischen neurotischen und psychopathischen Menschen keine Unterschiede. Denn in jedem Falle liegt eine Störung im Umgang mit Beziehungen zu sich selbst und/oder der Umwelt vor. Psychopathische Anteile eines Menschen gelten als ererbt. Damit fallen sie nicht unter den üblichen Krankheitsbegriff, sondern werden als Normvarianten begriffen, als abweichende Äußerungsformen des eigentlichen Normalen. So wie es ganz große und ganz kleine Menschen gibt oder ganz helle und ganz dunkle, so gibt es Menschen, die z. B. ganz langsam oder ganz schnell sind oder ganz nervös, d. h. erregbar oder ganz stumpf sind. Diese Menschen haben es schwer, sich den durchschnittlichen Erwartungen zu stellen, egal woher sie kommen: Ob am Arbeitsplatz oder in der Familie, ob den eigenen Erwartungen gegenüber oder auch ihren eigenen Möglichkeiten gegenüber. Damit ist gemeint, daß jemand nicht einheitlich psychopathisch ist, sondern daß einige seiner Eigenschaften so gesehen werden müssen, daß er sich in ihnen erheblich von anderen Menschen unterscheidet, während er mit anderen Eigenschaften ganz gut längs kommt oder längs zu kommen in der Lage wäre. Meist geschieht es im Umgang mit Menschen, daß sich die auffälligen Merkmale in der Wahrnehmung verdichten, daß jemand eben ganz „das ist", was sein hervorstechendstes Merkmal ist, und daß er selbst und andere vergessen, ihm die Auseinandersetzung mit dem zu ermöglichen, was sonst noch ist. Wichtig ist, daß häufig das, was psychopathisch erscheint, mehr die Art ist, wie jemand sich mit der Welt auseinandersetzen kann, also nicht ererbt, sondern gelernt.

Beispiel: Jemand wird schwächer als andere geboren, lebt aber dort, wo seine Schwäche nicht wahrgenommen wird, sondern wo er in den ersten Lebensjahren Anpassungsweisen und Umgehensweisen entwickeln muß, die seiner Schwäche entsprechen. Er mag eng (anankastisch) werden, um so mit seiner Kraft Haus zu halten oder zu einer selbstunsicheren (sensitiven) Persönlichkeit, weil er sich in seiner Schwäche nicht gut binden kann.

Im Umgang mit diesen wie aber mit jedem Menschen in der Psychiatrie kommt es entschieden darauf an, mit ihm herauszufinden, was der somatische, endogene, ererbte, biologische, natürliche Anteil an ihm ist und wie er mit diesem als Panzer mit sich, den Anderen und den Anforderungen umzugehen gelernt hat. Psychopathische Anteile gehören unweigerlich zu uns dazu und es ist therapeutisch zu fragen, was an dem Menschen und was in der Umgebung bisher verhindert hat, sich so, wie er ist, in seiner einmaligen Individualität, zu akzeptieren. Gerade hier ist die Frage nach der Wertwelt der Umwelt ganz dringend: Denn bestimmte Eigenschaften gelten als besser für die Anpassung, so daß die anderen, die es nicht so gut tun, dann immer als psychopathische Anteile gelten. Zur Therapie gehört hier auch: die zu dem Menschen passende Umwelt zu finden. So hat sich in Untersuchungen gezeigt, daß als eindeutig psychopathisch diagnostizierte Menschen nach 5 Jahren nichts Psychopathisches mehr an sich hatten, als sie in ihrer *geänderten* Umwelt aufgesucht wurden. Dann gibt die Betrachtung des Psychopathischen die Möglichkeit, herauszufinden, welche Eigenschaften und Charakterzüge eine Gesellschaft „bevorzugt".

Übung: Jeder sucht bei sich die eigenen psychopathischen Anteile, d. h. Eigenschaften, die insofern von der Norm abweichen, als daß ich denke, sie sind bei mir besonders stark ausgeprägt. – Dabei werden wir auf das Problem stoßen, daß es die unerkannten positiven Psychopathen gibt, Leute, die nicht arbeitsscheu sind, sondern extrem viel arbeiten, Leute, die nicht haltlos sind, sondern sich extrem festhalten und binden, Leute, die nicht anankastisch sind, sondern extrem flexibel. Hier wird die Abhängigkeit von der Wertung sehr deutlich.

Auch in den Überlegungen zu der Übung scheint wieder auf, daß unterschiedliche Abnormitäten in einen Topf geschmissen werden. Das nämlich möglicherweise eine primär-biologische Äußerungsweise im sozialen Feld zur Abweichung deklariert wird bzw. daß es dem einzelnen Menschen zunächst nicht gelingt, mit seiner biologischen Ausstattung den Anforderungen entsprechend sich zu entwickeln, so daß er sich ihr entsprechend einen Panzer zulegen muß. Die mangelnde Eindeutigkeit und soziale Wertung zeigt sich auch in der Namengebung und in der Zeitabhängigkeit. Es werden asthenische, sensitive, anankastische, schizoide, depressive, hyperthyme (antriebsstarke), haltschwache, erregbare, gemütsarme, querulatorische, hysterische Psychopathen beschrieben (die Reihe ist je nach idealisiertem Menschenbild beliebig veränderbar und verlängerbar). Es wird schon aus den genannten Begriffen ersichtlich, daß es die Menschen sind, die mit den in der Gesellschaft negativ bewerteten Eigenschaften ausgestattet sind, die es mit der

Psychiatrie zu tun haben. Daher ist es nun auch nicht verwunderlich, wenn sich diese Menschen sehr tief minderwertig fühlen, obwohl intellektuell leicht einsehbar ist, daß sie *anders*, nicht jedoch schlechter oder minderwertiger sind.

In unserem Verständnis sind auch „Psychopathie" und „*Charakterneurose*" gleichzusetzen. Wir meinen auch, daß in der Charakterneurose ebenso ein Bewältigungsversuch deutlich wird wie im neurotischen Handeln (häufig als Symptomneurose bezeichnet). Was ist „Charakterneurose"? Gemeint ist, daß jemand einen ganzen Charakter in seine Panzerung so integriert, daß die „Not" sehr deutlich ist, und daß auch in dem Menschen und seiner Umgebung nicht das Gefühl von „fremd", „krank" auftaucht.

Jemand, der immer ordentlich, unauffällig, makellos, zuvorkommend, unangreifbar ist, ist nicht als neurotisch zu bezeichnen, dennoch hat sein Handeln einen Sinn, hilft ihm, seine Beziehungen zu gestalten. Oder: ist ständige Angriffslust (aggressives Handeln) ein Zeichen für einen psychopathischen Anpassungsversuch, eine Symptomneurose, oder ist sie als Charakterzug ein Versteck? Für uns ist wichtig zu wissen, daß Menschen mit symptomneurotischen Problemlösungsversuchen leichter den Status von Kranken erwerben, während sogenannte Psychopathen oder Charakterneurotiker nur ungern die Krankenrolle zugebilligt bekommen, eher den Vorwurf moralischen Versagens. Möglicherweise hängt das damit zusammen, daß bei Menschen mit neurotischen Störungen vorwiegend die Beziehung zum Selbst gekränkt ist. („Die Krankheit wird auf der inneren Bühne ausgelebt.")

Der neurotische Mensch stört also nicht, kränkt nicht, belästigt nicht! Hingegen liegt der Schwerpunkt der Kränkung bei den charakterneurotischen und psychopathischen Menschen weitmehr in den Beziehungen zu Anderen und zur Umwelt: Sie stören, belästigen, kränken, so daß ich abwehre, mich verschließe, mir verbitte. Mit dieser meiner Gegenreaktion bestärke ich jedoch nur ihr (unfreies) Handeln. Möglicherweise liegt in meiner Abwehr der Grund für's Mißverständnis und für meine gestörte Fähigkeit, denen, an denen ich leide, zu helfen.

Noch ein Begriff muß eingeführt werden, nämlich der der „*Entwicklung*". Situationen können für einen Menschen so unüberschaubar, brisant, schwierig, widersprüchlich, unlösbar, beladen werden, daß er eine lebensbestimmende, vereinfachende Sichtweise entwickelt, die z. B. „verrückt" sein kann.

Ein Beispiel: Ein erfolgreicher Geschäftsmann hatte sich im Zusammenspiel mit seinem Aufstieg die Gewohnheiten der Menschen um ihn herum angewöhnt. Mit Freundinnen, Lässigkeit, Alkohol usw. Gleichzeitig jedoch die Beziehung zu seiner Frau nicht weiter gestaltet. Diese hätte es auch schwer gehabt, sich der Leichtlebigkeit, der Unbekümmertheit und Geselligkeit anzupassen, so war sie nicht geboren! Es paßte nicht zu ihrem Charakter! Sie verstand die Handlungen ihres Mannes immer als ein Komplott der Anderen gegen sie, dessen sie sich sicher war, obwohl sie nicht wußte warum. Als der Mann weniger erfolgreich wurde, sich ihm weniger Möglichkeiten boten, er den Grund des Versagens jedoch auch nicht bei sich sehen konnte, verstand es die Frau in ihrer Zweifelsfreiheit, ihn von der Eifersucht, der Mißgunst und Böswilligkeit der Anderen zu überzeugen. Er fing an, überall Feinde zu sehen, überall Drohungen und Gefahren zu wittern und *„entwickelte"* ein Umgehen mit seinen Problemen, das dazu führte, daß er sich schließlich auch von seiner Frau bedroht fühlte, sie tätlich angriff und als akut wahnkrank (paranoid) behandelt werden mußte.

In der Tat spielen alle genannten Gesichtspunkte im täglichen psychiatrischen Tun eine erhebliche Rolle, jedoch leiten wir aus den *bestehenden* Unterschieden zwischen Menschen nicht den Anspruch einer sich verfeinernden Diagnostik ab, sondern sehen in der Anerkennung der Unterschiede eine Möglichkeit der differenzierten Selbstwahrnehmung. Wir sehen darin eine Möglichkeit für den einzelnen Betroffenen herauszufinden: Woran leide ich eigentlich, und welches sind die Bedingungen meines Leidens.

2. Ein Entwicklungsmodell

Die Absicht unseres Bemühens ist es zu zeigen, daß die vielen Autoren für wesentlich erachtete Trennung in *„nichtorganisch"* und *„organisch"* oder erworben und nicht erworben häufig nur die Einstellung des jeweiligen Autors wiederspiegelt, nicht aber der Wirklichkeit des gesamten Menschen gerecht wird.

a) Egal, wie ein Mensch bei der Geburt ist, ob schnell oder langsam, ruhig oder nervös, leicht erregbar oder phlegmatisch, dumm oder klug, häßlich oder schön: Mit dem, was er mitbringt, nimmt er unmittelbar Kontakt mit seiner Umwelt auf. Die nicht anerkannte Ungleichheit von Menschen kann schon in den ersten Tagen nach der Geburt zu erheblichen Mißverständnissen führen. So hat sich gezeigt, daß eine ruhige Mutter sich dadurch erheblich gestört fühlen kann, daß sie ein unruhiges Kind bekommt: Die Art ihrer Kontaktaufnahme kann das gemeinsame Handeln von beiden „neurotisch" machen.

b) In den ersten Monaten nach der Geburt ist das Leben eines Kindes weitgehend bestimmt durch Nahrungsaufnahme und Reizzufuhr. Die *aufnehmenden* Organe differenzieren sich, wobei Mund und Haut entscheidend sind. Die Beziehungsgestaltung wird durch mehrere Aspekte bestimmt: 1. durch die Beschaffenheit des kindlichen Mundes, seiner Haut, seines Temperamentes, also seiner organischen und „endogenen" Ausstattung. 2. Durch die gleichen Aspekte auf Seiten der Erwachsenen. 3. Auch von deren Erwartungen, deren Zugehörigkeit zu einer sozialen Gruppe und zu bestimmten Einheiten der Gesellschaft. Während FREUD den organischen Aspekt der frühkindlichen libidinösen (triebenergetischen, für ihn auch sexuellen) Entwicklung beschreibt, versucht vor allem ERIKSON zu beschreiben, was die *orale Phase* für die psychosoziale Entwicklung des Kindes bedeutet: Daß das Kind in dieser Phase lernt, ob es in Beziehungen, die es zur Umwelt und zu sich selbst aufnimmt, vertrauensvoll sein kann oder ob es ängstlich – mißtrauisch ist *(Urvertrauen* gegenüber *Urmißtrauen).* Wie entscheidend die Einflüsse in den ersten Monaten des Lebens sind, konnte durch Untersuchungen nachgewiesen werden, in denen gezeigt wurde, daß das Kind bei Reizarmut und bei mangelnder Zärtlichkeit Einbußen erfährt, die es auch in seinem späteren Handeln nicht ausgleichen kann.

Übung: Wir legen dem Leser nahe, über die unterschiedlichen Aspekte nachzudenken, die für die Entwicklung des Menschen im frühkindlichen Alter von Bedeutung sein können, und sein Handeln störend oder fördernd beeinflussen. Beim Nachdenken sollten die Aspekte des persönlichen Tempos, der körperlichen Ausstattung und Befindlichkeit, der sozialen Stellung der Eltern, der ökonomischen Situation der Eltern, der Bildungsmöglichkeiten, der gesundheitlichen Versorgung, des Lebensraumes (d. h. Aspekte der materiellen Umwelt des Kindes) gleichwertig eine Rolle spielen. Bedenke auch, daß es nicht nur darauf ankommt, *ursächlich* zu denken, also z. B. bestimmte Mangelerscheinungen für spätere Lebensgestaltung verantwortlich zu machen. Es kommt darauf an, die Situation des jetzigen Erwachsenen, mit dem ich es zu tun habe, auch aufgrund *all* dessen zu verstehen, wie er aufgewachsen ist. Es kommt also auf Verständnis an, weniger auf Erklärungen. Auch auf das Verständnis der Auswirkung von *Frustration* (Entsagung und Einbußen).

c) Für die nächste Phase ist die Entwicklung der Muskulatur besonders wichtig: der Mensch lernt sitzen, krabbeln und laufen, er lernt seine Ausscheidungsmuskulatur zu kontrollieren, d. h. etwas zu tun oder nicht zu tun, etwas zu wollen oder nicht zu wollen, etwas loszulassen oder zu halten. Damit sind auch wichtige soziale Aspekte des Aggressivseins angesprochen. Da FREUD die Darmfunktion für die Entwicklung des Menschen als besonders bedeutsam ansah, nannte er diese Zeit *anale Phase*. Ihm war entscheidend, wie die weitere Organisation der libidinösen Energie durch die Meisterung der Verdauungsfunktion erfolgt. Hier wieder die Betonung der organischen Seite, wobei – nach FREUD – die Verknüpfung von Erziehungshaltung der Mutter und organischer Ausdifferenzierung die subjektive Gestaltung des Charakters ausmachen. ERIKSON berücksichtigt in seiner Übersetzung in die psychosoziale Bedeutsamkeit die Reinlichkeits- und Bewegungserziehung mit: er sieht das psychosoziale Lernziel dieser Phase in der Entwicklung von Autonomie (Selbständigkeit) und Selbstvertrauen. Frustrationen in dieser Lebenszeit führen zu Scham und Zweifel, die die weiteren Beziehungen des Menschen zu sich und zu seiner Umwelt bestimmen.

Übung (am besten in der Gruppe): Darüber sprechen, was Ihre Aufzuchtbedingungen während der analen Phase waren, was diese möglicherweise für Sie bedeuten. Sind Sie sehr zu Reinlichkeit, Ordnung und Sparsamkeit angehalten worden? Wie war Ihr Bewegungsspielraum? Wie selbständig konnten Sie sein? War Artigkeit und Gehorsam ein Gebot, oder Ausprobieren und Selbstbestimmung? Vergleichen Sie unterschiedliche Bedingungen und berücksichtigen Sie die Bedeutung der sozialen und ökonomischen Abhängigkeit für die Entwicklung in dieser Phase: Größe des Wohnraumes, Entfernung zum Spielplatz: was machen die Vorbilder: beruflich und privat? Wieder kommt es uns darauf an, daß über mögliche individuelle Ausgestaltungen dieser Entwicklungsphase nachgedacht wird. Dabei spielen hier neben selbständig, verschämt, zweifelnd, unabhängig, zwanghaft, ordentlich, sauber, auch Wörter wie gehemmt, zurückhaltend, geizig, großzügig, eingeengt, gewissenhaft, unternehmungslustig eine Rolle.

d) FREUD benennt die der analen Phase folgende die *phallische Phase*. Die teilweise Ausreifung der Geschlechtsorgane und die zunehmend differentielle Wahrnehmung von Geschlechtsunterschieden stellen hier die organische Grundlage für die

Entwicklung des Menschen dar. Je nachdem, wie sich die libidinöse Energie in dieser Phase organisiert (und das im wahrsten Sinne des Wortes), wird der Mensch verschiedene Möglichkeiten zu späterer (gesunder) Geschlechtsreife haben. FREUD beschreibt als entscheidend für diese Phase den Ödipus-Komplex. Das Kind möchte der Liebespartner des gegengeschlechtlichen Elternteiles sein, wobei die Art des Umgangs mit der durch die Wirklichkeit gegebenen Versagung kennzeichnend für den Menschen ist. Im psychosozialen Bereich erfolgt in dieser Phase das Erlernen von Rollen: männlich – weiblich, väterlich – mütterlich, Junge – Mädchen. ERIKSON nennt hier das Lernziel Initiative. Frustrationen bedingen jetzt Schuldgefühle (das tut ein anständiger Mensch nicht). Wichtig für diese und die folgende Zeit ist, daß das Kind aus der Abhängigkeit der Eltern mehr in das soziale Gefüge hineinwächst. Manche tun es über den Kindergarten; manche dürfen nur ausgewählte Kinder mit nach Hause bringen; andere dürfen auf der Straße toben. Die Art mit mir und Anderen Beziehungen aufzunehmen, wird von jetzt an geprägt durch das Wissen, was ich als Mädchen oder Junge bin, als Mann oder Frau bzw. Vater oder Mutter sein werde.

Übung: Tauschen Sie sich mit Anderen über die Bedingungen der eigenen *Sozialisation* (so nennt man das gesamte Hineinwachsen in die menschliche Gesellschaft) aus: was habe ich wann über Geschlechtsunterschiede gelernt? Wie schwer fällt es mir jetzt, darüber zu sprechen? Wie oft muß ich kichern, wenn ich über Sexualität – frühkindliche und erwachsene – nachdenke? Was denke ich, wenn andere unanständige Witze erzählen, habe ich mich da geändert? Nicht nur Übereinstimmungen, auch Unterschiede in den Einstellungen der einzelnen Gruppenmitglieder sind zu besprechen. Zu den sozialen und ökonomischen Ausgangsbedingungen: mußten beide Eltern arbeiten? Konnte der Vater zu Hause arbeiten? Gab es im Haus die Möglichkeit einer Intimsphäre? Wie war sie gestaltet? Wieviel Geschwister gab es? Mußte ich die abgelegten Kleider der Älteren tragen? Welches Spielzeug wurde für wen bevorzugt? Wie wurde mit meiner Neugier umgegangen?

Wenn der Begriff „neurotisch" angewendet wird, wird davon ausgegangen, daß irgendwann im Laufe der Kindheit so gravierende Mißverhältnisse zwischen

1. den Wünschen, Bedürfnissen, Antrieben des Kindes einerseits und
2. den einschränkenden Bedingungen, die entweder real (nicht vorhandene Nahrung z. B.) oder sozial (Mutter denkt es ist gut, nicht soviel zu schmusen, oder auch: Mutter hat keine Zeit zu schmusen) sein können andererseits, und
3. der Art, wie sie sich beim Menschen festsetzen, entstehen, daß im Handeln Störungen auftreten. Sie können sich gleich in der Kindheit äußern (s. Kap. 11) oder zu späteren kritischen Zeitpunkten in typischer Ausformung wieder auftreten.

Wir versuchen jetzt anhand des Fallbeispieles eine *positive Bestimmung* des neurotischen Anteils von Herrn F. vorzunehmen. Dann werden die allgemeinen Erörterungen fortgeführt.

Bisher wurde deutlich, daß Herr F. es schwer hat, seine Beziehungen zu sich selbst zu beschreiben und zu bestimmen. In seinem jetzigen Leben sind 50% die Mutter und 50% die Braut. Zudem fällt es ihm schwer, Gefühle der Selbstbehauptung zu äußern (Unzufriedenheit, Ärger):

Th 1: Als Sie vorhin kurz über Ihre Eltern sprachen, da klang das so ein bißchen bitter.
F: Es waren ja aber auch schlimme Zeiten damals, Wiederaufbau, ich habe meinen Vater nie gekannt und meine Mutter mußte immer arbeiten.

134

Th 1: Ich kann mir vorstellen, daß Sie da häufig unglücklich waren.

F: Ich kann mich nicht genau erinnern, später habe ich manchmal gedacht, daß ich eigentlich das Kind meiner Großmutter sei.

Th 1: Sich von Ihrer Mutter vergessen fühlten und ganz zur Großmutter gehörig.

F: Jetzt ist es anders, jetzt weiß ich ja, wieviel ich meiner Mutter bedeute. Sie hat es weiß Gott auch nicht leicht gehabt.

Th 1: Jetzt wissen Sie, wie wichtig Ihre Mutter für Sie ist. Sie hängen sehr an ihr.

F: Ja, deswegen ist es ja auch alles so schlimm.

Th 2: Ist es so, daß Sie sich manchmal vorstellen, wie es ist, wenn sie stirbt?

F: Ringt mit Tränen.

Th 2: Das macht Sie jetzt sehr betroffen.

F: Ja, ich weiß gar nicht, was dann werden soll. Sie ist immer so gut zu mir.

Th 2: Sie haben so gar nichts, was das aufwiegen könnte.

F: Ich weiß nicht. Mit meiner Verlobten habe ich schon darüber gesprochen. Sie sagt, sie sei ja auch noch da, aber das ist ja nicht dasselbe. – Und dann jetzt diese Schlafstörungen.

Th 1: Die machen Sie sich richtig zum Vorwurf.

F: Ja. Einerseits ist meine Mutter krank und sie sollte viel Ruhe haben, andererseits quält sie sich so mit mir. Bleibt jede Nacht auf, damit ich nicht so grüble.

Th 2: Sie sind richtig in der Zwickmühle. Einerseits haben Sie furchtbare Angst, Ihre Mutter zu verlieren, auf der anderen Seite beanspruchen Sie sie noch – das macht Sie richtig fertig.

Th 1: Da ist momentan nichts in Ihrem Leben, was Sie auch noch wichtig nehmen könnten.

F: Was meinen Sie?

Th 1: Ich dachte an Beruf oder Freunde oder ein Hobby.

F: An Beruf mag ich momentan gar nicht denken, und das andere habe ich nicht. Wozu auch.

Th 1: Ist es so, daß Sie nie irgendetwas allein gemacht haben, so ganz für sich. Ich meine, schon mit anderen, aber ohne Ihre Mutter oder früher Ihre Großmutter.

F: Nein.

Th 1: Die Frage erstaunt Sie richtig?

F: Die Großmutter hat schon manchmal gesagt, ich solle doch mal mit den anderen was unternehmen, aber ich habe doch immer gespürt, wie sie sich gefreut hat, wenn ich zu Hause geblieben bin, und das ist heute bei meiner Mutter auch so.

Wir machen wieder einen „Schnitt". Wir können jetzt sehen, daß der Patient Selbständigkeit nicht gelernt hat, daß er abhängig geblieben ist. Zudem wird nun ganz deutlich die Angst des Patienten, und so wird denkbar, daß die Schlafstörungen doch *einen Sinn* haben, daß der Patient nicht nur darunter leidet, sondern daß er sie auch herstellt, sie damit sinnvoller Ausdruck seines Handelns sind, und gleichzeitig auch die gekränkte Beziehung zwischen Mutter und ihm aufzeigen. Gleichzeitig gewinnen wir einen Hinweis, in welcher Zeit ungefähr die Angst entstanden ist: damit haben wir die Möglichkeit, mit ihm das Ausmaß seines neurotischen Anteils abzugrenzen.

3. Was machen wir mit Angst?

Bisher ist von *der Angst* noch kaum die Rede gewesen. Wir wollen nicht auf die einzelnen Theorien der Angst eingehen, vielmehr gehen wir davon aus, daß wir alle in bestimmten Situationen Angst erleben, mit der wir entweder so umgehen können, daß sie weniger wird, oder so, daß sie sich vermehrt. Wenn wir so mit ihr umgehen, daß sie weniger wird, kann es gelungene und verfehlte Lösungen geben. Gelungene sind solche, die in der gleichen Situation einen *größeren* Handlungsspielraum möglich machen, verfehlt (neurotisch) sind solche, die mich *einengen,* die mich panzern. Es gibt viele unstrukturierte Situationen, also solche, die man (noch) nicht kennt, die man (noch) nicht benennen kann, die man nicht voll verstehen kann; zudem ändert ich unentwegt irgend etwas. Beim Aufwachsen gilt: das Kind hat nicht nur unstrukturierte Situationen zu meistern, sondern es untersteht gleichzeitig der Bewertung der Erwachsenen. So erfährt es, daß Teile dessen, was es selbst tut, unliebsam sind, unerwünscht, Ärger, Wut, Zorn, Angst im Anderen auslösen. Ich habe also etwas falsch gemacht oder etwas Böses getan. Die Folge ist, ich spalte etwas ab, ich fange an, so zu tun, als ob bestimmte Dinge nicht zu mir gehören. Immer, wenn sie wieder auftauchen, irritieren sie mich, und ich sorge dafür, daß sie noch weiter abgespalten werden *(verdrängt),* bis es fast so aussieht, als seien sie nicht mehr da. Und damit mich diese abgespaltenen Gefühle (Wünsche nach mehr Zärtlichkeit, nach mehr Macht, nach weniger Angst, nach weniger Bevormundung, nach mehr Geselligkeit, nach mehr Aggression, Gefühle von Neid, Liebe und Haß) nicht mehr irritieren, damit der Panzer (die Abwehr) stabil wird, handle ich so, daß ich mich so sehen kann, wie ich denke, daß man mich zu sehen wünscht. Dabei geht oft bereits sehr früh die Fähigkeit verloren, manche Gefühle als zu mir selbst gehörig zu erleben. Jede neue Begegnung, jede neue Beziehung, die man aufnimmt, birgt in sich die Gefahr, daß die Gefühle, die weggepanzerten, wieder auftauchen, so daß der Mensch *angstvoll,* verzweifelt, mit Angst vor Blamage und Lächerlichkeit, mit Minderwertigkeitsgefühlen reagiert, die ihn unfähig machen, in eine reife Beziehung zu treten. Daher auch die Angst vor Neuem überhaupt. Da der Mensch seine Wirklichkeit selbst macht, fällt der Panzer häufig lange nicht auf. Erst in Krisensituationen, wenn von den weggepackten Gefühlen welche gebraucht werden, um eine neue Beziehung aufzunehmen oder um sich trennen zu können, kommt es zum Versagen der Abwehr und zur Ausformung eines Symptoms (das untergründig auch vorher schon existiert haben mag).

Also für die Bestimmung eines neurotischen Anteils muß ich 1. einen langjährigen – sich im Laufe der Zeit stabilisierenden – Panzer beschreiben können. Die Kenntnis der frühkindlichen Entwicklung hilft dabei, mit dem Patienten herauszuarbeiten, wo die wesentliche Kränkung liegt, welche Teile von sich selbst er oder die Umwelt nicht annehmen konnten. 2. Muß die Panzerung zu einer so starken Einengung geführt haben, daß der Mensch einer *jetzt* bestehenden Anforderung nicht gewachsen ist.

Neurotische Anteile lassen sich nach zwei weiteren Gesichtspunkten beschreiben, die jedoch voneinander abhängig sind und sich miteinander verweben.

4. Typen des Auslebens: (neurotische Syndrome):

Zum einen unterscheidet man die Typen des Auslebens (Agierens): Angstneurotisches, phobisches, hysterisches, hypochondrisches, zwanghaftes, depressives Ausleben. Die Arten treten in Wirklichkeit natürlich meist gemischt auf.

a) *Angstneurotisches Handeln:* wenn jemand mit einer Reihe von körperlichen und psychischen Angst-symptomen reagiert (Herzklopfen, feuchte Hände, Fluchtgedanken, Totstellreflex), ohne daß für ihn oder Andere eine reale Gefahrenquelle ergründbar wäre. Die Angst ist auch nicht an ein Objekt gebunden, sondern ist diffus bedrohlich und kann sich bis zur Panik steigern, ohne daß der Be-troffene sich zu helfen wüßte (freiflottierende Angst).

b) Bei *phobischen Ängsten* kann eine Angstquelle angegeben werden, die jedoch häufig anderen Menschen keine Angst oder kein ausgeprägtes Unwohlsein bereitet. Bei Kindern werden eine Reihe von phobischen Ängsten meist als normales Durchgangsstadium in der Entwicklung ver-standen (z. B. Angst vor Hunden oder vor zu schnellen Bewegungen). Man kann agoraphobische Ängste (Angst in Verkehrsmitteln, Kaufhäusern, Menschenmengen, Fahrstühlen) von sozialen Ängsten (Angst, dem Vorgesetzten zu widersprechen, sich möglichen Partnern zu nähern, Fremde um Hilfe zu bitten) und konkreten Ängsten (wie Tierphobien, Angst beim Zahnarzt, Angst vor ansteckenden Krankheiten) unterscheiden. Meist wird gegen die vermeintliche Angstquelle ein starkes Vermeidungsverhalten aufgebaut.

c) *Hysterisch* wird ein Handeln benannt, wenn jemand sich durch nicht organisch-bedingte, also psychogene Körperfunktionsstörungen wie Lähmungen, Stimmverlust, Taubheit, Blindheit, auch Atemstörungen, Tics oder Krämpfen in seinen Kontaktaufnahmen behindert. Neben dem Krank-heitsgewinn, der dabei abfällt, wird die Aufmerksamkeit von möglichen unliebsamen Gefühlen abgelenkt. D. h., ein Mensch handelt hysterisch, wenn er zwischen sich und Anderen auf keinen Fall Spannungen zulassen kann, auf jeden Fall sozial erwünscht handeln möchte, so daß auf-tauchende Spannungen als „Symptom" versteckt werden. Mehr noch als andere Typen neuro-tischen Auslebens ist der hysterische abhängig von kultureller Umgebung und Mode sowie von den Werten der Bezugsgruppe.

d) Während es scheint, daß in hysterischen Anteilen vor allem die Kränkung in Beziehung zu Anderen angstvoll abgefangen wird, lassen sich *hypochondrische Anteile* als Vorsicht im Umgang mit sich selbst verstehen. Es gibt viele Signale aus dem Körper, die wir überhören, auf sie nicht achten, solange nicht Eindeutigkeit besteht (z. B. Fieber). Hypochondrisch wird das Handeln eines Menschen, wenn er sich und seine Partner zwingt, nur auf mögliche Signale aus seinem Körper zu achten, auf sie einzugehen und sie zu pflegen. Die einzige Möglichkeit, angstfrei Kontakt aufzunehmen, besteht darin, über mögliche Beschwerden zu sprechen.

e) Menschen, die *zwanghaft* handeln, müssen eine bestimmte Handlung immer wieder ausüben, bestimmte Gedanken immer wieder durchgrübeln. Dabei kann dieses gezwungene Tun soviel Zeit kosten, daß der Mensch zu nichts anderem mehr kommt. Während Pedanterie oder genaues Kontrollieren noch als angemessen erscheinen können, weiß der Zwangshandelnde, wie unsinnig sein Tun oder Denken ist. Er kann es jedoch nicht lassen, weil unmittelbare, extreme Angst die Folge des Unterbrechens von Zwangshandlungen sein kann. Oder weil anstelle der Zwangsgedanken plötzlich Wünsche auftauchen, die für seine zwischenmenschliche Beziehung gefährlich werden können.

f) Es gibt Menschen, für die *depressives Handeln* ein Versuch ist, mit Kränkungen der Beziehungen umzugehen. Jede Kränkung führt zu Traurigkeit, zu Gefühlen, nicht zu genügen oder versagt zu haben, zu Gefühlen der Schuldhaftigkeit und der eigenen Unveränderbarkeit oder Unverbesser-lichkeit. Wichtig im Unterschied zu den endogenen Depressionen ist hier, den Patienten noch mehr als den Gestaltenden zu sehen. Er ist weniger Opfer seiner depressiven Gefühle, als vielmehr jemand, der in Abwehr seiner Kränkung Beziehungen depressiv gestaltet.

Diese Typen werden *psychodynamisch* als Kompromiß zwischen dem Anteil eines Menschen verstanden, der weggepanzert werden muß, und der Art und Weise, wie der einzelne Mensch panzert.

5. Abwehr- oder Panzermethoden:

Ein anderer Gesichtspunkt, der bei der Beschreibung neurotischer Anteile berücksichtigt werden muß, ist also der *der Abwehr.* Bei der Beschreibung der Abwehr ist vor allem zu berücksichtigen, *welche* Gefühle oder Wünsche jemand *wie abwehrt.* Da Abwehrmethoden normal gelernt werden, jedoch der weniger gepanzerte Mensch mehr Möglichkeiten der Wahl hat, ist vor allem auch auf die Beweglichkeit bzw. die Eingeengtheit zu achten, mit der ein Mensch handeln kann. Die Psychoanalyse hat den Begriff „Abwehr" eingeführt, der besonders in der Zusammensetzung Abwehr-Mechanismus fragwürdig ist. Folgende Abwehrmethoden können bei zu starker Ausprägung die Selbstwahrnehmung eines Menschen beeinträchtigen und die Beziehungen zu sich und seiner Umwelt stören:

a) *Verdrängen* ist eine Handlung, bei der ich unliebsame Gefühle soweit aus meiner Aufmerksamkeit für mich selbst heraus dränge, daß ich sie nicht mehr als zu mit gehörig erlebe: ich kenne Haß oder Begierde, Neid, oder den Wunsch nach Geborgenheit nur bei Anderen, ich habe solche Gefühle nicht; und sie bei mir zu entdecken, wäre eine herbe Enttäuschung. Verdrängung richtet sich vor allem gegen Gefühle aus mir selbst und beleuchtet also wie ich mit mir umgehe, wie offen ich für mich sein kann, oder wie eng ich mich sehen muß.

b) *Regredieren* ist eine Handlung, bei der ich unliebsame Anforderungen dadurch ausweiche, daß ich auf das jeweils kleinkindlichere Verhalten zurückgreife. Unliebsame Anforderungen können tatsächliche Anforderungen (auch Überforderungen) sein, aber auch Versuchungen, die mich ängstigen oder genieren. Wir regredieren vor allem vor etwas, was aus der Außenwelt an uns herangetragen wird.

c) *Reaktionsbildung* hilft die Verdrängung aufrechtzuerhalten, wobei ein Ersatz für die unliebsamen Gefühle gefunden wird. In unserem Beispiel ist es Herrn F. nicht möglich, seiner Mutter gegenüber Haßgefühle zu äußern, aber er „quält" sie mit seinem Leiden.

d) *Isolieren (Abspalten)* von Gefühlen meint eine Handlung, durch die es gelingt, rein intellektuell über Wut oder Zuneigung zu sprechen, jedoch das entsprechende Gefühl nicht zu empfinden. Wenn man mit einem Gefühl so umgehen kann, als betrachte man es als Gegenstand, der mit einem nicht zu tun hat, ist man sowohl nach innen als nach außen abgesichert (z. B. wissenschaftliche Begriffsbildung).

e) *Ungeschehenmachen* ist im Alltag z. B. sich für etwas entschuldigen: "es war nicht so gemeint"; "wir wollen so tun, als sei nichts gewesen!" Diese Handlung setzt man ein, wenn man sich verraten zu haben glaubt, und wenn man vor allem gegen die Verurteilung durch das eigene Gewissen oder die befürchtete Strafe angeht. Oder man will den Verrat, von dem man glaubt, ein Anderer habe ihn an einem begangen, ungeschehen machen: eigentlich fühle ich mich gekränkt, aber der Andere meint das sicher nicht so. Diese Abwehr dient der Aufrechterhaltung einer harmonischen Beziehung und vor allem der Vermeidung von Vorwürfen und Schuldgefühlen.

f) Wenn bei Anderen die Gefühle gesehen und bekämpft werden, die man bei sich nicht mag bzw. nicht ertragen kann, dann wird diese Handlung *Projektion* genannt. Nicht: ich habe etwas gegen einen Anderen, sondern: alle haben etwas gegen mich. Oder: ich will nie verführen, aber die Anderen haben nicht anderes im Sinn.

g) Genauso wie man unliebsame Gefühle projizieren kann, kann man sie auch *introjizieren*, d. h. sich zu eigen machen. Die beiden zuletzt genannten Abwehrhandlungen haben mehr als alle anderen mit dem Problem Distanz und Nähe zu tun. Zum einen distanziert man Gefühle über Gebühr, zum anderen holt man sie über Gebühr in sich hinein, um sie von außen nicht als Gefahr zu erleben.

h) Eine häufig zu beobachtende Abwehrhandlung ist die *Wendung gegen die eigene Person* (s. Kap. über Selbsttötung): da es nicht gelingt, Wut und Haß gegen die Leute zu richten, die diese Gefühle betreffen, kann man nur die eigene Person hassen und alle Gefühle der Wut gegen sich selbst richten. Erlebte Unzufriedenheit wird immer nur als aus einem selbst kommend betrachtet. Man hat nicht den Mut, die quälende Unzufriedenheit außerhalb seiner selbst zu suchen.

i) Eine für den sozialen Bereich wirksame Abwehrhandlung ist die *Verkehrung ins Gegenteil*. Im normalen Umgang häufig als Höflichkeit verbrämt, kann diese Art der Abwehr dazu führen, daß man Personen, die man am allerwenigsten mag, mit besonderer Nettigkeit bedenkt oder umgekehrt. Personen die man begehrt, schnöde und zurückweisend behandelt. Wenn es mit dieser Art der Abwehr nicht ganz gelingt, das unliebsame Gefühl wegzupanzern, kann es zu der Art von zweideutigem Handeln kommen, wo gleichzeitig das abgewehrte und das – gegenteilige – abwehrende Gefühl vorhanden sind: etwa in der Art „komm her – geh weg", oder wie es auch als Haßliebe beschrieben wird.

In der Darstellung der Abwehrhandlungen sind wir der Systematik von Anna FREUD gefolgt. Wir möchten noch eine Art beschreiben, Abwehr aufzubauen bzw. Panzer zu bilden, die nicht isoliert zu benennen ist, sondern (s. Charakterneurose) wo eine bestimmte Haltung den Menschen so prägt, daß nur schwer beschreibbar ist, zu welchen Anteilen dieser Mensch mit der Haltung einen Panzer macht.

Beispiel: Eine Patientin, körperbehindert, an den Rollstuhl gebunden, die jahrelang in der Abhängigkeit von den Eltern gelebt hatte, hat es geschafft, sich eine eigene Wohnung zu nehmen und sich auch innerlich von den Eltern zu distanzieren. Nach einer enttäuschten Liebesbeziehung war sie in die Klinik gekommen, die Eltern waren bereit, die Patientin wieder ins Haus zu nehmen, ihre Haltung war jämmerlich, eingefallen, genau die Haltung, die man von einem Menschen erwartet, der körperbehindert an einen Rollstuhl gebunden ist. Diese Haltung war so stark, daß jeder in der Umgebung darauf einging, und auch die Psychotherapeutin erst nach vielen Stunden und in der Supervision darauf aufmerksam wurde, daß die Patientin gleichzeitig in ihren Äußerungen sehr viel Zuversicht, Mut, Willensstärke Durchsetzungsbereitschaft, Trotz, Aufbegehren, Eigenständigkeit äußerte. Die Therapeutin, die bis dahin in ihren Handlungen eher durch Mitleid bestimmt war, auch Angst hatte, die Patientin zu überfordern, die sich ganz in die Jämmerlichkeit hatte entwickeln lassen, konnte nun unbefangener und freier auch die selbständigen Gefühle der Patientin ansprechen und fördern.

Zur Auseinandersetzung mit dieser Art von Abwehrhandlungen empfehlen wir besonders das Buch „Charakteranalyse" von Wilhelm Reich.

Übung: Denken Sie sich für die einzelnen Abwehrmethoden Beispiele aus Ihrem Alltag aus. Zum Lernen ist es nicht wichtig, die einzelnen Methoden auswendig zu lernen, sondern ein Gespür dafür zu bekommen, wie sie selbst mit unliebsamen Gefühlen umgehen. Mit der Benennung der Abwehrhandlungen oder auch der vermuteten Konflikte können Sie leider auch zusätzliche Kränkungen setzen: Da Abwehrhandlungen von dem Betroffenen genauso schwer zu erkennen sind, wie die abgewehrten Gefühle, ist es wenig hilfreich, jemanden zu konfrontieren: „Sie projizieren ja"! Das kann nur zu einer Verhärtung der Abwehr führen.

Besonders schädlich ist Konfrontation im psychomatischen Bereich: einerseits kommen Patienten mit körperlichen Mißempfindungen zu uns, für die es keine organische Ursache gibt (Bettnässen z. B. oder – wie in unserem Beispiel – Schlafstörungen). Die Ursachen für solche Lösung von Spannungszuständen wird dann *psychogen* genannt. Dann gibt es auch die Lage steter körperlicher Befunde (Magengeschwüre, Hautausschläge, Bluthochdruck); wo aber eine organische Behandlung allein den Menschen nicht von seinen Beschwerden befreit, sondern erst die Bearbeitung der Zusammenhänge von körperlichen und seelischen Beschwerden. Selbst bei akuten, rein organischen Krankheiten ist oft an psychogene Auslöser zu denken. Wird ein Mensch nun damit konfrontiert, seine Beschwerden seien psychosomatisch, so erlebt er das als zusätzliche Kränkung und Verunsicherung. Gerät doch damit seine Abwehr ins Wanken, ohne daß er dafür etwas bekommt. Muß nicht dadurch genau das passieren, was niemand wollte: daß er jetzt um seine Glaubwürdigkeit kämpfen muß, noch mehr Beschwerden bekommt, noch kränker wird, weil er die Beweislast bei sich spürt? Jemand, der von sich höchstens sagen kann, er sei krank, der es aber mit seinem Selbstbild nicht vereinbaren kann, Probleme mit seinen Gefühlen oder in seinen Beziehungen zu haben, wird bei der Konfrontation mit seinen psychischen Anteilen zutiefst erschrecken und noch mehr Angst bekommen (z. B. Unterschicht-Patienten). Wer in einer gestörten Beziehung nicht *fühlen* und nicht *sagen* kann: „Mir ist zum Kotzen, es geht mir an die Nieren, es schlägt mit auf den Magen, das ist um die Krätze zu kriegen, das halte ich im Kopf nicht aus", und mit Hilfe solcher Äußerungen die Beziehung beschreiben und ändern kann, der kann diese Beschwerden eben nur noch *haben*. Damit ändert er die Beziehung auch, nur nicht im Sinne größerer Freiheit im Handeln, sondern größerer Einengung. Der einzige noch bleibende Gewinn besteht darin: „krank" zu sein. Also: es nützt nichts, daß ich *für* einen Menschen seine Abwehr erkennen und benennen (diagnostizieren) kann; ich muß vielmehr so handeln, daß *er* sie sich sichtbar und akzeptierbar macht. Wie das zu lernen ist, dazu der nächste Abschnitt.

II. *Diagnose der Gesamtsituation*

In der ersten Begegnung kann der neurotische Mensch mir sein „Symptom" zeigen und er kann von mir wollen, daß ich nur mit diesem Teil von ihm umgehe. Er kommt mit einem von ihm gesehenen Defekt zu mir als Werkmeister, liefert sozusagen das reparaturbedürftige Stück von sich ab, um dann kurz darauf wieder funktionstüchtig zu sein. Diese Sicht von sich selbst gehört zunächst nicht zu den neurotischen Anteilen, vielmehr zu dem Lernen, wie man mit „kaputten" Gegenständen umgeht. So wie ich bin, kann ich ganz schnell zu den Kränkungen, die der Patient bisher erfahren hat, noch eine hinzufügen. Das kann ihn hindern, sich für sich selbst zu öffnen. Insofern kommt es darauf an, daß ich schon von den äußeren Bedingungen her einen Rahmen herstelle, in dem er sich angenommen fühlen kann: meine *Ruhe,* meine *Zeit* sind zwei wichtige Aspekte dieser Bedingungen, auch mein *Wunsch, den Anderen wirklich verstehen zu wollen.* Es ist zunächst zu erwarten, daß er mich behandelt, wie er alle anderen Menschen auch behandelt.

Dann aber begegnen wir uns auch als *Fremde*. Darin liegt eine Chance; denn ich kann ermöglichen, daß ich nicht so handle wie die anderen Menschen in seinem Leben, und daß ich mich von ihm auch nicht dazu bringen lasse, so zu handeln wie die anderen Menschen.

Übung: Mit Anderen darüber sprechen, wie man Fremden begegnet. Professionell, förmlich, herzlich, wie hätte man es gern selbst, wenn man in einer solchen Situation wäre. Wovor fürchtet man sich, kann man selbst sich ändern – und wie? Kann ich mich selbst als befangen, schüchtern, passiv, vorlaut, selbstbewußt, herrisch, mitleidsvoll, teilnehmend kennenlernen? Rollenspiele helfen, die Eigenart des Handelns zu verdeutlichen.

Ein zweiter Teil der Übung: mit Anderen darüber sprechen, wie man *Partnern* begegnet. Und dann ein dritter Teil der Übung, wie kann ich mich für jede Begegnung offen machen, so daß ich mich und den Anderen darin wirklich sehen lernen kann.

1. Suchhaltung bei mir (Selbstwahrnehmung)

Ich will mich darin kennen, ob die Dinge, die dem Anderen Angst machen, auch mich ängstigen, und wie ich mit dieser Angst umgehe. D. h., um ein Handeln zu ermöglichen, das dem Patienten erleichtert, sich zu entpanzern, muß ich ein Bewußtsein von meinem eigenen Panzeranteil haben. Um den Patienten zu ermutigen, seine Wahrnehmung auf die Art seiner Beziehungsaufnahme zu seiner Umwelt zu richten, ist mein Mut erforderlich, mich selbst darin kennenlernen zu wollen. *Zwei Aspekte* sind für meine Selbstwahrnehmung bedeutsam: Bin ich frei, über meine oralen, analen, zwanghaften, minderwertigen, verdrängenden Anteile nachzudenken? Mit welchen Gefühlen reagiere ich auf eben diese Anteile im Partner? Der Patient wird in seinen kranken Teilen mit mir als Partner so umgehen, daß er bei mir eine seiner früheren sozialen Beziehungen wiederholt, obgleich ich keinen angemessenen Anhalt dafür biete. Diese *Übertragung* kommt besonders dann zustande, wenn ein Wunsch nach Verständnis die Einstellung fördert und wenn gleichzeitig ich durch die Unbestimmtheit meines Handelns die Übertragung erleichtere. Ich kann also bestimmte Aspekte seines Handelns als fixierte (kranke) wahrnehmen. Gleichzeitig sollte ich jedoch immer wissen, und dieses Wissen sollte mich auch immer kontrollieren, daß ich mit meiner Person auf die im Patienten wahrgenommenen Aspekte seines Handelns mit meinem Handeln eingehe. Dies Kennenlernen der *Gegenübertragung* und damit die Ermöglichung der Selbstwahrnehmung ist Voraussetzung für die Normalisierung der Beziehung zwischen dem Patienten und mir. Uns kommt es darauf an, jeden zu ermutigen, sich selbst und seine Art, Beziehungen aufzunehmen, zu berücksichtigen, sich selbst ernster zu nehmen und entsprechend die *Suchhaltung*, die er sich später für den Patienten wünscht, zunächst bei sich selbst herzustellen, sich selbst zu gönnen, sich zu stellen.

Beispiel einer Gruppe: Was würde geschehen, wenn Dir einer sagt, Du bist neurotisch? – Na, jeder ist ja ein bischen neurotisch –. Nein, ich meine richtig. Du bist richtig neurotisch und nicht nur das, Du bist hysterisch. – Du spinnst wohl, das bin ich nicht. – Doch, ich bestehe drauf, guck Dich mal genau an. – Und Du? Bist Du nicht hysterisch, was willst Du eigentlich von mir? – Ja, doch, ich bin in gewissem Umfang auch hysterisch, zumindest kenne ich mich da jetzt besser. Aber es hat auch lange genug gedauert. – Das sagst Du jetzt bloß so, das kannst Du doch eigentlich nicht einfach so zugeben, nicht ohne Angst. – Ich habe auch Angst. Habe ziemliches Herzklopfen, und meine Stimme ist auch nicht ganz sicher, schließlich weiß ich ja nicht, was Ihr daraus macht. Ich liefer mich ja ganz schön aus. Obwohl das auch ein Teil von dem ist, ich kann das jetzt besser riskieren. Das ist es, was ich vorhin auch bei Dir meinte. Ich hab bei Dir beobachtet, wie ich früher immer alles verharmlosen und verniedlichen mußte. An alles noch ein „chen" dranhängen, – bloß damit es mir keine Angst macht. Vor Pferden kann man Angst haben, aber vor Pferdchen? Na, und so sprichst Du auch. So als ob Dir eigentlich ziemlich viel Angst macht, – ganz deutlich habe ich das vorhin gesehen, als Du von dem Herrn Müller als Müllerchen gesprochen hast und der ist doch nun wirklich kein „chen", das ist ein ziemlicher Brocken. – Jetzt fühle ich mich fast ertappt, vor dem habe ich wirklich ziemlich Angst. – Und was ist es, was Dich beunruhigt? – Der ist so, ich denk immer, der will mir was –. Was? – Na, so. . . – Fühlst Du Dich sexuell angesprochen? – Herrgott ja, es ist die gleiche Angst, die ich habe, wenn ich abends allein spazierengehe, aber das ist noch lange nicht hysterisch, das ist ziemlich normal und schließlich, wer garantiert mir, daß ich nicht Recht habe? – Das habe ich nicht gemeint, daß Du für Dich momentan nicht Recht hast. Du hast ja diese Angst. Nur was Du damit machst, dieses „chen". Machst Du das immer, wenn Du Dich in Gefahr fühlst? Weißt Du, ich denke, Du nimmst Dir damit ja auch die Möglichkeit zu prüfen, ob Du in Gefahr bist, wenn Du immer mal ein „chen" dranhängst. – Ja, so leuchtet es mir ein. So kann ich auch weiter drüber nachdenken. Erst als Du gesagt hast, ich sei neurotisch, fühlte ich mich wie genagelt, richtig beleidigt, aber dieses, was wir jetzt gefunden haben, das tue ich glaube wirklich: ich mache immer alles so klein, daß ich keine Angst davor haben muß, obwohl ich eigentlich vor Angst ganz kleinlaut sein möchte.

Auf diese Weise ist es für diese Situation gelungen, eine Suchhaltung herzustellen, eigene gestörte Handlungsweisen in der Beziehungsaufnahme, eigene Anteile der Angstabwehr sichtbar und damit bearbeitbar zu machen.

Ein weiteres *Beispiel:* Herr F. erzählt über seine Schlaflosigkeit und gibt minutiös Auskunft darüber, seit wann die Schlafstörungen bestehen und wie sie sich verschlimmert haben. Ich merke deutlich, daß ich immer müder werde, je mehr er von seiner Schlaflosigkeit erzählt, und daß ich schließlich mit dem Gähnen zu kämpfen habe. In mir taucht ein Widerstreit auf, daß ich eigentlich wach sein und zuhören muß, denn hier sitzt ein armer Patient, der an seiner Schlaflosigkeit leidet und ich werde immer müder. Ich bekomme ein schlechtes Gewissen, raffe mich auf, höre zu, das gleiche wiederholt sich. Ich spüre deutlich, wie ich ein Gähnen unterdrücken muß. Jetzt taucht in mir die Frage auf, ob das zu mir gehört oder zu Herrn F.; d. h. die Frage, ob es *seine Art* ist, mich müde zu machen (immerhin könnte er mir nachher vorwerfen, auch ich hätte ihm nicht richtig zugehört), oder ob es *meine Art* ist, aggressiv zu sein, wenn jemand weitschweifig und umständlich von sich erzählt. (Das erste wäre Übertragung, das zweite Gegenübertragung). Und schließlich kann Herr F. ja nicht ahnen, daß es mich madig macht, wenn er das tut, was er denkt, was ich von ihm erwarte, nämlich so genau wie möglich seine Beschwerden schildern. Jemand, der selbst sehr genau und penibel ist, kann Herrn F. vermutlich länger zuhören und wird nicht so schnell müde. Ich merke daß ich diese Ungeduld schon in mir kenne, wenn jemand zeitraubend ist, nicht zu Potte kommt und tausend Umwege geht. Dieses Erkennen meiner eigenen Ungeduld, die sich als Müdigkeit geäußert hat, macht mich wieder hellwach, denn offensichtlich bin ich aus Gründen meiner eigenen Abwehr dabei, Informationen zu verpassen, deren Bearbeitung es Herrn F. erleichtern könnte, seinen Panzer zu sehen.

Die beiden Beispiele machen deutlich, daß die eigene Suchhaltung schon in kleinen Quanten eine Einstellung dem anderen Menschen gegenüber herstellt, die ihn nicht zum Objekt meiner Gefühlt macht. Ich kann es ihm vermitteln, *weil es meine Haltung ist:* Man kann sich ohne Gefahr sich selbst zuwenden und sehen, wie die Art der Beziehung ist, die man zu einem Anderen und zu sich aufnimmt. Ich kann den Patienten ermutigen, das gleiche zu tun. Wissend, wie schwer das ist, aber auch wissend, daß diese Geduld sich mehr lohnt als der o. a. Ungeduld nachzugeben.

Wir haben so deutlich gemacht, wie sehr ich gerade bei der Begegnung mit gestörter Beziehungsaufnahme mit verwoben bin und wie wenig in der Lage, mir erst einmal die „kranken" Teile des Anderen „aus der Ferne" anzugucken; denn schon mein Angucken wird von ihm gewertet. Umso wichtiger ist jetzt die Klärung, daß es unmöglich ist, von jemandem zu sagen „völlig neurotisch"! Wenn ich so etwas sage, sagt es zumindest über mich aus, daß ich mich geweigert habe, meine eigenen Anteile mitzubeobachten und mit zur Verfügung zu stellen.

2. Unterscheidung neurotischer und normaler Anteile

Den meisten psychiatrisch Tätigen mißfällt es, wenn sie als die großen Übermenschen gesehen werden, die selbst nie Probleme haben. Es versetzt immer einen Stich, wenn man von einem Patienten hört, daß man selbst fein raus sei. Man fühlt sich nicht vollständig, sondern einseitig und parteiisch wahrgenommen. Genauso einseitig ist es umgekehrt, wenn man sich nicht bemüht, die „normalen" Anteile eines Patieneten zu sehen. Diese geforderte Wahrnehmungsdifferenzierung setzt bereits etwas voraus. Ich kann den Patienten nicht überfallen und ihn wissen lassen, daß er sich lang genug mit seiner Krankheit beschäftigt hat; er habe sich nun um seine gesunden Seiten zu kümmern: Erst wenn der Patient zuerst darstellen und sich akzeptiert fühlen kann mit dem, was er nicht bekommt, mit dem, was er nicht will und was er sich nicht vorstellen kann, mit dem, was er nicht gelernt hat, mit dem, was er nicht sein möchte (dies noch einmal im Anschluß an ERIKSON), – erst dann ist zu fragen nach den Dingen, die er bekommt, die er will, was zu werden er sich vorstellen kann, was er gelernt hat und was an dem, was er ist, so bleiben kann. Häufig lösen diese Fragen große Überraschungen aus. Es ist für Patienten enorm schwer, Fragen dieser Art zu beantworten, – ein Hinweis für uns, daß sie verlernt haben, ihre nicht-neurotischen Anteile zu sehen und sich auf sie zu verlassen.

Übung: Finden Sie für sich selbst heraus, mit welchen Teilen Sie zufrieden sind, worauf Sie bei sich selbst bauen, auch: wie Sie sich belohnen, was Sie sich Gutes tun, wie Sie sich selbst zeigen, daß Sie sich mögen; das ist gar nicht so einfach.

Der Patient soll erfahren, daß Teile seiner Unzufriedenheit mit seiner Umwelt, seien es die Partner, die Arbeitskollegen, die Chefs, die Wohnverhältnisse, die gesellschaftlichen Bedingungen, gesunde Unzufriedenheit sind. Daß Teile seiner Wut, seines Zorns, seiner Zuneigung und seiner Wünsche die Möglichkeit bergen, daß er seine Beziehung zur Umwelt ändern kann. Daß nicht alle Teile seiner Angst unsinnig sind. Der andere Fehler, den wir hier machen können, ist Leugnung, und zwar dort, wo wir neurotische und normale Anteile trennen wollen. So ist der Wunsch nach Emanzipation sicher in jedem Fall etwas zu Förderndes. Oft ist dahinter jedoch die – neurotische – Angst weggepanzert, sich zu binden und sich einzulassen. So sind gesellschaftliche Verhältnisse sicher immer zu kritisieren, oft jedoch ist dahinter die – neurotische – Unwilligkeit weggepanzert, die Verantwortung für das eigene Handeln zu übernehmen. Also: ich darf es mir und dem Patienten gleichzeitig nicht zu schwer („läßt sich leider nichts machen, völlig neurotisch") und nicht zu leicht („werden wir schon kriegen, da Sie ja gute Ziele verfolgen") machen. Daher ist *jede* Meinung *probehalber* einmal in Zweifel zu ziehen: z. B. das ständige Gefühl, ich sei ein Versager, kann auch das – neurotisch – introjizierte Vorurteil meines Partners sein und damit meinem Wunsch nach Emanzipation im Wege stehen; oder mein ständiges Schuldgefühl, verknüpft mit dem Eindruck, immer für alles verantwortlich zu sein, kann auch die – neurotisch – ins Gegenteil verkehrte Wut gegen einen autoritären Vater, Vorgesetzten, Betrieb oder Teil dieser Gesellschaft sein!

Beziehung sehen wir umfassend. Wenn neurotisch immer heißt „Kränkung der Beziehung", so schließen wir ein, daß sich diese Kränkung äußern kann in der *Beziehung* zum Partner, zur Arbeit, zur eigenen Person (d.h. auch zum eigenen Körper und zum eigenen Temperament), zur Welt. Deswegen haben wir zur Unterscheidung „neurotisch" – „normal" stets nach der subjektiven Bedeutung der einzelnen Lebensbereiche zu fragen und nach der Zufriedenheit oder Unzufriedenheit mit ihnen.

3. Normalisierung der Beziehung

Sie ist Voraussetzung für Selbstwahrnehmung und Therapie – und ist sie schon selbst. Was heißt das?

1. Beispiel: daß ich die Bitte um „Schlaf-" oder Kopfwehtabletten weder rundweg erfülle noch ablehne, sondern erstmal verstehe als einen, etwa im Krankenhaus angemessenen, Versuch und Wunsch eines Menschen, mit einem Anderen in Kontakt zu treten. Das sofortige Geben eines Medikamentes kann auch Zurückweisung heißen. Bevor der Patient und ich eine Entscheidung treffen, werden wir die Beweggründe, d. h. die *subjektive Bedeutung* des hier und jetzt auftretenden Wunsches nach Tabletten erörtern.

2. Beispiel: Patienten wollen oft einen Rat. Wir wissen, daß Ratschläge in der Regel nichts nützen. Vielmehr sehen wir die Bitte um einen Rat als Versuch des Patienten, seine Hilflosigkeit auszudrücken. *Gebe* ich ihm einen Rat, bestätige ich ihm daß er Recht hatte, hilflos zu sein. Diskutiere ich mit ihm, was *ihm* als Lösungsmöglichkeit einfällt, womit er zufrieden ist und was er sich gerade eben zutraut, so helfe ich ihm, an seiner Hilflosigkeit zu arbeiten.

3. Beispiel: Ein Patient weigert sich, dieses oder jenes fürderhin zu tun (z. B. das durchaus notwendige Medikament einzunehmen). Wenn ich ihn jetzt nur mit gutem Zureden oder dem Vorhalt möglicher Konsequenzen für ihn (z. B. Behandlungsabbruch) meinem Zwang aussetze, so entmutige ich vielleicht seinen ersten, noch ungeschickten, Versuch, sich gegen Autorität aufzulehnen (und was kann er inhaltlich im Umgang mit Leuten, die für seine „Krankheit" zuständig sind, schon anderes tun, als Medikamente verweigern); oder ich bestärke in ihm die Haltung, daß Unterwürfigkeit doch die beste Lösung sei.

4. Beispiel: Eine junge Patientin klagt über morgendliche Übelkeit und ausbleibende Monatsblutung. Wenn ich ohne Fragen einen Schwangerschaftstest anordne, kann ich die mögliche Annäherung, versuchsweise, spielerisch, agiert noch, an die Identifikation mit der weiblichen Rolle zerstören, weil sie sich „vor den Richter gezogen" fühlt. Ein Gespräch über die *subjektive Bedeutung* von Schwangerschaft und Kinderkriegen, Ängste und Wünsche, die damit verknüpft sind, helfen klären, was die Patienten mir mitteilen wollte. Erst dann erfolgt die Aktion.

5. Beispiel: Ein Patient steht weinend auf dem Flur; er hat soeben gemerkt, daß die Tasse, aus der er getrunken hat, nicht abgewaschen war; jetzt ist er davon überzeugt, sterben zu müssen, weil sich die Bakterien mit Windeseile in ihm ausbreiten. Trost oder der Hinweis, daß auch andere Leute sich durch solche Versehen nicht vergiftet hätten, treiben den Patienten weiter in seine Angst hinein. Angemessener ist ein Gespräch, das den Patienten ermutigt, seine Angst, den Tiefgang seiner Angst kennenzulernen, d. h. zu helfen, daß er die Angst nicht vermeidet, sondern sie sich ansieht.

Alle Beispiele zeigen: es geht bei der Normalisierung *nicht* darum, daß ich die Mitteilung des Anderen in eine bestimmte Schublade einordne, versehen mit einem Aha-Erlebnis: aha, der Zwang; aha, die Hysterie; aha, der Süchtige; sondern daß ich auf die Mitteilung des Patienten so vollständig und offen wie möglich eingehe. Diese *Offenheit* ist schwer herzustellen. Ein Hinderungsgrund kann der sein, daß wir im diagnostizierenden Beobachten so genau geschult sind, daß es zu einer Einengung der Wahrnehmung und zu Aha-Schlüssen kommt, die *normales* Handeln erschweren. Daß eine solche Einstellung der Distanzierung des kranken Partners gleichkommt und ihn „zum Objekt meiner Beobachtung" macht, ist klar (s. Kap. 1). Für das Handeln ist es wichtig, nicht beim Diagnostizieren der kranken Anteile, also der Beobachtung, stehen zu bleiben, sondern sich vor allem auf die Gefühle des Anderen einzustellen. Das Ziel eines solchen Handelns ist es: sowohl den Anderen anzunehmen als auch *ihn* zu einer Suchhaltung zu ermutigen, die es ihm ermöglicht, sein Handeln zu ändern.

Rückgreifend auf das 5. Beispiel sind u. a. folgende Arten des Eingehens möglich, wovon nur die letzten beiden der von uns vorgeschlagenen Grundhaltung entsprechen:

1. Da müssen wir unbedingt den Arzt informieren.
2. Och, Sie wissen doch, daß das nicht so tragisch ist, gehen Sie mal in die Beschäftigungstherapie, das lenkt Sie bestimmt ab.
3. Wir werden mal sehen, daß Sie eine Tablette bekommen können, dann werden Sie wieder ruhiger.
4. Sie sind jetzt ganz sicher, sterben zu müssen und Sie haben fürchterliche Angst. Ich frage mich, wieviel Zeit Sie sich noch geben? (Diese letzte Frage ist keineswegs zynisch, sondern kann das Gespräch in die Richtung vertiefen, was der Patient fühlt, wenn er seine eigenen Ängste und die für sich selbst gestellte Prognose überlebt und auch in die Richtung, daß er sich seinen Ängsten stellen kann.)
5. Sie sind jetzt ganz panisch und aufgeregt, was können Sie tun, um mit der Angst umzugehen? (Mit einer solchen Frage läßt sich das Gespräch in die Richtung vertiefen, ob und inwieweit sich der Patient in der Lage sieht, sein eigenes Umgehen mit der Angst zu ändern).

Die Haltung, die von mir gefordert wird, ist *patienten-zentriert: Mir* mag das ungewöhnlich erscheinen, daß man solche Angst bekommt, wenn man aus einer beschmutzten Tasse trinkt; für den *Patienten* jedoch stellt dies eine große Bedrohung dar.

Die Haltung, die wir anstreben, läßt sich nicht erzwingen. Jeder von uns ist seinen Stimmungen und seinen eigenen Wahrnehmungs- und Einstellungsmöglichkeiten unterworfen und durch sie begrenzt.

4. Möglichkeiten meiner Selbstkontrolle

a) *Kontrolle durch das Team:* Nehmen wir mal an, ich begegne dem weinenden Patienten im Flur aus dem 5. Beispiel und ich fühle mich selbst in dem Moment völlig hilflos und einfallslos, so daß ich nichts weiter aus mir heraus kriege als ein „oh Gott", dann kann ich zu den Kollegen gehen und ihnen von dem Vorfall erzählen... Allerdings würden die nicht sehr hilfreich mit mir sein, wenn sie dann sagten: hättest Du doch . . . Tatsache ist: ich war hilflos: Was an der Situation hat mich so hilflos gemacht? Ist es meine eigene Hilflosigkeit oder hat der Patient mich hilflos gemacht? D. h. ist *meine* Hilflosigkeit vielleicht Teil *seiner* Stärke? Hätte es was gebracht, wenn ich dem Patienten meine Hilflosigkeit direkter, offener mitgeteilt hätte, kann ich das nachholen (denn ich bin sicher nicht die einzige Person in seinem Leben, die auf seine Ängste mit Hilflosigkeit reagiert; etwa ist seine Mutter genauso hilflos, und er könnte sehen lernen, daß es nicht nur Schwäche oder böser Wille seiner Mutter ist, sondern daß Hilflosigkeit eine mögliche Reaktion auf seine Angst ist)? Kann ich ihm vermitteln, daß bei der Totalität seines Handelns, d. h. der Gewissheit zu sterben, Hilflosigkeit die einzig *normale* Reaktion ist und daß seine Haltung: Ihr müßt mir helfen, auch eine Überforderung darstellt? Können wir uns dann darüber unterhalten, daß ich nur weniger hilflos sein kann, wenn er sich unabhängig von mir gleichzeitig die Chance des Überlebens einräumt, d. h. wir unser Handeln nur *gleichzeitig* ändern können? Diese Gedankengänge sind mir nur möglich, wenn meine Kollegen sich meiner Gefühle annehmen und wenn mir ihre Gefühle als die Erfahrung Anderer zum Lernen zur Verfügung stehen. Wenn es mir so gelingt, Einblick in meine Hilflosigkeit zu erhalten, kann ich bei nächster Gelegenheit mit dem Patienten darüber sprechen. Dabei ist die Aussage dann nicht: „Sieh mal, ich bin nicht mehr hilflos", sondern: „Die Hilflosigkeit, die Sie heute bei mir ausgelöst haben, hat mich zum Nachdenken gebracht, und ich hab was gefunden, was ich Ihnen mitteilen möchte. Vielleicht führt das dazu, daß wir gemeinsam weitersuchen können, was (meine) Hilflosigkeit als Reaktion auf Ihre Angst für Sie bedeutet; fühlen Sie sich dann abgelehnt oder starr oder werden Sie wütend, wie ist es?" – Jedes von mir erlebte Gefühl kann seinen Sinn für den Patienten haben. Welchen, das ist jedoch schwer allein zu entscheiden; leichter ist es im Gespräch mit den Anderen und macht auch mehr Spaß. Voraussetzung ist nur, daß ich meine eigenen Gefühle so wichtig nehme, daß ich sie Anderen erzähle (Aber das ist dem Leser inzwischen sicher schon klar; und so erübrigt es sich fast zu sagen, daß eben auch die Äußerung meiner eigenen Hilflosigkeit zu meiner Grundhaltung beiträgt, und nicht ein Zeichen dafür ist, daß ich sowieso schon immer doof war und mich schämen sollte).

b) *Kontrolle durch die Patientengruppe:* Nehmen wir an, ich hätte gerade zu Dienstbeginn den Patienten weinend auf dem Flur getroffen und hätte geäußert: „Na, der Tag fängt ja gut an!" Und nehmen wir an, diese Äußerung sei auch von Mitpatienten gehört worden, und nehmen wir an, die Patienten hätten diese Äußerungen nicht scherzhaft gefunden, sondern als Ausdruck meiner ablehnenden Haltung gewertet, und nehmen wir an, im Tagesraum sei über diese meine Äußerung gesprochen worden. Kann mir das helfen? Zunächst wird es eine Weile dauern, bis ich erfahre, was ich ausgelöst habe. Wahrscheinlich nur indirekt: Ich werde „geschnitten", Patienten umgehen mich bei Stationsaktivitäten; in meiner Gegenwart wird vermehrt geschwiegen oder gesagt, andere Kollegen seien aber tüchtiger, netter, hilfsbereiter als ich. Ich kann irritiert oder ärgerlich sein. Immerhin bleibt folgendes zu bedenken: Der Patient hat den Eindruck erweckt, er sei schwach und die Gruppe stellt sich schützend vor ihn. Abgesehen davon, daß in der Solidarität der Gruppe der Appell an mich steckt, weniger ablehnend zu sein (und der Appell muß von mir wahrgenommen und überprüft werden), ist auch darin enthalten, daß man an der wahrgenommenen Schwäche des Patienten nicht rütteln darf. Selbst wenn ich feststelle, daß ich an dem Morgen wirklich ablehnend war, wäre es unzweckmäßig, nur dieser Einsicht zu folgen und mich z. B. bei dem Patienten zu entschuldigen oder den (falschen) Schluß zu ziehen, jetzt besonders freundlich zu ihm zu sein. Das wäre ein Agieren, bei dem ich nicht die *ganze* Situation wahrnehme, sondern nur schnell dafür sorge, daß ich wieder gemocht werde. Der andere Aspekt: daß der Patient als jemand wahrgenommen wird, der nicht hart oder ablehnend behandelt werden darf, muß in meinem Handeln auch berücksichtigt werden. Ich kann mich fragen: warum darf er eigentlich nicht? Jeder Mensch muß ein gewisses Maß an Härte und Ablehnung ertragen können, denn sonst ist er unfähig, mit dem Alltag fertig zu werden. Und ich kann weiter fragen: Wenn der Patient so erfolgreich darin ist, daß er so schwach wahrgenommen wird, wie soll er sich je ändern und diese Position aufgeben wollen, zumal er ja auch Profit davon hat; denn er ist darin erfolgreich, daß andere auf ihn Rücksicht nehmen, zu seinen Gunsten sich hintanstellen. Erst wenn ich soweit gedacht habe, kann ich handeln: Ich kann mich jetzt z. B. mit der Patientengruppe zusammensetzen und sie fragen, wieviel in meiner Äußerung wirklich ablehnend war und wieviel darauf zurückgeht, daß der Patient Handlungen auch so anlegt, daß der, der ihm (ablehnend) begegnet, Schuldgefühle bekommt, der Verlierer ist, möglicherweise alles tut, seine Ablehnung wieder rückgängig zu machen. Die Patientengruppe kann diese Frage viel besser beantworten als ich allein, der Patient allein oder das Team, denn sie hat Erfahrung mit dem Patienten wie mit mir, stellt also das wichtigste Mittel für gegenseitige Selbstkontrolle dar: *Öffentlichkeit*. In dem Gespräch können wir soweit kommen, daß es fahrlässig wäre, sich nur bei dem Patienten zu entschuldigen, weil dann seine Handlungsweise einseitig bestärkt würde. Er kann – ermutigt durch die Gruppe – bei sich suchen lernen, wo und wie stark er aushalten kann, abgelehnt zu werden. Dies zeigt also: die Gruppe wirkt oft als Katalysator. Die Äußerungen der Gruppe geben Hinweise darauf, wie ich und wie einzelne Patienten ihre Handlungsweisen anlegen. In der Gruppe findet sich – gewissermaßen auseinandergezerrt – das wieder, was ich bin und was der Patient ist.

c) *Kontrolle durch das Aufnahmegespräch zu Dritt:* Es ist nicht immer möglich, Erstgespräche oder andere Gespräche zu Dritt zu führen, jedoch hängt gerade die Wahrnehmung der Beziehungsstörung von Menschen davon ab, mit wem sie es zu tun haben. Hier soll an das Gespräch mit Herrn F. angeknüpft werden: Die letzten Sätze deuten an, daß das Gespräch festzufahren und in eine „Nein" – „Doch" – Auseinandersetzung abzuflachen droht. Ein Gesprächspartner allein hat es häufig schwer, denn schließlich sind Panzer dafür da, daß Andere sich daran festfahren. Die Unfähigkeit von Herrn F., zwischen sich und seiner Verlobten Spannungen zu erleben, kann als Hinweis auf die Dicke seines Panzers gewertet werden. Gleichzeitig jedoch ist hier außer Abwehr auch Angst zu vermuten. Was nämlich passiert mit ihm, wenn er tatsächlich plötzlich Spannungen sieht. Diese Gleichzeitigkeit von Abwehr, Widerstreben (Widerstand), sich mit sich auseinanderzusetzen und Angst ist stets zu berücksichtigen. Je stärker ich den Patienten konfrontiere, das Gespräch mit ihm zum Zweikampf ausarten lasse, ihn unter Druck setze, desto schwerer wird er es haben, das zu tun, was allein ihm helfen kann, nämlich tastend und suchend seinen eigenen Panzer, seine Ängste und seine anderen Möglichkeiten kennenzulernen. Besonders leicht schränke ich meine Handlungsmöglichkeiten ein durch meine eigene Ungeduld, durch meine Gleichgültigkeit, meinen Wunsch, dem Patienten etwas zu zeigen, ihn überzeugen zu wollen, ihn in die gewünschte Richtung zu schubsen. In dem Moment, in dem solche Haltungen unbemerkt bleiben, ist klar, daß ich den Patienten nicht mehr befähige, zu suchen. Das Aufnahmegespräch zu Dritt schließt solche Knoten nicht aus, aber es erleichtert den Gesprächspartnern, sich gegenseitig die Existenz von Knoten mitzuteilen. Dadurch kann jeder seine Handlungsweise wieder freier machen, und die Wiederaufnahme der Suchhaltung wird möglich.

Es ist eine mögliche erste Erfahrung des Patienten, daß die befürchteten Konsequenzen nicht eintreten, wenn er sich z. B. über Gefühle äußern kann, von denen er meint, daß er sie nicht haben darf. Daher hat einer der Gesprächspartner gelegentlich auch zum Verbündeten des Patienten zu werden.

Nach der letzten Äußerung von Herrn F. wendet sich Therapeut 1 an Therapeut 2.

Th 1: Ich fühle mich im Moment recht eingeengt. Ich kann mir vorstellen, daß Herr F. sich gerade nicht so recht angenommen fühlt. (Reaktionen der Erleichterung bei Herrn F., die sich in muskulärer Entspannung äußert.)
Du kannst es nicht so annehmen, wie Herr F. es sagt? Daß es keine Spannungen gibt in der Beziehung?

Th 2: Na, es fällt mir schwer, mir das vorzustellen, Ich denke, schlechte Laune hat jeder mal, oder der eine will lieber spazieren gehen, der andere lieber ins Kino. Das finde ich ganz normal und wenn es das nicht gibt, dann denke ich, einer von beiden kommt zu kurz oder unterwirft sich. Wenn ich immer das mache, was ein anderer will, kriege ich natürlich keine Spannungen, aber irgendwas muß sich da in mit doch regen, muß dem widersprechen oder ich krieg's mit der Galle oder Kopfschmerzen oder so.

Th 1: Wenn Sie das hören, Herr F., dann wollten Sie sagen, daß Sie genau dies nicht kennen?

F.: Die Kopfschmerzen schon, aber ich sehe da keinen Zusammenhang, wir verstehen uns sehr gut.

Th 1: An dem Beispiel, das mein Kollege brachte, wer ist es bei Ihnen eher, der zurücksteckt?

F.: Ich weiß nicht, wir reden immer zusammen, ich weiß wirklich nicht.

Th 1: Das ist jetzt ein ganz neuer Gesichtspunkt für Sie und Sie kennen sich da nicht ganz genau.

F.: Hm

Th 2: Vielleicht kann ich Ihnen noch an einem Beispiel sagen, was ich meinte: wenn einer sagt, ich will das und das, und der andere sagt, er will was anderes oder das will er nicht, dann entsteht so eine Spannung. – Im Moment kommt mir die Vorstellung, daß es Ihnen sehr schwer fällt zu sagen, ich will oder ich will nicht, so knallhart.

F.: Ja, das stimmt.

Th 1: Das war's vielleicht auch, was das Gespräch eben so eng gemacht hat, daß Sie nicht sagen konnten, ich will nicht über meine Beziehung zu meiner Verlobten sprechen, sondern über meine körperlichen Beschwerden.

F.: Ich weiß nicht, bei Ihnen kann ich doch nicht einfach sagen, ich will nicht, Sie müssen ja wissen, warum Sie fragen und wenn ich dann sage, ich will nicht, dann können Sie mir gar nicht helfen.

Th 1: Was hindert Sie hier oder auch überhaupt zu sagen, ich will oder ich will nicht.

F.: Das habe ich mir noch nie überlegt; hier, das sagte ich ja schon, weil Sie mir sonst nicht helfen können.

Th 1: Ist das so was: wenn ich meinen eigenen Willen äußere, kann ich mir die Zuneigung der anderen verscherzen?

F.: Ja, vielleicht.

Th 1: Ich kann mir vorstellen, daß es für Sie schwer ist, darüber zu sprechen, weil Sie sicher lange nicht die Erfahrung gemacht haben, was passiert, wenn Sie sagen, ich will, weil Sie es irgendwie und aus irgendeinem Grund vermeiden.

Th 2: In unserem Gespräch hast Du das Herrn F. abgenommen. Ich hatte das nicht gemerkt, daß er vielleicht nicht wollte und dann hast Du gesagt, Du fühlst Dich eingeengt, was so ähnlich ist wie: laß mich in Ruhe oder ich will nicht.

Th 1: Wenn ich mich an das Gespräch erinnere, war das auch so, daß Du so klangst wie: mach schon oder sag schon, so wenig Raum gelassen hast. Ich überleg mir, ob Sie sich je so gedrängelt fühlten, gehetzt, so als wollten Sie immer sagen, ich will nicht, aber gar nicht dazu gekommen sind.

F.: Auf der Arbeit war das so, zu Hause tut man das ja gern.

Th 1: Das hat Ihnen die Arbeit so unerträglich gemacht.

Th 2: Was könnte Ihnen das erleichtern, zu sagen: ich will nicht?

Hier wieder ein „Schnitt". Vielleicht ist deutlich geworden, daß es bei unserem Ansatz darauf ankommt, von Beginn jedes Gespräches an ein Bemühen, ein Suchen einzuführen, das nicht ein Bemühen oder ein Suchen *für* den Patienten ist, sondern eines, daß es ihm ermöglicht, eine veränderte Einstellung zu sich selbst zu bekommen, im wahrsten Sinne des Wortes, nämlich auch mal von einer anderen Warte auf sich gucken zu können. Ob es auf diese Weise gelingt, aus der Subjekt-Objekt-Beziehung eine partnerbezogene Beziehung zu machen, hängt davon ab, daß ich allen Versuchungen widerstehe, für den Patienten zu denken, auch durch agierendes, unüberlegtes Handeln seine Handlungsweise zu bestärken. Häufig wird die von uns angestrebte Art des Handelns als hart beurteilt. Sicher ist sie unbequem. Auch deshalb: den Versuchungen, den eigenen Wünschen nach Bequemlichkeit zu widerstehen, weil man weiß, daß es den Patienten fördert, ist leichter, wenn man sich zu zweit ans Werk macht. (Allerdings sollten Sie den Gesprächspartner wechseln, weil man auch zu zweit, weil ein ganzes Team sich so einspielen kann, daß doch wieder die eigene Bequemlichkeit siegt. Deswegen ist es auch gut, sich selbst immer wieder zur Diskussion zu stellen.)

d) *Kontrolle durch die Angehörigengruppe:* Der Patient kommt zu uns, wenn er mit seiner bisherigen Lösungsmethode nicht mehr weiterleben kann. Irgendetwas ist dran, daß er gerade jetzt mit dem Wunsch nach Hilfe kommt. Meistens denken wir nur wenig darüber nach und akzeptieren die Entscheidung des Patienten – oder seiner Umgebung –, sich jetzt zum Therapeuten zu begeben, fraglos. Hilfreich kann schon die Frage sein, wer von einer Änderung des Patienten am meisten hat. Noch ein anderer Pnukt macht die Hineinnahme der Angehörigen notwendig: wenn ich erfolgreich arbeiten will, ist es wichtig, die Suchhaltung nicht nur auf den Patienten auszudehnen, sondern auch seine Mitmenschen herauszufordern. Nur zu leicht kann es sonst passieren, daß er während des therapeutischen Prozesses auf einem von allen gebilligten Abstellgleis ist, das nur ich für das Hauptgleis halte. Und zum dritten ist so gewährleistet, daß nicht die Umgebung den Patienten zum Objekt macht. Es kann durch die Arbeit mit der Angehörigengruppe gelingen, eine Haltung herzustellen, in der es nicht mehr heißt: es ist seine Krankheit und unser Patient, sondern in der die Frage: „Was können *wir* bloß tun?" wieder wörtlich genommen wird. Herr F. z. B. hatte erzählt, wie seine Mutter sich für ihn aufopfere und er sich deswegen gleichzeitig Vorwürfe mache, andererseits aber auf ihren Beistand bei seiner Schlaflosigkeit angewiesen sei. Seine Haltung, seine tiefen Ringe unter den Augen, sein Eingefallensein machten einen so jammervollen Eindruck, daß es zu überfordernd erschien, ihm nahezulegen, er solle seine Schlaflosigkeit allein durchstehen und seine Mutter zum Schlafen schicken. Leichte Andeutungen in diese Richtung wehrte er auch damit ab, daß er sagte, seine Mutter werde ihn sowieso nicht allein lassen, wenn es nach ihm ginge, könnte sie ja schlafen, aber sie wolle dann auch gar nicht. Die Mutter wurde zur Mitarbeit in der Angehörigengruppe eingeladen. Auch sie wirkte eingefallen, übermüdet, machte einen ähnlich jammervollen Eindruck, so daß sie als erstes gefragt wurde, ob sie in der letzten Zeit auch mal an sich gedacht habe oder sich etwas Gutes habe zukommen lassen. Sie sagte daraufhin, das ginge nicht, sie hätte keine Ruhe, so lange ihr Sohn krank sei. Wie könnten wir von ihr verlangen, daß sie sich etwas Gutes zukommen lasse, wenn doch der Sohn unser Patient sei und wir doch egentlich sehen, wie schlecht es ihm gehe? In dieser Äußerung zeigt sich, wie stark die Mutter auf die Krankheit des Sohnes eingeht, wie abhängig sie bereits in ihrem Handeln von der Befindlichkeit des Sohnes ist. Sie sieht nur, daß er „krank" ist, kann kaum sehen, daß sie mindestens genauso fertig ist, dies Gefühl hat für sie keinen Bestand. An diesem Gruppenabend entwickelt sich zwischen den Angehörigen ein Gespräch über die Opferhaltung, über die Wichtigkeit, nicht nur den Anderen zu sehen, sondern auch sich selbst, über die Schwierigkeit, mit den auftauchenden Schuldgefühlen fertigzuwerden. Wie kann ich dem Anderen sagen, daß ich jetzt was tue, was nur für mich gut ist, wo er doch so leidet? Diese Art des Egoismus führt zu Schuldgefühlen, und es ist in der therapeutischen Arbeit wichtig, nicht zu viel zu fordern. Sicher könnte die Mutter von Herrn F. zu Beginn unserer Beziehung nicht einfach dann schlafen gehen, wenn sie sich müde fühlt; vielmehr muß auch ihr erleichtert werden, bei sich zu suchen, wie sie zu einer Veränderung im Handeln kommen kann. Einige Gruppenmitglieder schlagen vor, sie solle es sich gemütlich machen, wenn sie wieder eine schlaflose Nacht auf sich zukommen sieht, solle denken, sie sei schlaflos, und lesen oder sich wenigstens in eine Decke hüllen; sie mache sich und den Sohn ja ganz fummelig, wenn dann immer nur seine Schlaflosigkeit zur Debatte stehe. Dieses Angebot von „wenigstens", das Aushandeln von Minimalmöglichkeiten ist sehr bedeutsam. Auf diese Weise kann auch verhindert werden, daß Angehörige mit noch mehr Desselben reagieren: noch mehr Besorgnis, noch mehr eigene Aufopferung, noch mehr das Gefühl, selbst nicht zu zählen, weil es „seine" Krankheit ist. Angehörige können sich umgekehrt auch weigern, auf die Zuwendungswünsche „ihrer" Patienten einzugehen: „Wo kämen wir da hin, wenn wir bei jedem hysterischen Anfall gleich springen, wer denkt denn da an uns?" Auch hier wäre das Aushandeln von Minimal-Zuwendungsmöglichkeiten wichtig.

Übung: Denken Sie darüber nach und/oder diskutieren Sie, was für Beispiele Ihnen noch einfallen, wo bisher erfolgreiche Lösungen von Konflikten selbst zum Problem werden. Denn sicher ist die Aktualisierung des Konfliktes nur ein Aspekt der momentanen Krise des Patienten; ein anderer ist, daß die bisher erprobte Lösung nicht mehr klappt, alle Partner können „mehr desselben" nicht mehr leisten, weder psychisch noch physisch.

Um das Beispiel abzuschließen: die Team-Mitglieder können aus der Angehörigengruppe mitnehmen, daß es gilt, Herrn F. zu bestärken, seine Mutter schlafen zu schicken.

III. *Therapie und Selbst-Therapie*

1. Wer hat mit Beziehungskranken zu tun?

Leichtere neurotische Handlungsweisen werden sich häufig durch „Spontanheilung" geben, etwa indem sich im Leben eines Menschen etwas Entscheidendes ändert, „die Richtung wieder stimmt". Manchmal kann auch die Begegnung mit einem Psychotherapeuten das Entscheidende sein, was sich ändert. Sicher ist bei schweren und dauerhaften Störungen der Beziehungsgestaltung die Möglichkeit, bei sich selbst andere Lösungsversuche kennenzulernen, mit mehr Anstrengung, auch mit mehr Hilfestellung von außen verbunden. Die Möglichkeiten von Hilfe werden leichter sichtbar, wenn das neurotische Handeln mit einem seelischen Symptom verknüpft ist. Sie werden schwerer sichtbar, wenn die neurotischen Anteile zum Charakterzug oder zu einem Teil der Persönlichkeit geworden sind oder sich psychosomatisch äußern.

Seit Beginn dieses Jahrhunderts etwa kennt man systematische Psychotherapie. Bei den meisten psychotherapeutischen Schulen (s. Kap. 14) bedeutet Therapie Hilfe zur Selbsthilfe. Jedoch unterscheiden sich die Schulen darin, wie sie den Weg beschreiben. Psychotherapie – wie sie ursprünglich verstanden wurde – war für neurotische Erkrankungen reserviert. Nur sehr langsam haben sich Versuche durchgesetzt, psychotherapeutisches Wissen auch in andere Bereiche psychiatrischen Tuns eindringen zu lassen; vielleicht, weil die Diagnose „neurotische Erkrankung" erst langsam Eingang in die Psychiatrie gefunden hat. Es hat lang gedauert, bis neurotisches Handeln als Handeln anerkannt war, das die Hilfe des psychiatisch Tätigen braucht. Vorher waren es die „neurotischen Endzustände", die als Bewahrfälle in psychiatrische Krankenhäuser kamen; oder es waren Zwangs*kranke*, Hysterie*kranke*, die bei akuten Krisen aufgenommen, mit Pflege und den jeweils üblichen Medikamenten entlastet und meist nur beruhigt wieder entlassen wurden. Auch heute noch wird gerade bei neurotischen Anteilen häufig die Entscheidung verlangt, ob sie Krankheitswert haben oder nicht –, so als ob man dann anders vorgehen müsse. Wir finden noch sehr oft die Unterteilung in „echt" psychiatrisch Kranke, womit psychotisch und organisch bedingte Erkrankungen gemeint sind, und „nur" neurotische Menschen (die Kränkung, selbst im Krankenhaus noch minderwertig zu sein, kann Fehlhandlungen verschlimmern). Diese Unterteilung führt zu unterschiedlichen Handlungsweisen auf Seiten der psychiatrisch Tätigen. Das wäre nur sinnvoll, wenn meine Handlungsweise dem einen oder anderen Menschen gegenüber angemessener, „richtiger" wäre. Das hieße aber, daß ich nicht mehr mit Menschen handle, sondern mich „verhalte", nämlich auf bestimmte Äußerungen des Gegenüber mit bestimmten anderen Äußerungen reagiere in der Erwartung, daß eine solche unterschiedliche Vorgehensweise effektiv sei. Abgesehen davon, daß wir keine Kenntnis über solche Zusammenhänge haben, wird mit diesem Vorgehen nicht erreicht, daß der Patient zum Partner wird, damit zum Subjekt; sondern so wird Hilfe zur Selbsthilfe erschwert.

2. Der Beziehungsaspekt: Die Verstellung

Wir haben bisher nur die labilen (kritischen) Phasen eines Menschen dargestellt und mögliche Ausdrucksformen neurotischer Handlungsweisen. Wir müssen jetzt noch auf unser Verständnis von „Beziehung" eingehen.

Jeder Mensch hat eine Unzahl von Beziehungen zur Umwelt, die so selbstverständlich sind, daß er sich nicht fragt: sind meine Beziehungen in Ordnung? Die ersten Signale von Kränkung werden daher meist überhört. Aber irgendwann geht es so nicht weiter: entweder muß ich was ändern (in Richtung „gesund") oder ich *verstelle* mich, tue so, als ob ich nicht höre, nicht sehe, nicht empfinde, nicht fühle (Die Sprache des Norddeutschen kennt dafür den Ausdruck: ich fühle mich nicht). Diese Verstellung kann sich zu einer Haltung oder zu einem Symptom oder zu beidem entwickeln. Ich kann dann etwas länger in der Beziehung bleiben, löse die Kränkung aber nicht auf, sondern tue nur so *als ob*.

1. Beispiel: Wenn ich auf die Äußerung der Eltern, daß kleine Jungen sowieso nur böse sind, mit besonderer Artigkeit reagiere, um ihnen zu zeigen, daß ich nicht böse bin, daß sie mich vielmehr mögen können, so enthält eine solche Lösung folgende Bedingungen: a) daß ich mich mit der Aussage meiner Eltern nicht abfinden kann, b) daß ich mich ihnen aber auch nicht entziehen kann und zu Leuten gehe, die sagen, daß Jungen unter anderem auch nett und böse sind, c) daß ich nicht einfach wütend sein kann, denn das würde den Eltern Recht geben und d) daß ich bei mir etwas kenne, von dem ich weiß, daß die Eltern es böse finden werden. Also tue ich so, *als ob* es nicht da ist (Verstellung). Es ist möglich, daß zu dem Zug besonderer Artigkeit noch ein Stottern dazukommt, als Schutz gegen Schimpfwörter, die mir manchmal auf der Zunge liegen. Eine andere Lösung als die Entwicklung einer neurotischen Handlungsweise, die sich als Symptom oder als Charakterzug zeigen kann ist in unserem Beispiel gar nicht möglich, zumal die Eltern – im Falle des Charakterzuges – es gar nicht merken werden. Wahrscheinlich wird die Art der Beziehungsaufnahme des Jungen immer die gleiche bleiben. Es kann lange dauern, bis man merkt, daß irgendetwas nicht stimmt: Etwa so, daß er gar nicht mehr so viel verstecken kann, wie er Böses bei sich zu entdecken glaubt oder dadurch, daß er in eine Umgebung kommt, in der Andere ihn dafür kritisieren, daß er so ist, wie er ist. D. h. er kann auch „neurotisch" werden einfach dadurch, daß das Bezugssystem, die Beziehungen sich ändern. Da er keine andere Möglichkeit hat, Beziehungen zu strukturieren, gleichzeitig aber in der neuen Umgebung bleiben will oder muß, wird er Hilfe brauchen, um neue Lösungsmöglichkeiten bei sich zu entdecken, die Verstellung aufzuheben. Dies ein Beispiel für Beziehunhsaufnahme *im sozialen Bereich.*

2. Beispiel: Familien, die bisher in engen, überfüllten Wohnungen gelebt haben und die man plötzlich in große Wohnungen verpflanzt, können mit der Verbesserung nichts anfangen. Sie können ihre Gewohnheiten nicht ändern, die neue Wohnung macht ihnen Angst. Sie können sich nur wohlfühlen, d. h. Angst vermeiden, wenn sie so tun, *als ob* die alten Bedingungen noch bestünden, wenn sie bei den alten Gewohnheiten bleiben, z. B. weiterhin alle in einem Zimmer schlafen, statt sich aufzuteilen, wie es der größere Wohnraum nahelegt. Diese neurotische Lösung (Verstellung) kann nur mit Hilfe aufgelöst werden, vorausgesetzt die Beteiligten willigen ein, in der neuen Umgebung zu bleiben. Dies ein Beispiel für die Beziehungsaufnahme zur *(Wohn)-Umwelt.*

3. Beispiel: Ich entdecke bei mir die Möglichkeit, mich selbst zu befriedigen, die mir bisher als mein Wunsch noch nicht deutlich war. In diesem Moment verachte ich mich für diesen Wunsch. Später erfahre ich, daß Selbstbefriedigung durchaus üblich ist, daß sie sogar schön ist. Dennoch kann ich das Gefühl der Selbstverachtung nicht loswerden, so daß ich Hilfe brauche, um die Beziehung zu mir selbst zu regulieren, um die Verstellung loszuwerden, d. h. mir die Gefühle zu gestatten, die inzwischen meinem Wissen entsprechen. Dies ein Beispiel für die *Beziehung zu mir und zu meinem Körper.*

Es ist unausweichlich, daß sich die Bezugssysteme von Menschen ändern: durchs Heranwachsen, durch sich ändernde gesellschaftliche Bedingungen, durch meine Beweglichkeit oder Umzüge, dadurch, daß ich einen neuen Chef oder neue Arbeitskollegen bekomme, dadurch, daß in eine Zweisamkeit ein Kind geboren wird. Und jedes Mal sind neue und andere Lösungen und Bindungen erforderlich. Wenn die nicht geschafft werden, entweder, weil ich noch am Alten klebe oder weil mir zu der neuen Situation überhaupt nichts einfällt, sind neurotische (oder andere kranke) *als ob*-Lösungen nötig. Nicht in jedem Fall wird der psychiatrisch Tätige die hilfegebende Bezugsperson. Für den Fall, daß er's wird, ist immer die Frage zu stellen, was macht es dem Anderen möglich, seine Lösungs- und Bindungsfähigkeit – seine Beziehungsfähigkeit – zu verändern? Die Maßnahme Psychotherapie ist dabei eine mögliche Maßnahme, genau diese Frage anzugehen. Aber auch ohne den Psychotherapie-Spezialisten (Techniker) wird in jeder Begegnung mit einem neurotisch Handelnden bereits ein Stück des Weges von der Hilfe zur Selbsthilfe zurückzulegen sein. Damit ist gemeint, den Anderen wissen zu lassen, daß er nicht erwarten kann, daß ich *für* ihn arbeite und er sich abhängig machen und in meine

Hand geben kann, sondern daß es seine Anstrengung sein wird, bei der ich ihn unterstützen kann. Das kann ich natürlich nicht, indem ich Erklärungen abgebe, sondern nur, indem ich *Modell* bin für die Haltung, die ich erzeugen will.

3. Die „Härte" der therapeutischen Haltung

Es geht leicht, wer sich unwohl fühlt oder „nicht fühlt", ohne genau beschreiben zu können, welches die Grundlage seines Unwohlseins oder seiner Unzufriedenheit ist, zu dem bisher für Unwohlsein Berufenen zu schicken, nämlich zum Arzt, der wiederum aufgrund seiner beruflichen Sichtweise vom Menschen das Unwohlsein im Individuum ansiedelt, nicht aber nach verletzten Beziehungen fragt. Auf diese Weise lernt der Mensch die Quellen seines Unwohlseins in seinem Körper zu suchen. Die Lösungen sind meist medizinisch-medikamentös. Sie engen die Sichtweise des Patienten darauf ein, seine Gefühle als Ausdruck oder Signal für körperliches Befinden zu werten. Menschen, die mit dieser Einstellung in psychiatrische Einrichtungen kommen, haben es schwer, die von uns beschriebene Suchhaltung einzunehmen. Den meisten kommt es „hart" vor, in dieser Weise gefordert zu sein. Sie genießen es zwar, daß man sich ihnen zuwendet, daß sie mehr Zeit bekommen als bisher; gleichzeitig aber löst die Forderung nach eigener Anstrengung (nach Eigenbeteiligung) Protest aus. Wir begegnen immer wieder dem Einwand, daß wir die Hilflosigkeit und die momentane Schwäche nicht hinreichend akzeptieren, sondern gleich Leistung fordern. Dies ist ein Mißverständnis. Denn wir denken, daß auch jeder in der Lage ist, das Maß seiner Wünsche nach Regression, nach Sich-Gehen-Lassen und Sich-Fallen-Lassen, nach Entspannung selbst zu bestimmen. Gleichzeitig ist auch jeder in der Lage, nach seinen Möglichkeiten und Wünschen von Regression zu suchen. Nur eine Möglichkeit besteht darin, sich im Krankenhaus ins Bett zu legen, jedoch ist es die Möglichkeit, die die Institution am leichtesten zur Verfügung stellen kann.

Übung: Überlegen Sie sich eigene, gemochte, d. h. akzeptierte und abgelehnte Handlungen, die Regression beinhalten.

Die Distanzierung, die „Objektivierung" ist im Umgang mit Menschen, deren Beziehungsaufnahme gekränkt ist, noch weniger möglich als sonst, da die Begegnung bereits Teile dieser Kränkung enthält, so daß auch der Therapeut sich selbst besonders wenig schonen kann. Weiter gilt, daß „Kränkung" hier noch nichts über die Beweggründe dessen aussagt, mit dem wir zu handeln haben. Sicher tut ihm was weh, aber oft wäre es völlig falsch, wenn man mit den Schmerzgefühlen auch nur freundlich umgehen wollte, da es gleichzeitig sein kann, daß der Betreffende sich rächen will, daß er klammern will, daß er lästig sein will, bloß daß er nicht sagen kann, daß er genau das *will*. Häufig wird gerade von Patienten in diesem Zusammenhang das Wort des „unbewußt-Handelns" gebraucht: Ein Anzeichen für Verstellung, irgendetwas nicht gewesen sein zu wollen, daß der Partner und vor allem sie selbst nicht erkennen sollen, daß sie bestimmte Handlungen absichtlich ausführen. Wenn ich also nur freundlich mit dem Schmerz umgehe, kann es gut sein, daß ich gleichzeitig damit die anderen Absichten auch bestärke, so daß der

Patient sich nett behandelt und aufgehoben fühlt, nicht aber sich ändern kann, weil ein wesentlicher Zugang, den er zu sich selbst gewinnen könnte, durch mich versperrt bleibt.

Beispiel: Gallenschmerz kann Ausdruck von zuviel und zuwenig Bitterkeit sein; beide Möglichkeiten sind zu erwägen und, wenn nötig, ist Bitterkeit hinzuzufügen.

Dem Patienten ist also zu ermöglichen, daß er *alle* seine Gefühle, die im Symptom gebunden sind, entdecken kann, gerade auch die, die er nicht mag oder von denen er fürchtet, daß sie von anderen nicht gemocht werden. Ihn mit der Nase auf die ihm unangenehmen Seiten seines Handelns zu stoßen oder ihn in Verdacht zu haben, „daß sich dahinter sicher was verbirgt", erleichtert es ihm, sich zu verstecken und erschwert, selbst zu suchen, was sich verbergen könnte. Aber ich kann eben nicht darauf vertrauen, daß ich nur nett zu sein brauche, damit der Patient sich traut, die ihm verborgenen Seiten anzugucken. Vielmehr muß ich ihn darauf vorbereiten, daß er sich in dem, was ihm ungeheuerlich erscheint, annehmen kann. Dies gelingt mir leichter, wenn ich ihn nicht nur in dem akzeptiere, was er sowieso schon sehen kann, sondern wenn ich mich ihm aufdränge, ihn zwinge, ihm Möglichkeiten vorhalte, auch das anzugucken, was auf der anderen Seite der Abwehr sein kann. Sicher macht das ihm – und mir – Angst, er wird erschrecken, sich wehren. Wenn ich dann zurückschrecke, weil ich meinerseits nicht brutal sein möchte, weil ich ein schlechtes Gewissen kriege, weil ich nicht gern kämpfe, vermeide ich aktiv, dem Patienten bei der Herstellung einer Suchhaltung zu helfen. Im Gegenteil: Die Gefahr ist groß, daß ich bestärke, er habe zurecht Angst, auf das Verborgene zu schauen; oder ich bestärke seine Abwehr: Er merkt, daß nicht nur seine Angehörigen sich durch seine Kampfmaßnahme zurückschrecken lassen, sondern er spürt auch im Kampf mit mir Überlegenheit. Gleichzeitig ist das für ihn ein trügerischer Sieg.

Dazu ein *Beispiel:* Ein Patient kommt mit tief verzweifeltem Ausdruck, läßt Kopf und Schultern hängen, es geht ihm sichtlich schlecht und sagt: „Mir kann keiner helfen". Normalerweise lockt dieser Ausspruch den gesamten Ehrgeiz von uns therapeutisch engagierten Menschen auf den Plan. Wir denken dann leicht: „Na, das wollen wir doch mal sehen." Dieser Gedanke schon macht uns zu wahrscheinlichen Verlierern, macht uns anfällig für Manipulation. Solche Patienten haben eine lange Beweiskette, daß ihnen nicht geholfen werden kann; sie haben schon mehrere Ärzte verschlissen, wenigstens einen Kuraufenthalt, wenigstens einen Krankenhausaufenthalt, sicher auch einige magische Versuche wie Akupunktur oder Yoga, und nichts hat bisher geholfen. Wieso in aller Welt fühle ich mich stark genug, den Kampf aufzunehmen? Was berechtigt mich mehr als andere dazu, dem Klienten zu versichern, daß ich ihm helfen kann? Die Wahrscheinlichkeit, daß ich in die Reihe derer eingehe, die auch nicht helfen konnten und daß nach mir noch viele andere therapeutisch Engagierte aufgesucht werden, ist sehr groß. Deswegen sollte ich mir lieber gleich überlegen, ob ich ein Hilfsversprechen gebe und welches. Ich werde dem Patienten vermutlich nützlicher sein, wenn ich ihm nicht helfen will, ihm sage: „Das sehe ich genauso wie Sie". Es hätten sich schon so viele Kollegen um ihn bemüht, und ich könnte auch nicht sehen, was die Situation so geändert hätte, daß ausgerechnet ich ihm helfen könnte. Ich kann hinzufügen: Eigentlich wüßte ich nur einen einzigen Menschen auf der ganzen Welt, der ihm helfen könnte, und das wäre er selbst. Zu dieser Antwort muß man sich selbst ermutigen; denn es gehört zu den Ängsten von Therapeuten und „Helfern" zu denken, daß auf Verweigerung von Hilfe Strafe steht. Sicher wird dies eine beleidigte, gekränkte, eingeschnappte Äußerung zur Folge haben. Derart: „Das ist mir noch nie passiert, da kann ich ja gleich aus dem Fenster springen, aber irgendjemand muß mir doch helfen, was soll denn aus mir werden!" Hier bieten sich für mich schon mehrere Möglichkeiten, konstruktiv zu handeln, vorausgesetzt, ich bleibe dabei, daß ich sicher nicht der bin, der zu helfen beansprucht, sondern der, der akzeptiert, daß er nicht helfen kann. Das Wort „helfen" sollte gestrichen werden, denn es gibt auch dem Patienten die Gelegenheit, Fallen zu stellen und Schlingen zu legen. Wenn ich mich zum Vertreter der Selbsthilfe mache, es mir auch gelingt, den Patienten ein Stück auf den Weg zu locken, und er dann, wenn ich gerade ein bißchen erleichtert bin, fragt: „Und sind Sie sicher, daß mir das hilft?", dann darf ich alles außer „ja" sagen; denn erstens bin ich wirklich nicht sicher, und zweitens hätte ich garantiert, daß das Spiel von vorne losgeht.

Übung: Rollenspiel zwischen „unheilbarem" Patient und Therapeut.

Es ist freilich unerläßlich, unterscheiden zu lernen, *wann* Hilfe *wie* nötig ist. Auch Verweigerung läßt sich nicht verallgemeinern. Denn auch den anderen Menschen gibt es: Den, der seine Beziehungsstörung dadurch versteckt hat, daß er nie um Hilfe nachgekommen ist. Für ihn mögen die ersten Schritte in die Bindung (Abhängigkeit) die bedeutsamsten sein.

4. Der therapeutische Rahmen: Ort, Zeit, Ziele

Während früher vorrangig die niedergelassenen Psychotherapeuten mit der Therapie der neurotischen Anteile befaßt werden, übernehmen immer mehr Institutionen Versorgung, indem sie Beratungsstellen, Ambulanzen und Abteilungen ausbauen. Die niedergelassenen Psychotherapeuten arbeiten stundenweise mit den Patienten, sie führen Einzel- oder Gruppentherapie durch, sie unterscheiden sich in ihrer Methodik je nach ihrer Ausbildung. Für die meisten Patienten ist die freie Behandlung günstig, weil sie in ihrem gewohnten Lebensbereich bleiben können. Das fördert die Auseinandersetzung und es verhindert Nachteile am Arbeitsplatz. Jedoch ist der Arbeitsplatz des niedergelassenen Therapeuten nicht hinreichend: a) quantitativ wie b) qualitativ. Zu a) ist sicher das Bewußtsein für Erkrankungen der Beziehungen gestiegen, vermutlich sind auch mehr Menschen „beziehungskrank", so daß mehr Behandlungsplätze notwendig werden. Zu b) ist immer deutlicher geworden, daß bei den niedergelassenen Psychotherapeuten vor allem die jungen, intelligenten, sprachlich differenzierten, zahlungskräftigen, den mittleren und oberen Schichten angehörigen Patienten aufgefangen wurden, daß jedoch für die Patienten der unteren sozialen Schichten, der schlechteren sprachlichen Ausdrucksfähigkeit und des geringeren Einkommens, die „beziehungskrank" sind, kaum Behandlungsplätze zur Verfügung standen. Dieser Patienten nahmen sich zuerst die Institutionen an. Hierin zeigt sich ein merkwürdiges Verständnis von „Sozial"-Staat: Daß nämlich der Staat immer dort unterstützen muß, wo sich die private Wirtschaft und so auch die niedergelassenen Therapeuten zu fein sind.

Häufig ist gerade die Vereinbarung über den therapeutischen Rahmen bei den Beziehungskranken vernachlässigt und verschwommen. Es wird von „allgemeiner Persönlichkeitsveränderung", Stabilisierung usw. gesprochen, ohne daß klar würde, was das ist, und ohne daß die Legitimität solcher Zielsetzung mit dem Patienten abgesprochen ist. Dies ist nur möglich, weil die Erwartungen der Patienten diffus sind, denn die Fähigkeit zur genaueren Bestimmung von „beziehungskrank" setzt das Einsetzen der Suchhaltung bereits voraus. Für alle Menschen ist es schwer, Auskünfte über sich selbst zu geben, „sich im Spiegel zu betrachten", auch mit Angst verbunden, vor allem, wenn man sowieso schon eine schlechte Meinung von sich hat und fürchten muß, noch Schlimmeres zu entdecken. Das Angehen dieser Angst gehört zum Abstecken des therapeutischen Rahmens. Die Vereinbarung über Ort, Zeit und Ziel der therapeutischen Kontakte ist bedeutungsvoll, weil der

Beziehungskranke auf diese Weise an der Bestimmung und der Kontrolle mitbeteiligt ist und so schon beginnt, Beziehung zu sich und zu Autoritäten, von denen er sich abhängig fühlt, herzustellen.

Die Bedeutung der *Zeit* gerade für Beziehungsstörungen ist immens. Entweder sind es so und so viele Jahre Vorbehandlung, deren geringer Erfolg ihn entmutigt, oder es ist der bevorstehende 40. Geburtstag, der ihn treibt, oder eine bevorstehende Prüfung oder der drängende Wunsch nach Partnerbeziehungen. Es ist unerläßlich, mit dem Patienten zu erarbeiten, wie lange er meint, Zeit zu haben und welche Erwartungen – auch im Umgang mit mir und der Institution – realistisch sind. Dabei sind Vereinbarungen über *Ziele* unerläßlich. Wenn ein Ziel „Persönlichkeitsänderung" heißt, so muß ich von längeren zeitlichen Anforderungen ausgehen, als wenn es darum geht, Kontakt zu phobischen Ängsten zu bekommen. Therapeuten vergessen gern, daß längere Zeit veränderte Wirklichkeit mit sich bringt: D. h. jemand wird älter und seine Umgebung ändert sich, so daß bei zu langfristig angesetzten therapeutischen Beziehungen Wechselwirkungen zu erwarten sind. Gleichzeitig kann „Zeit haben" auch ein Ausdruck gestörter Beziehung zu sich selbst und der Wirklichkeit sein, vor allem auf Seiten der Therapeuten, ähnlich wie es von diesen häufig den Patienten vorgeworfen wird, die keine Zeit zu haben meinen, die aber ihre soziale, ökonomische und psychische Wirklichkeit ganz gut kennen, so daß in jedem Fall eine entweder-oder-Lösung falsch sein muß. Und dann hat Zeit mit Motivation zu tun. Sicher will ich mich nicht hetzen lassen, doch läßt bei langer Zeit einmal die Spannung nach. Gleichzeitig ist „zeitlos" oft auch mit der Vorstellung von „unheilbar" verknüpft. Wenn schon lebenslang betreuende Arbeit nötig ist, so muß dies dem Patienten mitgeteilt werden, damit er die Chance hat, über seine Angst, „unheilbar krank" zu sein, nachzudenken. Gleichzeitig sollte der Therapeut wissen, für welche Zeit er Kontakte eingehen kann, ob er ein Mensch ist, der sich lange binden kann oder dem Beziehungen nach einer Weile schal werden; denn der Patient ist mehr, als wir ahnen, abhängig von der Person und Toleranz des Therapeuten, und nur Eindeutigkeit kann ihm erleichtern, diese Abhängigkeit zu meistern.

Bei der Vereinbarung der *Ziele* gilt, daß die Veränderung des Patienten in Abhängigkeit vom Menschenbild des Therapeuten geschieht. Wenn wir hier von „beziehungskrank" sprechen, ist eben dies Teil unseres Menschenbildes. Genau wie „Persönlichkeit" ein Teil eines Menschenbildes ist. Bei der Klärung der Ziele ist zu erwägen, und zwar im offenen Gespräch, wie der Patient die Beziehung zu sich und den unterschiedlichen Aspekten seiner Umwelt zufriedenstellender gestalten will und kann. Damit wird verhindert, daß allerlei geheimnisvolle Vermutungen über das Wirken im Seelischen tradiert werden und die Erkundung der Kränkung der Beziehungen verschleppt wird. Der Patient soll die Quellen der Störung *seiner* Beziehung kennenlernen, deren subjektive Bedeutung überprüfen und *seine* Möglichkeiten der Veränderung ausprobieren. Wenn die Ziele einer therapeutischen Begegnung so formuliert werden, ist eine Aufeinanderfolge von Zielsetzungen möglich, ausgehend von dem, was der Patient sich *jetzt* vorstellen und wünschen kann, hinführend zu dem, was er *dann* für sich erreicht haben möchte.

IV. *Epidemiologie*

1. *Verbreitung:* Es gibt wenige feste Zahlen, und zwar, denken wir, zurecht. Geht man von der Feststellung aus, daß in wirtschaftlich stabilen Zeiten mehr Menschen als „beziehungskrank" gesehen werden als in Notzeiten oder daß in Abhängigkeit von der sozioökonomischen Einordnung Frauen leichter diese Diagnose erhalten als Männer, so stellt sich die Frage nach der Kausalität dieses Zusammenhanges. Auch das Phänomen der spontanen Heilung, das gerade bei neurotischen Anteilen oft benannt werden kann, legt die Frage nahe, wie das wohl kommt. Zu vermuten ist, daß Ereignisse, die der Therapeut nicht wahrnimmt, weil sie nicht in seinen Bezugsrahmen gehören, stärker sind

als die Möglichkeit, seinen neurotischen Anteilen nachzuhängen. Wenn in Notzeiten weniger Leute sich die Bearbeitung ihrer neurotischen Anteile leisten können, weil sie sich aufs Überleben konzentrieren müssen, so heißt es nicht, daß sie in ihrer Beziehungsfähigkeit nicht gekränkt sind. Wenn Männer seltener in diesem Bezugsrahmen gesehen werden, so ist zu vermuten, daß sie andere Lösungsmöglichkeiten finden (nicht nur Alkohol), die – bisher – nicht als neurotisch gewertet werden. Epidemiologische Fragestellungen bei der Erforschung von Neurotischem müßten immer die Veränderung beinhalten, nie nach dem Ist fragen. Also: Was trägt dazu bei, daß etwas so oder so geworden ist? Welche innere oder äußere Bedingung muß verändert werden, damit der Mensch zu sich und seiner Umwelt wieder normale Beziehungen herstellen kann? Nirgendwo kann Wissen so trügerisch sein, wie in diesem Bereich, weil durch die darin enthaltene Möglichkeit der Festschreibung gegeben ist, daß immer dieselben Lösungen angewendet werden, wo längst neue erforderlich sind.

2. *Bedingungen:* In jedem Einzelfall ist über das Verhältnis zwischen eigenem Vermögen (endogene, somatische Anteile) und den Anforderungen des Lebens nachzudenken. Dabei neigen wir zu der Ansicht, daß Probleme und Schwierigkeiten im Bereich der Beziehungen zugleich Entwicklungsprobleme des menschlichen Lebens sind. Biologische Veränderungen, situative Veränderungen und neue Erfahrungen, eben auch neue Anforderungen, die neues Lernen mit sich bringen, schaffen Unterbrechungen in den vorhandenen erprobten Handlungsweisen. Zwar wäre ohne die Fähigkeit, erprobte Lösungen für künftige Wiederverwendung zur Verfügung zu haben, unser Leben chaotisch; und ohne die Fähigkeit, aus Erfahrungen Leitfäden für das eigene Handeln zu abstrahieren und in neuen Situationen anzuwenden, könnten wir Identität nicht entwickeln; jedoch liegt darin auch die Gefahr der Vereinfachung, nämlich Regeln rein gedanklich von den konkreten Anlässen zu trennen, die zu ihrer Aufstellung führten, und diese von ihrer Erfahrung amputierten Regeln dann auf alle Hürden, Hindernisse, wie äußere Aufgaben, Schwierigkeiten, Beziehungslosigkeiten und Beziehungskränkungen anzuwenden. So berichtet ein älterer Mann, der großes Verständnis für die Entfremdung der Jugend in unserer heutigen Welt aufbringt, von einer typischen Enttäuschung: Er bot zwei Jungen, die sehr an Autos interessiert waren, freie Ausbildung in seiner Reparaturwerkstatt an, was beide mit Freuden annahmen. Als er ihnen aber sagte, daß sie zur Vermeidung von Unfällen zur Arbeit ihr langes Haar zurückkämmen müßten, konnten beide in dieser Sicherungsmaßnahme nur das *typische Vorurteil* der älteren Generation für diesen Ausdruck ihrer Individualität sehen und sie lehnten sein Angebot ab. Viele neurotische oder unreife (überholte) Handlungsweisen und Lösungsversuche sind das Ergebnis der unentwegten Anwendung einer und derselben „bewährten" Lösung auch dann, wenn sich die Umstände längst geändert haben. Wie schon gesagt, Wiederanwendung ist nicht an sich falsch; die Herauskristallisierung dessen, was ich für „*typisch*" halte, durch die private wie durch die berufliche Brille gesehen, ist Voraussetzung für Vereinfachung, Ökonomie und Vertrauen in allen Lebensbereichen. Doch sind Lösungen an einen bestimmten Kontext gebunden und werden zu „schrecklichen Vereinfachungen", wenn sie sich nicht den Veränderungen des Kontextes anpassen. Das gilt auch für die Lösung, zwanghaft *nur neue* Lösungen zu suchen. Die Bedingung des Neurotischen, so betrachtet, ist, daß es dem Individuum nicht gelingt, sein Handeln in einem Kontext neu zu arrangieren oder einfallsreich zu sein. Alle Menschen organisieren, disorganisieren und reorganisieren sich lebenslang. Wenn ich die Lust oder Kraft verliere, zu faul, zu ängstlich bin, nicht belohnt werde dafür, daß ich mein Handeln diesen Veränderungen anpasse, oder auch mich schon für vollendet halte, die Lösung schon „habe", d. h. dieselben alten Lösungen nicht aus Rat- und Hilflosigkeit, sondern auch aus Überheblichkeit anwende, ist eine Beziehungskränkung sehr wahrscheinlich. Am wahrscheinlichsten ist die Kränkung der Beziehung zu mir selbst, denn in einem solchen Moment bin ich nicht in der Lage, mir Einfälle zu machen, was heißt, daß ich bestimmte Anteile von mir übersehe und dadurch in die

157

Klemme gerate. Das läßt sich von der individuellen Ebene auf die soziale übertragen. So kann es sein, daß ich nicht aus mir heraus in der Lage bin, eine angemessene Lösung zu finden, sondern daß Andere die Information haben, die mich befähigen könnte. Und es kann sein, daß ich in einer Gruppe lebe, in der wir alle nicht die nötigen Informationen haben. Es gibt z. B. „betriebsspezifische" psychosomatische Erkrankungen. Etwa die Anfälligkeit der Postboten für Erkältungskrankheiten im Sommer, jedoch ihre stabile Gesundheit zur Weihnachtszeit. Der einzelne Postbote kann kaum feststellen, daß er nicht der einzige ist, der im Sommer erkältet ist. Die Personalabteilung kann Fehlzeiten festhalten; erst der Betriebsarzt kann die betriebsspezifische Erkrankung feststellen, wobei die Lösung darin läge, den Postboten auch im Sommer das Gefühl dafür zu geben, daß sie eine wichtige Berufsgruppe im öffentlichen Dienst sind und nicht nur zur Weihnachtszeit.

3. *Bedeutung:* Wo neurotische Handlungsweisen sich verdichten, entweder in einem Individuum oder in einer Gruppe, d. h. wo Beziehungen gestört sind, ist eine Entwicklung gestört. Freud hat – wie wir finden: einseitig – formuliert, daß die Entstehung von Neurosen der Tribut ist, den wir an den Fortschritt zu zahlen haben. Wirklich? Sophistisch ließe sich fragen, ob Fortschritt dann sei, wenn wir im Sinne von mehr Neurosen eben auch mehr Tribut zahlen müssen. Sicher wird man davon ausgehen, daß so etwas wie „das verfehlte Leben" nicht ausgerottet werden kann. Dennoch werden wir immer wieder fragen müssen, welches die Bedingungen der Verfehlung sind. Zu leicht war man geneigt, sie in die Verantwortung des Individuums zu legen, entweder von Schuld oder von Krank zu sprechen, je nach persönlicher Weltanschauung. So schnell waren einige umgekehrt bereit, sie in die Verantwortung der Gesellschaft zu legen (gesellschaftlich bedingt), zu schnell war man auch bereit, den Dämon „biologisch" dafür verantwortlich zu machen, indem Leben als abartig benannt werden konnte. Es ist gerade die Herausforderung an uns, nicht nur für den einzelnen Patienten, sondern auch im Sinne einer Gesamtverantwortung herauszufinden, wie es zu dem „verfehlten Leben" kommt, so daß nicht der Einzelne in Verantwortung genommen wird für etwas, worunter wir möglicherweise alle leiden. Eine Bedeutung des Kennenlernens von Beziehungsstörungen liegt darin, daß ich meine Wahrnehmungsgrenzen, meine Tabus kennenlerne und dann an der Veränderung des Individuums und meiner Umgebung arbeiten kann. Als Beispiel mag gelten, daß viele bemüht sind, neue Wohnformen zu finden, weil sie wissen, daß die Kleinfamilie viele Möglichkeiten der Kränkung enthält, auch neue Formen der Geselligkeit zu finden, weil sie der Lähmung durch das Fernsehen entwischen wollen, aber zugleich auch wissen, daß sie nicht einfach zur alten Großfamilie zurückkehren oder das Fernsehen abschaffen können. Was hindert uns, da wir alle um den Zusammenhang zwischen bestimmten Aspekten von Arbeit und Störanfälligkeit in den Beziehungen wissen, veränderte Formen von Arbeit zu schaffen?

4. *Prävention:* Das klingt pathetisch: in allen Vorstellungen über Prävention, ob sie von der freien Entfaltung der Persönlichkeit, der freien Sexualität, der Freiheit der Kommunikation sprechen, davon, daß nicht zu früh im Leben eines Menschen tabuierende Einengungen stattfinden sollen oder daß der Zwang der Leistungsgesellschaft uns alle in der freien Äußerung einengt: – in allen ist der Gedanke von „frei" enthalten.

Zu verhindern gilt es: daß wir psychiatrisch Tätigen den Zusammenhang von Kommunikation und Beziehung verdrängen und Kommunikation so ideologisieren, daß hinter allen Kommunikationstrainings, auch hinter der Anforderung, wir sollten klar, offen, ehrlich, direkt kommunizieren, sich die wirkliche Beziehungslosigkeit versteckt – auch die von Therapeuten zu Menschen mit gekränkten Beziehungen. Menschen, die zu neurotischen Lösungen neigen, sind aus Gründen innerer Unausgeglichenheit genötigt, sich im Sinne unseres Wunschbildes und damit auch auf sozial erwünschte Weise darzustellen. Sie und wir lassen nicht zu, sie als emotional labil, unterwürfig, mutlos (um nicht zu sagen: feige), argwöhnisch, schwankend, schuldhaft, undiszipliniert und gereizt wahrzunehmen und leben zu lassen. Und häufig dienen therapeutische Maßnahmen dazu, bessere Verstecke für diese Seiten menschlicher Existenz zu finden, als diese wirklich aufzudecken. In dem Zusammenhang haben wir uns zu fragen: können wir das Labile, Schwankende, Mutlose, Unterwürfige in uns zulassen. Können wir leben, daß wir nicht immer funktionieren und nicht immer stabil sind. Nur die Anerkennung dieser allgemeinmenschlichen Bedingung macht Prävention und macht Therapie möglich!

LITERATUR

BALINT, M.: *Der Arzt, sein Patient und die Krankheit.* Stuttgart, Klett 1957
BALINT, M.: *Angstlust und Regression.* Reinbek, Rowohlt 1972
BRÄUTIGAM, W.: *Reaktionen, Neurosen, Psychopathien.* Stuttgart, Thieme 1972
BRÄUTIGAM, W., P. CHRISTIAN: *Psychosomatische Medizin.* Stuttgart, Thieme 1975
REICH, FROMM, BERNSFELD: *Materialismus und Psychoanalyse.* Berlin, Raubdruck 1968
ERIKSON, E. H.: *Ich-Identität und Lebenszyklus.* Frankfurt, Suhrkamp 1966
FINKE, J.: *Sinn und Ursache des neurotischen Symptoms.* Zschr. Psychiat. Neurol. 36: 340–347, 1977
FREUD, A.: *Das Ich und die Abwehrmechanismen.* London 1956
GRODDECK, G.: *Das Buch vom Es.* München 1972
KRETSCHMER, E.: *Der sensitive Beziehungswahn.* Berlin, Springer 1966
MITSCHERLICH, A.: *Der Kampf um die Erinnerung.* München 1975
REICH, W.: *Charakteranalyse.* Frankfurt, Fischer 1976
SCHWIDDER, W.: *Klinik der Neurosen, in: Psychiatrie der Gegenwart,* Bd. II/1. Berlin: Springer 1972
WATZLAWICK, P. u. a.: *Lösungen.* Bern, Huber 1974

5. Kapitel

DER SUIZIDALE MENSCH (Krise, Krisenintervention)

III. *Grundhaltung*
   1. Selbstwahrnehmung
   2. Vollständigkeit der Wahrnehmung
   3. Normalisierung der Beziehung
III. *Krisen-Diagnose*
   1. Aspekte der Krise
   2. Suizid-Theorien
III. *Krisenintervention* (Selbst-Therapie)
IV. *Epidemiologie und Prävention*
   1. Verbreitung
   2. Bedingungen
   3. Bedeutung
   4. Prävention

Literatur

Suizid ist eine uns allen offene Möglichkeit der Verwirklichung menschlicher Freiheit – anthropologisch gesehen. Suizid ist der Abschluß einer Krankheit – psychiatrisch gesehen. So sagt man. Diese Zweiteilung mag mich schonen, ist jedoch blanker Unsinn. Wenn ich in der Psychiatrie arbeite und einem suizidalen Menschen gerecht werden will, muß ich *beide* Seiten zusammen sehen können.

Zunächst eine Bitte: Vergessen Sie das Wort „Selbstmord". Suizid „Mord" zu nennen, ist Erbe nicht christlicher, sondern kirchlicher, später staatlicher Machtpolitik, also für uns unzulässig. „Freitod" ist schon besser, aber ein zu verharmlosender Begriff gegen „Selbstmord", also von ihm noch abhängig. Wir schlagen stattdessen das zwar blasse, aber wenigstens neutralere Wort „Selbsttötung" vor. Dies ist auch die wörtliche Übersetzung von „Suizid".

Sodann sollte uns klar sein, daß Suizid immer die aktive und also freie Handlung eines Menschen bleibt, wie groß *gleichzeitig* der krankheits-, sozial oder sonstwie bedingte Druck sein mag – wie dies auch für die Herstellung anderer psychischer Symptome gilt. Insofern sind Selbsttötung und Selbsttötungsversuch praktisch nicht zu trennen: In jedem noch so lächerlichen, „unernsten" Suizidversuch steckt auch ein Stück vollendeter Suizid. Statistisch gesehen genau 1/10 (s. S. 000). Ob wir lernen sollten, auch jeden vollendeten Suizid ein Stück weit „unernst" zu nehmen?) Suizidales Handeln (Selbstvernichtung, Selbstzerstörung, Entselbstung) kann aber auch Anteil anderer psychischer Probleme sein, so die psychotische oder neurotische Selbsteinengung, die Suchthaltung („Suizid auf Raten") oder manche kriminelle Handlungen.

Schließlich ist jede suizidale Situation Ausdruck einer Krise. *Krise:* Das ist der Zustand aller Menschen, die akut mit der Psychiatrie in Berührung kommen. Daher ist dies Kapitel auch wichtig für *alle* akuten Zustände in der Psychiatrie. Krise bedeutet: Es wird unabweisbar, daß jemand seine Alltagsschwierigkeiten mit sich und Anderen bisher mit ungünstigen Mitteln zu bewältigen versucht hat. Nicht so sehr die Schwierigkeiten, sondern die „falschen" Bewältigungsmittel werden zum Problem, zum Symptom. Wo jemand alten oder neuen Bedingungen endgültig nicht mehr entsprechen kann, kommt es zur Zuspitzung, zur radikalen Verkrampfung in die bisherigen Problemlösungsgewohnheiten oder zum radikalen Loslassen; zum Vertrauensverlust oder zur völligen Offenheit, Schutzlosigkeit, mit der Chance des Untergangs oder der Neuorientierung. So kann jede suizidale Handlung alle 3 Anteile haben: 1. Krampfartige Steigerung des bisherigen Handelns (Flucht, Selbstbestrafung, Rache), 2. Bereitschaft zur radikalen, endgültigen Änderung und 3. Herstellung eines „Gottesurteils", d. h. das Schicksal über Leben und Tod entscheiden zu lassen (genau das ist der Sinn des merkwürdigen Wortes Suizid*versuch!*).

I. *Grundhaltung*

1. Selbstwahrnehmung: Daß ein suizidaler Mensch sich verstanden fühlen kann, ist paradox; denn er hat ja gerade jede Beziehung zu Anderen und zu sich selbst aufgekündigt. So ist die Aufnahme einer Beziehung schon ein Widerspruch zur Selbsttötungsabsicht, macht sie unmöglich. Daher ja auch die therapeutische Technik, einen Menschen „vor dem Absprung" solange im Gespräch zu halten, bis „es" vorbei ist. Was ist das „es"? Wer seine eigenen suizidalen Anteile nicht wahrnehmen kann, wird eine Beziehung zu einem suizidalen Menschen nicht zustande bringen. Wie kann ich sie wahrnehmen? Einige Anregungen fürs Nachdenken: „Ich kann/will loslassen, das Schwächere wählen, resignieren, passiv sein, faul sein. Ich sehe das, was ich tue, als nichtig an. Ich strebe nach Ruhe, will weg sein. Ich will einer schlimmeren Zukunft zuvorkommen. Ich spüre, während ich leben will, gleichzeitig in mir die Todesneigung. Ich kann nein sagen, ich lehne mich ab. Ich muß meinen Tod nicht verdrängen, kann *mit ihm* leben. Ich will mich von meinen sozialen Beziehungen, meiner Arbeit, meinem Körper trennen können, will nur mir selbst gehören". Wer in meiner Selbstaufklärung weiterkommen will, sei auf das Buch von Jean Amery „Hand an sich legen" verwiesen. Nur wenn ich im Gespräch mit dem suizidalen Menschen solchermaßen *bei mir* bin und mich nicht schone, brauche ich auch ihn nicht zu schonen. Manche Kriseninterventions-Tätigen sagen auch: „Ich bin zu mir und zu ihm böse, wie er zu sich". Nur dann kann ich mir den naheliegenden, aber brutalen, oft tödlichen Trost verkneifen, nach dem Motto: „Denken Sie doch daran, wie schön das Leben sein kann . . . Denken Sie denn gar nicht an Ihre Frau, an Ihre Kinder"? Trost und Ermutigung bei einem Verzweifelten ist Verspottung. Nur wenn ich in der Beziehung zu ihm die Beziehung zu mir vertiefe, kann das den Anderen ermutigen oder verleiten, auch die Beziehung zu sich wieder aufzunehmen. Es kann die solidarische Haltung entstehen, die mehr ist als ein therapeutischer Trick, weil er und ich uns die Freiheit

nehmen, Selbsttötung als erlaubt und als legitimes Recht anzusehen: Achtung vor Selbstbestimmung und wirklichem Privatbereich („ich gehöre mir selbst") sind in der Begegnung entscheidend, egal wieviel Zwang (vom halluzinierten Selbsttötungsbefehl bis zum sozialen Ruin) *außerdem* eine Rolle spielt. So kann jemand an den Sinn seiner Selbsttötungshandlung selbst herankommen (Selbstbesinnung). Aber Achtung: Es geht um *seine*, nicht *meine* Sinngebung! Daher habe ich jeden scheinbar nur vorgeschobenen, oberflächlichen Grund für eine Suizidhandlung *in sich* zu verstehen. Solidarisch bin ich also, wenn ich eine Suizidbegründung weder abtue noch übernehme, sondern so ernstnehme, daß der Andere sich *seiner* Wahrheit besser nähern kann. Dazu gehört auch

2. die *Vollständigkeit der Wahrnehmung:* Jeder suizidale Mensch erlebt seine Lage als unerträglich, und zugleich sich als entschlossen, das Unerträgliche nicht länger so ertragen zu wollen. Er nimmt sich wahr als total eingeengt und zugleich auf dem Wege zur ebenso totalen Befreiung, als total ausgeliefert seinem negativ bewerteten Sozial- und Körper-Ich und zugleich auf dem Sprung zur totalen Unabhängigkeit („ich gehöre nur mir"). Daher das Nebeneinander von Isolation und Wertverwirrung (Anomie), von Wunsch nach Ende und Veränderung und von Entscheidungsfähigkeit (Ambivalenz); das Nebeneinander der Haltung, selbst zu entscheiden, und der Haltung, das Schicksal entscheiden zu lassen, „es darauf ankommen zu lassen"; das Nebeneinander der Entscheidung, alle Beziehungen loszulassen, und der Entscheidung, die Beziehungen verändert fortzusetzen – mit den Gefühlen, die Anderen zu ängstigen, zu beschämen, sie oder sich zu bestrafen, sich für Kränkungen zu rächen, zu fliehen, sich zurückzuziehen, Ruhe zu haben, abzuschalten, in den Mutterschoß zurückzukriechen oder auch das Leben als Leben nach dem Tode fortsetzen zu wollen. Dies ist für den Betroffenen in der Krisenzuspitzung meist eine für ihn undurchdringliche Einheit – selbst in der entlasteten oder heiteren Ruhe nach dem eigentlichen Selbsttötungsentschluß. Alle diese Anteile sind vollständig wahrzunehmen, zu entzerren, aufzudröseln. Vor allem sind die Unterschiede der Bedeutung für den Betroffenen im Gespräch herauszuarbeiten (Lina-Brake-Effekt: Die alte Frau in diesem Film konnte wieder leben, als sie wußte, wogegen). Entscheidend ist es, den Unterschied zwischen den Anteilen, die leben wollen, und denen, die sterben wollen, zu sehen. Bei jedem noch so suizidentschlossenen Menschen finden Sie diese beiden Seiten – ebenso wie bei Ihnen selbst. Das Suchen, Trennen und gleichwertige Ernstnehmen beider Seiten gemeinsam durchzustehen, ist zwar für Sie und den Anderen schmerzhaft und maßlos anstrengend, aber auch schon wieder ein Stück normales Leben.

Herr O., 36 J., Facharbeiter, 12 Jahre lang darin erfolgreich, seiner Frau jeden (materiellen) Wunsch zu erfüllen. Seine Frau wurde dennoch immer unzufriedener, weil sie keinen Widerstand und damit keine Persönlichkeit bei ihrem Mann spürte, provozierte und kränkte ihn zunehmend, bis sie ihn mit seinem besten Freund betrog, die Scheidung und das Sorgerecht für die von ihm heißgeliebten Kinder erzwang und den Freund heiratete. Herr O. konnte nichts davon verstehn, weder Schmerz noch Zorn empfinden, isolierte sich, versuchte sich buchstäblich totzusaufen. In der Geborgenheit der Station taute er bald auf und konnte nach 5 Wochen zuversichtlich sich von dem Team verabschieden: Man hatte ihn gestärkt! Nach 4 Wochen kam er auf dieselbe Station: Ein sehr entschlossener Suizidversuch hatte ihn nur knapp am Tod vorbeigeführt. Das Team merkte jetzt, daß es sich von ihm zum Bestärken hatte verführen lassen, ihn also nicht vollständig wahrgenommen hatte. Es versuchte daher jetzt, ihn vor allem in seinem Schmerz, seiner Traurigkeit und seiner Gekränktheit zu verstehen. Folge: Herr O. verlor seine „Fröhlichkeit", wurde still, nachdenklich, war „bei sich". Er konnte den Sinn seiner Suizidhandlung selbst wahrnehmen: Nämlich zum ersten Mal im Leben radikal Nein zu sagen, genau das, was ihm während seiner Ehe nie gelungen war. Damit hatte er endlich einen Zugang zu seinem Lebensproblem. Jetzt konnte er seine Erfahrung für die zukünftige Lebensplanung berücksichtigen.

3. *Normalisierung der Beziehung:* Sie gehört hier zum Schwersten in der Psychiatrie. Was löst ein suizidaler Mensch in mir aus? Welche Gefühle bewirkt schon die Zeitungsnotiz über die Selbsttötung eines mir unbekannten Menschen? Angst, Aufregung, Unsicherheit. Hat er mir das angetan? Bin ich verantwortlich? Habe ich Schuld? Hätte ich das verhindern können, wenn ich dies getan oder jenes gelassen hätte? Absolute (narzißtische) Allmachts- und Rettungsphantasien steigen in mir auf: Ich bin für alles verantwortlich, muß alles wahrnehmen, übersehen und regeln können. Oder absolute Ohnmachtsphantasien: Man kann sowieso nicht ändern. Oder: Was der Andere getan hat, könnte ich ja auch tun; bloß nicht dran denken! Das führt zu dem Gedanken: Der suizidale Mensch, der ja ebenso wie ich weiß, daß er solche Gefühle auslöst, könnte gerade die Absicht haben, das mit seinen Angehörigen oder mit mir zu machen. Also er macht etwas mit mir, setzt mich seinem Zwang aus, ich versuche, ihn abzuwerten. Nur wenn ich mich diesen bei mir ausgelösten Gefühlen öffne, kann ich meine häufigsten Fehler erkennen:

1. Man weiß, daß 80% ihr suizidales Vorhaben durch Worte oder Handlungen ankündigen. Also wird es so sein, daß ich oft die Signale gar nicht wahrnehmen *will* (bloß keine schlafenden Hunde wecken!) oder sie bagatellisieren (bellende Hunde beißen nicht!), weil ich meine eigene Angst vor dem Tod abwehre. Ich lasse meine Wahrnehmung einschläfern.

2. Im Gespräch werde ich, um meine Angst zu beruhigen, leicht auf den Anderen einreden, bis er Einsicht zeigt, wieder „vernünftig" ist, das Positive sieht – mir zuliebe, verhindere so, daß er seine Verzweiflung mitteilt, fördere also seinen späteren Suizid.

3. Ich werde ihm zwar meine Fragen stellen, meine Gefühle aber für mich behalten. Ich bin doch verantwortlich für ihn, was geht ihn also meine Angst an? So treibe ich ihn noch mehr in die Isolation.

4. Überhaupt bin ich dafür verantwortlich, daß Patienten sich ändern, treffe also aktiv Maßnahmen, setze medikamentöse, psychotherapeutische oder soziale Eingriffe, ohne Rücksicht darauf, ob die Veränderung schon von dem Patienten selbst ausgehen und ertragen werden kann. Damit begünstige ich die zahllosen Selbsttötungen, die gerade zu Beginn therapeutischer Aktivitäten besonders häufig sind. Und warum? Weil ich nicht vom möglichen Grad der Selbstveränderung, Selbst-Therapie des Patienten ausgehe; seinen privatesten Entscheidungsbereich, der oft zwar schwer, aber immer zu finden ist, nicht achte. Weil ich mich durch mein psychiatrisches Tun zum Herrn über Leben und Tod mache, ohne den Anderen an sich selbst zu beteiligen.

Aus diesen Fehlern ergibt sich, wie ich den Zwang, den der suizidale Mensch auf mich ausübt, in eine für mich und ihn handlungsfreie Beziehung verwandle. Also: 1. Ich lasse die Angst in mir zu, so daß ich Suizidsignale wahrnehme und *offen* zum Gegenstand des Gesprächsaustauschs mache. Je offener ich bin, desto eindeutiger kann ich mich (notfalls auch für Zwang) entscheiden. 2. Ich mindere nicht die Verzweiflung des Andere, sondern ich vertiefe sie noch, damit wir gemeinsam besser bis an ihren Grund gelangen. Es hat sich kaum je ein Mensch umgebracht, mit dem das hinreichend gelungen ist. 3. Ich teile „schonungslos" dem Anderen alle in mir ausgelösten Ängste und anderen Gefühle mit. Erst dadurch stelle ich Austausch her, womit ich die Einengung und Isolation des Anderen aufhebe. 4. Ich zeige dem Anderen, daß ich sein Recht auf den Tod als eine für ihn in diesem Augenblick subjektiv sinnvoll erscheinende Lösung achte. D. h. ich nehme Beziehung auf nicht nur zu seiner *Fremd*bestimmung (seine Krankheit, soziale Lage), sondern auch zu seiner *Selbst*bestimmung, an der meine Bestimmungsgewalt ihre Grenze findet. Es hat sich bisher noch jeder Mensch umgebracht, der dies vollständig und dauerhaft gewollt hat. Ich bin auch als psychiatrisch Tätiger nicht Herr über Leben und Tod um jeden Preis. Darüberhinaus mache ich bei *jedem* Patienten, der zur Therapie ansteht, seine Todeswünsche zum Thema. Denn Therapie hat immer mit Veränderung zu tun.

Merke: Jede Veränderung *jedes* Menschen hat stets *einen* möglichen Ausgang in der Selbsttötung.

Mit dieser solidarischen Haltung kann ich die Zahl der Selbsttötungen, die die Berührung eines Menschen mit der Psychiatrie *mit*bedingt, wesentlich verringern. Ganz kann ich sie nicht verhindern. Denn Chance und Risiko sind bei jeder Therapie wie bei jeder Hilfe und bei jeder Veränderung untrennbar. Das hat jeder zu sehen und auszuhalten, der psychiatrisch arbeitet.

II. *Krisen-Diagnose:*

Die bisherige Wahrnehmung des Problems von innen muß durch die mehr von außen kommende Beobachtung ergänzt werden. Jede Krise bedarf einer Diagnose bzw. Definition, sodann der Krisenintervention (Selbst-Therapie). Außer beim Suizid können wir auch bei anderen ungünstigen Problemlösungsmethoden von Patienten von „Krise" sprechen: z. B. depressive, manische, paranoide, autistische, Leistungs-, Wert-, Selbstwert-, Partner-, Entwicklungs-, Reifungs-, Vereinbarungs-, Zwangs- oder Angst-Krise. Das hier Gesagte bezieht sich vor allem auf Suizid-Krisen, kann jedoch auch auf andere Krisen übertragen werden.

1. Aspekte der Krise:

Damit mir und dem Patienten die aktuelle Krisensituation möglichst klar wird (Diagnose, Definition), muß ich folgende Aspekte berücksichtigen und in Fragen übersetzen:

1. *Beschreibung* der aktuellen Krise, wie der Patient sie „jetzt und hier" erlebt- Unterscheidung zwischen Lebensproblem („*wie* leben Sie eigentlich"?) und Problemlösungsmethoden („Haben Sie immer gegen Ihre Angst *angekämpft*"?).

2. Was *verstärkt* die Krise, was nicht? Wie reagiert die Umwelt (Familie, Arbeit, „Leute") auf Handeln, Signale, Symptome des Patienten?

3. *Krisenzuschreibung:* „Welche Anteile der jetzigen Krise sind durch Sie, welche durch Andere bedingt"?

4. *Erwartungen* an Andere und sich selbst: „Wie empfinden Sie das, wie die Anderen auf Ihren Zustand eingehen?" oder „stellen Sie sich vor, alle für Sie erreichbaren Menschen sind weg, was

täten Sie"? D. h. ist der Patient Hilfe fordernd, abhängig, verschämt, Hilfe ablehnend („Ich muß allein fertig werden"!)?

5. *Frühere* Krisen (wichtig auch für die Prävention): „Als es Ihnen schon einmal schlecht ging: Wie kam das? Wie a) durch Andere, b) durch Selbsthilfe haben Sie herausgefunden"?

6. *Krisensinn:* „Welche Bedeutung hat für Sie Ihre Krise bzw. Ihre Absicht, Ihr Leben zu beenden"? Jeder, der mit der Psychiatrie in Berührung kommt, ist nach seinen Todeswünschen zu fragen!

Änderungspotential:

a) „Was mögen Sie an sich? Was sind Ihre Stärken"? (Z. B. „daß ich bescheiden bin", „wie ich mich kleide"). Hier sind wir meist nicht hartnäckig genug: Fast jeder Patient kann – und muß – 3 Stärken nennen!

b) „Was mögen Sie an sich nicht? Was wollen Sie ändern? Was ist Ihr Ziel?" Und dazu die Kontrollfrage: „Ist dies Ihr Wunsch, oder der Wunsch der Anderen"? Dies gilt gerade auch für den Suizid: „Wie sehr wollen Sie sich Ihretwegen, wie sehr des Anderen wegen umbringen"?

c) „Was mögen Sie an Ihren Partnern, was nicht. Was könnte das mit Ihnen zu tun haben"?

d) Selbstwahrnehmung von Zusammenhängen: „Immer wenn etwas der Fall ist, fühlen Sie sich schlechter/besser"? Wenn dies dem Patienten ungewohnt ist, bekommt er die Hausaufgabe, sich für 1 Tag oder 1 Woche diesbezüglich zu beobachten – möglichst schriftlich! So kommt der Patient *selbst* von der Grübelfrage „warum bin ich so"? zu der Frage „wie kann ich das ändern"?

e) Der wichtige 1. Schritt: „Wenn Sie diese Änderung wollen, was wäre das Einfachste, was das Wichtigste, was könnten Sie als Erstes (bis morgen z. B.) tun"? Kontrollfrage: „Ist das nicht zu schwer? Wollen Sie nicht zuviel auf einmal? Es soll Ihnen auf jeden Fall gelingen! Es soll Ihnen und uns ein Signal sein, daß Sie sich auf dem richtigen Weg befinden!"

Sie merken, wie Sie in der Aufeinanderfolge der Fragen ganz von selbst gemeinsam mit dem Patienten allmählich von der Selbst-Diagnose zur Selbst-Therapie kommen.

Eine suizidale Krisensituation ist nicht immer zu erkennen. Wir funktionieren Gott sei Dank nicht perfekt, solange wir Menschen sind. 80% kündigen ihr Tun an mit Worten oder mit Handlungen (z. B. Aufräumen, Verschenken, Rückzahlen). Darüberhinaus gibt es *Umstände,* die Signale für ein vergrößertes Suizidrisiko sind:

Besonders großes Risiko besteht 1. bei wiederholt, ruhig und offen geäußertem Todeswunsch, 2. bei panisch gesteigertem Kampf gegen Angst (Angst vor der Angst), also besonders in schweren psychotischen Krisen, und 3. in solchen depressiven Krisen, die stark geprägt sind von Gefühlen der Schuld, Wert- und Hoffnungslosigkeit, des Verlustes, von Rückzug, extremer Angstabwehr, von Strafbedürfnis und/oder von unbefriedigten Aggressionswünschen. Weitere Umstände: Frühere Suizidversuche; Suizide in der Umgebung („Griffnähe" einer Problemlösungsmethode); Neigung zu gewaltsamen Methoden; häufige Unfälle bzw. Selbstverletzungen; frühere psychotische Krisen; chronische und aussichtslose Körperkrankheiten; Zustand nach Geburt oder nach (verstümmelnder) Operation; Alkohol-, Medikamenten- oder Rauschmittelabhängigkeit; hypochondrische Leiden; fortschreitendes Altern; Homosexualität; soziale Isolation; langdauernde Unzufriedenheit mit zwischenmenschlichen Beziehungen; Fehlen eines Lebenssinns über längere Zeit; Verlust eines nahen Menschen; finanzielle, soziale oder emotionale Perspektivlosigkeit; jede Berührung mit der Psychiatrie, vor allem wenn die Therapie medikamentös (Antidepressiva!), psycho- oder soziotherapeutisch zu schnell und zu aktivierend-anstoßend ist und nicht von den Selbsthilfemöglichkeiten des Patienten ausgeht. Besonders die antriebsmäßige „Besserung" eines depressiven Patienten bei nicht hinreichend zugelassener und akzeptierter Traurigkeit ist daher gefahrvoll.

Während das Team dem Patienten gratuliert und ihn anspornt, bringt er sich um. – Selbstverständlich erleichtert die enthemmende Wirkung des Alkohols jede Suizidhandlung. Schließlich ist ein wesentliches, oft übersehendes Signal: Je mehr jemand den Suizid „für sich" unternimmt und je weniger „für Andere" (z. B. Hilfsappell, Rache, Erpressung), desto wahrscheinlicher ist der Erfolg. Je mehr Umstände im Einzelfall zutreffen, desto größer das Risiko.

Je besser ein Patient den Sinn seiner Krise wahrnimmt, desto eher kommt er zur Selbsthilfe. Nur solches Vorgehen kann auch für die Zukunft, d. h. präventiv, wirksam sein.

2. Suizid-Therorien

Sie können lediglich *zusätzlich* brauchbar sein. Eine Theorie kann nie auf einen Einzelfall zutreffen. Sie bleibt ihm fremd. Sie kann jedoch hilfreich sein, indem sie einzelne Aspekte eines Einzelfalles durchsichtiger macht.
Hier die wichtigsten Theorien:

1. Die zeitlich erste Theorie ist merkwürdigerweise *soziologisch* und stammt von Durkheim: Zur Selbsttötung kommt es, wenn jemand zu wenig oder zu viel Distanz zu den gesellschaftlichen Werten, Normen und Einrichtungen hat, oder wenn seine Ziele und Mittel in eine für ihn unauflösbare Verwirrung (Anomie) geraten.

2. *Psychoanalytisch* gesehen, kommt jemand zum Suizid, wenn er einen Menschen verliert, an den er ambivalent – liebend und hassend – gebunden ist. Im Schmerz über den Verlust macht er die verlorene Person zu einem Stück von sich selbst. Liebe und Haß richtet er somit gegen sich selbst. Der Haß wird zum Selbsthaß und kann zum Suizid führen. Das Morden des 1. Weltkriegs hat Freud dazu gebracht, dem Lebenstrieb den Todestrieb selbständig gegenüberzustellen. Diese Theorie macht der Mehrheit der Theoretiker heute noch Angst, ist also offenbar noch fruchtbar. Später haben Aggressionstheorien auf die nahe, oft alternative Beziehung zwischen Töten und Selbsttöten aufmerksam gemacht.

3. Den *medizinischen* oder Krankheitsaspekt hat Ringel betont und daraus das „präsuizidale Syndrom" konstruiert. Es entwickelt sich so: 1. Einengung der Wahrnehmung und Gefühle, Rückzug auf sich, Gefühl der Vereinsamung, Sinn- und Ausweglosigkeit; 2. ohnmächtige Aggressionen und Vorwürfe gegen Andere, schmerzliche Resignation, Ankündigung der Suizidabsicht; und 3. Flucht in die Phantasie, die zunehmend von der Selbsttötungsabsicht besetzt wird, und Ausmalen der den Anderen durch die Selbsttötung entstehenden Leiden.

4. *Narzißmustheorie:* Neo-psychoanalytisch (z. B. Henseler) sind suizidale Menschen besonders in ihrem Selbstwertgefühl gestört, in hohem Maße (narzißtisch) kränkbar: Verluste, Angriffe oder sonstige Widrigkeiten werden gleich als Katastrophen erlebt, können nicht angemessen beantwortet oder gar als Chance der Selbstkorrektur ausgenutzt werden. Vielmehr kommt es als Reaktion zum Vermeidungs-Schwanken zwischen absoluten Minderwertigkeits- und Größenphantasien oder zum Rückzug (Regression) in Verschmelzungsphantasien: Rückkehrwunsch in die Geborgenheit des Mutterschoßes, in absolut spannunglose Harmonie, „Einswerden mit dem All", „an nichts mehr denken müssen", „endlich Ruhe haben", „ewiges Leben". So wird der Todeswunsch oft ausgedrückt. Solche kränkbaren Menschen suchen oft „passende", dies Lebensproblem ausgleichende Partner. Ihre Beziehungen sind daher flüchtig, sich-nicht-einlassend oder klammernd (symbiotisch): Enttäuschungen und Suizidgefahr sind somit vorprogrammiert.

5. *Lerntheoretisch-sozialpsychologisch* kommt es zu einer suizidalen (oder anderen) Krise, wenn eine Situation für einen Menschen zu neu, zu schnell, zu selten, zu ungewohnt, zu fremd, zu schwer,

zu schmerzhaft ist, so daß bisher gelernte Verhaltensrepertoire für die neuen Reize unbrauchbar wird, keine Bestätigung (reinforcement) mehr bekommt. Experimentell kann man solche Zustände erzeugen, z. B. durch Reizentzug (sensorische Deprivation) in einem reiztoten Laborraum (camara silens) oder mißbräuchlich in der Gefangenschaft totalitärer Regime zum Zwecke der Gehirnwäsche (brainwashing) bzw. in „totalen Institutionen" (z. B. in schlechten psychiatrischen Krankenhäusern): Alle bisherigen positiven oder negativen Erwartungen werden unbrauchbar und sinnlos gemacht, so daß der Betroffene für jeden neuen Reiz suggestibel-empfänglich wird, den der jeweilige „Veranstalter" für wünschbar hält. Im Falle der Suizidhandlung als Antwort (Reaktion) auf eine solche Situation liegt der Versuch vor, wenigstens durch den Tod doch „noch" und „wieder" eine Beziehung zu den Anderen (Trauer, Schuldgefühle, Rache) und zum Selbst (Selbstwert) herzustellen. (Anmerkung: Dieser Text lag schon so vor, als uns die Nachricht vom Suizid Ensslins und Baaders betroffen machte).

III. Krisenintervention (Selbst-Therapie)

Was zu tun ist, ergibt sich aus Grundhaltung und Krisendiagnose. Jedes Standardversorgungsgebiet braucht einen Kriseninterventionsdienst (KID): Er ist für Beratung, Diagnostik und Therapie rund um die Uhr zugänglich; das Team besteht aus Arzt, Pflegepersonal, Sozialarbeiter und Psychologe; es muß mobil sein, an den Ort der Krise gelangen können; es muß über ambulante, in geringem Umfang über stationäre und – besonders günstig – über tagesklinische Möglichkeiten verfügen. Keimzelle für den Aufbau eines KID können je nach örtlichen Gegebenheiten sein: Der soziale Krankenhausdienst oder der Psychiatrische Konsiliardienst des jeweiligen Allgemeinkrankenhauses; Beratungsstellen oder Telefonseelsorge in freigemeinnütziger Trägerschaft; Sozialstationen; Gemeinde-Psychiatrische Zentren; der SpD des zuständigen Gesundheitsamtes.

Der KID ist zuständig für die verschiedenen Krisensituationen, auch für suizidale. Patienten in akuten Krisen wurden früher meist stationär aufgenommen. Heute ist zu unterscheiden: 1. Nur wenige brauchen längeren stationären Aufenthalt, z. B. bei anhaltender Suizidalität bzw. Gefahr für Andere, manischen Zuständen, körperlicher Abhängigkeit und bei schweren körperlichen oder sozialen Mängeln. Ob die Station geschlossen sein muß oder nicht, ist eine Frage der Größe und der Beziehungsfähigkeit des Teams. Als in Dresden die bis dahin geschlossenen Stationen geöffnet wurden, blieb bei gleicher Zusammensetzung des Patientenkreises die Suizidrate unverändert. 2. Bewährt hat sich, die stationäre Aufnahme zunächst auf 3 Tage zu begrenzen: Die Gründe für einen stationären Aufenthalt sind dann oft entfallen, zugunsten weiterer ambulanter oder tagesklinischer Betreuung. 3. Ein erstaunlich großer Teil der früher stationär aufgenommenen Patienten kann genausogut oder besser sofort in einer Kriseninterventions-Tagesklinik sein. Das hat den Vorteil, daß die Patienten z. T. (8 Std.) dem ihnen unerträglichen Krisenfeld entzogen sind, z. T. ihm aber auch ausgesetzt bleiben. Die Therapie bleibt an der Alltagswirklichkeit des Patienten orientiert, zumal wenn die an der Krise beteiligten Partner durch eine Angehörigengruppe oder durch Familientherapie in die Therapie einbezogen sind. Die Aufenthaltsdauer in solcher Tagesklinik wird im vorhinein auf maximal 4 Wochen befristet, was sich für die Zeit- bzw. Krisennutzung außerordentlich bewährt. 4. Ein weiterer Teil früherer stationärer Patienten wird für die kritische Anfangszeit (1-4 Wochen) in eine täglich stattfindende ambulante Therapiegruppe hineingenommen, bevor die Therapie mit normaler Häufigkeit (1-2 mal/Woche) weiterläuft. Darüberhinaus ist vom KID Beratung sowohl für Patienten als auch für Institutionen sowie Problemgruppenbildung (z. B. Gruppe für alleinstehende Mütter) anzubieten.

Folgende *Grundsätze* der Krisenintervention (KI) haben sich für die Einleitung einer auch präventiv wirksamen Selbst-Therapie des Patienten praktisch bewährt, wobei jeder akute Zustand in der Psychiatrie (= Krise) verstanden wird als Zusammenbruch der bisherigen Abwehr- und Bewältigungsstrategien mit Zunahme der Angst sowie zugleich der Selbst- oder Fremdgefährdung bzw. der Offenheit, Schutzlosigkeit und Bereitschaft zur Neuorientierung, d. h. also als *Chance*.

1. KI setzt so *schnell wie möglich* ein. Nur so kann der Patient entweder die Erfahrung machen, wie er einer Katastrophe zuvorkommt. Oder KI beginnt sofort mit der Katastrophe (z. B. Suizidversuch oder psychotischer Zusammenbruch). Denn jeder von uns weiß: Im akutesten Zustand der Psychose oder direkt nach Aufwachen aus der Bewußtlosigkeit, nach Sprung aus dem Fenster oder nach Tablettenvergiftung ist der Patient extrem schutzlos, offen und vermag im Gespräch Anteile von sich wahrzunehmen, an die er sonst nicht herankommt. Schon einen Tag später kann es zu spät sein, begegnet er uns wieder mit seiner alten, lächelnden Abwehrfassade, kann die Chance der Selbst-Therapie schon vertan sein.

2. Daher braucht der Patient in der Krise zu allererst das Gefühl, von mir *möglichst tief verstanden* zu sein, vor allem darin, daß in seiner Suizidhandlung oder in seinem sonstigen Krisenhandeln immer auch ein Akt der Selbsthilfe steckt. Erst das macht ihn frei, auch über günstigere Alternativen nachdenken zu können.
Achtung: Meistens muß ich den Patienten ernster nehmen, als er sich anfangs nehmen kann.

3. KI hat so *nah wie möglich* an der Alltagswirklichkeit des Patienten stattzufinden, d. h. dort, wo der Patient seine Krise lebt. Entfernung aus dem Krisenfeld nur so weit und so lange wie nötig. Nur so kann der Patient die auch präventiv wichtige Erfahrung machen, seine Krisen in der eigenen Situation selbst nutzen und bewältigen zu können. Da die Krise immer auch in den Beziehungen zu Anderen stattfindet, ist sie auch innerhalb dieser Beziehung zu bearbeiten.

4. Die Krise ist so *lange wie möglich* offenzuhalten. Da der Patient dazu neigt, schnell wieder seine ungünstige Abwehrfassade aufzuziehen, habe ich die Krise zu verstehen und zu vertiefen, nicht zu beruhigen und abzukürzen. Die Angst des Patienten und meine Angst ist das Material mit dem wir gemeinsam arbeiten. Daher ist es ein Fehler, den Patienten zu beruhigen, ihm seine Angst zu nehmen – mit Worten oder mit Medikamenten. Medikamente sind nur angezeigt, wenn die Angst so überwältigend ist, daß sie den Patienten oder mich beziehungsunfähig macht. Ist das der Fall, dann sind Medikamente nicht halbherzig, sondern eindeutig und mit präziser Angabe dieses Grundes einzusetzen.

5. Den *Sinn der Krise* hat der Patient aus sich zu finden, sonst nimmt nur seine Fremdbestimmung und damit die Suizidgefahr zu. Ziel bleibt, daß der Patient Beziehungen wieder als *für ihn* sinnvoll erleben und leben kann. Oft kann der Patient (wie wir) schneller lernen, *gegen* etwas als *für* etwas zu leben.

6. *Sämtliche Bedürfnisse* des Patienten sind zu berücksichtigen, auch die körperlichen und finanziellsozialen. Daher darf der pflegerische, körpermedizinische und sozialarbeiterische Anteil an der KI nicht übersehen werden. Krankschreibung ist jedoch nicht selten ein Fehler, weil dies dem Patienten

mit dem Arbeitsfeld leicht seine letzten intakten Beziehungen nimmt und seine Isolation vergrößert. Viele Suiziden (oft auch einem verzweifelten Mord in der Intimsphäre) ging eine Krankschreibung voraus – *ohne* gleichzeitige angemessene KI-Hilfe.

7. Alle wichtigen *Bezugspartner* sind entweder zum Zweck besserer Selbsthilfe des Patienten zu mobilisieren oder in die Therapie einzubeziehen.

8. *Dieselben Schwierigkeiten*, die den Patienten in seiner Alltagswelt in die Krise gebracht haben, sind durch die KI in den Beziehungen zu Therapeuten oder zu Mitpatienten wiederherzustellen. Nur dann kann man sie direkt und gemeinsam bearbeiten sowie günstigere Alternativen zunächst im therapeutischen Milieu angstfreier üben, bevor man das Gelernte auf die eigene Alltagswelt überträgt. Erst dies zeigt, ob das Gelernte geeignet ist, die bisherigen Vermeidungsstrategien (Symptome) bzw. Todeswünsche überflüssig zu machen.

Im Verlauf der KI hat der Patient günstige Problemlösungen auch für künftige Krisen schon im Vorgriff durchzuspielen, etwa mit Hilfe Ihrer Frage: „Was tun Sie, wenn . . .“? Dies schon deshalb, weil z. B. die größte Wahrscheinlichkeit für die Wiederholung eines Suizidversuchs in den ersten 6 Monaten danach besteht. Daher sind in Abständen Nachbetreuungsgespräche zur Selbstkontrolle zu vereinbaren. Bei isolierten oder gehemmten Patienten wird anfangs ein Therapeut oft zum Ersatz-Bezugspartner („Hilfs-Ich"), weil Selbstvertrauen anders nicht zu lernen wäre. Sie haben sich und den Patienten auf Ihren „Ersatz"-Charakter hinzuweisen und ihn auf die zwangsläufige spätere Trennungs-Enttäuschung vorzubereiten. Zumindest eine solche Enttäuschungs-Krise muß durchgearbeitet werden, bevor man vom Erfolg einer KI bzw. Selbst-Therapie sprechen kann.

Das KI-Team hat einen Teil seiner Arbeitszeit für die Beratung (Supervision) anderer Personen, Teams oder Einrichtungen des Versorgungsgebiets zu reservieren, z. B. für das Pflegeteam eine internistische Station, für einen praktischen Artz, Laienhalfer, Lehrer, Pfarrer, Sozialamt. Weitere präventive Aufgaben (s. u.) sind nach Möglichkeit wahrzunehmen.

In eine Krise gerät das Team selbst, wenn während oder nach der stationären oder ambulanten Therapie ein Patient sich selbst tötet. Alle unterschiedlichen Gefühle sind mit den Team-Mitgliedern oder mit den beteiligten Mitpatienten offen auszutauschen. Dabei sind vor allem zwei Aspekte ins Verhältnis zu setzen: Einerseits die selbstkritische und schonungslose Aufmerksamkeit für eigene Angst-Vermeidung oder Routine, die die Wahrnehmung und Entscheidungsfähigkeit eingeschläfert hat; zum anderen die Achtung vor der harten Tatsache, daß nun doch ein Mensch (trotz oder wegen der therapeutischen Hilfe?) seine Selbsthilfe in der Selbsttötung gefunden hat. Verbunden mit der verzweifelten Einsicht: Es ist nicht alles machbar. Die psychiatrische Arbeit kann und darf nicht *um jeden Preis* helfen. Immerhin hat ein so über jeden Zweifel erhebener und engagierter Mensch wie Adolph Meyer (selbst Patient und Psychiater) dazu gesagt: „Ein psychiatrisches Krankenhaus, in dem kein Suizid vorkommt, kann kein gutes Krankenhaus sein".

IV. *Epidemiologie und Prävention*
1. Verbreitung

In der BRD haben sich 1971 12838 Menschen umgebracht. Damit hat die Zahl der Opfer des Verkehrs der Menschen mit sich selbst und mit den Anderen beinahe die Zahl der Opfer des motorisierten Verkehrs erreicht. Suizid ist die dritthäufigste Todesursache im Alter von 15 bis 45 Jahren. Die Suizidziffer ist seit 1951 von 18,5 pro 100 000 Einwohner auf 21,0 im Jahre 1971 gestiegen. Diese Rate für die BRD ist im Verhältnis zu vergleichbaren Gesellschaften recht hoch, soweit Statistiken übertragbar sind. Die Zahl der Suizidversuche beträgt gegenwärtig das Zehnfache der Suizidrate, in der BRD also 100 000 Suizidversuche jährlich. Suizid begehen eher Menschen in (z. B. psychotischen) Selbst-Krisen, männlichen Geschlechts und vor allem mit zunehmenden Lebensalter. Dagegen sind Suizid*versuche* häufiger bei Menschen in zwischenmenschlichen Krisen, Frauen und Jüngeren. Eine Steigerung der Suizidrate gerade bei Kindern und Jugendlichen ist wahrscheinlich, jedoch noch nicht gesichert. Je eindeutiger die Suizidhandlung, desto härter die Mittel (Erhängen, Sprung aus dem Fenster, Erschießen, E 605). Insgesamt werden zunehmend Schlafmittel benutzt (⅔ der Fälle), wobei die Griffnähe, die Verwandschaft von Todes- und Ruhewunsch und der offene Ausgang der Handlung ausschlaggebend sind. Ein Drittel erleichtern sich die Selbsttötungsentscheidung mit Alkohol.

2. Bedingungen

Bei jeder Suizidhandlung ist der Anteil der subjektiv freien Selbsthilfe-Entscheidung und der Anteil der suizidfördernden, einengenden (körperlichen, seelischen und sozialen) Bedingungen zu unterscheiden. Die Risikofaktoren für den Einzelfall haben wir schon benannt. Statistisch gesehen, sind Menschen unter folgenden demographischen Bedingungen eher suizidgefärdet: Wohnort in der Stadt (vor allem in anonymen Ballungszentren); bzgl. Familienstand: Geschiedene, verwitwete und kinderlose Personen (Familie als „leeres Nest"); höherer Sozialstatus (z. B. Studenten eher als andere Gleichaltrige, was freilich noch nicht gesichert ist); Zeiten extremen wirtschaftlichen Elends (oder Reichtums); Fehlen tragfähiger psychosozialer, kultureller oder weltanschaulicher sinnvoll erlebter Bindungen (z. B. Flüchtlinge, Emigranten, Gefangene; aber auch Protestanten eher als Katholiken); zunehmendes Alter, wenn dies in der sozialen Bezugsgruppe mit Rollen- und Bedeutungsverlust einhergeht. All diese Bedingungen haben als Gemeinsames die Sinnentleerung der Beziehung zu sich, zu Anderen und zur eigenen Tätigkeit, sowie die Vereinsamung, die freilich auch in der „einsamen Masse" stattfinden kann.

Es besteht weiterhin Anlaß, über das Verhältnis zwischen Selbsttötung und der Tötung eines Anderen nachzudenken. In einer Partnerkrise kann beides als Alternative beieinanderliegen oder im „erweiterten Suizid" zusammenfallen. Im „Amoklauf" kann das Töten für das Selbsttöten stehen. In vielen Mordfällen provoziert das Opfer seinen Mörder. Der Familienstand des Verheiratetseins ebenso wie der Zustand des Krieges und Bürgerkrieges zeichnen sich durch eine niedrige Selbsttötungs- und eine hohe Fremdtötungsrate aus.

Aber Vorsicht: Sämtliche Zahlen der Suizidforschung sind ungenau! Es ist schon schwer zu entscheiden, was als Suizidhandlung zu gelten hat: Sie können auf dem Balkon das Gleichgewicht verloren, aus Versehen zu viel Tabletten genommen haben oder mit dem Auto am Baum zerschellen, weil Sie geblendet waren, wie Ihre Familie Ihnen hinterher nachruft. Noch nach Ihrem Tode wird Ihre Tat den unterschiedlichsten Bewertungen durch ihre Umwelt unterliegen. Im katholischen Irland, was den Suizid scharf verurteilt, wird die Anerkennung einer Handlung als Suizid weit weniger Chancen haben als in Japan, wo dasselbe Tun als Heldentat verehrt werden kann. J. Douglas hat nachgewiesen, daß es für eine brauchbare Suizidstatistik erforderlich wäre, zunächst einmal die Theorien, Vorurteile und Absichten der feststellenden Behörden bzw. Forscher zu untersuchen. Und so weit ist man bisher nirgends.

3. Bedeutung

Eine Suizidhandlung hat immer einen freien Anteil, unterliegt aber *gleichzeitig* nicht nur den Zwängen sozialer, körperlichen oder seelischer Bedingungen, sondern auch den Zwängen der Bewertung durch die nähere (familiäre) und weitere (gesellschaftliche) Umgebung. Auch dies haben wir zu berücksichtigen, wenn wir den Sinn vollständig erfassen wollen, den ein Mensch seiner Suizidhandlung gibt. Wie kam es überhaupt zu der allgemeinen Verurteilung des Suizids? Die Kirche verdammte ihn erst zur Sünde, als zu viele Christen vorzeitig das Jammertal gegen das Paradies einzutauschen suchten und man um den Bestand der Gemeinden fürchten mußte. Die Regierungen erklärten den Suizid erst zum Verbrechen, als sie ein machtpolitisches Interesse am Besitz möglichst vieler gesunder Menschen entwickelten. Bis dahin gab es z. B. auch unbeanstandet die Sitte des Zweikampfes oder Duells, wobei Tötung, Selbsttötung und Hinnahme eines Gottesurteils noch nah beieinander lagen. Die Psychiatrie interessierte sich erst Ende des 19. Jh. für den Suizid, im Rahmen der Entwicklung des gegenseitigen Verpflichtungsbewußtseins aller Menschen einer Gesellschaft, der Entwicklung zur Sozialversicherung und zum Sozialstaat. Erst seither kann sich jeder von uns von einem beliebigen Suizidfall betroffen fühlen. In diesem Zusammenhang erklärte die Psychiatrie den Suizid zum Krankheitsfall. Sie machte sich damit zur zuständigen Instanz für den Suizid, schuf zugleich eine Möglichkeit der Entlastung von Schuldgefühlen (allerdings beginnen Versicherungsträger und Arbeitgeber, Suizidhandlungen lieber als „böse", weil freiwillig, und nicht als Krankheit anzusehen und deshalb die Lohnfortzahlung zu verweigern). Parallel hatte E. Durkheim 1897 die erste empirische soziologische Untersuchung vorgelegt: Über den Suizid. Damit beanspruchte er nicht nur eine Suizid-Zuständigkeit auch für die Sozialwissenschaften, sondern machte auch mit dieser Untersuchung die Soziologie zur anerkannten Wissenschaft. Heute wird freilich fundamentale Methoden-Kritik an dieser Art psychosozialer Wissenschaften geübt, wieder am Beispiel des Suizids. Der schon erwähnte Douglas formuliert das so: Soziologen, Psychologen und Psychiater stülpen ihre Theorien und Interessen dem suizidalen Menschen über, schreiben ihm den Sinn seiner Handlung zu, ohne ihn zu fragen. Es müßte aber umgekehrt sein: Der suizidale Mensch muß bei dem, was er sagt, so ernstgenommen werden, daß er den Sinn seines Tuns aus sich selbst findet. Erst daraus können Theorien entwickelt werden. Dies entspricht unserer hier vorgeschlagenen Praxis.

4. Prävention

Schon die Therapie bzw. Beratung muß präventiv gerichtet sein, was uns allen nach unserer bisherigen Ausbildung wenig vertraut ist. Wir haben versucht, die Prävention bei der Darstellung der KI zu berücksichtigen. Es hat also einen Sinn, Therapie als *tertiäre Prävention* zu bezeichnen. Beweis für die Wichtigkeit: 10% der Personen mit Suizidversuch sterben später durch Suizid. Wer einen Suizidversuch unternommen hat, ist also 500mal stärker gefärdet als der Bevölkerungsdurchschnitt (10%:0,02%). Andererseits kann ein Suizidversuch auch ohne Therapie sich im Nachhinein als wirksamer Akt der Selbsthilfe erweisen. Wer „über den Grund gegangen ist", „am Nullpunkt neu angefangen hat", „mit einem Bein drüben war", kann sich nicht selten aus einer zwanghaft engen Bindung oder aus einer Vereinsamung lösen, der er bis dahin hilflos ausgeliefert war. Nachuntersuchungen haben ergeben, daß die Hälfte ¼ Jahr nach einem Suizidversuch ohne Therapie die eigene Situation zufriedenstellender erlebt – durch Änderung der eigenen Haltung und/oder der Haltung der Bezugspartner. Ettlinger hat 2 Patientengruppen nach Selbsttötungsversuch verglichen, die eine ohne, die andere mit großzügigen KI-Maßnahmen: Lebenssituation sowie Suizidrate unterschieden sich nach 5 Jahren in beiden Gruppen nicht wesentlich. Es kommt also – wenn überhaupt – mehr auf die Haltung an als auf die Maßnahme!

Das gilt auch für die *sekundäre Prävention,* also für die möglichst frühe Beziehungsaufnahme zu Menschen, die in eine suizidale oder andere Krise hineinzugeraten drohen. Hier sind ständige Erreichbarkeit und Mobilität des KID entscheidend, vielleicht aber mehr noch die schon erwähnte Beratung und Fortbildung für Personen, die eine große Chance haben, mit krisengefährdeten Menschen zusammenzukommen. Wer meint, das sei mit Informationsvermittlung (z. B. nur kleine Medikamentenpackungen zu verschreiben) getan, der irrt. Denn z. B. die unsinnige Meinung „wer darüber spricht, bringt sich nicht um", hat ja die Absicht, die eigene Angst vor dem Suizid zu beschwichtigen. Ziel der Beratung und Fortbildung wäre also, diese Ängste anzusprechen, damit in der alltäglichen Arbeit die Frage nach Sterben und Selbsttötung immer wieder aktiv gestellt werden kann. Denn z. B. schon zur Pflege einer ernsteren Körperkrankheit gehört die Frage an den Patienten, wofür oder wogegen zu leben es für ihn sich lohne.

Die *primäre Prävention* geht über den psychiatrischen Bereich hinaus. Sie ist daher nicht nur Aufgabe des KID und der psychiatrisch Tätigen, sondern auch von uns allen als politisch am Gemeinwesen interessierten Bürgern. Hier geht es um den Kampf gegen die suizidfördernden Bedingungen im weitesten Sinne, also um den Kampf gegen alles, was die Beziehungen der Menschen zu sich selbst und Anderen und was ihre Tätigkeiten entwertet, gegen alles, was sie vereinsamt oder zwanghaft einengt, ob es sich dabei um Wohnungsbau, Stadtplanung, um die Situation der Alten oder der unehelich Schwangeren oder um die blind am Wachstum orientierte Wirtschaft handelt. Dies ist zugleich ein Kampf für alles, was die wechselseitige Solidarität der Menschen untereinander fördert. Aber erst wenn dieser Kampf sich verbindet mit der Achtung vor der Entscheidung des Einzelnen, selbst vor der Entscheidung des Suizids, den wir nicht zwecks Abwehr unserer eigenen Angst verurteilen oder vertuschen müssen, sondern betrauern und respektieren können: Erst dann wird unsere therapeutische Beziehung wirksam; werden unsere Statistiken nicht mehr frisiert sein; wird unser soziales und KI-Betreuungsnetz nicht zur angstvermehrenden (!) Suizidschnüffelei sich verengen; und können wir schließlich zu einer angstfreieren Atmosphäre der Öffentlichkeit kommen, in der die Möglichkeit der Selbsttötung ein „normales" Gesprächsthema ist. Gerade das wird zugleich die beste Prävention des Suizids sein.

LITERATUR:

AMERY, J.: *Hand an sich legen.* Klett, Stuttgart 1975
DOUGLAS, J.: *The social meanings of suicide.* Princeton N. J. 1970
DURKHEIM, E.: *Der Selbstmord.* Luchterhand Neuwied 1973
HENSELER, H.: *Narzißtische Krisen.* Rowohlt Reinbeck 1974
MORRICE, J.: *Crisis intervention – studies in community care.* Pergamon Oxford 1976
RINGEL, E. (ed): *Selbstmordverhütung.* Huber, Bern 1969
STENGEL, E.: *Selbstmord und Selbstmordversuch.* Fischer Frankfurt 1969
WOLFF, ST.: *Sozialpsychologische Anmerkungen zur psychiatrischen Krisenentervention*
Soziologen-Korrespondenz, München 1975

6. Kapitel

DER ABHÄNGIGE MENSCH (Sucht)

I. *Diagnose der Abhängigkeit*
   1. Auffällige Unauffälligkeit
   2. Begriffe der Abhängigkeit
II. *Gesamt-Diagnose*
   1. Grundhaltung
      a) Selbstwahrnehmung
      b) Vollständigkeit der Wahrnehmung
      c) Normalisierung der Beziehung
   2. Typen der Drogen-Abhängigkeit
      a) Alkohol-Abhängigkeit (= A)
         Einteilung, Verlauf
         Körperliche Alkohol-Auswirkungen
         Psychoorganische Alkohol-Auswirkungen
      b) Medikamenten-Abhängigkeit (= M)
         Stil-Besonderheiten
         Problem-Maskierung
         Definition, Einteilung, Verlauf
         Besonderheiten der Begegnung
         Typen der Medikamenten-Abhängigkeit
      c) Rauschmittel-Abhängigkeit (= R)
         Definition Einteilung, Verlauf
         Typen der Rauschmittel-Abhängigkeit
      d) Nikotin-Abhängigkeit
   3. Die Bezugspartner
III. *Therapie und Selbst-Therapie*
   1. Versorgungssystem
   2. Therapeutisches Handeln
      a) Team und Gruppe
      b) „Total needs"
      c) Kontrolle und Vertrauen
      d) Selbst-Interesse
      e) Team als Modell
   3. Berufsbezogene Schwerpunkte
   4. Therapie-Verlauf
IV. *Epidemiologie – Prävention*
   1. Verbreitung
   2. Bedingungen
   3. Bedeutung
   4. Prävention
Literatur

„Abhängig" ist gleichbedeutend mit „süchtig", was wörtlich „krank" heißt. Nun kann nahezu jedes menschliche Handeln süchtig sein und jedes Ding kann Gegenstand einer Sucht werden. So können wir sagen, daß „süchtig, krank werden nach ..., sich abhängig machen von ..." zum Wesen des Menschen überhaupt gehört. Die Fähigkeit zum Abhängig-Sein ist schon eine Voraussetzung fürs Überleben. Wir sind lebenslänglich auf den Halt an irgendwas angewiesen; und bei „Haltlosigkeit" werden wir nicht etwa von Unabhängigkeit oder Selbständigkeit sprechen. Abhängigkeit ist also als *menschliche Haltung* zu begreifen, bevor wir uns daran machen können, abhängige Patienten zu verstehen. Sucht und Abhängigkeit hängen zusammen mit Rausch, Trunkenheit, Extase, Exzess; also mit Zuständen, in denen die Menschen die Grenzen ihres alltäglichen, sozialen, normalen, erlaubten Lebens sprengen: körperlich, seelisch und sozial. Dies auch biologisch tiefe Streben aller Menschen ist vielleicht am besten in dem Wort *Sehn-Sucht* erfaßt.

Unwillkürlich denken wir dabei meist an eine Sehnsucht in Richtung auf absolute Selbstverwirklichung, Freiraum, Unabhängigkeit. Wo aber bleibt die Sehnsucht nach absoluter Sicherheit, absoluter Geborgenheit, nach Eins-Sein, Verschmelzung: Abhängigkeit? Menschliche Sehnsucht nach dem Absoluten zielt, auch in Rausch und Extase, auf *Gleichzeitigkeit* von Unabhängigkeit und Abhängigkeit, Erwachsensein und Kindsein, Selbsteinengung und Selbstausweitung, Selbstbestimmung und Selbsthingabe, Selbstverwirklichung und Selbstvergessenheit. So steckt wohl auch in der Abhängigkeit von Patienten gleichzeitig ein Lustgewinn (ich bin frei) und ein Wunsch nach Unauffälligkeit, Anpassung, Sicherheit, Abhängigkeit.

Indem ich nach Absolutem strebe, versuche ich, meine Grenzen (mich selbst) zu überschreiten (zu transzendieren) ins Außer-ordentliche, ins „ganz Andere". Doch wenn ich das Streben nicht auch aufgeben kann, stoße ich auf meine Unfähigkeit, und wenn ich diese Spannung nicht zu ertragen lerne, werde ich abhängig von einem Mittel. Damit kommt zu dem Gesichtspunkt des Lustgewinns und Zielerreichens hinzu, daß auch in jeder Abhängigkeit eine mißglückte Problemlösung steckt. Dabei ist die Abhängigkeit von einem Mittel zunächst das Normale. Auch daß Mittel zum Selbstzweck werden können, hat viel mit normaler Interessenbildung (Bindung) zu tun. Jedoch finden wir auch hier wieder die Übersteigerung. Wir finden sie z. B. bei allen Formen des Spiels, des Tanzes, der Musik, auch bei der „Spielsucht". Wir finden sie bei allen außerordentlichen Leistungen, auch bei der „Arbeitswut", in allen Fällen von Liebe, auch als „Hörigkeit" oder „Eifersucht". Der Mensch ist eben nicht *nur* ein „ökonomisches Wesen", das vernünftig-zweckrational Mittel für Ziele einsetzt. Vielmehr scheint der Mensch zum Leben beides zu brauchen: das sozial Erlaubte und das Unerlaubte, das Maß und die Maßlosigkeit, die Sättigung und die Unersättlichkeit, das Normale und das Nicht-Normale, Ordnung und Außer-Ordentliches. Wie wäre sonst *Entwicklung* möglich?

Eine Möglichkeit, sich dem abhängigen Patienten zu nähern, liegt in der Frage, ob er deswegen mit der Psychiatrie zu tun bekommt, weil keine Entwicklung mehr möglich ist? Gleichzeitig müssen wir uns jedoch auch damit auseinandersetzen, daß die Handlungen, die als „abhängig" in die Psychiatrie führen, durch *gesellschaftliche Werte* bestimmt werden. Es gibt eine Menge Abhängigkeiten in unserem Leben, die schwer zu entdecken sind, weil sie Anpassung fördern. So ist es ein guter Versuch, die Arbeits-Süchtigen als Kranke, als „Arbeitholiker" wahrzunehmen. Die strukturelle Arbeitslosigkeit macht es sogar vorstellbar, daß das Erlernen von Faulheit und Müßiggang als kassenpflichtige Leistung anerkannt wird.

Übung: Die „Free Clinic" Heidelberg hat zwecks Prävention das Wort in Umlauf gesetzt: „Jeder Mensch hat seine Droge". Versuchen Sie in Diskussionen mit Anderen bei sich selbst herauszufinden, welches Ihre „Drogen", Ihre Abhängigkeit sind, und zwar einmal die unerlaubten, zum anderen aber auch die „nützlichen" erlaubten.

I. *Diagnose der Abhängigkeit*

Ein depressiver, schizophrener, zwangsneurotischer, dementer Mensch wird in Privatbereich und Öffentlichkeit durch sein Handeln auffällig. Diese Auffälligkeiten machen wir psychiatrisch Tätigen durch Diagnostizieren zu kranken Anteilen, Symptomen. Wir fassen sie zu einer Krankheits-Diagnose zusammen. Was nun sind die Auffälligkeiten abhängiger Menschen?

1. Auffällige Unauffälligkeit

Beispiel: Fallbesprechung zum Abschluß der Ausbildung: Ein Prüfling berichtet über seinen Fall: Herr X, 38 J., Verwaltungsangestellter, hatte sich plötzlich von Freimaurern verfolgt gefühlt, im Erregungszustand seine dominante Frau angegriffen, wurde von der Polizei auf die geschlossene Station gebracht. – Seine Jugend war vom ewigen Streit seiner Eltern beschattet. Er ist stolz darauf es besser gemacht zu haben: harmonische Familie, zufrieden mit seinem Beruf, kurz von Fertigstellung seines selbstgebauten Eigenheimes; die letzten 2 Jahre vom Hausarzt wegen „nervösen Magenleidens" mit Beruhigungsmitteln behandelt. Der Prüfling hatte die Diagnose der Station übernommen „endogene paranoide Psychose", aber irgendwie war er unzufrieden.

Prüflingsgruppe und Prüfer verwandeln sich durch Rollenspiel in ein Stations-Team: Was den Prüfling denn so unzufrieden mache? Was Herr X bei ihm ausgelöst habe? „Mir fiel seine Angestrengtheit und Angespanntheit auf. Irgendwie hat er jede Frage von mir als Angriff erlebt und sich immer ungeduldiger dagegen verteidigt. Überhaupt hat er immer wieder betont, wie viel Anstrengung seine Lebensleistung (Symbol Eigenheim) gekostet habe, und daß sein Leben wirklich vollständig in Ordnung sei. Das hat mich immer kribbeliger gemacht." – „Sind Sie auf seine und Ihre eigenen Gefühle eingegangen?" – „Ich glaube, das war mein Fehler: Ich habe die Angespanntheit zwar gespürt, aber ich habe sie nicht zum Thema gemacht. So habe ich mich von seiner Angespanntheit richtig anstecken lassen. Stattdessen: je mehr ich mit meinen Fragen „gebohrt" habe, desto besser hat er sich verteidigt; wir haben uns gegenseitig eskaliert, und Herr X hat gewonnen." An dieser Stelle stellt jemand die Frage nach Alkohol. Prüfling: „Ach ja, das habe ich vergessen; Herr X trinkt nur 3 Flaschen Bier täglich." Die Gruppe sammelt jetzt alles, was für Alkohol spricht: Seine Überbemühtheit um soziale Anpassung, Harmonisierungs- und Verteidigungsbedürfnis; Ehrgeiz, es besser als die Eltern zu machen; angestrengtes Aufgehen in diesen Bemühungen; möglicherweise sein Leiden an der Stärke seiner Frau; die Art der Behandlung durch den Hausarzt; schließlich seine Methode, einen Frager sich vom Leibe zu halten und ihn in seine Falle gehen zu lassen. Prüfling: „Wie hätte ich es besser machen können? Wie treffe ich den Ton, daß Herr X sich nicht entlarvt, sondern verstanden fühlen kann?" Die Gruppe entwickelt folgenden Vorschlag: „Herr X, ich sehe, mit wieviel Anstrengung Sie Ihre Lebensleistung geschafft haben. Auch jetzt im Gespräch spüre ich Ihre Anspannung, unter die Sie sich setzen. Das steckt mich geradezu an. Welche Möglichkeiten der Erholung, Entlastung oder Entspannung haben Sie für sich?" – Ein weiteres, in diesem Stil geführtes Gespräch ergibt, daß Herr X in der Tat seit mindestens 4 Jahren massiv alkoholabhängig ist, jedoch sozial bisher ganz unauffällig, auch gegenüber seiner Frau erfolgreich verheimlicht, zumal er vor allem auf dem Weg zur und von der Arbeit zu trinken pflegt.

Die Geschichte des Herrn X zeigt, daß eine Auffälligkeit (= Symptomatik) bei Abhängigen oft lange Zeit nicht wahrnehmbar ist. Bis die ersten körperlich, seelisch oder sozial eindeutigen Symptome (s. später) auftreten, sind die besten Therapiechancen schon dahin. Paradox zugespitzt: *Die Auffälligkeit der Abhängigen besteht in der Unauffälligkeit.* Nicht nur, daß es „normal" ist, Alkohol zu trinken, Medikamente einzunehmen und – bezogen auf die subkulturelle Bezugsgruppe – Rauschmittel zu nehmen. Vielmehr ist es auch gerade der Wunsch der meisten Abhängigen, in Bezug auf die Erwartungen ihrer Gruppe mit Hilfe ihres „Mittels" sich normal, durchschnittlich und unauffällig zu machen. Auch wenn sie sich besser (leistungsfähiger, geselliger, eindrucksvoller) machen wollen als die Anderen, entspricht das bei uns meist der Gruppen-Erwartung. Und in eben diesem Bemühen kommen sie um. Denn beide Haltungen – „Sein wie Andere" und „Besser sein als Andere" – sind zwar unausweichlich; jeder von uns muß ständig sein Verhältnis zu ihnen definieren. Wenn diese Haltungen aber lebensbestimmend werden, dann kann man beliebig viel in sie investieren: man kommt grundsätzlich nie an ein Ende, kann immer noch mehr dafür tun, bleibt daher immer unzufrieden, hat sich dem Absoluten verschrieben. Wenn es also überhaupt eine Auffälligkeit (= ein Symptom) gibt, das für die noch erfolgreich verheimlichte oder die zukünftige Suchtgefährdung eines Menschen spricht, dann ist es jede betonte Unauffälligkeit, jede Überanpassung, jeder übertriebene, dauerangestrengte Aufwand in dem Bemühen, unauffällig oder besser als Andere oder beides zugleich zu sein.

Daß dies so ist, daran sind wir alle beteiligt. Wir alle sind die Mitspieler dieses größten und trostlosesten Gesellschaftsspieles. Wir alle *moralisieren:* wir schütteln den Kopf, lächeln darüber, „Wie kann jemand nur so haltlos sein" oder „Armer Teufel, aber ich kann doch nicht offen über sein Trinken sprechen, sonst bin ich noch am Verlust seines Arbeitsplatzes schuld". Und wir *bagatellisieren:* „Na ja, aber immerhin tut er ja noch seine Arbeit" oder „Ich helfe ihm, daß er nicht auffällt". Wir garantieren das Spiel der betonten Unauffälligkeit. Wir sind die notwendigen Komplizen der Heimlichkeit, der Selbstzerstörung. Wenn die Katastrophe mit unserer verschwiegenen Mithilfe in Ruhe hat ausreifen können, äußern wir die Schuldgefühle wegen unseres Nichtstuns in einem aggressiv-schadenfrohen „Ich habe es ja schon immer gewußt, das konnte ja nicht gut gehen". Etwas davon ist in der Gesprächsbeziehung zwischen Herrn X und dem Prüfling sichtbar geworden. Jedem von Ihnen fällt im Augenblick der Lektüre dieses Satzes ein abhängiger Freund oder Verwandter ein. Soweit Sie schon im Gesundheitsbereich arbeiten, fällt Ihnen mit noch größerer Sicherheit ein abhängigkeitsgefährdeter Kollege oder

178

eine Kollegin ein; denn am Arbeitsplatz sind wir noch „solidarischer". Ob dieses Kapitel etwas taugt, ließe sich vielleicht daran messen, daß Sie Ihre komplizenhafte Beziehung zu diesem gefährdeten „Nächsten" ändern können.

2. Begriffe der Abhängigkeit:

Droge: Sammelbegriff für alle das Gehirn bzw. das Handeln beeinflussenden (enzephalo- bzw. psychotropen) Substanzen oder Mittel.

Abhängigkeit (Dependence): tritt an die Stelle der alten Begriffe Sucht (addiction) und Gewöhnung (habituation).

Definition für Drogenabhängigkeit (in Anlehnung an die WHO): Ein Zustand periodischer oder chronischer Vergiftung durch ein zentralnervös wirkendes Mittel, der zu seelischer oder seelischer und körperlicher Abhängigkeit von diesem Mittel führt und der das Individuum und/oder die Gesellschaft schädigt – Bestandteil der Definition ist also auch die Gesellschaft. Dies wegen der Unterschiede der sozialen Wertung z. B. für Nikotinabhängigkeit, Alkoholrausch in der Öffentlichkeit, Haschisch- oder Heroinrausch.

Vergiftung: weist darauf hin, daß es sich grundsätzlich um eine auch körperliche Schädigung handelt.

Seelische Abhängigkeit: das schwer bezwingbare, maßlose, unersättliche Verlangen, durch eine Droge Selbstverwandlung, Entlastung von Unlustgefühlen und Genuß von Lustgefühlen herzustellen, wodurch es zur Verselbständigung des Mittels im Leben des Betroffenen kommt, zum Verlust der Konsumkontrolle, zum Nicht-mehr-aufhören-können und zum Versuch, um nahezu jeden Preis sich das Mittel zu beschaffen.

Körperliche Abhängigkeit: Anpassungszustand mit Toleranzsteigerung, Zwang zur Dosissteigerung für dieselbe Wirkung und mit Abstinenzerscheinungen bei Absetzen oder Verminderung der Dosis.

Toleranzsteigerung: der Organismus gewinnt die Fähigkeit, zunehmende Mengen des Giftes zu „vertragen", bedingt durch zelluläre Gewöhnung, Beschleunigung des enzymatischen Abbaus, Verzögerung der Darmresorption und Aufnahme ins Gewebe, womit die Organschädigung gebahnt ist.

Gewöhnung: sowohl dieser pharmakologisch-physiologische Prozeß als auch der psychosoziale, entlastende Prozeß der Gewohnheitsbildung.

Kreuztoleranz: Toleranz gegen alle Präparate eines bestimmten Drogen-Typs (z. B. Morphin-Typ oder Barbiturat-Typ). Die WHO hat 7 Typen aufgestellt.

Mißbrauch (Abusus): jeder Gebrauch von Drogen in übermäßiger Dosierung, als Vorstufe der Abhängigkeit.

Zweckverschiebung eines Mittels: spricht für den Übergang zur Abhängigkeit; z. B. Schmerzmittel zur Euphorisierung, „Schlafmittel" am Tage zur Anregung.

Polytoxikomanie: die heute immer häufigere Praxis, viele unterschiedliche Drogen mit- oder nacheinander zu benutzen.

Krankheitsprozeß der Abhängigkeit: Hiervon spricht man (wie beim Krebs) nicht um die therapeutische Resignation zu vergrößern, sondern 1. um zu zeigen, daß psychosoziale und körperliche Umbauvorgänge das Fortschreiten der Abhängigkeit bzw. die Rückfalltendenz nahezu erzwingen; 2. um *unserer* Neigung, die Abhängigkeit entweder zu bagatellisieren oder zu moralisieren, entgegenzuwirken; und 3. um dem Patienten das Rechtsgefühl und damit die Möglichkeit einer *positiven* Selbstdefinition zu geben, daß er an einer behandlungsbedürftigen Krankheit leidet, wie andere auch, in der BRD 1968 als Krankheit im Sinne der RVO anerkannt.

II. *Gesamt-Diagnose*

Die schlechten Heilungsaussichten für Abhängige sind sprichwörtlich. Daß wir ihnen und nicht uns die Schuld daran geben, hängt mit unserer Abwehr zusammen: mit unseren „rachepsychiatrischen" Aggressionen oder Schuldgefühlen gegenüber denen, die unsere Ohnmacht offenkundig machen. Einen Patienten mit Herzinfarkt können wir besser annehmen, obwohl auch er durch Lebensführungsschuld seine Krankheit begünstigt haben mag. Dabei sind wir bei anderen psychischen Störungen wahrscheinlich nicht erfolgreicher. Nur sind die Mißerfolge bei Abhängigen handgreiflicher. Jedenfalls mißlingt uns die therapeutische Haltung bei einem Abhängigen besonders leicht. Wir haben uns also zunächst mit uns selbst auseinanderzusetzen.

1. Grundhaltung

a) Selbstwahrnehmung

Warum ist es so maßlos schwer, daß der abhängige Patient in der Begegnung mit uns sich voll verstanden fühlt? Warum ist der typische Verlauf einer solchen Begegnung immer wieder so enttäuschend: Erst scheint der Kontakt leicht und gut zu gelingen; wir fühlen uns bestätigt und freuen uns, wenn der Patient sich etwa äußert „Sie verstehen mich wirklich!". Aber ebenso sicher hören wir nach einiger Zeit „Ich bin von Ihnen enttäuscht. Niemand versteht mich!" Wir reagieren darauf traurig („schade"), wütend („haltloser Kerl") oder zynisch („Undank ist der Welt Lohn"). Letzteres wird leicht zur Berufshaltung: wir erwarten den Mißerfolg schon von Anfang an und können dann nicht mehr enttäuscht werden. Dabei haben wir den entscheidenden Fehler schon am Anfang gemacht: als wir uns vom Patienten loben ließen wegen unseres „außergewöhnlichen Verständnisses" (und wer läßt sich nicht gern loben?). Denn da hat der Patient uns denken lassen, wir kämen ungeschoren davon und hätten ohne große eigene Mühe ein Vertrauensverhältnis zustande gebracht (und wem kommt das nicht gelegen?). In Wirklichkeit hat der Patient sich durch das Lob von uns abhängig gemacht (und uns von ihm), uns in sein Abhängigkeitssystem eingebaut, unsere Begegnungsangst eingelullt, uns als Therapeuten entschärft, die echte Auseinandersetzung vermieden. Manchmal werden wir aus dieser uns angenehmen Beschwichtigung erst durch die Nachricht geweckt, daß der Patient sich umgebracht habe. Umgang mit Abhängigen ist – ähnlich wie mit depressiven Menschen – buchstäblich ein Spiel auf Leben und Tod.

Will ich nicht auf diese übliche Weise immer wieder scheitern, muß ich die Begegnungsangst in mich hineinlassen, meine Suchthaltung finden und mich nach meinen eigenen abhängigen/süchtigen Anteilen fragen. Und hier können wir alle mehr fündig werden, als uns lieb ist.

Hier einige *Beispiele*, wobei die benutzten „Mittel" natürlich austauschbar sind: „Meine Arbeit wird mir lustvoller Selbstzweck, ich betäube damit meine Angst vor privater Einsamkeit; Aufgehen in der Arbeit und Einsamkeitsangst steigere ich gleichzeitig." – „Ich fahre immer schneller Auto: Geschwindigkeitsrausch und Lebensgefahr eskalieren sich wechselseitig." – „Ich steigere die Zahl meiner (sexuellen) Beziehungen, werde beziehungssüchtig; gleichzeitig steigere ich damit die Angst vor dem, was ich zu suchen vorgebe: die Angst vor der einen, aber für mich voll verbindlichen Beziehung; je mehr ich das Suchtempo beschleunige, desto unmöglicher wird sie." – „Ich tue heimlich immer häufiger etwas, was ich mir entweder selbst verbiete oder was von Anderen als sozial unerlaubt verurteilt wird; z. B.: Naschen, Warenhausdiebstahl, Fußballfanatismus, ins Spielkasino gehen, ins Bordell gehen, Fressen, Fasten, Rauchen und alle Drogen. Ich erlebe damit etwas Absolutes: Denn ich erlebe in meiner Tat meine Unabhängigkeit (gegenüber Verboten) und in der Selbst- oder Fremdbestrafung (Erniedrigung) meine Abhängigkeit (von Verboten) – und zwar zugleich. Dieser gleichzeitige Genuß von Befreiung und Wiederherstellung der Unfreiheit, von Schuld und Sühne, von Leben und Tod, ist indertat absolut, macht unersättlich, möchte auf ewig wiederholt werden. Es ist ein „Spiel ohne Ende" (Watzlawick), eine „Reise ohne Wiederkehr". – Damit dürfte zusammenhängen, daß Künstler nicht selten süchtig sind, oder daß Hochleistungssport und Doping so schwer zu entkoppeln sind: in beiden Fällen geht es um Absolutes.

Obwohl niemand das Suchtgefühl in seiner Abgründigkeit vollständig beschreiben kann, kann es jeder bei sich selbst wahrnehmen, tut es jedoch nur ungern. Und das ist der Grund dafür, warum ich mich so gern von dem süchtigen Patienten verführen lasse, mich mit einem gegenseitigen Verstehen bei halbem Tiefgang zu begnügen. Nicht nur zu seiner, sondern auch zu meiner Schonung. Halbrichtig war auch nur die Haltung der alten Psychiatrie, z. B. Kraepelins, wenn er „äußerstes Mißtrauen" forderte. Mit dieser Forderung lief er genauso in die Falle des Abhängigen, wie derjenige, der sich durch ein Lob zu einem zu schnellen und blinden „Vertrauen" verführen läßt. In beiden Fällen ist eine therapeutische Beziehung vermieden. Richtig an der Äußerung Kraepelins ist zwar der Appell an das Mißtrauen, aber auch gegen mich selbst. Aus meiner Suchthaltung weiß ich: Ich rechtfertige mein Handeln zwar mit „Arbeitslust". Aber ich weiß genau, daß ich damit auch „Flucht vor der Einsamkeitsangst" meine. Oder: Ich rede mir ein „In der Kneipe hole ich mir Genuß und Unabhängigkeitsgefühl, ist das nicht erlaubt?" Aber ich weiß im Stillen genau, daß ich damit gleichzeitig auch die regelmäßigen Vorwürfe meiner Frau hinterher meine und *will;* denn damit hole ich mir mein Sicherheits-und Abhängigkeitsgefühl, und meine Frau fühlt sich ja auch wirklich gern für alles verantwortlich. Durch mein Handeln sichere ich mir also gleichzeitig meinen Protest gegen die Abhängigkeit (Kneipe) und meine Abhängigkeit selbst (Verantwortungsgefühl meiner Frau)."

Und wenn abhängige Menschen überhaupt einen Zug gemeinsam haben, dann den Wunsch, Unabhängigkeit genießen zu können, ohne Abhängigkeit gefährden zu müssen, sondern eben beides gleichzeitig zu steigern.

So wird es verständlich, daß der abhängige Patient mit allen Mitteln seines jahrzehntelangen Trainings versucht, die Verantwortlichkeit auch in der therapeutischen Begegnung zu mir herüberzuspielen, um sich ihr dann durch einen „Rückfall" oder ähnliches genußvoll und triumphierend entziehen zu können. Auch so hat er mich wieder in seinem Spiel, kontrolliert mich, vor allem, wenn ich – als Therapeut und/oder als Mensch – „gern Verantwortung trage"!

Zu einer Begegnung, in der ich mir und er sich gerecht werden kann, gehört: 1. meine schonungslose Suchthaltung bei mir signalisiert dem Patienten so viel Engagement meinerseits, daß sie ansteckt, als Modell wirkt und den Patienten verführt, nicht – wie gewohnt – bei mir, sondern bei sich selbst zu suchen („Ich nehme sowohl wahr, was ich mir *einrede*, als auch, was ich sonst noch eigentlich damit *meine*"). 2. Das Verstehenwollen muß soweit vertieft werden, bis es brenzlich oder kribbelig wird, d. h. bis wir das Bodenlose, das Maß- und Grenzenlose, das absolute der beteiligten Ängste und Wünsche erreichen. Das kann etwa bei einer schlafmittelabhängigen Mutter von 4 Kindern ein totaler erotischer Abenteuerwunsch sein; bei einem alkoholabhängigen Ehemann die totale Angst, angesichts seines Geborgenheitswunsches bei seiner mütterlichen Frau sich seine Männlichkeit nie genug bestätigen zu können; oder bei einem rauschmittelabhängigen Jugendlichen das totale Einssein mit der Gruppe. Und 3. müssen Suchhaltung und Vertiefung des Verstehens die Beziehung so wechselseitig und gefühlsmäßig tragfähig machen, daß der Patient meine Verweigerung der Verantwortungsübernahme für ihn allmählich zu akzeptieren lernt. Daß wir auf dem richtigen Wege sind, zeigt sich daran, daß der Patient statt des anfänglichen „*Sie* verstehen mich wirklich!" zu Äußerungen kommt wie „*Ich* kann mich jetzt schon besser verstehen!" – der Beginn der Selbst-Diagnose, des Sich-Wahrmachens.

b) Vollständigkeit der Wahrnehmung

„Warum trinkst Du?" – „Immer Ärger mit der Frau" – „Wozu führt das?" – „Immer Ärger mit der Frau". Mit Witzen dieser Art pflegen wir uns über den trostlosen Teufelskreis der Sucht lustig zu machen und über die maßlose Verlogenheit der Abhängigen. Alles machen sie zum Grund oder Vorwand für erneutes Trinken bzw. Schlucken. Es fällt uns leicht, die Gründe als Vorwände zu durchschauen. Wir halten das dem Patienten vor. Was erreichen wir damit? Daß der Patient, der das ja *auch* weiß, sich nur noch geschickter gegen uns verteidigt und rechtfertigt, sich wieder einmal bevormundet fühlt. Wenn wir wollen, daß der Patient sich aus sich heraus versteht, haben wir uns der üblichen Wertungen und Deutungen zu enthalten, haben wir Vorwände und Gründe in gleicher Weise ernst zu nehmen. Denn sie machen die subjektive Welt des Patienten aus. Nur so kann er selbst anfangen, die Unterschiede wahrzunehmen zwischen dem, was er sich einredet und dem, was er auch damit meint. Dasselbe gilt, wenn wir etwa von „Fehlhaltung" sprechen. Natürlich ist eine Sucht in der Außenbetrachtung eine entsetzliche, zerstörerische Fehlhaltung, „Selbsttötung auf Raten". Aber auch die süchtige Fehlhaltung ist nur Teil einer Gesamthaltung dem Leben gegenüber. Und diese gilt es wahrzunehmen – für uns wie für den Patienten. Und zwar in allen Anteilen: den Ängsten und Wünschen, den selbst- und fremdgesetzten Verboten, den Bewältigungs- und den Vermeidungsversuchen der eigenen Lebensprobleme. Denn eine Ersatzbefriedigung ist zwar Ersatz, aber doch auch Befriedigung. Meist verliert die jeweilige Droge schon dadurch an subjektiv-absoluter Bedeutung, daß sich herausstellt, daß sie nur eines unter anderen Mitteln der bisherigen Problemlösungsstrategie ist.

Niemand ist so sehr gewohnt, von Anderen als gut oder schlecht bewertet zu werden, wie der Abhängige. Daher: nur wenn ich jede Wertung verweigere, stattdessen vollständig wahrnehme und alles ernst nehme, kann der Patient sich allmählich zutrauen, sich selbst zu bewerten, selbst Unterscheidungen, später

Entscheidungen zu treffen, sich selbst einen Wert zuzumessen. Erst dann kann er davon herunter, sein Selbstbild unverbindlich zwischen Extremen hin und herpendeln zu lassen: zwischen Selbstzerfleischung, Überheblichkeit und Selbstmitleid.

Ähnlich kann es sogar mit der sprichwörtlichen Unehrlichkeit stehen. Auch was wie die schamloseste Verlogenheit aussieht, kann bei vollständiger Wahrnehmung *von innen* verzweifelte, lächerlich-hoffnungslose, ja wahnsinnige Ehrlichkeit sein: Etwa als *Kampf* gegen die Einsicht, daß Schmerz, Schlaflosigkeit, Angst, Einsamkeit, Verlust zum Leben gehören. Oder als *Weigerung*, es als Schicksal hinzunehmen, daß man schlechtere Chancen hat als Andere, häßlich, lahm, graumäusig, gehemmt, unattraktiv, unausstehlich ist (wo wir sagen: „Wenn Frau X ihre Tabletten drin hat, ist sie wirklich netter!"). Oder als *Protest* dagegen, überhaupt wählen und damit verzichten zu müssen, und damit als absurder Versuch, alles haben und leben zu wollen, Freiheit und Sicherheit, Unabhängigkeit und Abhängigkeit, Erwachsensein und Kindsein, absolutes Glück und absolute Anpassung: in jedem Fall eine maßlose und absolut unvernünftige Haltung, aber konsequent und *in sich ehrlich*, bis zum Preis der Selbstzerstörung. (Nur so ist auch die hohe Suizidrate der Abhängigen zu verstehen.) So haben wir auch diese Ehrlichkeit dem Patienten wahrnehmbar zu machen, statt wie üblich – ihn zu ertappen: „Der will sich bloß um alles herumdrücken". Erst diese *positive* Art des Selbstverständnisses gibt dem Patienten die Chance, aus sich selbst heraus „wieder ehrlich zu werden", den Riesenberg an Schuldgefühlen loszuwerden und zu sehen, daß die jeweilige Droge indertat kein Selbstzweck, sondern nur ein Mittel ist – ein Mittel, zu dem es dann auch Alternativen zu finden gibt. Dann wird der Patient auch bereit sein *zu unterscheiden,* in welchen Situationen er mehr oder weniger wahrscheinlich trinkt bzw. schluckt, was die Voraussetzung zum Wiedergewinn der Selbstkontrolle ist.

c) Normalisierung der Beziehung

Wie wird die Begegnung normal in dem Sinne, daß beide, ich, wie der Patient, das Gefühl haben, frei und unabhängig zu handeln, uns gegenseitig nicht zuwenig und nicht zuviel Raum zu lassen und alle zwischen uns auftretenden Gefühle offen zur Sprache zu bringen? Hierzu wieder die Kontrollfrage: „Was macht er mit mir? Was mache ich mit ihm?" So ungern, wie ich meine eigenen Abhängigkeits-Ecken registriere, nehme ich entsprechende Signale des Anderen wahr. Sein Bagatellisieren funktioniert, solange es auf eine entsprechende Neigung bei mir trifft: „Wir wollen uns gut verstehen, uns nicht wehtun, nett miteinander sein ... Wir wollen uns eine gemütliche Atmosphäre schaffen ... Sieh, ich bin ganz bereit." Ich muß schon verdammt gut auf mich aufpassen, um *alle* Gefühle, die der Andere in mir auslöst, zuzulassen und rückzumelden. Nur dann kann ich erkennen, in welch unheimlichem Ausmaß der abhängige Patient sich immer wieder bei mir und nicht bei sich selbst aufhält. Die zu große Nähe zu den Anderen und die zu große Anpassung an die Anderen ist die eleganteste, undurchschaubarste und todsicherste Methode, sich als Person „draußen", unverfügbar zu halten, sich auf eine

Beziehung nicht einzulassen. „Verbindlichkeit" im Sinne von Höflichkeit, garantiert innerliche Unverbindlichkeit. Gerade in den scheinbar harmlosen Alltagskontakten hat sich die gefühlsmäßige Offenheit meiner Grundhaltung zu beweisen, habe ich mich zu fragen, welche höflich-konventionelle Antwort erwartet der Patient auf seine Äußerung und welche Rollenverteilung zwischen mir und ihm will er damit erreichen?

Beispiele: Vom Loben und Bewundern war schon die Rede, etwa „Sie können die Gruppe aber gut leiten!" Mögliche Antwort: „Ich frage mich, warum ich mich jetzt durch Ihr Lob eingeengt fühle!" – Besonders häufig sind Bitten um Ent-schuldigung, sowohl bei beliebigen Kleinigkeiten als auch bei Rückfällen, z. B. „Schlimm, daß mir das wieder passiert ist, ich möchte es wiedergutmachen. Ich möchte mich bei Ihnen ent-schuldigen." Mögliche Antwort: „Ich nehme Ihre Entschuldigung nicht an. Ich kann zwar verstehen, daß Sie es ungeschehen machen wollen. Aber Sie haben es nunmal getan. Sie haben auch nicht mir, sondern sich selbst etwas getan. Und da finde ich es besser, daß die Verantwortung dafür auch bei Ihnen bleibt."

Übung: Finden Sie im obigen Sinne „normale" Antworten auf folgende Patienten-Äußerungen (am besten im Rollenspiel): „Ich verspreche Ihnen(!), ab heute nie mehr Tabletten zu nehmen" – „Ich habe Ihnen verschwiegen, daß ich wieder getrunken habe, weil ich Sie nicht enttäuschen wollte." – „Ich bin das verlogenste Subjekt, daß es gibt." (Die erwartete, aber falsche Antwort wäre: „Na, so schlimm ist es auch wieder nicht.") – Ich will mich allen Ihren Anweisungen fügen, alle Ratschläge befolgen . . . Bestimmen Sie, wieviel Ausgang ich haben darf." – „Ich habe die ewige Bevormundung durch Sie satt."

Das Problem der Normalisierung der Beziehung läßt sich am besten am Bild des Boxkampfes verdeutlichen: Wenn der Andere „zu sehr bei mir ist", in den Clinch gegangen ist, hat er sich gerade durch zuviel Nähe zu mir für mich unerreichbar gemacht. Ich oder der Ringrichter (= das Team) müssen für die Wiederherstellung einer angemessenen Distanz sorgen, damit jeder hinreichend „bei sich selbst" ist, freien Handlungsraum hat und wir uns vollständig = normal austauschen können. Eine normale Beziehung widersteht der Verführung, entweder in absolutem Vertrauen oder in absoluter Kontrolle aufzugehen. Sie hat vielmehr von beidem etwas. Wenn es mir gelingt, daß der Andere dies in der Beziehung zu mir erlebt und dadurch auch erfährt, daß er Unabhängigkeit und Abhängigkeit gleichzeitig auch „normal" und ohne „Mittel" leben kann, hat er die Möglichkeit, dies auch in seinen eigenen Beziehungen auszuprobieren, hat er die Möglichkeit zur Selbst-Therapie.

Die größte und unheimlichste Gefahr des Mißlingens der Grundhaltung in der Begegnung mit Abhängigen wollen wir durch ein weiteres Fallbeispiel unter die Haut gehen lassen:

Frau I., 23 Jahre, erfolgreiche Sekretärin, im Umgang mit Anderen immer gleichbleibend angenehm, verlobt, trinkt seit dem 16. Lebensjahr, seit sie versuchte, den Vater vom Trinken wegzubekommen, jetzt depressiv, voller Schuldgefühle, ob sie sich dem Verlobten zumuten darf, kommt nach dem 2. Suizidversuch in die Tagesklinik. Bei der Aufnahme werden als Therapieziele vereinbart: Alkoholverzicht; statt der übermübten Dauerhaltung, immer nett und immer für Andere da zu sein, mit der sie sich selbst überanstrengt und sich davon durch Alkohol „entspannt", will sie lernen, mehr für sich da zu sein; Ruhe, Entspannung und Selbstachtung nicht mehr aus dem Dasein für Andere, sondern aus sich selbst heraus zu gewinnen.

Sie nutzt den Therapieaufenthalt optimal. Sie lernt spielend das, was sie sich vorgenommen hat, engagiert sich in einem ausgewogenen Verhältnis für sich und Andere. Gegen Ende notiert das Team im Verlaufsbericht, es sei „fast unheimlich, wie glatt sie ihre Therapieziele erreicht". Sie verläßt die Tagesklinik optimistisch, aber durchaus angemessen selbstkritisch. Sie freut sich über den Erfolg. Das Team und die Mitpatienten freuen sich mit ihr. Die Frage einer ambulanten Nachbetreuung soll nach 4 Wochen „Ausprobieren" beantwortet werden. Wie geplant, heiratet sie 2 Wochen danach, teilt telefonisch mit, wie glücklich sie sei. Wieder eine Woche später zwingt sie ihren Mann abends, ihr eine Flasche Korn zu holen. Als er nach einer 1/2 Stunde wiederkommt, hat sie sich aufgehängt und ist tot.

Unter den 3 Aspekten der Grundhaltung hat das Team dieser Tagesklinik in einer Besprechung selbstkritisch die folgenden Schlüsse gezogen. Zum 1. Aspekt: Offensichtlich sind im Rahmen der Suchhaltung des diagnostischen Erstgesprächs die eigentlichen Ängste der Frau I. gar nicht erreicht worden. Zumindest ist das Verstehen weder dort noch später hinreichend vertieft worden. Zum 2. Aspekt: Die Gefühle sind nicht vollständig wahrgenommen worden. Denn der Eindruck des „Unheimlichen" an dem „glatten" Verlauf ist, obwohl im Team von jemandem wahrgenommen, weder vom Team erörtert, noch ist Frau I. mit diesem Eindruck konfrontiert worden. Vielmehr hat sich das Team die Freude über den therapeutischen Erfolg der Frau I., die allen Team-Mitgliedern sympathisch (!) war, nicht kaputtmachen lassen wollen. Und nun zum 3. Aspekt: Es ist keine normale Beziehung zustande gekommen, in dem Sinne, daß alle symptomatischen und sonstigen Gefühle sowohl der Frau I. als auch des Teams berücksichtigt worden wären, und daß beide Seiten frei und unbefangen miteinander gehandelt hätten. Dies hat es Frau I. ermöglicht, weiterhin symptomatisch zu handeln, nämlich „für Andere dazusein" und angestrengt überangepaßt zu sein — in diesem Fall: für das Team! Denn Frau I. hat sich an das therapeutische Programm selbst überangepaßt: Sie hat nicht nur mitgespielt, so getan als ob (simuliert). Vielmehr hat sie zwar intellektuell wie gefühlsmäßig ihre Therapieziele mit Einsatz ihrer ganzen Person angestrebt und erreicht. *Aber:* Sie hat ihre ganze Person (wie bei allen früheren Überanpassungen) so absolut in diesem therapeutischen Lernen aufgehen lassen, daß sie als *eigenständige Person* dabei sich selbst verloren ging und damit letztlich auch von der therapeutischen Beziehung unberührt blieb und daher genauso einsam, angstvoll und verzweifelt blieb, wie zuvor — unbemerkt von allen Therapeuten, aber auch *von ihr selbst.* Dies ist die böseste Art, in einer Beziehung durch zuviel Nähe unerreichbar fern zu bleiben.

Ansatzweise kennt das jeder von Ihnen, aus privaten wie aus therapeutischen Beziehungen. Also: *Beziehungen sind für Sie erst dann „normal", wenn Sie selbst in der Zustimmung des Anderen auch noch seinen Widerstand gegen Sie spüren und dies gemeinsam akzeptieren können.* Zur Normalisierung einer Beziehung gehört es dann auch, daß Sie — wie schmerzlich für Sie auch immer — den Widerstand des Anderen zu provozieren haben (im Bild: den Anderen und sich selbst auf Distanz zu boxen haben). Weder bei privaten noch bei therapeutischen Beziehungen kommen Sie darum herum.

2. Typen der Drogen-Abhängigkeit

a) Alkohol-Abhängigkeit (= A)

Von A-Abhängigkeit oder -Krankheit sprechen wir, wenn der Alkoholkonsum zu deutlichen Schäden eines Individuums und/oder der Anderen führt oder zu führen droht; daraus ergibt sich die Behandlungsnotwendigkeit (so auch die WHO).

Einteilung, Verlauf:

A-Abhängigkeit kann sein: sozial (Anpassungsversuch an die Erwartungen der Anderen), neurotisch (Selbst-Therapieversuch eigener Schwierigkeiten) und psychotisch (Abwehrversuch einer psychotischen Krise). – Am gebräuchlichsten ist immer noch die Einteilung von Jellinek:

Alpha-Typ: trinkt, um sich Angst und Belastung erträglicher zu machen (Problem-, Konflikt-, Erleichterungs- oder Betäubungstrinker); zeitweilige seelische Abhängigkeit, daher Zunahme der psychosozialen Probleme, da sie nicht direkt angegangen, sondern – eben mit Alkohol – vemieden werden.

Beta-Typ: trinkt aus Anpassung und Gewohnheit, um den Trinksitten der Umgebung zu entsprechen oder koppelt bestimmte Situationen an Alkohol (z. B. Arbeitswege, Fernsehen, Wochenende, Haus- oder andere Arbeit); ebenfalls noch keine volle Anhängigkeit, obwohl man sich auch so schwere Körperschäden (Leber, Pankreas) antrinken kann.

Gamma-Typ: eigentliche A-Krankheit mit erst seelischer, dann körperlicher Abhängigkeit, Toleranzsteigerung, Kontrollverlust, Veränderung des Zellstoffwechsels und Abstinenzsymptome. Prozeßhafter Verlauf (Prozeß-Trinker), auch wenn zwischendurch Abstinenzzeiten möglich sind.

Delta-Typ: A-Krankheit, die über eine lange unauffällige Gewöhnungsphase zu schwerer körperlicher Abhängigkeit und Abstinenzunfähigkeit führt, da ein bestimmter Alkoholspiegel nur noch um den Preis quälender Abstinenzerscheinungen (Unruhe, Verstimmung, Zittern, Schwitzen, morgendliches Würgen und Erbrechen) unterschritten werden kann. Da diese „Spiegel-Trinker" nie die Kontrolle über ihre Trinkmenge verloren haben (rauschlose Alkohol-Dauerimprägnierung), fällt es ihnen besonders schwer, sich als krank und behandlungsbedürftig wahrzunehmen.

Epsilon-Typ: in Abständen von Wochen oder Monaten tagelanges Durchsaufen mit Kontrollverlust, oft aggressiven Ausbrüchen und anschließenden Schuldgefühlen. Früher „Quartalsaufen" oder „Dipsomanie" genannt und z. T. mit endogen-phasischen Verstimmungen erklärt. Vollständigere Wahrnehmung: Es sind dies im Alltag eher überkorrekte Menschen, die sich daher überanstrengen, was mit fast biologischer Notwendigkeit zerstörerische bzw. selbstzerstörerische Ausgleichs-Ausbrüche erfordert. (Wir alle brauchen von Zeit zu Zeit Ausflüge ins sozial Unerlaubte, um dauerhaft sozial erlaubt handeln zu können.) – Therapie-Motivation schwierig, gerade wegen der Berufung auf die sonstige Überkorrektheit.

Verlauf der Abhängigkeit (nach Jellinek):

Präalkoholische Phase: Alkohol wird vom Genußmittel zum Medikament, bekommt eine immer notwendigere *Funktion* für die seelische (Alpha) oder soziale (Beta) Alltagsanpassung. Dadurch Verringerung der *eigenen* Tragfähigkeit für Belastungen, was zur Dosissteigerung führt.

Prodromalphase: Zunehmendes Allein-Trinken. Anlage von Verstecken. Meist soll der Partner mit wachsendem Spürsinn das heimliche Trinken doch noch entdecken. Nur dadurch wird er Komplize, der mit wachsendem Kontrolldruck mehr Abhängigkeit, Strafe, Schuldgefühle, Reue und den anschließenden empörten Protest gegen die (selbsterzeugte) Bevormundung auslöst. Dies sind wichtige Teufelskreis-Schaltstücke zur subjektiven Begründung weiteren Trinkens. Zwanghaftes

186

Denken an Alkohol als Entspannungmedizin. Wirkung wichtiger als Geschmack: Alkohol schmeckt nicht mehr! Erster Schluck gleich aus der Flasche. Vermeidung des Themas Alkohol. Sensitiv-paranoide Mißtrauenshaltung: der Kranke bezieht Anspielungen auf sich, verteidigt sich unnötig. Häufiger am nächsten Tag Gedächnislücken, Filmriß.

Kritische Phase: Schon der erste Schluck löscht die Fähigkeit zum Aufhören (Kontrollverlust). Über Selbstverachtung kommt es zu Depressionen, Suizidversuchen oder zu Großspurigkeit und Aggression. In jedem Fall ständige Suche nach Alibi und Begründung. Isolierung durch Zerfall des Freundeskreises, der Arbeitsfähigkeit und der Familie. Jetzt auch körperliche Abhängigkeit mit Entzugszeichen und Folgeschäden sowie organische Wesensänderung mit Nivellierung, Reizbarkeit, Affektlabilität, Intereselosigkeit. Je mehr das Selbstwertgefühl angeschlagen, desto krampfhafter wird sein letzter Rest verteidigt: verzweifelter Stolz, keine Hilfe zu brauchen, „es schon selbst zu schaffen", „nicht bekloppt" zu sein, nur so viel wie Andere zu trinken usw.

Chronische Phase: Schon durch Nachtruhe als Trinkpause quälende Abstinenzsymptome, daher morgendliches Trinken. Durch Leberschädigung Umkehr der erhöhten Alkoholtoleranz in Alkoholintoleranz: Schon kleine Mengen werden nicht mehr vertragen, können zum pathologischen Rausch führen. Aber auch schon durch kurze Abstinenz Anfälle und Alkoholpsychosen. Fortschreitender dementiver Abbau.

Die Lebenserwartung des Gamma-Alkoholikers ist um 12 Jahre verkürzt. Der Verlauf der Alkoholkrankheit wird mit 6 bis 12 Jahren angegeben, beim zunehmenden Alkoholmißbrauch der Jugendlichen aber auch schon mit 3 Jahren!

Körperliche Alkohol-Auswirkungen:

Früherkennung ist entscheidend. Neben der erwähnten „betonten Unauffälligkeit" müssen wir die bagatellisierende Verteidigungssprache des Abhängigen übersetzen können: z. B. „Bier" ist im Selbstverständnis des Abhängigen kein Alkohol! Trinkmenge lassen wir uns kleinlich anhand eines Tages- oder Wochenablaufs schildern. Das schnellste Diagnosemittel ist das Telefon: Ein Arbeitskollege, Freund oder Nachbar macht oft eher als ein „solidarischer" Familienangehöriger u. U. lebensgefährliches Herumrätseln überflüssig.

Psychosoziale Auswirkungen werden oft erst spät offenkundig. Umso wichtiger ist die Aufmerksamkeit für körperliche Alarmsignale. Diese sind die besondere Chance und Verantwortung des Hausarztes. Doch müssen wir alle die Körpersprache des A-Abhängigen verstehen. Auf folgendes ist zu achten:

Äußere Erscheinung: Mit der Erfahrung reicht oft schon die Gesichtsdiagnose: aufgeschwemmt, rot-bläulich, teigig-fettig, Gefäßerweiterung (Teleangiektasien), wässrige Augäpfel, Tränensäcke, vorgealtertes Aussehen. – Äußeres entweder überkorrekt oder mit Verwahrlosungszeichen. Alkoholgeruch gern „überparfümiert", wird bisweilen selbst vom Ehepartner „normalisiert" = nicht wahrgenommen. Leichtester Geruch ist am besten zu erkennen, wenn man das geschlossene Gesprächszimmer zwischenzeitlich kurz verläßt, um die Nase vom Komplizeneffekt zu befreien.

Internistische Schäden: Aufmerksamkeit bei allen vegetativen Störungen (stoffwechseltoxische Schäden) und bei Magen-, Stoffwechsel- und Ernährungskrankheiten (Gastritis, Ulcus, Eiweißmangel, Avitaminose, Diabetes). Leber: neben akuten toxischen Leberzellnekrosen zeigen 30% der A-Abhängigen Lebergewebsschäden, 60% bioptisch Leberverfettung. Portale Leberzirrhose bei 10-25%, wobei die biochemischen Werte zeitweilig normal sein können.

Pankreas: Akute Pankreasnekrose in 25% Todesursache des schweren Alkoholrausches, auch chronische Pankreopathien oft alkoholbedingt.

Herz-Kreislaufsystem: Herzmuskelschäden mit ungünstiger Prognose. Jugendlicher Hochdruck.

Lunge: Anfälligkeit für Tuberkulose; u. U. Beziehungen zum Bronchialkarzinom.

Kreislauf-, Magen- und vegetative Beschwerden ohne Befund weisen häufig auf einen A-Abhängigen in einem therapeutisch noch günstigen Vorstadium hin.

Operative Fächer: Sie sind eine „Fundgrube" für bisher unerkannte A-Abhängige. Sie kommen dorthin wegen Verkehrs- oder Betriebsunfall, nach Schlägerei oder nach einem Sturz. Ist Narkose und Operation erforderlich, kann die Alkohol-Sofortdiagnose lebensrettend sein (sonst Entzugsdelir unter der Narkose!)

Neurologische Schäden: Polyneuropathie mit Funktionsausfällen vor allem in den Beinen; Myopathien; intrakranielle Blutungen schon nach leichten Kopfverletzungen; Kleinhirnatrophien; Sehstörungen (durch Schädigung des N. opticus); funikulär-myelotische Syndrome. (Zusammenhang zwischen Leber-, Pankreas- und Hirnstörungen.) Bei ca. 5% Anfallsleiden.

Neuropathologisch: Diffuse Hirngewebsschäden ohne und mit Hirnatrophie, deren Häufigkeit und Ausmaß uns erst jetzt die Computer-Tomographie erschreckend deutlich macht. In schwersten Fällen Wernicke-Enzephalopathie: blutungsbedingte Gewebsnekrosen, Zelluntergänge, Bindegewebevermehrung um die Gefäße herum, in den Bereichen des Thalamus, des Hypothalamus, Umgebung des 3. und 4. Ventrikels, des Aquäduktes, des Vierhügelgebietes und der Augenmuskelkerne. Hauptursache ist Thiamin- bzw. Vitamin B 1-Mangel.

Kinderheilkunde: Nach Alkoholmißbrauch in der Schwangerschaft embryo-fetales Alkoholsyndrom mit Mißbildungen und geistiger Behinderung (s. dort).

Psychorganische Alkohol-Auswirkungen:

Da es sich bei ihnen um vergiftungs-, also körperbedingte Psychosyndrome handelt, sind die meisten bereits systematisch in Kap. 8 dargestellt. Sie werden auch *metalkoholische Psychosen* genannt. Wir beschreiben hier nur zusätzliche, praktisch wichtige Besonderheiten:

1. Vom *einfachen Rausch* abgesehen, spricht man von *akuter Alkoholintoxikation* bei Beeinträchtigungen der Kreislauf-, Atmungs- und Bewußtseinsfunktionen. Über Abflachung der Atmung, Tachycardie, Blutdruckabfall, Schwinden der Sehnenreflexe, Pupillenerweiterung bei oft erhaltenen Pupillenreaktionen und Kornealreflexen entwickelt sich das *Alkohol-Koma*. Tod durch Lähmung des Atmungszentrums: „Sich Tottrinken" ist leichter als meist gedacht.

Therapie: Die häufigen Erregungszustände beim einfachen Rausch sind wirksamer und ungefährlicher mit einer angemessenen therapeutischen Haltung anzugehen als mit Medikamenten: Herstellung eines wechselseitigen Gesprächs, Angebot einer gemeinsamen Zigarette, „auf Zeit spielen" läßt die Erregung meist in sich zusammenfallen. Sonst 50 mg Atosil oder Truxal i. m. oder 5-10 mg Haldol oder Valium. Hierbei ist mit Kreislauf- und Atmungsabfall zu rechnen.
Bei schwerer Alkoholvergiftung bzw. drohendem Alkohol-Koma: 10%iges Rheomacrodex als Infusion mit Depot-Novadral, mit 10%iger Lävulose, Vitamin B-Komplex, evtl. 10 ml Coramin langsam i. v. sowie sonstige Maßnahmen der Vergiftungs- und Bewußtlosigkeitstherapie.

2. *Pathologischer Rausch*
Alkoholbedingter Dämmer- bzw. Erregungszustand mit Situationsverkennung, Desorientiertheit, Halluzinationen, hochgradiger Angst, Reizbarkeit, Wut, Aggressivität, Entladung in persönlich-

keitsfremden (Gewalt-) Handlungen, meist totale Amnesie, anschließend Terminalschlaf. Dauer wenige Minuten, selten mehrere Stunden. – Dies sind auch die Kriterien für die forensische Beurteilung begangener Taten. Meist wurde nur relativ wenig Alkohol konsumiert. Voraussetzung ist eine besondere (z. B. epileptische oder reizbare) Disposition und/oder eine Hirnschädigung. Daher vor allem bei chronischen Alkoholkranken (Alkoholintoleranz!), bei Hirnverletzung, Hirngefäßleiden, geistiger Behinderung und in psychosozialen Ausnahmesituationen mit Angst, seelischer Erregung, oft auch körperlicher Erschöpfung und Übermüdung.

Therapie: Wenn noch nötig, 10 mg Valium i. m.

3. Delirium tremens

Wichtig: Auch ohne das Vollbild eines Delirium tremens (s. Kap. 8) produzieren A-Abhängige alle möglichen akut organischen Psychosyndrome: Durchgangssyndrome, Verwirrtheiten, halluzinatorische Episoden (Abortivdelire), vereinzelte Krampfanfälle, prädelirante Zustände. All dies sind Alarmsignale des Organismus. Das eigentliche Delirium tremens entsteht mit Vorliebe nachts. Man unterscheidet das Delir bei ununterbrochenem Trinken (Kontinuitäts-Delir), das Delir, das durch Gelegenheitsursachen, wie Infektionen, körperliche oder seelische Belastungen angestoßen wird (Gelegenheits-Delir) und das Delir, das meist 3 Tage nach abruptem Entzug auftritt (Entzugs-Delir), dies am häufigsten. Es ist noch unbekannt, wer warum ein Delir bekommt. Es gibt keine klare Beziehung zu Dauer und Menge des Alkoholkonsums. Man vermutet z. B. eine Störung der Entgiftungsfunktion der Leber oder eine Stoffwechselstörung (Ammoniak) beim abrupten Entzug. Da Alkohol wie andere „Schlafmittel" die Traumaktivität und die Krampfbereitschaft des Gehirns senkt, kann es – so R. Jung – beim plötzlichen Entzug als Rebound-Effekt zu einem „Einbruch der Traumphasen in den Wachzustand" (Delir dem Traum ähnlich) bzw. zu Krampfanfällen (in 10% der Fälle) kommen.

Mit „Beschäftigungsdelir" ist plastisch die Neigung der Kranken beschrieben, sich noch im Halluzinieren verzweifelt an den Inhalten der gewohnten Alltagsbeschäftigung festzuhalten. Leitsymptome für Lebensgefahr, Therapie und Prognose sind Ausmaß der Pulsbeschleunigung und des Temperaturanstiegs. Das Delir dauert in der Regel 2-5 Tage, jedoch auch länger und mit wellenförmigem (!) Verlauf bei körperlich kranken, hirngeschädigten und besonders bei zusätzlich medikamentenabhängigen Alkoholikern. Krämpfe, auch der Status epilepticus, treten am häufigsten vor Ausbruch des Delirs auf. Delire können zwar in ein chronisches Syndrom übergehen. Jedoch sind A-Abhängige mit einem Delirium tremens bezüglich eines Therapieerfolges durchschnittlich günstiger einzuschätzen als andere. Das Verständnis des Delirs (und der akuten Halluzinose) „von innen", als „Krisensituation im Sinne der Katastrophenabwehr" und als Anstoß für eine Änderung, ist also auch insofern berechtigt.

Therapie: s. Kap. 13. Zusätzlich Vitamin B-Komplex nur bei Ernährungsmängeln.

4. Alkoholhalluzinose

Wesentlich selteneres akut-organisches Psychosyndrom mit (fast) klarem Bewußtsein, aber mit hochgradiger Angst und mit meist akustischen Halluzinationen. Deutlich sind selbstbestrafende Tendenzen: die Patienten erleben, daß ihr Handeln kommentiert wird. In Szenen der Folter, Gerichtssitzung und Hinrichtung wird über sie geredet und gerichtet. – Nach Trinkstop Abklingen in wenigen Tagen in 4/5 der Fälle. Beim restlichen 1/5 wird die Halluzinose jedoch chronisch, meist kombiniert mit intellektuellen Abbauzeichen. Oft besteht eine pyknisch-syntone Konstitution, ähnlich wie bei deliranten Patienten.

Therapie: Nur bei deliranten Anteilen Distraneurin, bei ausgeprägter Angst Neuroleptika.

5. Eifersuchtswahn

Fast alle A-Abhängigen produzieren sensitiv-paranoide Abwehrprojektionen, also Versuche, Selbstvorwürfe in Anschuldigungen gegen den Bezugspartner zu verwandeln und dadurch erträglicher zu machen. Dies kann sich bis zum Wahn verdichten, verständlicherweise am häufigsten als Eifersuchtswahn. Bedingungen: Wut über das „Freisein" des Partners oder Rache wegen der ständigen Kontrolle durch diesen (Kontrollumkehr) oder wegen der ekelbedingten Abwendung des Partners. Oft wird die eigene Impotenz bei u. U. gesteigerten sexuellen Wünschen einer vermuteten (bisweilen auch wirklichen) Untreue des Partners zugeschrieben und dadurch subjektiv „erklärt". Die Kritikschwäche des organischen Persönlichkeitsumbaus begünstigt das phantastische Ausmaß der Anschuldigungen und die Chronifizierung des Wahns. Eifersuchtswahn ist für A-Abhängige typisch, kommt jedoch auch in anderen Partner-Konstellationen vor.

6. Wernicke-Enzephalopathie

Sie ist unter der Bezeichnung Polio-Encephalopathie haemorrhagica superior (Wernicke) das schwerste der alkoholbedingten akut-organischen Psychosyndrome. Ihr liegt die gleichnamige (s. Kap. 8) Hirnschädigung zugrunde. Sie tritt akut mit Übelkeit und Erbrechen oder aus einem deliranten oder Korsakow-Syndrom heraus auf. Symptome: Bewußtseinstrübung, Schläfrigkeit, Augensymptome (meist beidseitige Abduzensparese, Nystagmus, bisweilen Miosis, Anisokorie, Pupillenträgheit oder -starre) und Ataxie. Zusätzlich Anfälle. Meist besteht schon Polyneuropathie. Sterblichkeit 16%. Man hat die Wernicke-Krankheit auch als die akute Form des chronischen Korsakow-Syndroms bezeichnet. Hauptursache ist der alkoholbedingte Thiamin (B1)-Mangel, daher auch bei unterernährten Gefangenen, Karzinom-Kachexie und bei Hämodialyse möglich.

Therapie: Substitution von Vitamin B 1 100 mg täglich i. v., ohne sichere Erfolgsaussicht. Die Überlebenden behalten meist ein Korsakow-Syndrom.

7. Marchiafawa-Krankheit

Zerstörung vor allem des Hirnbalkens (Corpus callosum) mit Verwirrtheit, aphasischen Störungen, spastischen Lähmungen, Pyramidenzeichen und Krämpfen; vor allem bei chronischen Konsumenten von billigem Rotwein. Andere A-Ahängige kommen in eine *Nikotinsäuremangel-Enzephalopathie:* Unterernährung, Pellagra-Symptome, delirante, extrapyramidale und pyramidale Störungen. – Therapie durch kalorien- und vitaminreiche Kost und durch Substitution von Nikotinsäure (500-1000 mg).

8. Chronisch-organische Psychosyndrome

Neben der chronischen Halluzinose und dem Eifersuchtswahn kommen organische Persönlichkeitsveränderungen, Korsakow-Syndrom und Alkohldemenz in Betracht. Das Zusammenwirken psychosozialer und organischer Bedingungen zeigt sich besonders bei der *alkoholischen Persönlichkeits- oder Wesensänderung* die alle Alkoholkranken mehr oder weniger zeichnet. Die Abhängigkeit mit der verzweifelt-unmöglichen Suche nach dem Absoluten, der quälende, immer schon verlorene Kampf in sich selbst gegen Selbstvorwürfe, der ebenso aussichtslose Kampf mit den Bezugspartnern um Recht oder Unrecht, die anfangs noch mögliche Wahrnehmung des zunehmenden sozialen Abstiegs, der Zerstörung des Intimbereichs, der körperlichen Ruinierung und schließlich auch der hirnorganischen Einengung, zusammen mit den unablässigen, aber wirkungs- und sinnlosen Versuchen der Begründung, Erklärung, Bewältigung, Vermeidungs- und Projektionsabwehr: dies alles macht die Wesensänderung aus. Der Außenbetrachter nimmt davon wahr: Gefühlsmäßige Rührseligkeit, Reizbarkeit oder Abstumpfung, Gefühlslabilität bei euphorisch-großartiger oder dysphorisch-weinerlicher Grundstimmung, Mißtrauen, Verrohung, Enthemmung, Unaufrichtigkeit, Gewissenlosigkeit, Verlust der moralisch-ästhetischen Empfindungen und Maßstäbe und eine sich endlos ausdehnende Urteils- und Kritikschwäche.

Je führender in diesem Prozeß die Auswirkungen der Hirnatrophie werden, desto mehr treten die übrigen Einbußen der Steuerungsfähigkeit und der intellektuellen Funktionen hinzu, bis sie das Handeln des Patienten weitgehend beherrschen. Das Ergebnis ist häufiger das *Korsakow-Syndrom* (s. dort), seltener eine andere Form der Demenz. Beides kann bei gleichbleibenden Lebensbedingungen (z. B. Delta-Typ) lange Zeit sozial unsichtbar bleiben.

Therapie: entspricht in Grundhaltung und Techniken dem Vorgehen bei chronisch-organischen Psychosyndromen. Da gerade das Korsakow-Syndrom mit der Mangelernährung in Zusammenhang gebracht wird, ist auf gute Ernährung und u. U. monatelange Gabe von Vitamin B-Komplex zu achten. Überhaupt kann man bei alkoholbedingten Hirnschäden bei garantierter Alkoholabstinenz und angemessener Behandlung auch noch nach langer Zeit mit Besserung rechnen.

Gleichwohl ist für A-Abhängige die Sterblichkeit dreimal höher und die Suizidhäufigkeit 12 mal höher als bei der vergleichbaren Durchschnittsbevölkerung.

b. *Medikamenten-Abhängigkeit* (= M)
Gilt der Alkohol als das „sozialmedizinische Problem Nr. 1", so entwickeln sich die Medikamente zur konkurrierenden „Nr. 2". Wird A-Abhängigkeit als „eines der streng gehütetsten Geheimnisse" gelebt, so wird M-Abhängigkeit noch wesentlich strenger gehütet. Dies und die intimere Verflechtung mit ärztlichem Handeln sind Gründe dafür, daß wir viel weniger über M-Abhängigkeit oder *-Krankheit*(!) wissen. Entsprechend fallen die von „Schlaf-" oder Schmerzmitteln Abhängigen leicht zwischen den Instanzen unseres Versorgungssystems hindurch: oft erklären sich die für Alkoholiker einerseits und psychisch Kranke andererseits Zuständigen für einen M-abhängigen Patienten als nicht zuständig. Auch insofern beste Ausbreitungsmöglichkeiten für diese Suchtform.

Stil-Besonderheiten der M-Sucht:

1. hat es der Medikamentenbenutzer leichter als der Alkoholiker, sein Handeln vor sich und Anderen zu rechtfertigen, etwa so: „Medikamente nehmen ist normal. Das tun alle, gerade, wenn sie sich nicht ruinieren (wie mit Alkohol), sondern etwas Gutes für sich tun und verantwortlich mit ihrer Gesundheit umgehen. Ich bin schließlich ein ordentlicher Mensch, nehme kein ‚Genußmittel', sondern ein ‚Heilmittel'. Hat mir der Arzt doch selbst verschrieben, und der wird es doch wissen sen . . . Um den armen, überlasteten Arzt nicht immer belästigen zu müssen, kaufe ich mir die Tabletten selbst, entlaste dadurch noch die Krankenkasse. Es ist doch vernünftig, keine Schmerzen oder Angst zu haben, ruhig und entspannt zu sein, freundlich zu Anderen zu sein, möglichst immer fit zu sein, mal abschalten zu können, nicht dick zu werden, immer regelmäßig Stuhlgang zu haben. Und wenn mir Zweifel an meiner guten Absicht kommen, brauche ich nur die Waschzettel zu lesen."

2. Der Ort ist anders: Alkohol trinken hat mit Öffentlichkeit zu tun (Kneipe), auch wenn später einsames Trinken daraus wird. Medikamente werden von vornherein isoliert genommen (Schlafzimmer, Bad, Klo), so daß der zerstörerische Prozeß der Selbstisolierung sofort einsetzt.

3. Auch Genuß und innere Bereicherung sind nicht vergleichbar: „in vino veritas" und Trinklieder lassen sich nicht auf Medikamente übertragen. Diese müssen ja auch nicht vom Abhängigen – wie beim Alkohol – erst vom Genußmittel zum Medikament gemacht werden.

4. Der A-Abhängige bekennt sich noch eher zum Schritt ins sozial Halb- oder Unerlaubte als Ventil für seine Anpassungsanstrengung; denn schon der Gang in die Kneipe hat etwas – wenn auch beschmunzeltes – Anrüchiges in unserer sozialen Wertung. Dagegen holt sich der M-Abhängige sein Absolutes mit einer makellosen Weste; denn der Gang zum Arzt oder in die Apotheke wird sozial hoch bewertet. Er vermeidet in der Wertung durch Andere wie in der Selbstwertung noch mehr jedes Risiko.

5. M-Abhängigkeit läßt sich noch besser verbergen, noch weniger kontrollieren: Man wirkt durch Geruch, Aussehen oder Handeln weniger auffällig. Schlucken wird weniger bemerkt als Trinken. Schon die Droge selbst ist winzig – im Vergleich noch zur kleinsten Taschenflasche, mit der die Industrie dem A-Abhängigen entgegenkommt. Und für „Schlaftabletten" gibt es die abenteuerlichsten Verstecke, wie Handtaschenfutter, doppelte Nähte, Gürtel, Dekolleté, Anus, die Ritze hinter dem Küchenschrank, die Strebe unter dem Arbeits- oder Wohnzimmertisch, die Klospülung oder der präparierte Schuhabsatz.

6. Die A-Abhängigkeit gründet in der menschheitsalten Tradition der Rauschmittel. Aber auch die M-Abhängigkeit hat ihr Fundament in einer uralten und respektablen Tradition: nämlich in der Institution der Volksmedizin mit ihrem Prinzip der Selbstbehandlung, aus der Zeit, in der die berufsmäßige Medizin in der Regel noch den besseren und zahlenden Gesellschaftsschichten vorbehalten war. Gerade die verantwortliche Hausfrau rüstet sich gegen die Wechselfälle des Alltags mit einer möglichst vollständigen Hausapotheke. So wie früher ihr Stolz auch in einem runden Sortiment von Eingemachtem bestand. Aber auch diese beiden Bereiche sind in dem Griff der Industrialisierung geraten. Dabei kann die Hausfrau zwar erkennen, daß die Konservenindustrie ihr die Mühe des Einmachens abgenommen hat. Vorsätzlich verschleiert bleibt es ihr jedoch, daß die Pharma-Industrie inzwischen die harmlosen Tees und Kräuter ihrer Hausapotheke gegen z. T. hochgiftige und suchterzeugende Medikamente ausgetauscht hat, die ihr bagatellisierend und mit irreführender Indikation angepriesen werden. – Was nimmt es wunder, daß immer mehr Menschen sich von beidem, von Alkohol und Medikamenten, abhängig machen, die scheinbaren Vorteile beider Mittel einstreichen wollen.

Problem-Maskierung

Wir verfügen über Signale für den Fall, daß irgendetwas mit uns nicht stimmt, noch bevor wir wissen, was es ist. Solche Signale sind: Angst, Gespanntheit, Unruhe, Schlaflosigkeit, Schmerz, Unwohlsein, allgemeine Schwäche, Lustlosigkeit, Fehler bei der Arbeit, unklare Beschwerden. Hören wir auf diese Signale, dann helfen sie uns herauszufinden, *was* bei uns nicht stimmt. Das ist ihr biologisch-sozialer Sinn. Wehren wir jedoch diese Signale als etwas Lästig-Fremdes ab, obwohl sie doch

Eigenproduktion sind, nehmen wir ihnen ihren Sinn und uns die Möglichkeit, die Wahrheit über unseren Zustand zu erfahren. (Signal-Abwehr steckt auch in jeder psychischen Symptombildung.)

Üblicherweise bringen wir die Signale mit dem jeweils „zuständigen" Medikament zum Schweigen, also mit Schmerz-, „Schlaf"-, Aufputschmitteln oder Tranquilizern. Tun wir das, bevor wir die Signale verstanden haben, dann maskieren wir sie. Sie sind dann zugleich da und nicht da. Ihre Botschaft wird stumm, unscharf, mehrdeutig oder irreführend. Die Folgen der Maskierung sind vielfältig. Sie kann zur Lebenshaltung werden. So kann die eigentliche Problematik oder die zugrundeliegende Störung der Wahrnehmbarkeit ganz entzogen und erst sichtbar werden, wenn es zu spät ist. Oder sie zeigt sich nur noch so irreführend, daß man ständig einer falschen Ursache nachjagt (statt der körperlichen einer seelischen oder sozialen oder umgekehrt). Oder die Maskierung verstärkt und verändert das Signal derart, daß unerkennbar wird, ob es etwas über die Person oder über die Maske signalisiert. Denn wie wir wissen, verstärken „Schlafmittel" die Schlaflosigkeit sowohl körperlich (chemisch) als auch seelisch (die Störbarkeit durch sie). In ähnlicher Weise können Schmerzmittel Schmerzen, Aufputschmittel Schwäche, angstdämpfende Tranquilizer Angst, Abführmittel Verstopfung verstärken. Es gibt daher zahllose katastrophale, weil falsch gebahnte „Patientenkarrieren" durch den bloßen Maskierungseffekt von Medikamenten *auch ohne eigentliche M-Abhängigkeit* – u. U. lebenslang!

Hierzu eine Serie von uns dokumentierter *Beispiele:*
Folgende Personen waren so medikamenten-abhängig oder -maskiert, daß ihre eigentliche Störung weder für sie noch für ihre Therapeuten wahrnehmbar war: Der, dem 6 mal der Bauch eröffnet wurde. Die Mutter, der „wegen Erziehungsunfähigkeit" ihre 3 Kinder genommen wurden. Die Frau, die seit 10 Jahren Sozialhilfe bekommt und die Unterleibs-, Schilddrüsen- und Bauchoperationen ohne rechten Befund hinter sich hatte. Der junge Mann, der bei einer fraglich-notwendigen Blinddarm-Operation in der Narkose starb. Die Patienten, die solange mit Schmerzmitteln behandelt wurden, bis ihr Karzinom nicht mehr operabel war. Der Vater, der wegen Rückständen in der Unterhaltszahlung mehrfach im Gefängnis saß. Der Mann, dem 5 mal wegen unerklärlicher Fehler, bei anerkannt großem Bemühen, der Arbeitsplatz gekündigt wurde. Die Frau, die jahrelang vom Sozialamt eine Hauspflegerin und Ernährungszulage bekam, bis die Sozialarbeiterin sich wunderte, warum sie immer weiter abmagerte. Die Frau, die 6 mal wegen Ladendiebstahl verurteilt wurde. Der 75jährige Greis, der zu unrecht in ein Pflegeheim zwangseingewiesen wurde (Spalt-Tabletten). Die Frau, die 3 mal durch Rauchen im Bett einen Wohnungsbrand verursachte. Viele Patienten, die mit fadenscheinigen Diagnosen zu Frührentnern gemacht wurden. Die 35jährige Lehrerin, die in 27 Krankenhäusern (davon 7 psychiatrischen!) unter den abenteuerlichsten Diagnosen untersucht und behandelt wurde. Die Hausfrau, der in 7 Jahren die Kieferhöhle, die Schilddrüse und der Unterleib operiert wurde und der 2 mal als „Anorexia nervosa" die Kindheit durchanalysiert wurde, bis der erste Krampfanfall endlich den richtigen diagnostischen Weg wies. Mehrere Patientinnen jüngeren Alters, die eines Tages tot in der Wohnung gefunden wurden, vom Not- oder Hausarzt mit der Sterbeursache „Herzversagen" versehen (auch ein Beitrag zur riesigen Dunkelziffer der M-Abhängigen). Die Patientin, die monatelang in einer psychiatrischen Tagesklinik wegen endogen-zyklothymer Stimmungsschwankungen behandelt wurde. Schließlich die zahllosen Patienten/Klienten, die in ambulanter Einzel- oder Gruppenpsychotherapie stehen, bei denen entweder unerklärlicherweise die Arbeit an sich selbst keine Fortschritte macht oder die die Thera-

pie abbrechen, weil sie die Erfahrung machen, daß die medikamentöse „Sonnenbrille für die Seele" (auch ein Name für die „Maske") angenehmer und weniger anstrengend ist als die Arbeit an sich selbst.

Merke 1.: Mit Patienten, die unklar seelisch, sozial oder körperlich leiden, können Sie nur angemessen arbeiten, wenn Sie sie ohne Medikamente kennenlernen. Sie brauchen die Angst, die Angestrengtheit, die Beschwerden, das Leiden der Patienten. Diese Gefühle oder Signale sind Ihr gemeinsames Arbeitsmittel. Sonst wissen Sie nie, ob Sie es mit der Person oder der Maske des Patienten zu tun haben. Daher: Beim ambulanten wie beim stationären Kennenlernen eines Patienten nie sofort Medikamente, auch wenn der Patient sie erwartet.

Merke 2.: Für Ihre weitaus meisten Patienten gibt es überhaupt keine Indikation für „Schlaf-", Schmerz-, Beruhigungs-, Aufputsch-, Schlankheits-, Abführmittel, Tranquilizer oder ähnliche Medikamente. Auch von dieser harten Regel gibt es natürlich Ausnahmen, die aber begründet und auf Besonderheiten zurückgeführt werden müssen.

Zwar gelten diese 2 Regeln besonders für die niedergelassenen Ärzte unter Ihnen; denn in freien Praxen erhalten 30% der Patienten „Schlafmittel" und 40% Tagesberuhigungsmittel rezeptiert. Aber: viele Patienten werden fahrlässig erst im Krankenhaus auf den Geschmack gebracht.

Definition, Einteilung, Verlauf
Die *Definition* der M-Abhängigkeit entspricht der allgemeinen Abhängigkeits-Definition. Zur *Einteilung* hat die WHO 1964 sämtliche Drogen unter pharmakologischen Aspekten in 7 Typen eingeteilt: Morphin-, Barbiturat-, Alkohol-, Kokain-, Canabis-, Amphetamin-, Khat- und Halluzinogen-Typ. Wir beschränken uns auf die praktisch wichtigen Gruppen. Für eine person-orientierte Einteilung wäre z. T. Jellineks Typisierung (Alpha bis Epsilon) übertragbar. – Der *Verlauf* läßt sich ebenfalls ähnlich wie beim Alkohol in 4 Phasen einteilen. Allerdings wird die chronische Dekompensationsphase oft schneller erreicht und als erste bzw. nullte Phase hätten wir die leider noch „normale", arzt- oder selbstverschuldete Maskierungsphase anzusetzen. Aber auch dies wäre mit manchen Methoden „normalen" Trinkens vergleichbar. Da es sich immer um eine chronische Vergiftung handelt, lassen sich auch die meisten alkoholbedingten Körperschäden durch M-Abhängigkeit herstellen, von substanzspezifischen Eigenarten abgesehen.

Besonderheiten der Begegnung

Der M-Abhängige setzt *alles* daran, seine Abhängigkeit draußen vorzulassen. Gelingt es ihm, kommt es zu den beschriebenen katastrophalen Fehlwahrnehmungen. Wie halte ich meine Wahrnehmung offen? Besonders günstig ist der Hausbesuch, auch mehrfach: eine überheizte, penibel ordentliche Wohnung (Verwahrlosung erst 4. Phase). Fenster auch im Sommer geschlossen: regressiver Brutkasten. Der Patient meist betont schlank bis klapprig-dürr, blaß-graue Gesichtsfarbe, dunkel umrandete, auch glänzende Augen. In der Zuwendung ist er eigenartig wechselnd: eine Spur zu überschießend freundlich/abweisend. Gehäuft blaue Flecken an Schienbeinen oder Unterarmen, durchs Hinfallen oder Anstoßen. Bei etwas Übung machen schon einige dieser Bedingungen die Diagnose wahrscheinlich.

Weiter ist der Patient in *seinem* Sprachverständnis aufzusuchen: Bei der Aufzählung benutzter Medikamente läßt der M-Abhängige „Schlaf"-, Schmerz-, Abführmittel usw. aus, da er diese hier nicht zu den Medikamenten rechnet. Ähnlich wie Bier für den Alkoholiker kein Alkohol ist. Es ist auch ein Hinweis, wenn Patienten die Namen etlicher behandelnder Ärzte oder vieler Medikamente aufzählen können. Die vollständigste Wahrnehmung haben die Nachbarn: Sie erleben den Wechsel im Alltagsverhalten, die Krisen mit Polizei- und Notarzteinsätzen ebenso wie langfristige Persönlichkeitsveränderungen. Sie sind auch distanzierter als Familienangehörige, die oft als erpreßte Komplizen jahrelang leugnen, den Patienten mit Tabletten zu versorgen. Das Nachschubrätsel löst sich bisweilen über die hilfreiche alte Mutter, die regelmäßig nach ihrem „armen, kranken Kind" schaut, oder über Nachbarskinder, die sich so einen kleinen Nebenverdienst verschaffen. Es nützt auch der Kontakt zu den umliegenden Apotheken, die im Einzelfall fast immer konstruktiv mitarbeiten. Undeutliche oder übermüht-deutliche (!) Sprache bzw. treffunsichere oder übermüht-sichere (!) Bewegungen erleichtern die Diagnose. Bei vielen Suchtmitteln kann die Urinuntersuchung den letzten Zweifel ausräumen.

Typen der Medikamenten-Abhängigkeit

1. „Schlafmittel" (Hypnotika)

Sie sind eigentlich Betäubungsmittel; denn es gibt kein Mittel, daß den endogenen, natürlichen Schlaf fremd-erzeugen kann. Ausführlich zum Umgang mit „Schlaf"-mitteln Kap. 13. Sie verschulden derzeit am häufigsten M-Abhängigkeit. Seit die Barbiturate und 1968 Noludar rezeptpflichtig wurden, sind die Bromharnstoffpräparate, da rezeptfrei, 10 Jahre lang konkurrenzlos gewesen. Dies, obwohl 1. die Gefährlichkeit seit 100 Jahren bekannt ist, 2. in der BRD von der Gesamtbevölkerung 3% solche Mittel regelmäßig, 1/2% in suchterzeugenden Mengen nehmen, 3. die Substanz hochtoxisch und langzeitkumulierend ist und 4. Bromureide an 1. Stelle der Selbsttötungsmittel mit hoher Komplikations- und Sterblichkeitsrate stehen (Schock-Lunge, Nierenversagen, Gerinnungsstörungen, Verklumpung im Magen-Darmtrakt, Spättodesfälle!) Ein schlimmes Beispiel für die Schwäche des Staates gegenüber Interessenverbänden. Immerhin ist 1978 die Rezeptpflicht für diese völlig überflüssigen Präparate erkämpft worden. Jedoch ist der Kampf fortzusetzen: Die Hersteller haben nämlich jetzt schon neue, rezeptfreie Präparate auf den Markt geworfen, in denen sie das Brom z. T. durch das nicht weniger gefährliche Novonal ersetzt haben (z. B. Novo-Dolestan, Betadorm N); hier ist 1 Packung (= 20 Tabletten) potentiell tödlich.

Übung: Verlangen Sie in 10 Apotheken ein „Schlafmittel" und fragen Sie den Apotheker nach seiner Gefährlichkeit. Sie können auch Ihr Kind schicken.

„Schlafmittel"-Abhängige können sich durch auch tagsüber genommene Schlaftabletten beruhigen und euphorisieren, ohne ihre Leistung damit wirklich steigern zu können. Auch hier die Suche nach dem Absoluten: Beruhigung und Belebung gleichzeitig!

Viele Patienten nehmen vor der Einzel- oder Gruppenpsychotherapiestunde 2–4 Schlaftabletten, „um besonders gut zu sein". Dies wird vom Psychotherapeuten nicht erkannt, macht jedoch meist seine Arbeit sinnlos. – Die Gewöhnung des Körpers beginnt schon in der 2. Woche der Dauereinnahme. Alle „Schlafmittel", Schmerzmittel und Tranquilizer gehören zum Barbiturat-Alkoholtyp der Drogenabhängigkeit. Das bedeutet 1. Kreuztoleranz für alle zugehörigen Präparate. Daher ist die Empfehlung des häufigen Wechsels der Präparate unsinnig. 2. Alle zugehörigen Mittel bewirken Anfälle und Delirien. Daher oft stufenweiser Entzug erforderlich. 3. Die körperlichen und seelischen Symptome sind ähnlich wie beim Alkohol incl. der Entzugserscheinungen, Halluzinosen und organischen Persönlichkeitsveränderungen. Letzteren fehlt freilich die humorig-euphorische Note. Dafür können sich hier die Entzugserscheinungen als „protrahierte Abstinenz" über Monate hinziehen: Als Tremor, Muskelzuckungen, Erbrechen, Kreislaufschwäche, Schwindel, Angst, Unruhe, Schlaflosigkeit, Durchfall im Wechsel mit Verstopfung.

Eine Auswahl oft mißbrauchter Mittel:

a) *Bromureide:* Adalin, Doroma, Abasin, Bromural, Betadorm, Dolestan, Dormidap, Halbmond, Evigoa, Hoggar, Lagunal, Plantival plus, Sekundal (ca. 70 Präparate, z. T. vom Apotheker selbst hergestellt). Zusätzlich die neuen Ersatzpräparate, die z. T. Novonal enthalten.

b) *Bromide:* (z. T. + Barbiturat): Eusedon, Nervophyll, Vitanerton.

c) *Barbiturate:* Vesparax, Dormopan, Phanodorm, Medinal, Evipan, Somnifen, Veronal, Medomin, Noctal.

d) *Barbiturat-Mischpräparate:* Optalidon, Quadro-Nox, Cibalgin, Allional.

e) *Andere barbituratfreie Mittel:* Doriden, Distraneurin, Contergan, Persedon, seltener Paraldehyd und Chloralhydrat. Neu: Novo-Dolestan, Betadorm N.

Therapie: Bei der akuten Vergiftung Maßnahmen wie bei anderen Intoxikationen evtl. jedoch Operation (Verklumpung) notwendig bzw. künstliche Niere. Entzug: in der Regel stationär, evtl. stufenweise, Herz-Kreislaufunterstützung, Polyvitamine und entsprechende Ernährung, Neuroleptika, bei Anfallsgefahr u. U. Antiepileptika, Therapie der chronisch-organischen Psychosyndrome wie bei A-Abhängigkeit. Wegen der zahlreichen möglichen Körperschäden in jedem Fall internistische Betreuung.

2. Tranquilizer (Ataraktika)

Sie erzeugen die größte Gruppe der arztverschuldeten M-Abhängigen. Ausführlich hierzu Kap. 13. Meist unmittelbar als angenehm empfundene „Erlöserwirkung" für die Konsumenten ebenso wie für die Ärzte: Ohne Mühe werden so gerade die problematischen, unklaren, zeitraubenden Patienten in dankbare Patienten verwandelt. Daß der Preis dafür sich später als zu hoch herausstellen wird, dieser Gedanke läßt sich im gerade hektischen Augenblick des Verschreibens gut wegschieben. Körperliche Abhängigkeit mit Entzugssymptomen selten. Aber schon die seelische Abhängigkeit und die sich unheimlich ausbreitende Maskierung führen zu einer total problemvermeidenden Lebenshaltung bzw. zu psychosozialer Verkrüppelung (mit Zerstörung der Familie, Frühberentung usw.). Auch Thymoleptika stellen bei zu langer Behandlung ohne hinreichenden Grund Abhängigkeit her. Dagegen werden Neuroleptika als so angenehm empfunden, daß ein Abhängigwerden unmöglich ist. Die „Valiophilie" ist also eine von Ärzten und Patienten gemeinsam betriebene Sucht, und zwar unbeeinflußbar durch Vernunftappelle, wie der Jahresweltumsatz von Valium und Librium von 400 Mill.

Dollar zeigt. – *Die kombinierte Alkohol-Tranquilizer-Abhängigkeit wird zunehmend zum Normalfall!*

3. Schmerzmittel (Analgetika)

Diese opiat-freien Mittel werden teils auch als Antineuralgika, Antirheumamittel oder Fiebermittel (Antipyretika) geführt. Sie sind meist rezeptfrei, daher jederzeit greifbar, erzeugen ebenfalls schwere seelische und körperliche Abhängigkeit bis zum chronisch-organischen Psychosyndrom. Das gilt vor allem für Phenazetin (bzw. Paracetamol) aber auch für Verbindungen mit Pyrazolon (Aminophenazon, Pyramidon) und Azetylsalizylsäure sowie für einige neue Präparate. Ursprünglich haben die Patienten gelernt, mit solchen Mitteln Schmerzen und Unwohlsein „zu vertreiben". Nach einiger Übung zielen sie auf die zentral-erregende, euphorisierende und scheinbar leistungssteigernde Wirkung. Diese ist dem Phenazetin, dem Pyrazolon sowie deren Kombination mit Barbituraten und/oder Koffein zuzuschreiben. Der Mißbrauch verstärkt die ursprünglichen Schmerzen später.

Körperliche Folgen des Phenazetin bzw. Paracetamol sind u. a. chron. interstitielle Nephritis mit Schrumpfniere oder Urämie, Störung der Blutbildung. Pyrazolon verursacht Agranulozytose, Krämpfe und vegetative Störungen. Salizylsäure bewirkt Gastritis, Pylorospasmen, Allergien (Ekzeme, Asthma) und hämorrhagische Diathese.

Häufig mißbrauchte Präparate:
Aspirin (besonders gefährlich als Brausetablette!) Gelonida, Temagin, Spalt, Treupel, Dolviran, Togal, Thomapyrin, Saridon, Melabon, Optalidon, Spasmo-Cibalgin, Antipyrin, Cafaspin, Commotional, Eu-Med, Pyramidon, Quadronal, Veralgit, Veramon, Ilvico, aber auch die neueren hochwirksamen Pentazocin (Fortral) und Tilidin (Valoron). – In Kombination mit diesen Schmerzmitteln werden auch Migränemittel (Cafergot, Hydergin, Ergosanol) und *Rheumamittel* (Irgapyrin, Butazolidin, auch Kortisonpräparate!) mißbraucht.

Beliebt sind auch die Paracetamol-haltigen Thomapyrin-N, Treupel-N, Vivimed-N, Lonarid, Benuron, Detadon (Lebernekrose bei Gebrauch als Suizidmittel).

Therapie: Da meist dem Barbiturat-Alkohol-Typ angehörig, entsprechend.

4. Aufputschmittel (Psychostimulantia, -analeptika)

Chemisch handelt es sich vor allem um Weckamine vom Amphetamintyp, Ephedrin, Benzedrin, Adrenalin, in Kombination auch Koffein, sowie einige ähnliche Substanzen. Das ist praktisch außerordentlich wichtig, da somit auch viele *Asthmamittel, Belebungsmittel* (Analeptika), *Stärkungsmittel, Nervina, Schnupfenmittel, Appetitzügler, Entfettungs- und Schlankheitsmittel* und die mit letzteren meist verbundenen *Abführmittel* (Laxantien) allein oder in Kombination zu Mißbrauch und zu z. T. schwerer Abhängigkeit führen können.

Amphetamine bilden zusammen mit dem z. T. vergleichbaren *Kokain* und *Khat* den Stimulantien-Abhängigkeitstyp: Sie wirken peripher adrenergisch, sympathikomimetisch und zentral erregend, belebend und euphorisierend. Daher werden sie gern von Nacht- und Schichtarbeitern (Gaststättenberufe, Fernfahrer, Taxifahrer, medizinische Berufe) und Leistungssüchtigen (Sportlern, auch Prüfungskandidaten) sowie von Personen mit Verstimmungs- und Erschöpfungszuständen (aufgrund falscher ärztlicher Behandlung) genommen. Daneben können sexuelle Wünsche gesteigert, Potenz jedoch gemindert werden. Die Leistungssteigerung ist nur scheinbar, z. B. nur nach Schlafentzug.

Auch dies wird erkauft durch Einengung der Leistungsfunktionen mit nachfolgender Erschöpfung und Schlaflosigkeit, was zur Fortsetzung des Aufputschmittelkonsums und/oder Kombination mit „Schlafmitteln" animiert. Daher schnelle und erhebliche Dosissteigerung, besonders schwere seelische bei nur geringer körperlicher Abhängigkeit (erträgliche Entzugserscheinungen). Nach längerer Abhängigkeit in 30 bis 50% delirante, verwirrte und paranoid-halluzinatorische Psychosen, bisweilen von Schizophrenie kaum unterscheidbar. Sie können chronisch werden. Typisch ist überwache, aber eingeengte, von Detail zu Detail tanzende Aufmerksamkeit. Ferner Körperabbau bis zur Kachexie, Tachykardie, Bluthochdruck, vor allem die gefährliche Lungenhypertonie sowie organisch-psychosozialer Persönlichkeitsabbau.

Mißbrauchte Präparate:
Captagon, Katovit, AN 1 (Aponeuron), Rosimon, Ritalin, Preludin, Pervitin, Avicol, Tradon, Coffein, Regenon, Reactivan, Helfergin.   Ferner die ephedrin-wirksamen Asthmamittel und die entsprechenden Schnupfenmittel. Nervina: Metrotonin, Neurodyston, Pansedon, Vitanerton. Appetitzügler: Mirapront, Ponderax, Adiposetten, Amorphan, Fugoa, Eventin. Abführmittel können mit letzteren Mitteln kombiniert, aber auch allein, in abenteuerlichen Mengen mißbraucht werden. Dadurch Verstärkung der Verstopfung, jedoch auch lebensbedrohliche Elektrolytstörung, nicht nur bei Anorexie.

Kokain, „die Drogenwelle der 20iger Jahre":
In Wirkung und Folgen den Weckaminen vergleichbar, z. T. in der Drogenszene. Ähnlich wirkt das Kauen der Blätter des Koka-Strauches (Peru) und des Khat-Strauches (Westafrika, Jemen), beides Alkaloide.

Therapie: Bei akuter Amphetamin- oder Kokain-Intoxikation kann neben Atem-Kreislaufbehandlung ein Barbiturat angezeigt sein. Entzug: sofort und ohne Probleme. Bei Psychosen stationäre Behandlung, schon wegen gefährlicher Aggressionen, und Neuroleptika.

5. Betäubungsmittel (Morphintyp)

Von den Opiumrauchern des Orients konnten die Alkaloide des Opiummohns (Papaver somniferum), so das Morphin und Codein, durch die Technisierung der Medizin (Injektionstechnik) Mitte des 19. Jahrhunderts übernommen und zum damals wichtigsten Schmerz- und Suchtmittel werden. Seither versuchte die Pharmaindustrie durch Isolierung von Morphinderivaten, durch Herstellung von halb-, dann vollsynthetischen Morphinersatzpräparaten, dann chemisch andersartigen Substanzen Schmerz- und Suchtwirkung voneinander zu trennen. Bis heute und wohl auf absehbare Zeit vergeblich! Das ist kein Wunder. Denn 1. ist Schmerz weitgehend auch eine seelische Aktivität. Und z. B. Morphine scheinen weniger den Schmerz selbst als vielmehr die mit ihm verbundene Angst unwahrnehmbar, also gegen Schmerz gleichgültig zu machen. Ähnlich können Stirnhirnoperierte (Leukotomierte) offenbar auch nicht süchtig werden. Und 2. haben Morphine auf fast allen zentralnervösen Funktionsebenen (wie viele andere „Schlaf-" und Schmerzmittel!) *zugleich* hemmende und erregende Wirkungen. Eben das macht das Streben nach dem Absoluten der Suchthaltung aus: *zugleich* Abhängigkeit und Unabhängigkeit haben wollen.

Beim *Morphin-Typ*, wozu alle Betäubungsmittel (BTM) gehören, schon in wenigen Tagen Toleranz- und Dosissteigerung, seelische und körperliche Abhängigkeit. Daher das Opiumgesetz von 1929 bzw. die BTM-Verordnung. Auch hier Kreuztoleranz, weshalb der therapeutische Ersatz z. B. Pola-

198

midon gegen Heroin, abzulehnen ist. Die BTM-Abhängigkeit entsteht zu 70% durch Ärzte, die aus „therapeutischen Gründen" oft vorschnell und unkritisch verschreiben, zu 30% ungesetzlich (durch süchtige Ärzte, Apothekeneinbruch, Schwarzmarkt). Ca. 20% der BTM-Süchtigen gehören medizinischen Berufen an!

BTM-Abhängigkeit bedeutet körperlich eine Hochschaltung des Parasympathikotonus (Vagotonus): trockene, graugelbliche Haut, Haarausfall, Pupillenengstellung (Miosis), Puls und Blutdruck niedrig, Appetitlosigkeit, Verstopfung, Gewichtsverlust bis zur Kachexie, Verlust des Sexualbedürfnisses und der Potenz, Schlaflosigkeit und Müdigkeit, Frösteln, Zittern, Ataxie, undeutliche Sprache. Psychosozial: wenn auch viele Patienten sich längere Zeit „BTM-montiert" leistungsfähig fühlen können (Ärzte!), kommt es zum Verlust der Selbstwahrnehmung und -kritik, Leistungsabfall, Gefühls- und Stimmungslabilität, Antriebsverlust, endlich zum psychosozialen Ruin. *Diagnose:* Außer den Symptomen Achtung auf die Einstichstellen (Außenseite der Arme, Oberschenkel, Hände, Füße), Urinuntersuchung und Erzeugung eines Entzugssyndroms durch Morphin-Antagonisten.

BTM-Kriminalität: 1. Schmuggel bzw. illegaler Handel, 2. Unrechtmäßigkeit von Erwerb, Besitz oder Weitergabe von BTM. 3. Verstöße gegen die BTM-Verschreibungsverordnung. Die Ausdehnung der Kriminalisierung von den Händlern auf die Opfer ist bedenklich, da sie die Wesensänderung („Unaufrichtigkeit") fördert und die Therapie-Bereitschaft verringert.

Mißbrauchte Präparate: etwa nach der Häufigkeit der Statistik der Bundesopiumstelle: Dolantin (Demerol), Polamidon, Morphin, Dilaudid, Dicodid, Eukodal, Amphetamin (soweit der Verordnung unterstellt!), Jetrium (Palfium), Cliradon, Dromoran, Pantopon, Tinct. opii, Ticarda, Codein, Extr. opii, ferner Heroin, Dionin, Paracodein. Auch andere Codein-haltige *Hustenmittel* können mißbraucht werden. Von den neueren Schmerzmitteln ist jetzt mit Recht das Tilidin (Valeron) der BTM-Verordnung unterstellt. Abhängig wird man aber auch durch einige der *Morphin-Antagonisten*, z. B. durch Pentazocin (Fortral). – Von der Rauschmittelwelle abgesehen ist die Zahl der BTM-Abhängigen alten Stils seit den 50iger Jahren in der BRD konstant. Soweit nicht mehr therapiefähig, sind die meisten durch die Gesundheitsämter legalisiert, „ehrlich gemacht", auf einen bestimmten Arzt bzw. Apotheker verpflichtet.

Therapie: Bei akuter, lebensbedrohlicher *Morphinvergiftung* (Gefahr der Atemlähmung!) muß ein Morphin-Antagonist gegeben werden: meist N-Allyl-normorphin (Lorfan), 5 mg i. v. (alle 1/4 Std. bis 40 mg). Ferner neben der sonstigen Intoxikationstherapie Aktivkohle und Magnesiumsulfat mit Magensonde und hohe Einläufe (wegen bevorzugter Darmausscheidung). – *Entzug:* Entzugserscheinungen mehr subjektiv quälend als gefährlich; selten Anfälle und delirante Zustände, sonst nur ängstliche Unruhe, Schnupfensymptome, Übelkeit, Erbrechen, Durchfall, Pupillenerweiterung (Mydriasis), Muskel- und Blasenkrämpfe, Knochen- und Muskelschmerzen, Blutdruck- und Temperaturanstieg. Dauer meist eine Woche, aber auch monatelange Schwankungen (protrahierte Abstinenz). Neben der sorgfältigen Herz-Kreislaufbehandlung sind oft kleine Dosen von Neuroleptika erforderlich. Die weitere Therapie der chronischen *Abhängigkeit* entspricht der allgemeinen Therapie der Sucht-Haltung und ist durchaus nicht immer sprichwörtlich hoffnungslos.

Prävention: Unter den verschiedenen möglichen Maßnahmen war die Einführung von Sonderrezepten für BTM 1974 besonders glücklich. Durch diese „bürokratische" Erschwerung der Verschreibungssucht mancher Ärzte wurde die Verordnung dieser Substanzen allein im ersten Jahr um 40% gesenkt. Was zeigt, daß auch bei den BTM, bei richtig eingeschränktem Indikationsrahmen, eine nur ökonomisch zu verstehende, unsinnige Überproduktion besteht.

c) *Rauschmittel-Abhängigkeit* (= R)
Die weltanschauliche Drogenwelle der Jugendlichen 1965 bis 1975 klingt ab. Der

Protestimpuls ist weg. Stattdessen passen sich Jugendliche heute mehr über Alkohol, „Schlaf"- oder Aufputschmittel oder eben über die „harten Drogen" der BTM an die bürgerlich-etablierten Suchtmuster an. Auf diese Weise „normalisieren" sie sich. Dies ist offensichtlich wesentlich gefährlicher, wie die zunehmende Zahl der Heroin-Toten und der Jugend-Alkoholismus zeigen.

Stil-Unterschiede:

Wenn ich Rauschmittel (Psychodysleptika) nehme, bzw. R-abhängig werde, verlasse ich eindeutiger als im Fall A, zu schweigen von M, den Raum des sozial Erlaubten, will ich sogar Illegalität. Ich bewerte mich positiv, wenn ich sozial negativ bewertet werde. Ich bekenne mich offen zum Genuß (Rausch, Flash, thrill), zur inneren Bereicherung (Bewußtseinserweiterung) und zur uralten Tradition der ekstatischen Selbstverwandlung. Ich lehne die Medizin als für meine Probleme unbrauchbar ab. Ich entwickle für meine Bedürfnisse meinen eigenen Ort, meine eigene subkulturelle Öffentlichkeit, eine Gegen-Öffentlichkeit der mir Gleichgesinnten. Ich will nicht unauffällig, sondern auffällig, anders sein, zugleich aber unauffällig und gleich mit meiner Gruppe. Ich will mich nicht an Andere anpassen, sondern nur mit mir und meiner Gruppe identisch sein. Ich kenne also auch keine schuldbewußte Verheimlichung gegen mich, sondern nehme das Risiko bewußt und radikal offen in Kauf: „Lieber kurz, aber schön leben, als lange, aber verlogen". – Sämtliche Stilmittel betreffen also vor allem den Umstand, daß es sich um Jugendliche handelt, sind jugendgemäß, wären auch durch andere Inhalte zu füllen, wenn es sie gäbe. Da aber auch in der radikalsten Form des jugendlichen Strebens nach Unabhängigkeit unterschwellig ein Training in gesellschaftlicher Anpassung und Abhängigkeit immer mitläuft, wird das Vergängliche an der Drogen-„Welle" verständlich: Sie kann weder für den einzelnen Jugendlichen noch für ein gesellschaftliches Kollektiv endlos sein. Dies zeigt sich in der Vermarktung (Abhängigkeit vom „Dealer", Pop-Geschäft) und in der Industrialisierung (synthetische Drogen) der Drogenbewegung drastisch genug. Obwohl im Einzelfall katastrophal, ist also nichts Geheimnisvolles an der Drogenwelle der Jugendlichen. Und wer in der mühseligen psychiatrischen Alltagsarbeit steht, hat sich immer schon darüber geärgert, daß für wenige R-Abhängige in kürzerer Zeit mehr Geld und sonstige Mittel da waren als für die wesentlich größere und für die Volksgesundheit dauerhaft bedrohlichere Zahl der A- und M-Abhängigen und der übrigen psychiatrischen Patienten. Seit die R-Abhängigkeit jedoch mehr die Unter- als die Mittelschicht betrifft, ist auch das Geld wieder knapper geworden.

Definition, Einteilung, Verlauf

Die *Definition* der R-Abhängigkeit entspricht der allgemeinen Drogen-Abhängigkeit. Die *Einteilung* erfolgt nach den bevorzugten Drogen. Für den *Verlauf* lassen sich z. T. Jellineks Alkohol-Phasen übertragen. Entscheidend dürfte sein, ob jemand den R-Konsum in ein eigenes Lebenskonzept für sich sinnvoll einpassen kann: Probier-, Gelegenheitskonsum-, z. T. auch noch Dauerkonsum-Phase. Oder ob er umgekehrt sein Lebenskonzept nur noch in den R-Konsum einpaßt: Dauerkonsum mit entsprechender Abhängigkeit bsi hin zum Fixen, also zum i. v.-Konsum harter Drogen bzw. zur Polytoxikomanie. Mit Beginn der Abhängigkeit ist auch das Emanzipationsmotiv (Selbstfindung in der Solidarität der Gruppe) gescheitert. Denn nach einem Jahr Abhängigkeit sind die meisten aus Gruppen- zu Einzelkonsumenten geworden. Auch dies entspricht dem „normalen" Verlauf der sozialen Vereinsamung der bürgerlichen A- und M-Abhängigen. Jugendgemäß ist die Radikalität der Abhängigkeit („alles oder nichts") mit häufigen freiwilligen oder unfreiwilligen Todesfällen. Aber auch der bisher übersehene Umstand, daß die meisten auch nach jahrelanger Abhängigkeit eines Tages „irgendwie" aufhören. Fragt man sie nach dem Wie und Warum, wissen sie es selbst nicht genau, kommen der Wahrheit vielleicht am nächsten, wenn sie antworten: „Ich bin halt älter geworden". Auch die *Besonderheiten der Begegnung* bestehen fast ganz aus den Schwierigkeiten, die wir als Erwachsene im Umgang mit Jugendlichen und ihren Problemen im allgemeinen haben (s. Kap. 11).

Typen der Rauschmittel-Abhängigkeit

1. Cannabis

Dem indischen Hanf (Cannabis indica) verdanken wir die ebenso alten wie weltweiten Rauschmittel Haschisch (Harz aus dem weiblichen Blütenstand) und das schwächere Marihuana (Tabak aus Blüten und Blättern).

Wirkung: Auch hier wird Absolutes erlebnisfähig durch die Gleichzeitigkeit aktivierender und dämpfender Wirkungen, dies auf eine besonders friedlich-sanfte Weise, daher stark von der subjektiven Erwartung abhängig: „High"-Sein, wohlig-gleichgültige Gelassenheit. Heitersein, das keinen Grund braucht. Genießen eines zeitlosen Passiv-Seins. Eins-Sein von Ich und Gruppe („Joint"). Dämpfung aggressiv-genitaler Triebanteile. Zugleich Sensibilisierung und Aktivierung der Phantasie und der sinnlichen Wahrnehmungsmöglichkeiten. – Die körperlichen Symptome des einfachen Rausches sind dezent adrenerg. Bei hochdosiertem Langzeit-Haschischkonsum kommt es bei uns nur selten zu Komplikationen: protrahierter Rausch durch Kumulierung im Sinne von dysphorischen, ängstlichen oder apathischen Durchgangssyndromen, ganz selten psychotische Verselbständigung. Gleichwohl handelt es sich um eine Vergiftung: Stoffwechselveränderung der Neuro-Transmitter u. a. im für die Steuerung des Handelns wichtigen limbischen System. Keimschädigung ist bisher nur im Tierversuch erwiesen.

Der *Cannabis-Typ* der Drogenabhängigkeit wird von der WHO definiert mit mäßiger bis starker seelischer Abhängigkeit bei weitgehendem Fehlen einer körperlichen Abhängigkeit und geringer Neigung zur Dosissteigerung. Das reicht bei Langzeit-Konsum jedoch dafür aus, daß sonstige Interessen und Fähigkeiten nicht entwickelt werden, somit eine Persönlichkeitsentfaltung nicht stattfindet, bisweilen auch nicht nachgeholt werden kann. Damit kann – zumindest nach berechtigten Erwartungen der Umgebung – eine u. U. nicht mehr rückbildungsfähige Persönlichkeitsveränderung das Ergebnis sein. Die wesentlich häufigere Gefahr besteht im Umsteigen von Haschisch auf gefährlichere Drogen – sei es aus dem Bedürfnis der Wirkungssteigerung, sei es aus der Abhängigkeit von der Gruppe bzw. vom Dealer.

2. Halluzinogene (Psychotomimetika, psychedelische Drogen)

Wer Haschisch raucht, lebt in der Regel – für andere geradezu provozierend – selbstzufrieden. Wer auf härtere Mittel umsteigt, bedient sich damit schon wieder eines in der bürgerlichen Gesellschaft hoch bewerteten und angepaßten Verhaltensmusters: Zwecks expansiver Steigerung einer Wirkung (Leistung, Produktion) werden die damit ebenso wachsenden Gefahren bewußt und rücksichtslos gegen Andere und sich selbst in Kauf genommen. Das gilt schon für den Halluzinogen-Trip. Bevorzugt wird LSD 25 (Lysergsäurediäthylamid, Mutterkornbestandteil, auch synthetisch herstellbar). Seltener, aber ähnlich wirksam: Meskalin (Wirkstoff aus Peyotl) und Psilocybin (natürliches Produkt aus Psilocybe mexikana).

Halluzinogen-Typ der Drogenabhängigkeit: seelische, aber keine körperliche Abhängigkeit, kein Entzugssyndrom. Kreuztoleranz untereinander, doch nicht gegen Haschisch.

Der Rausch (Trip) ist schon mit 0,01 mg LSD herstellbar. Auch er besteht aus einem *Zugleich* von Aktivierung und Dämpfung, Erweiterung und Einengung der Wahrnehmung, also ähnlich wie Haschisch, nur intensiver, gefährlicher und psychose-näher.

Symptome: optische und akustische Wahrnehmungsverzerrungen bis zu Halluzinationen. Coen- und Synästhesien: Bilder, Musik, Landschaften werden zugleich gesehen und gehört, genossen oder erlitten. Veränderung des Zeitgitters. Verfremdung der Ich- und Körperwahrnehmung mit Verschärfung/Abschwächung einzelner eigener/fremder Anteile und früherer Erlebnisse. Assoziative Verknüpfungen bis zum Ineinanderfließen von Ich und Welt, Aufgehen im kosmischen All. Chemisch verstärkt wird vor allem die bestehende Gefühlslage des Einzelnen oder der Gruppe: Angst, Spannung, Mißtrauen begünstigen den *Horror-Trip* (Panik, Entsetzen, Vernichtungsgefühl). Echo-Erscheinungen (flashback) sind gefühlsmäßig, nicht chemisch, ausgelöste Wiederholungen des psychotischen Erlebens noch Wochen und Monate nach der letzten LSD-Einnahme. Sich verselbständigende, schizophrenieähnliche Psychosen können ängstlich, stuporös, oneiroid, paranoid-halluzinatorisch sein. Es ist unklar, ob sie mehr chemisch oder mehr von der Person produziert werden. Sie können als Durchgangssyndrom wieder abklingen, aber auch chronisch werden: dann ist die Reise in die Erfüllung der romantisch-selbstzerstörerischen Sehnsucht zu einer „Reise ohne Wiederkehr" geworden. Wesensänderung bei Langzeit-Konsum ist möglich. Todesrisiko: durch halluzinationsbedingten Sprung aus dem Fenster, Verkehrsunfall oder durch Angst getriebene Selbsttötung.

Therapie: Bei der akuten Intoxikation Valium oder Neuroleptika.

Achtung: Menschen mit Halluzinogen-Psychosen handeln *weniger* erwartungsgemäß als schizophrene Patienten (organischer Anteil?). Deshalb sorgfältige stationäre Therapie, u. U. Neuroleptika.

3. Andere Drogen als Rauschmittel

Es gibt genug Gründe, daß Jugendliche die eigentlichen Rauschmittel zunehmend mit anderen Drogen kombinieren oder umsteigen:

1. Das unersättliche Steigerungsbedürfnis: in noch kürzerer Zeit noch intensivere Wirkung (daher i. v. Form = „Fixen") – mit noch größeren Gefahren.

2. Beschaffungsschwierigkeiten: Zurückgreifen auf leichter erreichbare Drogen als Ersatzmittel.

3. Versuche, sich aus eigener Kraft zu entziehen.

4. Die vom Konsumenten meist nicht wahrgenommene Tendenz, sich wieder anzupassen, indem er sich der bürgerlich-etablierten Konsum- und Suchtformen bedient. Eins der Ergebnisse: Immer mehr Jugendliche, die „alles wollen" = polytoxikoman werden.

In Betracht kommen folgende Mittel:

a) sämtliche Drogen des *Morphintyps* (s. d.), vor allem aber Heroin: durch i. v.-Injektionen größter „Thrill" in kürzester Zeit, zugleich größter Risikograd durch besonders schnelle Abhängigkeit, schwersten Persönlichkeitszerfall und größte Abhängigkeit von den Händlern, die den Stoff durch Zusätze noch gefährlicher und unberechenbarer machen. Daher größte, auch jetzt noch steigende Todesrate durch Atemlähmung, Blutdruckabfall oder Suizid.

b) *Kokain:* hohes Risiko, da ebenfalls wegen des „flash" meist nicht geschnupft, sondern gefixt. Psychosenbildung, Kachexie, Suizidneigung, Todesfälle bei 80 mg i. v.

c) Aufputschmittel: ähnlich hohes Risiko, zumal durch i. v.-Konsum („speed", z. B. als Orgasmusersatz), über Blutdruckanstieg, Hirnblutung oder Herzversagen. Ferner Kachexie, chronische Psychosen.

d) *„Schlafmittel"* und *Tranquilizer:* neben *Alkohol* häufigste R-Kombination. Denn auch mit diesen griffnahen Substanzen kann durch das Zugleich von Aktivierung und Dämpfung bei geeigneter Mischung Rauscherleben hergestellt werden. Beliebt sind: Mandrax, Valium, Vesparax, Medinox, Nembutal, Tavor, Distraneurin.

e) *Schmerzmittel:* Kombination bisher seltener, abgesehen von starken, morphinähnlichen Substanzen wie Valoron.

f) *Weitere Mittel:* Auch um den Preis des eigenen Lebens werden unzählige Substanzen auf ihre Rauschwirksamkeit hin ausprobiert, angefangen von Hartgummizähnen (in Zigaretten) bis zu rezeptfreien Asthmazigaretten (Strammonium), Kaktusprodukten, Bananenschalen und DOM (synthetisches Amphetaminderivat). Wichtigste Einzelgruppe sind die *Inhalationsgifte,* die eingeatmet, geschnüffelt, bewußtseinstrübend und rauschhaft-euphorisierend wirken. Benutzt werden Anästhetika (Äther, Chloroform), organische Lösungsmittel (Trichloräthylen, Azeton, Benzin, Benzol, Toluol, Xylol, z. T. als Verdünnungsmittel für Farben und Klebstoffe) sowie diverse Sprays und Aerosole (Haar-Sprays, Reinigungsmittel, Entfroster, Insektengifte). Gerade diese Gruppe bewirkt akute Todesfälle sowie Knochenmarks-, Leber- und Nierenschädigungen.

d) *Nikotin-Abhängigkeit*

Was als psychisch auffällig gilt, bestimmt u. a. die soziale Wertung, so wird auch Rauchen erst in dem Augenblick als Sucht wahrgenommen, in dem die soziale Wertung des Rauchens negativer wird.

Übung: In einer Gruppe werden Sie heute einen Antrag auf Rauchverbot mit einer Wahrscheinlichkeit durchsetzen, die noch vor 5 Jahren undenkbar gewesen wäre.
Schon gibt es eine Kommerzialisierung der Raucher-Entwöhnung (verhaltenstherapeutische Programme, Raucher-Entzugskliniken). Unter diesen Bedingungen wird heute die Nikotin-Abhängigkeit in die Nähe des Barbiturat-Alkoholtyps der Drogen-Abhängigkeit gerückt. Abhängige Raucher deuten das Genußmittel Nikotin in ein Medikament um, zur Selbstbehandlung von Nervosität, Angst, Spannung und Konflikten. Die psychotrope Substanz ist das Nikotin. Diese und/oder andere chemische Bestandteile bewirken körperliche Gesundheitsrisiken, wie Herzinfarkt, Bluthochdruck, Gefäßsklerose, Sehstörungen, Bronchitis, Lungenemphysem, Bronchialkarzinom, Magen-Darm-Krankheiten, Zeugungsunfähigkeit bei Mann und Frau und Schäden bei Neugeborenen. Man kann auch von körperlicher Abhängigkeit mit Dosissteigerung und vegetativen Entzugssymptomen sprechen. Fraglos hat Nikotin schließlich eine fatale Bedeutung als Einstiegsdroge für Jugendliche und Kinder. Sie fördert erwiesenermaßen das Umsteigen auf Alkohol und/oder Rauschmittel. Nikotin-Abhängigkeit wäre also wie andere Drogen-Abhängigkeiten auf die Suchthaltung zurückzuführen.

3. Die Bezugspartner

Ohne sie ist jeder Therapie-Plan unsinnig. Daher haben auch alleinstehende Abhängige wesentlich geringere Therapie-Chancen. Wir lernen die Bezugspartner schon durch unsere Grundhaltung dem Patienten gegenüber kennen: denn wie die Beziehung des Patienten zu uns ist, so ist sie auch zu ihnen. Also wissen wir, daß ein Abhängiger auch in seinen Beziehungen sich durch Abhängigkeit unabhängig zu machen versucht.

Mit welchen Fragen haben wir die Bezugspartner kennenzulernen? 1. Hat der Patient durch seine Abhängigkeit den Partner in die Rolle des Kontrolleurs hineingezwungen? Oder hat mehr der Partner durch seine Neigung zum Kontrollieren (Nörgeln, Kritisieren, Dominieren, Helfen) den Anderen zum Abhängigen gemacht, mit den darin enthaltenen Rachemöglichkeiten? Oder haben sich beide durch gegenseitige Polarisierung in die fatal zueinander passenden Rollen hineingelebt? Es sind alle Anteile herauszuarbeiten, um die leidige Frage nach der größeren Schuld auszuschalten und die therapeutische Bereitschaft aller zu vergrößern. 2. Wie schwer leidet der Partner? Es ist klar, daß alle an der Beziehung Beteiligten (Ehepartner, Eltern, Arbeitskollegen) unfrei und befangen sind. Wenn wir den Partner aus sich selbst heraus verstehen, zeigt sich oft, daß z. B. der Ehepartner noch mehr leidet als der Patient. Dieser hat durch sein Symptom (Trinken, Schlucken, Spritzen, Rauchen) ein Ventil, mit dem er sich sein Leiden durch Rausch/Betäubung erträglich macht, der Partner nicht. Während der Partner eines depressiven oder schizophrenen Patienten in der Regel Erholungspausen ungetrübter Gemeinsamkeit hat, lebt der Partner eines Abhängigen oft jahre- oder jahrzehntelang pausenlos dasselbe tagtägliche Elend mit Angst, Sorgen, Ekel, Mißhandlung, Demütigung und Erpressung. Wer nicht rechtzeitig zu einem abhängigen Menschen Distanz gefunden hat, dessen Beziehung ist ein erschütterndes Gemisch aus Liebe, Kontroll- und Hilfsbedürfnis und Komplizenschaft, ohne Veränderungsmöglichkeit, sich oft auch aktiv gegen eine therapeutische Veränderung stämmend. 3. haben wir unsere Wahrnehmung vor einer gängigen sozialen Wertung zu bewahren, nämlich daß von 2 Menschen der der Gesündere sei, der unabhängiger, kontrollierender und dominanter wirkt.

Beispiel: Die 51jährige Frau W. wurde innerhalb von 7 Jahren das 4. Mal wegen „endogener Depression" stationär behandelt. Sie hatte bisher verschwiegen, daß ihr Mann, kfm. Angestellter, seit 20 Jahren alkohol- und tablettenabhängig war, bereits deutlich hirnorganisch verändert. Sie war derart komplizenhaft identifiziert mit ihm, daß sie nicht darüber sprach, um ihn und seinen Arbeitsplatz nicht zu gefährden. Lieber ließ sie sich von ihrem Mann schlagen und beschimpfen, reinigte seine Kleidung täglich von Urin- und Speiseresten. Sie ließ sich von ihrer Familie ausstoßen, weil sie „bei so einem Kerl" blieb und sich lieber als „endogen" behandeln ließ. Die einzige bisherige Hilfe hatte darin bestanden, daß das Gesundheitsamt ihr den für sie brutalen Rat gegeben hatte, einen Entmündigungsantrag für ihren Mann zu stellen. Eher hätte sie sich umgebracht! Aber das verstand niemand. Nachdem man sich um die Entziehungskur und anschließende Nachsorge für ihren Mann kümmerte – und zwar gegen ihren Willen – ist sie nicht wieder depressiv geworden.

Für den Therapieplan entscheidende Fragen: Ist der Partner so schädigend für den Patienten oder selbst so geschädigt, daß er therapeutische Hilfe braucht, etwa in der Angehörigengruppe, Partnertherapie oder bei den AA's? Ist vom Partner eher Kooperation oder Widerstand bezüglich einer therapeutischen Veränderung zu erwarten? Können wir anfangs eher mit dem Patienten oder mit dem Partner arbeiten? Und wie erreichen wir es, daß beide anfangen, an sich selbst zu arbeiten, statt sich – wie bisher – immer um den Anderen zu kümmern? Die „Kontroll-Sucht" des Partners kann genau so krankheitswertig sein wie die Alkohol-Sucht des

Patienten. Auch wenn das Trinken erfolgreich behandelt wurde, kann der Partner oft noch lange nicht seine Kontrollsucht aufgeben. Dies ist ein sehr häufiger Anlaß für Rückfälle. Hier braucht der Partner u. U. noch längere Zeit Therapie als der ursprüngliche Patient. Ist eine Kooperation nicht mehr herstellbar, stehen *äußere* Entscheidungen bezüglich der Bezugspartner unabweisbar zur Entscheidung an: Trennung oder Scheidung? Auszug aus der Familie, der elterlichen Wohnung, Veränderung des Freundeskreises, der Freizeitpartner, der subkulturellen Jugendgruppe, der Wohn- oder Lebensgemeinschaft, des Arbeitsplatzes oder des Berufes (Medizin-, Bau- oder Gaststättenberufe, Bundeswehr, Medien)?

III. *Therapie und Selbst-Therapie*

1. Versorgungssystem

Die Therapie Abhängiger gliedert sich in Kontakt-, Entzugs-, Entwöhnungs- und Nachsorgephase. Jedoch müssen schon mit dem ersten Kontakt alle weiteren Phasen gemeinsam vorgeplant werden.

Mit der Psychiatrie-Enquête haben sich alle Beteiligten in der BRD auf die Grundzüge eines Versorgungssystems geeinigt. Der Ambulanz wegen – wie in anderen Bereichen der Psychiatrie – die größte Bedeutung zugemessen. Im Einzelnen:

a) *Fachambulanz:*
Da die niedergelassenen Ärzte mit der Versorgung der Abhängigen überfordert sind und da die bisher übliche Alternative des Langzeitentzugs oft falsch ist, ist pro Standardversorgungsgebiet (250.000 Einwohner) eine Fachambulanz einzurichten. Sie liegt in der Gemeinde, muß räumlich, zeitlich und sozial den schweren ersten Kontakt erleichtern und arbeitet als mobiles Team.
Aufgaben: Neben der Beratung aller betroffenen Personen und Instanzen, der Motivierung zur stationären Therapie und der Vermittlung von Zwangseinweisungen erfolgt auch eine ambulante Therapie. Mehr Abhängige, als bisher vermutet, können sich mit ihrem Problemfeld auseinander setzen, ohne es zu verlassen.

b) *Kurzfristig-stationäre Therapie:*
Ebenfalls gemeindenah, ein Teil der psychiatrischen Abteilung des Allgemeinen Krankenhauses. Neben Möglichkeiten der Intensivpflege für lebensbedrohliche Zustände ist eine Einheit für A-, M- und R-Abhängige notwendig. Je nach Personalschlüssel und Team-Bildung kann sie geschlossen oder offen sein. Hier sind einmal die schwereren Abhängigen für eine längerfristige Therapie zu motivieren. Zum Anderen ist eine *Kurztherapie* auf Gruppenbasis für 4–8 Wochen durchzuführen. So kann oft der Verlust familiärer Beziehungen, bzw. des Arbeitsplatzes verhindert werden. Daher bevorzugen immer mehr Einrichtungen die Wiederholung mehrerer Kurztherapien gegenüber einer längeren Therapie, z. T. auch tagesklinisch. Ambulante Nachbetreuung erforderlich.

c) *Mittelfristig-stationäre Therapie:*
Suchtfachabteilung des zuständigen PKH oder Suchtklinik in öffentlicher bzw. freier Trägerschaft (ehemalige Heilstätten). Kapazität: ca. 80 Plätze. Aufenthalt: ca. 6 Monate. Stufenweise Verselbständigung der Patienten.

d) *Langfristig-stationäre Therapie:*
Jedes PKH braucht eine *Langzeit-Einheit* für Abhängige. Da auch nach mehreren Jahren Besserungen möglich sind, sind Rehabilitationsvorrichtungen erforderlich. Dasselbe gilt für *Pflegeheime.*

in die Patienten verlegbar sind, wenn sie nicht mehr krankenhausbedürftig sind. Damit das Personal für solche „chronischen" Patienten nicht selbst „chronisch" wird, sollte das Personal der kurz-, mittel- und langfristigen Einheiten der Suchtfachabteilungen des PKH wechseln oder teilzeitlich arbeiten.

e) *Übergangseinrichtungen:*
Es besteht ein besonders großer Nachholbedarf an Übergangs- und Wohnheimen, Wohngemeinschaften und geschützten Arbeitsplätzen für Abhängige. Damit könnten stationäre Therapien sowohl verkürzt als auch verhindert werden.

f) *Selbsthilfeeinrichtungen:*
Auch am Abhängigkeitsproblem ist zu zeigen, daß Selbsthilfe und Selbst-Therapie wirksamer ist als unsere noch so kunstvollen therapeutischen Angebote. Erwiesen ist, daß Patienten, die in einer Selbsthilfegruppe aktiv werden, die größten und dauerhaftesten Chancen haben. Für A-Abhängige kommen die Anonymen Alkoholiker (400 AA-Gruppen in der BRD) in Betracht, ferner Guttempler-Orden, Kreuzbund, Blaues Kreuz. Diese Gruppen haben sich z. T. auch für M-Abhängige geöffnet, was wegen der Tendenz zum Vieldrogenkonsum zu begrüßen ist. R-abhängige Jugendliche haben sich in einer Vielzahl von Gruppen und selbständigen Einrichtungen zusammengeschlossen, meist nach Modellen aus den USA: Release-Gruppen, im Sinne therapeutischer Wohngemeinschaften, Daytop-, Phoenix- oder Lodge-Häuser, Free-Clinic Heidelberg. Die Gruppen werden von Ausgebildeten und ehemals Abhängigen (Ex-user) geleitet. In letzter Zeit Wandel von einem liberalen Solidaritäts-Stil zu einem mehr hierarchisch gestuften verhaltenstherapeutischen Stil. Was wirksamer ist, steht dahin. Von der Grundhaltung her gedacht, scheint schon die Alternative eine falsch gestellte Frage zu sein. Eher scheint es sinnvoll, beide Stile miteinander zu verbinden, um eher allen Bedürfnissen der Jugendlichen gerecht zu werden.

Auch inhaltlich-therapeutisch haben wir von den Selbsthilfegruppen viel zu lernen: so beginnen die „12 Schritte" der AA's mit dem schonungslosen Verzicht auf jede Erklärung und Begründung, um Raum zu schaffen für die schlichte Feststellung „ich bin ein Alkoholiker". Wie grundernst die Abhängigkeit genommen wird, zeigt die Auffassung, daß man zeitlebens Alkoholiker bleibt, bestenfalls „nicht mehr aktiv ist" und daß Abstinenz-Versprechungen anfangs nur für Stunden oder einen Tag angenommen werden, damit Wollen und Können, Wunsch und Wirklichkeit nicht – wie gewohnt – zu weit auseinanderklaffen. Die Solidarität wird daran deutlich, daß die Gruppenmitglieder sich in Krisen gegenseitig notfalls Tag und Nacht stützen, daß die Bezugspartner voll ernst genommen werden und daß Neue, sobald möglich, in die aktive Verantwortung für Andere einbezogen werden.

2. Therapeutisches Handeln

„Oberstes Ziel ist" – so auch die Enquête – „den Kranken zur Resozialisierung durch aktive Bewältigung bestehender Lebenskonflikte zu verhelfen", also sie selbst-therapiefähig zu machen. Auf der Basis der Grundhaltung ist auf folgendes zu achten:

a) *Team oder Gruppe:*
Selbst wenn ich lehr-analysiert bin, besteht immer die Gefahr, gerade von einem abhängigen Patienten abwechselnd zum absoluten Freund oder zum absoluten Feind gemacht zu werden (Übertragung). Daher nehmen Psychoanalytiker meist auch keine Abhängigen in Therapie. Im Team verteilt sich das Übertragungs-Handeln des Patienten auf mehrere Personen, muß der Patient in der Beziehung zu

mir nicht so total gepanzert sein. Als Team-Mitglied muß ich nicht alles „so persönlich nehmen". Ich kann mich auch auf das symptomatische Handeln des Patienten eher einlassen, weil ich ihm nicht so allein ausgeliefert bin: seinen absoluten Abhängigkeitswünschen, der Hilflosigkeit, der Heilserwartung, der Idealisierung des Therapeuten, der Anspruchshaltung, der Provokation von Ablehnung und Bestrafung, dem „Desperado-Spiel" am Rande der Selbstvernichtung. Ich kann sein Handeln besser annehmen und durchhalten. Daher schon Erstgespräch zu Dritt! – Aus denselben Gründen ist es vorteilhaft, daß umgekehrt der abhängige Patient seine Therapie im Rahmen einer Gruppe erfährt. Die Beziehungen in einer Gruppe entsprechen außerdem mehr seiner Lebenswirklichkeit, sind zugleich Übungsfeld für alternatives, nicht-abhängiges Handeln.

b) „Total needs":
Daß wirklich alle Bedürfnisse, auch die scheinbar nebensächlichsten, wahrgenommen werden, ist Voraussetzung dafür, daß der Patient sich verstanden fühlt.

Beispiel: Eine Frau war wegen M-Abhängigkeit zum 3. Mal zwangseingewiesen, blieb danach seit vielen Jahren frei. Auf die Frage, was bei der 3. Kur für den Erfolg ausschlaggebend war, sagte sie nach längerem Nachdenken: „Bei der Aufnahme, noch ganz benebelt, gab mir eine sehr behutsame Ärztin eine Vitaminspritze. Der Geschmack erinnerte mich irgendwie an die Kindheit. Mit einem Schlage wußte ich, daß ich loslassen konnte und daß diesmal alles gut gehen würde."

Auch wegen der Unterschiedlichkeit der Bedürfnisse muß das Team beruflich unterschiedlich zusammengesetzt sein. Nehmen Team-Mitglieder widersprüchlich wahr, sind sie u. U. einem widersprüchlichen Bedürfnis des Patienten auf der Spur, das dieser allein gar nicht sehen kann. Die Bedürfniswahrnehmung muß 3 Richtungen gleichwertig berücksichtigen:

1. die Oberfläche: auch die fadenscheinigsten Begründungen sind nicht zu „durchschauen" und abzutun, sondern ernstzunehmen, weil der Patient subjektiv in ihnen lebt.
2. die Tiefe: der Therapeut hat den Patienten „im Tiefgang" des Verstehens womöglich zu übertreffen. Denn nur so wird das Absolute der Sehn-sucht, der Ängste und Wünsche erreichbar und nur so kann der Patient „loslassen", muß nicht immer übermüht-verkrampft den Anderen überbieten, muß nicht immer die Oberhand behalten.
3. die Breite: Hierzu gehören die sozialen Bedingungen (Sozialdiagnose), die hirnorganischen und körperlichen Drogenschäden, aber genauso auch sonstige „nebensächliche" Körperbedürfnisse, wie Gebißsanierung, Hämorrhoiden, die neue Brille.

Im Rahmen des Verstehens ist eine Verhaltensanalyse, vor allem für die Bedingungen der Sucht, zweckmäßig.

c) Kontrolle und Vertrauen:
Genauso tödlich wie „blindes Vertrauen" für ein Team ist eine kriminalistische Dauerhaltung, wo die Aufmerksamkeit sich auf die Frage konzentriert, ob jemand wieder getrunken, geschluckt oder gespritzt hat. In diesem Fall kontrollieren die Patienten das Team. Die Art der Kontrolle (z. B. Urinprobe) und die Folgen nicht eingehaltener Abstinenz müssen mit dem Patienten im voraus vereinbart werden. Noch wichtiger ist es aber, im täglichen Umgangsstil die Bedeutung nicht der Suchthaltung, wohl aber der jeweiligen Droge herunterzuspielen: je mehr der

Patient in seiner Selbst-Diagnose vom Symptom (z. B. Trinken) zu sich selbst kommt und er sich mit seiner zugrundeliegenden Abhängigkeitshaltung konfrontiert, kann er sehen, daß seine Droge nur *eines* seiner ungünstigen Mittel der Daseinsbewältigung ist. Destomehr kann aus der Droge als lebensbehrrschendem Selbstzweck wieder ein Mittel werden, zu dem es dann auch Alternativen gibt. Die Droge gerät in ihrer Bedeutung „in den Nebenschluß". Die Abstinenz ist dann nur noch *Voraussetzung*, während die selbständige Lebensbewältigung zum *Ziel* der Therapie werden kann. Das verhängnisvolle „Starren auf die Droge" von Patient und Team ist einer der Gründe, warum man überlegt, ob nicht die integrierte Therapie von Abhängigen gemeinsam mit anderen psychiatrischen Patienten günstiger ist.

d) *Selbst-Interesse:*

Auch wenn es gegenteilig aussieht, wir haben es immer mit einem hilflosen, isolierten, kranken Menschen zu tun, zutiefst in seinem Stolz verletzt und ohne Selbstachtung. Dies zur Erinnerung – bei unserer eigenen Neigung, Abhängigkeit zu bagatellisieren und zu moralisieren. Leicht sind wir aber auch genauso anspruchsvoll und ungeduldig wie der Abhängige. Vor allem, wenn es darum geht, sein Selbst-Interesse zu wecken. Er bietet sich ja geradezu an, ihn zu „wecken", zu motivieren, zu aktivieren, ihm Ratschläge und Werte zu geben, ihm auf die Schultern zu klopfen, daß es so schlimm mit seiner Selbstachtung doch nicht stehe. Und doch treibt alles, was *von uns* kommt, ihn weiter in seine Abhängigkeit – auch von uns – hinein, wird für ihn zum weiteren Beweis für den Verlust seiner Selbstachtung. Wir brauchen uns nicht zu wundern, wenn *wir* dadurch den Impuls für Aggressionen und Selbsttötungen setzen. Noch gefährlicher wird es, wenn durch eine erzwungene oder freiwillige Abstinenz das riesige Vakuum, „das Loch", erst recht sichtbar wird und uns verführt, es zu füllen. Selbst-Achtung und Selbst-Interesse kann aber nur vom abhängigen Patienten selbst kommen. Ähnlich wie beim depressiven Patienten können wir zu dieser Entwicklung nur dadurch beitragen, daß wir Geduld haben, Zeit lassen, den Patienten auch über seine Stärken sprechen und sie ausprobieren lassen. Er muß selbst entscheiden, wie er in den Tageslauf der Station einsteigen will. Wir haben uns gegenüber seinen Verführungen zu verweigern, dafür aber umso engagierter unser Interesse und unsere aufmerksame Gegenwärtigkeit zu zeigen. Nur so kann das Selbst-Interesse des Patienten allmählich von ihm selbst, von innen, endogen kommen. Und nur so führt Therapie zur Selbst-Therapie.

e) *Team als Modell:*

Wie der einzelne Therapeut durch sich als Person wirkt, so das Team durch die Beziehungen seiner Mitglieder – direkt und als Modell. Daher ist es günstig, wenn das Team nicht nur beruflich unterschiedlich zusammengesetzt ist, sondern auch nach Alter, sozialer Schicht, Temperament, Wahrnehmungsweise, eigenen Bedürfnissen und Lebenserfahrungen. Dadurch wird das Team zu einem diagnostischen und therapeutischen „Breitbandinstrument". Das entspricht am besten dem Problem: nämlich den buchstäblich zahllosen besonderen Bedingungen der

Patienten, unserer nach wie vor weitgehenden Hilflosigkeit gegenüber der Abhängigkeit und deshalb auch dem Umstand, daß ein Therapieerfolg oft von einem *zufällig-glücklichen* Konstellation abhängt. Zum anderen wirkt der Umgangsstil der Team-Mitglieder untereinander als Modell. Wenn es ihnen gelingt, untereinander Kontroversen offen auszutragen, Gefühle glaubwürdig auszutauschen, sowie Nähe und Distanz, Abhängigkeit und Unabhängigkeit in einem ausgewogenen = normalen Mischungsverhältnis zu leben, kann auch das als Absolutes erlebt werden (!), liegt darin die größte therapeutische Chance überhaupt.

3. Berufsbezogene Schwerpunkte

Die *Pflegeberufe* sind nach ihrer Ausbildung Spezialisten für die menschlichen Grundbedürfnisse, gerade für die „hautnahen". Gerade hier liegt ein Hauptproblem der Abhängigen, die ja nicht zufällig oft infantil bzw. oral verwöhnt oder frustriert genannt werden. Aufmerksamkeit für Ernährung, Körperpflege, Kleidung, für den Umgang mit dem Körper, mit Schmerzen, Schlaflosigkeit, mit dem Alltag überhaupt, und Aufmerksamkeit für die „kleinen" persönlichen Eigenheiten und Empfindlichkeiten stellt gerade bei Abhängigen am ehesten Vertrauen her.

Maßlose Fixierung auf bestimmte Bedürfnisse bei völliger Vernachlässigung anderer bedarf des Ausgleiches. Der verwahrloste Alkoholiker, der antibürgerliche Fixer und die zwanghaft saubere und überordentliche M-abhängige Hausfrau sind aus *ihrer* Wertwelt heraus zu verstehen und miteinander zu vermitteln. So obliegt die Bedürfnis-Diagnose und -Therapie dem Pflegepersonal, wobei die Bedürfnisse der Patienten zwar mit den eigenen zu vergleichen, aber nicht zu verwechseln sind. Aus diesen Gründen gehört eine Schwester oder ein Pfleger auch in das Team jeder Fachambulanz.

Der *Sozialarbeiter* hat es mit der Sozialdiagnose der sozialen Selbstvernichtung und Isolierung zu tun. Die Entlassung des Patienten in eine unveränderte soziale Situation ist der häufigste Grund für therapeutische Mißerfolge. Bei der Veränderung der sozialen Bedingungen und der frühzeitigen Vermittlung in ambulante Nachsorge hat der Sozialarbeiter so zu handeln, daß der Patient es selbst ist, der seine Angelegenheiten in die Hand nimmt. In der Angehörigengruppe wird es meist darum gehen, daß die Partner beginnen, sich um ihre eigenen, bisher vernachlässigten Bedürfnisse zu kümmern und dem Patienten dadurch mehr Handlungsfreiraum geben.

Der *Werktherapeut* hat auf das ebenfalls meist gestörte Verhältnis der Abhängigen zu ihrem körperlichen Einsatz, zu Arbeit und Freizeit zu achten. Anstelle des Pendelns zwischen übermühtem Leistungsehrgeiz und resigniertem Vermeiden ist der sinn- und lustvolle Wechsel von An- und Entspannung und die Wechselbeziehung (aktiv-passiv) in der Gruppe zu üben. Ähnliches gilt für den *Bewegungstherapeuten*.

Dem *Arzt* bzw. *Psychiater* obliegt neben der Diagnose und Therapie der Körperschäden die Frage, ob die Therapie der Abhängigkeit selbst medikamentös zu unterstützen sei. Nach Möglichkeit ist darauf zu verzichten, weil dies die Hoffnung auf Hilfe von Außen und damit die Abhängigkeitshaltung fördert.

Von dieser Regel gibt es Ausnahmen: wenn die Kontrollfähigkeit noch zu beeinträchtigt, der Patient von seinen Gefühlen völlig gefesselt ist, wenn sich durch wiederholte Rückfälle der therapeutische

Mißerfolg abzeichnet oder wenn bei der ambulanten Therapie eine „Starthilfe" erforderlich ist. In jedem Fall aber muß ein Medikament für den Patienten im vereinbarten allgemeinen Therapierahmen eine Bedeutung bekommen, z. B.:

a) *Neuroleptika:* Wenn bei der ambulanten Therapie mäßige, verlängerte oder wiederholte Entzugssymptome zu erwarten sind, kann es für die Selbstachtung des Patienten bedeutsam gemacht werden, daß er diese für ihn schwere Zeit *aus eigener Kraft* durchsteht und die unangenehmen Nebenwirkungen der Neuroleptika bewußt *in Kauf* nimmt (daher kein Distraneurin!): Er läßt sich auf Unangenehmes willentlich ein, statt es, wie bisher, zu vermeiden.

b) *Apomorphin:* Bei diesem Brechmittel kann eine ähnliche Bedeutung gemeinsam erarbeitet werden. Das Verfahren wird auch ambulant angewandt, und zwar bei A-, M- und R-Abhängigen sowie bei Polytoxikomanen. Schema (nach H. Beil): 2 Wochen 3 mal, dann 2 Wochen 2 mal täglich 10 (5–15) mg. Apomorphin subkutan, u. U. bis zum Erbrechen. Wiederholungskur in 2 bis 6 Monaten.

c) *Antabus* (Disulfiran): Zur praktischen Anwendung dieser Technik (s. Kap. 13). Ähnlich wirken Dipsan, Clont und Rastinon. Antabus kann implantiert werden. Antabus hat enttäuscht, weil es nur als Medikament verordnet wurde. Es ist aber durchaus erfolgreich, wenn es innerhalb eines Therapieplans eine Bedeutung bekommt, als „Krücke" etwa, damit die Therapie Zeit gewinnt, um sich zur Selbst-Therapie entwickeln zu können. Minutiös müssen alle Einzelheiten abgesprochen werden. Die Tablette darf z. B. dem A-Abhängigen nicht vom Ehepartner zugeteilt werden, da das den Kontrolldruck noch verstärken würde. Vielmehr wird die Tablette etwa Teil des gemeinsamen Frühstücks, bei dem der Partner nur zusehen darf, wie der Patient selbst die Tablette nimmt.

Der *Psychologe* wird zunächst für das diagnostische Mittel der Verhaltensanalyse zuständig sein, d. h. für das Sammeln sämtlicher Bedingungen, die für das Symptom (z. B. Trinken) förderlich und hinderlich sind. Das ist für den Therapieplan entscheidend. Vor allem, wenn sich das Team entscheidet, die Grundhaltung durch verhaltenstherapeutische Techniken zu ergänzen. Dies ist heute bei Einrichtungen häufig der Fall, die mit Abhängigen arbeiten. Zur Verhaltenstherapie s. Kap. 14. Der Psychologe wird meist auch die gewählte therapeutische Technik einüben. Er wird darauf achten, daß sie sich nicht von der Grundhaltung als „bloße Technik" verselbständigt. Genauso wie er dafür sorgt, daß das Team den Zusammenhang des Symptoms (Trinken, Schlucken) mit den eigentlichen Lebensproblemen des Patienten beachtet.

4. Therapie-Verlauf

Je früher die therapeutische Arbeit beginnt, desto besser. Schon die Bearbeitung des Entzugs- oder Delir-Erlebens kann ein wichtiger Hebel für die Eigenmotivation sein. In frühen Abhängigkeitsstadien kann ambulante, teilstationäre oder kurz-stationäre Therapie reichen.

Bei der *Vereinbarung* der Zusammenarbeit ist auf folgendes zu achten:

1. Sie darf weder den Patienten noch uns überfordern. Weiche ich nur „unbedeutend" davon ab, bricht das Vertrauen gerade des Abhängigen zusammen, von dem ja in jedem Fall ein für ihn maßloser Verzicht auf den Kreislauf von Lustgewinn und Bestrafung verlangt wird.

2. Die Abstinenz ist zwar besonders eindeutig zu vereinbaren. Doch sind bei den Therapiezielen nicht negative, sondern positive Ziele entscheidend, die etwa mit der Wiederentdeckung der Selbstachtung, „Ehrlichwerden", Sich-Wahrmachen zu tun haben.

3. Aktive Ziele fallen uns meist leichter ein. Doch passive sind genauso wichtig: z. B. Gelassensein; die Dinge auf sich zukommen und in sich hineinlassen; Abhängigkeit und Geborgenheit auch als solche genießen können; kapitulieren können, wo es angemessen ist (etwa gegenüber der Droge).

4. Zu den Zielen gehört nicht nur Veränderung, sondern auch ein annehmendes Innewerden der gegebenen persönlichen Besonderheiten.

Wegen der Gefahr der auch therapeutischen Überanpassung der Abhängigen ist das Ziel-Mittel-Verhältnis immer wieder zu überprüfen. Widersprüche haben wir stehen zu lassen, nicht vorschnell aufzulösen. Statt eigener Wertung haben wir den Patienten ständig und stur zur Selbstbewertung aufzufordern, „den Ball zurückzuwerfen". Nur so lernt er, sich eigene Entscheidungen zuzutrauen. Auch das „Loch", das entsteht, wenn das Trinken aufhört, hat er zu füllen, nicht wir. Wir können aber gemeinsam Möglichkeiten erarbeiten, oft besser im gemeinsamen Handeln als Sprechen. Ebenso bleibt der Rückfall seine Sache, nicht unsere – eine Härte, um die wir uns gern drücken!

Vielleicht am wichtigsten ist auch hier *Öffentlichkeit*. Die neuerworbene Selbstachtung und Fähigkeit, nicht zu trinken (zu schlucken, zu fixen), darf nicht – wie bisher – heimlich bleiben. Sie muß öffentlich werden und immer öffentlicher, bis sie selbstverständlich ist. Das muß geübt werden: erst mit den Mitpatienten, dann mit dem Ehepartner, dann mit den Verwandten und schließlich mit den Arbeitskollegen und u. U. in der gewohnten Kneipe. Das ist maßlos schwer, aber unerläßlich: jeder neue Mitwisser ist ein weiterer Garant, entlastet den Abhängigen von der anfänglichen Strapaze, die er nie durchhalten würde, wenn er dabei stehenbliebe. Auch dies ist mit dem Patienten zu üben, z. B. im Rollenspiel. Dasselbe gilt für das Training der Befreiung aus der sozialen Isolation. Man sieht: bei all unserer „hartherzigen" Verweigerung bleibt hinreichend viel Gelegenheit für unser Engagement – aber an der richtigen Stelle!

Endlich können wir die Rückfallquote dadurch senken, daß wir den Patienten so früh in die ambulante *Nachsorge* (oder Selbsthilfegruppe) vermitteln, daß der Kontakt schon stabil ist, wenn der Patient von der Station entlassen wird. Bei der ambulanten Therapie müssen entsprechende Kontakte länger bestehen, als man denkt, wenn auch in größeren Intervallen. Die Zahl der Rückfälle wird sehr unterschiedlich angegeben (30 bis 90%). Jedenfalls finden die meisten Rückfälle innerhalb der ersten 6 Monate nach Therapieende statt. Wer dagegen 2 Jahre selbsttherapeutisch zurecht gekommen ist, hat nur noch die Wahrscheinlichkeit von einem Prozent für einen Rückfall!

Zum Schluß noch einmal zur Erinnerung: nie den Abgrund vergessen – weder den im Abhängigen, noch den in mir selbst!

IV. *Epidemiologie/Prävention*

Der Ärger, den Abhängige in der Regel in uns auslösen, hat *auch* mit dem Wissen zu tun, daß zumindest die erschreckende Zunahme des Abhängigkeitsproblems *unnötig* wäre, wenn verschiedene gesellschaftliche Bedingungen anders wären. Wer mit Abhängigen zu tun hat, sollte daher auch an solchen Änderungen präventiv mitarbeiten, damit er sein therapeutisches Tun nicht für sinnlos halten muß. Die Daten dazu liefert die Epidemiologie.

1. Verbreitung

Gesichert ist: Je höher der pro-Kopf-Verbrauch eines Suchtmittels in einer Gesellschaft, desto höher die Zahl der Abhängigen. Also finden wir:

A-Abhängigkeit: Anstieg des pro-Kopf-Verbrauchs an reinem Alkohol in der BRD pro Jahr von 3,2 l 1950 auf 12,3 l 1976 = DM 575,30 (größter Anstieg gegenüber vergleichbaren Ländern). Anstieg der alkoholbedingten Aufnahmen in PKH's auf 30% der Gesamtaufnahmen, Anstieg der Alkoholdelirien in wenigen Jahren bis 700%. Entsprechend schätzt man die Zahl der A-Abhängigen in der BRD gegenwärtig auf 1,2 bis 1,5 Mill. Nimmt man die Familien hinzu, leiden 4 Mill. Menschen am A-Problem. Als gefährdet gelten 7% der Bevölkerung. In den USA sind 7% der A-konsumierenden Menschen abhängig.

Tendenz: Weiterer Anstieg der A-Abhängigkeit, zunehmende Ausdehnung auf Frauen (20%) und auf Jugendliche (10%), zunehmende Kombination mit M-Abhängigkeit, vor allem mit (ärztlich verschriebenen) Tranquilizern und „Schlafmitteln".

M-Abhängigkeit: Anstieg des Arzneimittelumsatzes der Apotheken insgesamt auf 6,8 Mrd. DM 1971, davon 1–2 Mrd. DM für freiverkäufliche. Für „Schlafmittel" hat man errechnet, daß von 48 Mill. erwachsenen Bundesbürgern 10% regelmäßig, 16% gelegentlich und 13% selten „Schlafmittel" nehmen, also 18,5 Mill. Menschen. Diese konsumieren jährlich 48 Mill. Packungen, zu 2/3 ärztlich verschrieben. Entsprechend nimmt man eine Zahl von 2–300.000 M-Abhängigen in der BRD an. Da hier Verheimlichung und Dunkelziffer besonders groß sind, glauben manche, daß die Zahl der M-Abhängigen die der A-Abhängigen schon erreicht hat.

Tendenz: Weiterer Anstieg der M-Abhängigkeit, besonders bei Frauen (Männer : Frauen = 1 : 2) und bei Jugendlichen. Bei einer Umfrage gaben von den 12–14-Jährigen 6% an, Aufputschmittel und 10% „Schlaf-" und Beruhigungsmittel zu nehmen, die Hälfte ohne ärztliche Verordnung.

R-Abhängigkeit: Abnahme des pro-Kopf-Verbrauches in der BRD, da vor allem die Probierer und Gelegenheitskonsumenten auch unter 10% der Jugendlichen geschrumpft sind. Daher rechnet man gegenwärtig mit 10.000 R-Abhängigen und 40.000 Dauerkonsumenten, von denen ein Teil abhängigkeitsgefährdet ist.

Tendenz: Weiteres Abklingen der „Welle", jedoch Zunahme der von „harten" Drogen Abhängigen (vor allem Heroin). Zugleich Beginn der „Drogenkarriere" in jüngerem Alter, Verschiebung aus höheren in untere Sozialschichten, von der Stadt aufs Land. Statt Subkulturbildung bleiben die Abhängigen mehr in ihrer Familie. Insgesamt Anpassung an die bürgerlich etablierten Suchtmuster. Das gilt für Angleichung der Heroin-Abhängigen an das „klassische" Muster der Morphium-Abhängigkeit ebenso wie für die Tendenz, mit Medikamenten und/oder Alkohol zu kombinieren oder umzusteigen.

2. Bedingungen

Genetik

Bei manchen A-Abhängigen begünstigt ein angeborenes Enzymmuster den Alkoholabbau und damit die Abhängigkeit. Zum anderen macht man angeborene Persönlichkeitszüge verantwortlich. In den Familien Abhängiger hat man vermehrt weitere Abhängige bzw. Persönlichkeitsstörungen gefunden. Dies läßt sich freilich nicht von der „sozialen Vererbung", von Gewohnheiten, eben auch „Abhängigkeitshaltungen trennen".

212

Persönlichkeit
Auch psychoanalytisch ist versucht worden, Persönlichkeitstypen zu beschreiben, die suchtgefährdet sind: z. B. abhängig-depressive, oral fixierte oder frustrierte, frühkindlich regredierende, ichschwache, passive, narzißtisch-verletzbare, frustrationsintolerante, verzichtunfähige, unersättliche, sich mit der eigenen Geschlechtsrolle nicht wohlfühlende, sexuell ängstlich-gehemmte und daher prägenital orientierte Persönlichkeiten. Da man aber die Menschen meist erst untersucht, nachdem sie abhängig geworden sind, taugen die Befunde nicht viel. Oft sind sie nicht Ursache, sondern Wirkung der Abhängigkeit.

Erziehung
Überzufällig findet man unvollständige oder gestörte Herkunftsfamilien („broken home"), eine dominante, verwöhnende, verführerische oder überfürsorglich-ablehnende Mutter und einen abhängig-schwachen, brutalen oder abwesenden Vater. „Schaukelerziehung" (unberechenbar, mal zu verwöhnend, mal zu strafend) scheint die Entwicklung der Suchthaltung besonders zu fördern. Daran arbeiten wir z. B. immer dann mit, wenn wir einem Kind, das uns gerade lästig ist, ein Bonbon in den Mund stecken (oder einem Patienten eine Tablette)!

Soziale Lage
Unterprivilegierte Gruppen sind nach wie vor stärker durch chemische Tröstung gefährdet: z. B. die unteren Sozialschichten, Ab- oder Aufsteigende oder nicht gut integrierte Subkulturen, soweit sie sich nicht durch Tabus dagegen schützen. Subkulturen können rassisch, religiös, nach Beruf oder Alter (Jugend-Subkultur) definiert sein. Berufe können durch ihre Tätigkeit, Griffnähe oder „weil es eben dazugehört" suchtgefährdet sein, z. B. Künstler, Intellektuelle, medizinische Berufe, Beschäftigte am Bau, in Druckereien, Brauereien oder im Gaststättengewerbe, Nacht- und Schichtarbeiter.

Soziale Wertung
Die Häufigkeit eines Handelns hängt von der sozialen Wertung ab. Daher werden in Gesellschaften, die Alkohol verbieten (islamische Kulturen) oder die mäßiges Trinken erlauben, jedoch Betrunkenheit und Exzesse ablehnen (Italien) aher nur solche Menschen abhängig, die individuell geschädigt sind. Dagegen genügt in Gesellschaften, die auch gegen Betrunkenheit und Exzesse eher tolerant sind (Frankreich), schon eine geringe Schädigung oder Krise des Individuums, um ihm die Abhängigkeitskarriere zu eröffnen. Auch in der BRD gibt es zahlreiche Situationen, für die die allgemeine soziale Wertung Betrunkenheit eher augenzwinkernd entschuldigt (z. B. Betriebs- oder Familienfeiern). Das ganze soziale Leben ist zudem von alkoholkonsumfördernden Wertungen durchzogen, wie „Männlichkeit" oder „Gemütlichkeit".

Übung: Es wird Ihnen leicht fallen, 10 ähnliche, alltagswirksame Wertungen zu finden. Nach dieser Übung werden Sie mehr Respekt vor der Anstrengung eines Patienten haben, dem Sie lässig Abstinenz verordnen.
Die Bedeutung der sozialen Wertung für die M-Abhängigkeit ist bisher kaum erforscht!

Bezugspartner
Partnerwahl: Männliche A-Abhängige wirken oft kindlich oder weiblich und haben eher männliche, vitalere, dominant-kontrollierende, ältere oder mütterliche Frauen. Umgekehrt haben M-abhängige Frauen nicht selten Männer „die einfach alles können". Auch dies ist freilich z. T. eher Wirkung als Ursache der Abhängigkeit. Was bleibt dem Angehörigen eines Abhängigen außer Trennung schon anderes übrig?

Krisen jeder Art können Abhängigkeitskarrieren ausklinken: angefangen von schweren Körperkrankheiten und Schmerzzuständen, Entwicklungs- und Reifungskrisen, Identitäts- und Wertkrisen bis zu chronischen Spannungszuständen in Ehekonflikten, Vereinsamung, Überforderung und Mehrfachbelastung (z. B. von Hausfrauen), Konkurrenz und Rivalität, Rollen- und Statuskrisen, Arbeitslosigkeit sowie sonstige ökonomische Notlagen – sowohl individuelle als auch kollektive Konjunkturkrisen.

3. Bedeutung

Umgang mit Rauschmitteln zur Selbstbehandlung gehört zum Wesen des Menschen. Aber warum sind aus diesen uralten menschlichen Möglichkeiten ausgerechnet in den letzten 120 Jahren Massenverelendungsmittel (Massenvernichtungsmittel!) geworden? Warum leisten sich gerade die entwickelteren Gesellschaften so bereitwillig und hartnäckig die vielen Milliarden direkter und indirekter Folgekosten des Suchtmittelgebrauchs, die Erhöhung der Sterblichkeit und der Suizidrate, die Senkung der Lebenserwartung um 10 Jahre, die Zerstörung der Familien mit ihren seelischen und ökonomischen Folgekosten, die Beteiligung des Alkohols an der Kriminalität (bei 50% der Straftaten) und am Verkehrsterror (bei 25% der tödlichen Verkehrsunfälle), die körperliche und geistige Schädigung von Neugeborenen, die Dauerimprägnierung der Jugend und vor allem die längst in uns allen mehr oder weniger ausgeprägte Abhängigkeitshaltung, mit der „normalen" Tendenz, Schmerzen, Probleme und Konflikte nicht so zu sehen, wie sie sind, sondern sie „wegzusehen", ungeschehen zu machen, zu maskieren und zu vermeiden, als ob sie nicht zum menschlichen Dasein gehörten? Natürlich hat es einzelne Abhängige immer schon gegeben, aber die Massenhaftigkeit gibt es erst seit 120 Jahren. Daher hilft uns die Aufzählung einzelner Bedingungen so wenig. Statt dessen müssen wir sagen: so lange es so ist, wie es ist, ist jeder von uns abhängigkeitsgefährdet.

Zur Beantwortung dieser zentralen Frage ist die historische Betrachtung nützlich: Als um die Mitte des 19. Jahrhunderts die ersten „modernen" ökonomischen Konjunkturkrisen (Überproduktionskrisen) das sich industrialisierende Europa erfaßten, kamen viele Großgrundbesitzer auf die geniale Idee, ihr überschüssiges Getreide, auf dem sie sitzenblieben, vermehrt zu Schnaps zu verarbeiten. Damit kamen sie über die Absatzkrise hinweg, etablierten einen neuen Markt, indem sie systematisch größere „Griffnähe" herstellten, „trösteten" die verelendeten, arbeitslosen Massen und trugen durch Betäubung und Ablenkung eben dieser Massen von ihren *wirklichen* Schmerzen und Problemen und durch Weckung von künstlichen Bedürfnissen zur „Ruhe im Lande" und zur Anpassung geradezu körperlich-durchgreifend bei. Dies Prinzip ist bis heute in allen an Industrialisierung und an *Wachstum* orientierten Volkswirtschaften unverändert in Kraft. Nur daß inzwischen die wirksameren Werbemethoden der Getränkeindustrie ihr Angebot „demokratisiert" haben: sie stellen freie und gleiche, d. h. absolute *Griffnähe* her – erfassen alle Sozialschichten und dehnen sich aus von den Männern auf die Frauen, von den Erwachsenen auf die Jugendlichen, von den ökonomischen Problemen (Armut) auf die psychosozialen Probleme (Wohlstand, Sinnleere). Die mitgelieferte Betäubung, Beruhigung und Vermeidung der *wirklichen* (seelischen, ökonomischen und poilitischen) Probleme garantiert zugleich die stillschweigende Billigung und Duldung des jeweiligen Staates, der jeweils Herrschenden – in Ost wie in West. In der BRD brachte 1976 Alkohol 5 Mrd. DM Steuern, Tabak 9 Mrd. DM. – Wer gegenwärtig hohen Wirtschaftswachstum will, sagt „ja" zur Energiegewinnung um jeden Preis, zur Wegrationalisierung von Arbeitsplätzen, zu hoher Arbeitslosigkeit und zum weiteren Anstieg der Abhängigkeit.

Nicht anders der M-Mißbrauch: Als Hufeland 1836 den Begriff „Opiumsucht" prägte, meinte er noch *einzelne* Kranke. Sonst hätte Karl Marx nicht kurz darauf Religion „Opium für das *Volk*" nennen können. Aber die sich entwickelnde Pharma-Industrie vergaß das Volk nicht, tröstete es wirksamer als Marx: Vom Systemzwang ständigen Wachstums getrieben, produzierte sie nicht nur für den medizinischen, sondern auch für den Volksgebrauch. 1912 fanden immerhin schon 60 Staaten gesetzliche Maßnahmen erforderlich. Die Pharma-Industrie des 20. Jahrhunderts arbeitet wirksamer und expansiver: 1. Da „Konsum" selbst heute ein wichtiger Wirtschaftsfaktor ist und daher

214

immer mehr Daseinsbereiche in Konsumbereiche verwandelt (und entfremdet) werden, wurde auch „Medikamente-Nehmen" und „Selbstbehandlung" als Konsum deklariert und durch Werbung propagiert. 2. Daher die wahnwitzige Überproduktion der meisten abhängigmachenden Mittel über den medizinisch begründeten Bedarf weit hinaus. 3. der Verbrauch ließ sich über die Selbstbehandlung hinaus (Apotheken als Selbstbedienungsläden) dadurch steigern, daß über die Pharma-Vertreter die Ärzteschaft sich in einen Apparat zur Befriedigung künstlich geweckter Maskierungs- und Vermeidungsbedürfnisse umfunktionieren ließ. Dies war kein großes Problem, da zumindest auch die freie Ärzteschaft vom Marktgesetz des Wachstums abhängig ist. So war auch hier absolute Griffnähe herstellbar. 4. schließlich macht die Schwerfälligkeit und die Angst der Verwaltungen vor der freien Wirtschaft es möglich, daß die Pharma-Industrie – ebenso flexibel wie die Abhängigen – auf immer neue chemische Substanzen umsteigen. Dadurch sind sie den unentschlossenen, ja auch an Beruhigung und Anpassung interessierten Verwaltungen immer um mehrere Nasenlängen voraus.

Der R-Mißbrauch hat eine z. T. andere gesellschaftliche Bedeutung. Immerhin gibt es in der Geschichte kaum eine vergleichbare Jugendlichen-Bewegung. Ausgehend von der politischen Studentenbewegung von 1967/68 war die R-Bewegung teils ein persönliches Ernstnehmen der politischen Idee der „totalen Verweigerung" und der „neuen Sensibilität", teils ein entpolitisierender Anpassungsvorgang. Anders als beim A- und M-Konsum reagierten Staat und Wirtschaft hier einheitlich und eindeutig. Verständlich; denn für die Wirtschaft ist der schwarze Markt des R-Konsums ein schädlicher unlauterer Wettbewerb und selbst ein A-geschädigter Frührentner immer noch ein besser angepaßter ökonomischer Aktivposten; und für den Staat ist eine sich total verweigernde und interesselose Jugend gefährlicher, weil unangreifbarer, als eine Jugend, die wenigstens so viel Interesse an der öffentlichen Ordnung hat, daß sie sie politisch bekämpft. Deshalb war – gemessen am zahlenmäßigen Umfang des Problems – in kürzerer Zeit für R-Abhängige mehr öffentliche Aufmerksamkeit und mehr Geld vorhanden als je für das viel größere Problem der A- und M-Abhängigen. Und die Getränke- und Pharma-Industrie ist – wie wir gesehen haben – dabei, die Jugend durch Herstellung von Griffnähe in ihren besser angepaßten Griff zu bekommen.

4. Prävention

Auch sie ist im Rahmen dieser gesellschaftlichen Bedeutung zu sehen. Jede Prävention hat von den wenigen harten Tatsachen auszugehen: Eine Gesellschaft hat je weniger massenhaftes Abhängigkeitselend, 1. je geringer der pro-Kopf-Verbrauch der jeweiligen Droge und je eindeutiger die Gelegenheiten des Drogenkonsums definiert sind, 2. je toleranter sie gegenüber passiven, weichen Rückzugsbedürfnissen sowie systemübersteigenden (absoluten) Bedürfnissen ist, weil dadurch die Individuen eher zur Selbstkontrolle dieser Bedürfnisse kommen, und 3. je eindeutiger Produktion und Handel (dealer) kontrolliert werden.

Daraus ergeben sich zahlreiche Einzelmaßnahmen:

– Einschränkung bzw. Einstellung der Überproduktion der Getränke- und Pharma-Industrie sowie Kontrolle bzw. Selbstkontrolle der Werbungs und Handelsmethoden, incl. Vertretertätigkeit. Zahllose Medikamente sind medizinisch überflüssig, müßten nicht produziert oder könnten zumindest rezeptpflichtig werden. Ausdehnung der gesellschaftlichen Bereiche, in denen Drogen (Alkohol, Nikotin) nicht konsumiert werden (Betriebe). Abbau der Griffnähe. Herstellung absolut untoxischer Präparate für die Selbstbehandlung. Herstellung kleiner Packungen.
– Strafrechtliche Haltung nur gegenüber Verstößen bei Produktion, Werbung und Handel, nicht gegenüber Konsumenten, weil nur so Therapiewilligkeit zu verbessern ist.
– Aufklärung über Gefahren ist nicht wirksam, solange sie mit Angst arbeitet. Aufklärung der meinungsbildenden „Multiplikatoren" (Lehrer, Betriebsleiter) und Fachleute (Ärzte) ist erfolgreicher. Krankenhäuser und freie Ärzte haben sich – in Selbstaufklärung – über den Kanon der von ihnen

benutzten und nicht benutzten Medikamente zu einigen. Es senkt z. B. die Suchtgefahr erwiesenermaßen, wenn man Schmerzmittel über längere Zeit nur mit Zusatz eines Neuroleptikums gibt.

– Erziehung ist nur wirksam, wenn alternatives Engagement für individuelle und gesellschaftliche Ziele, für *wirkliche* Bedürfnisse greifbar gemacht wird. Dabei ist im Augenblick das wachstumskritische Engagement gegen die selbstzerstörerischen, toxischen Gefahren, also Umweltschutz im weitesten Sinne, vielleicht der wirksamste Ansatz.

LITERATUR

FALLADA, H.: *Der Trinker.* Reinbek, Rowohlt 1959

FEUERLEIN, W. u. a.: *Alkoholismus.* Stuttgart, Thieme 1975

HERHAUS, E.: *Kapitulation.* München, Hanser 1977

KIELHOLZ, P. u. D. LADEWIG: *Die Drogenabhängigkeit des modernen Menschen.* München, Lehmanns 1972

Praxis sozialer Fallarbeit mit Alkoholikern, übers. A. Maas. Freiburg, Lambertus 1967

Psychiatrie der Sucht: Beiträge von G. A. Lundquist, H. Solms, S. Wieser, P. Kielholz, R. Battegay. in: *Psychiatrie der Gegenwart.* Berlin, Springer, Bd. II/2 1972

STEINBRECHER, W. u. H. SOLMS: *Sucht und Mißbrauch.* Stuttgart, Thieme 1975.

7. Kapitel

DER LIEBENDE MENSCH (Schwierigkeiten der Sexualität)

I. *Grundbedürfnis Liebe*

II. *Grundhaltung*
  1. Selbstwahrnehmung
  2. Vollständigkeit der Wahrnehmung
  3. Normalisierung der Beziehung

III. *Möglichkeiten (Typen) sexueller Schwierigkeiten*
  1. Leiden an Selbstbefriedigung
  2. Leiden an Homosexualität
  3. Leiden an Heterosexualität
    a) *Befriedigungsstörungen des Mannes*
      1. Erektionsstörung
      2. Ejakulationsstörung
    b) *Befriedigungsstörungen der Frau*
      1. Orgasmusstörung
      2. Vaginismus
    c) *Bedürfnisstörungen*
      1. Schwächen des Bedürfnisses (Hyposexualität)
      2. Steigerung des Bedürfnisses (Hypersexualität)
  4. Leiden an sexueller Andersartigkeit
  5. Leiden an der Geschlechtsrolle (Transsexualität)

IV. *Therapie und Selbst-Therapie*

V. *Epidemiologie und Prävention*
  1. Verbreitung
  2. Bedingungen
  3. Bedeutung
  4. Prävention

Literatur

I. *Grundbedürfnis Liebe*

„Weil ich Hunger habe, esse ich". Was ist einfacher und selbstverständlicher? Und doch ist das Grundbedürfnis Hunger Triebkraft und Aufhänger für die Durchsetzung von Wirtschaftsformen, Arbeitszwang, Kriegsführung, kulturellen Sitten, pädagogischen Geboten (Tischmanieren), religiösen Eß-Verboten, aber auch für die Ausgestaltung meines höchstpersönlichen Geschmacks, der mich von allen Anderen unterscheidet, für den mir genehmen Geselligkeitsstil sowie für die Notlage, die aus mir einen Dieb oder Raubmörder macht. Liebe (oder „wissenschaftlich"-verharmlost: Sexualität) ist ein mindestens ebenso fundamentales körperlich-seelisch-soziales Grundbedürfnis. Sie entlastet mich von Spannungsdruck und Angst, erlaubt mir die Fortpflanzung, läßt mich „meiner Natur" folgen und meine Individualität entfalten, gibt mir das größtmögliche Glücksgefühl überhaupt, mit grundsätzlich grenzenlosen Steigerungsmöglichkeiten. Da alles Grenzenlose aber auch bedrohlich ist, habe ich einen hohen Preis dafür zu zahlen – damit ich mich nicht bis zur Selbstaufgabe auf Kosten Anderer ins Grenzenlose versteige: Alle Kulturen haben das Lieben durch eine Unzahl geschriebener und ungeschriebener Gesetze, Werte, Belohnungs- und Bestrafungsnormen kanalisiert. Damit wird die Sexualität zum Anlaß 1. für die Regelung zwischenmenschlicher Beziehungen, 2. für die Gestaltung der wichtigsten kulturellen Institutionen (z. B. Familie, Ehe, Moral, Religion) und 3. für die Richtlinien der Entwicklung meiner Persönlichkeit. Abweichungen haben Strafen zur Folge, aber auch Selbstbestrafung und Schuldgefühle; denn ein Teil von mir ist grenzensprengende sexuelle Gestaltungsfreiheit, ein anderer Teil von mir aber setzt *selbst* die eingrenzenden, kulturellen Gebote dagegen. Zwischen den Wünschen des „Es" und den Vorschriften des „Über-Ich" bringt das „Ich" oft genug nur traurige Kompromisse zustande. Sexuelles Handeln nimmt also nicht nur Angst, sondern setzt auch Angst, bringt auch grenzenloses Unglück, erzwingt die Verkrüppelung „meiner Natur", kann mich zum Suizid oder zum Todschlag treiben.

> Es kann sein, daß die kulturelle Wertung für einen jungen Mann aus den unendlich vielen Gestaltungsmöglichkeiten folgendes auswählt: Er beschränkt sein sexuelles Handeln und Erleben darauf, ein Mädchen zu heiraten, das – wie er – unberührt in die Ehe geht, angemessen jünger ist, nicht blutsverwandt, aber auch nicht zu fremd (keine Ausländerin), aus gleich guter Familie, gesund, der selben sozialen Schicht und Konfession angehört, mit der er nur solange und immer in derselben Weise ausschließlich genitalen Geschlechtsverkehr hat, bis sie ihm 2 Kinder geboren hat, ohne sie z. B. auch nur einmal nackt gesehen zu haben.

Man hat ein solches streng genitales Kulturideal – gemessen an der Vielfalt sexueller Ausdrucksmöglichkeiten – auch als die schwerste aller Perversionen bezeichnet. Dabei dürfen wir aber nicht vergessen, daß es gerade ein Beweis für eben diese Vielfalt ist, daß selbst die beiden beschriebenen jungen Leute u. U. *nur so* glücklich sein können. Wie sehr umgekehrt die meisten Menschen sich auch große Abweichungen von ihrem Kulturideal leisten und wie sehr sie die unendliche Vielfalt bei ihrer Kompromißsuche in Anspruch zu nehmen verstehen, darüber hat spätestens Kinsey uns die Augen geöffnet.

Merke: Liebe und ihre Gefahren und Schwierigkeiten sind *nicht* voneinander zu trennen.

Ist das Resultat der Auseinandersetzung zwischen den biologischen, endogenen, individuellen Besonderheiten und den jeweils geltenden soziokulturellen Besonderheiten, zwischen Natur und Kultur, mehr oder weniger weit vom Kulturideal entfernt, dann nennen die Leute es abnorm, abweichend (= deviant), gestört, krankhaft, pathologisch oder pervers. Jedoch gerade als psychiatrisch Tätige haben wir unabhängig davon zu sein, ob das Lieben eines Menschen im Resultat der kulturellen Wertung entspricht oder nicht. Vielmehr sind wir allen verpflichtet, die selbst und/oder ihre Bezugspartner unter *ihrer* Art zu lieben *leiden, egal,* ob dies als normal oder abnorm gilt. Der liebende Mensch ist also psychiatrisch genauso zu sehen, wie dies in den anderen Kapiteln geschieht: nämlich leidend an sich selbst, an seinem Körper und/oder an Anderen.

Diese Sichtweise ist uns in mehrfacher Hinsicht hilfreich:

1. Sie macht uns klar, daß jede andere psychische Schwierigkeit oder Krankheit sich auch im sexuellen Erleben auswirkt und umgekehrt. Jede Sexualstörung kann also sowohl Bedingung als auch Folge einer anderen psychischen (neurotischen oder psychotischen) Störung sein. Zu Unrecht hat man verallgemeinert, daß jede seelische Störung auf eine Sexualstörung zurückzuführen ist. Zu Recht kann man aber sagen, daß die Sexualität der empfindlichste Anzeiger für das Befinden eines Menschen ist.

2. Selbstbefriedigung, Homosexualität und Heterosexualität sind für uns gleichermaßen normal. Jedes hat für uns in sich seinen Sinn. Selbstbefriedigung ist dann Kennenlernen, Zärtlichkeit, Vertrauen und Selbstversicherung im Umgang mit dem eigenen Körper; Homosexualität dasselbe im Umgang mit Anderen des eigenen Geschlechts; Heterosexualität dasselbe im Umgang mit Anderen des anderen Geschlechts. Wieweit ich mich zu welchem Zeitpunkt ins Fremde vorwage, ist dann eine Frage meiner sexuellen, aber auch allgemeinen Angst. Alle 3 Richtungen des Liebens sind für uns hilfsbedürftig, wenn sie leidend und störend erlebt werden.

3. Der Einzelne ist zu befragen, welcher Anteil am Resultat seiner Sexualentwicklung unveränderbar und welcher änderbar ist. (Der erste Anteil kann konstitutionell und/oder durch die bisherige Lebensführung zustandegekommen sein, wird als fest, irreversibel, endogen erlebt.) Therapie-Ziel wäre im ersten Fall, sich anzunehmen, im letzteren Fall sich zu ändern.

4. Die Gefährdung des Liebens läßt sich leichter mit der Kindheitsentwicklung zusammensehen. N. Becker hat 4 allgemeine Risiken des Liebens formuliert: Risiken ergeben sich 1. aus den rivalität-erzeugenden Unterschieden der Geschlechter; 2. aus den aggressiven Wünschen, die im Sexualhandeln immer *auch* ausgelebt werden; 3. aus der Hingabe, dem Kontrollverlust und der teilweisen Ich-Auflösung im orgastischen Verschmelzungserleben mit dem Partner (orgastische Regression); und 4. aus der Mutter-Aufgabe der Frau (Empfängnis, Schwangerschaft, Geburt). Gefahren werden aus diesen Risiken aber nur dann, wenn z. B. folgende typische Kindheitskonflikte mehr verdrängt als gelöst sind: 1. Die Sexualstrebungen bleiben zu sehr oder zu lange den Eltern verhaftet, bleiben inzestuös (unzureichende Nutzung der ödipalen Konflikte); 2. das Liebesobjekt wird zugleich geliebt und gehaßt, weil alle Objektbeziehungen das Stadium der Ambivalenz noch nicht überwunden haben; 3. die Ich-Entwicklung wird noch nicht so stabil erlebt, daß die Bedrohung der orgastischen Regression angstfrei zugelassen werden kann; und 4. das Ich-Ideal sexueller Freiheit kollidiert hilflos mit dem überwiegend sexual-feindlichen Kultur-Ideal oder Über-Ich der Kindheit.

5. Während das Kind noch in allen möglichen Richtungen sein Handeln und Erleben auch sexuell-lustvoll-befriedigend besetzt (Freud: polymorph-pervers ist), steht für uns an der Schwelle zum Erwachsensein als Resultat schon ziemlich fest, wie sehr wir unsere Liebeswünsche in Übereinstimmung mit der Kultur-Wertung in unserer Persönlichkeit integriert haben, aber auch, in welchem Umfang wir Teile der Liebeswünsche – auch gegen die Kultur-Wertung – zu unserer „persönlichen Note" erklären, auf welche Teile wir angstgehemmt verzichten und in welchem Umfang wir eben „anders" fühlen als die Anderen.

Daraus ergeben sich sowohl die verschiedenen Ausdrucksmöglichkeiten des Leidens an der Sexualität, als auch die Chancen und Grenzen therapeutischer Möglichkeiten, zur Liebe zu befähigen, womit wir uns nun zu beschäftigen haben.

II. *Grundhaltung*

1. Selbstwahrnehmung: Die Suche bei mir selbst ist in der Begegnung mit jemandem, der am Lieben leidet, eher leicht. Denn: Wer von uns kennt hier keine Schwie-

rigkeiten? Wenn wir offen zu uns sind, finden wir (fast) alles in uns wieder. Die meisten von uns können sagen: Ich bin in einer Beziehung nicht zurechtgekommen, war impotent/frigide, weil ich Angst hatte vor der Brutalität oder vor der Hingabe, weil der Andere mich zutiefst verletzt hat, oder ich Freude daran hatte, ihn zu verletzen, weil ich körperlich kaputt war oder meine Arbeit mich mehr interessierte, weil ich den Anderen mit Haut und Haaren besitzen oder mich ihm *ganz* hingeben wollte. Ich war oder bin einsam, isoliert, gehemmt und meine sexuelle Triebspannung, meine (verbotenen = abnormen) Phantasien, meine Schuldgefühle, meine unendliche Sehnsucht nach Zärtlichkeit, Geborgenheit, Erfüllung treiben mich schier zum Wahnsinn. Ich habe mir mein Liebesbedürfnis mit Erfolg ausgeredet, aber fühle mich körperlich verkrampft, kann mich auf nichts konzentrieren. Ich spüre Zärtlichkeit gegenüber einem Menschen meines eigenen Geschlechts oder ein solcher nähert sich mir zärtlich, und ich fühle Anziehung und zugleich Ekel, möchte vor Angst oder Empörung aus der Haut fahren. Ich fühle mich sexuell unattraktiv und überhaupt minderwertig und ohnmächtig. Um so mehr möchte ich Macht demonstrieren oder durch Unterwerfung triumphieren. Oder: Kinder und Tiere sind einfacher, unselbständiger und daher ungefährlicher als erwachsene Partner. Oder: Da ich die ganze Erfüllung der Sexualität nicht kriegen kann, aber will, spezialisiere ich mich auf einen ihrer unendlich vielen Anteile und mache diesen Anteil zum Ganzen. Daß dies moralisch mißbilligt wird, steigert – wenigstens für diesen einen eingeengten Anteil – mein Lustgefühl, freilich auch mein Schuldgefühl. Es ist kein Genuß ohne Reue. Denn ich tue etwas, was ich mir zugleich selbst verbiete. (Wir betreiben fast alle gelegentlich Ladendiebstahl)! Ich fühle, daß ich mich damit schadlos halte für das, was ich nicht kriege; ich vermisse aber das Gefühl der endgültigen befreienden Entspannung. Vielmehr spüre ich den Zwang zur endlosen Wiederholung Desselben, das meine Phantasie und mein Leben zunehmend beherrscht und mich lähmt, das Ausweichen in die Anonymität, was die Isolation, der ich doch eigentlich entrinnen wollte, immer schlimmer macht. Es ist ähnlich wie bei einer Sucht. – Wird solche schonungslose Suchhaltung bei mir dem Anderen sichtbar, ermutigt sie ihn, nun auch hartnäckiger bei sich (nicht nur bei den Umständen) zu suchen, sich auch weniger zu schonen, d. h. nicht bei der Bejammerung seines Symptom-Gefängnisses zu resignieren, sondern dies im Zusammenhang mit seinen grundlegenden Ängsten und Lebensproblemen wahrzunehmen. Denn er kann sich in der Begegnung mit mir verstanden fühlen, was mit seiner Isolation unvereinbar ist.

2. Vollständigkeit der Wahrnehmung: Wer leidet, nimmt eingeengt wahr. Der Überaufmerksamkeit für das Symptom entspricht Aufmerksamkeitsmangel für alle anderen Lebensbereiche. Daher entlastet regelmäßig die Frage, unter welchen Bedingungen die vorliegende Schwierigkeit eher auftritt. Übungen zur Wahrnehmung der Unterschiede vermitteln das Selbstgefühl, auf sich selbst Einfluß nehmen zu können. Unerhört wichtig ist die Unterscheidung von Sexualwünschen und Schuldgefühlen. Denn erst deren Vermengung führt – schon bei der Selbstbefriedigung – zu den nur halb gelingenden Unterdrückungsversuchen der Wünsche und damit zum fatalen Zirkel der Selbsteinengung, wodurch die

Wünsche nur überwertiger und zum Selbstzweck werden und das hilflos strampelnde Opfer zunehmend fremdbestimmen. Diese Entflechtung ist schwer, weil kulturell erschwert.

Beispiele: 1. Wir sagen leicht, daß wir die Sexualität in unsere Persönlichkeit integrieren, sublimieren und kanalisieren sollen. Wir wagen kaum zu sagen, daß unsere Sexualwünsche uns immer *auch* fremd (apersonal) bleiben müssen, um jede erreichte Integrationsstufe infrage stellen, sprengen und uns zu weiterer Suche und Entwicklung treiben zu können. 2. Wir sagen leicht, daß in einer Liebesbeziehung zwei Subjekte füreinander dasein sollen. Wir wagen kaum zu sagen, daß in einer solchen Beziehung die beiden Subjekte den jeweils Anderen *auch* als Objekt gebrauchen sollen, etwa zur Bedürfnisbefriedigung.

So komisch es klingt: Wir haben stets herauszufinden, was jemand tut, um seine sexuellen Ziele zu erreichen, und was er tut, um sie *nicht* zu erreichen – durch Vermeidung und andere Selbstverbietungen. Da Sexualangst immer auch allgemeine Angst in anderen Beziehungen ist, geht es ferner um die Unterscheidung des Therapieansatzes: Ob durch Bearbeitung der allgemeinen Angst die Sexualangst ermäßigt werden soll oder umgekehrt. Schließlich gilt auch hier: Ein Symptom hat mehrere Bedeutungen; wobei es entscheidend ist, daß jemand sein Symptom u. a. *auch* als seine Bemühung um Selbsthilfe durch uns anerkannt bekommt. Anders wird er kaum sich innerlich hinreichend frei fühlen, um eine Änderung wollen zu können.

3. Normalisierung der Beziehung: Wie schwer sie gerade gegenüber dem sexualleidenden Patienten fällt, zeigt sich bei der doch eigentlich „normalen" Aufgabe, ihm alle Gefühle mitzuteilen, die er in uns auslöst. Haben Sie etwa selbst Ihrem Ehe- oder sonstigen Intimpartner alles erzählt, was Sie wünschen, tun oder getan haben? Oder haben Sie ihm alle Gefühle mitgeteilt, die seine Wünsche oder sein Tun in Ihnen auslösen? Oder was Sie an ihm vermissen? Lieber lassen Sie sich gegenseitig mit Ihren ängstlichen Vermutungen allein. Stellen Sie sich nur einmal vor, Sie öffneten sich. Und dann tun Sie es wirklich: Sie können so erfahren, wie Sie *selbst* Angst in Vertrauen verwandeln können.

Wie wehren Sie nun „offenen Austausch" mit dem Patienten ab? Beobachten Sie sich: Entweder Sie vermeiden das Thema Sexualität und Liebe. (Ähnlich übrigens das Thema Hygiene: jemand ist schmutzig, riecht schlecht, „stinkt Ihnen"!) Oder Sie fragen zwar nach der Sexualität, fragen sogar genauer nach, werden vielleicht geil darauf, noch mehr von den Absonderlichkeiten zu erfahren? Sie fragen also den Anderen aus, buchstäblich *„aus".* (vgl. das Wort *Ex*ploration!) Und dann? Antworten Sie auch? Vielleicht raffen Sie sich zu einer Mitleidsbekundung auf. Oder Sie machen sich solidarisch mit dem Anderen in der Empörung über die Vorurteile und die Verständnislosigkeit der Umwelt. Oder Sie haben leider gerade jetzt etwas anderes zu tun. Oder Sie sind zu angestrengt damit beschäftigt, die Äußerungen des Anderen möglichst genau zu Papier zu bringen. Wir gratulieren: Es ist Ihnen mit diesem selbst-schonenden Vorgehen gelungen, den Anderen in seiner quälenden Selbstisolierung (auch Selbst-Schonung) und in seiner Symptom-Fixierung wieder eine Umdrehung festerzuschrauben! Sie haben sich verhalten wie alle Menschen in der Umgebung des Anderen.

Damit wollen wir uns nicht lustig machen über Ihre Fehler; denn sie sind die unseren auch. Aber durch diese Darstellung wird klarer, daß es darauf ankommt, die diagnostische Einbahnstraße für den Gegenverkehr zu öffnen und die Begegnung so zu normalisieren, daß ich den Anderen *gleichermaßen* als Person und Symptomträger ernstnehme. Wenn ich dem Anderen *voll* antworte, mag es noch naheliegen, ihm Angst, Ekel oder meinen Abscheu, wie er mit sich bzw. mit seinem Partner umgeht, rückzumelden. Weiterführend können aber auch andere Gefühle sein: z.B. sein langweiliges Leben, seine Überangepaßtheit oder sein Selbstmitleid machen mich gereizt. Wirkungslose Überbemühtheit erregt Mitleid. Impotenzschilderung läßt mich triumphieren: „Du Schlappschwanz, da bin ich aber besser"! oder „Du machst es Dir ganz schön leicht, bei Deinen homosexuellen Partnern stehen zu bleiben, ich habe mehr gewagt". Oder umgekehrt: „Es macht mich neidisch, daß Du um die … Erfahrung reicher bist, Dir etwas gegönnt hast, was ich mir mühsam verkniffen habe". „Es beeindruckt mich, daß Du Dich nicht damit abfindest, womit sich alle zufrieden geben, immer weitersuchst, Deine ganze Liebe auf ein Detail der Sexualität verschwendest, das alle Anderen übersehen oder verachten". „Es tut mir weh, wie Du Dich immer mehr einengst, Dir alles verbietest". „Es empört mich, daß Du wie ein Kind alles haben, nicht verzichten willst". „Deine Entscheidungsunfähigkeit regt mich auf: Willst Du nun sein wie alle Anderen, oder willst Du Deine Besonderheit leben?" – Nur wenn ich mit der Öffnung anfange, ermäßigt sich die Isolation des Anderen, hat er die Chance zu einer tieferen Selbst-Diagnose und damit zu einer anderen Wertung oder zu einer Änderung seines Handelns aus sich selbst heraus.

III. *Möglichkeiten (Typen) sexueller Schwierigkeiten*
Die Systematik der sexuellen Schwierigkeiten ist unbefriedigend, da zu fasziniert von den kulturell anstößigen Symptomen. Die psychiatrische Angstabwehr zeigt sich auch daran, daß nirgends mehr Fremdworte benutzt werden als hier. Und Fremdworte eignen sich nun mal fabelhaft, die eigenen, eigentlich gemeinten Gefühle zu verbergen.

1. Leiden an Selbstbefriedigung
Wir benutzen dies deutsche Wort statt der Wortungeheuer Onanie und Masturbation, weil es den Sinn dieses Handelns genau angibt: Sich selbst befriedigen, also die Selbsterfahrung auch der erotischen Qualitäten des eigenen Körpers, zu sich selbst zärtlich sein, sich mit Hilfe des eigenen Körpers Entspannung, Geborgenheit, Trost und Selbstwertgefühl geben. Selbstbefriedigung ist also ein kostbares Gut für das Gelingen befriedigender sexueller, aber auch aller anderer Partnerbeziehungen: Denn nur wenn ich mir etwas geben kann, kann ich auch Anderen etwas geben. Männer befriedigen sich am häufigsten in der Jugend, Frauen erst in der Lebensmitte, dann sogar häufiger als Männer, kommen oft leichter so zum Orgasmus: Um wieviel unfähiger sind also die Männer, zur sexuellen Zufriedenheit der Frau beizutragen, als umgekehrt! Weiter hat Selbstbefriedigung eine

Schutzfunktion: Ich kann in den sie begleitenden Phantasien kindlich-sexuelle oder andere kulturell verbotene Wünsche ausleben und so einen lebensfähigen Kompromiß zwischen meinen Wünschen und den Forderungen der Kultur bzw. meines Gewissens finden.

Ihre Häufigkeit ist im wesentlichen individuell bedingt. Dies festzustellen ist eine Wiedergutmachungsleistung der Psychiatrie an dem Unheil, das sie durch frühere Angstmacherei wegen angeblich krankmachender Wirkung der Selbstbefriedigung angerichtet hat: *Ein* Beispiel für die Abhängigkeit auch der Wissenschaft von der je herrschenden kulturellen Wertung. *Übung* hierzu: Sagen Sie sich selbst und Anderen, daß Sie mit sich selbst zufrieden, also „selbstzufrieden" seien; untersuchen Sie die Herkunft der negativen, z. B. bedrohlichen Gefühle, die das bei Ihnen und Anderen auslöst.

Sie verstehen dann besser, warum es nach wie vor das Leiden an der Selbstbefriedigung gibt. Vielleicht kann man von Hemmungs-Selbstbefriedigung sprechen. Jemand bleibt bei der sexuellen Beziehung zu seinem eigenen vertrauten Körper, weil er zuviel Angst hat vor einem fremden Körper eigenen oder gar fremden Geschlechts. Diese Angst kann psychotisch, neurotisch oder organisch (z. B. Hirnschädigung, geistige Behinderung) bedingt sein; oder sie kann erzwungen sein durch unsere Verbote anderer Sexualbetätigung z. B. in der Pubertät oder in unseren zur Lebenshilfe gedachten Einrichtungen (PKHs, Einrichtungen für geistig Behinderte oder Gefängnisse). Was kann aus dieser Angst werden? Einmal kann man sich in seinen eigenen Körper narzißtisch vernarren. Oder man kann sich in die Selbstbefriedigung zwanghaft hineinsteigern, also etwas nicht wollen, was man zugleich tut. Hierbei sind es immer die Gefühle der Scham, der Schuld und des jämmerlichen Versagens gegenüber den eigenen Wünschen und/oder den Selbstbefriedigungs-Verboten, die die ursprüngliche Angst ins Maßlose steigern. Nicht die Selbstbefriedigung, wohl aber die mit ihr verbundenen Gefühle bedürfen also der beratenden bzw. therapeutischen Hilfe!

2. Leiden an Homosexualität
(= sexuelles Erleben und Handeln, bezogen auf Partner des gleichen Geschlechts.) Man spricht auch von homophilen oder homoerotischen, bei Frauen von lesbischen Beziehungen. Bisexualität ist die sexuelle Neigung zu Partnern beider Geschlechter. Homosexualität wird nicht mehr als Störung Krankheit, „widernatürliche Unzucht" usw. bezeichnet. Die amerikanischen Psychiater haben sie aus dem Katalog psychiatrischer Störungen gestrichen. Sie kommt hier dennoch zur Sprache, weil homosexuell lebende Menschen wegen der kulturellen Abwertung häufiger als andere an ihrer Liebe leiden. Wer homosexuell lebt, lebt mehr im sozialen Abseits. Nicht nur, daß er eher familiären, beruflichen und sozialen Diskriminierungen ausgesetzt ist. Er muß auch zumeist das für ihn Wichtigste, seinen Liebespartner, verheimlichen oder verleugnen. Daß das soziale Klima – auch ohne Strafandrohung – für Homosexuelle angstmachend bleibt, daran arbeiten wir alle mit. Schon mit unseren unschuldigen (= die Angst vor der eigenen Homosexualität abwehrenden) Witzchen über die „Schwulen". Dabei stört es uns

wenig, daß nur eine kleine Minderzahl der homosexuellen Männer sich in Bewegung und Kleidung weiblich und der Frauen sich männlich darzustellen sucht. Homosexuelle Menschen sind wir wir alle die Hersteller der kulturellen Werte und damit auch die Hersteller ihrer eigenen Abwertung! Daher die innere Zerrissenheit, das Sträuben gegen eine festlegende Entscheidung, die quälenden Schuldgefühle, der zerstörerische Selbsthaß, der auch dadurch nicht erträglicher wird, daß man ihn in einen ebenso wilden Haß gegen die „Anderen" umdreht. – Folgen dieser äußerlich wie innerlich schwierigen Situation: Partnerbindungen bleiben trotz ersehnter Dauer oft brüchig, enden mit Untreue, Eifersucht und Liebeskummer, in aggressiver oder suizidaler Hochspannung. Ausweichen auf flüchtige Kontakte führt Männer an kriminalitätsnahe Orte wie Bahnhöfe und „öffentliche Bedürfnisanstalten", mit der Gefahr der Erpressung durch professionelle Strichjungen, des Ruins der bürgerlichen Existenz und der gefühlsmäßigen Isolation und Verwahrlosung. Freilich ermöglichen gerade diese hohen Risiken auch Zeiten besonders großen Glücks und sexueller Zufriedenheit, partnerbezogener Geborgenheit und den ganzen Körper umfassender Zärtlichkeit. Wie überhaupt die Risiken und Chancen des homosexuellen Lebens (wie das mancher anderer Minderheiten) nicht selten mit hoher Wahrnahmungsfähigkeit für menschliches Leiden allgemein und mit hoher intellektueller Beweglichkeit einhergehen. Wenn auch erwachsene Männer und Frauen ohne eigene Familie unserer fortpflanzungsorientierten kulturellen Wertung immer schon „verdächtig" vorkommen, ist doch der Abwertungsdruck für homosexuelle Männer stärker als für Frauen; deshalb sind Partnerbeziehungen zwischen Frauen auch dauerhafter und befriedigender.

Einteilungsversuch: 1. Wir alle kennen Zärtlichkeitsgefühle und -erlebnisse mit Angehörigen des eigenen Geschlechts. Wir alle kennen auch die Angst- und Ekel-Abwehr, die unseren homosexuellen Anteil „latent" oder eben „bekämpft" machen kann. Was daraus werden kann, zeigt als *Beispiel* das Schicksal des 28-jährigen Angestellten Herrn R.: Seine Abwehr der Angst vor homosexuellen Wünschen brachte ihn dazu, schon in der Gestik und Mimik zufälliger Passanten homosexuelle Andeutungen und Verfolgungen wahrzunehmen. Er gönnte sich selbst nicht die geringste sexuelle Betätigung, nicht einmal die der Selbstbefriedigung. Als zwei angetrunkene Männer sich in seinem Geschäft zu schaffen machten, wähnte er in seiner sexualitätsverdrängenden Hochspannung auch hier eine homosexuell-körperliche Bedrohung und erschoß sie.

Die übrigen Begriffe folgen einem Vorschlag Bräutigams:

2. *Entwicklungshomosexualität:* Gleichgeschlechtliches Handeln, wenn in der Pupertät das sexuelle Bedürfnis schon empfunden wird, die Hinwendung zum anderen Geschlecht aber noch nicht gewagt wird. Gleichgeschlechtliche Gruppenbildung (peer group) und Nachahmung älterer Vorbilder sind natürliche Situationen für vorübergehende homosexuelle Beziehungen. Für ca. ein Drittel der Bevölkerung ist dies eine Durchgangsphase, die meist eine Bereicherung der erotischen Selbsterfahrung bedeutet – und zwar des gesamten Körpers, nicht nur der „Geschlechtsorgane"!

3. Von *Hemmungshomosexualität* spricht man bei (neurotisch) beziehungsgehemmten, reizoffenen, oft überlang an die Eltern gebundenen Menschen, die sich gegenüber dem anderen Geschlecht minder- oder überwertig fühlen und deshalb das eigene, vertrautere Geschlecht bevorzugen. Schizophrene Veränderungen der psychosexuellen Entwicklung sowie die Einengung der Möglichkeiten im Alter oder bei hirnorganischen Prozessen können sich ähnlich auswirken.

4. *Neigungshomosexualität* ist das Wort für Menschen mit einer andauernden und entschiedenen sexuellen Neigung zu erwachsenen gleichgeschlechtlichen Menschen. Man spricht hilflos von

Schwäche der Identifikation mit dem eigenen Geschlecht, weiß aber nicht, wann und wie eine solche Festlegung erfolgt. *Aber merke:* Auch diese Einteilung ist künstlich, botanisch, „von außen". Es gibt neurotische und nicht-neurotische Homo- wie Heterosexuelle. 3. und 4. sind oft kaum zu trennen. Schädlich für den Eingeteilten wird z. B. die „Diagnose" Hemmungshomosexualität, wenn sie zum Alibi für unsinnige medikamentöse oder psychothrapeutische „Heilungsversuche" wird.

3. Leiden an Heterosexualität

Als Mann kann ich impotent (= ohnmächtig, unfähig) werden, als Frau frigide (= gefühlskalt). Also: Als Mann fordert man/fordere ich von mir Macht und Leistung, als Frau Gefühl. Andere Wertungen wären auch hier fällig. Ebenso ist der hier übliche Begriff *Funktionsstörung* unscharf: Die Funktionen sind extrem unterschiedlich. Nur wenn ihre Störung die Unmöglichkeit oder Schwierigkeit des sexuellen Erlebens und die Beziehungsangst ausdrückt, *leiden* wir. Auch wenn es dies in homosexuellen Beziehungen gibt, handelt es sich um typische heterosexuelle Schwierigkeiten.

a) *Befriedigungsstörungen des Mannes*
1. Erektionsstörung
Fehlende, zu schwache oder zu kurze Versteifungen des Gliedes, so daß die Vereinigung der Partner, das Orgasmuserleben und damit die sexuelle Beziehung unbefriedigend werden (daher impotentia coeundi).
Körperliche Bedingungen: Allgemeinerkrankungen; Querschnittslähmung; Phimose; Erschöpfungszustände; Alterung, jedoch sind nach 60 J. noch 50%, nach 70 J. 30%, nach 80 J. 20% der Männer potent, was vor allem davon abhängt, ob ein sexuell interessierter Partner noch vorhanden ist (!); Hormone (Östrogene); chemische Mittel wie Alkohol, „Schlafmittel", Psychopharmaka, Opiate, Haschisch.
Psychosoziale Bedingungen weitaus häufiger: immer sind Gefühle wie Angst, Scham, Schuld oder Wut beteiligt, von seiten des *Mannes:* Zweifel an der Männlichkeit, Ablehnung des Partners; Angst vor Zärtlichkeit; Eifersucht und andere aggressive Haltungen; Erwartungs-, Versagens- oder Strafangst (Leistungsorientierung oder frühere Bestrafung sexuellen Handelns); Mutterbindung; Selbstbeobachtung; Hingabeunfähigkeit. – Von seiten der *Frau:* Vorwürfe, Spott, strafende Haltung (Kastrationsangst des Mannes vor der starken „phallischen" Frau); Desinteresse an der Person des Mannes; Überforderung des Anderen; Wünschen oder Unterhalten einer anderen Beziehung.

2. Ejakulationsstörung
Vorschneller Samenerguß (Ejaculatio praecox) bei oder kurz nach Einführung des Gliedes, meist seelisch (s. o.) bedingt. Oft verlangt heute die kulturelle Wertung, gleichzeitig zum Orgasmus zu kommen. Auch das kann Leistungszwang sein, zumal der Orgasmus bei der Frau sich länger Zeit nimmt. Daher hat sich für viele Paare die Vereinbarung bewährt, erst der Frau Zeit für ihr Orgasmus-Erleben zu geben. Ähnliches gilt für den seltenen verzögerten Samenerguß (Ejaculatio retardata).

b) *Befriedigungsstörungen der Frau*
1. Orgasmusstörung (Frigidität)
Trotz genitaler Vereinigung kommen die physiologischen Vorgänge für das Erreichen des Orgasmus bzw. des Befriedigungsgefühls nicht in Gang. 25-40% der Frauen haben nach einem Jahr Ehe noch keine orgastische Befriedigung erlebt, lernen es jedoch z. T. später bei guter Liebesbeziehung. Die offenere Einstellung zur Sexualität hat für viele einen „Orgasmuszwang" mit neuen Ängsten

gebracht, für andere aber die Erfahrung, daß das Dasein der „unbefriedigten Frau" zu ändern ist. Körperliche Bedingungen: Wie beim Mann.

Psychosoziale Bedingungen auch bei der Frau wesentlich häufiger: Von seiten der *Frau:* Zweifel an der Weiblichkeit mit Feindseligkeit gegen Männer, nicht selten von der Mutter gelernt; Angst vor Ablehnung, Unterlegenheit, Verlust der Selbstkontrolle oder Schwangerschaft, Vortäuschen des Orgasmus, aus Versagensangst oder Freundlichkeit; Eifersucht; Selbstbeobachtung mit Erwartungsangst oder Entspannungsunfähigkeit; Bindung besonders an den Vater (ungelöster Ödipuskonflikt) mit Angst vor Verletzung und Tod; Erinnerungen an gewaltsame Ereignisse wie Inzest oder Vergewaltigung. – Von seiten des *Mannes:* Zuwenig Erfahrung, Interesse und Zeit für den Partner; sexuelle Vermeidung oder Überforderung; Vorwürfe, Spott oder Strafhaltung; Mechanisierung des Zusammenlebens; Wünschen oder Unterhalten einer anderen Beziehung.

2. Vaginismus

Unwillkürlicher Krampf der Vaginalmuskulatur, so daß Einführung des Gliedes unmöglich wird, ist Gegenstück zum vorschnellen Samenerguß des Mannes, ist immer seelisch bedingt (s. o.) und hat den Sinn, die Frau vor der mehr gefürchteten als gewünschten Situation zu schützen (Konversions-Symptome). Ähnlich kann man – nach Ausschluß organischer Gründe – die *Dyspareunie* verstehen (d. h. die Haltung, die eine koitale Situation und das Einführen des Penis nur als schmerzhaft zu erleben erlaubt.)

c) *Bedürfnisstörungen*

1. Schwächung des Bedürfnisses (Hyposexualität)

Kann als fehlendes Bedürfnis oft schon nicht mehr als Leidenszustand erlebt werden, verschließt in jedem Fall die tiefsten menschlichen Handlungs- und Erlebnismöglichkeiten, ist körperlich und psychosozial bedingt wie die Befriedigungsstörungen (zudem chromosomale Bedingungen). Bisweilen ist keine Ursache feststellbar. Aber: Die Stärke des Geschlechtstriebs (Libido) ist individuell sehr unterschiedlich und unterliegt biologischen Schwankungen. Sie kann jedoch nie für sich allein genommen und damit „meßbar" werden. Vielmehr hängt sie immer auch von der Situation ab, in der sie übersteigert, „normal", abgeschwächt oder gar nicht mehr zum Ausdruck kommt. Situationen extremer Isolation (Psychose, soziale Vereinsamung, Langzeitbereich therapeutischer Einrichtungen, Gefängnisse, KZ) können den Geschlechtstrieb abschwächen oder absterben lassen, aber auch einen quälenden Triebüberdruck erzeugen.

2. Steigerung des Bedürfnisses (Hypersexualität)

Man sollte nur dann davon sprechen, wenn über längere Zeit alltägliches Fühlen, Denken und Handeln aufgrund der Vorbesetztheit durch das Bedürfnis nach sexueller Betätigung nicht mehr möglich ist. Der Begriff „Hypersexualität" kann bei Vernachlässigung der Gesamtsituation mißbraucht werden für falsche Therapie-Indikationen (z. B. stereotaktische Operation).

Körperliche Bedingungen: Hirnschäden im limbischen System und Hypothalamus (Klüver-Bucy-Syndrom); psychomotorische Epilepsie (mit Sexualdelikten im Dämmerzustand); hirnorganisch bedingter Kontrollverlust; Medikamente wie Amphetamine, Opiate und Androgene, wogegen die sog. Aphrodisiaka wirkungslos sind; Menopause (durch Absinken der Östrogene relativer Anstieg der Androgene).

Psychosoziale Bedingungen häufiger: Manische Zustände; Persönlichkeitsstörungen; Isolationszustände. Dies sind freilich ebenso wenig echte organische Triebsteigerungen wie der *Don-Juanismus* (Erotomanie, Satyriasis) des Mannes, wo jemand durch endlose Serien von Eroberungen sein sexuelles Wertgefühl ebenso häufig wie erfolglos zu bestätigen sucht, sich in diese Haltung zwanghaft-süchtig hineinsteigert, ewig auf der Suche nach der „wahren Liebe" und nach wirklicher Befriedigung, die er durch eben dieses Handeln zu finden verhindert.

Nymphomanie ist die Bezeichnung für dieselbe qualvolle, weil die eigene Befriedigungsschwäche nur mit Bedürfnissteigerung sinnlos überkompensierende Haltung auf Seiten der Frau.

4. Leiden an sexueller Andersartigkeit

Jedes Individuum ist sexuell „andersartig", weil es einen je *einmaligen* Kompromiß zwischen erlaubten/unerlaubten sexuellen Teilwünschen und Verzichtleistungen darstellt. Wenn aber eine Gesellschaft eine solche Andersartigkeit als verbotene (unnatürliche) Lösung etikettiert, *darf* und *muß* der Betroffene sie überwiegend im kulturellen Abseits leben. Dies Doppelte *fasziniert* und macht *leiden,* weshalb man sie verlegen als Perversion (= Verkehrtheit) oder Deviation (= Abweichung) u. U. mit Krankheitswert bezeichnet. Von der Natur des Liebesbedürfnisses her gesehen, lassen sich die Andersartigkeiten zurückführen auf je eine der unendlich vielen Möglichkeiten, die im polymorph-perversen Zustand des Kindes noch offen und „unschuldig" gelebt werden, also auf einen der sexuellen Teilwünsche (= Partial-triebe).

Mißlingt deren Zähmung auf „Normalmaß" und verselbständigt sich ein solcher Teilwunsch, dann drückt das immer *auch* ein Stück Protest gegen die *„normale"* Unterdrückung aus. Daher mischt sich in unsere Abwehrgefühle des Abscheus und Ekels gelegentlich auch Neid (etwa „der gönnt sich, was ich mir verboten habe"); denn irgendwo steckt in uns allen unverlierbar der Wunsch nach (in der Tiefe und in der Zahl der Möglichkeiten) *totaler* Selbstverwirklichung auch im Lieben.

Meist mit oder nach der Pubertät erscheinen uns unsere sexuellen Wünsche als unausweichliche, endogene Gegebenheiten, bei abweichenden Wünschen mit entsprechender Angst. E. Schorsch hat 4 Möglichkeiten unterschieden, wie wir mit dieser Angst umgehen können:
1. *Bejahung:* Diese günstigste und wohl häufigste Versöhnung der Person mit ihrer Andersartigkeit verhindert ein Leiden an ihr; sie wird im möglichen Umfang gelebt.
2. *Teilweises Zulassen:* Ermöglicht als Bejahung des Andersseins vor sich selbst und Verheimlichung nach außen einen meist labilen Kompromiß und ein Doppel-leben zwischen „bürgerlichem Alltag" und einem exakt begrenzten Raum zum partiellen Ausleben des Andersseins, z. B. in Phantasien, die die Selbstbefriedigung oder die erlaubten sexuellen Beziehungen begleiten, im Prostitutionsmilieu oder in rituell abgeschlossenen subkulturellen Gruppen von Gleich-Erlebenden.
3. *Abwehren:* Überwiegt dies durch moralische Selbstabwertung, wird ein Neben-einander unmöglich. Das Anderssein (Sexualität überhaupt) wird abgespalten, als nicht zu mir gehörig erlebt. Der dann doch erfolgende Durchbruch (z. B. Exhibi-tionshandlung) bei einem scheinbar ausgeglichenen Menschen wird dann um so mehr von innen und außen als fremd empfunden.
4. *Verleugnen:* Wünsche sind vollständig abgewehrt, was von Gruppe 3 angestrebt, aber nie erreicht wird: sie sind subjektiv weg und unkenntlich in andere soziale Handlungsweisen eingebaut (z. B. sadistische Wünsche in Erziehungssadismus gegen Kinder).

Leiden am Anderssein nimmt also vor allem mit dem ewig-erfolglosen Abwehr-kampf dagegen zu, wodurch der Triebdruck endlich die übrige soziale Existenz der Person überschwemmt und besetzt. Ergebnis ist die fortschreitende (progrediente) „süchtige Entwicklung" (H. Giese): Ohnmächtiger Verfall an bestimmte Auslöse-reize (z. B. Kinderstimme für den Pädophilen); zunehmendes Bedürfnis bei abnehmender Befriedigung, weil ein lustvoll-entspannender Abschluß zwar oft zum Greifen nahe ist, aber von den gleichfalls zunehmenden Schuldgefühlen stets wieder „zur Ordnung gerufen" und verhindert wird; daher zwanghafte Wiederholung von immer demselben bei Komplettierung der Ausgestaltung; schließlich Promiskuität (Beliebigkeit der Befriedigungsanlässe) und Anonymität, dadurch Verlust des sexuellen Handelns an „Zwischenmenschlichkeit" und Vervollständigung der Vereinsamung, was wieder das Eigenleben des abweichenden Bedürfnisses verstärkt usw. (also ein Teufelskreis, den wir von anderen psychischen Symptomen kennen).

Wenn Sie sich im folgenden mit den Ausdrucksformen sexuellen Andersseins bekannt machen, halten Sie bitte fest, daß sie 1. durchaus nicht immer zu Leidenszuständen führen, sondern auch – mal als Last, mal als Lust gelebt werden können, daß sie 2. mit einem Teil-Wunsch zu tun haben, den wir alle aus unserer Entwicklung kennen, und daß 3. nur aus einer unendlich großen Zahl möglicher Besonderheiten herausgegriffen sind: *Sadismus:* Sexuelle Befriedigung durch Unterwerfen und Quälen des Anderen, während bei *Masochismus* dasselbe durch Erleiden von Qual und Schmerz erreicht wird. Sadomasochistisch kann die Haltung eines Menschen oder eine Beziehung sein. Anteilig kennen wir diese Neigungen, die eine z. B. aus Potenz- und Autoritätsproblemen, die andere z. B. aus Schuldgefühlen. Sexuelles Anderssein liegt nur vor, wenn Quälen oder Leiden selbst Ziel wird, statt Mittel in einer Beziehung zu sein. Extremer Sadismus kann zu Vergewaltigung oder Lustmord führen. *Pädophilie:* Hier sind Lebensalter bzw. kindliche Körperform der Reiz. Das Kind wird vom erlaubten Liebes- zum unerlaubten Sexualobjekt, wobei meist nur Beschauen, Streicheln und Selbstbefriedigung stattfinden, was homo-, heterosexuell oder als Inzest möglich ist. Oft sind es alternde oder geistig behinderte Menschen, deren Liebeswunsch zerbricht an ihren Ängsten gegenüber erwachsenen Partnern oder an der kulturellen Wertung („ein alter Mann hat sexuell neutral zu sein"). Handlungen mit Jugendlichen können bereits Partnerbeziehungen sein. *Gerontophilie* ist die erotische Neigung zu alten Menschen.

Exhibitionismus: Zurschaustellung des erregten Gliedes in anonymer Öffentlichkeit, besonders vor Frauen oder Kindern. Beziehungsgehemmte, kastrationsängstliche Männer wollen in Kontrast zu ihrer sexuellen Ohnmacht so ihre Macht demonstrieren. Befriedigung durch Reaktion des anonymen Partners: Beachtung, Erregung, Schreck, Empörung, Verachtung. Abschließend Selbstbefriedigung und die quälendsten Schuldgefühle, die unweigerlich die Wiederholung bahnen. Therapie hat die Bestrafung dieser in aller Regel harmlosen Handlung zu ersetzen. Die allgemeine Form ist die Lust am Demonstrieren der eigenen Macht überhaupt. Für Frauen erlaubt offenbar schon die Mode in hinreichendem Maße die Zurschaustellung. – Auch hierzu ein Gegenstück: Der *Voyeur* findet sexuelle Befriedigung im ebenfalls anonymen Anschauen sexueller Handlungen Anderer, – Verselbständigung dessen, was als kindliche Neugier, im Vorspiel und als Klatsch „normal" bzw. in Pornographie, Striptease oder Varieté ökonomisiert erlaubt ist. Verwandt ist der *Frotteur,* der in anonymen Menschenmassen durch Sichanpressenlassen an einen Anderen zum Orgasmus kommt (u. U. mit Aufschlitzen der Kleidung).

Fetischismus: Wir alle haben Vorlieben als Reizquellen in unseren Beziehungen, von einem Körperteil unseres Partners bis zu Wäschestücken oder nahezu beliebigen Gegenständen. Beim Fetischismus verselbständigt sich die Vorliebe, der Fetisch; d. h. Befriedigung nicht mehr durch einen Partner, sondern nur noch durch dessen Vergegenständlichung (z. B. Brust, Haare, Slip, Hut, Strümpfe, Schuhe oder erotisch scheinbar neutrale Gegenstände, bis zu Geldscheinen). Bei Männern wie Frauen auch als Sammelsucht, *ein* sexuelles Motiv für Kleptomanie bzw. für Warenhausdiebstähle. Als Verkleidungsfetischismus kann *Transvestitismus* verstanden werden: möglichst perfektes Herstellen der äußeren Erscheinung des anderen Geschlechts nach Kleidung und Aufmachung bringt Befriedigung über den Blick in den Spiegel, Selbstbefriedigung oder Partnerbeziehung.

Sodomie: Nicht übliche Zärtlichkeit, sondern Geschlechtsverkehr mit Tieren. Bedingung ist menschlich isolierte Lebensweise bei Umgang mit Tieren, also Landarbeiter, vereinsamte Hausfrauen („Schoßtier"), geistig Behinderte. Wegen des besonders strengen Tabus gegen Sodomie wird hier hinter der größten Dunkelziffer die häufigste sexuelle Andersartigkeit vermutet.

5. Leiden an der Geschlechtsrolle (Transsexualität)

Transsexuell ist, wer sich mit der Geschlechtsrolle identifiziert, die seinem biologischen Geschlecht entgegengesetzt ist, wer also ein personales Selbstverständnis hat, das den körperlichen Gegebenheiten widerspricht. Dies ist eindeutig unterschieden von Transvestitismus, Homosexualität oder Hermaphroditismus. Die Ursache ist unbekannt. Da auch der Transsexuelle sich der gesellschaftlichen Forderung beugt, daß Geschlechtskörper und -rolle zueinander passen müssen, strebt er den zu seiner Rolle passenden Körper, also Geschlechtsumwandlung, an. Und das mit allem leidenschaftlichen Nachdruck; denn hier zeigt sich, daß die Rolle stärker prägt als der Körper. Sexualität ist nur beiläufig wichtig, da es hier um das Gesamt-Selbstverständnis als *Person* geht. Das Leben Transsexueller gegen viele kulturelle Wertungen führt zu quälender Isolation, Depressionen, Suizidversuchen und Selbstverstümmelungen. Daher erlaubt eine Anpassungsoperation, wenn die Betroffenen (3 Männer kommen auf 2 Frauen) älter als 20 Jahre sind, 1—2 Jahre in der gewünschten Geschlechtsrolle gelebt haben, sich in dieser Zeit einer hormonellen Substitutionstherapie unterzogen haben, keine Ausschließungsgründe vorliegen und therapeutische Betreuung gewährleistet ist. Es liegt der Entwurf für eine Gesetzveränderung vor, die für Transsexuelle auch eine Personenstandsänderung möglich macht, wie in den USA und in Schweden.

IV. *Therapie und Selbst-Therapie*

Der schlimmste und häufigste therapeutische Fehler besteht darin, die sexuelle Handlung selbst vordergründig als Störung oder Krankheit zu sehen und sie therapeutisch zu „bekämpfen" — psychotherapeutisch, medikamentös oder operativ. Die angegebene Grundhaltung kann diesen Fehler verhindern; denn sie macht sichtbar, daß hier immer eine Schwierigkeit der Beziehung zu sich selbst, zum Körper und/oder zu den Anderen vorliegt. Sie ermöglicht tiefere Selbstwahrnehmung, die Unterscheidung der Wünsche und der Schuldgefühle, der zu bejahenden und zu verändernden Anteile sowie die Annahme und Erweiterung derjenigen Anteile der gegebenen Sexualität, die dem Individuum und den Anderen kein Leiden bereiten.

Sie zielt also auf Hilfe zur Selbsthilfe (Selbst-Therapie) und läßt sich mit den verschiedenen körper- und psychotherapeutischen Techniken kombinieren. Sie ist schon die Basis des *Beratungsgesprächs,* daß für die meisten Sexualschwierigkeiten eine hinreichende Starthilfe ist, wenn das Selbstwertgefühl stabilisiert und durch kompetenzerweiternde und schuldgefühl-abbauende Informationen ergänzt wird. Letztere sind hier wichtig; denn während das Lesenlernen oder das Lernen der Fähigkeit, den Nahrungstrieb zum Genießen einer guten Mahlzeit zu veredeln, kulturell gefördert wird, wird das Lernen des Liebens eher behindert. Darüberhinaus gilt folgendes:

Eine Therapie der *Homosexualität* wäre ebenso unsinnig wie die der Heterosexualität. Da wir aber gesehen haben, daß homosexuelles Lieben von uns allen immer mit mehr Angst und Selbstabwertung erlebt wird als heterosexuelles, kann therapeutische Hilfe sehr wohl nötig sein. Dabei geht es a) um angstfreie Wahrnehmung der Anteile und um Entscheidungshilfe zur einen oder anderen Seite. Oft gehört dazu die (z. B. gruppentherapeutische) Ermunterung, die bislang neurotisch vermiedenen Gelegenheiten aufzusuchen, um Selbsterfahrungen überhaupt machen zu können. Wenn für jemanden seine Neigung zur Homosexualität (unabhängig von unserer Therapeutenmeinung!) feststeht, dann geht es b) um angstfreie Verwirklichung dieser Möglichkeit, Erübrigung der Selbstabwertung durch Bejahung der durch die homosexuelle Neigung bedingten Einengungen wie auch der Bereicherungen, wozu durchaus auch die Sensibilität gegenüber Intoleranz gehören kann.

Für die häufigsten Leiden an der *Heterosexualität* (Erektions-, Ejakulations-, Orgasmusstörungen und Vaginismus) sind wir – wie in anderen Kapiteln – zu besseren Therapiemöglichkeiten gekommen, weil wir sie nicht mehr nur als Funktionsstörungen wahrnehmen, sondern als Beziehungs-, Gefühls- und Erlebnisschwierigkeiten. Masters und Johnson haben gerade auf der Grundlage minutiöser Funktionsuntersuchungen in Liebesbeziehungen das folgende Therapie-Prinzip entwickelt:

Der Symptomträger muß mit seinem Partner zur Paar-Therapie bereit sein, denn die *Beziehung* leidet. Da eine Störung dadurch entsteht, daß in der langen Lerngeschichte des Liebens ein Schritt blockiert ist, wird ein ambulanter Nachholunterricht durchgeführt, der mit den ersten Schritten anfängt. Ein Verbot koitalen Geschlechtsverkehrs verhindert weitere Mißerfolge, Versagens- und Schulderlebnisse. Die Partner müssen für die Therapiezeit von einigen Wochen genügend Zeit füreinander haben und Tagebuch führen. Sie bekommen die Instruktion, daß Lieben nicht Leistung, sondern ein möglichst vollständiges und angstfreies Spielen miteinander ist. Sie haben bei jedem Lernschritt auf die Gefühle zu achten. Sie sollen ihr Tun nicht als erregend, sondern als angenehm-entspannend erleben und genießen können. Sie sollen nur solange zusammensein, wie *beide* Lust haben. *Keiner soll etwas nur dem Anderen zuliebe tun!* Im 1. Schritt sollen die Partner gegenseitig ihren gesamten Körper (außer den Geschlechtsregionen) durch Streicheln und Zärtlichsein kennenlernen. Im 2. Schritt werden die Geschlechtsregionen in das Liebkosen einbezogen und erst im 3. Schritt auf intensivere Weise. Alle Schritte haben das entspannende Gefühl, nicht die Erregung zum Ziel. Abwehrreaktionen (Kitzelgefühl, Ekel, Vermeidungen) werden besprochen und durch weiteres Üben überflüssig gemacht. So wird allmählich eine Atmosphäre oder Grundhaltung hergestellt, die das Lieben wieder zu einem unabsichtlich-natürlichen, spielerischen Geschehen macht und die unvereinbar mit Schuld- und Versagensängsten ist. Diese Grundhaltung wird, wenn noch erforderlich, mit bestimmten Techniken für die einzelnen Befriedigungsstörungen kombiniert.

Dies leicht zu lernende therapeutische Vorgehen beschränkt sich deutlich auf Hilfe zur Selbsthilfe und hat eine hohe Erfolgsquote. Selbst in der Rehabilitation Querschnittsgelähmter kann sexuelle Befriedigung über sinnlich verfügbare Körperregionen teilweise gelernt werden. Wo freilich kein Partner existiert oder bei allgemeiner neurotischer Gehemmtheit ist eine umfassendere Psychotherapie erforderlich. Sexuelle Aufputschmittel sind sinnlos oder schädlich. Auch andere Medikamente, wie die vielfach hier verschriebenen Tranquilizer, richten Unheil an, da sie Hoffnungen auf dem falschen Wege erwecken und später enttäuschen, also das Symptom verfestigen. Indikationen für Hormontherapie (Androgene) sind höchst selten. – Schwäche, Fehlen oder Steigerung des Sexualbedürfnisses verlangen einen Therapieansatz, der die organischen oder psychoneurotischen Bedingungen zu beeinflussen versucht. Was bei Vereinsamung oder im Gefängnis wie „Hypersexualität" aussieht, kann in Wirklichkeit auch Kunstprodukt dieser Bedingungen sein. Daher keine voreilige medikamentöse oder operative Kastration bzw. stereotaktische Hirnoperation. Diese sind „letzte" Mittel.

Frühere Versuche, Menschen mit *sexuellem Anderssein* therapeutisch auf ein Normalverhalten umzupolen, waren meist entweder erfolglos oder „erfolgreich" um den Preis des Verlustes an sexuellen Ausdrucksmöglichkeiten überhaupt. Deshalb kommt auch hier Therapie nur im Falle des Leidens am sexuellen Anderssein in Betracht. Erstes Ziel muß dabei die Bejahung der sexuellen Besonderheit sein, sie für die Betroffenen und deren Partner akzeptabel zu machen, sie u. U. in Partnerschaften einzubauen oder sie in definierte Bedingungsgefüge zu kanalisieren, um die gefährliche fortschreitend-süchtige Entwicklung zu verhindern. Wo die Schuldgefühle und Selbstbestrafungstendenzen dennoch stärker sind, ist ichstärkende Psychotherapie erforderlich. Wo aber aggressiv-sadistische Menschen für andere Menschen gefährlich sind oder wo Pädophile für ihr Handeln bestraft werden, muß versucht werden, die nicht zu duldende Neigung – vor allem verhaltenstherapeutisch – zu beseitigen und durch günstigere Handlungsweisen zu ersetzen. Dafür kann eine triebdämpfende Behandlung mit Anti-Androgenen (chemische Kastration) die Vorraussetzung schaffen. Solange solche Therapieverfahren jedoch wenig befriedigend sind, ist in Einzelfällen der Verzweiflungsschritt der operativen Kastration bzw. der stereotaktischen Hirnoperation unvermeidlich. Günstiger ist heute die Lage für die Entwicklung von Psychotherapieverfahren für Exhibitionisten, da diese nach dem neuen Strafrecht in der Regel nicht mehr bestraft, sondern einer Behandlung zugewiesen werden. – Die Therapiemöglichkeiten für *Transsexuelle* wurden bereits (siehe oben) besprochen.

V. *Epidemiologie und Prävention*

1. Verbreitung

Zahlen sind hier – wie bei den Neurosen – Geschmacksache, denn wir alle haben Schwierigkeiten mit unserer Sexualität und haben homosexuelle, heterosexuelle sowie kulturell unerlaubte Anteile.

Nach Kinsey soll bei 37% der Männer und 13% der Frauen homosexuelles Handeln vorkommen. Als neigungshomosexuell gelten 4–5% Männer und 1–2% Frauen; jedoch leben Frauen „normaler" zusammen als Männer. Noch schwerer ist es, die Häufigkeiten der heterosexuellen Schwierigkeiten festzustellen. Ob jemand mit seiner Art zu Lieben unzufriede ist, hängt vor allem von Wertungen ab. Daß z. B. die Befriedigungsstörungen der Frau in den letzten Jahren sich vervielfacht haben, hat mit der Frauenemanzipation zu tun und damit, daß sie sich zunehmend unter das Leistungsprinzip der Männer zwingen läßt. Zudem: Wieviele von uns lassen statt der eigentlich gemeinten Sexualschwierigkeiten Körpersymptome, Müdigkeit, Konzentrationsmängel, Zwänge oder Depressionen von ihrem Arzt behandeln, wenn dieser nicht vollständig wahrnehmen kann? Wieviele Männer schicken lieber ihre Frauen zum Arzt? Von Unterschichtpatienten zu schweigen.

Einen gewissen Überblick über die Verteilung der sexuellen Schwierigkeiten – als verzerrter Eisberggipfel – gibt die Statistik der Sexologischen Poliklinik Hamburg: Die 489 Patienten des Jahres 1973 erhielten folgende Diagnose: (Männer/Frauen in %): Befriedigungs- oder Funktionsstörungen 58/68; Bedürfnis- oder Libido-Verlust 0/4; Partnerkonflikt ohne Funktionsstörung 3/10; Homosexualität 14/2; Anderssein oder Deviationen 12/0; Transsexualität 5/7; andere psychiatrische Diagnosen 7/7.

2. Bedingungen

Allgemein findet man – neben möglichen, aber unbekannten Anlagefaktoren sowie organischen Faktoren – folgende Bedingungen: Ungünstige soziale Lernbedingungen; verletzende sexuelle Prägungserlebnisse; zu enge oder zu distanzierte Familienbeziehungen; seelisch oder sozial bedingte Isolation; Angst mit selbsteinengender Abwehr; Übernahme sexualfeindlicher Wertungen mit entsprechenden Schuldgefühlen; wirkliche oder vermutete Mängel der körperlichen Attraktivität oder Kompetenz. Dies ist für die einzelnen Schwierigkeiten zu ergänzen:
Wir finden höhere Raten *homosexuellen* Handelns, wo Menschen desselben Geschlechts über längere Zeit miteinander leben, z. B. in der Jugend bei gleichgeschlechtlicher Gruppenbildung, in der Armee und anderen männerbündlerischen Lebensweisen, bei in Heimen lebenden Krankenschwestern, in Gefängnissen und allen anderen Langzeiteinrichtungen, solange sie getrenntgeschlechtlich organisiert sind. Die Konkordanz bei eineiigen Zwillingen von 80% spricht für einen Anlagefaktor. Homosexualität hätte dann freilich auszusterben. Aber Wirkung der Anlage und der psychischen Identifizierung lassen sich nicht trennen. Die Frage, wie erste und zweite Natur zu unterscheiden sind, ist auch hier noch offen. Die meisten Forscher setzen auf die Hypothese, die menschliche Natur sei bisexuell und eine Unzahl organisch-seelisch-sozialer Einzelbedingungen entscheide über das Ausmaß der Prägung zur einen oder anderen Seite.

Verhängnisvoll für den Anstieg der Befriedigungsstörungen scheint die Neigung zu sein, die geschlechtliche Andersartigkeit und Fremdheit des jeweiligen Partners ängstlich zu leugnen und z. B. nicht zu berücksichtigen, daß Lieben für Frauen stärker von körperumfassender Zärtlichkeit und vom Vorspiel abhängt, das nie zu lang sein kann.
Die *sexuelle Andersartigkeit* und ihre süchtige Leidensentwicklung werden nach Schorsch begünstigt durch: Angst in der Herkunftsfamilie, seelische und spätere soziale Isolation, frühzeitige Sexualbetägigung (Selbsttröstung?), Ausweichen ins Heimliche, Selbstquälen durch Schuldgefühle, Unfähigkeit der Integration der sexuellen Besonderheit in das soziale Gesamthandeln, wofür der Mann ohnehin weniger Chancen hat als die Frau. Besonders oft handelt es sich um überunauffällige, überangepaßte, überkorrekte, gehemmt-unfreie Menschen, denen ihr sexuelles Anderssein die einzige – zweischneidige – Faszination in einem langwilig-ereignisarmen Leben bedeutet.

3. Bedeutung

Die Gesellschaften sehen in der Liebe nicht nur das Verbindende, sondern auch das Bedrohlich-Sprengende. Sie haben dies als Anlaß gerade für die einengenden Vorschriften der Sozialordnung benutzt. Das Inzest-Tabu ist in den meisten Kulturen die am strengsten durchgesetzte Beschränkung des freien Umgangs zwischen Menschen, nicht nur zum Schutz der Fortpflanzung, sondern auch zum Aufbau von Sozialstrukturen überhaupt. Es scheint jedoch, daß vor allem mit der Industrialisierung die individuelle Spielbreite sexueller Unbefangenheit und Natürlichkeit wesentlich eingeengt wurde. Zwar gibt es seit der Aufklärung einerseits einen auch sexuellen Glücksanspruch des Individuums (z. B. Anstößigkeit des verhinderten Liebespaares in der Literatur als Protest gegen überkommene Schranken). Auf der anderen Seite erleben wir eine Art Normalisierung und Sozialisierung der Liebe: Sie wird ihres bedrohlich-sprengenden Charakters beraubt, entschärft; sie wird zunehmend technisch gesehen (auch therapeutisch!), vom gesellschaftlichen Leistungsprinzip (z. B. Orgasmuszwang) geformt, dem Konsumverhalten angepaßt, auf ein verlogenes Ideal ewiger Jugend getrimmt und zum Hygiene-Ideal („Sex ist gut für die Gesundheit und Entspannung") verharmlost. So liberal ist man. Wie beschrieben, hat der Anstieg der Befriedigungsstörungen damit zu tun. Der Kampf zwischen den beiden Tendenzen ist offen: wieweit die sexuelle Natur des Menschen seinem sozialen Handeln Ziel gibt oder wieweit dieses die Sexualität denaturiert. Auch unser therapeutisches Handeln steht oft in diesem Spannungsfeld: z. B. wollen wir aus der Bejahung des Gegebenen Selbstveränderung ermöglichen oder Veränderung des Gegebenen, soweit technisch machbar und möglich?

Mit dieser „Zähmung" der Sexualität muß auch zusammenhängen, daß Homosexualität und sexuelles Anderssein, obwohl es sie immer schon gab, erst im letzten Drittel des 19. Jahrhunderts systematisch als störend auffällig und damit Gegenstand verschärfter Gesetze und zugleich Gegenstand der Psychiatrie (als Krankheit, Perversion, Abweichung) wurden. Ihre Abwehr und Abwertung sind oft der einzige Ausdruck unseres eigenen Bedürfnisses nach Anderssein, das wir im übrigen dem Glauben an partnerschaftliche Harmonie-ohne-Leid zuliebe leugnen. Daher werden z. B. die Ehepartner, die ihre gleichgeschlechtlichen Freundschaften vernachlässigen und verlieren, an Selbständigkeit einbüßen und ihre Ehe wird oft an einer Isolation-zu-zweit ersticken. Und daher haben die Möglichkeiten sexuellen Andersseins auch die Bedeutung, die Öde der eingeengten normalisierten Sexualität sichtbar und damit die Umrisse einer freieren, vollständigeren und spielorientierten Sexualität erahnbar zu machen – selbst in der Verzerrung süchtig-qualvollen Leidens. So zeigt z. B.: Exhibitionismus Fremdheit, Distanz, Aufhebung der Verheimlichung; Fetischismus symbolisch-spielerische Liebe zum Anderen als Objekt und Aufhebung der Partnerideologie; Sadomasochismus die Unbedingtheit gegenseitiger Zuwendung, Luxus an Zeit und Aufhebung der Harmonie- und Verharmlosungsideologie; Koprophilie (= lustvoller Umgang mit Kot) die Aufhebung der Ekelschranke, Pädophilie die der Altersschranke; und Gerontophilie die Aufhebung der Jugend- und Schönheitsideologie, unter der heute zahllose alte oder als häßlich geltende Menschen zu leiden haben. So stellen die Möglichkeiten sexuellen Andersseins Fragen, die uns alle betreffen.

4. Prävention

Zur sekundären und tertiären Prävention bedarf es für die Bevölkerung der allgemeinen Erreichbarkeit solcher Beratungs- und Therapieeinrichtungen, wie sie z. B. in Hamburg und Frankfurt als sexologische Polikliniken existieren. Das dort erarbeitete Wissen muß eingehen in das allgemeine ambulante Beratungs- und Therapieangebot.

Für die primäre Prävention ist in den letzten Jahren viel getan worden, etwa die Einführung des Sexualkundeunterrichts an den Schulen. Zweifellos sind solche Aufklärungsaktionen schuldentlastend und kompetenz-erweiternd. Oft gehen sie aber einseitig nur von *einer* der obigen Tendenzen aus: Liberalisierung als bloßes Wachstum des Bereichs des Erlaubten, Moralentlarvung (statt Entwicklung einer gültigeren Moral), Technisierung, Konsumausweitung, Verharmlosung, Orientierung an verlogener Partnerschaftsharmonie und Hygiene-Beglückung sind so unvollständig, daß sie neue Zwänge und neue Leiden schaffen. Schorsch: „Eine quantitative Ausweitung verhindert qualitative Intensivierung". – Wir haben uns bemüht, den liebenden Menschen und seine Schwierigkeiten so darzustellen, daß daraus vielleicht eine angemessenere und vollständigere Grundhaltung auch für die gesellschaftspolitisch so wichtige Prävention zu entwickeln ist.

LITERATUR

BRÄUTIGAM, W.: *Formen der Homosexualität.* Stuttgart, Enke 1967

FROMM, E.: *Die Kunst des Liebens.* Frankfurt, Ullstein 1972

GIESE, H. (ed): *Die Sexualität des Menschen.* Hdb. der med. Sexualforschung, Stuttgart, Enke 1968

SCHELSKY, H.: *Soziologie der Sexualität.* Reinbek: Rowohlt, 1970

SCHORSCH, E. u. G. SCHMIDT: *Ergebnisse zur Sexualforschung.* Köln, Kiepenheuer + Witsch, 1975

SIGUSCH, V. (ed): *Therapie sexueller Störungen.* Stuttgart, Thieme 1975

8. Kapitel

DER KÖRPERKRANKE MENSCH (körperbedingte Psychosyndrome)

A. AKUT-ORGANISCHE PSYCHOSYNDROME (AOP)
  I. *Diagnose des kranken Anteils*
    1. Delir (delirante Syndrome)
    2. Verwirrtheit (amentielle Syndrome)
    3. Dämmerzustand
    4. Durchgangssyndrome
  II. *Gesamt-Diagnose*
      Therapie und Selbst-Therapie
B. CHRONISCH-ORGANISCHE PSYCHOSYNDROME (COP)
  I. *Diagnose des kranken Anteils*
    1. Psychorganische Schwächung
    2. Organische Persönlichkeitsveränderungen
      a) *Persönlichkeitsveränderung*
      b) *Wesensänderung*
      c) *Hirnlokale Psychosyndrome*
         Apallisches Syndrom
         Aphasien, Agnosien, Apraxien
    3. Demenz
  II. *Gesamt-Diagnose*
  III. *Therapie – Pflege – Rehabilitation*
C. KÖRPERKRÄNKUNGEN UND IHRE SEELISCHEN LEIDEN
   (Grundstörungen)
  I. *Körperkränkung ohne Hirnbeteiligung (Stigmatisierung)*
    1. Tödliche Krankheiten – Sterben
    2. Langzeitkrankheiten
    3. Körperliche Dauerbehinderung
    4. Entstellende Körperschäden
    5. Verlust von Sinnesfunktion
    6. Körperliche Mißbildungen
    7. Körperliche Eigenarten
    Konsiliar- und Beratungsdienste
  II. *Körperkränkung mit Hirnbeteiligung*
    1. Hirndiagnostische Technik
    2. Psychodiagnostik
    3. Hirneigene und hirnbeteiligende Grundstörungen
      a) *Frühkindliche Hirnschäden*
      b) *Körperkrankheiten mir Hirnbeteiligung*
      c) *Ernährungsmängel (Dystrophien)*
      d) *Postoperative Psychosyndrome*
      e) *Akute und chronische Vergiftungen*

f) *Entzündliche Hirnkrankheiten*
g) *Traumatische Hirnschäden*
h) *Hirntumoren*
i) *Hirngefäßkrankheiten*
j) *Hirngewebskrankheiten*
k) *Anfallsleiden*
III. *Epidemiologie und Prävention*
Literatur

Hier geht es darum, wie der Mensch durch eine Körperkrankheit „gekränkt" wird. Also sowohl darum, wie Körperkrankheiten sich auf sein seelisches Befinden und Handeln auswirken, als auch darum, wie er selbst für diese Kränkung einen Umgangsstil finden kann. Also auch hier: Um die Opfer- *und* Täterseite des Menschen.

Diese Kränkung und mein Umgang mit ihr unterscheidet sich von anderen Kränkungen in der Psychiatrie etwa so: 1. Ich kann den Kampf offener und direkter führen, weil der Angreifer, die körperliche Schädigung, mir und meinem Selbst eher äußerlich ist, ich mich nicht so sehr z. B. durch Schuldgefühle selbst lähme und weil es oft genug um das bloße Überleben geht. 2. Ich bin gleichwohl in diesem Kampf abhängig von den Methoden, die ich in meinem bisherigen Leben im Umgang mit Kränkungen überhaupt bevorzugt habe, etwa von der Art meiner Selbstwahrnehmung, meiner Selbsthilfe, meiner konstitutionellen Mitgift, meines Kampfstils (Angriff, Konfrontation, Hinnehmen, Verzicht, Abwehr, Vermeidung) und schließlich auch abhängig davon, welche Bedeutung ich meinem Körper und meinem Leben überhaupt gebe. 3. hat der Gegner, die körperliche Schädigung, mir einen Teil der mir gewohnten Waffen genommen, z. B. die körperliche Beweglichkeit, Funktion der Sinnesorgane, Wahrnehmungs- und Urteilsmöglichkeiten oder die Selbststeuerung überhaupt; es kommt also darauf an, in welchem Maße ich Hilflosigkeit bzw. fremde Hilfe annehmen, Einbußen kompensieren sowie Selbstvertrauen verlagern und auf den mir übriggebliebenen Anteilen neu oder anders wiederbegründen kann.

Kraepelin unterschied 1896 zwischen den von innen entstehenden, *endogenen* und den durch körperliche = äußerliche Schädigungen entstehenden, *exogenen* Psychosen. Andere Bezeichnungen: „Organische Psychosen" oder „körperlich begründbare Psychosen". Aber schon 1911 formulierte K. Bonhoeffer seine bis heute gültige Kritik: Weil jede Körper- oder Hirnkrankheit zu verschiedenen (unspezifischen) psychischen Syndromen führen kann, und jeder Mensch unterschiedlich auf dieselbe organische Schädigung (= Noxe) *reagieren* kann, dürfe man nicht von Psychosen sprechen, sondern von *„exogenen Reaktionstypen"*. In der Folge richtete sich die Aufmerksamkeit auf die Hirnlokalisierung: Beobachtbare seelische Funktionsstörungen wurden bestimmten Hirnregionen zugeordnet. Das ging von der Aphasieforschung aus und führte zur möglichst präzisen Beschreibung „hirnlokaler Syndrome", besonders durch M. Bleuler. Nach dem Prinzip der

Mengenwirkung galt: Je mehr Hirngewebe, desto mehr Funktionen gehen verloren. Inzwischen weiß man, daß dies nur z. T. zu halten ist. Der gestaltpsychologische Ansatz von K. Goldstein, Neuropsychologie, Neurobiochemie und kybernetische Modelle selbstregulatorischer Steuerungssysteme ermöglichen eine wohl vollständigere Wahrnehmung der komplizierten Zusammenhänge zwischen Hirn und Handeln. Die hirnlokalen Syndrome werden auf ihren richtungsdiagnostischen Wert beschränkt. Das Prinzip der Mengenwirkung, das häufig, z. B. für Intelligenzstörungen, kaum zutrifft, wird ergänzt durch das Prinzip der Äquivalenz. Danach können bei manchen herdförmigen = fokalen Hirnschäden andere Hirnregionen als „funktionelle Reserve" das bisherige Handeln aufrechterhalten. Während manche Funktionen im Gehirn vorprogrammiert sind, werden andere erst durch Lernen bzw. Konditionierung in bestimmten Regionen lokalisiert, was z. T. änderbar zu sein scheint, wichtig für die Rehabilitation. Hochspezifische Hirnsysteme steuern offenbar nicht nur ihre eigene, sondern auch die Aktivität anderer Hirnsysteme. Vor allem bestehen zwischen der entwicklungsgeschichtlich jüngeren Hirnrinde (Cortex) und den älteren (subcorticalen) Hirnregionen mehr Wechselwirkungen, als früher vermutet. Gerade die kompliziertesten Steuerungen funktionieren nur bei wechselseitiger Integration jüngerer und älterer Hirnbereiche (die wertenden Begriffe „höhere" und „niedere" Hirnbereiche sind zu vermeiden). Die Unterscheidung von hirndiffusen und hirnlokalen Störungen gilt nur noch bedingt. Gegenwärtig wird kommunikationstheoretisch die Bedeutung der Unterschiede zwischen den beiden Hemisphären des Großhirns diskutiert: Danach reguliert bei einem Rechtshänder die jüngere linke Hälfte mehr die (digitalen) Mitteilungen von *Inhalten* mittels Sprache, dagegen die ältere rechte Hälfte mehr die (analogen) Mitteilungen über *Beziehungen* zwischen Menschen mit nichtsprachlichen, gefühlsmäßigen Ausdrucksmöglichkeiten. Dies erklärt Schwierigkeiten, wenn etwa jemand sprachlich und nicht-sprachlich Gegensätzliches ausdrückt (double bind-Theorie) oder wenn in einer Streß-Situation die Verbindung zwischen beiden Großhirnhälften weniger zuverlässig ist, so daß − bildhaft (= analog) ausgedrückt − „die Linke nicht weiß, was die Rechte tut" (Watzlawick).

Es handelt sich also bei Körperkränkungen − zugespitzt ausgedrückt − um eine Auseinandersetzung zwischen zwei Handelnden oder Akteuren. Einerseits wirkt die körperliche Schädigung aktiv auf die Handlungsmöglichkeiten des betroffenen Menschen ein. Sie wirkt über ihre Quantität, ihre Art und ihre Lokalisierung. Andererseits handelt auch der betroffene Mensch aktiv, er reagiert nicht nur. Deshalb müßte man vom Aktionstyp, nicht Reaktionstyp sprechen. Er kämpft gegen die Kränkung, gegen die Verunsicherung, gegen die Bedrohung seines Bestandes, seines Selbst.

In der Begegnung mit dem Patienten werden zunächst einmal typische „Psychosyndrome" auffällig. Sie müssen wir zunächst kennenlernen. Erst dann wenden wir uns den einzelnen zugrundeliegenden Störungen zu. Einteilung der Syndrome: A. Akut-organische Psychosyndrome, auch „symptomatische Psychosen" oder „akute exogene Reaktionstypen" genannt. B. Chronisch-organische Psychosyndrome. A. bzw. B. werden von W. Scheid und H. H. Wieck als reversible (= rückbildungsfähige) und irreversible Psychosyndrome unterschieden, was auch nicht ganz zutrifft. Als Faustregel gilt, daß A. mehr den hirnbeteiligenden Körperkrankheiten und B. mehr den hirneigenen Krankheiten zuzuordnen ist. Hinzu kommen freilich noch unter C. I. Körperkränkungen ohne Hirnbeteiligung, die sich im seelischen Befinden und Handeln der Menschen, z. T. als Stigmatisierung, äußern.

A. Akut-organische Psychosyndrome (AOP)

Man unterscheidet nach den Schwerpunkten der Symptomatik drei Syndrome mit Bewußtseinstrübung (Delir, Verwirrtheit, Dämmerzustand) sowie die Durchgangssyndrome ohne grobe Bewußtseinstrübung.

Leitsymtom ist die *Bewußtseinsveränderung*. Der Begriff *Bewußtsein* hat hier weniger das psychoanalytische „Unbewußte" als Gegenbegriff. Vielmehr ist damit ein Bündel von Fähigkeiten gemeint, die – nach dem Denkmodell der Steuerungssysteme – Auswahl und Ausmaß der Wahrnehmungen und Vorstellungen zu einem situationsangemessenen und erlebniseinheitlichen Handeln organisieren, eine Gitter- oder Filterfunktion haben. Das Bewußtsein begleitet reflektierend alles Tun, macht es erinnerungsfähig und ist – da zwischen „innen" und „außen" vermittelnd – immer auch im unterschiedlichen Ausmaß *Selbstbewußtsein*. Es reguliert die „Gestalt" des Handelns. Zu diesem Fähigkeitsbündel rechnet man: Wachheit, Orientierung (nach den 3 Richtungen: Zeit, Raum und Person), Aufmerksamkeit, Auffassung, Denkablauf und Merkfähigkeit.

Das Bewußtsein bzw. seine Fähigkeiten können durch eine organische Hirnstörung unterschiedlich verändert werden. Am häufigsten ist die quantitative *Minderung:* Man spricht von Bewußtseinstrübung bzw. nach deren Grad von Somnolenz (verhangen, dösig, schläfrig, benommen), Sopor (stärker getrübt, aber noch beeinflußbar) und Koma (bewußtlos, nicht mehr weckbar, zugleich Reflexabschwächung bis -verlust). Die Orientierung wird zur Desorientierung. Die Aufmerksamkeit ist herabgesetzt, schwer und nur bruchstückhaft zu fixieren. Die Auffassung verzögert sich bis zur Schwerbesinnlichkeit. Das Denken ist verlangsamt, mühsam, ungeordnet, verwirrt, inkohärent = unzusammenhängend, wie im Halbschlaf. Die Merkfähigkeit ist verringert. Die Einheitlichkeit der Gedanken und Handlungen geht verloren (Gestaltzerfall). Außer von Minderung spricht man oft besser von Einengung des Bewußtseins bis zu einem inselhaften oder röhrenförmigen Bewußtsein; der entgegengesetzte Zustand wäre eine zu reizoffene (= hyperprosektische) Weitstellung der Gitter- oder Filterfunktion.

Es gibt aber auch *Steigerungen* des Bewußtseins mit Überwachheit, gesteigerter Helligkeit des Bewußtseinsfeldes und Verkürzung der Auffassungs- und Reaktionszeit, freilich um den Preis der Einengung, Sprunghaftigkeit und Konzentrationsunfähigkeit.

Qualitative Veränderung des Bewußtseins: schwer beschreibbare Verschiebungen, Verlagerungen des Bewußtseins, Ausgangspunkt für illusionäre Verkennungen, halluzinatorische oder wahnhafte Umdeutung oder Umdefinition der gesamten Lebenssituation, z. B. beim Dämmerzustand.

Alle Veränderungen können innerhalb von Stunden oder Minuten sich umkehren oder schwanken. Für die Zeit der Bewußtseinsveränderung besteht hinterher teilweise oder vollständige Amnesie = Erinnerungslosigkeit.

I. *Diagnose des kranken Anteils*

1. Delir (delirante Syndrome)

Die Patienten sind 1. immer in einer der beschriebenen Weisen *bewußtseinsgetrübt*, verwirrt sowie desorientiert, und zwar nach dem Schweregrad in der Reihenfolge: zeitlich, örtlich und nach der Person. Das „Zeitgitter" der Lebensvollzüge ist also

238

am leichtesten störbar. Aufmerksamkeit und Reaktionsfähigkeit sind gemindert und eingeengt; wenn gesteigert, dann punktuell und in hohem Maße ablenkbar, von einem Reiz zum anderen tanzend. 2. Sind die Patienten immer *angstvoll*, wirken bedroht und bedrängt, meist trotz schläfriger Trägheit schreckhaft-erregt oder panisch-unruhig. Aus dieser Angst heraus wird aus jedem Reiz, aus jedem erfaßten „Punkt" der sich entziehenden Realität „etwas gemacht", sei es im Sinne wahnhafter Situations- und Personenumdeutungen, die man fast beliebig suggerieren kann, sei es im Sinne meist optischer, aber auch akustischer und haptischer Halluzinationen. Diese sind oft szenisch oder traumhaft. Thematisch fließen unzensierte sexuelle oder sonstige Wunschvorstellungen ein. Vertraute Personen werden her-halluziniert. Die Stimmung wirkt wie unter Zwang euphorisch gehoben. Der Sprechtrieb bezieht sich auf beliebige anwesende (und abwesende) Personen, „macht mit ihnen etwas". Die typische Halluzination vieler kleiner Figuren oder Tiere entspricht der Bewegungsunruhe (Greif- oder Zupfbewegungen, „Flockenlesen" auf der Bettdecke oder hilflose Leerlaufmotorik). 3. Leiden die Patienten unter *körperlich-vegetativen Symptomen:* Fieber, Tremor, Kreislaufinsuffizienz, Krämpfe, Dehydration, mit der Gefahr des u. U. tödlichen Komas.

Schwer zu erkennen sind nur leichte Delire bzw. beginnende, *prädelirante Zustände.* Hier ist auf ungerichtete Ängstlichkeit, Konzentrationsstörung, Überempfindlichkeit gegen Geräusche und Licht, fibriläres Wogen der mimischen Muskeln, Verwirr- und Reizbarkeit, eine „danebengehende" oder befremdlich oft wiederholte Redewendung, Ablenkbarkeit oder flüchtige Halluzinationen, schwankende Gefühlslage oder vermehrten Sprechantrieb zu achten.

Delirante Syndrome können auftreten bei Fieberzuständen, bei Infektions- und schweren Allgemeinerkrankungen, bei Hyperthyreosen, nach operativen Eingriffen, bei Alkohol- oder Medikamentenmißbrauch, nach Vergiftungen und bei medikamentöser Therapie überhaupt. Sie sind also eine psychiatrische Komplikation in nahezu allen Bereichen der Medizin. *Früh*erkennung dieser oft lebensbedrohlichen Zustände ist therapeutisch entscheidend.

2. Verwirrtheit (amentielle Syndrome)

Gegenüber Bewußtseinstrübung und vegetativer Störung steht hier im Vordergrund: Unzusammenhängendes Denken, bruchstückhaft wie im Halbschlaf, haftend am einmal aufgetauchten Gedanken, sich gleichsam daran festhaltend, wobei die Angst sich in ratloser Gefühlslage äußert, ratlos bezüglich des Mißlingens der Realitätserfassung; zugleich oft Erregungszustand mit motorischer Unruhe. Wenn verbunden mit illusionärer oder wahnhafter Umdeutung (traumhaft = oneiroid), neigt die Verwirrtheit zum Übergang in ein chronisch-organisches Syndrom. Sie tritt eher auf bei Enzephalitis, zerebraler Durchblutungsstörung oder Hirnverletzung mit Verschlimmerung bei nächtlichem Blutdruckabfall.

3. Dämmerzustand

Hier überwiegt die qualitative Bewußtseinsveränderung, die Einengung und Verschiebung – bis zum Gefühl, eine andere Existenz zu leben. Da die Patienten über

Stunden und Tage – gleichsam traumwandlerisch – vor allem in fremder Umgebung unauffällig wirken, können sich schwerwiegende forensische Probleme ergeben. Denn in Wirklichkeit ist der Patient weder voll bewußtseinsklar noch selbstkritisch wertend und besonnen, vielmehr von wenigen Affekten, Strebungen oder Trieben gesteuert, zugleich hochgradig irritierbar, so daß es (selten) zu Gewalt- und Sexualdelikten kommen kann, vor allem bei der Epilepsie, aber auch im pathologischen Rausch, bei Enzephalitis oder in gefäßleidensbedingten und paralytischen Krisen. – Es ist praktisch und theoretisch wichtig, daß ein ähnlich wirkender Dämmerzustand auch auf eher psychischem Wege herstellbar ist: Als Nachtwandeln, als hochgradiger, verselbständigter Affektstau („Verdrängungsdelir") oder – künstlich produziert – als hypnotischer Zustand.

4. Durchgangssyndrome

Sie heißen so, weil sie psychische Durchgangs-Auffälligkeiten bei Beginn bzw. bei Rückbildung einer hirnorganischen Schädigung bezeichnen. Eine gewisse Bewußtseinseinengung, -verschiebung oder gar -trübung wird oft nur im Alltagshandeln einem guten Team sichtbar, da viel schwächer als bei den übrigen akuten Syndromtypen ausgeprägt. Mit diesem Vorbehalt kann man die diagnostischen Begriffe „geordneter Dämmerzustand" und „besonnenes Delir" hier einordnen. Wieck unterscheidet folgende Durchgangssyndrome: Mehr oder weniger isolierte Halluzinosen; „akutes Korsakow-Syndrom" (s. d.); hyperästhetisch-emotioneller Schwächezustand; aspontanes D.; affektives D.; depressiv, maniform oder hysteriform, wobei gerade bei der letzteren Form aufgrund der Abwehr der psychiatrisch Tätigen gegen hysterische Patienten die Gefahr besteht, daß die hirnorganische Grundstörung übersehen wird („organisches Hysteroid"); ferner paranoid-halluzinatorisches D.; und schizoformes D.. Differentialdiagnostisch ist darauf zu achten, daß der Zusammenhang mit einem Lebensproblem fehlt oder verändert ist und daß die wahnhafte oder andere Symptomatik im hirnorganisch bedingten Fall mehr auf Realitätsannäherung, weniger auf Realitätsvermeidung gerichtet ist. Die Aufmerksamkeit auf Durchgangssyndrome verhindert Fehler bei der Frühdiagnose, Krankschreibung, Berentung und Rehabilitation.

II. *Gesamt-Diagnose*

Für meine Grundhaltung in der Begegnung mit dem „akut-organischen", meist deliranten Menschen ist wichtig, daß der Andere durch seine Bewußtseinsstörung gerade an seiner Selbstwahrnehmung teilweise oder ganz gehindert ist. Selbst hinterher ist ihm aufgrund der Amnesie sein Zustand oft kaum zugänglich. Insofern muß ich in diesem Fall wirklich *für* den Patienten dasein, z. T. *an seiner Stelle* handeln. Umso mehr bin ich auf meine eigene Selbstwahrnehmung angewiesen, will ich dem Patienten auch nur ansatzweise das Gefühl vermitteln, verstanden zu werden, Vertrauen haben zu können. Gleichsam als Ausgleich für diese Schwierigkeit muß ich beim Versuch der Selbstwahrnehmung im Falle des Delirs nicht so tief in mir suchen wie in anderen Situationen. Praktisch jeder von uns kennt von sich selbst Zustände, in denen er seines Körpers, seiner Umgebung oder seines Selbst plötzlich, akut und zutiefst verunsichert ist. Beispiele: Hohes Fieber; Situationen unter Alkoholeinfluß; Reaktionen auf Medikamente; Abgleiten in bzw. Auftauchen aus Bewußtlosigkeit; Einschlaf- oder Aufwachreaktionen; oder der Schock nach einem Verkehrsunfall.

Von daher kennen wir – wenigstens in Andeutung – sämtliche akut-organischen Symptome, auch das mehr organisch *ge*lebte als seelisch *er*lebte akut-organische oder delirante Grundgefühl.

Etwa so: „Ich spüre irgendwie, wie ich in einem Strudel weggerissen werde, weg von jedem Stand und jedem Halt. Das macht Angst. Aber die Angst und Bedrohung sitzt so tief körperlich und ist so umgreifend, daß ich sie kaum als abgehobenes seelisches Gefühl ausdrücken oder auch nur sagen kann „ich habe Angst". Vielmehr ist die Angst ein totales biologisches Alarmsignal. Nicht ich drücke sie aus, schon dazu fehlt mir die Kontrolle oder Verfügungsmacht. Die Angst drückt sich selbst aus. Weniger ich handle, sondern es handelt aus mir heraus, oder ich werde auf einer biologisch älteren Ebene von äußeren und inneren Reizen gehandelt, gesteuert. D. h. ich ergreife *jeden*, noch so unsinnigen Strohhalm (Reiz), versuche ihn zu verwandeln, umzudeuten, zu einem Halt an der mir entgleitenden Wirklichkeit zu machen. Es schaltet in mir gleichsam auf Reserve, auf die Reserve eines einfacheren Instinkt-Umwelt-Steuerungsniveaus, freilich mit der Gefahr, mich in meinen vegetativen, motorischen und halluzinatorischen Alarmreaktionen zu erschöpfen und zu Tode zu strampeln, da diese Reserveschaltung offenbar mit dem menschlichen Dasein auf Dauer unvereinbar ist". Von daher sind alle Symptome nachvollziehbar und vereinbar mit der hirnpathologischen Forschung: Das „Sparprogramm" der Bewußtseinseinengung und -verschiebung; das Tanzen der Aufmerksamkeit von einem Reiz zum anderen, weil keiner befriedigen kann, oder das Haften an einem Reiz; die „Rederitis" und Leerlaufmotorik, die Selbstbestätigung aus sich selbst zu ziehen sucht; das Äußern von sonst scham-kontrollierten Triebanteilen; das euphorische So-tun, als ob nichts ist; das Her-Halluzinieren von irgendetwas Vertrautem; schließlich auch die Amnesie in dem Maße, wie nicht ich, sondern es gehandelt hat.

Kaum irgendwo in der Psychiatrie wird die Einheit der psychischen Auffälligkeit, des Symptoms so deutlich: Es ist zugleich Ausdruck des Krankmachenden bzw. Kränkenden, Versuch der Problemlösung und Realitätsbewältigung und Versuch der Abwehr und Leugnung, mit der Gefahr, darin umzukommen. Diese Symptom-Anteile muß ich beim Patienten unterscheiden. Denn sie sind bei jedem Menschen, je nach seinen Gewohnheiten des Umgangs mit Problemen, anders, und ich muß entsprechend unterschiedlich auf ihn eingehen. Dabei muß mir oft die Auskunft der Angehörigen helfen. Diese Unterscheidung, die ich ebenfalls *für* den Patienten treffen muß, erlaubt mir die Feststellung des Maßes, in dem ich durch mein Tun den Patienten a) als Handelnden und b) als Behandelten sich selbst erlebnisfähig mache. Also z. B. zu a) indem ich seine Selbst-Steuerungsversuche und zu b) indem ich seine Bedürfnisse nach Sicherheit und Geborgenheit fördere. Schließlich habe ich mir auch hier die Frage zu stellen: Wie wirkt der Patient auf mich? Vor allem bei leichten und beginnenden Deliren sowie bei den vielgestaltigen Durchgangssyndromen können mir 2 Fallen zum Verhängnis werden: „Der Andere ist lästig, der will mir nur Theater vorspielen" oder „er will mir nur zeigen, daß alles in Ordnung ist; er ist gesund". Vor einer u. U. lebenswichtigen Fehlentscheidung bewahrt mich dann nur die Vollständigkeit meiner Wahrnehmung seiner Wirkung auf mich: Es bleibt ein kleiner Rest, z. B. daß das Theater eine Spur zu ungekonnt, zu brüchig oder zu distanzlos ist; daß er eine Spur zu betont, zu bemüht mir (und sich!) seine Normalität beweisen will, eine Spur zu stur auf sofortiger Entlassung besteht, eine Spur zu schnell oder zu langsam seine Aufmerksamkeit wechselt. Das ist das Geheimnis des „klinischen" Eindrucks *„er wirkt organisch auf mich"*, ein Eindruck, den ich weniger meiner Beobachtung, sondern meiner Selbstwahrnehmung verdanke, d. h. dem Umstand, daß ich die Begegnungsangst möglichst vollständig in mich eindringen lasse. Da die meisten AOP nicht in einer psychiatrischen Einrichtung, sondern zu Hause oder in einer anderen Klinik beginnen und außerdem ständig schwanken, nützt es mir, wenn ich an den Ort des Geschehens gerufen werde, häufig mehr, die Angehörigen bzw. die zuständigen Schwestern und Ärzte hartnäckig zur möglichst vollständigen Selbstwahrnehmung zu bringen. Bringt auch das keine Entscheidung, hilft diagnostisch und therapeutisch nur das enge Zusammenleben des Patienten mit einem psychiatrischen Team.

III. *Therapie und Selbst-Therapie*

Die Mehrzahl der AOP werden heute in der Klinik behandelt, in der sie auftreten. Dies wegen der besseren Behandlungsmöglichkeit des jeweiligen Grundleidens und wegen der heute leichteren medikamentösen Kontrollierbarkeit des AOP. Schwerste dekompensierte Delire gehören auf eine Intensivstation. Diagnostisch schwer zu klärende Fälle und schwere, vor allem expansive Delire, Verwirrtheiten und Dämmerzustände, mit Gefahr der Selbst- oder Fremdgefährdung, bedürfen einer psychiatrischen Einrichtung.

Die Therapie ist vor allem eine Angelegenheit des medizinischen Personals. Aus meiner Selbstwahrnehmung weiß ich, daß der akut-organische Patient anteilsweise um den Halt an sich selbst und an der Realität kämpfen möchte, also Selbst-Therapie möchte, eindeutiger als etwa ein eher vermeidender schizophrener oder depressiver Patient. Pflegerisch werde ich ihn in seinem Bemühen, selbst zu handeln, möglichst fördern.

Frau T., 42 J., Hausfrau und Mutter, kommt nach Herzoperation auf der Intensivstation jetzt schon seit 10 Tagen mit medikamentösen Mitteln nicht aus einem delirant-ängstlich-halluzinatorischen Zustand heraus, der das an sich günstige Operationsergebnis gefährdet. Da sie paranoid fürchtet, das Stationspersonal wolle sie umbringen, ist sie unkooperativ, erschöpft sich zudem durch ständige ziellose motorische Unruhe. Es wird ein Programm entwickelt, durch das Frau T. Vertrauen wieder selbst buchstäblich „fassen" soll: Sie wird in Greif- und Sichtkontakt mit ihr vertrauten Gegenständen gebracht. Entscheidend war, daß man mit einfachsten Dingen begann. Es bewährte sich folgende, sich im Gefühls-Anspruch steigernde Reihenfolge: Eine kleine Porzellanfigur aus ihrem Haushalt; ihr Einkaufsportemonaie; ihr Schlüsselbund; Foto ihres Kindes; ein gemaltes Bild ihres Kindes; ein Brief ihres Kindes; erst ihr vorgelesen, bevor sie ihn selbst las; ein Brief ihres Mannes; dann erst ein Besuch ihres Mannes, den sie anfangs abgelehnt hatte, da sie ihre Familie als tot erlebte. All dies geschah mit entsprechendem verbalen Kontakt durch eine bestimmte Schwester, während die anderen medizinischen Personen in dieser Zeit weniger aktiv waren.

In schweren Fällen werde ich eher darauf achten, den Patienten sich weniger als Handelnden, sondern als gut Behandelten erleben zu lassen, ihm einen möglichst verläßlichen, Geborgenheit und Vertrauen vermittelnden Außenhalt herzustellen. Zu vermeiden ist sowohl eine zu hektische als auch eine zu reizarme Atmosphäre; denn beides steigert das leerlaufende Kämpfen und die motorische Selbsterschöpfung des Patienten: sowohl Reizüberangebot (also auch das Provozieren seiner „lustigen" Delir-Anfälle!) als auch Reizarmut (sensorische Deprivation). Dienlich ist vielmehr eine ruhige Lagerung mit leicht erhöhtem Oberkörper, in der Nähe von anderen Patienten oder Teammitgliedern. Nachts bleibt das Licht an. Da auch die oft notwendige Fixierung Angst und Unruhe steigert, sind die bloße Anwesenheit eines Menschen, Sprechen in suggestiv-ruhigem Tonfall, verläßlicheinfache Informationen, auch sanfte körperliche Berührung wichtig.

Die Qualität dieses therapeutischen Rahmens bestimmt neben dem Zustand des Patienten die dennoch erforderliche Quantität beruhigender Medikamente. Je nach Schwerpunkt der Symptomatik gibt man: Haldol (5-20 mg i. m. oder i. v.), Paraldehyd, Chloralhydrat oder Valium (10-30 mg i. m. oder i. v.). Je mehr der Zustand einem schweren Delir entspricht, also vor allem beim alkohol- oder medikamentenbedingten Delirium tremens, ist Distraneurin angezeigt, wenn der Zustand nicht mit Haldol beherrschbar ist. Distraneurin nimmt dem Patienten den Kampf ab, mit dem er sich selbst erschöpft, indem es ihn in oberflächlichen Schlaf versetzt (auf Schmerzreize stets deutlich reagierend). Man gibt 2-4 Kapseln, dann alle 30-60 Minuten 2 Kapseln, bei optimaler Atmungs-Kreislauf-Kontrolle. Ist das nicht mehr möglich, erfolgt Infusion von 50-150 ml der 0,8%igen Distraneurin-Lösung bis zum Halbschlaf, dann Regulierung nach Tropfenzahl. Gefahren des Distraneurins sind Atemverschlechterung, Blutdruckabfall, Kreislaufkollaps und ärztlich verschriebene Sucht, da immer noch viele Ärzte den Kunstfehler begehen, ambulant Distraneurin zu verschreiben! Bei Abklingen des Delirs (5-10 Tage) ist dieses Mittel sofort abzusetzen oder umzustellen, etwa auf Atosil oder Haldol. Zu Einzelheiten der Distraneurin-Anwendung (s. Kap. 13).

Da alle erwähnten Mittel, besonders bei älteren Patienten und nachts!, blutdrucksenkend sind, ist häufigere Gabe kleinerer Dosen sowie Kombinationen mit Kreislaufmitteln (z. B. Novadral ret.) zu empfehlen. Bei der Verwirrtheit alter Leute sind „ein paar Täßchen Kaffee" (tags, aber auch abends) nicht nur wirksam, sondern stellen zugleich gegenüber der Verunsicherung etwas Vertrautes dar. Ferner ist bei allen akut-organischen Patienten zu achten auf: Pneumonie- und Dekubitusprophylaxe; Plus-Temperaturkontrolle; Freihalten der Atemwege; Ein- und Ausfuhrkontrolle (Dauerkatheter); u. U. Infusions- oder Sondenernährung; Herz-Kreislaufbehandlung, schon zur Verbesserung der Hirndurchblutung; Auswahl der Infusionsmittel je nach Notwendigkeit dehydrierender Maßnahmen (Schrankenstörung!) und der Korrektur des Volumens- und Elektrolythaushalts.

B. Chronisch-organische Psychosyndrome (COP)

Herr Sch., 48 J., langjährig-unfallfreier Busfahrer, gerät auf seiner gewohnten Linienbusstrecke unverschuldet in einen an sich unbedeutenden Unfall. Der Polizei fällt das grob unsinnige, hilflose und unbeteiligte Verhalten von Herrn Sch. auf; sie bringt ihn ins psychiatrische Krankenhaus. Hier wirkt er hochgradig dement, apathisch, unspontan; das Sprechen erschöpft sich in der Wiederholung weniger Redensarten; zugleich ist er bewußtseinsgetrübt, benommen. Dies steigert sich unbeeinflußbar, bis er nach 3 Wochen im Koma stirbt. PEG und die spätere Sektion beweisen, daß Herr Sch. an Morbus Pick (s. d.) gelitten hat. Die Familie kannte ihn als immer schon ruhigen, friedlichen und verantwortungsbewußten Menschen. Daher war ihr lediglich aufgefallen, daß er seit 1 Jahr noch ruhiger geworden und gelegentlich ohne Grund weggegangen war bzw. unmotiviert gelacht oder geweint hatte. Er habe dann gesagt, es sei nichts, und da er seine Pflichten nach wie vor erfüllte, habe man nichts veranlaßt.

Das Beispiel zeigt einmal die soziale Bedrohlichkeit unerkannter COP und zum anderen, wie sehr eine bestimmte Persönlichkeitsstruktur und ein eingeschliffen-gewohnter sozialer Außenhalt die Wahrnehmbarkeit auch eines schwersten Hirnabbauzustandes verhindert – für den Betroffenen wie für die Umgebung; wobei jedoch ein winziges, aber ungewohntes Ereignis alles zum Einsturz bringen kann. Das Beispiel macht aber auch die Schwierigkeit der Unterscheidungsversuche für hirn-organisch bedingte Psychosyndrome deutlich: Ein Jahr zuvor hätte man vielleicht eine hirnlokale Persönlichkeitsstörung beschrieben, kurz vor dem Unfall lag sicher eine schwere Demenz vor, während bei der Klinikaufnahme bereits ein AOP bestand.

I. *Diagnose des kranken Anteils*

Wir beschreiben hier Syndrome, in denen sich Zwischen- oder Endstationen eines mehr oder weniger bleibenden Hirnabbaus äußern.

1. Psychorganische Schwächung

Es gibt sie zu Beginn, vor allem aber nach Ende einer Hirnschädigung als „Restzustand". Sie ist also vergleichbar mit den Durchgangssyndromen der AOP. Andere Begriffe: „chron. pseudoneurasthenisches Syndrom" (G. Huber), „Hirnleistungsschwäche" oder „Enzephalopathie" (W. v. Baeyer, gemeinsam mit einem Teil von 2.). Meist ist hier nur eine diskrete Hirnschädigung mit nur undeutlichen Beschwerden nachweisbar. Menschen mit solch einer Schwächung haben eine besonders gute Chance, von ihrer Umgebung oder von Gutachtern als „immer-schon-Versager" oder als „Rentenneurotiker" wahrgenommen zu werden. Sie klagen über rasche Erschöpfbarkeit, Überarbeitung, Konzentrationsschwierigkeiten. Anfangs betonen sie vielleicht nur, daß ihre Arbeit anstrengend sei. Andere sagen gar nichts. Man merkt ihnen nur an, daß sie schneller die Zähne zusammenbeißen als ihre Kollegen oder als man es früher von ihnen kannte. Was außerhalb ihrer Routine liegt, bringt sie aus dem Konzept. Resignative oder mürrische Stimmungen, Empfindlichkeit bei alltäglichem Flaxen, Ärger über die „Fliege an der Wand", vermehrtes Bestätigungsbedürfnis, Vermutung von Spitzen und Zurücksetzung, leicht „beleidigte Leberwurst", Umstellung als Überforderung erlebt. All das kann man mit dem plastischen Begriff „reizbare Schwäche" beschreiben. Gelegentlich vegetative Störungen. Während alle Funktionen, einzeln geprüft, eigentlich intakt sind, lassen sich die Beschwerden nur als Minderung der verfügbaren gesamtseelischen Energie begreifen. Die Symptome liegen also in jener Grauzone, in der es (ohne komplexe Diagnostik) keine soziale und medizinische Anerkennung gibt, wo vielmehr der Betroffene ebenso wie seine Umgebung sich leicht sagen: „Wir haben es doch alle nicht leicht; der kann sich doch allmählich auch mal zusammenreißen"! Solche leichten organischen Defektzeichen lassen wir nach unseren üblichen Leistungserwartungen einem jungen oder erwachsenen Menschen nicht durchgehen, überbewerten sie aber beim alten Menschen. Psychorganische Schwächungen findet man oft nach frühkindlichen Residualschäden (s. dort) und nach traumatischen, enzephalitischen, sklerotischen oder hungerdystrophischen Hirnschäden.

2. Organische Persönlichkeitsveränderungen

Hier stehen Störungen des Antriebs, des Tempos, der Affekte und der Stimmung der Persönlichkeit im Vordergrund, jedoch ohne gröbere Intelligenzeinbuße im Sinne der Demenz. Es ist zu diskutieren, diese Syndrome „organische Integrationsstörung" zu nennen; denn wesentlich kommt zu der unter 1. genannten Minderung der seelischen Gesamtaktivität hier eine Integrationsstörung einzelner Funktionen hinzu, weshalb hierher auch die hirnlokalen Psychosyndrome gehören.

a) *Persönlichkeitsveränderung:* Verlangsamung aller seelischen Aktivitäten, Haften an einem Verhaltensmuster, Perseverieren (Wiederholung desselben), Umstellerschwerung; erregbare, weinerliche, euphorische, ängstliche oder mürrisch-dysphorische Affektinkontinenz (= Entgleiten der Gefühle) oder entsprechende Labilität der Grundstimmung.

b) *Wesensänderung:* Hiervon spricht man erst, wenn die ganz persönlichen, individuellen Eigenheiten eines Menschen nivelliert oder abgeflacht sind, wenn bestimmte Charakterzüge bis zur Karikatur überspitzt sind und wenn die differenziertesten Empfindungen, Haltungen und Wertungen eines Menschen einer „persönlichkeitsfremden" Takt-, Rücksichts- und Schamlosigkeit gewichen sind, „man ihn nicht wiedererkennt".

c) *Hirnlokale Psychosyndrome:* M. Bleuler hat je nach der Lokalisierung des Hirnschadens verschiedene Syndrome unterschieden, die jedoch nach neueren Untersuchungen häufig weder voneinander noch von Syndromen bei diffusem Hirnschaden zu trennen sind. Für Einzelfälle treffen die Beschreibungen freilich zu. Gemeinsam ist diesen Syndromen eine Störung der höheren integrierenden und steuernden Funktionen, wohl im Zusammenhang mit Schäden „strategischer Regelkreise" im Stirn-, Schläfen-, Mittelhirn, im Hypothalamus oder im limbischen System, was sich als primitives Trieb-Affekt-Handlungsniveau, als „psychischer Infantilismus" unkontrolliert äußern kann. Man sieht Zu- oder Abnahme von Einzeltrieben oder -bedürfnissen wie Sexualität, Aggression, Hunger und Durst,

Schlaf-, Kälte- oder Wärmebedürfnis; weiter unvorhersehbare Stimmungsänderungen sowie impulsive oder apathische Antriebsmuster. Dies alles episodisch oder dauerhaft. Im einzelnen sind folgende Syndrome unterschieden worden:

Stirnhirnsyndrom: Gleichgültigkeit mit Einbuße an Anteilnahme, Takt, Motivation und Antizipation (= Vorwegnahme der Folgen eines Handelns), bisweilen verbunden mit Euphorie, Witzelsucht und (sexueller) Enthemmung, z. B. bei M. Pick, Tumor und Kontusion.

Zwischenhirnsyndrom: Bei dieser „Dienzephalose" überwiegen unvermittelt Einschießen von Impulsen und Verstimmungen, z. B. Heißhunger, Durst, Störung des Schlaf-Wach-Rhythmus, dranghafte Sexualität, Weglaufen (= Poriomanie).

Stammhirnsyndrom: Mürrisch-mißmutige oder euphorische Verstimmung, Antriebsschwäche, psychomotorische Einengung, z. B. bei Hirngefäßsklerose, nach Enzephalitis oder nach Neuroleptika-Gebrauch.

Schläfenhirnsyndrom: Verstimmung, Antriebsveränderung und Störungen der Wahrnehmung, z. B. bei Temporallappen-Epilepsie und Tumoren.

Endokrines Psychosyndrom: Von den anderen Syndromen nicht regelhaft unterscheidbar, bei fast allen Krankheiten der innersekretorischen Drüsen meist in leichter Form möglich.

Apallisches Syndrom: Entsteht bei weitgehender Trennung der Hirnrinden- von den Hirnstammfunktionen durch ausgedehnte Marklagerschäden, auch „Dezerebration" oder „Coma vigile" genannt; denn es handelt sich um einen Bewußtseinszustand der bloßen Wachheit ohne Bewußtseinsinhalte, bei Auslöschung aller komplexen psychischen Aktivitäten, um eine nur noch „vegetative Existenz", wobei entwicklungsgeschichtlich alte Reaktionen (Saug-, Greif- oder Schnauzreflexe) wieder zu Tage treten. Dieses Syndrom nimmt zu – als unerwünschte Folge der Technisierung der Medizin, z. B. als Folge von Operationen mit Herzstillstand, Reanimierungsversuchen, der Dialyse oder auch der Insulinschocktherapie. Wenn der Patient nicht stirbt, bleiben meist schwere Defekte bestehen.

Aphasien, Agnosien, Apraxien: Selbst hier geht man heute nicht mehr von der Zuordnung zu bestimmten Hirnrindenschäden, sondern von einem Miteinander eines spezifischen und eines allgemeinen Funktionsverlustes aus. Deshalb spricht man nicht mehr von „Werkzeugstörungen". Die Unterscheidung „höherer" und „niederer" Funktionen scheint ein Denkmodell zu sein, das uns zwar lieb und gewohnt ist, das aber der wirklichen Organisation des Gehirns nicht voll entspricht. Mit diesem Vorbehalt kann man folgende Störungen unterscheiden:

Motorische Aphasie: Der Patient kann nicht spontan sprechen (bei intakten Sprechwerkzeugen), höchstens einige Wörter, etwa „überlernte" Redensarten, besonders in Erregung. Er ist sich der Störung bewußt. Nachsprechen ist eher möglich. Die Verletzung betrifft meist die dritte Stirnwindung links (Broca-Zentrum). Die linke Hemisphäre ist bei Rechtshändern und bei den meisten Linkshändern für die Sprache zuständig.

Sensorische Aphasie: Der Patient kann Worte und Sätze nicht verstehen, spricht mit Rededrang im Telegrammstil, ist sich der Störung meist nicht bewußt, ist zugleich unfähig, zu schreiben und zu lesen (Agraphie und Alexie). Lokalisation: Vorderteil der 1. und 2. Schläfenwindung (Wernicke-Zentrum), aber nicht verläßlich. Bei Beteiligung des temporoparietalen Bereichs und der Reilschen Insel meist totale Aphasie und Demenz.

Amnestische Aphasie: Namen vertrauter Objekte werden nicht erinnert (Wortfindungsstörung), jedoch mehr in künstlicher Testsituation, weniger in einem vertrauten Handlungszusammenhang, läßt sich auch als leichte motorische Aphasie deuten. Lokalisation im dominanten Gyrus angularis unsicher.

Agnosie: Der Patient kann Objekte nicht wahrnehmen, erkennen, ohne daß eine Störung der Sinnesorgane besteht. Man spricht optisch von Seelenblindheit, akustisch von Seelentaubheit. Verwandte Störungen sind: Rechts-Links-Störung (Unterscheidung nicht möglich), Fingeragnosie (Finger können nicht gezeigt werden), vielleicht auch das Phantomglied (das amputierte Glied wird empfunden). Sichere Lokalisierung nicht möglich. Isolierte Agnosien gibt es kaum, meist Verbindung mit Demenz-Symptomen. Man diskutiert den Zusammenhang von Agnosien mit seelischen Selbstschutztendenzen des Patienten gegenüber der allgemeinen Hirnkränkung, etwa als Leugnung.

Apraxie: Der Patient kann ihm vertraute Bewegungen und Handlungen nicht planen und ausführen (ideokinetisch), nicht imitieren (ideomotorisch) oder vertraute Objekte nicht gebrauchen (ideational). Während einer Handlung (z. B. Zigarette anzünden) bei Aufforderung mißlingt, kann sie u. U. in einem unwillkürlichen, größeren Handlungszusammenhang durchaus vollzogen werden. Im klinischen Alltag überwiegen Mischformen der einzelnen Typen.

3. Demenz

Sie liegt vor, wenn ein hirnorganischer Prozeß zum Verlust von Fähigkeiten mehr/weniger in allen Bereichen führt. Im Unterschied zu den beiden anderen chronisch-organischen Typen ist das Handeln des dementen Menschen weniger differenziert und weniger von intellektuellen Funktionen gesteuert. Das Handeln wird: eingeengt aufs stereotyp Gewohnte; „querschnittsmäßig" (ohne Bezug auf Vergangenheit und Zukunft); abhängig und kontrolliert von inneren Reizen (Triebe und Affekte) und von äußeren Reizen (Milieu); angewiesen darauf, konkreten Ereignissen zu entsprechen, jedoch rettungslos überfordert und panisch dekompensierend, wenn es um Initiative, Umstellung, Erfassen abstrakter Beziehungen, Beurteilung oder Neubewertung von Bedeutungen bzw. Symbolen geht. Dieser unvollkommene Definitionsversuch zeigt, daß Demenz etwas viel Komplexeres ist als der bloße Defekt von Geistesfunktionen. Was ist, ist schwerer zu beschreiben als das, was nicht ist!

Das besonders früh und regelmäßig wahrnehmbare Leitsymptom ist die Gedächtnisstörung. Merkfähigkeit und Frischgedächtnis geht immer eher verloren als das Altgedächtnis, da die Hirnstörung zuerst sich auf den besonders energieaufwendigen Eiweißstoffwechsel (Ribonucleinsäuresynthese) und damit auf die chemische Natur der Engramme, der vermuteten Erinnerungsträger, auswirkt. Starke Merkschwäche bedingt Desorientiertheit. Kommt die Neigung hinzu, die Gedächtnislücken mit Einfällen und Geschichten („Konfabulationen") auszufüllen, um die bedrohte Erlebniskontinuität mit diesem Kunstgriff aufrechtzuerhalten, spricht man vom *Korsakow-Syndrom.* Dieses ist bei Alkoholiker-Demenz häufig, weil Alkoholiker ein jahrzehntelanges Konfabulations-Training haben: nämlich das Erfinden von Gründen für das Trinken.

Ferner verlangsamt sich das Denken, engt sich röhrenförmig ein, wiederholt (perseveriert) Bekanntes. Mit Begriffsbildung, Urteil, Kritik, Unterscheidung, Bewertung und Schlußfolgerung schwächen sich die Voraussetzungen für den sinnvollen Zusammenhang von Wahrnehmen, Erkennen, Erleben und Handeln ab.

Als Affekt- und Antriebsstörung kommt alles vor, was wir bei den Persönlichkeitsveränderungen gelernt haben. Sie sind Bestandteil des umfassenden Rückzugs auf eine einfachere Handlungsebene. Stimmung: Mißmutig-gereizt (= dysphorisch) oder unkritisch-bagatellisierend (= euphorisch), zum Unterschied vom Depressiv-und Manischsein. Affektinkontinenz: Schon winzige Reize oder Reizveränderungen bringen den Patienten zum Weinen, Lachen („Zwangslachen"), zum Ausdruck von Angst, Zorn oder Wut, was ihn alsbald beschämt. Antriebsstörung: Abstumpfung, Initiativlosigkeit (Abulie). Anregbarkeit zunehmend nur von außen, durch Fremdantrieb. Oft zugleich Triebenthemmung: Kontrollverlust und Regression auf ältere, infantile oder „einfache" Gefühle und Teiltriebe, z. B. als Anklammern, als Wut oder als Auseinanderfallen der Sexualwünsche und -handlungen in ihre Anteile, so in Selbstbefriedigung, exhibitionistisches, voyeuristisches oder pädophiles Tun, aber auch in Einnässen, in Spielen mit oder Essen von Kot. Außer in der Vereinsamung haben hierin die häufigen paranoiden, halluzinatorischen oder zwanghaften Symptome einen Entstehungsgrund, im Sinne von Abwehrversuchen. Psychomotorik: Mimik und Gestik verarmt (Hypomimie und Hypokinese), Sprache monoton, Gang kleinschrittig, Bewegungen steif; ein Gefühlsausdruck braucht länger zum Entstehen und Vergehen.

Gesamtpersönlichkeit: Nivelliert, verflacht, verarmt, vergröbert, auf die einfachsten Vollzüge eingeengt, daher „egoistisch" und starr.
Jeder chronisch-organische Zustand kann sich unter geeigneten Umständen, z. B. nachts, zu einer akut-organischen Krise steigern.

II. *Gesamt-Diagnose:*

Der chronisch-organische Patient teilt mir auch ohne Worte durch seine bloße Existenz mit: „Ich habe auf Lebenszeit ein geschädigtes Gehirn, Du nicht. Ich bin geistig eingeschränkt, Du nicht. Also, was kannst Du mir überhaupt mitteilen?"
Das macht mir ein schlechtes Gewissen, was mich handlungsunfähig macht. Will ich das nicht, muß ich die Herausforderung der Frage des Patienten annehmen. Versuche ich dies, nämlich meine hirn-geschädigten Anteile in mir wahrzunehmen, spüre ich, wie sehr mich schon die Öffnung gegenüber einer solchen Frage kränkt und schmerzt, weil sie mich auf die am liebsten übersehenen neurobiologischen Grenzen meiner Existenz stößt. Jede durch irgendein Ereignis unabweisbar werdende Erkenntnis einer Grenze kann als Schicksalsschlag mein bisheriges Selbstbild zerschmettern, vergleichbar der Wahrnehmung des Kompetenzverlustes eines Patienten nach Enzephalitis, Kontusion, Hirnoperation oder nach Beginn eines dementiven Abbaus. Wenn ich offen genug bin, erlebe ich solche Situationen im beruflichen oder privaten Bereich jeden Tag.

> Man kann das Gefühl quälender Unzulänglichkeit und beschämenden Versagens geradezu experimentell erzeugen.
> *Beispiel:* Angenommen, ich spiele leidenschaftlich gern und gut Skat; plötzlich soll ich mit Karten weiterspielen, deren Symbole mir völlig fremd, den Mitspielern aber bekannt sind: Der Widerspruch zwischen einem geradezu blind-vertrauten Handlungsrahmen und der Unfähigkeit, die Handlung auszuführen, kann Merk-, Lern- und Umstellfähigkeit aufheben, mich apraktisch-dement und vegetativ dekompensiert werden lassen – zum Gespött der Anderen. – Katastrophal wird ein solches Erlebnis freilich nur in Ernstsituationen.

Auch dafür einige *Beispiele:* Ich bin mit meinen beruflichen Leistungen bisher immer zufrieden gewesen, habe jetzt aber Aufgaben übernommen, bei denen ich zum ersten Mal mit Erschrecken ahne, daß ich versage, daß diese Aufgaben jenseits meiner intellektuellen oder praktischen Grenzen liegen. Was tue ich „dagegen"? – Ich habe jahrelang meine Arbeit spielend bewältigt; jetzt spüre ich, daß ich nachlasse, den Überblick verliere, erschöpft bin, obwohl die Arbeit dieselbe geblieben ist. – Ein Freund öffnet mir die Augen darüber, daß ich meinem privaten Partner intellektuell und hinsichtlich der Vitalität nicht mehr genüge. Was mache ich damit? – Ich konnte mich bisher auf meinen Kopf „blind" verlassen (z. B. auf meine Reaktionsfähigkeit, mein Gedächtnis, meine Selbstkontrolle), habe damit aber jetzt so sehr Schiffbruch erlitten, (z. B. Verkehrsunfall, Betriebsunfall, sportliche, berufliche, private Niederlage), daß ich zutiefst verunsichert bin, das Vertrauen in die körperliche Basis meines Handelns verloren habe und mich davon nie wieder ganz erhole.

Übung: Suchen Sie in sich Beispiele, die für *Sie* zutreffen.

All diese Situationen haben gemeinsam, daß etwas mir Zugehöriges, das mir bisher Halt und Vertrauen gab, auf das ich mich bisher selbstverständlich und blind, weil körperlich, stützte, unabänderlich (irreversibel) verlorengegangen ist. In meinem Handeln wird mehreres gleichzeitig oder nacheinander zum Ausdruck kommen: 1. Die von mir oder Anderen entdeckten Unfähigkeiten, mein Versagen, meine erworbenen Defekte. 2. Meine körperlich tief-empfundene, daher mehr ge- als er-lebte Angst, Beunruhigung, Verunsicherung, eine abgrundtiefe Scham gegenüber meinen bisherigen Erwartungen und den Erwartungen der Anderen an mich, Hilflosigkeit mit der Neigung zu kleinkindhaftem Verhalten, zu Regression, und als Grundstimmung leicht eine dysphorische, selbstmitleidvolle oder hoffnungslose Resignation. 3. Mein Streben nach Problemlösung: Die Realität so schlecht zu sehen, wie sie ist; die Angstsignale anzunehmen; meine Grenzen zurückzunehmen, mich von meinen Ansprüchen zurückzuziehen, meine Erwartungen, Wünsche und Träume zu revidieren; mich auf ein einfacheres Handlungsniveau, auf einen engeren und noch überschaubaren Bereich, auf eine auch zeitlich geschrumpfte Perspektive, auf noch verläßliche Gewohnheiten zu beschränken und mir so einen neuen Halt, eine neue Basis für Selbstkontrolle und Selbstvertrauen zu erkämpfen. 4. Schließlich mein Streben nach Abwehr und Leugnung: So tun, als ob nichts wäre, die Augen zumachen, euphorisches Bagatellisieren, „weitermachen"; krampfhaftes Anklammern und Haften an der längst verlorenen Position; Sich-Erschöpfen bei der Beweisführung für mich und Andere, daß es doch noch geht; Entwicklung zwanghafter Rituale gegen die bedrohlich gewordenen inneren und äußeren Reize (gegen die nicht mehr zu tolerierenden Frustrationen); Weg-Rationalisieren oder konfabulatorisches Erfinden von Gründen und Entschuldigungen für die wunschfeindliche Veränderung; illusionäre Umdeutung der Realität zum vermeintlichen eigenen Vorteil; projektive Umkehr der eigenen Schwäche des Urteils und Handelns in starrsinnig gegen alle Anderen verteidigte Stärke und Gewißheit; paranoider Kampf gegen Angriffe, die in jedem Blick, in jeder Begegnung vermutet werden; und – besonders wirksam, weil meist z. T. zutreffend – die Neigung, die eigene fundamentale biologische Veränderung als bloß seelisches Tief, als durch familiäre Belastung, durch die gesellschaftliche Misere oder durch soziale Benachteiligung verschuldet zu erklären.

Dieser „Selbstversuch" der Erlebnisfähigkeit der organischen Demenz zeigt mehreres. Einmal wird deutlich, daß diese Darstellung vereinbar ist mit unserer Definition der Demenz und damit auch mit den heutigen neurobiologischen Erkenntnissen über die organische Basis der Demenz, so wenig Sicheres bisher auch bekannt ist. Zum anderen zeigt sich, wie kompliziert jeder einzelne Fall ist, wenn schon jedes einzelne Symptom gleichzeitig oder nacheinander mehrere Bedeutungen haben kann. Dies um so mehr, als darüberhinaus die Persönlichkeitsstruktur, die bisherige Biographie (Ausbildung, „Gehirntraining", Beruf, soziale Schicht, Problemlösungsgewohnheiten) sowie die gegenwärtigen Erwartungen der Anderen die Auswirkung und die Bewertung des organischen Defektes mitprägen. Der Patient ist diesen Umständen zudem in dem Maße ausgeliefert, wie die Kontrolle gegen innere und äußere Reize abnimmt: Charakterzüge steigern sich bis zur Karikatur, sonst geheime Wünsche bis zur Schamlosigkeit, sonst kontrollierte Ängste bis zur Panik; die Abhängigkeit von Umwelterwartungen steigert sich bis zur marionettenhaften Manipulierbarkeit.

Frau D., 53 Jahre, alleinstehend, betreibt seit über 20 Jahren ein kleines Kurzwarengeschäft. Dem Lieferanten fällt sie erstmals als „komisch" auf, als sie die bestellten Waren nicht mehr bezahlen kann. Er benachrichtigt das Gesundheitsamt. Beim Hausbesuch des SpD in ihrem Laden „funktioniert" sie allen Kunden gegenüber einwandfrei in ihrer Berufsrolle. Der Hausbesuch in ihrer Wohnung offenbart totale Verwahrlosung. Eine Bemerkung über ihre fast schwarze, sicher seit über 1 Jahr nicht mehr gewechselte Bettwäsche provoziert einen Scham- und Wutausbruch: „Wie können Sie eine Frau nur so beleidigen, die immer für blütenweiße Wäsche bekannt war!" Da den Nachbarn nichts aufgefallen ist, ist nur mühsam herauszufinden, daß 2 Jugendliche seit mindestens 3 Monaten ihr regelmäßig die Tageseinnahme weggeholt haben. Frau D. mochte es nicht wahrnehmen, schon gar nicht anzeigen: Sie hätte damit ihre eigene Unfähigkeit sich und Anderen gegenüber zugestehen müssen. Klinisch lag eine schwere Demenz vor. Sie hatte z. B. weder von ihrer Anschrift noch vom Datum eine Vorstellung, brauchte das auch in *ihrem* Alltag nicht.

Wo dem Patienten Selbstwahrnehmung nicht mehr möglich ist, muß ich – wie beim Delir – mit meiner Selbstwahrnehmung *für* den Patienten einstehen, um die angemessenen diagnostischen und therapeutischen Schlüsse zu ziehen. Meist ist der Patient aber teilweise in der Lage, in der Begegnung mit mir seine Selbstwahrnehmung zu vertiefen. Der Patient muß in möglichst großem Umfang zur Selbst-Diagnose kommen und die einzelnen Anteile seines Handelns zu unterscheiden lernen. Es geht für ihn um die Fragen: Was ist durch den Defekt verloren, was kann ich noch und was könnte ich wieder lernen und wie? Was ist berechtigte Angst, Verunsicherung und Trauer um das Verlorene, und was ist selbsteinengende Resignation? Wo kann ich mir selbst helfen und wo brauche ich Hilfe? Wo kämpfe ich mit Recht um meine alte oder um eine neue Position, und wo mache ich mir was vor, vermeide ich meine Wirklichkeit? Wie groß ist jetzt und künftig mein Spielraum und wo mache ich mir gefühlsmäßig diesen Spielraum größer oder kleiner, als er wirklich ist?

Wie vollständig der Patient sich wahrnehmen kann, hängt von meiner Grundhaltung mit ab, also auch von meiner Antwort auf die Frage: Was löst der Patient in mir aus, was macht er mit mir? Auch der chronisch-organische Patient stellt mir Fallen. Reagiere ich genauso wie seine Umgebung auf ihn, bin ich nutzlos, bleibt er besser, wo er ist. 3 Fallen können mir besonders gefährlich werden:

1. „Wenn der Patient einen hirnorganischen Defekt hat, was hat das dann noch gefühlsmäßig mit mir zu tun?"
Ergebnis: Ich verstärke die Isolation des Patienten.

2. „Wenn der Patient so tut, als ob nichts wäre, oder z. B. aggressiv wird, dann *will* er eben nicht sehen, dann soll er doch selbst . . .
Ergebnis: Ich verstärke seine illusionäre Abwehr.

3. „Wenn der Patient sich so hilflos gibt, dann *kann* er eben nicht, dann muß ich für ihn planen".
Ergebnis: Ich verstärke seine Vermeidung, auch wenn ich ein noch so schönes verhaltenstherapeutisches Programm für ihn entwickle.

Nur wenn ich alle Gefühle in mir zulasse und sortiere, die der Patient in mir auslöst, kommen der Patient und ich zu unserer bestmöglichen Handlungsfreiheit, wie sie für die gegebene Situation therapeutisch = normal ist. Oder − am Beispiel der Resignation: Nur wenn der Patient sich auch in seiner Resignation verstanden fühlt und spürt, daß ihm ein Recht darauf zugebilligt wird, muß er sie nicht immerzu verteidigen, sondern kann es wagen, sich einen darüberhinausgehenden Schritt vorzustellen.

III. *Therapie − Pflege − Rehabilitation:*

Die Probleme der COP verlangen breiteste medizinisch-psychiatrisch-päda-gogische Team-Arbeit. Die leichteren Defekt-Syndrome freilich, z. B. nach Schädelhirntrauma, Infektionskrankheiten, Hormonstörungen oder Hirn-operationen, werden psychiatrisch meist gar nicht gesehen, sondern sich selbst überlassen. Aber gerade bei dieser Gruppe fand Sperling am häufigsten schwere psychosoziale Folgeschäden; denn hier besteht die größte Gefahr der sozialen Diffamierung („Auf den muß man ewig Rücksicht nehmen") ohne medizinische und soziale Anerkennung des Defekts und damit einer neuen Rolle. Diese vor Ort einzuüben, bedarf es der Nachbetreuung durch ein ambulant-mobiles Team. Hausbesuche, u. U. Kontakte mit dem Arbeitsplatz sind erforderlich. Denn die wirklichen Probleme (z. B. daß die Ehefrau sich plötzlich in die ungewollte dominante Rolle gedrängt sieht) sind kaum früh genug in einer Sprechstunde wahrnehmbar. In der Alltagssituation des Patienten kann ihm *und* seinen An-gehörigen anfangs mit wenig Aufwand der veränderte Spielraum und die Rollen-umverteilung annehmbar gemacht werden. Katastrophale Fehlentwicklungen würden unnötig, wenn es solche Teams gäbe.

Auch die schwerst-dementen Patienten gehen meist an der Psychiatrie vorbei, wenn sie bzw. ihre Familien mit der Versorgung überfordert sind. Es sind dies Patienten mit Gefäßleiden, mit degenerativen Krankheiten, Patienten, deren Zustand zu lange maskiert, überspielt oder verkannt war, oder solche, bei denen die Mittel der Krankenhaustherapie erschöpft sind. Oft können sie durch die mobile

Aktivität des SpD in ihrer Wohnung gehalten werden, u. U. dort auch sterben, was meist ihr Wunsch ist, bevor Pflegeheim-Einweisung notwendig wird. Medikamentöse und pflegerische Betreuung ist in Pflegeheimen so wichtig wie im Krankenhaus, wird gemeinsam besprochen.

Auf psychiatrische Stationen kommen chronisch-organische Patienten, wenn sie zunächst durch ihr Handeln die Anderen stören oder wenn in einem anderen klinischen Bereich zwar das organische Grundleiden behandelt wurde, jetzt aber das Psychosyndrom im Vordergrund steht. *Achtung:* ein chronisch-organischer Patient darf keinen Tag länger als notwendig stationär behandelt werden; denn mit jedem Tag Abwesenheit von seiner privaten bzw. beruflichen sozialen Basis wird diese auf Grund der organisch bedingten Spielraumeinengung brüchiger!

Aus der Grundhaltung ergeben sich folgende *therapeutisch-pflegerische Grundsätze.* Sie gelten für psychiatrische Stationen, Reha-Einrichtungen und Pflegeheime, und zwar für alle Team-Angehörigen, die sie mit ihren jeweiligen Berufstechniken in Einklang zu bringen haben:

1. Herstellung eines ruhigen, daher verläßlichen Milieus mit mittlerem Reizangebot und klar strukturiertem Tageslaufprogramm, auch – bei ambulanter Therapie – in der Wohnung des Patienten; jede Verlegung in ein anderes Zimmer, jede zeitliche Rhythmusänderung kann den Patienten „umwerfen".

2. Schaffen einer vertrauensvollen Atmosphäre: Voraussetzung dafür, daß der Patient auf Abwehr und Vermeidung verzichtet, und dafür, daß der Therapeut auch nur das kleinste Leistungsansinnen wagen kann.

3. Jeder Austausch mit dem Patienten muß möglichst einfach sein: kurze Sätze; die Worte des Patienten benutzen; gemeinsames Tun oder körperlicher Kontakt oft besser als Worte; an den einfachsten Bedürfnissen (Essen, Körperpflege, Kleidung) anknüpfen; genug Zeit lassen; Beschränkung aufs Konkrete und Gegenwärtige; unbedingte Verläßlichkeit und peinliche Genauigkeit meines Anteils, besonders meiner Versprechungen (nicht: „Ich gebe Ihnen die Tablette nachher mal").

4. Soweit wie möglich die Ziele und die Reihenfolge der einzelnen Schritte vereinbaren. Die Reichweite der Ziele richtet sich nicht nach mir, sondern danach, wie der Patient einen noch so kleinen Spielraum als sinnvoll bewertet. Änderungen sind zunächst in der Vorstellung durchzuspielen, wobei in jeder Wunschillusion auch der Rest an Selbstinteresse, in jeder Aggression auch die Möglichkeit produktiver Aktivitäten mitzusehen ist.

5. Unter Anerkennung der Anteile, in denen der Patient nur noch „gehandelt wird" und daher Entlastung und verläßlichen Außen-Halt braucht, gilt es, den restlichen Spielraum behutsam zu erweitern, für das Team ein ebenso anstrengender wie lohnender Vorgang: als Unterscheidungsleistung muß das Gekonnte ebenso eindeutig bezeichnet werden wie das Nicht-Gekonnte; jedes Mißerfolgserlebnis ist zu vermeiden; Unterforderung ist genauso gefährlich wie Überforderung; bei jeder gelungenen Leistung ist nicht nur deren technischer Wert, sondern auch deren Gefühlswert (Zuwachs an Verantwortung und Selbstverwirklichung) zu bestärken bzw. wahrnehmbar zu machen.

6. Begleitend zum alltäglichen Handeln muß ständig die Neigung zu Selbstüberforderung („ich muß doch können") und Selbstunterforderung („ich kann doch sowieso nicht mehr") bearbeitet werden, der Umgang mit der daraus resultierenden Scham und mit den wirklichen oder vermeintlichen Demütigungen durch die Umwelt (Ballastexistenz, Schande und Last der Familie).

7. Beinahe der wichtigste Grundsatz: wenn nicht stationär wie ambulant die Familie ebenso aktiv in die Therapie einbezogen wird wie der Patient, nutzt die ganze Mühe kaum. Sperling hat nachgewiesen, daß die Hirnbehindertenfamilie als ganze unter weitaus größerem sozialen Diffamie-

252

rungsdruck steht als die Körperbehindertenfamilie („bei denen ist jemand nicht richtig im Kopf"), isolierter und resignierter lebt und weniger soziale Aufstiegschancen hat. Verschlechterungen der jeweiligen Patienten hat entscheidend mit dem Alleingelassensein und der therapeutischen Vernachlässigung der Familie (und u. U. des Arbeitsplatzes) zu tun.

Bei der großen Umweltabhängigkeit der chronisch-organischen Patienten führt die Beachtung dieser Grundsätze bisweilen zu erstaunlichen Besserungen. Als Beispiel der Brief einer vom Team ungünstig eingeschätzten dementen Patientin: nachdem sie eindrucksvoll ihre verschiedenen Aktivitäten 1/4 Jahr nach der Entlassung schildert, schließt sie ironisch „ . . . verbleibe ich mit besten Grüßen, Ihr hirnorganischer Prozeß". Die Grundsätze dienen auch der gegenseitigen Kontrolle der Team-Angehörigen, damit nicht jeder seinen Berufsanteil verselbständigt. Gerade der chronisch-organische Patient reagiert empfindlich und panisch auf die „Zerreißprobe" durch verschiedene Kompetenzen ohne einheitlichen Handlungsstil.

Pflegerisch gilt, daß chronisch-organische Patienten sich oft seit langem vernachlässigt haben, vernachlässigt worden sind oder Hilfsbedürftigkeit aus Scham nicht wahrhaben mögen. Schwestern und Pfleger haben auf folgendes zu achten: Waschen, Baden, Frisieren, Nägelschneiden, sonstige Körperpflege, Kleidung, Sinn für den privaten Intimbereich, Regelmäßigkeit und Zusammensetzung des Essens (Füttern – selbst essen – mit Anderen die Mahlzeit einnehmen), Haut- und Zahnpflege, Ein- und Ausfuhr, Dekubitus-, Pneumonie- und Thrombose-Prophylaxe, Bewegung (Gehenlernen – Spazieren – Besorgungen machen) und sinnvolle Gestaltung des Tages. Erst haben wir selbst darauf zu achten, dann den Patienten selbst darauf achten zu lassen. Schon allein durch solche Pflege entsteht über das Körpergefühl die Basis für eine neue Selbstachtung und damit für alle anderen Entfaltungsmöglichkeiten.

Der *Arzt* hat neben der Behandlung des Grundleidens auf folgendes zu achten: Stabilisierung der Herz- und Kreislauffunktion, auch wenn das nicht notwendig erscheint, zur Verbesserung der Hirndurchblutung (Digitalisierung, Theophyllinpräparate, Hydergin). Zu Präparaten zur Beeinflussung des Hirngewebes vgl. Kap. 13. Für den therapeutisch-pflegerischen Umgang mit alten Leuten s. Kap. 10.

Verlauf und Ausgang: Völlige Rückbildung ist auf Grund des Hirnsubstanzverlustes selten. Ein Heilungsanspruch würde also nur die therapeutische Resignation fördern. Ebenso ist das unbeeinflußbare Fortschreiten bis zur schwersten Demenz, zum Pflegefall oder zum Tod eher selten. Meist kommt ein Prozeß bei einem leichten oder mäßig schweren Psychosyndrom zum Stillstand oder läßt sich für längere Zeit auf dieser Stufe halten. Der Verlauf ist allerdings – je nach den therapeutischen und sozialen Bedingungen! – sehr schwankend, rechtfertigt auch schon von daher die hartnäckigste Geduld.

C. KÖRPERERKRANKUNGEN UND IHRE SEELISCHEN LEIDEN (GRUNDSTÖRUNGEN)

Wir wenden uns jetzt der Frage zu, wie sich die einzelnen Grundstörungen in Befinden, Leiden und Handeln der Patienten äußern. Bevor wir aber auf die Grundstörungen mit Hirnbeteiligung eingehen, wollen wir uns zunächst um einige

Situationen und Schicksale kümmern, bei denen eine Hirnkränkung keine Rolle spielt, die aber, auch für psychiatrische Konsiliar- und Beratungsdienste in anderen Bereichen der Medizin, von großer Bedeutung sind.

I. *Körperkränkungen ohne Hirnbeteiligung* (Stigmatisierung)

Auch Körperkränkungen, die das Gehirn in keiner Weise berühren, können sich in Leiden oder Auffälligkeiten äußern, die psychiatriebedürftig sind. E. Goffman hat uns auf solche Zusammenhänge als „Stigma" oder „Stigmatisierung" aufmerksam gemacht. In jeder medizinischen Abteilung und in jeder ärztlichen Praxis sind zu jeder Zeit solche Patienten, gegenüber denen wir über unsere eigene Grundhaltung nachzudenken haben.

Körperliche Stigmatisierung ist sehr weit zu fassen, etwa: jede wirkliche oder vermeintliche körperliche Eigenart, die mich durch eigene und/oder fremde Bewertung zu einem „Besonderen" macht, meist – aber durchaus nicht immer – im Sinne der Wertminderung, in jedem Fall aber mit quälender Veränderung der gewohnten Erwartungen. Wieder ist nicht die Eigenart selbst das Problem, sondern das Mißlingen oder Vermeiden der Auseinandersetzung mit der Eigenart. Was dann zum „Symptom" führt, ist nicht selten der langfristige Preis für das Einstreichen kurzfristiger Vorteile mit Hilfe der Eigenart. Unsere Aufzählung solcher Körperkränkungen ist unvollständig. Es liegt u. a. auch daran, daß wir in den letzten Jahrzehnten zwar unsere Aufmerksamkeit für die lange vernachlässigten psychischen und sozialen Stigmatisierungen geschärft haben, nicht aber für körperlich bedingte. Man kann auch in dieser Richtung einseitig werden. Anlaß genug, auch die Wahrnehmung für körperliche Stigmatisierungen zu schärfen!

1. *Tödliche Krankheiten – Sterben:* Die psychiatrische Diagnostik der Auffälligkeiten kommt hier etwa zu Begriffen wie regressive oder hysterische Verhaltensstörung, Depression, paranoide Psychose, Suizidversuch. Kaum etwas in der Psychiatrie ist aber so beschämend wie unsere angstabwehrende Haltung, hier nur von der „Gefahr, sich aufzugeben" zu sprechen und die Symptome mit dem Ziel „Gesundheit" zu behandeln. Das entspricht der ähnlich angstabwehrenden Vermeidungshaltung der meisten Krankenhäuser und vieler Angehöriger, etwa einen Krebskranken mit einer Grauzone indirekter Andeutungen, Halbwahrheiten und verlogener Ermutigungen zu umgeben, um hinterher zu sagen: „Der Patient spielt ein Doppelspiel: er tut nur so, als ob er nichts wüßte". In Wirklichkeit spielt der Patient nur das Spiel, das seine Umgebung sich von ihm wünscht. Dagegen zeigen Untersuchungen, daß Offenheit den Bedürfnissen aller Beteiligten meist eher entspricht, daß auch Suizide dadurch nicht häufiger werden. – Eine angemessene Grundhaltung verlangt von mir z. B. das Eingeständnis, daß, wenn ich mit unklarem Befund ins Krankenhaus eingewiesen werde, ich natürlich u. a. auch Krebsangst habe. Auch habe ich mich zu fragen, wieweit ich *gegen* oder *mit* dem Gedanken an Tod, Sterben und an das Recht, mich auch aufgeben zu können, lebe.

2. *Langzeitkrankheiten* (z. B. Leberkrankheiten, Tuberkulose, Rheuma, orthopädische Krankheiten, komplizierte Frakturen): Diagnostisch findet man depressives Nicht-Mehr-Mitmachen, manisches Überspielen, kleinkindhafte Regression, Erregungszustände bis zum deliranten Ausmaß, Entfremdungserlebnisse. Gesamt-diagnostisch ist das Maß an aufgezwungener Unbeweglichkeit (Bettlägerigkeit), Diät oder sonstige Einschränkungen sowie das Maß an sensorischer und sozialer Reizver-

armung (Deprivation), mit Verlust der gewohnten sozialen Rollen und ersatzweisem Anklammern an die Patientenrolle zu berücksichtigen. Meine Haltung ist nur dann therapeutisch angemessen, wenn der Patient spürt, daß ihm ein Recht auf sein Handeln (auch auf die Haltung „ich gebe auf") zugebilligt wird. Erst dann wird er sich soweit verstanden fühlen, auch nach anderen Anteilen in sich zu suchen, die es ihm erlauben, nicht *gegen* sondern *mit* seiner schweren Situation zu leben, selbst vom Bett aus einen Teil seiner sozialen Rollen aufrechtzuerhalten (durch Nachdenken über seine Lebensprobleme, mündliche oder schriftliche Beratung seiner Angehörigen, sinnvolle manuelle Tätigkeit) und wieder aus einer Perspektive heraus („in 4, 8, 12 Wochen werde ich das und das tun") zu leben.

3. *Körperliche Dauerbehinderung* (z. B. nach schwerem Herzinfarkt oder anderen unsichtbaren leistungseinengenden Schäden): Hier gilt eine ähnliche Haltung wie für das COP. Die Körperkränkung trifft Patienten umso mehr, je mehr sie bisher ihr Selbstgefühl über Leistung und Potenz aufgebaut haben. Deshalb muß jeder körperbeeinträchtigte Patient möglichst früh zur Selbstwahrnehmung in dieser Hinsicht kommen. Zur Verhinderung des Aufbaus eines massiven Leugnungspanzers muß er so früh wie möglich andere, nicht-leistungsbezogene Möglichkeiten für sein Selbstwertgefühl in sich entdecken und ausprobieren. Ambulante Nachbetreuung ist entscheidend wegen der Rollenneuverteilung im familiären und beruflichen Bereich.

4. *Entstellende Körperschäden* (z. B. Amputationen, Gesichtsentstellung nach Unfall oder Operation, Hautentstellung nach Verbrennungen): Meine Selbstwahrnehmung sagt mir, daß es nicht auf die objektive Ausdehnung der Entstellung, sondern auf das Ernstnehmen ihrer subjektiven Bewertung ankommt. Denn gerade bei weniger auffallenden Entstellungen hört der Patient von seiner Umgebung nur: „Das ist doch nicht so schlimm, das macht mir gar nichts aus". Eben das drängt den Patienten in eine endlose Beweiswut, daß es *für ihn* eben doch schlimm sei, daß alle seine Schwierigkeiten darauf zurückzuführen seien, daß er ein Krüppel, eine ästhetische Schande für die Öffentlichkeit und die Menschheit, eine lebensunwerte Existenz sei. Das kann in die totale Selbstisolation führen. So kann schon eine Hasenschartennarbe oder beginnender Haarausfall in Selbstzerstörung (Verbrennung, Suizid) treiben, der Verlust eines Fingergliedes das körperliche Selbstgefühl bis zum Ausmaß eines schizophrenen Syndroms vernichten, mit kompensierenden Rachefeldzügen gegen alle anderen, als gesund, vollkommen, schön, heil und „ganz" erlebten Menschen. Aus der Ablehnung eines eigenen Körpermangels und dem Kampf dagegen kann man den Vorteil eines perfekten und lückenlosen Weltbildes ziehen, freilich ein Gefängnis, in dem man schließlich selbst umkommt. (Wilhelm II., Goebbels und Hitler sind historische Beispiele dafür). – Wichtig für die plastische Chirurgie und die orthopädische Rekonstruktion ist, daß die Ergebnisse oft nur befriedigend sind, wenn der Patient gleichzeitig über eine therapeutische Beziehung zu einer Veränderung seiner Selbst- und Weltwahrnehmung kommt.

5. *Verlust von Sinnesfunktionen:* Während in den Situationen 4 und 6 meine Wirkung auf die Außenwelt (und auf mich) stigmatisiert ist, gilt das hier für die Wirkung der Außenwelt auf mich. Die Folgen können sein: Angst, Verunsicherung, soziale Isolation; das Gefühl, mangelhaft informiert, überhaupt zu kurz gekommen zu sein; die Angst, hintergangen und betrogen zu werden, die Umwelt nicht kontrollieren zu können. Die ungünstige Abwehrbildung beginnt schon da, wo ich schon aus leichter Behinderung der Seh- oder Hörfähigkeit kurzfristigen Vorteil zu ziehen versuche, indem ich den Mangel als Entschuldigung für mir unangenehme Situationen benutze und indem ich nicht sehe/höre, was ich nicht sehen/hören will. In der Abwehrsackgasse stecke ich, je mehr ich mein ganzes Leben von diesem Mangel her bewerte, während ich meine übrigen Anteile und Fähigkeiten übersehe. Ich kann mich selbst und/oder die Umwelt nicht mehr mögen, sondern nur noch hassen und bestrafen.

Sehbehinderung führt eher zu überangepaßtem, hysterischem, selbstzerstörerischem Handeln oder zu einem aus Kontrollschwäche geborenen totalen Kontrollbedürfnis der jeweiligen Bezugspartner (Familie, Arbeitskollegen, therapeutisches Team).

Hörbehinderung führt häufiger zu einer Mißtrauenshaltung („es wird über mich geredet") mit der Neigung, alles auf sich zu beziehen bis zu psychotischen paranoid-halluzinatorischen Verarbeitungen.

Therapie muß auch hier von der Herstellung einer Atmosphäre ausgehen, in der der Patient sein Stigma akzeptiert sieht, so daß er es nicht mehr ständig beweisen und verteidigen muß, sondern es sich leisten kann, sich und sein Leben wieder vollständig wahrzunehmen.

6. *Körperliche Mißbildungen:* Je mehr sie öffentlich stigmatisierend sind, also gegen die ungeschriebenen ästhetischen Normen und Ideale der Umgebung verstoßen, Ekel, Widerwillen, schamhafte Abwendung oder aggressive Verspottung provozieren und damit ständig zu sozialen Niederlagen führen, desto eher kommen Konstellationen wie bei 4. zustande, mit sozialer Isolation und infantilem Handeln auf der einen und den verschiedenen Formen der Bosheit und der Rache an der Gesellschaft auf der anderen Seite. Therapeutische Haltung wie bei 4., allerdings sind bei einem mißgebildeten Kind zunächst die Eltern die zu therapierenden Patienten. Denn sie nehmen die stigmatisierenden Reaktionen der Gesellschaft oft schon vorweg, schützen von vornherein die Öffentlichkeit vor dem Anblick ihres Kindes, stellen also schon selbst die soziale Isolation und die ungünstigen Abwehrformen ihres Kindes her, so daß ohne therapeutische Hilfe später nichts übrig bleibt, als die Verbringung des Kindes in eine Anstalt.

7. *Körperliche Eigenarten:* Sie gehören zu den am meisten unterbelichteten Bereichen des Aufmerksamkeitsfeldes der Psychiatrie. Gemeint sind alle wirklichen oder vermeintlichen körperlichen Gegebenheiten, durch die jemand sich von den Anderen zu unterscheiden glaubt. Es ist dies ein sehr weites Feld, das umso schwerer zur Wahrnehmung und zur Sprache zu bringen ist, als es tief in unseren kaum befragbaren sozialen Selbstverständlichkeiten verankert ist. Und doch kennt es jeder aus seiner Selbstwahrnehmung.

Beispiele: 1. Als Kind wurde ich gehänselt, weil ich dick war. Seit 25 Jahren bin ich nicht mehr dick, sondern „normal". Wenn ich mir aber meinen Körper vorstelle, ja, selbst wenn ich mich im Spiegel betrachte, nehme ich immer noch meinen Körper als dick, eklig und negativ wahr, obwohl ich „weiß", daß das Unsinn ist.

2. Ein 18jähriger Junge mit schizophrenen Symptomen fühlt sich durch sein häßliches, entstelltes, abscheuliches Gesicht gequält, mag es sich und anderen nicht zumuten. Im Gespräch mit ihm habe ich ihm schon mehrfach mitgeteilt (und ihn getröstet), er sehe aus wie alle Anderen. Plötzlich, durch irgendeinen Zufall, sehe ich anders und wohl genauer als üblich hin: ich entdecke, daß die Gesichts-Asymmetrie bei dem Jungen in der Tat eine Spur anders ist als beim Durchschnitt. Erst jetzt wird mir klar, daß ich bisher so wahrgenommen hatte, wie es sozial üblich ist: Man „übersieht" so etwas höflich. Erst jetzt kann ich mir vorstellen, daß dem Jungen bisher nur ein solches höfliches „Übersehen" begegnet ist, wodurch ihm seine nicht-akzeptierte Angst vor dem „Anderssein als Andere" immer überwertiger und berechtigter wurde.

3. In kurzer Zeit haben mehrere Leute in meiner unmittelbaren Nähe gesagt „es riecht schlecht!" Dadurch „weiß" ich, daß ich einen schlechten Körpergeruch habe, obwohl ich ihn bei mir nicht wahrnehmen kann (ich mag meinen Körpergeruch gern); aber ich weiß, daß Leute mir soetwas nie direkt sagen würden, da ich weiß, daß ich es auch nicht tun würde.

4. Ich bin schön, ich habe einen schönen Körper, die Leute sagen es mir, und ich kann es mir auch sagen, wenn ich mich mit Anderen vergleiche. Aber meine Schönheit, mein Anderssein, wird mir zum Gefängnis. Ich stehe unter einem großen, aber meist undeutlichen Erwartungsdruck. Wenn

Leute mich ansprechen, weiß ich nie genau, was sie meinen: z. B. „die ist schön, das ist aber auch alles" oder „wenn sie schön ist, muß sie auch sonst vollkommen sein" oder „die ist nur was fürs Bett" oder „ein ästhetischer Genuß"! Ich kann nie unbefangen sein, unauffällig, eine unter Vielen. Ich muß immer auf der Hut sein, mißtrauisch; niemand sagt mir offen, was er denkt oder will. So habe ich mir einen Abwehrpanzer zugelegt, mache mich unnahbar, kalt und ausdruckslos, zeige meine Gefühle nicht, zeige keine Blöße, lasse niemanden an mich heran und veröde allmählich in dieser Isolierung.

Die Beispiele zeigen der Reihe nach:

1. daß ein Stigma noch wirklich sein kann, auch wenn der Anlaß seit Jahrzehnten nicht mehr besteht;

2. daß winzige körperliche Eigenarten mit Hilfe höflicher sozialer Wahrnehmungsverleugnung zum Stigma gezüchtet werden können;

3. daß auch etwas, das gar nicht existiert, aufgrund der vermuteten Zuschreibung durch Andere, zum eigenen Stigma werden kann; und

4. daß nicht nur negative, sondern auch positiv-bewertete körperliche Eigenarten im Zusammenspiel von eigenen und fremden Erwartungen zum Stigma gemacht werden können. – Die Beispiele zeigen ferner, wie leicht der Therapeut, der auch den sozial üblichen Regeln der Wahrnehmung unterworfen ist, – wenn er nicht aufpaßt – das Spiel der gegenseitigen Erwartungen genauso blind mitspielt wie alle Anderen.

Übung: Sammeln Sie weitere Beispiele, die für Sie zutreffen, und stellen Sie fest, wie sie sich in Ihrem Umgang mit Freunden, Arbeitskollegen bzw. Patienten auswirken.

Für unsere Bemühungen um eine angemessene Grundhaltung in der Psychiatrie ganz allgemein fällt hier ein neuer Hinweis ab: Die 7 Stigmatisierungskonstellationen zeigen die *Angst* vor dem „Anderssein als die Anderen", vor dem „Individuellsein", während „so sein wie die Anderen" zu *beruhigen* scheint. Wir sind beruhigter, wenn unser „Nächster" so ist wie wir, sind unruhig und ängstlich, wenn er anders und uns fremd ist. Jemanden aus seinem Anderssein heraus zu verstehen und ihn so sein zu lassen, wie er ist, fällt uns besonders schwer – schon bei unserem Partner, unserem Kind oder unseren Eltern. Daher steht und fällt die therapeutische Chance eines Teams damit, eine Atmosphäre herzustellen, in der ich nicht aus Angstabwehr (Peinlichkeit, Ekel, Scham oder Höflichkeit) gerade auch körperliche Besonderheiten und Unterschiede „übersehe", sondern vollständig wahrnehme, und in der der Patient daher sich aus seiner auch körperlichen Andersartigkeit und Individualität heraus verstanden und anerkannt fühlen kann.

Es ist klar, daß dieser Abschnitt auch von Wichtigkeit ist für den psychiatrischen *Konsiliardienst* (durch Ärzte) und *Beratungsdienst* (durch Sozialarbeiter oder Schwestern): Mindestens so sehr wie mit dem gerade betroffenen Patienten ist mit dem Team der betroffenen medizinischen Station, des Heimes bzw. der Familie oder der Wohngemeinschaft zu arbeiten. Nicht nur, daß die Selbstwahrnehmung des betroffenen Teams diagnostisch u. U. mehr hergibt als mein momentaner Zufallseindruck von dem Patienten. Vielmehr habe ich dem Stations- oder Heim-Team bzw. den Angehörigen eine angemessene Grundhaltung zu vermitteln; denn nicht ich, sondern sie werden in der Folgezeit die Entwicklung des Patienten therapeutisch sinnvoll oder unsinnig beeinflussen. Dazu gehören Selbstwahrnehmung, Wahrnehmungsvollständigkeit und Offenheit, auch das Zulassen des Andersseins des Patienten. Vorschläge für ein gestuftes Programm (z. B. Seite 242) sind mit dem Team auch schriftlich zu vereinbaren. Wirksam ist Konsiliar- oder Beratungstätigkeit nur, wenn ich sie über längere Zeit regelmäßig durchführe. Dann kann jeder meiner Besuche am Beispiel des gerade betroffenen Patienten zu einer therapeutischen Fortbildung für das Stations- oder Heim-Team werden, vor allem für deren ständige Mitglieder – mit dem Ziel – mich überflüssig zu machen.

II. *Körperkränkung mit Hirnbeteiligung*

Hier greifen wir den gesamt-diagnostischen Faden von A II bzw. B II mit der Frage auf, welche hirneigene oder hirnbeteiligende Störung liegt den psychischen Auffälligkeiten zugrunde, wie ist sie zu diagnostizieren bzw. zu therapieren? Meist ist die Zusammenarbeit mit anderen medizinischen Spezialisten erforderlich, so mit Neurologen, Neurochirurgen, Internisten, Chirurgen, Opthalmologen. Daher werden die organischen Grundstörungen nur in den für die psychiatrische Praxis wichtigsten Aspekten dargestellt. Ihre vollständige Behandlung ist den zuständigen Fachbüchern zu entnehmen.

1. Hirndiagnostische Technik

Die klinisch-neurologische Untersuchung ebenso wie die technischen Zusatzmethoden sind aus neurologischen Fachbüchern zu lernen. Letztere werden hier jedoch in den Grundzügen dargestellt, ebenso die psychologischen Techniken.

a) *Liquordiagnostik*

Die Entnahme der Hirn-Rückenmarksflüssigkeit kann lumbal, zisternal oder u. U. aus dem Hirnventrikel erfolgen, wodurch sich die Normalwerte leicht verschieben. Druckmessung: Werte über 200 und unter 50 mm H_2O im Steigrohr (an die Punktionsnadel angesetzt) sind pathologisch.

Queckenstedtscher Versuch: Bei Kompression der Jugularvenen tropft oder spritzt der Liquor schneller; das bleibt aus, wenn die Liquorpassage durch ein Hindernis verlegt ist.

Zellzahl: über 9/3 nicht mehr normal; bei Eiterbeimengung sieht Liquor trübe aus, bei älterer Blutung gelb-rötlich (xanthochrom).

Gesamteiweiß (normal 20–30 mg%): Guillain-Barrésches Syndrom (Eiweiß, aber nicht Zellzahl erhöht) bei Polyneuritiden und Sperrliquor.

Liquoreiweißelektrophorese: Erhöhung der Beta-Globuline bei athrophisierenden und degenerativen Krankheiten; Erhöhung der Gamma-Globuline bei Entzündungen; „Serumliquor", wenn Serumspektrum besteht, d. h. Blut-Liquorschrankenstörung, z. B. bei bakterieller Maningitis, Guillain-Barré oder Sperrliquor.

Eiweißquotient: Globuline/Albumine (normal 1/4); wenn über 1, dann Hinweis auf progressive Paralyse oder Hirntumor.

Normomastixreaktion: Linkszacke meist bedingt durch Gamma-Globulin-Zunahme z. B. bei Entzündungen; Rechtszacke = Serumkurve bei Gesamteiweißerhöhung durch Serumaustritt infolge Schrankenstörung.

Wassermannreaktion wird heute zum Lues-Nachweis durch Meinecke-, Citochol-, Präcipitations- und Nelsonreaktion ergänzt.

Liquorzucker (und Chloridgehalt) bei Meningitis erniedrigt, bei Enzephalitis eher erhöht.

Kontraindikation für Lumbal- und Zisternalpunktion: schon der kleinste Verdacht auf einen raumfordernden Prozeß der hinteren Schädelgrube, da bei Druckminderung im Spinalkanal die tödliche Einpressung des Kleinhirns in das Hinterhauptloch droht!

b) *Luft-Enzephalogramm (PEG) und Echo-Enzephalogramm*

Vertauscht man bei der Liquorpunktion den Liquor gegen Luft (30 bis über 100 cm²), kann man die Hirnventrikel und die Subarachnoidalräume röntgenologisch darstellen. So lassen sich z. B. raumfordernde und athropische Prozesse erkennen. – Das Echo-Enzephalogramm läßt raumfordernde Massenverschiebungen dadurch erkennen, daß Ultraschallwellen an der Grenze zwischen unterschiedlich leitungsschnellen Bereichen sich brechen, was von einem Kathodenoszillographen aufgezeichnet wird. Keine Belastung des Patienten.

c) *Angiogramm, Hirnszintigramm*

Beim Angiogramm bzw. meist beim Arteriogramm wird ein Kontrastmittel in die A. carotis communis (unterhalb der Teilungsstelle) injiziert. Röntgenaufnahmen zeichnen ein Bild über den Verlauf der arteriell-capillar-venösen Hirndurchblutung, z. B. für die Diagnostik von Tumoren, Hämatomen, Aneurysmen und sklerotischen Gefäßveränderungen und Verschlüssen. Für den Überblick über die hintere Schädelgrube injiziert man in die A. vertebralis oder – schonender – mit Überdruck in die A. brachialis. Beim Hirnszintigramm werden radioaktive Isotope intravenös injiziert, die im Tumorgewebe mehr als im Hirngewebe gespeichert werden. Dies liegt an der Veränderung der Durchlässigkeit der Blut-Hirnschranke.

d) *Craniale Computer-Tomographie (CCT)*

Erlaubt die Darstellung der Hirnstrukturen nach dem Prinzip der Dichtemessung infolge Absorption von Röntgenstrahlen. Der Computer errechnet ein Rasterquerschnittbild des Schädels (80 x 80 Quadrate). Bei Vervollkommnung dieser neuen Methode, die ambulant, meist ohne Vorbereitung, ohne Beeinträchtigung und mit geringerer Strahlenbelastung des Patienten durchzuführen ist, werden die eingreifenderen Techniken der PEG und der Arteriographie zunehmend überflüssig.

e) *Elektroencephalogramm (EEG)*

ist die uni- oder bipolare Ableitung der Potentialschwankungen, die als gemeinsame Resultante der elektrischen Aktivität der Hirnzellen auf der Schädeloberfläche, dem Gehirn bzw. aus Einzelteilen des Gehirns abgeleitet werden können.

Normales EEG: Alpha-Wellen (8–13/sec) bei Entspannung und Augenschluß, von frontal nach occipital an Amplitude zunehmend, bei Augenöffnen und Anspannung blockiert bzw. durch Beta-Wellen (14–30/sec) ersetzt. Amplitudendifferenz zwischen den Hemisphären und normale Unregelmäßigkeit des EEGs häufig.

Schlaf-EEG und Kinder-EEG (evtl. auch bei Persönlichkeitsstörungen): langsamere Frequenzen, Theta- und Delta-Wellen. Auch am EEG läßt sich also zeigen, daß Schlaf Bewußtseinsaktivität auf regressivem Niveau ist und einem Erholungs- und Entlastungsbedürfnis neurobiologisch wie psychologisch (Realitätsabwehr) dient. Daher auch Traumaktivität nur während der oberflächlichen und bezüglich der EEG-Wellen „schnellen" Schlafphasen, ca. 6 mal pro Nacht, erkennbar an schnellen Augenbewegungen (rapid eye movements = REM-Phasen). Bloßer Entzug von REM-Schlaf führt ebenso wie totaler Schlafentzug zu Störungen, bisweilen neurotischen oder psychotischen Ausmaßes. Durch Schlafentzugs-EEG oder Provokationsverfahren (Hyperventilation, Flackerlicht, medikamentöse Sedierung) können beim Erwachsenen Krampfpotentiale oder Hirnstörungen deutlicher sichtbar werden.

Pathologisches EEG: Allgemeinstörungen des Gehirns zeigen auch im EEG Allgemeinveränderungen mit langsamen, dysrhythmischen Potentialen, während hirnlokale Störungen (Tumor, Hämatom) Delta-Wellen-Herde und cerebrale Anfallsleiden „Krampfspitzen", „Spitzen und Wellen" (spikes und waves) bewirken.

Langjährige ständige EEG-Erfahrung ist unabdingbar. Unzuverlässige, überflüssige oder gefährliche Bewertungen kommen dagegen heraus, wenn jemand dieses Instrument auch noch so nebenbei mitbenutzt.

2. Psychodiagnostik

Bei der testpsychologischen Befundung ist allgemein, aber auch bezüglich Hirnschädigungen, zu berücksichtigen, daß Leistungsfunktionsstörungen im Rahmen der Lebenssituation des betroffenen Menschen und seiner Ausgangspersönlichkeit zu sehen sind. Die Anwendung von Tests ist sinnvoll, wenn sich aufgrund eines Ereignisses im Lebenslauf oder von Beschwerden die Vermutung einer Hirnschädigung verdichtet. Stehen Gedächtnisstörungen im Vordergrund, wird man die Wechsler Memory Scale als allgemeines und den Benton-Test als spezifisches Verfahren anwenden. Auch Untertests allgemeiner Verfahren sind anwendbar. Aussagen über die Gedächtnisfähigkeit sollten sinnvolles Material, mechanisches Material, den Gedächtnisumfang und die Diskrepanz zwischen Alt- und Neugedächtnis betreffen. Unerläßlich ist eine Aussage darüber, ob es sich um eine echte Minderung de Gedächtnisfähigkeit handelt oder ob die Störung des Gedächtnisses gemindert ist aufgrund verlangsamter Aufnahmeleistung, durch Störung der Aufmerksamkeit oder durch Abstumpfung im Rahmen eines allgemeinen Abbaus.

Sensomotorische, perzeptive und sprachliche Leistungsfunktionsstörungen sind mit Leistungstests zu prüfen: 1. Drahtbiegeprobe, Zweihandprüfer, Purdue Pegboard, Tapping, Zahlensymboltest des Hamburg Wechsler Intelligenztest (HAWIE). 2. Bender-Gestalttest, Mosaiktest des HAWIE, Figurenlegen des HAWIE, FLT und Untertests aus anderen allgemeinen Intelligenztests, z. B. IST und LPS. 3. Gemeinsamkeitenfinden des HAWIE, Wortschatztest – sofern sie nicht zur Beschreibung des allgemeinen Intelligenzniveaus herangezogen werden und sofern diskrete Störungen beobachtbar sind.

Da häufig Fragen der Berufsfindung bzw. Umschulung bei der Beurteilung hirnorganischer Leistungsbeeinträchtigung eine Rolle spielen, ist zu berücksichtigen, daß beruflich sich auswirkende Intelligenzleistungen oft nicht in sprachlichen Tests zum Ausdruck kommen, so daß an die Anwendung berufsspezifischer Tests und Verhaltensproben gedacht werden muß. Ganz sicher sind gerade auch im Zusammenhang mit Aussagen über eine mögliche Berufstätigkeit Angaben über Belastbarkeit (Intensität und Dauer) und Konzentrationsfähigkeit zu machen. Entsprechende Testverfahren sind in Absprache mit dem Patienten auszuwählen, da z. B. eine schlechte Leistung (Schwankungen, Fehlerzahl) im Pauli-Rechentest allein darauf zurückzuführen sein kann, daß jemand abgeneigt ist, sich einfachen Rechenaufgaben zu stellen.

Aussagen über das Temperament und mögliche Störungen aufgrund einer Hirnschädigung im Sinne größerer Enthemmung, leichterer Reizbarkeit, größerer Antriebsschwäche, geschwächter Selbstkontrolle sind anhand von Daten aus den Persönlichkeitsfragebogen – jedoch sehr vorsichtig – zu machen. Die Beeinträchtigung komplexer geistiger Funktionen (Neuanpassung, Differenzierungs-, Organisations- und Steuerungsfähigkeit) sind anhand von Wahrnehmungen der Handlungsweisen eines Menschen, von Daten aus dem Gesprächs-Austausch bzw. durch qualitative Testauswertung zu beschreiben: z. B. wie geht der Patient mit den unterschiedlichen Testanforderungen um? Erhöhter Zeitaufwand, Haftendenzen, Deutungswiederholung, Verminderung der Deutungsproduktion bei formunscharfen, vermehrten Ganzdeutungen im Rorschach-Formdeuteverfahren weisen auf eine hirnorganisch bedingte Störung der geistigen Flexibilität, des Problemerkennens und der Problemlösung in komplexeren, unstrukturierten, emotionalen Situationen hin.

3. Hirneigene und hirnbeteiligende Grundstörungen

a) *Frühkindliche Hirnschäden*

Hierzu rechnen die Folgen aller prä-, peri- und postnatalen Schäden, die das Gehirn während seiner Ausreifungsphase, also zwischen 6. Schwangerschaftsmonat und Ende des 1. Lebensjahres, hemmen. Wird der Schaden nicht kompensiert, lassen sich je nach Schwerpunkt und Ausmaß 3 Störungsgruppen unterscheiden.

1. Zerebrale Kinderlähmung:
Spastische Lähmungen, athetotische oder choreatische Bewegungsstörungen, Dysarthrie, epileptische Anfälle, oft kombiniert mit Schwachsinn, (vgl. neurologische bzw. pädiatrische Lehrbücher).

2. Früherworbener Schwachsinn (vgl. Kap. 9)

3. Frühkindlicher Residualschaden:
Auffälligkeiten im psychosozialen Handeln, während Intelligenz und Motorik intakt, nur leicht oder teil-beeinträchtigt sind. Die unerhörte praktische Bedeutung der Residualschäden zeigen ihre Epidemiologie: Lempp fand sie bei 41% verhaltensgestörter Kinder, aber auch bei 17% einer Zufallsauswahl von Schulkindern. Jeder von uns kann also eine solche Beeinträchtigung haben, von der er unter günstigen Umständen lebenslang nichts merkt. Unter schärferen Leistungs- und Konkurrenzanforderungen in Schule oder Beruf oder in dauerbelastenden zwischenmenschlichen Beziehungen kann sich jedoch diese unterschwellige Behinderung sehr wohl auswirken und zu Versagen und Zusammenbruch führen. Da aber niemand eine hirnorganische Bedingung vermutet, werden fälschlich die Umstände (Schule, Familie, Bezugspartner) oder der Betroffene selbst beschuldigt. Aus der Nicht-Wahrnehmung wird Verleugnung und Abwehrbildung: so wird das trotzige, „unartige", neurotische oder verhaltensgestörte Kind gezüchtet. (Vgl. auch den Abschnitt über „Psychorganische Schwächung").

Residualschäden äußern sich in körperlichen Merkmalen (Schädelasymmetrie, konstitutionelle Dysplasien), häufiger aber in Störungen der Sprachentwicklung, Teilagnosien (z. B. Legasthenie), Konzentrationsschwäche, Reizüberempfindlichkeit, Antriebssteigerung bei mangelnder Ausdauer, Gehemmtheit, Distanz- und Beziehungsunsicherheit, scheinbar grundlosen Minderwertigkeitsgefühlen. Manche Kinder bringen es ersatzweise-kompensierend in nicht-behinderten Bereichen zu besonders guten (aber auch spezialisiert-engen) Leistungen. Andere neigen dazu, sich durch ehrgeizige, ständige Selbstüberforderung zu erschöpfen.
Hyperkinetisches Syndrom: Ständige überwache Aufmerksamkeit, psychomotorische Unruhe, teilweise aggressives Handeln.
Legasthenie: Frühkindlich erworbene oder erblich-angeborene, bei Jungen 5mal häufigere Lese- und Rechtschreibeschwäche. Vor allem Umlaute und Doppellaute werden schwer erfaßt, Vokale und Endsilben vergessen oder verdoppelt. Das Ausmaß der Hirnbedingtheit ist freilich noch umstritten. – Auch hier ist die Gefahr der Neurotisierung durch Fremd- oder Selbstabwertung groß. Frühzeitige pädagogisch-therapeutische Betreuung mit logopädischen Übungen ist entscheidend.

b) *Körperkrankheiten mit Hirnbeteiligung*

1. Infektionskrankheiten:
Praktisch alle können zu AOP führen, häufiger: Grippe, Pneumokokken-Pneumonie (mehr delirant), Virus-Pneumonie (dysphorisch-apathisch), Typhus, bakterielle Ruhr, Endocarditis, Sepsis, Erysipel, akutes Gelenkrheuma, Chorea minor, auch Echinokokken- und Askariden-Befall. Ob die Hirnbeteiligung über Erreger-Toxine, die Erreger selbst oder über gleichzeitige Infektion des Körpers und des Gehirns (z. B. bei Tollwut- und Fleckfieber-Enzephalitis) erfolgt, ist nicht immer zu klären.

2. Krankheiten innerer Organe:
Bei Herzkrankheiten (bes. Aortenstenose, Mitralinsuffizienz) AOP aufgrund von Hirn-Hypoxie und Angst. Hepatitis: prä- wie postikterisch Durchgangssyndrome. Leberzirrhose (bes. bei portokavalem Shunt): COP. Pankreatitis: schon zum Zeitpunkt noch fehlender Bauchsymptome delirante, paranoide, schizophreniforme Zustände, die fälschlich sogar schon zu einer Hirnoperation verführt haben.
Auch B12-Avitaminose, Porphyrie, Lupus erythematodes, M. Paget, Erythroblastose, Polyzythämie, Gicht, Urämie oder ein Karzinom können als erstes durch ein organisches Psychosyndrom auffallen.

3. Endokrinopathien:
Bewirken ein endokrines Psychosyndrom (s. dort) oder in der akuten Stoffwechselkrise ein AOP. Durch medikamentöse Substitution ist die Störung rückbildungsfähig, wenn sie nicht durch Hirnatrophie, ausgeprägten endogenen Anteil oder Neurotisierung dauerhaft wird.
Besonderheiten je nach Organ: Hypothyreose und Myxödem: antriebsarm, apathisch, paranoid, ohne Substitution Demenz. Hypoparathyreodismus: dysphorisch, schizophreniform. Hyperthyreose: reizbar, ängstlich, argwöhnisch bis paranoid; delirant in der metabolischen Krise; gelegentlich paranoid-halluzinatorische Psychose, die fortbestehen kann. Hypophysäre Simmondssche Kachexie: apathisch oder delirant bis zur Erschöpfung, Stupor, Koma; die Cortison-Behandlung kann selbst ein toxisches Delir erzeugen. Diabetes: AOP oder COP, durch Hirngefäßschwäche mitverursacht. Akromegalie und eosinophiles Adenom: dysphorisch oder paranoid. Diabetes insipidus: hysterisch. Adiposogenitale Dystrophie (Fröhlich): akute oder chronische Syndrome. Addisonsche Erkrankung: dysphorisch, ängstlich, reizbar, delirant. Cushing-Syndrom: apathisch, schizophreniform-introvertiert. Adrenogenitales Syndrom: sexuelle Identitätskrisen bis zu psychotischem Ausmaß. Phäochromozytom: Angstzustände. Hypogonadismus, Hermaphroditismus, Klinefelter-Syndrom: depressive Zustände und Geschlechtsrollenkonflikte.

4. Generationsvorgänge:
Endokrine und psychosoziale Bedingungen grundsätzlich noch nicht voneinander abgrenzbar, weder bei den teils depressiv, teils endokrin wirkenden Syndromen prämenstruell und im Klimaterium, noch bei den Schwangerschafts- und den häufigeren Wochenbettpsychosen. Je kürzer Psychosebeginn nach Entbindung, desto eher AOP, dies auch bei Eklampsie und Hyperemesis. Aber fast alle Wochenbettpsychosen bekommen oder haben einen endogenen Stil, nach Krüger 50% schizophreniform, 25% depressiv, 25% mischpsychotisch. Beginn der Wochenbettpsychose meist um den 10. Tag, wenn mit der Entlassung die Klinikgeborgenheit gegen die neue Mutterrolle getauscht wird. Erstgebärende werden am häufigsten psychotisch. Oft wird eine ambivalent-gestörte Beziehung zum Kind gefunden, die die Mutter eben nur in der Psychose (interesselos, aggressiv oder zwanghaft besorgt) offen zu äußern sich traut. Offener Ausdruck *aller* Gefühle während der Schwangerschaft ist also präventiv entscheidend.

c) *Ernährungsmängel (Dystrophien)*

Nach langjähriger KZ-Verfolgung oder Kriegsgefangenschaft als Folge schwerer Hungerdystrophie (extreme Abmagerung und Eiweißmangelödeme) kann ein COP überdauern. Symptome: antriebsverarmt, verlangsamt, schnell erschöpfbar, dysphorisch, durchsetzungsunfähig, Schlafstörungen. Im PEG geringe Erweiterung der Ventrikel, im EEG Allgemeinveränderungen. Offenbar Hirnschrumpfung durch Hirnödem, wie auch bei Säuglingsdystrophien, Hirntraumata und schweren Infektionen. Die Betroffenen gelten oft lange Zeit als Versager, bis ihre hirnorganische Behinderung technisch und gutachterlich wahrgenommen werden kann. Andere Ernährungsmangelkrankheiten können zu ähnlichen Schäden führen: Pellagra, Beriberi, Wernicke-Enzephalitis (als Vitamin B$_1$-Mangel bei Alkoholismus, allgemeinem Hungerzustand oder Resorbtionsstörungen, z. B. bei Magenkarzinom und perniziöser Anämie), Skorbut (Vitamin C-Mangel) sowie die tropische Eiweißmangelkrankheit Kwashiorkor. Therapie: entsprechend vollständige Ernährung. Dasselbe gilt vor allem in Entwicklungsländern für die Prävention.

d) *postoperative Psychosyndrome*

Sie sind Alarmsignale des vital verunsicherten Organismus, äußern sich delirant, paranoid-halluzinatorisch, verwirrt oder dysphorisch, treten akut auf (Fremd- oder Selbstgefährdung!), dauern 2–14 Tage und verselbständigen sich selten. Heftige Angst (geäußert oder abgewehrt) besteht fast immer, ist zugleich wichtigster therapeutischer Ansatzpunkt. Solche Störungen sind am häufigsten, wenn die Operation das Herz (20–50%), Lunge, Gehirn, geschlechtsbedeutende Organe (Gebärmutter, Brust, Prostata), Augen, Hormonorgane, Kiefer- oder Bauchbereich betrifft.

Entstehung: Das Zusammenwirken der zahlreichen möglichen Bedingungen ist meist unklar. Hier eine Auswahl: die Bedeutung des Organs für den Patienten; Bedeutung der körperlichen Intaktheit oder des Lebens; Angst vor dem Tod; Angst, sich mit der Operation völlig aus der Hand zu geben; Präoperative psychosoziale Belastung; mangelhafte präoperative Vorbereitung (kein Eingehen auf die Angst, keine die Operationsfolgen vorwegnehmende Ausrichtung auf die Zukunft, keine technische Aufklärung); mit der Operation einhergehende Veränderungen im Organismus (Blutverlust, Erschöpfung, endokrine Störung, Elektrolytstörung, vor allem Hypokaliämie, Infektionen); präoprativ bestehender, aber nicht wahrgenommener oder geleugneter Alkohol- oder Medikamentenmißbrauch (Lebensgefahr!); Auswirkungen der prä- oder postoperativen Medikation; Herz-Lungen-Maschine (Dauer der Versorgung durch sie, u. U. toxische Stoffe durch das Material der Maschine, anschließende postoperative reizverarmte Intensivbehandlung); Hirnschädigung durch die Narkose (Dauer der Narkose, technische Fehler oder anders bedingter Sauerstoffmangel).

Längerer Sauerstoffmangel des Gehirns (Hypoxie, Anoxie) führt auch aus anderen Gründen zu Nekrose bzw. Schwund des empfindlichen Hirngewebes und damit zu Delir, Verwirrtheit oder zu bleibender Demenz. In Betracht kommen: hoher Blutverlust, Anämie, Durchblutungssturz bei Herz- und Gefäßkrankheiten, perinatale Asphyxie, Versuche des Erhängens oder Erwürgens, Höhenkrankheit, Taucher- (Caisson-) Krankheit und Raumfahrt-Schäden.

Der psychiatrische Konsiliardienst kann eine falsch indizierte Operation verhindern, wenn z. B. bei bisher unerkannter Depression oder Medikamenten-Abhängigkeit ein Patient seine Beschwerden in *ein* Körperorgan lokalisiert oder wenn jemand aus der Haltung der Selbstbestrafung, der Abhängigkeit oder des Wunsches, seine Lebensschwierigkeiten durch ein technisches „Wunder" loszuwerden, den Chirurgen zur Operation drängt („Operationssucht").

e) *Akute und chronische Vergiftungen*

1. Medikamente:
Die meisten wirksamen Medikamente setzen eine Störung im Organismus, können grundsätzlich keimschädigend wirken und zu AOP bzw. COP führen. Das Einnehmen von Medikamenten ist

uns schneller zur alltäglichen Selbstverständlichkeit geworden, als wir das Abwägen ihrer Chancen und Risiken lernen konnten. Das ist nachzuholen. So geht es z. B. um den Unterschied zwischen 2 Situationen: einmal nehme ich das Risiko medikamentös bedingter Psychosyndrome in Kauf, weil im Verhältnis zur Grundstörung der Vorteil für den Patienten größer als nur der mögliche Nachteil (etwa bei Antibiotika, Cortison, Neuroleptika). Das andere Mal verweigere ich mich genauso bewußt, nämlich wenn ich nach gründlicher Untersuchung dem Patienten mitteile, daß trotz seiner Beschwerden entweder das Risiko einer Medikamentenverschreibung nicht gerechtfertigt ist oder der Patient beim Arzt überhaupt an der falschen Adresse ist, etwa weil er mit seinen Beschwerden leben zu lernen hat, weil er Psychotherapie oder eine soziale Problemlösung braucht. Solche Verweigerung ist aber ein schwerer Schritt, da er gegen die allgemeine Erwartung gerichtet ist, man könne alle Schwierigkeiten chemisch wegzaubern, gegen den Wunsch, in jedem Fall für seinen Patienten, Klienten, Kunden etwas tun zu können oder zu müssen (z. B. damit der Patient das Gefühl hat, „daß irgend etwas geschieht"), also ein Schritt, u. U. auch gegen die eigenen ökonomischen Interessen.

Der Wirkmechanismus für medikamentös bedingte Psychosyndrome ist oft nicht klar. In Betracht kommt toxische oder allergische Schädigung („zerebrale Arzneimittelallergose") oder Auslösung einer unterschwellig bestehenden Psychose, was eine unbefriedigende Erklärung ist.

Im einzelnen: Antibiotika, Sulfonamide, Tuberkulostatika bewirken auch bei therapieüblichen Dosen delirante Syndrome, selten – bei vorgeschädigter Blut-Hirn-Schranke – auch mit tödlichem Ausgang. Bei mehrfacher Plasma-Infusion, verschiedenen Arten eines Heilserums, Antihistaminika, Penicillin, Novocain, Jodoform, Quecksilber, Pyrifer auftretendes AOP kann als allergische Reaktion aufgefaßt werden; zu bekämpfen durch Absetzen des Antigen-Medikaments und Dehydrierung.

Kortikosteroide können auch heute noch manische, depressive oder paranoide Zustände zur Folge haben.

Disulfiram (Antabus), Akineton, Artane, aber auch Digitalis, Atropin, Atebrin können delirante oder paranoid-halluzinatorische Zustände nach sich ziehen, Reserpin und Rauwolfiapräparate eher Depressivsein.

Schmerz-, „Schlaf"-, Aufputsch-, Antiasthmamittel, Halluzinogene, Insulin, Neuroleptika und Tranquilizer werden bezüglich ihrer Vergiftungswirkung und der entstehenden Psychosyndrome in den Kapiteln 6 bzw. 13 behandelt.

2. Industriegifte:
Akute Intoxikationen durch industrieübliche Lösungsmittel: Toluol, Benzol, Schwefelkohlenstoff, Trichlor- oder Tetrachlor-Verbindungen. Schwermetalle, Phosphor, Arsen, Thallium, Ammoniak bewirken delirante Zustände, die durchaus in COP übergehen können. Chronische Bleivergiftung führt zu Apathie, Reizbarkeit, Kopfschmerz, Schlafstörung, auch zur Demenz. Ähnliches gilt für Quecksilber-Enzephalopathie. Auch bei einmaliger Vergiftung kann es (z. B. bei Ammoniak, Bleitretraäthyl, E 605) zu einem schweren COP kommen, aber auch mit neurologischen Spätschäden. Kohlenmonoxyd oder Leuchtgas: nicht nur akute Vergiftungen (als Unfall oder Suizidversuch), sondern zunehmend auch chronische Vergiftungen, z. B. bei zu langer Exposition in Garagen, Flugzeughallen oder im Straßenverkehr. Reizbarkeit, gelegentliche leichte Bewußtseinstrübung oder Leistungsabfall sind die ersten Anzeichen dafür.

3. Alkohol: vgl. Kap. 6

f) Entzündliche Hirnkrankheiten

1. Neurolues:
Noch um 1900 litten 20–50% der Patienten Psychiatrischer Anstalten an den verschiedenen Folgen

des Lues (Syphilis). Daher war die Entdeckung der Ursache (Spirochaeta pallida) und der ersten wirksamen Therapie (Malariakur durch Wagner von Jauregg 1917) für das psychiatrische Denken lange Zeit richtungsweisend. Seit 1943 wurde Penicillin therapeutisch entscheidend. Gegenwärtig eher Zunahme luetischer Infektionen.

Frühluische Meningitis (Sekundärstadium): Symptome dezent, „asthenisches Syndrom", mit Schwindel, Benommenheit, emotioneller und vegetativer Labilität, flüchtigen Lähmungen und Verstimmungen. Kann ohne Behandlung abklingen. Reflektorische Pupillenstarre, positiver WaR und Liquor-Zellvermehrung, wenn man daran denkt!

Lues zerebrospinalis (Tertiärstadium): 3–5 Jahre nach Infektion, befällt mesodermale Anteile, also meist als vaskuläre Form (Gefäßverschlüsse und ischämische Erweichungsherde, daher Verwechslungsgefahr mit Hirngefäßleiden, einschließlich Schlaganfall, wenn Pupillen-, Liquor- und Blutbefunde übersehen werden!); seltener als meningitische Form (Spätmeningitis: verläuft subakut, bevorzugt Hirnbasis). Auch die gummöse Form heute selten (Verwechslung mit anderen raumfordernden Prozessem). Therapie auch hier durch Penicillin).

Progressive Paralyse (Quartärstadium): 5–15 (3–30 Jahre nach Infektion, nur bei 10% der Infizierten als chronische Enzephalitis (ektodermal, d. h. Hirngewebe selbst befallen). Verlauf: in 1–3 Jahren Demenz und Tod (selten in wenigen Wochen). Kombination mit Tabes ist möglich. Anatomisch: Rindenatrophie, besonders frontal.

Frühdiagnose in den ersten 3 Monaten nach Symptombeginn für volle Heilung entscheidend: Ermüdbarkeit, Vergeßlichkeit, intellektuelles Versagen; Vernachlässigung des Äußeren und der Form, alberne und taktlose „Ausrutscher"; gelegentliches Versprechen oder artikulatorische Sprechstörung (Dysarthrie: verwaschenes oder silbenschmierendes Sprechen, daher Testworte wichtig wie „schleimige schuppige Schellfischflossen", „Flanellappen"); mimische Schlaffheit, Gesichtsflattern oder mimisches Beben um den Mund. Jemand mit so vieldeutigen Symptomen wird leicht auf einen falschen Weg gewiesen. Die Frage nach früheren Geschlechtskrankheiten darf mir genauso wenig „peinlich" sein wie die nach Suizidgedanken!

Neurologischer Befund: Argyll-Robertson-Zeichen (reflektorische Pupillenstarre, d. h. fehlende oder herabgesetzte Reaktion auf Licht bei erhaltener Konvergenz- und Naheinstellungsreaktion); Pupillen ferner entrundet, ungleich (Anisokorie), auch mal verengt (Miosis). Liquorbefund: mäßige Zellvermehrung (bis 150/3). Anstieg des Gesamteiweißes auf 50–100 mg%, besonders Globulinanstieg, daher Eiweißquotient um oder über 1,0; tiefer und breiter Linksausfall der Mastixreaktion; Erhöhung der Gamma-Globuline und Verminderung der Albumine in der Elektrophorese); WaR und die anderen Lues-Reaktionen meist im Liquor und Serum positiv, im Zweifel wenigstens der empfindliche Nelson-Test.

Im *Verlauf* hohe Verwechslungsgefahr mit anderen psychiatrischen Syndromen. Die progressive Paralyse kann sich entwickeln als: 1. COP (Stirnhirnsyndrom); 2. euphorisch-expansives Syndrom (gegenüber einer Manie Maßlosigkeit: Patient ist Obergott, besitzt Millionen Schiffe); 3. Depression (hier Erspüren der „organischen Tönung", besonders schwer); 4. paranoide Beziehungssetzungen (Abwehranteil der Symptome überwiegt); und 5. AOP (Delir). In jedem Fall schreitet jedoch die organische Persönlichkeitsveränderung fort.

Die jugendliche Form der progressiven Paralyse aufgrund einer angeborenen (kongenitalen) Lues über die infizierte Mutter äußert sich in der Schulzeit zusätzlich durch die Hutchinson-Trias: Innenohrschwerhörigkeit, tonnenförmige Einkerbung der Schneidezähne, Keratitis parenchymatosa. Auch diese Form führt unbehandelt in wenigen Jahren zum Tod.

Therapie: 12 Tage lang je Mill. Einheiten Depot-Penicillin, notfalls mehrere Wiederholungskuren. Decortin i. m. mit der ersten Penicillingabe, dann einige Zeit per os. Bei Penicillin-Unverträglichkeit oder Resistenz Übergang zu Tetracyclin, u. U. Kombination mit Fieberkur (Pyrifer) oder der sonst überholten Salvarsan-Wismut-Kur. Erste Liquor-Kontrolle 3 Monate nach der ersten Kur, zweite 2 Monate nach der 2., dritte nach 1 Jahr, dann in größeren Abständen. Die Liquor-Veränderungen verschwinden in der Reihenfolge: Zell-, Eiweißvermehrung, Kolloidkurvenbefund, Luesreaktionen. Letzteres trotz Kurerfolg nicht immer erreichbar. Bei Frühtherapie für 50% Heilung, für 25% wenigstens soziale Anpassung.

2. Andere entzündliche Hirnkrankheiten
Jede *Meningitis* (Hirnhautentzündung) bewirkt ein AOP, von kaum wahrnehmbarer Bewußtseinstrübung bis zum schwersten delirant-komatösen und tödlichen Syndrom.

Die *Enzephalitis* (Hirnentzündung) führt häufiger in die Psychiatrie. Die heute seltene *Enzephalitis lethargica* (v. Economo) ging als Epidemie 1916–28 um die ganze Erde, beginnt mit AOP und mit Umkehr des Schlafrhythmus, mit unfreiwilligem Augenrollen (bei Augenmuskelbefall) und mit aggressiven Zwangsgedanken. Im akuten Stadium stirbt 1/3. Folgeschäden: COP im Sinne eines fortschreitenden Parkinson-Syndroms (auch nach jahrelanger Latenz) oder Demenz, jedoch auch paranoide, katatone, schizophreniforme, manische, depressive, zwanghafte oder aggressive Syndrome. Die Erkrankung kann auch als psychorganische Schwächung (mit gelegentlichen psychotischen Äußerungen) halbwegs ausheilen.

Ähnlich äußern sich die zahlreichen anderen Formen der Enzephalitis, so die *Tollwut* (Lyssa)-Enzephalitis: ohne Frühimpfung 10–30 Tage nach Verletzung durch infiziertes Tier Delir, Apathie, Reizbarkeit, quälende Kontraktionen beim Essen oder Trinken (daher Hydrophobie), in wenigen Tagen tödlicher Verlauf. *Cerebrale Toxoplasmose:* bei fetaler Protozoeninfektion vor oder nach der Geburt allgemeine und Hirnentzündung. *Fleckfieber-Enzephalitis:* Bei Rikettsien-Infektion (epidemisch in Kriegen, auch in KZ-Lagern) delirantes Syndrom, im Verlauf oft konfabulatorisch, später psychorganische Schwächung oder Demenz.

Weitere Enzephalitiden nach Grippe, Windpocken, Masern, Mumps, Pocken oder durch Infektion durch andere neurotrope Viren, von denen ständig neue Arten entdeckt werden. Hirnentzündungen im Kindesalter hinterlassen außerdem alle Grade des geistigen Zurückbleibens (Retardierung), Krämpfe und unkontrolliertes (aggressives, sexuelles) Handeln.

Multiple Sklerose: (Enzephalomyelitis disseminata): ausgedehnte Entmarkungsschäden im gesamten zentralen Nervensystem, evtl. durch Virus bedingt, beginnt um das 3. Lebensjahrzehnt, schreitet chronisch fort, Verlauf aber außerordentlich wechselnd und von Lebensbedingungen abhängig. Symptome: Sehschwäche, Nystagmus, Schwäche oder spastische Lähmung der Beine, Intentionstremor, Blasen-Mastdarmstörungen, häufig „oberflächliche", unselbständige, euphorische, hysterische, nachgiebige und überschwengliche Gefühlsäußerung und Haltung (also Verleugnung der Krankheit als bevorzugte Abwehr). Patienten mit besseren Möglichkeiten in der Lebensgestaltung und mit besseren therapeutischen Hilfsbedingungen haben einen eindeutig gütsigeren Krankheitsverlauf. Therapeutisch wichtig: Verhinderung von Berentung und längeren Krankenhausaufenthalten, Strukturierung des Tageslaufs, Gleichgewicht zwischen Ruhe und sinnvoller Aktivität sowie Vermittlung einer Lebenshaltung, die Angst zuläßt, statt sie abzuwehren, und *mit* der Krankheit zu leben erlaubt. Dies gilt auch für viele andere hirnorganische Krankheiten.

g) *Traumatische Hirnschäden*

1. Hirnerschütterung (Commotio cerebri):
Durch meist stumpfe Gewalteinwirkung (Schlag und/oder Fall) bewirkte funktionelle, anatomisch nicht faßbare Hirnschädigung ohne Dauerfolgen. Symptome: sofortige Bewußtlosigkeit von Sekunden bis zu 1–2 Stunden (durch plötzliche Hirnbeschleunigung bzw. -abbremsung); retrograde und

266

anterograde Amnesie („keine Erinnerung an eine kurze Zeit vor und nach dem Unfall"); diffuser Kopfschmerz, Schwindel, oft anfangs Übelkeit und Erbrechen. Nach dem Erwachen fühlt sich der Patient verwundert, verwirrt, auch ängstlich und bedroht-mißtrauisch (Durchgangssyndrom).

Therapeutische Haltung: anders als früher: Der Patient soll
1. ausführlich seine Gefühle äußern, Ärger über den Unfall, Angst, Befürchtungen („jetzt beruhigen Sie sich erstmal!" verstärkt nur die Beunruhigung);
2. nach Möglichkeit über den Unfall vollständig informiert werden (er wird nicht geschont!);
3. früh und stufenweise wieder belastet werden (Bettruhe nur wenige Tage); und
4. nach Möglichkeit keine Schmerz-, Beruhigungs- und Schlafmittel bekommen (wenn doch, dann mit der Maßgabe: „das Mittel wird zunächst auf 3 Tage befristet; wir wollen Ihnen damit die Beschwerden nicht nehmen, sondern nur erträglich machen").

Dadurch soll der Patient Unfall und Commotio *angemessen* bewerten. Denn bei *Unter*bewertung Gefahr mangelnder Schonung und zu später Wahrnehmung von Komplikationen (Hämatombildung). Bei *Über*bewertung Gefahr, daß Patient Beschwerden zur Erklärung für bestehende Lebensschwierigkeiten benutzt. Was früher dem Patienten als raffinierte Simulation und endlich als Rentenwunsch in die Schuhe geschoben wurde, ist oft durch falsche Haltung der ersten Therapeuten zumindest mitgebahnt worden. Arbeitsfähigkeit meist nach 3–6 Wochen. Das überwiegend vegetative „postkommotionelle Syndrom" (Kopfschmerz, Schwindel), Puls- und Blutdruckschwankungen, Schwitzen, z. B. beim Bücken und körperlicher Belastung), kann jedoch eine gewisse Erwerbsfähigkeitsminderung bis zu 1/2 Jahr bedingen.

2. Hirnquetschung (Contusio cerebri):
Durch stumpfe oder punktuelle Gewalteinwirkung mit und ohne Schädelfraktur entsteht eine anatomisch faßbare Hirnschädigung, und zwar als Rindenprellungsherd am Ort der Gewalteinwirkung oder am Gegenpol (contre-coup), meist über Hirnödem und Zirkulationsstörungen. Die Hirnatrophie ist in PEG und CCT erst nach einigen Wochen, meist an den inneren Liquorräumen nachweisbar. Das EEG zeigt Herdbefunde und/oder Allgemeinveränderungen.
Differentialdiagnostisch und gutachterlich gilt gegenüber Commotio: längere Bewußtlosigkeit (über 3 Stunden bis mehrere Tage), außer bei rasanter Gewalteinwirkung (Schußverletzung); längere Amnesie; neurologische Ausfälle; Krämpfe; Blutungen aus Schädelöffnungen, die beschriebenen Veränderungen im EEG und CCT. Beschwerden wie beim schweren Kommotionssyndrom. Aus der Bewußtseinstrübung kann ziemlich abrupt ein AOP, die „Kontusionspsychose" entstehen. Im Stil delirant, konfabulatorisch, paranoid-halluzinatorisch oder dysphorisch-euphorisch, dauert sie Tage bis Wochen und ist wegen der unkontrollierbaren Angst, Erregung und Aggressivität ein pflegerisch-therapeutisches Problem.
Dauerschäden: COPs, zentral-vegetative Störungen, neurologische Ausfälle oder traumatische Epilepsie, die meist im ersten Halbjahr nach dem Unfall beginnt, aber auch viel später.

Therapie: beginnt mit der Intensivbehandlung des bewußtlosen Patienten, möglichst ab Unfallort: Freihalten der Atemwege, Antibiotica-Prophylaxe, Blasenkatheter und vor allem Anlegen einer Infusion zur Kreislaufnormalisierung und mit Zusatz für Elektrolytausgleich und Dehydrierung bei Hirnödem (z. B. Rheomacrodex-Sorbit). Bei Erregung Paraldehyd oder Truxal/Haldol. Keine anderen Sedierungsmittel, Opiate oder Barbiturate. Auch Schmerzmittel und Spasmolytica sind, wenn möglich, zu vermeiden.
Später gibt ein gemeinsam vereinbartes Programm der stufenweisen Wiederbelastung den Rahmen für Hydrotherapie, Gymnastik und Beratung zur Lebensführung (z. B. Alkohol- und Nikotinabstinenz). Größter Fehler: dem Patienten noch eine längere Schonzeit zu verordnen und ihn damit alleinzulassen. Viele Patienten bzw. Familien wissen nicht, wie man sich schont, den Tag ohne Arbeit gestaltet und sich dabei ein gutes Gewissen erhält. Die „Schonzeit" wird zur Strapaze und

kann sich ebenso selbstzerstörerisch auswirken wie ein zu früher Arbeitsbeginn. Ambulante und mobile Nachbetreuung ist also entscheidend.

Häufiger Gutachterfehler: Solange Psychiater vorrangig auf die Wahrnehmung von Defekten und nicht von zu entwickelnden Möglichkeiten trainiert sind, werden sie leicht „vergessen", daß Rehabilitation vor Berentung steht.

3. Hirnhautblutungen:
Sie gehören zu den gefährlichsten Ereignissen aller psychiatrischer und neurologischer Einrichtungen, da sie bei getrübter Aufmerksamkeit des Teams leicht zu übersehen sind und die sofort erforderlichen neuro-chirugischen Hilfen zuspätkommen.

Epiduralhämatom: Blutansammlung zwischen Dura und Schädelkalotte (Blutung aus Meningealarterie), schnell zunehmend noch während der Hirntrauma-Bewußtlosigkeit oder nach kurzem freien Intervall, selten auch ohne Hirntrauma. Alarmsignal: wieder zunehmende Benommenheit und Schläfrigkeit nach vorherigem Wachwerden, weite Pupille, andere Halbseitensymptome und Frakturlinie auf der Seite des Hämatoms.

Akutes Subduralhämatom: Meist bei schwerer Kontusion aus Venenblutung in den subduralen Raum. Symptome: Liquor immer blutig, sonst wie beim Epiduralhämatom. Arteriogramm, CCT oder Probetrepanation sichern die Diagnose. Therapie: möglichst schnelle Entlastung von Hirndruck.

Chronisches Subduralhämatom: langsam sich ausdehnendes kleines akutes Hämatom. Nur ¾ der Patienten erinnern ein vorhergehendes, oft nur leichtes Trauma. Gefährdung bei Antikoangulantientherapie! Das Hämatom wird erst nach Wochen bemerkbar, akut nach 2-3 Monaten. Symptome: wechselnde, aber zunehmende Bewußtseinsstörung, Kopfschmerzen, meist keine neurologischen Ausfälle, aber xanthochromer Liquor. Beweisend: CCT und Arteriogramm. Therapie: neurochirurgisch. Häufiger sind ältere und männliche Patienten betroffen.

4. Hirntraumatische Dauerschäden:
Psychorganische Schwächung, hier auch „posttraumatisches Syndrom" genannt, und leichte Persönlichkeitsveränderungen machen ¾ aller posttraumatischen psychischen Langzeitschäden aus. Symptome: vor allem Kopfschmerzen, Schlafstörungen, Schwitzen, Ermüdbarkeit, reizbare Schwäche („hyperästhetisch-emotionelles Syndrom"). Entstehungsbedingungen eines Langzeitsyndroms: 1. organische: Schwere des Unfalls, Vorschädigung. 2. psychosoziale: bei unbefriedigender Lebenslage kann die „Rolle" des Hirntraumatikers befriedigender erlebt werden als die bisherige Rolle, besonders bei passiver oder aggressiver Persönlichkeitsstruktur. 3. therapeutische: wenn das Team Angst, Erregung, Abhängigkeitswunsch oder Untätigkeit des Patienten nicht aktiv aufgreift, sondern z. B. medikamentös unterdrückt, oder wenn die ambulante Nachbetreuung fehlt. Psychosoziale Gefahren der Hirntraumatiker-Karriere: hysterische oder hypochondrische Verarbeitung; Alkohol- und Medikamentenabhängigkeit; Impotenz; familiäre Selbsteinengung und -isolation; Resignation oder Kollisionskurs bezüglich der Teilnahme am sozialen und beruflichen Leben; eher aggressive Delikte. Schwere Persönlichkeitsveränderungen, hirnlokale Syndrome und Demenzen finden wir eher in Pflegeheimen, in Langzeitstationen oder – oft verwahrlost zu Hause – über die SpDs. Auch die „Schlagtrunkenheit" (punch drunk), Berufskrankheit von Boxern, die oft k. o. geschlagen wurden, kann bis zur schweren Hirnatrophie (ähnlich M. Pick) führen. Das therapeutische Vorgehen für die COP ist schon beschrieben. Da das Selbstwertgefühl in unserer Gesellschaft meist über Leistung und Arbeit aufgebaut wird, ist im Reha-Plan neben der sozialen die Arbeits-Rehabilitation entscheidend. Der Reihenfolge nach sind folgende Möglichkeiten durchzuspielen und ggfs. zu verwirklichen: sofortige Rückkehr an den alten Arbeitsplatz mit voller Belastung; dasselbe mit ermäßigter bzw. gestufter Belastung; Aufenthalt in neurologischer bzw. psychiatrischer Reha-Einrichtung mit Rückkehr auf den alten, wenn nicht mehr

möglich, auf einen neuen Arbeitsplatz im alten Beruf; berufsfördernde Maßnahmen im Berufs-förderungswerk, entweder mit Spezialtraining für den alten oder Umschulung auf einen neuen Beruf; wenn auch das unmöglich ist, Werkstatt für Behinderte; scheitert auch dies, ist ein Leben ohne Berufsarbeit, zu Hause oder in einem Wohnheim zu üben, was nicht weniger eine thera-peutische Aufgabe ist!

h) *Hirntumoren*

Hirntumorkranke Patienten werden – wenn auch selten – fälschlich psychotherapiert und neurotische Patienten fälschlich probe-hirnoperiert. Dies wird gern für weltanschauliche Schaukämpfe mißbraucht, nach der Art: „Da kannst Du mal wieder sehen, wie unverantwortlich die psychotherapeutisch (bzw. die organisch) Orientierten ihre Psychiatrie betreiben!" Dabei sprechen solche Ereignisse nur dafür: die Frühdiagnose des Hirntumors kann maßlos schwer sein; psychiatrisch-psychotherapeutische Wahrnehmung hat eine Einheit zu sein; und Vollständig-keit der Wahrnehmung ist ebenfalls schwer zu verwirklichen, daher oberstes Lernziel dieses Lehrbuches. Von 10-20000 Menschen wird einer zu Lebzeiten als hirntumorkrank diagnostiziert. Aber bei Obduktionen wird viel häufiger ein uner-kannter, oft gut operabler Hirntumor als Todesursache festgestellt, nicht zuletzt bei Langzeit-Patienten in großen PKHs.

Symptome: Wenn neurologisch (Krämpfe, Kopfschmerzen, Sehstörungen, Lähmungen), ist die Diagnose leichter. Aber ebenso oft bestehen über Monate und Jahre nur seelische Signale: gleich häufig neurotische Beschwerden, Sprachstörungen, intellektuelles Nachlassen und Persönlichkeits-veränderungen, etwas seltener Müdigkeit, Bewußtseinsverhangenheit, depressive oder paranoide Symptome.

Wir haben unvoreingenommene und vollständige Aufmerksamkeit von uns zu fordern, um aus den Symptomen *und* und aus ihrem „Drumherum" (= aus der Gesamtdiagnose) uns für die Vermutung offenzuhalten, das „Neurotische" könne auch „organisch", speziell hirndruck-bedingt sein: Angst z. B. kann eine Spur zu diffus, dunkel, unerklärlich, „körperlich" wirken. Die persönliche Note der Angstabwehr (hysterisch, zwanghaft usw.) ist abzugrenzen. – Ein hirnlokales Psychosyndrom läßt den Sitz eines Tumors erraten. Erst wenn das Tumorwachstum eine kritische Grenze übersteigt (über Drucksteigerung, Ödembildung oder Blutungen im Tumor) entsteht ein AOP.

Hirndruckzeichen sind also für die *Früherkennung* entscheidend: Kopfschmerzen (diffus, dauerhaft, stärker morgens); Erbrechen (im Bogen, im Nüchternzustand); Benommenheit, Apathie; Augen-befund (Stauungspupille, die in Stunden entstehen kann, Sehstörungsattacken, Abduzensparese); Einklemmungszeichen (Streckkrämpfe, Atemstörungen, langsamer Puls, Bluthochdruck, Okulo-motoriusparese, Pupillenstörungen); Schädel-Röntgenbild (vertiefte Impressiones digitatae, weite Sella, porotisches Dorsum Sellae, Schädelnahtsprengung bei Jugendlichen); EEG (diffus oder rhythmisch-langsam über vorderen Hirnbereichen); und Liquor (Druck über 200 mm H2O), bevor PEG, Arterogramm und CCT die Indikation für die neurochirurgische Therapie stellen. Außer Hirntumoren (auch gutartige sind bei Wachstum bösartig!) gehören zu den raumfordernden Prozessen im Schädel: Meningiome, Neurinome, Hämangiome, Hirnmetastasen (bei Bronchial-karzinom oft erstes Symptom, sonst bei Brustkrebs, Melanom und Hypernephrom), Hämatome, Hirnabszesse, Arachnoidalzysten, Enzephalitisfolgen, Parasitenzysten, Tuberkullome, Gummen und sonstige Granulome (Boeck).

i) *Hirngefäßkrankheiten*

Häufigste Bedingung für organische Psychosyndrome, besonders im Alter (s. Kap. 10). Begriffe wie „Hirnarteriosklerose" oder gar „Zerebralsklerose" sind zu vermeiden, da z. B. bei Bluthochdruck meist die kleineren Arteriolen wandgeschädigt werden (Lipoidose, Kalzinose) und da nicht das Gewebe, sondern die Gefäße sklerotisch werden.

Hirn- und Körpergefäße erkranken unterschiedlich, schon weil das Hirngewebe nur sparsam durch Kapillaren versorgt ist (1/10 des Herzmuskels), sein Sauerstoffbedarf aber hoch ist: 15% des Herzminutenvolumens, obwohl es nur 2% des Körpergewichts ausmacht, auch im Schlaf. Die kritische Blutdruckgrenze liegt für Gesunde bei systolisch 70 mmHg, für Gefäßkranke aber höher (mehr Gefäßwiderstand durch Elastizitätsverlust). Der Spielraum ist eingeengt. Unterhalb der kritischen Grenze: relative Blutleere (Ischämie) und damit Zerfall (Nekrose) von Hirnsubstanz. Zerreißung (Ruptur) der geschädigten Gefäße führt zu kleineren oder zu Massenblutungen. Ergebnis: blutleere oder blutige Hirnerweichungsherde (Enzephalomalazie), sekundär Zysten oder narbige Schrumpfungen (Grenzgebiete zwischen den Versorgungsbereichen der 3 Großhirnarterien am gefährdetsten). Zu hoher Blutdruck fördert weitere Gefäßzerstörung. Therapeutisch geht es also um Finden und Erhalten eines für den Einzelfall optimalen Blutdruckniveaus. 40% aller Arteriosklerotiker leiden an Bluthochdruck.

Symptome und Verlauf: Der Beginn ist nur schwer vom „normalen Altwerden" oder von anderen Prozessen zu unterscheiden. Das Leiden kann plötzlich sichtbar werden: a) organisch wird es durch eine Krankheit (z. B. Grippe) „entmaskiert" oder „schlagartig" durch einen Schlaganfall (apoplektischer zerebraler Insult) offenbart; und b) psychosozial durch jede eingreifende Lebensveränderung. z. B. Wohnungswechsel, Partnerverlust, Berentung, Wechsel oder Umstellung des Arbeitsplatzes.

Herr C., 61 J., Schreinermeister, gilt als gesund und leistungsfähig, als er *seine* Werkstatt durch Feuer verliert. Sie wird wieder aufgebaut. Obwohl der Neubau übersichtlicher und bequemer ist, findet Herr C. sich darin nicht mehr zurecht. Ihm gelingen die einfachsten Handgriffe nicht mehr. Klinisch ist „plötzlich" eine hirngefäßbedingte Demenz festzustellen.

Symptome beim meist allmählichen Beginn: Kopfdruck, Schlafumkehr (Einnicken tags, Schlaflosigkeit nachts), Schwindel, Flimmern vor den Augen, Ohrensausen, reizbare Schwäche, weiter: Voralterung, welke Haut, Abmagerung, Arcus senilis der Augen, Verhärtung der tastbaren Arterien, u. U. Blutdruckerhöhung mit entsprechenden Schäden anderer Körperorgane, gebeugte Körperhaltung, Gang unbeholfen oder kleinschrittig, Mimik und Gestik verarmt, Zittern von Händen und Kopf, Bewegungsablauf starr (Parkinson-Symptome). Unsystematische neurologische Pyramidenbahnzeichen, selten Anfälle, nachts (Blutdruckabfall!) delirante oder Verwirrtheitszustände. Seelische meist früher als neurologische Auffälligkeiten. Später COPs als Persönlichkeitsveränderung oder Demenz. Anfangs kann die völlige Leugnung oder die depressive, hypochondrische oder paranoide Abwehr der Angst vor dem geahnten Leistungs- und Persönlichkeitsabbau die Verweigerung jeden Arzt-Kontaktes bewirken.

Diagnose-Technik: Spiegelung des Augenhintergrundes: Arterien verdickt, wechselnd im Umfang, von silbrig-weißem Streifen begleitet; Venen erweitert, geschlängelt, komprimiert bei Kreuzung von Arterien (Kreuzungszeichen); Degenerations- und Blutungsherde. Das Ophthalmodynamogramm erlaubt bei verzögerten Pulsierungen der A. opthalmica Rückschlüsse auf den Hirnblutdruck. Arteriogramm: Carotissinus erweitert, Gefäßschlängelung, Abbruch der Füllung bei thrombotischem Verschluß, kahler Gefäßbaum (infolge des Verlustes an kleinen Gefäßen). PEG: zeigt die Hirnatrophie als Erweiterung der Ventrikel und der Subarachnoidalräume (Hydrocephalus internus und externus). CCT: auch hier genauer und vor allem wesentlich ungefährlicher.

Die Umweltabhängigkeit der Hirngefäßleiden lehrt, wie sehr wir uns in unsere selbstaufgebaute Lebenswelt hineinformulieren und uns von ihr steuern lassen. „Fassade" ist ein hierfür viel zu enger und negativer Begriff, verdunkelt die Therapiechancen, die in dieser menschlichen Fähigkeit liegen. Denn was wie ein endgültiger Zusammenbruch aussieht, ist nicht selten durch Beeinflussung der organischen und Lebensbedingungen rückbildungsfähig. Grundsätzlich ist der Prozeß natürlich fortschreitend, bleibt aber auch lange Zeit stationär.

Hirngefäßinsulte sind zu ¾ ischämisch, d. h. Folge der Arteriosklerose und Thrombose der Hirngefäße (Enzephalomalazie) oder der Hirnembolie, dies als Ruheinsult (bei nächtlichem Blutdruckabfall), Belastungsinsult (z. B. nach schwerer Mahlzeit) und Entspannungsinsult (nach intensiver Beanspruchung). Seltener sind apoplektische Insulte als Gehirnblutung (Enzephalorrhagie, ca. 15%), die akute (jugendliche) subcorticale Blutung, hypertensive Enzephalopathie, Pseudobulbärparalyse und die akute Subarachnoidalblutung (meningeale Apoplexie). – Ebenso können Verengungen (Stenosen) oder Verschlüsse von Arterien außerhalb des Schädels (bes. der A. carotis interna an der Gabelung) sowie Narkosezwischenfälle, Herz- und Atemstillstand, Strangulation, Herzkrankheit und Herzfehler über unterschiedliche zerebrale Ischämien zu AOPs oder COPs führen.

Beispiel: Herr Z., 46 J., Bankfilialleiter, hatte bei einer Wirbelsäulenoperation in Bauchlage durch Narkosezwischenfall einen zerebralen Ischämieschaden bekommen. Auf der Intensivstation durchlief er ein delirantes, ein halluzinatorisches, ein expansiv-aggressives und jetzt ein manisches (besser: euphorisches) Durchgangssyndrom: Seine sprachmotorisch mühsam geäußerten anzüglichen Witzeleien belustigten die ganze Station. Als der konsiliarische Psychiater Herrn Z. auf seine Gefühle ansprach, brach er in Tränen aus und stammelte: „Meinen Sie, es macht mir Spaß, witzig zu sein? Aber witzig sein geht leichter. Wenn ich normal rede, mache ich Fehler. Ich schäme mich so sehr und habe wahnsinnige Angst, Fehler zu machen!" Dies verhalf dem Stationsteam zu einer angemesseneren Haltung, was die Besserung von Herrn Z. förderte. – Solche Äußerungen sind ein Schlüssel zum Verständnis vieler Handlungen älterer, hirngefäßleidender Patienten, z. B. der „Stammtischatmosphäre", aber auch der pädophilen Neigung zu Kindern als Sexualpartnern (= es geht leichter, man muß sich nicht schämen, Fehler zu machen).

Therapie: Im Rahmen der Grundhaltung zu den jeweiligen organischen Psychosyndromen bzw. zur Situation alter Menschen ist bei Hirngefäßleiden zu beachten: 1. Herz- und Kreislaufbehandlung mit Glykosiden zur Verbesserung der Hirndurchblutung. 2. Blutdruckregulierung auf den jeweils optimalen, engen Spielraum (Hypertonie langsam senken). 3. Suche nach zusätzlichen Störungsfaktoren (z. B. Polyzytämie, Diabetes). 4. Infusionsbehandlung (z. B. Rheomacrodex) zur Herabsetzung der Blutviskosität, Verbesserung der Mikrozirkulation, für Flüssigkeitsbedarf und Stoffwechselausgleich. 5. Medikamente zur Gefäßerweiterung (z. B. Theophylin), und zur analeptischen Wirkung (Euphyllin). 6. Bei nächtlicher Zunahme der Symptome abendliche Medikation. 7. Infektprophylaxe der Harn- und Atemwege; Regulierung des Stuhlgangs. 8. Sedierung und Regulierung des Schlaf-Wach-Rhythmus durch Aktivierung am Tage, Kaffee und – wenn nötig – durch Paraldehyd, Chloraldurat, Neuroleptika. Alle Sedativa wirken blutdrucksenkend (!) und können bei arteriosklerotischer Erregung paradox wirken. 9. Diät: fett-, salz- und kalorienarm, eiweiß- und vitaminreich; Nikotin- und Alkoholeinschränkung, soweit dies nicht die letzte Freude am Leben nimmt. 10. Aktivierung durch Hydrotherapie, Gymnastik und Belastungstraining.

271

Als Bedingungen für die Entstehung von Hirngefäßleiden sind bisher neben familiärer Häufung Fettleibigkeit, Bluthochdruck, Diabetes, Nikotin bekannt, also Faktoren der Ernährung und der sonstigen Lebensweise.

j) *Hirngewebskrankheiten*

Damit sind „primäre hirnatrophische Prozesse" gemeint: „primär", weil bei anderen Krankheiten die Atrophie des Hirn*gewebes* selbst sekundär ist; „Prozeß", weil fortschreitend (anders als beim Defekt). Die Namen „degenerative Hirnprozesse" oder erbliche = „Heredo-degenerative Hirnkrankheiten" sind überholt: das Wort „Degeneration" ist zu einem Schimpfwort geworden und statt der nicht immer klaren Erblichkeit wird inzwischen z. T. schon ein Stoffwechseldefekt oder ein Virus diskutiert, womit freilich auch hier der Begriff „primär" (= auf nichts rückführbar) fraglich wird.

Bei Hirngewebskrankheiten überwiegen seelische Symptome und am Ende besonders oft die Demenz. Es gibt diffuse und umschreibbar-systematische Hirnatrophien. Erstere (1-3) werden zuerst besprochen. Nicht berücksichtigt werden die neurologischen Systemerkrankungen.

1. Senile Demenz

Jeder alternde Mensch unterliegt einem gewissen hirnatrophischen Prozeß. Für sein Ausmaß und Tempo ist außer einem Erbfaktor wenig bekannt. Bei seniler Demenz dagegen sind die alterseigenen Einbußen eines alternden Menschen (ab 65-70 Jahre) bis zur weitgehenden Abhängigkeit von fremder Hilfe gesteigert. Ebenso sind anatomisch gegenüber der normalen Alterung gesteigert: diffuser Hirnschwund (Hydrozephalus internus und externus), Ganglienzellschwund, Alzheimersche Fibrillenveränderungen, senile Plaques und Drusen in der grauen Substanz. Die nur quantitative Definition verrät unsere Unkenntnis der wirksamen Bedingungen. Wie fast immer in der Psychiatrie hängt Sichtbarwerden und Auswirkung auch der senilen Demenz von der Selbständigkeit und sozialen Integration eines Menschen ab.

Symptome: Merkschwäche, (Alt-Gedächnis noch lange intakt), Wortfindungsstörung („na, wie heißt denn meine Schwester gleich noch!") Versagen (in ungewohnten Situationen), Urteilsschwäche, Mangel an Selbstkritik, Desorientiertheit (Wohnungstür wird nicht mehr gefunden) und evtl. Konfabulation. Altgewohnte Handlungszusammenhänge und konventionelle Unterhaltung gelingen noch lange Zeit erst mühelos, dann mühsam, bis später nichts mehr geht. Meist besteht eine dysphorisch-apathisch-teilnahmslose Grundhaltung, unterbrochen von panischen Angstreaktionen, Erregungszuständen, deliranten oder Verwirrtheitszuständen; sonst euphorisch-alberne, schallplattenhafte Geschwätzig- und Geschäftigkeit. Aus Angst, Scham und Mißtrauen entwickelt der dement eingeschränkte Mensch eine aggressive Verteidigungshaltung bzw. ein Altersparanoid – über Vermutungen, bestohlen, verfolgt, vergiftet, ermordet oder (häufig!) sexuell begehrt zu werden. Körperliche Auszehrung (Marasmus) und nicht mehr abzuwehrende Körperkrankheiten führen zum Tod, besonders oft nach (zwangsweiser) Verbringung in ein Pflegeheim. Differentialdiagnostisch gegenüber Hirngefäßleiden: demente Patienten klagen weniger (da Selbstwahrnehmung gestört), haben seltener neurologische Ausfälle, mehr intellektuelle und weniger affektive Einbußen; der Verlauf ist weniger wechselhaft, mehr gradlinig fortschreitend. Oft ist aber die Unterscheidung zwischen Demenz und Hirngefäßleiden nicht möglich.

Therapie: Somatisch ist sie – trotz schlechterer Chancen – dieselbe wie beim Hirngefäßleden. Zum psycho- und soziotherapeutischen Rahmen s. Kap. 10.

2. Vorzeitiger hirnorganischer Versagenszustand

Zunehmend kommen Menschen, meist Männer, zwischen 30 und 60 Jahren in die Psychiatrie, die ihre Beschwerden in dem Satz zusammenfassen könnten: „Ich kann nicht mehr so wie bisher". Diagnostisch behelfen wir uns mit Begriffen wie „Versagenszustand", „Erschöpfungszustand", „Asthenisierung". Bei der gemeinsamen Suche im Gespräch finden wir meist Zusammenhänge zwischen gesteigerten Anforderungen und ungünstigen Problemlösungsmethoden. Bei einem Teil der Patienten finden wir aber zudem Symptome einer psychorganischen Schwächung, einer leichten Persönlichkeitsveränderung bzw. einer ganz leichten Demenz: Nachlassen des Antriebs, der Lust an allem, des Energiegefühls; Abstumpfen; Einfalls- und Erlebnisleere; körperliche Schwäche, vitale Verstimmung; leichte Merk- und Konzentrationsschwäche. Oft scheint die Kraft nicht mal für die üblichen Abwehrsymptome zu reichen. PEG bzw. CCT offenbaren leichte bis mäßig diffuse Hirnatrophie. Sowohl Psychosyndrom wie Hirnatrophie schreiten kaum fort. Das Leben geht gleichsam auf einem niedrigeren Energieniveau weiter. Eine Erklärung fehlt oft. Am ehesten mag ein frühkindlicher oder auch später erworbener Hirnschaden sich auswirken, der zeitlebens unerkannt geblieben wäre, wenn nicht die Summe der Streß-Faktoren oder die Alterung die kritische Grenze der Belastbarkeit überschritten hätte.

Jedenfalls wird der *Leistungsknick* im mittleren Lebensalter ein immer wichtigeres soziales und therapeutisches Problem. Oft werden solche Patienten aufgrund sehr zweitrangiger Körperkrankheiten berentet. Dadurch tragen die Gutachter zwar dazu bei, daß die Zahl der Frührentner die der Altersrentner schon überschritten hat, aber den Patienten wird durch die Berentung oft mehr geschadet. Stattdessen ist ein kombiniertes somatopsychosoziales Therapieprogramm erforderlich und – vor allem durch die gegenseitige Annäherung von Anspruch und Fähigkeit – erfolgreich.

3. Präsenile Demenz (Typ Alzheimer)

Demenzprozesse gibt es schon im Kindes- und Jugendalter: z. B. infantile Demenz (Heller). Hirnpathologen haben viele andere seltene Typen beschrieben.

M. Alzheimer: auf das 40.–60. Lebensjahr vordatierte senile Demenz, mit denselben anatomischen Veränderungen, aber mehr Alzheimer-Fibrillen. Familiäre Häufung, aber bisher kein Erbgang nachweisbar. Jetzt vielmehr Hinweis für eine langsame Viruserkrankung oder für einen Defekt im Aluminium-Stoffwechsel. Auch bei Enzephalopathien nach Langzeit-Nierendialysen pathologische Aluminium-Konzentrationen im Gehirn und z. T. ähnliche Symptome (Sprachstörungen) wie bei M. Alzheimer.

Symptome: Merkschwäche, räumliche Desorientiertheit, Sprachstörungen: Aphasien, unwillkürliche Wiederholung von Worten und Satzteilen (Echolalie), rhythmisch-gestotterte Wiederholung von Silben (Logoklonie). Nach Antriebsverarmung und extrapyramidaler Symptomatik (Rigor, Tremor) körperlicher Verfall. Tod schon nach 1 Jahr, meist nach 4–8 Jahren.

Therapie: hilflose Beschränkung auf die allgemeine Demenz-Behandlung. Gegenwärtig Versuche, analog zur Wilson-Krankheit (s. d.) mit aluminium-absorbierenden Stoffen einen Erfolg zu erzielen.

4. Präsenile Demenz (Typ Pick)

Beginnt noch früher (selten schon im 3. Lebensjahrzehnt) als der Typ Alzheimer. Der Begriff „Dementia praecox", den Kraepelin für schizophrene Patienten erfand, wäre hier logisch richtig. Frauen werden häufiger krank. Ein Teil der Familien zeigt dominanten Erbgang. Der Prozeß führt unaufhaltsam in 6–8 (3–12) Jahren über die tiefsten Demenzstadien zum Tode.

Die systematische Hirnatrophie bevorzugt die jüngsten = spezifisch menschlichen Regionen, das Stirn- und Schläfenhirn. Daher z. T. Stirnhirnsyndrom mit Gefühlskontrollverlust, Triebenthemmung und anderen persönlichkeitsfremden Handlungen. Später Antriebsverlust, Abstumpfung, Zerfall oder Stereotypien („stehende Redensarten") der Sprache, weniger extrapyramidale Symptome als beim Typ Alzheimer, bis der mnestische und intellektuelle Abbau der eigentlichen Demenz in den Vordergrund tritt.

5. Parkinson-Syndrom

Es ist das häufigste der extrapyramidalen Syndrome, zu denen noch Chorea, Athetose, (Hemi-) Ballismus, Torticollis spasticus, Torsionsdystonie, Morbus Wilson und Myoklonien gehören. Sie stellen unterschiedliche Schäden in den komplexen Regelkreis-Systemen des Stammhirns dar, wodurch die Ausarbeitung automatischer Bewegungsabläufe, die Tonusregulierung und die Harmonisierung der motorischen Aktivität gestört ist.

Dem Parkinson-Syndrom entspricht eine Atrophie der Substantia nigra, u. U. auch anderer melaninpigmenthaltiger Kerne des Hirnstamms. Biochemisch liegt ein Mangel an Dopamin vor, Ansatzpunkt der modernen Therapie.

Dem Parkinson-Syndrom enstpricht eine Atrophie der Substantia nigra, u. U. auch anderer melaninpigmenthaltiger Kerne des Hirnstamms. Biochemisch liegt ein Mangel an Dopamin vor, Ansatzpunkt der modernen Therapie.

Neurologisch-extrapyramidale Symptome:

1. Bewegungsverarmung (Hypokinese) mit starrer Mimik (Hypomimie), seltenem Lidschlag, „harziger" Verlangsamung aller Bewegungen (wie steife Holzpuppen). Gang kleinschrittig, Schriftbild verkleinert (Mikrographie). Sprache leise, monoton. Bei Stoß oder Stolpern wird das Gleichgewicht nicht durch Gegenbewegungen wieder hergestellt (Pro- bzw. Retropulsion), außer bei starker Gefühlserregung (paradoxe Kinesie).

2. Im Rigor äußert sich die Zunahme des extrapyramidalen Muskeltonus: gegen passive Bewegung zähflüssiger „wächsener" Widerstand, u. U. mit „Zahnradphänomen" (Widerstandsüberwindung stufenweise), beides gut am Handgelenk zu testen. Zunahme des Halte- und Antagonistentonus: Knie, Ellenbogen und Rumpf leicht gebeugt bzw. im Liegen wird der Kopf in der Luft gehalten.

3. Ruhetremor der Finger („Geldzählen") und Beine, rhythmisch, 4–8/Sek. Frequenz, stärker bei Erregung, nicht im Schlaf, weniger bei Anspannung und Zielbewegung.

4. Zentral-vegetative Symptome: Zunahme des Speichelflusses, des Schwitzens, der Talgsekretion bis zum „Salbengesicht" und Hitzewallungen. – Zusätzlich Zunahme der Eigenreflexe der Gesichtsmuskeln, je nach Ursache auch Krämpfe einzelner Gesichtsmuskeln.

Seelische Symptome:

Persönlichkeitsveränderung (z. T. als hirnlokales Syndrom): also dysphorische Verstimmung, Antriebsminderung, Verlangsamung, Gleichgültigkeit, gelegentlich Drangzustände, Entwicklung zur Demenz selten.

Für unsere *Grundhaltung* wichtig: Der Parkinson-Patient wird von Anderen als „schwerkranke Erscheinung", also hilfloser und abgebauter wahrgenommen, als er ist. Ohnehin verunsichert, ist er in Gefahr, der Fremdwahrnehmung mehr zu glauben als sich selbst und gar nicht mehr auszuprobieren, was er kann und was nicht.

Das Leiden ist durchaus noch nicht immer zu erklären. Nur z. T. liegt der dominant erbliche Morbus Parkinson (= Paralysis agitans) vor, der besonders bei Männern zwischen 50 und 60 Jahren auftritt. 60% der angenommenen Anlageträger entwickeln Symptome. – Symptomatischer Parkinsonismus besteht, wenn die Symptome z. B. auf Enzephalitis (Latenz einige Monate bis 30 Jahre), Hirngefäßleiden, Hirntrauma (auch bei punch drunk), Vergiftungen mit CO und Mangan, selten auch auf Schlafmittel- und Alkoholintoxikationen, auf Hirntumor oder chronisches Subduralhämatom rückführbar sind. – Psychiatrisch wichtig ist schließlich das medikamentöse Parkinson-Syndrom bei der Therapie vor allem mit Neuroleptika (s. dort).

Therapie: Zunächst haben wir organischen Defekt und Abwehr des Patienten zu unterscheiden (s. Grundhaltung). Je nachdem ist dann Dioxyphenylalanin (L-Dopa, als Vorstufe des Katecholamin Dopamin) einzusetzen, bei 50–80% wirksam, vor allem hinsichtlich der Hypokinese/Akinese. In schwersten Fällen stereotaktische Operation: Erfolgschancen, wenn nicht beidseitige Operation, hohes Alter und vorgeschädigter Organismus das Risiko postoperativer Schäden zu groß werden zu lassen.

6. Chorea-Syndrom

Entsteht durch systematische Atrophie, vor allem des Corpus striatum (Putamen und Nucleus caudatus).

Die *Symptome* sind das Gegenstück zum Parkinson-Syndrom: Motorik hyperkinetisch-hypoton (schlaffer Muskeltonus und regellose, unsymmetrische, einschießende, unwillkürliche Bewegungsunruhe), anfangs als „Verlegenheitsbewegungen" zu mißdeuten. Später verhindern die ziellosen, ausfahrenden, zuckenden und schleudernden Bewegungen jede geordnete Tätigkeit der Arme und äußern sich im Gesicht als Grimassieren, Schmatzen und Artikulationsstörungen. Bisweilen Kombination mit zentral-vegetativen Störungen wie Magersucht oder Diabetes (Hypothalamus), mit zentralen Schmerzen (Thalamus), mit Parkinson-Syndrom oder mit Athetose.

Die dominant erbliche, im 4. bis 5. Jahrzehnt auftretende Form, die Chorea Huntington (= Erbchorea, Erbveitstanz) zeigt neurologisch oft Beimengung athetotischer Symptome: unwillkürliche, unregelmäßige, langsame, gequält-verkrampfte Hand-, Arm- und Fußbewegungen, Überstreckung und Überbeugung der Gelenke, bizarr-verkrampfte Stellungen der Gliedmaßen. Jedoch kann sich die Erbchorea auch lange Zeit nur psychisch äußern: einschießende affektive Äußerungen oder mürrische Verstimmungen, Reizbarkeit, aggressive Ausbrüche, überraschende und persönlichkeitsfremde triebhafte oder strafbare Handlungen oder euphorische Gleichgültigkeit („Choreopathie"); – oft erst in 10–20 Jahren Fortschreiten zur schweren Demenz mit völliger Pflegebedürftigkeit und Tod.

Symptomatische Chorea-Syndrome sind z. B.: Chorea minor (nach Infektionen bei Kindern, meist ausheilend); Chorea gravidarum (3.–5. Schwangerschaftsmonat); Formen, die durch Hirngefäßleiden (z. B. Apoplex), Hirntumor, Vergiftungen, Residualschäden oder längere Neuroleptika-Medikation bedingt sind. Ähnlich können psychogene Zustände („Schüttelneurose") aussehen.

Therapie: Nur symptomatisch und unbefriedigend mit starken Neuroleptika. Stereotaktische Operation (Ausschaltung prämotorischer Felder) kann in manchen schweren Fällen das Leiden ermäßigen.

7. Wilsonsche Krankheit

= Hepatolentikuläre Degeneration oder Morbus Westphal-Strümpell-Wilson, entsteht durch Zelluntergang im Putamen, ist rezessiv erblich, beginnt zwischen dem 10. und 40. Jahr und endet nach sehr unterschiedlicher Dauer (Durchschnitt 4–5 Jahre). Es kommt hier durch Mangel an Zäruloplasmin zu vermehrter Kupferablagerung in den Basalganglien und in der Leber. Neben neurologischen Symptomen (zunehmender Tremor nach Art des „Flügelschlagens" bei ausgestreckten Armen, Rigor, Artikulationsstörungen, Torsionsbewegungen, grün-gelb-brauner Kayser-Fleischer-Kornealring) kann sich eine Leberzirrhose entwickeln. – Psychisch geht dem oft eine Chorea-ähnliche Persönlichkeitsstörung voran, dann Verwechslung mit schizophrenen Auffälligkeiten möglich. (Man kann diese Kupferstoffwechselstörung auch zu den metabolisch-genetischen Oligophrenien rechnen.)

Therapeutisch: sind die Kupferablagerungen mit Penicillamin, Dimercaprol anzugreifen.

Auch bei anderen Leberkrankheiten finden wir Wilson-ähnliche Syndrome. Daher die Hypothese, daß Leber und Hirnstamm ein Funktionssystem darstellen, wobei Störungen des einen Teils sich im anderen äußern können.

8. Heredoataxien

sind ebenfalls Systematrophien von Hirngewebe: der spinale Typ (Friedreich) beginnt im Kindesalter, der zerebellare Typ (Nonne-Marie) im 4. Lebensjahrzehnt. Neben den neurologischen Symptomen entsteht im ersteren Fall Schwachsinn, im letzteren Fall ein organisches Psychosyndrom. Mit fortschreitendem Verlauf nimmt auch der dementive Abbau zu.

k) *Anfallsleiden*

Wir befassen uns an dieser Stelle mit ihnen wegen ihrer AOPs und COPs. Genausogut könnten wir sie im Zusammenhang mit konstitutionell-endogenen Problemen sehen (s. u.), was wieder mal die Fragwürdigkeit unserer Systematisierungsversuche gegenüber der Wirklichkeit beweist. Tröstlicher dagegen ist es, daß seit den Arbeiten des Neurologen D. Janz und anderer Epilepsieforscher auch die psychischen Aspekte der Epilepsien vollständiger wahrnehmbar werden, womit die Neurologen auch für die Lösung anderer psychiatrischer Probleme methodisch richtungsweisend sein könnten. Denn die gegenwärtigen Erfolge der Epilepsieforschung verdanken wir nicht nur der verbesserten diagnostischen (EEG) und therapeutischen (Medikamente) Technik, sondern auch der vollständigeren Wahrnehmungsmethode: 1. Was objektiv beobachtbar ist, wird ergänzt durch die Selbstwahrnehmung der Patienten, die aus sich heraus verstanden werden. 2. Diagnose und Therapie gehen nicht mehr vom Krankenhaus-Patienten aus, sondern mehr vom Patienten in seiner natürlichen Umwelt und damit von der Ambulanz. 3. Durch eine nicht berufs-, sondern sachorientierte Organisation, die „Liga gegen Epilepsie", können die angemessenen Behandlungseinrichtungen und -maßnahmen leichter durchgesetzt werden. Eben dies ist auch der methodische Ansatz dieses Psychiatrie-Lehrbuchs.

Das Gemeinsame aller Anfallsleiden ist die Fähigkeit zur Herstellung des Anfalls. Sie hat die Epilepsie seit dem Altertum zur „heiligen Krankheit" (morbus sacer) gemacht, was die damit begabten Menschen in den Augen der Anderen zu etwas

Besonderem, Andersartigem werden ließ, egal, ob sie nun als Auserwählte, Erleuchtete, Heilige oder Genies verehrt oder als Teufelsbessessene, Träger des Bösen, Arbeits-, Ehe- und Verkehrsunfähige verfolgt und diskriminiert wurden – und werden.

Was ist der *epileptische Anfall?* Neurophysiologisch gilt folgendes Bild: während die einzelne Nervenzelle jederzeit maximal entladungsfähig ist, kann das Gehirn normal funktionieren, weil durch anhaltende Bremsaktivitäten ein mittleres Erregungsniveau in einem labil-flexiblen Gleichgewicht gehalten wird. Nachlassen der Bremsfunktion ermöglicht den Anfall: einzelne Nervenzellen entladen sich ungebremst, d. h. geben ihre Energien an die Bewegungs- bzw. Sinnesapparate weiter, wobei sie Teile des Gehirns (kleine Anfälle) oder das ganze Gehirn (große Anfälle) in die Entladung hineinreißen. Wie bei anderen psychischen Symptomen (z. B. zum Zweck der Angst- oder Spannungsbewältigung) läßt sich so vorstellen, daß der e i n z e l n e Anfall eine biologisch relativ zweckmäßige Handlung darstellt: Ausgleich einer Überspannung durch eine Entladung.

Zwar ist grundsätzlich jedes menschliche Gehirn anfall-fähig (vgl. Elektroschock). Aber das eine Gehirn benötigt massive äußere Reize für eine Entladung, das andere Gehirn nur kleine oder keine für uns erkennbaren Reize (oder es ist sich selbst Reiz genug!). Daher haben 4-5% der Bevölkerung *Gelegenheitsanfälle,* z. B. bei Fieber, Sonneneinfluß, Vergiftungen, Alkohol oder Pharmaka, besonders Kinder. Bei anderen Menschen führen bestehende Hirnschäden aller Art zum Symptom epileptischer Anfälle, also zu *symptomatischen Epilepsien,* wobei z. T. eine gewisse Anfallsbereitschaft dennoch erforderlich ist. Der Anteil der Epilepsien, der als symptomatisch auf einen Hirnschaden rückführbar ist, liegt jetzt schon – dank besserer Methoden – bei über 50%. Bei den restlichen Patienten findet man bis heute (selbst bei Sektionen) keine Gehirnprozesse. Wir finden für sie die auch für zyklothyme und schizophrene Patienten üblichen Verlegenheitsbegriffe (Epilepsie galt früher als die 3. Geisteskrankheit): genuine, idiopathische, kryptogene oder *endogene Epilepsien.* Letzterer Begriff erlaubt – wie bei anderen psychiatrischen Problemen – die Vermutung, daß hier die konstitutionell-temperamentmäßige Besonderheit des Individuums, sein vegetativ-psychosozialer Umgang mit sich selbst und damit seine *Selbstreizung* für die Anfallsproduktion eine Rolle spielen. Im Einzelfall können endogene und andere Anteile zusammenkommen.

Folgt man dem neurophysiologischen Modell, d. h. hält man den einzelnen Anfall für eine sinnvolle Handlung, dann beginnt das Pathologische nicht mit dem einmaligen Anfall, sondern mit der Anfallswiederholung, also mit dem uns schon aus anderen psychiatrischen Problemen bekannten Mechanismus des *„mehr desselben"*(Watzlawick). Epileptiker wird man also, wenn Spannungsausgleich durch Entladung erkauft wird, um den Preis größerer Labilität und Wiederholungswahrscheinlichkeit, d. h. zunehmender Anfalls-Bahnung. Erst über diesen *Teufelskreis* kommen die hirnorganischen und psychischen Schäden des Epileptikers zustande, wird auch die endogene durch die Anfallshäufung sekundär zur symptomatischen Epilepsie. Auch dies wie bei anderen, uns bekannten, psychotischen oder neurotischen Symptomen, vorausgesetzt, wir nehmen sie vollständig wahr, nämlich *auch* als Bewältigungs- und Abwehrversuche des betreffenden Menschen. Daher die zunehmende Aufmerksamkeit für die fördernden und hemmenden Bedingungen der einzelnen Anfälle. Und daher die Erfahrung, daß sich die Selbstwahrnehmung des Anfallspatienten durch angemessene Grundhaltung wesentlich fördern, vertiefen und therapeutisch nutzen läßt.

Epidemiologie: So gesehen, leiden 0,4-0,5% der Bevölkerung an Epilepsie. Jedoch haben 10% von uns nach EEG-Befunden eine erhöhte Anfallsbereitschaft. Obwohl heute schon 60-80% der Epileptiker anfallsfrei werden können, gehen von den 250.000 Epileptikern der BRD ca. 170.000 gar nicht zum Arzt und nur 25.000 werden angemessen behandelt, ein Zeichen für das Mißverhältnıs zwischen Vorurteil und Aufklärung. Nur 5-10% müssen längere Zeit oder dauerhaft im Krankenhaus bzw. Heim sein. Epilepsie ist inzwischen also eine *prognostisch* günstige Krankheit.

Anfallstypen

1. Generalisierter Krampfanfall (Grand mal).

Zur Hälfte Beginn mit subjektiver Vorempfindung, der Aura (s. dort), die oft mit Initialschrei in Bewußtlosigkeit übergeht; zugleich plötzliches steifes Hinstürzen (tonischer Krampf) mit Atemstillstand (ca. 10 Sekunden), dann rhythmisches Zucken der Glieder (klonischer Krampf, 2-4 Min.), oft Zungenbiß, blutiger Schaum vor dem Mund, Urinabgang. Wachwerden über Verwirrtheit, Dämmerzustand oder (postparoxysmaler) Übergang in Erschöpfungs- oder Nachschlaf. Verletzungen besonders bei fehlender Aura. Bestand zuvor ein Zustand quälender psychobiologischer Unruhe, wird der Anfall eher als befreiend erlebt. Kam der Anfall „aus heiterem Himmel", fühlt sich der Patient danach eher bedrückt.

2. Altersgebundene kleine Anfälle (Petit mal)

Treten im Kindes- oder Schulalter auf, entweder allein oder mit Übergang in andere Anfallstypen.

a) *Blitz-, Nick- oder Salaamkrämpfe:* im 1. und bis zum 5. Lebensjahr auftretend, bei kurzem Bewußtseinsverlust blitzartige Kopfbewegung nach vorn, Einknicken des Körpers oder gedehntes Vorbeugen des Kopfes; nach der Richtung der Kopfbewegung auch Propulsiv-Petit mal genannt.

b) *Myoklonisch-astatisches Petit mal:* im 2. bis 4. Lebensjahr auftretend, wechselnde Bewußtseinsbeeinträchtigung, mal nur als kurzes Nicken, mal als Zusammensinken, mal als Hinstürzen mit meist klonischem Krampf.

c) *Absencen:* im 6. bis 8. Lebensjahr beginnend, Bewußtseinstrübung wenige Sekunden, wirkt oft nur wie Zerstreutheit: kurzes Starren oder Verharren in einer Tätigkeit, die dann fortgesetzt wird. Wegen ruckender Bewegungen der Augäpfel nach oben und des Kopfes nach hinten: Retropulsiv-Petit mal. Häufige Absencen als einzige Anfallsart = Pyknolepsie. Angst, Konzentration und Hyperventilation können eine Absencen-günstige vegetative Lage schaffen; deshalb vor der EEG-Ära oft als hysterisches Handeln verkannt.

d) *Impulsiv-Petit mal:* beginnend im 14. bis 17. Lebensjahr: bei vollem Bewußtsein einmaliger (selten salvenartiger wiederholter) Stoß meist der Schultern oder Arme, wie elektrischer Schlag oder jähes Erschrecken; Gegenstände werden fortgeschleudert; wenn Beine betroffen, knicken die Kranken ein, schnellen aber gleich wieder hoch. Dabei volles Bewußtsein, daher von der Umgebung oft als Unart verkannt (vgl. Einschlafzuckungen bei uns allen).

3. Altersungebundene kleine Anfälle

Sie sprechen in der Regel für eine lokalisierbare Herdstörung (= fokale Form der symptomatischen Epilepsie).

a) *Kortikale Halbseiten- oder Jackson-Anfälle:* klonische Zuckungen, (75%), sensible Mißempfindungen (5%) oder beides, die lokal beginnen (50% Arm, Hand, Finger; 30% Gesicht; 20% Bein, Fuß), sich auf derselben Seite ausdehnen, bei freiem Bewußtsein miterlebt werden, die ganze Körperhälfte erfassen und mit Bewußtseinsschwund in einen generalisierten Krampfanfall münden können. Vorher Aura, hinterher (postiktal) vorübergehende Lähmung oder Taubheit der erfaßten Region möglich. Dies spiegelt einen Entladungsvorgang der Gegenseite, den „march of convulsion" oder „Jackson-march". Dauer bis zu 5 Minuten. – *Adversiv-Anfälle:* Allmähliche tonische Wendung von Augen, Kopf, auch Arm oder Schulter auf die Gegenseite des Herdes, wobei das Bewußtsein nur bei sekundärer Anfallsgeneralisierung erlischt. Manche Patienten lernen durch Selbstwahrnehmung, ihre Anfälle zu fördern oder zu hemmen.

b) *Psychomotorische Anfälle:* früher = temporale oder Schläfenlappenepilepsie, jedoch kann der Herd auch tiefer (z. B. näher zum limbischen System) liegen. Daher haben die psychomotorischen Epilepsien Zwischenstellung zwischen den fokalen und den zentrenzephalen (Hirnstamm,

278

Zwischen- und Mittelhirn) Epilepsien. Sie vereinigen Anteile von beiden. Periodische (zykloleptische) Häufung: alle 1-6 Wochen während 2-4 Tagen je 2-8 Anfälle. Von allen Anfallstypen haben sie die meisten subjektiven Anteile. Schon die *Aura* ist hier am häufigsten und vielgestaltigsten. Vertrautes oder Fremdes wird verschoben oder geradezu verkehrt erlebt (daher auch déjà-vu oder jamais-vu-Erlebnis); die Wahrnehmung erfährt eine teilweise oder „Allsinnsveränderung", beschleunigt oder verlangsamt sich, vergrößert oder verkleinert die Außenwelt, wird „es-haft", „anders als", „als ob". Der Patient kann mit seinen einzelnen Sinnen wie mit seinem Gemeinsinn illusionär verkennen oder geradezu szenisch halluzinieren, oft mit Elementen aus dem Ernährungsbereich (epigastrische Aura) oder aus dem sexuellen oder religiösen Erleben. Oft scheint sich Verdrängtes zu äußern, ein neurotisch-süchtiges Sich-Verlieren in die Sehnsucht nach Bedürfnisbefriedigung, eine Ahnung, die Gewißheit will, ein Hinsteuern auf eine Wandlungskrise, für die der eigentliche Anfall mit Aufhebung des Bewußtseins Scheitern oder Erlösung bedeuten kann. So wirkt der Zusammenhang von Aura (oder dreamy state) und Anfall bisweilen wie ein neurotisch-biologischer Kreislauf. Daher auch das häufige religiöse Interesse epileptischer Patienten (Wiedergeburt, Kenntnis einer anderen Welt). Der eigentliche Anfall – er muß nicht folgen – entspricht einer ausgedehnteren Absence, allerdings mit bestimmten motorischen Erscheinungen: meist mit Kauen, Schmatzen, Schlucken (oraler Typ), mit Kopf- oder Körperwendung (adversiver Typ) oder mit Äußerung von Lauten oder Worten (dysphasischer Typ). Der 3. Akt des psychomotorischen Anfalls besteht im postparoxysmalen Dämmerzustand. Hier haben die Bewegungen meist wieder Handlungscharakter eines Subjekts. Die Handlungen können kurz und stereotyp sein (Fußscharren, Auf- oder Zuknöpfen der Kleider), oder ausgedehnt und szenisch, können sich als „besonnene Dämmerzustände" über Stunden und Tage erstrecken. Auch wenn es sich dabei nicht um die berühmten epileptischen Wanderzustände und Reisen („fugue epileptique" oder Poriomanie) handelt, hat man den Eindruck, daß viele Patienten in diesem Zustand ihre *„zweite Natur"* (Janz) ausleben, also das, was sie sich normalerweise selbst verbieten, insgeheim aber erahnen. Daher sowohl die hinterher angegebene Amnesie als auch ihre relative Aufhebbarkeit bei Suchhaltung in der therapeutischen Begegnung. – Verwechslung ist möglich z. B. mit hysterischen „Anfällen", zumal diese Epilepsie-Zeichen mit EEG haben, psychomotorische Anfälle aber einen EEG-Befund vermissen lassen können.

Auch bei den epileptischen Formen der Körperkränkung sind also Gelebtes und Erlebtes, Natur und Geschichte eines Menschen nicht trennbar. Jedes der organischen Psychosyndrome ist nur aus meiner angemessenen *Grundhaltung* heraus zugleich als Ausdruck des Defektes, der Angst, der Bewältigungs- und der Abwehrversuche eines Menschen vollständig wahrzunehmen. Sonst bleibt die Systematik der Psychosyndrome tot.

Akut-organische Psychosyndrome

Delirante, Verwirrte und Dämmerzustände können nach einem Anfall, unabhängig vom Anfall oder bei einem epileptischen Status auftreten. *Status epilepticus* = Zustand, in dem ein Anfallstyp sich so schnell wiederholt, daß zwischendurch der Normalzustand nicht erreicht wird; er ist eine vitale Notfallsituation
Als Durchgangssyndrome sind Verstimmungszustände aufzufassen: sie dauern Stunden, Tage oder Wochen, können sich z. T. durch Anfall entladen, sind mißmutig-dysphorisch, ängstlich-gespannt, gehoben-euphorisch bis ekstatisch, dranghaft oder aggressiv-gereizt, wobei die Fremd- wie Selbstgefährdung in der Methodenwahl die Neigung zu gewaltsamen Lösungen verraten. Daher sind solche

Verstimmungen genauso eine Indikation zur Krankenhausaufnahme wie die schon beschriebenen affektiv ähnlichen Dämmerzustände. Paranoid-halluzinatorische Durchgangssyndrome sind als Lösungsversuch des Patienten für ein vitales Selbsteinengungsgefühl anzusehen. So werden Patienten alternativ dadurch psychotisch, daß ihnen medikamentös die Anfälle genommen und ihr EEG normalisiert wird: forcierte Normalisierung (Landolt). Offenbar brauchen sie ihre Anfälle in einem gewissen Maß für *ihr* Gleichgewicht, wofür in diesem Fall die anfallfördernden und psychosehemmenden Neuroleptika hilfreich sind. Suizide finden wir gehäuft gerade dann, wenn Anfallsfreiheit medikamentös „erzwungen" ist. Da dies oft auch die Zeit ist, in der von dem therapierten Patienten mit einem Mal die Bewältigung seiner „normalen Probleme" wieder erwartet wird, ist die Frage angezeigt, ob in diesem (wie im psychotischen) Fall die therapeutische Begeisterung zu einseitig medikamentös war, während es an der *Grundhaltung* zur Vorbereitung auf die Anfallsfreiheit fehlte?

Chronisch-organische Psychosyndrome

Daß Demenz und Wesensänderung schicksalhafte Folgen der Epilepsie seien, ist heute als von Anstaltspatienten abgeleitetes Vorurteil erkannt.

Demenz ist vielmehr nur Folge der Häufigkeit und Schwere der Anfälle, d. h. der durch Hirnmangeldurchblutung und Hirntraumatisierung (Sturz im Anfall) bedingten Hirnatrophie. Beweis: wo wir durch frühzeitige und konsequente Therapie Anfallsfreiheit erreichen, vermeiden wir in aller Regel auch die Demenz.

Wesensänderung: Hier ist das Problem komplizierter: früher ordnete man sie gerade der endogenen Epilepsie zu: Verlangsamung und klebriges Haften aller Handlungsabläufe (= enechetische Struktur); Denken und Handeln zähflüssig, umständlich, sich wiederholend (perseverierend); Patienten überangepaßt, halten an Gewohnheiten fest, wirken unterwürfig, selbstgefällig, selbstgerecht und rechthaberisch, schießen in ihren positiven (Freude, Hilfsbereitschaft) wie negativen (Wut bis zur Gewaltanwendung) Gefühlen oft ungebremst übers Ziel hinaus, manövrieren sich also im Umgang mit Anderen und mit sich selbst leicht in eine Sackgasse. Bei der Bewertung dieser enechetischen Wesensänderung kommt es jedoch sehr auf die Vollständigkeit unserer Wahrnehmung an. Sehen wir sie im Zusammenhang mit Struktur und Entwicklung des betroffenen Menschen, also nach dem beobachtbaren Aspekt und nach der Art, wie die Patienten sich selbst verstehen und mit sich umgehen, dann entsteht ein lebendigeres und therapeutisch hilfreicheres Bild von der Situation anfallskranker Menschen — wie vor allem Janz uns gezeigt hat:

Die enechetische Wesensänderung tritt nämlich unter den Patienten mit großen Anfällen nur bei den Schlafepileptikern (S) gehäuft auf, die nachts aus dem Schlaf heraus ihre Anfälle bekommen, ferner bei psychomotorischen Anfallskranken. Dagegen zeigen die Aufwachepileptiker (A), die nach dem Erwachen oder Aufstehen sich mit Grand mal entladen, und die Pyknoleptiker entgegengesetzte Wesenszüge: oberflächlich, leichtfertig, unsozial, unstet, labil, nehmen alles leicht. Bei den diffusen Epileptikern (D), deren große Anfälle sich diffus über den Tag verteilen, und den Jackson-Epileptikern ist auch die Verteilung der Wesenszüge uneinheitlich. Nach der Häufigkeit verteilen sich A zu S zu D wie 33:44:23%. Während Gruppe A als endogen und D überwiegend als symptomatisch anzusehen ist, nimmt S eine Mittelstellung ein. Entsprechend verteilen sich die Hinweise auf familiäre Häufung. Also gerade die endogenen Formen (A) zeigen nicht die enechetische Wesensänderung.

Noch wichtiger sind die Unterschiede des konstitutionell-vegetativen Umgangs mit sich selbst. A-Patienten schlafen schlecht ein, schlafen unruhig, kommen erst morgens in den Tiefschlaf, haben – daraus geweckt – ihre Anfälle, kommen schwer in Gang, werden erst abends munter. S-Patienten umgekehrt: schlafen rasch ein, fallen bald in Tiefschlaf, vertiefen den Schlaf im Laufe der Nacht ein zweites Mal, haben ihre Anfälle während der zwei Einschlafvorgänge, wachen morgens frisch auf, sind vormittags aktiv, werden abends müde. Gruppe A hat gegenüber Gesunden ein Schlafdefizit von 40-50%, S ein Schlafüberschuß von 48-55%, D unterschiedliche Schlafstile, bei Schlafdefizit zwischen 18 und 48%. Schon von diesem Schlaf-Wach-Rhythmus her ist also die S-Gruppe eher zu einem pflichtbewußten, sozialangepaßten Tageslauf disponiert, die A-Gruppe eher zu einem sozial-unzuverlässigen Tagesverhalten. So auch die vegetativen Reaktionen: bei A eher labil, bei S eher stabil; körperlich konstitutionell wirken A-Patienten eher muskulär-robust oder gestreckt, S-Patienten eher dysplastisch (z. B. öfter gesichtsasymmetrisch oder mit kleinerem Hirnschädel).

Schließlich: wenn wir nicht – wie die Umgebung – uns von „negativen" Charakterzügen abstoßen lassen, sondern wenn wir alle Anteile der Wirkung der Patienten auf uns ihnen mitteilen und ihnen so die Gelegenheit geben, sich aus sich selbst zu verstehen, kommen wir zu einem volleren Verständnis, das sich zudem durch psychologische Tests bestätigen läßt: A-Patienten leben ihre Konflikte nach außen aus, sind und machen sich von äußeren Reizen abhängig, nutzen sie aus, verkehren ihre Angst (auch die vor Anfällen) ins Gegenteil, bagatellisieren und harmonisieren gern, wirken insofern kindlich, geben sich ihren Neigungen hin, wirken großzügig, leben ungebremst, überschätzen sich, sind natürlich schlecht auf ein therapeutisches Regime festzulegen. S-Patienten dagegen sind von inneren Reizen (autonomen Schwankungen, Triebwünschen, inneren Wertvorstellungen) geleitet, fühlen sich von sexuellen und aggressiven Neigungen bedroht, die sie aber am liebsten nicht wahrnehmen, sondern verdrängen, weshalb sie sich als besonders sozial angepaßt geben, gerade dadurch aber übergebremst, zwanghaft, unecht oder gar devot-verlogen wirken; sie leben nichts aus, was sie daher gelegentlich „zum Platzen" erregbar macht; ihr starker Wunsch nach Nähe wird oft als distanzlos und aufdringlich erlebt und abgelehnt, was sie mit Ressentiments füllt. Dem neurophysiologischen Modell der Epilepsie entsprechend verhalten sich A zu S wie bremsschwach zu übergebremst.

Diese Forschungsergebnisse werfen sicher mehr Fragen auf als sie beantworten. Sie ermöglichen es jedoch, die Epilepsien nicht mehr nur als Krankheit zu sehen, sondern auch als Äußerungsformen des körperlich-seelisch-sozial ge- und erlebten Lebens von Menschen. Natürlich können die aufgezeigten Handlungsstile sich steigern und vergröbern: durch lokale oder sekundäre diffuse Hirnschäden (als Anfallsfolgen), durch medikamentöse Beeinträchtigung, ungünstige Umweltreaktionen und/oder durch eine neurotische Entwicklung, die sich aus der beschriebenen Art des Umgangs mit dem Selbst und mit Anderen ergeben kann. Das ist das „Geheimnis" der Wesensänderung.

Therapie – Beratung – Rehabilitation: Im Rahmen der jeweiligen Grundhaltung ist zunächste die medikamentöse Technik entscheidend. Bei Aufwachepilepsien (und bei manchen altersgebundenen Petit mal-Epilepsien) sind die dämpfenden Barbiturate (Maliasin, Mylepsinum) angezeigt, schon zur Regulierung des Schlafdefizits und damit des Tageslaufs. Das Dipropylacetat Ergenyl hat weniger Nebenwirkungen und soll spezifischer die Bremsfunktion des Gehirns fördern. Umgekehrt stehen bei Schlafepilepsien die weniger dämpfenden Hydantoine (Mesantoin, Zentropil, Phenhydan) im Vordergrund. Bei diffusen Epilepsien und bei corticalen Herdanfällen kommt eine Kombinationstherapie in Betracht. Ein Signal für gute medikamentöse Einstellung ist die Annäherung der Schlafmenge und -kurve an Gesunde. Tegretal beeinflußt psychische Veränderungen, besonders bei psychomotorischen Epilepsien. Außerdem wirken Sukzinimide, Dione sowie Benzodiazepine, von denen Rivotril sich bei kindlichen und fokalen Anfällen und beim Status epileptikus bewährt hat. Daß oft ein schwieriger medikamentöser Mittelweg zwischen Anfallshäufigkeit und psychischer Beeinträchtigung zu steuern ist, wurde schon erwähnt. 2 Jahre nach dem letzten Anfall kann man die Medikamente allmählich absetzen; plötzlicher Entzug kann einen Status epilepticus provozieren! Bei eindeutig symptomatischen Epilepsien ist immer der operative Eingriff zu erwägen.

Wir haben noch zu lernen, für das Alltagsleben des Anfallskranken bzgl. anfallsfördernder und -hemmender Situationen hinreichend aufmerksam zu sein. Gerade unser Wissen über den Schlaf-Wach-Rhythmus gibt uns Möglichkeiten in die Hand, den Patienten zu einem seinen Gegebenheiten angemesseneren Selbstumgang zu bringen. Verhaltenstherapeutisches Training ist möglich. Die eher „ordentliche" S-Gruppe hat den Vorteil, ein einmal vereinbartes Regime pedantisch einzuhalten, während es bei der A- und D-Gruppe leichter ist, auslösende Situationen zu finden (A: Schlafmangel, vorzeitiges Wecken, Alkohol, unregelmäßiges Leben; D: alle hirngefäßlabilisierenden Anlässe wie akute Anstrengungen und Aufregungen, extremes Wetter, manche öffentlichen Verkehrsmittel). Patieten müssen auf Anfallsfreiheit therapeutisch vorbereitet werden: ich darf ihnen nicht etwas medikamentös wegnehmen, was bisher zu ihnen gehörte (Anfälle), ohne daß sie dafür etwas anderes bekommen (ein auch vegetativ wirksames Selbstvertrauen).

An die Stelle der Frühberentung bzw. Anstaltsverwahrung hat die Rehabilitation zu treten. Aber noch 1962 waren bei der Rentenantragsstellung nur 15% der Patienten medizinisch ausreichend, 40% unzureichend und 45% noch nie behandelt worden! Der Grundsatz „Rehabilitation vor Berentung" muß sich offenbar erst noch gegen unsere eigenen Vorurteile durchsetzen. Die Arbeitsunfallgefahr wird eher überschätzt. Ungeeignet sind nur gefährliche Arbeitsplätze (Absturzgefahr, gefährliche Maschinen, Kfz-Benutzung), Schichtdienst (wegen der notwendigen regelmäßigen Lebensführung) und allenfalls Arbeitsplätze mit Publikumsverkehr, solange keine Anfallsfreiheit erreichbar ist. Anfallsfreie Personen sind auch für den Öffentlichen Dienst genauso geeignet wie etwa gut eingestellte Diabetiker. Für Jugendliche sind Berufsfindung und Arbeitserprobung im Berufsbildungs- bzw. -förderungswerken erforderlich. Die soziale und berufliche Rehabilitation hat zugleich mit der Therapie – da sich gegenseitig fördernd – zu beginnen: berufsübergreifende und auch ambulante Team-Arbeit ist Voraussetzung. Grundsätzlich besteht keine Kraftfahrtauglichkeit bei gesicherten Anfällen. Aber die Verkehrsunfallgefahr wird überschätzt und jeder Fall verlangt individuelle Beurteilung. Die Deutsche Sektion der „Liga gegen Epilepsie" stellt Richtlinien zur Verfügung. Ähnlich die genetische Beratung: auch wenn ein Erbgang für Anfallsbereitschaft unbekannt ist, ist das Risiko etwa für gewünschte Kinder das Zehnfache des Gesunden (5-7%). Auch hier hilft die individuelle Prüfung weiter; denn das Risiko z. B. des D-Patienten ist sehr viel niedriger, das des A-Patienten sicher höher als der Durchschnitt.

III. *Epidemiologie und Prävention*

So verhältnismäßig klein auch die Zahl der typischen Signale ist, mit denen wir als Organismus und Person eine Körperkrankung anzeigen können, so unendlich vielfältig ist die Zahl der körperlichen, individuell-seelischen und familiären und sozialen Bedingungen, die jeden Einzelfall zu einem einmaligen, unverwechselbaren Problem des diagnostischen und therapeutischen Handelns machen. Wie groß ist nun das Problem und wie können wir es als *Ganzes* präventiv beeinflussen?

Nach der epidemiologisch-ökologischen Untersuchung der Stadt Mannheim waren 26,3% aller Menschen, die 1965 als psychiatrisch behandlungsbedürftig *erst*erfaßt wurden, den Diagnosen der Körperkrankung zuzuordnen (s. Enquête, S. 70). Das sind 3 pro 1000 Einwohner, fast soviel wie die größte Gruppe der Neurosen/Reaktionen (27,6%), während z. B. schizophrene nur 4,6% und zyklothyme Patienten 6,8% ausmachen. Die 26,3% setzen sich so zusammen: 8,6% akute und chronische Hirnschädigungen, 13,8% Abbauprozesse (präsenile und senile Demenz) und 3,9% Anfallsleiden, wobei die organischen Folgen der Sucht (6,3%) noch ausgenommen sind. – Oder: von den 140.990 Patienten, die nach der Stichtag-Erhebung am 30. 5. 1973 in den stationären psychiatrischen Einrichtungen der BRD waren, galt für 16,77% eine der Körperkrankungs-Diagnosen (davon 5,45% Anfallsleiden). Das ist nächst den geistig Behinderten (30,68%) und den Schizophrenen (26,67%) die drittgrößte Gruppe (Enquête S. 105).

Bei dieser großen Bedeutung der körperlich bedingten seelischen Leiden haben wir ihre jeweiligen Zu- oder Abnahmetendenzen zu erkennen und in den Zusammenhang unserer beruflichen und politischen Verantwortung für *Prävention* zu stellen.

Schon bezüglich der frühkindlichen Residualschäden genügt nicht die Verbesserung der Schwangeren-Fürsorge, der Geburtshilfe und der kinderneurologischen Prävention. Je mehr nämlich das Schulbildungssystem unter Leistungs- und sozialem Aufstiegszwang steht, desto schonungsloser werden auch die uns allen eigenen hirnorganischen Grenzen und Schwächen aufgedeckt, was zu Angst, dann zu kompensierender und scheinbar entlastender Symptombildung führt und damit immer mehr Menschen zu Patienten macht, die unter weniger am Wachstumsfetisch orientierten Bedingungen nie Patienten geworden wären. Dasselbe gilt für die vielschichtig, aber eben auch organisch bedingten Versagenszustände im mittleren Lebensalter sowie für das präsenile und senile Leistungsversagen, also für die leichteren Formen der Demenz. Deren Zunahme hängt ebenfalls nicht nur mit höherer Lebenserwartung, sondern auch mit höherer *Leistungserwartung* zusammen.

Das Zusammenspiel zwischen körperlichen und psychosozialen Bedingungen bei Psychosyndromen im Wochenbett, nach Operationen und bei Hormonstörungen ist zwar noch unklar. Jedoch ist die Bedeutung einer präventiven Beratung bzw. Betreuung gesichert.

Die Leiden aufgrund akuter oder chronischer Vergiftungen nehmen ebenfalls zu. Bei den Industriegiften können jeden Tag neue Stoffe zu neuen Risikoquellen werden. Die größte Zuwachsgefahr geht jedoch von den Medikamenten aus, an deren kritikloser Benutzung Pharmaindustrie, Apotheken und Ärzte so erfolgreich arbeiten, daß schon mehr Menschen sich an Medikamenteneinnahme als an regelmäßiges Zähneputzen gewöhnt haben. Mit dem „Medikamentenmüll" ist bereits ein Problem des Umweltschutzes entstanden. Sollte hier der Prävention eine grundlegende Änderung gelingen, hätten ihre Auswirkungen nachgerade den Rang einer Kulturrevolution.

Bei den entzündlichen Hirnkrankheiten kann niemand voraussagen, wann und wo enzephalitische Epidemien welche Schäden verursachen werden. Dagegen ist der Niedergang der luetischen Infektionen und damit der progressiven Paralyse ein eindrucksvolles Beispiel für die Wirkung konsequenter Prävention. Denn ähnlich wie bei der Tuberkulosebekämpfung ist der Erfolg durch die Entdeckung wirksamer Medikamente zwar ermöglicht, aber durch präventive Maßnahmen erst quantitativ verwirklicht worden.

Die Zunahme der Hirnverletzungen verdanken wir – vorausgesetzt, wir können weiterhin Kriege verhindern – vor allem Verkehrs- und Betriebsunfällen. Also sind nach wie vor in erster Linie Männer der sozialen Unterschicht die Opfer. Auch hier also ein präventives Problem im Zusammenhang mit den Industrialisierungsfolgen, aber auch mit dem Konkurrenzprinzip und mit dem privaten Auto als Statussymbol. Hier wäre jeder präventive Erfolg an eingreifende politische Entscheidungen geknüpft. Gegenwärtig bedürfen in der BRD jährlich 1-200.000 Schädelhirnverletzte stat. Behandlung, davon 10.000 Schwerverletzte einer Rehabilitation. Verbesserung des Rettungswesens, Vermehrung und Dezentralisierung neurochirurgischer Abteilungen, Frührehabilitation an der Akut-Abteilung und Langzeit-Rehabilitation an Spezialeinrichtungen, ambulante Nachbetreuung und spezielle Pflegeabteilungen (auch für die zunehmenden apallischen Syndrome) sind erforderlich, um diese bedrückenden Auswirkungen unseres industriellen Entwicklungsstandes wenigstens in ihrer Ausdehnung zu beeinflussen (Enquête S. 289 ff).

Hirntumoren sind präventiv durch Vorsorgeuntersuchungen bisher kaum anzugehen. Dies ist abhängig vom Stand der allgemeinen Tumorforschung.

Hirngefäßleiden machen gegenwärtig 20% der Todesursachen der über 65-jährigen aus. Die Erforschung ihrer Risikofaktoren (Ernährung, Nikotin, Streß) gibt uns immerhin für präventive Maßnahmen einige Voraussetzungen in die Hand.

Für die Anfallsleiden schließlich gelten die meisten hier erwähnten präventiven Maßnahmen, im übrigen das, was in dem betreffenden Abschnitt bereits dargestellt wurde.

LITERATUR

BLEULER, M.: *Endokrinologische Psychiatrie,* Stuttgart, Thieme 1954
BONHOEFFER, K.: *Die symptomatischen Psychosen,* Leipzig, Deuticke 1910
GOFFMAN, E.: *Stigma,* Frankfurt, Suhrkamp 1967
HUBER, G.: *Klinik und Psychopathologie der organischen Psychosen,* in: *Psychiatrie der Gegenwart, Band II/2,* Berlin, Springer 1972
JANZ, D.: *Die Epilepsien,* Stuttgart, Thieme 1969
KRÜGER, H.: *Die Wochenbettpsychosen im Wandel der Anschauungen,* Nervenarzt 35, S. 448, 1964
KÜBLER-ROSS, E.: *Interviews mit Sterbenden,* Gütersloh, Mohn 1974
LAUTER, H.: *Organisch bedingte Alterspsychosen,* in: *Psychiatrie der Gegenwart, Band II/2,* Berlin, Springer 1972
LEMPP, R.: *Frühkindliche Hirnschädigung und Neurosen,* Bern, Hubar 1970
LIGA GEGEN EPILEPSIE (ED): *Die epileptischen Anfallskrankheiten, ein Leitfaden für Erzieher, Fürsorger, Arbeits- und Berufsberater,* Heidelberg, Verlagsanstalt 1972
SCHEID, W.: *Lehrbuch der Neurologie,* Stuttgart, Thieme 1968
SPERLING, E.: *Die psychosoziale Lage von Hirnverletzten,* Stuttgart, Thieme 1967
WATZLAWICK, P.: *Kommunikation und Interaktion in psychiatrischer Sicht,* in: *Psychiatrie der Gegenwart,* Berlin, Springer 1978

9. Kapitel

DER GEISTIG BEHINDERTE MENSCH (Schwachsinn)
Begriff, Definition, Einteilung
Intelligenz

I. *Diagnose der Auffälligkeiten*
  Kindes-, Schul- und Erwachsenenalter
II. *Gesamt-Diagnose*
  1. Grundhaltung
     a) *Selbstwahrnehmung*
     b) *Vollständigkeit der Wahrnehmung*
     c) *Normalisierung der Beziehung*
  2. Medizinische Diagnose
     A) *Erbliche Stoffwechselstörungen*
     B) *Entwicklungsstörungen des Gehirns*
     C) *Chromosomen-Störungen*
     D) *Exogene Schäden vor, während und nach der Geburt*
  3. Psychosoziale Diagnose
III. *Therapie – Erziehung – Rehabilitation*
  1. Eltern und Familie
  2. Therapeutisch-pädagogische Förderung
     Besonderungsgrundsatz
     Normalisierungsgrundsatz
  3. Ort der Förderung
IV. *Epidemiologie und Prävention*
  1. Verbreitung
  2. Bedingungen
  3. Bedeutung
  4. Prävention
Literatur

Unsere Eltern benutzen sie – die Schwachsinnigen – als Erziehungsmittel: „Du bist wohl nicht gescheit. Du stellst Dich mal wieder an wie ein Schwachsinniger. Sei doch nicht so dumm. So, das war vernünftig"! Wir selbst benutzen sie spätestens ab Kindergartenalter, um uns gegen andere abzugrenzen: „Du Idiot! Du Trottel! Mit dem spiele lieber nicht, der hat 'ne matschige Birne!" Im Schulalter werden sie als Angstmacher gegen Sie eingesetzt: „Du bist ein Versager. Wenn Du nicht bald spurst, kommst Du auf die Hilfsschule!" Manchmal sollen sie auch Ihr Mitleidsgefühl trainieren: „Guck mal, das niedliche Mongölchen, das arme Ding!" Kein Wunder also, wenn Sie auch jetzt auf dieselben sozial-bewährten Abwehrmethoden stoßen, sowohl bei sich selbst als auch bei ihren Lehrpersonen. Wir alle sind darauf trainiert und geben das Training weiter. So finden Sie, daß die meisten Lehrbücher nur 1% ihrer Seiten für den Schwachsinn aufwenden, obwohl 30% allein der stationären psychiatrischen Patienten daran leiden; Sie können lesen, daß solche Patienten einen „Intelligenzkomplex" haben (so als wenn man etwa Blinden einen Seh-Komplex zuspräche); oder Sie finden in vielen Lehrbüchern noch die alte Typisierung von Kurt Schneider, der zufolge schwachsinnige Menschen etwa beschrieben werden als „faule Genießer", „sture Eigensinnige", „aggressive Losschimpfer", „verstockte Duckmäuser", „heimtückisch Schlaue", „treuherzig Aufdringliche", „selbstsichere Besserwisser", „prahlerische Großsprecher". Verblüffend daran ist nicht die Beschreibung als solche; denn in der Tat können manche geistig behinderte (freilich auch andere) Menschen so auf manchen Beobachter wirken. Verblüffend ist vielmehr, mit welcher Großzügigkeit man über das Selbstverständnis der Betroffenen hinweggeht, ihnen stattdessen moralisch-wertende Etikette eigener Machart aufklebt und diesem Fremdverständnis die Weihe der Wissenschaftlichkeit, der Psychiatrie, gibt. Aber machen wir uns nichts vor: Auch diesem Lehrbuch werden Sie noch genügend Spuren davon nachweisen können.

Inzwischen wissen Sie, daß Beschränkung der Wissenschaftler aufs Etikettieren etwas mit dem Ausmaß der Angst zu tun hat, die man auf diese Weise abwehrt. Daher haben wir die Angst, die um den Schwachsinn ist, mehr in uns hineinzulassen, wenn wir besser verstehen wollen, was es mit dieser Angst auf sich hat, und wenn wir die angemessene Grundhaltung auch hier finden wollen. Wir werden froh sein, ein paar Schritte in diese Richtung aufzeigen zu können, und hoffen, daß Sie den Weg gangbar finden und Lust bekommen, ihn weiter zu gehen, als es uns möglich ist.

Begriff, Definition, Einteilung:
Das Problem kann benannt werden als: Schwachsinn, Oligophrenie, geistige Behinderung, geistige Unterentwicklung, mental retardation, mental deficiency, mental subnormality. Wir werden meist von den geistig Behinderten sprechen. Der Begriff hat – als ein Produkt der Sozialgesetzgebung – den Vorteil, körperlich, seelisch und geistig Behinderte auch mit ihren Rechten nebeneinander zu stellen. Daher kann ein Betroffener diesen (wenn auch bürokratischen) Begriff noch am ehesten auch auf sich selbst anwenden.

Für eine Definition hatte man sich früher mit der Gleichung begnügt: Schwachsinn = angeborener oder früh-erworbener Intelligenzmangel. Heute hat man sich international auf folgende Formel geeinigt: unterdurchschnittliche intellektuelle (geistige) Leistungen, die in der frühen Entwicklungsperiode entstehen, und die sich mit Mängeln in der Reifung, im Lernen und/oder in der sozialen Anpassung verbinden.

Damit sind bereits einige der Provokationen auf dem Tisch, die schon die bloße Existenz der geistig Behinderten für uns bedeutet. Einmal soll es sich zwar immer um geistige Behinderung handeln. Aber schwerpunktmäßig kann sie sich beim Kleinkind als Reifungs-, beim Schulkind als Lern- und beim Erwachsenen als Anpassungsstörung äußern. Daraus ergibt sich eine Schlußfolgerung, die unseren „gesunden Menschenverstand" zwar verwirrt, für die therapeutische Praxis aber unerhört wichtig ist:

Geistig behindert ist man grundsätzlich nicht lebenslang, sondern nur bezogen auf seine jeweilige Situation und sein jeweiliges Alter.

Beispiel: Herr P., jetzt 38 J., unehelich, Mutter trunksüchtig, scheiterte wegen Leistungs- und Verhaltensmängeln selbst in der Sonderschule, IQ 43. Er fand einen ihn befriedigenden Arbeitsplatz als Hilfsarbeiter, ist dort seit 19 Jahren, heiratete, kann mit seinen 2 Kindern (13 und 15 J.) zufrieden sein, auch leistungsmäßig. Der Begriff „geistig behindert" wäre jetzt lächerlich für seine Situation. Wer aber einmal das Etikett hat, wird es schwerer haben, sich anders zu entwickeln. Daher ist – von sehr schweren Störungen abgesehen – diese Diagnose endgültig nicht zu früh zu vergeben.

Mehr noch bringt uns in Verlegenheit, daß niemand so recht sagen kann, was *Intelligenz* ist, obwohl deren Mangel doch geistige Behinderung definieren soll. Intelligenz, intellektuelle Leistungen oder Funktionen und Geist werden weitgehend gleichgesetzt. Begriffspaare sind Intelligenz und Persönlichkeit, Geist und Seele. Jaspers definiert 1923 Intelligenz: „Das Ganze aller Begabungen, aller Talente, aller Werkzeuge, die zu irgendwelchen Leistungen in Anpassung an die Lebensaufgaben brauchbar sind". Wichtig dabei seien vor allem Urteils- und Denkfähigkeit, Sinn für das Wesentliche, Fähigkeit zum Erfassen von Ideen und Gesichtspunkten, Spontaneität und Initiative. Persönlichkeit dagegen definiert er als „das Ganze der verständlichen Zusammenhänge, besonders des Trieb- und Gefühlslebens, der Wertungen und Strebungen, des Willens". Was jeder Leser gleich empfindet, räumt auch Jaspers ein: beide Begriffe bleiben hochgradig unklar. 1971 formuliert K. Atkins pragmatischer, sonst ähnlich: „Intelligenz ist die Fähigkeit, Probleme zu lösen, sich an neue Situationen anzupassen, abstrakte Vorstellungen, Ideen und Begriffe zu entwerfen und von Erfahrung zu profitieren".

Wenn also geistige Behinderung Intelligenzmangel ist, dann – darin sind sich alle einig – ist das abzulesen an der Unfähigkeit zur psychosozialen Anpassung an die Erwartungen, Forderungen, Werte und Normen der jeweiligen Umgebung. Schlußfolgerung:

Geistig behindert ist jemand grundsätzlich nicht absolut, sondern bezogen auf die Wert- und Leistungserwartungen seiner jeweiligen Gruppe bzw. Gesellschaft.

Es geht also immer unsere soziale Wahrnehmung, das Werturteil unseres „gesunden oder normalen Menschenverstandes" mit ein, wenn wir einem Menschen eine gesunde/normale oder eine kranke/abnorme Intelligenz zuschreiben. In jedem Fall schließe ich von mir auf einen Anderen: ich halte mich für normal intelligent, und im Vergleich zu mir ist der Andere geistig behindert. Daran ändern grundsätzlich auch die im übrigen hilfreichen Hilfsmittel nichts: biologisch-medizinische Befunde, soziale Anamnese und psychologische Tests. Gerade die letzteren machen das Problem besonders deutlich. Denn etwa der übliche Intelligenztest (Hamburg-Wechsler) ist an dem geeicht, was man durchschnittlicher- oder normalerweise in einer Gesellschaft an Intelligenzleistungen zur Lebensbewältigung findet.

Dem genauen Durchschnitt ist der Intelligenzquotient 100 zugeordnet. Wer in seinen Leistungen vom Durchschnitt um mehr als die doppelte Standardabweichung (2 x 15) abweicht, gilt als geistig behindert, also ab IQ 70. Nach der Normalverteilungskurve liegen statistisch 16% der Bevölkerung unter IQ 85, 2% unter IQ 70. Auch hier bestimmt also der Durchschnitt, wer Abweichler ist. (Wissenschaftlich ist jetzt erwiesen, daß die Messung der Intelligenz unterhalb von IQ 50 unwissenschaftlich ist.)

Immerhin kommt man auf diese Weise zu einer groben *Einteilung nach Schweregraden:* nach der WHO gilt IQ 70-80 als Grenzbereich der Minderbegabung (Borderliner); IQ 50-70 betrifft den

Bereich der leichten, 20-50 der mäßigen und 0-20 der schweren geistigen Behinderung. Die früheren Begriffe Debilität, Imbecillität, Idiotie sind nicht mehr zu benutzen. Konnten frühere Jahrhunderte unter religiösem Aspekt auch die geistig Behinderten – so wie sie sind – zur *einen* Welt Gottes zählen, so sind wir heute durch das Band der Normalverteilungskurve mit den geistig Behinderten verbunden: denn sie wie wir sind ein Teil davon – eine Art statistischer Zwangs-Solidarität. Und wer bekennt sich schon gern dazu, wenn es sich bei dem Merkmal, der Intelligenz, in Wirklichkeit um den brisantesten gesellschaftlichen Wert, die soziale Anpassungs- und Leistungs-fähigkeit handelt? Weshalb manche auch nicht vom Intelligenzquotienten, sondern vom Sozial-quotienten reden! So zeichnet sich ab, daß das Problem der geistigen Behinderung dreigeteilt ist: Es ist

1. eine Frage des *endogenen Anteils:* Die Menschen unterscheiden sich je nach der Ausprägung ererbter Merkmale wie Körpergröße, Haarfarbe, Konstitution und eben auch Intelligenz; dies ist die Basis der einzigartigen Individualität und damit auch der Würde jedes Menschen.

2. eine Frage des *psychosozialen Anteils:* Überzufällig häufig finden wir gerade leichte und mäßige geistige Behinderung da, wo der Zugang zu Bildungsmöglichkeiten behindert ist, also in den unteren Sozialschichten, auf dem Lande und in seelisch-schädigendem Milieu.

3. eine Frage des *körperlichen Anteils:* Gerade in den letzten Jahrzehnten konnte eine große Zahl körperlicher Krankheiten oder Störungen entdeckt werden, die vor, während oder nach der Geburt hirnschädigend und damit intelligenzmindernd wirken. Ähnlich wie bei den Anfallsleiden konnte dadurch ein Teil gerade der schweren geistigen Behinderungen aus der endogenen in die exogene Erklärung überführt werden. Entsprechend verteilen sich die geistig Schwer-Behinderten eher gleichmäßig über die sozialen Schichten.

Diese Feststellungen sind wissenschaftlich gut fundiert. Während der 3. Anteil von den beiden anderen gut abgrenzbar ist und sich in Zukunft auf ihre Kosten noch ausdehnen wird, sind Genetiker auf der einen und Soziologen auf der anderen Seite grundsätzlich noch außerstande, ihre Anteile voneinander zu unterscheiden, wenn dies im Einzelfall auch mehr oder weniger gut gelingen mag. Man könnte also die Gruppe der (meist leichteren) endo-sozial bedingten der Gruppe der (meist schwereren) körperlich bedingten Geistesbehinderungen gegenüberstellen.

In jedem Fall sehen wir schon jetzt, daß nur ein gut eingearbeitetes, berufsübergreifendes Team sowohl in der Forschung weiterführen als auch im diagnostisch-therapeutischen Einzelfall für einen geistig Behinderten den richtigen Weg finden kann.

I. Diagnose der Auffälligkeiten

Was die Frage nach dem Vorliegen einer geistigen Behinderung aufwerfen und somit als Symptom gewertet werden kann, ist selbst schon von vielen Bedingungen, vor allem aber vom Lebensalter abhängig.

Im *Säuglings- und Kindesalter* machen sich leichtere Behinderungen in der Regel noch gar nicht bemerkbar. Abgesehen von Befunden, deren möglichst frühzeitige Erhebung bei oder kurz nach der Geburt durch den Kinderarzt oder Kinderneurologen für eine präventive Therapie entscheidend sein kann, ist es das Zurückbleiben biologischer Entwicklungsschritte hinter *vernünftigen* Erwartun-gen (und nicht solchen, mit denen heute wohlmeinende „Aufklärung" den Eltern zusätzlich Angst macht: „Mit 3 J. *muß* das Kind . . .“), was die Eltern um Rat fragen läßt: „Haben wir ein zurückgebliebenes Kind?" Von Bedeutung sein können etwa: Trinkschwäche; mangelhafter oder verspäteter Ausdruck sinnlicher oder motorischer Tätigkeit, gefühlsmäßiger Anteilnahme oder aktiver Interessiertheit; verzögertes Gehen- oder Sprechenlernen. Die Säuglinge bzw. Kinder können weniger regsam und lebhaft wirken, kaum oder nur pauschal auf die Umwelt reagieren, weniger mit den Augen folgen oder nach Gegenständen greifen. Sie können stumpf oder teilnahmslos sein, aber auch in ständiger, zielloser motorischer Unruhe sich erschöpfen. Später fehlen beim Spielen Phantasie und Neugier, während mechanisches Gehorchen oder Auswendiglernen u. U. gut gelingen. Wir haben den Eindruck, daß das Kind und seine Umwelt sich nicht in zu erwartender Weise einander nähern, so als ob dem Kind seine Umwelt ungeeignet-unbrauchbar, uninteressant-reizlos, überfordernd-kompliziert oder fremd-bedrohlich erscheint. Immer und in jedem einzelnen Fall muß geklärt werden, wieweit unsere Wahrnehmungen durch eine körperliche Störung des Kindes oder durch einen Mangel der psychosozialen Umwelt (vor allem der Bezugspersonen) mitbedingt sind.

Im *Schulalter* ist es überwiegend das Schulversagen, das die Eltern auf die besorgte Frage bringt: „Unser Kind kommt nicht mit; ist es geistig behindert?" In diesem Alter sind Schwer-Behinderte meist schon entdeckt und an der Schule vorbeigeleitet. Im übrigen machen die allgemeine Schulpflicht, die Orientierung der Schule an zumindest durchschnittlichem Leistungsvermögen und die Belohnung höherer Leistungen durch die Verheißung sozialen Aufstiegs die Schule zum empfindlichsten und u. U. rücksichtslosesten gesellschaftlichen Diagnosemittel für mäßige und vor allem für leichte geistige Behinderungen. Die Betroffenen (und ihre Familien) werden hier mit den Werten und Forderungen konfrontiert, die vom Durchschnitt an aufwärts gelten sollen, gleichgültig, welche Werte sie bisher als *für sich* passend empfunden hatten. Totales Versagen in manchen Fächern, Sitzenbleiben, Herausfallen aus der Grund- oder gar aus der Sonderschule sind meist nicht die einzigen Folgen der Auffälligkeiten, die sich im einzelnen als Schwäche des abstrahierenden und theoretischen Denkens, der Begriffsbildung, des Schlußfolgerns und Urteilens, des Auffassens und Wahrnehmens von Bedeutungsunterschieden und Sinnzusammenhängen zeigen können. Vielmehr stellt die Schule ja auch Anforderungen hinsichtlich psychosozialer Kompetenz und Persönlichkeitsentfaltung. So können sich im gleichen Maße Schwächen der Durchsetzungs- und Konkurrenzfähigkeit, der Initiative und des Selbstbewußtseins, der disziplinierten Anpassungs- und Kooperationsfähigkeit sowie des sozialen Austauschs mit Partnern des gleichen oder des anderen Geschlechts äußern. Nicht selten können dann zunächst Verhaltensstörungen im Vordergrund stehen, also sozial unerwünschtes Handeln (z. B. sozialer Rückzug, regressives Kind-Spielen, aggressives Stören oder sexuelle Ersatzhandlungen), das seinerseits die Leistungschancen wieder verringert.

Als *Erwachsene* werden geistig Schwer-Behinderte nur dann erstmals psychiatrisch sichtbar, wenn sie bis dahin von ihren Eltern versorgt und meist verborgen gehalten wurden, die Eltern nun aber mit der Pflege überfordert, zu alt oder gestorben sind. Systematische Förderungschancen für diese Patienten, die oft nicht sprechen können, unsauber sind, sich den Tag über mit Zerreissen von Papier, Sammeln von Gegenständen oder Musik beschäftigen und sich nur von ihrer Mutter pflegen und leiten lassen, sind dann meist nur noch gering. Leichter Behinderte kommen jenseits des Schulalters nur noch selten wegen der Intelligenzschwäche mit psychiatrischen bzw. sozialpädagogischen Einrichtungen in Berührung. Es hat sich längst gezeigt, daß ihnen das Finden einer halbwegs befriedigenden sozialen Existenz − wenn auch oft in einer „sozialen Nische" − besser gelingt, als ihnen im Schulalter prophezeit wurde, und daß die Etikettierung als „geistig behindert" für sie oft mehr behindernd, als hilfreich war. Manche finden jedoch keine für sie passende „Nische", andere verlieren sie, sei es aus ökonomischen Konjunkturschwankungen oder weil die „Nische" an einem zu labilen Gesellschaftsrand angesiedelt war oder weil sie weniger Möglichkeiten als andere haben, eine körperliche oder psychosoziale Streß-Situation auszuhalten. Psychische Auffälligkeiten entstehen dann als Folge des Zusammenbruchs der bei den schlechten Startbedingungen ohnehin nur mühsam gehaltenen sozialen Anpassung. Wir lernen sie dann kennen, weil sie etwa: alkohol-

oder medikamentenabhängig geworden sind; bei einem Verlust in eine depressive Krise oder eine Psychose geraten; sich in eine Krankheit geflüchtet oder sonst einen Kummer hysterisch verarbeitet haben; „einfach nicht mehr können"; *einen* Persönlichkeitszug extrem ausleben und damit überall anecken; mangels besserer Fähigkeiten oder Gelegenheiten mit ihrer Sexualität sozial unerwünscht umgehen (pädophil, exhibitionistisch, Inzest, Prostitution); aufgrund ihrer Verstimmung, Erregbarkeit oder Lethargie nicht mehr tragbar sind; sich total isoliert haben und verwahrlosen; kriminell geworden sind (Eigentums- und Sexualdelikte). Dabei spielen Verführbarkeit, Urteils- und Steuerungsschwäche, Vermutung schneller Bedürfnisbefriedigung, Frustrationsintoleranz und zudem die höhere Wahrscheinlichkeit der Entdeckung und Bestrafung eine Rolle.

II. *Gesamt-Diagnose*

1. Grundhaltung

Auch die Begegnung mit einem geistig Behinderten stellt mich zu allererst wieder vor die Gretchenfrage: Wie nehme ich mich wahr, wie nimmt der Andere sich wahr, und wie kommt es zum Austausch zwischen uns, also zur Basis einer therapeutischen, pädagogischen bzw. normalen Beziehung? Liegt ein Scheitern an seinem oder meinem Unvermögen?

a) *Selbstwahrnehmung:*

Manches ist der Begegnung mit dem Patienten mit chronisch-organischem Psychosyndrom vergleichbar, z. B. der Umstand, daß bei schwerstem Grad der Behinderung, etwa bei Sprachunfähigkeit, ich auch in der Selbstwahrnehmung buchstäblich *für* ihn dasein muß. Aber es gibt einen Unterschied: Der demente Patient, der seine Behinderung im späteren Leben *erworben* hat, kann mit seinem meist erhaltenen Altgedächtnis sich an seine leistungsfähigere, daher schönere Vergangenheit erinnern. Der geistig Behinderte dagegen hat keine „schönere" Vergangenheit: Er ist immer schon, von Anfang an, schicksalhaft verhängt, unabänderlich und für alle Zukunft leistungsschwach und minderwertig, im Vergleich zu Anderen unterlegen, beschränkt, zurückgeblieben, hilfsbedürftig, mehr auf Nehmen als auf Geben angewiesen, für Andere ein Anlaß für Ärger und Enttäuschung, eine Last, eine Beleidigung, bisweilen schon wegen der ungeschickten (z. B. spastisch gestörten) Bewegungen, wegen des groben, abstoßend häßlichen Aussehens. Zur Frage, ob ich in diesem Sinne schwachsinnige eigene Anteile oder Situationen bei mir kenne, muß ich mich geradezu zwingen. Ich spüre meinen Widerstand gegen solche Selbstwahrnehmung. Und würde meine Umwelt mich übereinstimmend für geistig behindert erklären, ich könnte es nicht annehmen, sondern würde entweder resignieren und aufgeben oder würde leugnen und kämpfen. (Früher schrieb man geistig Behinderten entweder ein torpides = apathisches oder ein erethisches = streitsüchtiges Temperament zu). Dabei mache ich jeden Tag die Erfahrung, daß ich an *grundsätzliche* Grenzen meiner geistigen Leistungsfähigkeit stoße und daß es Leute mit weiteren und Leute mit engeren Grenzen gibt im Vergleich zu mir. Wenn ich bei einer Prüfung durchfalle, überfällt mich ein totales Vernichtungsgefühl, fallen mir aber auch 1000 „Erklärungen" für mein Versagen, meine Geistesschwäche und Wertlosigkeit ein. – Ich weiß, daß ich Schwächen habe, Bereiche, in denen ich immer unterdurchschnittlich war und sein werde, etwa in Mathematik, Sprachen oder Aufsatz; im logischen Denken oder in der Phantasie; im Sport, im Tanzen oder Flirten; ich reagiere oft zu spät, bin der Elefant im Porzellanladen oder sehe schlechter aus, als der Durchschnitt es verlangt. Ich werde deswegen gehänselt und lächerlich gemacht, bemitleidet oder angegriffen und abgelehnt („bist zu nichts zu gebrauchen"). Ich lasse mir deswegen ein schlechtes Gewissen machen, wodurch ich alles noch schlimmer mache und mein Selbstbewußtsein vollends verliere, dadurch den Angreifern recht gebe. Wie schwer fällt es mir, meine Schwäche als meine Eigenart anzunehmen! – Schließ-lich: Ich beginne eine Ausbildung oder ich übernehme einen Arbeitsplatz und merke, daß ich hier meine endgültige Grenze überschritten habe, daß ich im Verhältnis zu den Erwartungen an mich geistig behindert bin. Ich nehme an mir wahr: Ich kann Wesentliches und Unwesentliches nicht unterscheiden, verstehe nicht, was zusammengehört, was für oder gegen ein Urteil, eine Entscheidung spricht. Alle außer mir kennen das Spiel. Die Anderen bemühen sich vergeblich, mir die Regeln beizubringen. Ich und die Anderen können einander nicht näherbringen. Die Anderen und ihr Reden bleiben mir fremd, kompliziert, bedrohlich. Ein zwischenmenschlicher, normaler Austausch zwischen mir und den Anderen gelingt nicht, weil das Leistungsgefälle, das Mißverhältnis von Geben und Nehmen eine gemeinsame Basis und Sprache verhindern. Solange ich in dem betreffenden Leistungsbereich nur als behindert gelte, kann auch mein persön-liches Ich nicht wahrgenommen werden. Ich „als Mensch" komme nicht vor, was ein unerträglicher Zustand ist. Eben dies ist aber eine Dauerbedrohung für den geistig Behinderten, soweit er nur als solcher wahrgenommen wird und sich selbst so wahrnehmen muß. In meinem unerträglichen Dilemma rettet mich nur eines: Daß ich mich wahrnehme oder daß ein Anderer mich wahrnimmt als einen Menschen, der seinen Wert in sich hat, unabhängig von meiner ausweglosen Leistungsschwäche. Erst das wird mich hinreichend freimachen, meine Schwäche als einen Teil von mir anzunehmen, als meine Eigenart, die mich von den Anderen unterscheidet, mich *qualitativ* anders macht, so daß ich trotz meiner *quantitativen* Minderleistung zwar einen *anderen*, aber keinen *geringeren* Wert habe als die Anderen. Erst das Gefühl, ich habe meinen Wert in mir, macht mich von dem Vergleichszwang mit den Leistungen der Anderen frei und macht es mit meinem Selbstwertgefühl vereinbar, daß ich mich aus dem mich überfordernden, mich geistig behindernden Leistungsbereich zurücknehme und mir einen anderen, für meine Fähigkeiten passenderen suche. Nicht anders ist es mit dem geistig behin-derten Patienten: Er kann sich von mir nur verstanden fühlen, wenn ich ihn aus seinem Selbstwert, aus seinem *Anderssein* heraus verstehe, und nicht aus seinem *Wenigersein*. Erst das kann ihn hinreichend freimachen, wenigstens einen Ansatz von Selbstwahrnehmung zu riskieren. Ohne das bleibt er willenloses Objekt meiner Fremdwahrnehmung seiner Minderwertigkeit.

b) *Vollständigkeit der Wahrnehmung:*

Je schwerer die geistige Behinderung und je mehr jemand durch sie auffällt und geprägt zu sein scheint, desto schwerer ist es, die *unterschiedlichen* Bedeutungen seines Handelns wahrzunehmen, da der Patient eben „durch und durch" geistig behindert und damit vollständig beschrieben zu sein scheint. Demgegenüber sind jedoch zumindest 3 Aspekte der Wahrnehmung bzw. Selbstwahrnehmung diagnostisch und therapeutisch wichtig:

1. Wenn ich den Anderen aus sich selbst verstehe, dann muß das „schwachsinnige" Festhalten am Konkreten, Bekannten und Gewohnten nicht nur als Symptom des Minus, des Wenigersein gewertet werden, sondern es hat auch seinen positiven Sinn in sich, weil das Abstrakte zu verwirrend, das Unbekannte zu unsicher, das Ungewohnt-Neue zu bedrohlich ist. Der Verzicht auf ein Urteil, eine Schluß-folgerung, eine Entscheidung kann sinnvoll sein, um zuviel Verunsicherung, Unüberschaubarkeit und Überforderung zu verhindern, dient dem Erhalt der Selbstsicherheit, des Selbstwertes, ist ein Schritt der Selbst-Therapie, da hier Beschränkung angenommen und als Selbstbeschränkung wahrgenommen werden kann. So lassen sich die meisten Schwächen (Symptome) des Patienten aus der einseitig von mir ausgehenden Etikettierung in eine wechselseitige Begegnung zwischen ihm und mir überführen.

Der 2. Aspekt betrifft die Unterscheidung von Schwächen und Stärken: Obwohl im Vergleich zur später im Leben erworbenen Demenz die geistige Behinderung die verschiedenen intellektuellen Funktionen eher gleichmäßig trifft, gibt es Unterschiede. Es ist entscheidend, daß der Betroffene diese wahrzunehmen lernt. Nicht nur, daß – wie eben gesehen – ein nach der Durchschnittsnorm Negatives subjektiv auch positiv erlebt und daß eine Behinderung nach dem Schulalter gleichsam „weggelebt" sein kann. Vielmehr hat auch jeder Behinderte, wie jeder andere Mensch, grundsätzlich stärkere und schwächere Leistungsbereiche. Die Aufmerksamkeit ist von letzteren auf erstere zu lenken. Darüberhinaus wissen wir, daß manche Behinderten auch nach der Norm überdurchschnittliche Leistungsbereiche haben: z. B. im Gedächtnis, im Rechnen, in der Musikalität oder in technischen Fähigkeiten. Noch wichtiger ist freilich, daß auch die geistige Behinderung in ihrem Ausmaß von der Situation und von den zwischenmenschlichen Beziehungen abhängt. Daher ist es entscheidend, mit dem geistig Behinderten in unterschiedlichen Situationen zusammen zu sein und ihn die Unterschiede wahrnehmen zu lassen: etwa in seiner Familie, in der Tagesstätte, in unterschiedlichen Arbeitssituationen. Nur so kann der Behinderte gemeinsam mit mir die für ihn hinderlichen und förderlichen Situationen und Beziehungen unterscheiden und wählen lernen.

Der 3. Aspekt betrifft die unterschiedlichen Bedeutungsanteile der Unfähigkeiten. Jede einzelne ist grundsätzlich ein Produkt aus: 1. biologischem Mangel; 2. ungünstigen psychosozialen Bedingungen (eine ausgleichende Änderung kann sich im IQ in einer Verbesserung um 10–20 Punkte auswirken); 3. den mit 1. und 2. zusammenhängenden Gefühlen der Angst, Verunsicherung, Scham, in denen der

Patient zu allererst zu verstehen ist; 4. Bewältigungs- und Kompensations-versuchen; und 5. Abwehr als mißlungenen, weil selbst-einengenden Bewäl-tigungsversuchen. Bei diesen ist es zweckmäßig, zwischen Vermeidungshandeln, wie wir es von allen anderen Symptomen bereits kennen (z. B. regressiv-kindhaft, somatisierend, paranoid-mißtrauisch, aggressiv-explodierend) und *Überkom-pensationen* zu unterscheiden. Letztere kommen zustande, wenn jemand bei dem Versuch, eine Schwäche zu kompensieren (= auszugleichen), das gewählte Mittel so überstrapaziert, daß es nicht mehr zur Befreiung, sondern zur Einengung beiträgt. So kommt es zum größten Teil dessen, was man dann psychische Störung eines geistig Behinderten nennt.

Zahllos sind die Möglichkeiten, über eine angemessene Wahrnehmung der eigenen Schwächen hinaus nur noch weitere Beweise der eigenen abgrundtiefen Minderwertigkeit für Andere und für sich selbst zu sammeln. So entsteht etwa die Haltung „ich kann gar nichts, ich liefere Euch jeden Beweis dafür". Oder man findet *einen* Persönlichkeitszug in sich, den man einigermaßen beherrscht, setzt nur noch auf ihn, reitet ihn sozusagen zu Tode. So kam früher die Definition zum „Psychopathen" zustande (s. S. 286): aus „genießen können" wird der „faule Genießer", aus „Vorteile erkennen können" wird der „heimtückisch Schlaue" usw. Aus dem Mangel an nicht einseitigen, sondern wechselseitigen sozialen Bezie-hungen (Austausch von Geben und Nehmen) entsteht die „soziale Rücksichts-losigkeit der Schwachsinnigen". Aus dem Selbsthaß und vor allem der Ablehnung des eigenen Körpers, kann der Versuch entstehen, sich wenigstens sexuell erlebnis-fähig zu empfinden; wird dies überkompensierend zur Entschädigung für sämt-liche anderen Schwächen und Nachteile gesteigert, führt es zu dem, was die Ande-ren dann als „sexuelle Haltlosigkeit" oder „exzessive Onanie" definieren; dies vermehrt, nicht mindert den Selbsthaß. Auch Angehörige setzen diesen Prozeß der Überkompensation oft in Gang: Sie können etwa Musikalität so mißbrauchen, daß sie das Kind seine „Kunststückchen" immer wieder vorführen lassen, die Fähigkeit zu Tode loben, dem Kind sein funktionsloses Vergnügen daran nehmen und so zum Definitionsgefängnis ihres Kindes als „Musikdackel" beitragen.

Beispiel dafür, wie behindertes Kind und Eltern gemeinsam Selbsteinengung produzieren: Brigitte O., 18 Jahre, durch eine Phakomatose (s. d.) behindert, noch schulfähig, führt jeden Morgen folgende Situation herbei: Sie sagt zu den Eltern: „Ich möchte Euch gern den Kaffee machen". Mutter: „Das ist nett, aber Du weißt ja: 8 Löffel Kaffee!" Brigitte: „Ja, ich weiß", geht in die Küche und nimmt 16 Löffel; sie weiß, daß die Eltern den Kaffee dann ungenießbar finden. Während-dessen Mutter zu Vater: „Geh bitte in die Küche und passe unauffällig auf, daß der Kaffee nicht wieder ungenießbar wird". Vater erscheint in der Küche: „Ich will nur was holen", gibt der Tochter damit Gelegenheit zu einem Tobsuchtsanfall: „Warum wollt Ihr mich schon wieder kontrollieren!" Fazit der Mutter: „Das arme Kind weiß es nicht, es hat eben einen Entwicklungsrückstand!"

Übung: Klären Sie im Rollenspiel, wie Eltern bzw. Brigitte handeln bzw. sprechen könnten, wenn sie versuchten, die Situation *vollständig* wahrzunehmen!

c) *Normalisierung der Beziehung:*

Meine Grundhaltung kann nur dann zu einer Beziehung zwischen mir und dem geistig Behinderten führen, die *alle* Anteile der Situation berücksichtigt, und damit zu einer normalen Beziehung, wenn ich alle Gefühle in mir zulasse, die der geistig Behinderte in mir auslöst. Genauso wie er sich mit mir vergleicht, vergleiche ich ihn mit mir. Ich finde, ich bin „mehr", er „weniger". Er ist dümmer als ich; das beleidigt mich. Er ist biologisch und oft dazu sozial benachteiligt, was kann er dafür; er macht mir Schuldgefühle. Er ist hilfloser als ich; ich möchte ihm helfen, habe Mitleid mit ihm. Er ist häßlicher als ich, entstellt; ich spüre Ekel, Abscheu. Er ist böse, unartig, nutzt mich aus, will meiner Vernunft nicht folgen; er macht mich ungeduldig, resigniert, aggressiv. Ich merke, wie mir (genau wie ihm?) das Vergleichen zum Zwang wird: Ich bin ein durchschnittlicher Mensch, er ist also ein Untermensch. Ich erschrecke: So darf ich doch nicht denken, das ist unmoralisch, obwohl ich weiß, wie sehr heute wie früher so gedacht und gehandelt wird. Also reiße ich mich zusammen. Ich versuche, alle diese Gefühle zu vergessen. Ich gehe gleichsam auf ihn zu, klopfe ihm auf die Schulter und sage „wir sind doch alle Menschen, wir sind doch alle gleich!" Aber ich werde rot dabei, ich merke, daß ich leugne (und er auch!): Es stimmt nicht, wir sind nicht alle gleich, auch das ist nicht die ganze Wahrheit. Meine verdrängten Gefühle melden sich als „Fürsorglichkeit" und verführen mich zu der Empfehlung: „Das Beste für ihn ist, wenn er in die Anstalt geht". Ich kann die Empfehlung fabelhaft begründen und doch spüre ich dabei meinen Wunsch: dann habe ich nichts mehr mit ihm zu tun, dann ist er weg. Und doch weiß ich während dieses ganzen Vorgangs im Grunde genau: Das gute Gewissen „normalen" Handelns habe ich nur, wenn es mit gelingt, weder die eine noch die andere Seite zu leugnen, weder die Gleichheit noch die Ungleichheit, d. h. wenn ich weder ihn noch mich schone, wenn ich beides – das Gleichsein und das Anderssein – in der Begegnung, in meinem Reden und Handeln zum Ausdruck bringe. Das ist das, was ich eigentlich in jeder normalen Beziehung tue, was aber in diesem Fall so schmerzhaft schwer ist. – Nicht anders ist es natürlich, wenn ich mit den Eltern oder anderen Bezugspersonen eines geistig Behinderten arbeite.

2. Medizinische Diagnose:

Wenn auch der weitaus größte Teil der geistig Behinderten als anlage- bzw. sozialbedingt anzusehen ist, so ist doch in jedem Fall eine sorgfältige medizinische Diagnostik erforderlich – schon wegen der ständig wachsenden Zahl der eindeutig medizinisch definierbaren (und z. T. auch behandelbaren) Behinderungsformen. Hier kommen alle dem Leser aus der hirnorganischen Diagnostik bekannten Mittel zum Zuge, dazu eine zunehmende Zahl biochemischer Reaktionen. Da diese diagnostischen Probleme vor allem in die Arbeitsgebiete genetische Beratung, Geburtshilfe, Kinderheilkunde und Kinderneurologie gehören, beschränken wir uns hier auf die Aufzählung der häufigsten medizinisch abgrenzbaren Entstehungsmöglichkeiten der geistigen Behinderung. Insgesamt kennt man bisher 4–500 Zustände.

A) *Erbliche Stoffwechselstörungen*
Es handelt sich meist um genetisch bedingte Enzymdefekte (Enzymopathien), überwiegend rezessiv vererbt, die zu internistischen, neurologischen Symptomen und über Hirnvergiftung zu meist

schwerer geistiger Behinderung führen. Auch normal-intelligente Verwandte zeigen einen fehlerhaften Abbau der betreffenden Substanz. Etwa 50 solcher Störungen sind bisher bekannt. Erst ein Teil von ihnen kann durch frühzeitig einsetzende Stoffwechsel-Kompensationen teilweise oder ganz therapiert werden. Die praktisch wichtigsten Störungen – nach Stoffwechselgebiet geordnet – sind:

a) Aminosäurestoffwechsel

Phenylketonurie: Jeder 50. von uns ist Anlageträger; jedes 6400. lebend geborene Kind erkrankt; das bedeutet ca. 1% aller geistiger Behinderungen. Symptome: verbogene oder gebeugte Haltung, ungeschickte Motorik, leichte Mikrocephalie, geringere Pigmentierung, meist (nicht immer) schwere geistige Retardierung, die frühestens im 2. Lebenshalbjahr erkennbar ist. Der Mangel der zuständigen Hydroxylase verhindert den Abbau von Phenylalanin zu Tyrosin; dadurch Anstieg von Phenylalanin in Blut und Gewebe sowie Ausscheidung von Phenylbrenztraubensäure im Urin. Labor: Bestimmung des Phenylalanins im Blut (Guthrie-Test) und Nachweis der Phenylbrenztraubensäure im Urin. Therapie: Ab 1. Lebenshalbjahr konsequente phenylalaninarme Diät für mindestens die ersten 10 Lebensjahre; bei späterem Therapiebeginn nur Teilerfolge.

Ahornsirup-Krankheit: Hemmung der Decarboxylierung von Valin, Leuzin und Isoleuzin; Körper- und Uringeruch der Kinder auffallend, eben ahornsirup-ähnlich.

Hartnup-Krankheit: Störung des Tryptophanstoffwechsels; außer der geistigen Behinderung pellagraartige Dermatose und episodische ataktische Gehstörungen mit Nystagmus.

Wilsonsche Krankheit: s. dort.

b) Kohlehydratstoffwechsel

Galaktosämie: Bei normaler Milchernährung kommt es durch Abbaustörung zu überhöhtem Galaktosespiegel im Blut, was zu Leberzirrhose, grauem Star, geistiger Retardierung und frühem Tod führt. Therapie: milchzuckerfreie Diät.

Gargolysmus (Pfaundler-Hurler): auch zu den Lipoidstörungen zu rechnen, bedingt durch Ablagerung von Mukopolysacchariden in Bindegewebe, Knorpel, Gehirn, führt zu besonders groteskem Zwergwuchs, vielfältigen Knochendeformierungen, abstoßend-häßlichem Gesichtsschädel, schwerer geistiger Retardierung und spätestens im 3. Jahrzehnt zum Tod.

c) Lipoidstoffwechsel (Lipoidosen, Lipoidspeicherkrankheiten)

gekennzeichnet durch Enzymdefekt, der zur Ablagerung von abnormen bzw. abnorm vermehrten Zwischenprodukten des Fettstoffwechsels im Zentralnervensystem und anderen Teilen des Organismus führt.

Morbus Gaucher: Speicherung eines Zerebrosides, nicht immer geistige Retardierung.

Morbus Niemann-Pick: Speicherung von Sphingomyelin; Leber-Milzvergrößerung, teils Erblindung und Ertaubung; früher Tod.

Morbus Tay-Sachs (amaurotische Idiotie): Speicherung von Gangliosiden; Manifestation vor der Geburt, als Kind oder nach der Pubertät mit entsprechend unterschiedlicher Lebenserwartung und Ausprägung der Retardierung.

d) Leukodystrophien (angeborene Entmarkungskrankheiten)

Metachromatische L.: Speicherung von Sulfatiden bei Defekt der Zerebrosid-Sulfatidase im zentralen und peripheren Nervensystem; auch hier kindliche, jugendliche und erwachsene Form.

Globoidzellen-L. Krabbe: Ablagerung von Zerebrosiden, von Beginn an auch spastische Lähmungen, sehr bald Enthirnungsstarre und tödlicher Ausgang.

Chron. infantile Zerebralsklerose (Pelizaeus-Merzbacher): Wahrscheinlich Störung des Glyzerinphosphatidstoffwechsels der Markscheiden; Beginn mit Gehstörungen und Nystagmus, später spastische Lähmung, Sprachstörung und Retardierung; Krankheitsverlauf nur selten mehrere Jahrzehnte.

e) Andere Stoffwechselstörungen,
die geistige Behinderung verursachen können, sind z. B. Enzymstörungen der Schilddrüsenfunktion oder Hormonstörungen, wie angeborener Hypo- oder Athyreoidismus (etwa Kretinismus) oder renaler Diabetes insipidus.

B) Entwicklungsstörungen des Gehirns
Sie sind z. T. erblich bedingt, z. T. in ihrer Entstehung unbekannt. Zu unterscheiden sind Fehlbildungen, die eher als Mißbildungen, von solchen, die eher als Neubildungen anzusehen sind.

a) Hirn- und Schädelmißbildungen:
Am häufigsten ist die Mikropolygurie, d. h. es finden sich zahlreiche, zu schmale Windungen in mehr oder weniger großen Anteilen der Hirnrinde. Andere Mißbildungen sind: Fehlen von Großhirnsubstanz (Porenzephalie) bis zur Anenzephalie, angeborener Hydrozephalus, Makro- oder Mikrozephalie, Kraniostenose, Anomalien des kraniozervikalen Übergangs sowie die verschiedenen Formen des mangelhaften Abschlusses des embryonalen Neuralrohres (Meningoenzephalozelen). Letztere sind therapeutisch z. T. durch Operation anzugehen.

b) Phakomatosen:
Hier handelt es sich um Fehlbildungen, die sich außer am Zentralnervensystem auch an anderen Organen, besonders an der Haut manifestieren und sich z. T. wie Neoplasmen auswirken.
Tuberöse Hirnsklerose (Bourneville): Dominant vererbte Störung der Histogense, führt zu knotiger Auftreibung der Hirnwindungen, Knotenbildung (Neuroglia) an der Retina, Tumorbildung der Nieren und des Herzens (Rhabdomyome) und zum charakteristischen Adenoma sebaceum (Pringle), eine bisweilen schmetterlingsförmige, mal diskrete, mal knotig-entstellende Hautveränderung über Nase und Stirn. Aufgrund der verkalkten Knötchen sieht das Schädel-Röntgenbild wie mottenzerfressen aus. Retardierung wird u. U. nur im Sozialverhalten erkennbar. Durch Tumorwachstum Krämpfe. Erwachsenenalter kann erreicht werden.
Enzephalo-trigeminale Angiomatose (Sturge-Weber): Gesichtsnävus im Trigeminusbereich, verkalkte geschlängelte Meningealgefäße (Röntgenbild), Angiome der Retina, Buphthalmus (Augapfelvergrößerung mit Drucksteigerung), Krämpfe und Retardierung.
Hippel-Lindau-Krankheit: Hier kann sich die Retina-Angiomatose im mittleren Lebensalter mit einem Kleinhirnangiom kombinieren; Heilung bei frühzeitiger Operation.
Neurofibromatose (v. Recklinghausen): Zahlreiche Neurofibrome, die sich aus den bindegewebigen Nervenscheiden entwickeln, und zwar an peripheren Nerven (Lähmungen), an Nervenwurzeln (Sanduhrtumor, Querschnittssymptome), im Schädel als Neurinome am N. vestibulocochlearis (Kleinhirnbrückenwinkeltumor), am N. opticus und an der Retina (Sehstörungen) und im Zentralnervensystem (Krämpfe, Retardierung); zugleich an der Haut Neurofibrome und graubraune Pigmentanomalien. Die Tumore können sowohl wachsen als auch bösartig entarten.

C) Chromosomen-Störungen
Obwohl die hierdurch bedingten Zustände eindeutig abgrenzbar sind, sind die zugrundeliegenden Ursachen teils unbekannt, teils unterschiedlich (zwischen erblichem Defekt und intrauteriner Schädigung).

a) Down-Syndrom (früher Mongolismus)
Die normale Körperzelle hat hier 47 statt 46 Chromosomen, aufgrund einer Teilungsstörung bei der Gametogenese meist des Paares 21 (Trisomie 21). Nur ca. 5% der Fälle scheinen durch sog. Translokationstrisomie erblich zu sein. Am Down-Syndrom leidet jedes 600. Neugeborene sowie 10% der hospitalisierten geistig Behinderten. Der wichtigste bedingende Faktor ist das Gebäralter der Mutter: Unter 30 Jahre ist die Erwartung 1 : 2000, über 40 Jahre jedoch 1 : 50. Auch das Alter

des Vaters scheint eine Rolle zu spielen. Wenn nicht bei der Geburt, so fallen die Kinder einige Zeit danach auf: Augen stehen weit auseinander, Lidspalten schief nach außen gezogen, Epikanthus-Falte, breite Nasenwurzel, Mund leicht geöffnet, Zunge dick und rissig, kurzer Hals auf gedrunge-nem Körper, Hände und Füße plump (4-Fingerfurche), Haar struppig, Haut trocken und rauh – also etwa so, wie wenn Kinder „schwachsinnig" spielen! Wachstum und geistige Entwicklung bleiben zurück (IQ selten unter 20 oder über 60). Aufgrund häufiger Herzfehler und mangelhafter Infektabwehr hohe Sterblichkeit, die jedoch durch gute Versorgung wesentlich gesenkt werden kann. (Die frühere Bezeichnung „Mongolismus" oder „mongoloide Idiotie" für das bei allen Rassen gleichermaßen vorkommende Down-Syndrom läßt sich historisch als Produkt des europäischen Rasse-Vorurteils des 19. Jahrhunderts nachweisen.)

b) Geschlechtschromosomen-Störungen

Klinefelter-Syndrom: Jedes 600. männliche Neugeborene ist geschlechtschromatin-positiv (Abstrich Mundschleimhaut), d. h. chromosomaler Zwitter mit einem XXY-Muster. Neben anderen Störungen der Geschlechtsausstattung liegen Züge eines endokrinen Psychosyndroms, häufig Überanpassung sowie leichte Retardierung vor.

Turner-Syndrom: Hier ist bei einem Geschlechtschromosomogramm von XO häufiger die seelische als die geistige Entwicklung der Mädchen bzw. Frauen zurückgeblieben.

D) Exogene Schäden vor, während oder nach der Geburt

a) *Pränatal:* Hirnschädigung durch vorgeburtliche Infektionen, offenbar am häufigsten durch Zytomegalie (Virus-Infektion, zugleich mit dem ZNS wird vor allem die Leber geschädigt, soll für ca. 20% des jährlichen Zuwachses an geistig schwer behinderten Kindern verantwortlich sein), aber auch durch Röteln, Toxoplasmose, Listeriose, Herpes, Lues. Andere Enzephalopathien ent-stehen durch Schwangerschaftstoxikose der Mutter, Hypothyreose, Blutungen, Funktionsschwäche der Plazenta und andere Ursachen für Sauerstoffmangel des Kindes sowie Strahlenschäden.

Embryofetales Alkoholsyndrom: Seit 1973 zeichnet sich immer bedrohlicher ab, daß Alkoholgenuß in der Schwangerschaft möglicherweise *die häufigste keimschädigende Noxe* ist. Es kommen vor allem vielfältige Gesichts- und Organmißbildungen, häufig Mikrozephalie sowie geistig-seelische Retardierung vor. Die Auswirkungen der Medikamenten-Einnahme in der Schwangerschaft auf die geistige Entwicklung des Kindes ist bisher noch weniger aufmerksam untersucht worden.

b) *Perinatal:*
Hirnschäden z. B. durch mechanische Geburtraumen mit Blutungen, Hirnmangelversorgung durch verlängerte Asphyxie, Azidose, Hypoglykämie, Hypernatriämie, Unterkühlung und kalo-rische Mängel.

c) *Postnatal:*
Hirnschäden durch frühkindliche Infektionen wie Masern usw., aber auch wieder Zytomegalie, ferner durch Impfungen, schwere sonstige Krankheiten und Ernährungsstörungen sowie durch Bilirubin-Enzephalopathie (Kernikterus), wobei es über eine schwere Gelbsucht zu Bilirubinein-lagerungen vor allem in den Basalganglien kommt, bedingt durch Unverträglichkeit des Rhesus-Faktors, anderer Blutgruppenarten oder perinatale Sepsis; ohne sofortige Transfusionsbehandlung ist entweder Tod oder schwere geistige Behinderung und zerebrale Kinderlähmung die Folge.

Über die Berücksichtigung dieser zahlreichen evtl. schädigenden Bedingungen hinaus ist auch eine sorgfältige sonstige medizinische Untersuchung erforderlich. Denn es kommt immer wieder vor, daß der „Eindruck" einer geistigen Behinderung fälschlicherweise dadurch entsteht, daß eine andere, unabhängige Körperstörung, eine Legasthenie oder vor allem eine Beeinträchtigung von Sinnesfunktionen (Sehen, Hören) übersehen oder differentialdiagnostisch und therapeutisch nicht hinreichend berücksichtigt wird.

3. Psychosoziale Diagnose

Berufsübergreifendes Team ist Voraussetzung. Im Rahmen der beschriebenen Grundhaltung bringt nicht nur der Arzt seine Wahrnehmungsfähigkeiten und Techniken ein, sondern ebenso der Psychologe, Pädagoge, die Krankenschwester oder Heilerziehungsschwester, die Erzieherin, der Arbeitstherapeut und der Sozialarbeiter. Psychologe bzw. Pädagoge haben mit Hilfe der Intelligenz- und Persönlichkeitstests die Qualität des Denkvermögens, spezifische Stärken und Schwächen, Problemlösungsverhalten, sensorische und motorische Defizite sowie Besonderheiten der Persönlichkeitsentwicklung zu bestimmen. Die Befunde haben ebenso wie die medizinischen nur einen Sinn, wenn sie ins Verhältnis mit den Wahrnehmungen anderer Beteiligter gesetzt und in den Dienst der Bewertung der Gesamtsituation gestellt werden. Dies ist in der Regel die Familiensituation. Deren Bedeutung ist hier so offenkundig, daß sie nicht so leicht zu übersehen ist wie bei anderen psychiatrischen Problemen. Ein geistig behindertes Kind zu haben, dürfte für die meisten Familien die schwerste vorstellbare Kränkung überhaupt sein. Diagnostisches Kernproblem ist also die Art der Beziehungen zwischen dem Patienten und seinen Familienangehörigen oder sonstigen Bezugspersonen. Daher müssen über gemeinsame und einzelne Gespräche, Anamnese, Hausbesuche und Austausch aller Wahrnehmungen etwa folgende Aspekte der Gesamtsituation in ihrer Bedeutung allen einsichtig werden:

Kontinuität und Ausmaß der mütterlichen Zuwendung in den ersten Jahren; Rolle des Vaters (enttäuschte Erwartungen) und der Geschwister (gehänselt wegen der „Familienschande"); sensorische, intellektuelle und soziale Anregung des Kindes durch die Familie oder Isolation (Reizdeprivation); sozioökonomische Lage und kultureller Werthaushalt der Familie, Nachbarschaft und Gemeinde; Umgangsstil des Patienten und der Familie mit Aggressionen, Depressionen, Rivalität; familiärer Erziehungsstil; Kompensationsmöglichkeiten für Behinderungen; Konkurrenz und Solidarität; Ausdrucksmöglichkeiten für Angst, Selbstachtung, Geschlechtsidentität und persönlichen Eigenwert.

Erst die Zusammenschau aller Wahrnehmungen, Erfahrungen und Untersuchungsergebnisse ermöglicht die Gesamtdiagnose, damit auch einen therapeutischen Handlungsplan sowie die Unterscheidung der geistigen Behinderung von später erworbener Demenz, von neurotisch bedingter Lernbehinderung, von frühkindlichem Autismus und von psychotischen Zuständen, die im übrigen bei geistig Behinderten nicht häufiger sind als bei anderen Personen.

III. *Therapie – Erziehung – Rehabilitation*

Somato-, psycho- und soziotherapeutisches, pflegerisches, heil- und sozialpädagogisches und rehabilitatives Handeln sind zwar in ihren speziellen Berufstechniken voneinander zu unterscheiden. Deren Anwendung begründet sich jedoch aus der Grundhaltung und aus handlungsleitenden Grundsätzen, die wir aus dem Problem der geistigen Behinderung selbst abzuleiten haben. Sie müssen sowohl im allgemeinen als auch in jedem Einzelfall immer wieder selbstkritisch überprüft werden. Um den heutigen Stand dieser Grundsätze geht es im folgenden.

1. Eltern und Familie

Die Methoden der Ausgrenzung der geistig Behinderten in den vergangenen 100 Jahren bestanden in der Verweigerung normaler sozialer Beziehungen, gleichgültig, ob als Ausschluß aus dem genormten Bildungswesen, als Anstaltsunterbringung oder als Vernichtung. Seit 1945 setzt sich zunehmend das Prinzip der möglichst weitgehenden Eingliederung durch, „die Teilnahme am Leben in der Gemeinschaft" (BSHG). Daraus ergibt sich als erster und wichtigster handlungsanleitender Grundsatz, daß das geistig behinderte – wie jedes andere – Kind, wenn irgend möglich, in der Geborgenheit seiner natürlichen Familie bleiben und in seiner Entwicklung gefördert werden soll. Viele Familien fühlten sich damit verständlicherweise hilflos und alleingelassen. Nicht zuletzt dies führte zur Bedeutungszunahme der Angehörigen-Selbsthilfeorganisation „Lebenshilfe für geistig Behinderte" – Lebenshilfe auch für die Selbstkontrolle der Therapeuten! Daher gilt heute: Jede Familie mit einem geistig behinderten Kind hat Anspruch auf ständige beratend-therapeutische Betreuung. Das gilt insbesondere für Familien, deren Werte sich eher an Wettbewerb, Leistung und Erfolg als an Solidarität orientieren, soll nicht das „Problemkind" die ganze Familie lähmen, zu einem seelischen Kriegsschauplatz machen oder in eine Festung verwandeln.

Schematisch kann man 3 besondere Krisen der Eltern und Familien unterscheiden. 1. *Diagnose-Krise:* Schock bei der Mitteilung „Sie haben ein behindertes Kind". Es ist wichtig, daß mehrere Gespräche geführt werden, möglichst alle Familienmitglieder beteiligt sind, alle Gefühle angesprochen werden, auch an der Prognose nichts verschwiegen wird (auch wenn es Ihnen Angst macht!), die Lernmöglichkeiten jedoch in positiven Begriffen beschrieben werden. Die Gesprächsergebnisse werden u. U. schriftlich zusammengefaßt, damit sie nicht so leicht wieder ausgeblendet werden können. 2. *Wert-Krise:* Praktisch in jedem Fall handelt es sich um eine „narzißtische" Kränkung des Selbstwertgefühls der Familienmitglieder, um eine Enttäuschung der oft ohnehin zu großen Erwartungen der Eltern, um einen Konflikt zwischen Liebes- und Ablehnungsgefühl dem Kind gegenüber. Dies verursacht Schuldgefühle, deren Abwehr sich äußern kann in Überbehütung und ständiger Sorge, in Mitleid, in Leugnung der Behinderung mit besonders harten Erziehungsforderungen an das Kind oder im Abschieben (Projizieren) der Schuld auf Andere. 3. *Wirklichkeits-Krise:* Materielle Notlage durch notwendigen Mehraufwand; ständige aggressive Unruhe oder Apathie des Kindes; sexuelle Auffälligkeiten; Angriffe und Verspottung der Eltern durch Nachbarn oder der Geschwister durch Nachbarskinder; Scheitern des Kindes bei einem wichtigen Entwicklungsschritt (z. B. Einschulung); Veränderungen in der Familie (Scheidung der Eltern, jüngeres Geschwister überholt das Problemkind, Tod einer Pflegeperson).

Entscheidend für die Eltern ist deren Vertrauen auf die Dauerhaftigkeit der Hilfe. Sie kann erfolgen durch den Hausarzt, eine Sozialstation, die Familienfürsorge, eine Erziehungsberatungsstelle oder den Sozialpsychiatrischen Dienst, am besten jedoch durch eine Spezialambulanz mit mobilem Team. Es hängt von meiner

Phantasie ab, was das richtige therapeutische Mittel für den konkreten Einzelfall ist. Bewährt haben sich: Übend-informierende oder therapeutische Elterngruppen; Hausbesuche mit Einüben von entwicklungsförderndem Verhalten; Familientherapie; stundenweises Hospitieren der Mutter in der Tagesstätte ihres Kindes; Bewilligung einer Waschmaschine oder einer Teilzeithauspflegerin für die Mutter; Entlastung der Familie durch Ermöglichung des Jahresurlaubs. In einem unserer Fälle bestand die wichtigste Maßnahme in der Bewilligung schalldämpfender Platten durch das Sozialamt für die Wohnung einer Familie mit einem schwerstbehinderten, gelegentlich lauten Kind. Nachdem die gesetzlichen Voraussetzungen z. B. durch das BSHG gegeben sind, fehlt es uns oft nur an einem Einfällen, um die Lösung zu finden, die den Bedürfnissen der Familie, des Behinderten und der Gesellschaft gleichermaßen am besten entspricht. Bagatellisieren und Resignieren fällt uns offenbar immer noch leichter. So kann es passieren, daß wir den besonders festen Zusammenhalt einer Familie mit behindertem Kind als therapeutischen Erfolg verbuchen. Dabei übersehen wir jedoch, daß die Familie das behinderte Mitglied sorgfältig vor jedem Besucher wegschließt und sich selbst gegenüber der nur vermuteten Feindseligkeit der Außenwelt immer mehr isoliert und selbst krank macht. Hier fällt es uns schwer, die Familie stattdessen zu ermuntern, mit ihrem behinderten Mitglied zunehmend in Austausch mit der Öffentlichkeit zu treten.

2. Therapeutisch-pädagogische Förderung

Alles Handeln mit geistig Behinderten – vom pflegerischen Akt des Fütterns bis zur Berufsfindung – ist von zwei Grundsätzen bestimmt. Diese leiten sich aus der Gundhaltung ab und sind scheinbar widersprüchlich. Der 1. ist der *Besonderungs-Grundsatz:* Jeder geistig Behinderte ist in seiner besonderen Lage, in seinem Anderssein, aufzusuchen und aus sich heraus zu verstehen und zu fördern. Der 2. ist der *Normalisierungs-Grundsatz:* Das Leben und die Lebensbedingungen jedes geistig Behinderten sollen so normal und durchschnittlich wie möglich sein. Das Widersprüchliche daran ist freilich der Widerspruch *aller* Beziehungen zwischen Menschen; denn alle unsere Beziehungen stehen sowohl unter dem 1. Grundsatz „jeder Mensch ist anders" als auch unter dem 2. Grundsatz „alle Menschen sind gleich". Eine Beziehung gelingt nur, soweit dieser Widerspruch durchgehalten wird, d. h. soweit vollständig wahrgenommen wird (= 2. Aspekt der Grundhaltung). Kommt einer der beiden Grundsätze zu kurz, mißlingt die Beziehung.

In der letzten Zeit sind im Sinne beider Grundsätze wesentliche neue Sichtweisen und Wege gefunden worden. Wir stellen sie im folgenden getrennt dar, obwohl sie – wie wir wissen – im Handeln gemeinsam zu verwirklichen sind.

Zum *Besonderungs-Grundsatz:*
Wenn das Ziel des gemeinsamen Handelns von Therapeut und Patient etwa „Lebenserfülltheit" heißt, ist ein Lebensraum zu schaffen, der dem geistig Behinderten insofern angemessen ist, als er ihm erlaubt, das erreichbare Maß an Bedürfnisbefriedigung, an Selbständigkeit und an Bedeutung für sich und Andere zu verwirklichen. In einem Fall kann das heißen: Ich kann selbständig essen und mich ankleiden, jeden Tag Tisch decken und Blumen gießen und mache mich Anderen bedeutsam, z. B. durch meine Verläßlichkeit. In einem anderen Fall: Ich habe in einer beschützten

Werkstatt Elektromontage gelernt, verdiene meinen Lebensunterhalt selbst, habe geheiratet, bin bei meinen Nachbarn wegen meiner technischen Geschicklichkeit unentbehrlich und bei meinen Freunden wegen meiner Fröhlichkeit geschätzt. Zwei ganz unterschiedliche Niveaus, zwei Welten, und es fällt uns schwer, sie als gleichwertig zu sehen: Jede Existenz hat ihren Wert in sich. Dieser unserer Sichtweise entsprechen inzwischen auch empirische Untersuchungsergebnisse: Ebenso wie bei alten Leuten (s. d.) sind auch bei geistig Behinderten Wahrnehmen, Lernen, Leisten und anderes Handeln nicht nur unter dem Aspekt „weniger als die Durchschnittsnorm" zu sehen, sondern vor allem unter dem Aspekt „anders als die Norm". Damit liegt der Ausgangspunkt jeder Förderungs-maßnahme nicht mehr bei mir, sondern bei dem Behinderten, beginnt mit *meiner* Hilfe für die Verbesserung *seiner* Fähigkeit der Selbstwahrnehmung, der Selbstexploration seiner besonderen Möglichkeiten des Lernens, der Bedürfnisbefriedigung und der Selbstwertfindung, d. h. auch der Selbst-Therapie. Daraus ergeben sich neue und angemessenere Förderungschancen: z. B. ist so intensiv wie möglich von dem sinnlich erfahrbaren, anschaulichen, konkreten Bedeutungszu-sammenhang der Lebenswelt des Behinderten auszugehen. Jeder neue Lernschritt muß von daher als sinnvoll und brauchbar erlebt werden können. Freude an Aufmerksamkeit und Merkfähigkeit werden über diesen Zusammenhang motiviert, auf individuell sinnvolle und erreichbare Ziele gelenkt und dadurch verbessert. Neues wird für mehrere Sinne erfahrbar eingeführt (etwa 3-dimen-sionale Buchstaben-Gegenstände für das Lesenlernen). Überhaupt wird die von dem behinderten Kind aus scheinbar unerreichbare, fremde und bedrohliche „normale" Umwelt dem Kind portions-bzw. schrittweise angenähert, durchschaubar, sinnvoll und vertraut gemacht, wobei sich jeder winzige neue Schritt *sinnvoll und sinnlich* dem vorhergehenden geradezu anschmiegt, unter mög-lichster Vermeidung enttäuschender Fehler, sondern unmittelbarer Bestärkung und unter vor-rangiger ständiger Beachtung der entscheidenden Voraussetzung: daß alles Lernen eingebettet bleibt in das Bemühen um Erhalt und Erweiterung des Vertrauen-Selbstvertrauen-Zusammenhangs. Es versteht sich, daß diesem Ansatz sich die speziellen pädagogischen und therapeutischen Tech-niken der verschiedenen beteiligten Berufsgruppen anpassen müssen, gegenwärtig wohl vor allem lerntheoretisch-verhaltenstherapeutische Techniken. Dabei schützt unser Ansatz davor, daß bei der Anwendung von Techniken lediglich Dressurprodukte entstehen. Die „Lebenshilfe" hat Früh-erziehungs-Programme entwickelt.

Zum *Normalisierungs-Grundsatz:*

Er besagt, wie vor allem B. Nirje aus Schweden erarbeitet hat, daß sämtliche Lebensbedingungen der geistig Behinderten so normal, d. h. so durchschnittlich und unauffällig wie möglich sein sollten. Dies gilt für alle Betroffenen, für alle Situationen, Einrichtungen, therapeutischen Aktivitäten und damit für alle Berufsgruppen. Im einzelnen ergeben sich daraus folgende Leit-Forderungen: 1. Normaler Tagesrhythmus mit Aufstehen, Wechsel der Tätigkeiten und Schlafen-gehen. 2. Normaler Ortswechsel für die Tätigkeitsbereiche Wohnen – Arbeiten – Freizeit, wie für alle Menschen üblich und wichtig, und zwar egal, ob der Aufenthalt in der Familie, im Heim oder in einer Anstalt ist. 3. Normaler Jahresrhythmus, einschließlich Jahresurlaub, Reisen und Erleben persönlicher Feiertage in der Familie. 4. Normaler Lebensablauf: Das Kind braucht für seine Grundsicherheit und seine Identifizierungsmöglichkeiten die Familie oder eine familien-ähnliche kleine, gefühls-warme Gruppe, mit vielen Anreizangeboten und wenig Wechsel der Bezugs-personen sowie Trennung von erwachsenen Behinderten; das Schulkind braucht Schulbesuch möglichst außerhalb einer Anstalt bzw. innerhalb einer normalen Schule, darüberhinaus möglichst viele Freizeitkontakte an Orten, an denen sich Jugendliche üblicherweise aufhalten; das Erwachsen-werden des Behinderten dauert länger, ist ungewisser (auch was das Sterben betrifft) und überhaupt schmerzvoller (was wundert es, daß Verstimmungen über den Anlaß hinaus andauern: Das ganze Leben ist eine Wunde, eine „Krise"); daher braucht der Erwachsene besondere Vorbereitung darauf,

Training der Unabhängigkeit, in jedem Fall Ortswechsel, wenn er das Alter erreicht hat; der behinderte Alte schließlich braucht wie der normale Alte eine Lebensmöglichkeit (Heim) in erreichbarer Nähe seines bisherigen Wohn- und Arbeitsortes. 5. Normale Erwartung, daß Wunsch-, Willens- und Gefühlsäußerungen im möglichen Umfang Resonanz finden, berücksichtigt werden. 6. Normales Leben mit dem anderen Geschlecht: alle Einrichtungen sollen für beide Geschlechter offen sein, mit Einübung normalen Kontaktes und normaler Beschränkungen hinsichtlich des anderen Geschlechts, u. U. mit Ermöglichung des Heiratens unter angemessenen (z. B. empfängnisverhütenden) Bedingungen; dies ermäßigt die Folgen sexueller Isolation, z. B. süchtige Selbstbefriedigung, soziale Scham- und Rücksichtslosigkeit und Sexualdelinquenz. 7. Normaler ökonomischer Standard mit finanzieller Grundsicherung und zusätzlicher leistungs- und fähigkeitsgerechter Arbeitsbewertung sowie Gelegenheit, den Umgang mit einem freien Betrag zu lernen. 8. Normalisierung der Planung sämtlicher Einrichtungen: sie müssen nach Größe, Lage und Inneneinrichtung so sein, daß die umgebende Nachbarschaft und Gemeinde-Öffentlichkeit nicht überfordert ist und auf Abwehr schaltet, sondern sich aufnahme-, hilfs- und integrationsbereit zeigen kann.

Es ist ersichtlich, daß der Normalisierungs-Grundsatz zugleich die Voraussetzungen schafft für die Normalisierung der Gesellschaft in ihrer Einstellung zu den geistig Behinderten, zuvor aber die Voraussetzungen für die Normalisierung der psychiatrisch-pädagogisch Tätigen und ihrer therapeutischen Beziehungen. Wir alle, soweit wir mit geistig Behinderten zu tun haben, neigen – wie die geistig Behinderten selbst – zur Überkompensation. Hierfür 3 Beispiele: 1. Infantilisierung: Wir behandeln sie leicht wie Kinder, belassen sie damit auf dieser Stufe, verniedlichen sie, arbeiten so auch mit der unterschwelligen Aggressivität des bloßen Mitleidappells. 2. Sexuelle Isolation, mit den oben geschilderten Folgen. 3. Unter Überkompensation der Selbst-Vernachlässigung der geistig Behinderten sorgen wir dafür, daß sie betont sauber, gewaschen, frisiert und über-ordentlich gekleidet sind („Sie sollen wenigstens das haben!"). Damit tun wir zwar etwas für unser schlechtes Gewissen, erreichen aber auch, daß die geistig Behinderten nun gerade durch ihre Über-Ordentlichkeit in der Öffentlichkeit auffallen (= symptomatisch werden). Der Normalisierungsgrundsatz hilft uns auch hier zu einer angemessenen moralischen und therapeutischen Haltung.

3. Ort der Förderung

Wir sind vom Vorrang der Entwicklung des behinderten Kindes in seiner Familie ausgegangen, vorausgesetzt, die Familie wird damit nicht alleingelassen. Eine Alternativ-Lösung ist die Pflege-Familie (foster care), die sich dort bewährt hat, wo man überhaupt an diese Möglichkeit denkt. Auch die Enquête (S. 260-65) geht von der Familie aus. Zu ihrer Hilfe sieht sie für ein Standardsversorgungsgebiet von 250.000 Einwohnern eine Beratungs- und Behandlungsstelle mit mobilen Diensten vor (Frühförderung 0-3 J. für 0,28 0/00 der Bevölkerung) sowie Sondergruppen in Kindergärten bzw. Sonderkindergärten und Hausfrüherziehung (3-6 J. für 0,4 0/00). Für die Bildung gilt heute folgender Grundsatz: „Es gibt praktisch keine untere Grenze mehr für Entwicklungs- und Förderungsfähigkeit und damit für die Bildungsfähigkeit der Behinderten" (ebenda). Die Bildung soll möglichst in Sonderklassen an allgemeinen Schulen oder in Sonderschulen bzw. in Hausunterricht erfolgen (6-16 J. für 0,96 0/00). Dies ist bis etwa einem IQ = 60 möglich. Schwerer Behinderte benötigen eine Tagesstätte oder heilpädagogische Tagesschule, in denen es vor allem um das Erlernen sozialer Basisfähigkeiten geht. Auch für Schwerst- und Mehrfachbehinderte (IQ unter 25) bedarf es einer Tagesstätte.

Für Erwachsene sind vor allem Werkstätten für Behinderte und beschützende Arbeitsplätze auf dem allgemeinen Arbeitsmarkt sowie überregional Berufsförderungs- und Berufsbildungswerke erforderlich (200 Plätze/Versorgungsgebiet). Die Werkstätten haben 3 Funktionen: 1. Vorbereitung für Arbeit auf dem freien Markt, 2. Angebot endgültiger Arbeitsplätze und 3. Ermöglichung sozialer Kontakte und sinnvollen sozialen Handelns. Die 3. Funktion ist aus therapeutischen und ökonomischen Gründen (Zunahme der strukturellen Arbeitslosigkeit) die wichtigste, wird aber von den zuständigen Gesetzen im Verhältnis zum Leistungsprinzip noch nicht hinreichend berücksichtigt. Die Werkstatt wird aufgesucht: von der elterlichen Familie aus, von einer eigenen Wohnung oder von einer Wohngruppe oder von kleineren Wohnheimen aus, in die die übergroßen Anstalten z. T. aufzulösen sind. Daneben hat das Versorgungsgebiet Kurzzeitheime bzw. -plätze und Freizeitmöglichkeiten zu schaffen.

Die überregionalen Einrichtungen werden in Zukunft als „Behindertenzentren" speziellere diagnostische und therapeutische Aufgaben haben, vor allem für Schwerst- und Mehrfachbehinderte, z. B. auch für Behinderte mit zusätzlichen Bewegungs-, Sprach-, Hör-, Seh-, Verhaltens-, psychotischen, epileptischen oder delinquenten Störungen größeren Ausmaßes.

Gründe für eine mehr oder weniger dauerhafte Unterbringung sind: 1. soziale Gründe (der Behinderte ist alleinstehend oder überfordert seine Familie psychosozial), 2. das Ausmaß der Behinderung, 3. nicht zu sozialisierende Verhaltensstörungen und 4. leider noch auf absehbare Zeit der Mangel an geeigneteren Einrichtungen und Hilfen am Ort. Daß die Erstellung der notwendigen Einrichtungen überhaupt in Gang gekommen ist, ist nicht zuletzt – ähnlich wie bei den Anfallsleiden – der Selbsthilfeorganisation „Lebenshilfe" zu verdanken. Für äußere und innere Gestaltung sämtlicher Einrichtungen gilt der beschriebene therapeutische Rahmenansatz, insbesondere auch der Normalisierungs-Grundsatz.

IV. *Epidemiologie und Prävention*

Ein Teil der epidemiologischen Befunde ist bereits mitgeteilt worden. Sie sind hier zu ergänzen und auf unsere präventiven Handlungsmöglichkeiten hin zu befragen.

1. Verbreitung: Präzise Zahlen fehlen bzw. wechseln. Der Enquête-Bericht geht von 0,6% förderungsbedürftigen geistig Behinderten nach Korrektur der Übersterblichkeit aus, bezogen auf die Gesamtbevölkerung. Leicht, mäßig und schwer Behinderte verhalten sich etwa wie 75:20:5. Das Sichtbarwerden der geistig Behinderten in Abhängigkeit von den Leistungsnormen der Schule ergibt sich aus den Zahlen von Penrose: Von 10-14 Jahren 2,56%, jedoch unter 6 Jahren und über 20 Jahren unter 1%. Schwerst- und Mehrfach-Behinderte 0,05%. Nur bei Schwer-Behinderten überwiegen männliche Personen.

2. Bedingungen: Schwere Behinderungen kommen überwiegend durch eine organische Schädigung des ZNS zustande, wie dargestellt. Bei der weitaus häufigeren leichteren Behinderung sind – wie schon gesagt – erbliche und soziale Bedingungen noch nicht auseinanderzuhalten. Unbestritten ist, daß solche Personen ganz überwiegend in sozialen Unterschichten, in der Landbevölkerung

oder in sonstwie psychosozial ungünstigen oder benachteiligten Situationen aufwachsen und daher die durchschnittlich geforderten sozialen und intellektuellen Leistungsnormen weniger wahrscheinlich erreichen. Soziologisch orientierte Forscher halten die psychosozialen Bedingungen für entscheidend. Kinder geistig behinderter Mütter, die in höhere Sozialschichten hinein adoptiert werden, entwickeln sich eher nach den Normen ihrer Sozial-Mütter. Genetisch orientierte Forscher (z. B. E. Zerbin-Rüdin) schätzen dagegen den endogen-genetischen Anteil der geistigen Behinderung auf 60-70%, mindestens aber auf 50%. Wie schwierig genetische Untersuchungen sind, ergibt sich schon daraus, daß man für die Vererbung eines so komplexen Merkmals wie der Intelligenz von mindestens 10 beteiligten Genpaaren ausgeht. In jedem Fall ist eine sorgfältige genetische Beratung von großer Bedeutung. So ist bei einem geistig behinderten Elternteil die Wahrscheinlichkeit für die Kinder 29,1% bei Belastung beider Eltern 61,5%, bei unbelasteten Eltern dagegen 5,7% (Juda). Eineiige Zwillinge haben eine Konkordanz von 80%, zweieiige von 8% (Smith). Der Einfluß der Blutsverwandschaft der Eltern ist noch strittig.

3. Die Bedeutung der geistigen Behinderung für die Gesellschaft, die sozialen Ängste und die Provokation, die von ihr ausgeht, haben wir dargestellt. Je mehr eine Gesellschaft vom Wert des grenzenlosen Wachstums ökonomischer und auch intelligenter Leistung, von Wettbewerb und von der „Ausmendelung" der besten Leistung sich steuern läßt, desto weniger mag sie die grundsätzliche Begrenzung menschlicher Kapazität und damit auch geistige Behinderung wahrnehmen, reagiert entsprechend mit Leugnung, Mitleid oder offener Aggression. Umgekehrt macht es einer Gesellschaft, deren Solidarität über Leistung stellt, weniger aus, geistige Behinderung zu akzeptieren und zu integrieren. Das gilt auf allen Ebenen: für die Familie, die Gemeinde, die Sozialschicht oder Subkultur oder für die Gesellschaft selbst, natürlich auch für psychiatrische Einrichtungen. Hierfür gibt es zahlreiche empirische Belege. Es ist wohl auch kein Zufall, daß die christlichen Kirchen sich immer schon mehr den geistig Behinderten als anderen psychiatrischen Problembereichen verbunden gefühlt haben.

Wolfensberger hat für die USA eine historische Analyse der Rolle des geistig Behinderten und der Art des Umgangs mit ihm verfaßt, die weitgehend auch für Europa zutrifft: 1. Förderungsperiode ab 1850: Der geistig Behinderte wird als förderungsfähig angesehen und in schul-ähnlichen Einrichtungen über einige Jahre auf ein möglichst normales Leben vorbereitet. 2. Mitleidsperiode ab 1870: Er wird als armes, leidendes Kind gesehen, muß vor der Gesellschaft geschützt werden, kann nicht gefördert werden, wird daher infantilisiert, isoliert und daueruntergebracht in – wegen der Wirtschaftlichkeit – riesigen Anstalten auf dem Lande. 3. Beschuldigungsperiode ab 1880: Er wird gesehen entweder als vegetierendes, nicht-menschliches Wesen (daher in „idiotensicheren Anstalten" ausgegrenzt) oder als drohende Gefahr, weil durch ihn erblich die ganze Gesellschaft degeneriert (daher Heiratsgesetze, lebenslange Unterbringung, Sterilisierung oder Vernichtung) oder als sozio-ökonomische Ballastexistenz (daher Kosten auf Existenzminimum oder Vernichtung). 4. Eigenleben der Anstalten ohne Ziele ab 1920: Die Sinnlosigkeit der bisherigen Sicht war erkannt, aber keine neue Zielsetzung trat an ihre Stelle. 5. Normalisierungsperiode ab 1950: Allmähliche Neuorientierung nach dem Normalisierungs-Grundsatz gegen den Widerstand des gesellschaftlichen und die Trägheit des psychiatrischen Systems. – Aus der deutschen Geschichte wäre noch zu ergänzen: Während des Nationalsozialismus dachten Psychiater in der Tat, durch „Therapie um jeden Preis" (= Vernichtung) eine maximal leistungsfähige Gesellschaft zu schaffen; zudem wurden besonders abstoßend wirkende geistig Behinderte auf Sonderabteilungen zusammengezogen und Funktionären und Beamten aller Art zur Schau gestellt, um diese den ideologischen und imperialistischen Zielen des NS-Regimes auch gefühlsmäßig dienstbar zu machen.

Die Angst, geistig behinderte Kinder zu haben, besteht auch heute, und zwar nicht nur für jeden von uns, der eine Familie hat oder haben will, sondern auch für die Gesellschaft insgesamt, was etwa in der Angst vor einem drohenden „Begabungsschwund" zum Ausdruck kommt. Demgegenüber haben gerade genetisch orientierte Forscher uns darüber aufgeklärt, daß die höhere Fruchtbarkeit der geistig Behinderten ein Märchen ist: Leicht Behinderte haben eine durchschnittliche Kinderzahl, schwerer Behinderte haben wenige oder gar keine Kinder. Darüberhinaus gibt es einen deutlichen Trend dafür, daß Fortpflanzungsverhalten und Kinderzahl zwischen unteren und oberen Sozialschichten aufgrund bewußterer Familienplanung sich einander angleichen. Auch die „Kleinfamilie" mag ihrem bisher höchsten Wert „Leistungsfähigkeit" offenbar nicht mehr beliebig viele Kinder opfern. Hier deutet sich eine Neuorientierung an.

4. Prävention: Was für die Diagnose die Therapie, ist für die Epidemiologie die Prävention. Letztere ist wirksamer als erstere. Es sind gleichermaßen die biologischen und die sozio-ökonomischen Bedingungen der geistigen Behinderung zu berücksichtigen.

Die wichtigsten Maßnahmen der *primären* Prävention sind: 1. Verbesserung der Schwangerschaft-Vorsorge, z. B. genetische Beratung, Impfung von Mädchen (Röteln, Zytomegalie). 2. In der pränatalen Diagnostik z. B. Chromosomen-Untersuchung bei bekannten Risikogruppen, u. U. mit Unterbrechung der Schwangerschaft, Wachstumskontrollen der Frucht. 3. Alle Maßnahmen und Programme, die die Herstellung der Chancengleichheit für unterpriviligierte Gruppen zum Ziel haben (für Arbeits-, Wohn-, Erziehungs- und Freizeitbereich). 4. Alkohol-Aufklärung. 5. Bemühungen um Aufklärung und Einstellungsänderung der Öffentlichkeit, speziell derer, die mit geistig Behinderten beruflich zu tun haben.

Maßnahmen der *sekundären* Prävention: 1. Verbesserung der Neugeborenen-Untersuchung (z. B. wäre ein Routine-screening für 20 erbliche Stoffwechselstörungen für alle Neugeborenen billiger als die Folgekosten der sonst unerkannten Schäden). 2. Sofortige Behandlung und weitere Kontrolle peri- und postnataler Schäden. 3. Frühzeitige Erfassung und Behandlung zusätzlicher Behinderungen, wie Beeinträchtigungen der Motorik und der Sinnesorgane oder Legasthenie. 4. Erfassung psychosozial geschädigter (deprivierter) Kinder und Jugendlicher und Hilfe durch kompensatorische Lernprogramme.

Es zeigt sich also, daß die geistige Behinderung auch insofern für uns eine Provokation ist, als nirgends so sehr wie hier ein Kooperationszwang unserer gesundheits-, bildungs- und sozialpolitischen Aktivitäten von uns verlangt ist – und das mit großen, z. T. errechenbaren Chancen.

LITERATUR:

HANDBÜCHEREI DER BUNDESVEREINIGUNG *„Lebenshilfe für geistig Behinderte"* Marburg/Lahn
HARBAUER, H.: *Geistig Behinderte*, Stuttgart, Thieme 1971
KUGEL, R. B. u. W. WOLFENSBERGER: *Geistig Behinderte – Eingliederung oder Bewahrung?*
Stuttgart, Thieme 1974
SPECHT, F.: *Soziotherapie der Oligophrenien, Psychiatrie der Gegenwart*, Bd. II/2, 2. Auflage,
Berlin, Springer 1972, S. 895-954 sowie andere Beiträge dieses Bandes
ZERBIN-RÜDIN, E.: *Idiopathischer Schwachsinn, Handbuch der Humangenetik*, Bd. V/2, Stuttgart,
Thieme 1967, S. 158-205

10. Kapitel

DER ALTE MENSCH (Geronto-Psychiatrie)

I.   *Alter: Was ist das heute?*
II. *Gesamtdiagnose*
  1. Grundhaltung
     a) *Selbstwahrnehmung*
     b) *Vollständigkeit der Wahrnehmung*
     c) *Normalisierung der Beziehung*
  2. Wie begegnen Alte ihren Schwierigkeiten bzw. Krankheiten
     a) *Hirngefäßleiden*
     b) *Senilität*
     c) *Störungen der Beziehungen*
III. *Therapie und Selbsttherapie*
IV. *Epidemiologie und Prävention*
  1. Verbreitung
  2. Bedingungen
  3. Bedeutung
  4. Prävention
Literatur

I. *Alter: Was ist das heute?*

Hier ist zu bedenken, daß die Autoren nicht zu den alten Menschen gehören, jedoch so alt sind, daß sie häufiger dem Alter und dem Tod begegnen. Die Erwachsenen aus Kindheit, Jugend und Ausbildungszeit sind alt geworden oder gestorben. Wir versuchen über etwas zu sprechen, das wir auch einmal werden. Es gelingt nicht mehr so leicht, was vor uns liegt abzuschütteln und zu sagen, bis dahin ist ja noch weit. Und wie weit sind Sie? Noch etwas: Viele Körperaspekte des Alters finden Sie in Kap. 8 berücksichtigt.

Meist begegnen wir Leuten, die die Beschäftigung mit dem Alter vermeiden: verrückte Idee, wenn man jung ist, braucht man nicht ans Alter zu denken, sozial-romantischer Fimmel oder auch: du bist doch noch gar nicht alt, jeder ist so jung, wie er sich fühlt, man ist selbst schuld, wenn man sich zum alten Eisen rechnet. Während die Jugend in den letzten Jahren zum Mythos geworden ist, ist das Alter ein Tabu: beides ist zum Verrücktwerden.

307

Bevor es so viele Alte gab wie heute, war Alter mit Glorie behaftet: Weisheit, Güte, Menschlichkeit waren Eigenschaften, die man dem Alten nachsagte. Schon weil der Alte selten war, hatte er einen besonderen Status, wie ihn die alten weisen Frauen in manchen Gesellschaften heute noch haben. Erst seit Alter etwas Durchschnittliches, auch Proletarisches (denn früher alterten vor allem Leute aus den besseren Schichten, erst jetzt gilt Alter für alle) geworden ist, wird man gewahr, daß die ehemaligen Vorurteile nicht mehr gültig sind. In den einzelnen Familien besteht oft keine Notwendigkeit, von der Ehrwürdigkeit der Alten zu sprechen, da man meist nicht mehr unter einem Dach wohnt, häufig nicht einmal in einer Gemeinde. Daher kann jeder mit Familientraditionen leichter brechen. Es besteht kein Grund, die eigene Einstellung dem Altern gegenüber durch den Umgang mit den eigenen Alten zu überprüfen. Die Gefahr des Abschiebens in ein soziales und psychisches Ghetto ist z. Zt. von allen Bevölkerungsgruppen für die Alten am größten. Von Soziologen wird als Grund für die Entwertung des Alters oft angeführt, daß die Erfahrungen, die die jeweils Älteren gemacht haben, für die jeweils Jüngeren nichts mehr besagen: Maschinen, Lebensweisen, Notwendigkeiten im Umgang mit der Welt ändern sich so schnell, daß oft die Jüngeren den Älteren Meister sein können und nicht umgekehrt (Generationenkonflikt, Margeret Mead). Jedoch: die Erfahrung, älter und alt zu werden, ist nach wie vor *an den Menschen* gebunden, damit auch die Erfahrung, *menschliche* Aufgaben übernommen zu haben, etwa Kind gewesen zu sein, Eltern gewesen zu sein, Großeltern zu sein, Bindungen eingegangen und gelebt zu haben, ob erfreulich oder unerfreulich, Menschen verloren zu haben durch Unfall, Krankheit oder Tod im Alter. Auch die Erfahrung, daß Tod in früheren oder mittleren Jahren als Ungeheuerlichkeit empfunden wird, während vom alten Menschen gesagt wird, der war ja nun auch alt genug, der hatte vom Leben nichts mehr zu erwarten. Der Tod hat ihn „erlöst" (was man sonst nur noch den Krebskranken zubilligt). Da braucht man nicht einmal richtig traurig zu sein, sondern hat den Trost schon parat. Erfahrung auch, durch Verlust von Personen übrig zu bleiben, einsam zu werden, ohne „selbst schuld" zu sein. Daß man keine langen Beziehungen mehr hat, gehört zu den „normalen" Erfahrungen der Alten. Und während man der jüngeren Witwe Trauerarbeit zubilligt und es versteht, daß sie nur schwer über den Tod des Gatten hinwegkommt, in eine Krise gerät, die psychotherapeutische Hilfe erforderlich macht, ist es für den Alten Alltag, seine Trauer zu bearbeiten, nicht verrückt zu werden. Oder die Ertahrung, endlich von allen familiären und beruflichen Zwängen befreit zu sein und dennoch die Freiheit nicht genießen zu können, weil für die meisten Altsein auch mit finanziellen Einbußen verbunden ist. In unserem Staat ist keiner arm, sagen wiederum die Jüngeren. Und dennoch kennen viele die – vor allem weiblichen – Rentner, die die Scheiben Brot zählen, die sie täglich essen dürfen, um über den Monat zu kommen.

Die Renten bestimmen sich nicht nach den Bedürfnissen der Alten: man hat zufrieden zu sein mit dem, was man bekommt (Bedürfnislosigkeit in schlicht allen Bereichen, von der Sexualität bis zur Gesundheitspflege als ein, wenn nicht der Mythos des Alterns!). Im Alter sind die sozialen Ungleichheiten viel größer als in jedem anderen Lebensalter. Das Dumme ist, daß man die eigene Betroffenheit nicht ausmachen kann, denn bis dahin vergeht ja noch viel Zeit. Und gerade darum sind wir in diesen Erfahrungen, die ans Individuum gebunden sind, wo nie die Jüngeren den Älteren zum Meister werden können, auf die Alten und deren Bewältigungsversuche angewiesen. Auch angewiesen auf die Kenntnis von mißlungenen Bewältigungsversuchen.

II. *Gesamtdiagnose*

1. Grundhaltung

Mitleid ist nicht das Gefühl, das man sich selbst als Alter wünscht. Denn schließlich hat man ja gelebt, ist 60, 70, 80 Jahre alt geworden und dann Mitleid: das kann nur noch zur Verbitterung beitragen. Was man braucht, ist Verständnis, vielleicht Freundschaft, vielleicht Solidarität. Dabei ist der Unterschied zwischen den Generationen nicht zu leugnen, von keiner Seite. Es ist etwas anderes, jetzt 80 zu sein und jetzt 20 zu sein. Anerkennung des unaufhebbaren Generationsunterschiedes fördert nicht den Generationskonflikt, auch nicht Resignation und Entfremdung, sondern führt zur Auseinandersetzung und damit eben zum Verständnis.

a) *Selbstwahrnehmung:* Wenn ich nicht alt bin, kenne ich Alt*sein* nur aus der Fremdwahrnehmung, aber Alt*werden* aus der Selbstwahrnehmung; denn wir alle sind ständig für etwas alt genug oder zu alt.

Beispiel: In eine Klinik wird eine alte Frau gebracht, fast steif, zerzaust und verschmutzt, Unverständliches brabbelnd. Sie war wimmernd unter ihrem Bett gefunden worden, nicht mehr ansprechbar, kaum noch auf Reize reagierend. Nachdem sie gewaschen war, sollte sie ins Bett gelegt werden, was sich wegen der anhaltenden Steife nur schwer machen ließ. Folgender Dialog entspann sich zwischen zwei Pflegekräften:

1: Mensch, laß die doch einfach liegen.

2: Ich weiß nicht, die tut mir so leid, wahrscheinlich war sie völlig isoliert.

1: Da brauchst du auch nicht gleich unters Bett zu kriechen und zu verkommen, also mir passiert das bestimmt nicht.

2: Stell dir vor, du bist über Wochen allein, da wirst du doch ängstlich, vielleicht konnte sie auch nicht mehr die Treppen runtergehen, um sich was zu essen zu holen.

1: Hätte ja auch telefonieren können.

2: Ich kann mir vorstellen, daß man irgendwann das Telefon auch nicht mehr benutzt. Es muß doch furchtbar sein, gleichzeitig ganz allein sein zu müssen und immer, wenn du mit jemandem sprechen willst, ist es, um Hilfe zu bitten, das macht doch krank.

1: Ich würde eben rechtzeitig in ein Altersheim oder Altenpflegeheim gehen, da kann so was nicht passieren.

1: Trotzdem können wir hier nichts machen. Die liegt so ganz gut, muß Medikamente kriegen oder 'ne Sonde.

2: Ich weiß nicht, wenn die wirklich so lange unterm Bett gelegen hat, vielleicht tut es ihr gut, wenn wir sie massieren oder streicheln.

1: Igitt, ich graul mich vor alter Haut, ich stell mir das entsetzlich vor, wenn ich die kriege. Kann ich nicht anfassen.

2: Vielleicht kannst du nur so die Hand anfassen oder übers Gesicht streichen, ich versuche das andere. Ich kann das gut verstehen, was du sagst, ich hab mehr Übung durch meine Oma, bei der hab ich ganz gern gekuschelt.

1: Ach, darum bist du so verständnisvoll. Ich hab meine Oma nie richtig gesehen. Immer nur kurze Wochenendbesuche, sie vertrug sich mit meinen Eltern nicht. Außerdem wäre die Wohnung viel zu klein gewesen. Da war auch immer die Meinung, daß viele Generationen nicht immer unter ein Dach gehören. Ich glaub, meine Eltern waren ganz froh, als sie sich nachher umgebracht hat. Auch wegen Alleinsein. Auf der anderen Seite war meine Mutter ziemlich empört, daß *ihr* sowas angetan wurde. Das würde ihr nie passieren.

2: Dann hatte deine Oma sicher auch keine Aufgabe mehr. Überleg mal, was das heißt, du hast buchstäblich *nichts* zu tun. Du weißt nicht, wie lange du noch lebst, du kennst nur wenig Leute oder kannst dich nur so wenig bewegen, daß du nie richtige Erlebnisse haben kannst. Alles, worauf du warten kannst, ist einigermaßen anständig zu sterben. Du merkst, wie deine Selbständigkeit langsam nachläßt, dazu gehört ja auch noch das Innere: du hast unheimlich Sehnsucht nach was: nach wie es früher war oder nach Gesundheit oder nach Lachen oder nach Zärtlichkeit. Meine Großmutter hat es da ganz gut gehabt. Wir haben in einer Kleinstadt gewohnt, und während mein Großvater noch ein bißchen im Geschäft gearbeitet hat, nachher hat er nur noch so mit der Kundschaft geplaudert, hat sich meine Großmutter ganz vom Geschäft gelöst und die Familie übernommen. Wir waren fünf. So konnte meine Mutter ins Geschäft. Außerdem hätte sie den Haushalt sowieso nicht allein geschafft. Für meine Großmutter war das ganz gut. Sie brauchte nicht zu scheitern im Geschäft, wie sich das alles änderte, und sie hatte uns. Sie ist sehr zufrieden gestorben und wir waren alle traurig. Nicht, weil wir nicht eingesehen hätten, daß sie auch sehr alt war und eben sterben mußte, die Bindungen waren eben einfach so stark. Ich konnte gut zärtlich sein zu ihr. Komm, wir fangen an.

1: Laß doch, die ist verwirrt, die kriegt davon sowieso nichts mit.

2: Ich weiß nicht, wenn sie spürt, daß sie gestreichelt wird, vielleicht entspannt sie da. Vielleicht ist sie ja verwirrt, weil sie einfach alles nicht mehr ertragen hat und sowas Urtümliches wie Streicheln dringt bestimmt durch. Mensch, überleg doch mal, wie oft, wenn's dir dreckig geht, sehnst du dich danach, daß dich mal jemand einfach nur so streichelt. Und du denkst, das hört auf?

Hier brechen wir den Dialog ab und leiten ihn in die allgemeinen Fragen, die sich daraus ergeben, über. Was fühle und empfinde ich, wenn ich es mit alten Leuten zu tun habe? Wie verwandelt sich meine Ungeduld? Kann ich hinter den Falten Ursachen vermuten oder schreibe ich sie einem „Altersprozeß" zu? Was denke ich, bei welchen Handlungen im Alter wird jemand pflegebedürftig? Wie groß ist meine Toleranz gegenüber Alten? Wie möchte ich nicht sein, wenn ich alt sein werde? Welche Ausfälle und Schwächen billige ich mir zu? Was denke ich, wann ist jemand nur „normal" alt und wann wird die Person für mich ein „Fall für die Klapsmühle"? Landeskrankenhäuser sind heute noch viel überalterter als die Bevölkerung. Würde ich dort mit diesen Alten arbeiten wollen?

Wichtig: Wie oft beim Lesen der Fragen taucht die Neigung zu leugnen, zum Verwerfen, zum „Ich-doch-nicht" auf. Wenn Alter etwas mit Isolation zu tun hat und Isolation etwas mit psychiatrischer Symptomatik, wenn in Altersheimen neben Hospitalismus auch andere Fehlhandlungen auftreten und wenn Kontaktdichte zwischen Alten und Jungen einer Familie etwas mit psychischer Gesundheit zu tun hat: wie denke ich, daß *meine Eltern* altern sollen und wie will *ich selbst* altern (ganz ehrlich, ohne Idyllisierung)? Dürfen Alte zärtlich, sexuell, sehnsüchtig, albern sein oder sind solche Gefühle Grund für Entmündigung? Und einfacher: mit wieviel Alten habe ich Kontakt, war ich schon einmal in einem Altersheim, kenne ich Alte, die in psychiatrischen Einrichtungen sind? Sind sie da, weil sie alt sind oder weil sie krank sind, oder ist das schwer auseinanderzuhalten? Wenn ein alter Mensch mich auf der Straße anguckt, was empfinde ich?

Noch einige Worte zur Selbstwahrnehmung des psychiatrisch Tätigen im Umgang mit alten Menschen. Sind Alte dankbare oder undankbare Patienten? Wie gehe ich damit um, daß alte Menschen meist als Notfall in die Psychiatrie kommen? Meist lassen wir uns mit den Alten Zeit, obwohl wir wissen, daß ein Hinauszögern oder eine Verschiebung des Kontaktes eine Normalisierung der Störung unmöglich machen kann. Und noch ein anderer Aspekt der Zeit: die meisten von uns, nicht nur die Nervenärzte, haben einen ziemlich genauen Zeitplan, der einigermaßen mit den gewöhnlichen Mittelschichterwachsenen klappt. Der alte Mensch braucht mehr Zeit. Die Gefahr besteht also: ich diagnostiziere Verlangsamung; die Selbstdiagnose wäre aber: ich habe nicht soviel Zeit, wie dieser Mensch braucht, oder: wenn der alte Mensch etwas von mir will, muß er wieder die Abhängigkeit lernen. Probleme der Zeit und der Abhängigkeit können in den psychiatrisch Handelnden Unwillen und Aggressivität hervorrufen. Wie gehe ich damit um? Auch können der Auftrag, eine möglichst genaue Anamnese zu erheben, und das Gedächtnis des alten Partners im Widerspruch stehen. Dann auch die Frage der Motivation: selten wird ein alter Patient von sich sagen, er habe emotionale Probleme. Wahrscheinlicher ist, daß er jemanden sucht, von dem er denkt, daß er ihn versteht. Wie gehe ich damit um, daß es häufig schwer ist, die unmittelbaren Gefühlsausbrüche von älteren Menschen anzunehmen? Das ständige Hin und Her auf dem Kontinuum Nähe und Distanz kann zu einem Problem zwischen mir und dem alten Menschen werden. Ist für den alten Menschen die Zukunft weniger wichtig als die Gegenwart? Es ist ziemlich unmöglich, ihn durch die gegenwärtige Krise zu führen, indem ich ihn für sein zukünftiges Leben vorbereite. Wichtig ist auch, daß ich meine Geduld und meine Ungeduld dort kennenlerne, wo ich dafür verantwortlich bin, alte Menschen vor den moralischen Urteilen der Umgebung zu schützen, aber auch, wo ich dafür verantwortlich bin, Rede und Antwort zu stehen, was in einem Leben fehlt. Ist es wirklich wert, jetzt das Rauchen aufzugeben oder das Trinken? Ist es wirklich wert, sich neue Aufgaben zu suchen? Ist es wirklich wert, neue Selbstkontrolle aufzubauen? Wie will man das entscheiden? Die Gefahr liegt darin, daß man dem Alten das antwortet, von dem man denkt, daß er es gerne hören will, daß man sich nicht auf ihn einläßt, es nicht auf eine Beziehung ankommen läßt, sondern eher eine autoritäre Beziehung herstellt. Was bewerte ich im Umgang mit dem alten Menschen als Erfolg? Die für den psychiatrisch Tätigen sowieso notwendigen Frustrationstoleranz, wie groß muß sie im Umgang mit alten Patienten sein, wo immer wieder Stellung zu nehmen ist zu Unfähigkeit, Tod, Verlust, Abbau. Wie stehe ich selbst da, wenn ich genau weiß, wie schmerzlich es ist, Bindungen aufzugeben und dennoch vermitteln zu sollen, daß diese Loslösung (disengagement) notwendig ist.

b) *Vollständigkeit der Wahrnehmung:* Der physiologische Vorgang des Alterns ist kaum bekannt. Drei Faktoren greifen – schwer trennbar – ineinander: das Altern der Gewebe, die Krankheiten und Unfälle eines langen Lebens, die sich auf den Organismus auswirken, und im Alter auftretende Schwächen und Defekte, die schmerzhaft und einengend sind, wie z. B. rheumatische Arthrose, deren Einfluß man schlecht abgrenzen kann. Es scheint zu gelten, daß Altern keine bestimmten Krankheiten macht: wenn man also z. B. von Alterspsychosen spricht, ist eigentlich gemeint, daß eine psychotische Erkrankung im Alter auftritt, nicht aber, daß es eine das Alter kennzeichnende Erkrankung ist. Alte sind für eine ganze Reihe von Krankheiten und Erreger weniger anfällig. Aber schon geringfügige körperliche Ereignisse bewirken seelische Zusammenbrüche, deren Folgen ein überdauerndes Problem bleiben.

Der höhere Sozialstatus lindert die Leiden des Alters nicht, sondern betont sie anders. So werden Menschen, die ein geistiges Leben führen und ihren Kopf benutzen, mit körperlichen Einschränkungen leichter fertig, während die übliche Beeinträchtigung des Gedächtnisses für diese Gruppe von Menschen besonders leidauslösend ist.

Überblick über normale Altersveränderungen

A. Körperliche Veränderungen:

a) *Organe:* Einige altern schneller als andere, wobei z. B. der Grad der sexuellen Funktionseinbuße wesentlich von der Existenz eines interessierten Partners abhängt (s. Kap. 7). Kein einzelnes Organ konnte bisher als eines gefunden werden, das Altern macht. Auch gibt es keine spezifischen Funktionen, die als erste altern. Wichtig: Auch das Klimakterium bei Frauen ist nicht ein Signal für beginnendes Alter, es hört zwar die Gebärfähigkeit auf, aber die sexuelle Vergnügungsfähigkeit läßt nicht nach. Insgesamt werden die aktiven Zellen mit dem Alter weniger.

b) *Haut:* Wird zunehmend trocken und faltig, unelastisch. Vitamine und Hormone sind für die Verzögerung dieses Vorganges von geringem Wert, beeinflussen eher die Einstellung, die jemand zu sich selbst hat. Es gibt schneller blaue Flecken und Beulen und sie halten länger, da die Blutgefäße in der Haut zerbrechlich sind. Pigmentierung ist üblich, vor allem an den sichtbaren Partien der Haut.

c) *Haar:* Neues Haar hat weniger Farbe, es ist grau oder weiß, das Ergrauen ist ein langsamer Vorgang. Kahlköpfigkeit kommt wegen der Androgene bei Männern häufiger vor als bei Frauen.

d) *Blutgefäße:* Auf ihren Funktionsverlust wirken unter anderem zwei Faktoren: ein möglicher erblicher Defekt des Fettkreislaufes und ein Abbau des elastischen Gewebes in den Arterienwänden, was möglicherweise auch durch psychische Belastungen unterstützt wird (s. Kap. 8).

e) *Bewegung:* Die Muskeln zeigen Schwäche und Schwund (atrophische Prozesse), vor allem an Händen und Beinen. Ein gewisses Zittern während der Wachheit ist üblich (Altersparkinsonismus). Das führt weniger zu objektiven Einschränkungen (Schrift wird krakeliger), oft jedoch zu Scheu und dem Versuch, das Zittern zu verbergen, was zu mehr Zittern führt. Gebrauch der Hände und Beine beugt dem Abbau der Fähigkeiten am ehesten vor. Knochen werden brüchiger, vor allem, weil der Proteinhaushalt einem Wandel unterliegt, wodurch weniger Kalzium freigesetzt wird. Jedoch sollte aus Angst vor Stürzen der tägliche Spaziergang nicht vermieden werden. Die Wirbelsäule beugt sich, was das Ausbalancieren erschwert. Die Gesichtszüge werden starrer und die Gesamtgestik weniger und langsamer.

f) *Sinnesorgane:* Die Augenlinse wird zunehmend weniger elastisch, das Auge kann weniger gut auf nahe Dinge fokussiert werden. In hohem Alter läßt die Lichtempfindlichkeit der Linsen nach. Das Ohr wird gradweise taub für hohe Töne, so daß Laute und Worte falsch zugeordnet und verstanden werden. Komplette Taubheit ist insofern eine Katastrophe, als sie zu größerer sozialer Isolation führt als der Verlust aller anderen Sinnesorgane. Von 100 sozial isolierten alten Menschen haben 50% Schwerhörigkeit (geholfen werden könnte durch frühzeitigen Abbau der Scheu vor Hörgeräten). Geschmack und Geruch werden weniger fein, so daß Blumen den Duft und Tabak den Geschmack verlieren. In bestimmten Situationen bedeutet das Gefahr, z. B. wenn Brand nicht gerochen wird.

g) *Verdauung:* Die Sekretion der Verdauungssäfte läßt nach, die Bewegungen der Verdauungsmuskeln (Peristaltik) werden weniger. Für das Leben notwendige Vitamine und Mineralien, wie z. B. Vitamin B, Kalzium und Eisen werden nicht mehr so gut absorbiert und Säfte, die helfen, Protein zu verdauen, werden weniger produziert.

h) *Anpassung:* Die Fähigkeit zur Anpassung an sich ändernde Bedingungen, die für alle Lebewesen fundamental ist, wird mit dem Alter weniger wirksam und langsamer, teilweise durch strukturelle Veränderungen, teilweise durch Mißbrauch bedingt. Faulheit ist im Alter eine große Gefahr, denn geschwächte Muskeln und schlechte Gesundheit sind häufig Folge von Unbewegtheit und nicht Ursache. Selbst bei bester Kondition wird die Anpassungsfähigkeit schwächer, was sich besonders deutlich in Belastungssituationen zeigt. Die Muskel- und Atemreserven sind bei alten Menschen schneller erschöpfbar, und die stabilisierende Möglichkeit des Körpers, sich Temperaturen anzupassen, arbeitet nicht mehr so präzise. Wasser- und Elektrolythaushalt geraten bei Infekten leichter aus dem Gleichgewicht.

B. Seelische Veränderungen (noch abhängiger von Erziehung und Tun des Individuums):

a) *Geistige Fähigkeiten:* Schon bei der Betrachtung der Veränderung der geistigen Fähigkeiten, wie sie z. B. durch Intelligenztests gemessen werden, zeigt sich die Bedeutung der Vorbemerkung. Ging man früher davon aus, daß Menschen mit dem Alter dümmer werden (gradweiser Abbau der intellektuellen Fähigkeiten *durch das Alter),* so weiß man heute, daß das Alter nur eine Nebenrolle spielt und daß z. B. die letzte berufliche Stellung, die Schulbildung, die Gesundheit, die Motivation, der derzeitige Umgang, die derzeitige Umgebung – anregend oder nicht – sehr viel bedeutsamer für die intellektuellen Fähigkeiten im Alter sind als das schiere Alter.

b) *Lernfähigkeit:* Lange Zeit ging man davon aus, daß alte Menschen nicht mehr dazu lernen können. Nach heutigem Wissen läßt sich das nicht mehr so eindeutig sagen. Lernfähigkeit und Gedächtnis gehen nicht „verloren", jedoch ergeben sich charakteristische und schwerwiegende Änderungen. Neue Erlebnisse werden nicht so gut erinnert, neue Lerninhalte nicht so gut gelernt. Für das Lernen im Alter sind die Beweggründe (Motivation) von großer Bedeutung: Warum soll etwas gelernt werden, lohnt sich das noch? Die Frage, die schon Schüler stellen, wird bei diesen immer wieder mit dem Verweis auf das vor ihnen liegende Leben beantwortet. Aber bei Alten? Die Frage des Arztes oder Richters beim Entmündigungstermin nach dem Datum des Tages ist eine Diskriminierung, denn was interessiert das den alten Menschen! Bedeutsam für das Lernen im Alter ist auch die Art der Darbietung. Lerninhalte müssen anschaulich und konkret dargeboten werden, um behalten zu werden. Sicher ist auch, daß sich das Tempo verändert. Alte lernen nicht so schnell – und der Vergleich der Schnelligkeit des Lernens läßt oft den Eindruck entstehen, weniger lernfähig zu sein. Aber bei genügend Zeit können Alte genauso lernen wie Junge (natürlich mit der Einschränkung, daß die Lerninhalte sowohl der Interessenlage als dem geistigen Niveau entsprechen müssen).

c) *Gedächtnis:* Alte Menschen haben ein gutes Gedächtnis für Erlebnisse in ihrer Jugendzeit, jedoch ein schlechteres für neuere Erlebnisse. Es ist nicht eindeutig, ob wirklich eine Verbesserung des Altgedächtnisses auftritt oder ob lediglich das Nachlassen von Kontrollmöglichkeiten den Eindruck der Verbesserung hervorruft. Auch hier ist dem Faktor des Interesses große Bedeutung beizumessen. Ein alter Mensch mag sich wieder mehr für seinen Lebenslauf interessieren, auch sich „gern" an vergangene Zeiten erinnern, während er das Interesse an zeitgenössischen Ereignissen verliert. Bei alten Menschen können die peripheren Gedächtnisinhalte (Selbstverständlichkeiten in Zeitabläufen oder Logik von Handlungen) so an Bedeutung verlieren, daß es zu kleineren oder größeren Desorientierungen kommen kann. Sicher hängt damit auch die Vergeßlichkeit zusammen. Dabei ist auch hier zu erwähnen, daß die subjektive Bedeutung einer Sache prägend ist. Wenn ein junger Mensch vergeßlich ist, wird er der Schusseligkeit geziehen und angehalten, den z. B. verlorenen und verlegten Gegenstand so lange zu suchen, bis er ihn gefunden hat, oder gemahnt, nächstes Mal nicht mehr so vergeßlich zu sein. Bei alten Menschen reicht die Benennung der Vergeßlichkeit zusammen mit dem Schluß: das ist das Alter, aus, um die subjektiv empfundene Angst zu vergrößern und damit die Gedächtnisleistung, analog Prüfungssituationen, zu verschlechtern und weiterführende Handlungen zu unterlassen.

d) *Psychomotorik:* Vom 30. Lebensjahr an läßt sich eine zunehmende Verlangsamung des psychischen Tempos und der psychomotorischen Fähigkeiten beobachten, wobei entscheidend die Verlängerung der Reaktionszeit ist. Jedoch zeigt sich im Bereich der Psychomotorik (Autofahren, Schreiben, Nähen, Basteln), wie abhängig Veränderungen vom sozialen Status sind und dem, womit man sich immer beschäftigt (Übung), auch von Gesundheit und Motivation (warum soll ich einen Brief schnell schreiben, ich habe doch soviel Zeit, bzw. warum soll ich schnell gehen).

e) *Persönlichkeit:* Die Aussagen darüber, ob sich im Alter die Persönlichkeit verändert, starrer, enger, bizarrer, ausgeprägter, tiefer, flacher wird, sind einmal davon abhängig, wie man solche Fragen untersucht. Wendet man Längsschnittuntersuchungen an, so bleiben die Menschen eher gleich (Konstanz der Persönlichkeitsmerkmale). Querschnittsuntersuchungen, die z. B. eine 70jährige Gruppe mit einer Gruppe 80jähriger vergleicht, zeigen, daß sich Persönlichkeitsmerkmale ändern. Soziale und motivationale Einflüsse sind zu bedenken. Jemand, der jetzt 10 Jahre älter ist, lebt nie unter gleichen Bedingungen wie der, der 10 Jahre jünger ist. Mit einiger Sicherheit kann man sagen, daß sich für den Alten die sozialen Kontrollen ändern, was einen Einfluß auf die persönlichen Handlungsweisen hat (in gewissem Umfang genießen alte Menschen Narrenfreiheit, nicht selten ist der Satz zu hören: ich kann mit das jetzt ja leisten). Derjenige, der in seinem Handeln unverändert bliebe, wenn die Bedingungen sich ändern, wäre auch im Jugendalter auffallend – oder extrem innengeleitet. Das reine Altern ist für Persönlichkeitsänderungen weniger bedeutsam als die Ausgangssituation, soziale und biographische Aspekte.

Am Ende dieses Abschnittes über die „normalen" Verläufe im Alter ist folgendes zu betonen: 1. Die große Zahl der Menschen über 65 kommt nicht dadurch zustande, daß die Lebenserwartung gestiegen ist (die Menschen werden heute im Durchschnitt nur 5 Jahre älter als vor 100 Jahren, wobei für bestimmte Gruppen – männliche Industriearbeiter – nicht einmal das gilt); vielmehr gibt es mehr Alte, weil verbesserte soziale Bedingungen und medizinische Versorgung dazu beitragen, daß mehr Menschen alt werden. Außerdem war die Geburtenrate sehr hoch. Auf Grund der schwankenden Geburtenrate ist der Anteil der Alten an der Gesamtbevölkerung Schwankungen unterworfen. 2. Die Kränkungen, die sich im Alter ergeben, sind wesentlich *nicht* durch das Alter bedingt, sondern durch die psychische und soziale Situation alter Menschen. Am gerechtesten wird man der Frage wohl, wenn man Alter ganz klar als psychosomatische und soziosomatische Einheit sieht. Die Kränkungen, die im Alter zu verkraften sind, sind dann u. a.

– *das Gefühl, unerwünscht zu sein:* Der alternde und alte Mensch hört oft, er solle sich doch nicht bemühen, lieber aus dem Wege gehen, Dinge liegen lassen, sich doch bloß nicht kümmern. Er darf nicht mehr berufstätig sein (wie Kinder, nur noch in der Phantasie). Es hängt nichts mehr von ihm ab; viele werden sich lieber aus dem Staube machen und sich zurückziehen, still werden, sich lieber nicht einmischen, um diesem Gefühl, unerwünscht zu sein, begegnen zu können.

– *finanzielle Unsicherheit und das Gefühl finanzieller Unsicherheit:* Das Alter bringt für die meisten ein gewisses Maß an Verarmung mit sich. Besonders auffallend ist das für Witwen, die keine eigene Rente haben. Entscheidend ist nicht allein die absolute Höhe des monatlich zur Verfügung stehenden Betrages, sondern auch die Kluft zum vorher Gehabten. Gleichzeitig kann man nichts mehr für den Zuwachs des persönlichen Eigentums tun. Die Arbeitskraft ist nicht mehr einsetzbar und damit erhöht sich die Abhängigkeit. Von daher steht man jeder wirtschaftlichen Veränderung, aber auch jeder größeren Anschaffung, häufig schon Reisen, ängstlich und bedroht gegenüber. Das Gefühl schwindender körperlicher Kraft und Sicherheit wird auch aufs Geld übertragen (Verarmungsangst). In manchen Fällen mag zutreffen, daß für alte Menschen Geld gleichbedeutend ist mit Stärke und Einfluß. Auf der anderen Seite sollte man nicht vergessen, wie abhängig man als Rentner tatsächlich von der wirtschaftlichen Situation eines Landes und von dessen Politikern ist.

– *Das Gefühl, unbrauchbar zu sein:* Mit dem Wegfallen der Arbeit entsteht für die meisten Menschen ein großes Zeitloch, das sie nicht füllen können. Arbeit stellt im Leben eines Menschen nicht nur ein notwendiges Übel, sondern auch ein Teil seiner Selbstverwirklichung dar. Wenn er dieses Teiles beraubt ist, kann der Mensch in tiefe Krisen geraten. In manchen Ländern begegnet man dem, in dem man Werkstätten oder Arbeitsplätze für alte Menschen organisiert. Dies ist sicher leichter möglich in Ländern, in denen eine Arbeitsplatzplanung möglich ist. Nicht unwidersprochen blieb die Aussage einiger Soziologen, daß nur der gesund altern könne, der in der Lage sei, sich von seinen Erwachsenen-Rollen zu entfernen (Disengagement), wobei gelegentlich hinzugefügt wird, daß ein neues Engagement an neue Aufgaben förderlich sein kann. Dem einen ist entgegenzuhalten, daß eine langsame Loslösung aus gewohnten Aufgaben und Rollen das Gefühl der Unbrauchbarkeit verstärkt und daß auf der anderen Seite, selbst wenn man ein neues Engagement bejaht, so viele Aufgaben gar nicht zur Verfügung stehen. Bei den bisher aufgeführten Gesichtspunkten sind soziale Unterschiede zu berücksichtigen. Jedoch ist zu vermuten, daß bei dem Gefühl, unbrauchbar zu sein, soziale Unterschiede in Abhängigkeit von der letzten beruflichen Situation am deutlichsten zutage treten. Allerdings spielen andere Faktoren, wie die Nähe zur Familie, das Engagement in Hobbyclubs oder in der Politik u. ä. eine Rolle.

– *Einsamkeit:* Einsamkeit ist nicht gleich Isolation, vielmehr kann man sich auch in einer Menschenmenge einsam fühlen. Wesentlich für das Erlebnis der Einsamkeit ist, daß man nicht seinesgleichen findet und keinen Gesprächspartner hat. Ein Mensch, der einsam ist, sorgt sich um seine Seele, wobei er aus Gründen der Ablenkung und der Vermeidung totaler Einsamkeit häufig Ärzte aufsuchen mag, die ihm Zeit gönnen. Auch bei den kirchlich organisierten Altenhilfen ist darauf zu achten, daß das seelsorgerische Element bei der Begegnung mit der Einsamkeit nicht vernachlässigt und zugunsten der Versorgung (z. B. mit Essen und Gesundheitspflege) hintenangestellt wird. Das Gefühl der Einsamkeit kann man schwer wegorganisieren, und gelegentliche Kaffeekränzchen oder die Einladung zu Altentreffs können das Gefühl der Einsamkeit auch erhöhen. Wer auch immer dem einsamen Menschen begegnet, sollte sich nach den individuellen Ausprägungen der Einsamkeit erkundigen und keine Rezepte auf die Einsamkeit draufsetzen. In einer von Blume durchgeführten Untersuchung hat sich ergeben, daß viele Alte behaupten, nicht einsam zu sein, obwohl sie es objektiv sind. In dieser Art des Umgangs mit der Einsamkeit zeigt sich möglicherweise Selbstschutz und Abwehr.

– *Langeweile, Ziellosigkeit:* Häufig ist nicht der Mangel an Arbeit oder Beschäftigung Auslöser für Gefühle von Langeweile und Sinnlosigkeit, sondern der *Mangel eines Zieles.* Eine gute Möglichkeit, Ziele zu finden, ist dort verwirklicht, wo für Alte eine Unmenge von Aktivitäten wie Busreisen, Gymnastik, gemeinsames Kaffeetrinken, gemeinsame Diskussionsabende u. ä. angeboten werden, wobei wichtig ist, die bereits eingeschlichene Langeweile zu diskutieren und nicht durch Programme zuzuschaufeln. Anzumerken ist, daß nach Blumes Befunden organisiertes Reisen das einzig effektive BSHG-Angebot ist.

– *plötzliche Veränderungen:* Desorientiertheit und Verwirrtheit treten weniger auf, wenn der alte Mensch Gelegenheit hat, sich auch in seinen Tätigkeiten, seinen Besuchen und seinen Erlebnissen eine gewisse Routine anzueignen. Es ist günstiger, regelmäßig Besuche zu haben bzw. regelmäßigen Aktivitäten nachzugehen als plötzliche Aufschwünge. Den gleichen Ausflug mit 14 Tagen Erwartungszeit gemacht, erlebt eine alte Frau wesentlich angenehmer, als wenn er nach einem plötzlichen Entschluß am Abend zuvor erfolgt. Alte Menschen brauchen längere Zeit, sich von einem Ort zum anderen zu bewegen, sich anzukleiden, ihre Sachen zusammen zu haben, so daß plötzliche Ereignisse sie überfordern und in eine überstarke Hektik hineintreiben.

– *Komplexität der Anforderungen:* Zwei alte Frauen wollen eine Straße überqueren, obwohl die gegenüberliegende Ampel rot zeigt. Deutlich hörbar nähert sich ein Unfallwagen, so daß alle Autos an der Kreuzung anhalten. Es sprechen also zwei Signale, sowohl das Rot der Fußgängerampel als auch das Aufheulen des Martinshornes gegen das Überqueren der Straße, dennoch nehmen die beiden Frauen an diesem Halten aller Autos zum Anlaß, auf die Straße zu gehen. Für sie ist diese Situation sicher zu komplex und die einfache Orientierung, an die sie sich sonst halten, reicht nicht aus.

– *Angst vor dem Tod:* Es ist unwahrscheinlich, daß alte Menschen nur noch leben um zu sterben. Vielmehr leben sie aus diesem oder jenem Grund oder einfach auch nur so vor sich hin, aber häufig wird das Warten aufs Sterben als Grund für das Leben angegeben. Dieses muß immer als Ausdruck erlebter Sinnlosigkeit oder erlebter Angst verstanden werden. Die älteren Menschen bevorzugen normalerweise, über ihre Angst vor dem Sterben und über ihre Wünsche, wie sie gern sterben möchten, offen zu sprechen. Auch über die Art der Beerdigung, die ja schließlich ihre Beerdigung ist, sollte nicht geschwiegen werden. Häufig beginnen alte Menschen solche Gespräche, die ihre Furcht vor dem Sterben, aber auch ihre Gedanken daran, wie es denn sein wird, beinhalten und häufig genug wird ihnen mit einer Bemerkung über den Mund gefahren: „Unsinn, du lebst doch mindestens noch 10 Jahre" (als ob das nicht Unsinn ist). Für den alten Menschen wird die Angst vor dem Tod zunehmend Wirklichkeit, so daß man ihr offen begegnen muß. Die Einstellung zum Tod ist in unserer Gesellschaft diffus. Viele erleben ihn als etwas Grauenvolles, manchmal wird vom Sterben als etwas Stillem, manchmal als etwas Bewegtem gesprochen. Je nach Einstellung und Erziehung wird man gefaßt oder aufgewühlt. Da es neben dem Sterben am Lebensende bzw. neben dem Sterben durch Krankheit heute viele Tode durch Unfälle gibt, ist es leicht, mit der Selbstverständlichkeit des Sterbens in Verwirrung zu geraten, denn bei jedem Unfall kann man sich fragen, mußte das sein; und man neigt zu leicht dazu, diese Frage auf das Sterben am Lebensende auszudehnen.

Diese Aufzählung will nur die Nachdenklichkeit anregen und es ist sicher, daß jedem einzelnen Leser, mehr noch den Gruppen, Probleme einfallen, die den alternden Menschen in besonderem Maße gefährden oder beeinträchtigen. Nicht ausführlich benannt sind hier z. B. die soziale Isolation, die mangelhafte Wohnsituation, Probleme, die sich durch den Verkehr ergeben, oder auch Schwierigkeiten der Freizeitbedingungen.

c) *Normalisierung der Beziehungen*

Alt zu sein ist für die psychische Gesundheit riskant, nicht so sehr jedoch, weil man alt ist, sondern weil man mit mehr Problemen zu tun hat, die man auch in der Jugend nicht gut verkraftet hätte.

Die vorangegangene Aufstellung gibt eine bessere Einsicht, kann mich freier und unbefangener machen. Der Alte ist nicht völlig unbekannt, sondern er wird ein Wesen mit ihn und mich interessierenden Themen. So wie für den Jüngeren der Erhalt des Arbeitsplatzes und der Arbeitsfähigkeit Themen von großer Bedeutung sind, so für den Alten meist Themen über irgendeinen Mangel.

Übung: Ich sollte jetzt mutwillig und absichtlich im Café, auf der Bank, im Zug – w o   s i n d   d i e   a l t e n   M e n s c h e n   e i g e n t l i c h   z u   t r e f f e n ? – ein Gespräch mit einem alten Menschen herbeiführen, indem ich versuche, etwas von seinem Altern mitzubekommen.

Um unser Beispiel von vorhin aufzugreifen: Bei der alten Frau begann sich nach einer Weile nicht nur der Massageeffekt im Sinne besserer Durchblutung durchzusetzen, sie wurde auch zunehmend entspannter, konnte sich ohne weitere Medikamente ruhig und behaglich im Bett einrichten und konnte nach anfänglichen Schwierigkeiten auf die Frage: ist es ihnen lieber, ich füttere sie oder wollen sie selbst essen? eine Suppe selbständig mit einem Röhrchen einnehmen. Für den weiteren Aufenthalt in der Klinik, der nur ein paar Tage dauerte, war wichtig, daß sie nicht „die Alte" oder „das Omchen" sondern Frau W. war. Es war ihr peinlich, unter den beschriebenen Umständen in die Klinik gekommen zu sein. Sie war lange allein gewesen, hatte allmählich den Überblick über die Wochentage und die Tageszeit verloren, obwohl sie gewissenhaft das Kalenderblatt jeden Tag abriss. Sie war dann eines Sonntag morgens aufgewacht mit Hunger, ohne etwas zu Essen im Hause zu haben und sich zu schwach fühlend, rauszugehen. So hatte sie begonnen, jeden Winkel der Wohnung nach etwas Eßbarem abzusuchen. Da sie häufig im Bett aß, hatte sie die Hoffnung gehabt, unter dem Bett ein Stück Brot, Schokolade oder ähnliches zu finden. Dabei muß sie einen Schwächeanfall erlitten haben. An mehr konnte sie sich nicht mehr erinnern.

Sie fühlte sich nach ihren eigenen Angaben in der Klinik nicht entwürdigt, sondern verstanden. Auch spürte sie, daß die Menschen sie nicht bemitleideten, sondern sie in ihren Handlungsweisen zu verstehen versuchten. Das trug dazu bei, daß sie selbst das Ungeheuerliche der Situation und ihre Scham besser ertrug. Bedeutsam für sie war: daß man sie nicht zum Fall machte; daß man sich für ihre Wünsche und Bedürfnisse (z. B. Fernsehen, Baden, Frisieren, nicht im Flügelhemd auf den Flur zu müssen) interessierte; daß sie spürte, wie die Höflichkeit aufrechterhalten wurde; daß man ihr keinen Vorwurf machte und auch nicht einfach nur sagte, sie sei jetzt senil, sondern ihr half, zu verstehen, was geschehen war; daß man sie nicht noch mehr isolierte, so daß ihr „kalt" wurde, sondern daß sie „Wärme" spürte; daß man ihr nicht mit der Vorstellung begegnete, nun endgültig in Pflege zu müssen; daß man ihr das Gefühl gegeben hat, es lohnt sich noch: sie hatte zwar keine Angst vor dem Sterben, jedoch hätte sie bei dem Eindruck, es lohne sich nicht mehr, die Anstrengung der Gesundung gescheut; daß sie sich ernst genommen fühlte darin, daß man sie auch in ihren Sorgen und „Pusseligkeiten" zu verstehen versuchte und sie nicht abtat. Für sie war entscheidend, daß man ihr als Mensch begegnete, der seine besonderen Schwierigkeiten hat und nicht als Altem, um den man sich nicht besonders zu kümmern brauchte.

2. Wie begegnen Alte ihren Schwierigkeiten bzw. Krankheiten?

a) Zu den häufigsten psychiatrischen Erkrankungen im hohen Lebensalter gehören die Beeinträchtigungen, die mit *Hirngefäßleiden* einhergehen (s. Kap. 8). Wesentliche Symptome betreffen die

Sprache. Die Beeinträchtigung kann darin bestehen, daß Wörter nicht richtig artikuliert und benutzt werden können (motorische Aphasie), daß Wörter nicht richtig verstanden werden (sensorische Aphasie). Meist sind alle drei Bereiche betroffen, jedoch selten vollständig. Beeinträchtigungen der Fähigkeiten zu lesen, zu schreiben und zu rechnen, sind meist Begleitsymptome. Es kann jedoch auch vorkommen, daß Menschen eine komplette motorische Aphasie haben, also nicht mehr sprechen können, sich schriftlich aber ganz gut verständigen können. Es ist in jedem Einzelfall neu zu diskutieren, ob man die Anstrengung auf sich nehmen soll, „Ersatzsprachen" (z. B. über Bewegung) zu trainieren, da die Enttäuschung, trotz der Anstrengung mangels Partner nichts mit der Ersatzsprache anfangen zu können, schlimme Folgen haben kann. Neben der Sprache können Beweglichkeit und Orientierung gestört sein. Räumliche Orientierung kommt in fast allen Alltagshandlungen vor, beim Aufstehen, Anziehen, Haare kämmen, Zähne putzen usw.. Wie beim Verlust der Sprache zeigt sich die Beeinträchtigung der räumlichen Orientierung leichter bei Handlungen, die nicht zur Routine eines Menschen gehören. Bei der Auswirkung dieser Störung sind soziale und psychische Faktoren von Bedeutung.

b) *Senilität* (Kap. 8): Veränderungen sind z. T. irreversibel (nicht mehr rückgängig zu machen). Heute weiß man aber, daß z. B. die Hebung der Gefühlslage und die Besserung der Kooperationswilligkeit Folgen von angemessenem psychischen und sozialen Zugang sind. Zur Senilität gehören als Symptome: a. Verlust des Gedächtnisses für neue Ereignisse – im schweren Falle Korsakowsyndrom. b. Veränderung der Persönlichkeit in den Bereichen Sozialverhalten, Temperament, Beeinflußbarkeit, Selbsteinschätzung. Es kann auch zur Beeinträchtigung der Urteilsfähigkeit kommen. c. Emotionale Labilität ist häufig, wobei sie sich äußert einmal in einer Kluft zwischen der gefühlsmäßigen Reaktion und dem auslösenden Reiz. Es besteht die Tendenz, aus keinem sichtbaren Anlaß extrem zu lachen oder zu weinen; zum zweiten äußert sie sich in heftigen Stimmungsschwankungen in kürzester Zeit. d. Es kann ein Sprechzwang auftreten, wobei ununterbrochen gebrabbelt wird, meist wird dieselbe Geschichte oder dasselbe Wort oder derselbe Satz wiederholt (die Gewohnheit des Selbstgespräches in Isolation ist uns allen bekannt). e. Ruhelosigkeit und der Zwang herumzuwandern sind Ausdruck seniler Erkrankungen, beides tritt periodisch auf und ist nicht andauernd. Es kann jedoch sein, daß der Zwang herumzuwandern einigermaßen kontrolliert ist, die Ruhelosigkeit sich darin äußert, daß der Betreffende ständig an sich herumfummelt, mit den Händen spielt, etwas trinkt oder Gegenstände in der naheliegenden Umgebung befummelt. f. Auch bei senilen Handlungsweisen können spezielle Störungen wie Sprachstörungen und Störungen der räumlichen Orientierung vorkommen. Es gibt für senile Handlungsweisen nicht *eine* Ursache, vielmehr sind sie auch als Ausdruck eines psychosomatischen Geschehens zu verstehen, dessen Zusammenhänge noch nicht geklärt sind.

Wenn man Senile ermutigt, sie in anregende und gefällige Umgebung bringt, alle Anforderungen vereinfacht, sie in Gemeinschaft hält, sie zu Aktivität anregt, ihre körperliche Gesundheit fördert, gleichzeitig neue Gewohnheiten, z. B. auf die Toilette zu gehen, ausbildet, desto wahrscheinlicher wird eine Besserung des physischen Gesundheitszustandes. Anmerkung zu dem auf die Toilette gehen· Ruhelosigkeit und Umherirren könnte häufig dazu führen, daß Menschen den ihnen gewohnten Weg zur Toilette nicht finden bzw. die Zeiten falsch einschätzen, so daß sie in die Hose machen. Dies ist allen Menschen äußerst peinlich, sowohl den Betroffenen als den Angehörigen, so daß es meist verheimlicht wird.

Beispiel: Eine alte Frau stapelte Berge schmutziger Unterhosen, die sie nicht wusch, weil die Angehörigen dann von ihren Mißgeschicken erfahren hätten.

c) *Störung der Beziehung zu Anderen und sich selbst: Depressiv sein* gehört im Alter zu den häufigsten Umgehensweisen mit Schwierigkeiten. Die Klärung des Ausmaßes endogener und reaktiver Beteiligung ist eher belanglos. Die Anlässe, depressiv zu handeln, häufen sich. Eine alte Person, deren

Handeln vorwiegend depressiv ist, wird extrem langsam, sie verliert Interesse an fast allem, vor allem an Kontakten mit Menschen und mit der Umwelt. Die Einstellung zu sich selbst ist die größter Wertlosigkeit. Die Schuld in vielen kleinen und großen Vorkommnissen gilt als erwiesen. Die Beschäftigung gilt vorrangig der Verdauung. Der Audruck geht verloren oder er wird starr. Es ist nicht immer einfach, Personen, die depressiv sind, von solchen, die senil sind, zu unterscheiden. Ein guter Indikator ist das Gedächtnis: bin ich depressiv, so antworte ich langsam aber richtig. Depressive Handlungsweisen folgen Schockerlebnissen und starker Verzweiflung. Häufiger schleicht sich allmählich eine depressive Haltung ein. Menschen, die von früher her zu depressivem Handeln neigen, sind bei Anforderungen im Alter leicht depressiv, weil sie diese Art des Umgehens mit Schwierigkeiten gelernt haben. Hat ein alter Mensch den Gedanken, sich umzubringen, so tötet er sich eher auch wirklich als ein jüngerer Mensch. Der Gebrauch von Alkohol, Schmerzmitteln, „Schlafmitteln", Tranquilizern als Mittel gegen Gefühle der Einsamkeit und Sinnlosigkeit ist häufiger geworden.

Paranoide und schizophrene Handlungen: Jede motorische und sensorische Beeinträchtigung, vor allem die im Bereich des Hörens und Sehens, kann zu paranoider Verarbeitung führen. Wahninhalte beziehen sich meist auf die Situation des alten Menschen (die Familie will ihn umbringen, damit das Erbe angetreten werden kann). Nicht nur sensorische Beeinträchtigungen, sondern auch sensorische Deprivation (wie soziale Isolation, wenn die durchschnittlich gebrauchte Anregung über ein subjektiv tolerierbares Maß hinaus sinkt) kann zu paranoidem Handeln führen.

Beispiel für das Zusammenspiel organischer, seelischer und sozialer Bedingungen: Ein alter Mensch begegnet seiner Merkschwäche (er hat die Geldtasche verlegt), die er nicht wahrhaben mag, mit der Äußerung: „Ich verlege nie etwas!" (Scham-Abwehr der Angst vor Verlust der eigenen Fähigkeiten). Aber eine Erklärung für die verschwundene Geldtasche muß her. Also: „Da ich die Geldtasche nicht verlegt habe und auch nicht weggenommen habe, muß jemand anderes in der Wohnung gewesen sein!" (paranoide Umdeutung und Abwehr). Er sucht Beweise und findet sie: z. B. um das Schlüsselloch der Wohnungstür von außen herum sind Kratzspuren (bedingt durch die eigene Zitterigkeit). Er weiß auch, wer es war: junge Leute, die unter ihm wohnen und ihn durch „sexuelle Orgien" sowieso stören (Abwehr selbst-verbotener sexueller Wünsche). Evtl. wird er sich an ihnen rächen, z. B. durch Klopfen auf den Fußboden oder indem er mit Nachbarn über sie herzieht. – Akute schizophrene Erkrankungen gibt es im Alter so gut wie überhaupt nicht; allerdings können alte Menschen, die früher zu schizophrenen Handlungsweisen geneigt haben, bei Nachlassen der sozialen Kontrolle im Alter wieder ihre schizophrenen Züge und Anteile mit gedanklicher Verworrenheit, sprachlicher Zerfahrenheit und abstrusen Gedanken (Paraphrenie) verstärken.

III. *Therapie und Selbsttherapie*

Es ist schon angesprochen worden, wie meine Ängste, Vermeidungen, Abwehr und Aggressionen, die mit Schuldgefühlen gepaart sein können, dazu führen, daß der alte Mensch in einer therapeutischen Beziehung abgewiesen wird, nicht zu seinem Recht kommt, Objekt seines Tuns wird, nicht Partner gemeinsamen Handelns. Häufig werden gerade in Institutionen alte Menschen entmündigt, zu Kindern gemacht. Das äußert sich in der verniedlichenden Form der Anrede, wie auch darin: daß der alte Mensch behandelt wird wie jemand, der nicht weiß, was gut für ihn ist, wie jemand, der noch nie in seinem Leben auch nur eine Schwierigkeit bewältigt hat, wie jemand, dem man nicht zutraut, daß er über sein Wissen, wie er eine Situation angegangen wissen möchte, verfügt. Oft ist es langwierig, mit dem Menschen Lösungen zu finden; und oft sind die Widerstände, auf die wir stoßen, eine so feste Mischung von subjektiven und objektiven Gründen, daß Lösungen Kompromisse sein müssen.

Beispiel: Es bricht ein Mann zusammen, unmittelbar nachdem er seine zusammengebrochene Frau gefunden hat, weil er denkt, daß sie gestorben ist. Selbst als er später erfährt, daß sie noch lebt, handelt er, als wäre sie tot. Er freut sich nicht, ist nicht erleichtert, besucht sie nicht, sondern benimmt sich „komisch", realitätsfern, desorientiert, ist voll Verzweiflung und Trauer. Innerlich hat er den Moment der endgültigen Trennung von der Frau sehr befürchtet, und so war es für ihn „klar", daß der Moment, in dem er sie wie leblos hat daliegen sehen, der Moment der Trennung war. In dieser Situation kann es für den Mann nicht die richtige Lösung sein, überredet zu werden, seine Frau zu besuchen, sondern es kommt darauf an, ihm Zeit zu lassen, ihn gegen die Anforderung der Verwandten, doch die Frau zu besuchen, zu schützen, ihm zu ermöglichen, seine Gefühle der Traurigkeit und der Verzweiflung anzunehmen als etwas, was selbst, wenn es jetzt nicht Wirklichkeit ist, in unmittelbarer Zukunft Wirklichkeit werden kann.

Im Umgang mit alten Menschen werden wir an unsere Grenzen des Handelns geführt, und wir finden uns der Herausforderung gegenüber, uns Originalität bei der Bewältigung von Lebensproblemen zu gestatten, den Alten aus sich heraus zu verstehen, mutig zu sein, auch gegen Sitte und Anstand und gegen mögliche Erwartungen von Angehörigen und Berufskollegen zu verstoßen.

Beispiel: Eine Frau, die lange allein gelebt hat, möchte noch einmal eine Beziehung eingehen, wobei ihr die Vorstellung von intimen Kontakten und körperlicher Zärtlichkeit – sie ist 70 – Konflikte bereitet. Einerseits möchte sie keine Zweckgemeinschaft, andererseits stehen ihr Scham- und Schuldgefühle im Weg. Da sie ihrer stark erlebten Einsamkeit wegen schon mit erheblichen Störungen und neuerlich mit einem Suizidversuch mehrfach zur Beratung war, wird jetzt mit ihr erarbeitet, wie sie ausprobieren kann, welche Art von Partnerbeziehung ihr möglich ist. Es wird vereinbart, daß sie – wie in früheren Jahren – versucht, mit einem Mann Zeit zu verbringen, später in Urlaub zu fahren und zu sehen, was sie dabei empfindet, wenn sie sich nahekommen. Die auftauchenden Gefühle sind Inhalt der therapeutischen Begegnung.

Im Umgang mit Alten wird Hoffnungslosigkeit häufig dadurch bestärkt, daß ich denke: so jemandem kann man keine Hoffnungen mehr machen. Die Antwort lautet: ich tue es gar nicht, ich nehme die Wünsche des alten Menschen ernst und suche in *seiner* Wirklichkeit nach Lösungen, von denen Verzicht eine mögliche ist, aber auch nur eine.

Noch ein *Beispiel:* Alte Menschen kommen (bisher) selten mit Partnerproblemen zur Beratung, obwohl Störungen der Partnerbeziehung krankes Handeln des Einzelnen bedingen. Einem seit fünf Jahren nicht mehr berufstätigen Ehepaar war es nicht gelungen, nach der Berentung die Frage der Distanz und der Nähe neu zu bestimmen. Früher hatte jeder seinen Beruf, Freizeit verbrachten sie zusammen. Nach der Berufszeit fiel die Möglichkeit, eigene Wege zu gehen deswegen weg, weil man sich geschworen hatte, die Zeit gemeinsam zu verleben: beide waren betroffen zu sehen, daß sie sich gegenseitig so beschränkt hatten, daß sie krank geworden waren und nun im Streit darüber waren, wer wen pflegen mußte. Es wurde vereinbart, daß sie beide tagsüber unterschiedlichen Aktivitäten nachgehen sollten, in dem Rahmen, den sie sich zutrauten. Die Frau besuchte eine Tagesklinik für Alte, der Mann baute Kontakte zu einer Gruppe auf, in der frühere Berufskollegen schon waren. So ließ sich die Beziehung für den Rest der gemeinsamen Zeit wieder harmonisieren.

Das soll an Beispielen genügen. Was wichtig ist: Daß ich die Frage, ob sich etwas lohnt, nicht stelle, oder wenn sie mir schon kommt, erkenne, daß da mein Anspruch drinsteckt, aber nicht das Leid des Partners. Wenn Psychoanalytiker sagen, daß eine Behandlung sich nach dem 45. Lebensjahr nicht mehr lohne, so mögen sie von einem sehr umgrenzten Standpunkt her recht haben. Nur der Schluß, der allzuoft die Folge ist, den älteren Menschen aus dem Weg zu gehen, ist fatal! Und vom Standpunkt des Kennenlernens menschlicher Möglichkeiten und auch der Möglichkeit von Selbsthilfe: es lohnt sich.

Da das Alter in unserer Gesellschaft etwas ist, was man vermeidet, und da viele Alte daher tunlichst ihre Beschwerden und Probleme verheimlichen wollen, ist es bei Gesprächen — und vor allem in Zusammenhang mit Medikamentenvergabe — unerläßlich, auf sogenannte „kommerzielle Selbsthilfe" zu sprechen zu kommen, die darin besteht, daß von der Industrie angebotene Produkte gegen Altern, für die Hirndurchblutung, für stabilen Kreislauf, gegen Verkalkung, gegen Verdauungsbeschwerden usw. eingenommen werden. Die Aussage, daß jemand „keine" Medikamente nehme, ist insofern richtig, als diese freiverkäuflichen pharmazeutischen Produkte ja nicht vom Arzt verordnet sind, also nicht als „Medikamente" definiert werden. Daher müssen die Gewohnheiten angesprochen und Alternativen diskutiert werden. Verdauungsfördernde Präparate bei absoluter Bewegungshemmung oder hirndurchblutende Tropfen bei gleichzeitiger Reizarmut in der Umgebung führen zu Mehreinnahme desselben und somit zu nichts. Ähnliche Gespräche müssen über Schlaf- und Eßgewohnheiten geführt werden. Häufig kommen alte Menschen mit Klagen über Schlaflosigkeit, wobei es eine Rolle spielt, daß alte Menschen im Durchschnitt weniger Schlaf brauchen und außerdem tagsüber häufiger ein Nickerchen machen. Dennoch bringen leichte Schwankungen des Schlafs den Menschen oft so durcheinander, daß er sich als leidend und krank oder alt erlebt. Hier „Schlafmittel" zu verordnen, ist fahrlässig; vielmehr gilt es, die Schlafgewohnheiten zu betrachten und möglicherweise neu zu strukturieren (s. Kap. 13). Viele Beschwerden, auch psychische, hängen mit einem dem Alter nicht gemäßen Essen zusammen. Die Eßgewohnheiten können so entgleiten, daß Verdauungsstörungen die Folge sind. Es ist nicht nur wichtig, das Ende einer möglichen Kette zu betrachten, sondern nach dem Anfang zu suchen und mögliche Änderungen der Handlungsweisen herbeizuführen.

Ich habe mich hier auf Dispute einzulassen, nicht locker zu lassen und nicht gleichgültig zu sein. Nur, wenn ich mich auch festbeißen kann, nehme ich den anderen ernst — und es wird uns schon etwas einfallen, um seine vielen Medikamenteneinnahmen durch humanere Rituale zu ersetzen. Auch hier wird wieder die Richtung deutlich: Ich nehme dem alten Menschen nicht das Alter, nicht die Gebrechen, nicht das Sterben weg, sondern ich stelle mich dem, helfe ihm dabei, das Maß der Verleugnung so gering wie möglich zu halten und helfe ihm dabei, für sich zu suchen, womit er, da er alt ist, zufrieden sein kann.

Zur Zeit: Es ist schon angedeutet worden, daß bei ambulanten Begegnungen wöchentliche Sitzungen von geregelter Dauer nicht den Erfordernissen entsprechen. Gruppengespräche in gelockerter Form, mal kurze, mal längere Einzelgespräche, die von kurzen Besprechungen über

Medikamente bis zu Gesprächen über den Sinn des Lebens gehen können, müssen möglich sein. Die dafür erforderliche Zeit und Beweglichkeit ist schwer leistbar. Jedoch, was die Zumutung betrifft: *wir* tun so, als können wir einem zu 15.00 Uhr bestellten Patienten nicht zumuten, zu warten oder wiederzukommen: *unser* therapeutisches Gewissen will das nicht. Und dennoch muten wir möglicherweise *einem alten Menschen,* der in eben dem Moment mit uns sprechen will, zu, daß er mit seinen Ängsten und Fragen in die Einsamkeit zurückgeht. Es ist sicher schwer, mit dem alten Menschen eine regelmäßige Therapie zu vereinbaren; insofern ist es von vornherein sinnvoller, ich treffe Vereinbarungen, die ihm plötzliches Hereinschneien gestatten, wobei ich mich dann nicht ärgern muß, da ich ja bei der Vereinbarung dabei war. Es ist sicher ein gutes Zeichen, wenn der alte Mensch nicht zu oft kommt. Und wenn sich seine Kontaktwünsche an mich zu sehr häufen, so ist es unbedingt anzusprechen. Es ist einleuchtend daß über die Dauer der Therapie schwerlich eindeutige Vereinbarungen zu treffen sind. Sicher ist es nicht möglich, wie in anderen Fällen, ein halbes Jahr oder 50 Stunden oder 15 Stunden therapeutischer Einflußnahme zu vereinbaren.

Zum Ort: Gemeinde-Clubs, Tageskliniken, Heime, ambulante Betreuung, einzeln und in Gruppen, Kontakte mit Nervenärzten, sicher häufiger mit Internisten und Allgemeinmedizinern, geschlossene Abteilungen, sind Orte der Begegnung. In jedem Fall ist in Rechnung zu stellen, daß der Ort meist viele zum Fremdeln und damit zur Verwirrung beitragende Elemente enthält. Jemand, der isoliert allein lebt, und plötzlich in einen Saal, in ein Heim oder in eine therapeutische Gemeinschaft kommt, wird erhebliche Umstellschwierigkeiten haben. Diese treten auch auf, wenn ein alter Mensch zur Konsultation in eine Praxis geht, es sei denn, der Arzt ist im gleichen Alter. Viele Möglichkeiten der therapeutischen Arbeit, vor allem im Bereich ambulanter Tätigkeit von Clubs bis zur Altenhilfe sind noch nicht gut genutzt.

Zu den Zielen: ist schon einiges gesagt worden. Wichtig: mit dem Partner *seine* Möglichkeiten erarbeiten, der Bewegung z. B. (Fußgymnastik im Sitzen ist nicht lächerlich), des Beschäftigtseins, des Zufriedenseins, der Kontaktaufnahme. Wichtig auch: wir können die Verantwortung nicht weitergeben an andere Institutionen, denn wir sind wahrscheinlich die letzte Institution, mit der der alte Mensch zu tun hat.

IV. *Epidemiologie und Prävention*

1. Verbreitung

Es gibt bisher kaum epidemiologische Untersuchungen über psychiatrische Erkrankungen im Alter. Es interessieren uns das Auftauchen und die Zusammenhänge psychischer Probleme. Fragen sind z. B. welche alten Menschen kommen eher mit psychiatrischen Institutionen in Kontakt, welchen Einfluß hat das Alter auf das Erscheinen in der Psychiatrie, wieviele alte Menschen werden ambulant versorgt, wieviele stehen in stationärer Behandlung? Fest steht, daß der Anteil der über 65jährigen in den psychiatrischen Krankenhäusern in fast allen Ländern zugenommen hat. Es sind zuviele Alte in PKHs (misplacement-Problem). Das ist falsch. Aber genau so falsch ist es, psychisch Kranke nur in *Privat*heimen unterzubringen.

Vereinzelt vorkommende epidemiologische Untersuchungen lassen sich schwer vergleichen, da sie sich auf unterschiedliche Fragen beziehen oder unterschiedliche diagnostische Kategorien benutzen. So muß zuerst eine größere Menge Wissen zusammengetragen werden, bevor sichere Aussagen möglich werden. Psychiatrie (und Medizin) entdecken endlich die Alten. Dadurch werden neue Fragen, neue Sichtweisen möglich.

2. Bedingungen

Wir wissen, daß Verwitwung mit großer Wahrscheinlichkeit in eine psychische Krise führt. Frauen, die über 65 ihre Männer verlieren und nicht unmittelbar Rückhalt in der Familie haben, werden wahrscheinlicher krank. Zumindest Eindeutigkeit der Aussagen gibt es über das Aufgeben der Berufstätigkeit: Rentenschock und Pensionierungstod sind zwei Schlagwörter, die die Situation kennzeichnen. Jemand, dem die Arbeit das Wichtigste in seinem Leben war, der die Arbeit mit der Altersgrenze aufgibt und der danach keine neue zeit- und sinnfüllende Tätigkeit finden kann, wird mit größerer Wahrscheinlichkeit psychiatrische Hilfe brauchen. Entscheidend für den psychiatrisch Tätigen ist das Wissen, daß die Ausgangssituation, d. h. die Situation des 17 bis 25jährigen für den 60 bis 80jährigen von Bedeutung ist: Bildung, Berufsausbildung, Schulabschluß, die Organisation von Freizeit, die Bereitschaft, Bücher zu lesen, sich neuen Situationen zu stellen, die Art und Weise, wie ich das Leben anpacke, auch die körperliche und psychische Gesundheit mit allen sozialen Verknüpfungen lassen bereits darauf schließen, wie jemand sich zu einem alten Menschen sozialisiert. Gebildete und Leute mit höherem Sozialstatus werden mit den Problemen des Alterns leichter fertig, möglicherweise, weil sie sich früher schon gedanklich mit den Aufgaben des Alters auseinandergesetzt haben. Sicher aber auch, wie Blume zeigt, weil sie die Hilfsquellen besser beanspruchen können. So zeigt sich für die alten Menschen, was Hollingshead und Redlich mit ihrer Untersuchung allgemein festgestellt haben: daß sozialstatushöhere alte Menschen mit geringeren psychischen Problemen früher ambulante psychiatrische Hilfe in Anspruch nehmen, während sozialstatusniedrigere alte Menschen mit schwereren Erkrankungen in höherem Lebensalter im PKH landen.

Wenige lernen früh genug, mit soviel freier Zeit, wie man im Alter hat, umzugehen. Nur wenige haben Hobbies oder Beschäftigungen, die die Zeit sinnvoll strukturieren.

Übung: Mögliche Hobbies und Beschäftigungen ausdenken, vom Puzzeln übers Taubenzüchten zur Gartenarbeit, zum Briefmarkensammeln, die in Frage kommen, über Jahre hinweg einen Menschen auszufüllen.

3. Bedeutung

Es besteht die Neigung, psychischen Störungen in den Handlungsweisen des Alters die Bedeutung von Verfall, Desorganisation, Beeinträchtigung des Hirns, Verkalkung und Zerbröckelung zu geben. Dann hat dies mit mir nichts zu tun. Heute, wo wir das Alter nicht nur als „Minus" gegenüber dem leistungstüchtigen Erwachsenen messen, sondern wo wir auch die eigenen psychischen Anforderungen und Chancen des Alters berücksichtigen, neigen wir zur Interpretation der Störungen als Vermeidung, nicht Sehen- und nicht Begreifen-Wollen des Alterns, sich wehren, aber auch der Situation ausgeliefert und nicht gewachsen zu sein. Altern und alt sein ist die am deutlichsten sichtbare Stelle von Versagen und Sterben in dieser Gesellschaft. Wenn nun nicht die Anzahl der Jahre, sondern die Art und

Weise, wie wir unser Leben gestalten, wesentlich für Störungen der Handlungsweisen im Alter ist, so öffnet das Möglichkeiten der Hilfe. Gleichzeitig stellt das Studium der Kränkungen und der Abwehr eine besonders gute Möglichkeit dar, allgemein über die Auswirkung von Lebensbedingungen, sozialen wie psychischen, pädagogischen wie beruflichen, geschlechtsgebundenen wie altersgebundenen, nachzudenken. Gerontopsychiatrie sollte nicht nur zu einem Fach für Spezialisten werden, sondern die in der Psychiatrie Tätigen haben über die Ergebnisse der Altersforschung, besonders der alterspsychiatrischen Forschung, orientiert zu sein. Dort wird nicht nur Wissen über Alte erworben, sondern auch Wissen über uns. Eine Anmerkung noch: Es ist bei der Betrachtung des Alters wichtig, die *Natürlichkeit* der biologischen Veränderungen und des Lebensendes gegen die sozialen und psychischen Einschränkungen abzuheben und zu berücksichtigen.

4. Prävention

Altern beginnt dann, wenn wir Abschied nehmen müssen von Möglichkeiten. Dies beginnt sehr früh im menschlichen Leben, es wird nur immer akzentuierter, immer notwendiger und immer ausweglos. So lange man von Wachstum sprechen kann, wird man nicht von Altern sprechen. Dann kommen einige Jahre, in denen man zu beschäftigt ist, um an sein eigenes Altern zu denken. Hier verstreicht wichtige Zeit. Heutzutage befassen sich die Medien mit der Krise der Lebensmitte, wobei eine Begründung für diese Krise die beginnende Wahrnehmung des Alterns ist. Hier kann man noch erfahren, ob die, die in der Lebensmitte ihrer Krise zu bearbeiten lernen, sich ein- und umstellen auf das Altern und auf das Alter, ob sie zufriedener und weniger auffällig altern, ob sie ihre Lebensgewohnheiten so einrichten, daß die Risikofaktoren, die wir heute kennen, nicht so bedeutsam sind. Wichtig für die Prävention ist es, Jugend zu entmythologisieren, nicht um dem Alter wieder den Glorienschein zu geben, sondern um dem Alternden und den alten Menschen einen Zwang zu nehmen und ein Eigenrecht zu geben. Gleichzeitig werden damit wieder betulichere und beschaulichere Aktivitäten möglich, die jetzt als „undynamisch" verpönt sind. D. h. es kann mehr Möglichkeiten für ein Individuum geben, sich an Tätigkeiten zu binden. Auch auf die Geselligkeit kann sich das auswirken. Es würde sich lohnen, in vielen Städten das einzurichten, was in Gießen 1977 ein 75stes Jubiläum feierte: Dort nämlich wird jeder Mann, der das 50ste Lebensjahr erreicht, eingeladen, von nun an regelmäßig einen Stammtisch zu besuchen und mit den Stammtischbrüdern allmählich alt zu werden. Jede Kneipe beherbergt einen Jahrgang. Gleichzeitig werden ein-, zweimal jährlich Tanzfeste auch mit Damen organisiert, auch Ausflüge gehören zum Programm. Ursprünglich ist diese Idee sicher von Gastwirten ausgegangen, die ein bestimmtes Stammpublikum an ihre Kneipen binden wollten. So aber wird jeder, der 50 wird, erstens auf das bevorstehende Altern hingewiesen, zweitens wird ihm die Möglichkeit des Kontaktes mit Gleichaltrigen angeboten, den er von nun an pflegen kann, drittens wird der Tendenz Rechnung getragen, daß, wenn es ans Altern und Sterben geht, die beiden Geschlechter wieder etwas mehr auseinandertreten und viertens wird auf diese Weise jeder erreicht, was für eine wirksame Prävention entscheidend ist. Ähnliches für Frauen zu organisieren, könnte Aufgabe von Cafébesitzern sein. Wenn Sie wollen, können Sie dies in ihrer Gemeinde anregen. Weil man die Bedeutung der Betätigung im Alter für die Lebenszufriedenheit kennt, ist man in manchen Staaten mit zentraler Arbeitsplatzregelung dazu übergegangen, für Alte angemessene Arbeitsplätze zu errichten. Wir alle sollten die Tendenz zu gemeindenahen Tageszentren und Tagesstätten unterstützen. Wir sollten die Tendenz unterstützen, die wegführt von der Kleinfamilie und von Familienmitgliedern weniger geographische Mobilität verlangt. Und wir sollten die Architekten ermutigen, Oma- bzw. Großeltern-Wohnungen um die Ecke zu bauen.

Entscheidend zur Prävention der Störungen der Handlungsweisen im Alter ist für uns, mit dem alten Menschen über die Frage nach dem Sinn des Lebens und die Frage nach dem Sinn des Sterbens zu sprechen, womit ich mir zusätzlich selbst einen (präventiven) Gefallen tue. Dabei ist die Frage nach dem Sinn des Lebens nicht als Festigung irgendeines Glaubens gemeint, sondern so zu sehen, daß nur, wenn ich bestimmte Vermutungen über das Warum und das Wofür und das Wie habe, ich mein Leben anfüllen kann. Sinn kann in diesem Zusammenhang auch heißen, zu begreifen und anzunehmen, daß am Ende eines Lebens das Altern und das Sterben stehen und daß selbst, wenn ich mich 2000 Jahre einfrieren lasse, um dann wieder aufzutauen, ich diesen Vorgang nicht vermeiden kann.

LITERATUR

BEAUVOIR, S. de: *Das Alter*, Reinbek, Rowohlt 1972

BLUME, O.: *Möglichkeiten und Grenzen der Altenhilfe*, Tübingen, Mohr 1968

LEHR, U.: *Psychologie des Alterns*, (UTB) Heidelberg 1972

MÜLLER, C.: *Alterspsychiatrie*, Stuttgart, Thieme 1967

OESTERREICH, K.: *Psychiatrie des Alterns*, (UTB) Heidelberg 1975

TEWS, H. P.: *Soziologie des Alterns*, I und II, (UTB) Heidelberg 1971

WIESENHÜTTER, E.: *Blick nach drüben, Selbsterfahrungen im Sterben*, Gütersloh, Mohn 1976

11. Kapitel

DER JUNGE MENSCH (Kinder- und Jugendpsychiatrie)

I. *Gesamtdiagnose*
  1. Selbstwahrnehmung
  2. Vollständigkeit der Wahrnehmung
  3. Normalisierung der Beziehung
II. *Mögliche Typen von Kränkung*
  1. Autismus
  2. Hirnschädigungen
  3. Psychoneurotische und psychosomatische Kränkungen
  4. Depressionen
  5. Aggressive Handlungen
  6. Schizophrene Handlungen
III. *Therapie und Selbsttherapie*
IV. *Epidemiologie und Prävention*
  1. Verbreitung
  2. Bedingungen
  3. Bedeutung
  4. Prävention
Literatur

D ie Kinder- und Jugendpsychiatrie ist längst ein eigenes Fach mit eigenen Lehrbüchern. Wir meinen aber, daß nur der etwas von Psychiatrie versteht, der auch begreift, wie Kinder und Jugendliche mit ihrem Aufwachsen Schwierigkeiten bekommen, von der Norm abweichen, ihnen Kränkungen widerfahren.

Gleichzeitig hilft das Kapitel, darüber nachzudenken, wie wir auch Kinder und Jugendliche als handelnde Partner akzeptieren können, d. h. ihnen aufspüren helfen, wo sie Kränkungen erfahren haben, wie sie mit Kränkungen umgehen und wie sie diese Umgehensweise möglicherweise ändern können.

Bei der Lektüre ist zu bedenken daß die, die dieses Kpitel schreiben, um die 40 Jahre alt sind, so daß für die meisten Leser die Zeit, über die es nachzudenken gilt, näherliegt als für uns.

Ein paar allgemeine Bemerkungen: Kinder und Jugendliche stehen unter dem dauernden Zwang des Wertzuwachses. In sie wird investiert – sie lohnen mit einer „ordentlichen" Entwicklung. Ganz oft stehen Kinder und Jugendliche auch unter dem Zwang: „sie sollen es einmal besser haben als wir". Sie sind darauf angewiesen, daß wir sie zu verstehen bemüht sind und daß sie dieses Bemühen spüren. Kinder sind schon deswegen auf Verstanden-Werden angewiesen, weil sie sich durch Sprache noch nicht schützen können. Schmerz, Verzicht, Wünschen und allen Gefühlen sind sie viel konkreter ausgeliefert; sie können sie nicht hinter Konjunktiven und anderen Sprachkünsten verstecken, d. h. sie sind offen und verletzbar. Verstehens-Bemühung heißt nicht: „Nachgeben um jeden Preis", sondern: im Kind in seiner Andersartigkeit den Partner sehen, von dem auch ich verstanden werden will.

I. *Gesamtdiagnose*

Von der Kinder- und Jugendpsychiatrie lernt die Erwachsenen-Psychiatrie erst mühsam, was für erstere selbstverständlich ist: Immer sind die Bezugspersonen des Patienten einzubeziehen! Einmal zur Information, etwa um festzustellen, was an der Entwicklung des Kindes zu einer Kränkung geführt haben kann. Zum anderen auch deswegen, weil oft auf dem Rücken des Kindes die anderen Familienmitglieder etwas austragen, womit es gar nichts zu tun hat und zu dessen Änderung es gar nicht notwendig ist. Auch tragen Sprachlosigkeit des Kindes und Abhängigkeit von Bezugspersonen dazu bei, das Verständnis zwischen mir und dem Kind zu erschweren: wenn ein Kind immer Fenster einwirft und dabei eine mörderische Freude empfindet, so kann es sein, daß sich in dieser aggressiven Handlung auch ein Teil Haß auf die Eltern ausdrückt. Das legt die Frage nahe, ob die Eltern zulassen, daß auch sie hassenswerte Menschen sein können. Oder ein Kind kommt zur Beratung, weil es ständig das Gefühl hat, zu kurz gekommen zu sein und an Geburtstagen und Weihnachten seinen Geschwistern die Geschenke kaputt macht. Die Eltern sehen in ihm einen Kranken, weil es ihnen nicht möglich ist, Eifersucht zu akzeptieren, oder weil sie nach der Norm zu handeln glauben, daß sie alle Kinder gleich behandeln. Oder ein Kind, das nicht die Wünsche und Hoffnungen der Eltern erfüllt, wird als krank und schwachsinnig vorgestellt, womit die Eltern die Rechtfertigung gewinnen, sich selbst als gesund und normal zu sehen. Erst in der Begegnung mit der Gesamtfamilie wird deutlich, daß die Eltern heimlich hofften, das Kind werde gleichsam ein Wunderkind, so daß jede Abweichung von dieser Vorstellung ihnen bereits Dummheit bedeuten mußte. In einem solchen Fall ist das Kind vielleicht selbst noch gar nicht gekränkt, sondern nur die Eltern; dann ist nur mit diesen zu arbeiten. Vielleicht aber hat auch dieses Kind bereits angefangen, sich hinter einem Panzer zu verschanzen, so daß auch in ihm eine Kränkung besteht.

Meist sind Erwachsene gewöhnt, *über* das Kind zu sprechen und *nicht mit* dem Kind. Sie sind erstaunt, in der Psychiatrie einem dort Tätigen zu begegnen, der mit dem Kind in gleicher Weise spricht, wie mit ihnen. Es ist eine *Grundhaltung* zu finden, die die gleiche Offenheit sowohl für die kindlichen als auch für die erwachsenen Personen der Familie ermöglicht und damit zu einem Modell von Verständigung für die Familie wird.

Grundhaltung: Wie kann ich das Kind, den Jugendlichen spüren lassen, daß ich es ernst meine mit meiner Bereitschaft, sein Partner zu sein? Wie kann ich erreichen, daß mein Erwachsensein nicht mehr als natürlich zum Hindernis in dieser Begegnung wird? Das Kind und der Jugendliche, die spüren, daß ich sie als Person wahrnehme und daß ich mich bemühe, sie zu verstehen und anzunehmen, werden es leichter haben, ihre eigenen z. T. auch versteckten Gefühle anzunehmen und in der Folge in ihr Handeln einzubeziehen. Das geht nur, wenn ich zu jemandem werde, der nicht für das Kind oder für den Jugendlichen arbeitet, weil der ja noch so klein ist und das sowieso noch nicht wissen kann, sondern jemand bin, der auch einmal den leidigen Weg durch die ersten zwei Lebensjahrzehnte gehen mußte und sich darin so selbst erfahren hat, daß er zumindest eine Vorstellung von dem hat, was einem auf diesem Weg alles passieren kann.

1. Selbstwahrnehmung

Um mich diesem Ziel zu nähern, ist es hilfreich, bei jeder Begegnung mit Kindern und Jugendlichen, auch während der Berufsausbildung, während eines Seminars, während Gesprächen über Kinder und Jugendliche, mich zu erinnern, zu vergleichen, was mir geblieben ist und was, Gott sei Dank, weggefallen ist.

Beim Lernen der Selbstwahrnehmung ist einmal zu fragen, was bedeuten mir Kinder und Jugendliche, zum zweiten, was bedeutet mir meine eigene Kindheit und Jugend bzw. was bedeuten mir meine kindlichen und jugendlichen Empfindungen? Das erstere zu bedenken, ist schon notwendig, um Eltern und deren mögliche Haltung verstehen zu können. Das Nachdenken und Diskutieren über folgende Einstellungen hilft:

> Kinder sind eine Last, Kinder engen die eigene Beweglichkeit ein. Wenn man Kinder hat, kann man nichts mehr für sich tun. Kinder sind Luxus. Wer ein Kind haben will, kann sich auch einen Hund kaufen. In der heutigen Zeit Kinder in die Welt zu setzen, ist fahrlässig. Kinder sind doch süß. Kinder sind eine Bereicherung. Kinder sind notwendig, wir müssen schließlich daran denken, daß die Renten auch im Jahre 2000 noch stimmen. Kinder und Jugendliche machen mich schüchtern, ich weiß überhaupt nicht, was ich mit ihnen reden soll.

Meinen eigenen Barrieren komme ich näher, wenn ich darüber nachdenke, was für Bedingungen für das Aufwachsen von Kindern ich mir wünsche. Bin ich bereit, Straßen zu sperren, damit Kinder dort spielen können? Finde ich es wichtig, daß Kinder sehr früh mit Gleichaltrigen in Kontakt kommen? Denke ich, daß man nicht früh genug anfangen kann, das Kind zu Leistungen anzuregen? Dabei ist es auch wichtig, darüber nachzudenken, was ich für kindgemäß halte bzw. für jugendgemäß.

Hier machen die meisten Theorien über kindliche Entwicklung einen logischen Fehler derart, daß sie nur darauf schauen, was das Kind von seiner Umwelt übernommen hat, was dann als „typisch kindlich" behandelt wird.

> *Beispiel:* Der Unmut vieler Erwachsener, daß ihre 6-jährigen Kinder im Rahmen der Mengenlehre Ausdrücke wie Konjunktion und Addition lernen müssen: das sei doch nicht „kindgemäß". Umgekehrt fragt man sich zunehmend, was an dem Satz „der liebe Gott macht das Wetter" kindgemäß sei.

Wir müssen sehen lernen, daß Kinder nicht unabhängig von dem, was wir in sie hineinsehen und in sie hineintun, zu dem werden, was sie sind. Streitpunkt kann immer nur sein, was hineingesehen wird, nicht *daß* etwas hineingesehen wird.

Der zweiten Frage von vorhin: was bedeutet mir *meine* eigene Kindheit und Jugend? läßt sich näherkommen durch die Erinnerung an die eigene Vergangenheit und durch Fragen wie: Was habe ich mir zu dem und dem Zeitpunkt gewünscht und wie habe ich mich gefühlt, als der Wunsch entweder erfüllt oder nicht erfüllt wurde? Welche Gefühle wollte ich wirklich verbergen? Bei welchem Gefühl wird mir heute noch heiß? Wofür habe ich meine Eltern gehaßt? Was kann ich mir vorstellen, wie ein Kind die Vielfalt seiner Gefühle seinen Eltern mitteilen kann? Was war mir wirklich peinlich. Wie ist es mir in der Schule ergangen? Wie habe ich die Mitschüler kennengelernt? Welche Menschen waren nett zu mir, welche waren böse? Wie hab ich meine Lehrer erlebt und fremde Erwachsene? Dann aber auch solche Fragen wie: Sind Sie peinlich berührt, wenn jemand etwas an Ihnen entdeckt, das kindlich oder kindisch ist? Zucken Sie zusammen, wenn jemand zu Ihnen sagt, du benimmst dich wie ein Kind? Auf welchen Eigenheiten, die Sie als Kind hatten, verzichten Sie gern, auf welche ungern? Haben Sie etwas bewahrt, was ihrem kindlichen Gemüt entstammt? Dann auch das Nachdenken darüber, aus welchen Quellen der Kindheit und Jugend kann ich heute noch leben?

2. Vollständigkeit der Wahrnehmung

Die Kenntnis von der Entwicklung des Menschen erleichtert das Verständnis von Kindern und Jugendlichen. Wir wollen die Entwicklung hier so darstellen: für jede Phase zunächst, was im Durchschnitt erwartet wird (s. Kap. 4); dann Fragen und Anmerkungen, die zum Nachdenken anregen sollen; und schließlich eine Aufzählung möglicher Signale, die eine Kränkung anzeigen. Es ist ratsam, daß Sie die Phasen nicht wie ein abstraktes Wissen lesen, sondern daß Sie sich zu jeder Zeiteinheit ein lebendiges Kind vorstellen, was Ihnen zusätzliche eigene Einfälle ermöglicht.

a) *Das Neugeborene und Kleinkind* (Geburt bis etwa 8.-9. Monat):
Das Kind muß sich in diesem Alter physiologisch an das extrauterine Leben anpassen. Es ist völlig abhängig, es drückt Bedürfnisse instinktmäßig aus, wobei es bei Enttäuschungen schreit. Im Vergleich zu den Tieren ist die Abhängigkeit überlang. Das Kind kommt reizoffen und instinktunsicher in die Welt und erst etwa 1 Jahr nach der Geburt ist es ähnlich festgelegt wie andere Lebewesen an der Geburt. Nur durch diese Instinktunsicherheit und die Reizoffenheit, die zunächst die totale Abhängigkeit bedingen, ist der Mensch überhaupt in so großem Maße lern- und entwicklungsfähig. Abhängigkeit ist demnach zunächst nicht etwas, was wir bedauern müssen, sondern wo wir Sorge tragen müssen, daß sie in guter Weise genutzt wird. Das Kind reagiert vor allem auf Mund- und Hautreizung. Es beginnt, zu dem Erwachsenen, mit dem es hauptsächlich zu tun hat, Vertrauen zu haben und es beginnt zu erwarten. Für die Bezugsperson ist es in diesem Abschnitt wichtig, die Abhängigkeit des Kindes nicht zu oft zu enttäuschen, denn bei zu viel Enttäuschung entwickelt sich als Grundhaltung der Begegnung im späteren Leben ein Ur-Mißtrauen. Das Kind ist auf das Geben durch die Erwachsenen angewiesen, und die Art des Gebens bestimmt das Verhältnis von Ur-Vertrauen zu Ur-Mißtrauen. Geben heißt in diesem Fall Anregung geben, Zärtlichkeit geben, Geborgenheit geben, Nahrung geben. Häufig genug wird Geben mit Überfütterung verwechselt. Hier wird schon dafür gesorgt, daß die meisten Kinder (bei uns!) überernährt sind und zu dick sind. Hier wird schon das Fundament für die meisten Zivilisationskrankheiten gelegt: *dies ist wichtig für die Prävention.*

Welchen kathastrophalen Einfluß Reizmangel auf die kindliche Entwicklung hat, ist in zahlreichen Untersuchungen nachgewiesen. Es läßt sich zeigen, daß sowohl intellektuelle als emotionale Lernverzögerungen und Lernunfähigkeiten auftreten, die bis ins Erwachsenenalter nachweisbar sind. Bisher nicht erforscht ist der Einfluß der Reizüberfütterung. Es ist zu fragen, in welchen Bereichen unserer Gesellschaft Reizarmut bzw. Reizüberfütterung anzutreffen sind. Ferner ist zu fragen, welchen Einfluß die Stellung des Kindes in der Geschwisterreihe haben mag, welchen Einfluß die Tatsache haben mag, ob ein Kind erwünscht oder unerwünscht ist, ob das Geschlecht des Kindes den Erwartungen der Eltern entspricht, in eine wie materiell gesicherte Umgebung das Kind hineingeboren wird, welche Bedürfnisse die Eltern mit dem Kind befriedigen, ob das Kind für die Mutter zum Anlaß wird, die Arbeit aufzugeben, wie sich die emotionale und ökonomische Beziehung zwischen den Eltern durch die Geburt des Kindes ändert?

Kind	*Bezugsperson*
Eßstörungen und Verdauungsprobleme, Schlafstörungen, exzessives Saugen, Schreien und die Unfähigkeit, sich trösten zu lassen,	Zunehmende Gleichgültigkeit gegenüber dem Kind, Angst und Zweifel, Unwilligkeit den Eigenheiten des Kindes gegenüber, Unzufriedenheit mit der Wirklichkeit der Mutterrolle,

können als Signale einer gestörten Erziehung gewertet werden.

Lethargie, allmählicher seelischer und körperlicher Verfall (*Marasmus*), kindlicher *Autismus,* Stillstand der Entwicklung,	Depression der Bezugsperson, die mit Schuldgefühlen oder der kompletten Unfähigkeit, die Mutterrolle auszufüllen, einhergeht, die Verlagerung der gesamten Lebensunzufriedenheit auf das Kind,

fördern einen Verfall des Kindes und führen gelegentlich auch zum Tod.

Diese schwerwiegenden Störungen im Handeln treten vor allem dann auf, wenn der langandauernden Abhängigkeit nicht Rechnung getragen wird. Verlust eines Elternteils durch Tod, lange Trennung von den Eltern durch Krankenhausaufenthalt oder schwere Depression eines Elternteiles können zu der beschriebenen depressiven Handlungsweise führen (anaklitische Depression). Solche Störungen in der extrem abhängigen Beziehung der frühen Kindheit haben anhaltenden Einfluß auf die Persönlichkeitsbildung des Kindes und können zu ausgeprägten depressiven Persönlichkeitsmerkmalen beitragen. Bei unumgänglicher oder notwendiger Trennung von den Abhängigkeitspartnern kann der Schock des Kindes gemildert werden dadurch, daß sehr schnell andere warmherzige und bergende Bezugspersonen die Aufgaben übernehmen. Im Krankenhaus und in Heimen ist es wichtig, daß das Kind nicht nur „gehandhabt", versorgt wird, sondern daß durch eine zärtliche, auch schmusige, nicht karge, sondern lebendige Atmosphäre den Bedürfnissen des Kindes Rechnung getragen wird. Auf diese Weise kann auch der Heimhospitalismus vermieden bzw. eingeschränkt werden.

Überlegung: Welche Auswirkungen auf den ersten Lebensabschnitt kann es haben, ob ich das Kind priviligierter oder weniger priviligierter Eltern bin, wobei sicher nicht nur das ökonomische Faktum sondern auch die damit verbundene Vorstellung darüber, was man sich leisten kann, von Bedeutung ist. Welche Vorstellung von der Entwicklung eines Kindes in Abhängigkeit von der sozioökonomischen Statusbeschreibung besteht.

b) *Das ältere Kleinkind* (bis etwa 24 Monate):
Die wesentliche Aufgabe des Kindes in diesem Entwicklungsabschnitt besteht darin, größere Zuverlässigkeit und Selbstkontrolle zu entwickeln, das eigene Selbst von der Mutter zu trennen, wacher und aufmerksamer zu werden und mehr Sinne zu gebrauchen. Es setzt ein Wandel der Abhängigkeitsbeziehung ein: die Person des Kindes wird deutlicher, auch die Äußerungsfähigkeit

wird vielfältiger. Es ist nach wie vor auf den totalen Schutz durch die Bezugsperson angewiesen. Während dieses Zeitabschnittes entwickeln sich sprachliche Ausdrucksfähigkeit, das Spiel, die Sensomotorik. Die Sauberkeitserziehung beginnt (anale Phase). Das Kind entwickelt Eigenwilligkeiten. Im Laufe dieses Zeitabschnittes beginnt das Kind, alles mögliche nachzuahmen. Auf seiten der Bezugsperson ist es in diesem Zeitabschnitt neben dem Austausch von Zärtlichkeit wichtig, daß sie zum einen mit der Entwicklung des Kindes Schritt hält, zum anderen die Signale des Kindes besser verstehen lernt. Für Bezugsperson und Kind beginnt hier eine widersprüchliche Beziehung: Das Kind lernt in der Abhängigkeit es selbst zu werden. Die Eltern lernen, die Abhängigkeit nicht zur Macht auszunutzen, sondern das Kind in seiner Selbständigkeit zu fördern. Fragen: Wie wirken sich die sozioökonomisch bedingten Unterschiede auf die Entwicklung des Kindes in diesem Lebensabschnitt aus: In Mietwohnungen, wo Kinder leise sein müssen, häufig auch kein eigenes Zimmer haben, im Wohnzimmer nur selten Spielecken eingeräumt bekommen, der nächste Spielplatz weit weg ist, lernt man sich anders bewegen als in relativ großen Räumen, wo Kinder hin und her laufen können oder Häusern mit eigenem Garten, wo Rücksichtnahme auf unter einem wohnenden Mieter nicht nötig ist. Bedenkt man die Bedeutung der sensomotorischen Entwicklung nicht nur für das Gefühl der Selbständigkeit, sondern auch für die intellektuelle Entwicklung, so läßt sich ausmalen, welche Bedeutung gerade in diesem Bereich Umweltbedingungen haben. Dann auch die Frage nach der Bedeutung der Sauberkeit: Was bedeutet es für die Mutter, ein sauberes und artiges Kind zu haben? Hat man als Mutter weniger oder mehr versagt, wenn ein Kind früher sauber ist, still bei Tisch sitzt oder sich nicht zu rennen traut? Häufig stößt gerade in diesem Lebensabschnitt die Neugier des Kindes auf Zweifel oder Ekel (Neugier den eigenen Ausscheidungen gegenüber) der Mutter. Wie hängen wieder in Abhängigkeit von kulturellen Bedingungen die Vorstellungen von Sauberkeit, Pünktlichkeit und Ordnung zusammen, so daß der Schluß naheliegt: wer sein Kind gründlich zur Sauberkeit erzieht, der hilft ihm auch dabei, später ein besserer Arbeitnehmer zu sein, und was heißt dabei „besser"?

Kind	Bezugsperson
Wutanfälle, ausgedehntes Weinen, Ungeduld, Verdauungs- und Ausscheidungsstörungen (als Ausdruck des gestörten Übens von Loslassen und Festhalten) sowie Bewegungsstereotypien zeigen üblichere Störungen der Handlungen und Begegnungen in diesem Alter an.	Enttäuschung, unpersönliche Versorgung, die Neigung, das Kind zu den gewünschten Handlungsweisen zu zwingen, Überängstlichkeit und übermäßiger Schutz (überprotektiv)
Jähzorn, Apathie, Unbeweglichkeit und Rückzug, zwanghaftes Lutschen, Hin- und Herschaukeln oder Kopfschlagen, Interesselosigkeit sowohl an Objekten als an der Umgebung oder am Spiel, extreme Abmagerung *(Anorexie)* Erweiterung des Dickdarmes *(Megacolon)*, Ausdruckslosigkeit, keine Bindung an Beziehungspersonen, Gleichgültigkeit gegenüber Erwachsenen, kindlicher *Autismus* und das Nachlassen des Wachsens zeigen erhebliche Störung der Beziehung bzw. der Handlungsweisen an.	Extreme Vernachlässigung des Kindes, schwere aggressive und feindselige Reaktionen, absichtliche Vernachlässigung und vollständiger Rückzug bzw. Trennung vom Kind

Bedenkt man, daß auch das Lernen aggressiver Handlungsweisen (Selbstbehauptung und Durchsetzungsfähigkeit!) in diesen Zeitabschnitt gehört, so läßt sich bei der Aufzählung der Störungen leicht ablesen, wieviel Wut und Verzweiflung in die Handlungsweisen eines Kindes einfließen können.

c) Das Kleinkind bis zum 5. Lebensjahr:

Es kommt für das Kind darauf an, in der analen Phase erworbene Handlungsmöglichkeiten zu stabilisieren (motorische Aktivität, Sauberkeit, Selbständigkeit), darüber hinaus Werte (ethische) anzunehmen, Verständnis für die eigene Geschlechtsrolle und Geschlechtsunterschiede zu entwickeln. Als wesentliches gefühlsmäßiges Ereignis dieses Lebensabschnittes wird im Rahmen der Differenzierung der Geschlechtsrollenwahrnehmung die Liebe des Kindes zum gegengeschlechtlichen Elternteil und die Unmöglichkeit der Verwirklichung dieser Liebe gesehen (ödipale Phase nach Freud). Die Art und Weise, wie dieser erste Liebeskonflikt gelöst wird, mit Todeswünschen, Schuldgefühlen, ständig sich wiederholendem Bemühen, die Gunst des versagenden Elternteiles doch noch zu erhalten, die Zuwendung zu gleichaltrigen Spielpartnern – kann spätere Beziehungsaufnahmen vor allem dann kennzeichnen, wenn das Kind eine zu geringe Anerkennung seines Bemühens um erwachsene Handlungsweisen erfährt. Das Kind erlebt intensive Gefühle, wie Scham, Schuld, Freude, Liebe und den Wunsch zu gefallen, wobei es sich auch seiner eigenen Beweggründe zunehmend bewußt wird. Sehr wesentlich für diesen Zeitabschnitt ist die beginnende und zunehmende Überprüfung von dem, *was wirklich ist*. Und damit im sozialen Bereich die Übernahme der Standards von Gut und Böse. Das Kind entwickelt sexuelle Neugier. Es fragt nach Geburt und Tod. Kinder in diesem Alter brauchen die Vorstellung von dem, was sie einmal werden können: Väter, Mütter, schwanger, Eisenbahner, Polizisten, Bräute, Eltern, Lokomotivführer, Krankenschwester. Der wünschenswerten Initiative und dem Lernen von Schuld und Verantwortungsfähigkeit steht als Störung die Entwicklung von massiven Schuldgefühlen gegenüber, die jegliche Initiative, jegliche Neugier, jegliches Hineinbewegen in die Welt verhindern. Fragen und Anmerkungen: Auch hier wieder Hinweis auf die kulturellen Unterschiede. Wo herrschen welche sexuellen Tabus, wo hat das Kind welche Aussicht auf Erfolg mit seiner Neugier, wo hat das Kind bezüglich seiner Zukunft, d. h. auch bezüglich seiner erwachsenen Handlungsmöglichkeiten erfolgreichere Modelle? Der Satz: „Wenn ich einmal groß bin" hat für diese Altersstufe eine große Bedeutung. Insofern ist zu bedenken, welche Vorstellungen von der Zukunft in Abhängigkeit von den Bedingungen im Elternhaus dem Kind möglich sind. Es gibt Untersuchungen, die zeigen, daß Industriearbeiter wenig Vorstellung von der Zukunft haben, was sich bei ihnen auch sprachlich ausdrückt. Die ständig wiederkehrende Handlung bei der Arbeit wirkt sich auf das gesamte emotionale und geistige Handeln aus. Sie können für sich kaum eine Perspektive entwickeln. Ganz sicher hat das auch eine Auswirkung auf ihre Kinder.

Kind	*Bezugsperson*
Schlechte motorische Koordination, Sprachprobleme, Schüchternheit, Ängste und Alpträume, Schwierigkeiten mit Essen, Schlafen, Ausscheiden, Irritierbarkeit, häufiges Weinen, Jähzornsausbrüche, auch der Rückfall in schon abgelegte Handlungsweisen (*Regression*), Unfähigkeit, allein zu bleiben, und mangelndes Interesse zeigen übliche Störungen der Beziehung zwischen Bezugspersonen und Kindern und eine Kränkung des Kindes an.	Strenges, forderndes, ängstliches Handeln
Ausgesprochene Lethargie, Sprach- und Beziehungslosigkeit, bzw. Kleben an der Bezugsperson, psychosomatische Beschwerden, wie Erbrechen, Verstopfung, Durchfall, Ausschlag und Tics, kindlicher Autismus und kindliche	Strafendes und zwingendes, überkritisches, zurückweisendes Handeln, Unterwürfigkeit dem Kind gegenüber, Unwilligkeit, das Geschlecht des Kindes zu akzeptieren, das Kind als Ersatz für den Partner zu nehmen, Verbote, Ärger,

psychotische Handlungsweisen d. h. die Un-fähigkeit, die Wirklichkeit zu testen, auffallendes Einnässen (*Enuresis nocturna und diurna*), Einkoten (*Enkopresis*), weitgehender Rückfall auf frühere Handlungsweisen sowie zwanghafte Handlungen (Rituale) oder impulsives destruktives Handeln des Kindes kennzeichnen erhebliche Störungen in diesem Lebensabschnitt.

Beleidigung und Brutalität oder Depressivität

d) *Die Zeit bis zur Vorpubertät (5.-12. Lebensjahr):*

In diese Zeit fällt es, die größere körperliche Kraft und Ausdrucksfähigkeit zu bewältigen, eine größere Unabhängigkeit von den Eltern zu erreichen, Beziehungen zu Gleichaltrigen herzustellen und einen Sinn für Lernen und Fleiß und neue Fähigkeiten zu erwerben. Aufgabe der Bezugspersonen ist es, das Kind in diesem Entwicklungsabschnitt darin zu unterstützen, größere Selbständigkeit und Unabhängigkeit zu erreichen, das Kind an ein Bewußtsein von Welt heranzuführen. Diese Zeit, die häufig als *Latenzzeit* bezeichnet wird, ist eine Zeit der motorischen und intellektuellen Entwicklung und Verfeinerung. Die Eltern haben dem Kind nicht nur neue Möglichkeiten zu zeigen (Interessensbildung), sondern haben z. B. auch einen Widerstand für das Kind darzustellen, Sparringspartner zu sein. Darin deutet sich ein weiterer Wandel der Abhängigkeit an: Die Kinder wachsen in die Partnerschaftlichkeit hinein. Z. B. wird es günstig sein, bei gleichen Interessen von Vater und Sohn oder Mutter und Tochter diese gemeinsam zu pflegen (Fußball, Schwimmen, Musik). Anmerkungen und Fragen: Wichtig ist gerade dieser Abschnitt für die emotionale Entwicklung eines Kindes und für die Sozialisation. Dabei meint Sozialisation: das Heranwachsen eines Menschen zu einem geselligen und sozialer Bindungen fähigen Wesen. Dies ist der Lebensabschnitt, in dem Menschen mehr als in jedem anderen die Grundhaltung einer Gesellschaft lernen, z. B. in der Schule vom ersten Schultag an. Überall in der Welt erhalten Kinder in dieser Zeit Unterweisungen, jedoch sind sie in vielen Bereichen näher an dem, womit sie sich später ihren Lebensunterhalt verdienen werden, also näher bei den Erwachsenen. Häufig ist es so, daß jemand, der mehr in die Schule geht, von der realen Erwachsenenwelt weiter weggehalten wird. Wenn man sich überlegt, wie immens der Einfluß der Schule darauf ist, wie jemand in der Zukunft die Welt wahrnimmt, was er aus sich machen kann, wie er mit anderen Menschen umgeht, so ist es einigermaßen irrsinnig, dem zuzusehen, daß unter dem Druck späteren Fortkommens im Beruf immer wieder der Leistungsaspekt schon vom ersten Schultag an das Kind zur Einordnung, Anpassung, Unterordnung zwingt. In diesem Lebensabschnitt ist es für das Kind wichtig, die Balance zwischen Pflichtgefühl und Disziplin und Freiheit und Entfaltung, Kreativität und Initiative zu lernen. Wo in der Schule ab erstem Schultag an bessere Noten, Überlegenheit, bessere Chancen, Ehrgeiz gedacht wird, dort werden Kinder weniger wahrscheinlich Solidarität, Gemeinschaftlichkeit, Rücksichtnahme und eine freie Bindungsfähigkeit lernen können. Es ist zu fragen, wie stark Erwachsene sein müssen, um für ihre Kinder einen Raum freizuhalten, damit diese ihre eigene Persönlichkeitsentwicklung haben können und nicht von Erwartungen und Repressionen deformiert werden.

Kind	*Bezugsperson*
Ängstlichkeit und Übersensililität bei neuen Erlebnissen, Lernschwierigkeiten bzw. mangelnde Neugier und Aufmerksamkeitsstörungen, aber auch Handlungen wie Lügen, Stehlen, Jähzorn und andere unangemessene Umgehensweisen im sozialen Bereich, Regressionen wie	Die Unwilligkeit, das Kind als selbständigen Menschen zu sehen, oder eine voreilige unreife Trennung, Zeichen von Verantwortungslosigkeit und Feindseligkeit, übermäßige Kritik und Zensur, Überforderung im Leistungs- und Moralbereich

Einnässen, Einkoten, kindliche Ängste, das
Erscheinen von Zwangshandlungen, auch somatische Erkrankungen oder Furcht vor Krankheit und Körperverletzung, Schwierigkeiten bei
der Kontaktaufnahme, die sich vor allem in
ständiger Kampfbereitschaft ausdrückt, starke
destruktive Tendenzen und die Neigung zum
Rückzug bzw. zur Launenhaftigkeit aufseiten
des Kindes deuten übliche Störungen der
Beziehung und Handlungsweisen an.

Selbstzerstörerische Tendenzen, verbunden mit
ausgeprägter Neigung zum Rückzug, zu Apathie
und zu Depression, Lernunfähigkeiten, Sprachstörungen, vor allen Dingen Stottern, auffallende und unkontrollierte antisoziale Handlungsweisen, wie Aggressionen, Zerstörungen,
chronisches Lügen, Stehlen, schwerwiegende
Zwangshandlungen, die Unfähigkeit, Phantasie
und Wirklichkeit auseinanderzuhalten, schwere
körperliche Erkrankungen, die Abwesenheit bzw.
die Vernachlässigung persönlicher Beziehungen
zeigen erhebliche Störungen der Beziehung.

Rückzug und Zurückweisung, Feindseligkeit,
unkontrollierbare Befürchtungen, Ängste und
Schuldgefühle, moralische Unterdrückung der
Unabhängigkeitsbestrebungen des Kindes

e) Pubertät und frühe Adoleszenz (12.-18. Lebensjahr):

Der Jugendliche muß mit seinen körperlichen Veränderungen in Übereinstimmung kommen,
ebenso wie mit seiner sexuellen Entwicklung und den psychosexuellen Wünschen. Er muß einen
festen Sinn für *Identität* entwickeln und jetzt aktiv die Ausgestaltung der Geschlechtsrolle betreiben. Er wird größere Eigenständigkeit, Eigenwilligkeit, Eigenverantwortlichkeit anstreben und
allmählich einen Lebensplan entwerfen. Für die Eltern wird es wichtig sein, nicht nur die Unab-
hängigkeitsstrebungen des Kindes zu unterstützen (auch durch Widerstand dagegen!) und auf-
tauchende Zweifel aufzufangen, sondern auch dem Kind Grenzen zu setzen und mit Standards
zu konfrontieren. Körperliche Kraft, Stärke, gelegentliche psychosomatische Anfälligkeiten, Ausreifung der Geschlechtsmerkmale, Aufflackern der frühkindlichen Auseinandersetzung mit den
Eltern, unbeständiges, unvorhersagbares und paradoxes Handeln, Experimentieren mit sich und
der Umgebung, Gier nach Anerkennung, enge moralische und edle Vorstellungen, Entwicklung
der intellektuellen Fähigkeiten, ausufernde Lern- und Spielmuster (es wird Nächte durchgelernt
oder gespielt z. B.), überkritisch sich selbst und anderen gegenüber sein, zwiespältig in der Einstellung
den Eltern gegenüber mit der ängstlichen Vorstellung, die elterliche Unterstützung verlieren zu
können, Feindseligkeit gegenüber den Eltern und häufig verbal geäußerte Aggressionen, zwischendurch schmusiges, zärtliches und beteuerndes Auftreten sind normalerweise zu erwartende Kenn-
zeichen in diesem Altersabschnitt. Der Beziehungsanteil der Eltern ist wesentlich durch Präsenz
im Hintergrund gekennzeichnet. Die Eltern lernen wieder oder knüpfen an, *gut für sich zu leben.*
Damit können sie auch Modell für die Jugendlichen sein. Darin ist enthalten, daß die Hilfe für
die Jugendlichen zunehmend nur noch indirekt gegeben wird (Hilfe zur Selbsthilfe). Eltern werden
Neid über die Möglichkeiten der Heranwachsenden erleben, auch Ungeduld und die eigene
Anfälligkeit den Störungen durch den Jugendlichen gegenüber. Bis ins 18. Lebensjahr hinein
sind sowohl die interindividuellen Unterschiede als die intraindividuellen Schwankungen am
größten von allen Phasen des menschlichen Lebens. Am auffallendsten wäre der Jugendliche

zu nennen, der ständig stabil und schwankungslos durch diesen Lebensabschnitt kommt. Wegen der großen Schwankungen wird es oft als schwierig betrachtet, mit Jugendlichen dieses Altersabschnittes psychotherapeutische Beziehungen einzugehen, bei denen ja ein gewisses Maß an Kontinuität vorausgesetzt wird. Andererseits sollten gerade die, die sich mit Jugendlichen dieses Alters einlassen, das Ringen um Kontinuität und Beständigkeit nicht unterschätzen. Manche Jugendliche bereiten sich in diesem Alter auf die beginnende Berufstätigkeit vor, für andere dehnt sich die Zeit der Abhängigkeit bis ins Studium aus. Für manche ist es in der sozialen Umgebung akzeptiert, ihre sexuellen Bedürfnisse auszuleben, andere müssen mit ihren Wünschen nach Zärtlichkeit, Sexualität gewissermaßen im Untergrund verschwinden. Erstmals wird für Jugendliche deutlich spürbar, welche Statussymbole für sie konkret erreichbar sind und welche im Bereich des Wünschens und des Träumens bleiben, es sei denn, man strengt sich an oder wird kriminell. Beim Nachdenken über diesen Lebensabschnitt ist die große Kluft zwischen dem, was die Natur des Menschen ist, und dem, was daraus gemacht wird, zu bedenken. Als Beispiel sei genannt die in diesem Lebensabschnitt vorhandene große körperliche Kraft und der Mangel an entsprechenden Bewegungsmöglichkeiten. Der auffallende Mangel an Eindeutigkeit und an eindeutigen Anerkennungen macht die von innen schon turbulente Zeit auch von außen unsicher und nicht stabil. Hilfreich für die Jugendlichen und dennoch oft störend für die Erwachsenen ist in diesem Lebensabschnitt die Bildung von Cliquen und Gangs, wo die Jugendlichen ihre Unabhängigkeit und ihre Kultur entwickeln können.

3. Normalisierung der Beziehung

Es ist für die Normalisierung der Beziehung zwischen mir und dem Kind bzw. dem Jugendlichen vor allem zu klären, wessen Kränkung bzw. wessen Störung von mir wahrgenommen werden muß, im Rahmen der Wahrnehmung des Familiensystems als Ganzen (auch die Rolle der Geschwister und der Großeltern ist zu sehen!). Bei Kindern, bei denen die Diagnose Störung der Eltern-Kind-Beziehung lautet, reicht häufig eine Änderung der Handlungsweisen der Erwachsenen, so daß ich dem Kind nur ein- oder zweimal begegnen muß. Ich muß unterscheiden, ob die Entwicklung eines Kindes durch äußeren Eingriff gestört ist, ob ein Konflikt normale Begleiterscheinung des Entwicklungsfortschrittes ist oder ob eine Kränkung der Beziehung des Kindes zur Umwelt vorliegt. Für die Normalisierung der Beziehung ist unerläßlich zu beachten: es gibt eine ganze Reihe von Handlungen, die von Kindern *anders bewertet* werden als von Erwachsenen und deren Auftreten den Erwachsenen in Alarmbereitschaft versetzen, wiewohl sie für das Kind normal sind.

So erzählen alle Kinder gerne unwahrscheinliche Geschichten und berichten über Ereignisse, die sie erlebt oder getan haben, ohne daß sie Angeber oder Lügner sind. Dazu werden sie durch das Urteil der Erwachsenen (Opfer-Anteil). So nehmen alle Kinder etwas weg, ohne daß sie stehlen, auch dies besteht zunächst nur im Urteil der Erwachsenen (Opfer-Anteil).

Erst wenn das Kind die Wertung der Erwachsenen mitspielt, wenn es die Macht spürt und so zum Täter wird, also die Handlungen zum Ausdruck von aggressiven oder bedürftigen Wünschen werden, kann man von Stehlen oder Lügen sprechen. Ähnliches gilt bei Zwangshandlungen und Ritualen. Man erwartet bei jedem Kind beim Lernen von Reinlichkeit und Ordnung eine gewisse Zwanghaftigkeit, und in einem bestimmten Alter ist es für das Kind notwendig, wahrgenommene Strukturen sehr genau zu nehmen und durch ständiges Wiederholen in die eigene Wirklichkeit einzufügen, so daß erst, wenn eine veränderte, d. h. elterliche subjektive Bedeutung auch die Handlungen des Kindes bestimmt, von einer kindlichen Zwanghaftigkeit (Kind-Handlung paßt sich Eltern-Sicht an) gesprochen werden kann.

Zur Normalisierung meiner Beziehung mit dem Kind gehört, daß ich mich nicht zu dem verlängerten Arm der Autorität der Eltern mache und Stehlen, Lügen oder Ritualisieren in gleicher Weise moralisch bewerte wie sie, noch daß ich mich mit dem Recht des Kindes identifiziere, die Eltern zu belügen oder zu bestehlen oder durch zwanghafte Handlungen zu ärgern oder zu ängstigen. Auf dreierlei kommt es an: 1. den Signalwert der kindlichen Handlung zu verstehen, d. h. welche subjektive Bedeutung die Eltern bzw. die Gemeinschaft einer Handlung beimessen, so daß die kindliche Handlung zu dem wird, was sie ist; 2. die Bedürftigkeit bzw. die Wünsche des Kindes zu verstehen, mich also z. B. zu fragen, ob hinter dem Stehlen der Wunsch nach mehr Liebe und Zuwendung steht oder hinter dem Lügen der Wunsch nach mehr Anerkennung dessen, was das Kind leistet oder hinter den Zwangshandlungen oder den Ritualen der Wunsch, die Eltern zu ärgern. Der 3. Übersetzungsschritt besteht darin, den Grad der Ausbalancierung zwischen natürlichen Impulsen und Verwirklichungsmöglichkeiten in der sozialen Umwelt (zwischen Lustprinzip und Realitätsprinzip) abzutasten. Hierzu muß ich wieder meine eigenen Tabus als Wahrnehmungsschranken kennen.

Beispiel: Im Verlauf einer Spieltherapiestunde ballert der 6jährige Patient mit einer Spielzeugpistole nicht nur wie wild in der Gegend herum und schießt alle vorhandenen Puppen und Spieltiere tot, sondern richtet seine Aggressivität auch gegen die Therapeutin, die zunächst eine ganze Weile auf dieses Spiel eingehen, auch ihre Gefühle wahrnehmen kann; jedoch hat sie vergleichsweise schnell das Gefühl: „So, jetzt ist Schluß, nun reicht es mir". Ein Mehr an ausagierter Aggressivität wäre ungut. Je nach eigenen Fähigkeiten kann sie diesem Eindruck Ausdruck geben. Z. B. kann sie sagen: „Jetzt ist aber Schluß, pack die Pistole weg, ich verbiete Die weiterzumachen". Oder sie kann sagen: „Ich habe solche Angst, ich gebe mich geschlagen". Auf jeden Fall muß sie sich hinterher fragen, was dazu geführt hat, daß sie diese Einschränkung vornahm und was in *ihr* es verhindert hat, daß sie den Jungen nicht selber die Grenze seiner aggressiven Wünsche und Handlungen hat finden lassen.

Ein ähnliches Beispiel ließe sich für das Ausprobieren der Verwirklichung von Zuwendungs- und Schmusewünschen denken.

Im Sinne einer geglückten Sozialisation ist die Zielvorstellung des Heranwachsens: Der Mensch kann selbständig entscheiden, ob Regungen abgewiesen, aufgeschoben, verändert oder unmittelbar zur Handlung zugelassen werden sollen, und zwar aufgrund der Überprüfung von an sich selbst gestellten Erwartungen und einem verinnerlichten Maßstab. Ein Mensch ist solange unreif oder wird unreif gehalten, solange nur die Wünsche auf seiner Seite sind, jedoch die Entscheidung über die Befriedigung oder Versagung aufseiten der Außenwelt (wie im letzten Beispiel). Um überhaupt über natürliche Impulse und ihre sozialisierten Kontrollmöglichkeiten nachzudenken, muß ich gleichzeitig eine Vorstellung haben von dem, was ich als *natürlich* erachte (und zwar nicht im Sinne von „selbstverständlich", sondern im Sinne von „*Natur*"), und ein Konzept von dem, welchen Spielraum die menschliche Gesellschaft diesen natürlichen Regungen gibt, bzw. welchen Veränderungen, Einschränkungen und Anpassungen sie unterworfen werden müssen, um aus dem Kind einen Menschen zu machen, der die Chance hat, an der Gesellschaft teilzunehmen. So, und erst jetzt kann ich mich fragen und mit dem Kind erarbeiten, wie es ihm gelingen kann, gleichzeitig zufrieden zu sein und gleichzeitig aufschieben, zögern, bedenken und rücksichtnehmen auf die soziale Umwelt zu können.

> *Beispiel:* Wenn also der 6-jährige Patient die Grenzen seiner aggressiven Wünsche an der Therapeutin im Handeln erfahren hätte und möglicherweise auch erarbeitet wäre, daß sich hier eine Mischung aus ungezügelter Wildheit und Zorn auf die Eltern ausdrückt, so wäre dann zu überlegen, welche Möglichkeiten bestehen, daß der Junge sowohl den Zorn auf seine Eltern wahrnehmen und auch ausdrücken als auch diese seinem Temperament entsprechende Wildheit ohne Angst und unbefangen erleben kann.

Diese Überlegungen begründen die besondere Forderung nach *Echtheit* bei der Normalisierung der Beziehung zwischen dem Kind und mir. Kinder und Jugendliche haben noch weniger als Erwachsene ihr Rollenverhalten gefunden; d. h. ein Teil ihrer Schwierigkeiten besteht darin, daß sie spontan, unkontrolliert, impulsiv, natürlich, unverstellt, ungezügelt, sich ausprobierend handeln, was mit dem gefügteren, verhalteneren Handeln der Erwachsenen kollidiert. Zur Pflege meiner Echtheit gehört die Ausdehnung meines Verstehens in den Bereich der Sprachlosigkeit. Dabei kann ich davon ausgehen, daß Kinder fühlen und daß sie ihren Gefühlen Ausdruck geben. Dies geschieht meist und auf allen Altersstufen im Spielen oder in anderen Aktionen, später auch über das Gespräch. Erst wenn das Kind spürt, daß ich nicht der Erwachsene bin, der von ihm am liebsten hätte, daß es schon wie der Erwachsene sprechen kann, kann es als gleichberechtigter Partner in der Beziehung auftreten. Das Kind muß in der Begegnung mit mir die Möglichkeit haben, selbst herauszufinden, welche Normen und Begrenzungen es als sinnvoll akzeptieren kann, wie es mit Erwartungen anders als trotzig, regressiv, verstockt, brav umgehen kann, von welchen Normen und Erwartungen es sagen kann, daß es sie nicht erfüllen will und daß sie für es keine Bedeutung haben. Um diese Art der Identität zu ermöglichen, braucht das Kind die Anregung, sich auch mir verständlich auszudrücken. D. h. die Forderung nach dem Bemühen um Verständnis kann nicht nur einseitig an mich formuliert sein, sondern gilt gleichzeitig als Herausforderung an die Ausdrucksfähigkeit des Kindes.

All diese Sätze helfen mir, die Normalisierung der Beziehung mit dem Kind anzustreben, jedoch sind die eigenen Gefühle dem Kind gegenüber wahrzunehmen (Gegenübertragung). Was macht das Kind mit mir, wie fühle ich mich dem Kind gegenüber?: Dabei ist die Kategorie „Kind" ein Aspekt und das jeweilige Kind ein anderer. Z. B.: Kinder machen mich parteiisch, ich neige dazu, sie als Opfer und nicht als Täter zu sehen, ich entschuldige ihre Handlungen, gebe die Schuld den Erwachsenen. Diese Einstellung macht es mir schwer, das Kind als unabhängigen, handelnden Partner zu sehen, also auch als böse, schuldhaft, unerträglich. Und das einzelne Kind: zu brave Kinder strengen mich an, neugierige Kinder regen mich an, laute und lärmende Kinder nerven mich (übliche distanzierende Kennzeichnung als distanzlos), fast alle Kinder lösen Zärtlichkeitsgefühle in mir aus, jedoch gibt es Gesichter, die ich nicht vertragen kann, die mich aggressiv machen. Jugendliche verunsichern mich: oft weiß ich nicht, ob ich mich nicht lächerlich mache in meinem Bemühen, sie ernst zu nehmen, ob ich sie nicht überfordere, wenn ich mich um sie als Partner bemühe. Andererseits bin ich enttäuscht, wenn ich ihnen gegenüber so handeln muß, *als ob* ich ihr Partner wäre. Dies als Aufzählung möglicher Gefühle, deren Wahrnehmung möglich macht, daß ich sie anspreche, daß ich mein Handeln unabhängiger mache, so daß sie nicht die Normalisierung der Beziehung von mir und dem kindlichen Partner stören.

Übung: Meine Gefühle und Einstellungen den einzelnen Kindern gegenüber in der Gruppe besprechen und Möglichkeiten der Normalisierung im Rollenspiel ausprobieren: Das spittelige Kind, das fette Kind, das petzende Kind, das häßliche Kind, das verschlagene Kind, das schielende Kind, das süße Kind, das aufgeweckte Kind, das clownige Kind, das armselige Kind usw.

II. *Mögliche Typen von Kränkungen*

Es ist in der Kinder- und Jugendpsychiatrie noch schwerer als in der „normalen" Psychiatrie zwischen krank, erziehungsbedingt, auffällig, verhaltensgestört zu unterscheiden, zumal alle diese Benennungen nur unterschiedliche Aspekte desselben Problems sein können. Wortmarken (Benennungen) können für das Kind noch stigmatisierender sein als für den Erwachsenen.

Es folgt die Darstellung der wichtigsten Typen der Kränkungen im kindlichen und jugendlichen Alter.

1. Autismus

Dieses Syndrom ist 1934 von Kanner beschrieben und seither vielfach untersucht worden, ohne daß wir bisher wissen, wie dieses Syndrom entsteht, ob es den psychotischen Erkrankungen zuzurechnen ist, ob es sich um die „kindliche Schizophrenie" handelt. Diese Störung im kindlichen Handeln gehört zu den schwersten und zu den qualvollsten Störungen. Und dies nicht nur für das Kind, sondern auch für die Eltern. Sie ist gekennzeichnet durch extreme Beziehungslosigkeit (Weltlosigkeit), durch Versagen der Sprachentwicklung bzw. (Sich-) Versagen des Gebrauchs der Sprache zum Zweck der Verständigung. Es kommt zu einem weitgehenden Verlust der emotionalen und sozialen Kontaktfähigkeit; bzw. diese wird gar nicht erst ausgebildet (Ausbleiben des sozialen Lächelns bereits im ersten Lebensjahr). Die Interessen sind sehr eingeengt. Häufig besteht für ein Kind der einzige Zugang zur Welt darin, bestimmte Handlungen zwanghaft zu wiederholen, z. B. Licht an und auszuknipsen. Die Kinder müssen an bekannten Situationen festhalten. Schon kleine Veränderungen, wie das Umstellen einer Vase, lösen panische Angst mit motorischer Unruhe bei ihnen aus. Bei noch stärkerer Beziehungslosigkeit kommt es zu bizarren Formen der Bewegungen (*Stereotypien*), zu bizarren sprachlichen Wendungen, Wortwiederholungen (*Echolalie*) und zu Wortneuschöpfungen (*Neologismen*). Auf die Frage nach dem Zusammenhang von Autismus und Intelligenz läßt sich sagen, daß wegen der starken Abhängigkeit der intellektuellen Entwicklung von Umwelteinflüssen nur ein Drittel der autistischen Kinder annähernd altersentsprechend intellektuell entwickelt ist. Häufig ist zu beobachten, daß eine Fähigkeit extrem ausgeprägt ist, z. B. die Merkfähigkeit für Geschichtszahlen oder eine handwerkliche Fähigkeit. Vermutlich ist die Begegnungsfähigkeit mit der Welt, dem Selbst und den Anderen so wenig ausgebildet, daß selbst die Fähigkeit zum Bezug erst hergestellt werden muß. Dies geschieht in letzter Zeit erfolgreicher mit verhaltenstherapeutischen als mit den konventionell angewendeten heilpädagogischen Methoden.

2. Hirnschädigungen
Sie führen beim Kind entweder zu hirnorganischen Syndromen (s. Kap. 8) oder zu geistiger Behinderung (s. Kap. 9). Vorgeburtliche (*pränatale*), durch die Geburt bedingte (*perinatale*), nachgeburtliche *(postnatale)* und stoffwechsel-bedingte Schädigungen spielen die Hauptrolle. Hirnorganisch bedinge Störungen des Handelns sind von psychisch bedingten Störungen oft noch schwerer zu unterscheiden als bei Erwachsenen, da das Kind aufgrund einer noch weniger differenzierten Entwicklung weniger, dafür totalere Ausdrucksmöglichkeiten für Kränkung hat; Körper und Seele sind noch näher beieinander. Gerade deshalb können leichte frühkindliche Hirnschäden verkannt und zu einem Lebensproblem werden. Daher ist die hirnorganisch-seelische Unterscheidung so unendlich wichtig, z B. wenn Eltern Erwartungen entwickeln und wenn Erzieher, Lehrer oder Therapeuten entscheiden, ob eine Handlungsweise zu ändern oder, da nicht änderbar, zu akzeptieren ist. In der Erscheinungsweise spielen Veränderungen der Motorik eine Rolle, häufig aber auch undeutliche Beeinträchtigungen der Aufmerksamkeit, wobei Schwankungen der Bewußtseinswachheit, Beeinträchtigungen der Orientierung (z. B. rechts-links), der Konzentration, der Lernfähigkeit, des Gedächtnisses, des abstrakten Denkens und der motorischen Fertigkeiten zu unterscheiden sind. Oft sind auch scheinbar unbegründete Angst und Wutausbrüche für das Kind im Handeln störend (affektive Kontrolle). Wegen der zunehmenden Zahl der Autounfälle (auch wegen des häufigeren Alkohol- und Medikamentenmißbrauchs der Mutter in der Schwangerschaft!) steigt die Häufigkeit der hirnorganischen Beeinträchtigungen. In jedem Einzelfall ist therapeutisch-pädagogisch neu zu prüfen, wieviel Gewicht man dem Vorliegen und dem Ausprägungsgrad einer hirnorganischen Schädigung in der Gesamtbeurteilung eines Kindes gibt. Wenn auch die Möglichkeiten in der Diagnostik immer feiner werden, die Meinungen über die „Normalität" von hirnorganischen Schädigungen sich also ändern, sollte man nachdenken, bevor man ein Kind mit einer geringen hirnorganischen Beeinträchtigung unnötig durch das Etikett „Hirnorganiker" zusätzlich schädigt. Genauso ist natürlich die Bagatellisierung zu vermeiden. In jedem Fall handelt es sich auch hier um ein *Gesamt-Familienproblem.*

3. Psychoneurotische und psychosomatische Kränkungen
Zusätzlich zu dem in I. 2. Gesagten noch einige praktisch wichtige Hinweise: Kindliche psychoneurotische und psychosomatische Handlungen können, wenn sie bald nach ihrem Auftreten als solche gewertet werden, meist durch Beratung, z. B. durch Änderung der Umgebung, durch Einstellungsänderung aufseiten der Eltern und durch Gespräche bzw. Spielsituationen mit dem Kind wieder aufgehoben werden. In der Vorpubertät und der Adoleszenz ähneln neurotische Handlungsweisen zunehmend denen von Erwachsenen. Sie sind im Vergleich durch größere Heftigkeit und geringe Verhaltenheit der Äußerung gekennzeichnet. Zwei Äußerungsformen kindlicher bzw. jugendlicher Kränkung, die sowohl mit der Kränkung der Beziehung zu den Bezugspersonen als auch mit der Kränkung der Beziehung zu sich selbst zu tun haben, seien besonders erwähnt: 1. Die Fettsucht *(adipositas),* die meist schon durch Übergewicht beim Übergang vom Säugling zum Kleinkind bemerkbar wird. Da sich in diesem Alter zum einen die Fettzellen ausbilden, zum anderen auch die orale Grundhaltung stabilisiert wird, ist die Prognose dort, wo lediglich diätetisch therapiert wird, recht ungünstig. Oft steckt hinter dem übermäßigen Füttern entweder die Angst der Mutter, Fehler zu machen und zu versagen oder eine verborgene, abwehrende und feindselige Haltung, in der hinter jedem Schreien nach Zuwendung, Abwechslung, Unterhaltung immer nur Hunger vermutet und das Kind abgefüttert wird. Daher ist Untergewicht bei kleinen Kindern oft der Ausdruck des Widerstandes gegen die Neigung Erwachsener, alles in das Kind hineinzustopfen,

während Übergewicht Wehrlosigkeit gegen diese Handlungsweisen durch Eltern kennzeichnet.
2. Die Pubertätsmagersucht (*Anorexia nervosa*) tritt bei Mädchen achtmal so häufig auf wie bei Jungen. Durch die Entwicklung der sekundären Geschlechtsmerkmale und durch das Auftreten der Menstruation, d. h. durch biologische Reifungsvorgänge in der Pubertät, wird die Auseinandersetzung mit der eigenen Geschlechtsrolle erneuert. Durch Nahrungsverweigerung und durch die ihr folgende *sekundäre Amenorrhoe* (Ausbleiben der Menstruation) wird im übertragenen Sinne eine Verweigerung der Übernahme der weiblichen Rolle erzielt. Zum einen vermeiden die Mädchen auf diese Weise, sich als weibliche Geschlechtspartner identifizieren zu müssen, zum zweiten deuten sie an, daß sie die Identifikation mit der Mutter verweigern. Häufig wird die Anerkennung statt dessen dadurch gesucht, daß diese Jugendlichen im Leistungsbereich Besonderes zu erringen trachten. Traurige und verzweifelte Gefühle werden geleugnet. Der Umgang mit diesen Jugendlichen ist schwierig, da es zu ihrer Grundhaltung gehört, nicht verstanden zu werden. In kritischen Situationen ist die Ernährungszufuhr mit der Sonde unerläßlich. Erst wenn man sich bemüht, sie nicht nur mit der Selbstverständlichkeit ihrer Geschlechtszugehörigkeit zu konfrontieren, sondern in ihrem Unwillen auch die abgewehrte Traurigkeit zu verstehen, auch wenn man bereit ist, sehr viel Geduld aufzuwenden und erlebter Ablehnung nicht durch Abwendung zu begegnen, auch wenn es einem gelingt, den Kampf um das Gewicht nicht zum eigenen Kampf zu machen, so daß Gewichtsverlust zum eigenen Versagen wird, d. h. wenn es einem gelingt, sich nicht zum Opfer dieser Jugendlichen zu machen, kann man eine Beziehung herstellen.

4. Depression

Depressive Äußerungsformen im Handeln von Kindern und Jugendlichen unterscheiden sich von denen der Erwachsenen dadurch, daß sie unmittelbarer in Beziehung zu Liebesverlust (und Objektverlust) stehen. Die Abhängigkeiten des Kindes sind offensichtlicher und natürlicher und insofern sind die depressiven Reaktionen auch unmittelbarer, wenn den Abhängigkeiten nicht Rechnung getragen wird. Hier wäre es daher ganz unsinnig, zwischen endogener und reaktiver Depression zu unterscheiden. Die Abhängigkeit von „Mitmenschlichkeit" ist also ganz entscheidend. Es kann hier für Erwachsene und Kinder entlastend sein zu erfahren, daß Kinder auch von Kindern das erhalten können, was sie brauchen. Wenn Depressionen bei Kindern zunehmen, d. h. den Notwendigkeiten der Abhängigkeit nicht Rechnung getragen wird, so ist also auch zu vermuten, daß Kinder nicht sozial werden, sondern aufgrund der sie umgebenden Bedingungen (z. B. Kleinfamilie mit 1-2 Kindern) isoliert bleiben. Während der Pubertät löst sich der Jugendliche zum einen von der Familie, er gibt Geborgenheit auf. Zum anderen ist er aber auch oft noch nicht dazu in der Lage, traut sich und den Anderen noch nicht, so daß häufig tiefer Weltschmerz, der mit starken, verzweifelten und traurigen Gefühlen einhergehen kann, die Stimmung prägt. – Während der letzten Jahre hat sich die Zahl der *Suizide* bei den Kindern erhöht. (1950 wird die Zahl der Suizide bei Kindern mit 35 angegeben, 1970 mit 87, 1974 mit 58.) Die beobachtete Erhöhung der Suizidrate gilt für Kinder zwischen 10 und 15 Jahren. Bei den Jugendlichen ist der Anstieg der Suizide weniger auffällig. Meist spielt eine gebrochene Eltern-Kind-Beziehung insofern eine Rolle, als jedes andere Unglück durch die Eltern dann nicht aufgefangen werden kann. Beim aktuellen Suizidgeschehen spielen immer eine Reihe von Beweggründen eine Rolle. Bei der Begründung des Anstieges von Suiziden, Depressionen u. a. spielt zunehmend die Schule eine Rolle: Die Schule gibt in den letzten Jahren gleichzeitig immer stärker und immer früher den Druck für sozialen Auf- und Abstieg schon auf die Kinder weiter und wälzt ihn ab. Schule ist oft als entscheidende und alleinige Instanz für Lebens- und Berufschancen verantwortlich zu machen. Gleichzeitig liefert sie dem Kind wegen der immer größer werdenden Mannigfaltigkeit der Welt immer weniger Überblick über das, was in der Welt wichtig ist und wonach es seine Welt strukturieren kann. So wird nachvollziehbar, daß Schule die Quelle von Angst, Schuldgefühlen, Verzweiflung und Scham sein kann und daß häufig eine große Portion seelischer Gesundheit (z. B. die Fähigkeit zu „gezielter Unaufmerksamkeit") dazu gehört, in der Schule eine Quelle von Lebensfreude zu haben. In diesem Zusammenhang muß erwähnt werden, daß die Anzahl der Kinder, die deswegen beim Psychiater vorgestellt werden, weil sie mit den Leistungsanforderungen in der Schule nicht fertig werden drastisch gestiegen ist (das hängt auch damit zusammen, daß in den letzten Jahren 20-30% der Kinder das Abitur ablegen, d. h. mehr Kinder sind der Dauerbelastung Schule ausgesetzt als früher -3%). Zu berücksichtigen ist auch, daß es keine Auswege gibt, so daß Schule schon als Härtetest zu werten ist.

5. Aggressive Handlungen

Wir lehnen das Konzept „Verhaltensstörung" ab, da bei einer solchen Benennung die aggressive Handlung nur und ausschließlich zum Problem von zu schwacher Kontrolle gemacht wird. Das Ver-Halten wird höher bewertet als die spontane Handlung, wenn ich von Verhaltensstörung spreche. Die Nähe zur Verhaltenheit macht diese Begriffsbildung fragwürdig.

Aggressive Handlungen und Jugendkriminalität sind nicht dasselbe, wenn auch beides zusammenhängt. Jugendkriminalität ist keine psychiatrische Beschreibung, sondern eine juristische Kategorie. Sicher werden aggressive Handlungen von Unterschicht-Jugendlichen häufig polizeilich festgehalten und füllen damit die Kategorie Jugendkriminalität an, während aggressive Handlungen von Mittel- und Oberschichtjugendlichen eher zur Zuweisung zu Erziehungsberatungsstellen und psychiatrischen Institutionen führen. Jugendlichen der Mittel- und Oberschicht, die mehr Sprache zur Verfügung haben, gelingt es häufiger, ihre Aggressionen sprachlich loszuwerden, d. h. im Streit mit jemandem oder aber in aggressiven Phantasien, wie sie sich in Zerstörungs- und Racheträumen zeigen. Kindern und Jugendlichen, denen die Sprache weniger zur Verfügung steht und die auch mehr direkte aggressive Modelle haben, neigen eher zum unmittelbaren Umsetzen ihrer Spannungen in Taten (mit wem verbünden sich dann der Psychiatrie Tätigen?). Man kann formulieren, daß die aggressiven Handlungen der Mittel- und Oberschicht-Jugendlichen „verwahrter" (verhaltener) sind, die der Unterschicht-Jugendlichen *verwahrloster*. Bei den Jungen kommt es im wesentlichen zu Autodiebstahl und zu aggressiv zerstörerischen Handlungen, bei Mädchen zum Ausprobieren ihrer sexuellen Fähigkeiten, wobei es sich oft um eine Mischung zwischen Ausprobieren der sexuellen Impulse, einem Ausprobieren der Macht, die in der Anwendung der sexuellen Impulse steckt, und einem Bedürfnis nach Anerkennung, das auf diese Weise einfach zu befriedigen ist, handelt, – und zum Weglaufen. Wir sollten unter aggressiven Handlungen auch verstehen, wenn jemand unter vorsätzlicher Mißachtung sozialer Normen sich verweigert, sich zurückzieht (Arbeitsscheu, Drogenszene), da die Leugnung der aggressiven Anteile häufig bewirkt, daß wir die Jugendlichen dann nicht erreichen. Bei den nach außen gerichteten aggressiven Handlungen überwiegen die Jugendlichen, die aus sozial desintegrierten Umgebungen, aus enttäuschten, beengten, in den Erwartungen zurückgeworfenen Bedingungen kommen. Einige Fragen zum Weiternachdenken: Wo sollen Jugendliche heutzutage hin mit ihrer Kraft? Wie mit der Enttäuschung fertig werden, wenn sie merken, daß die Güter der Welt ungerecht verteilt sind? Was tun, wenn sie aggressive Impulse spüren und rundherum eingeengt sind und hören, daß Aggression sinnlos, unangemessen, unerwünscht ist? Wie kann man – präventiv – eine Sozialisation der Aggression ermöglichen? Wenn Therapie, ist es wesentlich, daß die Jugendlichen ihre Aggression und das Ausmaß ihrer Aggression kennenlernen und nicht unterdrücken müssen. Gleichzeitig ist ihre Aufmerksamkeit zu füllen mit sinnvollen Betätigungen, auch mit sinnvollen Aggressionen (z. B. sportliche Auseinandersetzung, jede Art von Wettkampf!) und nicht mit stumpfsinnigen Tätigkeiten, die einen nur apathisch machen. Wieso ist es „verfehlt", als Mädchen seinen sexuellen Impulsen nachzugehen, wenn die Erwartungen Mädchen gegenüber zwiespältig sind: einerseits sollen sie „ankommen" und andererseits sollen auch Mädchen heutzutage einen

„ordentlichen" Beruf lernen. Welche Möglichkeiten der Verwirklichung auch des narzißtischen Ausdrucksverhalten gibt es heute, so daß jemand sich als der starke Mann fühlen kann, ohne sich überall zu stoßen oder gestoßen zu werden? Wenn die Jugendkriminalität in den nächsten Jahren weiter zunimmt, will man alle Jugendlichen einsperren oder will man Maßnahmen in der Umgebung ergreifen, um von daher aggressives oder kriminelles Handeln zu erübrigen? Ist Alkoholismus bei Jugendlichen aggressives Handeln, selbstaggressives Handeln oder süchtiges Handeln? Wie wird die Frage nach dem Sinn des Lebens (auch moralisch, auch politisch) für die Jugendlichen beantwortet, bzw. mit wieviel Fatalismus, Apathie, Resignation und Verzweiflung werden sie allein gelassen? Wie kann man der Wohlstandsverwahrlosung, die dadurch bedingt ist, daß Eltern es sich leisten können, die Wünsche ihrer Kinder zu befriedigen und es ihnen psychisch unmöglich ist, nein zu sagen, begegnen?

6. Schizophrene Handlungen bei Kindern und Jugendlichen
Auch die Welt der Kinder und Jugendlichen ist nicht heil! Wir haben davon auszugehen, daß es auch in der kindlichen und jugendlichen Entwicklung zu Brüchen und Spaltungen kommt, dazu, daß jemand auf die Verrücktheit seiner Welt mit eigener Verrücktheit (quer) reagiert, daß er sich durch Rückzug unverfügbar macht. Gleichzeitig haben wir in Kenntnis der Vererbungslehre davon auszugehen, daß ein bestimmter Prozentsatz von Kindern deswegen erkranken, weil die Eltern krank sind. Es ist genauso unnütz und fahrlässig, schizophrene Problemlösungen in Kindheit und Jugend zu leugnen, wie es unnütz und fahrlässig ist, Kinder mit gekränkten Beziehungen zu sich selbst nur medikamentös zu behandeln oder in Heime abzuschieben. Medikamente sollten eine geringe Rolle spielen. Im Vordergrund der Begegnung sollte der Versuch stehen, das Zerbrechen anzuhalten durch Bindung an alles, was wirklich und eindeutig ist und durch Bekräftigung von Gefühlen. Für weitere Überlegungen s. Kap. 3.

III. *Therapie und Selbsttherapie*

Durch die besonderen Bedingungen der Abhängigkeit sind Kinder und Jugendliche umgeben von Leuten, die etwas *mit* ihnen machen wollen oder *aus* ihnen machen wollen oder *für* sie machen wollen. Das ist der Normalzustand, der in Konfliktsituationen dadurch überboten wird, daß noch mehr Leute von ihrer Sichtweise aus für die Kinder und Jugendlichen etwas machen. Der Therapeut oder Erzieher oder Heilpädagoge läuft stets Gefahr, als verlängerter Arm elterlicher (gesellschaftlicher) Autorität mißbraucht zu werden. Dies vor allem dort, wo dem Pädagogen oder Therapeuten die Eltern sympathisch sind, wo ihm die elterlichen Normen einleuchten oder wo er abhängig ist von der Finanzierung. Gleichzeitig hängt für den Therapeuten auch ein Stück eigenen Selbstwertgefühles daran, von den Eltern akzeptiert zu sein, nicht nur von den Kindern und Jugendlichen. Aber von Eltern akzeptiert zu sein, beinhaltet oft auch, ihnen ein Kind nach ihren Vorstellungen zu formen, in dem Sinne z. B. daß sie für ihr Geld bzw. für ihr Vertrauen auch ein passendes Kind bekommen. Von der Grundhaltung ausgehend hat ein Therapeut also nur dann eine Chance, wenn er neu, fremd, anders ist als alle anderen – für Eltern wie Kind. Damit hängt auch zusammen, daß entgegen oft geäußertem Zweifel gilt: in jedem Fall ist das Kind in der Therapie zur Selbsthilfe zu bringen. Es ist also das Ziel therapeutischen Handelns mit Kindern und Jugendlichen, soweit wie möglich zu erreichen, daß diese sich selbst nach den Bedingungen ihres Handelns befragen lernen und bestimmen lernen, welchen Weg sie gehen bzw. vermeiden wollen. Aber: wenn das Kind noch natürliche Abhängigkeit (Zuwendung, Geborgenheit) braucht, dann ist diese nicht zugunsten größerer Eigenständigkeit zu leugnen, sondern es sind Bezugspersonen zu finden, die bereit sind, mit diesem Kind die Abhängigkeit zu leben. Unter einem familientherapeutischen Gesichtspunkt gilt: die Erziehung zur Selbsthilfe (Autonomie usw.) gilt in gleicher Weise für das Kind und für die Eltern. Einmal, um die Täter-Opfer-Beziehung zu berücksichtigen, zum anderen, um die Überprüfung zu ermöglichen, wieviel Bindung noch möglich und nötig ist. Diese Zielvorstellung beinhaltet, daß ich sowohl dem Kind als den Eltern als Partner verpflichtet bin, und wenn ich nicht sicher bin, daß ich beiden dienen kann, sollte ich die Eltern oder das Kind zu einem anderen Therapeuten schicken. Wichtig ist eine Zusammenarbeit mit den Eltern auch dort, wo sie bei zunehmender Selbständigkeit des Kindes ihre Verbote überziehen oder in Resignation versinken. Es ist mit ihnen daran zu arbeiten, daß die Suche des Kindes nach seinem Weg, d. h. die Befähigung des Kindes und Jugendlichen zur Selbsthilfe sie schmerzt, ihren Rahmen stört und ihn auch möglicherweise sprengt, aber auch die Chance für die Eltern bedeutet, endlich „egoistisch" ein eigenes Leben zu leben (Selbsthilfe der Eltern). In einem solchen Fall sollte mit dem Kind oder dem Jugendlichen zusammen eine Trennung zwischen ihm und der Familie erwogen werden. Entscheidend ist, daß Kinder bzw. Jugendliche lernen, daß *sie* es sind, die ihr Leben führen. Dieses spricht nicht für eine totale Verselbständigung sondern anerkennt Abhängigkeitswünsche als eine Möglichkeit der Selbstbestimmung, macht Abhängigkeit aber nicht abhängig von Auslieferung.

Darüber hinaus beinhaltet größere Distanz die Möglichkeit der Umwandlung von Abhängigkeit in Bindung! Zu entscheiden ist schließlich zwischen Einzel- und Gruppentherapie. Gruppentherapie hat den Vorzug, daß das Gefälle zwischen mir als dem Erwachsenen und dem einen Jugendlichen wegfällt, daß gemeinschaftliches und soziales Handeln ausprobiert werden kann, daß das Erlebnis der Unabhängigkeit größer ist, auch das Erlebnis, sich gegenseitig helfen zu können. Gleichzeitig ist in der Gruppe die Möglichkeit gegeben zu sehen, wie Andere mit ihren Schwierigkeiten umgehen, wie Andere mit dem Therapeuten als Autorität umgehen. Außerdem ist in Gruppen mehr unmittelbares Handeln möglich, mehr direkte und konkrete Gefühle können geäußert werden (inklusive Streit), so daß die Auseinandersetzung für den Einzelnen um das, was seine Natur ist und um das, was erforderlich ist, damit er in der Gemeinschaft integriert ist, möglicher und sinnvoller wird. Einzeltherapie ist am Anfang ganz sicher bei autistisch oder schizophren handelnden Kindern anzuwenden. Kinder und Jugendliche, die sich sehr weit weg bewegt haben, die dissoziiert sind, können zunächst nur über die Bindung zu einem Menschen gehalten werden; die Vielfalt einer Gruppe würde sie mit größerer Wahrscheinlichkeit zerbrechen lassen. Dort wo die Begegnung mit Kindern und Jugendlichen nicht ambulant möglich ist, sondern wo ein stationärer Aufenthalt nötig wird, ist zu berücksichtigen, daß Stationen all das enthalten müssen, was in der Entwicklung von Kindern und Jugendlichen eine Rolle spielt: Es muß Möglichkeiten zum Toben, zum Verstecken, zum Abhängigsein, zum Gestalten, zum Lernen, zum Verkriechen, zum Aggressivsein geben. Auch ist darauf zu achten, daß weibliche wie männliche Erwachsene Bezugspartner werden können. Die Umgebung, sowohl emotional wie sachlich, sollte anregend und vielfältig sein, in manchem auch nicht vorgegeben, sondern zu erarbeiten.

Übung: Ein Planspiel zur Organisation von kinder- und jugendpsychiatrischen Stationen, welche Berufe, welche Aktivitäten, welche Tagesläufe und jeweils die Begründung.

IV. *Epidemiologie und Prävention*

1. Verbreitung

Bei den derzeitigen Überlegungen und Planungen in der Bundesrepublik wird von zwei Zahlen ausgegangen. Nimmt man eine weiche Zahl, d. h. zählt man Kinder und Jugendliche, die anhand von Fragebogen und Beobachtungen durch Lehrer und Angehörige Beschwerden ankreuzen, und nimmt man die steigende Zahl derer, die Erziehungsberatungsstellen und psychiatrische Dienste aufsuchen, so zeigt sich, daß 10-17% aller Kinder in ihren Handlungen gestört und gekränkt sind, wobei sich die Störungen von Angst vor der Dunkelheit bis zu schweren Angstzuständen dehnen. Dabei ist bereits der Versuch unternommen, die Zahl so zu korrigieren, daß in Rechnung gestellt ist, daß mit großer Wahrscheinlichkeit bei allen Kindern und Jugendlichen einmal Stehlen oder Lügen, aggressive Handlungen, Einnässen, regressive Handlungen, depressive Verstimmungen vorkommen. Nimmt man eine harte Zahl, also zählt man nur die, die längerfristig in psychiatrische Betreuung kommen, so handelt es sich um etwa 3-5% der Kinder. Unterschichtkinder neigen wahrscheinlicher zu Schulschwierigkeiten, übersteigerter Empfindlichkeit, Übelkeit, Schlafstörungen, Angst vor Menschen, Weinen und sie laufen eher von zu Hause weg. Kinder aus der Mittel- und Oberschicht fühlen sich leichter schwächlich, lutschen häufiger am Daumen, leiden häufiger unter Kontaktstörungen und nässen wahrscheinlicher auch tagsüber ein. Ältere Untersuchungen zeigen zudem, daß aggressives, dann auch häufig als kriminell beurteiltes Handeln häufiger bei Jugendlichen aus der Unterschicht zu beobachten ist. Dagegen finden sich sogenannte neurotische Anpassungsstörungen häufiger bei Kindern und Jugendlichen der Mittel- und Oberschicht.

2. Bedingungen

Es gibt bisher wenige epidemiologische Untersuchungen im Bereich der Kinder- und Jugendpsychiatrie bzw. -Psychosomatik. Untersuchungen zur Bedingung der sozialen Schichtzugehörigkeit wurden bereits vorgezogen. Man weiß sicher, daß sogenannte „broken homes", d. h. zerbrochene Familien, mit großer Wahrscheinlichkeit zu Störungen im Handeln führen. Allerdings ist nicht geklärt, ob es daran liegt, daß die Wunden so lange und so tief klaffen, oder ob es daran liegt, daß zerbrochene Familien bzw. die Restbestände es ökonomisch und sozial sehr schwer haben, Kontakt zu behalten, oder ob eine Kombination von diesen und anderen Gründen ist (z. B. Mehrfachbelastung der Bezugsperson). Im übrigen gibt es über die Bedingungen der Entstehung von Störungen des Handelns bei Kindern und Jugendlichen eher Untersuchungen, die der Untermauerung von Theorien dienen: So gibt es z. B. psychoanalytische Fallbeispiele, die den Zusammenhang zwischen Erziehungsbedingungen und Charakterstruktur nachzuweisen versuchen. Dann gibt es im Bereich des sozialen Lernens lerntheoretisch fundierte Untersuchungen, die zeigen, daß die bestärkten Handlungsweisen eines sozial hochstehenden Modells wahrscheinlicher nachgeahmt werden. Es läßt sich dann etwa die Frage, ob ein Kind aus unterdrückten aggressiven Impulsen dem Vater gegenüber zu stottern anfängt oder weil es für einmaliges zufälliges Stottern sehr viel Aufmerksamkeit bekommen hat, je nach Theorie mit „ja" beantworten. Es fehlen also wirklichkeitsnahe Untersuchungen. Aber es gibt eine Menge Fragen: z. B. welches Frauenbild übertragen Unter-, Mittel-, Oberschichtenmütter, die berufstätig, nichtberufstätig sind, ihren heranwachsenden Töchtern? Welche Quellen der Zufriedenheit sich in der Kleinfamilie erschließen? Wie wirkt sich gute öffentliche Erziehung anders auf das Handeln von Kindern und Jugendlichen aus als gute private Erziehung; d. h. welche Störungen im Handeln zeigen Jugendliche, die gemeinsam groß werden, im Vergleich zu Jugendlichen, die vereinzelt aufwachsen?

3. Bedeutung

Die Kinder- und Jugendpsychiatrie ist in der Geschichte der Psychiatrie spät entstanden. Zu ihrer Entstehung tragen u. a. zwei Gründe bei: 1. um herauszufinden, ob und welche Erscheinungen der Erwachsenenpsychiatrie auch bei Kindern und Jugendlichen vorkommen (gewissermaßen eine Validierung); und 2. als Reaktion auf die zunehmende Spezialisierung der Bildungsgänge und damit die zunehmende Normierung. Jede Bildungseinrichtung definiert ihre Aufgaben so eng, daß nicht alle Kinder aufgenommen werden können; vielmehr müssen störende, auffällige Kinder, denen man mit pädagogischen Mitteln allein nicht beikommen kann, Spezialisten zugewiesen werden. Eine große Rolle spielt sicher auch das „gesellschaftliche Kontrollbedürfnis". In dem Maße, in dem die Kinder- und Jugendpsychiatrie Theorien über die Entstehung gekränkten Handelns in der Begegnung mit sich selbst und mit der Umwelt entwickelt und überprüft, wird a) für die Erwachsenenpsychiatrie Prävention eher möglich, d. h. aber auch b) eine Theorie der Entwicklung und somit auch der Veränderung der Kränkbarkeit des Menschen. Aus diesem letzten Gedankengang folgt die Notwendigkeit einer solchen Theorie der Entwicklung, die nicht im 18. Lebensjahr aufhört, sondern eine Entwicklungstheorie, die klärt, daß Erfahrungen der Kindheit und Jugend weit in das Erwachsensein hineinreichen. Durch Lernen (Anpassung, Sozialisation gehören dazu) werden aus der ungeheuren Vielfalt von Möglichkeiten nur bestimmte verwirklicht. Das Heranwachsen geschieht in einem Spannungsverhältnis zwischen der Natur des Menschen, zu der auch gehört, daß er weltoffen, instinktunsicher und abhängig ist, und der Sozialisation (wozu gehört, daß er Normen, Handlungsweisen, Wissen der ihn umgebenden Menschen übernimmt). Wir messen der Natur des Menschen einen eigenen Wert bei, wobei auch die lange Unselbständigkeit, Hilflosigkeit und Abhängigkeit des Menschen Aspekte des Biologisch-Endogenen sind und nicht primär Aspekte des Sozialen. In vielen Theorien über die menschliche Entwicklung wird die Bedeutung der Natur geleugnet oder herabgespielt. Häufig wird davon ausgegangen, daß der Mensch zur Zeit seiner Geburt ein weitgehend unbeschriebenes Blatt ist, das am Ende seines Heranwachsens ein sozialisiertes Wesen geworden ist. Folgt man einer solchen Überlegung unkritisch, dann heißt das, daß das Wesen der menschlichen Natur unendlich formbar ist, daß man dem Menschen alles beibringen kann, wenn man nur die richtigen Techniken der Sozialisation kennt. Läuft dann im Leben eines Menschen irgend etwas nicht glatt im Sinne der sozialen Erwartung, dann wird das leicht auf mangelnde Eingliederung oder Kommunikation geschoben. Die biologische, die naturhafte Seite wird kaum erwähnt. Es wird auf die gestörte Sozialisation geschlossen und nicht die *Kluft* zwischen Sozialisation und Natur ernstgenommen. Dabei wissen wir, daß schon ein Unterschied im Tempo zwischen Mutter und Kind zu unauflöslichen Schwierigkeiten führen kann. Hat die Mutter ein schnelles Temperament und das Kind ein langsames oder umgekehrt, so kann es dazu führen, daß beide sich kaum aufeinander einstellen können. Auch wissen wir, daß die Natur des Menschen sich wehren kann gegenüber Forderungen, gegen ein Zuviel an Sozialisation (vergleiche das Buch 1984 von George Orwell). Die Bedeutung der Kinder- und Jugendpsychiatrie liegt darin, daß sie eine entscheidende Grundlage der Erwachsenen-Psychiatrie sein kann, wenn sie über die Erforschung der Entwicklung des Menschen einen sinnvollen Bezugsrahmen liefert, in dem in gleicher Weise Normalität *und* Individualität wahrgenommen, d. h. der Mensch im Vergleich zu sich selbst *und* zu Anderen ernstgenommen werden kann.

4. Prävention

Sicher trägt der Ausbau von Erziehungsberatungsstellen, jugendpsychiatrischen und schulpsychologischen Diensten mit den Ziel chancengleicher Zugänglichkeit (!) zur Prävention bei. Gleichzeitig hat jedodoch primärpräventiv Vorrang die Überlegung, wie man die Erziehung, aber auch die physische Umwelt, d. h. die Lebensgestaltung von Kindern und Jugendlichen so ändern kann, daß sie zugleich natürlicher und freier und gesellschaftlicher und kultivierter (was nicht dasselbe ist) sein können. Spielplätze, Bewegungsmöglichkeiten, Sportplätze, Begegnungsräume, Erschließung von Wissen, nicht nur durch die Schule, Möglichkeiten, die Welt nicht durch organisiertes, sondern auch durch freies Ansehen zu betrachten, Neugier entwickeln zu können, ohne stets auf der Hut vor Einengung und Strafe zu sein, sind Bedingungen, die nicht nur einzelne Kinder fördern, sondern auch Störungen des Handelns vermeiden. Dies meint z. B. andere Babyernährung gegen die Gefahren der kindlichen und jugendlichen Fettsucht; die Abhängigkeitsbedürfnisse zu achten, um die Zunahme depressiver Handlungen – in der Kleinfamilie – zu vermeiden; Raum für Jugendliche zu schaffen, gegen Aggressivität und Kriminalität; die Schule zu ändern, gegen Leistungsdruck und Zwang. Die Herstellung solcher Bedingungen würde sicher bei allen Menschen vorübergehend Unsicherheit und Ängstlichkeit hervorrufen. – Es macht wahrscheinlich wirklich nichts, wenn das Kind einmal mehr oder weniger Angst empfindet (wobei entscheidend ist, welche Bedeutung die Bezugsperson diesem Ereignis beimißt); es macht jedoch viel aus, daß wir Kinder Angst und Brutalität empfinden lassen, weil sie ja nur Kinder sind, denen gegenüber wir uns nicht zur gleichen Achtung verpflichtet fühlen, wie wir sie von ihnen uns gegenüber verlangen. Wir sollten davon ausgehen lernen, daß es unsere Kinder nicht später besser haben sollten als wir, sondern daß wir es zusammen mit unseren Kindern hier und jetzt gut haben wollen.

LITERATUR

AICHHORM, A.: *Verwahrloste Jugend*. 5. Aufl. Bern 1965
AXLINE, V. M.: *Dibs*. 2. Aufl. München, Scherz 1970
BETTELHEIM, B.: *Der Weg aus dem Labyrinth*. Stuttgart 1975
ERIKSON, E. H.: *Ich-Identität und Lebenszyklus*. Frankfurt, Suhrkamp 1966
FREUD, A.: *Wege und Irrwege in der Kinderentwicklung*. Bern, Haber 1968
GORDON, TH.: *Familienkonferenz*. Hamburg 1974
HARBAUER, H. u. a.: *Lehrbuch der speziellen Kinder- und Jugendpsychiatrie*. Berlin, Springer 1974
HARTMANN, K.: *Theoretische und empirische Beiträge zur Verwahrlosungsforschung*.
Berlin, Springer 1970
NICKEL, H.: *Entwicklungspsychologie des Kindes- und Jugendalters*. 2. Aufl., Bern 1976
RICHTER, H. E.: *Eltern, Kind und Neurose*. rororo-Ratgeber 6082
RICHTER, H. E.: *Patient Familie*. rororo-Sachbuch 6772
ROCHEFORT, CHR.: *Kinder*. München 1977

12. Kapitel

SOZIOTHERAPEUTISCHE TECHNIKEN

I. *Was ist Soziotherapie*
    1. Regelmäßigkeit und Eigenart
    2. Bedürfnisse und Notwendigkeiten
    3. Soziotherapie: neue Spezialisierung (Technik) oder Basis?
II. *Wie lerne ich Soziotherapie?*
    1. Selbstwahrnehmung
    2. Vollständigkeit der Wahrnehmung
    3. Normalisierung des Handelns
III. *Wie mache ich Soziotherapie?*
IV. *Bedeutung, Begründung, Prävention*

Literatur

I. *Was ist Soziotherapie?*

Das Wort „Soziotherapie" wird unterschiedlich, fast beliebig benutzt. Die einen reden von Soziotherapie, wenn sie psychotherapeutische Maßnahmen meinen, die auf die sozialen Einstellungen von Menschen gerichtet sind; die anderen, wenn sie von Techniken sprechen, die der Beeinflussung der mitmenschlichen Umwelt (auch Milieutherapie) dienen; Dritte wiederum, wenn sie Gruppentherapie mit schizophren Erkrankten im Sinn haben. Dann gibt es solche, die von Soziotherapie sprechen, wenn Sozialarbeiter oder Ergotherapeuten therapeutisch aktiv werden. Schließlich kann aus der Sicht der Pflegeberufe unter Soziotherapie verstanden werden: a) bestimmte Aufgaben, b) alle Aufgaben von Schwestern und Pflegern in der Psychiatrie oder c) eine Weiterbildungsmöglichkeit für den Pflegebereich. – Schon wenn man diese Äußerungen liest, kann einem wirr werden und man fragt ungeduldig, was ist Soziotherapie denn nun wirklich? Vielleicht bringt uns diese Aufzählung schon eine Erkenntnis; Soziotherapie scheint viel zu *allgemein* zu sein, als daß man sie aus der Sicht nur eines Berufes bestimmen könnte. Eher könnte sie mit dem Handeln des Teams zu tun haben. Jedenfalls müssen wir uns nach Lage der Dinge einen *Sinn* von Soziotherapie im Laufe dieses Kapitels erst erarbeiten.

1. Regelmäßigkeit und Eigenart

Näher heran bringt uns der Gedanke, daß zwar somatische Therapie und Psychotherapie zwei wesentliche Aspekte menschlichen Handelns erfassen, doch selbst bei optimaler Anwendung von Psychotherapie noch etwas vom Menschen bleibt,

349

auf das sie keinen Einfluß hat. Selbst wenn der Mensch ichstärker, angstfreier, durchsetzungsfähiger, selbstexplorativer geworden ist, auch wenn er Gruppentherapie erhalten hat: Woher nimmt er Kenntnis vom Umgang mit Menschen (Menschen am Arbeitsplatz, Menschen in der Kneipe, Menschen in der Familie, Menschen in der Verwandtschaft, Menschen in der Straßenbahn, Menschen im Club oder im Verein), woher auch nimmt er im Bereich seines Krankseins Bezug zu den Regeln (= Normen), denen auch sein Handeln weitgehend unterstellt ist? Noch wichtiger scheint uns der Aspekt zu sein, daß jedes Krankwerden oder Sich-Krankmachen, jede Benennung als krank, den Menschen absondert, auf sich stellt, zu jemanden macht, der anders ist als andere, wenn man will, ihm Individualität gibt, – aber so, daß er sich von den Anderen eindeutiger unterscheidet. Je länger die Krankheiten dauern, je eindeutiger sie dem psychiatrischen Bereich zugeordnet werden, also je regelwidriger die Handlungsweisen eines Menschen sind, desto gröber wird sein Herausfallen aus den jeweiligen Alltags- und Bezugsgruppen sein und desto schwieriger wird es für ihn sein, seine normalen sozialen Fähigkeiten zu erhalten bzw. wieder kennenzulernen.

Soziotherapie wäre dann das, was Psychotherapie und Somatotherapie nicht liefern, wäre die Möglichkeit zur Auseinandersetzung mit dem Normalen, mit dem, was in mir und Anderen gesund ist.

2. Bedürfnisse und Notwendigkeiten

Was hat es mit diesem Normalen, Gesunden auf sich, mit diesen Regeln, denen ich trotz meiner krankheitsbedingten Besonderung (und Individualität) unterworfen bin? Der Spannungsbogen von Regelhaftigkeit und Individualität ist auf dem Hintergrund von individuellen Bedürfnissen und deren Befriedigung und von Notwendigkeiten und deren Berücksichtigung zu sehen. Regeln können nur das Resultat sein von Überlegungen und Diskussionen zu der Frage, wie ich mit immer wiederkehrenden Schwierigkeiten umgehe. Also ist es auch wichtig, nicht nur mit Regeln umgehen zu lernen, sondern gleichzeitig Einsicht in den Sinn von Regeln zu bekommen.

Essen und Trinken, Schlafen, Wohnen, Tätigsein, Privatsein, Zusammensein, Ruhe, Raum (Territorium), Sexualität, Information (Neuigkeiten, Neugier) sind Bedürfnisse, die jeder hat. Schon in diesem „jeder hat" liegt die Anerkennung einer Regelhaftigkeit, einer Normalität. Allerdings kann der Ausdruck von und der Umgang mit Bedürfnissen gestört sein. Dabei sind unterschiedliche Ausgangspunkte der Störung möglich. Es kann sein, daß ich aufgrund meiner Umweltbedingungen keine Möglichkeit habe, meine Bedürfnisse zu berücksichtigen. Das ist in Gefängnissen, in psychiatrischen Krankenhäusern, in Lagern, auch in ökonomischen Notsituationen leicht so. Dann kann es sein, daß aufgrund einer besonderen biologischen Behinderung der Umgang mit meinen Bedürfnissen erschwert ist. Und dann kann es sein, daß die Anderen und ich es schwer haben, uns miteinander zu einigen, wie mit Bedürfnissen umzugehen ist. In allen 3 Fällen sind Regeln einzusetzen und das Wahrnehmen und Einhalten von Regeln wird bedeutsam. Im Umgang mit meinen Bedürfnissen stoße ich immer an die Grenze, daß auch die Anderen mit ihren Bedürfnissen umgehen, und zwar jeder Andere. Um nun möglichst Gleichwertigkeit der Bedürfnisse und Gleichwertigkeit der Menschen herzustellen, muß man sich einigen, muß man Regeln haben.

Rücksicht, Kontrolle, Toleranz, Anpassung zum Beispiel sind Notwendigkeiten und Pflichten, deren Wahrnehmung ebenso gestört sein kann, auch aus den gleichen Gründen, wie das bei den Bedürfnissen der Fall ist. Auch hier ist die Organisation im sozialen Feld an Regeln gebunden.

Dem Kennenlernen des Umgangs mit Bedürfnissen ist das Kennenlernen des Umgangs mit Notwendigkeiten gleichgestellt. Daraus ergibt sich das Kennenlernen der Regeln, nach denen ich mich regele, nach denen die Anderen sich regeln, in unterschiedlichsten Bereichen des Zusammenlebens. Für manche mag sich das als das Spannungsfeld von Freiheit und Zwang darstellen, von Individuation und Sozialisation, von Normalität und Abweichung, von Anpassung und Aufbegehren: man kommt um das Wahrnehmen der Regeln und um ein Nachdenken über den Umgang mit Regeln nicht herum!

Übung: Wie reagiere ich auf Spieler eines Mensch-ärgere-Dich-nicht-Spieles oder Kartenspieles, die sich eindeutig nicht an die Regeln halten? Nach welchen Regeln und Rhythmen lebe ich? Bei welchen Regeln im Umgang mit Menschen erwarte ich unbedingt, daß sie eingehalten werden? Welche bin ich selbst bereit einzuhalten, bei welchen bin ich in beiden Fällen großzügiger?

3. Soziotherapie: Neue Spezialisierung (Technik) oder Basis?

Soziotherapie ist (wie Pädagogik in der Schule) die Basis therapeutischen Handelns in psychiatrischen Einrichtungen. Nur was sie *nicht* leisten kann, fällt an Psycho- und Somatotherapie (wie an die Sonderpädagogik in der Schule).

In der Psychotherapie soll Lernen ohne Druck von sozialen Normen unter Berücksichtigung der emotionalen Bedingungen des Einzelnen erfolgen können. Die erforderliche Dynamik kann nur entstehen, wenn die Situation möglichst permissiv (gewährend) gestaltet ist, so daß der Patient auch ihn betreffende Inhalte sagen kann, die man sonst nicht sagen darf. D. h. in gewisser Weise wirkt Psychotherapie der Wirklichkeit entgegen, stellt den Patienten sogar von den Ansprüchen der Wirklichkeit frei. Im Schutz der Psychotherapie kann er alles an der Wirklichkeit in Frage stellen. Psychotherapie kann aber immer nur einen kleinen Teil des Tageslaufs ausmachen, auch wenn sie in einem psychiatrischen Krankenhaus oder Heim stattfindet. Nun können z. B. auf einer Station entweder Strukturen aufgelöst werden, und es kommt gewissermaßen zu einer Ganztagstherapie; oder es sind Strukturen vorgegeben, die aber nur vordergründig und formal eingehalten werden, weil inhaltlich doch Psychotherapie gemacht wird. Zu beiden Möglichkeiten je ein

Beispiel:
a) Man stelle sich eine Station vor, in der die Patienten nur unter psychoanalytischen, verhaltenstherapeutischen oder klientenzentrierten Gesichtspunkten wahrgenommen werden. Bei jeder Begegnung mit einem Psychotherapeuten handelt dieser entsprechend seiner therapeutischen Einstellung und Wahrnehmung: Er verbalisiert Gefühle des Patienten, sieht nur den Übertragungsanteil oder überlegt, ob er handeln soll, weil seine momentanen Handlungen eine Vermeidungs-

haltung bestärken können. Die Regeln, nach denen von den Schwestern das Zusammenleben auf der Station geregelt wird, interessieren die Therapeuten nicht, da sie ein reines Interesse an der Verwirklichung ihrer Psychotherapie haben: Die Teilnahme an der Stationsvollversammlung, wenn es überhaupt eine gibt, wird von den Psychotherapeuten abgelehnt, da die Notwendigkeit aus therapeutischen Gründen nicht anerkannt wird.

b) Es gibt eine Station, die einen fabelhaft strukturierten Tageslauf hat, der auch begründet ist, aber deswegen nur scheinbar besteht, weil alle Teammitglieder in allen Situationen des Tageslaufs die gleichen psychotherapeutischen Umgehensweisen haben, „immer" Psychotherapeuten sind, in jeder Äußerung von Patienten nur eine Möglichkeit sehen, verständnisvoll auf ihn einzugehen. Damit werden Regeln, wird Struktur zur sinnlosen Kulisse, da sich vor ihr immer wieder dasselbe Stück abspielt.

Beide Stationsstrukturen sind gefährlich, weil sie notwendige „soziotherapeutische" Gesichtspunkte außer acht lassen:

Zu a): Dieser Stil ist gefährlich, weil er dem Patienten eine Wirklichkeit vorgaukelt, die er außerhalb der psychiatrischen Einrichtung nicht wiederfindet. Patienten werden nicht nur zur Regression, sondern zur Hospitalisierung verführt. Die Kluft zwischen Wirklichkeit und Kranksein ist zu groß, ebenso die Kluft zwischen Pflege und Therapie.

Zu b): Diese Lösung ist noch gefährlicher, weil dieser Stil den Patienten mit den Mitteln des Alltags vorgaukelt, er kann immer und überall in jeder Situation ohne Unterschied und ohne Rücksicht auf die Situation krank sein. Zwar wird beabsichtigt, seine gesunden Anteile zu fördern, jedoch werden wahrgenommen nur die kranken.

Nie wird eine Äußerung nur banal genommen, platterdings; immer ist der Patient gehalten, für sich noch was rauszuholen.

Die daraus folgende Forderung: Psychotherapie kann nur einen kleinen abgegrenzten Teil des Handelns in psychiatrischen Institutionen ausmachen; wesentliche Teile der Begegnung sind nicht im engeren Sinn psychotherapeutisch, sondern „normal". Z. B. während der Arbeit oder während des Mittagessens sollten wir „Psychotherapeutisches" vermeiden bzw. auf die Psychotherapie verweisen. Ein Vorteil dieser Vorgehensweisen: Patienten lernen nicht immer und zu jeder Zeit und an jedem Ort von ihren Beschwerden zu sprechen. Wenn es während der Arbeit zu Symptomhandlungen kommt, haben wir *anders* damit umzugehen als „psychotherapeutisch". Natürlich muß der Patient z. B. in der Arbeitstherapie neue Handlungsweisen finden und ausprobieren. Er soll sich klar werden, wie er umgeht mit Erfolgserlebnissen oder mit Fehlern und Kritik, wie er den Arbeitsplatz ordnet oder überhaupt zu Gesichtspunkten wie Ordnung, Sauberkeit und Pünktlichkeit steht, wie seine Einstellung zur Arbeit ist, wie er sich in dem Spannungsverhältnis Arbeit und Freizeit einrichtet. Daher sollen aber auch die in *nicht*-psychotherapeutischen Situationen mit dem Patienten umgehenden Therapeuten, also das Team, nicht mehr die Besonderheit und Besonderung (oder „Eigentümlichkeit" oder „Eigenart" oder „Einzigartigkeit" = Individuation) des Patienten betonen, auch nicht nur seiner Abweichung nachgehen (und sie bearbeiten), vielmehr haben sie ihn mit den Aspekten des Allgemeinen und Gesunden, des Alltäglichen, des Normalen (wieder) anzufreunden: Dies fängt dort an, wo der Patient lernt, die Umwelt nicht als gegen ihn gerichtet wahrzunehmen, sondern wo er sehen kann, daß es Situationen gibt, in denen er „krank sein muß", und andere, in denen er „gesund sein kann". Das ist schwierig, weil es gerade in diesen Bereichen keine einheitlichen und eindeutigen objektiven Richtlinien gibt, sondern immer wieder nur Regeln, die man daraufhin überprüfen muß, ob sie zu einem Zusammenleben dazugehören oder ob sie überflüssig sind. Dabei ist klar, daß man die alten Regeln auch immer wieder der Kritik stellen muß.

Beispiel: Während einer arbeitstherapeutischen Situation klagt ein Patient, wie häufig, über Kopfschmerzen. Ich kann ihn fragen, was die Kopfschmerzen ihm jetzt sagen. Wenn er mir antwortet, daß er an seine Familie gedacht habe und an die Schwierigkeiten, die er mit seinen heranwachsenden Kindern hat, so gibt es 2 Möglichkeiten:

1. Ich gehe auf das von dem Patienten angebotene Gespräch ein und unterhalte mich über seine Schwierigkeiten in der Familie. Dieses ist es, was wir nicht meinen.

2. Ich frage den Patienten nach der Beziehung von Arbeitssituation, Auftreten der Kopfschmerzen und begleitenden Gedanken und versuche, mit ihm herauszuarbeiten, wie er in seiner alltäglichen Arbeitssituation mit ihn belastenden Gedanken und Symptomen umgehen kann, d. h. in unserem Gespräch bleibt der Bezug zur Arbeit aufrechterhalten, das ist der *Bezug zur Wirklichkeit.*

Daraus ergibt sich eine Gefahr: Soziotherapie zu einer Technik zu machen, die neben Psychotherapie, Körpertherapie, Arbeitstherapie, Bewegungstherapie steht, unter dem Gesichtspunkt, daß neben all diesen Aspekten einmal wenigstens auch der soziale in den Brennpunkt der Wahrnehmung gerückt werden sollte oder mit der Begründung: in der Psychotherapie regeln Patienten ihre „Innenpolitik", in der Soziotherapie können sie ihre „Außenpolitik" regeln lernen. Das führt zu heilloser Verwirrung und zu ganz merkwürdigen normativen Zuweisungen, was wohl in die eine Einheit gehört und was wohl in die andere: So ist die Angst, eine neue Wohnung zu besorgen z. T. innenpolitisch, d. h. psychotherapeutisch zu bearbeiten, zu einem wesentlichen Teil außenpolitisch, d. h. soziotherapeutisch zu bearbeiten: wie will man da sprechen?

Sondern: Soziotherapie ist die Basis! Sie kann nicht als Technik neben anderen stehen, sondern macht die Anwendung anderer Techniken erst möglich. Dazu gehört dann auch die Folgerung, daß Pflegepersonen (z. B. wegen ständiger Präsenz) schon mehr als Andere Ausführende der Soziotherapie sind. Sie sind Spezialisten, Techniker, die aber nicht das Monopol haben, von denen jedoch das Team Soziotherapie zu lernen hat, wie das Team auch Psychotherapie vom Psychotherapeuten zu lernen hat. Nur so kommt ein Lern*austausch* (geben–nehmen) ins Team; und nur so kann das Team Modell werden für einen Austausch in der Patientengruppe. In dieser Überlegung steckt folgendes: Wenn Pflegepersonen Spezialisten für Bedürfnisse und Notwendigkeiten sind, dann ist zu berücksichtigen, daß Pflege zugleich *nicht* Spezialisierung ist, sondern das *Allgemeine* und damit die Basis für Spezialisierung.

Bisheriges Fazit: Soziotherapie fördert die normalen, regelhaften, allgemeinen, alltäglichen, gesunden, nicht an Krankheit gebundenen, d. h. freien Anteile eines Individuums; und: In dem Maße, in dem ein Patient in unbestimmten, in allgemeinen, d. h. auch in informellen Situationen seine Reaktionen auf Anforderungen aus dem Alltag, auf Regeln, auf Normales, Banales kennen und überprüfen lernen kann, in dem Maße findet Soziotherapie statt. (In der Tagesklinik in Hamburg haben wir eine Supervisionsstunde für *informelles Handeln*). Dazu gehört natürlich, daß Regeln, Alltag, Normales (Wirklichkeit) in einen therapeutischen Rahmen auch dem Patienten wahrnehmbar und machbar eingebracht werden. Sich befreien von Zwängen kann er nur, wenn er sich mit ihnen auseinandersetzen kann, d. h. wenn sie *da* sind.

Das Maß an Distanz, das er bestimmten Normen und Erwartungen gegenüber einnehmen will, kann er nur bestimmen, wenn er nicht in dem Freiraum „Kranksein" ist, wo sich alles sagen läßt, ohne in Handlungen umgesetzt werden zu müssen. Im gleichen Rahmen ist die Auseinandersetzung mit den durch die Erkrankung bedingten Handicaps und Beeinträchtigungen zu sehen. Sei es die regelmäßige Tabletteneinnahme, sei es der zu vermeidende Alkoholkonsum oder sei es die „Depression", die wieder zu Pausen zwingt: Patienten können nur den Umgang mit diesen Schwierigkeiten lernen, wenn sie sich am Ort der therapeutischen Begegnung wirklichkeitsnah auseinandersetzen können. Hierher gehört es auch, daß der Patient die Erfahrung machen kann, daß er bisher aus seiner Krankheit eine Waffe gemacht hat – im Kampf um Recht und Lebensraum, mit Recht oder Unrecht, anfangs auf Kosten anderer, jetzt zunehmend auf eigene Kosten (Selbsteinengung). Die Erfahrung, daß Monotonie oder sinnloses Tun für jeden Menschen auch etwas Normales ist, das man nicht gleich einer Krankheit zuordnen muß, gehört ebenso dazu, wie die Möglichkeiten zu schwänzen, zu tricksen, mit Ausreden umzugehen.

Ziel all dieser Bemühungen ist, dem Patienten seine Handlungsfähigkeit im sozialen Raum erfahrbar zu machen, auch erfahrbar zu machen, in welchem Bereich seine kranken Teile ein wirkliches Hindernis für ihn sind und wo er sie sich dazu macht.

Damit ist ein wesentlicher Unterschied zum psychotherapeutischen *Milieu* beschrieben: *Es überwiegt die sachbezogene Handlung.* Es können Informationen gegeben werden, Zurückweisungen sind möglich, auch „nein" sagen, auch Verweise auf das, was gerade stattfindet, *was „Sache" ist.* Die Aufgabe steht im Vordergrund der Handlung: Wie kann eine Lösung gefunden werden? Hierbei hat die Forderung nach demokratischem Handeln nicht nur politischen Bezug, sondern gleichzeitig einen sachbezogen-praktischen: Es ist erwiesen, daß der Umgang mit Regeln, zumal mit Regeln, wie sie in demokratischen Gesellschaften formuliert sind, leichter lernbar ist, wenn Gruppen nach demokratischen Gesichtspunkten arbeiten und leben. In autoritär geführten Gruppen steigt die Unzufriedenheit, und Lernen ist schwerer möglich, wenn auch einfache Leistung steigt. Uns jedoch kommt es darauf an, daß Menschen möglichst angstfrei den Umgang mit Anderen und mit Regeln lernen, was nachgewiesenermaßen in demokratischen Gruppen am leichtesten gelingt.

II. *Wie lerne ich Soziotherapie?*

1. Selbstwahrnehmung

Wie kläre ich für mich meinen Umgang mit Regeln, mit Bedürfnissen und mit Notwendigkeiten:
Es ist nicht nur bedeutsam, Regeln zu kennen, sondern auch die eigenen gefühlsmäßigen Stellungnahmen.

Übung: Es ist hilfreich, wenn jeder für sich und in der Gruppe darüber nachdenkt, was ihm einfällt, wenn er sich mit der Forderung nach regelmäßigem Handeln konfrontiert sieht, etwa in folgender Weise: Ich fühle mich verpflichtet; ich versuche Regeln zu umgehen. Manchmal möchte ich ausbrechen; es macht mir Spaß zu schwänzen; es macht mir ein schlechtes Gewissen; ich bin immer pünktlich. Wenn ich mich ungerecht behandelt fühle, klage ich, ich bin eingeschnappt; ich mag Leute nicht, die mit mir autoritär umgehen; ich mag gern mitreden und meine Meinung zum Ausdruck bringen. Ich mag gern mitbestimmen, was mit mir und meiner Arbeits- und Freizeit in häuslicher und gesellschaftlicher Umgebung geschieht. Ich möchte nicht andauernd von Vorurteilen gejagt sein, die Leute über mich haben; ich möchte, daß sie mir die Chance der Änderung einräumen; und ich mag nicht das Gefühl, daß sie dort, wo ich schwach bin, mit dem Finger auf mich zeigen, so daß ich mich verschließen muß. Ich möchte wissen, wann ich allein sein kann und wann ich sozial sein muß bzw. wann ich sozial sein kann und wann ich allein sein muß. Habe ich Angst, böse zu sein, weil ich Strafe befürchte? Oder sind die Regeln in meiner Gruppe so, daß Böses auch mal erlaubt ist? Ich fühle mich wohler, wenn ich meine Unsicherheit und meinen Unmut über Anträge, Erklärungen Anderen mitteilen kann. Ich versuche, immer Regeln einzuhalten, ich versuche, Ausnahmen möglich zu machen und Auswege zu finden.

Übung: Unter dem Gesichtspunkt der Gleichbehandlung der Patienten auf einer Station einen Wochenplan für das Pflegepersonal aufstellen, wobei möglichst unterschiedliche Begegnungen mit den Patienten einzuplanen sind.

2. Vollständigkeit der Wahrnehmung

Wenn wir uns auf die Fragen nach Regelmäßigkeit und Eigenart einlassen, müssen wir bereit sein, den Sinn und Unsinn mancher Verpflichtungen, Normen, Regeln, auch Unvollkommenheiten der Mitbestimmung und Demokratisierung nicht nur wahrzunehmen und zu beklagen, sondern zu unterscheiden und a) auf dem Sinnvollen bestehen und b) das Unsinnige in dem Maße, in dem wir können, zu ändern; d. h. nicht gleich umstürzlerischen Gedanken nachzuhängen, aber es geht in die Richtung: Einflußnehmen auf noch so kleine Details, wo wir Unterdrückung, Tabus, Zwanghaftigkeit spüren, mit dem Ziel, eine humanere, sozialere und demokratischere Umgebung zu haben. Dabei meint „sozial", wofür es ursprünglich stand: daß soziale Ungleichheiten sich nicht fortsetzen als vom Schicksal gefügt. Soziale Gleichheit ist die einzige, die auf dem Hintergrund der biologischen und psychischen Ungleichheit wirklich herstellbar ist. Das ist gemeint, wenn gesagt wird, alle Menschen sind gleich. Psychische und biologische Gleichheit sind nicht herstellbar und vor allem nicht gewollt.

Psychiatrie steht im Spannungsfeld zwischen Gesellschaft und Patient und so stehen wir psychiatrisch Tätigen im Dienste beider. Ganz sicher werden wir von der Versichertengemeinschaft bezahlt, um die Unvernunft, die öffentlich nicht tolerierbar scheint, gut zu verwalten. Ganz sicher übernehmen wir damit im Interesse der Patienten die Aufgabe, die Grenzen dieser Toleranz mit gestalten zu helfen.

Es ist erwiesen, daß psychisch kranke und speziell schizophrene Patienten empfindlicher für die Umwelt sind als andere Menschen. D. h. daß sie sich die Umwelt weiter weghalten müssen als der Durchschnitt. Sie sind größerer Schutzlosigkeit mit den entsprechenden Gefahren ausgeliefert. D. h. aber auch, daß die Umwelt möglichst aufmerksam gestaltet werden muß und nicht vernachlässigt werden darf. Zur Gestaltung der Umwelt gehört die Gestaltung des Raumes. Gemeint sind hier sowohl große Räume, die von Architekten bearbeitet werden, als auch die Zimmer: Nachttischlampen, eigene Pinwände, Trennung von Schlaf- und Wohnraum, Grünes und Farbiges, je nach Wunsch z. B.! Zur Gestaltung der Beziehungen gehört von uns aus die Überlegung, daß Begegnung der wesentliche therapeutische Faktor ist. In allen Kapiteln dieses Buches ist darauf eingegangen worden, wenn die „Grundhaltung" beschrieben wurde: Wenn Soziotherapie davon noch einmal unterschieden werden soll, dann sinnvoll nur da, wo es in der Begegnung mit dem Patienten um die Regeln, den Tageslauf, die äußere Erscheinung, die Aufrechterhaltung der Aktivität: d. h. das Eingebundensein in eine Gemeinschaft geht, die für andere stellvertretend ist, wo eben nicht jeder tun und lassen kann (oder sich gehen lassen kann) was er will.

Es ist also sinnvoll, von Soziotherapie zu sprechen. All das, was zu lernen oder wieder zu sehen ist, auch all das, was man sich abgewöhnen kann, wird in dem schützenden Raum der Psychiatrie getan. Es bleibt ein Probieren, ein Angebot, gedacht für Menschen, die an sich selbst oder an ihren Beziehungen oder an ihrem Körper krank sind und für die es darauf ankommt, sich mit ihren kranken und gesunden Anteilen im sozialen Bereich zu bewegen, widerstandsfähig zu werden gegen Schikane (und widerstandsfähig möchte nicht als abgestumpft mißverstanden werden). Soziotherapie ist das *pädagogischste* Element in der Begegnung des Patienten mit psychiatrisch Tätigen. In diesem Zusammenhang ist darauf hinzuweisen, daß Menschen sehr schwer das kleine 1 × 1 oder das Alphabet verlernen, sehr schnell jedoch verlernen, auf die eigene Kleidung und Körperpflege, auf Formen des zwischenmenschlichen Umgangs, d. h. auf Psychohygiene zu achten.

3. Normalisierung des Handelns

Was in diesem Buch mit „Nomalisierung" gemeint ist (incl. Kap. 9 über geistig Behinderte), hat am meisten von dem, was Soziotherapie ist. Wichtig ist, daß aus der Haltung Offenheit „*Öffentlichkeit*" wird. Dabei ist die Öffentlichkeit einer psychiatrischen Station immer als Beispiel zu verstehen, also die Zweierbeziehung Therapeut/Patient als Beispiel für eine Partnerbeziehung, die Stationsgruppe als Beispiel für eine Familiengruppe, eine Arbeitsgruppe, eine Freizeitgruppe. In Wohngruppen und Clubs wird aus dem Beispiel der Regelfall.

Zur Soziotherapie als Normalisierung gehört auch der Bezug zur *Verwaltung:* die Kooperation ist herzustellen, die gegenseitige Abhängigkeit deutlich zu machen und Fremd- in Selbstverwaltung zu überführen, wo möglich.

So schwierig es sein mag, gleichzeitig Psychotherapeut, Sozialarbeiter, Schwester, Beschäftigungstherapeut *und* Soziotherapeut oder Arzt *und* Soziotherapeut zu sein, so groß ist auch die Chance: Etwas, was uns allen gemeinsam ist, nicht als Spezialwissen sich entwickeln zu lassen, sondern uns dazu fähig zu machen, gemeinsam diese Aufgabe zu lösen (Team!). In dem Maße, in dem das gelingt, können psychiatrische Einrichtungen Modell für Selbsthilfegruppen werden: Der Schrei nach dem Experten verhindert Selbsthilfe. Das ist schwer, das verlangt Courage.

III. *Wie mache ich Soziotherapie?*

Der Umgang mit Bedürfnissen, Notwendigkeiten und Regeln, mit Banalem und Normalem, mit Verpflichtendem, ist zwar in jeder Krankenhausordnung enthalten (die man belächeln mag), jedoch wird Menschen, die es im Umgang mit Anforderungen schwer haben, selten die Chance geboten, diesen Umgang zu lernen. Häufig steht an der Stelle eines diskutierenden Lernens ein autoritäres „man muß", verbunden mit der Hoffnung, daß bei Abklingen der Krankheit diese sozialen Fähigkeiten „sowieso" oder „von alleine" wieder auftauchen. Nur selten wird gesehen, daß ein Herausnehmen aus den alltäglichen Bezügen einem Auslöschen (Extinktion) gleichkommt, so daß die Anforderung „man muß" nach der Krankheit größer und bedrohlicher ist, als sie es vor Krankheitsbeginn war. Auch das begründet die Notwendigkeit von Soziotherapie.

Die Übernahme für das eigene Handeln, *das Wahrmachen* wird für den Patienten erst möglich, wenn er in der psychiatrischen Institution Mitspracherecht hat. Es ist erforderlich, daß er die Erfahrung *machen* kann, daß er Einfluß auf Regeln hat, auf welche Regeln er Einfluß hat, auf welche er keinen Einfluß hat, wie er den Einfluß ausübt, daß er Ämter übernehmen kann, Ämter auch wieder abgeben kann, um von daher ein Gefühl für Rollen und Positionen zu erwerben, die in jeder alltäglichen (formalisierten) Gruppierung eine Rolle spielen (in jedem Freizeitverein z. B. wird nach solchen Regeln verfahren wie bei Gewerkschaftssitzungen, Parteisitzungen oder Sitzungen von gemeinnützigen Vereinen). Stationsvollversammlungen, das Ausüben von Ämtern, die Durchführung von gezielten und freien Ausflügen, wo möglich die Selbstverwaltung und die Herausforderung der Selbstverantwortung, der Besuch von Gemeinde-Clubs, die Teilnahme an Freizeitprogrammen sind Übungsfelder für die o. a. Ziele.

Übung: Anhand Kap. 15 über das Versorgungssystem sich für jede einzelne Institution ausdenken, wie viel Mitbestimmung bzw. Selbstverwaltung für die Patienten möglich ist; d. h. den maximalen Versuch unternehmen, Verwaltung als Selbstverwaltung im Planspiel herzustellen.

Wenn der Patient schon vor der Erkrankung in Vereinen war, ist ihm zu ermöglichen, seine Rollen wieder zu spielen, und wenn er noch nicht in Gruppen war, ist ihm der Zugang wenigstens insofern zu ermöglichen, als er die Regeln kennt und die Rollen spielen kann.

In diesem Kapitel gilt das Prinzip der Offenheit ganz besonders. Und wenn es je eine Theorie der Soziotherapie geben sollte, so wird sie daran zu messen sein, welchen Platz sie der Offenheit zuweist. Wie mache ich „Offenheit", „Öffentlichkeit"?

Beispiel: Es ist bei Stationsvollversammlung oft sehr schwer, daß Teammitglieder unterschiedliche Meinungen haben. Oft werden anstehende Themen vom Team vordiskutiert, so daß der offenen Patientengruppe eine geschlossene Teamgruppe gegenübersteht. Offenheit ist erst erreicht, wenn jedes Teammitglied mit der gleichen Befangenheit und Unsicherheit seine Meinung in der Gesamtgruppe vertreten kann wie jeder Patient auch; d. h. daß nicht vorher die Geborgenheit innerhalb der Teamgruppe hergestellt sein darf.

Damit ist der Gesichtspunkt der *Gleichheit* angesprochen. Es war schon angedeutet worden, daß politische Aspekte im weitesten Sinne in der Anwendung von Soziotherapie eine Rolle spielen. Geht man von der Gesellschaft aus, so ist es Ziel von Soziotherapie, Ungleiche mit gleichen Chancen zu versehen. Bei Überprüfung der Wirksamkeit von Soziotherapie ist dies ein Kriterium. Auch hier wieder die Frage: „Wie stelle ich *Gleichheit* her?" Es ist schwer, zwischen denen, die bleiben (das Team), und denen, die nur vorübergehend da sind (die Patienten), zu erreichen, daß bei Abstimmungen jede Stimme gleichviel zählt. Dennoch sollte man schon in diesem einfachen Bereich sein möglichstes tun.

Beispiel: Auf einer Station ist die Visite durch ein gemeinsames Kaffee-Trinken morgens ersetzt, die Teammitglieder erscheinen in Zivilkleidung. Sie möchten den Patienten Partner sein. Dennoch ist beobachtbar, daß nach einem gewissen Zeitraum immer erst die Patienten im Raum sind und dann das Team hereinkommt. Damit schleicht sich ein Moment der Ungleichheit ein.

Übung: Was kann demokratisches, partnerbezogenes Handeln in psychiatrischen Begegnungen fördern (s. auch Kap. 1), und was kann dazu führen, daß aus demokratischem Handeln ein „als ob" wird? Dabei ist in der Diskussion darauf zu achten, daß gerade „Nebensachen", wie die Anrede „Herr Doktor" oder die Art, wie Patienten ans Telefon geholt bzw. über Veränderungen des Tageslaufes informiert werden oder wie der Kaffee und der Eisschrank verwaltet werden oder ob ich mich während eines Gespräches beliebig durch das Telefonieren ablenken lasse, auf ihre Wirkung überprüft werden.

IV. *Bedeutung, Begründung, Prävention*

Soziotherapie ist die durch das sozialpsychiatrische Interesse bedingte Aufwertung „des Sozialen" in der Praxis, vor allem im Bereich der Pflege (die früher da war als Medizin und Psychotherapie), sowie in der Sozialarbeit und BT/AT. Soziotherapie bezieht sich auf Ursprung und Basis psychiatrischen Handelns: darauf, daß Menschen, die im Moment aufgrund einer Kränkung nicht zur Gemeinschaft gehören, so gefördert werden, daß die Kluft zwischen ihnen und den Anderen wieder normal wird und sie sich in der nächsten Krise besser selbst helfen können. Der andere Bezug zur Prävention ergibt sich bei allem, was die Psychiatrie wieder ein-gemeindet, was an Aktivitäten aus der Institution heraus in den *normal*-sozialen Bereich geht, d. h. die Institution verläßt (und aufhebt). Für den Einzelpatienten und allgemein.

Wir können mit diesem Kap. nur hoffen, das Nachdenken und die Diskussion über die Basis-Bedeutung der Soziotherapie angeregt zu haben.

LITERATUR

BOSCH, G.: *Psychotherapie und Soziotherapie.* Sozialpsychiatrie 2: 111–124, 1967
DGSP: *Fortbildungs-Programm.* Wunstorf 1977
EDELSON, M.: *Sociotherapy and Psychotherapy.* Chicago, Un. Press 1976
FINZEN, A.: *Die Tagesklinik – Psychiatrie als Lebensschule.* München, Piper 1977
FOUDRAINE, J.: *Wer ist aus Holz?* München, Piper 1973
HOHM, H.: *Berufliche Rehabilitation von psychisch Kranken.* Weinheim, Beltz 1977

PIRELLA, A. (ed): *Sozialisation der Ausgeschlossenen, Praxis einer neuen Psychiatrie.*
Reinbek, Rowohlt 1975
RAVE-SCHWANK, M., C. WINTER-V. LERSNER: *Psychiatrische Krankenpflege.*
Stuttgart, G. Fischer 1976
SCHMID, S.: *Freiheit heilt, Bericht über die demokratische Psychiatrie in Italien.* Berlin, Wagenbach 1977
Sozialpsychiatrische Informationen: die meisten Hefte dieser Zschr., Wunstorf, Psychiatrie-Verlag

13. Kapitel

KÖRPERTHERAPEUTISCHE TECHNIKEN

I. *Psychiatrische Pharmakotherapie*
  1. Neuroleptika (= Nl)
     a) *Definition, Wirkprinzip, Einteilung*
     b) *Therapeutischer Umgang*
        1. Psychische Wirkungen
        2. Extrapyramidal-motorische Wirkungen
        3. Vegetative und andere Wirkungen
        4. Kontraindikationen
  2. Tranquilizer (= Tq)
     a) *Definition, Wirkprinzip, Einteilung*
     b) *Therapeutischer Umgang*
  3. „Schlafmittel"
  4. Antidepressiva (= Ad)
     a) *Definition, Wirkprinzip, Einteilung*
     b) *Therapeutischer Umgang*
     c) *Begleitwirkungen und Gefahren*
  5. Lithium-Salze
  6. Andere Psychoanaleptika sowie Psychodysleptika
  7. Andere psychiatrisch wichtige Pharmaka
     a) *Chlormethiazol (Distraneurin)*
     b) *Disulfiram (Antabus)*
     c) *Cyproteronacetat (Androcur)*
     d) *Antiparkinsonmittel*
     e) *Psychogeriatrische Mittel*

II. *Andere körpertherapeutische Techniken*
  1. Elektrokrampftherapie (EKT)
     a) *Wirkungsweise*
     b) *Therapeutischer Umgang*
     c) *Begleitwirkungen und Komplikationen*
  2. Insulin-Therapie
  3. Operative Eingriffe
     a) *Operative Kastration*
     b) *Operative Sterilisierung*
     c) *Präfrontale Leukotomie*
     d) *Stereotaktische Operationen*

III. *Psychiatrische Notfalltherapie*
  1. Epileptische Notfälle
  2. Delir und Prädelir
  3. Alkoholintoxikation
  4. Akute Syndrome bei Rauschmittelgebrauch

5. Erregungszustände
6. Suizidgefahr
7. Depressiver Stupor
8. Bewußtseinsstörung
9. Notfälle durch Pharmakotherapie

Literatur

Zu allen Zeiten hat man auch über den Körper versucht, der Provokation seelischen Leidens zu Leibe zu rücken. Beruflich gesehen obliegt dies der Zusammenarbeit von Arzt und Pflegeberufen. Bezeichnend für die Wirkungs-*Weite* der alten Medizin ist es, daß 1584 Lorichius aus Hadamar unter dem Titel „Psychopharmacon, das heißt: Medizin der Seele" eine Sammlung von Gebeten veröffentlichte und damit dies heute so aktuelle Wort prägte. Für uns gelten folgende Grundsätze:

1. Die Anwendungen aller körpertherapeutischen Techniken stellen Eingriffe in den Körper dar, vor allem ins Zentralnervensystem.

2. Sie wirken – nur indirekt – auf Seele bzw. Handeln des Menschen, indem sie eine Störung, Verletzung oder Krankheit des Körpers künstlich erzeugen. Deshalb ist

3. in jedem Einzelfall das Risiko von Anwendung und Nichtanwendung abzuwägen, was freilich für jede Technik gilt.

4. Neben dieser indirekten Wirkung besteht immer auch eine, im einzelnen schwer abgrenzbare, direkte Wirkung auf die Seele: Suggestion, Placebo-Effekt, Abhängigkeitswunsch, Erwartung, „daß überhaupt etwas geschieht" oder „Droge Arzt". Daher ist die Übertragbarkeit von Tierexperimenten auf Menschen prinzipiell begrenzt.

5. Körpertherapeutische Techniken sind immer nur im Rahmen einer zu erarbeitenden Grundhaltung anzuwenden.

Diese Grundsätze gelten für *jede* körpertherapeutische Technik: von der Malariatherapie bis zum Haldol und der stereotaktischen Operation. Sie decken auch einen technokratischen Unsinn auf: denn wenn es – außer Gebeten – kein Pharmakon gibt, das auf die Psyche wirkt, dann gibt es auch keine „*psycho*trope Wirkung" und keine „*Psycho*pharmaka", sondern nur die „*enzephalo*trope Wirkung" einiger *ZNS*-wirksamer Pharmaka der „*Neuro*pharmakologie", die sich als psychiatrisch nützlich erwiesen haben.

I. *Psychiatrische Pharmakotherapie*

Geschichtlich ist nachweisbar, daß fast jedes in der Medizin neuentdeckte Erklärungs- oder Wirkprinzip, also auch fast alle neuen Pharmaka, auch an psychiatrischen Patienten ausprobiert wurden. Jede chemische Substanz kann sich irgendwie auch auf Erleben und Handeln eines Menschen auswirken. Warum haben nun die Neuropharmaka, die fälschlich „Psychopharmaka" genannt werden, fast alle anderen Pharmaka verdrängt?

1. Sie erzeugen weniger ein hirndiffuses Hirnrindensyndrom, sondern eher ein hirnlokales *„pharmakogenes Stammhirnsyndrom"*, mit affektiv-antriebsmäßigem Durchgangssyndrom sowie extra-pyramidalen und vegetativen Symptomen, die eng mit der beabsichtigten Wirkung verknüpft sind.

2. Sie wirken daher spezifischer, d. h. verändern – dämpfend oder anregend – weniger Bewußtsein und intellektuelle Funktionen, sondern mehr Stimmung, Gefühle und Antrieb, Erleben und Handeln der Menschen, die eben in diesen Bereichen gestört sind, stören oder leiden.

3. Sie sind also gezielter einsetzbar. Und ihre Anwendung fördert gemeindenahe (ambulante und rehabilitative) Psychiatrie.

4. Sie haben wegen der auch unangenehm empfundenen Wirkung ein geringeres Suchtrisiko, mit Ausnahme der Tranquilizer.

5. Sie haben auch in der Forschung Team-Arbeit zustande gebracht: zwischen Biochemikern, Pharmakologen, Neurophysiologen, Verhaltensforschern, Psychologen und Psychiatern. Diese war Voraussetzung für die Erarbeitung präziserer Erklärungsmodelle für die Entstehung psychischer Krankheiten. Ein weiteres Beispiel dafür, daß therapeutisches Handeln die Ursachenforschung mehr fördert, als dies umgekehrt der Fall ist.

Geschichtlich hat jede therapeutische Technik eine begrenzte Lebenszeit. Auch die Neuropharmaka sind nach der Begeisterungs- jetzt in der Ernüchterungsphase. Anzeichen dafür:

1. Es gibt zunehmend Patienten, die lieber an ihren Symptomen als an ihren Pharmaka leiden.

2. Wir können jetzt auch besser ihre Nachteile wahrnehmen.

3. Alarmierend die epidemische Verschreibungswut: 1970 bekamen 1/3 aller Amerikaner zwischen 18 und 74 Jahren Tranquilizer verordnet. Zeichen für eine Lebenshaltung der Schmerz-, Leidens-, Unlust- und damit Lebensvermeidung mit Hilfe von Pharmaka, für den „Wärmetod des Gefühls" (Konrad Lorenz). so werden auch „normale Probleme" in pharma-abhängige, chronifizierte und dann kaum noch therapierbare Leidenszustände künstlich pathologisiert – dem Komfort des sofortigen, aber eben nur scheinbaren Leidensabbaus zuliebe. Gesamtgesellschaftlich und präventiv ist also die Frage nach Nutzen und Schaden der Neuropharmaka noch offen.

Zum verantwortlichen Umgang mit psychiatrischen Pharmaka gehört:

1. die Indikation für Pharmaka ergibt sich aus der Diagnose des Problems, der Zielsymptome und der individuellen Besonderheiten, also aus der Grundhaltung im Einzelfall; solche Indikationskriterien sind noch nicht gut entwickelt.

2. Pharmaka setzen einen Therapie-Gesamtplan voraus.

3. Sie sind angezeigt, wenn anders die Problembearbeitung nicht möglich ist.

4. Sie sind grundsätzlich zeitlich begrenzt zu geben.
5. Die Gefahren der Potenzierung durch Alkohol und der Verkehrsteilnahme (Empfehlung der Bundesärztekammer v. 10.1.1974) sind zu berücksichtigen.
6. Ohne auf den hohen Nutzen im Einzelfall zu verzichten, ist zu *lernen,* die Verordnung zu *verweigern,* wenn sie bloß „machbar" ist und einen kurzfristigen Frieden mit dem Patienten bedeutet, den Andere auszubaden haben.

Für die pharmakologische Forschung ist die Aufgabe immer noch ungelöst (unlösbar?), ein Medikament zu entwickeln, das nicht symptom-unterdrückend, sondern problem-lösend wirkt und daß weder durch unangenehme Wirkungen die Belastung des Patienten vergrößert, noch durch angenehme Wirkungen die Abhängigkeitsgefahr vermehrt. Dabei steht die pharmakologische Forschung freilich nicht schlechter da als andere psychiatrische Forschungsrichtungen.

Wir teilen die psychiatrisch wirksamen Neuropharmaka mit Delay 1957 nach dem uralten Prinzip ein:
A. vorwiegend dämpfende Mittel (Psycholeptika): 1. Neuroleptika, 2. Tranquilizer, 3. Schlafmittel.
B. Vorwiegend anregende Mittel (Psychoanaleptika): 4. Antidepressiva, 6. Psychostimulantien sowie Euphorika (z. B. Alkohol, Opium).
C. Vorwiegend verzerrende Mittel (Psychodysleptika): ebenfalls 6. z. B. LSD.

1. Neuroleptika (= Nl)

Ihre Ära ist geprägt durch die Einführung des Phenothiazins Chlorpromazin (Megaphen) 1952 durch Delay und Deniker, des Rauwolfia-Alkaloids Reserpin 1954 durch Kline und der Butyrophenone (z. B. Haldol) 1958 durch Janssen. Ursprünglich sind sie Produkte der tierexperimentellen Suche nach besseren Antihistaminika, Wurm-, Narkose- und Schmerzmitteln.

a) *Definition, Wirkprinzip, Einteilung*

Nl sind solche hirnwirksamen Pharmaka, die vorwiegend am Stammhirn angreifen, daher Veränderungen des extrapyramidalen und vegetativen Systems setzen und in Zusammenhang damit psychomotorisch dämpfen und vor allem die Symptome schizophrenen Handelns unterdrücken (entaktualisieren).

Biochemie: Nl verursachen eine Verminderung des am Dopamin-Rezeptor verfügbaren Dopamins im Striatum und im limbischen System. Durch diese Blockade kommt es zu einer kompensatorischen Steigerung der Catecholamin-Biosynthese und des Dopamins. Auch antihistaminische, anticholinerge und antiadrenerge Wirkungen sind u. U. am neuroleptischen Effekt beteiligt. Aus diesen Befunden leiten sich Hypothesen über biochemische Basisstörungen vor allem bei schizophrenen Patienten ab.

Für die Einteilung nach der chemischen Struktur folgen wir z. T. Benkert/Hippius:

Trizyklische Neuroleptika:

Phenothiazin-Derivate:
a) mit aliphatischer Seitenkette: z. B. Chlorpromazin (Megaphen); Laevomepromazin (Neurocil); Promethazin (Atosil); Trifluopromazin (Psyquil);
b) mit Piperidyl-Seitenkette: z. B. Periciazin (Aolept); Thioridazin (Melleril);
c) mit Piperazinyl-Seitenkette: z. B. Butyrylperazin (Randolectil); Fluphenazin (Dapotum, Lyogen, Omca); Perazin (Taxilan) mit breitem mittleren Indikationsbereich, da gleichermaßen dämpfend und antipsychotisch; Perphenazin (Decentan); Trifluoperazin (Jatroneural), dessen Kombinations-präparate weniger zu empfehlen sind.

Thioxanthen-Derivate:

Chlorprothixen (Taractan, Truxal), bes. bei gleichzeitiger depressiver Komponente schizophrener Psychosen sowie – wegen geringerer extrapyramidaler Wirkung – ambulant und bei alten Leuten; Clopenthixol (Ciatyl) gut antimanisch; Flupenthixol (Fluanxol); Thiothixen (Orbinamon).

Andere trizyklische Neuroleptika

Clozapin (Leponex), sowohl stark dämpfend und schlafanstoßend als auch gut antipsychotisch und antimanisch, geringere extrapyramidale, dafür stärkere vegetative Wirkungen. Wegen bes. Gefahr des Blutdruckabfalls und der Agranulozytose einstweilen nicht mehr im offenen Handel; Prothi-pendyl (Dominal), gut schlafanstoßend, aber bei hirnorganischen Schäden gehäuft Nebenwir-kungen.

Butyrophenone und ähnliche Neuroleptika:

Benperidol (Glianimon); Floropipamid (Dipiperon); Fluspirilene (Imap); Haloperidol (Haldol); Penfluridol (Semap); Pimozide (Orap); Trifluoperidol (Triperidol).

Rauwolfia-Alkaloide:

Reserpin (Reserpin, Sedaraupin, Serpasil, kombiniert mit Orphenadrin: Phasein), psychiatrisch keine Anwendung mehr, da bei vergleichsweise schwacher Wirkung die z. T. gefährlichen Neben-wirkungen schwer zu steuern sind.

Die Wirkung der Nl läßt sich nach zwei Polen einer gleitenden Skala ordnen: dem einen Pol entsprechen am meisten die Phenothiazine mit aliphatischer Seitenkette: stark dämpfend, schlafanstoßend und vegetativ, antihistaminisch, langsamer Wirkungseintritt. Dem anderen Pol entsprechen ehestens die Butyro-phenone und die Phenothiazine mit Piperazinyl-Seitenkette: stark psychisch-neuroleptisch (antipsychotisch), extrapyramidalmotorisch, antiemetisch, schneller Wirkunsgeintritt. Die übrigen Trizyklika stehen dazwischen. Zur Eintei-lung der Nl nach der Potenz s. u. Ihre Wirkung auf die Schmerzwahrnehmung nutzt die Anästhesie (Neuroleptanalgesie): z. B. ist Thalamonal die Kombination aus dem rasch wirkenden Nl Droperidol und dem Schmerzmittel Fentanyl.

b) Therapeutischer Umgang

Statt zwischen Wirkung und Nebenwirkung der Nl unterscheiden wir zwischen gewünschten und inkaufzunehmenden und zu verhindernden Wirkungen, 3 Wir-kungsrichtungen sind entscheidend:

1. Psychische Wirkungen

Psychomotorische Dämpfung (nur indirekt auch eine intellektuelle Dämpfung),

Müdigkeit, Antriebs- und Interesseneinbuße, gefühlsmäßige Indifferenz/Wurstigkeit.

Dies ist in folgenden Situationen therapeutisch nutzbar:
a) bei schwersten akuten Erregungszuständen psychotischer oder nichtpsychotischer Art;
b) bei akuten psychotischen Zuständen (paranoider, halluzinatorischer, katatoner, angst-gespannter oder manischer Art); und
c) bei der ambulanten Langzeitbehandlung schizophrener Menschen, wenn psychotisches Handeln den vereinbarten Rehabilitationsplan immer wieder durchkreuzt.

Indikation a: dämpfend-schlafanstoßend Nl, wie Neurocil (2–3 mal 50 mg i. m. im Abstand von 30 Min., am 1. Tag jedoch höchstens 200 mg. Bei nichtpsychotischer Erregung erst Versuch mit Valium). Bei alten und kreislaufgefährdeten Personen eher Haldol.

Indikation b: antipsychotisch-hochpotente Nl wie Haldol, Glianimon, Randolectil, Dapotum-Lyogen, Taxilan, Truxal, Orbinamon. Anfangs ausreichend hohe Medikation, aber über ca. 1 Woche sich steigernd, um einen u. U. lebensbedrohlichen Blutdruckabfall oder ein medikamentös provoziertes Delir zu vermeiden. Die Erhaltungsdosis (z. B. 3 x 10–50 Tr. Haldol) beläßt man für 3–6 Monate. Bei Erfolglosigkeit nach ca. 4 Wochen Wechsel auf ein Präparat mit anderer chemischer Struktur. Absetzen ausschleichend (2–3 Wochen). Bei Katatonie Haldol, weil bei lebensbedrohlicher febriler Hyperkinese am ungefährlichsten mit Elektrokrampftherapie kombinierbar. Je persönlichkeitsnäher ein Wahnsyndrom, desto unwirksamer sind Nl (ehestens ein niedrig dosiertes, potentes Depot-Präparat). Bei schweren Zwangssyndromen z. B. Aolept bis 150 mg + Anafranil bis 300 mg. Schlafstörungen sind durch das gewählte Nl, nicht durch zusätzliches „Schlaf"-mittel zu erfassen, z. B. durch Erhöhung der Abenddosis oder Zusatz eines schlafanstoßenden Nl (Neurocil).

Indikation c: durch konsequente und hohe Anfangsmedikation ist bei möglichst vielen Patienten die Langzeitmedikation zu vermeiden. Ist sie dennoch erforderlich, kommen folgende oral zu nehmende Mittel in Betracht: Truxal, Taractan, Taxilan, Melleril, Orap (1 Dosis am Tag) oder Semap (1 Dosis pro Woche). Ferner sind als Injektion i. m. alle 1–3 Wochen zu geben: Dapotum D oder Lyogen Depot, Imap, Fluanxol. Hier ist die kleinste, noch wirksame Dosis zu finden. Absetzversuche spätestens bei 6-monatiger Symptomfreiheit. Bei Neigung zu extrapyramidalen Symptomen ist ein schwächer potentes Mittel zu suchen. Sonst ist das Akut-Mittel in kleinerer Dosis weiter zu benutzen. Keine vorsorgliche Gabe von Antiparkinsonmitteln, da dies Spätdyskinesien begünstigt. Wird durch Langzeittherapie eine dysphorisch-depressive Verstimmung (mit Suizidgefahr!) erzeugt, ist sofortige Reduktion bzw. Umstellung des Nl erforderlich, nicht etwa die Gabe von Antidepressiva.

2. Extrapyramidal-motorische Wirkungen

Die Dosis, bei der die neuroleptische = antipsychotische Wirkung der Nl beginnt, ist am Auftreten einer extrapyramidalen Bewegungsstörung zu erkennen, z. B. an der Feinmotorik der Handschrift. Je geringer die Dosis, mit der ein Nl diese „neuroleptische Schwelle" erreicht, desto größer seine „*neuroleptische Potenz*" (Haase): nach diesem Zeichen können wir alle Nl in einer Reihe einordnen, bezogen auf das mittel-potente Chlorpromazin = 1. Unter 1 liegen z. B. Thioridazin, Chlorprothixen, Laevomepromazin. Für Perazin gilt 2, für Haldol und Fluphenazin 30–60, für Benperidol 100.

Nl können zwar psychotische Symptome „wegdämpfen", verwandeln aber die psychiatrischen Patienten damit gleichsam in neurologische Patienten, mit dem Aussehen und der Behinderung von Parkinson-Kranken. Die Unterscheidung der extrapyramidalen Wirkungen der Nl ist für alle psychiatrisch Tätigen praktisch hochwichtig:

1. *Frühdyskinesien* (hyperkinetische Dystonien): Zungen-, Schlund- oder Blickkrämpfe, Trismus (Kiefernklemme durch Kaumuskelkrampf), Streckkrämpfe des Rumpfes (Opisthotonus), mimische Hyperkinesen, torticollisähnliche, choreatisch-athetoide oder torsionsdystone Hals- und Armbewegungen. Auftreten durch zu schnelle Dosissteigerung bes. potenter Nl. „Wunderheilung" durch Antiparkinson-Mittel (Akineton), i. v. oder oral. Dennoch Akineton nie vorsorglich, da nur 30% diese Dyskinesien bekommen.

2. *Parkinson-Syndrom* (Parkinsonoid, hypokinetisches Syndrom): Einengung der gesamten Beweglichkeit, Verlust der Mitbewegungen, Hypomimie, kleinschrittiger Gang, Erhöhung des Muskeltonus mit Rigor, Tremor, Salbengesicht und Speichelfluß (Hypersalivation). Extremzustand völliger Bewegungs- und Willenlosigkeit (akinetisch-abulisches Syndrom). Auftreten je nach Potenz und Dosis des Nl bzw. der individuellen Disposition, ab der 2. Behandlungswoche. Therapie: Dosisreduktion, Umsteigen bzw. Akineton niedrig dosiert.

3. *Akathisie:* Äußerst quälende Unruhe mit Unfähigkeit, ruhig zu stehen oder zu sitzen; sowie Drang zu ständiger Bewegung (Tasikinesie). Auftreten durch hochpotente Nl, meist nach längerer Gabe. Auch hier ist Dosisreduktion oder Umsteigen erforderlich, zumal Akineton meist unwirksam ist. Achtung: diese „innere Unruhe" ist nicht mit der psychotischen zu verwechseln!

4. *Parkinson-Haltung:* Auch nach Absetzen der Nl ist oft kaum entscheidbar, ob ein Parkinson-Syndrom weiterbesteht oder ob der Patient die Parkinson-Haltung gelernt hat, um seine Gefühlsabwehr durch die parkinsonistische Gefühlsausdruckssperre zu vervollständigen. Unter dieser Parkinson-Maske kann er sein inneres Elend, seine Angst Anderen und sich noch besser verbergen. Auf diese Möglichkeit ist dringend zu achten; sonst kann ein scheinbar unerklärlicher Suizid das Ergebnis sein.

5. *Spätdyskinesien* (terminales extrapyramidales Defektsyndrom): choreatisch-athetoide, ballistische oder torsionsdystone Hyperkinesen im Bereich des Mundes, des Gesichts, der Hände und Füße als oft irreversible *Dauerschäden*. Degkwitz u. a. fanden sie bei 70% ihrer mindestens 10 Jahre lang mit Nl behandelten Patienten. Begünstigend: vor allem die *Therapiedauer*, evtl. Dosis und Potenz des Nl, häufige Gaben von Anti-Parkinson-Mitteln (!), Hirnvorschädigung und Alter des Patienten. Daher möglichst enge Indikationsstellung für eine Dauertherapie, die außerdem möglichst oft zu unterbrechen ist. Ist der Schaden da, wirken Antiparkinson-Mittel nur symptom-verstärkend, während Nl-Erhöhung die Hyperkinesien bisweilen dämpft.

3. Vegetative und andere Wirkungen

vor allem bei trizyklischen Nl (Phenothiazine) und Clozapin bedrohliche Blutdrucksenkung, kompensatorische Tachycardie und direkte Herzwirkung. Temperatursenkung oder -anstieg. Weiter Leukopenie, Thrombopenie, Eosinophilie, Panzytopenie und vor allem die u. U. tödliche Agranulozytose (4.–10. Woche). Daher wöchentliche, später monatliche Blutbildkontrollen: Bei schnellem Absinken der Leukozytenzahl Verzicht auf ein Nl überhaupt. Unter Trizyklika in den ersten 3 Monaten keine Schmerz- und Fiebermittel.

Andere Komplikationen: allergisches Exanthem (2.–4. Woche). Fotosensibilität (Vorsicht beim Sonnenbad). Pigmentablagerung in Haut, Linse und Herzmuskel. Allergische Verquellung der Gallenkapillaren mit intrahepatischer Cholestase, Verschlußikterus und Anfälligkeit für Virushepatitis (bes. 2.–4. Woche). Nach 10 Jahren Nl fanden Degkwitz u. a. in 80% pathologische Leberwerte und Cholangitis mit geringer Leberfunktionseinbuße. Thrombosen mit Gefahr der Lungenembolie. Große epileptische Anfälle sowie delirante Syndrome durch zu schnelle Dosissteigerung oder -senkung. Hormonstörungen: Gewichtszunahme (bis Cushing-Syndrom), Menstruationsstörungen, Gynäkomastie, Dämpfung der Libido und Potenz. Zu Beginn der Nl-Therapie Müdigkeit und Konzentrationsschwäche (Autofahrverbot!), was sich später meist bessert.

4. Kontraindikationen

bestehen – zumindest relativ – bei Schwangerschaft, Harnverhalten, Glaukom, Prostatahypertrophie, Pylorusstenose, Vorschädigung des blutbildenden Systems oder der Leber. Vorsicht bei älteren Patienten, Herz-Kreislauf-Schwäche und Gehirnschädigung. Keine Kombination mit „Schlaf-" und Schmerzmitteln, Opiaten oder Alkohol.

Erforderlich sind Voruntersuchungen sowie erst häufige, später seltenere Kontrollen von: Blutbild, Blutdruck, Puls, EKG, Harnstoff und Transaminasen. Beschränkung des Teams auf ein Repertoire von 3–4 Nl erhöht die Sicherheit. Kombinationen mehrerer Nl sind meist unsinnig. Ausnahme: Wenn die neuroleptisch angezielten Symptome („Zielsymptome") weit auseinanderliegen, z. B. bei gefährlichen Aggressionen einer akuten Wahnpsychose.

Merke: Umfassende Beziehungsaufnahme (Grundhaltung), Beginn der Durchführung eines Therapie-Gesamtplans, strenge Indikation sowie ständige Anstrengung, die Gefahren gering zu halten, sind die *Voraussetzungen,* damit die Nl sich segensreich auswirken können. Gleichwohl bleiben sie ein Behelf, eine unterdrückende und einengende Krücke – unverzichtbar und verantwortbar nur, solange *wir* nicht besser sind.

2. Tranquilizer (= Tq)

Das Milliardengeschäft der Tq macht Menschen vom praktischen Arzt, von der ambulanten und stationären Psychiatrie mehr abhängig als unabhängig. Daher hat eine verantwortliche Psychiatrie und Medizin Sinn und Unsinn der Tq kritisch zu sichten. Ihre Ära begann 1946 mit dem Meprobamat und trat 1960 mit dem 1. Benzodiazepin-Derivat Librium (der „Sonnenbrille für die Seele") in die selbst-betrügerische Kommerzialisierungsphase ein.

a) *Definition, Wirkprinzip, Einteilung*

Tq sind hirnwirksame Mittel, die u. a. am limbischen System angreifen, daher Affektivität, Aggressivität, Angst und das vegetative System dämpfen sowie Schlaf anstoßen. Ferner wirken sie als Interneuronenblocker muskelrelaxierend-entspannend, beeinflussen auch so die motorischen Äußerungen von Angst. Und endlich wirken sie antikonvulsiv der Krampfneigung entgegen. Während Nl (und „Schlafmittel") in geringen Dosen den dämpfend-beruhigenden Tq-Effekt haben, zeigen Tq nie neuroleptisch-antipsychotische Wirkung. Die Biochemie ist wenig bekannt; am Wirkprinzip dürfte ein Eingriff in den Serotonin-Stoffwechsel beteiligt sein.

Die *Einteilung* erfolgt nach der chemischen Struktur:

Carbaminsäure-Derivate: Meprobamat (z. B. Aneural, Cyrpon, Meprosa, Miltaun). Diese Gruppe ist wegen Suchtgefahr und Toxizität nicht zu verwenden.

Diphenylmethan-Derivate: Hydroxyzin (Atarax, Masmoran). Auch diese Gruppe ist psychiatrisch überflüssig.

Benzodiazepin-Derivate: Chlordiazepoxid (Librium, komb. mit Amitriptylin = Limbatril, wofür die Indikation fraglich ist, da sich z. T. beide Wirkkomponenten aufheben); Diazepam (Valium); Dikalium-chlorazepat (Tranxilium); Lorazepam (Tavor); Medazepam (Nobrium); Oxazepam (Adumbran, Praxiten); Prazepam (Demetrin); Bromazepam (Lexotanil); Clobazam (Frisium).

Tri- und tetrazyklische Tranquilizer: Benzoctamin (Tacitin); Opipramol (Insidon). Diese Gruppe ist vor allem für die Forschung interessant, weil man wegen der strukturchemischen Ähnlichkeit mit den Antidepressiva zumindest hofft, aus ihnen Tq mit verminderter Suchtgefahr entwickeln zu können.

b) *Therapeutischer Umgang*

Bleiben für den praktischen Gebrauch also die Benzodiazepine. Indikation: nichtpsychotische Erregungs-, Angst-, Spannungs- und Unruhezustände, sofern *organisch* bedingt. Insbesondere Diazepam beim Status epilepticus, bei epileptischen Erregungs- und Verstimmungszuständen, neurologisch bedingten Muskelspasmen, Entzugssyndromen sowie bei angstmachenden und belastenden akuten Körperkrankheiten (z. B. Herzinfarkt) oder als operative Prämedikation. Sind diese Zustände aber psychogen, neurotisch oder reaktiv bedingt, handelt es sich um Indikationen für psychotherapeutisches Vorgehen. Allen Werbemaßnahmen und dem gerade hier stattfindenden Geschäft zum Trotz sind Tq *hier in der Regel kontraindiziert.*

Auch wenn es für den sprichwörtlich vielbeschäftigten Klinik- oder Praxisarzt noch so verführerisch ist, schwierige und lästige Neurotiker mit einem Tq zeitsparend (ab)zuspeisen. Auch wenn eine solche Fütterung (orale Befriedigung) kurzfristig zufriedene und dankbare Patienten erzeugt: Millionenfach machen wir durch Tq aus vorübergehenden Lebenskrisen, Versagens- und Erschöpfungszuständen langfristige neurotische und psychosomatische Entwicklungen. Und wir, die Schädiger, verspotten die Geschädigten, unsere eigenen Produkte, auf Kongressen obendrein als „Zivilisationsschäden". Wie ist das möglich?

1. Die Angst, in die man sich durch ungünstigen Umgang mit eigenen Schwierigkeiten hineingelebt hat, wird durch Tq nur schwerer wahrnehmbar, kann sich unter dieser Maske bei unverändertem Leben um so besser weitersteigern.

2. Die Angst ist das wichtigste Signal, an dem jemand seine Krise erkennt und *ohne das* wir nicht therapeutisch arbeiten können.

3. Tq wirken angenehm, oft euphorisierend, so daß der Konsument immer „mehr desselben" haben möchte, zumal seine Grundschwierigkeiten durch sie nicht „unangenehm" berührt werden. 4. dadurch werden a) manche Tq-Konsumenten körperlich abhängig; b) viele psychisch abhängig; und vor allem c) treiben wir fast alle Patienten in die Haltung, ihre Schwierigkeiten noch mehr zu maskieren und zu vermeiden. Sie erwarten ihr Heil statt von Arbeit an sich selbst von einem immer anspruchsvolleren Glauben an *äußere Mittel*. 5. Daher trinken die meisten Tq-Konsumenten auch Alkohol, was wegen der Potenzierung schon allein kontraindiziert ist. Und daher steigt 6. der Anteil neurotischer Patienten an den gerade für sie ungünstig-hospitalisierenden Krankenhausaufnahmen ständig. Dies ist eine makabre Form einer Antipsychiatrie, an der wir alle mitwirken, *wenn wir nicht lernen, daß die beste Hilfe auch in der Verweigerung von Hilfe bestehen kann.*

Von dieser Kontraindikation gibt es natürlich *Ausnahmen:*
1. nicht-psychotische akute Erregungszustände.
2. Ausnahmezustände, die für einen Menschen bedeutungslos und zufällig sind, z. B. Katastrophenreaktionen, nicht jedoch Trauerreaktionen!
3. Angst, die jemanden total besetzt oder die z. B. durch psychosomatische Symptome ganz wegorganisiert ist. Hier können Tq diese Angst in einem mittleren Maß wieder erlebnisfähig machen, was psychotherapeutische Arbeit erst ermöglicht.
4. Angst-Krisen, die im Rahmen einer therapeutischen Beziehung auftreten, aber nicht mehr zu nutzen bzw. anders aufzufangen sind.

Richtlinien: Sie dürfen Tq 1. nur im Rahmen eines Therapieplans geben und 2. nur *kurzbefristet* verordnen, 1 bis höchstens 3 Wochen, was mit dem Patienten *vorher* zu vereinbaren und zu begründen ist. 3. Alkoholverbot. 4. Autofahrverbot, zumindest für die 1. Woche. 5. Hauptdosis – oder überhaupt nur eine Dosis – zur Nacht (z. .B. 10 mg Diazepam) wegen der langen Halbwertzeit (7–30 Std. oder noch länger) und wegen etwaiger Schlafstörungen. 6. Keine Kombination mit Nl, „Schlafmittel" oder anderen Tq. 7. Bei Älteren vorsichtiger Beginn (z. B. 2 mg Diazepam). 8. Bei Erregungszuständen 10 mg Diazepam i. m. oder i. v. (i. v. langsam: Atemdepression!), Wiederholung nach 30 Min., am 1. Tag selten mehr als 40 mg.

Nebenwirkungen: anfangs Schläfrigkeit, Konzentrationsschwäche, Blutdruckabfall. Bei Überdosierung Verlangsamung, Muskelschwäche, Apathie, Sprechstörung, Doppelbilder, Ataxie, Schwindel. Suizidversuche allein mit Tq praktisch nie tödlich. Bei Abhängigkeit zusätzlich: Vergeßlichkeit, dysphorische Verstimmung, Abmagerung, Muskelschwäche, Delir, Krämpfe. Paradoxe Reaktion bes. bei Chlordiazepoxid als Erregungszustand und Schlaflosigkeit. Entzugs-Syndrom: Tremor, Ataxie, Erbrechen, Delir und Krämpfe (noch nach 2 Wochen Abstinenz!); daher allmählicher Abbau über 10 Tage. Sonstige Kontraindikation: Myasthenia gravis, Ataxie, Potenzierung durch Alkohol, Opiate und Barbiturate.

3. „Schlafmittel"

= alle Pharmaka, nach deren Einnahme Schlaf erfolgt. In geringerer Dosis wirken sie beruhigend (Tq), in stärkerer Dosis narkotisierend. In dieser naiven Definition steckt ein gefährlicher Selbstbetrug. Denn: es gibt keine Schlafmittel, nur Dämpfungs- oder Betäubungsmittel! Was wir fälschlich so nennen, verhindert in Wirklichkeit den natürlichen Schlafrhythmus, bewirkt Entzug sowohl von Tiefschlag als auch von Traumschlaf (= REM-Schlaf = rapid eye movements). Es zerstört also die körpereigene, *endogene Schlaffähigkeit* und verschlimmert daher die Schlaflosigkeit. Da sich der

Körper schon ab der 2. Woche an das jeweilige Mittel gewöhnt, ist die Verführung zum Dauerkonsum bei abnehmender Wirkung und Dosiserhöhung, also die Suchtgefahr, von vornherein gebahnt. Dies kann – außer der pharmazeutischen Industrie – niemandem nützen.

Wir haben also mit der ebenso lieben wie schädlichen Gewohnheit zu brechen, „Schlafmittel" zu verordnen.

Was stattdessen tun? Zunächst haben wir wie bei jedem Symptom den Sinn, den Signalwert sowie den Bedingungskreis der Schlafstörung wahrzunehmen, also auch hier die Grundhaltung zu finden. Oft ist nur eine zugrundeliegende Körperkrankheit zu behandeln. Bei Hirngefäßleiden hilft eher Digitalisierung oder Kaffee, bei Psychosen abendliche Erhöhung des Nl. – Grundsätzlich ist zu klären, *wie* jemand seine Schlafstörung unterhält. Bei Untätigkeit und Sinnleere im Tagesablauf ist deren Behebung das geeignte „Schlafmittel". Tag-Nacht-Rhythmus und Einschlafgewohnheiten sind zu verändern. Man muß „seinen" Trick finden: z. B. sich einen liebevoll zerlegten Apfel ans Bett stellen; feuchte Socken im Bett an den Füßen trocknen lassen; sich einreden, man wolle gar nicht schlafen, sondern entspannt wachbleiben. So gehen auch Verhaltenstherapie und autogenes Training vor, wobei aber zu beachten ist, daß die Wirkung bald nachläßt, solange ich mich nur auf die *von außen* einwirkende Technik verlasse, statt das Gelernte aktiv in meinen eigenen Lebensalltag zu übersetzen. Andere haben die Haltung zu lernen, sich zu „ihrer" Schlafstörung zu bekennen, sie wenigstens momentan als zu sich gehörig anzunehmen, nicht mehr krampfhaft gegen sie zu kämpfen, „nichts gegen sie zu tun", sondern mit ihr zu leben. Meist ermäßigt schon dies die Schlaflosigkeit wesentlich und dauerhaft.

Schlaffähigkeit will sich also aus sich selbst heraus wieder verwirklichen. „Schlafmittel" wirken entgegengesetzt. Sie einzusetzen bedeutet, jemandem die Hoffnung auf Selbsthilfe zu nehmen und damit eine möglicherweise lebenslange Einbuße seiner eigenen Schlaffähigkeit billigend in Kauf zu nehmen. Wer von uns jemanden zum ersten Mal im Leben ein „Schlafmittel" gibt, weist ihn auf einen Weg mit einem höheren Risiko als z. B. eine Blinddarmoperation, wenn man den Verlust an Selbstvertrauen und die höhere Wahrscheinlichkeit für Sucht und Suizid bedenkt.

Bleiben als *Indikationen* für „Schlafmittel" übrig: 1. kurzfristige Krisen innerhalb oder außerhalb einer therapeutischen Beziehung. 2. Menschen, die schon von Anderen soweit auf den Weg der „Schlafmittel" gebracht wurden, daß ihnen zunächst Selbsthilfe unerreichbar ist. 3. Anders unbeeinflußbare schwere Körperkrankheiten, Altersschlaflosigkeit und psychotische Zustände.

Richtlinien: 1. *Vorher* vereinbarte Befristung auf wenige Tage. 2. Beginn mit den ungefährlichsten Mittel und der kleinsten Dosis (wenn nicht die Abwendung einer Gefahr schnelle sichere Schlafentwicklung erzwingt). 3. Keine Kombinationspräparate! 4. Keine Kombination mit potenzierenden Stoffen, wie Alkohol und anderen dämpfenden Mitteln. 5. Verschreibung nur kleiner Mengen. 6. Ist Dauermedikation unvermeidlich, dann Verteilung von 4–6 Schlafdosen über einen Monat. 7. Im übrigen ist Dauermedikation ein Kunstfehler.

In Frage kommen folgende „Schlafmittel": ungefährliche pflanzliche Präparate (Valmane, Baldrian-Dispert, Hovaletten), wenn die Placebo-Wirkung bewußt genutzt wird. Im übrigen die im Vergleich weniger riskanten Tq Nitrazepam (Mogadan) oder Flurazepam (Dalmadorm). Distraneurin höchstens im Alter. Daneben sind außer schlafanstoßenden Nl (Neurocil) eher Chloralhydrat (Chloraldurat) oder Paraldehyd zu empfehlen, wenn keine schweren organischen Schäden bestehen.

Alle anderen Präparate haben ein zu hohes Risiko an Giftigkeit, Suizid- oder Suchtgefahr und sind überflüssig: so die Bromharnstoff-Präparate und ihre Ersatz-Formen (Novo-Dolestan, Betadorm N), Methaqualon (Revonal, Prodorm), Piperidin-Derivate (Doriden) und Methyprylon (Noludar). – Ist in Extremsituationen ein schlaferzwingendes „Schlafmittel" unvermeidlich, dann ehestens ein – ebenfalls gefährliches – Barbiturat, wenn keine Leber- oder Nierenschäden vorliegen: das kurzwirkende Hexobarbital (Evipan) oder das längerwirkende Cyclobarbital (Phanodorm, Medomin), ganz selten das stark kumulierende Phenobarbital (Luminal).

Bei erkennbarer Suchtgefahr *immer* Nl!

Das neue Arzneimittelgesetz erleichtert ab 1. 1. 1978 den Kampf gegen gefährliche Medikamente: Es sieht Rezeptpflicht vor, wenn ein Stoff häufig nicht bestimmungsgemäß gebraucht wird, und wenn er die Gesundheit unmittelbar oder mittelbar gefährden kann.

4. Antidepressiva (= Ad)

Von den anregenden Psychoanaleptika haben nur die Antidepressiva (= Thymoleptika Bedeutung. 1956 wurden Imipramin und 1957 die Monoaminoxydasehemmer (MAOH) entdeckt. Ferner, ca. ab 1950, die Lithium-Wirkung, bes. von M. Schou erforscht.

a) *Definition, Wirkprinzip, Einteilung*

Ad sind solche hirnwirksamen Pharamaka, die vor allem an den Zentren des Hypothalamus angreifen, dort auf das vegetative System adrenerg-anticholinerg und im Zusammenhang damit stimmungshebend sowie psychomotorisch teils antriebssteigernd, teils dämpfend wirken. Nl- und Ad-Wirkprinzip lassen sich also als zwei Pole eines Wirkspektrums beschreiben, zumal beide Gruppen – soweit trizyklisch – chemisch verwandt sind. Daher gibt es auch Nl mit stimmungshebender Komponente: Truxal, Neurocil, Melleril.

Biochemie: Ad führen zum Anstieg des am Rezeptor verfügbaren Catecholamins Noradrenalin (z. T. auch des Dopamins und Serotonins) und heben den gegenteiligen Effekt des depressionsauslösenden Reserpins auf. Aus solchen tierexperimentellen Befunden stammt die Hypothese, daß beim Menschen der Depression ein Catecholaminmangel im Gehirn entspricht. Das Wirkprinzip des Lithiums ist unbekannt. Es hemmt offenbar die Freisetzung von Noradrenalin im Neuron, was die anti-manische Wirkung erklären würde, wenn man bei der Manie zuviel Catecholamin am Rezeptor vermuten darf. Zur präventiven Wirkung des Lithiums die Hypothese, daß ständige Lithium-Zuführung die Verfügbarkeit des Noradrenalins am Rezeptor erhöht.

Einteilung der Ad nach Kielholz, indem wir 3 Zielsyndromen endogen-depressiver Zustände 3 antidepressive Wirkungstypen zuordnen:

1. Bei ängstlich-erregten Depressionen ist der *Amitriptylin-Typ* einzusetzen (= stimmungshebende und psychomotorisch dämpfende Wirkung): die den Nl ähnlichen Trizyklika Amitriptylin (Laroxyl, Saroten, Tryptizol), Doxepin (Aponal, Sinquan), Trimipramin (Stangyl).

2. Bei vital verstimmten Depressionen greift der *Imipramin-Typ* (= stark stimmungshebende und psychomotorisch mäßig aktivierende Wirkung): die Trizyklika Imipramin (Tofranil), Clomipramin (Anafranil), Lofepramin (Gamonil), Dibenzepin (Noveril), Dimetracin (Istonil), Melitracen

(Trausabun), Noxiptilin (Agedal); die Tetrazyklika Maprotilin (Ludiomil) und Mianserin (Tolvin); sowie das nicht klassifizierbare Nomifensin (Alival).

3. Bei psychomotorisch gehemmten Depressionen wirkt am ehesten der *Desimipramin-Typ* (= stimmungshebende und psychomotorisch stark aktivierende Wirkung): die Trizyklika Desimipramin (Pertofran), Nortriptylin (Nortrilen, Acetexa), Protriptylin (Maximed); der MAO-Hemmer Tranylcypromin (komb. als Jatrosom) wird wegen des Risikos (z. B. bei Verzehr tyraminhaltiger Speisen) nicht mehr gegeben, ist aber für die Forschung weiter interessant.

b) *Therapeutischer Umgang*

Zur schwierigen Frage der *Indikation* für Ad überhaupt s. S. 76. Nur im Rahmen einer therapeutischen Beziehung sind unter den endogenen Anteilen eines Patienten solche auszumachen, bei denen die Selbsthilfe mißlingt. Sie rechtfertigen den Weg der Ad-Fremdhilfe, sei es als Starthilfe, sei es länger. In jedem Fall ist es schwerwiegend, jemandem das erste Mal Ad zu verordnen: denn wahrscheinlich wird man auch in zukünftigen depressiven Krisen so verfahren; und Ad werden hinfort den Lebensweg des Patienten begleiten, da sein Selbsthilfepotential mit der Häufigkeit der Fremdhilfe abnimmt.

Zu beachten ist weiter: bei organischen und Spätdepressionen steht die internistische Behandlung im Vordergrund, bei neurotischen die Psychotherapie. Bei larvierten Depressionen wirkt der Amitriptylin-Typ, bei Erschöpfungsdepressionen oft eher ein antidepressiv wirksames Nl. Bei echten Depressionen schizophrener Patienten kann man Nl und Ad kombinieren („Zweizügeltherapie"). Man muß aber sicher sein, daß die Depression nicht schon Nl-bedingt ist. Außerdem würde bei einem zu aktivierenden Ad die Gefahr der Aktivierung schizophrener Symptome bestehen („Symptomprovokation"). – Ist ein Ad nach 3 Wo. unwirksam, legt man eine Woche Pause ein, da Ad wie Nl auch depressiv machen können. Danach wechselt man bei gehemmter Depression vom Imipramin- auf den Desimipramin-Typ, bei ängstlich-erregter Depression vom Amitriptylin-Typ auf ein Nl. – Mehr als 1/3 der Patienten spricht auf Ad nicht an. Erst nach monatelanger, unerträglicher depressiver Qual Elektrokrampftherapie. Diese wird in den USA bei schweren Depressionen heute wieder oft sofort angewandt, weil sie den Ad gleichwertig sei, aber schneller wirke. Langzeittherapie z. B. mit Imipramin soll bei unipolaren periodischen Depressionen genauso präventiv wirken wie Lithium.

c) *Begleitwirkungen und Gefahren*

Die antidepressive Wirkung wird begleitet von vegetativen Veränderungen, und zwar in beide Richtungen: d. h. Blutdruck, Puls, Verdauung, Speichel-, Schweiß- und Harnproduktion, Temperatur und Temperaturempfindung, Hautdurchblutung, Wachheit und Pupillenweite können nach oben oder nach unten auslenken. Ferner: Akkomodationsschwäche, orthostatische Regulationsschwäche, Schwindel, Kopfschmerzen, Stenocardien (bis zum Herzinfarkt), Herzarrythmie, Übelkeit, Erbrechen, feinschlägiger Tremor. Solche oft sehr unangenehmen Wirkungen inkauf zu nehmen, ist als Eigenleistung des Patienten besonders herauszustellen, da es sein Selbsthilfegefühl aufrecht hält.

Sofortiges Absetzen: bei Arrythmie, anderen Herzstörungen, Kollapszuständen, paralytischem Ileus, schwerer Harnsperre, und Blutzellschädigung (Agranulozytose), die bei den Trizyklika möglich ist. Behandlung verlangen anhaltende Tachycardie (z. B. Dociton), Kreislaufregulationsschwäche (z. B. Dihydergot 10 mg tägl.), Miktionsstörung (z. B. Doryl 1 Amp.). Parkinson-Syndrom und Akathisie sind seltener als bei Nl, verlangen Akineton oder besser Atosil. – Zu schnelle Dosisänderungen können Krämpfe erzeugen, zu Beginn ferner ein Delir, beim Absetzen eine Art Entzugssyndrom. Stark aktivierende Ad haben weitere Gefahren: paranoid-halluzinatorische Symptomprovokation, „Umkippen" ins Manische und vor allem Suizidgefahr. Nämlich dann, wenn zwar die Antriebssteigerung künstlich erzwungen wurde, nicht aber gleichzeitig auch die Stimmungshebung. Aktivierende Ad sind daher bei Suizidalität und bei ängstlich-erregten Depressiven kontraindiziert. – Weitere Kontraindikationen: Glaukom, Pylorusstenose, Prostatahypertrophie, akute Vergiftungen, Herz-, Leber- und Nierenschäden, Diabetes mellitus und Thromboseneigung.

Weitere Richtlinien: 1. Vor Beginn Routineuntersuchung (und spätere Kontrollen): Blutbild, Blutdruck, Puls, Harnstoff, Transaminasen und besonders EKG. 2. Langsame Steigerung (außer Dibenzepin), z. B. bei Imipramin und Amitriptylin einige Tage 3x25 mg, in der ersten Woche auf 3x50 mg, in der 2.-3. Woche auf 3x75 mg (bis 3x100 mg). Absetzen entsprechend. 3. Bei Schlafstörungen abendliche Dosiserhöhung bei Amitriptylin-Typ (oder Retard-Form), sonst eher ein Nl. 4. Kurmäßige Anwendung, da erst nach ca. 3 Wochen Wirkungslosigkeit eines Mittels feststellbar ist, die auch durch zu hohe, öfter zu niedrige Dosierung bedingt sein kann. Die Plasmakonzentration soll bald routinemäßig meßbar sein. 5. Grundsätzlich bei einem Ad bleiben. Kombination bei ängstlich-erregten Depressiven, nur anfangs, mit Tq bzw. Nl. Kombination mit „Schlafmittel" vermeiden. 6. Eingeschränkte Verkehrstauglichkeit. 7. Selten Abhängigkeit von Ad. Und 8. soll bei Therapieerfolg die Ad-Medikation ca. 6 Monate beibehalten werden.

5. Lithium-Salze

Indikation für die *präventive* (prophylaktische) Wirkung des Lithium: wenn in 2 Jahren 3 oder mehr manische und/oder depressive Phasen vom endogenen Typ auftreten. Erfolg um so größer, je „lehrbuchhafter" der zyklothyme Verlauf. Von den Patienten, die sich der Therapie unterziehen, treten bei ca. 70% Phasen nicht mehr auf, werden abgeschwächt oder haben längere Intervalle. Einzelne Patienten empfinden den Mischzustand zwischen „gesund" und „krank" so unangenehm, daß sie das Durchleben der Phasen vorziehen. Der Rückfall-Schutz tritt erst nach 6 Monaten ein. Die Patienten müssen lernen, Begleit- von Überdosierungswirkungen zu unterscheiden, erstere inkaufzunehmen und ihren Lebensstil (z. B. Ernährung, Regelmäßigkeit) so einzurichten, daß ein mittlerer Blutspiegel gewährleistet ist. Dies ist der therapeutisch wichtige Selbsthilfeanteil des Patienten. Die Dosierung muß so sein, daß ein Serumspiegel von 0,8-1,2 mval/l erreicht und erhalten wird.

Therapeutische Lithium-Wirkung bei hypomanischen und manischen Zuständen. Die Dosierung soll einen Serumspiegel von 1,0-1,4 mval/l anstreben. Wirkungseintritt aber erst nach 1-2 Wochen, daher zuvor Nl erforderlich. Kombination von Lithium und Nl bei Älteren wegen Gefahr der Lithium-Intoxikation unterlassen.

Begleitwirkungen zu Anfang: feinschlägiger Tremor (Therapieversuch mit Dociton, nicht bei Herz- und Asthmakranken), Übelkeit, Völlegefühl, Polyurie, Durst, Muskelschwäche, Müdigkeit, EKG-Veränderungen. Nur Dosisreduktion, da die Beschwerden sich meist bessern. –

Spätere Begleitwirkungen: Außer Tremor auch Gewichtszunahme, Gesichts- und Knöchelödeme, Polyurie, Durst. Bei 10% euthyreote Struma oder Myxödem (½-1 Tabl. Novothyral). Hier kann Dosisreduktion oder Absetzen erforderlich sein. Insgesamt scheitert die präventive Lithium-Einstellung bei ⅓ der Patienten aus verschiedenen Gründen: nach Degkwitz u. a. senken wir bei Langzeit-Gabe von Lithium die Begleitwirkungen um 60%, wenn wir auf zusätzliche Nl oder Ad verzichten und die Dosis auf den unteren Wert, also 0,8 mval/l einstellen, bei Älteren sogar auf 0,6 mval/l.

Lithium-Intoxikation: ab 1,6 mval/l grobschlägiger Tremor, Erbrechen, Durchfall, Abgeschlagenheit, Schläfrigkeit, Schwindel, Sprachstörungen, später Muskelzuckungen, Rigor, Reflexsteigerung, Krampfanfälle, Verwirrtheit, Bewußtseinstrübung bis Koma. Ab 2,0 mval/l Lebensgefahr; ab 4,0 mval/l sofortige Hämo- oder Peritonealdialyse. Im übrigen gelten die Therapieregeln akuter Vergiftungen. Bleibende Schäden bisher unbekannt.

Ursachen der Lithium-Vergiftung: (suizidale) Überdosierung, Erkrankungen mit Nieren- oder Elektrolytstörungen (Durchfälle, Erbrechen), kalium- oder kochsalzarme Diät, Diuretika, Narkose, Operation.

Verhütung von Komplikationen: Regelmäßige Lithium-Kontrolle: erst wöchentlich, nach 4 Wochen monatlich, nach 6 Monaten alle 3 Monate. Blutentnahme morgens, 12 Std. nach der letzten Tablette. Vor Therapie-Beginn und später Kontrolle von EKG, Blutdruck, Kreatinin, Harnstoff, Elektrolyten und Schilddrüsenfunktion. Die Patienten müssen auf ausreichende Kochsalz- und Flüssigkeitszufuhr achten, haben ihre Eß- und Trinkgewohnheiten beizubehalten.

Kontraindikation: Niereninsuffizienz, Herzkreislauf-Krankheiten, Addisonsche Krankheit, Elektrolytstörungen, Notwendigkeit kochsalzarmer Diät. Da Kinder von Lithium-Müttern häufiger Mißbildungen (bes. am Herz) haben, ist Frauen zusätzlich ein Verhütungsmittel zu verschreiben. Bei erwarteter Schwangerschaft 4 Monate lang kein Lithium. Vor Wehenbeginn, Narkose oder Operation Absetzen des Lithium. Vorsicht bei höherem Alter, schlechtem Allgemeinzustand und bei Krampfbereitschaft.

Lithium-Präparate: 1. Lithium-Acetat (Quilonum), zu Beginn 3x1 Tabl.; 2. Lithium-Carbonat (Hypnorex, Quilonum retard), zu Beginn 2x1 Tabl.. Diese Retard-Form ist für die Dauereinnahme günstiger. Dasselbe gilt 3. für Lithium-Sulfat (Lithium-Duriles), beginnend mit 2x2 Tabl.. Für ältere Menschen liegt die erste Tagesdosis um 1 Tabl. niedriger bis zur ersten Serum-Kontrolle.

6. Andere Psychoanaleptika sowie Psychodysleptika

Wegen ihrer Gefahren besteht keine Indikation mehr für andere anregende Mittel wie die Aufputschmittel (Psychostimulantien). Ausnahme: Ritalin statt des üblichen Ephedrin bei Narkolepsie. Auch die Indikation für Euphorika ist weggefallen, von denen die Opiate Pantopon und Neurophillin früher bei depressiven, hirnorganischen und Altersstörungen gegeben wurden.

Endlich gibt es auch keine Indikation mehr für Psychodysleptika (= Psychomimetika, Halluzinogene, psychedelische Drogen). Früher wurde z. B. mit LSD eine „psycholytische Therapie" erprobt. Auch glaubte man früher, im Selbstversuch z. B. mit Mescalin eine „Modellpsychose" herstellen und das Wesen schizophrener Psychosen imitieren zu können.

7. Andere psychiatrisch wichtige Pharmaka

a) *Chlormethiazol* (Distraneurin, 1963): chemisch ähnlich dem Aneurin (Vitamin B₁); wirkt dämpfend, schlafmachend und antikonvulsiv.

Indikationen: 1. Alkohol- oder andere Delire. 2. Erregungs- und Verwirrtheitszustände, wenn Nl versagen. 3. Status epilepticus. 4. Alters-Schlafstörungen, ausnahmsweise.
Wegen der Gefahren Anwendung *nicht ambulant* und *höchstens über 5-10 Tage*, dann Absetzen bzw. Wechsel auf ein Nl. Bei einem leichten oder zu erwartenden Delir eher Haldol.
Dosierung: 2-4 Kapseln oder Tabletten zu Beginn. Bei den schneller resorbierten Kapseln nach ½ Std., bei Tbl. nach 1½ Std. stündlich 2 Kps. oder Tabl. bis zur ausreichenden Dämpfung, höchstens 8 g täglich. Als Alters-Schlafmittel auch 10-15 ml als Mixtur. Nur bei lebensbedrohlichen Deliren parenteral: anfangs u. U. 40-100 ml langsam i. v., sonst als Tropf-Infusion (0,8%ige Lösung) mit 60-150 Tr. pro Min., bis oberflächlicher, leicht-weckbarer Schlaf eintritt, der durch Tropfen-Regulation zu erhalten ist. Auch hier 8 g täglich nicht überschreiten.
Nebenwirkungen: Die Infusion ist pflegerisch sorgfältigst nach Blutdruck, Puls, Atmung und Schlaftiefe zu regulieren, da sonst Blutdruckabfall, Atemdepression und Bewußtlosigkeit immer wieder zu Todesfällen führen. Aber auch die orale Gabe ist – bes. bei Älteren – gut zu überwachen! – Seltene Nebenwirkungen: Magenbeschwerden, Exanthem, Nies- und Hustenreiz. Wegen der außerordentlich großen Suchtgefahr ist Verordnung von Distraneurin als Dauerschlafmittel oder als vorbeugendes Mittel gegen erneutes Trinken ein *Kunstfehler!*
Kontraindikation: obstruktive Lungenerkrankungen und Kombination mit anderen hirnwirksamen Substanzen (incl. Alkohol). Verkehrstüchtigkeit ist beeinträchtigt.

b) *Disulfiram* (Antabus): 1948 als Aversionstherapie bei chronischem Alkoholismus eingesetzt, aus Resignation fast vergessen, jetzt als nützlich wiederentdeckt – aber nur im Rahmen einer therapeutischen Beziehung!
Vorgehen: 1. 1 Woche lang 2 Tabl. á 0,5 g morgens. 2. Probetrunk (z. B. 200 ml Bier) erzeugt toxische Unverträglichkeitsreaktion: Flush-Syndrom (Hitzegefühl, Blutdruckabfall, Tachycardie, Atembeschleunigung, Dösigkeit), dann nach 1 Std. Übelkeit, Brechreiz, Erbrechen, Kopfschmerzen; Unwohlsein noch einige Stunden. Kreislaufkontrolle notwendig. Bei zu starker Reaktion 1 g Ascorbinsäure oder als Antihistaminikum 50 mg Atosil i. v.. Je nach Therapieplan Verzicht auf den Probetrunk. 3. Langzeit-Einstellung: tägl. 0,1 g (keine Nebenwirkung) bis 0,5 g (garantiert ausreichende Reaktion für mehrere Tage), für mindestens ½ Jahr.
Nebenwirkungen: Magen-Darmbeschwerden, Miktionsstörung, Müdigkeit, Impotenz, selten psychotische Episode. Gelegentliche Leber- und Nierenkontrolle notwendig.
Kontraindikation: mangelnde Motivation des Patienten und Therapeuten; Leber- und Herzkrankheiten, Epilepsie, Hormonstörungen, Gravidität.
Alternative: Apomorphinkur, s. dort.

c) *Cyproteronacetat* (Androcur): seit 1973 im Handel, Steroidhormon mit antiandrogener, gestagener und antigonadotroper Wirkung, führt beim Mann zu Verminderung des Sexualtriebs, der Ejakulatmenge und der Spermiogenese. Jetzt auch als Depot-Präparat zur Injektion erhältlich.
Indikation: gefährliches und mit Strafe bedrohtes hypersexuelles oder sexualdeviant-hypersexuelles Handeln, nur im Rahmen einer therapeutischen Beziehung. Beeinflußt wird meist nur die Triebstärke, nicht die -richtung.
Dosierung: Beginn mit 2x50 mg/tägl., bei mangelhafter Wirkung nach 4 Wochen bis 2-3x100 mg. Nach Wirkungseintritt als Erhaltungsdosis meist 2x25 mg, u. U. über mehrere Jahre im Rahmen der Therapie.

376

Begleitwirkungen: reversible Hemmung der Spermiogenese, zu Beginn Müdigkeit, Antriebsverlust, dysphorische Verstimmung, eingeschränkte Verkehrstüchtigkeit, später Gynäkomastie und Gewichtsschwankungen.

Kontraindikation: Motivationsmangel des Patienten oder Therapeuten. Dabei heißt die (unechte) Alternative oft Freiheitsentzug oder Kastration. Ferner keine Anwendung bei aktiver Tbc. oder Leberkrankheit, bei bösartigen Tumoren, Thromboseneigung, Neigung zu Depressionen. Vorsicht bei chronischen Leberstörungen, Diabetes, Stoffwechsel- und Hormonstörungen. Regelmäßiger Alkoholkonsum verringert die Wirkung. Keine Anwendung bei Frauen, männlichen Jugendlichen (Längenwachstum-Beeinflussung) und Psychosen. Vorsicht vor Ausweitung des Begriffs „Hypersexualität"

d) *Antiparkinsonmittel:* Biperiden (Akineton), Trihexyphenidyl (Artane) und Benztropin (Cogentin) wirken zenral-anticholinerg und antihistamisch, erzeugen euphorische und delirante Zustände (letztere bei Älteren, hirnorganischen Störungen und Kombinationen mit mehreren Nl). Vegetativ wirken sie wie die anticholinergen Ad.

Indikation: bei neuroleptisch bedingten Frühdyskinesien z. B. Akineton i. v. (2,5-5 mg) und bei neuroleptisch bedingtem Parkinson-Syndrom (6-10 mg Akineton oral).

Kontraindikation: Glaukom, Prostatahypertrophie, Harnsperre, Herzkreislauf-Komplikationen, aber auch neuroleptisch bedingte Akathisie und Spätdyskinesie. Bei Nl-Therapie sind die Mittel auch nicht präventiv zu geben sowie bei notwendiger Gabe stets Absetzversuchen zu unterziehen, da sie die antipsychotische Wirkung der Nl verringern, die Wahrscheinlichkeit für Spätdyskinesien aber vergrößern.

e) *Psychogeriatrische Mittel:* Es werden zahlreiche Mittel angeboten: z. B. Stutgeron, Helfergin, Ronicol, Encephabol, Nootrop, Normabrain. Ihre hirndurchblutungs- und stoffwechselfördernde Wirkung ist jedoch zwar experimentell, aber nicht klinisch erwiesen. Sie sind nur nach der internistischen Basistherapie und zur Einplanung eines Placebo-Effektes ein- und nach einiger Zeit abzusetzen.

II. *Andere körpertherapeutische Techniken*

1. Elektrokrampftherapie (EKT)

= künstliche elektrische Auslösung eines epileptischen Krampfanfalls, also dasselbe Prinzip wie bei der Pharmako-Therapie: *Wir verwandeln den seelischen leidenden vorübergehend in einen hirnorganisch kranken Menschen,* bei der EKT nur globaler, dafür kürzer als bei der Pharmako-Therapie. Entsprechend der Ernüchterungsphase in der Pharmakotherapie wird die EKT wieder häufiger angewandt (USA, England, auch BRD und DDR). Begründet wird dies mit der schnelleren Wirkung sowie selteneren Komplikationen und Dauerschäden. Die EKT wurde 1937 von Bini und Cerletti eingeführt. Dagegen ist die chemische Krampfauslösung (1934 Cardiazol-Schock durch Meduna) veraltet.

a) *Wirkungsweise*

Sie ist unbekannt. Mehr aus Verlegenheit spricht man von zentral-vegetativer Umstimmung oder globaler Temperamentstherapie. Laienhaft, aber vielleicht treffender kennt jeder psychiatrisch Tätige und Angehörige das naive Bedürfnis: „Ich möchte den Herrn X mal richtig von Grund auf durchschütteln, damit er endlich wieder zu sich kommt!" So entspricht die EKT-Wirkung einer der ältesten psychiatrischen Erfahrungen überhaupt: hirnorganische oder andere körperliche Krankheiten führen u. U. zu Abschwächung, Unterbrechung oder Abbruch des psychotischen Handelns. Sie entziehen ihm den Boden (v. Baeyer), die Angst, die Aufmerksamkeit, den Antrieb: *Lebens- oder Körperangst kann psychotische Angst erübrigen.*

Indikation: 1. bei sehr qualvoll erlebten akuten schizophrenen oder depressiven Krisen, wenn ich als Therapeut unfähig zu einer ausreichend wirksamen therapeutischen Beziehung und pharmakotherapeutischen Hilfe bin. 2. Bei der nicht anders abwendbaren Gefahr schizophrener oder depressiver Chronifizierung. Und 3. als vitale, u. U. lebensrettende Indikation bei der seltener gewordenen hochfieberhaften akuten katatonen Krise. – Zumindest fühlt sich der Patient nach der EKT fast immer kurzfristig freier und selbständiger. Diese Zeit ist zu nutzen: a) für die Herstellung einer tragfähigeren Beziehung und b) für das erwiesene bessere Ansprechen auf kleinere Dosen Nl bzw. Ad. Genauere Indikationen zwischen Pharmakotherapie und EKT fehlen noch. – *Kontraindikation:* organische Hirnschäden und schwere Körperkrankheiten, besonders des Herz-Kreislauf- und des Hormonsystems. Bei hochdosierter Phenothiazin-Therapie (und Reserpin!) ist vor der EKT eine Pause von einigen Tagen erforderlich.

b) *Therapeutischer Umgang*

1. Einwilligung des Patienten: sie ist mit ihm zu erarbeiten, von ihm zu unterschreiben und/oder unter Benennung eines dritten Gesprächspartners im Krankenblatt zu protokollieren. Bei Ablehnung des Patienten sollte die Einrichtung einer Behandlungspflegschaft nach § 1910 BGB fast immer vermieden werden. Nur bei vitaler Indikation ist die EKT auch ohne Einwilligung „aus übergesetzlichem Notstand" sofort statthaft.

2.Vorbereitung des Patienten: internistische Untersuchung. Information über den Ablauf. Die Angst ist dem Patienten nicht auszureden, sondern zu teilen (gemeinsames Gefühl der Ohnmacht „auf beiden Seiten"!). Am Vorabend ist ihm der Zeitpunkt der EKT für den nächsten Morgen mitzuteilen und ihm allenfalls ein niedrig dosiertes schlafförderndes Neuropharmakon (kein Barbiturat) zu geben. Am EKT-Tag bleibt der Patient nüchtern, entleert die Blase, kann zur Speichelsekretionshemmung 25 mg = 1 ccm Atosil subcutan 30 Min. vor der EKT bekommen. Er legt beengende Kleidung, Schmuck, Uhr, Prothesen, Haarklammern ab. Dasselbe Team-Mitglied bleibt vor, während und nach der EKT bei dem Patienten.

3. Vorbereitung des Raumes: in einem ruhigen Zimmer der Station steht das flachgestellte, mit Gummituch und Laken versehene Bett so, daß es von allen Seiten zugänglich ist. Bereitstellung der Injektionsmittel und -instrumente, Zungentubus, weicher Mundkeil, Sauerstoff-Flasche, manuelles Beatmungsgerät, Intubationsbesteck, Absauggerät, Zungenzange, Kiefernsperrer, zentrale und periphere Kreislaufmittel (Micoren, Novadral). Der EKT-Apparat (z. B. Konvulsator 622/Siemens) arbeitet mit gleichgerichtetem Impulsstrom (senkrechter Anstieg, sinusförmiger Abfall), 60-130 V, 200-900 mA Stromstärke, Durchlaufzeit 0,1-3 Sek. Die Elektroden werden an beiden Schläfen (bitemporal) angesetzt. Unilaterales Ansetzen auf der Seite der nicht dominanten Hemisphäre verringert die Nebenwirkungen. Der Apparat wird 5 Min. vor der EKT eingeschaltet, überprüft und auf die Standard-Dosis eingestellt: 80 V, 500 mA, 1 Sekunde Durchlaufzeit. Bei

Wiederholung werden Durchlaufzeit und/oder Stromspannung (auch je nach individueller Toleranz) meist erhöht.

4. Durchführung der EKT: a) Patient liegt flach auf dem Rücken. b) Kurznarkose (z. B. Evipan i. v.) durch den Anästhesisten. c) Nach dem Einschlafen kurzwirkendes Muskelrelaxans (z. B. Succinyl i. v. 0,5 mg/kg Körpergewicht). d) Schläfengruben anfeuchten, Leinenläppchen auflegen. e) Zungentubus und Mundkeil einführen. f) Elektroden ansetzen. g) Stromauslösung 30-60 Sekunden nach Relaxans-Injektion. Bei dieser Vorbereitung kommt es nicht mehr – wie früher – zu einem generalisierten tonisch-klonischen Anfall, sondern nur noch zu einer peripheren Atemlähmung, die die meist leichten motorischen Krampfreaktionen um einige Minuten überdauert. h) Mundkeil nach Ablauf des Krampfanfalles entfernen. i) Oberkörper leicht erhöhen, Kopf seitlich lagern. j) manuelle Beatmung bis zum Einsetzen der Spontanatmung.

5. Nachbetreuung des Patienten: Überwachung von Puls und Atmung. Erwachen des Patienten meist nach 20-60 Minuten. Ist der Patient klar, bekommt er sein Frühstück und (erst dann!) seine laufende Morgenmedikation. Das betreuende Team-Mitglied bleibt auch als Gesprächspartner bei ihm. Nach dem Frühstück kann der Patient das Bett verlassen, sollte aber an diesem Tag die Station noch nicht ohne Begleitung verlassen.

Die EKT wird heute zunehmend in Intubationsnarkose durchgeführt. Die Wirkung ist oft günstiger, wenn die EKT als Krampfblock (3-4 Krämpfe in 2–3 Tagen) eingesetzt wird.

c) *Begleitwirkungen und Komplikationen*

Durch die Muskelrelaxion kommt es nicht mehr zu Frakturen von Wirbelkörpern oder Extremitäten. Die anästhesistisch durchgeführte Methode der EKT macht auch die andere bedrohliche Komplikation, die verlängerte Atemlähmung selten und praktisch immer beherrschbar. Besonders nach einem Block kann einige Zeit Bewußtseinstrübung, ein Durchgangssyndrom bzw. ein amnestisches Syndrom mit Merkschwäche, Desorientiertheit und Gefühlslabilität bestehen. Die Amnesie kann retrograd sein. Dauer und Intensität des reversiblen akut-organischen Psychosyndroms hängt vom Lebensalter des Patienten sowie von Zahl und Dichte der Krämpfe ab.

2. Insulin-Therapie

Die *große Insulin-Kur* (Sakel 1935) hat durch künstliche Herstellung eines hypoglykämischen Schockzustandes (nicht etwa eines diabetischen Komas!) ebenfalls das Ziel einer umfassenden vegetativen Umstimmung. Da sie anderen Methoden nicht mehr überlegen ist, hohen personellen und technischen Aufwand erfordert und große Risiken hat (Nachschock, verlängerter Schock, apallisches Syndrom, Sterblichkeit früher 1%), sollte sie nicht mehr angewandt werden.

In einigen psychiatrischen Einrichtungen wird hingegen noch die *kleine Insulin-Kur* durchgeführt: kleine Dosen Alt-Insulin (8-40 E i. m. am Tag) langsam steigernd, bis zu leichter Hypoglykämie, die höchstens zu einer meist wohlig empfundenen Schläfrigkeit führen soll. Sorgfältige Überwachung ist auch hier notwendig. Für körperlich gesunde Patienten kein Risiko. Abbruch bei Insulin-Überempfindlichkeit. Indikation: Depressions-, Versagens- und Erschöpfungszustände, wenn mit körperlicher Auszehrung und berechtigtem Regressions-Nachholbedarf verbunden. Dabei kann die intensive Zuwendung „wie zu einem bettlägerig Kranken" und die Gewichtszunahme als entlastend und stabilisierend erlebt werden.

3. Operative Eingriffe

Da sie immer die letzte Möglichkeit („ultima ratio") sind und unwiderrufliche Veränderungen schaffen, ist hier ganz besonders darauf zu achten, daß sie nur innerhalb einer fortdauernden therapeutischen Beziehung erfolgen!

a) *Operative Kastration*

Sie kann einem Menschen mit gefährlichen und strafbedrohten Sexualstörungen gewährt werden, wenn die Indikation (s. dort) besteht, Psychotherapie und hormonelle Kastration nicht wirken und der Eingriff für ihn als nicht zu gefährlich und als erfolgversprechend ärztlich-gutachterlich befürwortet wird. Die Fragwürdigkeit der Entscheidungsfreiheit bei drohendem oder schon laufendem Freiheitsentzug ist dabei abzuwägen. Libido und Errektionsfähigkeit gehen nicht immer ganz verloren. Von den negativen Folgen verlangen Depressionen und schwere Selbstwertkrisen kontinuierliche Betreuung. Der Eingriff ist gesetzlich geregelt.

b) *Operative Sterilisierung*

Unerwünschte, vor- und uneheliche Schwangerschaften sowie deren illegale und legale Unterbrechungen produzieren gemeinsam ein buchstäblich unermeßliches psychosoziales und körperliches Elend für Mütter, Kinder, Familien und Allgemeinheit. In den Entwicklungsländern behindert u. a, das Bevölkerungswachstum das Erreichen erträglicher Bedingungen für alle. Arzt und Beratungsstellen (in der BRD z. B. „Pro Familia") haben für Empfängnisverhütung, Sexualität, Partnerbeziehung und Familienplanung *präventive* Hilfe anzubieten. Das „bewußte Planung" auch die Angst vor spontanem Handeln in einer lebendigen Beziehung erhöhen kann, muß heute schon eigens erwähnt werden! Oder können/wollen Sie Ihre Partnerbeziehung in den entscheidenden Fragen immer „bewußt planen"? Präventive Techniken sind hier vor allem die Verhütungsmittel. Zuverlässig sind nur hormonelle Kontrazeption, evtl. intrauterine Mittel und Sterilisierung des Mannes oder der Frau. Letztere ist – als operativer Eingriff – auch hier nur „letztes Mittel", wenn psychiatrische, soziale, eugenische und körpermedizinische Aspekte der Person sowie die wirksame Freiwilligkeit ihres Wunsches (und des Partners) und ihre Fähigkeit, das zukünftige Leben verantwortlich zu überblicken, ärztlich-gutachterlich geprüft sind. Eine gesetzliche Regelung besteht – im Gegensatz zur jetzt erweiterten Indikation der Schwangerschaftsunterbrechung – noch nicht.

c) *Präfrontale Leukotomie (Lobotomie)*

Mit diesem von dem Chirurgen Moniz 1936 eingeführten Eingriff wurde operativ ein Teil des Stirnhirns zerstört, die Abschwächung schizophrener und zwangsneurotischer Symptome beabsichtigt und eine Unzahl schwerer hirnorganischer Persönlichkeitsdefekte erreicht. Die 20-jähr. Leukotomie-Ära ist ein besonders düsteres und warnendes Beispiel für idealistisch-perfektionistischen Therapiewillen „um jeden Preis" und für Verantwortungslosigkeit gegenüber den Patienten in der Psychiatrie. Die erschütternden Folgen für diesen Fall der Verselbständigung einer Technik hat E. Koch beschrieben.

d) *Stereotaktische Operationen*

Wie die Pharmakotherapie, so ist auch die Hirnchirurgie mit psychiatrischer Indikation den Weg von der globalen Hirnrindenbeeinflussung zur gezielteren Veränderung subkortikaler Zentren gegangen: Mittels einer Gehirnsonde werden ein- oder beidseitig winzige mm-große Felder ausgeschaltet. In der BRD wird die Technik seit über 10 Jahren (neben neurologischer Indikation wie Parkinson oder Schmerzzustände) auf Menschen mit so verschiedenen Problemen angewandt wie: Sexualstörungen, Zwängen, Depressionen, Schizophrenie, Fettsucht oder Alkoholabhängigkeit. Wie bei fast allen neuen Techniken waren die ersten Ergebnisse z. T. so eindrucksvoll, daß die beteiligten Operateure und Psychiater alsbald begeistert zur Ausweitung der Indikation schritten. Die Verführung – auch für die Patienten – ist hier besonders groß: jemand hat sich jahrelang vergeblich mit Depressionen, Zwängen, Alkohol oder mit seiner pädophilen Neigung herumgeschlagen, unterzieht sich einer so großartigen Handlung wie einer Gehirnoperation, steht auf und ist sein Elend los, ohne etwas davon gemerkt zu haben und ohne sich langwierigen und anstrengenden medikamentösen oder psychotherapeutischen Hilfen zur Selbsthilfe auszusetzen. 1976 haben nun – eingedenk der Leukotomie-Katastrophe – die „Deutsche Gesellschaft für Sexualwissenschaft" und die „Deutsche Gesellschaft für Soziale Psychiatrie" auf die Gefahren einer wiedermal sich verselbständigenden Technik hingewiesen: es gibt keine klaren Indikationen; der therapeutische Rahmen für die Anwendung der Technik ist oft nicht gewährleistet; es fehlen hinreichende Untersuchungen über Folgeschäden; das Verfahren ist unkontrolliert und dem Mißbrauch offen. Dies hat zu einer Kommission beim Bundesgesundheitsamt geführt, die – gerade um der möglichen Vorteile willen – Kriterien für die Anwendbarkeit der Methode zu entwickeln hat. Und doch zeigt sich auch hier nur das Grundproblem jeder Technik! In den meisten Ländern besteht z. Z. ein Verbot.

III. *Psychiatrische Notfalltherapie*

Auch wo eine akute Gefahr besteht, die schnelles Handeln fordert, wirke ich zwangsläufig zunächst durch meine Person, habe ich zu der mir und der Situation gemäßen Grundhaltung zu finden. Dies genügt in vielen Fällen, das Bedrohliche in den ersten Ansatz einer therapeutischen Beziehung einzulenken. In anderen Fällen aber habe ich dies durch einen sofortigen körperlichen (meist pharmakotherapeutischen) Eingriff zu ergänzen, um dem Notfall gerecht zu werden.

Die wichtigsten Notfälle sind die folgenden:

1. Epileptische Notfälle

a) *Status epilepticus:* Valium (10-20 mg langsam i. v., mehrfach alle 30 Min.), jetzt eher Clonazepam (Rivotril): 1 Amp. (= 1 mg) langsam i. v., wiederholbar i. v., i. m. oder in Infusion. Alternative: Phenhydan bzw. Epanutin (1 Amp. i. v. und 1 Amp. i. m., Wiederholung nach 1-2 Std.). Bei Kindern auch Paraldehyd (10 ml i. m.). Bei Mißerfolg: Distraneurin-Infusion (evtl. Entwässerung mit Lasix) oder Barbiturate (Somnifen i. v.) oder Lumbalpunktion mit Luft-Liquor-Austausch oder Kurznarkose mit Trapanal i. v. Nie Distraneurin und Barbiturate gemeinsam!

b) *Dämmerzustand:* Reduktion der Antiepileptika, stattdessen Haldol (5-10 mg i. v.) oder Truxal (Valium) und Atosil i. v. oder i. m. sowie Entwässerung. Sonst Distraneurin-Infusion oder Trapanal.

2. Delir und Prädelir

a) *Alkoholdelir:* sofortiger Entzug, Sofortmaßnahme Haldol (1 Amp.), dann Klinikeinweisung zur Haldol- oder Distraneurin-Therapie.

b) *Bei Medikamentensucht:* Bei Opiaten sofortiger Entzug. Bei Mitteln vom Barbiturat-Typ allmählicher Entzug über 10 Tage (auch bei Distraneurin-Sucht). Medikamentös: Haldol (oder Distraneurin).

c) *Bei Rauschmittelsucht:* Sofortiger Entzug sowie Haldol (oder Distraneurin).

d) *Bei Neuropharmaka-Therapie:* Absetzen oder Reduktion des Pharmakons, evtl. kurzfristig Distraneurin.

e) *Bei Allgemeinkrankheiten:* In erster Linie Therapie des Grundleidens, evtl. zudem Haldol (oder Distraneurin).

3. Alkoholintoxikation
a) *Pathologischer Rausch:* Haldol (1 Amp. i. m.) oder Truxal (15-30 mg i. m.), Vorsicht bei Valium.
b) *Schwere akute Intoxikation (Koma):* Infusion in Intensivstation (z. B. Laevulose 10% 1000 ml mit Vit. B6 und Polyvitaminen), ¼ mg Strophantin i. v., bei Schockzeichen Plasmainfusion, prophylaktisch Antibiotika. Bei zentralen Analeptika (Micoren, Coramin) Anfallsgefahr.

4. Akute Syndrome bei Rauschmittelgebrauch
Ist die Mittelzusammensetzung unklar: Valium. Sonst gilt:
a) *Aufputschmittel und Cocain:* Bei Intoxikation sofortiger Entzug und Neurocil (3-4x50-100 mg i. m.) oder Valium (2-6x20 mg i. m., anfangs 1-2x i. v.), sonst Distraneurin-Infusion.
b) Opiate *(Morphin, Heroin):* Bei Intoxikation (Atemlähmung, extreme Pupillenverengung) Lorfan 2 mg i. v., Wiederholung alle 10 Min. 1-2 mg i. v., bis Atmung und Pupillenweite normal bleiben. Entzug: sofort.
c) *Halluzinogene und Cannabis:* bei Intoxikation Valium, vgl. a). Entzug: sofort.
d) *„Schlaf-", Schmerzmittel, Tranquilizer:* Bei akuter Intoxikation Intensivstation mit forcierter Diurese und Reanimation. Entzug: über 10 Tage, bei Entzugssyndrom Haldol, Atosil (+ Truxal).

5. Erregungszustände
Reicht die Wirkung meiner Person nicht, ist Haldol zu geben, und zwar *immer,* wenn Ursache unklar und bei Älteren oder Kreislaufgefährdeten! Geringste Komplikationsgefahr! Haldol: 1 Amp. (= 5 mg i. m. oder i. v., Wiederholung nach 30 Min., in der Regel nicht mehr als 4 Amp. am 1. Tag.
Je nach den Bedingungen der Erregung:
a) bei *Alkoholrausch:* Haldol. Keine dämpfenden Mittel, kein Valium.
b) Bei *allen hirnwirksamen Pharamaka* („Schlaf-", Schmerzmittel, Tranquilizier, auch Rauschdrogen): Haldol. Keine dämpfenden Mittel, kein Valium. Ausnahme: bei LSD-*Horror-Trip* ist Valium (1-3 x 10-20 mh i. m., anfangs i. v.) dem Haldol überlegen.
c) Bei *Situationskrisen* (reaktive, psychogene Erregung, Konfliktausdruck): Die Erregung hat ihren Sinn. Also nach Möglichkeit den Ausdruck der Aggression fördern. Nicht um jeden Preis beruhigen! Wenn aber Fremd- oder Selbstgefährdung überwiegt, Valium wie bei b).
d) Bei *alten Menschen:* Haldol, beginnend mit mehrfach 5-20 Tr.; vor allem aber Herz-Kreislauf-Therapie.
e) Bei *akut-organischem Psychosyndrom* (Körperkrankheiten, akute Hirnerkrankung): internistische Therapie, Haldol oder Truxal (50-100 mg i. m.) + Atosil (25-50 mg i. m.) oder Valium 5-10 mg i. m.
f) Bei *chronisch-organischem Psychosyndrom* (Erregungs- oder Verwirrtheitszustände bei Minderdurchblutung, Hirngefäßleiden): dämpfende Mittel wie bei e) oder Paraldehyd (5-10 mg i. m.), vor allem aber Herz-Kreislauftherapie (nachts Novadral retard), evtl. Infusion (Laevosan 5% oder Tutofusin B 1000-1500 ml).
g) Bei *Kontusionspsychose:* Dämpfung wie oben: Haldol, Paraldehyd, Truyal + Atosil. Jedoch muß die Bewußtseinslage gut beobachtbar bleiben! Bei Hirnödem Entwässerungsinfusion (Rheomacrodex 10%ig mit Sorbit 20%ig 1000 ml in 2 Std. mit Lasix) bei Flüssigkeits- und Elektrolytausgleich (1500-2000 ml tägl.).
h) Bei *Schizophrenie:* Neurocil 50 mg (bis 300 mg tägl.) i. m. oder mehrfach 1 Amp. Haldol i. v. oder i. m. Bei *katatonem Stupor:* Haldol, Lyogen oder Glianimon; bei Mißerfolg und Austrocknung zusätzlich Infusion. Bei der *lebensbedrohlichen Katatonie* (hohe Temperatur und/oder Tachycardie) vitale Indikation für die Elektrokrampftherapie.

i) Bei *Manie:* Neurocil und/oder Haldol wie h) oder Glianimon 2-4 mg i. m. Sind bei schwerster Erregung Neuroleptika-Höchstdosen notwendig, ausnahmsweise Akineton von Anfang an.

j) Bei *agitiert-depressiven Patienten:* dämpfende Antidepressiva wie Saroten oder Aponal, 25-50 mg i. m. (bis 150 mg am 1. Tag), bei schwersten Zuständen eher Neurocil wie h). Wegen der Kreislaufbelastung bei abruptem Beginn mit Antidepressiva in den ersten Tagen Bettruhe, Depot-Novadral, evtl. Infusion (Macrodex 6%ig). Selten bei medikamentöser Erfolglosigkeit Elektrokrampftherapie.

k) Bei *Kindern:* Wenn überhaupt Medikamente, Paraldehyd (2-5 ml i. m. oder als Klysma).

6. Suizidgefahr
Auch hier ist zunächst die Person des Therapeuten entscheidend. Sonst Sofortdämpfung mit Neurocil wie bei 5 h).

7. Depressiver Stupor
In schweren Fällen Tofranil- oder Anafranil-Infusionskur mit Bettruhe und Kreislaufkontrolle. Selten Elektrokrampftherapie. Es ist wichtig, die Medikamenten-Vorgeschichte zu erfahren: die Depression könnte pharmakogen sein!

8. Bewußtseinstrübung:
alle hirnwirksamen Mittel, bes. dämpfende Mittel, kontraindiziert, wenn nicht ein Erregungszustand einen Kompromiß erzwingt. Entscheidend: diagnostische Klärung sowie Stützung der Atmungs- und Herzkreislauf-Funktionen.

9. Notfälle durch Pharmakotherapie:
Sie nehmen mit dem Umsatz an Neuropharmaka zu. Deshalb bei jedem Notfall: Medikamenten-Vorgeschichte!
Im einzelnen:
a) *Extrapyramidale Syndrome* (s. dort).
– Frühdyskinesien (dramatische hyperkinetisch-dystone Syndrome bei Neuroleptika): Akineton 2,5-5 mg i. v., provisorisch auch Koffein.
– Parkinson-Syndrom (durch Neuroleptika oder Antidepressiva): Akineton 6-10 mg tägl. oral.
– Akathisie (Bewegungsunruhe, auch bloße innere Unruhe oder Grübeln, ebenfalls durch Neuroleptika oder Antidepressiva): hier hilft nur Reduktion oder Absetzen des Mittels.
– Spätdyskinesie (Hyperkinesien nach langem Neuroleptika-Gebrauch): hier hilft allenfalls Erhöhung der Neuroleptika-Dosierung, Antiparkinsonmittel kontraindiziert.
b) *Neuropharmaka-Intoxikation:* bei Neuroleptika wie Antidepressiva Bewußtseinsstörung bis Koma, Kollapszustände, hypertone Krisen (bei Antidepressiva): Infusionen im Sinne der allgemeinen Intoxikationstherapie. Adrenergika und Analeptika kontraindiziert.
c) *Pharmakogene Depressionen* (mit Suizidgefahr): kommt mit und ohne Parkinson-Syndrom bei Neuroleptika wie Antidepressiva vor. Reduktion oder Absetzen des Mittels. Beachtung der Suizidgefahr. Später Versuch mit anderen Mitteln.
d) *Pharmakogener Erregungszustand* (bei Neuroleptika und Antidepressiva): Absetzen des Mittels, allenfalls sofort Dämpfung mit Neurocil.
e) *Pharmakogenes Delir* oder *akut-organisches Psychosyndrom* (mit Desorientiertheit und Antriebsminderung): kommt ebenfalls bei Neuroleptika wie Antidepressiva vor, bes. bei Kombination mehrerer Mittel (und Akineton). Vorgehen: Absetzen der Mittel und beim Delir evtl. Distraneurin.

LITERATUR:
BENKERT, O. u. H. HIPPIUS: *Psychiatrische Pharmakotherapie*, Berlin, Springer 1976
DEGKWITZ, R. u. a.: *Therapeutische Risiken bei der Langzeitbehandlung mit Neuroleptika und Lithium*, Nervenarzt 47:81-87, 1976
HAASE, H.-J.: *Therapie mit Psychopharmaka und anderen psychotropen Medikamenten*, Stuttgart, Schattauer 1972
KIENLE, G.: *Notfalltherapie neurologischer und psychiatrischer Erkrankungen*, Stuttgart, Thieme 1968
KOCH, E.: *Chirurgie der Seele*, Stuttgart 1976
PETERSEN, P.: *Psychiatrische und psychologische Aspekte der Familienplanung bei oraler Kontrazeption*, Stuttgart, Thieme 1969
SCHICKE, R.: *Sozialpharmakologie*, Stuttgart, Kohlhammer 1976

14. Kapitel

PSYCHOTHERAPEUTISCHE TECHNIKEN
(Der systematische Zugang zur Seele)

I. *Psychotherapeutische Haltung*
   1. Was ist ein Psychotherapeut?
   2. Selbst- und Menschenbild des Psychotherapeuten.
   3. Möglichkeiten und Grenzen der Techniken.
   4. Psychotherapie = Normalisierung.
II. *Psychotherapeutische Techniken*
   1. Gesprächspsychotherapie
   2. Psychoanalyse
   3. Verhaltenstherapie
   4. Psychodrama
   5. Rollenspiel
   6. Gestalttherapie
   7. Gruppentherapie
III. *Therapie und Selbsttherapie*
IV. *Bedingungen*
   1. Geschichte
   2. Forschung
   3. Bedeutung
Literatur

E in einführender Versuch, Psychotherapie begrifflich zu bestimmen, muß fehlschlagen. Es gibt keine allgemeingültigen Definitionen. Psychotherapie ist abzugrenzen von allen therapeutischen Techniken, die über medikamentöse oder operative Eingriffe, also über den Körper, zur Veränderung menschlichen Handelns gelangen. Entsprechend sprechen wir von Psychotherapie, wenn Änderungen im Handeln eines Menschen aufgrund psychischer Einflüsse erzielt werden. Dabei ist die *Beschränkung* auf psychische Einflußgrößen zur Abrenzung gegen Verfahren angebracht, die bisweilen auch unter dem Begriff Psychotherapie gefaßt werden, z. B. die Anwendung von Musik, Werken, Reisen in der Psychiatrie: dies ist primär nicht Psychotherapie, sondern Musik, Werken, Reisen sind selbst Mittel, mit deren Einsatz bestimmte therapeutische Ziele erreicht werden können. Die Frage ist: lassen sich Änderungen der Seele – Erlebnisse, Denkinhalte, Einstellungen, Gefühle, Handlungen – eines Menschen mit gestörten Handlungen durch psychische Einflüsse bewirken und wie sind solche Einflußgrößen zu fassen?

Das ist abstrakt und läßt viele Fragen offen, z. B. die Beziehung Strafe-Psychotherapie, Pädagogik-Psychotherapie, Beratung-Psychotherapie, Psychopharmakologie usw.

Übung: Versuchen Sie in der Gruppe, die Grenzen der Psychotherapie zu bestimmen und für die eigene Wahrnehmung klarzukriegen, wo die Grenzübertritte stattfinden.

Wir wollen hier nur die Gesichtspunkte der Psychotherapie als systematisiertes Handeln darstellen, die für die Psychiatrie bedeutsam sind.

I. *Psychotherapeutische Haltung*

Beispiel: Eine Patientin beginnt ihre erste Stunde Psychotherapie damit, daß sie die Psychotherapeutin fragt, ob sie der Meinung sei, daß die Therapie auch helfe. Auf die Frage der Psychotherapeutin, was sie denn erwarte, sagt die Frau, sie habe jetzt schon eine ganze Reihe von Therapien ausprobiert, habe Gruppentherapie, Psychoanalyse und Verhaltenstherapie versucht, habe Selbsterfahrung betrieben, und keine dieser Methoden habe ihr geholfen, so daß sie jetzt nicht glauben kann, daß eine neue Methode „ihr etwas bringen" kann.

Einmal sagt die Frau etwas über sich aus, z. B. daß sie bisher keinen der Versuche, an sie heranzukommen, an sich herangelassen hat. Zum anderen wird jede Psychotherapie häufig als etwas wahrgenommen, das doch Hilfe *„bringen" muß.* Wenn dann eine Methode versagt hat, wird die nächste versucht und die nächste, immer mit der Erwartung, daß eine Methode doch endlich mal besser sein muß als die andere, und mit der Erwartung, daß es eine „wahre" Methode geben muß.

Übung: Was würden Sie *erwarten,* wenn Sie sich zu einer Psychotherapie entschlossen hätten?

1. Was ist ein Psychotherapeut?

Was charakterisiert einen Psychotherapeuten? (Wie ist Ihre Erwartung?) Ältere erfahrene Psychotherapeuten unterschiedlicher Schulen werden sich über die Jahre in ihrer Arbeit ähnlicher. Jüngere Therapeuten entsprechen in ihren Handlungen mehr dem, was die Schule, in der sie gelernt haben, von ihnen erwartet. Wenn Psychotherapeuten sich im Handeln ähnlicher werden, so ist das ein Zeichen dafür, daß sie trotz behaupteter Unterschiede Gemeinsames im Handeln haben: Was kann das sein?

– Alle Psychotherapeuten legen *viel Wert auf die Güte der therapeutischen Beziehung, d. h. auf Toleranz, Verständnis, Respekt, Interesse, Anteilnahme, Beständigkeit, Reife und Takt;* zusammengefaßt: Psychotherapeuten handeln wie „gute Eltern", „ein guter Freund", „anständige Menschen". Sie unterscheiden sich von „anständigen Menschen" jedoch durch die Systematik, die Kontrolle und damit Disziplin ihrer Ausbildung und ihres Vorgehens. Dies hat einen Sinn:

Früher waren Tante Minna oder Onkel Franz die „anständigen Menschen", an die man sich in der Hilflosigkeit gewandt hat. Sie waren jedoch bekannt und standen unter unmittelbarer Kontrolle der Familie. Dies oder jenes konnte als Marotte abgetan werden, da lächelte die ganze Verwandtschaft drüber; aber bei bestimmten Äußerungen konnte unbedingt vertraut werden.

Diese unmittelbare Kontrolle ist wegen der Professionalisierung und der damit verknüpften Anonymität der helfenden Personen nicht mehr möglich. Als Patient hat man jetzt zwei Möglichkeiten der Kontrolle: entweder man fragt überall rum, ob dieser oder jener ein guter Psychotherapeut sei, oder man überprüft, welcher Schule er entstammt und ob man mit den Grundlagen dieser Schule übereinstimmen kann. Damit dient die Lehre, die der Therapeut vertritt, nicht nur dazu, den Patienten auf bestimmte Äußerungen festzulegen, sondern es ergibt sich tatsächlich für den Patienten die Möglichkeit einer Überprüfung.

— Alle Psychotherapeuten beeinflussen Patienten mit Mitteln, die auch in Propaganda und anderen Bereichen sozialpsychologischer und pädagogischer Einflußnahme angewendet werden. Wichtig ist, daß jeder Psychotherapeut sich seiner manipulierenden Anteile bewußt ist. Darin ist das Zusammenwirken (Kovarianz) von Theorie und Mittel der Einflußnahme und die Wirkung des daraus resultierenden Handelns zu beobachten. Die zur Anwendung gelangenden Mittel sind:

a) *Suggestion:* Alle Situationen der Hilflosigkeit führen dazu, daß ich anfällig werde für beschwörende, rationale wie irrationale, „Signale" aus der Umwelt, von denen ich eine Verminderung meiner Hilflosigkeit, Angst, Unsicherheit bzw. eine Strukturierung erhoffe. b) Der Patient wird angeregt, *offen, echt, er selbst, ehrlich* zu sein und sich selbst zu überprüfen. c) Er wird auf zerstörerische Haltungen in seinen Beziehungen zu sich und Anderen, auf Wünsche und Phantasien und auf verzerrte Vorstellungen hingewiesen: *Konfrontation* bzw. *Interpretation.* d) Er soll sein Leben nach Gesichtspunkten der *Selbststeuerung, Selbstkontrolle* und *Selbstverantwortung* leben, wahrnehmen und interpretieren lernen. e) Durch ihre Art des Handelns und des Anregens von Handlungen sind Psychotherapeuten beispielgebend *(Lernen am Modell).* f) Die *Wertskala* von Patienten bzw. ihre subjektiven Belohnungen und Bestrafungen werden überprüft und neubestimmt. g) Psychotherapeuten versuchen auch, durch *Informationen* Änderung herbeizuführen, wenn auch selten.

— Wenn gesagt wird, daß Patienten bereit und in der Lage sein müssen, aus den Erlebnissen der Psychotherapie zu lernen, so ist das im Durchschnitt richtig. An den Grenzen verwischt die Aussage eher als sie hilft: Einem Verurteilten sagt man, daß er zur Psychotherapie bereit sein muß, daß er nicht dazu verurteilt werden darf. Bei einem depressiven, manischen oder schizophrenen Patienten: was heißt da „bereit und in der Lage?" Umgekehrt gilt: daß auch der Psychotherapeut bereit und in der Lage sein muß, mit den Patienten eine tragfähige, vielleicht jahrewährende Beziehung einzugehen. Es gibt Psychotherapeuten, die geschulter sind, lang anhaltende Beziehungen einzugehen, während andere gerade aus der Kürze der Beziehung die Bestätigung ihrer Funktionstüchtigkeit holen. Es ist gesichert, daß Patienten mit hohen Angst- und Depressionswerten zu Beginn einer Psychotherapie mit großer Wahrscheinlichkeit etwas von der Psychotherapie haben. Starke gefühlsmäßige Erschütterungen auf seiten des Patienten sind also für eine Psychotherapie prognostisch günstiger. Gleichzeitig lautet aber die entsprechende Bedingung auf Seiten des Therapeuten: es ist leichter, einen Menschen, der unter seiner „Unvernunft" leidet, zur Vernunft zu führen (auch ist es normaler), als jemanden, der schon vernünftig ist, noch vernünftiger zu machen, oder – was leider sehr oft als Möglichkeit übersehen wird – zu größerer Unvernünftigkeit zu helfen.

2. Selbst- und Menschenbild des Psychotherapeuten

Alle Ausbilder von Psychotherapeuten finden es wichtig, die zu lernende Methode an sich selbst zu erproben: Man macht eine Lehranalyse, Selbstfahrung oder modifiziert nach den Regeln der Verhaltensmodifikation irgendein – unerwünschtes – Verhalten von sich. Diese Anwendung auf sich selbst begünstigt nicht nur das Lernen und eine größere Überzeugung (Identität), sondern gibt auch Einsicht darein, was man mit dem Anderen macht. Zur Selbstwahrnehmung gehört auch, die Bedingungen zu kennen, unter denen ich selbst lerne und unter die ich die Patienten stellen werde; natürlich auch, was es mir bedeutet, psychotherapeutisch tätig zu sein.

Beispiel: Für mich heißt psychotherapeutisch tätig sein nur zu einem Teil, daß ich Menschen helfen kann, aus leidvollen Situationen herauszufinden, zufriedener zu werden und mit ihrer Zufriedenheit ihr Leben auszuweiten. Neben dem Hilfsaspekt steht, daß ich in Psychotherapien gleichzeitig meine Möglichkeiten der Einflußnahme erfahren kann. Ich erfahre sie als Originalität, als Anwendung von Regeln, auch darin, wie wenig nötig ist, um dem Anderen viel möglich zu machen; ich erfahre sie als Disziplin oder auch als Ungehorsam gegenüber der Schulmeinung. Dann ist Psychotherapie für mich eine Risikosituation: es muß klappen. Endlich ist Psychotherapie für mich auch eine Lernmöglichkeit, tolerant und geduldig zu werden.

Zur Selbstwahrnehmung gehört weiter die Wahrnehmung des Menschenbildes, nach dem ich handele. Von Erich Fromm stammt das Zitat: „Die Analyse war und ist sehr kostspielig und deshalb immer nur für eine bestimmte Klasse greifbar gewesen, das ist ihr Hauptnachteil. Aber es ist nicht nur das. Die Analyse entspricht einfach nicht mehr dem Geist unserer Zeit – dem industriellen Geist. Sie widerspricht der industriellen Methode, . . . die fragt: wie ist das Verhältnis zwischen Kosten und Effekt . . . Freud hatte die geniale Idee zu sagen, es lohnt sich, mit einem Menschen unzählige Stunden zu sprechen – weil ein einziger Mensch so wichtig ist! Der heutigen Gesellschaft und ihrer Auffassung klingt das lächerlich – das sind handwerkliche Prinzipien und keine industriellen Prinzipien und sowohl die Professionellen wie die Kunden wehren sich dagegen – das ganze System ist veraltet. Heute arbeitet man industriell, d. h. möglichst schnell und effizient. Wie kann man mit den geringsten Mitteln den größten Erfolg erzielen. Das hat den wesentlichen ökonomischen Vorteil, daß man damit mehr Patienten erfassen kann, wenn man billigere und raschere Methoden anbieten kann, dann erweitert man den Patientenkreis ungeheuer" . . . In diesem Zitat sind einige Kriterien enthalten, anhand derer ich überprüfen kann, welches Bild vom Menschen in das psychotherapeutische Verfahren einfließt, das ich bevorzuge, das der Patient, das mein Kollege bevorzugen: Wie wertvoll ist mir der Mensch? Welches Gewicht lege ich ökonomischen Gesichtspunkten bei? Arbeite ich in Serie oder von Fall zu Fall? Was entspricht unserer Zeit? Wo enthält die eine Methode Elemente der Kritik für eine andere?

Dabei ergibt sich als weiteres Kriterium für die Selbstwahrnehmung die Frage: Wer sind eigentlich die Empfänger psychotherapeutischer Bemühungen? Viele Untersuchungen haben gezeigt, daß bevorzugt die gesünderen, besser zahlenden, intelligenteren, sprachlich gewandteren, neurotischeren und jüngeren Angehörigen der Mittelschicht Psychotherapie wollen und erhalten. Welchen Zusammenhang hat das mit der Selbstwahrnehmung der Psychotherapeuten?

– Es lohnt sich mehr, mit Jüngeren zu arbeiten, denn sie haben noch länger zu leben. Nach 40 können sich Menschen doch nicht mehr ändern. Nun wenden sich zunehmend Psychotherapeuten alternden und alten Menschen zu. Grundlage dafür war nicht nur die Wahrnehmung der Hilflosigkeit der alten Menschen, sondern auch die sich in der Wissenschaft allmählich durchsetzende Ansicht, daß der Mensch auch nach dem 45. Lebensjahr noch lernfähig ist. Psychotherapeuten sind also auch abhängig vom jeweiligen Stand der psychologischen Wissenschaft.

– Psychotherapeuten aller Richtungen bemühen sich gegenwärtig aktiv, ihr Können nicht nur neurotischen, sondern auch psychotischen Patienten zur Verfügung zu stellen. Jedoch ist das Arbeiten mühsamer, langwieriger und oft nicht in dem Sinne erfolgreich, daß das in der Theorie enthaltene Ziel erreicht werden kann. In der Wettkampfsituation, in der sich viele Psychotherapeuten befinden, ist der Rückzug auf den erfolgversprechenden Patienten naheliegend.

– Seit Ende der 60er Jahre gibt es Ansätze, Psychotherapie über die Mittelschicht hinaus anzuwenden. Über Linguistik und politische Programme der „Chancengleichheit" fühlen sich viele, vor allem jüngere Psychotherapeuten ermutigt, Psychotherapie in Obdachlosenasylen mit sogenannten „Randständigen", auch mit Unterschicht-Patienten in Institutionen durchzuführen. Inzwischen spricht man nicht mehr soviel davon. Der Psychotherapeut, der mit Randständigen und Unterschicht-Patienten arbeitet, läuft Gefahr, sich meilenweit von seinen wissenschaftlichen, an Universitätskliniken oder in Praxen arbeitenden niedergelassenen Kollegen zu entfernen. Untersuchungen in den nächsten Jahren werde zeigen, inwieweit die Psychotherapeuten-Generation, die sich unter dem Gesichtspunkt der Chancengleichheit hat herausfordern lassen, standgehalten hat.

– Mit der Verbreitung der Verhaltenstherapie war zunächst das Versprechen verknüpft, daß auch weniger begabte Menschen Psychotherapie erhalten können. Allmählich setzte sich jedoch die Ansicht durch, daß das Vorhandensein einer ganzen Reihe von sozialen Fertigkeiten, die an die Intelligenz gebunden sind, für erfolgreichere Psychotherapien spricht. Zum Teil ist das auf mangelnde Grundlagenforschung im Bereich der Lerntheorie zurückzuführen: Differentielle Gesichtspunkte (welche Bestärker wirken wie bei wem) sind wenig erforscht. Das gleiche gilt auch für andere psychotherapeutische Verfahren. Da ein Sog zum praktischen Handeln einsetzte, gibt es in der Forschung zwar praxisbegleitende Untersuchungen, aber nicht ausreichende Grundlagenforschung.

– Da für angestellte Psychotherapeuten das Geldverdienen geregelt ist, haben bei ihnen ärmere Patienten eher eine Chance. Es hat sich gezeigt, daß besser zahlende Patienten länger in ambulanter Therapie sind, und zwar nicht in Abhängigkeit von der Schwere ihrer Erkrankung. Und es ist eine Binsenweisheit, daß in den Einrichtungen, die Patienten nicht weiterschieben können, a. mehr arme Menschen sind und b. Psychotherapie so gut wie nicht vorkommt. Es besteht nicht nur für die Bevölkerung insgesamt eine psychotherapeutische Unterversorgung, sondern diese kommt in den ärmeren Bevölkerungsgruppen auch deutlicher zum Ausdruck.

– Zur Selbstwahrnehmung gehört schließlich, den Wahrnehmungsfilter kennenzulernen, der durch die jeweilige Technik gegeben ist. Dies wird z. B. deutlich, wenn man lernende Gesprächspsychotherapeuten hört, wie schwer sie sich mit Träumen oder Kindheitserlebnissen tun, oder wenn man sich anguckt, wieviele Bücher die Auseinandersetzung zwischen Analytikern und anderen Psychotherapeuten füllen, wo es um den Streit geht, ob es z. B. so etwas wie Übertragung gibt oder nicht. Statt solche Auseinandersetzungen zum Mittel der Selbstwahrnehmung, d. h. auch der Selbstkritik und damit der Befreiung zu machen, werden sie eher als Kampfmittel gegen den Psychotherapeuten der anderen Schule, gegen den ich mich abgrenzen muß, mißbraucht.

3. Möglichkeiten und Grenzen der Techniken

Es gilt, die Grenzen wahrzunehmen, und zwar die *der Methode und die eigenen*. Dabei ist Einsicht in das technisch Machbare verlangt, aber auch in das, was *ich* zu machen mir zutraue. Mit der Entwicklung von psychotherapeutischen Techniken ist der Gedanke des Machbaren in der Psychiatrie stärker geworden. Neben die medikamentöse Kontrolle hat sich die psychotherapeutische Kontrolle gestellt. Dabei gehört es zur Vollständigkeit der Wahrnehmung einerseits, auch dort noch Machbares anzunehmen, wo es von Anderen (als Schulmeinung) ausgeschlossen wird. Wenn es also irgendwo heißt, daß man sich in eine Schizophrenie nicht einfühlen kann, so sollte dies einem nicht nur Grenze sein, vielmehr auch Herausforderung. Zur Wahrnehmung einer Grenze gehört es andererseits aber auch, dort, wo ich scheitere, mich überfordert fühle, nicht fahrlässig herumzupfuschen, sondern den Patienten an jemanden zu verweisen, der sich selbst traut, oder mich in das Nicht-Machbare zu fügen. Wenn ich psychotherapeutisch tätig bin, muß ich zum einen an die Wirksamkeit der Psychotherapie glauben, darf auf der anderen Seite jedoch nicht übersehen, daß der Patient gleichzeitig zahlreichen anderen Einflüssen unterliegt. Sicher kann zu einer Zeit die Psychotherapie die größte Rolle im Leben eines Menschen spielen. Gleichzeitig kann jedoch ein Liebeserlebnis oder ein Trauerfall, ein Arbeitsplatzwechsel oder ein Umzug, auch das Finden einer Gemeinschaft, in der er sich wohlfühlt, sei es eine religiöse oder eine sportliche, eine so große Bedeutung für das Leben eines Patienten erlangen, daß die Psychotherapie zur Bedeutungslosigkeit gerinnt. Das ist nicht schlimm, häufig aber für die Selbstwahrnehmung von Psychotherapeuten kränkend.

Der Patient und ich handeln auch nicht isoliert, sondern wir sind beide durch die zeitlichen und örtlichen Lebensbedingungen beeinflußt; d. h. vollständig nehme ich nur wahr, wenn ich z. B. mit jemandem, der arbeitslos ist und darunter leidet, nicht Psychotherapie gegen sein Leiden mache, sondern ihn fördere, einen Arbeitsplatz zu finden. Also: Menschen nicht nur als „psychotherapierbare Wesen" wahrnehmen, sondern als Leute, die auch noch andere Bezugspunkte haben.

Weiter haben uns Familientherapie, Gruppentherapie, Partnertherapie vollständiger wahrnehmen lassen, daß nicht nur der einzelne Mensch, sondern auch ein System von Menschen unser Patient sein kann. Schließlich gehört auch die Einheit von Körper und Seele zur vollständigen Wahrnehmung. Zwar will ich die Seele beeinflussen, jedoch zeigt sich das Gefühl von Besserung beim Patienten immer auch darin, daß er entspannter sein kann, sein Herz ruhiger schlägt, sein Magen nicht nervös reagiert, er nicht immer zittern muß, seine Kopfschmerzen zurückgehen. D. h. Psychotherapie muß immer auf die körperlich-seelische Einheit wirken, Besserung wird nicht nur seelisch, sondern immer auch durch den Körper erfahrbar sein.

4. Psychotherapie = Normalisierung

Was ist das Therapeutische an Psychotherapie? Eine mögliche Antwort: der Patient und ich haben zu sehen, was für ihn bzw. für uns normal ist, sowie fähig zu werden, danach zu handeln.

Beispiel: Ein Patient kommt zur Psychotherapie und sagt: „Hier fühl ich mich immer so wohl, hier brauch ich gar keine Angst zu haben und auch meine Stimme versagt nicht". Darauf der Psychotherapeut: „Was unterscheidet diese Situation von anderen Situationen in Ihrem Leben?" Patient: „Hier ist weniger Druck, hier ist weniger Hektik, ich fühle mich hier nicht beobachtet und nicht gejagt, eigentlich habe ich hier das Gefühl, ich kann ganz *normal* sein, *so wie ich bin*".

Damit wird deutlich, daß das Normale nicht das Normgerechte ist, sondern das, was in dem Patienten das Gefühl aufkommen läßt, so zu sein, wie er ist.

Dieses Beispiel läßt sich auch auf die Seite des Therapeuten übertragen. Es gibt Handlungen, die in einer psychotherapeutischen Beziehung weniger vorkommen als in den nicht-therapeutischen Zeiten eines Psychotherapeuten, z. B. aggressives Handeln, Zurückweisungen, Nicht-verstehen-wollen. Anfänger-Psychotherapeuten haben manchmal die Neigung, alles und jedes zu psychotherapieren und damit diesem Anteil von sich eine übermäßige Bedeutung beizumessen. Auch ist zu beobachten, daß viele Psychotherapeuten immer neue psychotherapeutische Techniken erlernen, nicht mit dem Ziel, sich zu finden, denn das könnten sie auch, wenn sie verharrten, sondern mit dem Ziel, dem Effizienzanspruch und dem Anspruch des Marktes gerecht zu werden. Auch hierin liegt eine Überbewertung psychotherapeutischen Handelns. Normalisiert ist meine Beziehung zur Psychotherapie dann, wenn ich Psychotherapie als einen Teil von mir entdecke, gleichzeitig aber die Haltung, die ich anstrebe, auch in andere Bereiche meines Handelns einfließen lasse, und wenn ich mich in meinem systematischen und unsystematischen Handeln gleichwertig akzeptieren kann.

Normalisierung heißt auch, daß ich mich als jemand wahrnehme, zu dem Menschen vorübergehend in enge Beziehung treten, wo aber das Vorübergehende von vornherein ein Element der Beziehung ist.

II. *Psychotherapeutische Techniken*

Wir stellen nur solche psychotherapeutischen Techniken dar, die über lange Zeit in der Psychotherapie angewendet worden sind bzw. deren Wirksamkeit wissenschaftlich nachgewiesen ist.

1. Klientenzentrierte Gesprächspsychotherapie (GT)

1942 wurde die GT von dem amerikanischen Psychologen Carl Rogers begründet. Seither ist in zahlreichen Untersuchungen der Nachweis ihrer Wirksamkeit erbracht worden. Rogers hat in seiner ersten Veröffentlichung nicht nur beschrieben, wie er sich die psychotherapeutischen Gespräche vorstellte, sondern auch deutlich gemacht, was GT nicht sein sollte: interpretative Psychotherapie und Beratung. Für die GT galt und gilt, daß die in ihrem Namen Handelnden einem Prozeß unterliegen, d. h. daß trotz zahlreicher Verführungsversuche und trotz heftiger Kritik weder für die einzelne therapeutische Begegnung noch für Handlungsanweisungen ein geschlossenes System, eine gefügte Theorie formuliert bzw. den Handelnden übergestülpt wurde. Kontrolle bezieht sich auf den *Rahmen der Handlung:* Die Vorstellung des Prozesses, des Werdens und Wachsens, des Geschehens und damit eines *offenen* Systems, ist grundlegende Voraussetzung für die GT.

Die zentrale Frage, die von Rogers bearbeitet wurde, war und ist bis heute die nach der Aufgabe des Psychotherapeuten. Die erste Position betonte die größtmögliche Objektivität und Zurückhaltung des Psychotherapeuten. Dies zur Abgrenzung gegen die Position des Ratgebers, der aufgrund seiner Erfahrung, d. h. subjektiv tätig ist. Die Autonomie des Klienten war von vornherein ein hoher Wert. Untersuchungen am Anfang der GT erbrachten den Nachweis, daß der Gesprächspsychotherapeut nur ein Drittel der im Verlauf einer Sitzung gesprochenen Wörter sprach, während in einem Beratungsgespräch der Ratsuchende wenig zu Wort kam. In der weiteren Entwicklung der GT wurde von der strengen Forderung nach Objektivität und Zurückhaltung zugunsten größeren Engagements abgewichen. Die Erwägung, daß eine für den Psychotherapeuten zu stark strukturierte Situation nicht gleichzeitig den Patienten befreien könnte, führte in die zweite Entwicklungsphase der GT.

Während die erste Phase vorwiegend unter dem Kennwort *„nicht-direktiv"* stand, steht die nachfolgende Phase vor allem unter dem Kennwort *„klientenzentriert"*. Diese Phase dauert an. Der Begriff „klientenzentriert" beschreibt viel akurater, daß der Inhalt psychotherapeutischer Gespräche die *unmittelbare Erfahrungswelt* des Klienten zu sein hat. Es ist hervorzuheben, daß klientenzentriert hier nicht als Wertbegriff gebraucht ist (schließlich ist ja alle Therapie patientenzentriert), sondern daß sich in dieser Methode das Bemühen auf die Veränderung des inneren Bezugsrahmens des Klienten richtet: Es ist *die Aufgabe des Psychotherapeuten, soweit wie möglich den inneren Bezugsrahmen des Klienten wahrzunehmen und anzunehmen, die Welt so zu sehen, wie der Klient sie sieht, den Klienten so zu sehen, wie er selbst sich sieht, alle Wahrnehmungen, die unter dem Gesichtspunkt eines äußeren Bezugsrahmens gemacht werden, zur Seite zu stellen und darüber hinaus dem Klienten etwas von diesem einfühlenden Verständnis mitzuteilen.* (Um die stärkere Betonung der Selbständigkeit des Menschen zu beschreiben, wurde der Name „Klient" von Rogers dem Namen „Patient" entgegengesetzt.) Die stärkere Hervorhebung des klientenzentrierten Vorgehens, brachte während der zweiten Phase die Formulierung einer Persönlichkeitstheorie mit sich. Diese Theorie sollte es ermöglichen, die Persönlichkeitsveränderung, die im Laufe der Psychotherapie geschieht, zu verstehen. Die klientenzentrierte Persönlichkeitstheorie befaßt sich damit, wie sich das Selbst entwickelt. Der Theorie zufolge entwickelt das Individuum aufgrund seiner Erfahrungen ein relativ stabiles und überdauerndes Gerippe von selbstbetreffenden Einstellungen. Diese Struktur wird Selbstkonzept genannt. Selbstkonzept ist nicht gleich mit Selbstbeschreibung, sondern auch Antriebskraft und Gestaltungskraft für das Handeln eines Individuums. Jemand, der sich selbst erfahren und akzeptieren und der seine Erfahrungen und Selbsterfahrungen seinem Selbstkonzept zuordnen kann, ist als gesunde Person zu bezeichnen. Gestört ist jemand, der sein Selbstkonzept durch Auswahl bestimmter Erfahrungen und durch Verleugnung anderer erhalten hat. Diese Person hat im Verlauf ihrer Entwicklung gelernt, daß bestimmte Wahrnehmungen und Erfahrungen „gefährlich" für das Handeln sein können. Sie erhalten keinen Platz im Selbstkonzept, sondern werden geleugnet, dadurch entsteht der sogenannte Konflikt: der Kampf, die Person intakt, handlungsfähig zu erhalten, dafür aber einen Teil seiner selbst durch Verleugnung aufzugeben. Eine Konsequenz einer solchen Entwicklung wäre Spannung und Angst; eine zweite, in gleicher Weise beeinträchtigend: die Person lernt, sich selbst und den eigenen Erfahrungen als Maßstab für Handlungen zu mißtrauen. Die Alternative besteht darin, sich abhängig zu machen, d. h. in der Umwelt Hinweise zu finden, die als sicher bewertet werden.

Daraus ergibt sich für das Handeln des Psychotherapeuten: Er hat zunächst dem Klienten zu helfen, die integrativen Fähigkeiten, die durch die Entwicklung gestört sind, zu entfalten. Er muß eine Atmosphäre herstellen, in der der Klient seine geleugneten Gefühle sehen und ertragen lernen kann *(Wahrnehmen)*. Unter der Voraussetzung einer solchermaßen sicheren Atmosphäre kann der Klient Seiten an sich entdecken und erfahren, die vorher zu schmerzhaft für das Selbstkonzept waren. Der Klient lernt, sich selbst zu entdecken. Dieser Vorgang des Sichselbstentdeckens wird mit dem Begriff *Selbstexploration* gemeint. Dabei ist ein hohes Maß von Selbstentdeckung dann möglich, wenn der Klient überwiegend von seinen Gefühlen berichtet, wobei ein Ansatz zu bemerken sein muß, daß er bemüht ist, seine Gefühle tiefer zu klären, etwa, sie in Zusammenhängen zu sehen, sich zu fragen, woher gewisse Einstellungen kommen und ähnliches. Der Psychotherapeut kann dadurch hilfreich sein, daß er diese vorsichtig geäußerten Gefühle versteht, wobei dieses Verständnis in der phänomenalen Welt des Klienten wurzelt. Drei grundlegende Bedingungen des Psychotherapeuten-Handelns sind: a) einfühlendes Verständnis, b) positive Wertschätzung und emotionale Wärme des Psychotherapeuten für den Klienten und c) Echtheit und Kongruenz des Psychotherapeuten. Die Bedingungen Einfühlendes Verständnis und Positive Wertschätzung sind innerhalb des GT-Konzeptes, historisch gesehen, die vertrauteren. Das Konzept der Echtheit bzw. Kongruenz des Psychotherapeuten ist das umstrittenste.

Zu a): Wie gut der Psychotherapeut in der Lage ist, *einfühlendes Verständnis* zu zeigen, zeigt sich an der Verbalisierung persönlich-emotionaler Erlebnisinhalte des Klienten durch den Psychotherapeuten: er äußert sprachlich die persönlich-emotionalen Inhalte des Erlebens des Klienten, wie sie vom Klienten in der unmittelbar vorhergehenden Äußerung ausgedrückt wurden. Mit persönlich-emotionalen Inhalten des Erlebens sind gemeint: Gefühle, gefühlsmäßige Bewertungen von Ereignissen, Wünsche, Interessen, Erleben der eigenen Person und Erleben der Wirkung der eigenen Person auf Andere. Mit anderen Worten: Der Psychotherapeut sucht die innere Welt des Klienten mit ihren Bedeutungen und Gefühlen, wie Verwirrung, Furcht, Freude, so, wie der Klient sie erlebt, wahrzunehmen und zu verstehen, so, als ob er sie selber erleben würde (jedoch ohne diese Verwirrung, Furcht oder Freude selber zu empfinden); und er teilt diese dem Klienten in angemessenem sprachlichen Ausdruck mit. Wenn der Psychotherapeut so handelt, besteht die Auswirkung darin, daß die Selbstexploration des Klienten sich vertieft.

Zu b): *Positive Wertschätzung und emotionale Wärme* lassen sich folgendermaßen beschreiben: die Wertschätzung einer Person soll nicht an Bedingungen gebunden sein. Sie ist dann in hohem Maße vorhanden, wenn der Psychotherapeut mit Wärme das, was der Klient erlebt und äußert, akzeptiert, ohne die Akzeptierung und Wärme von Bedingungen abhängig zu machen. Ein niedriges Ausmaß liegt vor, wenn der Psychotherapeut den Klienten oder dessen Gefühle wertet, Abneigung oder Mißbilligung ausdrückt oder Wertschätzung und Wärme in selektiver, bewertender Weise äußert. Die Forderung geht also dahin, ohne Zorn und Eifer zugewandt sein zu können, eine tiefe Achtung vor dem Klienten als einer Person von Wert und vor seinen Rechten als freies Individuum zu haben. Hierbei ist der Klient frei, er selbst zu sein, auch wenn das bedeutet, daß er in der Psychotherapie Rückschritte macht, Verteidigungshaltungen zeigt, den Psychotherapeuten nicht mag oder ablehnt. Wenn der Psychotherapeut so handeln kann, wirkt sich das vor allem in einer Verminderung der Ängste des Klienten aus: der Klient wird fähiger, bereitwillig seine Probleme darzustellen.

Zu c): *Echtheit und Kongruenz:* Der Psychotherapeut kann in der therapeutischen Beziehung in freier Weise er selbst sein, er ist offen für Erfahrungen und Gefühle aller Art, sowohl erfreulicher wie verletzender Natur, ohne sich verteidigen oder sich in seine Berufsrolle zurückziehen zu müssen. Es ist wichtig, daß der Psychotherapeut sich nach Möglichkeit zu jeder Zeit nach seinen eigenen subjektiven Bedeutungen und Gefühlen fragen kann; jedoch ist es nicht nötig, daß er persönliche Gefühle ausdrückt. Entscheidend für die Echtheit ist, daß die Äußerungen, die der Psychotherapeut macht, mit seinem inneren Erleben zusammenfallen. Kann der Psychotherapeut diesen Aspekt des Handelns verwirklichen, so kann der Klient sich wirklich von ihm angenommen und verstanden fühlen. Darüber hinaus hat auch die Echtheit des Psychotherapeuten einen Modelleffekt für den Klienten: er kann lernen, sich angstfreier selbst zu entdecken und seine unmittelbaren Gefühle und Selbsterfahrungen zu äußern.

Die beiden letzten therapeutischen Bedingungen sind schwer zu lernen. Daher ist es nicht erstaunlich, daß das Training am technischsten und ausgefeiltesten für die ersten Bedingungen ist und daß junge Psychotherapeuten häufig auf das Erlernen anderer Aspekte des Handelns, wie aktive Anteilnahme am Klienten, entspanntes, angstfreies Handeln des Therapeuten, Konkretheit der Äußerungen, Ermutigung neuer Betrachtungsweisen ausweichen, statt sich um die Einübung von positiver Wertschätzung und Echtheit zu bemühen.

Bewertung: In der GT findet eine Systematisierung dessen statt, was eingangs als psychotherapeutische Grundhaltung, die allen Psychotherapien eigen ist, beschrieben wurde. Kennzeichnend für die GT ist zudem das konzentrierte Wahrnehmen der Gefühle als subjektive Wahrheit eines Menschen und deren Klärung, was ihm helfen kann herauszufinden, was die Welt für ihn subjektiv bedeuten kann und soll.

Klientenzentrierte Psychotherapeuten sind oft kritisch gefragt worden, wie sie vom Wahr*nehmen* zum Wahr*machen* von Änderung kommen, wo doch das therapeutische Geschehen auf das Gespräch ausgerichtet ist. Dem ist zum einen zu antworten, daß in jedem Wahrnehmen ein Handlungsansatz bereits enthalten ist, denn sonst ist nicht *wahr*genommen worden; zum anderen ist der Rahmen des psychotherapeutischen Geschehens so gesteckt, daß hohe Selbstexploration nicht nur das Nachdenken über neue Möglichkeiten, sondern auch die Beschreibung von erlebten Gefühlen beim Ausprobieren neuer Handlungen umfaßt, daß ferner ein hohes Maß an Verbalisierung emotionaler Erlebnisinhalte auch den Aspekt des neuentdeckten Handelns umfaßt. Von daher haben Psychotherapeuten und Klienten die Möglichkeit, innerhalb des Bezugsrahmens der GT vom Wahrnehmen zum Wahrmachen zu gelangen.

2. Psychoanalyse

Psychoanalyse heißt wörtlich Seelenzergliederung. Es geht darum, Handlungen, Äußerungen, die sich in Symptomen zusammengeballt haben, Konflikte, die entweder psychisch oder psychosomatisch gebunden werden, dahingehend zu zergliedern, welche frühkindliche Störung der sexuellen Entwicklung sich wie verfestigt hat. Unter Sexualität (Libido, Psychosexualität) sind weitgefaßt alle deutlich positiven Körper- und Handlungsgefühle gemeint, d. h. die Lust und der spürbare

Wunsch oder Drang zum körperlich-sinnlichen Lustgewinn. Die Psychoanalyse wurde ab etwa 1895 von dem Wiener Psychiater Sigmund Freud gegründet und von vielen seiner Schüler weiterentwickelt oder abgewandelt. Als Abwandlung ließe sich Adlers Individualpsychologie oder Jungs komplexe Psychologie bezeichnen. Auf der Grenze zwischen Abwandlung und Weiterentwicklung ließe sich die Neo-analytische Schule, die zur Entwicklung der Ich-Psychologie beigetragen hat, einordnen: hierher gehören etwa Hartmann, Fromm, Horney und Sullivan.

Im psychoanalytischen Verständnis werden neurotisches Handeln und andere Störungen aus unbewußten psychischen Zusammenhängen hergeleitet, z. B. aus Konflikten, Komplexen, Fixierungen, Gehemmtheiten – und zwar als deren Wiederkehr oder pervertierter Ausdruck, als Ersatz oder Kompromiß mit anderen Regungen oder als Preis für eine Vermeidung. Z. B. kann ein *Konflikt* entstehen, wenn meine libidinösen Anteile unmittelbar auf Befriedigung drängen, in meiner Umgebung (Realitätsprinzip) aber keine Möglichkeiten zur Bedürfnisbefriedigung gegeben sind, so daß eine Aufschiebung nötig wird. *Komplexe* sind Ergebnis psychischer Traumen (Verletzungen): tabuierte und stark affektiv besetzte Erlebnisinhalte, wie die Liebe zum gegengeschlechtlichen Elternteil werden verdrängt und bilden im Unbewußten Komplexe, die zumeist in symbolisierter Form wieder auftauchen: z. B. kann ein Schuldkomplex im depressiven Handeln später wieder auftauchen. In Kap. 4 wurden bereits die *Abwehrmechanismen* dargestellt. Es werden z. B. unerwünschte Sexualimpulse verdrängt, bedrohliche Erfahrungen abgespalten oder gefährliche aggressive Impulse in ihr Gegenteil verkehrt. Der Psychoanalyse verdanken wir die Theorie der *Triebentwicklung*, besonders der Schwierigkeiten der Sexual- und Aggressionsentwicklung. Dabei spielen die Komplikationen der frühkindlichen Entwicklung eine besondere Rolle. Die Beschreibung erfolgte in den Kapiteln 4 und 11. Endlich entwickelte die Psychoanalyse die Theorie der *psychischen Instanzen:* Es, Ich und Über-Ich. Das Ziel psychoanalytischer Bemühungen ist die Arbeits- und Genußfähigkeit von Patienten: wo Es war, soll Ich werden.

Die psychoanalytische Psychotherapie findet meist so statt, daß der Patient, vom Psychotherapeuten abgewendet, entspannt auf der Couch liegt. Er soll alles, was ihm in den Sinn kommt, auch Unwesentliches und Peinliches, unsortiert und unverfälscht aussprechen. Auch seine Träume und lebensgeschichtlichen Früherinnerungen soll er berichten und durch *freies Assoziieren*, also durch Äußerung spontaner, oft nur indirekt und ganz subjektiv dazugehöriger Einfälle, ergänzen (Verpflichtung auf die Grundregel). Durch diese Instruktion wird erreicht, daß die Orientierung am Realitätsprinzip allmählich nachläßt, so daß in diesem gelockerten Zustand bis dahin unbewußtes oder verdrängtes psychisches Material zum Ausdruck kommt und daß Gefühle, die früher anderen Personen (Eltern) galten, auf den Psychotherapeuten *übertragen* werden. Der Psychotherapeut nimmt durch *Deutungen* sprachlich Stellung, wobei er die beim Patienten als vorhanden angenommenen unbewußten Zusammenhänge bewußt zu machen versucht. Die Deutung gewinnt er aus einer Verknüpfung von dem vom Patienten gelieferten Material und der psychoanalytischen Theorie. Die Deutung ist Interpretation der

Äußerung des Patienten. Wegen ihrer beunruhigenden Wirkung lösen Deutungen bei dem Patienten oft *Widerstand* aus, wobei der Psychotherapeut durch die Aufforderung, den Widerstand zu bearbeiten, den Patienten langsam an die von ihm vermiedenen Erlebnisinhalte heranführt. Durch Interpretation und Widerstandsarbeit werden frühkindliche Fixierungen behoben, Fehlhaltungen aufgelöst und Wiederholungszwänge überflüssig gemacht. Gleichzeitig wird einsichtiges Lernen ermöglicht. Die Symptomatik verschwindet von selbst, wenn der zugrundeliegende Konflikt (Komplex) richtig und vollständig bearbeitet ist.

Ursprünglich ist die Psychoanalyse eine langwierige Technik, so daß nur wenige und privilegierte Menschen in den Genuß dieser Behandlung kamen (und kommen). Neuere Entwicklungen der analytischen Psychotherapie bemühen sich um die Anpassung der Methode an andere psychische Erkrankungen, an andere soziale Bedingungen (siehe z. B. die Bücher von Richter) und um einen strafferen und geplanteren Verlauf. Dazu ist es nötig, einen bestimmten Konflikt als Störherd (Focus), eine bestimmte umschriebene Fehlhaltung oder eine fehlentwickelte Teilstruktur zu erfassen und nur sie gezielt zu bearbeiten, während andere Aspekte der Persönlichkeit unberücksichtigt bleiben.

Bewertung: Gegen das psychoanalytische Vorgehen sind folgende Einwände vorgebracht worden: das zugrunde gelegte Menschenbild hat mechanistische, biologische und triebmythologische Komponenten. Es verpflichtet das Individuum zu sehr, seine Entwicklung unter dem Aspekt frühkindlicher Sexualität zu sehen. Die Dauer einer Psychoanalyse ist zu lang, d. h. zuwenig Patienten können davon profitieren (Effizienzkriterium). Das Hier und Jetzt wird zuwenig beachtet. Die Psychoanalyse ist eine eher auf das Individuum zentrierte Theorie, umgreift zuwenig Zusammenhänge zwischen Individuum und Gesellschaft. Zu bewundern ist, daß der Psychoanalytiker sich viel Zeit für den einzelnen Menschen nimmt, auch daß durch die Psychoanalyse die dynamischen Aspekte menschlichen Handelns betont werden, und sie vor allem zur Selbstwahrnehmung der im psychosozialen Bereich Handelnden entscheidend beiträgt (Balint-Gruppen). Psychoanalytiker drängen wenig auf Veränderung des Handelns, sondern fördern mehr die Einsicht in Zusammenhänge von Denken, Handeln und Fühlen. In der Abgeschiedenheit der psychotherapeutischen Zweiersituation wird die Alltagswirklichkeit eher als Störvariable angesehen, nicht aber als das Feld, in dem der Patient täglich mit den in der Therapie gewonnenen Einsichten umgehen muß. Handlungsfern empfehlen manche Psychoanalytiker ihren Patienten, während der Analyse keine wichtigen Änderungen in den Lebensbedingungen vorzunehmen. Zum Handeln eines Menschen besteht häufig eine zwiespältige Einstellung, weil die Unterscheidung zwischen Handeln und Agieren schwer ist.

Die Psychoanalyse kann als Verfahren entscheidend dabei helfen, Tabus aufzudecken.

3. Verhaltenstherapie (VT)

Ihr kommt in der Psychiatrie zunehmend Bedeutung zu.

Beispiel: Es stellt eine fast mutistisch-katatone Patientin dar, die seit 16 Jahren nur noch aß, wenn sie von einer Schwester in den Speisesaal geführt wurde, Teller, Besteck und Essen vorgesetzt bekam und man ihr gut zuredete. Gelegentlich ließ sie sich auch füttern. Diese Eßgewohnheiten sind eine erhebliche Belastung für die Station. Eine Beobachtungszeit legte die Vermutung nahe, daß die Eßschwierigkeiten der Patientin dadurch aufrechterhalten wurden, daß die Schwestern so handelten, wie sie handelten, nämlich die Patientin in den Saal führten, ihr das Essen zurichteten und sie gelegentlich fütterten (Aufrechterhalten des Problemverhaltens durch soziale Zuwendung). Dementsprechend wurden die Schwestern zunächst aufgefordert, die Patientin nicht mehr in den Saal zu führen, sie aber dann, wenn sie den Raum allein betreten hatte, genauso wie früher zu unterstützen. Diese Veränderung der Bedingungen führte dazu, daß die Patientin 4 Tage lang während der Mahlzeiten auf ihrem Stuhl sitzen blieb und nichts zu essen bekam. Allmählich näherte sie sich vom 5. Tag an dem gewünschten Verhalten, und man erreichte in 7 Wochen, daß die Patientin den Speisesaal ohne jede Hilfe aufsuchen konnte. Im nächsten Abschnitt des Programms sollten ihre Eßgewohnheiten im Speisesaal verändert werden. Entsprechend wurden die Schwestern wieder angehalten, ihr nichts vorzusetzen, sondern sie dann zu bekräftigen, wenn sie selbständige Handlungen unternahm. Holte die Kranke ihren Teller selbst, wurde sie mit einer Süßigkeit belohnt. Es gelang mit der Zeit, daß die Patientin selbständig essen und den Speisesaal pünktlich aufsuchen konnte. (Ayllon, 1960)

Verhaltenstherapeuten haben eine enge Beziehung zur Lernpsychologie, aber auch zur Sozialpsychologie, der Psychophysiologie u. a. Der Bezug zur Lernpsychologie ist folgendermaßen: a) Störungen (sowohl neurotische als psychotische) werden aufgefaßt als *unter Belastung erlernte Fehlverhaltensweisen.* Das Ausmaß und die Dauer ihres Fortbestehens hängen von denselben Bedingungen ab, wie es bei anderem erlernten Verhalten der Fall ist. Dies ist ein wichtiger Satz, der vor allem zur Diskussion des Krankheitsmodells führt. Er besagt, daß störendes Verhalten weder ein Symptom für zugrunde liegende Konflikt ist, noch eine vom Gesunden abweichende Krankheit, sondern ein in bestimmten Situationen erworbenes Handeln, das den gleichen Lerngesetzen wie anderes Handeln auch unterliegt. b) Wenn man, wie im obigen Beispiel ersichtlich, durch die *Verhaltensanalyse* herausfindet, durch welche Bedingungen Verhalten kontrolliert wird, lassen sich therapeutische Konsequenzen ableiten. Werden, auch wie im obigen Beispiel, die Umweltbedingungen geändert, die die Symptome aufrechterhalten bzw. ihre Einprägung fortsetzen, oder wird ein Umlernprozeß in Gang gesetzt, d. h. das Verlernen von Fehlverhalten und das Neulernen angepaßteren Verhaltens, wie im 2. Teil des Beispieles, so verschwinden die Symptome und somit die Neurose bzw. die Krankheit. c) Zur Klärung sowohl der Entstehung (Pathogenese) wie der Veränderung (Modifikation) werden Theoreme aus Lerntheorien herangezogen. Für die Neurosen*entstehung* in traumatisierenden Situationen werden mehr die Theorien aus der *klassischen* Konditionierung benutzt. (Gemeint ist das klassische Bedingen nach Pawlow: wird z. B. einem Tier unmittelbar vor der Futterverabreichung regelmäßig ein bestimmtes Signal geboten, so löst nach einer Reihe von Wiederholungen bereits das Signal allein eine Speichelsekretion aus. Übertragen heißt das: treten Schwindel, Schwitzen, Herzjagen und Kopfschmerz häufiger beim Überqueren von Straßen auf, so wird das Überqueren der Straßen allein, oft auch schon die Vorstellung der Überquerung von Straßen – Generalisierung – zum angstauslösenden Reiz). Zur Erklärung des *Überdauerns* von Neurosen werden vorrangig Theorien aus der *operanten* bzw. instrumentalen Konditionierungstheorie herangezogen (Skinner). Gemeint sind damit Gesetze, die das Lernen am Erfolg bzw. am Mißerfolg beschreiben, auch das Lernen am Modell bzw. am Erfolg oder Mißerfolg eines Modells.

Beispiel: Wenn ein Patient mit ausgeprägter Angst und Ekel vor Schmutz beobachtet, wie ein von ihm akzeptiertes Modell, z. B. eine Schwester mit Schmutz umgehen kann, ohne sich davor zu ekeln oder mögliche Konsequenzen zu fürchten, hat der Patient es leichter, sich eben auch ohne Angst und Ekel dem Schmutz anzunähern.

Die konditionierte reaktive Hemmung durch Aktivierung eines Symptomes bis zur Erschöpfung (Überflutung = Flooding) ist in der Wirksamkeit und Nutzbarkeit als Psychotherapeutikum noch umstritten und möglicherweise durch andere Lernformen zu ersetzen. Die Aversionstherapie, d. h. die Ermöglichung des Umlernens durch Bestrafung bringt mehr ethische als psychologische Probleme mit sich.

Verhaltenstherapeutische Methoden werden für viele psychische Störungen entwickelt. Phobien sind am ehesten zu beseitigen mit systematischer Desensibilisierung (langsames Heranführen an hierarchisch geordnete Darbietung der Angstreize) entweder in der Vorstellung, besser in realen Lebenssituationen. Ferner wurden Behandlungsmodelle entwickelt für psychosomatische Beschwerden, für Bettnässer, für Mutismus und schizophrenen Autismus, für Süchtige und Perversionen, für Zwangshandlungen und Ticks sowie für sexuelle Störungen. Ein wichtiges Mittel ist die Reizkontrolle, für den Umgang mit Arbeitsstörungen, Schlafstörungen oder depressiven Anteilen. Die Berücksichtigung der Subjektivität ist eine Entwicklung, die zunächst von Verhaltenstherapeuten nicht angestrebt wurde: vielmehr wollten sie eigentlich Techniken liefern für den Umgang mit Schwierigkeiten. Dies zeigt sich in übermäßiger Kritik am methodischen Vorgehen der Psychoanalytiker und an der Art ihre Umgangs mit Theorie, wobei z. B. jedes Interesse am Lebenslauf eines Menschen, d. h. an der Lerngeschichte bestritten wurde. Inzwischen ist man vorsichtiger geworden. Zur Verhaltensanalyse gehört zwar nicht notwendig, aber oft eben doch die Lerngeschichte einer gestörten Handlungsweise, und zwar, weil dies dem Psychotherapeuten hilft, die Hypothesen hinsichtlich der subjektiven Bedeutung der Störung zu formulieren.

Bewertung: In der Entwicklung der Verhaltenstherapie geht man immer mehr von der Kontrolle der Bedingung zum Verfahren der Selbstkontrolle über. VT ist nicht mehr nur das manipulierende Handeln eines Psychotherapeuten am Objekt; sondern Verhaltenstherapeuten gehen dazu über, Hilfe zur Selbsthilfe zu leisten, indem sie Klienten oder Patienten ein Mittel an die Hand geben, Handlungsweisen bei sich zu beobachten und zu ändern. Schließlich ist VT eine sehr handlungsnahe psychotherapeutische Methode; d. h. im Verlauf des therapeutischen Prozesses folgt dem Wahr*nehmen* auf jeden Fall das Wahr*machen*. In der vergleichenden Psychotherapieforschung zeigt sich freilich, daß in den nachtherapeutischen Phasen auf die Dauer kein Unterschied zwischen diesen handlungsnahen und handlungsferneren Verfahren besteht. Zu diskutieren bleiben ferner die Folgen, die sich aus der Gegenüberstellung von Verhalten und Handeln ergeben.

4. Psychodrama:

hat für die Psychiatrie weniger Bedeutung, im vorpsychiatrischen Feld häufig angewandt. Es handelt sich dabei um die szenische Darstellung der persönlichen Schwierigkeiten eines Patienten durch ihn selbst in der Gruppentherapie. Ein Patient inszeniert eine bestimmte Szene, die er im Moment für sein Leben wichtig findet, mit der Gruppe. Durch das Ausagieren dieser Szene gewinnt er Erkenntnis. Das Psychodrama wird von Moreno in den 20er Jahren dieses Jahrhunderts begründet.

5. Rollenspiel

wird vielfältig eingesetzt, und zwar sowohl im Umgang mit Patienten als in Lernsituationen im Umgang mit psychiatrisch Tätigen. Das Rollenspiel dient dazu, in aktiver Form innere Konflikte darzustellen und zu lösen sowie neue Handlungsweisen zu lernen. Vorteilhaft ist beim Rollenspiel, daß ich nicht nur m e i n e Rollen spielen und ändern kann, sondern durch das Spielen der Rollen meiner jeweiligen Handlungspartner (Patient–Krankenschwester, Krankenschwester–Arzt, Vorgesetzter–Arbeitnehmer, Mutter–Kind, Ehemann–Ehefrau) z. B. auch Einsicht darein gewinnen kann, wie ich auf diese wirke, wie diese auf mich wirken und wie ich damit umgehe. Auf diese Weise kann ich in der geschützten Situation des therapeutischen Raumes verändertes Handeln ausprobieren, bin aber dem wirklichen Handeln schon sehr nahe. Rollenspiel kann als isoliertes psychotherapeutisches Verfahren angewandt werden, aber auch innerhalb anderer psychotherapeutischer Prozesse sowohl gedanklich, als real.

Bewertung: Das Rollenspiel bewährt sich vor allem in jeder Art Lernsituation hervorragend, da die Lernenden bald merken, daß sie sich spielend veränderte Handlungsmöglichkeiten erarbeiten können. Das Rollenspiel ist zur Zeit die einzige Psychotherapie (und Pädagogik), die keine Einschränkungen für Nichtakademiker kennt.

6. Gestalttherapie

Es ist auffallend, daß in der Psychiatrie sehr wenig Gestalttherapie getrieben wird, höchstens einige Elemente von ihr übernommen werden. Es sind hauptsächlich die Psychotherapeuten selbst, die die Gestalttherapie für sich in Anspruch nehmen. In vielem bezieht sich Gestalttherapie auf die Psychoanalyse, nimmt jedoch für Erklärungen die Gestaltgesetze zu Hilfe. So heißt es, daß jede Figur einen Grund hat, daß zu Enge Weite, zu Nähe Distanz, zu Erkennen Nichterkennen gehört usw. Mit der Aufforderung, hier und jetzt zu handeln (jedoch auch Vergangenes, Geträumtes, Gedachtes, Gewünschtes, Phantasiertes zu handeln, was stark in die Nähe des *Als-Ob* rückt), versuchen Gestalttherapeuten, ihren Klienten die Vielfalt ihrer Möglichkeiten nahezubringen. Die Gestalttherapie eignet sich mehr als die anderen Verfahren dazu, zur Weltanschauung umfunktioniert zu werden. Ein total umfassender Ganzheitsanspruch und ein z. T. gewaltsam zwingendes Vorgehen dem Individuum gegenüber erklären die Indoktrinationswirkung. Da für uns der Bezug zum gegebenen Alltag und zu den Menschen, die einem wichtig sind, wesentliches Bewertungskriterium ist, verhilft Gestalttherapie nicht sehr zu Selbsthilfe, da nicht die Auseinandersetzung mit der gegebenen

Wirklichkeit das Ziel ist, sondern die Loslösung (Entrückung) von der bisherigen Wirklichkeit und das Hineinwachsen in eine neue Gruppe von einem Ideal nachstrebenden Menschen. Für Menschen, bei denen kranke Anteile überwiegen, seien es neurotische oder psychotische, vor allem aber süchtige und suizidale, ist die Gestalttherapie wegen des stark agierenden Elementes gefährlich.

7. Gruppentherapie

Wir möchten sie so darstellen, daß nach Möglichkeit ein Leitfaden entsteht, der für den Alltag der psychiatrisch Tätigen brauchbar ist. Dabei können im wesentlichen die aufgeführte Punkte nicht nur zur Gruppen*therapie*, sondern auch zur Gruppen*arbeit* benutzt werden. Statt der Unterschiede von analytischer und nichtanalytischer Gruppentherapie versuchen wir gemeinsame Aspekte herauszuarbeiten.

Gruppentherapie ist für uns nicht nur ein mögliches, sondern ein *notwendiges* Mittel im Umgang mit psychisch kranken Menschen. Die Gruppe ist nicht nur deswegen ein gutes Mittel, weil sie ökonomischer ist als andere Verfahren; sondern gleichzeitig garantiert sie größere Unabhängigkeit vom Therapeuten, macht Hilfe zur Selbsthilfe wahrscheinlicher (denn die Gruppenmitglieder erfahren, daß sie voneinander lernen, einander hemmen und fördern können) sowie solidarisches Handeln. Die Vereinzelung der Einzeltherapie ist eher eine künstliche Situation, wenn oft auch notwendig. Die gesündere und normalere Situation ist die Gruppensituation. Die Möglichkeit zur Vielfalt der Wahrnehmung: ich vergleiche mich mit Anderen, wo bin ich ähnlich, wo bin ich anders, wo kann ich etwas übernehmen, wo kann ich so bleiben wie ich bin, ist nur in Gruppen möglich. Der Mensch ist auf soziales Handeln angelegt, so daß die Gruppe seiner Wirklichkeit, d. h. seiner Natürlichkeit mehr entspricht. Möglicherweise klafft die krankmachende Wirklichkeit des Alleinseins und der Isolation mit dieser ursprünglichen auseinander, so daß in der Gruppentherapie der einzelne auch wahrzunehmen lernt, wieweit er sich von Anderen schon wegentwickelt hat und wie er wieder zu Anderen kommen kann.

In der folgenden Darstellung beziehen wir uns besonders auf das von L. D. Yalom 1970 geschriebene Buch über Theorie und Praxis der Gruppentherapie. Die 10 Bedingungen haben sich als geeignet erwiesen, das Entstehen von Gruppenprozessen, die Entwicklung der Gruppe und die Herstellung befriedigender zwischenmenschlicher Beziehungen zu fördern. Diese Bedingungen sind Handlungsweisen, wie wir sie alle im Alltag anwenden, nur in der Gruppentherapie erfolgt die Anwendung, je nach dem Ziel der Gruppe, systematisch und kontrolliert. Die Reihenfolge der Bedingungen ist so gewählt, daß die ersten vor allem für beginnende, die späteren mehr für fortgeschrittene Gruppen wichtig sind.

1. *Weitergeben von Information:* Egal ob eine einzelne Gruppenstunde oder eine beginnende Gruppentherapie: der Anfang ist unstrukturiert. Unstrukturiertheit erhöht Unsicherheit, Unsicherheit erhöht Angst. Daher ist genaue Information wichtig, die entweder an die einzelnen Gruppenmitglieder vor Beginn der Gruppentherapie gegeben wird oder zu Beginn der Gruppe: falsche Erwartungen sind abzubauen, äußere Ängste zu mindern, und der Rahmen ist zu bezeichnen, in dem die Gruppentherapie stattfindet. Darüberhinaus kann das Informieren zur Gefahr werden, da gerade Leute, die in medizinischen Bereichen arbeiten, eher gewohnt sind, die Dinge in die Hand zu neh-

men und nicht, sie laufen zu lassen. Es nutzt nur eine Erkenntnis oder Problemlösung, die die Gruppe selbst erarbeitet hat. Der Arzt, der sich verteidigt „aber ich habe auf die Frage des Patienten doch nur eine Information gegeben", muß sich oft nachweisen lassen, daß er damit das gefühlsmäßige Problem des Gruppenmitgliedes bloß zugedeckt oder eine Vermeidungsreaktion noch bestärkt hat. Häufig kommen auch gerade Ärzte, die als Gruppentherapeuten arbeiten wollen, mit ihrer Rolle in Konflikt; denn sie sind es gewohnt, Anweisungen zu geben und Entscheidungen zu fällen, während sie in Gruppensituationen äußerste Zurückhaltung üben müssen. – Wenn Gruppenmitglieder sich gegenseitig Informationen oder Ratschläge geben, gibt es zwei Möglichkeiten des Umgangs: a) Sie bestärken die Tatsache des Ratgebens, aber nicht unbedingt den konkreten Rat, fragen vielmehr den Beratenen, ob der Rat ihm genützt habe, bzw. den Ratgebenden, warum er gerade diesen Rat gibt; oder b) Sie machen die Bitte um Information oder Rat zu einem allgemeinen Problem der Gruppe: „Welchen Rat kann die Gruppe geben". Dann entsteht statt eines zufälligen Rates das Modell einer Gruppe, die sich gemeinsam anstrengt, Unsicherheit mitträgt und kooperiert, um die Lösung für ein Problem zu finden. Möglichkeit a) bestärkt die Bindung zwischen einzelnen Gruppenmitgliedern, Möglichkeit b) die Solidarisierung der Gruppe.

2. *Eine hoffnungsvolle Atmosphäre herstellen:* Die Gruppe sollte in dem Gefühl gestärkt werden und die Erfahrung machen können: „Wir können etwas machen, wir kommen ein Stück weiter, Veränderung ist möglich". Es ist erwiesen, daß dort, wo Hoffnung besteht, Therapie eher anschlägt, als dort, wo Hoffnungslosigkeit überwiegt. Es ist ein Vorteil der *offenen Gruppe* (d. h. die Mitglieder fangen nicht geschlossen gleichzeitig an, sondern kommen zu unterschiedlichen Zeiten in die Gruppe und gehen, wenn ihre Ziele erreicht sind), daß in ihr zu jeder Zeit noch schwer leidende Neuankömmlinge mit schon gebesserten Mitgliedern zusammenarbeiten. So können sie sich ihrer eigenen Hoffnung versichern (Lernen am Modell). Ein Beispiel für solche Gruppen sind die Anonymen Alkoholiker, die wirksam sind durch die Teilnahme von Ex-Alkoholikern als Modellen. In diesem Zusammenhang sollten Sie Ihre Aufmerksamkeit richten auf die Äußerung oder den Ausdruck jeder noch so kleinen positiven Veränderung. Positiv heißt in diesem Fall, daß es jemandem gelungen ist, statt seines bisherigen unbefriedigenden oder von Anderen abgelehnten Handelns ein Handeln herzustellen, das ihn mehr zufriedenstellt oder von Anderen weniger abgelehnt wird. Hoffnungsvolle Atmosphäre fördern Sie auch so, daß Sie nicht andauernd die Schwächen, Störungen, Krankheiten, Beschwerden von Gruppenmitgliedern zum Thema machen, sondern daß Sie die Aufmerksamkeit auf Stärken oder gesunde Anteile lenken.

3. *Herstellen von Allgemeinheit, von Öffentlichkeit:* Die meisten Menschen, die neu in eine Gruppe kommen, haben das Gefühl großer Isolierung. Sie haben die Erfahrung gemacht, daß sie von ihren Alltagspartnern wenig verstanden werden, so daß sie das Gefühl entwickelt haben, daß ihr Problem oder Leiden einzigartig ist. Es ist daher bedeutsam, das Gefühl der Einzigartigkeit und der Isolierung abzubauen. Dieses gelingt dadurch, daß Sie die Gruppenmitglieder aufmerksam machen, daß der eine oder andere sich in den Äußerungen des einen oder anderen wiederfindet, daß es Ähnlichkeiten zwischen den Gruppenmitgliedern gibt. Dieses Aufmerksamwerden auf Ähnlichkeit führt zur Erleichterung und Entspannung bzw. Entlastung des Einzelnen, damit aber auch zu größerer sozialer Nähe und zu einem stärkeren Gefühl der Gruppenzusammengehörigkeit.

4. *Altruismus-Egoismus:* Viele Menschen haben sich seit langem daran gewöhnt, daß sie anderen Leuten nicht helfen und nichts geben können. Dieses Gefühl verdichtet sich, wenn es einem schlecht geht, wobei man dann gerade die Erfahrung macht, daß die Anderen einem nicht helfen können. Das trägt manchem den Vorwurf ein, egoistisch zu sein. Es ist daher bedeutsam, in der Gruppe die Aufmerksamkeit darauf zu lenken, wenn einer dem anderen geholfen oder eben etwas gegeben hat, z. B. Verständnis. Es ist entscheidend, daß die Gruppe dies wahrnehmen und offen anerkennen kann. Das Gefühl, nicht egoistisch zu sein, sondern den Anderen etwas geben zu können, führt bei

Anerkennung zu einem besseren Selbstwertgefühl. Das ist eine Voraussetzung dafür, dann auch eigene Interessen vertreten zu können, d. h. berechtigt egoistisch zu sein und von Anderen sogar dafür anerkannt zu werden.

5. *Bisherige Erfahrungen korrigieren:* In ihrer allerersten Gruppe, in der Primärfamilie (wo man selbst das Kind ist), haben die meisten Gruppenmitglieder schlechte Erfahrungen für die Aufnahme sozialer Beziehungen gemacht. Oft liegt im kindlichen Lernen schon der Kern für das spätere Mißlingen von Bindungen. So kommt es, daß viele Gruppenmitglieder die Gruppe ähnlich wie die eigene Primärfamilie auffassen, mit Vater, Mutter und Geschwistern. Sie wiederholen hier das, was sie schon in der Primärfamilie falsch gemacht haben, z. B. Abhängigkeit von bzw. Bewunderung des Vaters, Rivalität zu den Geschwistern, der Wunsch nach unbegrenzter Zuwendung durch die Mutter. Entscheidend ist nun, daß die Gruppenmitglieder lernen können, daß die Anderen tatsächlich nicht die Eltern bzw. die Geschwister sind, sondern andere Menschen, so daß sie sich den Anderen gegenüber nicht wie ein Kind oder wie Geschwister benehmen müssen, sondern eigenständig handeln können. Diese Erfahrung führt zu größerer Freiheit und zu der Möglichkeit, neue Handlungsweisen auszuprobieren. Darauf zu achten ist, wenn die Gruppe anfängt oder einzelne Gruppenmitglieder anfangen, die Primärfamilie als Entschuldigung zu benutzen: „Ich kann nichts dafür, daß ich nicht zurechtkomme. Das liegt nicht an mir, sondern meine Familie ist schuld". Dies ist eine Haltung, die sicher nicht nur in der Gruppe, sondern auch am Arbeitsplatz oder in anderen sozialen Beziehungen auftaucht. Um so wichtiger ist die Erfahrung für das einzelne Gruppenmitglied, daß sich in der Gruppe nicht die Familie wiederspiegelt, sondern daß es sich um andere Menschen handelt.

6. *Neue soziale Umgangsweisen werden entwickelt:* Oft haben Gruppenmitglieder jahrelang nur bemerkt, daß ihnen soziale Kontakte immer wieder mißlingen, aber niemand hat ihnen gesagt, warum. Die Offenheit der gegenseitigen Kritik in der Gruppe macht es möglich, daß jemand auf Fehler aufmerksam gemacht wird, die man ihm im Alltag nie gesagt hätte, weil man es peinlich findet, z. B. wenn jemand seinen Partner im Gespräch nicht anzugucken wagt oder sein Gegenüber ständig mit Details langweilt. So kann man Dinge lernen wie: ausreden lassen, zuhören, deutlich sprechen, die Gruppe nicht zu lang für sich in Anspruch nehmen, aber auch offenes Mitteilen von Gefühlen, Echtheit, gleichbedeutender Ausdruck des sprachlichen und des nicht-sprachlichen Handeln. In solchen Situationen kann es hilfreich sein, wenn Sie ein Modell für mögliches Handeln sind.

7. *Nachahmungslernen:* Die Nachahmungsvorgänge in einer Gruppe sind ebenso kompliziert wie wichtig. Die Wahrnehmung dafür muß geschärft werden. Jeder kann zu einem Modell für einen anderen werden und zwar nicht nur mit seinen gesunden, sondern auch mit seinen kranken Anteilen. Jedem muß hier die Frage bewußt werden, und vor allem Sie müssen sich in dieser Frage klar sein: „Was empfehle ich eigentlich durch mein eigenes Handeln Anderen, mit und ohne Worte, wie wirke ich auf Andere und wie reagieren die darauf?" Es ist erwiesen, daß manche sich nur dadurch ändern, daß sie zuschauen, wie jemand während der Therapie für sich Änderung herbeiführt. Das ist bei Gruppenmitgliedern wie bei Therapeuten, je nach Temperament und Erfahrung verschieden. Nach diesen Modellchancen richtet es sich, mit welchem Ausmaß an Offenheit Sie Ihre eigenen Probleme und Problemlösungen in die Gruppe einbringen können. Wenn es z. B. darum geht, daß ein Gruppenmitglied Angst äußert, können unter dem Gesichtspunkt der Offenheit zwei Extreme falsch sein: Sie bestätigen dem Gruppenmitglied, es habe Angst, Sie aber nicht, oder Sie bestätigen ihm nur, Sie haben auch Angst. Beides würde die gruppentherapeutische Struktur aufheben. Wichtig ist eine Einstellung, die Ihnen zuläßt, Ihre Ängste nicht zu leugnen, gleichzeitig das Gruppenmitglied zu ermuntern, daß es sich *seine eigenen* Ängste in Ruhe angucken kann. Wenn die Gruppe mit der Situation eines Mitgliedes oder mit der Situation der Gruppe selbst einmal offensichtlich nicht weiter kommt, kann es richtig sein, daß die Therapeuten nicht nach, sondern während der Gruppen-

stunde sich eine Zeitlang gegenseitig fragen, womit die Schwierigkeit der Situation (z. B. das Stocken, die Spannung, das Unverständliche) zusammenhängen könnten. Sie geben damit ein Modell für Problemlösung.

8. *Katharsis:* Darunter versteht man die Verdichtung der kritischen Gefühle, so daß plötzlich etwas aufbricht und eine Einsicht über neues Handeln möglich wird. Die Gruppe hat eine Verstärkerwirkung auf die Gefühle der Mitglieder. Es ist sogar gesagt worden, daß eine therapeutische Gruppe nur so viel taugt, wie sie emotionale Spannungen hervorzubringen vermag. Die Offenheit in der Gruppe führt dazu, daß Gefühle so „überlaufen" oder sich entladen, daß der Gruppe daran deutlich wird, welches besonders verletzende oder wichtige Ereignis der Kindheit oder Gegenwart von dem „explodierenden" Mitglied gerade bearbeitet wird. Damit können die Mitglieder ihr im Alltag gewohntes Abwehrverhalten aufgeben oder mindern. Die Bedingung der Katharsis ist, daß die Mitglieder bereits einiges Sicherheitsgefühl und eine bejahende Einstellung zur Gruppe haben. Besonders wichtig ist hier Ihre Aufmerksamkeit: denn kathartische Gefühlsentladungen geschehen häufig gerade in Auseinandersetzung mit dem Therapeuten und sie gelingen nur, wenn Sie nicht Ihrerseits jeden Angriff gegen sich abwehren.

9. *Zwischenmenschliches Lernen:* Durch Beachtung des Wechselspiels zwischen den Gruppenmitgliedern, d. h. durch die Offenheit des Gesprächs und die ständige Kritik erfolgt zwischenmenschliches Lernen. So wird Einsicht auf vier Ebenen möglich: Ich lerne 1. wie die Anderen mich sehen, 2. wie ich mit Anderen umgehe, 3. warum ich so mit Anderen umgehe und 4. wie mein gegenwärtiges Handeln in der Vergangenheit entstanden ist und sich entwickelt hat. In diesem Zusammenhang haben Sie eine besonders wichtige Aufgabe: die Übersetzung von Symptomen in eine Sprache zwischenmenschlichen Handelns. Statt Gruppenmitglied A hat eine Depression, ist ängstlich, ist paranoid, müßte es heißen: engt sich in bestimmten Situationen ein, handelt in bestimmten Situationen ängstlich, fühlt sich verfolgt. Wenn Eigenschaftszuschreibungen, also auch Krankheits- und Symptomzuschreibungen, die eigentlich in den Bereich zwischenmenschlichen Handelns gehören, dort wieder hingebracht werden, werden korrigierende emotionale Erfahrungen möglich und Wahrnehmungsverzerrungen können aufgehoben werden. Gefühle, die bisher geheim blieben, weil sie zu viel Angst oder Wünsche darstellen, können geäußert werden, ohne daß die bisher stets befürchtete Katastrophe eintritt. Wichtig für Sie ist, die Gruppe als Mikrokosmos wahrzunehmen und darauf zu achten, daß in der Gruppe gemachte Erfahrungen mit der Alltagswirklichkeit verknüpft werden und daß Berichte über die Alltagswirklichkeit in der Gruppe angeregt werden oder bestärkt werden.

10. *Gruppenzusammengehörigkeit:* Auch in einer Gruppentherapie ist die Gruppenkohäsion entscheidend. Unter *Gruppenkohäsion* ist verstanden das Gemeinsame aller Kräfte, die auf alle Mitglieder wirken, die in der Gruppe bleiben. Durch die Attraktivität einer Gruppe für ihre Mitglieder ist Gruppenbewußtsein ihr Bewußtsein von Solidarität. Gruppenkohäsion ist nicht so sehr in sich ein therapeutischer Faktor, jedoch eine notwendige Bedingung für eine wirksame Therapie. Gruppenkohäsion hat also zu tun mit der Häufigkeit des Miteinandersprechens oder -Tuns in der Gruppe und mit dem Ausmaß des gegenseitigen Verstehens und Akzeptierens. Dabei ist das Verstehen und Akzeptieren zwischen den Mitgliedern für den Therapieerfolg wichtiger als zwischen den Mitgliedern und Ihnen. Gruppenkohäsion fördert den Ausgleich zwischen Selbsteinschätzung und Gruppeneinschätzung (Fremdeinschätzung). Wichtig: Gruppenkohäsion ist nicht zu verwechseln mit ausgeglichener Gruppenstimmung. Kohäsive Gruppen zeigen zwar mehr emotionale Nähe, mehr Intimität, mehr Verstehen und Akzeptieren; jedoch erlauben sie auch mehr Äußerung von feindseligen und aggressiven Gefühlen, mehr Wahrnehmung von Spannungen, mehr Austragen von Konflikten. Gerade die Kommunikation zwischen Mitgliedern, die sich ablehnen oder hassen, ist für alle Mitglieder und die Gruppe therapeutisch besonders wirksam.

Gruppenkohäsion erleichtert es auch, Feindseligkeit gegen den Therapeuten (als Modell für alle Autoritäten) zu äußern. Sie haben dann ein Modell zu geben, an dem das angreifende Mitglied und die Gruppe lernen, daß man offen feindselig sein kann, ohne daß der Angegriffene sich gleich verteidigt oder gekränkt abwendet. Der Angriff gegen den Therapeuten oder Gruppenleiter hat oft den Vorwurf zum Inhalt, man bekomme keine Hilfe vom Leiter. In diesem Fall vermittelt die Bedingung der Gruppenkohäsion der Gruppe die wichtige Erfahrung, daß die offene Äußerung gerade auch aggressiver Gefühle weiter hilft als alle von außen angebotene Hilfe, vermittelt also die Erfahrung: *fähig zu sein zur Selbsthilfe.*

Diese 10 Bedingungen charakterisieren den gruppendynamischen Prozeß; sie bestehen z. T. gleichzeitig, z. T. nacheinander.

Übung: Vergleichen Sie zum Verständnis der Bedingungen den gegenwärtigen Stand Ihrer eigenen Arbeitsgruppe bzw. Lerngruppe. Welche Bedingungen sind erfüllt, welche waren dran, welche werden sein?

Mehr als in der Einzeltherapie wirken die Psychotherapeuten oder Gruppenleiter in der Gruppentherapie indirekt. Die Patienten haben vielmehr selbst die therapeutischen Bedingungen zum Tragen zu bringen. Zu den Aufgaben des Gruppentherapeuten gehört die Aufrechterhaltung der Gruppe: Wesentliches hierfür passiert schon vor Beginn der Gruppe, z. B. bei der Auswahl nach Alter, Geschlecht, nach Gruppengröße und den Problemen der Einzelnen und bei der Beachtung günstiger äußerer Umstände, räumlich und zeitlich.

Die Einführung von Gruppennormen: Das Bewachen der Gruppennormen, welche und wie sie entstehen, liegt in Ihrer Verantwortung. Die Normen (Regeln) müssen zwei Bedingungen gleichzeitig erfüllen: die Mitglieder müssen sich darauf einigen können, und sie müssen dem Gruppenziel dienlich sein; z. B. freie Interaktion, Offenheit, nicht verurteilen, das Akzeptieren der Patientenrolle (das ist: Bereitschaft zur kritischen Selbstprüfung), Äußern von Gefühlen und Konflikten. Sie haben darauf zu achten, daß sich nicht solche Normen wie „du sollst, du mußt, das geht doch nicht" einschleichen; dies ist sehr leicht und schnell möglich. Auch Fehlen, Zuspätkommen, Untergruppenbildung verlangen Ihre Aufmerksamkeit und Ihr Eingreifen (Intervention des Therapeuten) ebenso wie die Entwicklung antitherapeutischer Normen, wie z. B. Verschlossenheit („ich sag dir nichts"), Abhängigkeit, Erwartung von Hilfe, („das müssen Sie doch schließlich machen") Verurteilungen („du spinnst, so geht das doch nicht"), Intellektualisierung von Gefühlen. Diese Verantwortung nimmt Ihnen niemand ab. Ihr Handeln als Therapeut ist wesentlich durch zwei Rollen bestimmt. Zum einen sind Sie technischer Experte, dazu gehört die Art, wie Sie die beschriebenen Aufgaben erfüllen. Das geschieht auch, indem Sie gewünschtes Handeln der Gruppenmitglieder bestärken (Aggressionen gegen den Therapeuten) oder Äußerungen gegenseitigen Interesses, oder indem Sie bestimmte Handlungsweisen der Gruppe oder der Gruppenmitglieder herauskristallisieren (warum ungewohnte Offenheit auch Angst macht). Entscheidend für den Erfolg des technischen Experten ist es, daß Sie sich nicht *nur* als technischer Experte einführen, sondern daß dabei gleichzeitig ein *Gruppenstil* entsteht, der eine zunehmende Unabhängigkeit von Ihnen möglich macht. Dieser Handlungsaspekt ist für Sie wesentlich riskanter als der des technischen Experten, weil in Ihrem Tun Offenheit nicht nur eine Norm sein darf, sondern Sie z. B. Spontanität, Fehlbarkeit, Getroffenheit oder Unwissen auch handeln können müssen. Gerade in diesem Zusammenhang ist eine Supervisionsgruppe für Sie wichtig. Die gegenseitige Aussprache mit anderen Therapeuten erst setzt Sie in die Lage, die eigenen Schwächen, Stärken oder auch Besonderheiten kennenzulernen, als Voraussetzung dafür, sie als Modell einzusetzen. Auch zu wissen, in welcher Weise das Handeln der Mitglieder der Gruppe Reaktion auf das eigene Handeln ist. Sie müssen sich allerdings vor der Illusion hüten, daß Sie je Vollmitglied der Gruppe werden. Nicht nur, daß Sie für Ihre Tätigkeit bezahlt werden, Sie behalten auch stets die übrigen schon beschriebenen Verantwortlichkeiten. *Die Öffnung des Therapeuten wird nie Ziel, bleibt stets Mittel.* Sie können nicht die Lösung Ihrer Probleme ins Zentrum der Grupe rücken. So müssen Sie auch wissen, daß die Gruppe einige Sicherheit schon gewonnen haben muß, bevor Sie z. B. ein Modell für das Ertragen von Unsicherheit setzen können.

Für das Handeln des Therapeuten ist die Berücksichtigung folgender Gesichtspunkte wichtig:

– *die Berücksichtigung des Hier und Jetzt-Prozesses:* Die Aussage eines Gruppenmitgliedes zu einem anderen: „Mach das Fenster zu, möchtest du nicht das Fenster zumachen, ist dir nicht kalt, mir ist kalt, warum ist das Fenster offen", gibt nicht nur einen Inhalt wieder, sie enthält zugleich Wichtiges über die Beziehung zu den Kommunikationspartnern, über die Gefühle zwischen beiden. Diese Information über die *Art* des Miteinanderumgehens muß von Ihnen aufgegriffen und geäußert werden. Nur so kann es zu einem Verständnis des Gruppenprozesses kommen. Wann sagt wer etwas, wie und warum zu wem? Was sagt eine Folge von Äußerungen über die Beziehung Mitglied – Gruppe, Gruppe – Therapeut oder über die Gruppenentwicklung und ihre Aufgabe? Das konkrete Umgehen der Gruppenmitglieder miteinander (hier und jetzt) ist das einzige, was für alle Mitglieder gleich gut greifbar ist, d. h. wo einer den anderen beobachten und sich *verantwortlich* mit ihm auseinandersetzen kann. Äußerungen der Mitglieder über Geschehen außerhalb der Gruppe (irgendwo) oder aus der früheren Lebensgeschichte (irgendwo und irgendwann) können zwar den Eindruck von Einvernehmen fördern, für Sie bleibt es wichtig, wahrzunehmen und damit umzugehen, wohin die Gruppe jetzt die Situation der Therapie verschleppt. Daher ist ein Eingriff von Ihnen (Intervention) dann hilfreich, wenn Sie die Aufmerksamkeit der Gruppe für die Hier und Jetzt-Kommunikation erhöhen oder deren Vermeidung verhindern. Wenn die Gruppe sich z. B. über eine langweilige Party aufhält, fragen Sie, ob die Gruppe damit die Langeweile der gegenwärtigen Stunde meint.

– *Den Gruppenprozeß kommentieren:* Sie haben den ganzen Gruppenprozeß vor Augen, d. h. die Geschichte und die Perspektive. So werden Sie gelegentlich sich und die Gruppe mit früheren Stadien konfrontieren oder an die Aufgaben erinnern. Sie verbinden verschiedene Situationen miteinander, äußern, was einzelne Mitglieder unausgesprochen mitteilen, z. B. Mißtrauen, Zuwendung, Entspannung für die Gruppe, Kritik an der Gruppe. Sie übersetzen das nichtsprachliche Handeln in sprachliches. Sie können auch ein offensichtliches Gruppendilemma zu Ihrem eigenen machen, etwa: „Ich zögere jetzt, etwas zu sagen, aus Angst, daß eine Partei in der Gruppe sich dann zurückzieht". Sie müssen auch wissen, in welchem Stadium der Gruppenprozeß sich befindet. Die Hier und Jetzt-Regel würde eine in einem frühen Entwicklungsstadium stehende Gruppe verwirren: z. B. „Allgemeinheit" kann eher durch Beispiele erreicht werden, die von außerhalb der Gruppe kommen. Besonders gut kann das Stadium der Gruppe erkannt werden durch das, was ausgelassen oder vermieden wird (z. B. Sie werden nie attakiert). Die Gruppe muß aufmerksam für ihre Vermeidungen werden.

– *Interpretation:* damit sind alle Eingriffe des Therapeuten gemeint, mit denen er entweder eine Beziehung zwischen einzelnen Mitgliedern klären hilft (z. B. Spiegelreaktion: ein Mitglied ärgert an anderen, was ihm selbst eigen ist und was er bei sich selbst nicht bekämpfen kann) oder eine Beziehungsstruktur der ganzen Gruppe (z. B. die Gruppe macht jemanden zum Sündenbock). Solche Eingriffe sind notwenig, wenn der Gruppenprozeß gehindert ist a) durch Gruppenangst, erkennbar an Vermeidung oder Flucht (auch Schweigen oder Intellektualisierung) und b) durch Entwicklung einer antitherapeutischen Gruppennorm.

Die Gruppe ist ein Handlungsfeld (Übungsfeld), ohne das volle soziale Risiko. Allerdings muß man berücksichtigen, daß ein Patient nicht in jedem Fall für den Mitpatienten ein therapeutisch positives Wirkungsquantum ist. Er kann in Passivität ausweichen, beginnende Entfaltung hemmen, Klarheit wieder verwirren oder verletzend scharf sein. Auch bei solchen Vorkommnissen ist es wichtig, im Auge zu behalten, daß die Gruppe auch für den Umgang mit negativen Erfahrungen ein Übungsfeld ist. Es fällt Ihnen zu, gleichzeitig das Hier und Jetzt, d. h. das aktuelle Handeln der Gruppe, zu unterstützen und gleichzeitig den Charakter als Übungsfeld aufrechtzuerhalten und für die Gruppenmitglieder wahrnehmbar zu machen. Eine Gefahr der Durchführung von Gruppentherapie liegt darin, daß häufig nicht nur die Mitglieder, sondern auch die Therapeuten dazu neigen, das hier und jetzt Stattfindende für das Normale und das Alltägliche zu halten und das Hergestellte der Situation zu vergessen. Es hat was mit dem Umgang des Therapeuten mit sich selbst zu tun, ob er es nötig hat, die Erfahrungen, die die Gruppe während der Gruppentherapie macht, für die Wirklichkeit auszugeben oder für das Alltägliche, oder ob er es sich leisten kann, durchsichtig bleiben zu lassen, daß es sich hier um eine hergestellte Situation handelt.

III. *Therapie und Selbsttherapie*

Psychotherapie kann nie Therapie sein, die einen Krankheitsprozeß heilt. Sonst müßte es eine umschriebene Krankheit geben, die mit dem Ende der Psychotherapie zu Ende ist, wo dann das Kaputte, das Kranke heilgemacht wäre. Dies ist absurd, weil unhistorisch. Psychotherapie wirkt vielmehr so, daß jemand lernt, was ihm begegnet, anders zu sehen und neu zu ordnen, und nicht wie eine Salbe, man absetzt, wenn die Wunde geheilt ist. Psychotherapie, so verstanden als zu lernende Methode, sich und sein Handeln zu bedenken und zu ändern, muß aus der Abhängigkeit vom Therapeuten zur Selbsttherapie führen. Bei einer nächsten Krise, einer nächsten Kränkung oder einer nächsten Schwierigkeit hat der Patient dann eine Methode, die er für sich anwenden kann. Er sollte aber eine Methode richtig lernen, nicht viele Methoden halb. Sonst lernt er eher Abhängigkeit als Unabhängigkeit. Nicht, daß wir nahelegen wollen, jemand solle eine Psychotherapie um jeden Preis bis zum bitteren Ende durchhalten. Jeder Patient hat schon die Psychotherapie zu suchen, die ihm entspricht. Jedoch sollte spätestens der

3. Therapeut so selbstkritisch sein, den Patienten mit dieser seiner Suche nach der „richtigen" Psychotherapie zu konfrontieren und ihn fragen, wieso er denkt, daß gerade er ihm helfen könne.

Um Hilfe zur Selbsthilfe zu ermöglichen, müssen folgende Bedingungen gewährleistet sein: 1. müssen Psychotherapeuten lernen, Patienten so kurz wie möglich und so lang wie nötig zu therapieren; 2. ökonomische Vorteile darf nicht der Psychotherapeut haben, der einen gutzahlenden Patienten länger behält, und 3. müßte das Menschenbild des Psychotherapeuten und damit die Art, wie er seine Technik anwendet, dem gesetzten Ziel entsprechen: Wer dem Patienten hilft, sich selbst zu helfen, oder den Patienten untereinander hilft, sich selbst zu helfen, wird nicht nur therapeutische Kapazität freisetzen, sondern sich auch bewahren, immer mehr und immer genauer kontrollieren zu wollen.

Beispiel: Eine Gruppe phobischer Patienten erarbeitet morgens mit zwei Psychotherapeuten für jeden einzelnen die angstauslösenden Situationen, das Vermeidungsverhalten und die Möglichkeiten, sich den angstauslösenden Situationen und Reizen zu nähern. Im Rollenspiel wird unter Anleitung der Psychotherapeuten das erwünschte Verhalten geübt. So wird jedem Mitglied der Gruppe deutlich, wo die Fähigkeiten, aber auch die Schwierigkeiten des Anderen liegen, seine Angst zu überwinden. Am Nachmittag geht die Gruppe ohne die Psychotherapeuten in die vereinbarten unterschiedlichen Angstsituationen hinein, so daß die einzelnen Gruppenmitglieder zum Psychotherapeuten für die je anderen Gruppenmitglieder werden. Jeder einzelne hat zugleich Unterstützung und Kritik, kann sich geborgen fühlen und kann erfahren, was er selbst Anderen geben kann. Im Verlauf der Gruppenarbeit machen sich die Psychotherapeuten immer überflüssiger, die Gruppe wird immer mehr selbst aktiv; und am Ende der gemeinsamen Gruppenarbeit, die unter der Anleitung der Psychotherapeuten erfolgte, tauschen die Gruppenmitglieder ihre Telefonnummern aus, um sich bei Wiederauftauchen der Ängste gegenseitig zu konsultieren.

Ein anderes Beispiel: In der Tagesklinik machen Patienten die Erfahrung, daß ihnen die Therapeuten aktiv zuhören und daß auch die Mitpatienten aktives Zuhören lernen. Damit wird ihnen deutlich, daß die Partner in ihrer alltäglichen Umgebung ihnen nicht (mehr) aktiv zuhören. Gleichzeitig machen sie die Erfahrung, wie stark sie selbst im aktiven Zuhören behindert sind, vor allem dort, wo sie es gerne möchten. Als Begleitmaßnahme zur Tagesklinik wurde eine Angehörigengruppe eingerichtet, wo die Angehörigen sich einmal wöchentlich in der Gruppe treffen, um über ihre eigenen Probleme zu reden. Auch dort besteht die Möglichkeit, aktives Zuhören zu lernen und zu erfahren, wie gut es tut, verstanden zu werden. Auf diese indirekte Art (jeder macht dieselbe Erfahrung, aber für sich!) wird sehr zeitsparend erreicht, daß die Partner auch miteinander einen neuen Gesprächsstil herstellen und die Erfahrung machen können, daß sie anders als gewohnt miteinander umgehen können.

Dies z. B. ist gemeint, wenn wir von Selbsttherapie sprechen, nämlich als: Selbsthilfe in Solidarität. Nur so kann Selbsttherapie innere und äußere Leiden erträglich machen, während Selbsthilfe in der Einzelkämpfersituation schwer ist. Solche Hilfe zur Selbsthilfe stellt ein gesundes Selbstbewußtsein her, das den gegebenen Freiheits- und Handlungsspielraum erweitert und nutzen lehrt. Es weist über den Moment hinaus und läßt Lösungen nicht nur da suchen, wo man bisher gesucht hat, sondern auch da, wo man es bisher nicht für möglich gehalten hat. Das ist unbequem, auch für den Psychotherapeuten.

Die Befähigung zur Selbsthilfe ist der wichtigste Maßstab für die Wirksamkeit meiner Therapie. Sie ist nicht gegeben, wenn ein Patient mein Denksystem nur nachzusprechen lernt. So gibt es psychoanalytisch anbehandelte Patienten, die sehr wohl die Wörter Ödipuskomplex, Schuldgefühle, orale Bedürfnisstruktur u. ä. vor sich hertragen, ohne je darüber erschrocken gewesen zu sein oder dieses Erschrecken so zuzulassen, daß neue Handlungen möglich werden. Ähnlich gibt es in der Gesprächspsychotherapie Klienten, die sich „echt" verstanden fühlen, oder „echt" offen sein können oder denen die vorherige Behandlung „echt etwas gebracht" hat. In beiden Fällen sind nur Wörter gelernt worden, mit denen der Patient sein Problem wieder anders formulieren, aber wieder vermeiden kann, es zu lösen. Erst wenn ich Selbsthilfe anstrebe, die Anstrengung, die damit zusammenhängt, nicht vermeide, zwinge ich mich und den Patienten, nicht nur eine neue Selbstwahrnehmung anzustreben, sondern das, *was wahrgenommen wird, auch wahrzumachen.*

Abzuschließen ist mit dem warnenden Hinweis: Auch die Tatsache, daß jemand überhaupt Psychotherapie erhält und nicht eine andere Art des Umgangs mit Problemen lernt, wird sein Handeln in der Zukunft beeinflussen. Ist sie in seinem Sinne erfolgreich, wird er etwa die Einstellung übernehmen, daß mehr Dinge machbar, änderbar sind, in seiner Hand und Verantwortung liegen, als er es vorher geglaubt hat. Sein Denken wird auch weniger mechanistisch, sondern dynamischer sein. Eine Gefahr bei der Anwendung von Psychotherapie überhaupt liegt aber darin, daß die Seite der Seele ein Übergewicht erhält und daß körperliche Aspekte eher als der Seele untergeordnet oder beigeordnet empfunden werden, nicht aber *aus demselben System kommend.* Wie jemand bei medikamentöser Behandlung nicht lernt, sich nach seinen seelischen Anteilen zu fragen, könnte jemand, der nur psychotherapeutisch behandelt wird, verlernen oder nicht lernen, sich nach körperlichen Anteilen zu fragen. Damit ist aber jeweils die andere Seite derselben Medaille ausgeblendet. Und noch eine Gefahr: wie ein als hypochondrisch zu bezeichnender Mensch lernt, seine körperlich empfundenen Beschwerden als Panzer vor sich herzutragen, und verlernt, ernste Informationen aus dem Körper von unernsten zu trennen, kann ein psychotherapeutisierter Mensch verlernen, sich nach der Gewichtigkeit von Problemen zu fragen, „Problemchen" und existentielle Erschütterungen zu unterscheiden, und damit verlernen, mit den Möglichkeiten der Psychotherapie ernstzumachen. Auf diese Weise hätte er nur gelernt, immer neue Probleme bei sich und/oder bei anderen zu entdecken, aber nicht gelernt, Handlungskonsequenzen zu ziehen. Das ist auch etwas von dem, was wir meinen, *daß dem Wahrnehmen das Wahrmachen folgen muß,* dem Sich-Wahrnehmen das Sich-Wahrmachen. (Ähnliches ist von den italienischen Psychiatern in Arezzo gemeint, wenn sie von der Forderung nach „Verifica" sprechen.)

IV. *Bedingungen*

1. Geschichte: Lange ehe die Bemühungen um eine wissenschaftliche Psychotherapie begannen, um eine systematisierte und in der Systematik überprüfbare Psychotherapie, wurden psychische Mittel eingesetzt, um Störungen zu beseitigen, z. B. das Gesundbeten, das Besprechen, das Aus-

treiben von bösen Geistern (Exorzismus). Wir haben diese Art der Systeme durch unsere wissenschaftlichen Systeme ersetzt, wie sie unserer Zeit und Kultur entsprechen. Die erste wissenschaftliche Therapie ist der von Messmer (1734-1815) begründete Magnetismus. Messmer nahm an, daß es einen universalen, im psychophysischen Bereich wirksamen Magnetismus gibt. Für die weitere Entwicklung der Psychotherapie waren vor allem die Versuche mit Hysterie und Hypnose von Charcot (1825–1893) bedeutsam. Zu seinen Schülern zählen Breuer und vor allem Sigmund Freud. Freud trennte sich von der Hypnose und entwickelte die analytische Psychotherapie. Neue Möglichkeiten der Therapie sind in den 4oer und 50er Jahren durch die GT und durch die Herausforderung der VT entstanden. In den letzten Jahren gibt es einen Boom von sich therapeutisch nennenden Verfahren, die Menschen angeblich von Zwängen und anderen Übeln befreien wollen. Es ist jedoch bei den meisten Verfahren die Ernsthaftigkeit (Wissenschaftlichkeit) und die Anwendbarkeit im psychiatrischen Bereich zu bezweifeln.

2. Forschung: In der Psychotherapieforschung wird die Klärung methodischer Fragen betrieben. Dabei ist in den letzten Jahren vor allem unter dem Gesichtspunkt größerer Effizienz geforscht worden. Die Vor- und Nachteile und die Möglichkeiten dieses Kriteriums sind nicht einer Diskussion unterzogen worden. Ein wichtiger Forschungsbereich ist der der Indikationsforschung, d. h. welche Methoden sind bei welchen Störungen angezeigt bzw. welche Methodenkombinationen können empfohlen werden. Weitere Bereiche der Psychotherapieforschung sind Erforschung des Therapieverlaufes, auch die Frage, wie Persönlichkeitseigenschaften von Patienten und Psychotherapeuten den Therapieverlauf unterschiedlich beeinflussen. Es wird nach dem Veränderungsgrad und nach der Veränderungsstruktur gefragt. Bei der Bewertung von psychotherapeutischen Verfahren bzw. bei der Bewertung von wissenschaftlichen Untersuchungen über die Wirkung von psychotherapeutischen Verfahren sollte immer bedacht werden, daß die Aussage, eines ist besser als das andere, nicht ausreicht, um eine differenzierte Bewertung zu ermöglichen. Erst der Fragenkomplex: *Welches* therapeutische Verfahren bewirkt *was* bei *wem* und *wie?* macht eine genauere Bewertung möglich. Dazu gehört auch, daß man die Kriterien, nach denen die Aussagen gemacht werden, genau unter die Lupe nimmt. Die wissenschaftstheoretische Diskussion in der Psychotherapieforschung läßt ebenfalls Rückschlüsse auf das ziehen, was die psychotherapeutischen Verfahren zu tun beanspruchen. So haben sich Psychoanalytiker lange gesträubt, sich empirisch-wissenschaftlichen Verfahren zu stellen, während die verhaltenswissenschaftlich orientierten Psychotherapeuten das den Psychoanalytikern zum Vorwurf gemacht haben. Inzwischen gibt es zahlreiche Psychoanalytiker, die eine empirische Erforschung auch der Abläufe der Psychoanalyse für notwendig und möglich erachten.

3. Bedeutung: Hierzu ist am Anfang des Kapitels schon einiges gesagt worden. Zusammenfassend noch folgende Gedanken: Psychotherapie ist ein systematisierter, wissenschaftlicher Versuch, der Rat- und Hilflosigkeit von Menschen zu begegnen. In dem Maße, in dem Psychotherapie sich organisiert und verwissenschaftlicht, erfährt man mehr und mehr über die Möglichkeiten menschlicher Kontrolle und Manipulation, wobei eine kritische Frage an Psychotherapeuten auch immer die bleibt: wer kontrolliert die Kontrolleure? In dem Maße, in dem im Zeichen der Wissenschaft stehende Produkte und Ansichten hohes Ansehen genießen und einen höheren Verkaufswert haben, haben Psychotherapeuten eine Chance, von Menschen, die ratlos sind, um Rat gefragt zu werden. Gleichzeitig tragen die Auflösung der Großfamilie, damit die zunehmende Vereinzelung, die Säkularisierung und die mit der Verwissenschaftlichung verbundene Verbannung von Magie und Glaube dazu bei, daß Menschen mit Problemen sich an Psychotherapeuten wenden. Wichtig ist, daß das Wissen um Psychotherapie nicht nur in den Händen derer bleibt, die eine Ausbildung darin erlangen können, sondern daß jeder psychiatrisch Tätige bei sich seine psychotherapeutischen Anteile kennen und einsetzen lernen kann. D. h. daß neben dem Spezialisten Psycho-

therapeut, an den viel psychotherapeutisches Wissen gebunden ist, alle anderen ihre psychotherapeutischen Möglichkeiten entdecken können und damit die Psychotherapeuten auch wieder überflüssig machen. Dann wäre unsere Forderung erfüllt: Psychiatrie und Psychotherapie wären grundsätzlich identisch!

Die größte Gefahr der Psychotherapie ist die häufige (vermutlich absichtlich nicht aufgeklärte) Verwechslung von Psychotherapie und der Hoffnung des Patienten, einen Sinn fürs Leben zu finden. Eine solche – notwendige – Selbst-Aufklärung und damit Selbst-Beschränkung der Psychotherapie würde zugleich eine neue gesellschaftliche Dimension der *Prävention* (wieder) eröffnen.

LITERATUR:

BLÖSCHL, L.: *Grundlagen und Methoden der Verhaltenstherapie,* Bern, Huber 1972

CORSINI, R. J.: *Roleplaying in Psychotherapy,* Chicago, Aldine 1966

FREUD, S.: *Abriß der Psychoanalyse,* Frankfurt, Fischer 1963

GRAWE, K.: *Differentielle Psychotherapie I,* Bern, Huber 1976

KAYSER, H. u. a.: *Gruppenarbeit in der Psychiatrie. Erfahrungen mit der therapeutischen Gemeinschaft,* Stuttgart, Thieme 1973

MEYER, V., E. S. CHESSER: *Verhaltenstherapie in der klinischen Psychiatrie,* Stuttgart, Thieme 1971

MORENO, J. L.: *Gruppenpsychotherapie und Psychodrama,* Stuttgart 1959

NISCHK, P.: *Kursbuch für die Seele,* München 1976

PIRELLA, A. (ed): *Sozialisation der Ausgeschlossenen,* Reinbek, Rowohlt 1975

PLOG, U.: *Differentielle Psychotherapie II,* Bern, Huber 1976

POLSTER, E. u. M.: *Gestalttherapie,* München, Kindler 1975

ROGERS, C. R.: *Die klient-bezogene Gesprächstherapie,* München, Kindler 1973

ROGERS, C. R.: *Encounter-Gruppen,* München, Kindler 1974

STROTZKA, H. (ed): *Psychotherapie: Grundlagen, Verfahren, Indikationen,* München, Urban + Schwarzenberg 1975

WATZLAWICK, P.: *Die Möglichkeit des Andersseins,* Bern, Huber 1977

WYSS, D.: *Die tiefenpsychologischen Schulen von den Anfängen bis zur Gegenwart,* Göttingen, Vandenhoek + Ruprecht 1970

YALOM, I. D.: *Theorie und Praxis der Gruppenpsychotherapie,* München 1974

15. Kapitel

VERSORGUNGSSYSTEM (Arbeits- und Therapieplätze)

1. Grundsätze der Versorgung
2. Prävention in der Gemeinde
   a) *Initiativen der Bürger*
   b) *Gemeindeclubs*
   c) *Beratung sozialer Dienste*
   d) *Beratungsstellen*
   e) *praktische Ärzte*
3. Ambulante Dienste
   a) *Nervenärztliche und psychotherapeutische Praxis*
   b) *Ambulanz des Krankenhauses*
   c) *Sozialpsychiatrischer Dienst am Gesundheitsamt (SpD)*
   d) *Institutionelle Ambulanz durch „Nicht-Ärzte"*
4. Stationäre und teilstationäre Dienste
   a) *PKH und psychiatrische Abteilung*
   b) *Tagesklinik*
   c) *Nachtklinik*
5. Komplementäre bzw. rehabilitative Dienste
   a) *Übergangsheim*
   b) *Wohnheim*
   c) *Wohngruppen und Wohngemeinschaften*
   d) *Werkstätten für Behinderte (WfB)*
   e) *Beschützende Arbeitsplätze*
   f) *Berufsbildungs- und Berufsförderungswerke*
   g) *Gemeinde-Psychiatrisches Zentrum (GPZ)*
6. Dienste für andere Gruppen
   a) *Geistig Behinderte*
   b) *Kinder und Jugendliche*
   c) *Seelisch kranke alte Menschen*
   d) *Abhängige, Anfallskranke, Hirnverletzte, Suizidgefährdete*
   e) *Nichtseßhafte*
   f) *Psychisch kranke Straftäter*
7. Zusammenarbeit der Dienste
   a) *Standardversorgungsgebiet*
   b) *Überregionale Versorgungsdienste*
   c) *Psychosoziale Arbeitsgemeinschaften und Ausschüsse*
8. Versorgung-Entsorgung

Literatur

Merke: Das Handeln von Patienten wie von psychiatrisch Tätigen ist abhängig von der Einrichtung, in der es stattfindet. Daher der Hospitalismus, dem Pat. *und* psychiatrisch Tätige in Krankenhäusern, aber auch in Heimen, verfallen können. Und daher ist der Streit zwischen psychiatrischen Schulen häufig weitgehend auf die Unterschiede der Einrichtungen ihrer Verfechter zurückzuführen. Neue Einrichtungen erzwingen neue Wahrnehmungen, Grundhaltungen, Theorien und Techniken. Also sollten Sie alle Elemente des Versorgungssystems kennen. Nicht nur, um für den Patienten die richtige Therapie und für sich den richtigen Arbeitsplatz zu finden. Vielmehr auch für Vergleich, Selbstkritik und Lernen von Anderen.

Die BRD befindet sich auf absehbare Zeit in einer Reformphase: Aus einem vergleichsweise rückständigen Versorgungssystem (Gründe dafür s. Kap. 16) soll ein chancengleiches, menschenwürdiges und den gesellschaftlichen Möglichkeiten angemessenes System werden. Die Psychiatrie-Enquête liefert eine brauchbare Grundlage für die meisten Reformen. Hier haben sich erstmals alle Beteiligten (außer den Betroffenen) auf ein gemeinsames Konzept geeinigt. Daher legen wir dieses – als gemeinsamen Willen aller Versorger – unserer Darstellung des Versorgungssystems zugrunde. In vielen Punkten erweist sich die Enquête freilich jetzt schon als zu wenig präventiv, als zu arzt-lastig, als zu perfekt-technokratisch und daher kaum finanzierbar. Es wird zu sehr von der Fremd-Versorgung her gedacht. Wir versuchen, diese Schwächen auszugleichen, z. B. durch Betonung von Elementen der Selbsthilfe und von nichtärztlichen Berufsperspektiven. Vor allem möchten wir Sie mit diesem Kapitel ermutigen, an den überall anstehenden Reformen mitzuwirken. Hierzu bestehen für jeden von uns in den nächsten Jahren Chancen genug – einzeln, in der Gruppe oder in einer Organisation, studierend, berufstätig oder als „Laie".

1. Grundsätze der Versorgung

1. *Gemeindenähe* ist oberster Grundsatz: Psychiatrisches Handeln wird von der Länderebene wieder auf die Gemeindeebene rückverlagert. D. h. seelische Schwierigkeiten oder Krankheiten werden dort bearbeitet, wo sie entstehen und gelebt werden: In der Stadt, in der Gemeinde, am Arbeitsplatz, in der Familie. Daher *Dezentralisierung* aller Dienste.

2. *Sektorisierung* (Regionalisierung): ein Standardversorgungsgebiet (SVG), auch Sektor genannt, umfaßt ca. 250.000 Einwohner, also eine Stadt, einen Stadtbezirk oder einen Landkreis. Es wird als Organisationseinheit eines umfassenden, bedürfnisgerechten, chancengleichen und integrierten Versorgungsangebots zugrundegelegt.

3. *Selbsthilfe* geht vor Fremdhilfe: Das gilt für den einzelnen Menschen, die Familie, die Nachbarschaft, die übrige natürliche Umwelt, die Gemeinde.

4. *Aufklärung:* sie richtet sich an die allgemeine Öffentlichkeit, mehr noch an die Politiker und die Berufsangehörigen, die mit Menschen zu tun haben, sowie an die psychiatrisch Tätigen selbst. Letzteres ist – im Sinne der Selbstaufklärung – erwie-

412

senermaßen wirksamer als allgemein gestreute Aufklärung. Denn die Haltung der psychiatrisch Tätigen selbst ist der entscheidende Faktor, der Meinungen und Haltungen der allgemeinen Öffentlichkeit steuert. Aufklärung enthält die Forderung nach kritischer Solidarität mit den seelisch Kranken sowie nach Abbau ihrer Benachteiligung (z. B. in der Krankenversicherung und in Gesetzen) gegenüber körperlich Kranken und sozial Notleidenden.

5. *Aus-, Weiter- und Fortbildung:* Es wird Sie vielleicht wundern, daß wir dies zu den Grundsätzen der Versorgung rechnen. Es ist aber eine der häufigsten und schwerwiegendsten Fehler der Versorgungsplanung, zwar bauliche Strukturen zu verändern, jedoch nicht dafür zu sorgen, daß die psychiatrisch Tätigen in ihrem Handeln sich angemessen entwickeln können.

6. *Prävention* geht vor Behandlung: möglichst frühzeitige Konfrontation der Patienten mit ihren Schwierigkeiten und möglichst schnelle Wiederherstellung der Unabhängigkeit von Betreuung.

7. *Ambulante* geht vor stationärer Behandlung: Das bedeutet Ausweitung der ambulanten Dienste und des Rehabilitationsbereichs. Dafür Verkleinerung, Dezentralisierung und Rückführung der Krankenhäuser bzw. Abteilungen auf die nur ihnen möglichen Aufgaben.

8. *Kontinuität:* a) institutionell: alle Elemente des Versorgungssystems müssen miteinander kooperieren, bilden eine „*therapeutische Kette*"; b) personell: die Bezugspersonen eines Patienten sollen möglichst dieselben bleiben.

9. *Koordination:* Jedes SVG braucht ein Gremium oder Forum, das den Austausch und die Abstimmung der Aktivitäten zwischen allen Diensten ermöglicht.

2. Prävention in der Gemeinde

Wir haben alle Aufmerksamkeit und soziale Phantasie darauf zu richten, daß wir den sozialen (öffentlichen und privaten) Raum unserer Gemeinde so gestalten, daß möglichst wenige Menschen überhaupt psychiatriebedürftig werden. Dafür gibt es zahllose Möglichkeiten, wenn wir nur lernen, mehr in „Gesundheit" als in „Krankheit" zu denken. Jeder von uns kann sich daran beteiligen.

Beispiele: 1. In einer großen Neubausiedlung wurde durchgesetzt, daß Sitzbänke an den Straßen und in den Anlagen installiert wurden. Erst jetzt konnten sich auch die alten Menschen frei bewegen: eine wesentliche Hilfe, um ihrer Isolationsgefahr entgegenzuwirken. – 2. In einem Großbetrieb wurden regelmäßige Beratungsgespräche zwischen den Lehrlingsausbildern und einem Mitglied eines gemeindepsychiatrischen Teams vereinbart, was sich günstig auf den Umgang mit den Problemen der Lehrlinge auswirkte. – 3. Der Leiter eines Bezirksamtes wurde zu der Empfehlung ermutigt, daß die Angestellten sämtlicher Dienststellen, die wegen eines Problems (Psychose, Abhängigkeit, Konflikt) von selbst keine Lösung finden, zur präventiven Beratung zum SpD des Gesundheitsamtes kommen. Bis dahin hatte man eher untätig zugesehen, wie solche Angestellte allmählich dienstunfähig wurden, und sie erst nach der Entlassung aus dem Staatsdienst dem Gesundheitsamt gemeldet.

413

Etwas künstlich können wir folgende unmittelbar gemeindewirksamen Aktivitäten unterscheiden:

a) *Initiativen der Bürger*

Zunächst einmal kann jeder von uns – als Bürger seiner Gemeinde – allein, über eine Partei, eine Gewerkschaft, eine Kirchengemeinde, über seinen Betrieb oder über eine Bürgerinitiative tätig werden. Er kann sich um das Erziehungswesen, um Schulen, Wohnungsbau, Arbeitsverhältnisse, Kinderläden, Nachbarschaftshilfe, Freizeitangebote, Altentagesstätten, Umweltschutz in seiner Gemeinde kümmern. Zudem kann er als Mitglied oder Gründer eines psychiatrischen Hilfs- oder Trägervereins, als Laienhelfer oder als Mitglied eines Gemeindeclubs dazu beitragen, daß Teile des Psychiatrie-Bereichs durch Einbeziehung in das Gemeindeleben „normalisiert" werden. Auch psychiatrische Krankenhäuser können sich mit der sie tragenden Gemeinde verflechten, z. B. durch „Tage der offenen Tür" oder durch Mitbenutzung ihrer Einrichtungen (Turnhalle, Cafeteria) durch die Bevölkerung. Förderung von Patienten- und Angehörigen-Selbsthilfegruppen wirkt in dieselbe Richtung.

b) *Gemeindeclubs*

Sie setzen sich zusammen: aus entlassenen Patienten, aus Personen, die auf Grund von Isolation, Mißtrauen, Angst oder Minderheits-Diskriminierung gefährdet sind, aus interessierten sonstigen Bürgern sowie aus 1-2 psychiatrisch Tätigen. Der bisherige Begriff „Patientenclub" ist daher aufzugeben, zumal die Ex-Patienten gerade von ihrer Patienten-Rolle freikommen wollen. Zweck der Gemeindeclubs ist Herstellung zwischenmenschlicher Beziehungen, gemeinsame Freizeit- und Lebensgestaltung, gegenseitige Hilfe, Teilhabe am öffentlichen Leben der Gemeinde, gemeinsame Arbeit für bestimmte soziale Ziele (z. B. Spielzeug-Produktion für einen Kindergarten). Therapeutische Elemente müssen keineswegs in das Programm aufgenommen werden. Gemeindeclubs sind das natürlichste und vielleicht wirksamste präventiv-rehabilitative Mittel überhaupt: Menschen, die bisher immer wieder ins Krankenhaus mußten, brauchen dies jetzt nicht mehr oder seltener und kürzer. Wer in einem Gemeindeclub mitgearbeitet hat, weiß um seine anfängliche Angst und weiß, daß dies die natürlichste Art ist, Psychiatrie „von innen" zu lernen. Wer diese Erfahrung nicht hat, versteht schwerlich etwas von Psychiatrie. Daher sollten alle Lernenden und alle psychiatrisch Tätigen eine Zeit lang einen Abend in der Woche für solche Clubarbeit reservieren.

Gelungene Beispiele: Club 55 in Freiburg, Frankfurter Werkgemeinschaft, die Clubs in Hannover und die Clubs der SpDs in Hamburg.

c) *Beratung sozialer Dienste*

Lehrer, Erzieher, Juristen, Lehrlingsausbilder und Werkmeister, Seelsorger, Polizisten, Bewährungshelfer, Sozialarbeiter, Krankenhausärzte und -schwestern usw. gehen täglich mit Menschen in Not um. Sie können also in positiver und negativer Richtung die Weichen stellen. Sie bedürfen daher der Beratung (Counseling) oder

Supervision. Psychiatrisch Tätige sollten einen Teil ihrer Arbeitszeit dafür reservieren, weil dies einen präventiven Multiplikatoreffekt hat. Zu empfehlen sind z. B. die 2-jährigen, berufsgemischten und berufsbegleitenden Fortbildungskurse der DGSP.

d) *Beratungsstellen*

Hier herrscht in der BRD ein Dschungel mit unübersehbaren Überschneidungen. Er beginnt mit den schulpsychologischen Diensten, den Beratungsstellen der Arbeitsämter und der Sozialversicherung und den diversen Diensten des Fürsorgesystems und endet mit den teils öffentlichen, teils privaten Erziehungs-, Ehe-, Familienberatungsstellen und der Telefonseelsorge noch lange nicht. Hier sind psychosozial Professionelle am Werk. Aber ob sie nun Beratung oder Therapie treiben, ist oft nur ein Streit um Worte (Erziehungsberatungsstellen z. B. haben jetzt Rahmenrichtlinien, die auch offiziell „Therapie" erlauben.) Ständig ergeben sich neue Spezialisierungen. Aber auch hier sollte die Grenze des Wachstums erreicht sein. Die Neuordnung muß sich nach den aufgeführten gemeindeorientierten Grundsätzen richten: Dezentralisierte Lokalisierung der Beratungsstellen. Fachlich vielseitige Teams, die möglichst vielen Bedürfnissen eines kleinen Bevölkerungs- und Wohnbereichs entsprechen können. Statt Zweierbeziehung mobile Öffnung gegen Familie, Nachbarschaft und Gemeindeöffentlichkeit. Angliederung eines Clubs. Arbeitsweise kann von der in diesem Lehrbuch entwickelten Grundhaltung ausgehen, richtet sich also nach dem vorliegenden Problem und hat Aktivierung der Selbsthilfe zum Ziel. Nur so können beratungsmißtrauische Unterschicht- und Randgruppen erreicht werden. Die Enquête fordert mit Recht zumindest den Zusammenschluß von Erziehungs-, Familien-, Ehe- und Lebensberatung. Die Verbindung mit den allgemein-medizinischen „*Sozialstationen*", die für Pflege, Rehabilitation, präventive Gesundheitsberatung und Gemeindearbeit zuständig sind, ist herzustellen.

Für unterversorgte (z. B. ländliche oder sozial desintegrierte) Wohnbereiche schlägt die Enquête als neuen Typ die „*Psychosoziale Kontaktstelle*" vor: Sie soll eng verflochten mit einem kleinen Wohnbereich (10.000 bis 50.000 Einwohner) sein. Das dort tätige Team hat vor allem auf die Bedürfnisse der sozial Schwachen zu achten, hat familien-, gemeinwesen-orientiert, koordinativ und im übrigen wie oben zu arbeiten Die Angehörigen aller Beratungsstellen haben Anspruch auf Counseling und Supervision durch psychiatrisch Tätige.

e) *Praktische Ärzte*

Sie gehören zu den gemeindenahesten psychiatrischen Einrichtungen – oft ohne es zu wissen. Mindestens 10% der Bevölkerung gehen jedes Jahr zu ihnen wegen seelischer Schwierigkeiten. Sie – „die Hausärzte" – sind der einzige Teil der Medizin, der noch systematisch familienorientiert auf der Basis eines oft großen Vertrauens und mobil (Hausbesuche!) arbeitet. Daher kann diese Gruppe es am leichtesten wieder lernen, den körperlichen, seelischen und sozialen Bedingungen eines Patienten gleich große Aufmerksamkeit zu widmen. Mit Hilfe der von uns vorgeschlagenen und bei einiger Übung zeitsparenden Grundhaltung ist entscheidbar, wann eine Störung Ausdruck eines Konfliktes im Arbeits- oder Familienbereich ist; wann eine Beratung, wann eine Vermittlung sozialer oder psychiatrischer Hilfe angemessen ist; wann die richtige Hilfe in der Verweigerung der Hilfe und damit in der Stärkung der Selbsthilfe besteht; wie der Hausarzt selbst eine Kurzpsychotherapie durchführt; wie er die Indikation zur Vergabe und Verweigerung von Medikamenten findet; und schließlich, wie er durch Depot-Neuroleptika auch die Rehabilitation richtig steuert. Daher ist seine Integration in die übrigen Gemeindedienste ausschlaggebend. Zum Erlernen der Grundhaltung und zum Verlernen berufsausbildungsbedingter Fehler (z. B. um der Sicherheit willen etwas lieber zu tun als es zu lassen) empfiehlt sich die *Balint-Gruppe*, d. h. berufsbegleitendes Bearbeiten der eigenen Schwierigkeiten am Beispiel des Umgangs mit „schwierigen" Patienten in einer Gruppe mit Hilfe eines psychiatrisch Tätigen. Auch für praktische Ärzte sind die regional angebotenen DGSP-Kurse bzw. andere Kurse, die die Selbstwahrnehmung üben, sinnvoll.

3. Ambulante Dienste

Die psychiatrische Versorgung ist von der Ambulanz her zu organisieren (s. Grundsätze). Zahlenmäßig wird die Ambulanz vor allem von den über 1000 nervenärztlichen und psychotherapeutischen Kassenpraxen in der BRD getragen, die aber den RVO-Sicherstellungsauftrag in mehrfacher Hinsicht nicht erfüllen können. Einmal zahlenmäßig: Bei einer angestrebten Relation 1 Nervenarzt auf 50.000 Einwohner gibt es zu wenige, zumal sie zu 60% in Großstädten sitzen und auch die neurologische Versorgung zu leisten haben. Von 120 Kinder- und Jugendpsychiatern arbeiteten 1974 nur 28 in freier Praxis! Zum anderen strukturell: So haben

Prozentuale Verteilung einzelner Krankheitsformen bei Aufnahmen in psychiatrischen Krankenhäusern und Behandlungsfälle in nervenärztlichen Praxen

Diagnosen	Hamburg		Baden-Württemberg		Oberbayern	
	Kran-ken-haus	Praxis	Kran-ken-haus	Praxis	Kran-ken-haus	Praxis
Gerontopsychiatrische Erkrankungen	17,2	1,1	20,5	1,3	10,9	4,4
andere organische psychiatrische Erkrankungen	11,1	3,6	7,0	7,6	6,1	5,1
Schizophrenie	18,7	9,1	26,0	10,4	29,7	7,7
Affektive und andere Psychosen	18,2	40,4	9,5	28,0	17,8	23,6
Neurosen, abnorme Reaktionen	8,1	32,0	9,5	40,8	9,8	45,2
Persönlichkeitsstörungen	5,1	8,2	3,0	6,9	3,5	5,7
Alkoholkranke und Süchtige	19,7	4,4	21,0	2,6	19,2	2,9
Oligophrenie	1,5	1,2	3,5	2,4	1,9	4,4
andere, oben nicht klassifizierbare	0,5	—	—	—	1,1	1,1

416

Degkwitz u. a. gezeigt, daß die Patientengruppen der Nervenärzte und die der Krankenhäuser sich zwar überschneiden, sich aber auch schwerwiegend unterscheiden (Abb. 1., Enquête, S. 210).

Das bedeutet, daß Patienten mit alterspsychiatrischen und schizophrenen Störungen, Abhängige, Geistig Behinderte sowie Angehörige der sozialen Unterschicht und der Randgruppen – und das sind gerade die wichtigsten Problemgruppen – durch Nervenärzte nicht hinreichend ambulant versorgt werden. Weiter haben Dilling sowie Bosch u. a. nachgewiesen, daß 70-85% der entlassenen Krankenhauspatienten nicht in fachpsychiatrische ambulante Weiterbehandlung gehen. Selbst von den entlassenen manisch-depressiven Patienten gingen nur 27% zum Nervenarzt. – Dem Bedarf entsprechend ist die ambulante Versorgung – überwiegend nach der Enquête – wie folgt zu ergänzen:

a) *Nervenärztliche und psychotherapeutische Praxis*

Ihre Versorgungswirksamkeit kann folgendermaßen verbessert werden: 1. Die Weiterbildung zum Facharzt für Psychiatrie (und Neurologie) wird ergänzt durch Ambulanztätigkeit und durch Erlernen psychotherapeutischer Methoden – etwa im Wert des „psychotherapeutischen Zusatztitels". Damit würde auch hier der unsinnige Unterschied zwischen Psychiatrie und Psychotherapie abgetragen. Niedergelassene Psychotherapeuten haben Gruppentherapien sowie gesprächs- oder verhaltenstherapeutische Methoden soweit zu lernen, daß ihre Tätigkeit für die Versorgung überhaupt ins Gewicht fällt. 2. Für die Integration in die Gemeinde ist ein Teil der Arbeitszeit für Betreuung von Rehabilitations- und Beratungsdiensten zu reservieren. 3. Es ist eine Rechtsform zu finden, die es erlaubt, daß niedergelassene Nervenärzte bzw. Psychotherapeuten mit Angehörigen anderer psychiatrischer Berufe gleichberechtigt in einem Team zusammenarbeiten. Damit hätte das Teamprinzip auch in die nervenärztlich/psychotherapeutische Praxis Eingang gefunden. Dies auch als Befreiung des Nervenarztes aus seiner Isolation und als für zeitgemäße psychiatrische Arbeit unverzichtbares Instrument der gegenseitigen Kontrolle. (In der DGSP erprobt eine Arbeitsgruppe solche Möglichkeiten.) 4. Ein Schritt auf diesem Weg ist die Kooperation von Ärzten gleicher oder verschiedener Fachrichtungen in Gruppenpraxen.

Mit solchen und ähnlichen Maßnahmen kann die nervenärztliche Paxis vollständig das werden, was sie von Anbeginn war: die historisch erste *gemeindepsychiatrische* Einrichtung.

b) *Ambulanz des Krankenhauses*

Sie ist auf Grund der RVO-Änderung von 1976 für den psychiatrischen Bereich gestattet. Damit wird dem erwiesenen Bedarf Rechnung getragen. Die Ambulanz eines psychiatrischen Krankenhauses bzw. einer Abteilung hat folgende Aufgaben: 1. Therapeutische und medikamentöse Nachsorge und weitere Rehabilitationsmaßnahmen unter Wahrung der personellen Behandlungskontinuität, vor allem für die Patientengruppen, deren Nachsorge nervenärztlich unzureichend ist. 2. Vorbeugung von Rückfällen und Verhütung unnötiger stationärer Aufnahmen.

(Bisher hatte der Diensthabende in den häufigen Zweifelsfällen keine Alternative zur stationären Aufnahme.) 3. Krisenintervention durch Aufsuchen eines gefährdeten Menschen in seinem Lebensraum. 4. Konsiliarische Betreuung anderer Krankenhäuser und Gemeindedienste. Eine solche Ambulanz arbeitet psychiatrisch-psychotherapeutisch. Sie besteht aus einem „mobilen Team" von Ärzten, Sozialarbeitern, Pflegepersonen und Psychologen. Sie wird „vor Ort", also familien- und arbeitsplatzorientiert tätig.

Gelungenes Beispiel: Psychiatrische Klinik der medizinischen Hochschule Hannover, auch mit einer integrierten Beratungsstelle für Erwachsene, Kinder und Jugendliche, also gemeindeorientiert-familientherapeutisch.

c) *Sozialpsychiatrischer Dienst am Gesundheitsamt* (SpD)

Er arbeitet mobil und berufsübergreifend. Ihm obliegen vor allem alle gemeindepsychiatrischen präventiven und rehabilitativen Aufgaben sowie die Krisenintervention. Er berät ferner die anderen Dienste der Gemeinde. Von ihm haben auch Initiativen zur Primärprävention der Gemeinde auszugehen, z. B. Herstellung von mehr Öffentlichkeit, um Isolationsentwicklungen der Bürger zu verhindern. Besonders wichtig ist die Wiederherstellung großfamiliärer bzw. nachbarschaftlicher Beziehungen, d. h. die Ausschöpfung des Potentials an Hilfsbereitschaft und Selbsthilfefähigkeit der Gemeinde. Auch für die Bildung von therapeutischen Gruppen und Selbsthilfegruppen sowie für Clubarbeit ist zu sorgen. (Schon nach dem veralteten bisherigen System war der SpD das einzige Element, das systematisch mobil arbeitete).

Vom SpD aus kann auch ein Kriseninterventionsdienst im Sinne eines psychiatrischen Notdienstes rund um die Uhr organisiert werden, wofür z. B. das Hamburger PsychKG gute gesetzliche Voraussetzungen geschaffen hat. Amsterdam hat gezeigt, daß hierdurch die Zahl der therapie-ungünstigen Zwangseinweisungen drastisch gesenkt werden kann.

Gelungenes Beispiel: Die SpD's an den Gesundheitsämtern in Berlin.

d) *Institutionelle Ambulanz durch „Nicht-Ärzte"*

Diese Frage berührt ein bisheriges Ärzte-Monopol, wie die Auseinandersetzungen um das „Gesetz zum nichtärztlichen Therapeuten" zeigen. (Vergl. hierzu DGSP-Stellungnahme). Mit Sicherheit werden in Zukunft mehr ambulante Arbeitsplätze für alle in der Psychiatrie tätigen Berufe geschaffen. Zumal es erwiesen ist, daß bei entsprechender Aus-, Weiter- und Fortbildung die Befähigung zur Therapie bei den unterschiedlichen Berufsangehörigen gleichermaßen vorliegt. Wir halten es für ungünstig, daß auch Psychologen und andere Berufsangehörige – nach dem Modell der Arztpraxis – den Weg der freien Niederlassung gehen. Dies wegen der genannten Mängel des „Einmannbetriebes" in der Psychiatrie, wegen des Vorrangs der Förderung der Selbsthilfe und aus ökonomischen Gründen. Daher ist es wesentlich günstiger, mehr auch therapeutisch wirksame Arbeitsplätze in Beratungsstellen und anderen ambulanten Diensten zu schaffen.

4. Stationäre und teilstationäre Dienste

a) *PKH und psychiatrische Abteilungen*

Die Enquête fordert, daß auch die stationäre Psychiatrie von der Landesebene („*Landes*krankenhaus") auf die Gemeindeebene zurückgeholt wird. Daher soll bevorzugt stationäre Psychiatrie in der psychiatrischen Abteilung des zuständigen Allgemeinen Krankenhauses stattfinden.

Ein Standardversorgungsgebiet benötigt höchstens 200 stationäre und teilstationäre Behandlungsplätze. (Beachte: es wird nicht mehr in „Betten", sondern in „Plätzen" gerechnet.) Diese Zahl verringert sich, je mehr ambulante und komplementäre Dienste geschaffen sind und je mehr auch die stationären Teams psychiatrisches und psychotherapeutisches Handeln verschmelzen, wie z. T. in den PKH's Gießen, Düren, Gütersloh, Göttingen. In welchem Umfang die Zahl der stationären Plätze gesenkt werden kann, zeigt in Italien Triest und in der BRD das PKH Wunstorf. Absolutes Erfordernis ist, daß Akut- und Langzeitkranke der zu versorgenden Gemeinde gleichgute Therapiechancen habe, daß in der inneren Struktur die Belange der Alten und der Abhängigen berücksichtigt werden und daß Intensivplätze existieren. Statt der traditionellen geschlossenen Aufnahmestationen bzw. -klinik können Neuaufnahmen auch reihum auf alle Stationen verteilt werden, die dann alle zeitweilig geschlossen betrieben werden. An der Leitung der PKH's bzw. Abteilungen sind alle Berufsgruppen zu beteiligen. Die Umstellung von der kameralistischen auf die kaufmännische Betriebsführung ist vielerorts die Voraussetzung dafür, daß Patienten in der Arbeitstherapie gerecht entlohnt werden.

Das PKH kann auch als selbständiges stationäres Behandlungszentrum organisiert sein, zumal die bestehenden übergroßen PKH's (bis zu 3000 Plätzen) nur schrittweise verkleinert werden können. In keinem Fall soll ein PKH mehr als 5-600 Plätze haben. Es kann sich innerlich sektorisieren, d. h. die Zuständigkeit für mehrere Standardversorgungsgebiete intern abgrenzen. Es kann kleinere Abteilungen vor allem in ländlichen Gebieten unterhalten (Satelliten-Modell). Und es wird überregionale Aufgaben (s. d.) übernehmen. – Abteilungen haben aber neben der Gemeindenähe auch den Vorteil, daß durch ein Konsiliarsystem a) die körpermedizinische Mangelversorgung der psychiatrischen Patienten aufhört und b) die ebenso wichtige psychiatrische Versorgung der körpermedizinischen Stationen garantiert ist. – Die Enquête empfiehlt, daß auch ein Teil der Universitätskliniken – unter Wahrung ihrer Sonderaufgaben – die Versorgung eines Standardgebietes übernehmen. Damit würde der erwiesene Mißstand entfallen, daß in Universitätskliniken „angenehme" Patienten – nach Diagnose, Prognose, Alter und sozialer Schicht – überwiegen. Universitätskliniken würden nicht mehr auf der Grundlage einer so verzerrten, unrealistischen und unrepräsentativen Patientenzusammensetzung in Forschung und Lehre meinungsbildend sein. Dies würde automatisch zu einer (wohl bisweilen enttäuschenden) Wirklichkeitsannäherung in Ausbildung, Weiterbildung und Forschung führen. Der stationäre Dienst hat sich in das System der übrigen Dienste zu integrieren bzw. solche zu schaffen.

419

Gelungene Beispiele: PKH Mönchengladbach, PKH Weinsberg/Heilbronn. Der städtisch-ländliche Großraum Hannover wird sektorisiert versorgt von der Universitätsklinik und den PKH's Wunstorf, Ilten und Langenhagen.

b) *Tagesklinik*

Sie ist wichtig, um die „Schwundquote" der Patienten zu verkleinern, die in das „Loch" zwischen ambulanter und stationärer Versorgung fallen. Sie ist also Glied zur Herstellung einer „therapeutischen Kette". Daher gibt es logischerweise 2 Typen:

1. *Vorschalt- oder Kriseninterventions-Tagesklinik:* dient der Verhinderung einer stationären Aufnahme, für alle akuten Krisen und Krankheiten, einschließlich Psychosen, sofern stationäre Aufnahme nicht zwingend ist. Sie ermöglicht die Aufrechterhaltung der sozialen Beziehungen. Die Aufenthaltsdauer ist ebenso begrenzt (z. B. 4 Wochen) wie die Definition der Therapieziele. Bei Bedarf Überleitung in ambulante Therapie. Hoher präventiver Wert.

2. *Nachsorge- oder Rehabilitations-Tagesklinik:* dient der Verkürzung des stationären Aufenthalts und der schrittweisen Wiederzumutung der eigenen sozialen Beziehungen, vorwiegend für Langzeitpatienten geeignet.

Jede stationäre Standardversorgungseinheit sollte über beide Typen verfügen. Die ersten Tageskliniken wurden in der Sowjetunion kurz nach der Revolution von 1917 entwickelt. Nach England, Kanada, USA, Skandinavien, Holland kam es 1960 zur ersten Tagesklinik in der BRD. Derzeit gibt es in England über 350 Tageskliniken, in der BRD ca. 20, wenn auch mit steigender Tendenz. Inzwischen haben sich Tageskliniken auch an körpermedizinischen Krankenhäusern bewährt, ein Beispiel der Nützlichkeit der Psychiatrie auch für die Körpermedizin.

Die Arbeitsweise wird deutlich durch die Art, wie Sie sie einem neuen Patienten beschreiben könnten: „Sie machen sich jeden Werktagmorgen zu einem normalen 8-Stunden-Arbeitstag auf den Weg, nur daß sie in der Tagesklinik an sich selbst und nicht für den Arbeitgeber arbeiten. Unser Ziel ist es, Ihnen Gelegenheit zu geben, mit sich selbst, Ihren Schwächen und Stärken besser umgehen zu lernen. Daher haben wir das Tagesklinikprogramm aus solchen Situationen zusammengesetzt, die Ihrem eigenen Lebensalltag einigermaßen entsprechen. Aber mit dem Unterschied, daß wir ständig offen auch über diese Situation sprechen können: Sie können mit Anderen über Ihre Schwierigkeiten und Gefühle sprechen (Gruppentherapie). Sie arbeiten einige Stunden (Arbeitstherapie). Sie versuchen, Ihre Freizeit produktiver zu gestalten (Beschäftigungstherapie). Sie lernen Ihren Körper und dessen Ausdrucksmöglichkeiten besser kennen (Bewegungstherapie). Und beim gemeinsamen morgendlichen und abendlichen Kaffeetrinken können wir darüber sprechen, ob Sie sich gesund oder krank fühlen, was Sie sich für den Feierabend bzw. das Wochenende vorgenommen haben und wie Ihnen das gelungen ist." Die Atmosphäre muß wirklichkeitsnah sein sowie Offenheit bzw. Ausprobieren neuer Handlungsweisen fördern. Viele Patienten legen auch Wege von 20 bis 30 km zurück. Besondere Tageskliniken (oder auch vom Krankenhaus unabhängige Tagesstätten) sind für alte Leute einzurichten, z. B. Hamburg-Ochsenzoll.

Arbeit in einer Tagesklinik ist gut für das Erlangen einer vollständigen Wahrnehmung. Denn hier leben Sie mit psychiatrischen Patienten zugleich unter Krankenhausbedingungen *und* unter Alltagsbedingungen eine Zeit lang zusammen. Sie kommen anfangs nicht selten in eine persönliche Krise und in eine Krise ihrer bisherigen Berufsrollen.

Gelungene Beispiele: Für den Kriseninterventions-Typ: Tagesklinik der Psychiatrischen Universitätsklinik Hamburg oder der Sozialpsychiatrischen Klinik Berlin. Für den Rehabilitations-Typ: Tagesklinik des PKH Mönchengladbach oder der Psychiatrischen Universitätsklinik Tübingen.

c) *Nachtklinik*

Sie ist geeignet vor allem für Langzeit-Patienten, die keinen oder einen ungünstigen familiären Hintergrund haben, aber mit einem systematischen Halt arbeitsfähig sind. Sie gibt ihnen Gelegenheit, sich mit Hilfe eines medikamentösen, psycho- und soziotherapeutischen Programms schrittweise auf die völlige Verselbständigung ihrer Lebensführung vorzubereiten. Die Atmosphäre muß in gleichem Maße wohnlich sein *und* zur Herstellung einer eigenständigen Wohnlichkeit in der Gemeinde (allein oder mit Anderen) auffordern. – In Halle/DDR z. B. werden dieselben Räume umschichtig als Tages- und Nachtklinik benutzt. – Für isolationsgefährdete oder sehr angestrengt lebende Menschen hat es sich bewährt, sie in einer *Wochenendklinik* über längere Zeit nur zu den Wochenenden aufzunehmen.

5. Komplementäre bzw. rehabilitative Dienste

Ihr Ausbau wird von der Enquête mit Recht als Voraussetzung dafür gesehen, daß ein großer Teil der bisher stationären Patienten gemeindenähere, weniger aufwendige und förderndere Bedingungen außerhalb des Krankenhauses findet. Folgende Einrichtungen sind notwendig (Bedarfszahlen in 0/00 der Bevölkerung in Klammern):

a) *Übergangsheim* (0,2 0/00)
Für Langzeitpatienten, die man – nach dem Sprachgebrauch des bisher finanziell zuständigen BSHG – „seelisch Behinderte" nennt und die erwarten lassen, daß sie lernen, von hier aus zur Arbeit gehen und in 1-2 Jahren die volle Selbständigkeit der Lebensführung zu finden. Atmosphäre, therapeutisches Programm und Tageslauf müssen ein schrittweises Unabhängigwerden von Fremdhilfe ermöglichen. Entsprechend müssen im Team alle psychiatrischen Berufsgruppen vertreten sein. Nur der medizinische Teil wird von einem niedergelassenen Nervenarzt und/oder einem Konsiliar-Psychiater wahrgenommen.

b) *Wohnheim* (0,25 0/00)
für Patienten, die auf absehbare Zeit keine freie Arbeitsfähigkeit und/oder keine freie Wohnfähigkeit erwarten lassen, die daher hier grundsätzlich unbefristet wohnen können. Dennoch ist ein selbsthilfe-förderndes Konzept erforderlich. Denn es hat sich gezeigt, daß unter dieser Voraussetzung – angefangen vom selbständigen Essen, Ankleiden und Einkaufen – der Bereich freier und genußvoller Teilnahme am Gemeindeleben erheblich ausgedehnt werden kann. Außerdem läßt sich nur so vermeiden, daß ein Heimhospitalismus entsteht, der nicht besser ist als der kritisierte Krankenhaus-Hospitalismus. Aus diesem Grund wird es zunehmend wichtiger,

c) *Wohngruppen oder Wohngemeinschaften*
zu schaffen, als entscheidende Perspektive gerade für Heimbewohner, aber auch für andere Patienten. Hier können Patienten, die ein Zusammenleben im Heim ausprobiert haben, auch ohne Arbeit gemeinsam in einem normalen Mietverhältnis wohnen, sich gegenseitig helfen und so die psychiatrische Versorgungsbedürftigkeit gegen eine normale Teilnahme am Gemeindeleben eintauschen. Fremdhilfe beschränkt sich auf gelegentliche Besuche eines Heim-Teammitgliedes. Ein Heim ohne die Möglichkeit weiterführender, „normalisierender" Wohngruppen ist also unvollständig! (Dies als Beispiel dafür, wieviel Phantasie wir für geeignete „Ausgänge" aus dem psychiatrischen Versorgungssystem noch benötigen.) Eine ähnliche, wenn auch beschütztere Lösung ist die Aufnahme ehemaliger Patienten in *Familienpflege*. Auch dies ist bei Eignung der Familie, finanziellem Ausgleich und therapeutischer Anleitung durch ein Team-Mitglied einem Dauer-Heimaufenthalt oft vorzuziehen.

d) *Werkstätten für Behinderte* (1 0/00)

Sie dienen der Eingliederung geistig (0,8 0/00) und seelisch (0,2 0/00) Behinderter ins Arbeitsleben. Wichtig ist a) die Stufung in Eingangs-, Trainings- und Produktionsstufe; b) die regionale Verteilung kleinerer Werkstätten im Verbund; c) die Unterscheidung der Behinderungsarten (für seelisch Behinderte ist Arbeit nicht so sehr als Fertigkeit, sondern als zwischenmenschliche Beziehung ein Problem); d) die gerechte Entlohnung; und e) die therapeutische Qualifikation der begleitenden Dienste. In allen diesen Hinsichten ist das Schwerbehindertengesetz verbesserungsbedürftig. Je nach Behinderungsgrad steht am Ende die Vermittlung auf dem freien Arbeitsmarkt oder ein Dauerarbeitsplatz in der Werkstatt.

e) *Beschützende Arbeitsplätze*

Eine WfB hat über beschützende Arbeitsplätze in den umliegenden Betrieben der freien Wirtschaft bzw. der öffentlichen Hand zu verfügen. Der Rehabilitationswert ist wesentlich höher, wenn Behinderte allein, als Gruppe oder gemischt mit nicht-behinderten Arbeitnehmern in einem „normalen" Betrieb sich allmählich den üblichen Belastungen eines Arbeitsplatzes auszusetzen lernen. Je mehr eine WfB ihre Arbeit auf solche beschützenden Arbeitsplätze umstellen kann, desto weniger grenzt sie die Behinderten aus und desto mehr überträgt sie das oberste Prinzip der Gemeindenähe auch auf den Arbeitsbereich. Dies gegen die nach dem Wirtschaftssystem zu erwartenden Widerstände zu unterstützen, ist eine bisher zu wenig gesehene Aufgabe der Gewerkschaften, die die Solidargemeinschaft der Arbeitnehmer vertreten. England und die DDR z. B. sind hier wesentlich weiter. – Ähnliches gilt für die 6% *Arbeitsplätze für Schwerbehinderte*, von denen sich die meisten Arbeitgeber leider immer noch freikaufen können. Unberücksichtigt ist bisher auch noch der Umstand, daß Behinderte über längere Zeit einer therapeutischen Bezugsperson am Arbeitsplatz bedürfen. Dies ist von der WfB oder vom ambulanten Dienst der zuständigen Gemeinde zu organisieren.

f) *Berufsbildungs- (0,1 0/00) und Berufsförderungswerke (0,18 0/00)*

Erstere dienen der Erstausbildung jugendlicher Behinderter, letztere der Umschulung erwachsener Behinderter. Sämtliche Einrichtungen dieser Art in der BRD – außer Heidelberg – sind noch erst zu motivieren, sich auf die Besonderheiten auch seelisch Behinderter einzustellen. Einübung in die Grundhaltung auch der Werkmeister ist Voraussetzung dafür.

g) *Gemeinde-Psychiatrisches Zentrum* (GPZ)

Es faßt alle wichtigen außerklinischen Dienste für seelisch Behinderte einer Region zusammen, was sich aus Gründen der Gemeindenähe, der Flexibilität und Ökonomie bewährt. Ein solches GPZ wird modellhaft von der DGSP getragen: Es besteht – mit jeweils 20 Plätzen – aus Übergangsheim, Wohnheim, Tagesstätte (im Sinne einer Rehabilitations-Tagesklinik) und Werkstatt (im Verbund mit einer größeren WfB). Damit kann das GPZ den Bedarf des Standardversorgungsgebietes Hamburg-Eimsbüttel an solchen Einrichtungen decken. Ambulante bzw. präventive Dienste können dem GPZ angegliedert werden.

Gegenwärtig besteht eine heftige und sicher langwierige Auseinandersetzung über die Frage, ob der Aufenthalt psychiatrischer Patienten in komplementären Einrichtungen wie meist bisher über die Sozialhilfe (BSHG) oder über die Sozialversicherung zu finanzieren sei.

6. Dienste für andere Gruppen

Hierzu ist im wesentlichen auf die jeweils zuständigen Kapitel dieses Lehrbuches zu verweisen. Wir ergänzen hier nur wie folgt:

a) *Geistig Behinderte* benötigen neben den schon beschriebenen Einrichtungen an regionalen komplementären Heimdiensten 0,6 0/00 Plätze, davon 0,4 0/00 Plätze für Schwerst- und Mehrfachbehinderte. Überregional sind Behindertenzentren mit 2-400 Plätzen erforderlich, die auch die regionalen Einrichtungen zu betreuen haben.

b) *Kinder und Jugendliche:* Ihre Standardversorgungsgebiete werden doppelt so groß wie die für Erwachsene veranschlagt. Stationärer Bedarf für geistige Behinderung 0,6 0/00, für seelische Störungen 0,3 0/00. Heime für geistig und seelisch Behinderte 0,45 0/00, davon für Schwerstbehinderte 0,15 0/00. Plätze für längerfristige stationäre Versorgung an „Zentren für Kinder- und Jugendpsychiatrie" 0,2 0/00. Dienste mit besonderen psychotherapeutisch-sonderpädagogischen Angeboten 0,15 0/00. Dienste für therapiebedürftige Jugendliche (Tagesdienste, Wohnheime, Wohngruppen in der Gemeinde) 0,15 0/00. – Die kaum zu überbietenden Mängel gegenüber den Bedürfnissen gerade von Kindern und Jugendlichen zeigt die bisher fehlende präventive Ausrichtung unseres Sozial- und Gesundheitssystems besonders drastisch.

c) *Seelisch kranke alte Menschen:* Die Enquête empfiehlt für jedes SVG eine Gerontopsychiatrische Einheit, angeschlossen an das zuständige psychiatrische Zentrum oder an das Allgemeinkrankenhaus. Sie besteht aus 1. einer Assessment-Einheit (15 Plätze) mit einer mobilen Ambulanz, zwecks a) körperlich-seelisch-sozialer Diagnostik, b) Intensivtherapie bei akuter Erkrankung und c) Zuweisung des alten Menschen zu dem für ihn optimalen Dienst. 2. Tagesklinik (25 Plätze). Und 3. 55 weitere Behandlungsplätze. Im übrigen sind 60 Plätze in Altenkranken-/Altenpflegeheimen erforderlich.

Gelungene Beispiele: Lausanne, Genf.

d) Für *Abhängige, Anfallskranke, Hirnverletzte, Suizidgefährdete* ist die Versorgung – wie in den einzelnen Kapiteln beschrieben – von mobilen Ambulanzen her zu organisieren. Nur so ist gemeindenahe Prävention, Rehabilitation und z. T. auch Therapie möglich. Aus den Problemen, die auf diese Weise nicht gelöst werden können, ergibt sich der Bedarf an stationären und komplementären Diensten.

e) Die *Nichtseßhaften* werden z. Zt. auf 70.000 geschätzt. Die Zahl wächst in letzter Zeit rapide, vor allem im Zusammenhang mit der strukturellen Wirtschaftskrise. Für eine angemessene Versorgung ist die Einrichtung spezieller Beratungsstellen, die Verdopplung der Heimplätze auf 25.000 und der Abbau des karrierefördernden Asylcharakters der Obdachlosenunterkünfte erforderlich.

f) *Psychisch kranke Straftäter:* Hierzu vergl. Kap. 17. – Die Enquête schlägt vor, daß die gesicherten Sonderabteilungen für die nicht schuldfähigen psychisch kranken Straftäter nicht im Krankenhaus, sondern benachbart lokalisiert sein sollen. Sie sollen höchstens 100 bis 150 Patienten umfassen. Mitbenutzung der Einrichtungen des Krankenhauses, die spätere Verlegung auf offene Stationen und die anschließende ambulante Nachsorge durch das Krankenhauspersonal soll möglich sein. Ähnliches gilt für solche Menschen, die in einer Entziehungsanstalt untergebracht sind. Die erst noch zu eröffnenden sozialtherapeutischen Anstalten für schuldfähige, aber zugleich therapiebedürftige Straftäter sollen – entsprechend den positiven Erfahrungen in den Niederlanden – therapeutisch geleitet sein.

7. Zusammenarbeit der Dienste

a) *Standardversorgungsgebiet* (SVG)

Wir geben im folgenden das Schema wieder, das nach der Enquête die Angebote eines SVG darstellt (Abb. 2, Enquête, S. 310). Die Übersetzung in die Wirklichkeit wird noch viel soziale Phantasie für eine Vereinfachung des Schemas, für Flexibilität und teilweise Verbindung der Angebote (z. B. GPZ) erfordern.

Das Vorfeld psychiatrischer und psychotherapeutisch/psychosomatischer sowie rehabilitativer Dienste

Allgemeine professionelle und nicht-professionelle Beratung in den Bereichen:

Erziehung, Seelsorge, Rechtspflege, Gesundheitsämter, Arbeitsverwaltung und Sozialversicherung, Sozialarbeit

Beratungsstellen

praktische Ärzte und Ärzte für Allgemeinmedizin

psychosoziale Kontaktstellen

Fachärzte anderer Disziplinen

Ambulante Dienste

niedergelassene Nervenärzte

niedergelassene ärztliche und nicht-ärztliche Fachpsychotherapeuten

Beratungsstellen für Kinder, Jugendliche und Eltern

niedergelassene Psychagogen (Kinder- und Jugendlichen-psychotherapeuten)

psychosoziale Versorgungseinrichtungen (in unterversorgten Gebieten)

Ambulante Dienste an Krankenhauseinrichtungen	Halbstationäre Dienste	Stationäre Dienste	Komplementäre Dienste	Spezielle rehabilitative Dienste	Dienste für Behinderte
ambulante Dienste an psychiatrischen Behandlungszentren	Tageskliniken und Nachtkliniken	psychiatrische Abteilungen an Allgemeinkrankenhäusern	Übergangsheime	Werkstätten für Behinderte	Einrichtung zur Früherkennung, Frühdiagnose und Frühbehandlung
psychotherapeutisch/psychosomatische Polikliniken	Tageskliniken und Nachtkliniken für besondere Patientengruppen	psychotherapeutisch/psychosomatische Abteilungen an psychiatrischen Krankenhäusern und Allgemeinkrankenhäusern	Wohnheime und Wohnheime für besondere Patientengruppen	Beschützende Arbeitsplätze	Sonderkindergärten
Fachambulanzen		gerontopsychiatrische Abteilung	Beschützende Wohngruppen und Wohnungen		Sonderschulen
		Assessment-Unit für psychisch kranke alte Menschen	Familienpflege		Sonderklassen
			Tagesstätten		Wohnangebote
			Patientenclubs		Bildungs-, Freizeit- und Erholungsstätten
			Einrichtungen für Schwerst- und Mehrfachbehinderte		

KOORDINATION

Psychosozialer Ausschuß
Kooperation der Träger
Psychosoziale Arbeitsgemeinschaft

PLANUNG

Freilich bilden nach dem Konzept dieses Lehrbuches psychiatrische und psychotherapeutische/psychosomatische Tätigkeit und Versorgung eine Einheit. Daher erübrigen sich einige psychotherapeutische stationäre Angebote weitgehend, von Besonderheiten, wie Forschung, abgesehen. Vergleiche auch Enquête-Sondervotum von H. Häfner, S. 416: „Die Kenntnis und Anwendung psychotherapeutischer Verfahren sind ein unerläßlicher Bestandteil jeder modernen psychiatrischen Tätigkeit, der sich nicht annähernd auf die Versorgung neurotisch und psychosomatisch Kranker beschränkt."

b) Auch für die *überregionalen Versorgungsdienste* läßt sich die Enquête-Liste entsprechend um einige Elemente verkürzen. Es bleiben: 1. Psychiatrische Krankenhäuser (5-600 Plätze), auch mit Suchtfachabteilungen für längerfristige Therapie (neben den traditionellen selbständigen Suchtkliniken) und mit

424

Diensten für psychisch kranke Straftäter. 2. Zentren für Kinder- und Jugend-psychiatrie mit den beschriebenen Zusatzdiensten, soweit sie in absehbarer Zeit nicht gemeindenah zu verwirklichen sind. 3. Behindertenzentren. 4. Epilepsie-zentren und -abteilungen (-ambulanzen im SVG). 5. Rehabilitationseinrich-tungen für Hirnverletzte. Und 6. Berufsbildungs- und Berufsförderungswerke.

Es gibt in der BRD noch kein SVG, in dem in der angestrebten Weise ambu-lante, stationäre und komplementäre Dienste integriert und gemeindenah organi-siert sind. Auf dem Wege dahin sind u. a.: die PKH's Mönchengladbach, Weins-berg, Düren, Osnabrück, Weißenau, Gießen, Gütersloh, Wunstorf, die Klinik Häcklingen für den Landkreis Uelzen, Bad Driburg als Psychiatrische Abteilung am Allgemeinen Krankenhaus, die Psychiatrische Universitätsklinik Hannover für einen Sektor von 150.000 Einwohnern der Stadt.

c) Psychosoziale Arbeitsgemeinschaften und Ausschüsse
Der beste Vorschlag der Enquête zur Ermöglichung einer wirklich lebendigen Zusammenarbeit an der *Gemeindebasis* ist die *„psychosoziale Arbeitsgemeinschaft"*: Sie ist der Zusammenschluß aller an der Versorgung eines SVG beteiligten Personen und Dienste, kann von jedem von uns in Gang gesetzt werden, ist also bewußt als „Selbstorganisation", wenn Sie so wollen, als Bürgerinitiative, von der Enquête gedacht. Mit dem zwar nicht juristisch einklagbaren, aber umso größeren moralisch-politischen Gewicht einer solchen Initiative.
Gelungene Beispiele: Gießen, Freiburg, Herford.

Daneben empfiehlt die Enquête vor allem für Planungsaufgaben *„psychosoziale Ausschüsse"*, bestehend aus Vertretern der Dienste, der Betroffenen, der Träger und der Gemeinde. Sie sollen als beratende Gremien Bestandteil der kommu-nalen Selbstverwaltung sein. – Auf Länderebene soll ein Referat für psychosoziale Versorgung bestehen sowie ein Beirat, in dem alle beteiligten Gruppen ver-treten sind. – Auf *Bundesebene* schließlich soll einmal eine gemeinsame Institution der 11 Bundesländer für Austausch und Dokumentation von Erfahrungen bestehen, zum anderen beim zuständigen Bundesministerium ein entsprechendes Referat und ein gemischter psychosozialer Beirat, „zur Realisierung der Empfeh-lungen der Sachverständigenkommission, zu ihrer Fortschreibung und gegebenen-falls Verbesserung".

8. Versorgung – Entsorgung

Wir wollen dieses Kap. mit einem Blick auf die nächste Zukunft abschließen. Die BRD, aber auch viele andere Länder, stehen in einem Dilemma: Einerseits ist das psychiatrische Versorgungssystem, gemessen an dem berechtigten Bedarf, unvollständig. Dies haben wir deutlich genug gemacht. Es ist überall in vielen Hinsichten zu vervollständigen. Hier sind die Richtlinien der Enquête verdienst-voll. Ebenso die Maßnahmen der Länder und Gemeinden, etwa bauliche Ver-änderungen, neue Trägerschaften, auch Krankenhausbedarfspläne, die zudem dringend durch Heimbedarfspläne zu ergänzen sind. – Andererseits haben wir dieses Versorgungsdenken immer auch „gegen den Strich zu bürsten". Wer versorgt wird, wird leicht auch verwaltet. Je besser ein Versorgungssystem funktioniert, desto mehr Eigendynamik entwickelt es, desto mehr verselbständigt es sich gegenüber den Bedürfnissen und desto schwerer haben es einmal von ihm erfaßte Menschen, es nicht mehr zu brauchen, sich zu „normalisieren" und es zu verlassen. Deshalb sind bei aller *Ver*sorgungsplanung folgende *Ent*sorgungs-Fragen immer mitzustellen:

1. Welche gemeinde-präventiven Maßnahmen schränken das Ausmaß notwendiger Versorgungsmaßnahmen ein? Etwa: Herstellung von mehr öffentlichem Leben, Wohnungsbau- und Stadtplanung, Umweltschutz, Erziehungshilfe, Sicherung der Arbeitsplätze. 2. Wie kann ich bei der Versorgungsplanung von den am wenigsten aufwendigen, am wenigsten einschneidenden und bürger-nahesten Einrichtungen ausgehen? Etwa: Planungsbeginn von den Beratungsstellen und ambulanten Diensten aus. 3. Wie kann ich bei bestehenden oder zu erstellenden Einrichtungen genausoviel Aufmerksamkeit auf die System-*Ausgänge* wie auf die System-Eingänge für Patienten richten? Etwa: Gemeindeclubs; Wohngruppen für den Heimbereich.

Der erstere Aspekt verlangt mehr rechnerisches Denken, der letztere mehr soziale Phantasie. Aber erst beides zusammen macht *Vernunft* aus (s. Kap. 16), macht *Normalisierung* – wie wir sie verstehen – auch hier möglich.

LITERATUR:

BASAGLIA, F. (ed): *Die negierte Institution,* Frankfurt, Suhrkamp 1971
BAUER, M.: *Sektorisierte Psychiatrie,* Stuttgart, Enke 1977
Bericht über die Lage der Psychiatrie in der BRD, Deutscher Bundestag, Drucksache 7/4200
FINZEN, A., H. SCHÄDLE-DEININGER: *Die Psychiatrie-Enquête – kurz gefaßt. Werkstattschriften zur Sozialpsychiatrie,* H. 15, Wunstorf, Psychiatrie-Verlag 1978
FINZEN, A.: *Die Tagesklinik. Psychiatrie als Lebensschule,* München, Piper 1977
FISCHER, F.: *Irrenhäuser. Kranke klagen an,* München, Desch 1969
GOFFMAN, E.: *Asyle,* Frankfurt, Suhrkamp 1972
HOHM, H.: *Berufliche Rehabilitation von psychisch Kranken,* Weinheim, Beltz 1977
KISKER, K. P.: *Die Verrücktheit, die Armut und wir,* Nervenarzt 38, 1967
MECHANIC, D.: *Psychiatrische Versorgung und Sozialpolitik,* München, Urban + Schwarzenberg 1975
PÖRKSEN, N.: *Kommunale Psychiatrie,* Reinbek, Rowohlt 1974
Psychiatrische Praxis, Stuttgart, Thieme (alle Hefte dieser Zschr.)
REIMER, F. (ed): *Krankenhauspsychiatrie. Ein Leitfaden für die praktische Arbeit,* Stuttgart, G. Fischer 1977
Sozialpsychiatr. Informationen, Wunstorf, Psychiatrie-Verlag (fast alle Hefte dieser Zschr.)
STUMME, W.: *Psychische Erkrankungen im Urteil der Bevölkerung,* München, Urban + Schwarzenberg 1975

16. Kapitel

GESCHICHTE DER PSYCHIATRIE: ALS EINRICHTUNG UND WISSENSCHAFT

1. Unsinn und Sinn der Psychiatriegeschichte
2. Altertum
3. Mittelalter
4. Renaissance
5. Absolutismus und Aufklärung
6. Industrialisierung und Romantik: Entstehung der Psychiatrie
7. 19. Jh.: Die Psychiatrie wird medizinische Wissenschaft
8. 20. Jh.: Aufhebung der medizinischen Einseitigkeit
9. Perspektiven für die Zukunft
Literatur

1. Unsinn und Sinn der Psychiatriegeschichte

Es gibt nichts langweiligeres als die Aneinanderreihung historischer „Tatsachen" und Denkwürdigkeiten. Man tut dann so, als setzte man einen Baustein auf den anderen und marschiere jeweils an der Spitze des Fortschritts. In Wirklichkeit ist es eher wie mit der Begegnung zwischen Ihnen und dem Patienten in den klinischen Kapiteln: Sie haben von dem auszugehen, was Sie in der Gegenwart, jetzt und hier, tun und denken. Zwar nehmen Sie daher das eine schärfer wahr, während Sie für das andere blinder sind. Je vollständiger und selbstkritischer Sie aber Ihre Gegenwart wahrnehmen, desto mehr erschließt sich Ihnen die Vergangenheit. Sie ermöglicht Ihnen Sinn und Rechtfertigung Ihres jetzigen Tuns. Und Sie können eher eine Ihnen sinnvolle Perspektive für den nächsten Schritt finden, für Ihr Handeln in die Zukunft hinein. Ohne Sinn, Rechtfertigung und Perspektive können wir aber nicht leben, weder privat-persönlich noch beruflich. Wir können beruflich in der Psychiatrie mit Spaß, Interesse und Engagement umso dauerhafter tätig sein, je vollständiger wir unser Tun aus der Vergangenheit und aus der Zukunftsperspektive bestimmen und je mehr wir uns in einem historischen Zusammenhang wissen. Und wer kann schon jahrelang dasselbe mit Interesse tun, wenn er nicht auch an der Weiterentwicklung desselben Interesse hat?

Auf diese Weise wollen wir die historische Wahrnehmung sowohl für das Lernen der Psychiatrie als auch für den Praxisalltag der psychiatrischen Arbeit nützlich machen.

Zu diesem Zweck müssen wir noch andere Einseitigkeiten früherer Geschichtsschreibung ausgleichen. Zwar beeinflußt Ihr Denken Ihr Handeln, aber auch umgekehrt Ihr Handeln Ihr Denken. Diese Wechselwirkung gilt für die Psychiatrie wie für jede Wissenschaft. Wir wissen heute, daß selbst in so eindeutigen Wissenschaften wie Mathematik oder Physik eine neue Sicht (Paradigma) u. a. ermöglicht wird durch neue sozioökonomische Bedingungen oder Erfordernisse. Das schmälert nicht die Leistung „großer Individuen". Vielmehr macht es sie erst möglich und verständlich. Umsomehr trifft das für eine praktische Wissenschaft wie der Psychiatrie zu. Hier hängt eine neue Sicht davon ab, was eine Gesellschaft 1. als „vernünftig" und als „unvernünftig" definiert; 2. wie sie das Unvernünftig-Auffällige bewertet; und 3. welche Umgangsformen und Einrichtungen (Institutionen) sie für die Unvernünftigen erfindet. Hierfür sind – in Wechselwirkung – ökonomische und geistige Bedingungen einer Zeit *gleich* wichtig. Eine neue psychiatrische Sicht (Paradigma, handlungsleitende Theorie, Psychopathologie) ist also immer nur aus einem solchen *gesamt*gesellschaftlichen Rahmen verständlich. Eine bestimmte Einrichtung erlaubt bestimmte Wahrnehmungen der Unvernünftigen, verhindert andere Wahrnehmungen. Sie bestimmt damit die Art der wissenschaftlichen Theorie. (Nachbarschaftshilfe, Anstalt, Praxis, Tagesklinik, Heim, Familientherapie lassen Unterschiedliches sichtbar werden.)

Merke grunsätzlich: Zwischen dem, was eine Zeit als Vernunft und Unvernunft bewertet, besteht immer eine wechselseitige (dialektische) Abhängigkeit.

2. Altertum

Heute lösen bestimmte Handlungsweisen die Wahrnehmung „psychisch krank" aus. Die gleichen Handlungsweisen lösten in mythischen, naturreligiös-dämonischen Zusammenhängen Verehrung und/oder Entsetzen aus. An ihnen konnten die Wünsche und Ängste der Zeit festgemacht werden. Mit ihnen beschäftigten sich (oder sie waren es selbst!) Schamanen, Zauberer, Medizinmänner und Priester. Sie wurden Opfer magisch-religiöser Praktiken (Tempelschlaf, Aussetzung, Exorzismus) und dienten gerade dadurch als Beweismittel für die Macht dieser Riten und Institutionen. Über semitische, pythagoräisch-gnostische, mystisch-christliche und romantische Traditionen leben auch solche Sichtweisen in je anderer Form bis heute in jedem von uns weiter. Selbst Exorzismus mit Todesfolge und Hexenprozesse sind Möglichkeiten des 20. Jh.

Die griechische Kultur, vor allem die Schule des Hippokrates (später Galenus), bevorzugte eine nüchternere, entmythologiesierende Sicht der psychischen Krankheiten. Sie waren eben Krankheiten wie andere auch – freilich im weitgefaßten psychosomatischen Rahmen einer Humoralpathologie des Säftegleichgewichts, die noch das 18. Jh. beeinflußte. Die präzisen Beschreibungen von Manie, Depression, Fieberdelir, Wochenbettpsychose und Epilepsie (der Hippokrates den heiligen Charakter absprach) sind ein Beleg, daß seelische Leiden auch im historischen Sinne allgemein-menschliche Möglichkeiten sind. Der angemessene Umgang war schon damals strittig: körperliche Gewalt, diverse Medikationen oder die heilende Kraft des Gesprächs, worauf vor allem die für den Dialog zuständigen Philosophen schworen. Der Begriff „Psychotherapie" stammt immerhin von Plato. Philosophie und Medizin waren und blieben – trotz aller Trennungsanstrengungen – eine Einheit.

3. Mittelalter

Das Erbe der Griechen, besonders der hippokratisch-galenischen Medizin und Philosophie, wurde vor allem von der arabischen Kultur bewahrt. Daher gab es im damals arabischen Spanien erstmals besondere psychiatrische Spitäler. Mitteleuropa blieb davon unberührt. Hier waren im Mittelalter Gesundheit und Soziales eine Sache der Kirchen und Ordensgemeinschaften. Aus ihren Schwestern und Brüdern wurden die heutigen Krankenschwestern und -pfleger. Sie betrieben und *leiteten* die Hospitäler, die für *alle* offenstanden, die aus körperlichen, seelischen und sozialen Gründen in Not geraten waren. *Pflege* hieß also die vollständige Wahrnehmung aller sozialen, seelischen und körperlichen Bedürfnisse, einschließlich der Rollen des Arztes und des späteren Sozialarbeiters und Psychologen (das hat sich nie *ganz* geändert: auf jeder Krankenhausstation finden Sie auch heute Menschen, die eigentlich aus seelischen oder sozialen Gründen dort sind).

Jedoch waren nur wenige psychisch Kranke in diesen Hospitälern. Normalerweise blieben sie im Verband der eigenen Großfamilie, in Pflege oder sonstwie in der Dorfgemeinschaft. Grundsätzlich entsprach dem christlichen Geist dieser Zeit ein *umfassender* Begriff von Vernunft: Alle Menschen, auch der Geringste, also auch die „Irren", waren nicht auszugrenzen, sondern anerkannt als Kinder Gottes, als „der einen Welt Gottes" zugehörig. Manchmal sogar in besonderem Maße: so wurden bei einzelnen Klöstern und Wallfahrtsorten (z. B. Gheel/Flandern) Irrensiedlungen angelegt und, unter Wahrung größtmöglicher Selbständigkeit, betreut. So etwas wie Solidarität zeigt sich auch in den verbreiteten „Narrenfesten" (vgl. Karneval!), die kirchlich gefördert wurden, um auch der angeborenen Narrheit des Menschen, „unserer zweiten Natur", zu ihrem Recht zu verhelfen. Kehrseite der Medaille: klösterliche Tugenden wie Keuschheit, Armut, Gehorsam, Weltflucht, Arbeit, Hausordnung gelten z. T. noch bis heute als hinreichende Behandlungsprinzipien für „Verirrte".

Die Inquisition hingegen, der viele seelisch Kranke als „Besessene" oder „Hexen" zum Opfer fielen, begann erst mit Ausgang des Mittelalters und dauerte bis weit in die Neuzeit: Erst als die Kirche im Konkurrenzkampf um die Macht dem weltlichen Staat endlich unterlag, schuf sie sich mit der Inquisition ein ebenso erbärmliches wie unwirksames Mittel, um ihre Macht dennoch zu demonstrieren. Seelisch Kranke und andere „eigenartige" Menschen wurden hier zum ersten (und nicht zum letzten) Mal als Sündenbock benutzt.

4. Renaissance

Das 15. und 16. Jh. ist die Zeit der aufblühenden Städte, die miteinander um die Herrschaft über die Handelswege und das Handelskapital konkurrierten. In diesem Konkurrenzkampf bemühten sich die Bürger, ihre Stadt zur reichsten, aber auch zur ästhetisch schönsten, ordentlichsten, saubersten und sichersten Stadt zu machen. Daher das Streben, die eigene Stadt von „unsozialen", bettelnden, vagabundierenden, unsauberen, gefährlichen und störend-auffälligen Menschen zu reinigen, das Streben, solche Menschen unsichtbar zu machen oder auszugrenzen, eben auch die nicht familiengebundenen Irren.

Einrichtungen für dies Streben:
1. Die Bürger gründeten eigene Stadtkrankenhäuser. An diesen haben nun auch Ärzte Interesse. Denn im Gegensatz zum Ordens- ist das Stadthospital eine Einnahmequelle. Und zudem finden Ärzte in den armen Patientenmassen günstige Bedingungen für vergleichend-experimentelle Untersuchungen, im Rahmen ihrer zunehmend naturwissenschaftlichen Sichtweise. Daher wünschen sie zunehmend nur Körperkranke in den Krankenhäusern, während seelisch und sozial Notleidende als nicht mehr recht zugehörig gelten. *(Wichtig:* Ärzte bleiben bis heute *Gäste* im Krankenhaus. Sie gehen entweder zwecks Ausbildung horizontal durch und lassen sich nieder oder sie gehen vertikal durch

und werden Chefarzt, während das Pflegepersonal *bleibt*. Diese uralte und schlichte Tatsache ist eine Quelle für zahllose Mißverständnisse in jedem Stations-Team!)

2. Viele Unsoziale (und seelisch Kranke) werden aus der Stadt ausgewiesen oder Händlern mitgegeben.

3. Die als störend-gefährlich Angesehenen werden in Zellen in der Stadtmauer oder in Türmen untergebracht („Narrenturm") – gleichsam auf der Grenze zwischen zivilisierter Stadt und naturhaftunzivilisierter Nicht-Stadt. Oder sie werden in transportable „Dollkisten" gesperrt.

4. Manche werden auch wie ansteckende Kranke „ausgesetzt", z. B. in abgelegene Häuser, die früher Pest- oder Leprakranken dienten, den „Aus-sätzigen". (Heute werden ehemalige Tbc-Einrichtungen ähnlich genutzt!).

5. Absolutismus und Aufklärung

Wir sind jetzt im 17. und 18. Jh. Unter absoluten (und aufgeklärten) Monarchen bilden sich in Europa die meisten modernen Staaten. Die Bürger versuchen, unter der Fahne der Aufklärung sich von allem Irrationalen (Unvernünftigen) zu befreien und ihr gesamtes öffentliches und privates Leben auf die Rationalität (Vernunft) zu gründen. Beides hat weittragende Folgen für unser Thema. In vielen Hinsichten wiederholt sich auf der Ebene der Staaten, was zuvor auf der Ebene der Städte stattfand. Die Rationalisierung erfaßt von der Landwirtschaft aus immer mehr Lebensbereiche. Die Wirtschaftsform des Merkantilismus mit vorindustriellen Manufakturbetrieben sieht den Monarchen als obersten Unternehmer. Damit ist dieser bzw. der Staat zum ersten Mal in der abendländischen Geschichte vital am Besitz einer möglichst großen Zahl gesunder und arbeitsfähiger Untertanen interessiert. Man versucht durchaus dirigistisch, sie „vernünftig" zu machen, d. h. sie in kinderreiche und moralisch-anständige Eheleute, fromme Soldaten, gehorsame Manufakturarbeiter und pünktliche Steuerzahler zu verwandeln. Dieses schon viel engmaschigere Sieb der Vernunft läßt viele Menschen als „Unvernünftige" durchfallen. Da die Aufklärung aber sagt, daß jeder Mensch „an sich" vernünftig ist, entsteht auch der Wille, die gesamte Gesellschaft restlos vernünftig zu machen – nach den obigen Prinzipien der Vernunft. Wer nicht will, muß erzogen werden. Wer sich auch dem widersetzt, wird sozial unsichtbar gemacht.

Zu den Mitteln für diese Ziele gehören:

1. das Militär als „Schule der Nation" (später allgemeine Wehr- und Schulpflicht).

2. Statt des kirchlichen ein zunehmend engerer bürgerlicher Moralkodex.

3. Die Entmündigung, z. B. um das vernünftige Gut „Besitz" gegen Verschleuderung zu schützen.

4. Die Medizin, die jetzt logischerweise zu den Polizey- oder Staatswissenschaften gerechnet wird, da für die innere Ordnung und Sicherheit zuständig, vor allem ihre ersten Spezialisierungen Hygiene, Geburtshilfe, Kinderheilkunde und Orthopädie.

5. Schließlich die großen *Reservoirs* für die halsstarrigen Unvernünftigen, die ersten Konzentrationslager Europas, im Sinne von Umerziehungslagern. In England wurden sie workhouse genannt, in Frankreich hôpital général, in Deutschland Zucht-, Arbeits-, Korrektions-, Toll-, Versorgungs- oder Verwahrungshäuser. Es war dies ein imponierendes Netz von Zwangseinrichtungen. Wer den bürgerlich Vernünftigen unvernünftig erschien, konnte hier mit der Vorform der heutigen Zwangseinweisung für die Öffentlichkeit unsichtbar gemacht werden. Es konnten dies sein: Bettler und Vagabunden, Besitz-, Arbeits- und Beruflose, Asoziale, Unmoralische und Straffällige, Dirnen und Lust-

seuchenkranke. Politische Aufrührer und religiös Irrgläubige, entjungferte Töchter, verschwenderische Söhne und mißliebige Ehefrauen; und eben auch Alkoholiker, Idioten, Sonderlinge, Narren und Irre. – Das Elend dieser Einrichtungen ist aktenkundig. Die Demonstration tobender Irrer gegen Entgeld galt ebenso wie die Besichtigung wilder Tiere in den damals aufkommenden Zoos als pädagogisch lehrreiches und abschreckendes Vergnügen bei den vernünftigen Bürgern der europäischen Großstädte.

Ohne jeden Zweifel stehen wir alle auch heute noch mit unserer Tätigkeit in der Tradition der menschenbefreienden Aufklärung mit ihren Zielen der Freiheit, Gleichheit und Brüderlichkeit. Aber wir haben auch zu lernen, daß die Aufklärung, wie jede Idee, zum Terror wird, wenn die jeweils Herrschenden sie als alleingültige „Vernunft" absolutsetzen. Diese „Dialektik der Vernunft" mitsamt den Schattenseiten der folgenden Revolution meinte der Maler Goya, als er um 1800 einem Bild den Titel gab: „Der Traum der Vernunft gebiert Ungeheuer".

6. Industrialisierung und Romantik: Entstehung der Psychiatrie

Die Entstehung einer eigenständigen Psychiatrie hängt zeitlich mit der industriellen Revolution zusammen: d. h. im gesellschaftlich fortgeschrittenen England ab 1750, in Frankreich kurz vor und nach der bürgerlich-politischen Revolution um 1800, und in Deutschland wegen der Kleinstaaterei („die verspätete Nation") verzögert zwischen 1800 und 1850. Zeitgleich waren diese Länder in denselben Phasen außer von der Aufklärung auch stark von einer ersten romantischen Welle geprägt. Wie kann man dieses merkwürdige zeitliche Zusammentreffen von Industrialisierung, Romantik und Psychiatrie verstehen?

Die Umstellung der Wirtschaft auf die industrielle Produktionsweise erfordert: 1. Kapital für die damals unerhört großen Investitionen zur Erstellung einer Fabrik. 2. Technische Erfindungen (Dampf-, Spinn- und Webmaschinen). 3. Besitz einer wachsenden Zahl geeigneter Arbeiter, da die Wirtschaft jetzt noch eindeutiger nach dem kapitalistischen Prinzip des expansiven, quantitativen Wachstum und der sich verschärfenden Konkurrenz betrieben wurde. Und 4. mußten die Bürger sich durch die bürgerliche Revolution vom staatlichen Zwang befreit haben, um als freie Privatunternehmer durch freie Arbeitsverträge über „freie" (nämlich jetzt nicht mehr ständisch geschützte) Arbeiter verfügen zu können. Da die fortschreitende Rationalisierung nach dem Kleinbauerntum auch das Handwerk und Kleingewerbe zu zerstören begann, hatte man zunächst genug arbeitslose Arbeitskräfte. Aber diese reichten bald nicht mehr, waren auch nicht mehr geeignet. Denn die *Frage der Eignung* führte jetzt zu neuen *Kriterien der Vernunft:* Als vernünftig für das neue industrielle System galt jetzt die Fähigkeit zum reibungslosen, monotonen Funktionieren, Freisein von störenden persönlichen Eigenarten sowie Kalkulierbarkeit und Vorausberechenbarkeit des Verhaltens. Denn Maschinen (und Verkehr) werden von nun an immer kostspieliger und störanfälliger. Sie verlangen immer mehr diszipliniertes, genormtes und selbst-verbietendes Verhalten. Einer der Gründe für die Zunahme unbrauchbarer, gestörter, frühinvalider und psychiatrisierter Menschen – bis heute.

431

Da entsann man sich der Umerziehungslager für die Unvernünftigen des aufgeklärten Absolutismus. Man löste sie aber nicht bloß auf, sondern man verteilte um: Nur die Brauchbaren nach den obigen neuen Kriterien der Vernunft kamen in die Fabriken, wurden zum Proletariat. Für die anderen schuf man je nach der Art ihrer Unvernunft oder Unbrauchbarkeit *Spezialeinrichtungen.* Damit entstanden die Grundzüge des heute noch gültigen sozialen Versorgungssystems. Diese ungeheuer tiefgreifende gesamteuropäische Reformaktion hatte zugleich den Sinn, die Familien von solchen zu pflegenden Mitgliedern zu „befreien", die – gemessen an der eingeengten industriellen Vernunft – unnütze Ballastexistenzen sind: So konnte aus der Großfamilie die für den industriellen Produktionsprozeß zweckrationale Kleinfamilie werden, mit deren schädigenden Folgen wir heute zu tun haben, beruflich und persönlich! Im Zuge dieser sozialen Umverteilungsreform wurden immer systematischer: für unbrauchbare Alte Altersheime errichtet, für Pflegebedürftige Pflegeheime, für unversorgte oder störende Kinder Waisenhäuser und Kindergärten (Pestalozzi), für geistig Behinderte Idiotenanstalten, für „Arbeitsscheue" Arbeitshäuser, für Straffällige erstmals eigene Gefängnisse und für die Irren eben Irrenanstalten. Dies ist die Geburt der Psychiatrie *als Einrichtung,* nach den obigen Zeitangaben erst in England, dann in Frankreich, dann in Deutschland. So gesehen, ist die Psychiatrie ein Spaltprodukt der damaligen Lösung der „sozialen Frage". Denn es handelte sich ja um das Schicksal der *„armen* Irren".* Für Irre aus begüterten Familien gab es nach wie vor andere Möglichkeiten: Hauspflege, Hausärzte, Sanatorien oder die damals beliebten Bäderreisen in Begleitung. So pflegten die besseren Bürger ihre „unvernünftigen" Anteile. Es gehörte fast zum guten Ton, daß man seine „Hypochondrie", seine „Hysterie" oder seinen „english spleen" hatte. Dies war dadurch begünstigt, daß Th. Willis (1622–1675) die Erforschung der Nerventätigkeit gefördert und Begriffe wie „Neurologie", „Reflex" und „Neurose" hoffähig gemacht hatte: seit Willis konnten *die Bürger* „es an den Nerven haben", während die *„armen* Irren" in die Irrenanstalten *„aus-gemeindet"* wurden!

> Den Zusammenhang von Industrialisierung, „sozialer Frage" und Psychiatrie-Entstehung können Sie sich am besten mit Hilfe von Jeremy Bentham merken. Dieser berühmte liberale Nationalökonom legte 1791 einen geradezu technokratischen Organisationsplan für die industriell-kapitalistische Wirtschaftsgesellschaft vor. Da die Bürger nun auf die nicht-bürgerlichen unsozialen Unvernünftigen angewiesen seien, müßten sie auch für deren ständige Kontrolle sorgen. Diese lasse sich perfekt und billig durch sog. „panoptische Anstalten" machen: nach dem Prinzip des Spinnennetzes könne von einem zentralen Überwachungsraum aus im Idealfall eine Person alle davon ausgehenden Gänge mit den an ihnen liegenden Zellen oder Arbeitsplätzen kontrollieren. Diese panoptische und durchaus human gemeinte Konstruktion, die in vielen Varianten architektonisch verwirklicht wurde, empfahl er gleichermaßen für Gefängnisse, Arbeits- und Waisenhäuser, für Fabriken und Irrenanstalten. Darin wird das Gemeinsame dieser Gruppen besonders deutlich.

Seither und bis heute fordert die Industriegesellschaft mit Hilfe der von ihr finanzierten Einrichtungen die Konzentration und die Kontrolle der Unvernünftigen, also auch der psychisch Kranken. Das ist die eine Seite. Die andere Seite besteht darin, daß durch die spezialisierte Lokalisierung auch die besonderen Bedürfnisse der einzelnen Gruppen besser gesehen und befriedigt werden konnten. Die Irrenanstalten waren also die Voraussetzung dafür, daß die in ihnen Tätigen durch die tägliche Erfahrung mit den Insassen erst die Psychiatrie als eigene Wissenschaft mit Theorie und therapeutischer Praxis entwickeln konnten. Denn: *forderten die Wirtschaftsbürger Kontrolle und soziale Absonderung, so forderten die Bildungsbürger humane Hilfe und soziale Annäherung für die Unvernünftigen.* Die Triebkraft hierfür kam einerseits wiederum aus der Aufklärung mit ihrer Forderung nach Erziehung und Befreiung des Menschen zu sich selbst. Andererseits kam sie aber mindestens ebenso stark aus der zeitgleichen Protestbewegung der Romantik. Diese erzeugte eine große Faszination für psychisches Kranksein wie überhaupt für alle dunklen Gefühle, die „Nachtseiten" (Novalis), d. h. gerade für die Seiten des Menschen, die sich naturhaft der Einzwängung in berechenbares Verhalten widersetzen. Auch die Romantik ist gesamteuropäisch und erneuert sich bis heute als Gegen-Bewegung gegen die industrielle Rationalisierung aller Lebensbereiche immer wieder. Damals führte sie freilich nicht nur zur gefühlsmäßigen Zuwendung zu den psychisch Kranken, sondern auch dazu, daß die Irrenanstalten mit Vorliebe auf dem Lande gegründet wurden. Die Irren sollten den schädlichen hektischen Einflüssen der Stadt entzogen und der ausgleichenden Heilkraft der Natur zugeführt werden.

Das erste Modell (Paradigma) für eine eigenständige und nach Theorie und Praxis *vollständige* Psychiatrie als Einrichtung *und* Wissenschaft entwickelt *England* – entsprechend seinem Entwicklungsvorsprung: William Battie (1704–1776) gründete 1751 mit seinen Freunden das St. Luke's Hospital als Gegenmodell gegen das Unwesen des Londoner Unvernunft-Reservoirs Bedlam. 1758 veröffentlichte er seine „Psychiatrie als Wissenschaft". Dies geschah erstmals auf der Basis wirklicher Erfahrungen täglichen Umgangs, während die Ärzte bisher meist nur erfahrungslose Klassifikationen psychischer Symptome nach Art des Botanikers Linné produziert hatten. Batties epochale Zusammenfassung seiner Erfahrung: „Management did much more than medicine". Die Beeinflussung der Lebensweise und der Gewohnheiten der Patienten schien ihm wirksamer als die Vergabe von Medikamenten. Darauf baute das „moral management" von F. Willis und des Quäkers Tuke (1796) auf, später auch die No-Restraint-Bewegung (Behandlung ohne Zwangsmittel) von J. Conolly (1856).

In *Frankreich* wird die Befreiung der Irren von ihren Ketten als Akt der bürgerlichen Revolution gefeiert und Philippe Pinel (1745–1826) zugeschrieben. Bezeichnender ist jedoch, daß aus den großen Pariser Unvernunft-Reservoirs Salpêtriére und Bicêtre alle anderen Unvernunft-Gruppen schon befreit oder umverteilt, die Irren aber allein übriggeblieben waren. Das ist verständlich. Denn wenn die neue industrielle Vernunft der Vorausberechenbarkeit des Verhaltens am höchsten bewertet, dann stellen die Irren das Gegenextrem dar: noch heute wird in Meinungsumfragen den psychisch Kranken von der Bevölkerung an erster Stelle die Eigenschaft „Unberechenbarkeit" zugesprochen. 1793 hat Pinel die Ketten durch das z. T. von den Engländern übernommene pädagogische Regime des „traitment moral" ersetzt. 1801 publiziert er seine Erfahrungen des Umgangs mit den Irren als eigenständige psychiatrische Wissenschaft. Er faßt psychische Störungen als Formen der Selbst-Entfremdung (alienation) auf. Dagegen entspricht seine Methode der minutiösen Symptombeobachtung schon mehr der neuen naturwissenschaftlichen Wahrnehmungsweise der Medizin. Sein Schüler Esquirol (1772–1840) hat diesen Ansatz weiter ausgearbeitet. Er hat vor allem die therapeutische Lehre aus den Schrecken der Revolution gezogen, daß Freiheit nur gut ist, wenn sie sorgfältig kanalisiert wird.

Für den zersplitterten und sich langsamer entwickelnden *deutschsprachigen Raum* ist es schwieriger, das erste vollständige Modell der Psychiatrie als Wissenschaft zu bestimmen. Zwar werden auch hier ab 1800 spezielle Irrenanstalten gegründet (oft in den leerstehenden Klöstern und Schlössern, z. T. bis heute eine ungünstige bauliche Hypothek). Wichtig sind etwa: 1784 in Wien Zusammenschluß des „Narrenturms" mit anderen Einrichtungen zu einem Allgemeinkrankenhaus durch Joseph II.; 1805 die „psychische Heilanstalt" im preußischen Bayreuth durch G. Langermann; 1806 Charité in Berlin durch E. Horn, der die pädagogische Therapie zum militärischen Drill abwandelte. 1811 Sonnenstein/Pirna als erste reine „psychische Heilanstalt" Deutschlands durch C. Hayner und E. Pienitz; 1814 Marsberg/Westfalen durch W. Ruer, der als erster die Ausbildung des gesamten Personals seiner Anstalt verwirklichte. 1820 das damals dänische Schleswig durch P. W. Jessen. 1927 verwirklichte G. H. Bergmann in Hildesheim erstmals den für das 19. Jh. endgültigen Anstaltstyp, die „relativ verbundene Heil- und Pflegeanstalt". Hier wurden die akut und chronisch Kranken zwar getrennt behandelt, jedoch baulich benachbart untergebracht. Bis heute ist dies ein Kernproblem jeder Versorgungsplanung. Lange blieb es in Deutschland dabei, daß die praktisch tätigen Psychiater wenig schrieben, während ihre bücherschreibenden Kollegen kaum Erfahrung hatten, so J. Heinroth, der die Tradition vom Irresein als Sünde wiederbelebte, oder J. C. Reil mit seinen naturphilosophischen „Rhapsodien" von 1803.

Es bedurfte schon des wenn auch kurzlebigen geistigen Aufschwungs der nachgeholten und halben bürgerlichen Revolution von 1848, um auch in Deutschland ein vollständiges Modell der Psychiatrie auch als Wissenschaft herzustellen: W. Griesinger (1817–1868) verarbeitete seine Erfahrungen 1845 in „Pathologie und Therapie der psychischen Krankheiten". Hier faßte er in noch heute exemplarischer Weise die seelischen und körperlichen, die subjektiven und objektiven, die idealistischen und materialistischen Aspekte des Problembereichs Psychiatrie zusammen. Er setzte sich für die englische No-Restraint-Bewegung ein. Zugleich entwickelte er die Idee der *„Stadtasyle"*: kleine stationäre Einheiten in der Gemeinde, Hausbesuche, Beachtung der Lebensbedingungen, ambulante Nachsorge. Damit forderte er als erster wirkliche *Gemeindepsychiatrie*. Diese Idee mußte also über 100 Jahre warten, bis sie heute mit der Psychiatrie-Enquéte wenigstens erstmals allgemein gefordert wird, wenn auch von ihrer Verwirklichung noch nicht zu sprechen ist. So massiv waren und sind die Widerstände gegen die Gleichbehandlung seelischer und körperlicher Leiden.

Zusammengefaßt zeigt die Entstehung der Psychiatrie, daß wir psychiatrisch Tätigen von der Gesellschaft für 2 Aufgaben bezahlt werden, die oft genug miteinander im Streit liegen: für die Kontrolle und für die Befreiung der psychisch Kranken.

7. 19. Jh.: Die Psychiatrie wird medizinische Wissenschaft:

Zu Anfang war die Zuordnung des neuen Bereichs Psychiatrie offen. Die Leitung der Anstalten hatten neben Ärzten auch Lehrer, Apotheker, Geistliche, Philosophen, Juristen, Kaufleute. Im übrigen arbeiteten in den Anstalten entlassene Soldaten, Straffällige mit und ohne Bewährung, stellenlos gewordene oder ruinierte Bauern, Landarbeiter oder Handwerker. Wenn man für die Irren arbeitete und mit ihnen aß und lebte, galt man als kaum weniger ausgegrenzt als sie. Die therapeutische Grundhaltung war aktiv, pädagogisch, um die Beeinflussung der inneren Bedingungen (Aufmerksamkeit, Leidenschaften) und der äußeren Bedingungen (Lebensgewohnheiten) bemüht. In heutigen Begriffen: sozio-, arbeits- und verhaltenstherapeutisch. Letzteres z. T. in heute noch lehrreicher Weise, z. T. aber auch mit terroristischen Torturen verbunden. So steckte man Patienten in Zuber mit lebenden Aalen, brachte sie in Drehmaschinen zur Bewußtlosigkeit, traktierte sie mit schmerzenden Wasserkuren, kurz, man versuchte, sie *um jeden Preis* zur Vernunft zu quälen. Auch diese Versuchung ist heute noch bekannt. Das Anstaltsregime war patriarchisch-familiär. Bei diesem human-begeisterten therapeutischen Aktivismus waren die Anstaltsaufenthalte entsprechend kurz. Offen war auch, ob die Psychiatrie als Wissenschaft zur Medizin oder zur Philosophie mit ihren pädagogischen, psychologischen und soziologischen Anteilen gehöre. Die wichtigen Philosophen der Zeit haben auch eine Psychiatrie entwickelt, so Kant, Hegel und Schelling. Endlos wie heute stritten „Psychiker" (Heinroth, Reil, Ideler) und „Somatiker" (Nasse, Jacobi) darum, ob die seelischen oder körperlichen Ursachen wichtiger seien.

Warum gilt nun am Ende des 19. Jh. die Psychiatrie überall als Unterdisziplin der Medizin? Wir nennen einige Gründe:

1. ist das 19. Jh. die Zeit der größten Forschritte in der Medizin. Körpermedizinische Erklärungen hatten also große Überzeugungskraft.

2. Liberal-humane Einstellung und Fortschrittsglaube waren im 19. Jh. meist kombiniert mit naturwissenschaftlichem und antiphilosophischem Denken. Es war 1848 eine Revolutionsforderung von Virchow und anderen sozial-engagierten Medizinern, das „Philosophikum" für Medizinstudenten durch das „Physikum" zu ersetzen.

3. Es war daher human, Irresein als Körperkrankheit anzusehen: die Patienten waren so von den Schuldgefühlen religiösen oder moralischen Versagens und auch von den pädagogischen Torturen der psychiatrischen Pionierzeit zu befreien.

4. Der größte psychiatrische Erkenntnisfortschritt des 19. Jh. war die Rückführung der progressiven Paralyse auf die Lues bzw. Spirochäten-Infektion. Dies mußte die Psychiater umso mehr faszinieren, als damals bis zur Hälfte der Anstaltspatienten an dieser fast alle psychischen Syndrome imitierenden Krankheit litten. Was lag näher, als nun für alle seelischen Störungen hirnorganische Befunde und Ursachen zu suchen.

5. Das berufspolitische Interesse: durch die Vermehrung der Anstalten entfaltete sich ein Berufsstand, der Anerkennung, Prestige, bessere Bezahlung, Alterssicherung und akademische Rechte (Lehrstühle, Prüfungsrecht, Forschungsgelder) beanspruchte. Dafür war der Anschluß an die damals so erfolgreiche Medizin am günstigsten. Auch das half den Schlachtruf zu begründen: „Geisteskrankheiten sind Gehirnkrankheiten".

Diese Selbsteinengung der Wahrnehmung auf den Körper hatte Erfolg: ab 1900 hatte man ziemlich allgemein die Anerkennung als medizinische Disziplin durch die medizinischen Fakultäten. (Freilich nie ganz: Mediziner belächeln die psychiatrisch Tätigen bis heute – mit Recht – als nicht vollständig zugehörig.) Fortan durften Nervenärzte als Fachärzte sich niederlassen und Pflegekräfte das Milieu der Anstalten medizinisch prägen. Die neuropathologische Aufmerksamkeit zeitigte die Erkennung alkohol- und infektionsbedingter Psychosen. Vor allem verfeinerte die naturwissenschaftlich-objektivierende Fallbeobachtung nach Symptomatik und Verlauf die Kunst des Diagnostizierens und Klassifizierens. Die Zusammenfassung der zahllosen, unendlich mühseligen und sorgfältigen Beobachtungen (zumindest unter Anstaltsbedingungen), ist das uns bis heute prägende Werk Emil Kräpelins (1856–1926) ergänzt durch E. Bleuler (1857–1939). Wieviel von der psychiatrischen Wirklichkeit damit immerhin beschreibend erfaßt war, zeigt sich daran, daß Kräpelins diagnostisch-nosologische Grundbegriffe heute, nach 70 Jahren, noch gelten, und zwar weltweit: in der Sowjetunion ebenso wie in Europa, in den USA und in der internationalen Klassifikation (ICD) der WHO. Ein wissenschaftsgeschichtlich ziemlich einmaliger Vorgang, wenn man bedenkt, wie schnell die Grundbegriffe etwa der Physik sich wandeln.

Soweit die Vorteile dieser Entwicklung. Nun die Nachteile, die vor allem auf Seiten der Patienten liegen. Sie gelten jetzt zwar als körperlich krank, haben aber wenig davon, da die Entdeckung der körperlichen Ursachen stets ein Versprechen für kommende Generationen bleibt. Entsprechend verändert sich die „therapeutische Haltung" ihnen gegenüber: Das Interesse an ihnen ist vorwiegend diagnostisch, klassifikatorisch oder beschreibend-psychopathologisch (K. Jaspers 1913), an ihren Leichen hirnpathologisch. Als Körperkranke werden sie vermehrt in Betten behandelt, was die Mehrzahl zusätzlich abhängig macht und hospitalisiert. Aus der therapeutischen Begeisterung der moralisch-pädagogischen Ära der Anfangszeit wird „therapeutischer Nihilismus". Die Aufenthaltsdauer in den Anstalten steigt rapide an. Da die Meinungsbildung nun an den Universitäts-Kliniken erfolgte, werden die Anstalten provinziell, zum Arbeitsplatz für abgebrochene Karrieren. Die Universitäts-Kliniken hingegen nehmen verzerrt wahr, weil sie nur eine Auswahl günstigerer und besserer Patienten sehen. Das gilt z. T. auch für die Nervenarztpraxen. Die Gesamtheit des seelischen Elends wird wieder unsichtbarer.

Jeder weiß aber von sich selbst, daß Einseitigkeit der Wahrnehmung *ideologieanfällig* macht: um die Lücken zu füllen bzw. um die Einseitigkeit zu verschleiern. So füllt sich die Psychiatrie mit unzulässigen Wertungen auf, die in der Imperialismus-Ära der Wende zum 20 Jh. (Nationalismus, Abwehr der erstarkenden Arbeiterklasse, expansive Erschließung der Kolonialmärkte, beginnender Monopolkapitalismus) auch gesellschaftlich bereitlagen. Aus z. T. wichtigen Einzelbeobachtungen werden schein-naturwissenschaftliche, sozialdarwinistische und biologistische Verabsolutierungen gemacht:

Morel nimmt verdienstvollerweise die ersten umfangreichen Familienforschungen vor, entwickelt daraus aber eine kulturpessimistische Degenerationstheorie, die bis zur Wertung von angewachsenen Ohrläppchen als Entartungszeichen reicht. Aus denselben Gedanken entwickelt Möbius sowohl den „physiologischen Schwachsinn des Weibes" als auch das Endogenitäts-Konzept. Lombroso erfindet den „geborenen Verbrecher", Koch den Psychopathen als „moralisch Schwachsinnigen". Die wichtige Entdeckung der Erblichkeit verführt Psychiater (z. B. Rüdin) dazu, Psychosen zu „Erbkrankheiten" zu vereinseitigen. Aus der Beobachtung kulturell-„landsmannschaftlicher" Unterschiede werden rassistische und antisemitische Theorien. Hoche und Binding fordern als extreme Zuspitzung der industriellen Verwertungs-Vernunft die Befreiung von unnützen „Ballastexistenzen", d. h. „die Vernichtung lebensunwerten Lebens".

All dies brachte solche Psychiater, die trotz des therapeutischen Nihilismus als Ärzte *wirksam* sein wollten, zu der Haltung: Wenn schon keine Therapie und Befreiung des einzelnen Patienten möglich ist, dann wenigstens die staatstragende Befreiung der Gesellschaft von den psychisch Kranken. So hielten Kraepelin u. a. es schon für einen Fortschritt, möglichst viele psychisch Kranke über das fortpflanzungsfähige Alter hinaus in den Anstalten zu bewahren. Dasselbe „gesellschaftstherapeutische" Ziel machte viele Psychiater, subjektiv reinen Herzens und bester Absicht, mit dem Nationalsozialismus einverstanden. Es ließ sie z. T. an der Tötung von 70.000 psychisch Kranken (und an der Zwangssterilisierung anderer) ab 1940 mitwirken. Der Widerstand einiger (übrigens gerade naturwissenschaftlich eingestellter) Psychiater, vor allem aber der Kirchen und der Bevölkerung, vermochte diese „Therapie" zu beenden. Aber auch heute ist unsere Wachsamkeit gegenüber Fortschritten *um jeden Preis* nicht weniger notwendig, z. B. gegen psychiatrische Gnadentod-Forderungen, wie sie jüngst wieder in den USA aufgestellt werden.

Merke aber: Daß die Anpassung der Psychiatrie an die Körpermedizin im 19. Jh. neben den Vorteilen auch die beschriebenen Nachteile brachte, war nicht zwangsläufig. Dies war vielmehr die Folge des Umstandes, daß die Medizin sich selbst im 19. Jh. auf den Körperaspekt einengte. Bis etwa 1800 – Sie können es in jedem alten Lehrbuch nachprüfen – fühlte sich die Medizin 1. an die philosophische Disziplin der Selbstreflexion gebunden und war es ihr 2. selbstverständlich, bei jeder Krankheit körperliche, seelische und soziale Ursachen *gleichwertig* zu erwägen. In diesem letzteren *ganzheitlichen* Sinne hätte sich die Psychiatrie ohne Schaden als „medizinische Wissenschaft" verstehen können, nicht aber in Orientierung an ein verkrüppeltes, den Menschen auf einzelne Körperorgane reduzierendes „medizinisches Modell". Dies mußte zur blinden Überanpassung und zur Verblendung gegenüber den wirklichen psychischen Problemen führen.

8. 20. Jh.: Aufhebung der medizinischen Einseitigkeit:

In unserem Jh. sind wir zwar durchaus noch von den bisher beschriebenen Tendenzen geprägt. Es gibt jedoch auch gegenläufige Tendenzen. Diese laufen erstens auf größere Eigenständigkeit der Psychiatrie gegenüber der Medizin hinaus, zweitens auf vollständigere Wahrnehmung psychischer Probleme und drittens auf die möglicherweise epochale Umkehr der seit 250 Jahren wirksamen „Aus-Gemeindung" der psychisch Kranken zugunsten ihrer Wiedereingemeindung in ihren und unseren Lebensbereich. Offenbar können wir sie wieder näher an uns heranlassen, sie und uns so sein lassen, wie sie und wir sind, wenn auch ohne „die eine Welt Gottes" des Mittelalters. Dem müssen tiefgreifende Gesellschaftsprozesse zugrunde liegen. Folgende kann man erwägen: a) *alle* Bürger unterliegen jetzt gleichermaßen auch *seelisch* krankmachenden Lebens- und Arbeitsbedingungen. Oder b) die Mittel der sozialen Kontrolle sind jetzt psychologisch und chemisch derart verfeinert, daß man auf brutalere Kontrollmittel wie die körperliche Ausgrenzung, Aus-Gemeindung unliebsamer Menschen eher verzichten kann. Oder c) das bisherige Wirtschaftsprinzip des unbegrenzten Wachstums gilt nicht mehr unbefragt. Damit muß sich auch das ändern, was als Vernunft, Wert und Sinn des Menschen gilt. Genauer können wir diese Gesellschaftsprozesse noch nicht benennen. Denn wir haben nicht genügend Abstand von ihnen: wir selbst stellen sie ja täglich her.

Was sind nun die wichtigen Veränderungen der Psychiatrie im 20. Jh.? Angefangen haben sie wohl mit Freuds *Psychoanalyse*. Unter den Bedingungen der nervenärztlichen Privatpraxis entwickelt Freud eine wirklich psychische Therapiemethode, vor allem für neurotische Störungen. Noch wichtiger jedoch sind seine Modelle für die Persönlichkeitsentwicklung, für Abwehrmethoden und für die therapeutische Beziehung. Hieran kommt seither keine „Grundhaltung" vorbei. Dies wirkte derart provozierend auf die medizinisch eingeengte Psychiatrie, daß sie die zahlreichen Gemeinsamkeiten mit Freud nicht wahrnahm, sondern sich ideologisch, auch politisch gegen die Psychoanalyse verhärtete, in der BRD bis weit nach 1945. Ausnahmen waren etwa E. Bleuler, der aus Freuds und Kraepelins Wahrnehmungen das erste Schizophrenie-Konzept kombinierte. Oder E. Kretschmer, der damit begann, konstitutionell-biologische, psychodynamische und sozial-situative Bedingungen zusammenzusehen. Über die Psychosomatik schlägt die Psychoanalyse eine Brücke zu der ebenfalls wieder ihren Wahrnehmungsradius erweiternden Körpermedizin. – So groß der Nutzen der Psychoanalyse für die therapeutische Selbstkontrolle ist, so gering ist er für die Versorgung. Hierfür sind neue Therapiemethoden, wie Gesprächs- und Verhaltenstherapie wichtiger. Mit ihnen kommen als eigene Berufsgruppe die Psychologen in die psychiatrischen Einrichtungen. Seither ist von einer einheitlichen ärztlichen Ausrichtung der Psychiatrie nicht mehr zu sprechen.

Zeitgleich mit der Psychoanalyse setzt auch die Wiederentdeckung der *sozialen Aspekte* ein. Ab 1900 beginnt in England und anderen Ländern die Förderung gemeindenaher Einrichtungen. In Deutschland empfiehlt Kolb 1908 das Erlanger Modell der „offenen Irrenfürsorge" (= Nachsorge geht vom Krankenhaus aus), während das Gelsenkirchener Modell nachsorgende und psychohygienische Dienste beim Gesundheitsamt verankert. Damit wird der Sozialarbeiter zum integralen Bestandteil der Psychiatrie: ein weiteres Stück medizinischer Einseitigkeit ist wieder rückgängig gemacht. Die soziale Wahrnehmung wird von Psychiatern wie Bürger-Prinz, Kisker, Häfner, Bosch, Kulenkampff und Wulff sowie von Psychoanalytikern wie W. Reich, E. Fromm und H. E. Richter mitvollzogen und später von Soziologen aufgegriffen. All dies führt zu dem eigentlich überflüssigen Begriff „*Sozialpsychiatrie*"; denn es dreht sich dabei nur um die Vervollständigung der Psychiatrie in sozialer Hinsicht. Dazu gehört etwa: 1. Epidemiologie-Forschung mit der Erarbeitung präventiver Möglichkeiten. 2. Untersuchung der psychiatrischen Einrichtungen selbst, ihren negativen und positiven Wirkungen (z. B. Hospitalismus). 3. Von daher Entwicklung günstigerer Einrichtungen (z. B. Tagesklinik). 4. milieu- und soziotherapeutische Ansätze. 5. Untersuchung des psychiatrischen Handelns (z. B. Diagnostizieren als Etikettieren; „labeling"-Ansatz nach Szasz, Th. Scheff). 6. Entwicklung eines chancengleichen Versorgungssystems. 7. Untersuchung der Isolationsfolgen (sensorische Deprivation, Gehirnwäsche, Haftpsychosen, KZ-Schäden). 8. aus sozialpsychiatrischen und psychotherapeutischen Erfahrungen werden rollen- und kommunikationstheoretische Konzepte erarbeitet, die der Tatsache gerecht werden sollen, daß oft nicht Individuen, sondern Beziehungen (Interaktionen) zwischen Menschen gestört und daher zu therapieren sind: z. B. die double bind-Theorie von Bateson, Watzlawicks „Lösungen" sowie alle Formen der Gruppen-, Partner- und Familientherapie. – Diese soziale Wahrnehmung bedeutet auch Wiederanknüpfung an die moralisch-pädagogische Haltung der Anfangspsychiatrie, die Herstellung lebensnäherer Orte der Begegnung mit psychisch Kranken und ist damit Voraussetzung für eine Haltung, in der wir uns unserer Begegnungsangst eher öffnen können. Sie tritt an die Stelle oder ist die Vervollständigung der nur symptom- und fallobjektivierenden klassischen Psychopathologie.

Es wurde in psychiatrischen Anstalten in einem gewissen Umfang immer schon *gearbeitet*, und sei es nur, um die Betriebskosten zu verringern. Auch hier beginnt Anfang des 20. Jh. eine neue Ära, indem z. B. H. Simon in Gütersloh Arbeit als systematisches Leistungstraining einsetzt. Vor allem England und die Sowjetunion entwickeln eine umfangreiche industrielle Fertigung und ein System beschützender Werkstätten, später mit z. T. leistungsgerechter Bezahlung und – je nach dem Gesellschaftssystem – mit nicht geringem Leistungszwang. Aber erst wo Arbeit als eine für die Selbstverwirklichung des Menschen bedeutsame Situation erlebnisfähig gemacht wird, kann man mit einigem Recht von Arbeits*therapie* reden. Daneben tritt – überwiegend erst nach dem 2. Weltkrieg – die Beschäftigungstherapie, die mehr das schöpferisch-produktive (kreative) Umgehen mit sich selbst anhand von Material bezweckt. Damit bereichern als neue Berufe Arbeits- und Beschäftigungstherapeuten die Psychiatrie um einen weiteren, im weitesten Sinne pädagogischem Bereich.

Eine ähnliche Entwicklung sehen wir in der therapeutischen Aufmerksamkeit für den Körper: Sport und Krankengymnastik entwickeln sich zur *Bewegungstherapie*, die – mit Anleihen bei Psychodrama,

Rollenspiel, Musik- und Gestalttherapie – sich nicht nur um die Leistungs-, sondern auch um die Sinn- und Ausdrucksmöglichkeiten des Körpers kümmert.

Endlich erfolgt im 20. Jh. auch die Wiederannäherung von Psychiatrie und *Philosophie* – erstmals seit der Zeit um 1800. Das beginnt 1913 mit Jasper's „Psychopathologie", die sich auf Husserls Phäno-menologie stützt, welche die Existenzphilosophie Heideggers und Sartres prägt. Von ihr leiten sich die daseinsanalytische (Binswanger, v. Baeyer) und die anthropologische Psychiatrie (v. Gebsattel, V. v. Weizäcker) ab. Ihnen ist gemeinsam, daß sie den Menschen – auch den psychisch kranken – als *selbst-ständig handelndes Subjekt* wieder in die Psychiatrie einführen, auch mit der Möglichkeit der „Daseins-führungsschuld". Verwandt ist das „dialogische Prinzip", die Subjekt-Subjekt-Beziehung, der Philo-sophie M. Bubers. Verwandt ist auch die Idee des weltoffenen, sich in die Umwelt hineinformulie-renden Menschen von Bürger-Prinz, der sich auf die Anthropologie A. Portmanns und A. Gehlens bezieht und der den Glauben an die Erklärbarkeit des (psychisch kranken) Menschen durch irgend-eine *Einzel*wissenschaft verspottete. Auf die Philosophie von Karl Marx schließlich berufen sich z. B. F. Basaglia, E. Wulff und K. Weise (DDR). Die englischen Antipsychiater (Laing, Cooper), die mit der Idee der Aufhebung der Psychiatrie freilich eher nur spielen, gleichwohl damit ebenso viel Angst wie Abwehr auslösen, verbinden Existenzphilosophie und Marxismus.

Daß im deutschsprachigen Raum ausgerechnet die jüngere Generation der Daseinsanalytiker (Kulenkampff, Bosch, Kisker, Häfner, Wulff) seit 1960 die praktische Sozialpsychiatrie eingeführt und maßgebend die Reformvorstellungen der Psychiatrie-Enquête geprägt haben, muß auch mit ihrem philosophischen Ansatz zusammenhängen: Ausgehen vom „handelnden Subjekt", Bereit-schaft zur Selbst-Reflektion.

Eine scheinbare Kleinigkeit ist besonders bezeichnend: die neuerliche Einführung von Psycho-logie und Soziologie (und Pädagogik) in die Pflege- und in die Ärzte-Ausbildung stellt die Wieder-herstellung von Kernstücken des ehemaligen Philosophikums dar. Wurde dieses 1848 durch revolutionäre Ärzte abgeschafft, so geht seine teilweise Wiedereinführung auf eine ebenfalls revolutionäre Forderung der Studentenbewegung von 1967/68 in der BRD zurück! Dieselbe Bewegung erreichte in Frankreich die Einbeziehung der Psychiatrie in die medizinische Ausbildung überhaupt.

Was bedeutet nun diese umfassende Zurücknahme der medizinischen Einseitigkeit im 20. Jh. für den *medizinischen* Anteil der Psychiatrie? Das Gegenteil von dem, was Sie vermutlich erwarten. Natürlich ist er erheblich geschrumpft, aber er hat sich gesundgeschrumpft, hat sich weitgehend von den Ideologien der Jahrhundertwende freigemacht, konnte sich auf wirklich naturwissenschaft-liches Vorgehen beschränken. Daher ist der medizinische Anteil im 20. Jh. ungleich erfolgreicher gewesen als im 19. Jh. Das begann 1917 mit der Malaria-Kur gegen die progressive Paralyse, die Wagner-v. Jauregg den bisher einzigen Nobel-Preis der Psychiatrie einbrachte. Es folgte in den 30er Jahren die „Schock-Ära", die erste einigermaßen erfolgreiche Therapie für die bisher als schicksalhaft hingenommenen, als endogen bezeichneten Psychosen: Insulin-Koma-Therapie (1932), Kardiazol-Schock (1933) und Elektrokrampftherapie (1937). Die medikamentöse Epilepsie-Therapie konnte bis heute ständig verbessert werden. Endlich eröffnete 1952 das Chlorpromazin die heute noch nicht abgeschlossene Zeit der Psychopharmaka. Diese machte gemeinsam mit sozialpsychiatrisch veränderten Einrichtungen und therapeutisch verändertem Umgangsstil ein seit der Pionierzeit der Psychiatrie unbekanntes Engagement möglich. Die Aufenthaltsdauer sinkt so, daß nach 6 Monaten ca. 80% der Patienten entlassen sind. Ambulante Vor- und Nachsorge können dadurch zur Hauptsache werden. Aufgrund dieser Fortschritte kann auch die biologische Grundlagenforschung zu treffenderen Erklärungsmodellen für seelische Leidenszustände kommen. Ebenso konnte sich die Genetik von ihren Ideologien befreien und dadurch ihre wirkliche Bedeu-tung vor allem für die Prävention zeigen.

Gerade dieser Erfolg des medizinischen Anteils der Psychiatrie kann das Selbstbewußtsein der Ärzte so steigern, daß sie ihren nicht mehr gerechtfertigten alleinigen Führungsanspruch ohne Sorge abgeben und sich als gleichwertig in das psychiatrische Team einreihen können. Gleichwohl könnte die Psychiatrie sich als medizinische Wissenschaft weiterhin begreifen. Aber nur, wenn sie „Medizin" vollständig wahrnimmt, wie zuletzt vor 1800, nähmlich als gleichwertige Berücksichtigung der bio-, psycho-, soziologischen und philosophischen Aspekte menschlichen Leidens. Das hat zudem den Vorteil, daß die Psychiatrie, in Umkehrung der Situation des 19 Jh., für die Entwicklung der Körpermedizin ein Orientierungsmodell sein kann: etwa für eine angemessene Grundhaltung, für vollständigeres diagnostisches und therapeutisches Handeln, für geeignetere Einrichtungen (z. B. Tageskliniken) und für ein chancengleiches Versorgungssystem.

9. Perspektiven für die Zukunft:

Diese kritische Befragung der Gegenwart und Vergangenheit muß jeder für sich selbst so übersetzen, daß er daraus Perspektiven für sein zukünftiges und gegenwärtiges Handeln gewinnt. Darum hier nur noch ein paar Anregungen für Ihre soziale Phantasie. Immer noch behindern unser Handeln etliche alte *und neue* Absolutheitsansprüche: „Marktbeherrschend" für den psychiatrischen Alltag sind noch viele ideologische Verfestigungen des 19. Jh., mit denen Macht ausgeübt wird, sowohl auf Patienten als auch auf vor allem nicht-ärztliche psychiatrisch Tätige. Daneben gibt es längst den psychoanalytischen Absolutheitsanspruch. Er verhindert, was jeder Laie mit gesundem Menschenverstand fordern würde: das Einswerden von Psychiatrie und Psychotherapie. Ferner gibt es inzwischen den sozialpsychiatrischen oder soziologischen Absolutheitsanspruch, der, nicht weniger unsinnig als seine Konkurrenten, alles auf soziale Bedingungen zurückführen will. Schließlich ist ein moderner technokratischer Absolutheitsanspruch zu beachten. Er tritt in 2 Varianten auf: 1. als „multikonditionaler Ansatz", der zwar mit Recht mehrere Bedingungen für eine seelische Krankheit behauptet, jedoch mit einer solchen Beliebigkeit, daß die Bedeutung des lebendigen handelnden Menschen für die Entstehung seiner Krankheit ausgeblendet bleibt. Und 2. als „Versorgungstechnokratie", die für jede Krankheitsgruppe perfektionistisch ein eigenes Versorgungssystem fordert, was im Ergebnis das Ende jeder Selbsthilfe wäre. Dies ist ein Zug, von dem auch die Psychiatrie-Enquête nicht frei ist.

Wenn das so ist, was ist dann für die nächste Zeit unsere Aufgabe? Wir haben uns aus den beschriebenen Verfestigungen zurückzuziehen. Stattdessen haben wir uns mehr den als banal und allzu schlicht übergangenen Fragen auszusetzen: Was bedeutet es für uns Menschen überhaupt, daß wir uns über seelische Krankheiten ausdrücken können (anthropologische Frage)? Was sind das für Situationen und Entwicklungen, in denen aus winzigen Besonderheiten und Auffälligkeiten im Miteinander von Menschen so schwerwiegende und angstmachende Zustände des Leidens und Störens entstehen (diagnostische Frage)? Und wie können wir als psychiatrisch Tätige, als Angehörige oder als Patienten uns der Angst soweit

440

öffnen, daß wir allen subjektiven und objektiven Anteilen der Situation entsprechen und sie normalisieren können (therapeutische Frage)?

Solange diese Fragen uns leiten, müßte es möglich sein, die brauchbaren Kerne des bisherigen Wissens zu beerben und sie für die Antworten auf unsere Fragen nutzbar zu machen. Aus biologischer Orientierung müßten wir es nicht mehr ideologisch finden, die seelischen und sozialen Beziehungen handelnder Menschen ernstzunehmen. Umgekehrt müßte uns die psychosoziale Wahrnehmung nicht mehr verführen, biologische Prozesse auszublenden, weil sie unser Konzept stören. Ja, wir brauchen nicht einmal mehr den Spott der Anderen zu fürchten, wenn wir – neben der kulturellen Prägung – von der Natur sprechen, sowohl von der Natur des Menschen im allgemeinen als auch von der Natur des einzelnen Menschen, von seiner körperlich-seelischen Besonderheit und Einmaligkeit, von seiner wirklichen Privatheit, deren Grenzen er und wir nicht um jeden Preis zwanghaft nach irgendeinem theoretischen Konzept verstehend oder erklärend sprengen müssen. Es wird uns also in Zukunft gut anstehen, wie als Bürger, so auch als psychiatrisch Tätige, neben der Quantität mehr auf die Qualität zu achten, neben der Begrenzung mehr auf die Möglichkeiten des Lebens und damit auf die Grenzen unseres Wachstums zu sehen.

Solche Grenzen des Wachstums und unseres Einflusses zeichnen sich überall ab: Die Grenzen des Verstehens haben wir in unserer Grundhaltung zu akzeptieren. Die Grenzen der Manipulierbarkeit betreffen die Moral unseres psychiatrischen Handelns, vor allem unserer therapeutischen Techniken.

Die Grenzen des ökonomischen Wachstums leiten unser präventives Handeln. Hier haben wir vor allem eines zu verhindern: daß nämlich das Sieb der Vernunft noch einmal engmaschiger wird und noch mehr „unvernünftige" Ausschußware produziert. Im 18. Jh. galt der „wohlanständige Mensch" als vernünftig. Im 19. Jh. forderte die Industrialisierung den „vorausberechenbaren Menschen" als vernünftig. *Jetzt haben wir daran zu arbeiten, daß die Sachzwänge der Automatisierung und der Kernenergie nicht den „total verfügbaren Menschen" – als für das 20. Jh. „vernünftig" – von uns verlangen!*

Die Grenzen neben den Möglichkeiten des Wachstums sind schließlich auch bei der Verwirklichung der Gemeindepsychiatrie zu beachten: die eine Seite ist die Schaffung neuer Einrichtungen in jeder Gemeinde mit dem Ziel eines bedarfsgerechten Versorgungssystems. Die andere Seite, an der die erstere zu messen ist, ist jedoch die Aktivierung jeder Form von Selbsthilfe – des betroffenen psychisch Kranken, der betroffenen Familie, der Nachbarschaft, des Wohnbezirks, der Gemeinde und ihrer Organisationen und eben auch aller psychiatrischer Einrichtungen. Dies mit dem Ziel, mit ihnen so selbsthilfeorientiert zu arbeiten, daß sie im Laufe der Zeit möglichst weitgehend wieder überflüssig werden. Mit dem Ziel also, *daß Fremdverwaltung wieder Selbstverwaltung werden kann.*

LITERATUR:

DÖRNER, K.: *Bürger und Irre,* als Taschenbuch, Frankfurt, Fischer 1975

DÖRNER, K.: *Nationalsozialismus und Lebensvernichtung,* in: K. DÖRNER: *Diagnosen der Psychiatrie,* Frankfurt, Campus 1975

DÖRNER, K.: *Die Hochschulpsychiatrie,* Stuttgart, Enke 1967

FOUCAULT, M.: *Wahnsinn und Gesellschaft,* Frankfurt, Suhrkamp 1969

GÜSE, H.-G. u. N. SCHMACKE: *Psychiatrie zwischen bürgerlicher Revolution und Faschismus* (2 Bde.), Kronberg, Athenäum 1976

HABERMAS, J.: *Strukturwandel der Öffentlichkeit,* Neuwied, Luchterhand 1962

HORKHEIMER, M. u. TH. W. ADORNO: *Dialektik der Aufklärung,* Frankfurt, Suhrkamp 1972

KÖHLER, E.: *Arme und Irre,* Berlin, Wagenbach 1977

KUHN, TH.: *Die Struktur wissenschaftlicher Revolutionen,* Frankfurt, Suhrkamp 1973

17. Kapitel

RECHT UND GERECHTIGKEIT

I. *Das Problem*
II. *Wie gehen wir um mit Recht und Gerechtigkeit?*
　1. Selbstwahrnehmung
　2. Vollständigkeit der Wahrnehmung
　3. Normalisierung der Wahrnehmung
III. *Welche Gesetze müssen wir kennen?*
　01. Bundessozialhilfegesetz (BSHG)
　02. Schwerbehindertengesetz (SchwBG)
　03. Harmonisierungsgesetz
　04. Sozialversicherung für Behinderte
　05. Arbeitsförderungsgesetz (AFG)
　06. Strafrecht (StGB)
　07. Jugendgerichtsgesetz (JGG)
　08. Bürgerliches Recht (BGB)
　09. Eherecht
　10. Sozialversicherungsrecht
　11. Versorgungsrecht
　12. Entschädigungsrecht
　13. Gesetze über Hilfen und Schutzmaßnahmen bei psychischen Krankheiten
　　　(PsychKG)
IV. *Was können wir tun?*
Literatur

Recht und Gerechtigkeit

I. *Das Problem*

Gesetze sind allgemeine und persönlich formulierte Rechtsvorschriften, nach denen Staatsbürger und Behörden handeln sollen. Vor dem Gesetz sind zunächst alle Menschen gleich, so daß Ausnahmesituationen, d. h. Abweichungen von dem Gleichheitsanspruch, geregelt (kodifiziert) sein müssen. Psychiatrie als System hat von vornherein mit den „Ungleichen" zu tun, mit denen, die, aus welchen Gründen auch immer, den „normalen" Ansprüchen der Gesellschaft nicht entsprechen.

Da Recht und Gesetz für alle formuliert sind, im System Psychiatrie jedoch die Menschen anzutreffen sind, die zu dem Zeitpunkt nicht wie alle sind, muß es in der Menge der Gesetze immer auch solche geben, die die Ausnahme kennzeichnen. Spannungen kommen z. B. dadurch zustande, daß die Anerkennung eines Menschen als Ausnahme durch Menschen gemacht wird, so daß sie stets angreifbar ist. Oder dadurch, daß oft übersehen wird, daß selbst der, der in bestimmten Bereichen den Ausnahmebedingungen entspricht, in andern Bereichen das gleiche Recht hat, wie alle anderen auch. Als Beispiel: Jemand, der langfristig in einem psychiatrischen Landeskrankenhaus ist, hat nach wie vor ein Recht auf Privateigentum und ein Recht auf den Schutz seiner Person.

Für beide Systeme – Recht und Psychiatrie – gilt die Forderung nach Herstellung größtmöglicher Gerechtigkeit und gilt die Rechtsnorm des Grundgesetzes, daß die Würde des Menschen unantastbar ist (GG, Art. 3). Je mehr dieser Grundsatz verwirklicht ist, desto humaner ist das System Psychiatrie, desto humaner ist in Umkehrung dann, wenn das Gesetz mit Hilfe der Psychiatrie den „Ungleichen" vor dem Zugriff schützt, dem die „Gleichen" ausgesetzt sind, auch das System Recht: *ein* Kriterium für das Maß verwirklichter Gerechtigkeit einer Gesellschaft.

II. *Wie gehen wir um mit Recht und Gerechtigkeit?*

Wie gehen wir eigentlich mit den Gesetzen in der Psychiatrie um? Vermutlich in den meisten Fällen relativ gleichgültig, weil wir genug zu tun haben mit den Alltagsanforderungen, die unter dem System Psychiatrie an uns gestellt werden. Wenn Rechtsfragen auftauchen, verweisen wir gern an Experten wie Sozialarbeiter oder Rechtsanwälte. Allenfalls bei der Erstellung von Gutachten und Anträgen können wir (Psychiater, Psychologen, Sozialarbeiter) uns an dem System Recht nicht vorbeimogeln, tun es dennoch gern – nicht selten auf Kosten des Patienten. Wir wollen auch deshalb den Umgang mit dem Recht uns von innen her erarbeiten: Er ist ein wesentlicher Teil unserer Gesamtwirklichkeit.

1. Selbstwahrnehmung

Im Normalfall nehmen wir die Gesetze, nach denen wir leben, kaum wahr. Bei Vertragsabschlüssen, vom Mietvertrag bis zum Kaufvertrag, merken wir den Einfluß des Gesetzgebers, bei den Steuern, ebenso bei Strafmandaten. Meist konzentrieren wir uns nicht auf das Recht, das uns geschieht, sondern auf das, das uns nicht geschieht, fühlen uns verärgert, eingeengt, gestört, zu Umwegen gezwungen und kontrolliert, überwacht, unrecht behandelt. Es geht öfter von einem die Rede, der mit dem Gesetz in Konflikt geraten ist, weniger von einem, der gesetzestreu lebt. Mit dem Gesetz zu tun haben, wird wahrscheinlicher als Makel erlebt, sowohl in der Selbst- als in der Fremdwahrnehmung. Und wer auf sein Recht pocht (immerhin verlangt es diese Heftigkeit), wird mit Erstaunen, auch Skepsis wahrgenommen. Mitarbeiter der Verwaltung finden wir lästig, überflüssig oder arrogant mit ihren Wünschen oder Forderungen, stecken aber gern stillschweigend die Vorteile unserer Abhängigkeit von ihnen ein. Im übrigen lassen wir sie an unseren inhaltlichen Fragen nicht teilhaben, vergessen sie und isolieren sie. Zudem nehmen wir vielleicht gefühlsmäßig und heimlich an allgemeinen Vorurteilen teil, wie an dem, daß psychisches Kranksein etwas mit Unzurechnungsfähigkeit zu tun habe.

2. Vollständigkeit der Wahrnehmung

Auch wenn es uns unangenehm ist, uns vielleicht in unseren Berufsidealen stört oder von uns als zu banal übergangen wird: Wenn wir vollständig wahrnehmen wollen, gilt die Tatsache, daß jemand, der mit der Psychiatrie in Berührung kommt, mit größerer Wahrscheinlichkeit irgendwie auch mit Gesetzen zu tun bekommt. Das ist nicht zuletzt deshalb so, weil die Systeme des Rechts und der Psychiatrie sich insofern nahe sind, als sie von uns als der Gemeinschaft aller Bürger als Kontrollsysteme für Verstöße gegen die Regeln des menschlichen Zusammenlebens eingesetzt sind: Das Recht für Verstöße gegen geschriebene Gesetze, die Psychiatrie für Verstöße gegen Regeln, die so selbstverständlich sind, daß sie gar nicht aufgeschrieben werden können. Daher müssen psychiatrisch Tätige ein Bewußtsein für Gesetze und Rechte haben, um sowohl der Gesellschaft als auch dem Patienten „*gerecht* werden zu können". Dabei kann nicht verlangt werden, daß jeder alle Gesetze und Paragraphen kennt. Jedoch sollten nicht nur die humaneren gesetzlichen Hilfsmöglichkeiten gewußt werden, sondern der gesetzliche Rahmen überhaupt, in dem ein Handeln stattfindet, sollte *wahrgenommen* werden. Darüberhinaus sollten die im Gesetz enthaltenen Möglichkeiten auch ausgeschöpft *(wahrgemacht)* werden. Dagegen verstoßen wir am häufigsten.

Daher gehört zur Vollständigkeit der Wahrnehmung auch, daß psychiatrisches Handeln darauf überprüft wird, ob es dem Grundsatz der Würde des Menschen entspricht, auch darauf, ob Hilfe, die gesetzlich möglich ist, angeboten wird oder nicht. Kein Patient streitet sich gern mit seinem Arzt, und besonders in der Psychiatrie fürchtet jeder die Nachteile einer Störung der Arzt-Patient-Beziehung. So hat noch niemand die Frage zu beantworten versucht, ob sich psychiatrisch Tätige wegen Handlungen, die durchaus den Tatbestand der Beleidigung (als mindestes) erfüllen können, nicht auch schämen. Und es hat auch noch niemand zu überprüfen versucht, ob der Aufklärungspflicht von Nebenwirkungen, nun nicht nur von Psychopharmaka, sondern z. B. auch von psychotherapeutischen Verfahren nachgekommen wird.

3. Normalisierung der Wahrnehmung

Warum haben wir Gesetze? Welche Gesetze bejahe ich, gegen welche kämpfe ich an, und welche möchte ich verhindern? Anders als bei Verstößen gegen Regeln gibt es bei Verstößen gegen Gesetze Instanzen, die diese Verstöße nach Gesetzen ahnden. Durch das Recht werde ich geschützt, aber auch gebunden. Durch die Gesetze sind die Regeln aufgeschrieben und damit für jeden immer überprüfbar, nach denen wir alle ans Normale, an die soziale Gemeinschaft, an die Gleichheit usw. gebunden sind. Zur Normalisierung der Wahrnehmung gehört auch, daß ich mein Vertrauen den gesetzes- und rechtsschützenden Instanzen gegenüber überprüfe, mir bewußter werde, in wievielen Bereichen ich den Schutz meiner Person stillschweigend voraussetze und in wievielen und welchen Bereichen ich meine Pflichten stillschweigend erfülle.

III. *Welche Gesetze müssen wir kennen?*

1. *Bundessozialhilfegesetz* (BSHG), das 1962 erlassen wurde und das ein Fürsorge-
gesetz mit dem Geruch der Armenpflege ablöste, bestätigt den Grundanspruch
des hilfsbedürftigen Bürgers auf gleichberechtigte Teilnahme am gesellschaftlichen, kulturellen und politischen sowie wirtschaftlichen Leben. Das BSHG
ist dem Gedanken der Selbsthilfe verpflichtet. 1974 ist das 3. Änderungsgesetz
in Kraft getreten. Die gewährte Hilfe soll dem Bedürftigen ein menschenwürdiges
Leben ermöglichen und soll ihn soweit wie möglich fähig machen, unabhängig
von der Hilfe zu leben. Im § 1 wird als Aufgabe der Sozialhilfe bezeichnet:
Dem Empfänger die Führung eines Lebens zu ermöglichen, das der Würde des
Menschen entspricht. Dabei ist die Hilfe nicht nur zu gewähren, wenn Not bzw.
Würdelosigkeit bereits offensichtlich sind, sondern schon *vorbeugend*, wenn sie
dazu beitragen kann, eine Notlage ganz oder teilweise abzuwenden. *Nachgehend*
kann Sozialhilfe gewährt werden, um die Wirksamkeit der bisher geleisteten Hilfe
aufrecht zu erhalten. Dies ist ein gewaltiger Fortschritt, der bisher kaum genutzt
wird. Dabei ist es so einfach: Da *kein* förmlicher Antrag auf Sozialhilfe erforderlich ist, genügt ein telefonischer Anruf der Stationsschwester, des behandelnden
Arztes oder Psychologen beim zuständigen Sozialamt. Zu berücksichtigen ist,
daß Sozialhilfe immer nachrangig ist, d. h. daß zunächst alle anderen Hilfsmöglichkeiten abgeklopft werden (Subsidiaritätsprinzip), aber immer gewährt
werden muß.

Die *Eingliederungshilfe für Behinderte* betrifft innerhalb der Sozialhilfe wesentlich
Rehabilitation und Prävention. Aufgabe und Ziel der Engliederungshilfe sind:
nach § 39 „eine drohende Behinderung zu verhüten oder eine vorhandene Behinderung oder deren Folgen zu beseitigen oder zu mildern und den Behinderten
in die Gesellschaft einzugliedern. Hierzu gehört vor allem, dem Behinderten
die Teilnahme am Leben in der Gesellschaft zu ermöglichen oder zu erleichtern,
ihm die Ausübung eines angemessenen Berufes oder einer sonstigen angemessenen
Tätigkeit zu ermöglichen oder ihn soweit wie möglich unabhängig von Pflege
zu machen". Erst 1969 – aber immerhin – wurden seelisch mit körperlich und
geistig Behinderten bezüglich der Eingliederungshilfe als Muß-Leistung gleichgestellt. In dem Katalog der sog. „Hilfe für besondere Lebenslagen" wurde eine
Hilfeverpflichtung für sozial Behinderte, d. h. für Obdachlose, Haftentlassene,
Alkoholiker, Drogen- und Rauschgiftsüchtige neu aufgenommen. Voraussetzung
für die Gewährung einer solchen Hilfe ist, daß der Betroffene sich aus eigener
Kraft nicht mehr helfen kann. Die §§ 93 bis 95 BSHG regeln die „Institutionellen Hilfen". Sie berechtigen jeden von uns, einen Trägerverein zu gründen
und mit diesem z. B. ein Übergangsheim oder eine Tagesklinik zu betreiben,
da ein Rechtsanspruch zur Finanzierung durch „kostendeckende Pflegesätze"
besteht. Voraussetzung: Nachweis des Bedarfs in der betreffenden Region – was
weiß Gott nicht schwer ist. Daß eigentlich die Versicherungsträger hier zuständig
sein sollten, ist eine sozialpolitische Forderung, für deren Durchsetzung Sie sich
politisch engagieren können. Nicht erreicht ist bisher auch die finanzielle Gleichstellung weniger begüteter Behinderter mit Behinderten, die höhere Ansprüche

aus der gesamten Kranken-, Unfall- und Rentenversicherung z. B. haben. „Anknüpfungspunkt für die Rehabilitationsleistungen dieser Träger sind Beitragsleistungen oder Vorleistungen der Behinderten." Die Rehabilitationsleistungen der Sozialhilfe werden nach anderen Gesichtspunkten gewährt. „Für sie gelten insbesondere die Grundsätze der Subsidiarität und der Einkommens- und Vermögensanrechnung". Das sozialpolitische Ziel, allen Behinderten die erforderlichen Rehabilitationsleistungen ohne Rücksicht auf die Zugehörigkeit zu einem bestimmten Rehabilitationsträger möglichst im gleichen Umfang und nach einheitlichen Verfahrensgrundsätzen zu gewähren, ist somit noch zu erreichen. Einer Vereinheitlichung des gesamten Behindertenrechtes einschl. der Sozialhilfe steht u. a. im Wege, daß die von Sozialversicherungsträgern zu erbringenden Leistungen auf Eingliederung in das Berufsleben zielen und nicht wie die Sozialhilfe in erster Linie auf Eingliederung in die Gesellschaft. Das Schwerbehindertengesetz sowie das Rehabilitationsgesetz haben allerdings hier schon Fortschritte gebracht.

(Um ein Gespür für das Wesen des BSHG zu bekommen, empfehlen wir die Lektüre und Diskussion der §§ 1, 6, 7, 8, 39, 40, 43, 81, 93 und 95. Auch die Diskussion des § 61 führt in die Problematik ein.)

2. Durch das *Schwerbehindertengesetz* (SchwBG, 1974) erfolgte eine Ausdehnung des geschützten Personenkreises auf alle Schwerbehinderten, unabhängig von Art und Schwere ihrer Behinderung. Schwerbehindert ist nach § 1 dieses Gesetzes derjenige, der körperlich, geistig oder seelisch behindert und infolge seiner Behinderung in seiner Erwerbsfähigkeit nicht nur vorübergehend um wenigstens 50% (ggf. 30%) gemindert ist. Obwohl nach dem Gesetz die Verpflichtung, Schwerbehinderte zu beschäftigen, ausgebaut und der Kündigungsschutz erheblich verbessert wurde (zudem 6 Tage Zusatzurlaub), sind in der öffentlichen wie in der privaten Wirtschaft die Schwerbehinderten die bevorzugtesten Opfer der konjunkturellen und strukturellen Arbeitslosigkeit: Die Zahl der arbeitslosen Schwerbehinderten stieg von Oktober 1974 bis Oktober 1975 um 108,1%, die Gesamtzahl der Arbeitslosen im gleichen Zeitraum dagegen nur um 57,8%! In diesem Zusammenhang ist die Arbeit der Hauptfürsorgestellen zu betrachten, deren Aufgaben in § 28 des Schwerbehindertengesetzes beschrieben sind, wozu eben auch die Kontrolle des Kündigungsschutzes gehört. Nach § 27 gibt es eine enge Zusammenarbeit der Hauptfürsorgestellen mit der Bundesanstalt für Arbeit. Über die Bundesanstalt für Arbeit ist festgestellt worden, daß öffentliche wie private Arbeitgeber nicht genügend Bereitschaft zeigen, Schwerbehinderte zu beschäftigen. Sie weichen lieber auf die möglichen Ausgleichsabgaben aus. In einem Beschluß des Beirates für Rehabilitation, in dem die Tarifpartner, die Behindertenverbände und die Länder vertreten sind, wurden die Fürsorgestellen 1975 aufgefordert, Kündigungsanträge für Schwerbehinderte noch sorgfältiger zu prüfen. Die Bundesanstalt für Arbeit wurde ersucht, stärker auf die Beschäftigungspflicht von Schwerbehinderten zu achten. An die Arbeitgeber appellierte der Beirat, sich ihren Pflichten nicht durch Ausgleichsabgaben zu entziehen.

(Wir empfehlen die Lektüre der §§ 52 ff über die Förderung von Werkstätten für Behinderte, dann die §§ 27 ff über die Durchführung des Schwerbehindertengesetzes sowie die §§ 4-9 und 10-11 und 12-19 über die Beschäftigungspflicht der Arbeitgeber und sonstige Pflichten der Arbeitgeber für den Kündigungsschutz. Dazu die Denkschrift der DGSP, die in den Sozialpsychiatrischen Informationen 1977 veröffentlicht ist!)

3. Das in Ergänzung des Schwerbehindertengesetzes geschaffene *Rehabilitationsangleichungsgesetz* (Harmonisierungsgesetz, 1974) bringt auf dem Wege der beruflichen Eingliederung Behinderter eine weitgehende Vereinheitlichung der medizinischen und berufsfördernden Maßnahmen. Nach dem Gesetz ist der Behinderte während der Dauer der Rehabilitation in der gesetzlichen Renten-, Kranken- und Unfallversicherung und gegen Arbeitslosigkeit versichert. Zur reibungslosen Gestaltung des Rehabilitationsverfahrens wurde vorgesehen, daß ein Träger von Anfang bis zum Schluß des Verfahrens für den Behinderten zuständig bleibt. Wenn nicht klar ist, wer der zuständige Träger ist, und wenn die unverzügliche Maßnahme gefährdet ist, tritt die Bundesanstalt für Arbeit im medizinischen wie im berufsfördernden Bereich in Vorleistung, damit Rechtsstreitigkeit nicht mehr auf dem Rücken der Betroffenen ausgetragen werden. Jeder Behinderte hat zudem das Recht auf Auskunft und Beratung durch den Versicherungträger. Vorteile dieses Gesetzes sind, daß erstmals die Krankenkassen auch Rehabilitation bezahlen müssen und daß Rehabilitation *vor* Berentung gestellt wird. Darüberhinaus melden die behandelnden Ärzte die schwerbehinderten Patienten an die Kassen (im BSHG erfolgt die Meldung an das Gesundheitsamt). In dieses Gesetz sind die Empfänger von Sozialhilfe, die immerhin mehr als die Hälfte der Behinderten ausmachen, nicht einbezogen. Auch die Beschäftigten im öffentlichen Dienst, für die eigene Regelungen bestehen, sind durch dieses Gesetz nicht betroffen.

(Jahrzehntelang haben sich die Verfahren zur Rehabilitation in den einzelnen Leistungsbereichen völlig getrennt und unabhängig voneinander entwickelt. So fehlt es weitgehend an Ausführungsbestimmungen, die der neuen Rechtslage angepaßt sind.)

4. Das 1975 inkraft getretene *Gesetz über die Sozialversicherung für Behinderte* setzt die Arbeit am Behindertenrecht fort. Generell eingeführt wurde die Sozialversicherungspflicht für alle Behinderten, die in Werkstätten, Anstalten und Heimen sowie in Berufsbildungswerken (das betrifft auch die Berufsförderungswerke) beschäftigt sind. Bei dem in diesem Gesetz besonders geschützten Personenkreis handelt es sich in der Regel überwiegend um die bereits von Geburt oder frühen Lebensalter an Behinderten, die im allgemeinen Arbeitsleben entweder keinen Platz finden oder so frühzeitig aus dem Beruf ausscheiden mußten, daß sie keinen Rentenanspruch erwerben konnten. Ungeschützt bleiben die Behinderten, die auf Grund der Schwere ihrer Leiden ständig auf Pflege angewiesen sind. Auch Behinderte, die man bisher noch nicht in Werkstätten unterbringen konnte, haben keinen Anspruch auf Eingliederung in die Sozialversicherung. Das Ziel ist jedoch: eine angemessene Grundsicherung *aller* Behinderten.

5. Zu den Aufgaben des *Arbeitsförderungsgesetzes* (AFG, 1969) gehört es, daß ein hoher Beschäftigungsstand erzielt und aufrecht erhalten, die Beschäftigungsstruktur verbessert und damit das Wachstum der Wirtschaft gefördert wird. Es soll erreicht werden, daß die Arbeitslosigkeit möglichst gering ist, die berufliche Beweglichkeit der Erwerbstätigen gesichert und verbessert wird, nachteilige Folgen aus Rationalisierungsmaßnahmen bzw. aus wirtschaftlichem Strukturwandel vermieden, ausgeglichen oder beseitigt werden, die berufliche Eingliederung körperlich, geistig oder seelisch Behinderter gefördert wird, Frauen, die benachteiligt sind, beruflich eingegliedert werden, ebenso wie ältere und andere Erwerbstätige, deren Unterbringung unter den üblichen Bedingungen des Arbeitsmarktes erschwert ist. Ferner soll die Struktur der Beschäftigten nach Gebieten und Wirtschaftszweigen gebessert werden.

Im Rahmen der institutionellen Förderung von Einrichtungen zur beruflichen Rehabilitation kann die Bundesanstalt für Arbeit Zuwendungen gewähren für bestehende oder neu zu errichtende Einrichtungen der Ausbildung, Fortbildung oder Umschulung Behinderter und zusätzlich für die notwendige Ausstattung zur begleitenden medizinischen Behandlung und Betreuung Behinderter. Ferner sind förderungswürdig Werkstätten für Behinderte (WfB), die Arbeitsplätze solchen Personen bieten, die wegen ihrer Behinderung nicht, noch nicht, oder nicht wieder auf dem allgemeinen Arbeitsmarkt tätig sein können. Vorrangig gefördert werden Werkstätten, die wegen ihres Standortes, ihrer Größe sowie der besonderen personellen und sachlichen Ausstattung als beispielgebend anzusehen sind. Ein Rechtsanspruch auf Förderung besteht nicht, es handelt sich um Kannleistungen. Neben der institutionellen Förderung besteht die Möglichkeit der individuellen Förderung, wobei die Bundesanstalt zur beruflichen Eingliederung der Behinderten geeignete Maßnahmen der Arbeits- und Berufsförderung zur Erhaltung, Besserung oder Herstellung der Erwerbsfähigkeit selbst trifft, soweit nicht ein anderer Träger zuständig ist. Allerdings sind ein Großteil von Behinderten nach dem AFG nicht förderbar, da – im Gegensatz zu § 39 BSHG – die berufliche Eingliederung zu erwarten sein muß. Eine andere Möglichkeit der individuellen Hilfe besteht nach dem AFG darin, an den Arbeitgeber von Behinderten entweder für eine begrenzte Zeit sogenannte Einarbeitungszuschüsse zu zahlen oder für die Zeit der Ausbildung einen Zuschuß zu gewähren, der es den Arbeitgebern erleichtern soll, spezifische Arbeitsplätze freizustellen, für die Institutionen wie Werkstätten nicht gesorgt werden kann.

Das AFG ist ein Beispiel für ein Gesetz, von dem nicht nur Patienten, sondern auch psychiatrisch Tätige profitieren können (z. B. Fortbildung).

(Zur Einarbeitung in das AFG empfehlen wir neben den einführenden Paragraphen 1-3 und 4-12, vor allem die §§ über die berufliche Rehabilitation § 56-62).

Bewertung: Sozialhilfe ist nach wie vor ein ungelöstes Problem. Die Unzufriedenheit mit den bisherigen gesetzlichen Regelungen beruht darauf, daß zwischen den Leistungen im Bereich von Sozialversicherung und Versorgung auf der einen Seite und denen der Sozialhilfe auf der anderen Seite erhebliche Unterschiede weiterhin bestehen. Ausgangspunkt ist die unterschiedliche Aufgabenstellung der Rehabilitationsträger. Während die Sozialversicherung und die Kriegsopferversorgung auf dem Versicherungs- und Versorgungsprinzip und damit auf Beitragsleistung und Vorleistung aufbauen und in ihrer Zielsetzung in der Hauptsache die Wiederherstellung des Behinderten zur Erwerbsfähigkeit anstreben, ist die Sozialhilfe bestimmt für Personen, die solche Beiträge oder Vorleistungen nicht erbracht haben, sondern abhängig sind von öffentlicher Unterstützung nach dem Bedarfsdeckungsprinzip, wobei – mit Ausnahme des § 91 BSHG! – eigenes Einkommen und Vermögen angerechnet oder die Leistungspflicht naher Angehöriger mit in Rechnung gestellt werden. Dafür zielt die Sozialhilfe nicht nur auf Eingliederung ins Berufsleben, sondern zuleich auf einen angemessenen Platz in der Gesellschaft. Das Problem läßt sich deswegen so schwer angehen, weil die Sozialversicherungsträger der Aufgabe widersprechen, Hilfe zur gesellschaftlichen Eingliederung und zur Teilnahme am Leben der Gesellschaft zu erbringen, da sie diese Leistungen ihren Mitgliedern, die sich in der Regel nach Eingliederung in den Arbeitsprozeß selbst helfen sollen, nicht gibt. Ein Verzicht auf Anrechnung von Einkommen und Vermögen würde wiederum dem Grundprinzip der Sozialhilfe widersprechen, das Mittel nur dem zuerkennt, bei dem zuvor alle Möglichkeiten der Selbsthilfe ausgeschöpft sind. Die Eingliederungshilfe bekäme sonst einen Versorgungscharakter; außerdem würde möglicherweise auch der Personenkreis begünstigt, der durch gute wirtschaftliche Verhältnisse ohne weiteres in der Lage wäre, die erforderlichen Leistungen selbst aufzubringen. Auf jeden Fall ist aber zu vermeiden, daß es für Behinderte zweierlei Recht gibt.

Neben dem Bereich der sozialen Hilfen sind Strafrecht, Jugendgerichtsgesetz, Zivil-, Versicherungs- und Schadensersatzrecht und Sozialrecht vor allem für psychiatrische Begutachtungen wichtig.

6. *Das Strafrecht* (StGB, 1975) enthält als Norm den freien Willen. Der Mensch hat einen freien Willen, das Gute zu tun und das Böse zu tun bzw. sich gegen das Böse zu entscheiden. (Was Gut und Böse ist, ist wieder Norm und braucht hier nicht aufgeführt zu werden.) Insgesamt wird bei dem Zusammenleben von Menschen davon ausgegangen und erwartet, daß Menschen sich gegen das Böse entscheiden. Wenn sie es dennoch nicht tun, kennt die Gesellschaft eine Reihe von Straf- und Maßregeln, die nach dem neuen 1975 inkraft getretenen Strafrecht differenzierter sind als sie es vorher waren, die verhindern sollen, daß jemand ein zweites Mal die gleiche Tat begeht. Dabei steht die Strafe in Beziehung zur Schuld. Gleichzeitig soll die Bestrafung des einzelnen bewirken, daß möglichst viele nicht straffällig werden. (Die Regeln, die durch Recht und Gesetz gegeben sind, haben nur dann einen Sinn, wenn sie eingehalten werden: Lernen am Modell). Auch nach der Reform bleibt das Strafrecht der Bundesrepublik am *Schuld*gedanken orientiert. Unmittelbar daneben und sicher in Einzelfällen in Widerspruch steht als verpflichtender Leitgedanke das Ziel der Resozialisierung des Täters.

Nicht jeder, der Böses tut, ist krank (obwohl das für manche die harmonisierendste Formel wäre): Aber manche Menschen sind auf Grund bestimmter Bedingungen nicht oder nur eingeschränkt in der Lage die (bösen) Folgen ihres gesetzeswidrigen Tuns zu sehen: Ihr freier Wille ist eingeschränkt. Demnach können sie nach dem Gesetz nicht in gleicher Weise behandelt werden wie die, bei denen davon ausgegangen wird, daß ihr freier Wille nicht eingeschränkt ist.

Die §§ 20 und 21 StGR geben dem Richter Handhabe, diese Menschen herauszufinden. Die beiden Paragraphen lauten:

§ 20: Schuldunfähigkeit wegen seelischer Störungen: Ohne Schuld handelt, wer bei Begehung der Tat wegen einer krankhaften seelischen Störung, wegen einer tiefgreifenden Bewußtseinsstörung oder wegen Schwachsinns oder einer schweren anderen seelischen Abartigkeit unfähig ist, das Unrecht der Tat einzusehen oder nach dieser Einsicht zu handeln.

§ 21: Verminderte Schuldfähigkeit: Ist die Fähigkeit des Täters, das Unrecht der Tat einzusehen oder nach dieser Einsicht zu handeln, aus einem der in § 20 bezeichneten Gründe bei Begehung der Tat erheblich vermindert, so kann die Strafe nach § 49 Abs. 1 gemildert werden.

Die in diesem Gesetz genannten quasidiagnostischen Begriffe sind dem Bemühen zuzuschreiben, möglichst viele Psychiater auf einen Nenner zu bringen. Wann immer sich bei der Lektüre dieser Paragraphen Widerspruch regt, muß man bedenken, daß viele Sitzungstage lang von Psychiatern unterschiedlicher Richtungen und Schulen um die Begriffe gerangelt wurde und daß die derzeitige Formulierung die in der Kommission mögliche Kompromißformel ist.

Mit dem Begriff „krankhafte seelische Störung" sind die sogenannten endogenen und exogenen symptomatischen Psychosen gemeint. Um die Schuldunfähigkeit eines Betroffenen festzustellen, reicht es nicht aus, eine Erkrankung zu diagnostizieren, vielmehr ist es notwendig, den Einfluß der Erkrankung auf das Handeln des Betroffenen zu beschreiben. Der Begriff „tiefgreifende Bewußtseinsstörung" ist umstritten. Es ist gemeint, daß bei tiefgreifender Bewußtseinsstörung eine Aufhebung der Schuldfähigkeit vorliegt, wenn zur Tatzeit das seelische Gefüge der Persönlichkeit zerstört ist, also etwa bei einem durchgreifenden emotionell bedingten Ausnahmezustand. Eine erhebliche Verminderung der Schuldfähigkeit ist dann anzunehmen, wenn das seelische Gefüge erschüttert ist. Der Begriff „Schwachsinn" meint erhebliche geistige Behinderung. Der Begriff „schwere andere seelische Abartigkeit" meint schwere sogenannte psychopathische oder neurotische Fehlhaltungen. Eine Beeinträchtigung der strafrechtlichen Verantwortung ist dann anzunehmen, wenn sich auch außerhalb des strafrechtlichen Handelns eine erhebliche Einengung des Lebensraumes feststellen läßt bzw. wenn in dem Leben der betreffenden Person die Symptomatik führend geworden ist, wie z. B. bei süchtigem oder sexualpathologischem Handeln. Immer ist jedoch der Nachweis zu bringen, daß eine vorliegende Beeinträchtigung zur Zeit der Tat den freien Willen der Person bezüglich dieser Tat beeinträchtigt hat.

Begriffe wie Zurechnungsfähigkeit, Schuldfähigkeit oder strafrechtliche Verantwortlichkeit werden meist gleichwertig gebraucht. Bei Verwendung des Begriffes Schuldfähigkeit ist zu bedenken, daß psychiatrisch Tätige meist einen anderen Schuldbegriff haben als bei Gericht Tätige, was wiederum der betroffene Begutachtete nicht wissen kann. Dies kann dort eine Rolle spielen, wo auf Grund neurotischen Handelns der Betroffene im strafrechtlichen Sinne nicht schuldfähig ist, weil krank, man gleichzeitig an die kranken Anteile aber nur herankommen kann, wenn der Betroffene in die Lage gesetzt wird, sich mit seinen gewissensbildenen Instanzen und Schuldgefühlen auseinanderzusetzen.

Übung: Tauschen Sie untereinander Ihre Wertungen bezüglich der Begriffe „Schuld" und „freier Wille" aus, damit sie besser klären können, welche Wertung *Sie* eigentlich im praktischen Umgang mit sich und anderen leitet.

Im Rahmen des neuen Strafrechtes wird der Gutachter häufig nach der Indikation für „*Maßregeln*" gefragt. Die Bestimmungen über die Anwendung von Maßregeln

(§ 51 ff) sind durch 2 Grundsätze gekennzeichnet: Der Resozialisierungsgedanke hat Vorrang.

In Umkehrung der Reihenfolge der früheren Bezeichnung heißt es jetzt: „Maßregeln der Besserung und Sicherung." Zum anderen wurde dem Grundsatz der Verhältnismäßigkeit größere Bedeutung beigemessen. Die Anordnung einer Maßregel darf nach § 62 StGB nicht erfolgen, wenn die Maßregel zur Bedeutung der vom Täter begangenen oder zu erwartenden Tat sowie zu dem Grad der von ihm ausgehenden Gefahr außer Verhältnis steht. Dem entspricht, daß im § 63 als Voraussetzung für die „Unterbringung in eine psychiatrische Krankenanstalt" neben der Schuldunfähigkeit nach § 20 oder 21 hervorgehoben wird, daß von dem Täter erheblich rechtswidrige Taten zu erwarten sein müssen. Weiter können nach § 64 Alkohol- oder Rauschmittelabhängige zu einer Entziehungskur untergebracht werden, wenn ihre Tat sowie weitere zu erwartende Taten mit der Abhängigkeit zusammenhängen und Erfolgsaussicht besteht. Die wichtigste Maßregel-Neuerung bringt jedoch § 65 mit dem von allen Bundesländern zu schaffenden *sozialtherapeutischen Anstalten*, in die vor allem Rückfall- und Triebtäter untergebracht werden, „wenn nach dem Zustand des Täters die besonderen therapeutischen Mittel und sozialen Hilfen einer ärztlich geleiteten sozialtherapeutischen Anstalt zu einer Resozialisierung angezeigt ist". In den Anstalten des neuen Typs soll die Behandlung des Straffälligen im Vordergrund stehen. Zunächst sollten die Vorschriften über die sozialtherapeutischen Anstalten schon im Herbst 1973 inkraft treten, dann 1975; nun werden sie auch im Jahre 1978 noch nicht verwirklicht werden. Man fragt sich, wie ernst der Gesetzgeber und die Sache genommen werden? Die Gründe für die Bauverzögerung dieser Anstalten sind nicht nur in der dramatischen Verschlechterung der Landeshaushalte zu finden, vielmehr sind die Schwierigkeiten auch inhaltlicher Natur.

a) Auswahl der zu behandelnden Straffälligen: Es ist schwer sicherzustellen, daß die vom Gesetzgeber gemeinten und für die Sozialtherapie geeigneten Straffälligen auch wirklich eingewiesen werden. Gemeint sind sexuelle Triebtäter, Rückfalltäter (Hangtäter) unter 27 Jahren, Rückfalltäter mit schwerer Persönlichkeitsstörung und Schuldunfähige, wenn eine sozialtherapeutische Behandlung eher als eine psychiatrische Erfolg verspricht. Es deutet sich bei der Festlegung der 4. Tätergruppe ein allgemeines Problem an, daß nämlich ein Unterschied zwischen psychiatrischer und sozialtherapeutischer Behandlung gemacht wird.

b) Therapeutische Methodik: Antworten auf die Frage, welche therapeutischen Verfahren ggf. mit welchen Modifikationen für die Behandlung der Insassen einer sozialtherapeutischen Anstalt anwendbar sind, liegen nicht vor. Das Ziel soll sein, den Insassen zu befähigen, künftig in sozialer Verantwortung ein Leben ohne Straftaten zu führen; jedoch ist der Einfluß der Therapie häufig schwächer als das Lernen der Insassen voneinander.

c) Leitung und Organisationsstruktur: Nach § 65,1 StGB ist eine ärztliche Leitung der sozialtherapeutischen Anstalten vorgesehen. In der Praxis zeichnen sich bereits unterschiedliche Leitungsmodelle ab. Es ist sicher nötig, die Ärzte verantwortlich an der Leitung zu beteiligen; jedoch handelt es sich beim Vollzug in sozialtherapeutischen Anstalten weit mehr um pädagogische bzw. soziotherapeutische Aufgaben, die entscheidend von anderen als medizinischen Berufsgruppen wahrzunehmen sind. So sehr wir in diesem Buch sonst die Bedeutung des oft vernachlässigten Körpers wieder sichtbar zu machen bemüht sind: medizinisches Handeln, (d. h. vorrangige Beschäftigung mit dem Körper) darf nicht das Primat sozialtherapeutischer Arbeit werden.

7. Jugendgerichtsgesetz (JGG in der Fassung von 1974)

Entscheidend ist § 3 JGG: „Ein Jugendlicher ist strafrechtlich verantwortlich, wenn er z. Zt. der Tat nach seiner sittlichen und geistigen Entwicklung reif genug ist, das Unrecht seiner Tat einzusehen und nach dieser Einsicht zu handeln". Jugendlich ist, wer 14 Jahre, aber noch nicht 18 Jahre alt ist. Ein Heranwachsender ist 18, aber noch nicht 21 Jahre. Nicht verantwortlich ist das noch nicht 14-jährige Kind.

Im Falle des JGG werden von dem Sachverständigen entwicklungspsychologische bzw. entwicklungspsychiatrische Aussagen erwartet (s. Kap. 11). Auch Aussagen über das Milieu spielen eine Rolle. Vom 18. Lebensjahr an wird der Mensch grundsätzlich als strafrechtlich verantwortlich betrachtet; allerdings können Heranwachsende je nach der Reife ihrer Persönlichkeit und je nach der Art ihrer Straftat auch mit Jugendlichen gleichgestellt werden (§ 105 JGG). Bei der Beurteilung der Person jugendlicher Straftäter arbeiten psychiatrische, psychologische, sozialpädagogische bzw. heilpädagogische Sachverständige mit dem Richter eng zusammen.

Bei jugendlichen und heranwachsenden Straftätern steht der Begutachter immer vor der Frage, ob pädagogische bzw. psychotherapeutische *Maßnahmen* geeignet und vorhanden sind, um eine Laufbahn als Straffälliger zu verhindern. Häufig fürchtet man den Effekt von Jugendstrafanstalten, jedoch ist auf der anderen Seite die Gefahr der Verharmlosung und Bagatellisierung von Straftaten, vor allem im jugendlichen und heranwachsenden Alter, gegeben.

8. Bürgerliches Recht (BGB)

Im Bereich des Zivilrechtes kann ein Gutachter herangezogen werden, um die *Geschäftsunfähigkeit* festzustellen nach § 104 BGB: „Geschäftsunfähig ist 1., wer nicht das 7. Lebensjahr vollendet hat, 2., wer sich in einem, die freie Willensbestimmung ausschließenden Zustand krankhafter Störung der Geistestätigkeit befindet, sofern nicht der Zustand seiner Natur nach ein vorübergehender ist, 3., wer wegen Geisteskrankheit entmündigt ist". Geschäftsunfähigkeit muß *positiv* bewiesen werden, Zweifel genügen nicht. Auch zur Beurteilung der Notwendigkeit einer *Entmündigung* (§ 6 BGB), die erfolgen kann, wenn Geisteskrankheit oder Geistesschwäche verhindern, daß jemand seine Angelegenheiten zu besorgen vermag, wird ein Gutachter herangezogen. Mit „Geisteskrankheit" bzw. „-schwäche" ist hier nur der schwerere bzw. schwächere *Grad* der Beeinträchtigung gemeint. Entmündigung wird von Angehörigen oder vom Staatsanwalt beim zuständigen Amtsgericht beantragt. Jedes ärztliche Attest läßt den Staatsanwalt tätig werden. Das Verfahren kann durch Beantragung der *vorläufigen Vormundschaft* nach § 1906 BGB wesentlich beschleunigt werden. Die als Vormünder tätigen Sozialarbeiter usw. gehören zu den Personen, die von den psychiatrisch Tätigen am meisten alleingelassen und oft anschließend wegen mangelnder therapeutischer Einstellung noch beschimpft werden. Gleichwohl ist zur Entmündigung nur bei Gefahr existentieller Bedrohung als letztes Mittel zu greifen (Gleichstellung mit 7-jährigem Kind, Eintragung ins Zentralregister). Vor der Entmündigung sollte zunächst die *Pflegschaft* (§ 1910 BGB, Abs. 2) erwogen werden: „Vermag ein Volljähriger, der nicht unter Vormundschaft steht, infolge geistiger oder körperlicher Gebrechen einzelne seiner Angelegenheiten oder einen bestimmten Kreis nicht zu besorgen, so kann er für diese Angelegenheiten einen Pfleger erhalten". – Pflegschaft darf nur mit Einwilligung des Gebrechlichen angeordnet werden, es sei denn, daß eine Verständigung mit ihm nicht möglich ist.

Sinnvoll sind häufig Vermögens-, Prozeß- oder Behandlungspflegschaften. Letztere ist wichtig, wenn ein Patient keine Zustimmung zu für ihn notwendigen Behandlungsmaßnahmen gibt.

Bei einer lebensbedrohlichen vitalen Indikation (z. B. Elektrokrampftherapie bei Katatonie) kann der Arzt jedoch aus „übergesetzlichem Notstand" sofort, ohne Aufklärung und Einwilligung handeln.

Übung: Unter welchen Bedingungen würden Sie *für sich* eine Entmündigung für richtig halten, eine Vermögens- oder Behandlungspflegschaft einrichten?

Die Begutachtung der *Testierfähigkeit* erfolgt nach § 2229 BGB: „Wer wegen krankhafter Störung der Geistestätigkeit, wegen Geistesschwäche oder wegen Bewußtseinsstörung nicht in der Lage ist, die Bedeutung einer von ihm abgegebenen Willenserklärung einzusehen und nach dieser Einsicht zu handeln, kann ein Testament nicht errichten". Dasselbe gilt für Personen, für die § 6 oder § 104, Abs. 2 BGB gelten. Die Begutachtung ist hier besonders schwierig, weil u. U. ein Mensch beurteilt werden muß, der nicht mehr lebt, jedoch ein mehrfach begehrtes Vermögen hinterläßt.

9. Eherecht

Das 1977 inkraft getretene *Ehegesetz* beschreibt in den §§ 16 bis 26 die Möglichkeit der Nichtigkeitserklärung geschlossener Ehen und in den §§ 28 bis 37 die Möglichkeiten der Aufhebung einer Ehe. Diese §§ sind nach wie vor Restbestand des alten Ehegesetzes. Die Frage, wann wegen geistiger Störung bzw. Geisteskrankheit eine Scheidung begehrt werden kann, ist nicht mehr durch Paragraphen beantwortet, sondern findet sich in den Kommentaren zum neuen Scheidungsrecht (siehe vor allem §§ 1565 BGB). Es schien dem Gesetzgeber nicht mehr nötig, einen gesonderten Paragraphen zu formulieren, da Ehen seit 1977 nach dem Zerrüttungsprinzip geschieden werden und bei Zerrüttung auch das Ausmaß der Zerrüttung der geistigen Gemeinschaft durch eine vorliegende geistige Störung bzw. Geisteskrankheit berücksichtigt wird. Wesentlich ist in jedem Fall, daß der Begutachter berücksichtigen muß, daß es Härten auf beiden Seiten zu vermeiden gilt, d. h. wenn das Scheidungsbegehren sittlich nicht gerechtfertigt ist. Der Beurteiler hat dabei die Dauer der Ehe, das Alter der Ehegatten sowie Anlässe und Art der psychischen Erkrankung zu berücksichtigen.

10. Im Sozialversicherungsrecht

sind Fragen nach der Erwerbs- und Berufsunfähigkeit wesentliche Begutachteraufgaben.

Erwerbsunfähigkeit im arbeits- und versicherungsrechtlichen Sinne ist gegeben, wenn der Patient infolge Krankheit oder anderer Gebrechen oder Schwäche seiner körperlichen und geistigen Kräfte auf nicht absehbare Zeit (etwa 2 Jahre) eine Erwerbstätigkeit in gewisser Regelmäßigkeit, d. h. zumindest 3–4 Std. täglich, nicht zu verrichten vermag, oder nicht mehr als nur geringfügige Einkünfte durch Erwerbstätigkeit erzielen kann. § 1247 der RVO (Reichsversicherungsordnung) bzw. § 24 des AVG (Arbeiterversicherungsgesetz).

Berufsunfähigkeit kann durch Krankheit, sowie andere Gebrechen und Schwäche der geistigen und körperlichen Kräfte bedingt sein, wenn die Leistungsfähigkeit auf weniger als die Hälfte derjenigen eines körperlich und geistig gesunden Versicherten mit ähnlicher Ausbildung und gleichwertigen Kenntnissen und Fähigkeiten herabgesunken ist (§ 1246 RVO bzw. § 23 AVG). Auftraggeber sind u. a. gesetzliche und private Versicherungsträger, Sozial-, Versorgungs- und Entschädigungsämter und die entsprechenden Gerichte. Gutachterlich werden Fragen nach dem Kausalzusammenhang schädigender Ereignisse mit (psychiatrisch bedeutsamen) Gesundheitsschäden, nach der Leistungsminderung im Erwerbsleben durch psychische Behinderung und nach den Rehabilitationschancen bei psychischen Störungen gestellt. Die Tatsache, daß wir jetzt insgesamt mehr Früh- als Altersinvalide haben, spiegelt nicht nur die Mängel von Arbeitsbedingungen und Wirtschaftsstruktur, sondern auch die Mängel der Begutachtung. Mit Sicherheit werden Anträge nicht nur zu Unrecht abgelehnt, sondern auch zu Unrecht (und zum Schaden des als Frührentner zusätzlich isolierten, aber nur noch schwer zu therapierenden Versicherten) befürwortet. Daher *merke:* Rehabilitation geht vor Rente. Die Versicherungsträger (und Sozialhilfe) haben zunächst alle geeigneten Rehabilitationsmaßnahmen (von Umschulung bis zur WfB) zu finanzieren, bevor eine Rente in Frage kommt, die auch erstmals auf Zeit bewilligt werden kann.

11. Versorgungsrecht

Nach dem Bundesversorgungsgesetz (BVG) besteht Versorgungsanspruch für Gesundheitsschäden, die durch Militärdienst und ähnliches, Kriegsgefangenschaft und Internierung entstehen. Problem z. B., wenn ein Suizid während der Militärdienstzeit stattfindet.

12. Entschädigungsrecht

Nach dem Bundesentschädigungsgesetz (BEG 1956) werden Gesundheitsschäden finanziell „wieder gutgemacht", die durch nationalsozialistische Verfolgung, KZ und sonstiges Unrecht entstanden sind. Die BEG-Begutachtung hat auch der Allgemeinheit Nutzen gebracht: Seither ist – entgegen der bisherigen psychiatrischen Schulmeinung – erwiesen, daß auch „erlebnisreaktiv" entstandene Störungen *Dauerschäden* werden können und das die seelische Natur des Menschen nicht unbegrenzt belastbar ist!

Insgesamt ist bei *Begutachtungen* folgendes zu berücksichtigen: Jede Begutachtung setzt eine intensive psychiatrische Erhebung voraus, wozu eine persönliche und soziale Anamnese, ein psychopathologischer Befund, eine klinisch-psychologische Untersuchung, eine körperliche und neurologische Untersuchung, Gespräche mit Bezugspartnern und ein genaues Studium der Akten gehören. Erwartet wird die Erstellung eines Persönlichkeitsbildes, in dem forensisch-psychiatrisch bedeutsame Motivzusammenhänge dargestellt werden. Die Sprache, in der das Gutachten erstellt wird, sollte so wenig fachspezifisch wie möglich sein. Man soll davon ausgehen, daß man verstanden werden will, und zwar auch von solchen Menschen, die wenig Wissen von psychiatrischer Spezialsprache haben. Der Gutachter wird sich bemühen, so unparteiisch und neutral wie möglich zu sein. Er soll das Gericht bei der Wahrheitsfindung lediglich *beraten,* dem Richter keine Entscheidungen abnehmen; dieser ist an das Gutachten auch nicht gebunden. Der Gutachter darf daher einerseits keine ihn überfordernde Frage des Gerichtes beantworten (!), andererseits dem Begutachteten zu Beginn der Begutachtung keine falschen Hoffnungen machen, um ihn möglicherweis · dadurch zur Mitarbeit zu bringen. Gutachten sollten schriftlich erstattet werden. Wenn in der Hauptverhandlung eine mündliche Ausführung des Gutachtens vorgesehen ist, so sind während der Gerichtsverhandlung sich ergebende Beobachtungen und Informationen in dem – freien – Vortrag zu berücksichtigen und das Urteil ist u. U. zu korrigieren. Das Gutachten ist nach Möglichkeit ambulant zu erstellen. Notfalls erzwingt der § 81 StPO 6 Wochen Aufenthalt in einer geschlossenen Station zwecks Begutachtung. Begutachtungen aller Art sind problematisch, da sie immer die Person des Begutachters miteinbeziehen, obwohl der nicht zur Debatte steht. Damit ist gemeint, daß soziale Unterschiede, auch die Einfühlbarkeit krimineller Handlungen, Altersunterschiede, eine enorme Rolle bei der Personenwahrnehmung des Begutachteten durch den Begutachter spielen. Wenn einerseits der Gutachter zu strenger Neutralität aufgefordert ist, so ist bei der Lektüre jeden Gutachtens sicher ein erhebliches Maß an Willkür zu unterstellen, das nur durch die Beschreibung der Person des Gutachters gefaßt werden könnte. Die mit Hilfe dieses Lehrbuchs einzuübende *Grundhaltung* bewährt sich auch in der Begegnung Gutachter–Begutachteter (= Proband), vor allem, da durch sie die beiden Personen als Subjekten zukommende Handlungsfreiheit ermöglicht wird.

13. Gesetze über Hilfen und Schutzmaßnahmen bei psychischen Krankheiten.

In diesen Gesetzen ist u. a. die Einweisung eines psychisch Kranken in eine geschlossene psychiatrische Einrichtung geregelt. Die Einweisung (Unterbringung, Zwangseinweisung) wird durch Ländergesetze geregelt, die jedoch durch den Artikel 104 GG kontrolliert werden:

„Über die Zulässigkeit und Fortdauer einer Freiheitsentziehung hat allein der Richter zu entscheiden. Die Gerichtsentscheidung muß spätestens an dem auf die Unterbringung folgenden Tag geschehen". Zur Zeit sind die Bundesländer mit unterschiedlichem Tempo dabei, die alten Sicherheits- und Ordnungsgesetze, die als Polizeigesetze den Sicherheitsaspekt in den Vordergrund stellten, durch neue „Gesetze über Hilfen und Schutzmaßnahmen bei psychischen Krankheiten (PsychKG) zu ersetzen. Diese Gesetze:

1. stellen die Hilfen in den Vordergrund,

2. stellen den Anspruch auf vorausgehende (präventive) und nachgehende (rehabilitative) Hilfen fest,

3. schreiben diese Aufgaben in der Regel den Gesundheitsämtern zu, die sich dadurch zu *gemeindepsychiatrischen Diensten* ausbauen müssen,

4. versuchen, die Zwangseinweisung als Schutzmaßnahme in diesen Hilfsrahmen zu stellen, um sie dann entweder zu erübrigen oder zu humanisieren.

5. bemühen sich um die Sicherheit der Rechte untergebrachter Patienten,

6. betonen ganz allgemein das Recht psychisch Kranker, ein menschenwürdiges Leben in der Gemeinschaft (Gemeinde) zu führen.

Bei der Beratung der neuen Gesetze spielt es eine Rolle, daß man die Zahl der Unterbringungen reduzieren will. Grund dafür ist die bessere Wahrnehmung und Achtung der Würde des Menschen. Internationale Erfahrungen zeigen, daß etwa die Hälfte der Zwangsunterbringungen bei rechtzeitigem ärztlichen Eingreifen bzw. bei rechtzeitiger Krisenintervention überflüssig wäre. Aus den Erfahrungen (z. B. das „Amsterdamer Modell") wird weiter deutlich, daß Unterbringungen, die einen erheblichen Einschnitt im Leben eines Menschen darstellen, vermieden werden können, wenn ein psychiatrischer Kriseninterventionsdienst rund um die Uhr zur Verfügung steht, der als Alternative zur Zwangseinweisung mögliche Hilfe vor Ort geben kann.

Diese Alternative ist im Hamburgischen PsychKG vom 1. 1. 1978 vorgesehen, wo nach § 31 „ein in der Psychiatrie erfahrener Arzt" den fraglichen Menschen aufsuchen und als Alternative zur Zwangseinweisung sofort mit einer Heilbehandlung beginnen soll.

Mit der Zuordnung eines Rechtsanwaltes nach dem 7. Tag der Unterbringung wird ein Versuch unternommen, die Rechtssicherheit zu erhöhen. Das Gericht kann ein Unterbringungsverfahren für einen Monat aussetzen, um die Möglichkeit einer Zustandsbesserung des Patienten zu überprüfen. Ergibt die ärztliche Untersuchung im Krankenhaus, daß die Unterbringungsvoraussetzungen nicht mehr vorliegen, so kann die betroffene Person sofort bis zur Entscheidung über die Aufhebung der Unterbringung beurlaubt werden. Die genaue Lektüre der neuen Gesetze und inhaltliche Vergleich wird den Interessierten empfohlen. Noch einmal hervorgehoben werden soll, daß die Neuerung im Rahmen dieser Gesetze die vorsorgenden und die nachsorgenden Hilfen sind.

Im Rahmen der vorsorgenden Hilfe kann schon bei Anzeichen einer Störung der Betroffene rechtzeitig den Sozialarbeiter bzw. Arzt des zuständigen gemeindepsychiatrischen Dienstes des Gesundheitsamts aufsuchen (oder er wird aufgesucht), um angemessene präventiv-therapeutische Schritte zu vereinbaren. Die Bestimmungen über die nachgehende Hilfe dienen dazu, den Übergang auf ein Leben außerhalb des Krankenhauses in der Gemeinde zu erleichtern. Bedeutsam ist, daß auch hier eine Zusammenarbeit zwischen Sozialarbeiter bzw. Arzt des Gesundheitsamtes, das für die Gewährung und Vermittlung nachgehender Hilfen zuständig ist, und behandelnden Ärzten erforderlich ist und abgestimmt wird. Freilich zeigt erst die Ausführung, wie gut die Gesetze sind.

Bei der Bewertung dieser entstehenden Gesetze ist darüber zu diskutieren, wieweit der Gedanke der würdigen Behandlung eines Menschen mit staatlicher bzw. behördlicher Kontrolle des Einzelnen kollidiert, wie weit die Kontrollen günstig sind einerseits, oder andererseits einer totalen Kontrolle und Institutionalisierung psychischen Krankseins entgegenkommen. Für letzteres spricht der Plan, folgende persönliche Daten nach dem Bundesmeldegesetz zu speichern: Unterbringung in einem psychiatrischen Krankenhaus, Entmündigung, vorläufige Vormundschaft sowie Pflegschaft. Dies kommt einer neuerlichen Diskriminierung und einer Aushöhlung von Datenschutz und Schweigepflicht gleich!

IV. *Was können wir tun?*

Auch in diesem Kapitel ist die Frage zu stellen: Wie können wir nicht nur *wahrnehmen*, sondern auch *wahrmachen*? Verfassungs- und Gesetzestext und -wirklichkeit decken sich nie vollständig. Das ist oft auch gut so, wenn Sie z. B. nur mal an den „Dienst nach Vorschrift" denken. Genauso oft ist es aber auch gar nicht gut: In sämtlichen dargestellten Rechtsbereichen und Gesetzen gibt es Ungerechtigkeiten, die entweder noch gar nicht zum öffentlichen Problem gemacht worden sind oder die zwar schon mit Hilfe eines Gesetzestextes abgeschafft worden sind, wo aber die Übertragung in die Wirklichkeit, die Verwirklichung von Recht und Gerechtigkeit, von uns erst noch zu leisten ist. Beispiele haben wir genügend erwähnt. Also was können wir tun, um Anspruch und Wirklichkeit einander annähern? Wir wollen einige solcher Wege der *Selbsthilfe* aufzeigen:

1. Als psychiatrisch Tätige haben wir alle Gesetze bis über den Rand ihrer Möglichkeit an Gerechtigkeit und Menschenwürde hinaus auszuschöpfen, womit wir zugleich den Anlaß für die Formulierung besserer Gesetze schaffen.
2. Als Bürger können wir z. B. durch Gründung eines Trägervereins (e. V.) selbst die nach der Psychiatrie-Enquête als notwendig erkannten Einrichtungen herstellen.
3. Als Bürger und damit als Teile der demokratischen Öffentlichkeit können wir uns selbst und andere kontrollieren, indem wir Druck auf Gesetzgebung und Verwirklichung ausüben: Parteien, Gewerkschaften, Kirchen, unseren jeweiligen Berufsverband, Benutzung der Massenmedien oder über Vereine, die unmittelbar die Verbesserung der Psychiatrieversorgung betreiben, wie die Deutsche Gesellschaft für Soziale Psychiatrie (DGSP) oder die „Aktion psychisch Kranke".
4. Als wissenschaftlich und politisch Interessierte können wir die Chancen besser herausarbeiten, über die unsere Gesellschaft zur Verwirklichung von Gerechtigkeit und Menschenwürde eigentlich längst verfügt. Dabei ist
5. ein Vergleich mit anderen Ländern nützlich
a) wegen der Vorzüge einiger Länder (z. B. Gesetzgebung in Holland, Skandinavien, England) und

b) wegen Gefahren in einigen Ländern (z. B. politischer Mißbrauch in der UdSSR und anderen Ländern; oder neuere Tendenzen in den USA zur „Euthanasie unheilbar Kranker").

6. Schließlich hat sich in den USA das Verfahren positiv ausgewirkt, daß Betroffene, also Patienten oder Angehörige, vor Gericht das ihnen zugesprochene Recht auf optimale Behandlung in *Selbsthilfe* eingeklagt haben. Wir sollten solches Handeln nicht vorschnell und überempfindlich aus schlechtem Gewissen nur als inkompetente Angriffe gegen uns als „Experten" abwehren, sondern eher begrüßen als, wenn auch schmerzliche, sicher auch mal ungerechte, Kontrolle und ein hilfreiches Mittel, die Öffentlichkeit aufmerksam zu machen. Wirksame Reformen zur Verbesserung der Lage psychiatrischer Patienten setzen politische Entscheidungen voraus, die gesellschaftliche, auch ökonomische Prioritäten verändern. Die dazu erforderlichen Meinungsbildungsprozesse in der Öffentlichkeit sowie in der Fachwelt können auch durch gerichtliche Bestätigungen von Patientenrechten gefördert werden.

LITERATUR

BERNSMANN, K., K. P. KISKER: § *20 StGB und die Entschuldbarkeit von Delinquenz diesseits biologisch-psychopathologischer Exkulpationsmerkmale.* Mschr. Krim. 58: 325–39, 1975
BERNSMANN, K., M. RICHARTZ, W. SCHULZ: *Soziale Psychiatrie und Strafvollzug.* Mschr. Krim. 60: 159–77, 1977
BÖKER, W., H. HÄFNER: *Gewalttaten Geistesgestörter.* Berlin, Springer 1973
GÖPPINGER, H., H. WITTER (ed): *Handbuch der forensischen Psychiatrie.* Berlin, Springer 1973
HOHM, H.: *Berufliche Rehabilitation von psychisch Kranken.* Weinheim, Beltz 1977
MAUZ, G.: *Die Gerechten und die Gerichteten.* Frankfurt 1968
MOSER, T.: *Repressive Kriminalpsychiatrie – Vom Elend einer Wissenschaft.* Frankfurt 1971
MÜLLER-KÜPPERS, M., F. SPECHT (ed): *Recht – Behörde – Kind.* Stuttgart 1978
REBELL, CHR.: *Sozialpsychiatrie in der Industriegesellschaft.* Frankfurt, Campus 1976
QUENSEL, B. (ed): *Jugendkriminalität, Strafjustiz und Sozialpädagogik.* Frankfurt 1969
WIEGAND, G.: *Rechtsfindung durch Sachverständige?* Politik und Zeitgeschichte 44: 35–47, 1976
WITTER, H.: *Grundriß der gerichtlichen Psychologie und Psychiatrie.* Berlin, Springer 1970
Zudem ist die regelmäßige Durchsicht zu empfehlen von: Nachrichtendienst des Dt. Vereins f. öff. u. priv. Fürsorge; z. B.:
STEFFEN, P.: *Bereitstellung von Einrichtungen der Sozialhilfe – Regelung der Gewährleistungsverpflichtung im BSHG,* 4: 57, 1977

Grundlegende Literatur

I. ZEITSCHRIFTEN

Sozialpsychiatrische Informationen. Wunstorf, Psychiatrie-Verlag (hier findet zwischen Autoren und Lesern aller psychiatrischen Berufe ein besonders reger Erfahrungsaustausch statt, ist also für unsere Psychiatrie-Auffassung besonders wichtig).

Der Nervenarzt. Berlin, Springer (hier erscheinen wichtige Arbeiten, besonders aus der klinischen Psychiatrie).

Psychiatrische Praxis. Stuttgart, Thieme (hier sind wichtige Arbeiten, vor allem zur therapeutischen Praxis und zur Versorgung, zu finden).

Sozialpsychiatrie. Berlin, Springer (besonders Arbeiten zur Epidemiologie und Prävention).

II. HANDBÜCHER

Psychiatrie der Gegegnwart. Berlin, Springer 1972/78 (es ist das wichtigste deutschsprachige Handbuch; alle Bereiche der Psychiatrie sind ausführlich dargestellt und werden auf dem Laufenden gehalten).

Handbuch der Neurosenlehre und Psychotherapie. München, Urban + Schwarzenberg, 1959.

ARIETI, S. (ed): *American Handbook of Psychiatry.* New York–London, Basic Books 1975 (2. Aufl.) (es ist das wichtigste englisch-sprachige Handbuch).

Bericht über die Lage der Psychiatrie in der BRD. Bundestagsdrucksache 7/4200, 1975 (ist zwar kein Handbuch, wird aber für die nächsten Jahre ähnliche Bedeutung haben, da hier alle für die Versorgung wichtigen Daten gesammelt sind; Kurzfassung s. Finzen).

III. LEHRBÜCHER

BARZ, H. (ed): *Praktische Psychiatrie für Schwestern und Pfleger.* Bern, Huber 1972

BAUER, M., G. BOSCH u. a.: *Psychiatrie – Psychosomatik – Psychotherapie.* Stuttgart, Thieme 1976

BLEULER, M.: *Lehrbuch der Psychiatrie.* Berlin, Springer 1972

HUBER, G.: *Psychiatrie.* Stuttgart, Schattauer 1974

RAVE-SCHWANK, M., C. WINTER-V. LERSNER: *Psychiatrische Krankenpflege.* Stuttgart, G. Fischer 1976

REDLICH, F. C., D. X. FREEDMAN: *Theorieund Praxis der Psychiatrie.* Frankfurt, Suhrkamp 1970

SCHULTE, W., R. TÖLLE: *Psychiatrie.* Berlin, Springer 1975

WEITBRECHT, H. J.: *Psychiatrie im Grundriß.* Berlin, Springer 1973

IV. REIHEN

Fortschritte der Sozialpsychiatrie. München, Urban + Schwarzenberg, ab 1975

Forum der Psychiatrie. Stuttgart, Enke ab 1961

Werkstattschriften zur Sozialpsychiatrie. Wunstorf, Psychiatrie-Verlag (erscheinen seit 1971, anfangs in Tübingen, enthalten teils eigene Arbeiten, teils Übersetzungen wichtiger ausländischer Veröffentlichungen).

V. BÜCHER UND AUFSÄTZE

(Hier sind nur solche Arbeiten aufgeführt, die für die ganze Psychiatrie und/oder ihren Zusammenhang Bedeutung haben und die für die weitere Entwicklung der Psychiatrie Anstöße erwarten lassen.)

ARENDT, H.: *Vita activa oder Vom tätigen Leben.* Stuttgart 1960

BAEYER, W. v., H. HÄFNER, K. P. KISKER: *Psychiatrie der Verfolgten.* Berlin, Springer 1964

BANDURA, A.: *Principles of behavior modification.* London 1971

BASAGLIA, F. u. a.: *Die abweichende Mehrheit. Die Ideologie der totalen sozialen Kontrolle.* Frankfurt, Suhrkamp 1972

BAUER, M.: *Sektorisierte Psychiatrie.* Stuttgart, Enke 1977

BUBER, M.: *Die Schriften über das dialogische Prinzip.* Heidelberg 1954

459

BUBER, M.: *Das Problem des Menschen*. Heidelberg 1955

CAPLAN, G.: *Principles of preventive psychiatry*. New York–London: Basic Books 1964

COOPER, B. u. H. G. MORGAN: *Epidemiologische Psychiatrie*. München, Urban + Schwarzenberg 1977

CRANACH, M. v., A. FINZEN (ed): *Sozialpsychiatrische Texte*. Berlin, Springer 1972

DEVEREUX, G.: *Angst und Methode in den Verhaltenswissenschaften*. Frankfurt, Ullstein 1976

DÖRNER, K.: *Bürger und Irre*. Frankfurt, Fischer 1975

DÖRNER, K.: *Diagnosen der Psychiatrie*. Frankfurt, Campus 1975

DÖRNER, K.: *Psychiatrie und Gesellschaftswissenschaften*, in: *Psychiatrie der Gegenwart*. Berlin, Springer 1978

DÖRNER, K., U. PLOG: *Sozialpsychiatrie*. Neuwied, Luchterhand 1972

DOUGLAS, J. D.: *The social meanings of suicide*. Princeton, N. J., Princeton Paperback Printing 1970

DÜHRSSEN, A.: *Psychogene Erkrankungen bei Kindern und Jugendlichen*. Göttingen 1962

FINZEN, A.: *Die Tagesklinik. Psychiatrie als Lebensschule*. München, Piper 1977

FINZEN, A., H. SCHÄDLE-DEININGER: *Die Psychiatrie-Enquête – kurz gefaßt. Werkstattschriften zur Sozialpsychiatrie*. Wunstorf, Psychiatrie-Verlag 1976

FREUD, S.: *Gesammelte Werke*, Studienausgabe in 10 Bänden. Frankfurt, Fischer, ab 1969

GEHLEN, A,: *Der Mensch*. Bonn, Athenäum 1955

GOFFMAN, E.: *Das Individuum im öffentlichen Austausch*. Frankfurt, Suhrkamp 1974

GOODMAN, P.: *Aufwachsen im Widerspruch*. Darmstadt o. J.

HABERMAS, J.: *Thesen zur Theorie der Sozialisation*. Stichworte zur Vorlesung SS 1968

HABERMAS, J.: *Legitimationsprobleme im Spätkapitalismus*. Frankfurt, Suhrkamp 1973

HOHM, H.: *Berufliche Rehabilitation von psychisch Kranken*. Weinheim, Beltz 1977

HOLLINGSHEAD, A. B., F. REDLICH: *Der Sozialcharakter psychischer Störungen*. Frankfurt, Fischer 1975

HORKHEIMER, M., T. W. ADORNO: *Dialektik der Aufklärung*. Frankfurt, Suhrkamp 1972

JASPERS, K.: *Allgemeine Psychopathologie*. Berlin, Springer 1973

KANFER, F. H., J. S. PHILLIPS: *Learning Foundations of Behavior Therapy*. New York 1970

KEUPP, H.: *Psychische Störungen als abweichendes Verhalten*. München, Urban + Schwarzenberg 1972

KIND, H.: *Leitfaden für die psychiatrische Untersuchung*. Berlin, Springer 1973

KRETSCHMER, E.: *Körperbau und Charakter*. Berlin, Springer 1967

LONDON, P.: *Der gesteuerte Mensch: Über die Möglichkeiten einer Verhaltenskontrolle*. München 1973

LUHMANN, N.: *Vertrauen*. Stuttgart, Thieme 1973

MEAD, M.: *Der Konflikt der Generationen*. Freiburg 1971

MERLEAU-PONTY, M.: *Phänomenologie der Wahrnehmung*. Berlin, de Gruyter 1966

MERLEAU-PONTY, M.: *Humanismus und Terror*. Frankfurt 1966

PFEIFFER, W. M.: *Transkulturelle Psychiatrie*. Stuttgart, Thieme 1971

PINDING, M. (ed): *Krankenpflege in unserer Gesellschaft*. Stuttgart, Enke 1972

PIRELLA, A.: *Sozialisation des Ausgeschlossenen. Praxis einer neuen Psychiatrie*. Reinbek, Rowohlt 1975

PLESSNER, H.: *Conditio humana*. Pfullingen, Neske 1964

PÖRSKEN, N.: *Kommunale Psychiatrie*. Reinbek, Rowohlt 1974

PORTMANN, A.: *Vom Lebendigen*. Frankfurt 1973

ROGERS, C. R.: *Die klient-bezogene Gesprächstherapie*. München, Kindler 1973

RUESCH, J., G. BATESON: *Communication: the social matrix of psychiatry*. New York, Norton 1951

SCHWARZ, G. (ed): *Wort und Wirklichkeit – Beiträge zur allgemeinen Semantik*. Darmstadt o. J.

Selbsthilfe und ihre Aktivierung durch die soziale Arbeit. Dt. Fürsorgetag Dortmund 1976. Schriften des Dt. Vereins f. öff. u. priv. Fürsorge. Frankfurt, Eigenverlag 1977

SMYTHIES, J. R.: *Biologische Psychiatrie*. Stuttgart, Thieme 1970

STOFFER, H.: *Die Echtheit – in anthropologischer und konfliktpsychologischer Sicht.* München 1963

SWOBODA, H.: *Die Qualität des Lebens.* Frankfurt, Suhrkamp 1974

TAYLOR, C.: *Erklärung und Interpretation in den Wissenschaften vom Menschen.* Frankfurt, Suhrkamp 1975

TROJAN, A.: *Psychisch krank durch Etikettierung?* München, Urban + Schwarzenberg 1978

WATZLAWICK, P. u. a.: *Lösungen. Zur Theorie und Praxis menschlichen Wandels.* Bern, Huber 1974

WATZLAWICK, P.: *Kommunikation und Interaktion in psychiatrischer Sicht,* in: *Psychiatrie der Gegenwart.* Berlin, Springer 1978

ZUTT, J.: *Auf dem Wege zu einer anthropologischen Psychiatrie.* Berlin, Springer 1963

Sach- und Personenregister

Abbau, hirnorganischer, s. Hirnatrophie
Abduzensparese 269
Abführmittel 193, 197
Abhängigkeit von Menschen 155, 308, 315,
   328, 330, 341, 344, 392
Abhängigkeit von Mitteln 175 ff
— Abgründigkeit 181, 211
— Definition 179
— Epidemiologie 211 ff
— Fachambulanz 204
— Grundhaltung 180 ff
— Krankheitsprozeß 179
— Kurztherapie 205
— Langzeit-Therapie 205
— Prävention 213
— Protest gegen Verzicht 183
— Sehnsucht nach Absolutem 176, 209
— Therapie 206 ff
— Unauffälligkeit 178
— Vereinbarung, therapeutische 210
— Versorgungssystem 205
abnorm 218, 287, s. auch Norm, normal
Absence 278
Absolutes, Streben nach 176, 209
Absolutheitsansprüche in der Psychiatrie 440
Absolutismus 430
Abspalten 138
Abstinenz 210
— protrahierte 196
Abteilung, psychiatr. am Allgemeinkranken-
   haus 419
Abulie 248
Abusus s. Mißbrauch
Abwehr 82 f, 138, 248 f, 255, 257, 272, 277, 279,
   286, 293, 316, 395
— durch Wahn 99
— methoden 138 f
— von sexuellen Wünschen 227
Addisonsche Erkrankung 262
Adenom, eosinophiles 262
Adipositas s. Fettsucht
Adiposogenitale Dystrophie Fröhlich 262
ADLER, A. 395
Adoleszenz 335 f s. Jugendliche
Adrenogenitales Syndrom 262
Adversivanfall 278

Ätiologie 11, 91
Affektinkontinenz 245, 248, 318
Affektstau 240
Affektivität 368
Aggression 28, 208, 219, 266 f, 268, 272, 279,
   302, 332, 342 f, 368
Agieren 136, 396, 399, 400
Agnosie 247
Agranulozytose 368, 373
Agraphie 246
Ahornsirup-Krankheit 295
Akathisie 367, 374, 377, 383
Akineton 264, 367, 374, 377, 383
Akromegalie 262
Alexie 246
Alkohol-Abhängigkeit 186 ff, 290
— Einteilung 186
— körperliche Auswirkungen 187 ff
— chronisch-organisches Psychosyndrom 190
— Epidemiologie 212
Alkohol-Halluzinose 189
Alkoholintoxikation 188, 382
Alkoholmißbrauch 263, 268
alleinstehend 67, 120, 169, 303
Allgemeines 52, 97, 352 f, 401
Alltagshandeln 42, 74, 168, 282, 308, 350, 352 f,
   396, 399 f, 403
als-ob-Handeln 52, 151, 185, 279, 339, 358, 399
Altenkranken- und pflegeheime 423
Altern 273, 307 ff, 324
Alterskränkungen 315
altersparanoid 272, 319
Altersparkinsonismus 312
Alterspsychose 312, 319
Altertum 428 f
Altgedächtnis 247, 260, 272, 314
Aluminiumablagerung 273
amaurotische Idiotie 295
Ambivalenz 99, 162, 219
Ambulanz 276, 321, 413, 416 f
— am Krankenhaus s. Krankenhausambulanz
— für Abhängige 205
— institutionelle 418
AMERY, J. 161
Amitriptylin-Typ 372
Amnesie 238, 240, 266 f, 279, 379
Anämie, perniziöse 263
anale Phase 133, 332

Analgetika s. Schmerzmittel
Anamnese 13, 60
Andersartigkeit, Anderssein 33 f, 55, 131 f, 256 f,
    277, 291, 300, 327, 350
– sexuelle 227 ff, 231, 239 f
Androcur 376
Anfall s. Krampfanfall
Anfallsfreiheit 282
Anfallsleiden 276 ff, 283
Angehörige 13, 201 f, 211, 293, 328
Angehörigengruppe 37, 60 f, 108, 149, 234, 407
Angiogramm 259
Angst 135 f, 214, 239, 241, 249, 267, 272, 279,
    286, 339, 342, 368 f, 370, 378, 392
Angst-Glück-Psychose 89
Angstzustand 369
Anisokorie 265
Anomie 162, 166
Anonyme Alkoholiker 204, 206, 401
Anonymität 220, 228
Anorexie 332, 341
Anpassung, soziale 286 f, 288 f, 313, 351
Antabus 210, 264, 376
anthropologische Frage 440
anthropologische Psychiatrie 439
antiadrenerg 364
Antibiotika 264, 265
anticholinerg 364, 372, 377
Antidepressiva 76, 372 ff
– Begleitwirkungen 373 f
– Biochemie 372
– Einteilung 372
– Indikation 76 f, 373
antikonvulsiv 369
Antiparkinsonmittel 264, 366 f, 377
Antipsychiatrie 370, 439
antipsychotisch s. neuroleptisch
Antrieb, Antriebstörung 51, 79, 245 f, 247 f, 363
apallisches Syndrom 246, 284, 389
Apathie 264, 266
Aphasie 246, 273, 318
Appetitzügler 197
Apomorphin-Kur 210
Apoplexie 270 f
Arbeit 42, 46 f, 315, 352
Arbeit an sich selbst 370
Arbeit, psychiatrische s. Psychiatrie als Arbeit
Arbeitsförderungsgesetz 449

Arbeitslosigkeit 96, 214, 303, 426, 447, 449
Arbeitsplatz, beschützender 303, 422
Arbeitssucht 176
Arbeitstherapeut 12, 41, 438
Arbeitsunfall 282, 284
Arbeitsvertrag, therapeutischer s. Vereinbarung
Argyll-Robertson-Zeichen 265
Armut 308, 315
Artikulationsstörung 273, 276
Arzneimittelallergose, zerebrale 264
Arzneimittelgesetz 371
Arzt 12, 40 f, 75 f, 209, 362, 401, 429 f, 440, 452
Assoziieren, freies 395
Asthenisierung 273
Asthmamittel 197
Ataraktika s. Tranquilizer
Athetose 275, 367, 374
ATKINS, K. 287
Atosil 365, 374, 381 f
Auffassung 238
Aufklärung 215, 233 f, 288, 410, 412, 430, 433
Aufklärungspflicht 445
Aufmerksamkeit 238, 241 f
Aufnahmegespräch s. Gespräch zu Dritt
Aufputschmittel 193, 197, 202, 375, 382
Aufstieg, sozialer 283, 289, 341
Aufwachepilepsie 280 f
Aura 278, 279
Ausgrenzung 299, 304, 430 f, 433, 437
Ausnahmezustand, affektiver 451
Austausch, zwischenmenschlicher 57 ff, 221,
    289, 291
Aus-, Weiter- und Fortbildung 36, 60, 413, 415,
    418 f, 439, 449
Autismus 100, 398
– frühkindlicher 289, 331 f, 339 f, 344, 398
Automatisierung 441
Autonomie 133 f, 392
Autorität 35, 337, 343

BAEYER, W. v. 244, 378, 439
bagatellisieren 176, 281
Balintgruppe 396, 416
Ballast, Ballastexistenz 51, 436
Ballismus 274, 367
Barbiturate 196, 282, 381
BASAGLIA, F. 439
BATESON, G. 438

BATTIE, W. 433
Bedeutung 300, s. a. Sinn
Bedürfnis 168, 206, 209, 216f, 350, 429
– befriedigung 219, 279, 300, 395
Beeinflussungserleben 98
Beeinträchtigungserleben 98
Befund, psychischer 14
Begegnung, therapeutische 10, 53 ff, 279, 292,
  352, 356, 386, 427, 438
Begegnungsangst 26, 180, 242, 438
Begegnungs-Psychopathologie 13, 438
Begutachtung 268, 273
Behandlungspflegschaft 378
Behinderte, geistig 266, 276, 283, 285 ff, 290 ff,
  422
Behinderte, seelisch 421 f
Behindertenzentrum 303, 423
Belastbarkeit 260
BENKERT, O. 364
BENTHAM, J. 432
Benzodiazepine 368 ff
Beobachtung 52 f
Beratung 257, 281, 386, 391, 414
– genetische s. genetische Beratung
Beratungsstelle 167, 415, 418, 426
Beriberi 263
Beruf, sozialer 57
Berufsbildungswerk 303, 422
Berufsfindung 260
Berufsförderungswerk 269, 303, 422
Berufspolitik, psychiatrische 435
Berufsrolle 39 ff
– Berufsgefahren 39 ff, 57
– Experten im Team 39 ff
Berufsunfähigkeit 454
Beschäftigungsdelir 189
Beschäftigungstherapeut 12, 41 f, 78, 209, 438
Besessener 277, 429
Besonderheit, individuelle 277, 350
Besonderungsgrundsatz 300 f
Bestärker 389
Betäubungsmittel (BTM) 198
– Abhängigkeit 199
– Kriminalität 199
– Therapie 199
– Verordnung 198
Bewältigung s. Problemlösungsversuch
Bewegungstherapeut 12, 29, 41, 78, 209, 438

Bewußtlosigkeit 266 f, 268, 278
Bewußtsein, Bewußtseinsstörung 238, 267, 383
Bewußtseinserweiterung 200
Beziehung, zwischenmenschliche 11, 22,
  125 ff, 151, 228, 318, 400, 403, 438
Bezugspartner 203 f, s. a. Angehörige
Bilder-Sprache, therapeutische 55
Bildungszugang 288
BINSWANGER, L. 439
biochemische Basisstörung 364, 372
Biografie s. Lebenslauf
Bisexualität 223
Bleivergiftung 264
BLEULER, E. 100, 345, 437
BLEULER, M. 236, 245
BLUME, O. 315, 323
Bluthochdruck 270, 272
Böses 60, 171, 277, 294, 333, 338, 355, 450
BONHOEFFER, K. 236
Borderliner 89, 102, 287
BOSCH, G. 417, 438
Boxerkrankheit 268
Brain washing s. Gehirnwäsche
Bremsfunktion des Gehirns 272, 277
Broca-Zentrum 246
broken home 213, 341, 345
BUBER, M. 439
Bürgerinitiative 414, 425
Bürgerliches Recht 453
BÜRGER-PRINZ, H. 103, 438
Bundesmeldegesetz 457
Bundessozialhilfegesetz (BSHG) 300, 421 f, 446 f
Butyrophenone 364

Caisson-Krankheit 263
Camera silens 167
Cannabis s. Haschisch
Cardiazol-Schock 377
Catecholamine 364, 372
Chancengleichheit 305, 347, 358, 389, 412, 438
Charakterneurose s. abnorme Persönlichkeit,
  Persönlichkeitsstörung
CHARCOT, J. 409
Chirurgie, plastische 255
Chlorpromazin 364
Chorea-Syndrom 274 f, 367
– Huntington 275
– gravidarum 275

– minor 275
Choreopathie 275
Chromosomenstörungen 296
Clinch s. Distanz
Cocain 195, 202, 382
Commotio cerebri 266
CONOLLY, J. 433
Contre-coup 267
Contusio cerebri 267
Cortex (Hirnrinde) 237
Cortison 262
Counseling s. Beratung
craniale Computer-Tomografie 259
Cushing-Syndrom 262, 368

Dämmerzustand 238f, 278ff, 381, 180, 226
– geordneter 240
Dämpfung, psychomotorische 364f, 368, 372
– von Libido und Potenz 368
Dapotum 365
Daseinsanalyse 439
Dauerschaden, hirntraumatischer 268
– medikamentös bedingter 367
Dealer 200
Defektsyndrom, terminales extrapyrami-
dales 367
Degenerationstheorie 436
DEGKWITZ, R. 367f, 375, 417
Déjà vu-Erlebnis 279
DELAY, J. 364
Delir 210, 238f, 266, 272, 279, 366, 374, 381
– besonnenes 240
– pharmakogenes 383
Delirium tremens 189, 243
Dementia praecox 100, 274
Demenz 245f, 247ff, 264, 265f, 268, 272, 280,
283
– infantile (Heller) 273
– präsenile s. M. Alzheimer, M. Pick
– senile 272
Denkstörung 99, 238, 247
Depersonalisation 99
Depressivsein, Depression 265, 318
– Abhängigkeit, depressive 58, 67, 73
– Aggression, depressive 58
– agitierte 51, 77, 383
– allgemein-menschliche Möglichkeit 50, 94
– anaklitische 331

– Anteile 54
– Arbeitstherapeut 78
– Berentungsdepression 92
– Bewegungstherapeut 78
– Bewertung, gesellschaftliche 94
– Bezugspartner 73, 92
– Biochemie 91, 372
– Chronifizierung 76, 378
– des Kindes 341
– endogene 52, 93f, s. endogen
– endoreaktive 52
– Entlastungsdepression 92
– Entwurzelungsdepression 92
– Epidemiologie 90ff
– Erblichkeit 91
– Handlungsfreiheit, therapeutische 55, 57
– Hausfrauendepression 92
– Insulin 77, 379
– körperliche Bedingungen 92
– körpermedizinische Therapie 76f, 372f
– Krise 378
– larvierte 53, 373
– neurotische 137
– Pflege 77
– pharmakogene 383
– phasische 52
– psychoanalytische Sicht 92
– Psychologe 78
– psychosoziale Bedingungen 92f
– Prävention 90, 95
– Risikogruppe 95
– Selbsteinengung, Selbstverbietung 67
– Sozialarbeiter 78
– Spätdepression 90
– Stupor 56, 383
– Suizidgefahr 67, 76
– Trauer- und Schmerzvermeidung 50ff, 67
– Umzugsdepression 92
– vegetative 53
– verstehen aus sich selbst 54f
– vitale 53
Deprivation, sensorische 167, 243, 254f, 263,
319, 438
Derealisation 99
Desensibilisierung, systematische 398
Desimipramin-Typ 373
Desorientierung 238f, 247, 272, 314, 316, 318
Destruktion 335

Deutsche Gesellschaft für Soziale Psychiatrie
  15, 381, 415f, 417f, 422, 457
Deutung s. Interpretation
deviant 218, 227
Dezentralisierung der Versorgung 412
Dezerebration 246
Diabetes mellitus 262, 272
– insipidus 262
Diagnose 12f, 14, 52, 435, 440 s. Etikettierung
Dialektik 428, 431
Dialyse 273
Diazepam 369
Dienzephalose 246
DILLING, H. 417
Dipsomanie 186
Disengagement 311, 315
Distanz-Nähe-Störung 33f, 41, 47, 62, 79, 108,
  125, 139, 182, 231, 261, 281, 344, 353
Distraneurin 196, 203, 243, 376, 381ff
Dominal 365
Don Juanismus 226
Dopamin 274, 364, 375
Double bind Theory 121, 237, 438
DOUGLAS, J. 171
Down-Syndrom (Mongolismus) 296
dreamy state 279
Drift-Hypothese 120
Drogenszene 342
Drogenwelle 199f, 212
Durchgangssyndrome 240, 267, 271, 279, 379
Durchsetzungsfähigkeit 289, 332
DURKHEIM, E. 166, 171
Dysarthrie 265 s. Artikulationsstörungen
dysphorisch 248, 272, 279
dysplastisch 281
Dysthymie, endoreaktive 52
Dystrophie 262

Echolalie 273, 339
Echoencephalogramm 259
Echtheit 338, 387, 393, 402
Effizienz der Psychotherapie 396, 409
Egoismus als Lernziel 344, 401
Ehe 233
Eherecht 454
Eifersucht, Eifersuchtswahn 190, 224f
Eigenart, individuelle 129, 254, 291, 349f,
  352, 431

– körperliche 256
Eindruck, psychischer 14
Ein-gemeindung 358, 437
Eingliederung 299
Einheitspsychose 81, 89
Einrichtung, psychiatrische 42ff, 428
  s. Institution
Einsamkeit s. Isolation
Einzelschritte im Lernprozeß 70
Einzeltherapie 344
Eiweißquotient 258, 265
Ejakulationsstörung 225
Ekel 31, 204, 210, 294, 332
Eklampsie 262
Ekstase 176, 279
Elektroencephalogramm (EEG) 259
Elektrokrampftherapie (EKT) 366, 373, 377ff,
  439
Elektrolytstörung 263
Eltern 288, 294, 299, 328, 343
Elterngruppe 300
embryo-fetales Alkoholsyndrom 188, 297
Emotionspsychose 89
Empfängnisverhütung 380
endogen 11, 39, 52, 86, 93, 219, 227, 277,
  280, 288, 370, 436
Endokrinopathie 262
enechetische Struktur 280
Energieniveau 245, 273, 277
Engramme 247
Enkopresis 334
Enthemmung 246, 260, 274
Entladung 277f
Entlastung 283
Entlastungsdepression 92
Entmündigung 94, 313, 319, 430, 453
Entschädigungsrecht 455
Entscheidungsfähigkeit 337
Ent-sorgung 425f
Entspannung 222
Enttäuschung 342
Entwicklung 346
– depressive 131
– kindliche 330ff
– neurotische 369
– paranoide 131
– querulatorische 131
– sexuelle 335

– süchtige 228
Entwicklungshomosexualität 224
Entwicklungsmodell, psychoanalytisches 132 ff
Entzugsdelir s. Delir
Entzugssyndrom 369, 374
Enuresis 334
Enzephalitis 266
– chronische 265
– lethargica (Economo) 266
Enzephalomalazie 270
Enzephalomyelitis disseminata 266
Enzephalopathie 244
Enzephalorrhagie 271
Enzymdefekt, angeborener (Alkohol) 212
Enzymopathie 294 f
Epidemiologie 14, 90, 277, 283, 303, 322, 345, 438
Epiduralhaematom 268
Epilepsie 240, 276 ff
– symptomatische 277
– traumatische 267
Epilepsiezentren 425
Erblichkeit 91, 283, 288, 436
Erbveitstanz 275
Erektionsstörung 225
erethisch 290
Erfahrung 27, 308, 392
Ergenyl 282
Ergotherapeut 349 s. Arbeits- und Beschäftigungstherapeut
ERIKSON, E. 132, 143
Ernährung 270 f, 284
Erregungszustand 272, 366, 369
– als Notfall 382
– pharmakogener 383
Erschöpfungsdepression 373
Erschöpfungszustand 273
Erwachsenenalter 289
Erwartung 249, 254, 256, 287 f, 291, 299, 330, 338
Erwerbsunfähigkeit 454
Erziehung 24, 213, 298 ff, 331, 347, 430
Erziehungsberatungsstelle 299, 342, 347, 415
Es 279, 218 f
ESQUIROL, J. E. 433
Etikettierung 11, 52 f, 108, 227, 286 f, 289, 292, 340, 438
Euphorika 375

euphorisch 245 f, 248, 272, 279, 370
Exhibitionismus 228
Existenzphilosophie 439
exogen 236 f, 288
Exorzismus 409, 428
extrapyramidale Störung 364 f s. Syndrom

FALRET, J. E. 95
Familie 36, 218, 298, 308, 328, 336, 340
– Alkoholiker 214
– geistig Behinderte 299 f
Familienforschung 119, 436
Familienfürsorge 299
Familienplanung 380
Familienpflegestelle 421
Familientherapie 300, 343, 418, 438
Feindseligkeit 403 f
Feinmotorik 367
Fetischismus 228
Fettsucht 272, 340 s. Adipositas
Fibrillenveränderung, Alzheimer'sche 272 f
Filterfunktion des Bewußtseins 238
Fixierung, frühkindliche 395
Fleckfieber-Enzephalitis 262, 266
Flooding 398
Fluanxol 365
Flucht in die Krankheit 290
Fortbildung s. Ausbildung
Fortschritt, industriell-technischer 427, 436
Freizeit 34, 36, 42, 352
Fremdantrieb 248
Fremdgefährdung 279
Fremdwahrnehmung 275
FREUD, A. 138 f
FREUD, S. 132 ff, 166, 333, 388, 395, 409, 437
Freunde 36
Friedreich s. Heredoataxien
Frigidität 225
FROMM, E. 388, 395, 438
Frotteur 228
Früherziehung geistig Behinderter 301 f
Frühdyskinesie 367, 377
– Notfall 383
Frustrationstoleranz 311, 133
Fürsorglichkeit 57, 294
Fugue epileptique s. Poriomanie
funktionelle Reserve (des Gehirns) 237
Funktionsstörung, sexuelle 225, 230, 232

Galaktosämie 295
Gargolysmus 295
Gastwirt, präventive Bedeutung 324
Geborgenheit s. Abhängigkeit von Menschen
GEBSATTEL, V. E. v. 439
Geburtsschäden 297
Gedächtnis 260, 313 f
Gedankenreißen-abziehen 99
Gefühle 280, 287
Gefühlsstörung 100
Gegenübertragung 35, 57, 141, 338
GEHLEN, A. 439
Gehirnwäsche 167, 438
Geist 287
Geistesbehinderung s. geistig Behinderte
Geisteskrankheit vs. Gemütskrankheit 100
Gelegenheitsanfall 237
Gemeinde 302
Gemeinde-Club 414, 426
Gemeinde-Prävention 418, 426
Gemeinde-Psychiatrie 12, 363, 412 f, 414, 417,
    425, 434, 441, 456
Gemeinde-psychiatrisches Zentrum 167, 422
Gemeinsinn (sensus communis) 41, 52, 99, 279
Generationskonflikt 308
genetische Beratung 283, 294, 304, 349
Genetik 212, 288, 294, 304
Genie 277
Gerechtigkeit 12, 342, 444 f, 457
Gerontophilie 228
Gerontopsychiatrie 307 ff, 324, 377, 417, 423
Gesamt-Diagnose 13
Gesamteiweiß 258, 265
Geschäftsunfähigkeit 453
Geschichte des Menschen 279
Geschichtsschreibung, psychiatrische 304
Geschlechtsrolle 229, 262, 333, 335, 341
Geschlechtsverhältnis 324
Geschwisterstellung 331
Gesellschaft 25, 120, 211 ff, 227, 287, 302, 304,
    355, 428, 430, 437
Gesprächstherapie, klientenzentrierte 391 ff,
    438 Gespräch zu Dritt 59 f, 63 f, 108, 147
Gestalttherapie 399, 439
Gestaltzerfall 238
Gesundheit, seelische 28 f, 40, 46 f, 287, 310,
    342, 350, 352, 392, 400, 413
Gesundheitsamt 167, 418, 438, 456

Gewerkschaften 422
Gewöhnung 179
Gewohnheit 280
GIESE, H. 228
Gitterfunktion des Gehirns 238
Gleichgewicht 280
Gleichheit, soziale 355, 357, 344 f
Glianimon 365, 382 f
GOLDSTEIN, K. 237
GOFFMAN, E. 94, 254
GOLDSTEIN, K. 237
Grand mal 278
GRIESINGER, W. 434
GROSS, J. 73
Grundhaltung (therapeutische) 9, 13, 53 f, 30 ff,
    257, 267, 277, 279 f, 286, 290, 300, 328 f, 343,
    394, 434, 441
– gutachterliche 455
Grundlagenforschung 389
Gruppe, offene 401
Gruppenarbeit 400
Gruppenkohäsion 403
Gruppennormen 404
Gruppenprozeß 405
Gruppentherapeut, Rolle 404 f
Gruppentherapie 61 f, 344, 349, 400 ff, 438
Guillain-Barré'sches Syndrom 258
Gutachter 450 ff, 455
Guthrie-Test 295
Gynäkomastie 368, 377

HAASE, H. J. 367
HAEFNER, H. 424, 438
Härte der Grundhaltung 153 f
Haftpsychose 438
Haldol 243, 364 ff, 381 ff
Halluzination 99, 238 f, 248, 279
Halluzinogene 201 f, 375
Halluzinose 240
Haltung, psychotherapeutische 386
Haltungsbildung als Abwehr (Charakter) 139
Handeln 10, 151, 289, 320, 342, 358
– demokratisches 354, 358
– informelles 353
Handlungsfreiheit 55, 57, 107
Harmonisierungsgesetz 448
HARTMANN, H. 395
Hartnup'-Krankheit 295

Haschisch 201
Haß 224, 328
Hausarzt 299, 415
Hausbesuch 62, 300
Hausfrauendepression 92
hebephren 101
HEIDEGGER, M. 439
Heiliger 277
Heimbedarfsplan 425
helfen 23 f, 57
Hemisphäre 237, 246
Hemmung 51
Hemmungshomosexualität 224
HENSELER, H. 166
Hepatolentikuläre Degeneration s.
  s. Wilson-Krankheit
Heranwachsender 453
Herdstörung 278
Heredoataxien 276
Hermaphroditismus 262
Heroin 199, 200, 202, 212
Herzinfarkt 255, 369, 373
Herzkrankheiten 262, 271, 373, 375
Herzoperation 263
Heterosexualität 219, 230
Hexen 429
Hirnatrophie 224, 262, 267, 271, 272 f, 280, 283
hirndiagnostische Technik 258
Hirndruckzeichen 269
Hirnerschütterung s. Commotio cerebri
Hirngefäßkrankheit 270 f, 284
Hirngewebskrankheit 272 ff
Hirnhautblutung 268
Hirn-Hypoxie 262 f
Hirnkrankheiten, entzündliche 264 f, 284
Hirnleistungsschwäche 244
Hirnoedem 263, 267, 269
Hirnquetschung s. Contusio cerebri
Hirnregion, subcorticale 237
Hirnschaden, fokaler 237
 – frühkindlicher 261, 273
 – traumatischer 266, 284
Hirnszintigramm 259
Hirntraumatiker 268, 425
Hirntumor 269, 284
Hier und Jetzt 66, 396, 399, 405
Hilfe zur Selbsthilfe 24, 41, 66, 229, 335, 370, 398, 400, 407

Hilflosigkeit 23 f, 57, 386 f
Hilfs-Ich 169
HIPPIUS, H. 364
Hippokrates 428
HOCHE, A. 436
Hörbehinderung 256
HOLLINGSHEAD, A. B. 323
Homosexualität 219, 223 f, 230, 232 f
HORNEY, K. 395
Hospitalismus 116, 331, 412, 421, 436, 438
Horror-Trip 202
Hungerdystrophie 263
HUSSERL, E. 439
Hutchinson-Trias 265
Hydantoine 282
Hydrophobie 266
Hydrocephalus 271, 272, 296
hyperästhetisch – emotioneller Schwäche-
  zustand 240
Hyperemesis 262
Hyperkinese 275, 367
 – febrile 366, 378
Hyperprosexie 238
Hypersalivation 367
Hypersexualität 224, 231, 376 f
Hyperthyme Persönlichkeit 81
Hyperthyreose 239, 262
Hypertonus s. Bluthochdruck
Hyperventilation 259, 278
Hypnose 240, 409
Hypnotika s. „Schlafmittel"
Hypochondrie 51, 137, 432
Hypogonadismus 262
Hypokaliämie 263
Hypokinese 248, 274
Hypomanie 79 f, 372
Hypomimie 248, 274
Hypoparathyreoidismus 262
Hyposexualität 226
Hypothalamus 372
Hypotonie 275
Hysterie 137, 279, 290, 432
Hysteroid, organisches 240

ICD = Internationaler Diagnoseschlüssel 436
Ich 219, 291
Ich-Psychologie 395
Ichstörung 98, 118

Ideenflucht 80
Identifikation 98, 224, 341
Identität 99, 335, 338, 391
Ideologie, psychiatrische 436, 439f
idiopathisch 277
Iktus, s. Krampfanfall
Illusion · 102, 238, 249, 279
Imap 365
Imipramin-Typ 372
Imperialismus 436
Impotenz 225, 268
Impulse, sexuelle 342
Impulsiv-Petit mal s. Petit mal
Individualität 94, 129, 217, 257, 288, 346, 350, 428
Industrialisierung 95, 200, 214, 233, 284, 388, 431, 441
Industrie, pharmazeutische 371
Industriearbeiter 314, 333, 431
Industriegifte 264, 283
Infantilisierung 302, 304
Infektionskrankheiten 239, 262
Information 400f
Initialschrei 278
Initiative 289
Inkohärenz 238
Inquisition 429
Instanzen, psychische 395
Instinkt 241, 330
Institution s. Einrichtung
Institution, totale 115f, 167
Insulin-Therapie 379, 439
Insult, cerebraler 270f
Intelligenz 286, 287f, 313, 339
– quotient 287f
– störung 260, 287f
Intentionstremor 266
Interaktion 438
Interesse 314
Interpretation 387, 391, 395, 406
Intoxikation 263, 283
Introjektion 139
Involutionspsychose s. Spätdepression 90
Inzest 219, 233, 290
Irre 431
– arme 432
Irrenanstalt 432
Ischämie 270

Isolation 120, 201, 220, 224, 255ff, 268, 290, 298, 300, 304, 309, 313, 315f, 401, 348
– sexuelle 302

Jackson-Anfall 278, 280
Jamais vu-Erlebnis 279
JANZ, D. 276, 279f
JELLINEK, A. 186, 200
Jugend 215, 282, 335
Jugend-Alkoholismus 212, 215
Jugend-Drogen 200, 215
jugendgemäß 201
Jugendgerichtsgesetz 452f
Jugendkriminalität 342
JUNG, C. G. 395

Kalkulierbarkeit 431, 441
KANNER, L. 339
kapitalistische Wirtschaftsform 431
Kassenpraxis, nervenärztlich-psychotherapeutische 417
Kastration 231, 380
Katastrophenreaktion 370
Katatonie 100, 366, 378
– hyperfebril-perniziöse 102
– als Notfall 382
Katharsis 403
Kayser-Fleischer-Cornealring 276
Kernikterus 297
Kette, therapeutische 413, 420
KIELHOLZ, P. 372
Kindergarten 302
Kinderneurologie 283, 288, 294
Kinder- und Jugendpsychiatrie 327ff
kindgemäß 329
Kindheit 219, 288, 330
KINSEY, A. 232
Kirche 429
KISKER, K. P. 438
Klasse, soziale s. Schicht, soziale
Kleinfamilie 95, 305, 324, 341, 347, 432
Kleinkind 330, 331, 332, 333
KLEIST, K. 89
Kleptomanie 229
Klimakterium 262, 312
Klinefelter-Syndrom 262, 297
Klüver-Bucy-Syndrom 226
KOCH, E. 380

Körper 11, 40f, 293, 378
Körperkränkung 236f, 254, 279, 283, 288, 378
– entstellende 255
Körpertherapie 12, 40f, 361ff
Koinästhesie, s. Gemeinsinn
Koma 238f
– vigile 246
Kommunikation 158
Kommunikationstheorie 438
Kompensation 261, 283, 293
Kompetenz, psychosoziale 289
Kompetenzverlust 248
komplementäre Dienste 421f
Komplex 395f
Komplizenschaft 178f, 204
Konditionierung 237
– klassische 397
– operante 398
Konfabulation 247, 266f, 272
Konflikt 343, 392, 395f
Konfrontation 387
Kongruenz, psychotherapeutische 393f
Konkurrenzprinzip 284, 431
Konsiliardienst 167, 257f, 263, 271
Konsum 214f, 233f
Konstitution 52, 86, 91, 93, 261, 276f, 281, 288, 438
Konstitutionspsychose 86
Kontaktstelle, psychosoziale 415
Kontaktstörung 98
Kontamination 99
Kontinuität der therapeutischen Beziehung 413
Kontrolle, soziale 314, 437
Kontrolle-Selbstkontrolle 207
Kontroll-Sucht 204
Kontrollverlust 186, 219, 226, 248
Kontusionspsychose 267
– als Notfall 382
Konzentrationsstörung 236, 238, 261
Koordination der Versorgung 413
Kopfschmerz 264, 267, 268
Koprophilie 233
Korrektur der Erfahrung 402
Korsakow-Syndrom 191, 247
– akutes 189, 240
Kortikosteroide 264
Kränkung 11, 236, 298, 314, 327f, 340
– des Alters 315

– narzißtische 125, 299
KRAEPELIN, E. 89, 94, 100, 181, 236, 274, 435f, 437
Kraftfahrtauglichkeit 214, 282f, 368, 370, 374, 376, 377
Krampfanfall 266f, 269, 276ff, 368, 374f
krank, psychisch 10f, 13, 22, 354
Krankengymnast 12, 41, 78
Krankenhaus, psychiatrisches 276, 414, 419, 424
Krankenhaus-Ambulanz 417f
Krankheitsbegriff 397
Krebs 262f
Krebsangst 254
Kreislaufstörung 374
Kretinismus 296
KRETSCHMER, E. 86, 91, 437
Kreuztoleranz 179
Kreuzungszeichen 270
Kriegsgefangenschaft 92, 262
Kriminalität 214, 231, 290, 336 s. a. Sexualdelikt
Krise 161ff, 213f, 279
Krisen-Diagnose 164f
Krisenintervention 167f
Kriseninterventionsdienst 418, 456
KRÜGER, H. 262
Kündigungsschutz 447f
KULENKAMPFF, C. 438
Kupferablagerung 276
Kwashiorkor 263
KZ-Verfolgung 92, 262, 438, 455

Labeling-Theory 438
Lähmung, spastische 266, 269
Laien 169, 412, 414
LAING, R. 439
Land-Bedingungen 304
LANDOLT 280
Langeweile 316
Langzeitkrankheit 254f
Langzeitmedikation 366f, 373
Langzeit-Patienten 115f
Latenzzeit 334
Lebensalter 288f
Lebenserwartung 314
Lebenshilfe für geistig Behinderte 299, 301, 303
Lebenslauf 13, 250, 398
Lebensmitte-Krise 324
Lebensproblem – Symptom 57, 63f

Lebensschule, Psychiatrie als 70
Leberzirrhose 262, 276
Legasthenie 261, 298
Leistungsfähigkeit, intellektuelle 313
Leistungsfunktionsstörung 260
Leistungsknick 273
Leistungsprinzip 95, 233, 283, 305, 341, 347
Leistungsschwäche 290 f
Leitidee s. Typenkonstruktion
LEMPP, R. 261
LEONHARD, K. 89
Lernen 286, 301, 346
Lernfähigkeit 313, 330
Lernschritte 301
Lerntheorie 166, 345, 389, 397
lesbisch 223
Leukodystrophie 295
Leukotomie s. Lobotomie
Liberalisierung 234
Libido 226, 394
– Dämpfung 368
Liebe 217 ff, 233 f, s. a. Sexualität
Liebesverlust 341
life event-Forschung 93
Liga gegen Epilepsie 276, 283
limbisches System 226, 245, 278, 364, 368
Lipoidose 295
Liquordiagnostik 258
Liquoreiweißelektrophorese 258, 265
Liquorzellvermehrung 265
Liquorzucker 258
Lithium 88 f, 372, 374 f
– Intoxikation 375
Lobotomie 380
Logoklonie 273
Logopädie 261
LOMBROSO 436
LORENZ, K. 363
Lorfan 382
LSD 201
Lügen 336
Lues s. Neurolues 297
Lues, congenitale 265
Lues, cerebrospinale 265
Luftencephalogramm 259
Lumbalpunktion 258
Lustgefühle 220
Lustprinzip 337

Lyogen 365
Lyssa s. Tollwutencephalitis 266

Magnetismus 409
Malariakur 265, 439
Manie, Manischsein 79 ff, 265, 374
– Abwehr der Depression 82 f
– Antriebssteigerung 79
– Denkstörung 80
– Differentialdiagnose 81
– Erregunszustand 80, 383 (Notfall)
– Größenwahn 80
– heitere
– hypomanischer Zustand 80
– Krise 79
– Lebensproblemzusammenhang 83
– Öffentlichkeit 79
– Protest 83
– Team-Beiträge 85 f
– Therapie 85 f
– Tobsucht 79
– vegetative Funktionsstörung 80
– verworrene 79
Manipulieren 24, 387, 398, 409, 441
MAOH 372
Marasmus 272, 331
Marchiafava-Krankheit 290
march of convulsion 278
Markt 120, 214 f
MARX, K. 214, 439
Maskierung s. Problemmaskierung
Masochismus 228
Masters-Johnson-Therapy 230
Maßregeln 451 f
MEAD, M. 308
Medikamenten-Abhängigkeit 198 ff, 290, 370
– Begegnungsbesonderheiten 294
– Einteilung 194
– Epidemiologie 212
– Problemmaskierung 192
– Stil-Besonderheiten 191
– Typen 195–199
Medikamenteneinnahme 321
Medikamentenmißbrauch 263, 268
Medikamentenvergiftung 263
Medikamentenverschreibung 264, 283, 371
Medizin 428 ff, 435, 437, 440
Megaphen 364

Mehrfachbehinderte 302f, 422f
Melancholie s. Depressivsein
Meningitis, früh-luische 265f
Menschenbild 24, 42, 156
– der Psychoanalyse 396
Menopause 226
Merkfähigkeit 238, 314
Merkschwäche 338, 247, 260, 272f, 314, 319
Meskalin 201
MESSMER, A. 409
Mikrographie 274
Mikrozephalie 296f
Miktionsstörung 374
Milieutherapie 349, 438
Minderwertigkeitsgefühle 166, 261, 290f, 293
Miosis 265
Mischbild 89
Mischpsychose 89
Mißbildung, körperliche 256, 296, 375
Mißtrauen 272
Mitleid 57, 294, 302, 304, 309
Mitteilung, analoge, digitale 237
Mittelalter 429
mobiles Team 418, s. a. Team
Modell-Lernen 28f, 34, 55, 208f, 335, 387, 394, 398, 401f
Modellpsychose 375
Modifikation s. Verhaltensmodifikation
MÖBIUS, P. 436
Moral 218, 234, 294, 302, 337, 343, 441
moral management 433
Morbus Alzheimer 273
Morbus Gaucher 295
Morbus Niemann-Pick 295
Morbus Pick 246, 274
Morbus Tay-Sachs 295
Morbus Westphal-Strümpell-Wilson s. Wilson-Krankheit
Morel, B. A. 436
MORENO, J. 399
Morphinvergiftung 199, 202
Motivation 301, 313
Motilitätspsychose 89
multikonditionaler Ansatz 440
Multiple Sklerose 266
Musiktherapie 438
Muskelrelaxation 369, 379
Mutterrolle 331

Myoklonie 274
myoklonisch-astatisch s. Petit Mal
Myxoedem 262, 375

Nachahmungslernen 402
Nachsorge (Abhängiger) 211
Nachtklinik 421
Nachtwandeln 240
Nähe 281, s. a. Distanz
Narkolepsie 377
Narkoseschäden 263, 271
Narrenfeste 429
Narrentum 430, 434
Narzißmus-Theorie 166, 213
Nationalsozialismus 94, 304, 436f
Natur 11, 41, 52, 218, 232f, 279, 324, 336, 337, 346, 400, 433, 441, 455
Natur, zweite 279, 429
Neigungshomosexualität 224
Nekrose 270
Nelson-Test 265
neo-analytische Schule 395
Neologismus 99, 339
Nervenarzt, niedergelassener 61, 416, 435
Neugier 289, 332f, 347
Neurochirurgie 284
Neurocil 365, 372, 382
Neurofibromatose (Recklinghausen) 296
Neuroleptika 210, 264, 280, 364ff
– extrapyramidale Wirkung 367
– Indikation 366
– therapeutische Wirkung 365f
– vegetative Wirkung 368
– neuroleptische Schwelle 367
– Potenz 367
Neurologie, Bedeutung für die Psychiatrie 276ff
Neurolues 264f
Neuropathologie 435f
Neuropharmaka (Psychopharmaka) 362ff, 439
– Intoxikation 383
Neurophysiologie 259, 277, 281
Neurose, neurotisches Handeln 125ff, 283, 432
– Abwehr- und Panzermethoden 138
– Agieren (Syndrome) 136f
  – angstneurotisches 137
  – depressives 137
  – hypochondrisches 137
  – hysterisches 137

– phobisches 137
– zwanghaftes 137
– Angst 128, 135
– Charakter- und Symptomneurose 131
– Epidemiologie 156
– Körper-Seele (Psychosomatik) 129
– neurotisch-normal 143
– Normalisierung 144 f
– Prävention 158
– psychoanalytisches Entwicklungs-
    modell 132 ff
– psychopathisch-endogene Anteile 129 f
– Psychotherapie 150, 152 f
– Reaktion, neurotische, psychogene 128
– Suchhaltung 141 f
– therapeutische Vereinbarung 156
– Verstellung, neurotische 151
Neurotisierung 261 f, 279, 281
Nichtseßhafte 423
Nikotin 272, 284
– Abhängigkeit 203
Nikotinsäuremangel-Encephalopathie 190
NIRJE, B. 301
Nische, soziale 289
Nonne-Marie s. Heredoataxien
non-starter-Hypothese 120
Noradrenalin 91, 372
normal 86 f, 116, 143, 176, 287 f, 294, 340, 346,
    350, 443, 445
Normalisierung 10 f, 13, 34, 57, 59, 390, 414,
    421, 426, 440
– forcierte 280
Normalisierungsgrundsatz 300 f
Normen, soziale 218, 287, 292, 299, 333, 338,
    350, 404
– ästhetische 256, 429
Normomastixreaktion 258, 265
Nosologie 11, 435 f
Notdienst, psychiatrischer 418, s. Kriseninter-
    ventionsdienst
Notfallsituation 279
Notfalltherapie, psychiatrische 381 ff
– Alkoholintoxikation 382
– Bewußtseinstrübung 383
– depressiver Stupor 383
– epileptischer Dämmerzustand 381
– Erregungszustände 382
– Medikamenten-Intoxikation 382

– bei Neuropharmakotherapie 383
– Rauschmittelintoxikation 382
– Status epilepticus 381
– Suizidgefahr 383
Notstand, übergesetzlicher 378, 453
Notwendigkeit 350
Nymphomanie 227
Nystagmus 266

Obdachlose 423, 446
Objektverlust 341
oedipale Phase 133 f, 219, 233
Öffentlichkeit 24, 37, 62, 74, 79, 95, 200, 211,
    300, 302, 356 f, 401, 412 f, 418, 430, 457 f
Ökologie 120, 283 f
ökonomische Bedingungen 27, 214, 289, 302 f,
    315, 331, 388, 422, 428, 431, 441
Offenheit, therapeutische 25, 28 f, 59, 357, 387,
    391, 402
Oculomotoriusparese 269
Oligophrenie s. geistig Behinderte
Omnipotenzphantasie, narzißtische 163
Onanie s. Selbstbefriedigung
oneiroid 239
Operation des Gehirns 282
Operation, stereotaktische 226, 231, 275, 380 f
Operationssucht 263
Opfer-Täter-Seiten des Menschen 50, 56, 62,
    105, 336, 338, 344
Opiat-Entzug 381
Opisthotonus 362
orale Phase 132 f
Orap 365
Ordensgemeinschaften 429
Orgasmusstörung 225
Orgasmuszwang 233
Orientierung 238

Pädagogik 298, 300 f, 351, 356, 386, 431, 438 f,
    452 Pädophilie 228, 271
Pankreatitis 262
panoptische Anstalt 432
Paradigma 428, 433
Paralyse, progressive 265, 435
Paralysis agitans 275
paranoid 248 f
paranoide Ideen s. Wahnideen
Paraphrenie 319

Parkinson-Haltung 367
Parkinson-Syndrom 266, 270, 274f, 374
– pharmakogenes 275, 367, 377, 383
Parkinsonismus, symptomatischer 275
parkinsonoid 367
Partialtrieb 227
Partnerideologie 233f
Partnertherapie 204, 438
Pathogenese 11, 91, 397, 437
Patientenclub s. Gemeindeclub
Patientenrolle 404
PAWLOW, J. P. 397
Pellagra 263, 295
perinatale Schäden 261, 263, 297
perseverieren 245, 247, 280
Persönlichkeit 287, 314
– innen-außen-geleitet 55
Persönlichkeit, abnorme 129ff
– anankastische 130
– depressive 130
– erregbare 130
– gemütsarme 130
– haltschwache 130
– hyperthyme 130
– hysterische 130
– querulatorische 130
– schizoide 130
– sensitive 130
persönlichkeitsfremd 245
Persönlichkeitstheorie 392
Persönlichkeitsveränderung, organische 245,
  265, 268
Perspektive 333, 427
Perversion 218 s. Andersartigkeit, sexuelle
Petit Mal 278
Pflege 32, 40, 253, 352, 358, 429
Pflegeberufe 12, 40, 77, 209, 349, 353, 362,
  429, 435
Pflegefamilie 302
Pflegeheim 252, 268
Pflegschaft 453
Phänomenologie 11, 94, 439
Phäochromozytom 262
Phakomatose 293, 296
phallische Phase 133
Phantasie 220, 223, 289, 399, 426
Phantomglied 247
Pharmako-Therapie, psychiatrische 362ff, 383

Phenothiazine 264
Phenylketonurie 295
Philosophie 12, 428f, 435, 439
Phobie 137, 398
PINEL, Ph. 433
Plazebo-Effekt 362, 373, 377
Plaques seniles 272
Politik 284, 343, 358
Polytoxikomanie 179, 202
polymorph-pervers 219, 227
Polyneuropathie 188
Poriomanie 246, 279
PORTMANN, A. 439
postoperative Syndrome 263, 283
Potenzierung 364, 370f
Prädelir 239
prämenstruell 262
Prävention 14, 283, 288f, 303ff, 322, 330, 342,
  345, 363, 372, 410, 413
– BSHG 446
– für Depressive 95
– Familienplanung 380
– Krisenintervention 168
– Lithium 374
– PsychKG 456
– durch Therapie 66
praktischer Arzt s. Hausarzt
Primärfamilie 402
Primärprävention 418
Privatheit 52, 74, 162, 441
Problemkind 299
Problemlösungsversuch 13, 57, 102, 161, 260,
  273, 277, 279, 287, 293, 309, 369, 402
Problem-Maskierung 192, 214, 370
Professionalisierung 387
Projektion 118, 138, 249
– und Wahn 121f
Proletariat 432
Prostitution 290
Protest 183, 227, 233
Pseudobulbärparalyse 271
psychedelische Drogen s. Halluzinogene
Psychiater s. Arzt
Psychiatrie 10, 14, 286, 409f
– als Arbeit 26ff, 30, 46f
– italienische 14, 74, 408
– transkulturelle 94, 117
Psychiatrie-Enquête 12

Psychiatrie-Geschichte 12, 94, 427 ff
psychiatrisch Tätige 10, 19 ff, 302, 409, 412 ff
PsychKG 456
Psychoanaleptika 372
Psychoanalyse 166, 213, 345, 394 ff, 399, 437, 440
Psychodiagnostik 42, 260
Psychodrama 399, 438
Psychodysleptika 375
Psychogeriatrika 377
Psychohygiene 356
Psycholeptika 364
Psychologe 12, 42, 78, 210, 438
Psychologie 439
psycholytische Therapie 375
Psychomotorik 248, 314, 372
psychomotorische Epilepsie 226, 278 f, 280
Psychopathie 129, 293, 436
Psychopathologie 13, 428, 436, 438 s. Begeg-
    nungspsychopathologie
Psychopharmaka 362 s. Neuropharmaka
psychorganische Schwächung 244, 266, 268, 273
Psychose
– affektive 90
– endogene 236 s, endogen
– epileptische 280
– exogene 236 s. exogen
– manisch-depressive 90
– paranoid-halluzinatorische 102
– phasische 90
– schizophrene s. Schizophrenie
– symtomatische 237
– zyklothyme 90 s. Zyklothymie
Psychosomatik 128 f, 140, 438
psychosoziale Arbeitsgemeinschaft 425
psychosozialer Ausschuß 425
psychosoziale Kontaktstelle 415
Psychostimulantien s. Aufputschmittel
Psychosyndrom
– akut-organisches (reversibles) 237, 242, 279,
    283, 382
– chronisch-organisches (irreversibles) 237,
    244 ff, 280, 282 f
– depressives 266
– endokrines 246, 262
– hirnlokales 236, 245, 274
– maniformes 266
– medikamenten-bedingtes 264
– paranoid-halluzinatorisches 266

– postoperatives 263
– schizophreniformes 266
Psychotherapie 12, 42, 351, 385 ff, 406, 428
Psychotherapieforschung 409
Psychotherapeut 386 ff
Psychotominetika s. Halluzinogene
Pubertät 227, 335 f, 341
punch drunk 268
Pupillenstarre, reflektorische 265
Pyknolepsie 278, 280
Pyrifer 265

Queckenstedtscher Versuch 258
Quecksilber-Encephalopathie 264
Querulanz 130

Randständige 389, 415, 417, 423
Rationalisierung 214, 430 ff, 441, 449
Rausch 176, 188, 202
– pathologischer 188, 240
– als Notfall 382
Rauschmittel-Abhängigkeit 190 ff
– Definition 200
– Epidemiologie 210
– Rückfall 211
– Stil-Besonderheiten 200
– Typen 201 ff
– umsteigen 202
Rauwolfia 364 f
Reaktion, neurotische, psychogene 128
Reaktionsbildung 138
Reaktionsfähigkeit 238
Realitätsprinzip 337, 395
Recht 12, 286, 354, 443 ff
Rechts-Linksstörung 247
Regelmäßigkeit 348 f, 374
Regeln 349–353, 445 f, s. Normen
Regression 138, 166, 219, 248 f, 289, 333 f
Rehabilitation 268, 281, 446 f, 448, 454, 456
REICH, W. 139, 438
reinforcement 167
Reiz 241
Reizabhängigkeit 247, 281
Reizarmut 116, 243, 331 s. Deprivation
Reizbarkeit 260, 264, 266
reizbare Schwäche 245, 268
Reizoffenheit 238, 330
Reizüberflutung 44

religiös 279, 287
REM-Phasen 257, 370
Renaissance 429
Rente 266, 282, 308, 320, 454
Rentenneurotiker 244
Reserpin 364, 372
Residualschaden, frühkindlicher 245, 261, 283
Resozialisierung 450, 452
Retardierung, s. Behinderte, geistig
Rezidiv s. Rückfall
RICHTER, H. E. 396, 438
RIESMAN, D. 95
Rigor 274, 276, 367
Rindenatrophie 265
RINGEL, E. 166
Rituale 334, 336
Rivalität 219
Rivotril 282, 381
Röteln 297
ROGERS, C. 381 f
Rolle 251, 254 f, 268, 338, 357
Rollendiffusion 43
Rollendistanz 44, 92
Rollenspiel 33, 37, 60, 88, 339, 399, 439
Rollentheorie 92, 438
Romantik 428, 431 ff, 433
Rückfall von Abhängigen 211
Rückfalltäter 452
Rückzug, sozialer 289, 342
Ruhetremor 274

Sackgasse 280
Sadismus 228
Säuglingsalter 288, 330 f
Salaam-Krampf s. petit mal
Salbengesicht 274, 367
Salvarsan-Wismut-Kur 265
SARTRE, J. P. 439
Satelliten-Modell 419
Satyriasis 226
Sauberkeit 133, 332
Sehbehinderung 256
Sehnsucht 176, 207, 220, 279, 310
Sektorisierung 412, 419
Selbst(konzept) 11, 52, 97, 392
Selbständigkeit 332, 334
Selbstbefriedigung 219, 222 f, 293
Selbstbehandlung 214 f

Selbstbestrafung 218
Selbstbewußtsein 238
Selbst-Diagnose 13, 66, 164 f
Selbsteinengung 67, 220, 280, 293, 354
Selbstentfremdung 215, 433
Selbstexploration 393
Selbstgefährdung 279
Selbsthaß 293
Selbsthilfe 12, 321, 343 f, 356, 371, 373 f, 399,
    407, 412, 440 f
Selbsthilfe-Gruppen 418
Selbsthilfe-Organisationen 206, 299, 303, 425
Selbstkritikmangel 272
Selbstkontrolle 36, 215, 331, 387, 398
Selbstinteresse 208 s. Motivation
Selbst-Therapie 13, 66 f, 168, 301, 406 f
Selbsttötung s. Suizid
Selbstüberforderung 252, 261
Selbstverbietung 210, 319, 431
Selbstvertrauen 282
Selbstverwaltung 441
Selbstwahrnehmung 13, 30 ff, 53 ff, 250, 276
– des Psychotherapeuten 388
Selbstwert 291 f
Semap 365
Serotonin 91, 369, 372
Serumliquor 258
Sexualdelikt 231, 240, 302, 380
Sexualentwicklung 219
Sexualität 233, 394
Sexualstörung 219, 376, 380, 398
Sexualtherapie 229 ff
Signal für die richtige Richtung 70
Simmondsche Kachexie 262
SIMON, H. 438
Simulation 267
Sinn 162, 168, 289, 325, 343, 410, 427
Sinnesfunktionsverlust 255
Sinnlosigkeit 55, 214
SKINNER, B. S. 398
Sodomie 229
Solidarität 34, 37, 55, 161, 288, 298, 304, 309,
    334, 400 f, 403, 407, 429
Somnolenz 238
Sopor 238
Sozialamt 300, 446
Sozialarbeiter 12, 41, 78, 209, 349, 438, 453
soziale Frage 432

Sozialisation 334, 337, 342, 346
Sozialpsychiatrie 14, 438 ff
Sozialpsychiatrischer Dienst (SpD) 167, 299,
  418
Sozialquotient 288
Sozialstation 167, 299, 415
Sozialtherapeutische Anstalt 423, 452
Sozialversicherungsgesetz für Behinderte 448
Soziologe 288, 308, 438
Soziologie 166, 439 f
Soziotherapie 12, 349 ff, 434, 438, 452
Spätdepression 90
Spätdyskenisien 366 f, 377, 383
Spätmeningitis 265
Spaltung 97
Spaltungsirresein 101, 107
Spannung-Entspannung 112
SPERLING, E. 251 f
Sperrung 99
Spielsucht 176
spikes and waves 259
Sprache 328, 342, 403
Sprachentwicklung 261, 333, 339
Subarachnoidalblutung 271
Subduralhaematom 268
Subjektivität 53 ff, 93, 276, 279, 337, 394, 398,
  439, 455
Subkultur 200, 212
Such-Haltung 12, 30 ff, 55 f, 104, 141, 219, 279
Sucht, süchtig 220, 226, 279, 283 s. Abhängig-
  keit von Mitteln
Suchtfachabteilung 424
Suchtmuster, bürgerliches 200, 212
Suchtrisiko 216, 363, 371
Sündenbock 429
Suggestion 167, 362, 387
SULLIVAN, S. 395
Suizid, suizidales Handeln 160, 280, 319, 341
Suizid-Epidemiologie 170
Suizid-Prävention 171 f
Suizidrisiko 67, 165, 374
– als Notfall 383
Suizid-Theorien 166 f
Symptom 13, 57, 221, 241, 254, 288, 292, 403
– provokation 373 f
– verschreibung 69
Syndrom
– akinetisch-abulisches 367

– amentielles 239
– apallisches 284
– asthenisches 265
– chronisch-pseudoneurasthenisches 244
– delirantes 238 f, 368
– depressives 262
– extrapyramidales 273 f
– hirnlokales 236 f
– hyperästhetisch-emotionelles 268
– hyperkinetisches 261
– hypokinetisches 362
– paranoid-halluzinatorisches 262
– postcommotionelles 267
– posttraumatisches 268
– präsuizidales 166
– schizophreniformes 202, 262, 276
Syphilis s. Neurolues

Scham 232, 272, 292, 317, 319 f, 333
Schaukelerziehung 213 s. Erziehung
SCHEFF, Th. 438
SCHEID, W. 237
Schicht, soziale 284, 288, 304, 306, 308, 315, 323
– und Jugendkriminalität 342
– und Psychotherapie 388 f
schizoaffektive Psychose 89
Schizophrenie, Schizophrensein 97 ff, 283, 319,
  343, 364
– Abwehr 99
– allgemein-menschliche Möglichkeit 97
– Autismus 100
– borderliner 102
– Chronifizierung 278
– Defekt 100
– Denkstörung 99 f
– Depression bei 373
– Epidemiologie 116 f
– Familienforschung 119
– Gefühlsstörung 100, 106
– Grundhaltung 103 ff
– hebephrene 101
– Ich-Störung 98
– Katatonie 102
– körperliche Bedingungen 117
– Krise 378
– Langzeit-Patienten 115
– Nähe – Distanz 123
– Neuroleptika 114

– paranoid-halluzinatorische 102
– Prävention 122
– Problemlösungsversuch 102 ff
– Prozeß 100 f
– psychosoziale Bedingungen 118
– Psychotherapie 114 f
– Residualsyndrom 101
– Selbstkontrolle der Begegnung 107 f
– sich-unverfügbar-machen 121
– simplex 101
– Soziologie/Ökologie 119 f
– Spaltungsirresein 101
– Schub 100 f
– Täter-Opfer-Anteile 105
– therapeutische Vereinbarung 113 ff
– Verdacht auf Zerfall 98, 103
– Verwirrspiel 104
– Wahnideen 99
– Wahrnehmungsstörung 99
Schläfenhirnsyndrom 246
Schlaf 259, 370
schlafanstoßend 365, 368 f
Schlaf-EEG 259
Schlafentzug 69 f, 259
Schlafepileptiker 280
„Schlafmittel" 193, 195, 203, 267, 370 ff, 382
Schlafstörung 264, 268, 366, 370 f
Schlafumkehr 270
Schlaf-Wach-Rhythmus 281 f, 371
Schlaganfall 265
Schmerzmittel 193, 197, 205, 267
SCHNEIDER, K. 51, 286
Schönheit 256
schonen 57
SCHORSCH, E. 227, 232
SCHOU, M. 372
Schrankenstörung 258, 264
Schüttelneurose 275
Schulalter 289
Schulbildung 313, 323
Schuldgefühl 32, 51, 218, 220, 223, 294, 299, 320, 333
Schuldunfähigkeit 451
Schulsystem 283, 289, 303, 334, 341, 347
Schulversagen 289
Schwachsinn s. Behinderte, geistig
Schwäche 291 f
Schwangerenfürsorge 283

Schwangerschaftspsychose 262
Schwangerschaftstoxikose 297
Schwerbehindertengesetz 422, 447
Schwerbesinnlichkeit 238
Schwerhörigkeit 313
Schwundquote 420

Stadtasyl 434
Stadtplanung 172, 426
Stammhirnsyndrom 246, 274
– pharmakogenes 363
Standardversorgungsgebiet (SVG) 412, 419, 423 f
Stationsstruktur 352
Stationsversammlung 37, 62, 107, 146, 352, 357
Status epilepticus 279, 282, 369
– als Notfall 381
Statussymbol, soziales 284, 336
Stauungspupille 269
Stehlen 336
Sterben 254, 316
Stereotypien 115, 339
Sterilisierung, operative 380
Stigmatisierung 254 ff
Stil des Handelns 54
Stimmung, Stimmungsstörung 51, 79, 245 f, 363, 372
Stirnhirnsyndrom 246, 274
Störung, sexuelle 289 f s. Sexualstörung
Stoffwechselstörung, erbliche 294 f
Strafrecht 450
Straftäter, psychisch kranker 423
Stress 237, 273, 284, 289
Stress-Hypothese 119
Struma 375
Stupor, katatoner 100
– als Notfall 382

Tabes 265
Tabu 333, 395 f
Tachykardie 374
Täter-Opfer-Anteile s. Opfer-Täter
Tagesklinik 68, 420, 438
– Kriseninterventions-Typ 45, 167, 420
– Rehabilitations-Typ 420
Tagesstätte für geistig Behinderte 302
Tasikinesie 367
Taxilan 365

Team 36, 107, 146, 206, 208f, 251, 282, 288,
  249, 352f, 357, 363, 415, 417f
Team-Arbeit 26ff
Team-Gefahr 43
Team-Sprache 60
Technik, psychotherapeutische 289f, 391ff
– therapeutische 11, 39ff, 210, 301, 380f, 441
Technokratie 440
Tegretal 282
Telefonseelsorge 167
TELLENBACH, H. 91
Temperament, Tempo 38, 52, 260, 277, 290,
  346 Temporallappen-Epilepsie 246 s.
  psychomotorische Epilepsie
Territorium, psychosoziales 44, 115
Testierfähigkeit 454
Testpsychologie 260, 287
Teufelskreis 277
Theorie, psychiatrische 428
Therapeut 9, 14
therapeutische Haltung s. Grundhaltung
Therapie 13, 40, 66, 351, 406, 440f
Therapie-Plan s. Vereinbarung
Thymoleptika s. Antidepressiva
Tic 333, 398
Tod 161, 254, 307f, 316
Todestrieb 166
Toleranz 355
Toleranzsteigerung bei Abhängigkeit 179
Tollwut-Enzephalitis 262, 266
Torsionsdystonie 274, 367
Torticollis spasticus 274, 367
Toxoplasmose, zerebrale 266, 297
Trägerverein 446, 457
Tranquilizer 193, 196, 203, 363, 368ff
transkulturelle Psychiatrie s. Psychiatrie, trans-
  kulturelle
Transsexualität 229
Transvestitismus 229
Trauer 50ff, 96, 320
Trauerarbeit 50ff, 308
Trauma, psychisches 128, 395
Traumaktivität 259
Traumarbeit 395
Tremor 236, 274, 367, 373, 375
Triebenthemmung 248
Triebentwicklung 219, 395
Triebleben 220, 287

Triebtäter 452
trösten 57
Truxal 365, 372, 381f
TUKE 433
Turner-Syndrom 297
Typ-Konstruktion 52f, 80f, 91
Typus melancholicus 91

Überanpassung 178, 185, 211, 232, 280, 297
Überfürsorge 330
Überfütterung 330
Übergangsheim 421
Über-Ich 218f
Überkompensation 226f, 293, 302
überprotektiv 332
Übertragung 34, 141, 206f, 395
Umerziehungslager 430, 432
Umschulung 260
Umwelt 289, 347
Umweltbedingungen 332, 343
Umweltschutz 216, 284, 426
Umzugsdepression 92
Unabhängigkeitsideal 96
Unauffälligkeit 178
Unberechenbarkeit 433
Unbewußtes 238, 395
Ungeschehenmachen 138
Ungleichheit 294
Universitätsklinik, psychiatrische 419, 436
unsozial 280, 430
Unstrukturiertheit 400
Untätigkeit 96
Untersuchungsbericht, psychiatrischer 13
Unterscheidungs-Lernen 56
Unterschicht, soziale 200, 212f, 415, 417 s.
  Schicht, soziale
Unverfügbarkeit 121, 441
Unvernunft 176, 378, 428ff, 441
Urängste 51
Urteilsfähigkeit 287
Urteilsschwäche 272
Ur-Vertrauen 132, 330

Vaginismus 226
Valiophilie 196
Valium 369, 381ff
vegetatives System 368, 372

vegetative Störung 52, 80, 265, 267, 274, 277, 281, 364
Verantwortung 32 f, 40, 43
Verarmungsangst, -wahn 51, 315
Verdrängung 138, 281, 395
Verdrängungsdelir 240
Vereinbarung, therapeutische 68 f, 113 f
Vereinsamung 248 s. Isolation
Vererbung s. Erblichkeit
– soziale 212
Verfügbarkeit 441
Vergiftung s. Intoxikation
Verhaltensanalyse 207, 210, 397
Verhaltensmodifikation 397
Verhaltensstörung 342
Verhaltenstherapie 210, 282, 340, 389, 397 ff, 434, 438
Verinnerlichung 337
Verkehr und Alkohol 214 s. Kraftfahrtauglichkeit
Verkehrstauglichkeit s. Kraftfahrtauglichkeit
Verkehrsunfall 284
Verkehrung ins Gegenteil 139
Verlangsamung 311
Vermeidung, Verleugnung 215, 227, 293, 321, 363, 370, 392
Vernichtungsaktion im Nationalsozialismus 436
Vernunft 176, 426, 428 ff, 435 f, 441
Versagenszustand, vorzeitiger 273, 283
Versorgungsrecht 455
Versorgungssystem, psychiatrisches 411 ff, 421, 432, 440
– für Abhängige 205
– für alte Menschen 423
– für Kinder und Jugendliche 423
– überregionales 424 f
– und Entsorgung 425 f
Verstehen 33, 54, 393, 403
Verstellung 151 f s. als–ob, s. Maskierung
Verstimmungszustand, depressiver 53
– epileptischer 279, 301, 369
Vertrauen 207, 301, 330 s. Kontrolle
Verunsicherung 292
Verwahrlosung 290, 342
Verwaltung 41, 215, 356, 444
Verweigerung 59, 153, 183, 215, 342, 364, 370
Verwirrtheit 238 f, 243, 272
– erregt-gehemmte 89
Vigilanz s. Wachheit

VIRCHOW, R. 435
Vitalgefühle 52
Vitalverstimmung 53, 80
Vollversammlung s. Stationsversammlung
Vormundschaft, vorläufige 453
Voyeur 228

Wachheit 238, 246
Wachstum-Orientierung 96, 172, 214 f, 234, 283, 304, 431, 437, 441
WAGNER V. JAUREGG 265, 439
Wahn 238 f
Wahnideen (Abwehrfunktion) 99, 121 f
Wahnsyndrom 366
Wahnsystem 102
Wahrmachen, sich (verifica) 14, 38 f, 74, 122, 357, 394, 398, 408, 445
Wahrnehmung, s. a. Selbstwahrnehmung
– differentielle 56
– soziale 257, 287, 438
Wahrnehmungsvollständigkeit 13, 56, 276, 421, 437
Warenhausdiebstahl 181, 220, 229
Wassermannreaktion 258, 265
WATZLAWICK, P. 237, 277, 438
Weglaufen 342
WEISE, K. 439
WEITBRECHT, H. J. 52
WEIZSÄCKER, V. v. 439
Wendung gegen die eigene Person 139
Werkmeister 422
Werkstatt für Behinderte 269, 303, 422, 448
Werktherapeut s. Ergotherapeut
Werkzeugstörung 246
WERNICKE, C. 89
Wernicke-Enzephalopathie 188, 190, 263
Wernicke-Zentrum 246
Werte s. Normen
Wertlosigkeit 51, 94
Wertschätzung, positive 393
Wertung, soziokulturelle 213, 218, 223, 227
Wesensänderung 245, 280
Widerstand 396
WIECK, H. 237, 240
Willen 287, 450 f
WILLIS, F. 433
WILLIS, Th. 432
Wilson-Krankheit 273 f, 295

WING, J. 93
Wissenschaft 12, 286 f, 409, 427 ff, 433, 435, 440
Wochenbettpsychose 262, 283
Wochenendklinik 421
Wohlstandsverwahrlosung 343
Wohnheim 421
Wohngruppe, -gemeinschaft 421, 426
Wohnsituation 158, 172, 324, 421, 426
WOLFENSBERGER, W. 304
Wortfindungsstörung 246, 272
Wünschen 337
Würde 288, 393, 444 f, 456
WULFF, E. 438 f

YALOM, L. O. 400

Zärtlichkeit 220, 222, 224
Zäruloplasmin 276
Zahnradphänomen 274
Zeit, Bedeutung der 44 f
Zeitgitter 238
Zentralregister 453
zentrenzephale Epilepsie 278

ZERBIN-RÜDIN, E. 304
zerebrale Kinderlähmung 261
Ziele therapeutischen Handelns 33, 45 f, 54,
  68, 70
Ziellosigkeit 316
Zielsyndrome 368
Zisternalpunktion 258
Zusatztitel, psychotherapeutischer 417
Zwang 24 f, 228
zwanghaft 281, 339
Zwangseinweisung 430, 456
Zwangshandeln 137, 335 f, 366, 398
Zwangslachen 248
Zweizügeltherapie 373
Zwillingsforschung 91, 304
Zwischenhirnsyndrom 246
zykloide Psychose 89
Zyklothymie, Zyklothymsein 86 ff, 283, 374
– antizyklisches therapeutisches Handeln 88
– Durchschnittlichkeit 88
– Lithium-Therapie s. Lithium
– uni- und bipolare 86
Zytomegalie 297

Neuerscheinungen 1983  Im Psychiatrie Verlag

Christine Mühlich-von Staden/Eicke Wolff/Wolfgang Mühlich:
Ein Bett ist keine Wohnung
Bedürfnisse und Wünsche psychiatrischer Langzeitpatienten
Eine Untersuchung der Planungsgruppe Ulm zu den Lebensbedingungen von Langzeitkranken, zu ihren Wünschen über die Gestaltung des Wohn- und Wohnumfeldes. Die Studie macht deutlich, daß die Beteiligung von Patienten an der Planung ebenso möglich und nötig ist, wie die etwa von Bewohnern eines Stadtbezirks bei den sie betreffenden Fragen.
360 Seiten, 12.- DM

Wolf Crefeld (Hrsg.):
Recht und Psychiatrie
Aus dem Inhalt: Wolf Crefeld: Über das Verhältnis zwischen Juristen und Psychiatern; Bernd Schulte: Die Rechte der psychisch Kranken - das Unterbringungs- bzw. Psychischkrankenrecht; Peter Mrozynski: Strafrechtliche Maßregeln und private Vormundschaft im Gesamtzusammenhang des Unterbringungsrechts; Frank Rotter: Rechtliche Kontrolle und Subkultur psychosozialer Versorgung; Dirk Fabricius: Was Juristen, psychiatrisch Tätige und Patienten/Mandanten voneinander lernen und miteinander tun können. Dazu ein ausführlicher Gesetztesanhang für die Praxis.
Werkstattschriften zur Sozialpsychiatrie Band 35
178 Seiten, 14.- DM

Bernd Ahrbeck:
Familie und Rehabilitation psychisch Kranker
Über fünf Jahr hinweg hat der Autor Angehörige von Bewohnern/Besuchern eines Nachsorge- und Rehabilitationszentrums zu ihren Erfahrungen mit psychiatrischen Krankenhäusern und mit einem ambulanten gemeindepsychiatrischen Zentrum befragt. Die gemeindenahe Arbeit eröffnet größere Möglichkeiten der Mitwirkung von Angehörigen, entlastet diese stärker und hilft den Betroffenen.
263 Seiten, 19.80 DM

Joachim Hohl:
Gespräche mit Angehörigen psychiatrischer Patienten
In eindrucksvollen Interviews, die ausführlich wiedergegeben werden, kommen Angehörige psychiatrischer Patienten zu Wort. Sie erzählen von ihren Erfahrungen mit den Kliniken und dem Personal, offenbaren ihre Schuldgefühle, die Reaktion der Umwelt und nicht zuletzt auch finanzielle Folgen. Die Sicht der Angehörigen ist wichtig, weil sie die familiären Hilfemöglichkeiten definiert. Darauf geht der Autor in einer Analyse der Interviews ein.
Werkstattschriften zur Sozialpsychiatrie Band 36
211 Seiten, 19.- DM

DER KRIEG GEGEN DIE PSYCHISCH KRANKEN

Dokumente, Berichte und Gedanken zur Ermordung psychisch Kranker im Dritten Reich: Was war und was wirkt weiter fort?

Verfaßt und zusammengestellt von Klaus Dörner, Christiane Haerlin, Veronika Rau, Renate Schernus und Arnd Schwendy

Psychiatrie Verlag, 293 Seiten, 15,—DM

„Keine angenehme aber aufwühlende, ja geradezu schmerzhafte Lektüre… Die Herausgeber und Autoren klagen nicht in erster Linie und vor allem andere an, sondern die in der Psychiatrie Tätigen selber, die so lange das Schweigen nicht gebrochen haben. Und deshalb beginnen sie ihre sechsteilige Schrift nicht etwa mit der üblichen akademisch-historischen Dokumentation, die später ohnehin in aufregender Weise nicht zu kurz kommt… Sie beginnen mit dem Bericht über eine Arbeitsgruppe, in der sehr persönliche Betroffenheit zutage gefördert wird, Betroffenheit… durch die Darstellung ‚unfrisierter Gefühle‘, die darauf hinweisen, daß die rüde Vergangenheitspraxis wie sublim auch immer im gegenwärtigen Umgang mit denselben Problemen noch zu finden ist… Der Dokumentationsteil ist so gearbeitet und geartet, daß er sehr knapp und konzentriert das vergangene Geschehen offenzulegen vermag, aber auch die Versäumnisse der Gegenwart enthüllt. Für Geschichts- und Sozialkundelehrer, die für sich selber und für ihre Schüler das Bild des Dritten Reiches in aller Konkretheit vervollständigen wollen, ist dieses Buch von unschätzbarem Wert.“

Johann Jürgen Rohde im Norddeutschen Rundfunk